주희의
역사세계

하

주희의
역사세계

【하】

위잉스 지음 ┃ 이원석 옮김

글항아리

일러두기

_ 저자 주와 옮긴이 주는 모두 미주로 처리했다. 구분을 위해 옮긴이 주에는 '──옮긴이' 표시를 해두었다.

_ 본문 내 ( )는 저자, [ ]는 옮긴이가 부연설명한 것이다. 단 연도를 밝혀줄 때는 가독성을 위해 ( )를 사용했다.

하

주제별 논의

상편 7개장은 북송과 남송을 통합해 서술함으로써 주희 역사세계의 전체적 배경을 드러내려고 했다. 하편은 5개 장으로 나뉘어 있고, 주희 시대의 사대부 정치문화를 집중적으로 연구한다. 주희朱熹(1130~1200)의 과거급제(소흥紹興 18년 진사, 1148)와 출사(소흥 21년 천주泉州 동안현同安縣 주부主簿로 임명되어 소흥 23년에 임지로 부임)는 고종高宗(1127~1162년 재위) 말년에 일어났지만, 그의 정식 정치 활동은 효종孝宗 즉위(1162) 초 조칙에 응하여 봉사封事를 올린 것에서 시작하여 영종寧宗 경원慶元 2년(1196) 12월 26일 "체직遞職하여 파사罷祠"[1]한 데서 끝났다. 그래서 하편의 시간대는 대략 12세기 후반에 해당한다.

12세기 후반, 정치개혁을 추동한 사대부는 주로 이학자들이었다. 그래서 하편의 각 장은 특히 '이학理學' 또는 '이학자' 항목을 포함하고 있다. 이 두 용어는 넓은 의미를 취했으므로, 대체로 '도학道學' 또는 '도학자'와 바꿔 쓸 수 있다. 사료 가운데서 '도학' 또는 '도학자'가 늘 출현해서 그 의미를 하나로 확정해버리기는 불가능하다. 그런데 우리는 어째서 '도학' '도학자' 용어를 일률적으로 택하지 않았을까? 왜냐하면 두 용어가 남송 사상사에서 광의와 협의의 의미가 있고, 더욱이 정치사에서는 부정적 의미가 있어 오해를 일으키기 쉽기 때문이다. 그런 반면 '이학'이라는 명칭은 남송대에 이미 정식으로 성립되어 주로 '내성內聖의 학문'을 가리키고 있었다. 주희는 말한다.

이학이 가장 어렵다. 안타깝게도, 수많은 글이 인쇄되었지만 그 가운데는 이치에 맞지 않는 것이 몹시 많아, 이락伊洛의 문인들도 거기서 예외가 아니었다.[2]

육구연陸九淵은 「이성간에게與李省幹」라는 두번째 편지에서 이렇게 말한다.

본조[宋]의 이학은 한당漢唐을 훨씬 뛰어넘고, 처음으로 사도師道를 갖추었다.[3]

황진黃震(1213~1280)은 『황씨일초黃氏日抄』 권33 이하에 특별히 「본조 여러 유학자의 이학 서적을 읽고讀本朝諸儒理學書」 항목(권33~45)을 두었는데, 거기서 '이학'이 여러 번 나오고 있다. 그중 의미가 가장 분명한 조목은 다음과 같다.

본조의 이학은 주자周子[주돈이]에게서 그 깊은 이치를 드러내었고, 회옹晦翁 [주희]에게서 집대성되었다.[4]

'이학'과 '도학'이 가리키는 바에 큰 차이가 없었음이 여기서 증명된다. 이 당시 '이학'과 '심학心學'을 각각 주희와 육구연을 가리킨다고 여기는 사람은 아직 없었지만, '심학'이라는 명칭은 이미 출현했다. 나대경羅大經(1196~1242)의 『학림옥로鶴林玉露』 「병편丙編」은 순우淳祐 임자년(12년, 1252)에 지어졌는데 권6 '문장성리文章性理' 조목에는 나대경이 『심학경전心學經傳』 10권을 편집했다는 말이 있다. 거기 인용된 서문은 "학자들은 주정장주周程張朱[주돈이, 이정二程, 장재張

載, 주희]에게서 구하지 않으면 안 되었다"⁵고 말한다. 나대경이 말한 '심학'은 '도학' '이학'과 서로 통했다. 남송대 용례에 입각해 이 세 명칭을 비교한다면, 나는 주희·육구연·황진이 사용한 '이학'이 가장 객관적이고 또 논쟁의 여지가 적은 명칭이라고 생각한다. 뿐만 아니라, 그런 용례는 이미 습관이 되어 오늘날 '이학'은 가장 널리 통하는 개념이 되었기 때문에 독자들은 그 의미를 쉽게 알 수 있을 것이다. 이 책은 개념 분석을 위한 저작이 아니므로 여기에 관한 논의는 이쯤에서 그치기로 한다.

사상사·철학사 관점에서 송대 이학을 연구하는 사람들은 종종 이학과 정치의 관계를 다루지 않는다. 그들은 이학 내부의 이론적 구조에만 관심을 기울인다. 사학의 특징은 개념의 기원과 변화를 추적하는 것이다. 철학사 연구에서는 이학이 어떻게 공자와 맹자를 이었고, 한대 유학자들을 건너뛰었으며, 가까이는 한유韓愈와 이고李翱를 계승했고, 광범하게 불교·도교와 관계를 맺었는지가 상당히 중요하다. 방법론만 놓고 본다면, 현대의 연구는 전통 시대의 연구와 일맥상통한다. 왜냐하면 '도통道統'의 형성과 전파를 서술했던 전통 시대의 유학자들도 '의리義理'의 내적 발전에 착안했기 때문이다. 이런 연구방식은 철학사 또는 사상사 영역에서 주류의 지위를 차지해왔고, 따라서 그 정당성을 의심할 필요도 없다. 하지만 이 방법을 이학 연구에 적용할 경우 매우 보편적인 인상이 하나 형성된다. 곧 이학, 이학자와 당시 실제 정치 사이의 관계가 있는 듯 없는 듯 희미해진다는 인상이다. 이는 상식 속에서 이해되는 이학의 성격과 관련이 있다. 전통 유학자들은 이학자들이 추구한 대상이 만고불변의 '내성지학內聖之學'이라고 간주했고, 현대 철학사가들도 이학이 다루려 한 것은 시공간 범위를 넘어서는 형이상학적 문제였다고 단정한다. 사정이 그러하여서 이학자들의 학설은 원래부터 따라야 할 이론적 노선이 내재해 있는 것으로 여겨졌고, 그런 학설과 현실 정치 사이의 관계가 깊든 얕든, 이학의 구조와 발전에는 그런 관계가 아무런 실질적 영향을 미치지 못한 것으로 여겨졌다. 그렇기 때문에 우리는 일반의 송대 철학사 또는 사상사 관련 논저 속에서 이학자들의 정치 활동을 거의 찾아볼 수 없다.

이에 반해 본서의 주제는 송대 정치문화라서 자연스레 유가 사대부들의 정치적 이상과 실천이 연구의 중심이 된다. 하편은 이학자들의 정치 활동을 깊이 있게 탐구하는데, 바로 이러한 주제가 하편 각 장 제목에 해당된다. 이학은 북송대에 형성되기 시작했지만, 희령熙寧(1068~1077) 원우元祐(1086~1094) 연간에는 학문 및 정치 영역에 그리 큰 영향을 끼치지 못했다. 정치 측면에서 말하자면, 희령 연간의 변법變法 사업 초기에 정호程顥가 개인 신분으로 단기간 참여했을 뿐이다. 원우 시기 조정에는 낙洛·천川·삭朔 세 당파가 있었는데, 낙당은 정이程頤가 영수였고, 좌우에는 주광정朱光庭과 가이賈易가 있었다.[6] 그 가운데 가이는 소식蘇軾을 반대하기 위해 한 차례 정이를 도와 천당川黨[촉당蜀黨]을 공격한 데 불과했다.[7] 주광정은 처음에 손복孫復과 호원胡瑗을 스승으로 모셨고, 나중에야 낙양洛陽에서 이정에게 배웠다.[8] 그래서 당시에 그들을 정이의 '문인門人'으로 부르던 사람들이 있었다.[9] 그런데 남송이 된 이후 주로 주희, 장식張栻, 여조겸呂祖謙, 육구연 등이 창도하여 이학이 비로소 유학의 주류적 위치를 차지하게 된다. 그러므로 사람의 수나 정치 활동의 빈번함 및 복잡함에서 북송대는 남송대 주희의 시대에 비해 훨씬 못 미쳤다. 하편의 연구는 대체로 이 범위를 벗어나지 않는다. 철학사와 사상사는 이 문제를 치지도외할 수 있겠지만, 이 문제는 정치문화사의 핵심 과제다.

마지막으로 나는 하편을 '전론專論'이라고 불렀는데, '전專'이 지니는 의미를 설명해야겠다. 제8장과 제9장은 이학, 이학자, 그리고 남송 정치문화의 일반적 관계를 논한다. 하지만 마지막 세 장은 비교적 독립된 연구 주제로 구성되어 있다. 그 세 장이 다루는 문제는 남송 정치사의 중요한 고리인데, 800년 세월 동안 먼지 속에 파묻혀 있었다. 이 잃어버린 고리는 효종, 광종光宗, 영종 세 시대의 정치적 조류와 당쟁을 관통할 뿐만 아니라(순희 15년인 1188년부터 경원 6년인 1200년까지) 다양한 이학자 집단과 개인의 정치적 행동과 관련된다. 나는 제7장을 저술하는 과정에서 이 고리를 처음으로 발견했다. 이 고리의 역사적 원형을 가능한 한 원래대로 복구하기 위해 나는 여러 문헌을 두루 살필 수밖에 없었다. 그리하여 그것과 관련된 모든 사람과 사건을 재구성할 수 있었다. 그래서 하편은 사실상 현대 사학의 '주제 연구monograph'처럼 되어 그 성격이 상편과 분명히 달라졌다. 내가 이 부분에 투입한 시간과 정력은 상편에 쏟아부은 것보다 훨씬 많다. 적어도, 개인의 주관적 바람에 입각해 말하자면 하편은 이중 임무를 맡고 있다. 첫째, 역사적 재구성을 통해 남송 정치사에서 오랫동안 묻혀 있던 부분을 드러내고 다시 구성하는 임무다. 둘째, 이학자들의 정치 활동을 통해 남송 유학의 정치적 경향을 분명히 드러내는 임무다. 상세한 논증은 각 장을 살펴보기로 하고, 여기서는 먼저 그 개요를 간략히 이야기함으로써 독자들이 참고할 수 있도록 하겠다.

고종[광요光堯 즉 태상황太上皇]은 순희 14년(1187) 10월에 죽었는데, 당시 효종은 이미 61세였다. 그런데 1년 남짓 더 흐르자(순희 16년 2월), 곧바로 효종은 황위를 광종에게 물려주었다. 이 최후의 1년하고도 3개월 동안 효종은 방대한 규모의 정치적 혁신을 구상하고 설계함으로써 '회복恢復'에 관한 자신의 한평생의 지향을 실현하고자 했다. 효종은 이렇게 구상하고 설계해나가는 과정에서 아주 자연스럽게 당시 이학파 사대부들과 더불어 연맹을 결성했다. 순희 14년 말, 엽적葉適이 지은 「상전 차자上殿箚子」는 '국시國是'를 바꾸어버렸고, 순희 15년 6월에는 주희에게 병부낭관兵部郎官을 제수했으며, 주희는 그해 11월에 「무신 봉사戊申封事」를 올렸는데, 이 제반 사건은 그런 연맹을 나타내는 분명한 신호였다.

이학파 사대부 입장에서 말하자면, 그들은 대체로 '질서의 재수립'이라는 북송 유학자들의 이상을 계승했고, 남송의 역사적 상황 아래 그들의 이상은 '내정을 잘 정비함으로써 회복을 도모한다'는 쪽으로 바뀌었다. 이는 효종 만년의 생각과 기본적으로 일치하는 것이었다. 그래서 쌍방은 알맞게 부합할 수 있었다. 더욱 중요한 것은 이학자들이 "군주를 얻어 도를 행한다得君行道"는 왕안석의 사례를 염두에 두고서 종종 효종을 동경했고, 그로 인해 부지불식간에 효종이 제2의 신종神宗이 되기를 기대했다는 사실이다. 순희 11년에서 13년 (1184~1186)에 걸친 육구연의 '윤대' 활동, 그리고 그가 순희 15년에 지은 「형국 왕문공 사당기荊國王文公祠堂記」[10]가 그런 의식을 드러낼뿐더러 주희도 평소 왕안석과 신종의 '천재일우'를 부러워하는 감정을 거듭 드러낸다. 소희紹熙 3년 (1192), 주희는 「왕형공 업후鄴侯 시기의 유사遺事와 상주문에 대한 발跋王荊公進鄴侯遺事奏藁」에서 이렇게 말한다.

광장하구나! 신종은 뜻을 품었고 공[왕형공 즉 왕안석]은 군주를 얻었도다.[11]

주희가 붓끝으로 쓴 것은 신종이었지만 마음속으로 떠올린 것은 분명 효종이었을 것이다. 엽하손葉賀孫은 소희 2년(1191) 이후 주희의 발언을 다음과 같이 기록했다.

수황壽皇(효종)은 실로 천하에 뜻이 있어서 인재를 등용하려고 했다.[12]

이 발언과 위 발문은 동시기에 나온 것이므로 주희가 효종과 신종 모두를 '뜻을 가진' 군주로 여겼다는 사실을 분명히 알 수 있다. 그런데 가장 명백하고도 유력한 증거는 다음 이야기다.

자고로 법도를 창립하고 사업을 완성시킬 때 광명정대하게 하지 않아서, 그처럼 왜곡되고 바르지 않으며 변명을 일삼을 뿐이다. 그 폐단은 오늘날까지 이어지고 있다. 어떤 사업을 시작하려고만 하면, 의론하는 자들이 분분히 일어나 조종의 법도를 훼손한다고 주장한다. 그래서 신종은 분연히 일어나서 일체를 혁신하려 했고 바꿔야 할 것은 곧바로 바꿨다. 효종 역시 그러했지만 지나치게 급격했고 토의가 적었다.[13]

위 조목은 심한沈僩이 무오년(경원 4년, 1198) 이후에 주희로부터 들은 내용을 기록한 것이므로, 주희 만년의 최후 의견을 대표한다. 심한은 이 조목에서 분명히 신종과 효종을 나란히 거론하면서, 두 사람 모두 개혁에 대한 굳은 뜻을 지녔던 황제였다고 평가한다. 신종의 개혁이 희령변법이었음은 주지의 사실이지만, 효종의 개혁은 무엇을 가리킬까? 그것은 효종이 퇴위 1년 전(1188년)에 행했던 정치적 조치를 가리킨다. 그래서 주희도 그 단계를 '효종 말년의 정치'로 칭했고,[14] 엽적은 이 시기를 "순희 말년, 통치의 추구가 더욱 새로워졌다"[15]는 말로 요약했다. 그 사건에 참여했던 주희와 엽적의 증언에 바탕을 둔다면, 조정의 개혁 조치가 효종 말년에 실제로 시행되었다는 것은 의심의 여지가 없는 객관적인 사실이라 하겠다. 그렇지만 당시 개혁은 다양한 원인(이어 본문에서 상세히 다룰 것이다)에 의해 충분히 전개되지 못하고 태중胎中에서 죽어버렸다. 그래서 그 개혁은 역사상 희령변법熙寧變法과 같은 정식 명칭을 얻지 못했고, 마침내 '잃어버린 고리'로 변해버렸다.

효종 말년의 개혁 조치는 인사의 대변동에서 시작했다. 효종은 이학파 사대부를 대량 등용함으로써 왕회王淮(1126~1189)의 장기 집권 시기 형성된 관료 집단을 대체하려고 했다. 다른 한편, 이학자들은 이미 효종을 제2의 신종으로 간주했기에 "군주를 얻어 도를 행할" 기회를 쉽게 놓치지 않으려고 했다. 순희 15년(1188) 5월 왕회가 재상직에서 물러나자, 주희는 신속하게 궁궐로 들어와 상주했고 병부낭관직을 결연히 받아들였다.[16] 이는 평소 그의 행동, 즉 관직에 나아가지 않으려 했던 행동과 사뭇 다른 것이었다. 따라서 주희의 병부낭관직 수락은 당시 이학 진영이 얼마나 분투했는지를 보여주는 한 가지 증거가 된다. 효종의 개혁 활동은 순희 16년(1189) 2월 효종이 퇴위하기 전까지 1년 남짓한 기간에 집중되었음에도, 그의 개혁 조치는 퇴위 전에 이미 중지되고 만다. 여기서 먼저 지적해야 할 점은 광종대(1189~1194) 주요 집정대신執政大臣 3인(주필대周必大, 유정留正, 조여우趙汝愚)이 모두 효종이 직접 선발한 인사였다는 사실이다. 효종이 주필대와 유정을 각각 좌상과 우상에 임명한 것은 순희 16년 정월 기해일로, 광종에게 황위를 선양한 2월 임술일은 그로부터 불과 24일 후였다. 효종이 급히 조여우를 불러 서울에 들어오게 한 것은 내선內禪 전날 저녁이었고, 광종 소희 4년(1193) 3월 조여우가 동지추밀원사同知樞密院事에 임명된 것은 퇴위한 효종이 막후에서 조종한 결과였다.(상세한 내용은 제10장을 보라.) 효종은 재상을 선택할 때 두 가지 원칙이 있었음이 분명하다. 첫째, 재상이 될 사람은 효종 자신의 개혁적 구상을 실행할 수 있어야 한다, 둘째, 재상이 될 사람은 이학파 사대부들과 협동할 수 있어야 한다. 주필대, 유정, 조여우 세 사람은 이런 조건을 모두 갖추고 있었다. 특히 뚜렷한 점은 효종이 아비인 자신의 뜻을 광종이 이어 개혁운동을 점차 확장하기를 바랐다는 사실이다.

그렇지만 권력의 세계는 '일방적 바람'을 용납할 공간이 매우 적었고, 이는 권력의 원천을 장악한 황제라도 예외는 아니었다. 효종 말년의 개혁 조치는 시작되자마자 관료 집단과 이학 집단 사이에 첨예한 충돌을 야기했다. 이 두 사대부 진영의 정치적 대치는 왕회 집정 초기까지 거슬러 올라갈 수 있다. 순희 9년(1182), 주희가 당중우唐仲友를 탄핵한 것이 바로 그 뚜렷한 지표였다.(상세한 내용은 제7장을 보라.) 하지만 다른 점은 이렇다. 왕회의 집정 시기에는 관료 집단이 정권을 장악하고 있어서, 그들은 다종다양한 책략을 채택해 이학 집단의 공격에 반격을 가했다. 그러나 순희 15년(1188)에는 "천하乾坤를 홀로 통어하게 된"[17] 효종이 스스로 결단을 내려 이학파 사대부들과 더불어 연합하고 주필대로 하여금 왕회의 재상직을 대신하도록 하자, 관료 집단은 황권의 지지를 잃었고 그로 인해 수비에서 공격의 단계로 나아가기 시작했다. 이런 공수 전환은 매우 미묘하고 또 극히 중요하다. 모든 증거는 다음 같은 논란의 여지가 없는 사실을 가리킨다. 곧 순희 15년 5월 왕회가 재상직에서 파면된 후 관료 집단의 지도자들은 곧바로 방향을 바꾸어, "국무에 참여해 결재를 하는參決庶務" 태자(곧 나중의 광종)를 포위해버렸다. 아울러 태자를 근거로 삼아 주필대의 집정 집단을 향해 대규모 공격을 가했다. 두 사례를 들어 그것을

증명하려 한다. 순희 15년 7월, 엽적 등 다섯 사람은 「집정에게 올리는 추천서
上執政薦士書」를 우상 주필대, 참지정사參知政事 유정, 소수蕭燧에게 직접 전하면
서 이학파 사대부 30여 명을 추천했고, 집정대신이 이들을 채용하기를 희망
했다. 관료 집단의 지도자 중 한 명인 갈필葛邲은 재빨리 이 사건을 탐지했다.
그는 왕회와 잘 알고 지내던 사람이었는데, 당시에 동궁첨사東宮詹事로 근무하
면서 태자를 대신해서 발언했다.[18] 갈필은 이 사건을 알자마자 널리 전파하여
엄청난 정치적 풍파를 일으켰고, 주필대를 공격하여 사직케 함으로써 이학 집
단의 우두머리를 제거하는 것이 그의 의도였다.(상세한 내용은 제10장 4절을 보
라.) 이것이 첫번째 사례다.

　같은 해(순희 15년 1188), '왕회의 당'의 또다른 중요 구성원인 진가陳賈는 모
친상을 당해 고향에 있었음에도, 자신의 조카인 하담何澹으로 하여금 주필대
와 유정 사이의 모순을 이용하도록 함으로써 도발의 수완을 드러냈다. 그 결
과 유정은 효종의 면전에서 시시때때로 주필대와 불화를 일으켰고, 그로 인
해 주필대는 재상직에 편히 있을 수 없었다. 하담 역시 태자의 노선을 따라 일
찍부터 광종의 '근행近幸'인 강특립姜特立, 초희재譙熙載와 속마음을 터놓고 지내
고 있었다.(상세한 내용은 제11장을 보라.) 이것이 두번째 사례다.

　이 두 사례는 주필대가 효종과 더불어 밀접히 왕래하던 시기에 일어난 것인
만큼, 효종의 개혁 조치가 양대 정치집단[이학 집단과 관료 집단]의 충돌을 야기
했다는 위의 말은 결코 추측성 가설이 아니라 이미 성립된 역사적 사실이다.
마침내 광종대에 일어난 두 집단 간 당쟁은 시간이 갈수록 격렬해졌고 영종
경원 원년(1195)에 조여우를 우두머리로 하는 이학 집단이 철저히 실패한 이
후에야 종말을 고한다. 효종의 개혁 조치도 그로 인해 완전히 폐지되고 만다.
그사이 전개 과정은 매우 복잡해서 단 몇 마디로 요약할 수 없다. 상세한 내
용은 본문을 보기 바란다.

　효종의 개혁 정치는 어째서 순희 14년(1187) 10월이 되어서야 시작될 수 있
었을까? 전체 개혁 과정에 입각해 보자면, 효종이 '말년'에 추동한 개혁은 그

가 불퇴전의 각오로 임했다는 결심을 드러낸다. 그래서 주희조차도 그에 대해 "바꿔야 할 것은 곧바로 바꿨다. (…) 지나치게 급격했다"고 말했다. 그런 강대한 동력은 대체 어디에서 왔을까? 이미 개혁을 결심했으면서 어째서 효종은 광종에게 황위를 선양하려고 순희 16년(1189) 2월에 갑자기 결정했을까? 이것들은 모두 매우 중요한 핵심 문제다. 만약 사실과 이치에 부합하는 역사적 해석을 찾지 못한다면, 앞서 말한 '잃어버린 고리'는 여전히 복원될 도리가 없을 것이다. 이 문제를 풀기 위한 해답의 실마리를 철저히 추적하기 위해, 우리는 최후로 황권皇權 영역에 뛰어들 수밖에 없다.

　순희 15년부터 경원 초년까지, 이학 집단, 관료 집단, 그리고 황권은 권력세계의 3대 원동력이었다. 3자는 각각 상대적 자율성을 갖는 동시에 상호작용하여 칼로 자른 듯 분리될 수 없었다. 우리는 이미 이 시기 이학 집단과 관료 집단의 기본 활동을 재구성했는데, 마지막으로 황권을 주체로 삼아 이 시기 황권의 동태를 살펴보아야 한다. 그렇지 않고서는 주희의 역사세계를 온전히 이해할 수 없다. 이 시기 황권의 최대 특색은 황권이 두 가지 중심으로 분열되었다는 점이다. 곧 효종(퇴위 후의 '태상황')을 대표하는 개혁의 중심과 광종을 대표하는 반개혁의 중심이다. 게다가 이학 집단과 관료 집단은 각각 효종과 광종 주위에 몰려들어 정치적 파란을 선동했다. 그렇지만 우리는 이 두 적대적 집단이 황권을 분열한 기생 집단이었다고 간단히 간주해버릴 수 없다. 이학 집단의 효종에 대한 관계든 관료 집단의 광종에 대한 관계든, 그것은 "명령을 받들어 일을 하는奉命行事" 피동적 관계가 아니었다. 앞서 말했다시피, 효종과 이학 집단은 정치적 연합을 결성했고 광종과 관료 집단 역시 그렇게 볼 수 있다. 연합의 쌍방은 당연히 공통의 목적을 갖고 있었지만, 각각 서로 다른 계산과 동기가 있었다는 점은 여기서 상세히 논할 필요도 없을 것이다. 다만, 황권이 어째서 분열하여 조정의 정쟁을 야기했는가 하는 문제는 하편의 각 주제별 연구가 적극적으로 다루어야 할 중요한 문제다.

　황권 내부의 상태를 깊이 이해하기 위해, 이 책의 마지막 장(제12장)은 효종과 광종 두 황제의 생활과 사상적 배경을 집중적으로 연구했다. 일반적 역사 저작은 걸출한 재능과 웅대한 전략을 지닌 극소수의 제왕을 제외하고, '중간 정도 재질을 지닌 군주'에 대해서는 거의 주의를 기울이지 않는다. 그런 군주들은 마치 경극京劇 속에서 '왕모王帽'[19] 역할을 하는 사람들처럼 배경적 존재로서 무대 위에 있곤 하여, 노래도 하지 않고 연기도 하지 않는 것으로 여겨진다. 그런 상황은 국내외에서 모두 발생하기는 하지만, 중국 현대의 사학 연구는 그 편향이 좀더 분명한 것 같다. 송대 사학자들은 희령변법을 설명할 때 왕안석은 상세하게 연구하지만 신종은 간단히 언급하고 지나간다. 사실 왕안석을 기용하기로 결심하고 변법운동을 전면으로 전개한 이는 바로 신종임을 우리는 알고 있다. 그런데 어째서 신종은 아직 약관도 되지 않은 청년으로서 즉위하자마자 곧바로 그런 개혁적인 행동을 취했을까? 그보다 앞선 시대에서는 한 무제漢武帝의 '개제경화改制更化'만이 그에 비견될 수 있을 뿐이다. 이는 여전히 더욱 자세히 연구되어야 할 문제다.

'잃어버린 고리' 시기에 효종과 광종이 행한 작용을 분명히 드러내기 위해 제12장은 관련 사료를 찾음으로써 심리적 사실에 기초해 효종 '말년 정치'의 동력이 어디에 있는지를 탐색했고, 아울러 황권이 어째서 둘로 분열했는지를 알아보고자 했다. 그래서 제12장의 핵심은 효종이 위로는 고종과 일으켰고 아래로는 광종과 일으켰던 심리적 충돌에 집중된다. 그리하여 심리사학心理史學 영역으로 들어갈 수밖에 없다. 심리사학은 불가피하게 서로 다른 문화의 내적 제약을 받아들여야 한다. 조금이라도 신중하지 않으면 황당무계한 이야기를 하게 된다. 따라서 그것은 위험한 길이기는 하다. 하지만 기본적으로 우리의 탐색은 중국에 이미 있었던 심리적 관찰로부터 출발한다. 『맹자孟子』「이루離婁 상」은 이렇게 말한다.

부자지간에는 선을 권면하지 않았다. 선을 행하라고 권면하면 〔부자지간의〕 사이가 멀어지고, 사이가 멀어지면 상서롭지 않은 일이 막대하게 된다.[20]

이 구절은 부자지간에 일어나는 심리적 충돌의 중요 근원을 분명히 밝히고 있다. 주희는 다음처럼 지적한다.

그런데 성현의 말씀 중 "아직 발하지 않은 가운데에 고요히 움직이지 않는다"는 말이 있는데, 어찌하여 일상의 흐름을 '이미 발한 것已發'이라고 여기고, 잠깐 휴식하여 일에 접하지 않는 때를 "아직 발하지 않은未發" 때라고 지칭합니까? 일찍이 그 말을 몸소 징험해보니, 막막하여 지각이 없는 중에 어두운 것이 꽉 막고 있어 그것은 만물에 응하는 허명虛明한 본체가 아닌 듯했습니다.[21]

이 구절은 송대 이학자들이 인심人心 속에 비이성적 경향이 있음을 발견했다는 사실을 증명한다. "막막하여 지각이 없는 중에 어두운 것이 꽉 막고 있다"는 것은 잠재의식 속의 다양한 동력을 가리킨다고 단언할 수 있다. 그래서 효종과 광종의 연구에서 심리사학을 원용하는 것은 원칙상 문제될 것이 없다. 실제 조작 단계에 입각해 말하자면, 제12장은 결코 어떤 한 학자(프로이트를 포함하여)의 이론을 금과옥조로 삼아 그대로 따르지 않았다. 오히려 그 반대로 효종과 광종의 구체적 심리를 기점으로 삼으면서 심리사학 연구 중 그와 상응하는 성과를 인용해 참조 내용으로 삼았을 뿐이다. 간단히 말하자면, 기본 원칙은 '몸의 치수를 재서 옷을 재단하는 것'이지 '발을 잘라서 신에 맞추는 것'은 아니었다.

제12장이 가장 긴 까닭은 그 장이 동시에 통합적 기능을 하기 때문이다. 효종, 광종, 영종 시기에 벌어진 이학 집단과 관료 집단 사이 장기적 분쟁은 황권의 내적 변화를 주축으로 삼을 때에만 역사적으로 알맞게 설명될 수 있다. 지난 800년 동안 이른바 '경원당금慶元黨禁'은 줄곧 남송 정치사와 문화사에서 해결될 수 없는 수수께끼였고, 현대의 전문가들도 "많이 말할 수 없다"고 느끼는 문제다.[22] 이 책의 주제별 연구는 '경원당금'을 겨냥하여 시작된 것은 아

니지만, '잃어버린 고리' 전체가 회복된 이후 '당금'의 수수께끼는 저절로 해결될 것이다.

제12장에 대해 두 가지 사항을 분명히 해두고자 한다. 첫째, 이 장은 비록 심리사학과 관련되지만, 심리적 요소가 모든 역사적 사건 속에 보편적으로 존재한다고 결코 예단하지 않으며, 하물며 어떠한 심리결정론적 함축도 포함하지 않는다. 다만 황권 분열이라는 중대 사건에 효종과 광종의 특수한 심리 상태가 핵심 작용을 했다는 것만을 나타낸다. 그런 심리적 경향에 주목하지 않는다면, '잃어버린 고리'를 재구성하려는 하편 작업은 완성될 가능성이 없어질 것이다. 둘째, 황권의 중요성을 강조함은 결코 황제 개인의 역사적 작용을 과장하는 것이 아니며, 그것은 오히려 당시 권력 구조를 부각하는 일일 뿐이다. '정신착란'에 걸렸던 광종이 중요 시기에 역사적 과정에 영향을 끼칠 수 있었던 것은 바로 황제가 권력의 근원을 장악하고 있었기 때문이다. 여기서는 황제 개인이 '하늘이 베푼 성스러운 영명天縱聖明'으로서의 '초인적 매력charisma'을 갖는다는 것을 결코 인정하지 않는다. 중국 황제의 '초인적 매력'이 황위皇位와 관련되어 있다는 막스 베버Max Weber의 지적이 깊이 있는 관찰이기는 하지만, 그렇다 하더라도 그의 분석은 공허한 감이 있다.[23] 진한秦漢 이래의 황제들은 "황업을 개창하여 황통을 내려준創業垂統" 군주든 아니면 "선조의 업적을 지킨 군주守成之主"든 간에 모두 그렇게 볼 수 있기 때문이다. 이 두 사항을 분명히 한다면 독자들은 하편의 논지에 대한 오해를 하지 않으리라 기대한다.

제8장

이학자와 정치적 경향

1. '내성'과 '외왕'의 긴장

앞서 지적했다시피 우리는 보통 이학자들이 '내성의 학문內聖之學'에만 관심을 기울였고 실제 정치에 대해서는 애매모호한 태도를 취했다고 여긴다. 송대 유학사에 입각하자면, 남송 이학의 흥성은 마치 내향적 발전 추세를 나타내는 것처럼 보인다. 희령변법의 좌절도 그런 내향적 변화에 역사적 계기를 제공했을 것이다. 유가儒家는 줄곧 "돌이켜 나에게서 구한다反求諸己"는 원칙을 신봉했고, '외왕外王'의 미실현은 주로 '내성'이 아직 완성되지 않았기 때문이라고 여겼다. 이는 "연못가에서 물고기를 잡으려 하기"보다는 "물러서서 그물을 만드는 것"이 낫다는 태도다. 그래서 남송 이학자들은 보통 학문과 교육 작업에 투신했다고 여겨진다.

위에서 말한 내용은 대체로 현대 사학계의 상식이다. 수많은 사실이 그런 견해를 지지하기 때문이다. 나도 과거에는 이 내용이 받아들일 만한 역사적 해석이라고 믿었다.[1] 그렇지만 남송 이학자들의 정치 활동을 연구한 후, 머릿

속에 떠오르는 중대한 의문 하나를 억누를 수 없었다. 위 견해가 믿을 만하다면 수많은 이학자가 효종, 광종, 영종의 3대 동안 권력세계에서 매우 활발한 활동을 한 현상은 어떻게 이해할 것인가? 여기서 먼저 그 현상의 주요 특징을 나열해보겠다. 대체로 순희(1174~1189) 초년부터 주희의 사망(1200)에 이르는 시기, 이학자들은 하나의 사대부 집단으로서(당시 정적들은 이들을 '도학자 무리道學群'라고 불렀다) 정치적으로 중대한 힘을 형성했다. 그들의 정치적 경향은 현상에 만족하지 않고 '국시'의 개변을 요구함으로써 인순고식因循姑息[낡은 관습이나 폐단을 벗어나지 못하고 당장의 편안함만을 취함]의 국면을 타파하는 것이었다. 이학자들이 만든 유형有形의 조직은 없었지만, 그들은 서로를 성원하고 지원했기 때문에 정적들의 눈으로 봤을 때 '도학 붕당道學朋黨'의 혐의를 벗기 어려웠다. 그렇지만 하나의 사대부 단체로서 그들은 깊은 유가적 이상주의의 경향을 갖고 있었음이 분명하다. 게다가 이미 정치적 주체로서 자부하고 있었고, 이를 통해 그들이 추구했던 것은 '도道'를 정치적으로 실현하는 것이었다. 사료의 제한으로 개별 이학자들의 활동이 어떤 동기에서 나왔는지 단정하기는 이제 쉽지 않지만, 전체를 관찰해보았을 때 이학자 집단이 견지했던 것은 주로 원칙이었지 권력이나 명예는 아니었음을 믿을 만한 근거는 충분하다. 이런 대략적 설명은 제7장에서 이미 1차적으로 했고, 상세한 논증은 이하의 각 장을 참고하기 바란다.

남송 이학자들은 역사적으로 서로 모순되는 두 형상을 보여주는데 각각 근거가 있다. 이런 흥미로운 모순을 해석하려면, 공리공담에만 의거해서는 안 되고 구체적인 사실로 거슬러 올라가야 한다. 아래에서는 그 사실로부터 논의를 시작하고자 한다.

순희 3년(1176) 참지정사 공무량龔茂良은 이부상서吏部尙書 한원길韓元吉(자字는 무구無咎, 1118~1187)의 추천을 받아들여 주희를 비서성祕書省 비서랑祕書郞으로 임명했다. 비서랑은 유신儒臣을 예우하는 직위로서 직위는 높지만 업무는 간소했다. 하지만 주희는 한사코 거절하면서 벼슬길에 나아가지 않았다. 「공 참정에게 보내는 편지與襲參政書」에서 그는 말한다.

저는 어려서부터 우매하여 본래 관리가 되고 싶은 마음이 없었습니다. 어른
이 되자 학문을 조금 알게 되어 선생과 군자들의 가르침을 곁에서 들을 수
있었고, 그로 인해 처음에 그릇되이 시대를 구제하고 [은택을] 외물에 미치
려는 마음을 주제도 모르고 갖게 되었습니다만, 결국 기질이 막혀 있고 지
나치게 이상적이며 망발을 일삼아 시세에 부응하지 못하고 받아들여지지
않았습니다. 이런 이유로 줄곧 고독했고 [세상과 더불어] 조화롭게 지내지 못
했습니다. 게다가 걱정거리로 인해 마음의 뜻이 쪼그라든 지 오래되어 더는
세상을 감당하겠다는 생각이 없어지게 되었습니다.[2]

이 글은 공문서 성격을 갖기에 함축된 내용이 많다. 주희의 진심어린 말은
「한 상서에게 답하는 편지答韓尙書書」에서도 잘 나타난다. 한원길은 주희의 '강
우講友'였을 뿐만 아니라 여조겸의 장인이기도 하여 주희와 한원길은 관계가
매우 친밀했기 때문이다.

저의 모진 성격을 만방으로 고치려고 했지만 결국 되돌릴 수 없었습니다.
우원하고 소활한 학문에 이미 깊이 힘을 써서 스스로에 대한 믿음이 더욱
독실해졌는데, 이 때문에 [저는] 결코 시속과 부합함으로써 공명을 얻을 수
없음을 스스로 알게 되었습니다. 그래서 20년 동안 은거를 감내하면서 저
의 뜻을 추구했습니다. 바라는 것은 몸을 닦고 도를 지킴으로써 남은 생애
를 마치는 것에 불과합니다. 한가한 날을 틈타 성인께서 남기신 경전을 읽
고 외우며, 옛날의 학설을 참고하고, 그것을 통해 성현 말씀의 본의가 있는
곳을 찾고 싶습니다. 한편으로 스스로 즐기면서, 틈이 나면 편지로 그 내용
을 써서 학자들과 더불어 공유하고, 또한 후세의 군자들을 기다릴 뿐입니
다. 이것 말고는 실로 조금도 다른 생각이 없습니다. (…) 지금 만약 사절하

지 않고, 받지 말아야 할 것을 받아들인다면, 손님과 주인 사이에 서로 다른 의론이 생기는 것을 분명 피할 수 없을 것입니다. 그것은 통치에 도움이 되지 않을뿐더러 소인들로부터 조롱거리가 될 뿐입니다. 또한 제 개인적 바람으로 이루고 싶은 것 역시 매몰되어 성취되지 못할 것입니다. 혹 기회를 얻어 요행으로 성과가 있다 하더라도, 사람들은 '이미 시험해보았지만 효험이 없는' 글이라고 여기고 다시는 그 글을 읽지 않을 것입니다.[3]

두 편지를 종합해보면, 주희가 비서랑직을 사절한 이유는 세 가지다. 첫째, 자신은 "본래 관리가 되고 싶은 마음이 없었고" "결코 시속과 부합함으로써 공명을 얻을 수 없다." 둘째, 자신은 "성인께서 남기신 경전을 읽고 외우며, 옛날의 학설을 참고하고, 그것을 통해 성현 말씀의 본의가 있는 곳을 찾고 싶다." 또한 "편지로 그 내용을 써서" "학자들과 더불어 공유하고" "후세의 군자들을 기다리고" 싶다. 바꿔 말하면, 자신은 연구와 저술 활동에 대한 흥미가 강해서 유학의 재수립을 위해 일생을 바칠 결심을 했고, 현실 정치에는 말려들고 싶지 않다. 셋째, 자신은 "소인들로부터 조롱"을 받고 있어서 관직을 받아들인다 하더라도 성과를 낼 수 없음이 분명하고, 자신이 힘들여 재수립한 유학 역시 "이미 시험해보았지만 효험이 없는 글"로 여겨져서, 읽는 사람들의 믿음을 잃어버릴 것이다.

이 세 이유가 모두 사실임은 주희의 평생 실천을 보았을 때 전적으로 인정될 수 있다. 첫번째 내용에 대해서는 그에게 "평소 관직을 사절한 글이 매우 많았다"[4]고 하므로 더 논할 필요도 없을 것이다. 두번째 내용에서 우리는 다음 사실을 기억해야 한다. 순희 3년(1176) 전후로 몇 년은 바로 주희가 학문상 용맹정진하던 시기였고 성숙으로 나아가던 단계였다. 『주자연보朱子年譜』를 보면, 그의 주요 저작 대부분이 이 시기에 완성되었다. 곧 『정씨유서程氏遺書』는 건도乾道 4년(1168)에 편집이 완성되었고, 「이발미발설已發未發說」은 건도 5년(1169)에 쓰였으며, 『논맹정의論孟精義』『자치통감강목資治通鑑綱目』『팔조 명신 언행록八朝名臣言行錄』『서명의해西銘義解』는 건도 8년(1172)에 완성되었다.『태극도설太極圖說』『통서해通書解』『정씨외서程氏外書』『이락연원록伊洛淵源錄』은 건도 9년(1173)에 완성되었다. 순희 2년(1175), 주희는 여조겸과 더불어 합동으로『근사록近思錄』을 편찬했고 동시에 아호鵝湖의 모임을 가졌다. 이것은 주희가 비서랑직을 사절하기 1년 전의 일이다. 관직을 사절한 지 1년 후(순희 4년 1177), 주희는 또『논맹집주論孟集注』『논어혹문論語或問』『시집전時集傳』『주역본의周易本義』를 지었다. 이 책들이 분명한 사실을 보여준다. 주희가 비서랑직을 사절하던 전후의 10년은 그의 창조력이 가장 힘차게 발휘되던 시기였으므로 자연스레 그는 이쪽을 버리고 저쪽으로 나아가려 하지 않았을 것이다.

마지막으로 세번째를 보자면, 주희는 "이미 시험해보았지만 효험이 없었다"고 여겨져 '소인들의 조롱'을 더 심하게 만들까봐 매우 두려워했는데, 여기에는 구체적 역사 배경이 있다. 황간黃榦은 「주 선생 행장朱先生行狀」에서 그 일을 서술한다.

당시 주상께서 대신들에게 청렴한 은자들을 등용하고 싶다고 교유하시어, 집정대신들이 선생을 천거하자 이 명령이 있었다. 마침 허명의 사虛名之士를 등용하면 안 된다고 말하는 자들이 있어, 〔선생은〕 그것을 이유로 거듭 사양했고, 청이 받아들여졌다.[5]

'소인들의 조롱'이란 "허명의 사를 등용하면 안 된다"는 말을 가리킴을 알 수 있다. 제7장 3절 '주희 시대의 당쟁'에서 이미 이 사건과 관련해서 설명을 했으므로 여기서 다시 설명하지는 않겠다. 그런데 이 사건은 한원길의 답장과 같이 보아야 비로소 그 속사정을 제대로 파악할 수 있다. 한원길은 「주원회[주희]에게 답하다答朱元晦」 제2서에서 이렇게 말했다.

형이 이미 오래도록 출사하지 않았으니, 한 번 출사하려면 당연히 자신의 사정을 잘 살펴야겠지요. 그러니 [형은] 평소 벼슬길에 매몰되어 빈한한 사람이 된 우리와는 같지 않습니다. (…) "[형은] 세상에 쓰임이 없으니 다시는 사대부 부류에 속하지 않겠다"고 하시는데, 원회가 평소 배운 것은 무엇인지요? 바라건대 성현들이 마음 쓰신 것을 깊이 살피고 그처럼 분노하지 말았으면 합니다. 타인들로부터 노여움을 살까 두렵습니다. 세상과 더불어 변화하는 데에도 무릇 원래부터 도가 있으니, 스스로를 잃어버리지 말아야 합니다. 다만 사람은 도에 익숙하지 않으니 곳곳에서 힘을 낭비하는 것을 깨달을 뿐입니다.[6]

한원길은 주희의 신중함에 전적으로 동정을 표하고 있지만 주희의 '분노'에 대해서는 거리낌 없이 비판하고 있다. "다시는 사대부 부류에 속하지 않겠다"는 말은 주희가 보냈던 편지의 다음 구절을 겨냥한 것이다.

사대부 중 속임수에 의탁하여 작위를 취하는 자들이 이루 헤아릴 수 없습니다. (…) 제가 마침 불행하여, 여러분께서 강권해서 저로 하여금 그 수數를 채우도록 하려 하십니다. 제가 비록 불초하지만 실로 그런 모욕을 뒤집어씀으로 인해, 청의淸議를 견지할 천하의 후세인들로 하여금 저에게 침 뱉고 욕하면서 [저를] 비천하게 여기는 것을 참지 못하겠습니다.[7]

이런 말은 분명히 무척이나 심하다. 조정에 있는 모든 사대부를 욕하면 심지어 공무량과 한원길도 그런 혐의를 피하기 어렵다. 그래서 한원길의 답장에 "타인들로부터 노여움을 산다"는 말이 있었던 것이다. 그런데 한원길이 "분노"라는 표현을 사용한 까닭은 주희의 편지가 '허명의 사'라는 참언을 겨냥하여 나온 정서적 반응이었음을 잘 알고 있었기 때문이다. 두 사람이 편지를 왕래할 때 그들 마음속에는 '허명의 사'라는 표현이 있었지만, 두 사람 모두 그 표현을 드러내지 않았던 것이다.

그렇지만 주희와 한원길 사이의 서신 왕복은 상호 모순되는 이학자들의 모습을 이해하는 한 가지 방식을 제공해준다. 주희는 바로 첫번째 모습에 해당하는 원형이었다. 위에서 인용한 「한 상서에게 답하는 편지」는 '내성'을 중시하되 '외왕'은 치지도외하는 경향을 분명히 보여준다. 이학자로서 주희의 천직은 "성현 말씀의 본의가 있는 곳을 찾아 (…) 후세를 기다리는" 것이었다. 다른 한편, 한원길은 두번째 유형을 대표해서 "세상에 쓰임이 없으니 다시는 사대부 부류에 속하지 않겠다"는 주희의 분노에 통렬히 비난할 수 있었다. 그래서 그는 주희에게 "평소 배운 것은 무엇인가? 바라건대 성현들이 마음 쓰신 것을 깊이 살폈으면 한다"고 말한다. 한원길의 마음속에서 이학자들은 마치 스스로를 '사대부' 부류 밖에 두면서 당시의 치란에 관여하지 않는 존재처럼 보였는데, 그런 경향은 '성현이 마음 쓴 것'을 위배하는 일이었다.

어째서 같은 이학자인데 정치적 경향은 이처럼 차이가 날까? 주희 쪽에서 말하자면, 그는 고도의 창조력을 갖춘 학자이자 사상가였고 '내성'학 영역에서 부단한 진보를 이루고 있어서 이에 상응하여 실제 정치에 대한 흥미는 감소할 수밖에 없었을 것이다. 그러니 당연하게도 "본래 관리가 되고 싶은 마음이 없었을 것"이다. 주희뿐 아니라 동시대 이학자들인 장식, 여조겸, 육구연 등도 정치적 영역에서 활동하기보다 '내성'을 더 중시했다. 이 점은 그들 사이에 오간 서신에서 매우 분명하게 나타난다. 만약 플라톤과 아리스토텔레스의 구분으로 말하자면, 이는 바로 '관조하는 삶vita contemplativa'으로 '행동하는 삶 vita activa'을 넘어서는 것이다. 실제로 유가의 전통과 희랍의 철학 전통은 매우 다르다. 유가에서 '고요함靜'과 '움직임動'은 서로 배척하는 관계에 있지 않았고 더구나 가치상의 우열도 없었다. 다만 '안을 향함向內'과 '밖을 향함向外'이라는 두 경향에 입각하자면, 이학자들은 그중 어느 한쪽에 기우는 일이 많았다. 그래서 우리는 '내성'과 '외왕' 사이에는 피할 수 없는 긴장이 존재한다고 말할 수 있다. 한원길처럼 오랜 기간 조정에서 벼슬을 한 사대부로 말하자면, 비록 이학의 저술을 읽기는 했지만 그들의 주요 정력은 정치적 업무 쪽으로 소모되었다. 때문에 그들의 이해 속에서 '세상에 쓰임用世'은 유자儒者들의 1차적 책임으로서 이루 말로 다 못할 만큼 중요했다. 환원하자면, 두번째 유형의 이학자들은 첫번째 유형과 반대로 '외왕' 쪽에 편중되었다는 의미다.

'내성'과 '외왕' 사이의 긴장 관계는 두 유형의 이학자 모두에게 심리적 압박으로 다가섰지만 그 성격은 판이했다. 첫번째 유형의 이학자들이 느낀 압박은 어떻게 하면 '내성'의 학문으로 하여금 실제 정치적·사회적 효용을 발휘하도록 할까 하는 문제에서 왔다. 그래서 주희는 비록 "본래 관리가 되고 싶은 마음이 없었지만", 여전히 "시대를 구제하고 은택을 외물에 미치려는 마음"을 언제나 품고 있었다. 그래서 주희는 실로 한원길의 비판에 대해 스스로를 변호하기 어려웠을 것이다. 이 점과 관련해 아래에서 따로 논할 것이므로 여기서는 이만 줄이기로 한다. 두번째 유형의 이학자들은 또다른 압력을 받고 있었다. 곧 어떻게 하면 분망한 직무 생활 속에서도 부단히 정신적 원동력과 생명력을 흡수할 수 있는가 하는 압박이었다. 때문에 그들은 종종 가능한 모든 틈을 이용해 '내성'의 학문을 닦으려고 했다. 이 역시 남송 정치문화의 뚜렷한 특색으로 사례가 매우 많다. 여기서는 두 가지 사례만 들어 가설을 실증하고자 한다.

한원길은 「주원회에게 답하다」 제1서에서 이렇게 말한다.

또한 부인의 큰일을 이미 다 끝냈다는 이야기를 들었는데, 제가 당한 어려움[상사喪事]을 통해 보건대 원회의 일처리가 특히 쉽지 않았을 줄로 압니다. (…) 슬픔과 고통으로 한가할 겨를이 없어 문을 걸어 잠그고 예전 공부를 하고 있지만, 만나 이야기하면서 얻을 이로움이 그다지 없을 뿐입니다. 보내주신 편지를 보니 불교 서적을 볼 필요가 없다고 하셨는데 실로 그렇습니다. 바로 저의 본성이 노둔하여 어렸을 때 절에 우거한 적이 많아 (…) 그 설을 공부한 일이 있습니다. 성학聖學의 문을 조금 엿보게 되자, 오랫동안 선종禪宗의 병폐를 보아왔기에 특히 불교 설의 근원을 밝혀내고자 했는데 감히 타인의 말을 근거로 삼지는 못했습니다. (…) 이제는 다 끝났습니다. 그 상세한 과정은 한거번에 진술하기 쉽지 않습니다만, 요약하자면 우리 성인의 오묘한 점은 '합일'에 있어서 하나로 관통할 수 있는 반면 불교의 폐단은 분리에 있습니다. 하지만 제가 논하기에는 충분치 못합니다. 어떻습니까?[8]

주희의 부인은 순희 3년(1176) 11월에 사망했고 이듬해 매장되었다.[9] 편지에서 "큰일을 이미 다 끝냈다"는 것은 장사葬事를 가리킴이 분명하다. 그렇다면 이 편지는 순희 4년보다 이전에 작성되었을 리 없고, 앞서 인용한 두번째 편지보다 1년 정도 뒤에 쓰였을 것이다. 문맥상 당시 한원길도 부인상을 당하여 고향에 돌아와 있었던 듯하다. 그래서 "문을 걸어 잠그고 예전 공부를 했던" 것이다. 그가 했던 '예전 공부'는 모두 '내성'학 영역에 속한다. 그는 정이의 문인 윤돈尹焞(화정和靖, 1071~1142)의 제자였고 장구성張九成(횡포橫浦, 1091~1159)에게서도 배운 적이 있어서, 이 편지는 유교와 불교의 변별에 대해 논할뿐더러 정이의 『역전易傳』과 이정의 『어록語錄』의 문제 역시 언급하고 있다. 주희가 처음에 한원길[한무구]에게 보냈던 편지는 없고, 현재 「한무구에게 답하다答韓無咎」(『주자문집朱子文集』 권37)만 남아 있는데, 이 편지는 한원길의 위 편지에 이어 계속해서 논변을 하고 있다. 한원길의 사례는 평생 정치에 종사한 이학자의 전형을 보여준다. 그는 '내성'의 본원으로 돌아갈 것을 잠시도 잊지 않았기 때문에 벼슬길 속에만 영원히 매몰될 수 없었다. 이런 내심의 긴장은 한편으로는 초기 이학자들의 교육에 의해 만들어진 것이고, 다른 한편으로는 이학자 집단 내부의 부단한 제휴와 지원에서 비롯된 것이기도 했다. 1년 전, 한원길은 주희에게 '외왕'의 책임을 방기하면 안 된다고 심각히 충고했다. 그 1년 후 주희는 한원길이 계속해서 "불교 서적을 봄"으로써 선종과 성학 사이의 경계선을 모호하게 해서는 안 된다고 특별히 깨우치고 있다. '내성'과 '외왕'은 논리적으로 "하나로 관통"하기가 매우 쉬웠지만, 그 두 가지는 이학자들의 실제 생활 속에서 잘 부합하지 않아 극도의 긴장을 형성했다. 생활과 논리가 종종 일치하지 않는다는 점은 유학을 연구할 때 특히 주의해야 할 문제다. 왜냐하면 종래로 유학은 순수한 사변의 산물이 아니었고 생활과 실천의 역사적 맥락 속에 놓여야만 그 의미가 비로소 완전히 펼쳐지기 때문이다. 송대는 특히 그러했다.

시대적 고려를 바탕으로, 한원길보다 스무 살 정도 어렸던 첨의지詹儀之(자字는 체인體仁)[10]를 사례로 들어보자. 이렇게 해야만 우리는 내적 긴장 관계가 이 학자 집단 속에서 연속성과 보편성을 갖고 있었다는 점을 확인할 수 있을 것이다. 장식은「주원회에게 답하다答朱元晦」제49서에서 다음과 같이 말한다.

첨체인은 부지런히 강학하여, 서로 만날 때마다 직무와 관계된 일 외에 의리義理를 상의하므로 [저의] 고독과 외로움에 매우 위로가 됩니다. 그런 취향은 실로 얻기 어려운 것입니다.[11]

또다른 편지(제52서)를 보자.

첨체인은 성실하고 독실하여 기꺼이 강학을 하므로, 쉽게 얻을 만한 인물이 아닙니다.[12]

이 두 편지는 장식이 순희 원년에서 3년(1174~1176)까지 광서안무사廣西安撫使 재직 중에 쓴 것으로, 당시 첨의지는 그의 부하였다. 첨의지는 여조겸의 문하이고 여조겸은 한원길의 사위이므로, 첨의지와 한원길은 2대 차이가 난다. 『송원학안宋元學案』에 따르면 첨의지는 주희에게서 배운 적이 있었다. 나중에 그는 줄곧 정계에서 일을 하여 이부시랑吏部侍郎, 지정강부知靜江府 등을 지냈다.[13] 주필대는 순희 8년에서 12년(1181~1185)에 걸쳐 선후로「첨체인 시랑 의지에게 보내다餘詹體仁侍郎儀之」라는 편지 6통을 썼으므로 주필대 역시 첨체인을 매우 중시했던 것이다.[14] 첨체인 자신은 강학에 종사한 적이 없는 듯하므로 두번째 유형에 속하는 이학자였다. 한원길과 첨체인은 나이는 달랐지만 공무의 틈을 내서 '내성'의 학문을 추구했다는 점에서는 일치했다. 이는 이학자 집단 내에서 일찍부터 공통의 행위 모델이 형성되어, 그것이 서로 다른 연령층에게 지속적으로 모델의 역할을 했다는 의미다. 그들은 벼슬길에 들어선 후 계속해서 "예전 공부를 하거나" "의리를 상의했는데", 그렇게 했던 것이 어떤 외적 동기에서 기인했던 건 아닌 듯하다. 한원길과 첨체인의 관점에서 순희 초년의 이학은 정치상으로 아무런 호소력도 없었다. 주희, 장식, 여조겸 같은 사람들도 권력의 중심에서 배제되는 판국에 그들의 동조자나 문인들은 어땠겠는가? 한원길이나 첨체인의 '내성'학 연구에는 어떤 이론을 세워 불후의 업적을 세우려는 생각이 없었다. 왜냐하면 당시의 '강학'은 대부분 말로 이루어졌고, 혹여 우연한 기회에 이루어진 서신 왕복이 전부였기 때문이다. 모든 외적 동기를 배제한다면 우리는 이렇게 말할 수 있다. '내성'학은 그들의 정신적 원천임이 틀림없었고, 적어도 그들은 그에 대해 조금이라도 의심을 품지 않았다는 것이다. 그들은 '내성'학을 견지하여 안심입명의 근거로 삼았을 뿐 아니라 그런 정신적 원천이 자신들의 흉금을 시원하게 씻어낼 수 있고, 자신들의 사람됨과 업무 능력을 부단히 개선시켜줄 수 있으리라고 믿었다. 이런 관점에서 보자면, '내성'학의 종교적 성격이 분명하게 드러난다.

종합해서 말하자면, 남송 이학자들이 모순되는 두 역사적 현상을 나타냈던 데에는 궁극적 원인이 있었으니 바로 '내성'과 '외왕' 사이에 존재하는 긴장관계다. 여기서 우리는 이학자들의 개인적 입장과 집단적 입장을 구별해야 한다. 개인적 측면에서 이학자들이 '내성' 쪽으로 기울거나 때로 '외왕' 쪽으로 기우는 것은 피할 수 없는 현상이었다. 그런데 집단적 측면에서는 '내성'과 '외왕'이 동시에 긍정되어야 할 가치일 수밖에 없었다. 주희와 한원길의 상호 비판은 그런 경향과 관련 있거니와 그들이 나타냈던 입장은 집단적 관점 즉 비개인적 관점이었다. 설사 개인으로라도 이학자들의 경향은 주로 어느 쪽에 더 기울었느냐 하는 문제와 관련되어 있고, 이것을 버리고 저것을 얻는다는 식의 문제는 아니었다. 가장 극단의 '외왕'파인 진량陳亮(1143~1194)은 이렇게 말한 적이 있다. "20년 동안 도덕성명道德性命의 학문이 흥하자 문장과 정사가 거의 폐해졌다. 그런 설은 편향되었으므로 뜻있는 사士들이 그에 대해 걱정하고 고민했다."[15] 진량이 제기한 비판 역시 '편중' 문제에 귀착되었음을 알 수 있다. 다른 한편, 그는 『이락정원서伊洛正源書』를 편찬함으로써 "날마다 볼 구절을 갖췄는데",[16] 이는 집단적 입장에서 나온 결정이었을 것이다. 당시에 '내성'을 완전히 방기하기란 상상할 수 없는 일이었기 때문이다.

어째서 '내성'과 '외왕' 사이의 긴장 관계가 특히 남송 때 분명히 드러났을까? 이는 이어서 따져보아야 할 문제다.

2. '내성'에서 '외왕'으로

주희의 관찰에 따르면, 송대 유학 제1단계의 중심은 '경전을 해설함說經'으로써 '치도治道를 미루어 밝히는 것'이었다.[1] 다만 주희는 다음과 같이 말하기도 했다. "국초[송 초]에 사람들은 이미 예의를 숭상하고 경전을 존숭함으로써 요·순 두 황제와 하·은·주 삼대三代로 돌아가려는 생각이 당나라 사람들보다 강했지만, 아직 그 이론이 철저하지 못했다. 이정이 나오고 나서야 비로소 그 이치가 철저해졌다."[2] 이 구절을 통해 주희가 이정을 송대 유학사의 획기적 인물로 여겼음을 알 수 있다. 이정은 송대 유학 제2단계를 열었고 그 중심은 '이학'(혹은 '도학')으로 옮아갔다. '치도'에서 '이학'으로 나아갔던 것은 바로 '외왕'에서 '내성'으로 옮아간 것이다.

하지만 정치문화 관점에서 말하자면, 송대 유가 사대부들은 모두 세 단계를 거친다. 송대 초기부터 인종대까지가 첫번째 단계로, 이 단계에서 '치도'의 방향이 확립되었다. 곧 '삼대'의 이상을 귀결점으로 보는 정치·사회 질서를 재수립하는 방향이다. "사는 천하를 자신의 임무로 삼아야 한다士當以天下爲己任"

는 범중엄范仲淹의 호소가 거대한 영향을 끼칠 수 있었던 까닭은 바로 이런 송대 유학 제1단계의 문화가 이미 성숙한 지경에 들어섰기 때문이다. 유가 사대부들은 '삼대'의 질서를 재수립하려는 이상을 받아들였을 뿐 아니라 자신들이 직접 그 임무를 짊어져야 한다고 자각했다. 현대 용어로 말하면 '정치주체'의 의식을 사대부들이 가져야 한다는 것을 범중엄의 위 구절은 생동감 있게 표현했다.

제2단계의 정치문화는 희령변법에서 최고조를 이루었다. 이는 사대부들이 '앉아서 말하는' 단계에서 '일어서서 행동하는' 단계로 나아갔다는 뜻이다. 그래서 처음에는 서로 다른 사상적 유파의 사대부들이 모두 왕안석의 신법新法을 지지했다. 주희 역시 "그때는 변화되어야 할 시절이었다"[3]고 전적으로 인정한다. 만약 '치도'의 측면만 놓고 말한다면, 제1단계와 제2단계 사이의 사상은 연속적이므로 그 둘 사이에 뚜렷한 경계선을 그을 수 없다고 할 수 있다. 그렇지만 정치사 시선으로 보자면 제2단계에서 획기적 변화가 일어난다. 변법은 단순히 '치도'를 논하는 것과 달랐다. 왜냐하면 후자는 정치적 실천과 직접 관련되어 있었기 때문이다. 그것은 권력의 문제와 관련되었다. 변법을 결정할 권력을 누가 갖는가? 그 권력은 어떻게 결정되는가? 권력이 결정된 후 누가 그 집행을 책임지는가? 그래서 희령 3년(1070)에 신종이 "사대부와 더불어 공동으로 국시를 정한다與士大夫共定國是"는 원칙을 제시한 것은 송대 정치사에서 일대 사건이었다. 그로부터 1년 후, 문언박文彦博이 신법에 반대하면서 남긴 "사대부와 더불어 천하를 다스린다爲與士大夫治天下"라는 명언은 바로 그런 원칙으로부터 파생된 것이었다. 그래서 그 명언의 저작권은 오직 문언박에게 귀속해서는 안 된다. 왜냐하면 문언박이 논쟁 중 논적論敵의 용어를 고의로 차용했을 가능성이 아주 높기 때문이다. 정이가 원우 시기에 했던 말인 "함께 천하를 다스린다同治天下" 역시 동일한 원칙을 구체적으로 운용한 데 불과하다. 이후, 남송의 주희 문인인 조언약曹彦約(1157~1229)은 보경寶慶 원년(1225)에 올린 봉사封事에서 관직에 있는 사대부들은 "천하의 공동 통치자天下之共治者"라고 직설적으로 말한다.[4] 이렇게 보면, 송대 정치사에서 희령변법이 지닌 획기적 성격을 부인할 수 없을 것이다. 주로 왕안석 및 그 지지자들의 분투에 의해 사대부들은 적어도 이론상으로는 "공동으로 국시를 정하고" "함께 천하를 다스리는" 합법적 권력을 얻었다. 이것은 중대한 돌파구로서, 이로 인해 사대부들의 정치적 주체의식이 실제 정치행동 속에서 구체적으로 실현될 수 있었다. 왕안석의 특수한 재상권력이든 후대의 재상권력이든 모두 '공동으로 정함' '함께 다스림' 등의 관념에 의거해 운용되었고, 그로 인해 그것은 황권에 대한 일종의 제한이 되었다.

이상 두 단계의 역사적 배경에 관해서는 상편 통론에서 이미 상세하게 논증했다. 이제 우리가 집중적으로 논해야 할 것은 제3단계의 정치문화로, 이 단계는 주로 주희 시대에 해당된다. 상편에서 그 부분에 대한 이야기는 꺼냈으나 상세히 논증하지는 않았다.

앞서 지적했다시피 이학자들은 남송의 변혁을 추동한 주요 세력이었다. 그런데 그들이 발전시킨 이학의 본바탕에는 '내성'의 경향이 있었다. 어째서 '내성' 경향의 이학자들이 오히려 '외왕' 영역 속에서 활발하게 활동했을까? 이것은 피해갈 수 없는 문제다. 이 문제에 답하기 위해 우리는 먼저 유학과 이학의 개념을 구분해야 한다. 송대 유학 부흥의 최초 요구는 '삼대'의 이상에 바탕을 두고서 합리적 질서를 재수립하는 것이었다. 이는 송대 유학의 근본 방향으로 세 단계 모두를 관통했고, 그 근본 방향에는 전혀 변화가 없었다. 이학은 북송에서 일어나 남송에 이르러 크게 흥성했다. 이학이 발전시켰던 것은 유학 중에서도 '내성' 분야였다. 이학은 유학에 새로운 면모를 부여했지만 그것이 유학의 전모는 아니었다. 유학 자체의 관점에서 말하자면, 이학은 '안쪽을 분석해 들어가는 것'으로서 일종의 내향적 태도를 대변한다. 그렇지만 이학이 제3단계에서 수많은 사람에게 신봉의 대상이 된 까닭은 이학이 아래와 같은 설득력 있는 해답을 제시했기 때문이다. 곧 '내성'학이 아주 잘 밝혀진 다음이라야 '외왕'의 도가 비로소 충분히 실현될 가능성이 있다는 것이다.

그래서 제3단계는 비록 내향적 변화를 보이지만, 그래도 그 변화는 북송 이래 유학의 방향과 일치한다. 동중서董仲舒가 인용한 옛말로써 "연못가에서 물고기를 잡으려 하기보다 물러서서 그물을 만드는 것이 낫다"는 것과 같다. 서양 속담으로는, 곧 "후퇴는 더 멀리 도약하기 위한 것이다"다. 유학과 이학을 위와 같이 구분할 경우, 이학자들이 어째서 정치 영역에서 활약했는지를 이해하기는 어렵지 않다. 우리는 다음과 같이 말할 수 있다. 곧 '내성'의 학을 연구할 때, 그들은 이학자의 특수한 입장 위에 서 있었고 그 정신은 안으로 수렴하고 있었지만, '외왕'의 사업을 추진할 때 그들은 다시 일반적인 유가의 입장으로 돌아왔고 그 정신은 밖을 향해 펼쳐졌다고 말이다. 여기까지 분석하면 '내성'과 '외왕' 사이의 긴장이 개인 신상에서 구현된다는 것을 파악할 수 있다. 다시 말해, 이학자의 특수한 역할과 유자의 일반적 역할은 역행하기 마련이라는 것이다. 이는 두 역할 자체의 서로 다른 요구에 의해 규정된다.

제3단계 정치문화의 특색은 '내성'학의 개입에 있다는 것은 앞서 서술한 대로다. 이제 우리는 한 걸음 더 나아가 그런 현상이 어떻게 해서 발생했는지를 설명해야 한다. 먼저 지적해야 할 점은 제2단계의 변법 또한 유학적 근거가 있었고 행정과 사법에만 국한되지는 않았다는 사실이다. 상편 제6장에서 밝혔듯이, 제1단계의 호원·손복·구양수 등 여러 학자도 이미 삼대 이하 '성인의 도'에 체용體用 혹은 본말本末이 있다는 것을 제시했다. 대체로 그들은 인의仁義(도덕)와 예악禮樂을 '체體' 또는 '본本'으로 간주했고, 행정과 사법의 실제 조치를 '용用' 또는 '말末'로 여겼다. 전자는 '영원히 불변하는 것'이고 후자는 시대에 따라 변하는 것이다. 왕안석은 이런 구별을 받아들였다. 때문에 경학經學은 신법의 학문적 근거가 되었다. 곧 『삼경신의三經新義』는 바로 그런 요구에 따라 저술된 책이다. 그렇지만 이학자들이 생각하기에, 예악이 중요하더라도 그것은 여전히 '형체가 있는 것形而下'에 불과하여 '도체道體'로 불리기에는 부족했다. 구양수는 「본론本論」에서 삼대 예악의 작용을 밝혀 당시 큰 주목을 받았지만, 육구연은 다음과 같이 평한다.

구양수의 「본론」은 실로 좋지만 역시 피상적으로 설명했을 뿐이다.[5]

예악은 표면일 뿐이고 아직 '성인의 도' 안으로 들어가지 못했다는 것이다. 구양수는 당시의 '본성性' 이론에 특히 반대했으므로 그때 본성에 대해 논하는 사람들이 이미 적지 않았음을 알 수 있다. 인의나 도덕은 '내성' 영역에 속하는데, 왕안석은 구양수보다 한 걸음 더 나아가 '도덕성명'에 관한 견해를 제시했다. 그렇지만 정통 이학자들은 초기의 '도덕성명'론이 전혀 성숙한 경지에 이르지 못한 것 혹은 아직 선종으로부터 벗어나지 못한 것이었다고 인식했다. 요컨대 '내성'학의 심원한 곳에 아직 도달하지 못했다는 말이다. 아래에서 인용할 왕안석에 대해 정호가 가한 비판은 바로 그 점을 충분히 설명해준다.

> 공〔왕안석〕의 도道에 대한 이야기는 마치 13층 탑 위의 상륜相輪[6]에 대해 이야기하는 것과 같다. 〔공은 탑을〕 멀리서 바라보면서 '상륜이란 이러이러한 것이다'라고 말하는데 이는 매우 분명하다. 나는 어리석고 고지식해서 그렇게 할 수 없고 곧바로 탑 속에 들어가 위로 올라가서 상륜을 찾는다. 고생스럽게 붙잡고 빙 둘러 올라가서 바로 13층에 이르렀을 때, 비록 공이 말한 것과 같은 상륜을 아직 보지는 못하지만, 나는 실제로 탑 속에 있으면서 상륜에 점차 가까워지기 때문에 결국 거기에 도달할 수 있기 마련이다. 상륜에 이르러 그 속에 앉아 있을 때, 여전히 공이 탑을 바라보면서 저 상륜이 이렇다 저렇다 말하는 것을 보게 된다.[7]

나종언羅從彦은 『존요록尊堯錄』에서 이 말을 기록했는데, 거기서는 "탑을 바라보면서對塔"가 "탑 주위를 돌면서繞塔"로 되어 있다.[8] "탑 주위를 돌면서" 쪽이 훨씬 생동감 있으나 의미에는 차이가 없다.[9]

왕안석의 변법이 경학에 근본을 둘 뿐 이학에 근본을 두지 않음은 명백한 사실이다. 당시 이학의 기본 강령이 이정에 의해 세워졌다 하더라도, 그것은 아직 정치문화의 주류에 들지 못했다. 남송 이학자들은 그것이 바로 변법 실패의 근본 원인이라고 단정한다. 정호는 신종에게 "왕안석의 학문은 부족하다"고 말한 적이 있는데, 그것은 "범위만 넓고 핵심이 없다"[10]고 말한 데 불과하다. 남송의 여러 대가도 이구동성으로 그런 "'부족함'이 '내성' 쪽에 있다"고 단언한다. 주희는 이렇게 말한다.

형공의 학문이 잘못된 까닭은 도리를 철저하게 알지 못했기 때문이다.[11]

장식은 왕안석에 대해 가장 가혹하게 비판했다.

희령 이래, 인재들이 이전보다 쇠퇴한 까닭은 바로 왕개보[왕안석]가 그들을 망쳤기 때문입니다. 개보의 학문은 허무를 근본으로 삼아 실용에 해롭습니다. 이락伊洛 지방의 여러 군자는 그런 폐단을 없애려고 매우 노력했습니다.[12]

"도리를 철저하게 알지 못했다"는 것과 "허무를 근본으로 삼는다"는 것은 모두 왕안석의 '내성'학이 불충분하다는 점을 가리킨다. 장식은 또 이렇게 지적한다.

왕씨의 설은 모두 사사로운 뜻私意을 천착하는 데서 나오고, 성명性命에 대한 그의 고원한 담론은 특히 불교와 근사近似한 것을 몰래 취했을 뿐입니다.[13]

이로부터 '허무'는 불교와 도교(장식은 바로 이어지는 문장에서 "불교·도교와 유사한 것을 몰래 취했다"고 말한다)를 가리킴을 알 수 있다. 그러나 "이락 지방의 여러 군자"가 없애려고 한 '폐단'은 불교와 도교를 직접 겨냥함은 아니었을 것이다. 왜냐하면 그들이 겨냥한 대상은 왕안석처럼 불교와 도교를 신봉하면서 정사政事와 인재를 망쳐버린 사대부들이었기 때문이다. 여기서 이학 출현의 정치적 배경이 드러난다. 육구연은 이학자 중 왕안석을 가장 존숭한 이였는데도 이렇게 말한다.

> 형공의 학문은 아직 올바른 것을 얻지 못했는데도, [그의] 재질은 크고 뜻은 독실하여 마침내 천하를 망치기에 충분했다.[14]

여기서 말하는 '올바른 것'이란 이학을 가리킨다. 상세한 내용은 「형국 왕문공 사당기」에 나오는데 뒤에서 다시 인용할 것이다.

위에서 인용한 왕안석 비판으로부터 남송 정치문화에서 이학이 북송 경학의 지위를 정식으로 대체해버렸다는 점을 추론할 수 있다. 이학의 직접 목적은 개인의 '내성'을 성취하는 것이었지만, '내성'의 가장 중요한 집단적 기능은 여전히 '외왕'의 사업을 실현하기 위함이었다. 곧 합리적 정치·사회 질서를 재수립하는 것이었다. 그렇지 않다면, 설사 각 개인이 도덕을 성취했다 하더라도 그것은 맹자가 말한 "제 한 몸만을 선하게 하기獨善其身"에 불과할 뿐이다. 그러므로 남송 이학자들은 여전히 "삼대로 돌아가려는" 뜻을 한순간도 잊지 않았다. '삼대'에 대한 주희의 견해는 그와 진량 사이에 벌어진 왕패王霸 논쟁을 통해 널리 알려져 있으므로, 여기서 다시 인용하지는 않겠다. 장식과 육구연 두 사람의 설만을 들고자 한다. 장식은 「주원회 비서에게 답하는 편지答朱元晦祕書」 열아홉번째에서 아래와 같이 말한다.

> 우리는 다만 서로 함께 성인의 학문을 강학하여 밝혀야 합니다. 성인의 학문이 아래에서 밝아져 사람들의 마음을 바로잡는 방법은 세 성인의 사업을 계승하는 일 뿐입니다.[15]

이 말은 '내성'학과 삼대의 통치 사이의 관계를 실로 다 밝히고 있다. 육구연은 순희 11년(1184)에 쓴 「산정관 윤대 차자刪定官輪對箚子」 네번째에서 이렇게 말한다.

임진년(건도 8년, 1172), 저는 성시省試의 대책對策 (…) 마지막 장에서 다음과 같이 말했습니다. "그렇다면 삼대의 정치는 마침내 회복되지 못할 것인가? 아름드리나무는 싹이 자라난 것이다. 한여름의 더위는 한겨울이 변화한 것이다. 그러니 삼대의 정치를 어찌 끝내 회복시킬 수 없겠는가? 생각건대 마땅히 점진적으로 회복시키되 급진적으로 하면 안 될 뿐이다. 황무지를 포괄하는包荒 도량, 걸어서 강을 건너는馮河 용기, 버려진 이들을 소외시키지 않는不遐遺 총명함, 붕당을 없애는朋亡 공정함이 있다면 삼대를 회복함에 무슨 어려움이 있겠는가?" 저는 오늘 폐하를 위하여 그것을 다시 읽어볼 것을 청합니다.[16]

"삼대"가 합리적 질서의 대명사임은 앞서 누차 이야기했다. 송 초부터 왕안석에 이르기까지 누구든 "삼대로 돌아가자"를 슬로건으로 삼았다. 지금 육구연은 「산정관 윤대 차자」에서 그것을 재삼재사 말하고 있는데, 그 말은 참된 신념이 드러난 것이므로 흔히 쓰는 상투어로 여겨져서는 안 된다. 남송 이학자들이 왕안석 시대 유가 정치문화의 대전통을 직접 계승했다는 구체적 증거를 여기서 다시 확인할 수 있다. 그런데 육구연은 또다른 논점을 강조한다. 곧 "삼대의 통치로 돌아가는 것"은 "점진적이어야지 급진적이어서는 안 된다"는 것이다. 여기에는 두 가지 함축이 들어 있다. 첫째, 왕안석이 과도한 조급증으로 실패를 초래했던 일을 반면교사로 삼아 '급진'을 '점진'으로 대체해야 한다는 주장이다. 둘째, 국토 상실이라는 현실에 직면하여 희령변법과 같은 대규모 개혁은 사실상 이미 불가능한 시도라는 인식이다. 그렇지만 육구연 역시 주희, 장식, 그리고 여타 이학자들과 마찬가지로 '회복'을 주장한다. 다만 온건한 방식으로 주장할 뿐이다. 종합하자면 육구연의 정치적 경향은 현상 개혁이었지 수구 보수는 아니었다. 이 점과 관련하여 뒤에서 따로 논하기로 하고 여기서는 더이상 언급하지 않겠다.

육구연은 왕안석 실패의 가장 심층적인 원인이 '본'을 버리고 '말'을 좇았다는 것, 다시 말해 '외왕'을 '내성'의 기초 위에 세우지 못했다는 것으로 여겼다. 「형국 왕문공 사당기」를 보자.

> 정치는 사람에게 달려 있으므로 몸소 인재를 등용하고, 도로써 몸을 닦으며, 어짊으로써 도를 닦아야 한다. 어짊은 사람의 마음이다. 사람은 정치의 근본이다. 몸은 사람의 근본이다. 마음은 몸의 근본이다. 근본을 이루지 않고 말단에 종사했으니 말단도 다스릴 수 없었다. 『대학大學』이 전해지지 않자 옛 도가 막혔으니 그 내력이 이미 오래되었다. (…) 말단에 가려서 그 의미를 궁구하지 않았다. 세상 군자들이 처음에는 공[왕안석]과 더불어 같지 않음이 없었으나 세상에 해를 입힘에 차이가 났던 까닭은, 군자들이 [자신과 왕안석 사이의] 차이를 의심하자 공이 자신의 의견만 받아들이도록 강요하면서 고집을 부렸기 때문이다.[17]

이 구절은 육구연의 '심학'적 입장을 드러낼 뿐 아니라, '내성'이 '외왕'의 절대적 선결 조건임을 단언한다. 그것은 이미 남송 이학자들의 공통된 견해였다. 주희는 「치도에 대한 논의論治道」에서 말한다.

> 오늘날 인재들이 못쓰게 된 까닭은 모두 [그들이] 도학을 헐뜯었기 때문이다. 치도는 정심正心과 수신修身에 바탕을 두기 마련인데, 실제로 그렇게 안 다음에야 그로부터 해나갈 수 있다. 오늘날의 사대부들은 다만 '내가 시의를 좇아서 이렇게 한다'고 말하면서 일을 한다. 도학을 말해도, 정심과 수신을 말해도, 모두 한가하게 얘기하면서 '나는 그런 것을 할 필요가 없다'고

한다.[18]

이 조목은 엽하손이 신해년(소희 2년, 1191) 때 들은 이야기를 기록한 것인데, 당시 '도학'은 정치적으로 가장 격렬한 공격을 받던 시기였다. 그래서 주희는 당시 사대부 반대파의 의론議論을 옮긴 후 그것과 도학을 대조했다. 그 가운데 "치도는 정심과 수신에 바탕을 두기 마련"이라는 말은 육구연의 관점과 똑같다.

육구연은 「왕순백에게與王順伯」 제1서에서 다음처럼 말한다.

유학자들은 아무 소리가 없고, 아무 냄새가 없으며, 일정한 장소가 없고, 특정한 형체가 없는 경지에 이르더라도 항상 세상의 경영經世을 위주로 삼는다.[19]

이 구절은 '내성'과 '외왕'의 관계에 대한 가장 분명한 묘사로 남송 이학자들의 일반적 관점을 대표한다. "아무 소리가 없고, 아무 냄새가 없으며, 일정한 장소가 없고, 특정한 형체가 없다"는 것은 당연히 '내성'의 극치를 가리킨다. 그런데 설사 '내성'의 가장 깊은 곳에 이르렀다 하더라도 유가의 궁극적 관심은 여전히 인간세계에 있다. '내성'으로 들어갔다가 다시 돌아오지 않는다면 유가의 기본 입장을 잃어버리게 된다. 그런데 이학자들은 대체 어째서 '내성'으로부터 '외왕'으로 옮겨갈 수 있었을까? 이것이 바로 이 절에서 논하려는 가장 마지막 문제다.

앞서 인용한 「형국 왕문공 사당기」에서 "정치는 사람에게 달려 있다"는 말은 『중용中庸』 제20장에 나오고, '사람의 마음'으로 '어짊'을 해석하는 것 이하의 말들은 육구연의 독창적 견해였다. 그리고 가장 관건이 되는 '본' '말' 용어는 『대학』에 나온다. "『대학』이 전해지지 않자 옛 도가 막혔다"는 말에서, 육구연이 『대학』을 매우 중시했음을 알 수 있다. 건도 8년(1172), 그는 성시省試의

'어짊을 덕으로 삼고 이로움을 공로로 삼는다德仁功利'는 문제에 답하는 마지막 부분에서 이렇게 말했다.

"제왕의 덕의 어짊이 어찌 필부처럼 수신과 제가에서 드러나겠는가?"라는 설에 이르면 저는 그렇지 않다고 생각합니다. 수신과 제가는 좀 청렴하게 보이려고 꾸미거나, 세세한 일에 긍지를 갖거나 함으로써 향당에 자신을 의탁하는 자의 행위 같은 것이 아닙니다. 안자顏子[안회]의 시청언동視聽言動, 증자曾子의 용모容貌·안색顏色·어투辭氣, 오제五帝, 삼왕三王, 고고皐[고요皐陶], 기夔, 직稷, 설契, 이伊[이윤伊尹], 여呂[여상呂尙 즉 태공망太公望], 주周[주공周公], 소소[소공召公]의 공훈과 덕업이 거기에 달려 있습니다. 그러므로『대학』은 '밝은 덕을 천하에서 밝히는 일은 반드시 격물格物, 치지致知, 정심正心, 성의誠意에서 시작한다'라고 말했습니다.[20]

'어짊을 덕으로 삼고 이로움을 공로로 삼는다'는 효종이 건도 7년(1171)에 직접 만든 시제試題였다.[21] 육구연은 그중 '수신제가'의 해석에 대해 "저는 그렇지 않다고 생각한다"고 말하는데, 이는 "육조六朝와 송대의 사상이 가장 자유로웠다"는 천인커陳寅恪(1890~1969)의 논단을 증명해주는 분명한 사례다. 그렇지만 여기서 중요한 점은 육구연이 기본적으로『대학』의 8조목이 나타내는 순서를 받아들였음을 그의 답안에서 추론할 수 있다는 점이다. 곧 '내성'으로부터 한 걸음 밖으로 나아가, 치국治國과 평천하平天下에 이르러 멈춘다. 송대에서『대학』을 가장 힘있게 표장했던 것이 정주程朱 일파였음은 주지의 사실이다. 정호는『대학』이 "공자가 남긴 책"이라고 단정했고, 정이는 사람들로 하여금 먼저『대학』을 읽도록 했다. 때문에 주희는 이런 전통을 이었고, 더 나아가『대학』에 주해를 달아서 '사서四書'의 으뜸 자리에 놓았다.[22] 육구연은 '내성'학 분야에서 정이 및 주희와 크게 차이가 났지만, 어떻게 해서 '내성'으로부터 '외왕'으로 옮아갈까 하는 과정의 관점에 입각해 말하자면, 그의 견해와 정이 및 주희의 견해 사이에는 그다지 차이가 없다. 이는 무엇을 설명할까? 그것은 주희와 육구연이 동일한 정치문화 가운데 있었고, 그 정치문화는 이학자 집단에 속한다는 것을 우리에게 알려준다. 우리는 주희와 육구연 사이의 '차이'는 '내성' 분야에 있었고, 그 '동일함'은 '외왕' 분야에 있었다고 말할 수 있다. 실제로 다른 점도 있고 같은 점도 있었던 것이다. 물론 더욱 유력한 증거들도 있기에 『대학』에만 의존하여 판단해서는 안 된다. 이 점은 뒤에서 살펴본다. 여기서는 단서를 처음 발견한 데 지나지 않는다.

마지막으로, 우리는 『대학』이 이학자들의 정치문화에서 차지했던 위치를 대략 논하지 않을 수 없다. 먼저 지적해야 할 점은 유가 사대부들은 『대학』의 '정심·성의·수신' 등의 관념으로써 황제를 개도하려 했고, 일찍이 신종과 철종 시대부터 그런 조류가 유행했다는 사실이다. 세 가지 사례를 들기로 한다. 『송사宋史』 권303 「범육전范育傳」을 보자.

범육의 자는 손지巽之이고, 진사시에 합격하여 경양령涇陽令이 되었다. 부모 봉양을 이유로 휴가를 내어 고향으로 돌아가서 장재에게서 배웠다. 그를 천거하는 사람이 있어 〔신종이〕 그를 불러 회견하고서, 숭문교서崇文校書와 감찰어사리행監察御使里行을 제수했다. 신종이 그에게 교유하시기를 "『서경』은 '참설이 군자의 행실을 끊어 없애는 것을 미워한다'라고 하는데, 이것이 짐이 〔그대를〕 어사로 임명한 의도다'라고 했다. 범육은 『대학』의 성의와 정심을 이용해 천하와 국가를 다스릴 것을 청했고, 이어서 장재 등 몇을 천거했다.[23]

『송사』 권336 「여희철전呂希哲傳」 기록이다.

여희철은 자는 원명原明이고 어려서 초천지焦千之, 손복, 석개石介, 호원에게 배웠고, 다시 정호, 정이, 장재에게 배워서 보고 들은 것이 매우 광범위했다. (…) 〔철종이 희철을〕 불러서 숭정전설서崇政殿說書로 삼았다. 그는 인주人主

에게 수신을 근본으로 삼고, 수신은 정심과 성의를 위주로 삼을 것을 권했다. "마음이 바르고 뜻이 진실하다면 몸이 닦여지고 천하가 교화됩니다."[24]

『송사』 권337 「범조우전范祖禹傳」은 이렇다.

범조우는 자는 순보淳甫이고 (…) 어려서 고아가 되어 (…) 문을 닫고 책을 읽어 인간사에 관여하지 않았다. 서울에 도착하여 교유했던 이들은 당시의 유명 인사들이었다. (…) 진사에서 갑과로 합격했지만, 사마광司馬光을 따라 『자치통감資治通鑑』을 편수하느라 낙洛 땅에서 15년간 머물러 벼슬길에 나아가지 않았다. (…) 철종이 즉위하자 우정언右正言으로 발탁했다. 여공저가 집정대신이 되자, 범조우는 그의 사위라는 혐의를 받을까봐 〔벼슬을〕 사양했다. (…) 여공저가 죽자 우간의대부右諫議大夫로 제수되었다. 첫번째 상소는 인주가 마음을 바르게 하고 몸을 닦는 핵심을 논하는 것이었다.[25]

범조우의 이 상소문은 원우 4년(1089)에 작성되었는데, 현재 『범태사집范太史集』에 수록되어 있다. 그 대략은 다음과 같다.

명철한 왕께서 천하를 다스리려면 먼저 근본을 바르게 해야 합니다. 근본은 인군人君의 마음에 있을 뿐입니다. (…) 신이 경연에서 모시고서 이어 진강進講을 했는데, 매번 '인군의 정심과 수신의 요점'에 대해 언급했습니다.[26]

주의할 점은 이 세 사람 중 범육范育(생몰년 불상)은 장재의 제자이고, 여희철呂希哲(1039~1116)은 이정에게서 배운 적이 있었으며, 범조우范祖禹(1041~1098)는 이정의 문인은 아니었지만 사상적으로 이정의 영향을 많이 받았다는 사실이다.[27] 그러므로 『대학』이 송대 사대부 정치문화와 더불어 밀접한 관계를 맺었던 것은 늦어도 송대 유학 제2단계에서 시작된 것이다. 그때는 희령과 원우 시기였고, 이학자들이 그런 면에서 핵심 인물이었다. 남송의 주희와 육구연 등도 그 전통을 계승했다. 그렇지만 부인할 수 없는 사실은 『대학』을 정식으로 이학 체계 속에 넣고서, 그것을 '내성'과 '외왕'을 잇는 매개물로 만든 것은 주희의 독특한 공헌이라는 점이다.

주희는 만년(1198)에 이렇게 말했다.

> 나는 『대학』에 대해 가장 많이 노력했다. 사마광은 『통감』을 짓고서 "제 평생의 정력은 이 책에 다 있습니다"라고 말했는데, 나는 『대학』에 대해 그러하다.[28]

『대학』이 주희의 마음속에서 차지했던 상당한 비중을 이 구절에서 알 수 있다. 주희가 죽기 직전까지 『대학』의 「성의誠意」 장을 수정했다는 것은 위와 같은 고백을 실증한다. 『대학』에 관한 주희의 이야기를 통해 보건대, 그가 거듭 고민했던 것은 『대학』 본문의 내적 어려움을 설명해내는 것이 아니라 오히려 어떻게 하면 『대학』을 전체 유학 체계 내에 정립시키는가 하는 문제였다. 만약 이학자들이 '내성' 영역 안에만 있고자 했다면, 당시 '공문孔門의 심법心法'으로 여겨지던 『중용』이 『대학』에 비해 훨씬 우월한 지위를 차지했을 것이다. 그런데 주희는 어째서 『대학』을 사서의 으뜸 자리에 놓아야 했을까? 설마 그가 정이의 가르침을 그대로 따르려 했기 때문만은 아닐 것이다. 주희는 이학자이자 동시에 유학자였기에 "아무 소리가 없고, 아무 냄새가 없으며, 일정한 장소가 없고, 특정한 형체가 없는" 경지에 오래 머물 수 없었다. 그러다가는 '세상 경영'의 영역으로 다시는 되돌아오지 못할 터였다. 때문에 우리는 이학자들을 송대 유가 정치문화의 주류 속으로 되돌려놓고, 아울러 그들 입장에 서서 생각해야만 『대학』의 중요성이 곧바로 남김없이 드러날 것이다. 『대학』은 '내성'과 '외왕' 사이를 오고가는 복선 궤도를 제공할 수 있는 유일한 경전적 문헌이었다. 『대학』을 보자.

옛날에 천하에서 밝은 덕을 밝히려 한 자는 먼저 나라를 다스렸다. 나라를 다스리려 한 자는 먼저 집안을 가지런히 했다. 집안을 가지런히 하려 한 자는 먼저 몸을 닦았다. 몸을 닦으려 한 자는 먼저 마음을 바르게 했다. 마음을 바르게 하려 한 자는 먼저 뜻을 진실하게 했다. 뜻을 진실하게 하려 한 자는 먼저 앎을 극진하게 했다. 앎을 극진하게 하는 것은 사물의 이치를 궁구하는 데 달려 있다.[29]

이 구절은 '외왕'으로부터 한 단계씩 '내성'의 길로 나아가고 있다. 그런데 곧 이어서 다음처럼 말한다.

사물의 이치가 궁구된 후에 앎이 지극해지고, 앎이 지극해진 후에 뜻이 진실해지며, 뜻이 진실해진 후에 마음이 바르게 되고, 마음이 바르게 된 후에 몸이 닦이고, 몸이 닦인 후에 집안이 가지런히 되고, 집안이 가지런히 된 후에 나라가 다스려지고, 나라가 다스려진 후에 천하가 평안해진다.[30]

여기서는 다시 '내성'으로부터 '외왕'의 길로 되돌아가고 있다. '내성'은 '외왕'과 더불어 하나로 관통되는데, 나는 주희가 사람들에게 먼저 『대학』을 읽도록 한 근본적인 이유가 바로 그 점에 있다고 믿는다. 주희의 대제자인 황간은 아래와 같이 설명한다.

주 선생이 『대학』을 가장 앞세운 까닭은 특히 그것이 학문의 방법이 되었기 때문이니, 조목과 강령이 이 책만 한 것이 없다.[31]

'조목'은 앞서 인용한 '8조목'이다. '강령'은 "밝은 덕을 밝히고, 민民을 친히 여기며, 지극한 선에 머무는 것"[32]이다. 주희는 『대학장구大學章句』에서 그 점을 풀이한다.

밝은 덕을 밝힌 다음 타인에게 미루어 가야 한다. (…) 모두 지극히 선한 곳에서 머물고 더이상 다른 곳으로 가지 말아야 한다.[33]

그러므로 '강령'은 '내성'으로부터 '외왕'으로 미루어 간다. 황간의 말은 그 스승의 본지를 잘 이해한 것이다. 주희의 「대학장구 서大學章句序」에는 "밖으로는 방대한 규모의 끝에 도달할 수 있고, 안으로는 상세한 절목을 다할 수 있다"[34]는 말이 있는데, 그는 이렇게 해석한다.

'규모의 방대함'이란 무릇 사람이 배울 때 "밝은 덕을 밝히고, 민을 새롭게 하며, 지극한 선에 머문다" 혹은 "천하에서 밝은 덕을 밝힌다"는 것을 일삼는다는 말이니, 오로지 제 한 몸만을 선하게 하면 그만이겠는가? 모름지기 천하에 뜻을 두어야 한다. "이윤이 뜻한 바를 나의 뜻으로 삼고, 안자가 배운 것을 배운다"는 말이다. 그러므로 『대학』의 두번째 구절은 바로 "민을 새롭게 하는 데 달려 있다"고 말한다.[35]

이 단락은 '내성'으로부터 '외왕'으로 나아가는 길을 특히 강조한다. 그래서 "오로지 제 한 몸만을 선하게 하면 그만이겠는가? 모름지기 천하에 뜻을 두어야 한다"고 말한다. '이윤의 뜻'은 '외왕'이고, '안자가 배운 것'은 '내성'으로, 안팎이 분명하게 나누어져 있다.

아부亞夫가 『대학』의 대의를 물었다. "『대학』은 몸을 닦고 타인을 다스리는 본보기規模다."[36]

"몸을 닦고 타인을 다스린다"는 것은 「대학장구 서」에서 거듭 설명하는 '수기치인修己治人'인데, '수기'는 '내성'이고 '치인'은 '외왕'이다.

어떤 이가 물었다. "『대학』이라는 책에서 성인이 천하의 근본이 됩니까?" 그러자 이렇게 대답했다. "사람이 집을 짓는 것에 비유하면, 그것은 여기에 큰 지반을 그리는 것과 같다. 이 지반을 잘 알면 훗날 [건축] 재료가 있을 때 그 지반에 의거하여 [집을] 지어나간다. 그런 이치일 뿐이다. 이 점을 밝게 이해하여 남쪽을 향해 앉아서 요堯는 군주가 되었다. 이 점을 밝히 알아 북쪽을 향해 서서 순舜은 신하가 되었다.[37]

『대학』에서 "성인이 천하의 근본이 된다"는 것은 『대학』이 이상적 정치질서의 정립을 지향함을 보여준다. 그래서 주희는 특히 "요는 군주가 되고" "순은 신하가 된다"는 것을 구체적인 설명거리로 삼았다.

묻기를, "『대학』이라는 책은 모두 수신修身을 근본으로 삼습니다. 마음을 바르게 하기正心, 뜻을 진실하게 하기誠意, 앎을 지극하게 하기致知, 외물의 이치를 궁구하기格物는 모두 수신에 포함됩니까?" 대답하기를, "그 네 가지는 수신을 완성하는 것이다. 수신으로부터 미루어 나가 그 여러 가지 일을 한다."[38]

이 조목은 위춘魏椿이 순희 15년(1188)에 들었던 내용을 기록한 것이다. 그해 주희는 "마음을 바르게 하고 뜻을 진실하게 한다"는 것에 입각해 효종에게 진언을 했다.[39] 위 질문자의 질문은 이 사건과 관련이 있는지 모른다. 주희는 "미루어 나간다推出"고 대답하는데, 그것은 '수신'이 종점이 아니라 시점임을 나타낸다. "여러 가지 일을 한다"는 것은 '외왕'의 영역으로 미루어 나간다는 뜻이다. 이 조목과 관련된 것은 아래의 대답이다.

이종지李從之가 물었다. "'모든 것이 수신을 근본으로 삼는다'고 하는데 어째서 수신만을 말하십니까?" 대답한다. "수신은 천하국가天下國家와 짝지어 말한 것이다. 수신은 근본이고, 천하국가는 말단이다."[40]

이 조목은 황순黃䓁이 1188년에 들었던 내용을 기록한 것으로, 앞의 조목과 같은 해다. 여기서 이 질문이 주희의 주사奏事[공사公事에 관해 임금에게 아룀]로 촉발되었으리라는 점을 알 수 있다. 여기서는 문제가 "수신을 근본으로 삼는다"라는 원문에서 비롯했으므로 주희는 "수신은 근본이고, 천하국가는 말단이다"라는 의미를 보충했다. 그렇지만 그는 여전히 '천하국가'가 『대학』 이론의 최후 귀결이라는 점을 잊지 않고 지적한다. 그래서 '수신'이 종점이 아니라 시점이라는 관점은 전혀 바뀌지 않는다. 사실 본말本末과 시종始終은 의미상 서로 통한다. 앞서 인용한 육구연의 「형국 왕문공 사당기」에 나오는 '본'과 '말'의 관계 역시 주희의 말과 똑같고, 다른 점이라면 각각 어느 한 면을 강조한다는 것뿐이다. 주희는 앎과 행동의 관계에 대해 설명하면서 "선후를 따지자면 앎이 먼저이고, 경중을 따지자면 행동이 중요하다"고 말한다. 그러므로 우리는 다음과 같이 말할 수 있다. 『대학』에 대한 주희의 이해는 본말을 따지자면 수신이 근본이고, 경중을 따지자면 천하국가가 중요하다고 말이다.

『대학』에 관한 위 분석을 통해 우리는 이렇게 단정할 수 있다. 곧 이학자의 특수한 공헌은 '내성'학에 있지만, 그들은 결코 송대 유가 정치문화의 주류에서 벗어나지 않았고, 그로 인해 어찌하면 '내성'으로부터 '외왕'으로 나아갈까 하는 것이 그들이 직면했던 새로운 과제가 되었다는 점이다. 남송 이학자들은 이상적 질서의 재수립이라는 북송 유학자들의 운동을 계승하여, "삼대로 돌아가자"는 것을 여전히 자신들의 공동 요구사항으로 삼았다. 이런 면에서 그들에게 정치문화의 영역 중 모범으로 여겨진 인물, 소위 '롤 모델role model'은 사실 왕안석이었다. 왜냐하면 그는 군주를 설득하고 감동시켰고, 정치적 주체의 신분과 천하를 담당하려는 기백을 갖고서 꿋꿋이 이상을 실천으로 옮겼기 때문이다.(다음 절은 이런 층위에 관해 논증을 할 것이다.) 그러므로 남송 이학자들이 주도한 정치문화의 제3단계는 "후後 왕안석 시대"라고 칭해져야 한다. 이학자들은 왕안석의 실패 요인이 주로 "학술이 바르지 않다"는 데 있다고 믿어 의심치 않았다. 이렇게 이해하면서 그들은 '내성'의 학문을 발전시키려 노력했고, 그것으로 하여금 '외왕'의 견고한 정신적 기초가 되게끔 했다. '외왕'은 반드시 '내성'으로부터 시작해야 한다는 것이 남송 이학자들의 뿌리 깊은 신념이 되었다. 제2단계와 비교해보면, "후 왕안석 시대"의 정치문화는 '내성'의 내용이 한층 더 심화되었다. 바로 이학자들이 공전절후로 '내성'의 정치적 역할을 중시했기 때문에(만일 '내성'의 학문에 오류가 생긴다면 '외왕'도 실현될 수 없다는 것), 내부의 서로 다른 유파 사이에서 벌어진 의리義理 논쟁도 그만큼 더 격렬해졌다. 그렇기는 하나 정치 행동의 영역에서 그들은 고도의 일치성을 보였다.

3. "군주를 얻어 도를 행한다"—주희와 육구연

이학자들의 정치적 경향을 밝혔으므로, 뒤이어 이학자와 권력이 대체 어떤 관계를 맺었는지를 탐구해야 한다. '외왕'의 실현이 권력의 운용과 분리될 수 없는 것이라면, 이학자들은 그런 권력을 어떻게 획득할 수 있었을까? "군주를 얻어 도를 행하는 것"에 관한 이하 논의는 그 문제에 답을 하려는 시도다.

"군주를 얻어 도를 행한다得君行道"는 유가의 오래된 관념 중 하나로, 공자와 맹자는 "군주를 얻어 도를 행하는 것"을 추구한 원형적 인물로 여겨진다. 그래서 『맹자』「공손추公孫丑 상」에는 "관중管仲이 군주를 얻어 그처럼 전횡했다"[1]는 말이 있고, 또 "공자께서 제나라의 경상卿相이 되었다면 도를 행할 수 있었을 것"[2]이라는 말도 있다.

형공[왕안석]이 군주를 얻었던 원인에 대해 물었다. 대답한다. "신종은 남들보다 훨씬 총명하여, 여러 신하와 함께 이야기하면 [신하들은] 이해하지 못하곤 했다. 〔신종은〕개보와 이야기하고 나서야 '내 말에 대해 기뻐하지 않음이 없구나'라고 생각하여, 군주와 신하가 서로를 얻고 기뻐했다."[3]

희령변법이 최후에는 실패로 마무리되기는 했지만, 신종과 왕안석의 의기투합은 시종일관 남송의 이학자들을 고무하고 있었다. 그들은 '도'가 이미 자신들의 손 안에 있다고 믿었기 때문에 "탑 주위를 돌면서 상륜을 말했던" 왕안석보다 자신들이 훨씬 뛰어나다고 생각했다. 이제 만사가 갖춰졌으나 군주의 세력만은 얻지 못했으므로, 그들에게 문제는 어떻게 하면 제2의 신종 황제를 설득하느냐에 달려 있었다.

본격 주제에 들어가기에 앞서, 우리는 "군주를 얻어 도를 행한다"는 관념에 대해 조금 더 설명해야 한다. 첫째, "군주를 얻어 도를 행한다"는 것이 '외왕' 실현에 관한 이학자들의 이상을 포함하고 있음은 부정되어서도 안 되고 부정될 수도 없다. 하편에서 발굴해낸 이학자들의 정치적 활동은 많건 적건 간에, 그들의 공동 이상에서 파생해 나온 것이다. 둘째, "군주를 얻어 도를 행한다"는 관념 속에서 '도'가 차지하는 비중은 매우 높다. 적어도 이학의 다수 지도자들에게는 그러했다. 그들은 여전히 "도로써 나아가고 물러섰던" 왕안석과 사마광을 신봉했는데, '후 왕안석 시대'의 역사적 의미를 바로 여기서 엿볼 수 있다. 셋째, 바로 그렇기 때문에 "군주를 얻어 도를 행한다"는 것은 전국·진·한 유세객들의 "군주의 일에 대한 간여"와 절대 혼동되어서는 안 되고, 또한 "군주로부터 총애를 얻는 것"과도 혼동되면 안 된다. "군주를 얻어 도를 행한다"는 이학자들의 말은 정치적 주체로 자부하는 그들의 집단의식을 나타낸다. '군주를 얻는 것'은 당연히 특수한 개인을 통할 수밖에 없으나, '도를 행하는 것'은 집단의 일에 속한다. 그래서 어떤 이학자가 '군주를 얻는' 기회를 얻으면 모든 이학자 집단의 적극적 지지를 얻게 되었다. 넷째, '도를 행하는 것'이 반드시 '군주를 얻어야'하는 까닭은 전통적 권력 구조 때문에 그렇다. 상편에서 이미 지적했다시피, 당시의 권력 원천은 황제의 손 안에 있었고, 황제가 정치적 기기機器의 엔진에 시동을 걸지 않으면 어떠한 개혁도 시작될 수 없었다. 하지만 그 점은 전통적 중국만 그랬던 게 아니라 18세기 프랑스 백과전서파의 개혁가들도 그러했다. 백과전서파 개혁가들은 '만일 개명 군주를 설복하여 그로 하여금 자신들의 관점을 받아들이도록 한 후 각종 혁신적 조치를 시행한다면 더욱 완벽한 생활 질서가 세계에서 출현할 것'이라고 믿었다.[4] 그러므로 우리는 현대의 관점으로 이학자들의 정치 활동을 바라보면서, 그들이 '군주'에 대해 아주 큰 환상을 품었다고 조롱하면 안 된다. 비역사적 태도는 진지한 역사적 이해를 초래할 수 없다. 이 네번째 지점은 원칙의 해명에 속하는 것으로 상세한 논의는 뒤에서 하기로 한다.

이 절은 주희와 육구연이라는 개별 인물의 관점에 입각해, "군주를 얻어 도를 행한다"는 것에 대한 남송 이학자들의 일반적 태도를 서술하고, 아울러 북송의 기원도 간략히 추적할 것이다. 다음 절은 장식과 여조겸의 또다른 두 사례를 통해 "군주를 얻어 도를 행하는 것"과 이학자 집단 사이의 관계를 추론할 것이다. 주희·육구연·장식·여조겸 네 사람은 각각 남송 이학 4대 유파를 창건한 인물들이므로, 이 넷을 합해보면 남송 유가 정치문화의 새로운 면모를 잘 볼 수 있다.

이심전李心傳(1166~1243)은 「회암 선생[주희]은 은거를 추구한 자는 아니었다晦菴先生非素隱」에서 이렇게 말한다.

회암 선생은 은거를 추구한 자는 아니었다. 도를 행하려고 했으나 그 방도를 얻지 못한 것이다. 소흥 기묘년(소흥 29년, 1159) 가을, 고종이 선생의 현명함에 대해 듣고 알현의 명령을 내렸다. 진노공陳魯公(진강백, 1097~1165)이 처음에 집정대신이 되었을 때 그를 천거했기 때문이다. 당시 함께 부른 사람이 넷이었는데, 한무구 상서는 건안재建安宰여서, 명령을 받은 후 임기가 끝나기를 기다려 궁궐에 들어갔으나, 선생과 서돈립徐敦立(도도), 여인보呂仁甫(광문廣問)는 곧바로 서울로 가야 했다. 이에 사간司諫 하부何溥가 말했다.

"서돈립과 여인보는 모두 부사部使(어사)이므로 임기를 채우도록 명령해야 합니다." 하부의 실제 의도는 그들의 황제 알현을 저지하는 것이었다. 선생은 세 사람의 사례를 보고서, 악사嶽祠의 임기 만료일을 기다려 행재行在〔황제가 있는 곳〕에 갈 것을 간청했다. (…) 효종이 다시 부르니, 선생은 한 번 사양하고는 행재로 갔다. 군주를 얻어 도를 행하고자 한 선생의 의도를 여기서 볼 수 있을 것이다. 수공전垂拱殿[5]에 이르러, 먼저 강학과 복수復讎의 두 가지 일에 대해 논했다. 또한 '간쟁의 길이 막혀 있고, 아부꾼들의 세력이 커지고 있으며, 민력民力이 이미 소진되었고, 국가의 지출에 절제가 없음'을 논했다. 당시 탕湯 승상丞相(탕사퇴湯思退)이 바야흐로 화의和議를 주창하고 있어서 회암 선생을 좋아하지 않은 터라, 〔선생에게〕 무학박사武學博士 대차待次를 제수했고, 〔선생은 그 직에 취임하기를〕 기다렸으니 계미년(융흥隆興 원년, 1163) 가을의 일이다.[6]

이심전은 주희 사후 10여 년 후 이 글을 썼기 때문에[7] 자신이 직접 보고 들은 일을 기록했을 것이다. 전체 글은 아주 긴데, 주희 일생의 진퇴進退와 출처出處에 근거하여, "군주를 얻어 도를 행하는 것"이 그 평생의 지향이었음을 반복해서 논증하고 있다. 이는 적어도 당시 유가 사대부들이 주희를 어떻게 인식했는지를 대변한다.

이 장 제1절에서 인용한 주희 47세 때(순희 3년 1176) 쓴 글 「공 참정에게 보내는 편지」는 주희 자신에게 "본래 관리가 되고 싶은 마음이 없었다"고 말했지만, 다른 한편으로 "처음에 그릇되이 시대를 구제하고 〔은택을〕 외물에 미치려는 마음을 가졌다"고 말하기도 했다. 이 두 구절은 각각 하나의 의미를 밝히므로 결코 서로 충돌하지 않는다. "시대를 구제하고 〔은택을〕 외물에 미치려는 마음"은 당연히 "군주를 얻어 도를 행하는 것"의 근원이다.[8] 주희는 시 「감회感懷」에서 이렇게 읊는다.

세상 경영과 구제經濟는 일찍이 지향했던 바, 은거하여 숨음은 평소 바람이
아니었네.
몇 년간 서리와 이슬을 느꼈더니, 백발이 홀연 이미 드리웠네.
북쪽 산기슭에서 우물을 파고, 남쪽 시냇가에서 밭을 가네.
천지는 넓디넓은데, 만년에 장차 어디로 갈까?[9]

명나라 가정본嘉靖本의 『고이考異』에는 이 시의 이문異文이 실려 있다. 거기서
"일찍이 (…) 했던 바夙所"는 "본래 (…) 했던 바本所"로 되어 있고, "홀연 이미忽已"
는 "지금 이미今已"로 되어 있다. 하지만 그런 차이점이 전체 시의 본지에 영향
을 끼치지 않으므로 더이상 그 점을 논하지 않기로 한다. 첫 구절인 "세상 경
영과 구제는 일찍이 지향했던 바, 은거하여 숨음은 평소 바람이 아니었네"는
'경제세민經世濟民'의 포부를 선연히 드러내고 있다. 주희는 한편으로 은거를 달
갑게 여기지 않았지만, 또다른 한편으로는 "시속과 부합함으로써 공명을 얻을
수는 없다"[10]고 말했는데, 이런 내심의 모순이 시에 남김없이 나타난다. 그러
므로 마지막 구절은 누구를 따라야 할지 모르는 와중의 비장한 심경을 나타
낸다. 이 시가 어느 해에 지어졌는지 확정할 수 없으나, "백발이 홀연 이미 드
리웠네"를 보건대 머리털이 희끗희끗해지는 중년 무렵이든지 아니면 공 참정
과 한 상서에게 편지를 보냈던 시기와 대략 겹칠 것이다. 이 시는 이심전의 주
장을 더욱 강화한다. 사실 이심전의 「회암 선생은 은거를 추구한 자는 아니었
다」는 주희의 「감회」를 읽고서 지어졌을 것이다. 이뿐만 아니라, 주희의 이 시
는 왕안석의 「말릉 가는 길에 지은 즉흥시秣陵道中口占」의 영향을 받았을 가능
성이 아주 높다. 왕안석의 시를 보자.

세상을 경영함經世에 성공하기가 어려워, 전원에서 길을 잃으려 하네.
충심으로 일하다 백발 생겨나려 하니, 말에서 내려 푸른 시내에 비춰본다.[11]

두 시는 의미, 조어, 운율을 막론하고 극히 유사하다. 주희의 시는 실로 왕안석 시의 모방이라 할 만하다. 가정본의 『고이』에 따르면, 「감회」는 「불적벽에 부쳐題佛迹壁」 중 한 수라고 하므로 「감회」 역시 여행 중 지어진 것이다. 또한 엽몽득葉夢得의 『석림연어石林燕語』 권7은 신종에 대한 한유韓維의 대답을 기록하고 있다.

> 안석은 세상을 경영함經世에 뜻이 있어서 산림에서 늙으려 하지는 않을 것입니다. 만약 폐하께서 예로써 그를 부른다면 어찌 오지 않겠습니까?[12]

"세상을 경영함에 뜻이 있어서 산림에서 늙으려 하지는 않을 것이다"는 말은 시의 체제로 표현된 구절인데, 그것이 어찌 "세상 경영과 구제는 일찍이 지향했던 바, 은거하여 숨음은 평소 바람이 아니었네"라는 의미가 아니겠는가? 주희의 강우講友인 왕응진汪應辰은 『석림연어변石林燕語辨』 10권을 편찬했으므로 주희가 왕안석에 관한 위 기록을 읽었을 가능성은 매우 높다. 어쨌든 "군주를 얻어 도를 행하려는" 주희의 정신과 왕안석의 그것이 매우 밀접하다는 데는 조금도 의심할 점이 없다.

특히 지적해야 할 것은 이학자 중 "군주를 얻어 도를 행한다"는 경향을 가장 일찍이 나타냈던 이가 바로 북송의 정이라는 사실이다. 그는 황우皇祐 2년(1050)에 지은 「인종 황제에게 올리는 글上仁宗皇帝書」에서 이렇게 말했다.

> 왕도가 행해지지 않은 지 2000년이 되었습니다. (…) 천하를 걱정하는 폐하의 마음으로써 왕도를 행하신다면 어찌 어려움이 있겠습니까? 맹자는 "제나라로서 왕업을 성취하기란 마치 손을 뒤집듯이 쉬울 것"이라고 말했습니다. (…) 그러나 왕의 도를 행하는 것은 한두 마디로 말할 수 없으니, 한번 폐하를 직접 뵙고 신이 배운 바를 다 진술할 수 있기를 바랍니다. 혹여 〔신을〕 취하신다면, 폐하께서는 〔신을〕 옆에 두시고 〔신으로〕 하여금 성실함을

다하도록 하십시오. 만약 〔신이〕 실제로 등용할 만하다면 폐하께서는 〔신을〕 크게 써주십시오. 만약 행하는데도 효과가 없다면 임금을 속인 죄에 해당되므로, 〔신은〕 폐하가 내려주시는 벼슬과 봉록을 헛되게 받지는 않을 것입니다.[13]

이 글은 왕안석의 「인종 황제에게 올려 시사를 논하는 글上仁宗皇帝言事書」(1058)보다 8년 일찍 지어졌는데 당시 정이는 17~18세에 불과했다. 이런 어린 소년의 마음속에 대체 얼마나 대단한 '왕도'가 있어서 황제를 직접 만나서 진술하고자 했는지 깊이 밝힐 필요는 없을 것이다. 다만 그처럼 사상이 매우 조숙했던 소년이 얼마나 기상천외한 왕도가 있어서 그토록 노골적으로 "군주를 얻어 도를 행하려는" 충동을 발했을까? 답은 당시 유가 정치문화의 분위기에서 찾아야 한다. 상편 제6장에서 "삼대로 돌아가자"는 유가의 대운동이 인종(1022~1063년 재위) 말기에 이르러, "치도를 논하는" 장기간의 과정으로부터 정치적 실천의 요구로 나아갔음을 살펴보았다. "봄날 강의 물이 따뜻해짐을 기러기가 먼저 안다"[14]고 했듯이, 정이의 정치적 감각이 극히 예민했음에 틀림없다. 그래서 그처럼 극히 평범치 않은 행동을 했을 것이다. 다만 여기서 우리는 유학과 이학의 차이를 가벼이 볼 수 없다는 사실을 알 수 있다. 당시 정이는 아직 자신의 이학 체계를 세우지 않았기 때문에, 그의 입각점은 제1, 2단계의 유가 정치문화였다. 이학은 '내성'학의 창조적 신新발전을 대변하지만, 우리는 단순히 이학의 관점으로부터 송대 유학의 전체 동향을 파악해서는 안 된다. 정이가 어렸을 때 지은 위 문장은 이런 핵심적 주장에 대한 구체적인 증거가 된다. 이런 초기의 경향은 나중에 그의 성숙한 이학 사상 속에서 '치도'의 근본 원칙으로 상승하기 때문에, "치도는 (…) 본원에서 말하자면 '군주를 인도하여 도를 담당하는 것'만큼 중요한 것이 없다"[15]라고 말한다.

주희는 『정씨유서』의 편찬자이므로 정이의 「인종 황제에게 올리는 글」은 "군주를 얻어 도를 행한다"는 주희의 신념을 더욱 강화시켰을 것이다. "왕의 도를 행하는 것은 한두 마디로 말할 수 없으니, 한번 폐하를 직접 뵙고 신이 배운 내용을 다 진술할 수 있기를 바랍니다"라는 것은 바로 남송 이학자들이 다투어 얻으려 한 "군주를 얻어 도를 행할" 기회의 기본 방식이 되었다. 그들은 황제와 일대일로 만나 이야기할 기회를 중시했다. 왜냐하면 권력의 원천에서 개혁을 발하는 것이 가장 유효한 방법임을 그들이 인정했기 때문이다. 계속해서 이심전이 가리키는 실마리에 바탕을 두고, 효종이 주희를 거듭해 부른 경과를 고찰해보자.

주희가 처음으로 효종과 회견한 것은 융흥 원년(1163) 11월 6일이었다. 그는 이 직접 대면을 위해 사전에 주차奏箚 세 종류를 준비했다. 이것이 그 유명한 「계미년 수공전에서 올리는 주차癸未垂拱奏箚」다.[16] 주희는 매우 엄숙한 심정으로 평생의 일대 사건을 대했다. 『주자연보』를 보자.

> 선생이 장차 소명召命에 응하기에 앞서, 이 선생[이통李侗]에게 마땅히 해야 할 말을 물었다. 이 선생은 오늘날 삼강三綱이 서지 않고 의리義利가 나뉘지 않아 중국의 도가 쇠퇴하고 오랑캐가 흥성했으며, 사람들이 모두 이익을 좇되 정의를 고려하지 않아 군주의 세력이 약해졌다고 말했다. 선생은 그 설을 채택하여 [황제에게] 응대했다.[17]

그러나 『주자연보』의 기록은 사실과 전부 부합하지는 않는다. 이해(1163) 9월 26일, 주희는 서울로 가던 도중 쓴 「연평 이 선생[이통]께 보내는 편지與延平李先生書」에서 이렇게 말한다.

> 저는 이전에 두 가지 설을 가르침으로 받았는데, 그중 하나는 이미 차례를 매겨 글로 만들었습니다. 그런데 의리의 설만은 분명히 이해하지 못하여 명쾌하게 쓰지 못했습니다. 이제 시사를 두루 의론함으로써 그것을 대체하고자 하는데, 대략은 앞선 편지에서 말씀드린 바와 같습니다. 대궐에 이르러

만에 하나 응대가 끝난다면 곧바로 상주문을 기록할 것입니다. 다만 의리의 설은 유자들의 첫번째 이념이니 어찌 그것을 강론하지 않겠습니까? 이제 자구를 택하여 일을 결정지으려 하지만 막막하여 설명할 방법을 모르겠습니다. 이 몸이 여기에 앉아 있어 그 점을 관찰하지 못한 것일까요? 이 점은 실로 두려워할 만합니다.[18]

주희가 올린 주차를 살펴보면, 첫번째 것은 『대학』을 전체적으로 논하면서 격물과 치지를 중점으로 삼았고, 두번째 것은 전투戰·수비守·강화和의 세 방책을 논하면서 "삼강이 서지 않은" 폐해를 통렬히 진술했으며, 세번째 것은 "시사를 두루 의론하고" 있다. '의리'설과 관련해서는 시종일관 이야기를 꺼내지 않는다. 이로부터 주희가 이번 소대召對에 얼마나 신중했는지 알 수 있다. 곧 스스로 분명하지 않은 문제라면, 설사 앞서 이통의 가르침을 받았다고 하더라도 가벼이 붓을 놀리려고 하지 않았다. 그후 주희는 「위원리에게 보내는 편지與魏元履書」 첫번째에서 소대 경과를 보고한다.

저는 6일 등대登對하여, 처음에는 치지와 격물의 도를 논한 첫번째 상주문을 읽었는데, 주상의 안색이 따뜻하고 순수했으며 주고받는 행동은 마치 메아리같이 자연스러웠습니다. 그다음, 복수復讎의 의미를 논한 두번째 상주문과 '언로가 막히고 아부꾼들이 흉포하다'는 세번째 상주문을 읽었으나, 다시는 주상의 말씀을 들을 수 없었습니다. 부본副本을 이미 평보平甫〔유평보劉平甫〕에게 보내어 그것을 베껴 쓰도록 부탁했으니, 〔그가 부본을〕 이미 갖고 있을 것입니다.[19]

주희와 효종의 첫번째 일대일 교류에서 의기투합이 잘 일어나지 않았음을 위 글을 통해 알 수 있다. 그렇지만 이때 효종은 즉위한 지 얼마 되지 않아, 기본적으로 고종[태상황]의 의지가 여전히 조정을 통제하고 있었다. '화의和議'

는 고종이 일관되게 견지한 주장이었다는 점은 다시 말할 필요도 없고, 효종 초년의 아부꾼 용대연龍大淵과 증적曾覿 모두 고종이 특별히 추천해준 인사였다. 그래서 효종은 "집안 늙은이가 나를 적잖이 그르치는구나"[20]라는 한탄을 한 적이 있다. 주희의 두번째, 세번째 상주문이 논한 일에 대해 효종이 말하기 어려운 점이 있어서 주희는 "다시는 주상의 말씀을 들을 수 없었던" 것이다. 그렇지만 그가 상주하기 전에 사우師友들과 더불어 상의한 일 그리고 상주한 후 주차의 내용을 베껴 사우들에게 보여준 행위를 보건대, 주희가 첫번째 '등대'를 자기 평생의 일대 사건으로 보았다는 점은 의문의 여지가 없다. 왕응진의 「주원회에게與朱元晦」 제3서를 보자.

관보를 보니 접견이 기록되어 있었지만 등대한 날짜는 적혀 있지 않았습니다. 제가 생각하기에 마음을 성실하게 하고 논의를 바르게 하면서 순리대로 헌납獻納했다면, 그로써 주상의 뜻을 깨쳐드리는 바가 많았을 것입니다. 편지를 보내주셔서 〔상주문의 내용 중〕 한두 가지라도 들을 수 있다면 정말로 다행이겠습니다.[21]

이 편지 아랫부분에서는 이통이 10월에 방문했다가 갑자기 서거한 사정을 상세히 보고하고 있으므로, 이 편지는 같은 해(1163) 11월 이전에 작성되었음을 알 수 있다. 왕응신은 주희가 접견한 소식을 관보에서 읽었으므로 그들 두 사람은 사전에 아무런 의견 교환을 하지 않았다. 그렇지만 '등대'에 대한 왕응신의 지대한 관심과 '등대'의 경과를 알고자 하는 그의 마음이 위 편지에서 흘러넘친다. 또한 한원길은 시 「주원회에게 보내다送朱元晦」에서 이렇게 읊는다.

작년은 그대가 오지 않으려는 것을 한탄했는데, 올해는 그대가 머물지 않으려는 것을 애석해하네.
지난 40년 조정이 다사다난했는데, 그간 어리석은 자든 지혜로운 자든 무수허 고심했네.

그대가 온 때는 바로 상소를 올리던 날, 책문 셋을 바쳤으니 진실로 간쟁하는 상소문이었네.

온갖 시사를 비판함에 성인의 학문을 기준으로 세웠고, 나라의 원수에 복수할 것을 청함에 한바탕 노여움을 펼쳤네.

하늘은 높고 멀리 있어서 [그대가] 말을 해도 응수가 없어, [나는] 소매 속에 손을 넣고 나는 듯이 원래 가던 길을 찾네.

나는 그대가 간쟁의 인재임과 주상은 총명하여 게으르지 않음을 알고 있네.

한 장 종이로는 무관을 가르치고, 온갖 전투에서는 병거를 열어놓아야 하네.

천리강산에 풍설이 몰아치려 하고, 세월은 험준하여 갑자기 저물려 하네.

농사지을 땅이 있거든 집에 지붕을 이어야 하니, 그대 계획 아직 유효하니 나도 떠나려네.

그대 돌아감은 무이군武夷君[중국 무이산에 산다고 전해지는 전설 속의 신선]에게 감사의 뜻을 표하기 위함으로, 흰말에게 채찍을 휘두르니 어느 곳에 머물 것인가?²²

첫 구절인 "작년은 그대가 오지 않으려는 것을 한탄했는데"는 소흥 29년 (1159) 주희와 한원길 등 넷이 함께 소명召命을 받은 사실을 가리킨다. 앞서 인용한 이심전의 기록에서 보았다시피, 사실 이는 한원길이 위 시를 짓기 4년 전의 일이었다. 다음 구절 "올해는 그대가 머물지 않으려는 것을 애석해하네"는, 주희가 융흥 원년(1163) 11월 6일의 소대와 같은 달 12일에 무학박사 대차待次가 된 것을 가리킨다.²³ '대차'는 송나라 제도로 후대의 '후보候補'와 같다. 그래서 앞서 인용한 「위원리에게 보내는 편지」는 이어서 "12일에 이 관직을 제수하라는 성지聖旨가 있었지만 (…) 자리가 날 시기가 한참 남아서 아마도 기다릴 수 없을 것 같습니다"²⁴라고 말한다. 이때 한원길은 임안臨安에 있어서 이 시를 주희에게 써줄 수 있었다. "하늘은 높고 멀리 있어서 [그대가] 말을 해도 응수가 없어" 구절은 한원길이 주희로부터 직접 사정을 듣고 지은 것일 터다. 그 점은 「위원리에게 보내는 편지」에서 알 수 있다. 한원길은 이번 '등대'가 아무 성과 없이 끝난 데 대해 굉장히 안타까워하고 실망한 터라 "나도 떠나려네"라는 말을 한다. 한원길은 주희와 일찍부터 알고 지냈을 뿐만 아니라 자기 사위인 여조겸으로 인해 주희에게 특히 친밀하게 대했을 것이다.

이상이 주희가 첫번째로 효종과 면담한 전체 과정이다. 주희 자신의 신중한 일처리, 사우들이 보인 사후의 관심과 실망은 그 면담이 주희의 정치적 생애에서 가장 중요한 사건이었음을 보여준다. 이제 남은 핵심 문제 하나는 주희가 이번 '등대'에 대해 "군주를 얻어 도를 행할 것"이라는 기대를 갖고 있었는가하는 점이다. 이 문제는 앞서 인용한 자료만으로는 해결할 수 없다. 다행스럽게도 주희가 여조겸에게 보낸 편지 한통에 매우 중요한 정보가 들어 있다.

근래 겨울이 추운데, 삼가 시봉侍奉은 길경吉敬하시고, 존후尊候는 만복萬福하십니까? 저는 제 배움이 아직 자부할 만한 수준이 아님을 모르고 주제넘게도 서울에 갔으니, 유식자들이 [저를] 깔본 것도 당연합니다. 노형께서는 하루 동안의 사귐을 잊지 않으시고 [저를] 매우 후하게 염려해주셨습니다. 어제 한장韓丈께서 편지를 보내 매우 근엄하게 [저의] 잘못을 잡아주셨는데, 그렇게까지 해주신 이유를 모르겠습니다. 돌아보건대 감당할 수 없어서 거듭 부끄러워 땀이 흘렀고 몸 둘 바를 몰랐습니다. 저는 이미 다 살펴보아 하루이틀 내로 등대를 해야 하니, 저를 만나시려는 [선생의] 뜻에 부응할 수 없을 것 같습니다. 그러나 마음으로는 한번 만나 뵈어서 직접 제 속마음을 논하고자 하는데, 어떻게 하면 그럴 수 있을지 잘 모르겠습니다. 제가 생각하기에 이곳에서 오래 머물 수 없을 듯하니 [상주문을] 다 실어 보내드려서 [선생의] 심후한 마음에 감사의 뜻을 표하고, 아울러 저의 심정을 알려드리고자 합니다.[25]

왕무굉王懋竑은『주자연보 고이朱子年譜考異』[26]에서 이 편지를 인용하면서 편지가 융흥 원년(1163) 11월 6일 주희가 효종을 등대하기 며칠 전 쓴 것이라고 단정하는데, 이는 아주 믿을 만하다. 편지의 '한장'은 한원길로, 앞서 인용한 「주원회에게 보내다」 시와 딱 들어맞는다. 여조겸이 주희를 "만나려는 뜻"이 매우 강렬했다고 하니, 그가 주희와 의기투합하기를 바랐다는 것은 두말할 나위가 없다. 주희 스스로는 "마음으로는 한 번 만나 뵈어서 직접 제 속마음을 논하고자 하는데, 어떻게 하면 그럴 수 있을지 잘 모르겠다"고 말한다. 이 몇 구절에서 "군주를 얻어 도를 행하려는" 주희의 고민이 뚜렷이 나타난다. "직접 제 속마음을 논한다面論肺腑"는 말은 특히 자기 생각을 있는 그대로 다 말하지 못했다는 한스러움을 보여준다. "한번 폐하를 직접 뵙고 신이 배운 내용을 다 진술할 수 있기를 바랍니다"는 정이의 말과 주희의 말이 드러내는 심리는 서로 일치한다.

이어서 육구연의 '윤대'를 논해보자. 주희의 '등대'는 그가 봉사를 올려 소견召見의 기회를 얻은 것으로, 외지에서 조정으로 올라와陞 임금을 대면하는 것對이므로 '등대'라고 불린다. 육구연은 칙령소 산정관勅令所 刪定官(상서성尚書省 소속)으로 임명되어, 관료들이 돌아가면서輪流 황제에게 진언한다는 평소의 제도에 참여할 자격을 갖추어서 그의 경우 '윤대'로 불렸다. 그 외에 관직을 옮기는 경우 특히 조정에서 외지로 전근하는 경우에도 제도에 따라 소견할 수 있었는데, 이는 '전대轉對'라고 한다. '윤대'와 '전대' 제도는 이미 당나라 때부터 시작되어 송나라에까지 이어지고 있었다. 제도의 구체적 내용은 전후로 약간 차이가 있고 명칭도 때로 혼란이 있었지만, 이 절이 논하는 것에 그다지 큰 영향을 미치지 않으므로 상세히 언급하지는 않겠다.[27] 오로지 남송만 두고 말하자면 고종 때 진회秦檜가 전권을 휘두르던 시기, 조정의 관료들은 진회에게 죄를 지을까봐 무서워 대다수가 '윤대'를 위험한 일로 간주한 터라 '윤대' 차례가 돌아오면 병가를 내곤 했다. 그래서 고종은 소흥 17년(1147)과 24년(1154) 두 차례에 걸쳐 그에 대해 불만을 표하기도 했다.[28] 소흥 31년(1161) 권이부시랑權

吏部侍郎 왕응진이 상소문을 올려 그 문제를 공개적으로 지적했다. 곧 조신朝臣들이 "예측하지 못한 화"를 당할까 무서워서 "윤대 차례가 돌아오면 병을 핑계로 [윤대가] 면제되기를 바란다"는 것이다.[29] 이때 진회가 죽은 지(1155) 이미 6년이 지났다. 효종 즉위 후 '윤대'는 다시 정상 기능을 회복했지만, 윤대를 가장 잘 이용했던 것은 조정에 있던 이학파 사대부들이었다. 이상은 육구연 진언의 배경이다.

순희 11년(1184) 겨울, 육구연은 처음으로 '윤대' 기회를 얻었다. 그는 이 일을 굉장히 중시하여 모두 합해 차자箚子 다섯 개를 준비했다.[30] 이 윤대 역시 주희의 '등대'와 마찬가지로 육구연 평생의 일대 사건이었다. 때문에 육구연은 윤대 전후로 우인友人들과 더불어 이 일에 대해 이야기하는 서신을 빈번하게 주고받았고 그 가운데서도 특히 주희가 가장 큰 관심을 보여주었으니, 주희는 이 윤대가 "군주를 얻어 도를 행할" 일대 전기가 될 수 있다고 인식했다. 아래에서는 주희와 육구연이 주고받은 편지를 통해 그 점을 증명하고자 한다. 주희는 순희 11년 초에 이미 '윤대'의 일을 묻는 편지를 육구연에게 보낸다. 육구연이나 그의 친구가 '윤대'의 일을 미리 알려주어서 편지를 보낸 것이 틀림없다. 그런데 편지는 주희의 『주자문집』에 실려 있지 않고 다만 『상산연보象山年譜』에 그 일부분이 수록되어 있다. 내용은 이렇다.

윤대 차례는 언제입니까? 과연 영명한 임금을 알현하신다면, 핵심이 되는 곳에서 몇 마디 하시면 좋습니다. 그 밖에 자질구레한 부분은 말하기에 충분치 않습니다.[31]

같은 해(순희 11년 1184) 3월 13일에, 육구연은 답장에서 이렇게 말한다.

저의 윤대 차례는 아마도 겨울일 것 같습니다만, 윤대를 할 수 있을지 잘 모르겠습니다. 평소대로 지내면서 천명을 기다릴 뿐입니다![32]

육구연이 윤대에 품고 있는 높은 기대가 행간에서 드러난다. 윤대 이후, 그의 주차에 대한 의론이 사대부 사이에서 분분했다. 『상산연보』는 "당시 주차에 대해 이의를 말하는 사람들이 있어서 원회가 주차문을 구했다. [육구연] 선생이 하나를 보냈다"[33]고 한다. 주희가 육구연의 주차문를 읽고 난 후 보인 반응은 그의 「육자정[육구연]에게 부치다寄陸子靜」 첫번째 편지에서 볼 수 있다.

상주문을 보내주셔서 지극한 논의를 들을 수 있어 매우 위로가 됩니다. 그 체제가 웅대하고 근원이 매우 깊으니, 어찌 썩은 유학자들과 비천한 인간들이 엿볼 수 있겠습니까? 윤대할 때 임금께서 [상주문의] 어떤 말에서 깨달음을 보이셨는지요? 저의 개인적인 걱정은 "만 마리 소가 끌어도 상황을 바꾸지 못한다萬牛回首"는 한탄을 면치 못할까봐 두렵습니다만, [제가 그렇게 걱정하는 것이] 무슨 잘못이겠습니까? 말씀은 원만하고 뜻은 생생하여 호방하고 물 흐르듯 흐르니, 지으신 글의 깊이와 기르신 덕성의 두터움을 볼 수 있어 더욱 탄복하고 있습니다. 그렇지만 앞으로 나아가는 길向上一路에서 [과거의 견해로부터 생각을] 바꾼 곳이 없어서, 사람들로 하여금 의심케 하는 것을 면치 못했으니, [상주문의] '총령葱嶺'이라는 말이 그런 사태를 초래했을 뿐입니다. 어찌할까, 어찌할까 하면서 한 번 웃습니다.[34]

주희가 육구연의 상주문을 극히 상찬하면서도 정국이 더욱더 돌이키기 어려워져서 상주문의 효과가 발생하지 않을까 걱정하고 있음을 알 수 있다. 그래서 주희는 "만 마리 소가 끌어도 상황을 바꾸지 못한다"는 한탄을 했던 것이다. 이 말은 두보의 시 「고백행古柏行」에서 "큰 건물이 기울어지려 할 때 동량이 필요한데, 만 마리 소가 [그것을] 끌어도 산처럼 무겁다"[35]는 구절을 취한 것이다. 만년에 주희는 이 시를 줄줄 외울 정도가 되어 편지를 쓰면서 그 구절이 자연스럽게 흘러나왔을 것이다.[36] 마지막 부분의 '총령'[37]은 육구연이 "약간 선불교적 의미를 면치 못했다"는 것을 가리킨다.[38] 이 어휘는 육구연에게 불쾌감을 불러일으켜서 『상산연보』는 주희의 편지를 인용하되 이 구절을 생략해버린다. 수록된 답장의 내용은 이렇다.

주차는 유독 연장자들이 많이 칭찬해주시고 높이 평가해주셔서 다 감당할 수 없을 지경입니다. 저는 본래 매우 우매한 사람이라 돌려 말하거나 숨길 수 없어 마음속 생각을 다 글로 썼는데, 형께서는 오히려 "앞으로 나아가는 길에서 [과거의 견해로부터 생각을] 바꾼 곳이 없다"고 의심하시니, 이는 지나치게 과중히 기다리고 지나치게 과도히 기대하는 것으로서, "금을 도박판에 걸注 정도로 [기대한다]"는 혼몽함을 면치 못하는 것입니다.[39]

이 답장은 매우 완곡한 반박문이다. "금을 도박판에 걸 정도의 혼몽함金注之昏"은 『장자莊子』 「달생達生」 편의 "황금을 도박판에 거는 자는 혼몽하다"[40]가 그 출전이다. 원문의 '주注' 자는 '도박한다賭注'는 뜻으로, 주희가 윤대에 대해 지나치게 기대했음을 풍자한다. "앞으로 나아가는 길에서 [과거의 견해로부터 생각을] 바꾼 곳이 없다"는 구절에 대해 첸무錢穆 선생은 육구연의 상주문이 "마음을 바르게 하고 뜻을 성실하게 하는正心誠意" 측면에서 효종을 깨우치지 못했음을 가리키는 것은 아닌지 의심했는데, 숨어 있는 의미를 꿰뚫어본 것이라 할 만하다.[41]

하지만 육구연 스스로도 이번 윤대를 극히 중시하고 있었다. 주희는 "윤대할 때 임금께서 어떤 말에 깨달음이 있으셨는가?"라고 물었는데, 육구연이 사후 그 점에 대해 하나하나 서술했다는 것이 『상산 선생 어록 象山先生語錄』[42] 하편에 잘 나와 있다. 그러나 문장이 길어 여기서 언급하지는 않겠다. 또한 육구연은 「첨자남에게與詹子南」 제2서에서 아래와 같이 말한다.

지난 연말 [임금을] 면대하여 마음속 생각을 다 풀어놓았습니다. 임금의 말씀이 아주 자상하여, 윤대 도중 감히 제 생각을 다 말하지 않을 수 없었습니다. [임금과] 의기투합했는지邇合 여부는 감히 '그렇다'고 여기지 못하겠습니다. 이는 천명이고 사람이 관여할 수 있는 것이 아닙니다.[43]

효종은 미리부터 "육구연이 온 집안에서 효성스럽고 형제간 우애가 좋다는 것"[44]을 알고 있었다. 그런 터라 윤대 분위기는 매우 화목했을 것이다. 위 몇 구절은 "군주를 얻어 도를 행한다"는 육구연의 심리를 아주 잘 나타내거니와 간언을 잘 받아들이는 효종의 아량에 대해 그가 큰 기대를 하고 있었음을 보여준다. 종합하자면, 육구연의 윤대는 주희의 등대에 비해 훨씬 순조로웠다. 바로 그 때문에 육구연은 두번째 윤대를 인내심 있게 기다렸을 것이다. 『상산연보』 순희 12년(1185) 조목에 수록된 「우연지에게與尤延之」는 이렇게 말한다.

이 무렵 오랫동안 머물 계획을 세워서는 안 될 것입니다. 현재 제가 하루 종일 구차하게 보내는 것을 헤아려보건대 어찌 조금이라도 효과가 있기를 바라지 않겠습니까? 손발 둘 곳조차 없을 경우에는 물러나서 기다려야 합니다. 직무에서도 특별히 할 일이 없고 폐단만을 직접 볼 뿐이니, 모든 경우 위에서 이해하여 아래로 나가야겠습니다. 여기서 오직 윤대를 바라고 있으니, [윤대를 한다면] 마음속 생각을 조금이나마 펼칠 수 있을 것입니다. 윤대의 차례는 내년에 돌아오는 터라 우울하게 하루하루를 보낼 뿐입니다.[45]

『상산연보』는 이어서 다음 구절을 수록한다.

소인들이 틈을 엿보고 있으니 [선생에게] 마땅히 사퇴해야 한다고 충고하는 이들이 있었다. 선생은 말했다. "내가 아직 떠나지 않은 것은 임금 때문이다. 뜻이 맞지 않으면 떠날 뿐이지, 어떻게 저들[소인]을 거취의 기준으로 삼겠는가?"[46]

육구연은 칙령소라는 지위상 아무 할 일이 없었지만, 그가 질질 끌면서 벼슬을 그만두지 않은 까닭은 온전히 제2차 윤대를 기다리기 위해서였음을 알수 있다. 그런데 그 이듬해(순희 14년 1187) 윤대를 앞둔 5일 전, "소인들이 틈을 엿보는 것"을 성공시킴으로 인해 육구연은 효종에게 다시 진언할 기회를 잃어버리고 만다. 그는 「주자연에게與朱子淵」 제1서에서 이렇게 말한다.

빌붙어 먹으면서 여기저기 돌아다닌 지 벌써 5~6년이 되는데도 아무 일도 한 것이 없으니 날마다 부끄럽습니다. 과거 깨달은 내용에 자못 체계가 있어, 지난날 윤대할 때 그 핵심을 대략 진술했는데, 영명한 임금께서는 터무니없다고 여기지 않으셨습니다. 그러나 조목 간의 일관성이 완전하지 않고 조리에도 마무리가 없었습니다. 오랫동안 그 자리에 있었던 까닭은 다시 임금을 만나 뵈어 조금이라도 〔제 생각을〕 다 말하는 것이 신하의 의義를 다하는 것이라고 생각했기 때문입니다. 작년 겨울, 윤대 차례가 돌아오기 며칠 전 갑자기 장승匠丞직을 제수받아 마침내 동성東省〔비서성〕에서 쫓겨났습니다. 벼슬자리를 잃을까 두려워하는 사람들은 평소 의구심이 많고, 또 간사함으로써 말을 지어내어 시끄럽게 떠드는 부류에 속하는지라 〔저는〕 과감하게 그 자리에서 나왔으니 참으로 제 자신이 안타깝습니다. 그러나 우리가 〔임금을〕 만나고 못 만나고의 여부와 도가 행해지냐 행해지지 않냐의 여부에는 원래 천명이 있으니, 저 소인들이 어떻게 저로 하여금 〔임금을〕 못 만나도록 했겠습니까?[47]

그는 또한 「이성지에게與李成之」 첫번째 편지에서 동성에서 쫓겨난 경과를 거듭 서술하고 있는데, 매우 중요한 내막을 덧붙인다.

지난겨울 윤대 며칠 전, 저는 갑자기 장승직을 제수받았는데, 왕 급사王給事가 결국 거기에 얽혀 있었습니다. 얼마 지나 들으니, 내가 장차 수상首相의 당인爪牙을 폭로하려 한다고 말하는 사람이 있어서, 제가 윤대하는 것을 두려워했다니 참 안타깝습니다. (…) 지난날 윤대할 때 얼개를 대략 진술했는데, 영명한 임금께서는 터무니없다고 여기지 않으셨지만, 조목 간에 일관성이 완벽하지 않고 조리에 마무리가 없었습니다. 오랫동안 그 자리에 있었던 까닭은 다시 임금을 만나 뵙기를 기다려 마음속의 충정을 토로함으로써 신하의 의義를 다하고 싶었기 때문입니다. 그러나 일이 이루어지지 못한 것 역시 하늘의 뜻입니다. 왕씨의 자손이 어떻게 저로 하여금 〔임금을〕 만나지 못하도록 했겠습니까?[48]

『상산연보』의 순희 13년(1186) 조목이다.

선의랑宣義郎으로 전직시켜 장작감승將作監丞으로 제수하려 했는데, 급사 왕신王信이 상소를 올려 논박했고 11월 29일 성지聖旨를 얻은지라, 〔육구연은〕 태주台州의 숭도관崇道觀을 주관하게 되었다.[49]

급사 왕신의 반박 상소에 의해 육구연이 쫓겨났음을 알 수 있다. 그 일은 뒷부분에서 다시 살펴보기로 하자. "태주의 숭도관을 주관한다"는 것은 3년치의 사록祠祿을 얻게 됨을 뜻할 뿐, 육구연은 단지 명예직을 받은 것이라 실제로 숭도관에 거주할 필요는 없었다. 그래서 육구연은 고향 강서江西로 곧바로 돌아가서 다시 강학 생활을 해나갔다. 강서로 가기 전 그는 「송별하러 나온 양정수에게和楊廷秀送行」라는 시에서 이렇게 읊는다.

조금 배워보니 비로소 사람됨을 부끄러워할 줄 알고, 감히 문장을 숭상하면서 참되고 성실한 듯 겉모습만 꾸미고 말았네.
의리상 세상에 아부하기 어려우나 세상을 잊은 것은 아니니, 제 몸을 도모하지 않는 데 뜻을 두었다고 해서 어찌 제 몸을 오도하는 것이겠는가?

쫓겨났다가 넓은 은혜를 만나 오히려 사록을 얻었으니, 귀향길 한겨울의 눈 맞다가 절로 봄이 싹트네.

그대의 시는 상쾌한 맑은 바람 같아 내가 탈 배에 불어와 오래된 갈대를 일으키네.[50]

양정수楊廷秀는 바로 양만리楊萬里이고, 양만리가 지어준 오언절구 시의 제목은「눈을 맞으며 육자정을 송별함衛雪送陸子靜」이며『성재집誠齋集』권25『조천집朝天集』에 수록되어 있다. 이상은 육구연이 윤대로 인해 축출당하게 된 경과다. 아래에서는 전체 사건과 당시 정치문화의 관계를 분석해본다.

먼저 '윤대' 관련 왕복 서신과 기록을 한곳에 모아놓지 않는다면, 육구연이 어째서 "군주를 얻어 도를 행한다"는 그토록 강렬한 의식을 갖게 되었는지 실로 상상하기 쉽지 않을 것이다. 가장 눈길을 끄는 점은 그가 시종일관 '윤대'의 성패와 '천명天命'을 직접 연관시키고 있다는 사실이다. 곧 육구연은 제1차 윤대가 실제로 이루어질지 걱정하여, "평소대로 지내면서 명을 기다릴 뿐"이라고 스스로를 변호한다. 윤대가 이루어진 후 "[임금과] 의기투합했는지" 여부에 대해 그는 감히 단정할 수 없어서, "이는 천명이고 사람이 관여할 수 있는 것이 아니다"라고 말한다. 제2차 윤대는 이루어질 듯하다가 실패했는데, 그는 또 "우리가 [임금을] 만나고 못 만나고의 여부와 도가 행해지냐 행해지지 않냐의 여부에는 원래 천명이 있다"라고 말한다. 육구연은 윤대가 급사왕신에 의해 저지당한 사건에 대해, "그러나 일이 이루어지지 못한 것은 역시 하늘의 뜻입니다. 왕씨의 자손이 어떻게 저로 하여금 [임금을] 만나지 못하도록 했겠습니까?"라고 말한다. 가장 마지막 구절은 공자의 말을 따른 것으로, 공자는 "도道가 장차 행해질 것인가, 명命이다. 도가 장차 폐할 것인가, 명이다. 공백료公伯寮가 명을 어떻게 하겠는가?"[51]라고 말했다. 앞서 인용한 '천명'이라는 말이 우연히 한 차례 나온 것이라면, 그것은 그냥 감탄한 말에 지나지 않을 것이므로 중시할 필요가 없다. 그러나 육구연은 전후로 3~4년 동안 우인友人들과 윤대의 가능성을 토론할 때마다 종국에는 '천명'으로 귀결시키고 있다. 이는 평범치 않은 현상이다. 육구연이 순희 11~13년(1184~1186) 시기에 보낸 서신을 보면, 그는 첫번째 윤대의 순조로운 성사로 효종에 대해 상당한 믿음을 갖게 되었음이 틀림없다. 그는 분명 칙령소에서 아무런 일도 하지 않았지만, 오직 제2차 윤대를 기다리기 위해 2년여 동안 "우울하게 하루하루를 보내고"만다. 이는 그가 '군주와 의기투합할' 가능성이 매우 높다고 예측했음을 설명한다. 그의 처지에서 말하자면 '군주와 뜻이 의기투합하는 것'은 당연히 개인의 벼슬길을 위해서가 아니라 이른바 '군주를 얻어 도를 행하기' 위해서였다. "군주를 얻어 도를 행한다"는 관념과 관련하여 육구연은 매우 분명한 풀이를 한 적이 있어 인용할 만하다. 그는 「왕순백에게」 제1서에서 말한다.

보내주신 편지에 "만약 배운 바를 조금이라도 펼쳐 나라와 백성을 위하려하다 보면, 날마다 어려움을 겪다가 하루해가 다 간다"고 말씀하셨습니다. 그것은 본래 그러한 형세입니다만, 그런 지경까지 가게 한 것도 사람이 무슨 일을 했기 때문입니다. (그렇다면) 이런 폐단을 없애는 것이 장차 사람에게 달려 있지 않겠습니까? (…) 천하에는 원래 무슨 일을 하면 안 될 때가 있으나, 군자의 마음과 군자의 의론은 '할 수 없다'고 미리 기필한 적이 없습니다. 춘추전국시대는 어떤 시대입니까? 그런데 공자께서는 "만일 나를 등용하는 이가 있다면, 나는 그를 위해 동주東周를 만들 것이다!"라고 말했고, 또 "만일 나를 등용한다면, 1년이면 괜찮아질 것이고 3년이면 완성될 것이다"라고 말했습니다. 맹자는 "제나라로서 왕업을 성취하기란 마치 손을 뒤집듯이 쉽다"고 말했고, 또 "배고픈 자는 먹이기 쉽고, 목마른 자는 마시게 하기 쉽기 때문에, 옛사람들의 반만큼만 일을 해도 공로는 반드시 그 두 배가 될 것이니 오직 이 시대가 그러하다"라고 말했습니다. 그리고 "왕은 그래도 선한 일을 할 수 있으니, (왕이) 만일 나를 등용하신다면 어찌 단지 제나라 백성만 편안하게 하겠는가? 천하의 백성이 모두 편안해질 것이다. 왕이 잘못을 고칠 것을 나는 매일 바랐다"라고 말했습니다. 또 "천릿길을 와서 왕을 알현하는 것은 내가 바라던 바였다. 왕과 의기투합하지 못하여 떠나는 것이 어찌 내가 바라던 것이겠는가?"라고 말했습니다. 사람이 임금을 만나느냐 못 만나느냐, 도가 행해지냐 행해지지 못 하느냐에는 원래 천명이 있으니, 어렵고 쉽다는 의론이 이 경우에 적용되지 못하는 까닭입니다.[52]

육구연은 "군주를 얻어 도를 행한다"는 것의 기원이 공자와 맹자까지 거슬러 올라간다고 보는데, 그의 견해는 역사적 사실과 잘 부합한다. "군자"가 어떤 어려운 형세 속에서도 "도를 행하는" 노력을 포기하면 안 된다는 것은 분명 초기 유가의 참된 정신이었다. 공자는 말한다.

새나 짐승과 더불어 무리를 이룰 수는 없다. 이 사람들의 무리가 아니라면 내가 누구와 함께할 것인가? 천하에 도가 있다면 나는 바꾸는 데 관여하지 않았을 것이다.[53]

또 말한다.

군자가 출사하는 것은 의로움을 행하기 위함이다. 도가 행해지지 않을 것은 이미 알고 있었다.[54]

이 구절들은 유자라면 "안 될 줄을 알면서도 해야 한다知其不可而爲之"는 정신을 반드시 지녀야 하고, 사회를 개선하는 데 있는 힘을 다해 부지런히 노력해야 하며, "천하에 도가 있는天下有道" 최후의 경지에 도달하지 않으면 절대로 중지해서는 안 된다고 공자가 적극적·소극적으로 강조한 것들이다. 다만 "도를 행하는 것"은 '출사仕'를 선결 조건으로 삼으므로, "군주를 얻었는지" 여부가 자연스럽게 가장 핵심적인 문제가 된다.

앞서 인용한 육구연의 이야기가 초기 유가의 기본 정신을 정확하게 파악했다는 데는 의문의 여지가 없다. 그러나 그것은 육구연 개인의 독특한 깨달음이 아니라 송대 유학자들의 공통 인식이었다. 인종 때의 '치도'이든 신종 때의 변법이든 혹은 남송 이학자들이 설명한 수신·제가·치국·평천하든 간에, 그 최후 목적은 합리적 생활 질서를 다시 세우는 것 다시 말해 '도를 행하는 것'이었다. 이 글은 송대에서 유학의 부흥을 다루면서 바로 그 점을 가장 중요한 착안점으로 삼는다. 이런 관점에서 "군주를 얻어 도를 행한다"는 초기 유가의 관념과 그 실천이 송대에 이르러 처음으로 계승되고 발양되었다고 할 수 있다. 그래서 육구연은 위와 같이 말하면서도, 공자와 맹자의 말을 인용한 후 한나라와 당나라 유학자들의 발언은 언급하지 않았던 것이다. 이 점 역시 남송 이학자들이 공통된 태도였고 육구연만 그랬던 것은 아니다.

주희는 한나라 유학자들이 "모두들 성인의 대도大道를 보지 못했다"[55]고 평가했다. 장식도 "후대에는 왕도王道를 참되게 알지 못했다"고 단언했다.[56] 종합하자면, '군주를 얻어 도를 행하는 것'의 실현 가능성은 오직 송대에만 갖춰져 있다고 그들은 생각했다. 왜냐하면 황제부터 사대부에 이르기까지 모두들 '삼대의 도'가 합리적 질서 재수립의 기본 원칙이 되어야 한다고 받아들이고 있었기 때문이다. 그리고 신종과 왕안석 사이에는 "천 년에 한 번 있을까 말까 한 千載一時" 의기투합이 있었고, 이로 인해 송대 유학자들은 그럴 가능성에 대해 더욱 기대하게 되었다. 만약 지금까지의 분석이 잘못되지 않았다면, 앞서 인용한 문헌에서 육구연이 거듭 '천명'에 호소했던 것은 그가 얼마나 엄숙한 태도로 윤대를 바라보았는가를 잘 설명해줄 것이다. 육구연은 마치 왕안석 이후 또 한 차례 "도를 행할" 기회가 도래하리라고 기대한 듯하다. 어쨌든 윤대 전후의 몇 년간, 그는 효종의 몸에서 "군주를 얻어 도를 행할" 서광이 비치는 것을 보았는데, 이 점은 앞에서 인용한 문헌들을 통해 분명히 증명된 것이다.

마지막으로, 송대 정치문화의 각도에서 주희와 육구연의 관계를 검토해보자. '내성'학의 관점에서 '주희와 육구연의 차이朱陸異同'를 논하는 것과 지금 내가 검토하려는 것은 전혀 다르다. 비록 상호 배척은 아닐지라도 말이다. 착안점이 다른 만큼, 과거 '주륙이동朱陸異同'을 주장하던 이들이 늘 인용하던 자료 특히 주희와 육구연 사이에서 벌어진 논쟁은 아래에서 거의 인용되지 않을 것이다. 왜냐하면 그런 논쟁은 기본에서 '내성' 쪽의 차이와 관련 있기 때문이다. 특별히 이 점을 먼저 밝힘으로써 독자들의 의심을 해소하고자 한다.

앞서 인용한바, 육구연의 '윤대'에 관한 주희와 육구연의 서신에서 우리는 매우 분명한 인상을 받을 수 있다. 그들은 "군주를 얻어 도를 행한다"는 커다란 목표를 쟁취하고자 한다는 점에서 완전히 일치한다. 다만 한 걸음 나아가 '내성' 영역에서는 그들 사이의 충돌이 즉각 드러난다. 충돌의 내용은 이렇다. 곧 '윤대 차자'를 읽은 후 "앞으로 나아가는 길에서 [과거의 견해로부터 생각을] 바꾼 곳이 없어서"일 것이라는 주희의 의문에, 육구연은 즉각 반박하면서 "마음속 생각을 다 글로 썼는데, 형께서는 오히려 '앞으로 나아가는 길에서 [과거의 견해로부터 생각을] 바꾼 곳이 없다'고 의심한다"고 말한다. 이런 논쟁은 당시 즉각 중요한 화두가 되었으나 후대에는 그 점을 논하는 자가 드물다. 나는 『황씨일초』에서 1차 사료를 하나 발견했는데, 여기에 수록하여 고찰 증거로 삼고자 한다. 황진은 「윤대 차자」에 대한 발문에서 이렇게 말한다.

상산[육구연]이 산정관이 되었을 때 주대奏對가 그러했다. [상산은] 이때부터 또 조정에 5~6년간 있다가(겨우 2년이었으므로 이 부분은 오류다), 다시 윤대하기 불과 며칠 전 갑자기 장작감승을 제수받았는데, 왕 급사에 의해 논핵을 당해 윤대할 수 없었던 것이다. 잘 모르겠지만, 그가 윤대하여 말하려 했던 것은 무슨 일이었는가? 다만 그가 이성지에게 보낸 편지에는 "지난날 면대할 때 얼개를 대략 진술했는데, 다시 임금을 만나 뵙기를 기다려 마음속의 충정을 토로하고 싶었지만, 일이 이루어지지 못한 것은 역시 하늘의 뜻입니다. 왕씨의 자손이 어떻게 저로 하여금 〔임금을〕 만나지 못하도록 했겠습니까?"라고 말했다. 이 말에 입각해 그 의도를 헤아려보면, '만약 다시 윤대 기회를 얻는다면 반드시 볼만한 일이 있을 터이니, 이전처럼 중단해서는 안 된다'는 것뿐이다. 상산의 문인인 부금산傳琴山은 「진습암에게 보내는 편지與陳習庵書」에서 이렇게 말했다. "주회암〔주희〕은 상산의 상주문을 얻어 보고서 극히 칭찬했으나, 마지막에는 '앞으로 나아가는 길에서 〔과거의 견해로부터 생각을〕 바꾼 곳이 없다'고 말했다. 상산은 다시 편지를 보내서 '나는 내가 배운 것과 축적한 것을 여기에 완전히 다 서술했다고 생각하는데, 존형께서는 오히려 앞으로 나아가는 길에서 〔과거의 견해로부터 생각을〕 바꾼 곳이 없다는 의심을 하시니 어째서입니까?'라고 말했다. 이에 대해 문공文公〔주희〕은 별다른 이야기가 없었다." 내 생각은 이렇다. 회암과 상산의 문집에는 이들 편지가 없다. 그런데 부금산이 그에 대해 말하니 허언은 아닐 것이다. 다만 공평한 마음으로 보자면, 상산은 '완전히 다 서술했다'고 말하지 않았고, 다만 직접 말하기를 '얼개를 대략 진술했다'고 말했다. 이것은 '완전히 다 서술했다'는 말과는 다르다. 〔부금산의 표현이 상산의 원래 표현과 다르다는 점을〕 마땅히 생각해야 한다.[57]

황진은 이 발문을 지을 때, 주희와 육구연의 문집에만 의거했고 아직 『상산연보』를 보지 못한 상태였다. 때문에 "또 조정에 5~6년간 있었다"라는 첫번째 오류를 범했고, "완전히 다 서술했다"는 표현에 대해 의심함으로써 두번째 오류를 범했다. 사실 "완전히 다 서술했다"는 것은 육구연 원래 편지의 "마음속 생각을 다 글로 썼다"는 것을 요약한 표현이다. 다만, "내가 배운 것과 축적한 것을 여기에 완전히 다 서술했다"는 부금산의 표현이 육구연의 원문과 차이가 있어 오해를 낳았을 뿐이다.

부금산은 곧 부자운傳子雲으로 자는 계로季魯이며, 순희 15년(1188)에 처음으로 상산서원에서 배우기 시작했다. 그는 나이가 가장 어렸지만 육구연의 칭찬을 많이 받았고, 때로는 육구연이 그에게 자기 대신 강의하도록 시키기도 했다. 소희 2년(1191), 육구연이 형문荊門 태수가 되자 그는 부자운에게 서원을 부탁했다. 육구연의 『전집』권11에는 「부계로에게與傅季魯」라는 편지 한 통이 있는데, 부계로가 바로 부자운이다. 부자운의 생몰연도는 불명확하지만 소정紹定 4년(1231)에는 아직 살아 있었다.[58] '문공'이라는 칭호는 아마도 원문에 있었던 것 같다. 그렇다면 부자운이 진습암에게 보낸 편지는 가정嘉定 2년(1209) 조정에서 주희에게 시호를 내린 이후에 작성되었을 것이다.[59] 어쨌든 「진습암에게 보내는 편지」는 1차 사료임이 틀림없고, 이 편지는 육구연의 문인들이 다음의 사실을 알고 있었음을 증명한다. 주희가 "상산의 상주문을 극히 칭찬했다"는 사실 말이다. 주희와 육구연 두 학파가 '외왕' 영역에서는 서로 갈린 적이 없음을 여기서 전적으로 단정 지을 수 있다.

"군주를 얻어 도를 행하는 것"은 주희와 육구연의 공통 소망이었음이 분명하다. 그래서 주희는 등대할 때 "직접 대면하여 마음속 생각을 다 풀어놓았고", 육구연은 윤대할 때 역시 "마음속 생각을 다 글로 썼다." 이처럼 두 사람이 사용한 표현이 마치 사전에 계획했다는 듯이 합치한다는 것은 "군주를 얻는 것"에 대한 두 사람의 생각이 똑같이 강렬했음을 나타낸다. '도를 행하는 것'이 공통의 목적이고 '군주를 얻는 것'은 수단에 불과했기 때문에, 주희와 육구연 사이에는 "군주를 얻기" 위해 서로 경쟁한다는 의식이 없었던 것 같다. 오히려 이들 두 사람은 상대방이 "군주 얻는" 기회를 잡는 것을 보고자 했고 더 나아가 상대방에게 도움을 주기도 했다. 순희 11년(1184), 주희는 육구연의 윤대에 대해 "지나치게 과중히 기다리고, 지나치게 과도히 기대했던" 흔적을 분명히 보여주었다. 당시 주희는 흥분에 겨워 친구에게 아래와 같이 말했다.

자정이 윤대의 상주문을 보내왔는데, 말의 뜻이 원활하고 호방하며 막힌 곳이 없으니 역시 그가 효험을 얻은 것이다.[60]

이는 실로 자기 내심의 '감상賣賞'에서 나온 말이었다. 주희는 육구연의 윤대에 큰 기대를 걸고 있었는데, 그렇게 기대하게 만든 중요 요소는 육구연의 언어 능력이었다. 주희는 이렇게 지적한 바 있다.

근래 말 잘하는 사람, 충분한 근거를 들어 설명하는 사람, 타인으로 하여금 감동하게 하는 사람을 보았으나, 육자정만 한 사람이 없다.[61]

또 말한다.

육 씨는 말을 잘하고 그의 정신 역시 타인을 잘 감발시키니, 일단 그에 의해 감발되면 곧바로 분명해진다.[62]

주희는 육구연이 효종을 감동시켜 정치적 돌파구를 열기를 진심으로 바랐다. 여기서 우리는 다음의 사실을 기억해야 한다. 그 전해(순희 10년 1183)부터 '도학'은 사면초가 지경에 빠져 있었고, 장식과 여조겸은 순희 7년(1180)과 8년(1181)에 각각 세상을 떠났다. 주희는 이보다 더 심한 정치적 고립무원 상태에 빠졌던 적이 없었을 것이다. 그래서 그는 당연하게도 육구연이 자신의 새로운 맹우盟友가 되기를 바랐다.

육구연은 주희의 늠름한 정치적 기골에 대해 줄곧 높게 평가하고 있었다. 순희 9년 「진졸에게與陳倅」라는 편지에서 그는 이렇게 말한다.

주원회[주희]가 절동浙東에 있을 때 큰 절개와 위대함으로써 당여정唐與政[당중우]을 탄핵한 일은 모든 이의 마음을 상쾌하게 만들었습니다. 백성은 [주희의] 사직을 매우 아쉬워했습니다. 사대부들이라 할지라도 의론을 하다가 분분함을 면치 못했습니다. 이제 그 시비는 점차 분명해지고 있습니다. 강동으로의 임명이 궁궐로부터 특별히 통고되었는데, 여러 의심하는 무리 가운데서도 임금의 통찰이 매우 밝다는 점은 더욱 기뻐할 만합니다. 원회는 벼슬을 그만두고 은거하려는 말을 한 적이 있으나, 형세상 한 번은 출사할 수밖에 없을 것입니다.[63]

주희가 당중우를 탄핵한 사건은 그가 왕회를 우두머리로 하는 관료 체계와 완전히 갈라서는 시발점이 되었다. 당시 육구연은 처음 국자정國子正으로 부임했는데도, 아무 거리낌 없이 주희에 대해 "기강이 특히 훌륭하다"고 인정하고 있다. 이로부터 육구연이 정치에서 완전히 주희 쪽에 서 있었음을 알 수 있다. 순희 10년에 산정관으로 전임했을 때 육구연은 「우연지에게」 편지에서 이렇게 말한다.

주원회는 남강南康에 있을 때 이미 몹시 엄격하다는 소리를 들었습니다. 원회의 정무에도 실로 잘못은 있지만, 실상을 잘 알지도 못하면서 엄격하다는 이유로 [원회를] 비판해서는 안 됩니다. 만약 [그렇게 비난받는] 죄에 합당하게 벌을 내린다면 [그에 따르는] 형벌이 작지 않을 것인데, 어찌 엄격하다는 이유로 비판할 수 있겠습니까? (…) 원회가 절동에서 가뭄을 구제한 일은 근래 절중浙中의 친척들이 보낸 편지와 소문으로 여러 차례 들었는데, 그 규모를 잘 알 수 있었고 절동 지방 사람들이 매우 의지한다는 것을 알 수 있었습니다. 탄핵 부분은 특히 시의에 부합합니다. 임금의 총애를 입어 방자하고 오만한 무리들은 조금이라도 저지되어야 합니다.[64]

이 편지의 첫머리는 주희의 '엄격함'을 변호하고 있고, 이하는 주희가 절동에서 시행한 조치에 대한 갈채를 보내고 있는 만큼 그 의도는 지극히 분명하다. 육구연은 정치적으로 주희를 절대로 신임했기 때문에 주희의 출처를 밀착해서 주시하고 있었고, 특히 주희가 소대할 때마다 그가 "군주를 얻어 도를 행하는" 기회를 얻기를 바라마지 않았다. 순희 15~16년(1188~1189), 그는 주희와 더불어 '무극이태극無極而太極' 문제에 대해 논쟁했고, 이 논쟁은 그들이 '내성' 영역 안에서 벌인 최고의 충돌이었다. 육구연은 이 논쟁을 위해 도합 세 편의 편지를 썼는데, 각 편지의 서두에는 정치적 맹우의 태도가 나타난다. 「주원회에게」 첫번째를 보자.

듣자 하니 이미 대궐에 도착해 상주를 했다고 하던데, 며칠에 주대를 하셨는지요? 평소 품은 뜻을 크게 펼치셔서 영명한 임금을 위해 충언을 하셨고, 또 임금을 깨닫게 함으로써 천하에 행운이 되었으리라 생각합니다. 그 나머지 이야기를 곧바로 들어 이 갈증에 목을 축이지 못했으니 한스럽습니다. 밖에서 전해 듣기로는 조정에서 강독을 하셨다는데 정말로 그랬습니까? 정말로 그랬다면 얼마나 경사스러운 일이겠습니까?[65]

두번째 편지는 이렇다.

여름에 편지를 받고 [선생께서] 주대했다는 이야기를 알고서 막 기뻐하던 찰나에, 병을 무릅쓰고 일어나서 거듭 경악했습니다. 현자의 진퇴에는 여유가 있습니다만, 매우 안타까운 점은 세상의 방식일 뿐입니다. (…) 11월 8일 편지를 받고, 기거하시는 상세한 내용을 알게 되니 큰 위로가 됩니다. 근래 관보를 열람하니 소명召命이 있음을 알게 되었습니다. 거절할 수 없을 텐데 아마 다시 한번 출사하시겠지요? 우리의 진퇴에는 원래 대의가 있으니, 어찌 다만 혐의를 피하거나 비난을 두려워만 하겠습니까? 전날의 면대는 직분상 관계있는 일에만 한정되지 않았을 터인데, 그 지극한 말을 들을 수 없었던 것이 한스럽습니다. 나중에 혹시라도 편지로 알려주시겠지요?[66]

이 두 편지는 순희 15년에 작성되었다. 이해에 주희는 두 차례 소대를 했다. 첫번째는 6월이었고 모두 합해 다섯 차자를 올렸지만,[67] 오래지 않아 임률林栗

이 도학을 공격하는 사건이 일어나자 주희는 다시 강서제형江西提刑직으로 돌아갈 수밖에 없었다. 9월 효종이 다시 주희를 소환함과 동시에 숭정전설서說書로 임명했다. 주희는 여러 차례 사양했지만 허락을 얻지 못했다. 그는 소환에 응하여 임안에서 아직 면대하기 전에 가장 중요하고도 또 가장 긴 '봉사'를 썼다.[68] 이것이 바로 앞서 인용한 육구연의 편지 두 통의 배경이다. 두번째 편지에서 육구연은 "병을 무릅쓰고 일어나서 거듭 경악했다"고 하는데, 이것은 바로 임률의 상소문을 가리킨다. 관보의 "소명"은 숭정전설서를 가리킴이 틀림없다. 그래서 "다시 한번 출사해야 한다"는 말이 있는 것이다. 주희가 11월 8일에 쓴 「육자정에게 답하다答陸子靜」는 제2차 소대를 상세히 이야기하지 않고 게다가 봉사 이야기는 한마디도 않는데, 아마도 그의 정치적 흥미가 그다지 높지 않았던 듯하다.[69] 그렇지만 육구연은 주희가 효종에게 어떻게 진언했는지 자세히 알고 싶어했다. 바로 3년 전 주희가 육구연의 주차를 읽고 싶어했던 것과 꼭 같다. 육구연의 세번째 편지는 순희 16년(1189)에 쓰였다. 첫머리에서 그는 아래와 같이 말한다.

작년 경연을 하실 때 사들이 모두 경축하면서 우리의 도가 행해질 것을 목빠지게 기다렸는데, [조정은] 현인을 기용하는 예를 또다시 다하지 않았으니 사람으로 하여금 거듭 개탄하게 합니다! 새로운 천자가 즉위하셔서 천하가 주목하고 있지만, 파면과 임명, 승진과 강등에서 인지상정으로써 이해하지 못할 일이 아주 많습니다. 여러 소인이 어깨를 나란히 하고서 제멋대로 행동하고 기세등등해 있으니, 실로 나라를 걱정하는 선배의 마음을 극히 신중히 하셔야 합니다.[70]

이해(1189)에 효종은 주희에게 비각수찬祕閣修撰을 제수했고, 2월에는 광종이 계위繼位했으며, 4월에는 주희가 비각수찬을 사직하는 것이 윤허되었다. 그래서 편지에 "파면과 임명, 승진과 강등에서 인지상정으로써 이해하지 못할 일이 아주 많다"는 말이 있는 것이다. 세번째 편지는 주륙이동을 논하는 사람들이 항상 증거로서 인용하는 것이지만, 위 구절은 '무극이태극' 논변과 관련이 없어 연구자들이 의례 생략해버렸다. 이제 정치문화의 관점에서 관찰하고 역사적 맥락의 추이에 따르게 될 때, 위 구절은 매우 중요한 증거물이 된다. 육구연은 관례적 언사를 남발하는 사람이 아니었다. 따라서 그다음 이어지는 논변이 날카롭다는 이유로 그가 일부러 예의를 차려 인사치레하는 말을 한 것은 아니었다. 이상이 위 구절을 중요 증거물로 간주해야 할 첫번째 이유다.

육구연의 아들 육지지陸持之가 육구연의 문집을 편찬할 때, 종종 서신 내용을 삭제하는 경우가 있었지만 위 구절만큼은 보존되었다. 육지지가 아버지의 학문을 전수할 능력이 있었다는 점을 고려해볼 때,[71] 이 구절은 결코 아무 관련 없는 췌사贅詞가 아니었음을 알 수 있다. 이것이 두번째 증거. 이 두 가지 이유에서 주희가 "임금을 깨닫게 함"으로써 "우리의 도가 행해질" 기회를 얻을 수 있기를 육구연이 간절히 희망했다고 볼 수 있다. 이들 편지 세 통은 한편으로 주희와 육구연이 '내성'의 문제에서 조화를 이룰 수 없었다는 점을 부각하면서도, 다른 한편으로는 그들이 '외왕'의 문제에서 일치했음을 실증한다. 이것이야말로 '주륙이동'의 수수께끼에 대한 가장 분명한 해답이다.

4. "군주를 얻어 도를 행한다"—장식과 여조겸

앞 절은 주희와 육구연 두 사람의 '등대'와 '윤대' 활동을 통해, "군주를 얻어 도를 행한다"는 남송 이학자들의 독특한 방식을 검토했다. 이 절은 장식과 여조겸의 사례를 논할 텐데, 대체로 앞 절의 논의를 이어가지만 논점에 변화가 있다. 곧 "군주를 얻어 도를 행한다"를 이학자들의 집단의식으로 간주한다. 이런 집단의식은 이미 왕안석 변법의 시대에 출현했다. 그의 정적조차 아래와 같이 인정하지 않을 수 없었다.

> 왕안석은 과거시험에 합격해 관직을 두루 거친 이래, 요와 순의 도를 존중함으로써 학자들을 앞서 이끌어 사인들의 마음이 그리로 귀일하지 않음이 없었고 그를 현인이라고 불렀다.[1]

그래서 왕안석 집정 초기, 나중에 낙당·촉당·삭당으로 불리게 될 유학자들을 포함하여 서로 다른 사상 유파의 유학자들이 왕안석 주변에 모여들어, '삼대의 통치'를 회복하기를 모두가 희망했던 것이다. 이런 집단의식은 송대 사대부 정치문화의 중심을 구성하고, 송이 남쪽으로 천도한 이후에는 이학자들이 그것을 계승한다. 그렇지만 이학자들이 시작부터 맞닥뜨렸던 첫번째 중대 문제는 먼저 "군주를 얻은" 다음에야 "도를 행함"을 이야기할 수 있다는 것이었다. 이학자들은 왕안석과 신종의 만남을 이상으로 삼으면서 시종일관 효종에게 기대를 걸었다. 때문에 황제와 더불어 직접 대화하는 것은 결국 "군주를 얻는" 한 가지 주요 방식으로 변화된다. '윤대' 및 그와 유사한 제도는 이런 면에서 독특한 작용을 발휘했다. 주희·육구연·장식·여조겸이 이 장에서 주요 연구 대상이 된 까닭은, 엄격하게 말하자면 그들이 남송 중엽 이학의 주류 유파를 대표하기 때문이 아니다. 사실 '윤대'를 통해 "군주를 얻어 도를 행하는" 기회를 쟁취하는 활동은 그들의 문집 곳곳(특히 서신 부분)에서 찾아볼 수 있어서, 그런 특수한 현상이 있다는 점에 주목하지 않을 수 없다. 그것은 사료 자체가 무의식 중 드러내는 객관적인 역사의 맥락이다. 우리는 매우 부담을 가지면서도 다음과 같이 말할 수 있다. 곧 이런 현상은 한편으로 이학자 집단 내에서 집중적으로 나타나고, 다른 한편으로 소희 5년(1194) 효종이 세상을 떠난 후 "군주를 얻어 도를 행한다"는 기풍은 뚝 끊어진다고 말이다. 아래에서 구체적인 역사 분석으로 들어간다.

장식은 건도 6년(1170)에 "군주를 얻어 도를 행할" 기회를 얻지만, 그 기회는 특수한 형태를 띠고 있었다. 장식은 아버지 장준張浚을 통해 일찍부터 효종과 알고 지내던 사이임을 우리는 알고 있다. 융흥 원년(1163), 효종은 장준을 다시 소환하여 국시인 화의和議를 변경할 것을 상의했고, 장식은 두 사람 사이에서 메신저 역할을 한 터라 여러 차례 효종을 알현할 수 있었다. 주희는 당시 상황을 이렇게 말한다.

> 남헌南軒〔장식〕의 출입은 매우 친밀했기 때문에 온 조정이 그를 질시했다. 하루는 주규周葵(1097~1174, 당시 참지정사)를 알현하는데, 정부의 여러 사람이 있었고 그들은 차례대로 남헌에게 보고하러 왔다. 주규가 남헌을 가리키면서 말했다. "우리의 진퇴는 이 소년의 손에 달려 있다."[2]

건도 6년(1170) '회복恢復'설이 또다시 일어나자, 효종은 장식을 다시 소환하여 서울에 들어오도록 해서 자문역을 맡도록 했다. 이를 위해 장식은 이부원외랑吏部員外郞 겸 권기거랑시립관權起居郞侍立官이 되었고, 조금 이후 다시 좌사원외랑左司員外郞 겸 시강侍講이 되었다. 이 한 해 동안, 그는 효종과 빈번하게 접촉했고, 소대는 6~7차에 달했다.[3] 이 시기, 장식은 늘 주희에게 편지를 써서 어떻게 하면 임금의 마음을 감동시켜 정국을 혁신할지에 대해 논의했다.[4]

> 저는 여기서 감히 진심을 다하지 않을 수 없습니다. 〔제〕 배움의 힘이 뛰어나지 못해 〔임금을〕 감동시킬 수 없을 듯하니 송구할 뿐입니다.[5]

제5서는 다음과 같이 말한다.

> 오늘날의 큰 걱정거리는 유학을 좋아하지 않아 공리功利의 말단으로 다투어 달려가고, 장엄하고 공손하며 경외하고 하늘을 섬기며 민民을 보호하려는 선왕先王의 마음을 우활迂闊하고 지둔遲鈍한 설이라고 여기는 것입니다.

얼마 전 면대할 때 역시 이 점을 논했습니다. 주상은 총명하지만, 아침저녁으로 지극한 이치를 풀이해주어 주상의 마음을 넓혀줄 사람이 없음이 한스럽습니다. 이것이 실로 오늘날 흥성과 쇠락의 근본입니다.[6]

제6서는 이렇다.

〔제〕 배움의 힘이 아직 어느 수준에 도달하지 못했고 〔제〕 성의誠意는 타인을 감동시킬 수 없다고 스스로 생각하니, 벼슬자리에서 물러나 '〔본래〕 제게 있는 것'을 위해 노력하고 싶습니다. 그러나 우리 임금을 가만히 생각해보건대 총명하고 부지런하시니 차마 그렇게 떠날 수는 없습니다. 〔제가〕 있는 힘을 다하여 반복해서 분변한다면, 만에 하나를 기대할 수 있을 것입니다. 간절한 마음으로 감히 스스로 면려하지 않을 수 없습니다. 오직 우리 형께서 실로 잘 헤아려주셔서 이렇게까지 〔편지를〕 써주시니 저도 모르게 코가 시큰해집니다.[7]

제9서는 아래와 같다.

저는 여기서 날수만 채우고 있는데, 음력 11월 이후 세 차례 〔주상을〕 면대할 수 있었습니다. 저의 진심을 감히 다하지 않을 수 없었습니다. 주상께서는 총명하셔서, 〔제가〕 반복하여 개진할 때마다 잘 받아들여 주셨습니다. 혹여 만분지일의 희망이라도 있기를 기대하는 것이 제 심정입니다. 〔주상께서 제 견해에 따라〕 교지라도 내려주시는 행운이 있기를 은근히 기대하고 있습니다. 경연이 내달에 열리는데, 지금부터 더 여유를 갖고 제 속에 있는 것을 모두 쏟아부으려 합니다. 외로움이 갈수록 심해지는데, 질시하는 사람들이 숲과 같이 있으리라는 점은 미처 예상하지 못한 것입니다.[8]

위에서 인용한 편지 네 통은 장식이 얼마나 전력을 기울여 "군주를 얻어 도를 행할" 기회를 잡고자 했는지를 잘 보여준다. 그가 주희에게 가르침을 구했던 것도 매우 간절했다. 왜냐하면 그것["군주를 얻어 도를 행하는" 것]이 두 사람의 공통 희망이었기 때문이다. 주희는 자신의 특수한 신분으로서 효종을 설득할 가능성이 있었던 만큼, 특히 흥분하여 전후로 장문의 편지를 여러 통 써서 '제왕의 학문'의 요지 및 당시 정치적으로 취해야 할 조치에 관해 제시했고, 장식으로 하여금 그 내용을 참고하도록 했다. 『주자문집』권25 「장흠부[장식]에게 답하다答張欽夫」에는 편지 네 통이 수록되어 있는데, 첫번째·세번째·네번째 편지는 위에서 인용한 장식의 편지들과 꼭 들어맞는다. 지면의 제한으로 여기서는 네번째 편지의 한 단락만을 인용하고자 한다. 편지는 "군주를 얻어 도를 행한다"는 주희의 논지와 관련되어 있다.

얼마 전 주대를 청하라고 말씀드렸는데 그것은 부득이한 계책이었습니다. 잘 모르겠지만, 천의天意가 따스하여 이미 시립侍立의 신분으로서 진언할 길을 열어놓으셨더군요. 그리고 주상의 마음은 마치 거울처럼 비치어서, 또다시 경연 자리에서 무릎과 무릎을 맞대는 모습을 갖추었습니다. 이것이 어찌 사람의 계획으로 이룰 수 있는 일이겠습니까? 이번 일을 가만히 살펴보건대 아마도 하늘과 사람의 관계와 군주와 신하의 관계에 대해서는 이미 의견의 일치를 보신 듯합니다. 얼마나 잘된 일인지요! 얼마나 잘된 일인지요! 노력하고 또 노력해야 할 것입니다! 평소 강구하여 들은 내용을 지금 직접 보고 있습니다. 보내주신 편지를 세밀하게 읽은 다음에야 성스러운 주상의 마음이 그러함과, 존형의 학문과 함양의 노력이 이처럼 왕성하고 화평함을 알게 되었습니다. 잠깐 이야기하는 사이에도 깨닫게 하고 감통하도록 해야 하며, 두려워하여 물러서지 말아야지 결국 속마음끼리 의기투합을 확정할 것입니다. [그렇게 된다면] 진실로 천재일우일 테지요. 하지만 저는 '끊임없는 추위와 뭇 초나라 사람의 숱한 방해에 대한 걱정'9을 못 이기길 것 같습니다. 그대는 어떻게 대처하실지 잘 모르겠습니다. 그에 대한 계책은 별다른 방법이 있는 것이 아니라, 다만 우리의 진실한 뜻을 평소 축적함에 잠시라도 중단하지 않게 한다면 아마도 괜찮을 것입니다! 밤에 숙직 설 때에도 [주상으로부터] 소견하라는 명을 받으신 적이 있습니까?[10]

위 인용문은 구절구절이 모두 주희의 속마음을 담고 있다. 왜냐하면 그는 곧 이어서 "이론을 세울 때 신기함을 중시하는"[11] 장식의 경향에 대해 매우 솔직한 비판을 가하기 때문이다. "주대를 청하라" 운운하는 첫 문장은 장식이 시립관 겸직兼侍立官에서 시강 겸직兼侍講으로 전임한 것을 주희가 모르고서, 효종에게 "주대를 청하라"고 장식에게 말했던 것이다. 이 일은 장식이 보낸 여섯 번째 편지에 실려 있지만, 현존하는 주희의 제3서에는 보이지 않는다. 원본이 사라졌는지 아니면 삭제되었는지 지금으로서는 알 길이 없다. 그렇지만 주희는 장식이 이런 '천재일우'의 기회를 얻었음을 알고서 흥분을 숨길 수 없었다. "천의天意"라는 표현은 육구연이 말했던 천명天命과 맞아떨어진다. 그러나 주희는 흥분 속에서도 맑은 정신을 잃지 않아, 곧바로 "끊임없는 추위와 뭇 초나라 사람의 숱한 방해에 대한 걱정"을 하고 있었다. 장식도 "군주를 얻는 것"이 자신에게 필연적으로 초래할 정치적 위험을 잘 알고 있었다. 곧 "외로움이 갈수록 심해지는데, 질시하는 사람들이 숲과 같이 있었다." 과연 장식은 채 1년이 지나지도 않아 직업관료들에 의해 배척당하고 만다. 조정을 떠나기 전에 쓴 제10서에서 그는 이렇게 말한다.

저는 13일에 지방관으로 부임하라는 명령을 받았습니다. (…) 조정에서 날수만 채웠으면서도 임금께서 알아주시는 은혜를 입었으나 보답할 길이 없습니다. 배움의 힘이 충분하지 않아 위아래로 신임을 얻지 못했으니, 돌아가서는 예전에 배운 내용을 더 익히고 풀이하며 더욱더 노력할 것을 생각하고 있습니다. 그 밖에는 말할 만한 것이 없습니다. 다만 우리 존군尊君은

총명하시니, 사람으로 하여금 미련이 남아 차마 그만두지 못하게끔 하실 뿐입니다.[12]

이런 제1차 사료들은 "군주를 얻어 도를 행하려는" 장식의 의식이 얼마나 뿌리 깊은지를 여실히 증명해준다고 나는 생각한다. 왜냐하면 그런 의식을 구성하는 것에는 이지적 사려뿐만 아니라 감정적 의탁이 있는데, "저도 모르게 코가 시큰해지고" "미련이 남아 차마 그만두지 못한다"는 등 장식의 말과 함께 "오랫동안 그 자리에 있었던 까닭은 다시 임금을 만나 뵈어 조금이라도 [제 생각을] 다 말하는 것이 신하의 의를 다하는 것이라고 생각했기 때문입니다."는 육구연의 말은 '군주와 신하의 의기투합君臣遇合'에 관한 전형적 정서를 잘 표현하기 때문이다. 일단 이런 감정에 젖어들면 그후로는 아무리 해도 그것을 떨쳐버릴 수가 없는 것이다.

건도 6년(1170), 여조겸도 마침 태학박사太學博士를 제수받았고 그후 다시 국사원편수관國史院編修官과 실록원검토관實錄院檢討官을 겸직했는데, 장식과 같은 시기에 임안에 있었을 뿐만 아니라 같은 마을에 거주하여, 둘은 아침저녁으로 서로 만나는 사이였다.[13] 이 시기 여조겸과 주희 사이의 서신 왕복은 빈번했고, 그 편지들은 여조겸의 『동래별집東萊別集』 권7에 수록되어 있다. 여조겸은 주희와 장식 사이에 오간 서신을 다 보고 있었다. 그래서 「주 시강[주희]에게與朱侍講」 제6서에서 "장장張丈[장식]에게 보내신 편지에서 시사를 논한 것을 보았는데, 하나하나 핵심적이고 타당하여 탄복하지 않을 수 없었습니다"[14]라고 말한다. 장식이 효종에게 진언하려 했을 때, 여조겸 역시 토론에 참여했음을 알 수 있다. 그 자신은 바로 그해(1170)에 한 차례 '윤대'를 했다. 「주 시강에게」 제5서를 보자.

저는 상순에 윤대했는데, 차자를 삼가 베껴 써서 보내드리오니 가르침을 주시기 바랍니다. 타당하지 않은 곳이 있다면 하나하나 지적해주십시오.

주상께서는 거리를 두지 않으셔서 문답이 매우 상세하여, 생각했던 바를 제가 거칠게 표현해버렸습니다. 정성스러운 뜻이 평소 축적되지 않아 (주상을) 감동시키지 못한 것이 한스러울 따름입니다.[15]

여조겸은 이번 윤대에서 차자를 두 편 썼고 그 두 편 모두 『동래집東萊集』에 수록되어 있다.[16] 그가 효종으로부터 받은 인상은 육구연의 그것과 극히 비슷하여 상호 증명될 수 있다. 여조겸은 윤대 후에 차자 두 편을 주희에게 보내서 가르침을 청했는데, 윤대 전에는 필시 장식과 직접 만나 토론했을 것이다. 이 점 역시 "군주를 얻어 도를 행하는 것"이 이학자들의 공통 목표였음을 보여주는 증거다. 순희 3년(1176), 여조겸은 다시 소명을 받아 『휘종실록徽宗實錄』을 중수重修하게 되었고, 그 이듬해 또다시 윤대 기회를 얻었다. 그는 주희에게 두 통의 편지를 써서 이 일을 이야기한다. 첫번째 편지는 이렇게 말한다.

저의 윤대는 (…) 5~6월이나 되어야 할 것입니다. 정자명鄭自明이 소저小著로 승진했으니, 주상께서 거침없는 직간을 꺼리지 않음을 알 수 있습니다. 다만 사람들이 생각을 다 펼치지 않으려 할 뿐입니다.[17]

두번째 편지는 아래와 같다.

윤대 날이 채 수십 일도 남지 않았지만, 제가 생각하는 범위를 아직 다 펼치지 못했습니다. 정성스러운 마음이 깊지 않아 (주상을) 감동시킬 수 없을까 걱정될 뿐입니다. 굽이굽이 숨기면서 오로지 완곡하게 말하는 것은 결코 도움이 되지 않을 것입니다. 그런 병통이 오래되었음을 이미 알고 있습니다.[18]

여조겸이 이번 윤대를 특히 중시하고 있고 아무 숨김 없이 직언하리라 결심했음을 편지 내용을 통해 알 수 있다. 이는 첫번째 편지에서 언급된 정자명의 직간과 관련이 있다. 왜냐하면 효종은 "거침없는 직간을 꺼리지 않았기" 때문이다. 따라서 「순희 4년 윤대 차자 2수淳熙四年輪對箚子二首」[19]는 건도 연간의 두 차자에 비해 훨씬 날카로웠다. 그 첫번째 차자는 효종이 "독단적으로 모든 기관을 운용하여獨運萬機" 대신의 권한을 침해하니 '치도의 체통治道體統'에 맞지 않는다고 공격하는데, 어휘 사용이 특히 맹렬하다. 주희 문집에 있는 「정자명에게 답하는 편지答鄭自明書」도 앞서 인용한 여조겸의 편지와 관련이 있음이 분명하다. 그 가운데 다음 구절이 있다.

이전에 부본副本을 보지 못한 것을 한스럽게 여겼는데, 이제 다행히도 읽을 수 있게 되었으니 한편으로는 감탄하면서도 다른 한편으로는 옷섶을 여미고 경복敬服하고 있습니다. 일찍이 논했다시피, 충성심과 간절함이 타인보다 뛰어날 뿐만 아니라 말솜씨와 지략은 타인이 범접할 수 없는 것이었습니다. 잘 모르겠지만, 유원성劉元城, 진요옹陳了翁 등이 어떻게 하겠습니까? 주상께서는 총명하셔서 그처럼 듣고 받아들이셨으니, 일단 〔주상을〕 깨닫게 하기만 한다면, 쥐새끼들을 제거하는 것은 손바닥을 뒤집듯 쉬울 것입니다. 비록 〔제가〕 늙었고 병들었으나 오히려 태평만세를 볼지도 모르겠습니다. 얼마나 다행입니까! 얼마나 다행입니까![20]

주희는 여조겸이 보내준 편지에서 정자명의 상주문에 대해 알게 되어, 정자명에게 편지를 써서 부본을 보내달라고 부탁했으며 그 부본을 받은 뒤 위 답장을 썼음이 틀림없다. 주희는 이때 비록 "관리가 되고 싶은 마음宦情"이 없었지만, 치도에 대한 관심은 여전히 매우 강렬했다. 때문에 임금의 마음을 "깨닫게 하려는" 어떠한 사대부들에 대해서도 공명共鳴할 수 있었다. 순희 4년 (1177), 장식은 주희에게 편지를 보낸다.

백공伯恭[여조겸]은 이미 윤대를 했다고 관보에서 보았으나, 말한 내용이 무엇이었는지 잘 모르겠습니다. (…) 또다시 제가 생각해보건대 우리 군주는 근검한 덕을 갖고 계시니 하늘이 장차 반드시 도와서 깨달음이 있도록 할 것입니다. 한스러운 것은 신하로서 진심으로 뜻을 펼 수 없다는 점뿐입니다.[21]

장식은 효종이 자기를 알아주었으면 하는 마음을 시종일관 지녔다. 또한 이를 통해 자신과 같은 길을 걷는 사람들의 윤대에 대한 관심이 주희와 다를 바 없었음을 알 수 있다. 같은 해(1177) 여조겸은 또다시 주희에게 편지를 써서 말한다.

원기중袁機仲(원추袁樞)과 때때로 만납니다. (…) 원기중의 윤대가 몇 달 안에 있습니다. 날마다 윤대하는 자들 가운데 간혹 정론正論을 펴는 이들이 있습니다. 비록 [정론이] 사소하여 반드시 도움이 될 수는 없겠지만, 그래도 기맥을 끊어지게 하면 안 될 것입니다.[22]

여조겸, 주희, 장식은 모두 "군주를 얻어 도를 행하는" 일체의 윤대 활동을 긴밀히 주시하고 있었음을 위 편지는 증명해준다. "그래도 기맥을 끊어지게 하면 안 된다"는 말은 특히 음미할 만하다. 이는 이학파 사대부 사이에 그런 전략적 묵계가 존재했음을 무의식중에 드러내기 때문이다. 그들은 가능한 한 적절한 시기를 이용하여 뜻과 도가 일치하는 사들로 하여금 주대를 청하게 하고 끊임없이 황제에게 진언하도록 함으로써, "군주를 얻어 도를 행할" 가능성을 쟁취하고자 했다. 주대를 청할지 여부에 대해 그들 사이에서 항상 정보가 오갔던 것은 그런 전략의 중요 부분이라 할 수 있다. 앞에서 인용했다시피 주희가 건도 연간에 장식을 부추겨 "주대를 청하라" 했던 것이 그 사례다. 순희 3~4년(1176~1177) 사이, 주희는 비서랑직 제수에 대해 힘써 사절하기는 했지만, 기회를 보아 "주대를 청해" 효종을 감동시키는 효과를 거두려는 생각을 하고 있었다. 그는 앞서 인용한 「정자명에게 답하는 편지」에서 이렇게 말했다.

다만 상소문을 살펴보건대 오랫동안 조정을 거슬렀던 생각을 조금 드러내려 했으니, 한 번 임금을 알현하여 조칙으로 제수된 관직을 경시하는 마음이 [제게] 원래 없었음을 아시도록 하고 싶습니다. 잘 모르겠지만 그럴 수 있을까요? 다행히도 방법을 생각해내시면, 몇 글자를 조진숙曹晉叔에게 남겨주시기 바랍니다. 이제 [편지를 전할] 확실한 방편을 찾아서 부록으로 붙여 보내니 가르침을 주시기 바랍니다.[23]

이것은 분명 집단적 득실의 관점에서 문제를 고려한 것이다. 그렇지 않다면, 주희가 "주대를 청할지" 여부에 대해 정자명이 대신 '방법'을 찾아낼 필요는 없었을 것이다. 같은 편지의 추신 부분에는 다음 구절이 있다.

어제 서울에 있는 친구에게서 편지를 받았는데, '주희는 주대를 청할 필요가 없다고 백공이 말했다'고 합니다. 아마도 제가 다시 법을 저촉하여 죄를 얻는 것이 사들의 기세를 꺾어버릴까 두려워하는 것 같습니다.[24]

편지를 다 쓴 다음 주희는 여조겸이 전해준 말을 들었는데, 여조겸은 주희가 "주대를 청하는 것"에 반대했다고 한다. 여조겸은 주희가 강경한 성격으로 인해 반드시 "법을 저촉하여 죄를 얻으리라"는 것을 알았다. "사들의 기세를 꺾는다"는 바로 "군주를 얻어 도를 행한다"는 이학자 집단의 장기적 전략에서 나온 말일 것이다. 주희가 임금과 안 좋게 헤어진 다음, 다시는 '청대請對' 또는 '윤대'를 통해 효종에게 진언하려는 사람이 나오지 않을까봐 여조겸은 걱정했다. 주희는 집단의 이해관계를 중시하여 마침내 원래 의도를 접고서 주대를 청하지 않았다.

마지막으로 우리가 지적해야 할 점은 주희가 정치적 활동에서 완전히 실패한 다음에도 "군주를 얻어 도를 행하는" 이상의 실현을 집단적 관점에 입각하여 포기하지 않았다는 사실이다. 그가 유광조劉光祖에게 보낸 편지를 보자.

이별한 지 딱 한 달이 되었습니다. 그대의 덕의德義를 생각할 때마다 사모하는 마음을 잊지 못하겠습니다. 저는 곤궁한 가운데 분주히 돌아다니다가 다행히도 휴식을 얻었지만, 길 위에서 갑자기 강릉江陵에 부임하라는 명을 받았습니다. 이 사악한 죄인이 어찌 다시 출사하겠습니까? 주상께 아뢰어 힘껏 사양한다면 계획대로 될 수 있을 것입니다. 이제부터 두문불출하니 곧바로 흥취가 있습니다만, 헛된 욕심이 초래한 일이 도움이 되지 못했던 것을 한스럽게 여기고 있습니다. 그래도 우리 군주의 학문적 진전을 잊을 수가 없습니다. 과거의 기억이고 눈이 더욱더 안 보여서 많은 내용을 언급할 수는 없습니다. 항상 자중하시면서, 군주를 보좌하여 도를 행하려는 본래의 마음을 잊지 말고 광명을 빛내도록 하심으로써 종묘와 사직을 지키시기를 오직 바라옵니다. 제 마음은 지극히 간절합니다.[25]

노선생老先生께서는 필시 기다리신 다음 곧바로 임명장을 받을 것입니다. 자수子壽는 천리 밖에 있고, 무헌茂獻과는 때때로 만나려 하고 있습니다. 이전 편지에서 '제가 여러분에게 두터운 기대가 없을 수 없다'고 했는데, 비밀리에 말한 것이니 다른 사람에게 말하지 말기 바랍니다. 원근의 인재 가운데 함께 왕업을 도울 사람이 반드시 또 있을 테지만 누구인지 알지 못하니, 제게 알려주기를 바랍니다. 문숙文叔이 간 후 때때로 편지를 받으십니까? 북관北關[남송의 서울 임안의 북쪽 문]의 모임이 바람에 구름 흩어지듯 사라져 버렸으니 실로 한탄할 만합니다.[26]

이 편지는 소희 5년(1194) 11월 말에 작성된 것으로 추단推斷될 수 있다. 주희는 윤10월 21일 무인일에 조칙을 받들어 궁관宮觀직에 제수되자 바로 임지로 갔다. 여정은 26~27일 사이에 시작되었을 것이다. 29일 강릉으로 가라는 명령이 떨어졌을 때, 주희는 이미 임안을 떠난 뒤였다.[27] "이별한 지 딱 한 달" "길 위에서 갑자기 강릉에 부임하라는 명을 받았다"는 편지 구절과 잘 들어맞는다. 이 편지는 네 명을 언급하는데 '노선생'은 진부량陳傅良,[28] '자수'는 팽구년彭龜年, '무헌'은 장영章穎, '문숙'은 황도黃度다. 팽구년은 이때 이부시랑으로서 금국접송반사金國接送伴使가 되어 나라 밖에 있어 "자수는 천리 밖에 있다"고 했다.[29] 황도는 우정언으로 있다가 이미 주희보다 몇 달 전에 축출되었기에 "문숙이 간 후"라고 말한다.[30] 이 셋은 모두 이학파 사대부로서 오래지 않아 경원당금 인사 명단에 포함된다.

이상의 고찰을 통해, 주희의 편지는 당시 이학자 집단을 위해 정치적 전망을 예측하며 작성된 것임을 알 수 있다. 소희 5년 11월은 이미 그들로서는 심각한 위기 단계에 접어들고 있었다. 석 달 후, 조여우가 재상직에서 파면되고 (경원 원년 1195년 2월 20일) 곧이어 전체가 진멸되었다. 그러나 이 '도학 종언'의 전야에 주희는 계속해서 재조 이학파 사대부들에게 용기를 갖고 분투하라고 격려하고 있다. 위 편지에는 두 가지 요점이 있다. 첫째, 전반부에서 가장 중요한 구절은 "군주를 보좌하여 도를 행하려는 본래의 마음을 잊지 말라"는 것이다. 이 말은 특히 "여러분", 곧 편지 속의 몇 명에게 부탁하는 것이고, 당연히 수신인인 유광조도 거기에 포함된다. "비밀리에 말한 것이니 다른 사람에게 말하지 말기 바란다"는 것은 이 편지가 정치적 기밀 문건의 성격이 있음을 말한다. 둘째, 편지 후반부는 인재를 열거하면서 "함께 왕업을 도울 것"을 이야기하는데, 이는 이학 집단의 중요한 정치적 동향을 드러낸다. 알고 보면 그들 역시 암암리에 자기 쪽 세력을 확대하고 있었던 것이다. 주희는 그런 활동을 격려할 뿐 아니라 그 진전 상황을 긴밀히 주시했기 때문에, 그들이 대체 어떤 사람들을 찾았는지 알고자 했다. 이 편지에서 주희는 한 정파의 정치적 지도자 또는 당수의 지위에서 이야기하고 있으며, 적어도 잠시 동안은 '내성'학 대종사의 신분을 잊고 있다. 이 장에서 논하는 이학자의 정치적 경향과 "군주를 얻어 도를 행함"은 이 편지에서 구체적인 확증을 얻는다.

5. 남은 논의

"군주를 얻어 도를 행한다"는 주제에 대해 이미 분명히 설명했지만, 몇 가지 남은 논의에 대해 더 이야기하지 않을 수 없다. 첫째, 이른바 "군주를 얻는다" 함은 황제를 설복시켜 먼저 '내성'학을 연마하게 하고, '내성'의 정신에 의거하여 치국, 평천하로 나아가는 것일까? 『주자어류』의 아래 문답은 참고할 만하다.

> 묻기를, "어떤 사람이 말하기를 '오늘날 군주에게 고하는 사람들은 모두들 수덕修德을 말한다'고 합니다. 군주로 하여금 무엇부터 닦도록 해야 할까요? 필시 요점이 있을 것입니다." 답하기를, "어찌 그렇게 말하는가? 본래 마음은 사적인 것이 아니라는 점을 알면 곧바로 천하의 대공大公으로 변화된다. 모든 사사로운 뜻을 다 버리고서 등용한 사람이 현명하지 않다면 바른 사람을 찾아 등용해야 한다."[1]

이것은 요덕명寥德明이 계사년(건도 9년, 1173) 이후에 들었던 것을 기록한 내용으로, 대체로 주희 중년의 견해를 대표한다. 질문자는 '수덕'이 대체 어떻게 해야 '군주'에게 효과 있게 적용될 수 있는지 의심했음이 분명하다. 주희는 "본래 마음은 사적인 것이 아니라는 점을 알아야 한다"고 대답하는데, 그가 건도 5년(1169)에 깨달았던 '중화中和'의 새로운 해석에 비추어보자면 그런 대답에는 실로 의문점이 있다. 주희가 여기서 말하는 것은 전적으로 마음이 "이미 발한已發" 이후의 '찰식察識'으로서, "아직 발하지 않았을 때未發"의 '함양涵養'에 대해서는 한마디도 언급하지 않는다. 그는 건도 6년(1170)에 쓴 「장경부[장식]에게 답하는 세번째 편지答張敬夫書三」에서 군주의 정심正心, 성의誠意 문제에 대해 논한다.

우리는 이전에 (…) 자기완성의 공부가 그 근본적 측면에서 그다지 정확하지 않았습니다. ―예컨대 먼저 함양하지 않고 지견知見을 얻는 데 힘쓴 것이 그것입니다.― 따라서 그렇게 논하여, 인주人主로 하여금 공부를 할 곳이 없게끔 했습니다.[2]

이 구절은 '우리'가 반드시 "먼저 함양해야 한다"는 것을 강조할 뿐, '인주'도 그래야 한다고 말하지는 않는 것 같다. 우리는 다만 다음처럼 추론할 수 있을 뿐이다. 주희는 '만약 사상과 성격이 이미 정립된 황제에게 먼저 함양하는 것부터 시작할 것을 요구한다면, 군주를 얻는 날이 영원히 올 수 없을 것이다'라고 인식했던 것이다. 특히 '윤대'나 '청대'의 경우 시간이 촉박해서 설사 진언자 자신이라 할지라도 "마땅히" 마음이 "이미 발한 때"의 '지견'으로부터 시작할 수밖에 없고, 그 밖에 다른 묘안은 없었다. '수덕'의 질문에 대해 적어도 주희는 정면으로 대답하지 않았다. 전후로 황제에게 '정심, 성의'에 대해 진언했던 이학자들의 각종 의론을 보자면, 우리는 이렇게 결론을 내리지 않을 수 없다. 곧 그들은 기본적으로 여전히 '지견'의 층위에서 황제를 설복하려는 노력을 하고 있었다는 것이다.

둘째, 이학자들은 몇 번의 '윤대'가 황제의 결정을 바꿀 수 있으리라고 순진하게 생각했을까? 그들은 어째서 "군주를 얻지" 않으면 안 되었을까? 주희는 아래와 같이 설명한 바 있다.

천하의 일은 반드시 인주가 투철하게 깨달아서 스스로 해나가야 한다. 예를 들어, 어떤 사업의 8할을 인주가 하고 1~2할만을 재상이 한다 하더라도, 그 사업은 이루어질 수 없다.[3]

이 조목은 보광輔廣이 소희 5년(1194) 이후에 들었던 내용을 기록한 것으로, 주희 만년의 견해를 대표한다. 그 밖에 유사한 이야기가 적지 않지만, 여기서

다 인용할 필요는 없을 듯하다. 이 구절은 사실 주희 자신의 경험을 이야기한 것이다. 왜냐하면 주희는 이미 권력 구조 문제를 접했기 때문이다. 여기서 "사업"은 당연히 일상적 사무가 아니라 개혁을 발동하는 비상적 조치를 가리킨다. 이학자들은 "공동 통치자"라는 정치적 주체로서 자부했지만, 결국 "군주는 명령을 제정하는 것을 직무로 삼는다"는 대원칙을 여전히 받아들이고 있었다.[4] 말하자면, "도를 행하는" 갑문을 여는 최후 결정권은 황제가 장악하고 있었다는 것이다. 『주자어류』에는 아래와 같은 기록이 있는데 음미할 만하다.

그렇게 했으면 안 됐다는 한탄을 선생은 많이 했다. 한경漢卿이 말했다. "전년에 선생님을 모시고 앉았는데, '천하에 해서 안 될 일은 없다. 병졸은 장군을 따라서 이동하면 되고, 장군은 작전명령서를 따라 행하면 된다'는 말을 선생님으로부터 들었습니다. [그런데] 지금은 '해서는 안 되었다'는 말씀을 하시는군요." 선생이 말했다. "바로 그 작전명령서가 내 손 안에 있지 않기 때문이다."[5]

이 조목은 엽하손이 신해(소희 2년, 1191) 이후에 들었던 내용인데, 한경은 곧 보광으로서 앞서 인용했던 조목을 기록한 인물이다. 이 대화에서 엽하손과 한경은 한자리에 있었을 것이므로, 위 구절과 이 구절은 대체로 같은 시기에 기록되었음을 알 수 있다. "작전명령서가 내 손 안에 있지 않다"는 것은 권력세계의 전형적 용어로, "인주가 스스로 해나가야 한다"는 구절과 더불어 음으로 양으로 상호 보완된다. '행도行道'의 발동 권력은 황제에게 있지 사대부에게 있지 않다는 것에 대해 만년의 주희는 이미 절절히 체험했을 것이다.

셋째, "군주를 얻어 도를 행한다"는 것은 '외왕' 영역에 속하는 일인데, 이학은 '내성'의 발전과 완성을 자신의 범위로 삼았다. 때문에 이 장은 특히 유학과 이학을 구분했다. 곧 이학자는 "천하를 자신의 임무로 삼는" 사대부로서 북송 이래 유가 정치문화의 주류를 여전히 계승하고 있었다. 개체의 입장에서 유가 사대부라면 반드시 기본적으로 '내성' 수양을 갖추어야 하지만, 집단의 관점에서 말하자면 그들 공통의 최후 목표는 합리적 인간 질서를 세우는 것이었다. 『대학』이 이학사에서 핵심적 지위를 차지한 까닭이 바로 여기에 있다. 정치적 생명이 끝난 후에도 주희가 여전히 "군주를 보좌하여 도를 행하는 본래의 마음致君行道之本懷"을 잊지 못했던 것도 바로 그런 관점에서 이해되어야 한다. 육구령陸九齡은 「또다시 왕순백에게又與王順伯」편지에서 이렇게 이야기했다.

> 제가 스스로 추측하지는 않겠지만, 하늘로 하여금 천하를 태평하게 다스리게 하려면 오늘날에 저 말고 누가 있겠습니까? 만약 지금 등용되지 않는다면, 인재를 육성하고 학자들에게 전수할 것입니다.[6]

이 구절은 육씨의 학문이 위로 맹자 특유의 정신을 계승함을 잘 나타낼뿐더러 '내성'의 학문이 종점이 아니라 시점임을 설명한다. "천하를 태평하게 다스리는 것"이야말로 궁극적인 목적이고, "인재를 육성하고 학자들에게 전수하는 것"은 부득이한 2차 목적이다. 뿐만 아니라 "학자들에게 전수하는 것" 자체는 결코 목적이 아니라, 단지 원래의 목적 실현("천하를 태평하게 다스리는 것")을 후대로 연기하는 것일 뿐이다. 이 점에서 말하자면, 송대 유학자들이 천 년 동안 전해지지 않던 공자와 맹자의 도를 이었다고 할 때, 그 '도'는 다만 '천인성명天人性命'의 '내성'만 가리키는 것이 결코 아니라 '치국, 평천하'의 '외왕'을 포괄하는 개념이다. "군주를 얻어 도를 행한다"는 의식과 활동은 남송 이학 집단에서 수십 년간 중단 없이 이어졌고, 이학의 활력이 최전성기에 달했던 시기와 처음과 끝이 일치했다. 우리는 이런 사실을 보고도 못 본 체할 수 없다.

넷째, "군주를 얻어 도를 행하려는" 활동은 효종 시기에 집중적으로 나타나는 만큼, 우리는 효종을 새로운 시선으로 바라보지 않을 수 없다. 효종에 대한 육구연과 장식의 칭찬은 앞에서 이미 살펴보았다. 아래에서는 주희의 묘사를 몇 단락 더 인용하면서 상호 증명이 되도록 하겠다.

"효종은 어렸을 때 지극히 둔했다. (…) 나중에는 오히려 그토록 총명했다."[7]
"당초 어떤 사람이 수황壽皇[효종]을 확실히 도와주었더라면, [수황은] 15～16년간 얼마나 많은 일을 했겠는가!"[8]
"수황은 실로 천하에 뜻이 있어 인재를 등용하려 했다."[9]
"나는 일찍이 '사대부는 자신이 수황에게 진언한 것에 대해 정말로 자부해서는 안 된다'라고 말한 적이 있다. 왜냐하면 수황은 타인의 말을 다 받아들이면서도 노여운 기색을 보인 적이 없기 때문이다. 오직 기분이 좋지 않을 때는 그 사람과 더불어 분석하고 변론할 뿐이다."[10]
"수황은 만년에 극히 온화하고 평정하게 되었다. (…) 천하의 사업에 대해서는 극히 잘 알고 있었다."[11]

이학자들이 오로지 효종을 "군주를 얻어 도를 행할" 대상으로 삼았던 것도 결코 우연이 아니었다. 그들은 상호 묵계 아래, 심지어는 공개적 상의를 통해 '윤대' 방식을 운용하여 차례대로 효종에게 진언함으로써, 효종으로 하여금 "투철하게 깨닫게 하여 스스로 해나가도록" 하려고 했다. 그렇지만 황제도 절대적 자주권을 갖지 못했다. 효종에 대한 정치적 방해는 크고 많았는데, 태상황[고종]으로부터 오는 것도 있었고 '근행'들로부터 오는 것도 있었으며 더욱이 관료 체계로부터 오는 것도 있었다. 그래서 주희는 육구연의 윤대에 대해 "만마리 소가 끌어도 상황을 바꾸지 못한다"는 한탄을 했고, 장식의 '천재일우'에 대해서도 "끊임없는 추위와 뭇 초나라 사람의 숱한 방해에 대한 걱정"을 했다. 이런 복잡함을 잘 이해하려면, 우리는 이학자들을 따라서 함께 권력세계로 들어가야 한다. 이것이 앞으로 펼쳐질 네 장의 임무다.

제9장

권력세계 속의 이학자

1. 서언

우리는 제7장을 통해 권력세계 속에서 이학자 진영이 처한 일반적 상황을 초보적 단계에서 살펴보았고, 특히 그들과 직업관료군 사이에 벌어진 충돌에 대해 알아보았다. 그렇지만 통론의 성격으로 인해, 제7장이 보여준 것은 그저 큰 윤곽에 지나지 않았고 수많은 핵심 부분은 깊이 논할 수 없었다. 또한 7장의 분량이 이미 많았기 때문에 당쟁의 복잡한 배경과 그 관련 문제들을 하나하나 다룰 수 없었다. 따라서 이하 네 장은 가능한 한 1차 사료에 의거하여 권력세계 속 이학자들의 활동 형태를 재구성하고자 한다.

이런 역사적 구축의 시도는 거시적 서사 방식을 채택하지 않고, 일련의 핵심 문제와 개별 사건에 대한 고찰을 통해 남송 정치문화의 특수한 면모를 밝히려고 한다. 이는 세부에서 점차 전체로 상승해나가는 길로서, 그 과정에 의해 취득되는 역사적 지식은 꽤 객관적이고 타당할 것이다. 전체적 면모는 연구의 끝없는 심화를 따라서 수정될지라도, 구체적 문제의 해결과 개별 사건의 고증은 여전히 독립적으로 보존될 수 있기 때문이다.

이하의 네 장은 두서가 자못 복잡하기 때문에, 틀을 선명히 부각시키기 위해 여기서 먼저 논의의 범위를 꽤 높은 수준으로 획정하고자 한다. 두목杜牧(803~852)은 『손자』 주석서 서注孫子序」에서 이렇게 말한다. "구슬이 쟁반 위를 굴러가는데 [쟁반을] 옆으로 기울이면 [구슬은] 원을 그리면서 구르거나 직선으로 구르니, 그때에 당해서 헤아려봐도 다 알 수가 없다. 반드시 알 수 있는 사실은 그 구슬이 쟁반을 벗어날 수 없다는 것이다."[1] 권력세계 내 이학자들의 동태를 추적하려면, 사료로부터 일체의 실마리를 찾아내야 하는 터라 미리 그 동태를 예측할 수 없는데, 이는 바로 구슬이 쟁반 위를 굴러가는 것과 같은 이치다. 범위를 획정하는 것은 먼저 '쟁반'을 명확히 하는 것으로, 옆으로 기울어진 '굴러가는 구슬'이 원을 그리든 직선을 그리든, 그것이 결코 넘어설 수 있는 한계를 독자들로 하여금 확실히 알도록 하는 것이다.

제7장의 당쟁에 대한 논의와 달리, 이하 네 장의 논의 초점은 순희 8년(1181, 왕회의 집정 시작)과 경원 원년(1195, 당금의 시작) 사이에 집중되어 있다. 이 시기는 명목상 효종, 광종, 영종을 넘는 오랜 기간처럼 여겨지지만 실제로는 14~15년에 불과하다. 이런 시기적 제한은 사료에 의해 결정된다. 왜냐하면 한 정치적 집단으로서 이학자[2]들의 활동에 대한 기록은 바로 이 시기의 것이 가장 풍부하기 때문이다.

어째서 이학자들은 이때 특별히 권력세계에서 활약했을까? 대체 권력세계에서 어떤 변화가 있었길래 그들의 활약이 가능하게 되었을까? 주희(1130~1200)가 죽은 지 40년 후, 이소李韶(1177~1251)는 이종理宗(1224~1264 재위)에게 상소한다.

신臣은 순희 초(순희 원년은 1174년이다)에 생장하여, 오히려 남도[임안으로 천도한] 이후 전성기 때의 부유하고 즐거이 지내는富樂 민생과 관료 통치의 회복을 보았습니다.[3]

남송 시기 중 순희 연간(1174~1189)은 그나마 상당히 "부유하고 즐거이 지 낸" 시기로 여겨졌음을 위 구절에서 알 수 있다. 이는 당시를 직접 경험한 사 람이 한 말이므로, 설사 약간의 과정이 있다 하더라도 사실과 크게 다르지는 않을 것이다.

위 인용문은 사료적 가치가 극히 높아서 하편 연구에 두 가지 중요한 사실 을 제기한다. 첫째, 이학자 집단이 '개혁更改' 추진의 태도를 갖고서 정치 무대 에서 홀연 활약했던 시기는 결코 정치·사회·경제의 급박한 위기 국면에서 시 작되지 않았다는 점이다. 때문에 우리는 그들의 동력을 다른 곳에서 찾아야 한다. 둘째, 이학자들이 직업관료 집단의 강력한 저항에 부딪쳤던 까닭에 대 해 여기에서 유력한 역사적 해석 하나를 찾아볼 수 있다는 점이다. 그처럼 꽤 안정된 시기에 현상을 유지하려는 세력은 변혁을 요구하는 세력보다 당연히 세력이 크기 마련이다. 첫번째 지점은 하편에서 더 깊이 들어가 고찰할 예정 이다. 두번째 지점은 제7장을 이해하는 데 도움이 될 뿐 아니라 아래에서 논 의할 내용과 잘 상응한다. 특히 왕회의 집정 시기에 일어난 '국시' 문제와 잘 부합한다.

송금宋金 관계를 보더라도, 순희 연간은 상당히 안정된 시기였다. 『송사』「효 종본기孝宗本紀」의 '찬贊'은 이렇게 말한다.

즉위 초, 〔효종은〕 회복恢復에 대해 확고한 뜻을 갖고 있었으나, 부리符離 땅 에서 실패하여 거듭 고종의 명령을 어기자 가벼이 군사를 출병하지 못했 고, 또한 금나라 세종世宗의 즉위 즈음하여 금나라의 통치가 잘 이루어지자 엿볼 틈이 없었다. 그러나 표문을 바꾸어 서書라고 칭하게 되고, 신하의 칭 호를 조카의 칭호로 바꾸게 되었으며, 세폐歲幣가 감경되면서 우호 관계가 정립되자 송나라를 우습게 여기는 금나라 사람들의 마음도 그 시점에 이르 러 점차 과거와 달라졌다. 그래서 세종은 매번 여러 신하에게 전곡錢穀을 축적하도록 훈계하고 변경 방비에 신경을 쓰면서, "나는 송나라 사람들과

의 화의가 끝내 지탱되지 못할까 걱정된다"고 말했다. 황제〔효종〕가 무슨 일을 일으킬까봐 꺼려했던 것이다. 하늘이 남북의 전쟁에 염증을 내고 민생을 쉬도록 하고 싶었기에, 전쟁을 벌이려던 황제의 뜻은 결국 실현되지 못했다.[4]

효종대(1162~1189)의 송금 관계에 대한 '찬'의 내용은 사실과 부합한다. 우리는 제5장 '국시' 논의와 제7장 당쟁 논의에서 '회복'에 대한 효종의 생각이 시종일관 중단된 적이 없고 또 확고한 근거를 갖고 있었음을 이미 대략적으로 분석했다. 그렇지만 그 사이에는 아직도 밝혀야 할 사실이 많이 남아 있는데, 이는 하편의 주제별 분석에서 상세히 드러날 것이다. 더욱 중요한 점은 '회복'이라는 큰 주제가 효종과 이학자의 정치적 합작을 이루는 기본 출발점이었다는 사실이다. 이학자들의 장기적 이상은 "삼대로 돌아가기"였지만 단기 목표는 '회복'이었다. 하지만 '개혁'은 장기든 단기든 가장 먼저 내딛어야 할 발걸음이었다. '개혁'이야말로 이학자들이 효종을 설득할 수 있었던 중요 원인이었다. 다른 한편, 송나라와 금나라 사이의 안정된 관계는 직업관료 집단의 보수적 심리를 강화했다. 이 점과 관련해서 제7장은 엽적의 순희 14년(1187) 발언을 인용하여 "국시의 어려움"이 이미 싹을 보이기 시작했다고 논했다. 그래서 순희 시기 내외 정세는 이하의 고찰에 중요한 역사적 배경이 된다.

효종 말기에는 내외의 심각한 위기가 없었던 만큼, 권력세계의 파란이 일어난 원인을 통치계층 내부에서 발생한 모순에서 찾을 수 있을 것처럼 보인다. 당시 권력세계에서 이학자 집단과 직업관료 집단을 제외하면, 역할이 가장 중요했던 사람은 당연히 황제였다. 황제가 권력의 원천을 장악하고 있었기 때문이다. 따라서 아래에서는 효종과 광종 두 사람의 동향에 특히 주의를 기울이지 않을 수 없다. 그러나 황제 권력에 기생하던 이른바 '근행近幸'들도 있었기에 그들의 작용에 대해서도 경시할 수 없다. 주희와 장식 등은 소대나 봉사에서 '근행'을 주요 공격 대상으로 삼았기 때문이다. 그들은 황제가 바뀔 때마다 재위 황제와 직업관료들 사이에서 교량 역할을 했는데, 그로 인해 정쟁을 더욱 격화시키는 영향력을 행사했다. 하편에서 '근행'에 대해 심화 연구를 할 수는 없고, 다만 이학자 집단과 관련된 문제에서만 조금 언급할 수 있을 뿐이다. 이상 몇 세력의 착종 관계, 상호작용, 그리고 대립 관계는 이하 네 장에서 상당히 많은 지면을 차지할 것이다.

하지만 권력세계에서 이학자 집단의 주요 적수는 그래도 직업관료 집단이었다. 제7장에서 제시하는 기본적 분계선은 아래에서 더 세밀히 따져볼 것이다. 이학자 집단이 '외왕'의 이상을 갖고서 권력세계에 들어왔다는 점에 대해서는 이미 거듭해 말한 만큼 다시 설명할 필요는 없을 것이다. 다만 이상이 권력과 접촉하면 필연적으로 변화한다는 점은 부인할 수 없는 사실이다. 그래서 하편은 권력세계 내 이학자들의 실제 활동을 가능한 한 발굴해내고, 특히 그들과 직업관료들 사이의 상호 대립을 보여주는 구체적인 사례를 제시할 것이다.

앞서 지적했다시피, 전통적 '도학' 역사가든 아니면 현대의 철학사가 또는 사상사가든 간에, 모두들 이학자와 권력세계 사이의 관계를 그다지 중시하지 않는다. 우연히 언급한다 하더라도 이학자들이 '도'에 입각해 '정치'를 논했다는 이유로 관료 집단의 박해를 받았다는 점을 강조하는 데 그칠 뿐이다. 경원 연간(1195~1200)의 '위학僞學' 금지령은 가장 잘 인용되는 예증이다. 설사 현대의 정치사가라고 해도 남송의 이학자(곧 '도학자')들은 "강학하고" "도를 전파한" 교육 단체에 불과하여 당시의 실제 정치와 잘 부합하지 않았다고 인식한다. 때문에 이학자들은 권력세계 속에서 타인과 더불어 경쟁하려 기도하지 않았고, '경원당금' 역시 진정한 '당쟁'으로 볼 수 없다고 한다. 현재까지 축적된 역사 지식만 두고 논하자면, 상술한 견해는 매우 정상적이라 해야 할 것이다. 그렇지만 나는 순희 8년에서 경원 초년에 걸친 이학자들의 정치 활동에 대해 상당히 자세하게 추적한 뒤, 거기에 중요한 수정을 가할 수밖에 없었다. 바로 그 십몇 년 동안, 특히 순희 14년(1187)부터 시작하여 주필대·유정·조여우 세 재상이 집정할 때, 이학자 집단은 조정에서 지방에 이르기까지 적잖이 중요한 지위를 점했다. 비록 주희는 결코 권력의 핵심에 들어가지 못했지만 그의 문인과 이학 동조자들은 조정에 가득했다. 이렇듯 관직에 있던 이학자들과 그 정적들은 권력을 놓고 격렬히 각축했다. 앞 장에서 인용한바, 주희가 소희 5년(1194) 유광조에게 보낸 편지 한 통만 보더라도 우리는 그 점을 엿볼 수 있다. 이런 정쟁의 과정은 수많은 구체적 개별 사건, 예컨대 인사人事의 진퇴라든지 중요 직위의 쟁탈 등을 살펴봐야지만 비로소 분명하게 드러날 수 있다. 이 점 역시 아래에서 논하려는 핵심 내용이다.

이상은 다만 이하 네 장의 범위를 간단히 설명하여, 뒤에서 다룰 수많은 개별 사건 연구에서 '통합의 핵심統之有宗'이 되는 전체 강령을 제시하려 한 것이다. 다른 한편, 개별 사건 연구 역시 적을 수 없다. 구체적 경험의 사실을 떠난다면, 이른바 사대부 정치문화는 공허한 개념이 되고 말기 때문이다.

제7장 3절 '주희 시대의 당쟁'에서 나는 이렇게 말한 바 있다. 곧 순희 10년(1183)에 진가와 정병鄭丙에 의해 제기된 '위학 금지禁僞學', 순희 15년(1188)에 일어난 임률의 주희 탄핵, 그리고 경원당금은 세 차례에 걸친 반反'도학'의 파도였다고 말이다. 당시 의론에 바탕을 둔다면 우리는 한 걸음 더 나아가 다음과 같이 단언할 수 있다. 즉 이 세 차례에 걸친 사건은 하나가 끝나면 다른 하나가 이어지는 식으로 끊임없이 진행된 정치적 활동이었고, 그 근본 성격은 날로 성장하던 '도학자 무리道學群'의 세력을 직업관료 집단이 온 힘을 다해 막으려던 것이었다고 말이다. 그렇지만 어떻게 해야 이런 단정을 사학史學적으로 정당화할 수 있을까? 제7장에서 이미 이에 대해 논증했지만, 구체적 사례를 들어 독자들의 의심을 해소하지는 못했다. 하편은 주제별 연구의 성격을 지니는 만큼 그 실증 절차를 완성할 수 있을 것이다.

마지막으로 설명해야 할 점은 아래 네 개 장에서 다룰 정치사 연구는 전적으로 개척의 성격을 띤다는 것이다. 1988년 일본의 남송사 전문가 데라다 준寺田遵은 송대 정치사 연구 현황을 검토하면서, 이 분야의 성과가 적지는 않지만 균형을 상실했고 특히 남송의 연구가 매우 부족하다고 말했다.[5] 그의 연구도 고종대에 국한되고 효종 이후로는 깊이 들어가지 않았다. 이 책의 하편은 효종·광종·영종의 세 황제 시대를 다루므로 남송 정치사의 중기에 해당되는데, 이 시기는 공백으로 남아 있고 현재에도 사정은 다르지 않다. 그래서 아래 네 개 장의 서술은 전체적 해석 틀에서 구체적 역사 사실의 재수립에 이르기까지 모두 1차 사료의 조사를 통해 이루어졌다. 최초의 시도이고 사유의 폭도 넓지 않아서 대략적인 모양을 갖추었을 뿐이다.

2. 육구연의 축출

순희 13년(1186) 육구연이 조정에서 축출된 사건의 전말은 앞 장에서 이미 살펴보았다. 이제 우리는 한 걸음 나아가, 그것이 돌발적·고립적 사건이 아니라 관료 집단이 '도학'파 사대부들에게 가한 공격 가운데 하나의 고리였다고 말하려 한다. 엽소옹葉紹翁의 『사조문견록四朝聞見錄』 을집乙集 '광졸암光拙庵' 조목을 보자.

육구연이 산정관으로서 면대하려 했으나 왕신에 의해 저지되었다. 만약 효종을 만났다면, 반드시 [효종으로 하여금] '몹시 늦게 만났구나!'라는 탄식을 일으키게 했을 것이다.[1]

엽소옹은 육구연의 문집을 읽지 못한 듯하다.[2] 그래서 육구연이 효종을 알현한 적이 없다고 오해했고, 육구연의 면대가 막힌 것이 2차 윤대였음을 알지 못했다. 그렇지만 엽소옹은 몇십 년 후에도 여전히 이 일을 서술하고 있는데, 이를 통해 왕신이 육구연의 윤대를 저지한 이야기가 널리 그리고 오랫동안 유포되었음을 알 수 있다. 위에서 제시한 논점을 증명하기 위해 이 사건의 자초

지종을 고찰해볼 필요가 있다. 먼저 지적해야 할 점은 육구연이 순희 9년(1182) 국자정을 제수받았을 때, 임안의 사대부 사회에서는 '반反도학' 분위기가 농후했다는 사실이다. 육구연의 말을 「어록 하」는 이렇게 기록한다.

정사남程士南이 도학을 가장 심하게 공격했는데, 어떤 사람이 그에게 나에 대해 이야기하자 그는 "육 모陸某라는 도학자는 공격할 만하지 않다"라고 말했다.[3]

이 기록은 두 가지 정보를 제공한다. 첫째, 정사남에 대해 좀더 고찰할 필요가 있지만, 그는 필시 이학 권외圈外의 사대부였을 것이다. 어투를 보건대 이 사람에게는 '소인小人'의 혐의는 없는 듯하다. 둘째, "육 모라는 도학자"라는 표현은 일반 사대부들이 보기에 육구연이 순정한 '도학자'였음을 증명한다. '도학' 개념의 함의는 극히 넓은 만큼, 그것이 오로지 정주 일파만 가리킨다고 볼 필요는 없다. 이때 육구연은 아직 국학國學에 있어서 권력의 중심에 있지 않았기 때문에, 주위에 있던 반도학' 세력이 그에 대해 담담하게 대처했고 그의 사상과 태도 문제에만 관심을 가졌던 것 같다. 그러나 육구연은 칙령소 산정관으로 임명된 후, 점차 반도학'의 정치적 압력을 느끼게 되었다. 순희 11년(1184) 3월 13일, 육구연은 「주원회에게」 편지를 쓰는데, 그중 아래 단락은 이 절의 내용과 관련해 사료적 가치가 매우 높다.

중강仲剛 팽자복彭子復은 영가永嘉[지금의 저장 성 원저우溫州] 사람으로 국자감승國子監丞이 되었으나 역시 여론의 견책을 당했습니다. 이 사람은 성격이 그다지 순미淳美하지 않지만 군자의 대열에 끼고 싶어합니다. 지난해 신하들의 의견을 구하는 조칙이 내려지자 [그는] 순서를 건너뛰고 봉사를 올렸는데, 당시 정사에 대해 매우 많이 말했고 천태 사건天台事을 변론한 것은 특히 힘이 있었습니다. 이때부터 그를 흘겨보는 자들이 생겼습니다. 근래 성시의 어떤 시험관이 도학을 주장하여 그의 거취가 장정언莊正言과 어긋나서 〔그는〕 또다시 죄를 얻게 되었습니다. 이 사람은 〔우리 당 사람으로〕 셈할 수는 없지만 그 풍격이 이렇습니다. 하지만 깊이 우려하는 사람은 적으니 조정을 위해 거듭 안타까워할 뿐입니다.[4]

여기서 다룬 두 가지 사건은 모두 관료 체계가 이학자들을 공격한 것이라 여기서 하나하나 분석해보고자 한다. 『송사』에는 팽중강의 전기가 없지만, 다행스럽게도 엽적의 「팽자복 묘지명彭子復墓誌銘」에서 팽중강의 일상을 관찰할 수 있다. 팽중강은 소희 5년에 향년 52세의 나이로 죽었으므로, 생몰년은 1143~1194년이다. 엽적은 말한다.

애초, 자복이 성년이 되었을 때, 동남쪽 지방의 학문이 흥기하여 예전의 오래된 식견과 그릇된 견해가 모두 흩어지고 제거되었으며 기묘한 의론과 새로운 학설이 차례로 펼쳐지고 있었다. 사士들이 총명함을 연마하고 밝게 씻어내며, 기를 맑게 하고 바탕을 길러냈으니, 뜻을 정미하게 하여 얻는 것이 그때부터 깊고 심오하게 되었다. 그러니 어찌 다만 요, 순 임금을 자기 가족으로 삼고 공자와 안자를 제 몸으로 삼겠는가? 당시 사우師友들이 매우 많았지만, 자복은 그중에서도 가장 훌륭히 활동하여 일찍부터 명성이 있었다.[5]

위 묘지명은 이학 중에서도 '절학浙學' 일파의 흥기를 매우 생동감 있게 묘사한다. 팽중강은 가장 앞서 그 신사조에 참여했던 사람이었다. 그의 사우 중 가장 중요한 인물은 여조겸이었다. 여조겸은 편지 「형주의 유자징에게與劉衡州子澄」에서 이렇게 말한다.

근래 서로 모여 공부하는 사들이 약 300명입니다. (…) 그 가운데 뜻있는 사람도 간혹 있습니다. 성 안에서 알고 지내는 사람 중, 예컨대 당도當涂 출신의 교수 반경헌潘景憲, 금화金華 출신의 주부主簿 팽중강은 모두 향학열이 가장 높은 자들입니다. 〔그들과〕 아침저녁으로 만나고 있으니 매우 도움이 됩니다.[6]

여조겸이 순희 8년(1181)에 죽자, 그 이듬해 팽중강이 칙령소 산정관 신분으로 제문을 쓴다. 그는 제문 말미에서 아래와 같이 말한다.

예전에 내가 처음 관리가 되었을 때 〔나는〕 마치 장님 같은 눈을 갖고 있었다. 공〔여조겸〕이 눈을 뜨게 해주지 않았더라면 〔나는〕 거의 함정에 빠졌을 것이다.[7]

"처음 관리가 되었을 때"는 팽중강이 금화 주부에 부임했을 때인데, 여조겸이 그에게 이학을 전해준 스승이었음을 알 수 있다. 팽중강은 칙령소에서 육구연과 함께 일한 적이 있었고, 순희 13년(1186)에는 이미 국자감승으로 옮겨갔다. 육구연은 그를 그다지 인정하지 않지만, 그가 "군자의 대열에 끼고 싶어 한다"는 점만큼은 칭찬한다. 이것은 바로 육구연이 팽중강을 "우리 도道 안의 사람"으로 인정하는 것과 진배없다. 육구연의 편지에는 "지난해 신하들의 의견을 구하는 조칙이 내려지자, [그는] 순서를 건너뛰고 봉사를 올렸다"는 구절이 있다. 『송사』 「효종기孝宗紀 3」의 순희 10년(1183) 조목을 보자.

가을 7월 (…) 갑술일, 초가을의 가뭄이 있어 〔황제는〕 정전正殿을 피하고 거친 밥을 먹었고, 시종侍從, 대간臺諫, 양성兩省, 경감卿監, 낭관 관직館職에게 명령을 내려 각각 조정의 실책에 대해 진술하도록 했다.[8]

육구연 편지에 등장하는 "조칙"은 필시 이 조칙을 가리킬 것이다. 이 조칙은 마침 "진가가 위학의 금지를 청한" 지(6월 무술일) 한 달 후에 내려져서, 팽중강이 "천태 사건을 변론한 것은 특히 힘이 있었다." '천태 사건'이란 주희가 순희 9년(1182) 태주 태수 당중우를 탄핵하여 일시를 진동시킨 대사건을 말한다.[9] 그러므로 팽중강이 공개적으로 '도학 무리' 쪽에 서서 주희를 변호했다는 것과, 그로 인해 "그를 흘겨보는 자들"이 생기게 되었다는 것, 자신의 자리에서 편안히 있을 수 없게 되었다는 것을 위로부터 알 수 있다. 육구연은 이 일을 주희에게 알려주었다. 왜냐하면 자신 역시 주희와 동일한 입장을 취했기 때문이다. 앞 장에서 인용한 「진졸에게」와 「우연지에게」 편지는 그 증명이 될수 있으나 여기서 다시 언급하지는 않겠다.

육구연의 편지에 언급된 두번째 사건은 진사進士의 성시省試에서 어떤 시험관이 '도학'으로 출제하여 시험을 치러서 "장정언과 어긋났고", 결국 죄를 얻었다는 것이다. 육구연이 이 시험관의 성명을 언급하지 않았기에 당연히 고찰할 길이 없다. 그렇다면 '장정언'은 또 누구일까? 『송회요집고宋會要輯稿』「선거選擧 1」에는 이런 기록이 있다.

〔순희〕 11년 정월 9일, 지공거知貢擧를 맡았던 호부상서 겸 시독侍讀 왕좌王佐, 중서사인中書舍人 겸 시강 왕린王藺, 역시 지공거를 맡았던 우정언 장계주莊繼周가 진사 소강邵康 이하 246인의 합격자 명단을 보고했다.[10]

그러므로 '장정언'은 우정언 장계주다. 우정언은 이른바 간관諫官으로 중서성에 속했다. 이해 그는 우정언으로서 지공거를 겸해 시험관을 처분할 권한을 갖고 있었다. 『송사』에는 장계주의 전기가 없지만, 육유陸游의 「중승 장공 묘지명中丞莊公墓誌銘」은 장계주에 대해 이렇게 말한다.

우정언으로 제수된 것은 실로 순희 10년 9월이었다. 11년 정월 지공거를 겸했다. (…) 12년 2월 시강을 겸했고, 8월에는 우간의대부로 옮겼다. 13년 9월에는 어사중승으로 승진했다. 공은 간관으로 임명되어 어사의 역할을 맡

은 것이 거의 5년으로, 자신이 아는 것은 다 말했다.[11]

장계주는 왕회의 집정 시기에 대간의 대권을 잡았는데, 그것은 아마도 그의 사상이 보수적이어서 '도학'을 싫어했기 때문이었을 것이다. 우리는 다음의 사실을 기억해야 한다. 진가가 '위학' 금지를 청한 것이 그 1년 6개월 전의 일로, 그가 지공거가 된 순희 11년(1184) 정월로부터 불과 반년 전이었다. 당시 지방관들은 이미 '위학'을 하는 사들을 성시에 감히 천거하지 못했다. 이 사실은 제7장에서 인용한 엽적의 「조공 묘지명趙公墓誌銘」[12]에서 확인할 수 있다. 그렇지만 이 시험관은 과감하게도 공개적으로 금기를 깨고 '도학'을 선발 기준으로 삼았다. 그렇다면 그 사람은 필시 '도학'파 가운데서도 분명 급진파였을 것이다. 육구연이 위 편지를 썼을 때는 성시가 치러진 지 채 두 달이 안 되었을 때이므로, 그는 조정에서 막 일어나던 반'도학' 활동을 주희에게 보고했음이 분명하다.

이 두 사건을 이처럼 상세히 고증하면, 육구연이 첫번째로 윤대하기 직전의 정치적 형세가 일목요연하게 눈앞에 나타난다. 곧 직업관료 집단은 '도학자 무리'와 더불어 권력세계에서 첨예한 대결을 펼치고 있었다. 당시 육구연의 정치적 입장은 매우 분명했다. 그는 정치적으로 '도학' 진영을 완전히 인정했다. 그는 2년 전 처음으로 국학에 들어갔을 때 "육 모라는 도학자는 공격할 만하지 않다"고 불리던 그 육구연이 아니었다. 이런 배경에서 육구연 축출의 원인을 더 깊게 검토해보자. 앞 장에서 인용했던 육구연의 「이성지에게」는 다음과 같이 말한다.

지난겨울 윤대 며칠 전, 저는 갑자기 장승직을 제수받았는데, 왕 급사가 결국 거기에 얽혀 있었습니다. 얼마 지나 들으니, 내가 장차 수상의 당인을 폭로하려 한다고 말하는 사람이 있어서, 제가 윤대하는 것을 두려워했다고 하니 참 안타깝습니다.[13]

이 시점에 이르러 이 구절은 더욱 자세하게 고증될 필요가 있다. 육구연이 사후에 들은 이야기에 의하면, 왕신이 육구연의 장승직 제수를 막아서 제2차 윤대의 기회를 육구연으로부터 빼앗았다고 한다. 육구연이 장차 효종 면전에서 "수상의 당인"을 폭로할까봐 왕신이 두려워했기 때문에 그랬다고 한다. 그러므로 이 사건은 왕신의 앞길과 관련될 뿐 아니라 더 나아가 수상의 지위를 위협하는 것이었다. 당시 수상은 바로 관료 집단의 최대 지도자인 왕회였다. 육구연이 들은 소문은 결코 근거 없는 이야기가 아니었다. 순희 11년(1184) 육구연이 윤대 정황에 대해 남긴 기록을 보자.

세번째 차자의 "인재 선발을 논함"을 읽자, 주상이 "인재는 등용해본 후 알게 된다"라고 말했다. (…) 나중에 또 [주상은] "이 가운데 인재가 있다"고 말했다. 그래서 이렇게 답했다. "천하가 아직 [인재를] 알아보지 못했습니다. 천하에 인재가 없으니, 집정대신이 아직 폐하의 종복이라고 [스스로] 칭하지 않고 있습니다." 주상은 입을 다물고 있었다.[14]

육구연이 제1차 윤대 때 이미 황제 면전에서 왕회를 직접 공격했음이 여기서 증명된다. 윤대는 비밀이 지켜질 수 없기 때문에, 육구연은 벌써 정치상 왕회의 반대편을 공개적으로 선택했던 것이다. 육구연의 『상산연보』 순희 12년(1185) 조목은 이렇게 말한다.

소인들이 틈을 엿보고 있으니 [선생에게] 마땅히 사퇴해야 한다고 충고하는 이들이 있었다. 선생은 말했다. "내가 아직 떠나지 않음은 임금 때문이다. 뜻이 맞지 않으면 떠날 뿐이지 어떻게 저들[소인]을 거취의 기준으로 삼겠는가?"[15]

육구연이 순희 12년에 처한 상황이 팽중강과 매우 유사했음을 알 수 있다.

팽중강이 "천태 사건을 변론한 것은 특히 힘이 있었기" 때문에 "그를 흘겨보는 자들이 생겼는데", 육구연 역시 제1차 윤대의 직언으로 인해 "소인들이 틈을 엿보는" 일을 당했다. "흘겨보는 것" "틈을 엿보는 것"은 모두 반도학'의 직업관료 진영이 행한 일로, 반드시 개인적 원한과 관련 있는 일은 아니었다. 우리는 이학자들의 정치 언어를 파악해야 하는데, 그들 붓끝의 '군자君子'와 '소인小人'은 기본적으로 각각 도학 집단과 관료 집단을 가리켰다. 그래서 '군자'와 '소인'은 집합명사이지 어느 특정 개인을 칭하는 용어는 아니었다. 나는 이런 개념 이해를 바탕으로 당쟁 관련 문서를 풀이해보았는데, 여러 번 적용해봐도 틀림이 없었다. 다만 지면의 제한으로 그에 대한 상세한 논의는 훗날을 기약하기로 하자. 우리는 다음과 같이 말할 수 있다. 곧 육구연이 축출된 원인은 당시 왕회를 우두머리로 하는 집정 집단이 육구연을 자신들의 잠재적 위협으로 간주했기 때문이다. 아래에서 이 점을 논증해보자.

먼저 육구연을 축출한 왕신王信을 살펴봐야 한다. 왕신의 생몰년은 찾아볼 수 없지만, 『송사』의 전기는 그가 "소흥 30년(1160)에 진사에 급제했다"고 말하므로 그의 연령은 주희와 비슷했을 것이다. 또한 본전은 그가 "어떤 사건을 마주치면 강단 있고 과감했으며, 임금에게 아뢸 때는 높은 사람을 꺼리지 않아서 사람들로부터 질시를 많이 받았다"[16]고 서술한다. 아래의 사건은 왕신이 육구연을 축출한 이듬해(순희 14년 1187)에 일어났는데, 그의 정치적 풍모를 잘 드러내준다.

환관 감변甘昪이 축출된 지 이미 오래되었다. 마침 고종[태상황]이 붕어하자, 상사喪事를 처리하는 일에 대해 어느 누구도 감히 말하지 못했다. 그래서 감변이 갑자기 제거덕수궁提擧德壽宮이 되었는데, 왕신이 여러 차례 상주하자 온 조정이 두려움에 떨었다. 한림학사 홍매洪邁(1123~1202)가 마침 궁궐에 들어오자, 주상[효종]이 그에게 말했다. "왕 급사[왕신]가 감변의 일에 대해 논한 것은 매우 합당하다. 짐은 다만 태상황후께 보고했더니, 이르시기를 '지금 궁궐의 일이 이전과 다르니 나 같은 노인이 감당할 수 없고, 어린 황관들은 공연히 많지만 그들은 상사喪事에 익숙하지 않으니, 오직 감변만 이 직책을 맡아 나의 걱정을 덜어줄 수 있다. 그가 지금 이미 돌아왔는데 거주할 곳이 아직도 없다니, 어찌 감히 구태를 답습하겠는가?'라고 하셔서 비판 상소대로 행해지지 못했다. 그대는 왕 급사를 보거든 이런 뜻을 전하라." 왕신은 그 이야기를 듣고서 이내 멈추었다.[17]

감변은 효종 초년에 가장 권세를 누리던 환관이었지만 이미 축출되어 몇 년이 흘러 있었다. 이때 고종이 죽자, 태상황후는 감변이 일을 처리해주기를 바라서 그를 제거덕수궁으로 기용했다. 왕신이 홀로 직접 상소를 올려 간언한데서 그의 담이 컸음을 알 수 있다. 효종은 부득불 홍매에게 부탁해서 왕신에게 대신 말해달라고 했는데, 여기서 왕신이 매우 위력이 큰 간관이었다는 사실이 드러난다. 『송사』의 기록은 결코 과장이 아니다. 왜냐하면 독립적 기원을 지닌 다른 1차 사료가 그것과 더불어 상호 증명되기 때문이다. 주필대는 『사릉록思陵錄 상』에서 이렇게 말한다.

(순희 14년) 10월 신묘일, 덕수궁에서 [고종이] 임종했다. (…) 추밀원은 황태후의 성지聖旨를 받들어 감변을 제거덕수궁으로 파견했다. (…) 황제의 조칙은 "감히 황태후의 성지를 거역하지 못하겠으니 이날 안에 공문으로 허가하라"고 했다. 급사중給事中 왕신은 비밀리에 자기 의견을 피력하여 황제를 걱정시키자, [황제는] 직접 조령詔令을 내려 왕신에게 해명하기를 '황태후께서 바로 그 사람이 일을 아주 잘 아는 사람이라고 여기신다'라고 했다.[18]

『사릉록』은 주필대의 개인 일기인데, 위 기록과 왕신의 본전은 완전히 일치한다. 이로부터 왕신은 분명 꼿꼿한 간관으로서 결코 '소인'으로 분류될 수 없음을 알 수 있다. 그는 정치적 입장이 대체로 보수 쪽으로 기울어, 변혁을 고무하는 이학자들의 기풍을 싫어했을 것이다. 이런 의미에서, 왕신은 왕회 집정 그룹에 대한 적극적인 지지자였다고 할 수 있다. 하지만 그가 "수상의 당인爪牙"이었는지는 단정하기 어렵다. 당시 집정 집단 사람들이 일부러 '당인'의 설을 조작하여 그를 격노케 해서, 왕신은 육구연이 윤대하기 5일 전에 급사중의 봉박권封駁權[19]을 발동하여 육구연에 대한 장작감승 임명을 거부했을 것이다. 그리되자 육구연은 이미 이전 직책을 떠난 상태에서 새 직책 임명이 허사가 되어 윤대의 자격을 잃어버리게 된다. 왕신의 위세로서 육구연 한 명을 제거하기란 손쉬운 일이었다. 하지만 여기에는 한층 더 자세히 추적해야 할 문제가 남아 있다. 곧 장작감승은 명칭을 보면 알 수 있듯이 건축 조영 기관의 일개 중급 관원에 불과한데, 어째서 왕신은 그렇듯 인기 없는 직위에 대해 그토록 많은 힘을 쏟아 공격했을까? 『송사』 권165 「직관職官 5」의 '장작감將作監' 조목을 보자.

건도 이래 인재가 매우 많아, 감監, 소少, 승丞, 부簿 직위에 결원이 없어서, 대성臺省[20]에서 관리가 되기 위해 오래 기다린 사람들과 군읍郡邑에서 명성이 있었던 사람들은 모두 장작감의 길을 빌렸다. 이때부터 [장작감은] 인재의 저수지儲才之地라고 불렸다. 그러나 건물 수리 업무는 대부분 부윤府尹과 기조畿漕가 그 책임을 분담했다.[21]

이런 제도적 변화는 우리의 의문을 해결해준다. 알고 보면 장작감은 이 당시 이미 "인재의 저수지"가 되어 있었던 것이다. '인재를 저장함'은 당연히 장래에 '크게 쓰기大用' 위해서다. 그래서 왕회의 집정 그룹은 혼신을 다해 육구연에 대한 장작감 임명을 저지하려고 했다.

팽중강 사건과 시험관 사건에 대한 육구연의 분석은, '도학'파 사대부를 배척하기 위한 집정 그룹의 행동으로 인해 그 사건들이 일어났음을 분명히 보여준다. 육구연은 자신의 축출에 대해 마찬가지로 의문을 가질 수밖에 없었다. 곧 "내가 장차 수상의 당인을 폭로하려 한다고 말하는 사람이 있다"는 말은 왕신의 배후에 또다른 사람이 있음을 밝힌다. 여기서 육구연의 「이성지에게」 제1서 마지막 구절을 다시 한번 음미해볼 것을 독자들에게 권한다.

그러나 일이 이루어지지 못한 것은 역시 하늘의 뜻입니다. 왕씨의 자손이 어떻게 저로 하여금 [임금을] 만나지 못하도록 했겠습니까?[22]

"왕씨의 자손"이라는 표현에는 생각해보지 않으면 안 될 정보가 많이 함축되어 있다. 만약 그 표현이 왕신 한 사람만을 가리키는 것이라면, '왕 모王某'라고만 해도 족할 텐데 어째서 "왕씨의 자손"이라고 표현했을까? '왕 모'는 한 사람만 가리킬 수 있지만, "왕씨의 자손"은 단지 한 사람만 가리키지 않을 수 있다는 것이 나의 풀이다. 육구연은 바로 암암리에 왕회를 끌어오고 있는 것이다. 결코 억지 해석이 아니다. 아래 두 가지 문건은 이런 해석을 뒷받침하는 중요한 근거가 될 것이다. 육구연은 「나춘백에게與羅春伯」라는 편지에서 이렇게 말한다.

큰 좀벌레大蠹가 가버리자 사방이·주목하고 있는데, 유신惟新의 정치는 막막하여 아직 들리는 바가 없습니다.[23]

이 편지는 순희 15년(1188) 6월 이후에 쓰인 것이다. 왜냐하면 편지 아래에서 임률이 주희를 공격한 일을 언급하고 있는데 그 일은 6월에 발생했기 때문이다. 나춘백은 바로 나점羅點으로 육구연과 매우 친밀한 관계였다. 당시 그는 조정에서 중요한 직위에 있었다. 뒤에서 그에 대해 따로 다룰 것이다. 편지의 "큰 좀벌레"는 바로 왕회로, 그의 파면은 5월이었다. 육구연이 왕회에 대해 어떻게 평가했는지 이 표현으로부터 알 수 있다. 더욱 중요한 문건은 순희 16년

(1189) 겨울 육구연이 쓴 「왕순백에게」라는 편지다.

지난날 직위는 있으나 직무는 없었던 사람이 실로 조정으로부터 크게 존경을 받고 여러 소인의 뿌리가 되었으나, 작년에 하늘이 그를 벼슬에서 쫓아냈고 올해는 하늘이 그를 죽였으니, 하늘이 우리 임금을 사랑하시고 이 사람들을 도우시는 힘이 무척 큽니다. 어찌 관직을 가진 군자들이 한결같은 마음을 영원히 간직하고, 서로 도와 우리 군주를 보좌하면서 천의天意를 계승하지 않을 수 있겠습니까?[24]

왕회가 죽은 것은 순희 16년(1189) 8월 12일(상세한 내용은 뒤에서 다룬다)이므로, "직위는 있으나 직무는 없었던 사람"은 왕회가 아닌 다른 사람일 수 없다. "조정으로부터 크게 존경을 받고 여러 소인의 뿌리가 되었다"는 것은 왕회 재위 시의 정치 조작에 대한 묘사다. 육구연은 3년 전(1186) 자신의 축출이 왕회의 의도에 따라 "여러 소인"이 저지른 것이라고 인식했기 때문에, 이처럼 원한과 증오로 가득 찬 감정을 남김없이 드러냈음이 분명하다. "작년에 하늘이 그를 벼슬에서 쫓아냈고 올해는 하늘이 그를 죽였다"는 것은 왕회의 재상직 파면과 사망을 가리킨다. 사람이 죽었는데도 이처럼 이를 악물고 저주를 했다. 이 같은 강렬한 정서에 대해서는 오직 한 가지 해석만이 가능하다. 곧 육구연이 평생 가장 중요시한 "군주를 얻어 도를 행할" 기회를 왕회가 박탈했다는 것이다. 이심전은 효종 때의 윤대 제도에 대해 다음처럼 지적한 적이 있다.

건도·순희 연간, 조정에서 재기를 품은 사들은 모두들 주상을 알현할 기회를 얻는 것을 좋아했다. (…) 그러나 대신들이 좋아하지 않던 사대부들은 종종 윤대 차례가 돌아오기를 기다리다가 다른 관직으로 전직되고는 했다. (…) 관직 차례대로 면대를 하게 하되, 사람 차례대로 면대를 하도록 하지 않는 것은 이 제도의 폐해였다.[25]

이 조목과 육구연의 사례는 잘 들어맞는다. 육구연은 윤대 며칠 전 장승으로 전임되어 효종을 다시 알현할 기회를 잃어버렸기 때문이다. 왕신은 한 걸음 더 나아가 육구연에 대한 장승직 임명을 아예 철회해버려, 육구연이 윤대할 가능성을 영원히 갖지 못하게끔 했다. "대신들이 좋아하지 않던"이라는 이심전의 표현으로 추론해보건대 왕회는 막후 조종자였음이 틀림없을 것이다. 육구연은 그 사건의 책임이 왕회에게 있다고 굳게 믿었고 그런 믿음에는 충분한 근거가 있었다.

마지막으로 육구연의 축출과 관련하여, 나는 800년간 묻혀 있던 정부 문서 하나를 인용하여 방증으로 삼고자 한다. 『송회요집고』의 기록이다.

순희 13년(1186) 11월 29일, 칙령소 산정관 육구연이 태주의 숭도관을 주관하도록 파견되었다. 육구연은 장작감승을 제수받았으나, 신료들이 논박하면서 "그는 앞으로 나아가는 데 성급하고 장황한 이야기를 많이 하니 파면해주십시오"라고 말해 그런 명령이 내려졌다.[26]

이 문서는 이전에는 몰랐던 사실 두 가지를 알려준다. 첫째, "신료들이 논박했다"는 것은 논박한 자가 결코 한 사람이 아니라 다수였다는 점을 표명한다. 그래서 왕신의 이름을 특별히 거명하지 않은 것이다. 말하자면, 육구연의 축출은 집정 그룹의 공동 결정에서 나온 것이었다. 둘째, "앞으로 나아가는 데 성급하고 장황한 이야기를 많이 한다"는 것은 육구연이 축출된 정식 죄목이었다. 이 표현은 육구연에 대한 직업관료들의 견해를 대변하는데, 분명 윤대와 밀접한 관련이 있을 것이다. "앞으로 나아가는 데 성급하다"는 표현은 육구연이 제2차 윤대를 절박하게 기다림으로써 "군주를 얻어 도를 행한다"는 웅대한 소망을 실현하려 했음을 가리킨다. 육구연은 우호 관계에 있는 사람들에게 보낸 편지에서 거듭하여 윤대에 대해 언급했고, 평소에 이야기할 때에도 그런 급박한 마음을 드러내지 않을 수 없었다. 직업관료들은 이학자들이 정말로 '도를 행하려' 한다고는 결코 믿지 않았기 때문에, 육구연이 단지 '임금으로부터 총애를 받으려 했다'고 단정해버렸다. 이것이 아마도 "앞으로 나아가는 데 성급하다"는 말의 근거였을 듯하다. "장황한 이야기를 많이 한다"는 표현은 육구연의 언사가 도도하면서 끊임없었음을 가리킨다. 육구연이 말을 잘한다는 것은 아마도 제1차 윤대에서 드러났을 것이고, 그의 일상 회화도 그런 특색을 보였을 것이 분명하다. 그렇지만 육구연 정적들의 귀에서는 그의 '언변 능력'이 "장황한 이야기를 많이 한다"는 식으로 바뀌었을 것이다. 그러므로 "앞으로 나아가는 데 성급하고 장황한 이야기를 많이 한다"는 것은 악평이기는 하지만, 우리는 그 표현으로부터 "평소 매우 대담하고, 거리낌 없이 큰소리로 말한다"[27]는 육구연의 생생한 모습을 희미하게나마 떠올릴 수 있어 매우 흥미롭다.

3. 유청지의 '도학 자부' 사건

육구연이 축출된 것은 순희 13년(1186)이었고, 그는 순희 11년 3월 편지 「주원회에게」에서 팽중강과 어떤 시험관의 사건을 들고 있다. 이를 통해 순희 11년에서 13년 사이에, 집정파가 '도학' 사대부를 공격한 사건이 중앙기구에서 벌써 3차례나 일어났음을 알 수 있다. 이제 우리가 유청지劉淸之 사건을 통해 증명하려는 관료 집단과 '도학' 집단 사이의 충돌은 지방 행정 체계 층위에서도 일어났다.

『송회요집고』의 기록을 보자.

순희 14년(1187) 12월 27일, 구주衢州[1] 지사 유청지가 화주華州 운대관雲臺觀을 주관하게 되었다. 언관들은 그가 도학으로써 자부하고, 행정 사무에 능숙하지 못하며, 재정을 잘 처리하지 못하고, 창고가 비었으며, 감사와 불화를 일으켰다는 것을 이유로 〔그에게〕 궁사宮祠[2]직을 줄 것을 요청했다. 그대로 따랐다.

이는 매우 독특한 공문이다. 왜냐하면 "도학으로써 자부한다"는 것이 갑자기 유청지의 지주知州직을 박탈하는 정식 죄명이 되었기 때문이다. 하지만 그것은 우연한 사건이 아니라 상술한 두 사대부 집단 사이의 장기적 정치 충돌 과정에서 비교적 돌출된 부분일 뿐이다. 주희는 그 이듬해(순희 15년 1188)에 올린 「무신 봉사」에서 이렇게 말했다.

강직하고 정직하며 도를 지키고 이치에 따르는 사가 한 명 그 사이에서 나오기만 하면, 여러 사람이 비난하고 배척하면서 〔그에 대해〕 '도학' 인사라 지목하고 '괴이하다'는 죄목을 덧붙입니다. (…) 십몇 년 동안 이 두 글자('도학')로써 천하의 현인과 군자를 가두었고, (…) 반드시 그들로 하여금 운신할 여지가 없게끔 하고야 그칩니다.[3]

주희가 이 이야기를 쓸 때, 그의 마음속에는 필시 유청지가 있었을 것이고 당연히 그 외 사례도 있었을 테지만 오늘날에는 무엇인지 알 길이 없다. 그러나 다행스럽게도 『송회요집고』에는 유청지 사건 기록이 보존되어 있어, 우리는 그 기록을 통해 주희의 이야기가 실제 있었던 일에 바탕을 두는 것이고, 정사를 논하던 중 고의로 과장한 것이 결코 아니었음을 알 수 있다. 이 문서를 분석하기 전 먼저 유청지에 대해 간단한 소개가 필요하다.

유청지의 생애와 사상은 『송사』 「유림전儒林傳 7」과 『송원학안』 권59 「청강학안淸江學案」에 나온다. 『송사』 본전은 그의 생몰연월일을 기록하지 않았고, 전조망은 「청강학안」 소전小傳에서 "향년 57세"라고 말할 뿐이다. 주희의 「유자징을 위한 제문祭劉子澄文」을 살펴보자.

유세차 경술년 (…) 주희는 죽은 벗인 원주袁州 사군使君 유자징 형의 영혼에 제사를 지냅니다.[4]

경술년은 소희 원년(1190)이므로, 유청지의 생몰년은 1134~1190년이다. 전조망은 「청강학안」에서 이렇게 말한다.

주희, 장식, 여조겸 세 선생이 강학할 때, 그들에게 가장 동조했던 이들이 청강 유씨 형제였다. 〔그들은〕 돈독하고 화평하여, 그들의 생도生徒가 동남쪽에 널리 퍼져 있었다. 근래 유자징이 주희의 제자였다고 망령되이 일컫는 자들이 있는데, 잘못이다.[5]

이 구절은 당시 이학계 내 유청지의 지위를 매우 분명하게 설명한다. 하지만 조금 더 보충해야 할 점은, 유청지는 장식·여조겸보다 주희와 관계가 더 밀접했다는 사실이다. 그래서 『송사』 본전은 그가 "주희를 만나게 되자 그간 익혔던 것을 다 모아서 불태워버리고 분연히 의리義理의 학문에 뜻을 두었으며, 여백공·장식과도 마음으로 사귀었다"[6]고 말한다. 이제 이 세 사람의 문집을 살펴보면, 주희가 유청지와 더불어 학문을 논한 편지가 20통 이상이고,[7] 여조겸 문집에는 「형주의 유자징에게」가 네 통 있으며,[8] 『남헌집南軒集』〔장식의 유고집〕에는 편지가 없지만 장식은 타인에게 보낸 편지에서 때때로 '자징'을 언급함을 알 수 있다. 유청지는 당시 이학의 제1선에서 활동한 터라 순희 2년(1175)에 그는 아호지회鵝湖之會에도 참석했다.[9] 사상적 배경으로 보자면, 유청지는 "도학으로써 자부한다"는 자평을 충분히 할 만하다.

그런데 "행정 사무에 능숙하지 못하다" 구절 이하의 죄상은 사실일까? 『송사』 본전에 따르면, 유청지는 소흥 27년(1157) 진사시에 등제한 후 대체로 지방정부에서 일을 하여, 현의 주부, 현승縣丞, 지현知縣에서부터 승진하여 주통판州通判과 지주가 되었을뿐더러 공무 수행 성과도 뛰어났다. 그는 가장 완전한 '행정 사무' 경험을 쌓은 사람이라 할 수 있다. 뿐만 아니라, 그는 행정 능력을 인정받은 이후 한번은 조정에 들어가서 '직사관職事官'이 된 적도 있다. 아래 자료는 특히 인용할 만하다. 누약樓鑰의 「왕공[왕회] 행장王公行狀」의 기록이다.

직사관에 결원이 생기자 주상은 먼저 충원하라고 명령했다. 시종이 사람들을 천거하자, 공[왕회]은 나점, 육구연, 팽중강, 유청지 등을 선발했고, 그들에게 직사관직을 주었다.[10]

육구연 연보에 따르면, 이 일은 순희 9년(1182)에 일어났다. 이때 왕회는 우상이 된 지 막 1년이 되었을 때로, 그 시기는 '인재 등용 시 재능만 볼 뿐 당견黨見은 보지 않는다'는 효종의 원칙이 실행되던 단계였다.(제7장을 보라.) 주희가 절동제거가 된 것도 바로 몇 개월 전이었다. 특히 놀라운 점은 이때 왕회가 선발한 직사관 4명이 모두 이학자였고, 그중 적어도 셋(팽중강, 육구연, 유청지)이 2~3년 후 왕회의 대간에 의해 축출되었다는 사실이다. 왕회의 집정 초기에는 이학자 집단도 그러한 비교적 개방된 기회를 이용하여 대량으로 권력세계에 쏟아져 들어갔음을 알 수 있다. 당시 조정에서 이학자들에게 동정적이었던 사람으로 주필대·양만리·우무尤袤[우연지] 등이 있었고, 왕회는 사실 승상 신분으로서 추천을 받아들였을 뿐이다. 만약 유청지가 정말로 "행정 사무에 능숙하지 못했다면", 그는 아마도 특별 추천을 받지 못했을 것이다. 순희 15년(1188), 엽적은 동료와 함께 「집정에게 올리는 추천서」를 작성해 도합 34명을 천거했고, 유청지는 진부량 바로 뒤에 두번째로 이름을 올리고 있었다.[11] 『송사』 본전은 또 이렇게 말한다.

호진신胡晉臣, 정교鄭僑, 우무, 나점이 모두들 유청지를 주상에게 힘껏 천거했다. 광종이 즉위하자(순희 16년 2월) 원주 지사로 기용되었다. 유청지는 병

이 났으나, 그래도 집정에게 글을 보내 국사에 대해 논했다.[12]

유청지가 실제로 부임했는지는 위 글에서 알 수 없지만, 주희의 제문에 이미 '원주 사군袁州使君'이라는 칭호가 있으므로, 그가 정식으로 임명되었음에는 의문의 여지가 없다. 어쨌든 위에서 인용한 사실을 통해, 적어도 유청지가 동시대 이학파 사대부 사이에서는 '행정 사무'에 매우 뛰어난 사람 중 하나로 여겨졌음이 증명된다.

이제 우리는 문집 자료를 인용하여 이 사건을 분명히 하려 한다. 순희 11년 (1184), 주필대는 「유자징에게」 편지를 보낸다.

노형께서는 재능을 품고도 아직 펼치지 못하고서 일개 주州에서 자신을 굽히며 관직을 담당하고 있으니, '수치에 대해 침묵하고 편안히 지내는 데 습관이 되었다'고 할 수 있습니다. 저 같은 경우, 맡은 것이 어느 관직이고 맡은 일이 무슨 일인지 따지고 있으니, 다만 부끄럽고 한탄스러움을 스스로 이겨낼 수 없습니다. 그 죄는 장차 참형도 감당할 수 없을 것입니다.[13]

이때 유청지는 외지로 나가 악주통판鄂州通判이 된 반면, 주필대는 처음으로 추밀사로 진급하여 승진과 강등의 길이 갈려서 위와 같이 말했던 것이다. 이 편지를 보건대 "행정 사무에 능숙하지 않다"는 말은 아마도 정적政敵이 작성한 공문서에서 비롯했을 것이다. 하지만 유청지 사건의 수수께끼를 푸는 데 정말로 도움이 되는 사람은 여전히 주희다. 그는 「황직경(황간)에게 답하며答黃直卿」라는 편지에서 이렇게 말한다.

부단副端으로 하여금 유자징에 대해 상소문을 올리도록 했는데, [유자징이] 도학으로써 자부하고 있고, 민民의 일을 잘 모르며 감사監司와 불화가 있다고 말했지만, 다툼의 시비는 말하지 않았습니다. 또한 그가 수리와 건축으로 민을 힘들게 했다고 합니다. 얼마 있다가 들으니 조창趙卨이 이미 그 사건을 조사하다가 다시 중단했다고 하는데, 필시 악명을 얻을까 두려워서일 것입니다. 하지만 〔조창은〕 몰래 대간으로 가서 〔자기주장을〕 받아들이도록 했습니다. (…) 유자징은 동짓날 편지를 보내서 "이미 집안사람들을 여릉廬陵으로 돌려보냈고, 다만 조카 한 명하고만 여기서 명령을 기다리고 있다"라고 말했으므로, 그 소식을 이미 오래전에 들었을 것입니다. 이런 사례 하나만 말하더라도, 다른 사람들은 이렇지 않은데 오직 우리 당은 숱한 좌절을 겪으니 웃음만 나옵니다. 어찌 모두들 좋지 않은 운을 만났을까요? 아니면 이 늙은이의 박한 운명이 여러 벗을 연루시키는 것일까요?14

'부단'은 시어사 또는 전중시어사殿中侍御使로 어사대의 조수다. 예컨대 유광조가 소희 원년(1190) 전중시어사로 임명되자, 이심전은 그에 대해 "부단의 임명이 있었다"15고 칭했다. 그런데 주희가 말한 '부단'이 진가陳賈인지는 의심스럽다. 왜냐하면 이때 진가는 이미 우간의대부로 승진했기 때문이다.16 '조창'은 필시 조씨 성을 지닌 제거상평사提擧常平司였겠지만 좀더 고증이 필요하다. 『송사』 본전을 보자.

부사部使는 유청지가 자신에게 아부할 줄 모른다는 이유로 그를 싫어했다. 그래서 평소 친하게 지내던 대신臺臣에게 편지를 보내, 유청지가 민을 고통스럽게 하고 재물을 낭비한다고 무고하면서 그를 파면하고 운대관을 주관하도록 하라고 주장했다.17

'부사'는 바로 조창이었다. 그런데 이 사람은 배후에서 '도학'을 공격한다는 악명을 두려워해서, 이미 안핵按劾18을 준비해놓고서도 다시 그것을 중지하고 몰래 대간에게 부탁하여 공개적으로 그에 대해 따지도록 했다. 어째서 대간을 찾았을까? 엽적이 순희 15년(1188)에 쓴 「주원회를 변호하는 상소辯朱元晦狀」

한 구절은 이렇다.

지난날 왕회는 대간과 표리가 되어 뒤에서 바른 사람들을 쫓아냈습니다.[19]

하지만 순희 14년(1187)에도 왕회는 재상 자리에 있었던 만큼, '오늘날'이라고 표현해야지 "지난날"이라고 해서는 안 될 것이다. 앞에서 우리는 이미 다음의 사실을 살펴보았다. 곧 순희 10년(1183) 위학 금지를 청했던 감철어사 진가, 순희 11년 '도학'을 기준으로 사를 선발한 시험관을 징벌했던 우정언 장계주, 순희 13년 육구연의 축출을 주장했던 급사중 왕신이 모두 왕회 집정기의 '대간'이었고, 모두들 왕회와 더불어 '표리'가 되고 있었다. 유청지가 "도학으로써 자부했던" 사건은 사례 하나를 거기에 더 첨가하는 것에 불과했다. 주희는 분명 상소의 원문을 보았기 때문에, 앞에서 인용한 그의 글이 『송회요집고』의 요약과 잘 들어맞고 내용도 더 자세했을 것이다. 그런데 주희는 편지 마지막 구절에서 매우 중요한 말을 한다. 그는 한편으로 "오직 우리 당은 숱한 좌절筑磕을 겪는다"라고 말하면서, 다른 한편으로는 "늙은이의 박한 운명이 여러 벗을 연루시켰다"고 말한다. 원문의 '축개筑磕'는 필시 당시의 속어로서, 대체로 '불우함' 혹은 '좌절'의 뜻이었을 것이다. "우리 당" "늙은이" 운운한 것은, 정적들이 계획적으로 도학자들을 공격하려고 한 행동이 바로 유청지 사건이라는 점과 그 최후 목표는 바로 주희 자신임을 설명한다. 그렇기 때문에 주희는 "여러 벗을 연루시켰다"고 끝을 맺는다. 그는 또한 「향백원에게與向伯元」 제13서에서 이렇게 말했다.

자정이 벼슬자리에서 물러나고 오래지 않아 정직한 사람〔유자징〕을 질시하던 인물이 부모상을 당해 떠났으니, 일이 잘 끝나서 조용히 귀결되리라는 것이 내 생각이었습니다. 이제는 그럴 수 없게 되어, 또다시 '도학' 두 글자를 붙여 죄명을 판결해버렸습니다. 세상사가 이러하니 어찌 다시 발붙일 곳이 있겠습니까? 차라리 문을 걸어 잠그고 책을 읽으면서 남은 생애 끼니 걱정이나 한다면, 아마도 후회가 없을 것입니다.[20]

이 편지는 유청지 사건이 이미 오래전부터 진행되고 있었음을 증명한다. 유청지를 매우 싫어했던 상사上司가 부모상을 당해 벼슬에서 물러났으니 유청지가 원래는 무사했어야 하는데, 뜻밖에도 최후 단계에서 '도학'의 죄명을 얻는 지경으로 악화되었다고 주희는 말한다. 이는 이미 유청지 상사의 문제가 아니라 왕회의 대간들이 바로 그 기회를 이용하여 도학자들을 향해 공격을 전개했던 것을 가리킨다. 주희는 '도학' 두 글자로 "죄명을 판결하는 것"을 보자마자 집정 그룹의 의도를 알아차렸다. 그 의도란 유청지 사건을 확대하여 금후로 '도학' 두 글자로써 어떤 이학자든 축출하려는 것이었다. 여기까지 분석할때, 어째서 6개월 후(순희 15년 6월 초) 임률이 '도학'이라는 말을 이용하여 주희에 대한 병부낭관직 제수를 탄핵했는지, 그리고 어째서 엽적이 분연히 일어나 그것을 반박했는지 우리는 전적으로 이해할 수 있게 된다. 이 사건은 제7장에서 대체로 밝혔으므로 여기서는 '도학' 용어 관련 부분만 인용하여 방증으로 삼고자 한다. 임률의 탄핵은 아래와 같았다.

주희는 본래 아무 학술이 없으면서 다만 장재와 정이가 남긴 것을 몰래 훔쳐, 그로써 임금을 속일 수 있다고 여기면서, 〔그 학문을〕 '도학'이라 부르고 망령되이 자신을 추어올립니다. 이르는 곳마다 문생門生 수십 명을 데리고 다니면서 춘추전국시대의 구태를 답습하고 있으니, 여러 나라를 돌아다니며 초빙되었던 공자와 맹자의 방식을 망령되이 희구하는 것입니다. 치세의 법도를 기준으로 삼자면 그는 난신의 우두머리이니 마땅히 〔그 활동을〕 금지시켜야 합니다.[21]

엽적은 이렇게 반박한다.

임률의 말을 처음부터 끝까지 조사해보았지만 사실과 부합하는 것이 하나
도 없었습니다. 특히 그 가운데 "그에 대해 도학이라고 한다"는 말은 사실
과 가장 거리가 멉니다. 이해관계에 얽혀 있는 것은 주희만이 아니어서, 저
는 힘써 사실을 바로잡지 않을 수 없습니다. 대저 옛날부터 소인들은 충성
스럽고 선량한 사람들을 해칠 때마다 명목을 지어냈습니다. (…) 근래에는
'도학'이라는 명목을 지어내어 정병鄭丙이 창도하자 진가陳賈가 화답하여, 요
로에 있는 사람들이 은밀히 서로 주고받으면서 사대부 가운데 조금이라도
깨끗하게 수양을 하거나 절조를 지키는 사람이 있다면, 그때마다 '도학'이라
는 명목을 그들에게 붙입니다. 〔'도학' 명목을 이용하는 사람들은〕 선한 것을
흠이라 여기고, 배움을 좋아하는 것을 허물이라 여기면서, 서로들 모의하여
〔충성스럽고 선량한 사람들로 하여금〕 벼슬길에 나아가지 못하도록 하고, 〔흠을
잡으려고〕 옆에서 틈을 엿보면서 〔충성스럽고 선량한 사람들로 하여금〕 편안히
있지 못하게끔 합니다.[22]

임률이 단도직입적으로 '도학'의 주희에 대해 "난신의 우두머리이니 마땅히
〔그 활동을〕 금지시켜야 한다"라고 말한 까닭은 바로 6개월 전 '도학'이라는 죄
명이 정부 문서에 출현하여 자신이 그것에 대해 더 말할 필요가 없었기 때문
이다. 엽적의 반박 상소문에 있는 "근래에는 '도학'이라는 명목을 지어냈다"는
말은 유청지 사건을 염두에 두었을 테지만, 사건 규모가 좀 작아서 임률의 주
희 탄핵 대사건과 나란히 놓고 말할 수는 없었을 것이다. 그래서 엽적은 유청
지 사건의 발단을 정병과 진가에게서 찾음으로써 그 규모를 확대하고 있다.
하지만 엄밀히 말해, 정병과 진가는 '위학 금지'라는 목표를 달성하기는 했지
만 '도학'의 죄명을 이용해 주희를 축출하려는 그들의 진짜 목표는 아직 달성
되지 못했다.
　'도학'이라는 명목으로 죄를 얽어매는 것은 유청지 사건에서부터 시작된다.
그래서 엽적은 특히 "이해관계에 얽혀 있는 것은 주희만이 아니다"라고 강조

하고 있다. 위 글 뒤에서 그는 이렇게 말한다.

'도학'을 대죄라고 간주하는 문서를 작성하여 주희 한 명을 내쫓았지만 〔그
것은 오히려 심한 해악이 아닙니다〕 이후로 사실과 부합하지 않는 글을 멋대로
지어 모함하는 말이 횡행하게 될 터이니, 선량한 사람들이 화를 입는 일이
도처에서 일어나지 않겠습니까?[23]

만일 임률이 '도학' 두 글자로써 주희의 죄명을 확정하는 일이 다시 일어난
다면, 직위에 있는 모든 이학자들도 상황이 급박해질 것이다. 이 사건은 큰
파문을 일으키고 오래도록 여파가 사라지지 않을 것이어서, '도학'으로써 어떤
이의 죄를 판결하는 법률적 효력이 일어나지 않도록 도학자들이 전력을 다하
는 데 관건이 있었다.

그런데 유청지 사건은 또다른 사건과 연루되어 있다. 그것은 지방 권력의
쟁탈과 관련이 있는데, 여기서 아울러 논함으로써 전체 사건의 갈무리로 삼고
자 한다. 『송회요집고』 기록을 보자.

순희 13년 11월 13일, 호북제거湖北提擧직을 새롭게 제수했던 왕진王鎭이 파
직되어 은퇴했다. 이에 앞서 형주 지사였던 유청지가 조서에 근거하여 왕진
을 천거하면서, 그가 명리를 추구하지 않고 자중자애하지만 그를 알아주는
사람이 적다고 말했다. 〔왕진은〕 마침내 호북제거직을 제수받았다. 이윽고 언
관들이 왕진이 사리에 어둡다고 주장하여 그는 파직되었다.[24]

왕진(1116~1193)은 원적이 개봉開封이고 송나라가 남쪽으로 천도한 후 "남
악南嶽 아래에서 몸소 농사를 지으면서 주야로 경전과 사서를 읽었는데, 문정
공 호안국胡安國(1074~1138)은 나이를 잊고 그를 접대했다"[25]고 한다. 왕진은
이학자는 아니었지만 이학과 깊은 관계를 맺고 있었음을 알 수 있다. 유청지

가 그를 찬양했던 것도 이와 관련이 있을 것이다. 주필대는 「묘갈墓碣」에서 특히 이 사건을 언급한다.

[왕진이] 이미 형양衡陽으로 돌아왔는데 군수 유청지가 군자의 자질로서 명성이 있었다. 임금이 왕진의 이름을 기억하여 또 말하기를 "유청지가 천거한 자는 분명 구차하지 않을 것"이라고 했다. 제거형호북로 상평차염공사提擧荊湖北路常平茶鹽公事를 [왕진에게] 제수했다. 간관들은 평소 유청지를 싫어했기 때문에 그의 사士 추천이 망령되이 이루어졌다고 지목했고, [왕진은] 결국 벼슬길에 나아가지 못했다.[26]

이 사건의 대상도 유청지 자신이었음을 알 수 있다. 또 주필대는 「왕수진에게與王守鎭」라는 편지에서 이렇게 말했다.

요즘 수령들이 어찌 모두 귀하처럼 소탈하고 조용하며 백성을 사랑하는 자들일 수 있겠습니까?[27]

이 편지는 순희 8년(1181) 이후 왕진이 원주沅州 지사로 재직할 때 보내졌을 것이다.[28] 그렇다면 "사리에 어둡다"는 간관들의 평가 역시 믿을 만한 것이 못 된다. 주희는 「향백원에게」 제12서에서 말한다.

자정은 결국 현인을 천거했다는 이유로 논핵을 당했는데, 지난겨울 저를 연루시킨 상소문이 제출된 때와 바로 선후를 이룹니다. 다만 자정은 군郡에 있었는지라 한가하게 있던 [저와] 달랐습니다. 얼마 전 듣기로, 죄를 기다리면서 사록祠祿을 청했지만 허락받지 못했다고 하는데, 마땅히 힘껏 청해서 [고향으로] 돌아가야 좋을 것입니다. 잘 모르겠지만 어르신의 뜻은 어떻습니까? 근래 그 편지를 받으니 일찍이 어르신의 뒤를 좇지 않은 것이 매우 한

스럽습니다.²⁹

이 편지는 '도학' 사건이 아직 일어나지 않은 순희 14년(1187)에 쓰였지만, 주희는 이미 유청지가 위험한 지경에 빠졌음을 느끼고 있었다.

여기서 주목할 점은 유청지가 현인을 천거하다가 논핵당했던 것과, "지난겨울 저[주희]를 연루시킨 상소문이 제출된 것"을 주희가 하나로 묶고 있는 것이다. 그렇다면 순희 13년(1186) 겨울, 주희는 어떤 일에 '연루'되었을까? 이를 밝히기 위해 상당히 고심하다가 결국 육구연 문집에서 단초를 얻을 수 있었다. 그 사건은 특히 기록할 만하다. 육구연은 「구희재에게與勾熙載」라는 편지에서 이렇게 말한다.

처음에 [저에 대한] 대간의 비평이 계속 이어진다는 이야기를 듣고 실로 이상하고 놀랐습니다. 그러나 나머지 2~3인[에 대한 비평]은 자못 인심에 합당한 것이었습니다. 그래서 전문을 보고서 그 취지를 살펴보고자 했습니다. 얻어서 상세히 보니 참으로 우스웠습니다. 예컨대 오홍吳洪과 왕서王恕를 비판한 것에 대해 어느 누가 잘못이라고 하겠습니까? 그런데 오홍에 대한 [대간의] 상소문에는 당중우 편을 드느라 주원회를 연루시키는 부분이 있습니다. 곧 "오홍의 일이 커져 마침내 대옥사가 되었고, [그로 인해] 당중우도 애매하게 축출되었으니 의논하는 자들이 원망하고 있습니다"라는 구절이 그렇습니다. 이 부분은 더욱이 가소롭습니다.³⁰

먼저 이 편지가 순희 13년(1186) 겨울에 지어졌다는 점을 염두에 두자. 첫 구절인 "처음에 [저에 대한] 대간의 비평이 계속 이어진다는 이야기를 듣고 실로 이상하고 놀랐습니다"는 육구연 그 자신이 장작감승으로 제수되었을 때 대간에 의해 논핵당한 일을 가리킨다. 그 구절로부터, 왕신 이외 다른 사람들도 우물에 빠진 사람에게 돌을 던지듯 육구연을 비판했음을 알 수 있다. 이 점은 앞서 인용한 정부 문서의 "신료들이 논박했다"는 표현과 전적으로 부합한다. 다만 육구연이 그 점을 예상하지 못했던 것 같다. 편지 말미에는 이런 말이 있다.

며칠 전 배를 임차해서 [떠나] 직접 이별할 수 없었습니다. 이참에 이곳에 살면서 의연히 바람을 맞으려 합니다.[31]

위 편지는 육구연이 임안을 떠나기 전 구희재에게 쓴 이별 편지임에 틀림없다. 이 두 사실을 합해본다면, 육구연의 위 편지가 쓰인 시기에는 의문의 여지가 없다. 이처럼 시기를 확정할 수 있다면, 주희가 말했던 "지난겨울 저를 연루시킨 상소문"은 바로 육구연이 말한 "오홍에 대한 상소문에는 (…) 주원회를 연루시키는 부분이 있다"고 할 때의 그 상소문이라고 할 수 있다. 육구연과 주희는 둘 다 "연루시켰다波及"라는 표현을 사용하는데, 이는 두 사람이 미리 공모한 것이 아니다. 그러니 참으로 신기한 일이라 할 수 있다. 마지막으로, 육구연이 인용한 부분을 통해 오홍에 대한 대간들의 논핵은 당중우를 편들기 위해서였다는 점을 알 수 있다. 벌써 4년 전 일인데도 왕회의 대간들은 당시의 원한을 잊지 않고 있었으므로 태사공太史公[사마천]이 말한 대로 "사람의 원한은 매우 깊은 것"[32]이다. 하지만 이때 주희는 봉사奉祠로서 실제 관직을 맡고 있지 않았기 때문에, 왕회 그룹은 다른 이학자 관리를 찾아 보복 대상으로 삼을 수밖에 없었다. 그러니 주희가 유청지 사건 전후로 일어난 두 사건을 자기 신상과 관련시킨 것도 이상한 일은 아니다. 유청지 사건은 고립적인 사건이 아니라, 도학자에 대한 관료들의 공세 개시를 알리는 신호탄이었음은 이제 더이상 의심할 여지가 없다. 육구연의 편지에 나오는 '오홍'이 누구인지 여기서 상세히 고찰할 여력은 없다. 따라서 설명이 산만해지는 것을 피하기 위해 고증하지는 않겠다. 편지 수신인인 구희재는 더 고증해봐야 할 테지만, 진량이 소희 초년(1190)에 출옥한 후 쓴 「구희재 제거에게與勾熙載提擧」라

는 편지 두 통을 보면, 이름은 창태昌泰이고 당시 지방관으로서 제거였음을 알
수 있다.

유청지 사건은 양대 정치 진영이 중앙에서 권력을 다투었을뿐더러 지방에
서도 마찬가지로 승부를 벌였다는 것을 잘 설명해준다. 유청지가 '도학'을 자
부함으로써 죄를 얻은 것과 육구연이 축출된 것을 종합해보면, 순희 10년
(1183)에 일어난 '위학 금지'부터 순희 15년(1188)에 일어난 임률의 주희 탄핵이
라는 큰 파문 사이의 기간에 왕회의 대간들이 끊임없이 '도학'을 향해 공격을
퍼부었던 것이다. 그렇지만 우리가 마지막으로 강조해야 할 점은, 이것이 권력
세계 내 양대 세력 사이에 벌어진 장기적 투쟁이었지 직업관료 집단과 전업학
술 집단 사이에 벌어진 충돌은 결코 아니었다는 사실이다. 이학자와 직업관료
들은 모두 사대부였고 관직 경력 측면에서도 똑같았다. 곧 모두들 과거시험
출신으로서 현의 주부 또는 현위縣尉 등의 지방 말직으로부터 입신한 사람들
이었다. 주희가 그랬고, 육구연도 그랬으며, 유청지도 마찬가지였다. 최후까지
분석해볼 때, 이학자들이 직업관료들과 달리 정치적 단체를 스스로 이뤘던
까닭은 역시 그들이 '치도'를 다시 세우려는 북송 이래 유학자들의 관심을 이
어받았기 때문이다. 그래서 이학자들은 조정에서 "군주를 얻어 도를 행한다"
는 것을 한시도 잊지 못했고, 지방에서도 "은택이 민에게 미쳐야 한다"는 것을
항시 강조했다. 육구연은 전자를 대표하고 유청지는 후자를 대표한다. 『송사』
「유청지전劉淸之傳」은 말한다.

형衡 지방은 건염建炎 이래 군수품을 조달하게 되었는데, 이른바 '대군월장
과호전大軍月樁過湖錢'이라는 것이 있어 [그것을] 매년 조사漕司[33]에 바쳤고 그
금액이 무려 7~8만 꿰미緡였다. (…) 징수 규정이 바르지 못해 양민들이 두
루 피해를 입었지만, 교활한 민民은 종종 관청을 기만하면서 고정적 세금도
납부하지 않았다. (…) 유청지는 조정에 청하여, 총령總領[34]과 더불어 결손
부분을 조사하고 보완하여 점차 [세액을] 감소시켜야 한다고 했다. 그러나

받아들여지지 않았다.[35]

또 말한다.

이에 앞서, 군이 공식 숙소를 수리하여 상평常平과 형옥刑獄의 두 사신使者을 묵게 했는데, 한 달에 한 번 모이면 이들은 서로 선물을 주고받았다. 유청지가 한탄하면서 말했다. "지금이 어느 때인가? 민民에게서 세금을 걷기보다 여러 공公과의 관계를 끊는 것이 낫겠다. 내가 상관을 섬기는 방법은 오로지 맡은 바 직분에 마음을 다하고 우리 민에게 부담을 주지 않는 것으로 족하다. 어째서 술, 음식, 재물로써 노력하겠는가?" 유청지는 고정 월급 이외에는 모두 공공 금고에 넣어두었고 그 돈으로 평상시 용도에 보탬이 되도록 했다.[36]

위의 두 기록에 과장이 전혀 들어 있지 않다고 감히 말할 수는 없지만, 사실과 그다지 멀지 않다고 할 수는 있을 것이다. 게다가 유청지가 형주에서 행한 일은 주희가 남강에서 행한 일이나 육구연이 형주에서 행한 일과 거의 동일하므로, 그로부터 이학자들에게는 일관된 정치적 기풍이 있었음을 알 수 있다. 그렇지만 "군주를 얻든得君" 아니면 "민에게 은택을 베풀든澤民" 그것은 필연적으로 권력 및 이해관계와 관련되기 마련이고, 그것이야말로 관료 집단이 '도학'파에 대해 공격을 멈추지 않았던 궁극적인 원인이었다. 그래서 관료 집단의 공격 대상은 '도학' 집단이었지 단순한 개인은 아니었다. 이 점 역시 앞서 인용한 실례에 의해 분명해졌을 것이다. 관료형 사대부들이 '도학' 두 글자에 공격을 퍼부었던 까닭은 사상적 이유가 아니라, 이학형 사대부들이 권력세계 내에서 적진을 돌파해 나가는 분명한 기치가 바로 '도학'이라고 인식했기 때문이다. 왕회의 대간들은 유청지에 대해 그가 "도학으로써 자부한다"라고 비판한 뒤, 곧이어 그가 "행정 사무에 능숙하지 못하며, 재정을 잘 처리하지 못하고, 창고가 비었다"라고 지적하는데, 이 두 언사 사이에는 인과관계가 있는 것처럼 보인다. 때문에 대간들이 고의로 '도학'의 기치를 더럽힘으로써 그 용어의 정치적 명예를 실추시키려 했던 것은 아닌지 의심하지 않을 수 없다. 어쨌든 그들이 공격했던 것은 권력세계로 돌진해 들어오던 '도학'이었지, 서원의 강당에서 또는 사우 간의 토론에서 전해지던 '도학'은 아니었다는 점만은 단언할 수 있다.

4. 왕회의 재상 파면 과정

앞 두 절에서 우리가 본 것은 왕회 집정 아래 이학자들의 처지였다. 이제 우리는 한 걸음 더 나아가, 주필대가 권력을 잡았던 시기 그들의 발전을 검토해야 한다. 이심전은 「도학의 흥폐道學興廢」에서 이렇게 말한다.

주홍도周洪道가 집현상集賢相이 되자 사방四方의 학자들이 조금씩 조정에 자리를 잡게 되었다.[1]

'홍도'는 주필대이고 "사방의 학자들"은 이학파를 가리킨다. 주필대의 집정은 이학자들에게 일대 정치적 전기였음을 알 수 있다. 그렇지만 주필대와 이학자들의 관계를 논하기 전에 주필대가 어떻게 왕회의 재상 자리를 대신하게 되었는지를 분명히 밝혀야 한다. 먼저 정적政敵 쪽의 의론 두 조목을 인용하여 비교·검증해보고자 한다. 경원 3년(1197) 6월 6일, 유삼걸劉三杰이 올린 상주문이다.

저 위학僞學[거짓 학문]이라는 걱정거리에 대해, 잠시 그 오랜 기원은 따지지 않고 지난 30여 년 동안의 일만으로 따져보고자 합니다. 그 시초에 장식이 있어 성리性理의 학문을 이야기했습니다. (…) 사람들이 다투어 몰려가서 [장식은] 이익을 얻을 수 있었습니다. (…) 또다시 주희가 있어 오로지 이익만을 위했으니, 『대학』과 『중용』을 빌려 자신의 간계를 꾸미고 계책을 행했습니다. 아랫사람들이 [자신에게] 일단 절하면 그들을 안민顔閔[안자와 민자건 閔子騫]처럼 여겨주었고, 자기 말을 한번 들어주면 곧바로 공맹자처럼 여겨주었으니, 이익의 취득이 더욱 광범위해졌고 방자하여 거리낌이 없어졌습니다. 그렇지만 위세 있는 윗사람이 그 맹주가 되었던 적은 아직 없었습니다. 얼마 후 주필대가 우상이 되어 좌승상 왕회와 더불어 경쟁하면서 그로부터 권력을 빼앗으려 했는데, 주필대는 감히 거리낌 없이 크게 소리치면서 흑백을 어지럽힐 수 있음을 알고서 마침내 [이학자들을] 권유하여 조정에 배치했고, 결국 그들의 힘을 빌려 왕회를 넘어뜨렸습니다. 그래서 이들은 더욱더 뜻을 얻게 되었습니다.[2]

악가岳珂의 『정사桯史』에는 이런 기록이 있다.

주익공周益公(주필대)은 두 임금 밑에서 재상이 되었다. 경원 연간, 은퇴하여 길吉 땅에 머물면서 은연중 은거하려는 생각을 하고 있었다. 당로當路에 있는 사람들이 그를 싫어했기 때문이다. 당시 도덕적 인사 중 사직한 이들이 많았는데 모두들 위학僞學을 했다고 지목되었다. 무婺 땅에 여조태呂祖泰라는 사람이 있었으니, 여조겸의 별파別派로서 용감하고 정의롭게 발언하면서 당시 정세가 날로 잘못되는 것에 분노하여 분연히 상소문을 올려 당직자들을 힘껏 비난했고, 아울러 주익공을 재상으로 삼아달라고 간청했다. 밀봉된 상주문을 3성三省에 내리니 조정의 여론이 들끓었다. 어떤 이들은 실제로는 주익공이 여조태에게 지시했다고 여겨 마침내 상주문을 올려 그[주익공]를 논핵했다. 그러면서 "순희 말년, 왕노공魯公(왕회)이 수상이 되자 주익공이 그를 배제하고 그로부터 자리를 빼앗으려 했고, 스스로 위학을 기준

으로 삼아 그 무리를 도움으로써 사악한 설이 흘러넘치도록 하여 천하를 해롭게 했다"라고 말했다.[3]

이벽李壁이 지은 주필대의 「행장」을 살펴보자.

가태嘉泰 원년(1201) 포의布衣가 상소문을 올렸는데 공의 성명이 언급되자, 대간이 비판하여 한 계급을 강등했다.[4]

유삼걸과 가태 원년 조정의 여론을 일으켰던 사람들은 모두 반도학'의 지도자급 인물들이었다. 그 가운데는 왕회 집정 그룹의 구성원도 있었다. 이들은 주필대가 이학자들을 끌어들여 당우黨羽로 만들었고 왕회의 재상 자리를 빼앗았다고 이구동성으로 주장했다. 주필대가 이학자들의 정치적 보호자였는지 여부에 대해 그들의 의견은 일치하며, "사방의 학자들이 조금씩 조정에 자리를 잡게 되었다"는 이심전의 발언은 그런 의견을 뒷받침한다. 주필대의 정적들이 제기한 의론들에는 무고한 언사가 숱하게 들어 있기는 하지만, 부정할 수 없는 기본 사실 하나를 드러내고 있다. 곧 주필대 주변에 모인 적잖은 이학자들이 왕회의 집정 그룹과 첨예한 대립을 벌였다는 사실이다. 왕회에 대한 주희, 육구연, 엽적 등의 날카로운 비판과 앞서 인용한 의론을 대조하기만 한다면 그런 사실은 더욱 분명히 드러날 것이다. 그러므로 이제 관건은 주필대가 왕회를 대체한 역사적 과정을 어떻게 재구성할 것인가의 여부다.

왕회 퇴위에 관한 현존 사료 기록은 몹시 간략해서 이 사건을 재구성하는 근거가 되기에 부족하다. 그렇지만 매우 운이 좋게도 주필대의 『사릉록』에서 그 내막을 알 수 있는 1차 사료를 찾을 수 있었다. 『사릉록』은 상하 두 권으로 된 주필대의 일기로서, 순희 13년(1186) 8월 1일부터 효종이 광종에게 황위를 물려주던 순희 16년(1189) 2월 1일까지의 시기에 걸쳐 있다. 일기의 핵심 부분이 순희 14년(1187) 10월 태상황 고종의 병고病故를 서술한 것과 이듬해 3월 회계會稽 영사릉永思陵에서 고종의 장사를 지낸 과정을 기록한 데서, 이 일기에 '사릉록'이라는 이름이 붙었다. 주필대가 왕회를 대체한 과정은 바로 그 1년 반에 해당된다. 일기의 중심은 비록 장례와 관련된 의례 문제였지만, 적잖은 대사건에 대해서도 그 내막을 밝히고 있다. 왕회의 재상 파면도 그중 하나다. 『사릉록』은 비록 한쪽 편만 대변하는 기록이지만 그것은 당사자의 직접 증언 이므로, 여타 문헌과 서로 비교해서 본다면 그 객관적 사료의 가치는 낮게 평가될 수 없을 것이다. 이 절은 다만 주필대가 왕회의 재상권력을 탈취한 사건과 관련해서만 증거를 찾을 뿐, 다른 사건에 대해서는 『사릉록』을 참고하지 않을 것이다.

먼저 『사릉록』을 읽고 얻은 두 가지 특징적 인상이다. 첫째, 순희 14년 10월에서 시작하여 순희 15년 5월 초 왕회가 파면되기까지 효종이 왕회에게 냉담하게 대하고 주필대를 지원했던 것이 매우 분명하게 나타나며, 이런 태도는 구체적 사건에서 숱하게 드러난다. 둘째, 왕회와 주필대 두 사람 사이의 상호 질시와 의심을 곳곳에서 볼 수 있다. 그렇지만 번쇄함을 피하기 위해 우리는 관련된 자질구레한 예증을 다 열거할 수 없고, 아래에서 인용하는 자료는 다만 위 두 가지 인상과 관련된 것이다.

순희 15년(1188) 정월 초2일 효종은 3년상을 지키기로 결정하고서 태자(나중의 광종)로 하여금 정무에 참여하도록 하여, 이날 재신들은 먼저 연화전延和殿에서 효종을 향해 정사를 보고한 후, 함께 의사당議事堂으로 가서 처음으로 태자[동궁]를 알현했다. 당연히 이날은 극히 중요한 날인지라 의례와 관련된 문제가 약간 있었다. 그 관련 기록이다.

(…) 전날 저녁 나는 비밀리에 들어가서 상주하기를, "비록 휴가이기는 하지만 바라건대 폐하께서 특별히 연화전을 통어하셔서, 정무 보고가 끝나거든 의사당으로 건너가라고 재집宰執들에게 명령하신다면, 아마도 새로운 연호와 정령 반포에 관해 선후의 차례를 협의할 것입니다"라고 말했다. 어제 과

연 성지꿀旨가 있어, 오늘 전殿 내에서 일을 보고했다. 주상께서는 (…) 동궁에서 당堂을 열어 정사를 의론하는 일에 대해 또다시 언급했다. (…) 예컨대 예법에 관한 논의가 아직 정해지지 않았다면, 세부 내용을 차자로 보고해도 늦지 않을 것이다. 애초에 나는 누사漏舍에서 여러 공에게 말했다. "만약 [재집들이 동궁께] 차자를 직접 올린다면 혐의를 받을까 걱정이 됩니다." 재상 왕회는 매우 의심하면서 말했다. "나한테만 [동궁] 앞으로 나아가라는 것 아닌가요?" 나는 "원래 [동궁과 재집들이] 서로들 의견을 진술해야 하지만, 감히 [동궁에게 차자를] 직접 보고하지 못할 뿐입니다"라고 말했다. 이에 이르자 [왕회가] 마침내 주상 앞에서 직접 아뢰어 진술했다. 나는 급히 그의 말을 막으면서 말했다. "[동궁에게] 직접 보고하는 것은 혐의가 있습니다." 주상도 불가하다고 여겨 중지시켰다. 나는 이어서 아뢰었다. "폐하께서는 이제 마땅히 참결參決권을 동궁께 부여하도록 노력하셔야 합니다. 지금 모든 관직의 일이 대부분 구태의 관습을 따르고 있기에, 저희는 [그것을 바로잡기 위해] 더욱더 노력하여 조금이라도 주상의 의도에 부합하려고 합니다. 그렇지만 지혜와 사려가 미치지 못하여 따라가지 못할까 두려울 따름입니다." 주상께서는 다시 칭찬하시면서 "그대들의 사려는 지극하지 않음이 없으니, 바로 [우리가] 함께 기강을 떨치도록 하는 것에 달려 있다"라고 말했다. 나는 말했다. "이에 앞서 저희에게 허물이 있었으나 전적으로 폐하께서 감추어주셨습니다. 지금 만약 또다시 미치지 못한다면 여론은 필시 용서해주지 않을 것입니다." 주상은 "짐은 전대의 제왕처럼 의심하는 일이 없을 것이다"라고 말했다. 재상 왕회는 "천하의 일에는 원래 바른 이치가 있으니 지나치게 걱정하실 필요가 없습니다"라고 말했다. 그다음 의사당으로 가서 곧바로 의관을 정제하고 [동궁을] 알현하려고 했다. 나는 "『예기』「곡례 상」에 비추어본다면 차례대로 절해야 할 것 같습니다"라고 말했다. 모두들 옳다고 여겼다. 그러나 행수사行首司는 "당堂이 매우 좁으니 의자를 놓고 서로 마주볼 경우 절할 자리가 없습니다"라고 말했다. 그는 남북 방향으로 서로 대면하려고 했다. 나는 옳지 않다고 생각했다. 재상 왕회는 "빈객에게는 [지켜야할 여러 가지] 예가 있고, 주인은 그중 선택할 수 있습니다"라고 말했다. 나는 감히 [내 의견을] 강권하지 못했다. [왕회는] 이윽고 다시 스스로 말하기를 "생각건대 어전에서 이런 예법을 정해야 합니다"라고 했다. 아마도 내가 그 견해를 고집할까봐 [왕회가] 의심한 것 같다. 그의 마음 씀씀이가 이랬다.[5]

일기는 왕회와 주필대 두 재상의 권력은 한 사람이 강해지면 다른 한 사람은 약해졌다는 것을 가장 온전하게 그리고 생동감 있게 드러낸다. 왜냐하면 이 기록은 주필대가 "전날 저녁 비밀리에 들어가서 상주했던" 것, "어제 성지가 있었다"는 것, 그리고 그보다 전에 누사에서 열린 재집들의 회의를 포함하기 때문이다. 우리는 이로부터 몇 가지 평범치 않은 현상을 발견할 수 있다. 첫째, 효종은 왕회보다 주필대를 훨씬 더 신임했다. 이날 연화전에서 열린 어전회의가 주필대의 '비밀 상주'에 의해 열렸을 뿐만 아니라 회의 진행 역시 주필대가 효종의 동의하에 직접 계획한 것이었다. 둘째, 이날 회의 사회자는 왕회가 아니라 주필대였다. 비록 왕회가 '수상首揆'이기는 했지만 말이다. 그러므로 주필대의 발언은 회의의 기조를 결정해버렸고, 그는 이뿐 아니라 여러 사람 앞에서 왕회의 이의를 저지했으며("급히 그의 말을 막으면서"), 아울러 곧바로 효종의 지지를 받았다. 전체 회의에서 주필대는 다만 왕회의 그다지 중요하지 않은 말 한마디("천하의 일에는 원래 바른 이치가 있습니다")를 기록할 뿐이다. 이번 어전회의는 왕회에게는 분명 극히 난감한 장면이었을 것이다. 셋째, 일기는 두 차례에 걸쳐 왕회의 '의심'을 언급하는데 이 부분에 매우 주의해야 한다. 첫번째는 며칠 전 누사에서 열린 회의에서였다. 왕회는 어전 혹은 태자 앞에서 하는 '대전 차자對殿箚子'를 주필대가 반대했던 것이 혹시 그가 자신을 음해하려는 의도가 아닌지 '의심懷疑'했다. 곧 그렇게 반대하는 것은 주필대가 자신에게 홀로 "[동궁] 앞으로 나아가도록向前" 하여, 장차 모든 책임을 자신으로 하여금 떠맡도록 하기 위한 것이라고 의심했던 것이다. '대전 차자'가 대체 무슨 문제를 다루었는지 기록이 불비해서 추측할 도리는 없다. 하지만 그 점은 우리 논의에 어떤 영향도 끼치지 않는다. 종합하자면, 왕회의 위기감이 이 사건에서 아주 분명하게 나타난다. 두번째 '의심'은 더욱 심각하다. '참결'하는 태자를 알현할 때 대체 어떤 '예법禮數'을 택해야 할지 여부는 송대에서 처음으로 문제된 것이라 따를 만한 전례가 없었다. 그런데 주필대는 "차례대로 절하는 것敍拜"을 굳게 주장했고, "모두들 옳다고 여기는衆以爲然" 동의를 얻었다. 이것이 오히려 왕회의 의심을 불러일으켰다. 왕회는 주필대가 사전에 효종과 개인적으로 전부 상의해놓았고 자신은 줄곧 소외되고 있다고 인식했다. 주필대가 관찰한 모든 현상을 놓고 본다면 왕회의 이런 '의심'은 아마도 그의 마음속에 있었던 것 같다. 여기서 가장 미묘한 점은 이렇다. "어전에서 이 예법을 정해야 한다"는 왕회의 말을 주필대가 기록할 때, 그는 그 앞에 "[왕회] 스스로 말하기를自云"이라는 표현을 사용하고 있다. 이런 왕회의 혼잣말이 드러내는 것은 마음에 가득한 의심과 분노다. 왕회는 이미 자기 감정을 통제할 수 없는 지경에까지 이르렀던 것이다. 넷째, 주필대는 마지막으로 "그의 마음 씀씀이가 이랬다"는 표현으로써 왕회에 대한 자신의 생각을 정리하는데, 주필대는 왕회를 지모가 뛰어난 인물로 여겼음을 알 수 있다. 이런 견해는 『사릉록』 곳곳에서 발견되지만 여기서 그 전부를 인용할 필요는 없을 것이다. 이 일기 자료를 통해 우리는 마치 실제 상황을 눈앞에서 대하듯 볼 수 있고, 주필대가 어떻게 왕회를 대체하게 되었는지 직접 보는 듯 느끼게 된다. 이 기록은 아주 중요해서 나는 위와 같이 네 가지로 분석하여 독자들의 이해에 도움이 되고자 했다.

이제 우리는 2개월 앞으로 거슬러 가서 주필대와 왕회 사이에서 벌어진 또다른 다툼을 고찰하려 한다. 고종의 영구靈柩를 회계에 있는 영사릉으로 보내 '권찬權欑'하는 것에 관한 다툼이다. '권찬'은 정식 매장이 아니라 가매장厝하는 절차다. 북송의 옛 제도에 의하면 황제의 영구를 보낼 때는 호송 특사 5명을 파견해야 했고, 주필대는 이 사례를 원용할 것을 주장했다. 그렇지만 왕회는

'권찬'은 정식 장례가 아니기에 '다섯 특사'를 파견하면 안 된다고 여겼다. 이 다툼은 순희 14년(1187) 10월부터 이듬해 3월 시행일에 이르기까지 계속되어 전후 5개월의 장기간에 걸쳐 있었다. 그런데 실제로 관건은 의례가 아니라 재 상권력의 득실에 있었고, 그것이 바로 이 절의 주제다.

『사릉록 상』순희 14년 10월 11일 무인일 조목은 이렇게 기록한다.

(…) 또한 특사 다섯 명에 관한 일을 이해하려 하여, 나는 태조를 안릉安陵 에 장사지낼 때 산릉사山陵使 다섯 명을 파견했던 사례를 검토했다. (…) 현 재 태상太上[고종]의 일이 지극히 중요하므로 특사 다섯 명을 파견해야 황제 의 재가를 얻을 것 같았다. 두 사람이 "역대 조정은 어땠는가?"라는 성지를 전했다. 나는 "모두 특사 다섯 명입니다"라고 말했다. 재상 왕회는 평소 태 상太常 우무[우연지]의 설을 받아들여, 찬궁欑宮(곧 가매장)은 특사 다섯 명을 두면 안 된다고 주장했다. 자신이 산릉사가 될까봐 의심하면서 관례故事를 두려워하는 것 같았다. [산릉사는] 상례가 끝나면 퇴직해야 했기 때문이다. 그렇지만 [작고한] 전조前朝가 직접 임명한 재상이 아니면 원래 그럴 필요가 없음을 그는 몰랐다. 마침내 그는 소리를 높여 "조종祖宗의 전성기 시절 서 락西洛에 산릉을 조영할 때 특사 다섯 명을 두었다. 그러나 지금 회계에 하 관할 때는 총호사總護使만 파견해야 한다. 또한 날이 가물었으니 민이 어떻 게 감당할 수 있겠는가?"라고 말했다. 나는 그의 말투가 그런 것을 보고 경 쟁하려고 마음먹었다. 두 사람이 돌아가서 보고하자, 백규伯圭를 총호사로 임명하고 홍매를 교도둔제사橋道頓遞使로 임명하라는 명령이 내려졌다. 나는 또다시 그 두 사람으로 하여금 다음과 같이 아뢰도록 했다. "관례는 안행 산릉사按行山陵使를 파견하고 그 시종 및 내시를 각각 한 사람씩 두는 것입 니다만, 복안覆按[조사관]을 파견해야 할지는 모르겠습니다. 휘종께서는 우 찬궁祐欑宮을 승락하셔서 복안 두 명을 파견한 적이 있습니다." 회답은 이러 했다. "뜻을 알았으니, 이미 옛 관례가 있다면 [복안을] 함께 파견해야 할 것

이다. 곧바로 조치를 내리는 것이 낫겠다." 나는 "안행[산릉사]에 대해서는 정론이 있기를 기다려야 합니다"라고 말했다. 이윽고 비답이 내려졌다. 소수蘇燧와 오회吳回를 각각 안행사와 안행부사에 임명하라는 것이었다.[6]

주필대의 해석에 따르면, 왕회가 '다섯 특사'를 굳게 반대했던 까닭은 자기가 그로 인해 재상 자리를 잃어버릴까 두려워서였다. 왜냐하면 북송의 전례는 재상이 산릉사로 임명된 후 다시는 재상 자리로 복귀하지 못한다는 것이었기 때문이다. 아마도 거기에는 재상이 이미 죽은 선황先皇과 함께 퇴위한다는 의미가 있을 것이다. 하지만 이 전례는 선황이 생전에 임명한 재상에 한정된다. 예컨대 한기韓琦가 영종英宗의 산릉사로 임명된 것과 채확蔡確이 신종의 산릉사로 임명된 경우다. 왕회는 고종의 재상이 아니었으므로 원래 그런 의심을 할 필요가 없었다. 그렇지만 왕회는 한번 가면 다시는 돌아오지 못할까봐 정말로 두려워해서 결국 그런 위험을 무릅쓰지 않으려 했다. 그래서 왕회는 한편으로는 '찬궁'에 다섯 특사를 둘 필요가 없다는 우무의 설을 고수하면서 다른 한편으로는 화난 목소리로 "민이 어떻게 감당할 수 있겠는가?"라는 명분을 꺼내 들었고, 그 목적은 산릉사의 임무를 피하려는 것이었다. 우무는 그 며칠 전에야 태상소경太常少卿에 임명되었는데,[7] 그가 마침 예관禮官이어서 왕회는 그의 견해를 원용하려고 했다. 우무는 정치적 영역에서 이학자들을 동정했지만 왕회와 개인적 관계가 좋았다.(이는 뒤에서 다룬다.) 그러나 '다섯 특사를 둘 필요가 없다'는 우무의 설이 왕회를 위해 일부러 제시된 것인지 여부는 단정할 수 없다. '다섯 특사'를 반대하는 왕회의 동기에 대한 주필대의 추측은 다섯 달 후 실증되었다. 고종의 영구가 회계로 떠나기 전날 저녁 왕회는 한바탕 희극적인 행동을 펼친다. 『사릉록 하』 순희 15년 3월 11일 정미 조목을 보면, 주필대는 재상이 앞장서서 영구를 인도해야 한다고 굳게 주장하여 다시 왕회와 의견 차이를 보인다. 이 다툼이 일어난 자리에는 참지정사 유정이 있어서 우리는 또 한 사람의 목격담을 확보할 수 있다. 주필대가 효종에게 아뢴 일을 기록한 『사릉록 상』은 이렇다.

"지금 담당 관리가 전고典故를 모릅니다. (…) 초8일, 주상께서 물어보셔서 신이 감히 갖추어 제출했습니다." 주상이 말했다. "전고가 없는 경우에도 마땅히 의리에 따라 시작해야 하는데, 하물며 전고가 매우 분명한 경우는 더 그래야 하지 않겠는가?" 애초에 나는 연일 좌상에게 '만약 지금 경솔하게 하면 나중에 후회막급일 것'이라고 이야기했다. 좌상은 매우 의심했다. 오경五更 무렵 누사에서 다시 전고를 보여주었다. [좌상은] 화를 내면서 "반드시 재상 두 명이 다 가야 된다"라고 말했다. 또 은밀히 유참劉參(유정)에게 무어라고 이야기했다. 유참은 마침내 "좌상께서는 '어쩔 수 없이 가게 되면 다시는 돌아올 수 없다'고 의심하십니다만, 의심을 않는 편이 좋겠습니다"라고 말했다. 나는 "그렇게 된다면 저도 스스로 갈 것을 청해야 할 것입니다"라고 말했다. 유참은 "그렇게 하면 괜찮겠습니다"라고 말했다. 나는 주상 앞으로 나아가 "신은 [회계로] 갈 것을 청합니다"라고 아뢰었다. 주상이 알았다고 하시면서 또 "따로 사신의 명칭을 정함이 어떤가?"라고 말했다. 나는 "사신의 명칭은 그다지 중요한 일이 아니니, 다만 총호사의 역할만 가려버릴 뿐입니다. 다만 이 사례에 의거하면 됩니다"라고 아뢰었다. 재상 왕회는 의론이 정해진 것을 본 다음에 "폐하, 신은 [사신이 되도] 괜찮습니다"라고 말했다. 주상은 "그럴 필요 없다"라고 말했다.[8]

이 일기는 군신의 문답과 그보다 앞서 오경 무렵 누사에서 있었던 왕회, 주필대, 유정 3인 간의 논의를 기록하는데 무척 생동감이 있다. 800여 년 전 조정의 최고 권력이 바야흐로 이동하던 장면이 다시금 우리 눈앞에 펼쳐진다. 이때 왕회 '의심'이 더욱 깊어져서, 심지어 재상이 영구를 인도하는 일마저 자신의 사직을 압박하는 함정으로 여기고 있다. 이번에는 사정이 급박한 나머지 왕회는 아예 유정에게 자신의 걱정을 남김없이 토로한다. 이뿐 아니라, 그는 주필대가 온갖 궁리를 다하여 자신을 밀어내고 자기 자리를 빼앗을까봐 줄곧 의심하고 있다. 따라서 앞서 인용한 대로 주필대에 대한 유삼걸 등 세 사람의 비판이 결코 근거 없는 것은 아니다. 더욱 안타까운 점은 영구 인도가 재상 자리를 뺏는 것은 아니라는 걸 왕회가 알고 나서 다시 효종을 향해 그에 대한 명을 내려줄 것을 청했지만, 결국 별 효과를 보지 못했다는 사실이다. 왕회에 대한 효종의 차가운 반응은 "그럴 필요 없다"는 말에서 잘 나타나고 있다. 이때는 왕회가 해임되기까지 채 두 달이 남지 않았을 시기였다. 이심전은 「산릉은 재상이 호송하는 것이 아니다山陵非宰相護送」에서 다음처럼 말한다.

사릉을 조영할 때 특사 다섯 명을 배치했고, 마침내 우상 주익공[주필대]에게 명하여 무덤을 덮도록 했으니, 이는 [주익공의] 청을 따른 것이다. 당시 좌상 왕계해王季海[왕회]는 모친이 늙었다는 이유로 흥사를 싫어한지라 [회계의 영사릉에] 가려고 하지 않았지만, 산릉이 완성되자 왕계해도 죽었다.[9]

주필대가 자청해서 무덤 덮는 일을 했다는 위 글의 설명은 정확하지만, 왕회가 "모친이 늙었다는 이유로 흥사를 싫어한지라 [회계의 영사릉에] 가려고 하지 않았다"는 설명은 분명 『사릉록』과 합치하지 않는다. 최후로 왕회는 효종에게 자기도 가고 싶다는 뜻을 표시했음이 분명하다. 따라서 주필대의 기록이 믿을 만하다. 『사릉록』에는 이 사건을 기록한 곳이 많지만, "[왕회는] 모친이 늙었다는 이유로 흥사를 싫어했다"는 설은 나온 적이 없다. 나는 그것이 왕회가 나중에 생각해낸 구실이었을 거라고 의심한다. 왜냐하면 '효'로 자신을 변호하기 때문이다. 이심전은 『사릉록』을 아직 보지 못해서 후대에 유포된 설을 채택했음이 분명하다.

영구를 인도하는 것을 두고 어전회의가 열린 지 11일 후, 왕회에 대한 공격의 신호가 조정에서 울려퍼지고 있었다. 『사릉록 하』 순희 15년(1188) 3월 22일

무술 조목을 보자.

저녁에 조보를 얻어 보니, 이날 연화전에서 상주를 한 우습유右拾遺 허급지許及之가 (…) 문묘를 단장한 후 마땅히 신정新政을 해야 한다고 주장했다고 한다. 근래 풍속이 퇴폐하고 인재가 떨쳐 일어나지 못했기 때문이다. 주상께서 교유하시기를, "지금 일[상례]이 있지만 다만 미리 말하건대 경들 쪽에서는 훌륭한 신하 되기를 잊지 말라. 짐도 잘못된 행위가 없게 하겠다"라고 했다.[10]

이 일기는 자못 예사롭지 않다. 왜냐하면 이때 주필대는 영구를 인도하느라 소흥紹興의 영사릉에 가서 아직 돌아오지 않았을 때인데도 허급지의 상주 소식을 당일 저녁에 받아 보았기 때문이다. 필시 임안에서 그 소식을 재빨리 전해온 사람이 있었을 것이다. 그 내막을 지금 고찰할 수 없지만, "풍속이 퇴폐하고 인재가 떨쳐 일어나지 못했다"는 말은 왕회를 공격하기 위한 것이었다. 그 행간의 뜻을 알기란 어려운 일이 아니다. 하물며 "지금 일[상례]이 있지만 다만 미리 말한다"는 효종의 말은, 계속해서 말하게끔 허급지를 고무시켰음이 분명하다. 같은 해(순희 15년) 5월 3일 무술일, 왕회가 가장 두려워하던 일이 마침내 일어났다. 주필대는 기록한다.

오후 어전에서 설숙사薛叔似의 글을 바치자, 좌상 왕회에게 분부하여 〔왕회가〕 마침내 들어와 아뢰었는데, 정무를 그만두고서 벼슬자리에서 물러나고자 한다고 했다.[11]

이튿날 주필대는 또 기록한다.

기해일(4일) 연화전에 앉아 있었다. 이날 주상은 재상 왕회의 상주문에 대해 "관문전대학사觀文殿大學士 겸 판구주判衢州를 제수한다"라는 비답을 내리면서 다만 한 차례 서명만 하고 말 뿐이었다.[12]

위는 주필대가 왕회의 파면 장면을 직접 보고 기록한 글이다. 효종은 "다만 한 차례 서명만 하고 말 뿐"이었다고 하므로, 주필대는 왕회를 만류하지 않고 곧바로 그의 사직 상주문을 비준했던 것이다. 때문에 효종은 두번째로 서명을 할 필요가 없었다.

허급지와 설숙사가 각각 습유拾遺와 보궐補闕 직위를 갖고서 왕회를 공격했다는 것은 앞서 제7장에서 진술했다. 이제 『사릉록』 기록을 참조하여 한 걸음 더 나아간 설명을 하고자 한다. 곧 왕회의 사임은 효종, 주필대, 허급지, 설숙사 등이 사전에 모의하여 조직적으로 행동한 결과였다는 점이다. 이 사건을 상세하게 논증하려면 지면이 아주 많이 필요한 터라 여기서는 그 얼개만 간략히 말하고자 한다. 『송사』 「이심전李心傳傳」 '습유, 보궐' 조목이다.

순희 15년(1188) 정월, 병부시랑兵部侍郎 임률이 말했다. "(…) 당나라 제도에 따라, 습유와 보궐로 좌우 각 한 명을 배치하여 3년을 임기로 두면서 임금에게 직접 권유하도록 하게 했으면 합니다. 다만 습유와 보궐이라는 명칭을 붙이되, 탄핵 직무는 부여하지 않아야 합니다." 효종이 그의 말에 따르면서, 먼저 허심보許深甫〔허급지〕와 설상선薛象先〔설숙사〕을 그 직에 충원했다. 서열은 감찰어사보다 위였다.[13]

이 기록에 따르면, 습유와 보궐 두 직위의 설치를 처음 논의한 사람은 임률이었고 "탄핵 직무는 부여하지 않았다"고 설명한다. 누약은 「왕공 행장」에서 이 일을 기록한다.

병부시랑 임률이 습유와 보궐을 더 설치할 것을 간청하여 주상이 설숙사와 허급지 두 사람을 제수하려 하자, [왕회는 그 두 사람의] 자격과 재능이 부합하는지를 비밀리에 보고했다.[14]

효종은 이미 어필로서 허급지와 설숙사를 낙점 찍어놓고 왕회에게 동의 여부를 묻고 있었다. 이제 『사릉록 상』 순희 14(1187)년 12월 22일 무자 조목을 보자.

주상께서 또 내게 "전날 임률이 올린 간관에 대한 문서는 [금나라] 사절이 도착하기를 기다려 차차 처리하라"고 말했다.[15]

이 '간관에 대한 문서'는 습유와 보궐을 가리킴이 틀림없다. 임률은 12월 20일 전후로 상주문을 올렸는데, 그때는 바로 금나라 사절이 도착하기 직전이어서 그 문서를 언급할 틈이 없었다. 효종이 특별히 주필대와 상의한 것은 가장 주목할 만한 점이다. 왕회는 사전에 그에 대해 듣지 못했고, 다만 새로운 직위가 이미 설치되고 인선이 낙점된 후에야 비로소 '자격과 재능'이 합당한지 조사하라는 명령을 받았다. 당시 효종이 사사건건 주필대와 은밀히 상의하면서 왕회에게 냉담했던 것이 위에서 증명된다. 한편 임률은 비록 최초로 논의를 한 사람이었지만 그 밖의 혐의는 없다. 왜냐하면 습유와 보궐은 "오로지 간쟁만 담당할 뿐, [습유와 보궐에게] 탄핵 직무는 맡기지 않아야 한다"[16]고 건의했기 때문이다. 하물며 순희 9년 8월, 임률은 죄를 짓고 파면되었는데 왕회가 구해준 적이 있었다. 그는 왕회를 마음으로부터 존경했을 것이다.[17] 하지만 공교롭게도 임률의 건의는 마침 왕회를 파면할 합법적 경로를 효종과 주필대에게 제공해주었다. 위에서 인용했던 『사릉록』 순희 15년 3월 22일 조목은, 허급지가 "신정을 해야 한다"고 상주하자 주필대가 그날 저녁에 소흥에서 급보를 받았다고 한다. 이것은 "대단한 기회—個老大的破綻"[18]였다. 주희 역시 이렇게 말한 적이 있다.

설 보궐이 일찍이 어떤 사람에 대해 언급했다. 수황[효종]은 "여러 차례 그를 뜻으로써 이끌었지만 해임시키지는 않았다"고 말했다.[19]

설숙사는 이학형 사대부로서 평생 "주희를 숭모하면서 도덕과 성명의 종지를 궁구했고"[20] 육구연과 친밀히 교류했다.[21] 그러므로 주희의 위 말은 설숙사로부터 직접 들은 것일 터다. 설숙사가 왕회를 탄핵하는 상주문을 올리기 전, 일찍부터 효종과 직접 상의했음을 위 구절은 증명한다. 그러므로 설숙사가 신정을 주장하는 상주문을 올릴지 여부를 주필대는 미리 들었을 것이다. 확증은 없지만 주필대는 그런 혐의를 피할 수 없다.

이 같은 실마리를 근거로, 오로지 왕회를 탄핵하기 위해 습유와 보궐이 설치되었던 것은 아닌가 의심하지 않을 수 없다. 어쨌든 습유와 보궐 두 직위는 순희 15년 1월 설치되어 이듬해인 순희 16년 3월에 폐지된다. 이 대사건을 제외하고 어떤 역할을 한 적은 없었다. 『송사』에 다음 기록이 있다.

왕회가 파면되었다. 을사일, 황제는 설숙사의 주장을 채택하여 왕회를 파면하면서 설숙사 등에게 조유詔諭했다. "경들은 습유와 보궐이라는 관명을 갖고서 탄핵 직무를 맡지 못했다. 이제 상주한 것이 탄핵과 비슷하므로 관직을 설치하여 명명한 의도와 전혀 부합하지 않는다. 마땅히 스스로 조심해야 한다."[22]

효종의 이런 말이 일종의 눈속임이라는 점이 아주 잘 드러난다.

이제 우리는 다음과 같이 물어야 한다. 어째서 효종과 주필대는 여러 복잡한 절차를 거쳐서야 비로소 왕회를 파면할 수 있었을까? 여기서 먼저 엽적이 지적했던바, "왕회는 대간과 표리가 되었다"는 문제로 돌아가야 한다. 왕회가 정권을 잡은 7년 동안 대간 대부분이 그를 지원했기 때문에 정면에서 그를 공격하려는 사람이 없었다. 왕회는 인순구차因循苟且한 인물이었지만 뚜렷한 과

오를 범하지는 않아서 효종도 아무 명분 없이 그를 파면할 수는 없었다. 그가 대간을 통제하는 데 매우 능숙했던 것은 주필대도 특필했던 적이 있다. 순희 15년 정월 갑자일 고종의 묘호廟號 문제를 상의했던 일을 『사릉록 하』는 이렇게 기록한다.

주상이 말했다. "〔임률이 제안한〕 요종堯宗이라는 칭호와 〔금나라 임금의 부친 이름인〕 종요宗堯는 서로 저촉되는 것 아닌가? 어제 사악謝諤이 성종聖宗으로 하자고 상주했는데 괜찮은 것 같다. 아마도 '신종'에 대응할 수 있을 것이다." 재상 왕회는 대간이 위주로 삼는 바를 채택하여 힘써 〔'성종' 칭호가〕 옳다고 여겼다.[23]

마지막 구절에서 주필대는 특별히 대간에 대한 왕회의 일관된 태도를 부각하고 있다. 사악은 왕회 계열에 속하지 않았기 때문에(상세한 내용은 뒤에서 다룬다), 이 삼엄한 위기의 시기에 왕회는 그를 끌어들이려는 시도를 하지 않을 수 없었다.

그다음, 효종이 왕회를 파면하려 한 근본 원인이 있는데 이에 대해 신중하게 설명하지 않을 수 없다. 왕회가 집행한 것은 '안정安靜' 정책이었고, 그것은 사실 태상황 고종과 효종이 서로 협의한 결과였다. 이 층위와 관련된 문제는 매우 중요하므로 뒤에서 따로 한 절을 두어 전문적으로 논할 것이다. 여하튼 왕회는 '안정' 정책을 시행했기에 7년이라는 긴 시간 동안 집정할 수 있었고, 고종이 죽기 전까지 줄곧 그의 재상 자리는 확고했다. 이 장기 집정 과정에서 왕회는 일찍부터 직업관료 집단의 최대 지도자가 되었다. 그의 세력은 대간에 국한되지 않고 조정 곳곳에 퍼져 있었다. 이 집단은 왕회라는 '맹주'를 통해 이학형 사대부들이 권력세계의 핵심에 진입하는 것을 저지하려고 했다. 주필대가 우상이 된 후(순희 14년 2월) 그런 위협은 날이 갈수록 가까이 다가왔다. 따라서 왕회가 재상 자리에 연연했던 것이 개인적 동기에서만 나왔던 것은 아니었으니, 그의 배후에 있던 관료 집단의 영향력은 결코 낮게 평가될 수 없다.

효종은 이런 정세를 분명하게 인식하고 있었다. 그 상세한 증거는 뒤에서 다루겠다. 효종은 왕회가 물러나기 전 주필대를 심복으로 삼는 계책을 썼는데, 이는 미리 충분한 대비를 해놓음으로써 왕회의 파면으로 인한 조정의 동요를 사전에 차단하려는 의도를 담고 있었다. 습유와 보궐에 관한 임률의 건의가 마침 그 시점에 이루어졌고, 이것은 효종과 주필대에게 하나의 방편이 되었다. 이학자 집단의 눈으로 보자면, 왕회의 파면은 그들에게 정치상의 일대 전기였다. 앞서 인용한 육구연의 「나춘백에게」는 "큰 좀벌레가 가버리자 사방이 주목하고 있는데, 유신의 정치는 막막하여 아직 들리는 바가 없다"[24]라고 말했다. 이런 표현은 이학자들 공통의 기대를 표출한다. 사실 효종이 왕회의 사직을 비준하던 바로 그날, 이학자 집단의 정치적 역량이 상승하는 조짐이 이미 내비치고 있었다. 위에서 인용한 『사릉록 하』(순희 15년 5월 4일 조목) 기록을 보자.

> 간의대부 사악이 주상에게 차자 세 건을 올렸다. 그중 첫번째는 강직하고 방정한 사들을 등용하자는 것이었다. 주상은 "다만 원추 한 사람을 이제 볼 수 없구나"라고 말했다.[25]

이 간단한 기록은 중요한 배경을 포함하고 있으므로 고증을 해야만 그 의미를 분명히 알 수 있다. 사악(1121~1194)은 자가 창국昌國이고 호는 간재艮齋이며 저명한 이학자였다. 효종의 질문에 대한 사악의 답을 보면, 그는 정이의 삼전三傳 제자였다고 할 수 있다. 그래서 양만리는 그를 찬양하면서 "효종이 물어보자, 자부심을 갖고 정자[정호, 정이]의 영역으로 들어갔다"[26]고 말한다. 주필대는 「사공 신도비謝公神道碑」에서 이렇게 말한다.

내가 벼슬자리에 있을 때 사를 추천하라는 성지를 받고 공[사악]의 성명을 언급한 적이 있었다. 주상이 갑자기 "그가 이른바 간재인가?"라고 물었다. 나는 "폐하께서 어떻게 아십니까?"라고 여쭈었다. 주상은 "짐은 그의 『성학연원聖學淵源』 다섯 권을 보고서 깨달음을 얻었을 뿐이다"라고 말했다.[27]

주필대의 전기를 고찰하건대, 이 사건은 대체로 순희 2년(1175) 그가 시강을 겸임하던 시기에 일어났을 것이다. 사악과 그의 저작이 이미 멀리까지 그 명성을 떨쳤음을 이로부터 알 수 있다. 『주자어류』에는 같은 기록이 있다.

> 나는 사창국謝昌國〔사악〕을 방문하여 "간재〔사창국〕가 어디에 계십니까?"라고 물은 적이 있다. 그러자 청사를 가리키면서 "바로 저기에 계십니다"라고 대답했다("그 청사는 참으로 낡고 누추했다"—원주).[28]

'간재'의 저명함과 그의 소박한 생활에 대한 주희의 찬양을 여기서 엿볼 수 있다. 간재가 대간 계열에 들어갔던 것은 순희 10년 감찰어사로 제수되면서부터다. 순희 13년 전중시어사殿中侍御使[29]로 발탁되었고 순희 14년에는 우간의대부로 승진했다. 이 시기는 주필대가 지추밀원, 추밀사에서 우상으로 승진하던 기간과 동일하다. 사악은 주필대 계파의 대간이었다고 할 수 있다. 앞에서 우리는 사악이 '성종'을 묘호로 건의하자 왕회가 그 의견에 특히 부화附和했던 일을 보았는데, 왕회가 그렇게 한 이유는 사악을 자기편으로 끌어들이기 위해서였다. 사악의 사상과 정치적 배경이 이러했으므로, 왕회가 파면된 날 그가 곧바로 "강직하고 방정한 사를 등용해달라"고 차자를 올렸던 일은 평소에 별 생각이 없다가 갑자기 그랬던 건 아니었을 것이다. 만일 그가 미리 주필대 및 효종과 더불어 모종의 생각을 공유했다면, 그 차자에 담긴 생각은 이미 그의 마음속에 존재했을 것이다. 효종은 곧바로 "다만 원추 한 사람을 이제 볼 수 없다"고 하면서, 자신의 노여움이 아직 가시지 않았음을 나타낸다. 이 사정을 좀더 설명할 필요가 있다.

원추(1141~1205)는 이학자가 아니었지만 정치적으로 이학자들의 맹우였다. 제8장에서 인용한 여조겸의 「주시강에게」 제15서[30]는 여조겸이 원추의 운대에 대해 아주 높은 기대를 하고 있었음을 보여주었다. 주희도 원추와 더불어 학문을 논한 친구였고 그들은 서로 존중했다. 『주자문집』 권38에는 「원기중에게 답하다答袁機仲」 11통이 수록되어 있고, 『역경易經』의 문제를 논하고 있다. 원추는 확실히 "강직하고 방정한 사"로서 주희의 관점에 대해서도 시종일관 쉽게 복종하려 하지 않았다. 주희는 순희 2년(1175)에 쓴 「통감기사본말에 대한 발跋通鑑紀事本末」[31]에서 원추를 깊이 추중推重하고 있다. 소희 4년(1193), 주필대는 「상덕 원기중에게與常德袁機仲」 제2서 마지막 부분에서 이렇게 말한다.

> 원회[주희]는 아마 한 번은 와야 할 텐데, 노魯 땅과 위衛 땅의 정사를 호수를 사이에 두고서 [함께] 다스린다면 정말로 훌륭할 것입니다. 저도 함께 모이면 참 좋겠기에 앞서 몇 글자를 부쳤습니다만, 지금은 미처 다시 쓸 겨를이 없습니다.[32]

이해 주희는 지정강부知靜江府의 임명을 받았지만 여러 차례 사절하면서 나아가지 않은 터라 주필대는 편지에서 위와 같이 말했다. 그렇지만 주필대, 주희, 원추 세 사람 사이의 사귐이 얕지 않았기에 이처럼 친절하게 말했을 것이다. 『송사』 본전(권389)에 따르면, 원추는 "대신들이 대간을 묶어놓아서 천하의 공적 의론을 막아버렸다"[33]라고 비판했고, 왕회가 신임하던 전중시어사 냉세광冷世光과 정면으로 충돌했기 때문에, "두 단계 강등되는"[34] 결과를 초래했다고 한다. 효종이 기회를 빌려 "원추 한 사람만 볼 수 없다"고 말했던 의도는 당시 "강직하고 방정한" 원추를 포용하지 못하는 대간을 비판하는 것이었다.

이렇게 보면, 순희 15년(1188) 5월 4일 "강직하고 방정한 사를 등용하자"는 사악의 말과, 원추의 불평을 감싸주는 효종의 말은 모두 왕회 파면 이후 인사변동이 일어나리라는 것을 암시하는 신호였다. 이학자들과 그 정치적 맹우들이 권력세계에 진입할 시기가 이미 무르익은 듯하다. 이는 다음 장에서 논할 문제다. 여기서 우리가 연구하려는 것은 이렇다. 주필대는 어떻게 하여 이학자들의 정치적 '맹주'가 되어 바로 이 시기에 이르러 거대한 풍파를 일으킬 수 있었는가?

5. 주필대와 이학자

주필대(1126~1204)는 두 가지 독특한 조건을 갖추고 있어서 이학자 집단의 으뜸가는 정치적 보호자가 될 수 있었다. 그 조건이란 첫째는 효종의 신임과 적극적 지지이고, 둘째는 그와 동시대 이학 지도자들 사이의 깊은 우정이다. 이 점은 다음 장에서 논하기로 하고, 이 절은 주필대와 이학자들 사이의 관계 및 그 관계가 권력세계에 가한 충격을 밝히는 것을 목적으로 한다.

먼저 지적해야 할 점은 주필대는 효종 시대의 4대 이학자(주희, 장식, 여조겸, 육구연)와 더불어 학문상 서로 존중했을 뿐 아니라 정치상으로도 서로 지원을 아끼지 않았다는 사실이다. 주필대와 주희·장식·여조겸의 관계는 아래에서 인용할 왕복 서한 속에서 남김없이 드러날 것이다. 육구연은 출사가 조금 늦어 주필대와 직접 사귀지는 않은 터라, 둘 사이 관계를 입증할 문헌이 남아 있지 않다. 하지만 소희 3년(1192) 주필대는 「부자연에게 답하는 편지答傅子淵書」에서 아래와 같이 말한다.

상산[육구연]과 편지를 주고받는지요? 형문 지방의 정사는 마치 옛날의 법도를 지키는 순정한 관리가 하는 것 같으니, 몸소 행하는 효과가 지극합니다.[1]

육구연의 『상산연보』 순희 16년(1189)은 다음처럼 기록한다.

수황[효종]이 내선하자 광종 황제가 즉위하여, 선생에게 형문군荊門軍 지사를 제수하는 조칙을 내렸다.[2]

이때는 바로 주필대가 수상으로 임명된 시기였다. 육구연이 형문군 지사로 임명된 데에는 그를 잘 아는 사람의 천거가 있었겠지만, 결국 주필대의 지원이 결정적 요소였을 것이다. 주필대는 재상에서 파면된 후 3년이 지나서도 여전히 육구연의 정치적 업적을 칭찬하는데, 그로서는 아주 자연스러운 반응이라 할 수 있다. 다른 한편, 육구연은 순희 15년에 쓴 「질손 선에게與姪孫璿」에서 이렇게 말한다.

신정新政이 비록 사람들 마음에 다 들지는 않지만, 태자를 보좌하는 사람이 인재를 얻고 좋은 방책을 얻어, 정말로 그렇게 한다면 나라의 근본이 설 것이고 실로 종사宗社에 무한한 영광이 될 것이니 얼마나 다행이겠는가?[3]

이때는 광종이 "태자로서 정책 결정에 참여하던太子參決" 시기였고, '신정'을 이끄는 사람은 바로 주필대였다. 육구연은 주필대에게 매우 높은 기대감을 품고 있었다. 그들은 둘 다 강서 출신이라, 그 점으로 두 사람의 관계는 더욱 가까워졌을 것이다. 아래에서는 1차 사료에만 근거하여, 주필대, 장식, 여조겸, 주희의 교류를 논하겠다.

주필대는 순희 원년(1174)에 「좌사 장흠부에게與張欽夫左司」라는 편지를 쓴다.

앎과 행동의 설에 관해 그대의 생각을 다 알았습니다. 제 생각에도 자극이 있었다고 말할 수 있습니다. 가우(1056~1063) 이전의 명경明卿과 현사賢士들을 보면, 비록 그들이 도덕성명에 대해 지극히 이야기하지는 않았지만 그들의 실제 행동은 대충 했던 것이 아니었습니다. 희령(1068~1077) 이래 성현을 논한 학자들은 고원하고 훌륭했지만 그들의 행적을 살펴보면 종종 옛사람들을 넘어서지 못했습니다. 근래에 이르면 더 심합니다. 비록 그사이에 참된 학문과 실제 능력을 갖춘 사람들이 있기는 하지만, 최상의 지혜를 가진 사람은 적은 반면 중간 정도 되는 사람은 언제나 많으므로, 명분을 탐하여 실질을 버리느라 서로 이끌어 거짓을 행할까 매우 두렵습니다. 그 해악은 이루 말할 수 없을 것입니다. 또한 공자는 사람들을 권유하는 일에 부지런했는데도 제자들은 [공자가] 자신들에게 숨긴 것이 있을 것이라 의심했습니다. 사람을 가르칠 때는 원래 선후의 순서가 있으니 단번에 지식의 극치를 말할 수는 없는 것입니다. 자로子路는 "어떤 좋은 말을 들었을 때 그것을 아직 실천하지 못했다면, 새로운 좋은 말을 듣는 것을 두려워했다"고 합니다. 배우는 이들이 덕을 닦을 때는 순서가 있으므로, [자로는] 감히 일거에 스스로를 성현으로 인식하지 않았습니다. 이런 일은 얼굴을 맞대고 이야기하지 않으면 다할 수 없습니다.[4]

이것은 앎과 행동을 따졌던 장식의 편지에 대한 답장이다. 장식의 원래 편지는 대략 이렇다.

보내주신 편지에서 "도를 모르는 것을 걱정하지 않고, [도를] 안다면 행하지 않을 수 없다"고 하셨습니다. 이 말씀은 실로 온전하지 않습니다. 앎에는 정밀함과 거칢이 있고 행동에는 얕음과 깊음이 있지만, 항상 앎이 앞에 있습니다. 본디 알면서도 행할 수 없는 자는 있으되, 알지 못하면서 행할 수 있는 자는 없을 것입니다.[5]

글이 길어 전문을 수록하지는 못했다. 간략히 말하자면, 주필대가 의심했던 것은 "알면 행하지 않을 수 없다"는 장식의 설이었고, 이는 주희의 관점을 통속화하고 간단하게 만든 것이었다. 장식의 편지에 있는 "항상 앎이 앞에 있다"는 설도 주희와 부합한다. 이번 문답은 건도 3년(1167), 주희가 장식을 방문한 후 6~7년이 지나서 이루어진 것이라, 이 문제에 대해 장식과 주희는 일찍부터 일치하고 있었다. 그런데 장식은 앞서 인용한 주필대의 편지를 인용하면서 다음처럼 말한다.

거듭 깨우쳐주시기를, 근래 배우는 자들은 명분을 좇느라 실질을 잊어버리는 병이 있다고 하셨는데, 그 점은 제가 참으로 걱정하는 바입니다. 그렇지만 배우는 자들이 명분을 좇느라 실질을 잊어버린다는 점을 이유로 "배움을 강구할 필요가 없다"고 말한다면, 그것은 구더기 무서워 장 못 담근다는 말과 똑같습니다. (…) 희령 이래, 인재들이 이전보다 쇠퇴한 까닭은 바로 왕개보가 그들을 망쳤기 때문입니다. (…) 이락 지방의 여러 군자는 그런 폐단을 없애려고 매우 노력했습니다. "성인은 사람을 가르칠 때 선후가 있고, 배우는 이들은 덕에 나아감에 차례가 있다"는 말은 참으로 옳습니다. 하지만 선후와 차례가 무엇인지 분명히 밝혀야 합니다. 먼 길을 가는 것에 비유하자면 길이 가는 곳을 모를 수 있겠습니까? 길이 가는 곳을 모른다면 눈 감고 가는 것과 같을 뿐입니다. "〔자로가〕 스스로를 성현으로 인식하지 않았다"고 말씀하셨는데 저는 그런 말은 들어본 적이 없습니다. 무릇 배우는 자들은 성현을 표준으로 삼아야 하고, 그리로 나아갈 때 차례를 따라야 합니다. 마치 한 걸음 한 걸음 나아가 멀리 있는 곳에 도달하는 것과 같습니다. 만약 뜻이 먼저 서지 않고서 스스로 포기해버린다면, 어느 곳으로 나아가겠습니까? 말씀드리고 싶은 것은 얼굴을 맞대고 다해야 할 것 같습니다.[6]

주필대와 장식의 이 논변을 정치문화 관점에서 보자면 자못 의의가 있다. 주필대는 치도를 중시하는 북송 유학의 주류를 대표하고, 장식은 남송 이학의 새로운 조류를 대표하기 때문이다. 제8장에서 논한바, 유학과 이학의 구분이 여기에서 하나의 구체적인 예증을 얻는다. 그래서 주필대는 가우 이래의 '명경과 현사'를 추존하고, 장식은 희령 이후의 "이락 지방의 여러 군자"를 계승한다. 쌍방은 한편으로는 서로 지지 않으려 하지만, 다른 한편으로는 상대방에게 합리적 논점이 있음을 인정하지 않을 수 없다. 하지만 기본 차이는 숨길 수 없는 것이어서, 설사 "얼굴을 맞대고 이야기"하더라도 그 차이점을 해소할 수는 없었을 것이다. 그중 최대 관건은 주필대의 다음과 같은 인식에 있었다. 곧 '도학'의 음조가 매우 높아서 극소수의 "최상의 지혜를 가진 사람"들만이 그것을 실천할 수 있고, 대다수 사람들은 "명분을 탐하여 실질을 버리고" 심지어 "서로 이끌어 거짓을 행하기"까지 한다는 것이다. 이 점과 관련하여 나중에 다시 진일보한 논의를 하겠다. 주필대는 장식을 진심으로 신뢰했고 게다가 진심으로 존중하여, 건도 원년(1165) 「이부 정경망에게與鄭公景望吏部」 편지에서 이렇게 말한다.

대체로 핵심은 배움을 깊이 하여 반드시 안팎의 도에 합치하는 데 있습니다. 근래 사들은 조금만 어떤 학설에 통달하면 "구체적인 일에 적용하면 곧바로 성현과 합치한다"고 말합니다. 지나치게 일찍부터 스스로를 믿어, 훗날 도道에 해악이 되리라는 것을 알지 못합니다. 제가 의지하는 이부[정경망] 및 흠부[장식] 등 여러 분은 축적한 학문을 미루어 후학들을 깨우치시고, 어떤 상황에서나 옳고 그름과 얕고 깊음을 다 분별하신다면, 유학의 효과는 당연히 날로 세상에 밝혀질 것입니다.[7]

정경망鄭景望은 정백웅鄭伯熊으로 영가永嘉 땅에서 쇠퇴했던 이락의 학문을 다시 진작시키는 데 크게 공헌했다.[8] 이 편지는 주필대의 속마음을 가장 잘 드러내고 있다. 주필대는 인식하기를, 배우는 이들이 유학에 깊이 들어간다면 필연적으로 "안팎의 도에 합치할" 수 있다고 한다. '안'을 앞세우고 '밖'을 뒤세우는 이학(또는 '도학')의 새로운 길은 취할 만도 하지만 위험성도 내포하고 있다. 곧 배우는 이들로 하여금 만약 '도체道體'를 깨닫게 한다면 다른 문제도 전부 해결될 수 있는 것으로 생각하게 하고, 심지어 자신이 이미 '성현'의 경지에 도달했다고 자부하게끔 만든다는 것이다. 그래서 "[자로는] 감히 일거에 스스로를 성현으로 인식하지 않았다"는 주필대의 말은 "성현을 표준으로 삼는다"는 장식의 말과 상반된다. 때문에 주필대는 장식과 정백웅에게 가르침을 잘 베풀어 그런 유폐가 나타나지 않도록 해달라고 부탁한다. 장식과 정백웅에 대한 그의 인정은 실로 간절한 것이었다.

주필대는 앞서 인용한 편지에서 "자극激이 있었다고 말할 수 있다"라는 표현을 했다. 그는 무엇에 자극을 받았을까? 이 문제는 직접적으로 그와 주희 계열 '도학' 사이에 긴장을 초래했다. 주필대가 건도 9년(1173)에 쓴 「좌사 장흠부에게」 제3서를 보자.

> 근래 후배들이 이락의 언사를 거리낌 없이 표절하여 사욕을 도모하고 있습니다. 그들에게 따져 물으면 허장성세로 위협을 하면서 도리어 '사람들을 천박하다고 여겼다'고 말합니다. [그들이] 평범한 사람들 같지는 않지만 오히려 꺼려지는 점이 있습니다. 이런 일이 점점 늘어나지 않도록 막지 않으면 안 됩니다. 그대는 어떻게 생각하십니까?

위 구절은 주필대가 그 이듬해(순희 원년, 1174) 여조겸에게 보냈던 편지와 함께 읽어야 한다.

> 원회[주희]는 한결같이 옛 학문에 뜻을 두고 있으니 본래 더이상 의론할 것은 없습니다. 다만 후배들이 즐겨 그의 설을 빌려 경술하게 시험해보고 있고 망령되이 사용하고 있습니다. 그들을 인정해줄 때, 더욱더 잘 살피는 것이 좋겠다고 권해야 합니다.[10]

주필대의 진짜 의도가 여기서 드러난다. 이 지점에 이르러 비로소 우리는 '도학'에 대한 주필대의 불만이 주희 문인들에 의해 생겨난 것임을 알게 된다.

이들 1차 사료는 두 가지 중요 정보를 제공하므로 우리의 각별한 관심을 끌지 않을 수 없다. 첫째, 건도 원년(1165)에 주필대가 정경망에게 보낸 편지를 보면, 그 당시 이미 어떤 이학자들은 "성현과 합치한다與聖賢合"는 과도한 자신감을 갖고 있었다. 이는 경원 3년(1197)에 나왔던 유삼걸의 고발과 완전히 부합한다. 유삼걸은 "위학이라는 걱정거리僞學之憂"가 장식에게서 시작되어 이미 "30여 년"이 되었다고 말했기 때문이다.[11] 주필대가 장식 및 여조겸에게 보낸 편지에는 "서로 이끌어 거짓을 행한다" "사욕을 도모한다"는 표현이 누차 나오는데, 이는 순희 10년(1183)에 진가와 정병이 주희를 공격할 때 했던 말인 "도학[의 설]이 명분을 빌려 거짓을 도모한다"와 "세상을 속이고 명분을 훔친다" 등과 대체로 합치한다.[12] 이렇게 보면, 주희 문인들의 활동 방식이 건도~순희 연간(1165~1189)에 이미 사대부들의 반감을 불러일으켰던 것은 틀림없는 사실이고, 이는 결코 정적들의 날조만은 아닐 것이다. 장식은 당시 주필대에게 보낸 답장에서 이렇게 말한다.

"후배들이 선배 유학자들의 이론을 빌려 사욕을 도모한다"는 말씀은 정말로 우려하는 바입니다. 호문정(호안국)이 아마도 그에 관해 논한 적이 있지만 근래 이런 걱정은 더욱 심해졌습니다. 그러므로 사람들로 하여금 배움이 어렵다고 말하게 하는 까닭은 그들에게 알려주려 하지 않아서가 아니라, 겨우 한두 마디 말만 듣고서 반대로 일을 해칠까 두렵기 때문입니다. 마치 옥과 돌이 쉽게 나뉘듯이 그런 사람들의 행실이 어찌 '허장성세'로써 가려질 수 있겠습니까? 호문정의 논의는 매우 상세하고 문집에 수록되어 있는데, 보신 적이 있습니까?[13]

장식은 그런 현상의 실재를 인정할뿐더러 그 연원이 북송 말엽[호문정이 아마도 그에 관해 논한 적이 있지만]까지 거슬러 올라간다고 보고 있다. 여기서 '내성內聖' 일파 사람들의 오래된 병폐를 볼 수 있다.

왕회의 대간들이 '도학'을 최초로 공격할 때 육구연은 마침 임안에 있어서, 아래에 인용하는 두 구절은 그가 직접 목격한 상황을 증언한 것이다.

근래 배움을 지향하는 사람들이 많아 한편으로는 기쁘고 한편으로는 두렵다. 무릇 사람이 배움에 용기를 내고 있으니 어찌 즐겁지 않겠는가? 그러나 이 길은 일상의 행위에 바탕을 두는데, 근래 배우는 자들은 일 하나를 움켜쥐고서 허장성세를 부리니, 명분이 실질을 넘어서서 타인의 불평하는 마음을 불러일으킨다. 그러므로 '도학'의 설을 행하는 자들은 반드시 타인들로부터 배척되고 비난받는다. 이런 기풍이 지속된다면 어찌 두렵지 않을 수 있겠는가?[14]

세상 사람들이 '도학'을 공격하는 이유를 전적으로 그들의 책임으로 돌릴 수 없을 것 같다. 무릇 스스로 교만한 목소리와 낯빛을 하고서, 문호門戶를 세워 그들을 적으로 돌려세우면서 재잘재잘 구실을 대니, 신뢰를 주지 못하고 자연스럽게 사람들의 불평하는 마음을 불러일으킨다. 나는 평소 세상 사람들에 의해 공격당한 적이 없고, 공격하는 사람들은 오히려 『어록』과 『정의精義』를 읽은 자들이다.[15]

이 두 조목에서 논한 '도학'은 모두 주희 문하를 가리킴이 틀림없다. 자신의 직접 경험에 따른 육구연의 이야기는 한 마디 한 마디가 주필대의 말과 부합한다. 그는 '도학'의 문호를 세우는 입장에 굳게 반대했다. 진부량은 「조남에게 답하다答趙南」에서 다음과 같이 말한다.

나는 쇠락하고 게을러서 사우들을 억지로 끌어들이려는 의도가 오랫동안 없었습니다. (…) 회암[주희]의 문인 중에는 참으로 배우는 자들이 있지만 다들 관대하지 않습니다. (…) 비록 그렇지만 우리 당에는 걱정거리가 있습니다. 곧 서로가 서로를 추존하고 있는데 그 정도가 [일반인에 비해] 매우 지나치다는 걱정을 하게 되고, 타인과 교제를 하지 않는데 그 정도가 [일반인에 비해] 몹시 모자라다는 걱정을 하게 됩니다. 이 두 가지는 모두 공문孔門이 경계했던 것입니다.[16]

진부량도 육구연과 동일한 경험을 했음에 틀림없다.

위에서 인용한 자료는 결코 완전하지는 않지만, 권력세계에서 '도학'이 불우한 일을 겪게 된 데 대해 주희 문하 일부 인사들도 상당한 책임을 져야 한다는 것을 말한다. 그들은 천 년 동안 전해지지 못하던 '도'를 이미 깨달았다고 자부했기에, 그 학설을 믿지 못하던 사람들을 종종 오만한 기세로 노려보았다. 곧 주필대가 말한 대로 "허장성세로 위협을 하면서 도리어 사람들을 천박하다고 여겼다." 그리하여 그들은 먼저 사상의 적을 대량으로 만들어냈고, 다시 더 나아가 적잖은 사상적 적수들을 정치적 적수로 만들어버렸다. 그런데 '도'에 의지하여 오만하게 행동했던 사람들이 주희 문하에만 있었던 것은 아니었다. 육구연의 제자들도 그런 면에서 조금도 뒤지지 않았다. 순희 13년(1186), 주희가 육구연의 제자에게 보낸 답장을 보자.

얼마 전 강론할 때 여러분諸賢을 보니, '내가 원래 옳다'는 생각을 갖고서 화난 기색으로 말을 하는 것이 마치 원수를 대하는 것 같았습니다. 그래서 위아래의 예절도 없고, 예로써 겸손하게 처신하는 모습도 없었습니다. 몰래 혼자 웃으면서, '설사 정말 원수라 하더라도 어떻게 이렇게까지 하겠느냐' 하는 생각을 했습니다. 다만 여러분의 기세가 왕성하여 몇 마디 말로 [내가] 단번에 신뢰를 얻기는 힘들겠다고 보아서 묵묵히 말을 하지 않았는데, 그것이 지금까지 항상 불만입니다.[17]

같은 해, 주희는 문인에게 보낸 편지에서 더욱 노골적으로 말한다.

지난겨울 그 문도들이 여기에 왔는데, 미친 것 같고 사나웠으며 속셈을 다 드러냈습니다. 이제부터 비로소 분명히 북을 울려 그들을 공격할 것이고, 다시는 과거처럼 공손하게 대하지 않을 것입니다.[18]

강렬한 종파의식은 이학 문화의 한 구성 부분인 듯하다. 종파의식과 정치적 당쟁 사이에 내적 관련이 있는 것 같아 여기서 언급해보았다.

주필대와 '도학'의 문제로 돌아와서, 우리는 주필대와 주희 사이의 관계에 대해 요약해봐야 한다. 둘의 관계는 대체로 세 측면으로 나뉠 수 있다. 첫째, 순전히 개인적 교제 측면에서 말하자면, 그들은 시종일관 서로를 존중했고 상당히 친밀한 관계를 맺고 있었다. 때문에 그들은 만년에도 여전히 학문 관련 서신을 주고받았다. 주필대는 소희 5년(1194)에도 주희의 청을 받아들여, 주희의 부친이 소장했던 왕안석의 주고奏稿를 위해 발문을 써주었고,[19] 나중에는 주희 부친 주송을 위해 「주송 신도비公松神道碑」를 썼다.[20] 주필대의 부친과 주송은 같은 해에 진사가 되어서, 주필대와 주희는 이른바 세교世交를 맺었던 것이다. 둘째, 정치적 관계 측면에서 말하자면, 주필대가 집정할 때 주희와 그는 동일한 전선에 서 있었지만, 상당히 복잡한 권력세계의 사정으로 인해 두 사람 사이에도 긴장이 없을 수 없었다. 이 점은 아래에서 다시 논한다. 셋째, 학술사상 측면에서 보자면, 그들 사이의 기본적 차이점은 유학과 이학 사이의 차이점을 반영한다. 주필대는 새로 일어난 '내성'의 학문을 깊이 존경했고, 특히 장식·여조겸·주희의 학문적 조예를 중시했다. 그렇지만 주희 제자들이 그에게 주었던 불유쾌한 경험으로 인해, 주필대는 육구연과 마찬가지로 시종일관 '도학'에 대해 회의적 태도를 취하게 되었다. 이제 주희가 만년에 주필대에게 보냈던 편지 한 통을 인용하여 그들의 사상적 거리를 설명하고자 한다. 편지가 길지만 아랫부분은 매우 중요하다.

다만 자약子約(여조검呂祖儉)에게 보낸 편지에서, "도를 배운 지 30년"이라는

〔구양수의〕말은 후학들이 지어낸 말이라고 의심하셨는데, 저는 매우 의혹이 생겨 분변하지 않을 수 없다고 생각했습니다. 잘 모르겠지만, 명공明公〔주필대〕께서는 어째서 이 말을 싫어하여 의심하십니까? 도道를 고원하고 현묘하다고 여겨 그것을 배울 수 없다고 생각하십니까? 도라는 이름이 붙은 까닭은 바로 사람이 살아가는 일상의 당연한 이치이기 때문이며, 마치 천하의 모든 사람이 마땅히 가야 할 길과 같은 것일 뿐입니다. 도교와 불교에서 말하는 도처럼 공허하고 적멸하여 사람이 관여할 수 없는 것이 아닙니다. 도를 실제와 부합하지 않는다고 여겨 그것을 배울 필요가 없다고 생각하십니까? 도는 천하에 있습니다. 군신과 부자 사이, 행동하는 모든 때에 일정한 법칙이 있어 잠시라도 폐기될 수 없습니다. 그래서 성현은 글을 짓고, 이론을 세우며, 가르침을 남김으로써 그것을 밝히 드러내었으니, 크고 작은 것, 정밀하고 거친 것이 거기에 갖춰지지 않음이 없습니다. 성현의 책을 읽는 사람들은 반드시 분명히 풀이하고 실마리를 찾으며, 그 내용을 마음에 보존하고 몸으로 실천하면서 구체적 사업으로 드러낸 이후에야 비로소 사람의 직분을 다할 수 있고 천지 사이에 설 수 있습니다. 단지 그 글월을 음미하고 그로써 〔성인의 책을〕 편집하고 편찬하는 노력을 하는 데서 그치지 않습니다. (…) '구양수가 이것을 배운 적이 없으니 그렇게 자칭했을 리 없다'고 생각하십니까? 구양수의 학문이 비록 도체의 측면에서 흠결이 있다 하더라도, '아예 도를 배우지 않았다'고 말할 수는 없을 듯합니다. '비록 〔도를〕배운 적은 있지만 자칭하지 않았던 까닭은 〔그에게〕스스로를 높이려는 혐의가 있기 때문이다'라고 생각하십니까? 하지만 사가 되어서 도를 배웠다고 스스로 말하는 것은, 농부가 되어서 농업에 종사한다고 스스로 말하는 것과 같고, 상인이 되어 물자를 거래한다고 스스로 말하는 것과 같으니, 역시 과장하는 것은 아닙니다. (…) 이 모든 것은 제가 아직 깨닫지 못한 것으로, 거듭해서 생각해봤지만 결국 그 설을 이해할 수 없었습니다. (…) 하물며 바른 도가 미약하고 이단의 언사가 가득 찬 이때에, 나머지 논의에

서 언급한 바에 조금이라도 분변이 있다면, 그 경중후박輕重厚薄에 곧바로 구분이 있게 될 것입니다. (…) 제 어리석음을 돌아보건대 유독 의심이 없을 수 없기에, 감히 도를 체득한 분에게서 질정을 구하지 않으면서 묵묵히 있을 수는 없었습니다. 한스러운 것은 위학의 습관이 이미 깊어서 부지불식중에 말이 방자하게 되었으니, 고명高明[주필대]께서 너그럽게 가르쳐주시기 바랍니다.21

우리는 먼저 주필대와 주희 사이에 벌어진 이번 변론이 지닌 배경을 분명하게 설명해야 한다. 경원 초, 주필대는 이미 퇴직하여 집에 머물고 있었고 주희는 '위학' 금지령을 당했다. 이때 주필대는 경우 3년(1036)에 있었던 재상 여이간呂夷簡, 범중엄, 구양수 사이의 제1차 '붕당' 사건을 재정리하려고 마음먹었고, 여조검(경원 2년 1196년 7월 사망)은 여이간의 6대손이었기 때문에 재정리 작업에 참여했다.22 고증 과정에서 구양수의 「범공(범중엄) 신도비范公神道碑」23와 『인종실록』24이 연구의 주요 문헌이 되었다. 주필대는 이 작업을 위해 주희에게 편지를 보낸 적이 있어서 주희도 토론에 참여하게 된다. 『인종실록』에는 "도를 배운 지 30여 년이 되었다"는 구양수의 자술自述이 나온다. 주필대는 이 것이 구양수가 직접 말했던 것이 아니라 후학들의 가필에서 비롯되었다고 의심하여, 위에서 인용한 주희의 「주익공에게 답하다答周益公」는 바로 그 말의 진위에 대해 논쟁하고 있는 것이다. 주필대가 주희에게 보냈던 원래 편지는 현존하지 않지만, 그가 경원 2년(1196)에 쓴 편지 「시승 여자약[여조검]에게與呂子約寺丞」가 남아 있어, 그중 가장 관련 깊은 구절을 인용하고 나서 그 정치적 함의를 풀이해보고자 한다.

고정考亭(주희)의 편지를 받았는데, [그가] 마음을 다하여 「범공 신도비」에 대해 고민하고 있으니 참으로 경탄할 만하지만 의심할 만한 점도 있습니다. 경력 연간의 여러 현인은 흑백이 아주 분명하여 이처럼 분분하게 되었습니다. 육일六一[육일거사六一居士 즉 구양수]은 장년에 혈기왕성하여 사를 아끼는 일에 절실했습니다. 잘 모르겠지만, 문정文靖(여이간)은 신중하고 조심하면서 임무 완성을 기약한지라 비판을 면하지 못했습니다. (…) 그래서 말이 원칙에 잘 맞지 않는 곳이 많아 나중에 매우 후회했습니다. (…) 예를 들어 『인종실록』은 명공明公들의 첨삭을 다 거친 것이지만, 그래도 직접 들은 당시의 의론을 기록해놓은 것이었습니다. (…) 지금 [구양수가] 자신에 대해서 "도를 배운 지 30여 년이다"라고 한 말을 보니, [이는 구양수의] 후학들이 한 말 같습니다.[25]

주희는 "후학들이 한 말 같다"는 주필대의 한마디 때문에 앞서 본 바와 같이 강렬히 반응했던 것이다.

먼저 우리는 이렇게 물어야 한다. 어째서 주필대는 갑자기 여이간을 변호할 생각을 했을까? 여이간은 '붕당'이라는 죄명으로 범중엄과 구양수를 축출하여 후대 사대부들에 의해 줄곧 비판당했던 인물이다. 주필대는 여이간과 범중엄이 만년에 '화해'했다는 점에 착안하여, 여이간이 "신중하고 조심하면서 임무 완성을 기약한지라" 오해를 받았다고 강조한다. 사실 주필대는 바로 여이간의 과거 일을 통해 자신을 변호하려 하고 있다. 당시 경원당금이 행해지고 있어, 그는 직업관료 집단에 의해 '도학자 무리道學群'를 비호한 수괴로서 비난받았을 뿐 아니라 정적들에게 지나치리만치 타협적이었다고 하여 '도학'파의 비판도 받고 있었다. 따라서 "신중하고 조심하면서 임무 완성을 기약했다"는 것은 사실 주필대 자신을 가리키는 표현이었다. 다른 한편, 주필대는 '도학'이라는 두 글자에 매우 민감해서, 자신의 정치적 실패와 '적을 만드는' 도학의 행태를 하나로 묶어 생각했다. 동시에 그는 북송 이래 유학의 주류를 계승하여, 인종 시대에 '도학'이 아직 출현하지 않았으므로 구양수가 "도를 배운다"는 말을 했을 리가 없다고 생각했다.

주희는 즉각 주필대가 한 말의 행간을 읽고서 분노로 마음이 평안치 않은 끝에, '도'라는 글자가 어째서 면목 없는 것인지 반복해서 질문한다. 주필대가 자기 문하의 사들에 대해 매우 불만이었다는 것을 주희는 장식과 여조겸에게서 사전에 들었을 것이다. 그런데 그는 특히 '위학' 금지령이 엄격히 시행되던 때 주필대가 여전히 '도학' 두 글자를 포기하지 않으려 하는 것을 이해할 수 없었다. 편지 말미의 "한스러운 것은 위학의 습관이 이미 깊다"는 주희의 말은 매우 날카로운 풍자로서 그의 분노를 남김없이 표출한다.

"도를 배운 지 30여 년"이라는 말이 진짜라고 하는 주희의 단정은 사실 주필대의 진위 판단에 비해 근거가 부족하다. 후자는 언어의 시대성 가설에 따른 객관적 기초를 적어도 몇 가지 갖고 있기 때문이다. 그래서 주희와 주필대 두 사람은 겉보기에는 역사적 고증을 갖고 논쟁하는 것 같지만, 내면을 보면 각각 자신의 정치적 입장을 변호하는 것이다. 그래서 이 논쟁은 극히 흥미로운 화두다. 유학과 이학(또는 '도학')의 차이는 여기서 다시 숨김없이 드러난다. 경원 6년(1200) 7월, 주필대는 「장경부 『남헌집』의 '간밤 꿈에 부쳐 지은 시'를 읽고讀張敬夫南軒集夜夢賦詩」라는 시를 짓는다.

> 사람들이 도학을 다투어 이야기하지만, 몸소 실천함은 그대 같은 사람 드물다.
> 마음은 오로지 지극한 하나였고, 그 밖의 일에 대해서도 배운 것 많구나.
> 호湖 땅은 광대하고 규모는 원대하며, 염濂·이伊 땅은 강학과 학습이 심원하다.
> 평생의 충성과 경건함이 이 시문에 있는 듯하구나.[26]

이 시는 주희 사후 4개월 후에 지어진 것으로 특히 음미할 만하다. 주필대는 장식과 여조겸을 위해 제문을 써주었지만,[27] 유독 주희의 죽음과 관련한 글은 『문집』에 전혀 나오지 않는다. 이는 주필대가 주희에게 불만을 품고 있다는 표시였을까? 사실은 그렇지 않다. 우리는 다음 사실을 기억해야 한다.

경원 6년 '위학' 금지령은 여전히 엄격하게 시행되고 있어서, 주필대 자신도 저녁 일을 아침에 기약할 수 없는 상황이었다. 『송사』(권391) 본전을 보자.

경원 이래 탁주[한탁주韓侂胄]의 당이 위학의 명목을 내세워 군자들의 활동을 금지했고, 주필대, 조여우, 유정은 수괴罪首로 지목되었다.[28]

주필대는 매우 신중한 사람이었고, 당시는 공개적 기념문을 남기기에는 형편이 좋지 않았다. 그래서 위에 인용한 시는 주필대가 장식[장경부]을 통해 주희를 기념한 것으로 보아도 무방하다. "『남헌집』을 읽고" "꿈에 부쳐" 등의 표현은 눈속임에 불과할 뿐이다. "호 땅은 광대하고 규모가 원대하다"는 한 구절을 제외하고, 주희에게 적용되지 못할 표현이 없다. 주필대는 여전히 "사람들이 도학을 다투어 이야기하는" 현상에 대해 비판적이었으나, 이락의 학문을 실천하는 주희·장식 등의 소수 인사들은 믿어 의심치 않았다. 이뿐 아니라, 주필대의 「주송 신도비」(가태 3년, 1203)는 주필대가 죽기 1년 전에 지어진 것이었다. 당시 경원당금은 이미 느슨해졌고 주희도 세상을 떠난 지 3년이 되었다. 「주송 신도비」에서 주희를 언급한 부분은 이렇다.

그[주송]의 아들 주희는 (…) 그후 마침내 심오한 학문으로써 세상으로부터 추중推重되었다. 그래서 주상이 그 이름을 듣고 대제待制로 삼아 조정에서 시강하도록 했다.[29]

만약 주필대와 주희의 관계가 원수지간으로 변해버렸다면 주필대가 이런 비문을 썼을 리 없고, 더욱이 비문에서 주희를 특별히 찬양했을 리도 없다.

마지막으로 우리는 주필대와 이학자들 사이의 정치적 관계를 논해야 한다. 여조겸은 「승상 주자충[주필대]에게與周丞相子充」 제16서에서 말한다.

원회는 이제 막 임기가 끝났으니 그를 억지로 끌어당길 필요는 없고, 다만 그에게 지방의 대궐待闕이나 차견差遣 한 자리를 주면 족할 것입니다. 만약 마음으로 좀 허락하지 않는다면 등급을 조금 올려주면 됩니다. 이렇게 하면 그의 고상한 뜻을 이루어줄뿐더러 그의 분분한 거절을 피할 수 있을 것입니다. 만약 언젠가 공의 뜻이 펼쳐진다면 다시 따로 논하겠습니다.[30]

이 편지는 대략 순희 7년(1180) 말 또는 8년(1181) 초에 지어졌는데, 당시 주희는 남강에서의 임기가 만료되던 때였다. 주희는 누차 사록[퇴직]을 신청했지만 받아들여지지 않아서, 여조겸이 그 대신 주필대에게 말해준 것이다. 주필대는 순희 7년 참지정사로 제수되어 장차 집정할 가능성이 있었기에, "언젠가 공의 뜻이 펼쳐진다면"이라고 여조겸은 말한다. 여조겸은 주필대가 제상직을 제수받는다면 주희가 곧바로 다시 출사할 것이라고 생각했다. 이는 결코 예의상 한 말이 아니라 주필대에 대한 이학자들의 정치적 신임과 기대를 반영한 말이었다. 주희의 「여백공[여조겸]에게 답하다答呂伯恭」 제33서 마지막 부분에 이런 말이 있다.

주자충[주필대]이 마침내 국가의 정무에 참여하게 되었는데 그 소식을 알려온 적이 있습니까? 이런 기회에 만약 다시 침묵한다면 더이상 할 말이 없습니다만, 그 계책을 안출安出해내었는지 모르겠습니다.[31]

이 편지는 순희 7년 7~8월에 작성되었다. 편지의 다른 곳에 "흠부[장식]의 서거도 벌써 반년이 되었습니다"라는 말이 있기 때문이다. 주필대가 참지정사가 된 것은 5월이었고, 주희는 7~8월에 처음으로 그 소식을 들었을 것이다. 비록 주희가 여조겸처럼 낙관적 전망을 보여주지는 않았다 하더라도, 그가 주필대를 주목하고 있다는 뜻은 위 몇 구절에서 여실히 드러나고 있다. 주희는 한편으로 여조겸이 주필대에게 진언할 것을 바라고, 다른 한편으로는 주필대가 다시는 과거처럼 침묵하지 않고 효종을 적극 설득하여 새로운 정국을 열 것을 기대하고 있다. 이것 역시 "군주를 얻어 도를 행한다"는 집단적 의식의 한 표현이다. 주필대는 비록 이학자는 아니었지만, 그렇다고 해서 여조겸과 주희가 그를 통해 '개혁'의 이상을 실현할 수 없는 것은 아니었다. 여기서 우리는 한 걸음 나아가 다음 사실을 지적해야겠다. 이학자들은 '의리義理(도덕 원칙)' 문제에서는 지극히 엄격하게 논했을지라도, 정치 문제에서는 오히려 "권도에 따르는從權" 일면이 있었다. 그들은 모두 오랜 기간 관직 생활을 했던 사람들이라 권력세계에 대한 인식에서 결코 직업관료들에 비해 뒤지지 않았다. 때문에 그들은 독불장군식 망상을 갖지 않았다. 『주자어류』 권130에는 다음 기록이 보인다.

"명도明道(정호)는 원우 인사들(왕안석의 신법 정책에 반대하던 구법당舊法黨 인사들)의 일을 논하면서 희령과 원풍의 당을 병용했어야 한다고 논했습니다." "명도는 다만 그중 몇 명과 함께 법을 바꾸려 하여, 그들로 하여금 (자기 당으로) 들어와서 하도록 권유한 것이다." "그런 것은 술책 같습니다." "일을 처리할 때 피할 수 없는 경우가 있다. 단, 명도는 지성으로 그렇게 했기에 그 몇 사람이 의심하지 않았다. 그런데 명도만이 그렇게 할 수 있었다. 이후 원우의 여러 공이 당을 몹시 엄격하게 운영했는데, 그런 것이 잘못임은 당연하다."[32]

주희는 여기서 심지어 반대 당 인사에게 "들어와서 하도록" 권유해야 한다고 주장한다. 다만 "지성으로 그렇게 해야" 할 뿐이다. 이것은 분명 일종의 '술책'이다. 현대 용어로 말하면 '정치적 책략'이다. 『주자어류』 권108에는 황간이 전하는 주희의 말이 있다.

이전에 선생에게 말했다. "예컨대 여기 재능과 실무 능력이 일급인 사람이 있더라도, 만약 [그가] 의리를 모른다면 보증할 수 없다." 선생은 그렇게 여기지 않았다. 만약 그렇게 말한다면 자기 쪽 사람만 등용될 뿐이고, '자기 쪽 사람이 아니면 인재가 아니다'라고 여기게 된다는 것이다.[33]

이 구절은 엽하손이 신해년(소희 2년, 1191) 이후에 들은 내용을 기록한 것으로, 주희 만년의 경험담을 대표한다. 주희는 정치적 인재를 가늠하는 표준으로 '의리義理'를 사용하는 것에 반대하는데, 이런 밝은 식견은 현대의 개방적인 정치 관념에 비추어 보더라도 전혀 손색이 없다. 그래서 주희와 여조겸 등은 이학 이외의 유학자들을 받아들여 그들을 "군주를 얻어 도를 행하는" 중심으로 삼을 수 있었다. 하물며 "군주를 얻어 도를 행하는 것"은 본디 유가의 일반 개념이고, 남송 이학자들이 이 개념을 장악했던 것은 역시 왕안석이라는 전범을 통해 개념을 계승했기 때문이다.

순희 15년(1188) 주필대가 왕회를 이어 집정이 된 후, 이학자들은 하나의 집단으로서 그와 더불어 재빨리 정치적 연맹을 결성했다. 이것은 남송 정치사에서 일대 전환점이었으니, 이때부터 경원 6년(1200) 주희가 세상을 떠날 때까지 직업관료 집단과 이학자 집단 사이의 정쟁은 날이 갈수록 격렬해졌다. 그 자세한 사정은 다음 장에서 다시 설명하기로 한다. 이제부터는 몇몇 구체적 사실에 근거하여, 그 연맹이 어째서 결국 실패했고 그 결과 주필대가 집정한 지 채 2년이 못 되어 황망하게 사직할 수밖에 없었는지를 설명하려고 한다.

왕회가 파면된 초기, 육구연은 「나춘백에게」라는 편지에서 '큰 좀벌레의 사직'에 대해 분명히 흥분을 표했고, 심지어 '유신惟新의 정치'에 대해 기대를 하고 있었다. 하지만 같은 편지에서 또다른 사건을 제시하는데, 그의 비관적 정서가 잘 드러난다.

보내주신 편지에서 주희와 임률의 사건을 말하면서 "우리 집안사람들이 서로 모순을 일으켰다"고 하셨는데, [그렇게 말한다면] 누가 다른 집 사람인지 모르겠습니다. 옛사람들은 옳음과 그름, 사악함과 올바름만 말했을 뿐, 우리 집인지 다른 집인지를 묻지 않았습니다. (…) 근래 임률을 물리치는 대단臺端[34]의 언사를 보고 그[임률]의 누추함에 거듭 한탄했습니다. 아이들이 모여서 놀다가 뒤엉켜 협잡질을 하고 있는 꼴이니 무엇을 더 바라겠습니까? 이 나라의 불행은 아마도 저쪽에 있지 이쪽에 있지 않을 것입니다.[35]

편지에서 말한 "주희와 임률의 사건"은 임률이 주희를 탄핵한 사건을 가리킨다. 이 사건은 주희 계열 이학자들과 주필대의 관계에서 심각한 영향을 끼쳤는데, 육구연은 편지에서 새로운 정보를 제공해주는 만큼 우리는 그 점을 분명히 하지 않을 수 없다. 첫째, 육구연이 인용한 나점[나춘백]의 원래 편지에는 원래 "우리 집안사람들이 서로 모순을 일으켰다"는 말이 있었고, 이는 이학 사대부 가운데에도 임률을 왕회 계열의 직업관료가 아니라 '우리 집안사람'으로 보는 사람들이 있었다는 점을 가리킨다. 『주자어류』에서도 그 점과 관련된 흔적을 분명히 찾아볼 수 있다. 주희는 '진군거陳君擧[진부량]'를 논한 한 조목에서 이렇게 말했다.

"또한 내가 전에 임황중[임률], 육자정[육구연] 등과 논쟁하지 말았어야 했다고 하면서, '서로 힐난하는 것은 결국 그다지 이익이 없다. 무릇 그림을 아주 정밀하게 새기면 간이함을 지나치게 해친다. 긍지가 매우 강하면 인색과 교만의 혐의가 있게 된다'라고 [진군거는] 말했다. 잘 모르겠지만, 어떻게 해야지 더욱 이익이 될까? 마치 맹자가 양묵楊墨[양주楊朱와 묵적墨翟]을 물리친 것처럼 그렇게 해야 한다. 그[진군거]가 '그림을 아주 정밀하게 새겼다'고 말한 것은, 곧 내가 지나치게 분명히 말하지 말았어야 한다는 뜻을 함축한다. 하지만 나는 그 사람처럼 애매모호하지는 않다."[36]

진부량의 원래 편지는 『지재집止齋集』[37]에 수록되어 있고, 거기에는 "어르신께서 앞서 벌였던 장락長樂의 논쟁과 뒤에 벌였던 임천臨川의 변론을 생각해봤다"는 말이 있다. 여기서 진부량은 지명地名으로써 각각 임률[장락]과 육구연[임천]을 가리키고 있으므로, 그 역시 임률을 '우리 집안사람'으로 여겼던 것이다. 사정이 이렇다면, 임률의 주희 탄핵사건을 단순히 직업관료 집단의 '도학' 공격으로 이해하기는 힘들다. 이 문제를 분명히 해명하지 않을 수 없다.

임률의 최초 동기만을 말하자면, 그가 주희를 탄핵한 것은 확실히 학술사상적 논쟁에서 비롯된다. 주희가 기축년(건도 5년, 1169)에 썼던 「왕 상서에게 답하다答汪尙書」 제6서를 보자.

> 근래 임황중이 자신이 지은 「사당기祠堂記」를 구강九江에서 보내왔는데, [주돈이의 호인 염계]의 '염濂' 자가 치우쳐서 도에 해롭다고 극론極論했으니 참으로 놀랍고 한탄스럽습니다.[38]

그렇다면 주희와 임률 두 사람 사이의 서신 왕복과 의견 불일치는 일찍부터 시작된 것이고, 순희 15년(1188)에는 이미 20년을 넘어선 때였다. 주희는 「임황중의 『역』·「서명」 논변에 대한 기문」에서 이처럼 말한다.

> [순희 15년] 6월 1일, 임황중이 방문하여 물었다. "지난번 보내드린 『역해易解』 중 틀린 부분이 있다면 가르쳐주시겠습니까?" 나는 대답했다. "무릇 경전을 해석할 때 강령만 합당하게 한다면, 구절 하나 해석 하나에 좀 실수가 있더라도 그다지 큰 해는 되지 않습니다. 그러나 시랑께서 지은 것은 핵심 강령에 의문점이 있습니다."[39]

위 인용은 주희의 일관되게 강직한 기풍을 보여주는데, 이렇게 이야기가 시작되었다면 그 뒤는 불문가지다. 이 기문記文의 서술을 보면, 임률은 『역』을 논하면서 소옹을 논박했고 「서명」을 논하면서 장재를 배척했다. 게다가 20년 전에는 주돈이의 '염' 자가 치우쳐서 도에 해롭다고 공격했다. 임률은 철두철미하게 경학의 입장에서 이학의 대본영으로 곧바로 돌진해 들어간 것이다. 그래서 임률과 주희는 각각 송대 유학의 옛 계통과 이학이라는 새로운 사조를 대표하여 곳곳에서 날카롭게 충돌했다. 6월 1일 모임에서 주희와 임률은 좋지 않게 헤어졌고, 이는 새로운 원한 관계가 발생한 원인이었다. 왜냐하면 5개월 전, 주희의 제자 첨체인과 임률 사이에 이미 원한 관계가 형성되었기 때문이다. 엽적은 「병부낭관 주원회를 변론하는 상소辯兵部郎官朱元晦狀」에서 이렇게 말한다.

> 제가 보건대 임률은 [자신이] 묘호廟號의 의론에 참여하지 못한 것을 부끄럽게 여겨 마침내 '요종堯宗'의 설을 지었으나, 사람들은 그것이 도리에 어긋남을 알았습니다.[40]

주필대의 『사릉록 상』 순희 15년(1188) 정월 조목에는 묘호 문제와 관련된 기록이 둘 있다.

> 계해일, 비가 내림. 연화전에서 정무를 보고하면서, 임률이 정한 태상太上의 묘호에 대해 예관禮官이 반박하는 설을 아뢰었다. 모두들 '고종'을 우선으로 여겼고 동궁東宮조차 그러했다.[41]
> 갑자일, 맑음. (…) 연화전에서 정무를 보고하면서, 임률의 '요종'설에 대한 예관의 반박을 아뢰었다.[42]

엽적의 「첨공(첨체인) 묘지명詹公墓誌銘」은 이렇게 말한다.

> [첨공이] 태상박사太常博士로 승진했다. 고종의 시호를 막 정하려는데, 어떤 사람이 '요종'으로 칭해야 한다고 말했다. 공은 옛 전거가 없다는 이유로, 은

나라 고종에 비추어 '고高'로 바꿔야 한다고 말했다.[43]

태상박사가 바로 예관이다. 임률이 바친 묘호는 첨체인에 의해 사람들 앞에서 논박당했는데, 이 사건은 평생 임률의 치욕이었다. 새로운 원한과 옛 원한이 일시에 일어났고, 이것은 순희 15년 6월 8일 임률이 주희의 병부낭관직 제수를 공격하는 주요 동기가 되었다.

그런데 임률이 '도학' 두 글자로써 주희의 죄를 정하기로 마음먹었던 것은 전년 11월의 유청지 사건을 원용했음이 분명하다. 이는 한 사람의 생각이 아니었다. 앞서 인용한 육구연의 편지는 여기서 매우 중요한 실마리를 제공하다. 육구연은 "근래 임률을 물리치는 대단의 언사를 보고 그[임률]의 누추함에 거듭 한탄했습니다. 아이들이 모여서 놀다가 뒤엉켜 협잡질을 하고 있는 꼴이니 무엇을 더 바라겠습니까?"라고 말했다. 이 구절의 몇 가지 함의를 풀이해보자. '대단'은 '부단副端'과 같은 말로 당시의 용어이고 어사대御史臺의 수장 곧 어사중승 또는 우간의대부를 가리킨다. 주희는 「대단에게 보내는 편지與臺端書」를 쓴 적이 있는데, 바로 그 직책이다. 현재 우리는 원래 문건을 볼 수 없지만, 다행스럽게도 『송회요집고』에 "임률을 물리치는 언사逐林之辭"의 요약이 남아 있다.

〔순희 15년〕 7월 25일, (…) 병부시랑 임률을 군郡으로 발령했다. 언관은 논하기를, 임률은 완고하여 자기 의견만 주장하고 같은 파끼리 당을 만들어 다른 파는 배척하며, 아무 근거 없이 학자들을 당인으로 지목하니, 그를 강등시킴으로써 일을 만들 자들에 대한 경고로 삼아야 한다고 했다. 그래서 이런 명령이 있었다.[44]

『주자연보』가 인용한 옛 연보에 의거하건대, 이것은 새로이 임명된 대어사待御使 호진신이 임률을 논핵한 글이다.[45] "완고하여 자기 의견만 주장한다"는 말

바로 다음에 있는 "같은 파끼리 당을 만들어 다른 파는 배척한다"는 말은, 이에 해당하는 자가 임률 한 사람에 그치지 않는다는 것을 분명히 한다. 그러므로 육구연은 '누추하다'는 한마디로 임률을 비판하면서도, "아이들이 모여서 놀다가 뒤엉켜 협잡질을 한다"면서 자신의 분노를 이기지 못하고 있다. 이 '아이들'은 육구연이 「왕순백에게」 제1서에서 말했던 대로 왕회에게 의지하던 '소인 무리들群小'이었다.[46] 이때는 왕회가 재상직에서 물러난 지 채 한 달이 안 된 때라, 그가 7년간 집정할 때 끌어들인 직업관료들이 여전히 조정을 장악하고 있었다. 그들은 "성격이 조급한狷急"[47] 임률의 약점을 이용하여 옆에서 부채질을 해댔고, 마침내 이 일을 '반도학'의 수준으로 높여버린 것이다. 왕무굉은 『주자연보 고이』[48]에서 『홍보洪譜』를 인용한다.

이후 [주희는] 제형提刑으로서 주상을 알현했는데, 사람들은 그가 높은 명예직淸要을 맡게 될까봐 두려워하여 임률을 꾀어 극론하도록 했다.[49]

왕무굉은 지나치게 신중하여 위 자료를 신뢰하지 않는다고 했다. 사실 위 말은 옛 연보에 바탕을 두고 있음이 틀림없다. 주희는 순희 15년(1188) 알현했을 때 들었던 효종의 말을 아래와 같이 기록한다.

경이 강직하고 방정함을 알고 있으니, 다만 경을 여기에 남겨두어 높은 명예직淸要에 임명하려고 한다.[50]

'청요'의 출처는 여기다. 이것[주희가 청요를 맡는 일]은 바로 왕회 계통 사람들이 가장 두려워하던 일이었기 때문에 그들은 임률을 충동하는 데 진력했다. 왕무굉은 당시 왕회 계열의 세력이 여전히 컸다는 것을 몰라서 그런 실수를 한 것이다.

만약 이상의 고찰이 틀리지 않았다면, 임률은 이학자들의 사상적 적수에서 정치적 적수로 바뀐 전형적인 사례일 것이다. 그가 주희를 탄핵한 최초 동기는 분명 개인적 분노의 표출이었지만 며칠 후 마침내 왕회 계열과 합류하여, 이제 더이상 나점이 말한 "우리 집안사람"이 아니게 되었다. 육구연은 "우리 집안사람"이라는 설에 대해 "누추하지 않은가?"라고 했는데, 일리가 있는 말이다.

주필대는 주희와 임률 사이의 분쟁을 조정하기 위해 매우 고심했다. 순희 15년 6월 주필대는 이미 정권을 장악하고 있었지만, 몇몇 대간을 제외하면 왕회 계열 직업관료들이 여전히 요직의 다수를 차지해서 결코 정국을 완전히 장악할 수 없었다. 왕회 계열 인사들은 본래 주필대에게 불만이 있어 반격할 틈을 엿보고 있었고, 주희의 문인들도 주필대에게 완곡하게나마 비평을 가했다.

제가 급히 이곳에 오고서 모든 것이 승상[주필대]의 추천의 힘에서 나왔음을 개인적으로 알게 되었습니다. 과거에 [승상께서] 주저하면서 감히 출사하지 않았던 이유를 알겠습니다. 마침 다행히도 성주聖主를 알현할 수 있어 품었던 생각 한두 가지를 토로할 수 있었습니다. 망령되게도 제가 여러분에게 도움이 될 수 있는 존재인 것처럼 생각했습니다. 하지만 평소 생각지도 못했던 곳에서 일이 생겨, 결국 군주와 신하의 자상한 보호를 받으면서 우물쭈물 떠날 수 있었습니다. 승상께서는 또한 삼가 편지를 보내주어 안부를 물어주셨으니 그 마음이 참으로 돈독하고 후덕하십니다. (…) 제가 다만 천하의 중책을 자임하면서 천하의 사들을 이끌어 그것을 도모할 때, 안에서 밖으로, 가까이에서 멀리에 이르기까지 모든 것이 바른 것에서 나오도록 하고 그 사이에 사사로운 뜻私意이 개입하지 않도록 한다면, 군주가 바르게 되고 나라가 안정될 것이라고 생각했습니다. '아부하면서 성지에 따르는 것'을 '자리를 굳건하게 여기는 술책'으로 여기거나, '속이고 질투하는 것'을 '당인을 심는 계책'으로 여기는 것은 참으로 옛사람들이 스스로 실패했던 원인이자 승상께서 평소 비판했던 것이므로, 제 말을 기다릴 것도 없을 것입니다. 그러나 저는 한시도 잊지 않고 스스로를 경계하여 다시는 그런 전철을 밟지 않도록 하고자 했습니다.[51]

이 차자는 주희가 주필대의 집정으로 인해 이번에는 확실히 출사할 생각이 있었음을 증명한다. 여조겸은 주필대에게 보낸 편지에서 "언젠가 공의 뜻이 펼쳐진다면 다시 따로 논하자"고 말했는데, 과연 그 말이 효험을 본 것이다. "시대를 구제하고 [은택을] 외물에 미치려는" 주희의 마음은 "군주를 얻어 도를 행한다"는 유혹에 의해 다시 부활하고 있었다. 그렇지만 임률의 탄핵이라는 뜻밖의 사건은 주희에게 심각한 타격이었음이 분명하다. 그래서 편지에서 주희는 "이제는 산림 속에 숨어 다시는 나오지 않으려 한다"[52]는 강한 의지를 표명했다. 편지 말미에서는 붓끝을 갑자기 바꾸어, 왕회가 "스스로 실패한" 전철을 인용하여 주필대도 "스스로를 경계해야" 한다고 요구하는데, 여기에는 행간의 뜻이 있다. 곧 적어도 주희는 주필대가 "도를 행할지" 여부에 대해 그다지 믿음이 없었던 것이다. 8월 14일, 주희는 다시 「주 승상에게 보내는 편지與朱丞相書」를 써서 이렇게 말한다.

먼저 보냈던 사람이 어제 돌아와서 그로부터 승상의 편지를 수령했습니다. 몹시 위로가 되어 이루 다 말로 할 수 없습니다. (…) 그러나 승상께서 아쉬워하시면서, 얼마 전 시비를 힘써 가리지 못했던 것이 잘못이었다고 깊이 후회하셨는데, 여기서 큰 군자가 진심으로 자책하는 모습을 볼 수 있었고, 또한 제 부끄러움을 이기지 못했습니다. (…) 또한 온릉溫陵으로 가는 여정을 설명할 때 그 상황을 아직 말씀해주지 않으셨는데, 필시 불만으로 인해 더 하실 말씀이 있을 것입니다. 이 시대 사람들로부터 많은 칭양을 받다가 오늘 이렇게 떠나니, 원근에서 불평할 사람들이 반드시 있을 것입니다. 훗날 이에 대해 변론한다면, 저한테만 해로운 것이 아니라 승상도 그에 대해 걱정하지 않을까 두렵습니다. 대체로 근래의 습속은 모든 일에서 대공지정

大公至正의 도로써 분명하게 행하려 하지 않고, 사적이고 소소한 은혜에서 비롯한 구구하고 그릇된 행동을 하려고 하며, 한 사람 한 사람 모두를 기쁘게 하려 하니 그로 인한 폐단은 늘 주위 사람을 구속합니다. [소소한 은혜를 베풀어 준 사람에게] 빚을 갚느라 결국 천하의 공론에 부합할 수 없습니다. 이는 제가 감히 말하지 못하는 것이며, 승상은 명철함으로 스스로 아실 터이니 저의 말을 기다릴 필요가 없을 것입니다.[53]

주희는 이 편지를 쓸 당시 임률이 이미 '군으로 발령됐다'는 상황을 알고 있었고, 주필대의 주변 상황이 어렵다는 점 역시 이해하고 있었다. 그럼에도 조정이 공적으로 일을 처리하려 하지 않고 구차하게 원만함만을 추구한 데 불만을 표시한다. 이는 아마도 주필대 본인을 비난한 것은 아니었을 테지만, 주필대도 책임을 완전히 면할 수는 없었다. 여하튼 이 편지는 주희와 주필대 사이 정치적 관계를 끝냈다. 9개월이 더 흘러(순희 16년 5월) 주필대 역시 사직했기 때문이다.

황간은 「주 선생 행장」에서 주희와 임률의 사건을 말한다.

당시 주상의 의향은 바야흐로 선생을 6부의 낭관 중 하나로 바꿔주려고 했다. 당시 재상은 마침내 [선생을] 이전의 강서로 발령하고 [선생이] 여전히 옛 직명을 갖도록 해달라고 청원했다.[54]

'당시 재상'은 주필대를 가리킨다. 왕무굉은 "「행장」은 오로지 재상 주필대에게만 허물을 돌리는데, 주필대가 다 잘못한 것 같지는 않다"[55]라고 말한다. 이는 상당히 공정한 판단이다. 하지만 「주 선생 행장」은 확실히 주필대에 대한 주희 제자들의 관점을 대변하고 있다. 이심전은 「유덕수의 도학 논의에 대한 발跋劉德修論道學」에서 말한다.

왕 승상(왕회)이 오랜 기간 정권을 장악하자 많은 사가 관직을 잃었다. 주익
공(주필대)이 재상이 이미 되었으나. 묵묵부답 팔짱을 끼고 있어 의탁할 곳
이 못 되었다.[56]

이심전은 "묵묵부답 팔짱을 끼고 있다"는 표현으로 주필대의 정치적 풍모
를 요약하는데, 이는 주희 문인들의 판단을 받아들인 것이었다. 나대경의 『학
림옥로』에는 이런 기록이 있다.

주익공이 국가 정무에 참여하자, 주문공[주희]이 유자징에게 편지를 보내어
말했다. "지금은 대승기탕大承氣湯을 써야 할 증상인데, 그는 오히려 사군자
탕四君子湯을 처방하고 있으니, 비록 해롭지는 않을지라도 병증에 도움은 안
될 것 같다."[57]

위 글은 주희가 유청지[유자징]에게 보낸 현존하는 편지들에는 보이지 않지
만 그 진실성만큼은 의심할 수 없다. '대승기탕'과 '사군자탕'은 모두 약의 이름
으로, 전자는 촉진제이고 후자는 완화제다. 어떤 사람이 육구연에게 "어떤 약
방으로 나라를 고쳐야 합니까?"라고 묻자, 육구연은 "내게는 사물탕四物湯이
있는데 사군자탕이라고도 한다"라고 대답한다.[58] 따라서 그것들은 당시 통용
되던 정치적 용어였음을 알 수 있다. 주희의 이야기는 사실과 잘 들어맞는 듯
하다. 주희는 '대개혁大更改'을 주장한 터라 '대승기탕'을 써야 한다고 주장한다.
주필대는 온건론자인 터라 '사군자탕'을 썼다. 이들 두 사람의 뿌리 깊은 정치
적 입장 차이는 여기에 있었다.

임률 사건은 주희가 권력의 중심에 진입하는 것을 저지하기 위한 왕회 계열
관료 집단의 집단 모의에서 비롯했다. 이 점은 앞서 이미 설명했다. 그런데 주
희의 이번 출사가 주필대의 '추진력'에 의한 것임은 위에서 인용한 순희 15년 6
월의 「주 승상에게 보내는 차자與周丞相箚子」에서 분명히 말한 바다. 그러므로

임률 사건 역시 왕회 계열 사대부들이 주필대에게 간접적으로 반격을 가하는 하나의 신호탄이었다. 비록 임률 사건이 주필대, 주희, 그리고 주희 문인 집단에 어느 정도 긴장감을 조성했지만, 이학자 집단과 주필대의 정치적 연맹은 그 때문에 해체되지는 않았다. 첨체인, 유광조 등은 여전히 주필대와 합작하고 있었다. 그 상세한 내용은 다음 장에서 설명할 것이다. 바로 그 때문에 왕회 계열 집단은 계속해서 권토중래할 모든 기회를 찾고 있었다. 순희 16년 (1189) 2월, 광종이 즉위한 뒤 마침내 기회가 출현한다.

왕회 퇴위 후 조정 내 정치 세력의 분포를 여기서 다시 한번 간략하게 고찰해야 한다. 주필대가 순희 15년 5월 집정의 지위를 획득할 때, 그의 권력적 기초는 여전히 매우 약했다. 그래서 임률 사건이 일어난 초기, 직접 반격을 가한 첫번째 인물은 결국 태상박사 엽적이었다. 나중이 되어야 비로소 우보궐右補闕 설숙사와 막 임명된 시어사 호진신이 정식으로 임률을 탄핵했다. 이 점만 보더라도, 당시 주필대는 아직 대간 계통으로부터 충분한 지지를 받지 못했음을 알 수 있다. 주희와 그 문인들은 주희와 임률이 동시에 병부낭관에서 파직된 데(이른바 '양파兩罷') 불만을 품고 있었는데, 그렇게 두 사람이 동시에 파직된 이유도 주필대의 약한 힘에서 찾을 수 있을 것이다. 우리는 어찌해야 이런 관찰을 실증할 수 있을까? 다행히도 주희가 순희 16년에 쓴 「유회백에게 답하다答劉晦伯」 제11서는 의거할 만한 실마리를 제공해준다. 이 편지를 풀이해 우리의 목표를 달성하고자 한다.

사공謝公의 사직에 대해 전하는 사람의 말이 한결같지 않습니다. 어제 원선元善[첨체인]에게 편지를 받았는데, '말하지 않았다'고 해서 죄를 얻었다고 합니다. 그것은 다만 협력하여 주 규周揆를 공격하지 않았기 때문일 것입니다. 성보誠甫가 전해준 내용은 잘못입니다. 윤대 글은 역시 정당하지만 그다지 절실하지 않습니다. 그런데 어떻게 순서를 정할지 따지지 않아 역시 결점이 있습니다. 왜냐하면 가장 먼저 '마음 바르게 하기正心'를 논하여, 마치

도학과 유사하기 때문입니다. [광종이] 스스로 황륜黃掄을 제수했는데, 어떤 사람인지 모르겠습니다. [그 인물이 직책에 합당한지] 은밀히 조사해보는 일이 종종 있곤 합니다. 하지만 중화重華[효종]는 반대로 여러 간사한 무리가 결속한 상황을 분명히 알고 있어서, 때때로 "주필대에게 무슨 당이 있는가? 오히려 왕당王黨[왕회의 당]이 지나치게 많을 뿐이다"라는 말씀을 했습니다. 이 말씀 한마디가 [괴이한 일들을] 전부 진압해버릴 것이라는 소문이 안팎으로 들립니다. 만일 그러하다면 참으로 다행스러운 일입니다. 우장尤丈은 원래 옹호나 반대를 하지 않았고 무婺 땅 사람과 사이가 돈독한 것 같은데도, 지금은 역시 [죄를] 면하지 못하고 있습니다. 아직 장소章疏를 보지 못하여 대체 어떤 일에 연루되었는지 모르겠습니다.[59]

이것은 정국 변화를 이야기한 편지로, 여기서 매우 많은 인물과 사건이 다루어진다. 이 편지가 작성된 분명한 시기를 판단하려면, 우리는 "성보가 전해준 내용은 잘못이다. 윤대 글은 역시 정당하다"는 구절에서 시작해야 한다. '성보'가 보내준 편지는 '사공의 사직'에 관한 사정을 언급하고 있지만, 주희가 그후에 검토해보니 정확하지 않다고 한다. 또한 성보가 보낸 편지에는 성보의 윤대 글이 부록으로 달려 있었다고 한다. 이제 『문집』 권28의 「이성보에게 보내는 편지與李誠父書」 및 「이성보에게 답하는 편지答李誠父書」 두 통을 살펴보면, 내용이 서로 관련되어 있어 두 편지가 필시 연이어서 쓰였음이 분명하다. 그 두 통 사이에 이성보가 주희에게 보낸 답장이 한 통 있고 윤대의 부본副本을 부록으로 달고 있다. '성보'는 곧 이성보李誠父이고 이름은 신보信甫로, 바로 주희의 스승인 이통[이연평]의 둘째 아들이다.[60] 당시 편지가 왕복하는 데 걸린 시간을 고려해보면, 주희는 첫번째 편지를 쓰고 나서 약 3개월 후에 두번째 편지를 썼을 것이다. 이성보는 주희에게 답장을 보내서 '사공의 사직'과 관련한 내막을 보고한다. '이성보에게 보내는 편지'라는 제목 바로 아래에는 '기유 5월 2일'이 표기되어 있는데, 기유는 순희 16년(1189)이다. 이로부터 판단하건대 「이성보에게 답하는 편지」는 같은 해 7월 말 또는 8월 중순에 작성되었을 것이다. 「이성보에게 답하는 편지」는 윤대 문서를 언급한다.

> 부본을 보내 주셨는데 전혀 뜻밖이었습니다. (…) 제1장에서 논한 것은 고금의 영원불변한 도이자 오늘날에는 더욱 중요한 것입니다. 그렇지만 세속의 눈으로 보자면, 우활한 한담이나 도학의 사악한 기운으로 여기지 않는 사람이 드물 것입니다. 존형께서 그 실마리를 열었으니 필시 이미 저들이 싫어할 것입니다. 그렇지만 우리가 군주께 아뢰는 방식은 바뀔 수 없는 것이니 어찌 그들을 돌아보겠습니까? 다만 이 한마디를 지켜서 평생 의론의 본바탕으로 삼고, 언젠가 일에 대해 논할 때 항상 이 화두를 생각해내며, 어떤 일을 논하든 간에 바로 그로부터 미루어 나간다면 모든 병통의 뿌리가 숨김없이 드러나고, 인주人主에게는 몸을 돌이켜 일을 바로잡는 계기가 될 터이니, 〔그것은〕 핵심적이고 지키기 쉬운 것입니다.[61]

이 글을 「유회백에게 답하다」의 "윤대 글은 (…) 가장 먼저 '마음 바르게 하기'를 논하여 마치 도학과 유사하다"라는 말과 비교해보면, 잘 들어맞는 것을 알수 있다. 그러므로 「이성보에게 답하는 편지」의 "이 한마디를 지킨다"는 구절은 틀림없이 '마음 바르게 하기'를 가리킬 것이다. 그리하여 우리는 다음처럼 단정할 수 있다. 주희의 「유회백에게 답하다」와 「이성보에게 답하는 편지」는 동시에 지어진 글로, 모두 이성보가 편지와 윤대 글을 보내온 바로 뒤이어 작성된 것이라 할 수 있다. 바꿔 말하면, 「유회백에게 답하다」는 순희 16년(1189) 7월 말에서 8월 중순 사이에 지어졌다. 어째서 8월 중순을 하한선으로 설정할까? 왜냐하면 이 편지의 내용은 왕회의 생존을 가정하지 않으면 성립할 수 없기 때문이다. 왕회는 같은 해(1189) 8월 12일에 죽었다. 당연히 왕회의 사망 소식이 전파되는 데는 시간이 걸렸을 것이다. 따라서 8월 중순은 대략의 추정이다. 하지만 그 하한선이 왕회의 사망 소식이 전파되기 이전이어야 한다는 점만큼은 분명하다. 「이성보에게 답하는 편지」는 이학자들이 윤대를 중시한다는 것과 이를 위해 서로 의견을 교환했던 분위기를 보여주는데, "군주를 얻어 도를 얻는다"는 것이 그들의 집단적 의식이었음이 여기서 다시 한번 확증된다.

「유회백에게 답하다」의 작성 시기가 이미 정해졌다면, 우리는 한 걸음 나아가 편지 속 인물과 사건을 고증할 수 있게 된다. '사공'은 필시 사악(자는 창국)이었을 테고 그의 사적은 앞에서 소개했다. 그는 광종 즉위 초기 이미 어사중승에 올라 있었다. 어사중승은 어사대의 수장으로서 중요한 직위임은 두말할 나위도 없다. 이성보는 사악이 파직된 원인을 처음에 잘못 알고 있었다. 그래서 첨체인(자는 원선)이 진상을 주희에게 알려주고 나서야, 주희는 "다만 협력하여 주 규周揆를 공격하지 않았기 때문"에 사악이 파직되었음을 알게 되었다. 주필대는 당시 좌상이어서 '주 규'로 칭해졌다.['규揆'에 '재상'의 뜻이 있다.] 앞에서 우리는 주필대가 효종에게 천거한 인물이 바로 사악이었다는 것을 보았다. 그래서 사악이 '대단'의 지위를 갖고서 주필대를 공격하려 하지 않았으리라는 점은 당연히 예상될 수 있다.

편지 말미의 "우장"은 곧 우무[우연지]다. 그는 이학자 주희·육구연과 사이가 아주 좋아서 이전에는 '도학'을 위해 변호를 한 적도 있었다. 이 일은 제7장에서 이미 보았으니 다시 서술하지 않겠다. 『송사』 권389 「우무전尤袤傳」은 말한다.

광종이 즉위(1189)하고 겨우 20여 일이 지났을 때 강연講筵이 열리자, 우무가 아뢰었다. "바라건대 최초의 경계를 신중히 시작하는 데 대해 부지런히 생각하십시오." 며칠이 지나 강연에서 또 아뢰었다. "천하의 모든 일이 초기에 잘못된다면 나중에는 그것을 바로잡을 수 없습니다. (…)" 또 5일 강연에서는 관제官制에 대해 다시 논했다. (…) 강특립은 그[우무]가 자신에 대해 의론한다고 여겼고 언관들은 그가 주필대의 당인이라고 여겨서, 마침내 [우무에게] 사록을 주었다.[우무를 사직시켰다.]62

광종은 1189년 2월에 즉위했고, 우무의 상소문은 대략 3~4월 사이에 이미 직업관료파의 질시를 불러일으켜 직업관료들은 우무가 주필대의 일당이라고 여기게 되었다. 강특립은 광종이 동궁이었을 때부터 그를 보좌했던 사람으로, 이때 광종의 총애를 입어 당대를 주름잡고 있었고[63] 직업관료파의 막후 조정자였다. 그에 대해서는 제11장에서 따로 논하겠다. 주희는「유회백에게 답하다」를 쓸 때, 우무가 어떤 일에 연루되어 파직되었는지 알지 못했다. 게다가 우무는 개인적으로 주필대보다는 왕회와 친해서, 주희는 더욱더 곤혹스러웠다. 왕회는 무주婺州 금화 출신이기에 이 편지에는 "무 땅 사람과 사이가 돈독하다"는 말이 나온다.『송회요집고』[64]에 따르면, 우무는 그해(1189) 6월 22일 "상소문이 그릇되고 잘못이 많아 사들의 여론이 불복했기"[65] 때문에 "지방으로 발령이 났다與郡"고 한다. 우무에 관한『송사』본전은 다만 우무에게 "사록을 주었다與祠"고 하는데, 우무가 지방 발령을 사양하고 사록을 청한 결과였을 것이다.『송회요집고』기록은 다만 표면적 이유에 불과할 테지만, 주희도 이 점에 대해 아무 이야기를 하지 않기 때문에 진상을 밝힐 수 없다.

"[광종이] 스스로 황륜을 제수했는데, 어떤 사람인지 모르겠습니다. [그 인물이 직책에 합당한지] 은밀히 조사해보는 일이 종종 있곤 합니다"라는 말은 그다지 분명하지 않다. "스스로 제수했다"는 것은 광종이 직접 벼슬을 내렸다는 말이다. 광종은 '은밀한 조사密訪'로 그를 알게 되었을 것이다. 그 전해(순희 15년, 1188), 효종은 설숙사와 허급지를 각각 '보궐'과 '습유'로 제수했는데, 이 또한 '직접 제수한親除' 사례였다. 주희의 추측은 대체로 잘못이 없다. 사실 황륜은 강특립이 특별히 추천한 사람으로서 우정언에 제수되었고, 오로지 '도학'을 공격한 인사였다. 역시 다음 장에서 상세히 다루겠다.

「유회백에게 답하다」에서 인용된 "주필대에게 무슨 당이 있는가? 오히려 왕당[왕회의 당]이 지나치게 많을 뿐이다"라는 효종의 말은 특히 중요하다. 효종은 퇴위 후 중화궁重華宮에 거주해서, "중화[효종]는 반대로 여러 간사한 무리가 결속한 상황을 분명히 알고 있다"고 주희는 말했다. 효종이 직접 '왕당'을 말했다는 것은 왕회 계열의 관료 집단이 존재했음을 증명한다. 이 집단은 처음부터 주필대와 '도학'파를 '붕당'으로 묶어서 비판했고, 그것을 '주당周黨'으로 줄여서 불렀다. 효종은 도저히 참을 수 없어 그처럼 직접 말하면서, 한편으로는 주필대에게 '당'이 있다는 것을 부인하고, 다른 한편으로는 지금 정계에서 풍파를 일으키는 것은 모두 왕회가 선발한 사람들로, 그들이야말로 명실상부한 '왕당'임을 단도직입적으로 밝힌 것이다. 이는 왕회가 비록 사직했지만 그의 영향력이 상존했다는 점을 실증한다. 광종 즉위 이후 조정에는 왕회가 없었음에도 여전히 왕회 계열의 조직이 있었다고 볼 수 있다. 왕회 자신이 직접 막후에서 조종했는지 여부는 알 수 없다. 하지만 그는 장기간 직업관료 집단의 최대 지도자였기 때문에, 그의 옛 부하들은 계속해서 그의 깃발을 내걸고 '주당'을 반격하고 있었다. '왕당'은 실로 화룡점정에 해당되는 표현으로서 당시 전체 정치 지형을 오롯이 되살리고 있다. 육구연은 왕회가 죽은 후 "조정으로부터 크게 존경을 받고 여러 소인의 뿌리가 되었다"고 말했는데, 이는 '왕당'에 대한 가장 적절한 해석이다.

「유회백에게 답하다」에 담긴 내용을 분명하게 고증한 다음, 우리는 한 걸음 더 나아가 그 글이 반영하는 당시 전체 정치의 형세를 밝혀야 한다. 효종이 '왕당'에 관해 내린 단언은 주필대가 공격을 받고 사직하기(순희 16년 5월) 전후 공개리에 나온 것이었다. 주희는 한편으로 사악과 우무의 사례를 들어 '왕당'의 창궐을 실증하고, 다른 한편으로는 효종의 한마디가 '진압'의 작용을 발휘하기를 기대하고 있다. 이 편지는, 전반적인 어휘 사용과 어투를 보았을 때, 왕회가 아직 죽기 전(또는 사망 소식이 아직 전해지기 전)에 작성되었음을 알 수 있다. 곧 이 편지는 우리에게 다음 사실을 알려준다. 광종 즉위(1189) 후 4~5개월 내에 '왕당'의 집단적 힘이 분명히 다시 상승하는 추세로 나아갔다는 점이다. 어째서 당시 정치적 국면에서 그런 변화가 일어났을까? 자세한 대답은 두세 마디 말로 분명히 설명할 수 없기에 뒤에서 다루겠다. 아주 간략하게 말한다면, 광종 즉위 후 권력의 원천이 이미 정식으로 새로운 황제에게 넘어갔고, 태상황 효종의 영향력은 직접적인 것에서 간접적인 것으로 바뀌었다는 것이다. 주필대와 이학자의 연맹체는 이로 인해 효종 재위 때만큼의 절대적 우세를 확보할 수 없었다. 새로운 황제가 가장 신임했던 사람은 좌상인 주필대나 우상인 유정이 아니라 지합문사知閤門事인 강특립, 곧 '근행'이었다. '왕당'은 바로 이 틈을 이용하여, 강특립을 통해 '주당'에 대한 전면적 반격을 전개했다. 그 결과는 주필대의 재상직 파면과 사악 및 우무의 축출이었고, 심지어 주희도 경연시강經筵侍講직 임명을 한사코 사양할 수밖에 없었다. 「유회백에게 답하다」는 이런 새로운 국면을 간접으로 드러내고 있다. 우무가 '사록을 받았던' 까닭은 "[우무가] 자신에 대해 의론하고 있다고 [강특립이] 여겼기" 때문이었는데, 이 점은 이미 우무의 본전에서 보았다. 주희가 "어떤 사람인지 모르겠다"고 했던 황륜도 강특립이 온 힘을 다해 끌어들인 인사였다. 편지는 모두 합해 세 가지 사건을 언급했는데, 그중 두 가지는 강특립과 직접 관련이 있음이 명백히 밝혀졌다. 그러므로 '왕당'의 복귀와 그에 상응하는 이학자 집단의 역량 하락은 강특립이라는 인물의 핵심적 작용에서 비롯했다. 이것이 바로 "중화[효종]'는 반대로 여러 간사한 무리가 결속한 상황을 분명히 알고 있다"는 말이 지녔던 분명한 함의였다.

이런 급변은 광종 즉위 이후의 정치적 특색이라서 당시 그에 관해 언급한 사람이 비단 주희 한 사람만은 아니었다. 여기서 두 사람의 설을 각각 인용하여 「유회백에게 답하다」와 상호 증명이 되도록 하고, 아울러 이 장을 마무리하고자 한다. 육구연은 「주희에게 보내는 편지與朱熹書」에서 이렇게 말한다.

작년 경연을 하실 때 사들이 모두 경축하면서 우리 도가 행해질 것을 목 빠지게 기다렸는데, [조정은] 현인을 기용하는 예를 또다시 다하지 않았으니 사람으로 하여금 거듭 개탄하게 합니다!(이것은 순희 15년 11월 30일 주희가 숭정전설서직을 제수받은 일을 가리킨다.) 새로운 천자[광종]가 즉위하셔서 천하가 주목하고 있지만, 파면과 임명, 승진과 강등에서 인지상정으로써 이해하지 못할 일이 아주 많습니다. 여러 소인이 어깨를 나란히 하고서 제 멋대로 행동하고 기세등등해 있으니, 실로 나라를 걱정하는 선배의 마음을 극히 신중히 하셔야 합니다. 저는 5월 그믐날 형문刑門으로 발령되었으나, 발령이 내려진 날은 실제로는 3월 28일이었습니다. 황 원장黃元章을 대신하여 그 자리를 메우려면 아직 3년 반이 남아 있으니 가르침을 주시기 바랍니다.[66]

육구연의 『상산연보』에 의거하면, 이 편지는 순희 16년(1189) '가을, 7월 4일'에 쓰인 것으로 「유회백에게 답하다」와 비교해보면 대략 한 달의 시간 차이가 난다. "파면과 임명, 승진과 강등에서 인지상정으로써 이해하지 못할 일이 아주 많다"는 표현은 주필대·사악·우무 등의 축출을 가리키고, "여러 소인이 어깨를 나란히 하고서 제멋대로 행동한다"는 것은 '왕당'의 창궐을 가리킨다. 이로부터 육구연의 정치적 입장이 주희와 완전히 일치함을 알 수 있다. 진량은 「여자약에게 답하다復呂子約」에서 다음처럼 말한다.

주 승상[주필대]이 제 몸을 보호하는 것은 마치 여우가 제 꼬리를 보호하려 하지만 결국 피하지 못하여 그 지혜로 제 몸을 보호할 수 없는 것과 같습니다. (…) 사창국(사악)은 갑자기 이런 벼슬을 받았는데 어째서입니까? 양쪽을 기웃거리고 있으니 이제야 그가 지혜롭지 않다는 것을 믿을 수 있겠습니다. 주장朱丈[주희]의 사직(이것은 순희 16년 주희가 비각수찬직을 사직한 일을 가리킨다)은 수리되었는데[67] 이는 묘당廟堂[조정]이 잘 처리한 것입니다.[68]

이 편지는 같은 시기, 곧 주필대와 사악이 파직된 직후에 쓰였음이 원문을 통해 드러난다. 진량은 이학자 진영에 있지 않았고 주필대와 사악에 대해서도 비판적이어서 논평에 약간 차이가 있지만, 이는 다른 문제로 여기서 더 언급할 필요는 없을 것이다. 진량은 방관자라는 초연한 신분으로도 동일한 정치적 사건에 대해 위와 같은 논평을 하지 않을 수 없었다. 그렇다면 '왕당'의 활약과 이학자 집단의 좌절이 광종 즉위 후의 일대 변화였다는 점은 틀림이 없을 것이다. 하지만 '왕당'과 이학자 집단 사이에 일어난 권력 충돌의 최후 격화는 하나의 단서에 불과하다. 우리는 다음 장에서 그 충돌의 근원과 역사적 과정을 추적할 것이다.

제10장

효종과 이학자

1. 서언

이상의 두 장에서 정치적 주체는 이학자였다. 이 장은 시각을 바꾸어 효종을 주체로 삼아 그와 이학자의 관계를 고찰한다. 이런 시각의 변화가 필요한 까닭은 순희 14년(1187)에서 소희 5년(1194) 효종의 사망에 이르기까지, 효종은 권력세계의 급격한 변화를 불러온 최후 동력이었기 때문이다. 그는 생애 마지막 7~8년간 그럭저럭 유지되던 구태를 타파하기로 마음먹고 적극적 실천이라는 새로운 국면을 엶으로써, 자신이 필생 지향해온 '회복恢復'의 기초를 놓기로 했다. 우리는 제7장에서 '회복'이 시종일관 그의 최대 문제였다는 점을 이미 살펴보았다. 몇 년마다 '회복'의 충동이 일어나서 효종은 건도 5년(1169)에는 우윤문을 기용했고 순희 5년에는 조웅趙雄으로 하여금 집정하도록 했는데, 이는 모두 그런 충동의 표현이었다. 순희 14년(1187), '회복'의 의식이 사라진 듯하다가 다시 타올라서, 효종은 곧바로 왕회가 수년간 시행했던 '안정安靜' 정책에 단연코 이별을 고했다. 효종은 '안정'을 추구하던 시기 당연히 보수적 경향의 직업관료 집단에 의존했지만, '회복'론이 다시 일어나자 방향을 바꾸어 이학 사대부들과 협의할 수밖에 없었다. 건도 6년(1170) 효종은 '회복'을 위해 장식을 서울로 불러들여 자문을 청했다.[1] 아울러 직접 조칙을 내려 "회복은 장식이 진술한 대로 해야지 옳다"[2]라고 말했다. 효종은 순희 7년(1180)에 다시 '회복'을 도모하면서, 주필대로 하여금 주희에게 "빌리고 받아들일 뜻이 있다"[3]는 말을 전하도록 했다. 효종은 '회복'의 충동이 일어날 때마다 그런 관점에서 자신과 가장 가까운 이학자들을 먼저 생각해냈는데, 장식과 주희의 사례는 그 구체적 증거가 된다.

효종이 퇴위하기 전, 정치적 조치는 과거 '회복'의 충동이 일어났을 때와는 아주 달랐다. 그 배후에는 방대한 규모의 장기적 혁신 구상이 있었던 것 같다. 그래서 나중에 정치 현실의 전개와 자신의 원래 구상이 합치하지 않게 되자, 효종은 퇴위했으면서도 쉬지 않고 막후에서 정국에 관여하게 된다. 앞 장에서 인용한 주희의 「유회백에게 답하다」 편지에 '주당周黨'과 '왕당王黨'에 관한 효종의 논평이 나오고, 주희가 "이 말씀 한마디가 [괴이한 일들을] 전부 진압해버릴 것"이라 여겼던 것이 그 예증이다. 그런 정치적 조치의 전개 과정과 심층적 원인은 매우 복잡하기 때문에 아래에서 하나하나 논하려고 한다. 여기서는 먼저 효종의 구상과 이학자들의 관계를 간략히 설명할 것이다. 이학자 개개인이 효종 시기에 출사하고 혹은 물러나고 하는 것은 늘 있던 일이었다. 하지만 효종의 퇴위를 전후하여, 다수 이학자들이 연이어 권력 중추로 진입하고 시간이 갈수록 더 큰 권력을 획득했다. 특히 대간 계통에서 이는 심상치 않은 현상이었다. 앞 장에서 우리는 다음 사실을 이미 살펴보았다. 곧 한편으로 반'도학'의 '왕당'은 주필대가 우상이 되었을 때(순희 14년) 수많은 '위학僞學의 무리'를 조정에 불러들였고 마침내 이들의 힘을 이용해 왕회를 내쫓았다고 비난했다. 다른 한편, '도학'에 공감하던 이심전도 "주홍도[주필대]가 집현상이 되자 사방의 학자들이 조금씩 조정에 자리를 잡게 되었다"고 인정했다. 이는 동일한 사실에 대해 완전히 상반되는 평가를 한 것에 불과하다. 그 사실이란 권력 중심에 진입한 이학자들의 수가 순희 14년(1187)부터 격증하기 시작했다는 점이다. 당연히 이것은 우연의 일치가 아니라 의도적 조치의 결과였다. 하지만 계획적으로 이학자들을 이끌어 "조정에 자리를 잡게 한" 이는 사실 주필대가 아니라 효종 본인이었다. 효종은 어째서 중화궁으로 물러선 이후에도 "주필대에게 무슨 당이 있는가?"라는 말을 직접 했을까? 그 내막에 관해 증거를 들어 설명하려 한다. 지금 우리에게 필요한 것은 중요한 사실 하나를 인정하는 것뿐이다. 곧 효종이 최후 몇 년간 '안정'으로부터 방향을 바꾸어 적극적 실천으로 나아갔던 것은 그가 '왕당'을 버리고 이학형 사대부를 취하게 된 궁극적인 원인이었다는 사실이다.

효종이 만년에 혁신적 구상의 실천을 이학형 사대부들에게 일임했던 것은 아주 자연스러운 변화였다. 왜냐하면 후자의 정치적 경향은 시종일관 현상을 개혁하여 질서를 새롭게 수립하는 것이었기 때문이다. 남송 이학자들은 유가의 이상주의를 대표하기에, 효종은 현실에서 이상으로 나아가던 최후 단계에서 이학자 가운데 정치적 맹우를 찾을 수밖에 없었다. 이는 효종이 이학자들의 '내성' 이론을 받아들였다는 것을 말하지는 않는다. 효종의 사상과 이학 사이에는 여전히 상당한 거리가 있었다. 이 점은 뒤에서 논하기로 하고 여기서는 언급하지 않겠다. 그렇지만 효종의 정치적 관점이 유가에 속했던 것만큼은 의문의 여지가 없다. 바꿔 말하면, 효종과 이학자들의 결맹은 기본적으로 '외왕' 영역에서 이루어졌다. 유학과 이학의 차이는 여기서 여전히 의미가 있다.

마지막으로 우리는 다음과 같이 물어야 한다. 곧 효종 만년의 혁신적 구상은 대체 효종이 전적으로 혼자서 만들어낸 것인가, 아니면 이학자들의 영향을 받은 것인가? 사료가 부족하여 이 문제에 분명하게 답할 수는 없다. 하지만 관련 문헌에서 얻을 수 있는 전체 인상을 두루 검토한 결과, 효종은 이미 태상황 고종이 죽기 전부터 왕회의 관행적 구태를 참지 못했음을 알 수 있다. 순희 14년(1187) 2월, 왕회가 홀로 재상 노릇을 한 지(순희 9년에서 13년까지) 4년이 되었을 때, 그는 갑자기 주필대를 우상으로 임명하고 유정을 참지정사

겸 동지추밀원사로 임명했다. 이는 집정을 바꾸려는 의도를 노출한 것이었다. 집정을 바꾼다는 것은 필연적으로 어느 정도의 정책 조정을 의미했다. 그래서 효종이 만년에 고요히 있다가 다시 움직일 생각을 냈던 것은 분명 자발적이었다. 하지만 이학자들의 진언 역시 효종으로 하여금 개혁을 하도록 촉구하는 역할을 했을 것이다. 가장 분명한 사례는 엽적이 순희 14년 겨울에 올린 「상전 차자」로, 그는 여기서 '회복'을 주장했다. 『송사』는 「상전 차자」를 읽던 정황을 다음처럼 기록한다.

채 다 읽지 않았는데 황제가 근심하는 기색으로 "짐이 근래 눈병으로 고통스러워 그런 의지가 다 사라졌다. 누가 그것을 감당할 수 있겠는가? 다만 그대와 더불어 말할 뿐이다." 다시 읽기 시작하자, 황제는 한동안 비참한 기색을 떠었다.[4]

효종은 먼저 건강이 좋지 않다는 이유로 '회복'의 뜻이 사라졌다고 말하는데, 이는 당시 그의 솔직한 느낌을 표출한 것이다. 하지만 곧 이어서 그의 어투는 누그러진다. 당시 조정에는 아직도 '왕당'이 절대 우세를 점하고 있어서, 효종 주변에는 개혁이라는 큰일을 함께 상의할 사람이 얼마 없었음이 분명하다. 엽적은 「상전 차자」에서 말한다.

폐하의 국시가 변한다면, 사대부들 의론의 어려움도 바뀔 것입니다. 신하들 중 서울에 있는 사람들은 나아오게 하여 물어보고, 지방에 있는 사람들은 서울로 오게 하여 물어보아야 합니다. 이 일을 감당할 만한 사람이면 직접 등용하고, 이 일을 감당하지 못할 사람이라면 배척하고 멀리해야 합니다. 그렇게 한다면 인재가 없다는 어려움도 바뀔 것입니다.[5]

이 말은 먼저 '국시'를 바꿔야지 비로소 인재를 이끌어들일 수 있다는 주장이다. 하지만 당시 효종은 이미 선양을 고려하는 중이어서 '국시' 문제는 가능한 한 회피하면서 이야기하려 하지 않았다. "누가 그것을 감당할 수 있겠는가"라는 말이, 효종이 엽적의 상소문에 보인 반응이라는 점은 매우 분명하다. 이때 효종이 가장 필요로 했던 조력자는 당연히 엽적 유형의 사대부였다. 따라서 이 핵심 시기에 윤대를 이용하여 효종의 마음을 최초로 움직인 사람이 엽적이었다는 점에서 그의 「상전 차자」가 지니는 영향력은 낮게 평가될 수 없다. 엽적이 지은 「효종 황제를 위한 만사孝宗皇帝挽詞」의 두번째 수 중 네번째 구절을 보자.

지난날 외람되이 전殿에 올라, 탄식으로 임금을 감동시켰네. 어찌 사람들은 분투할 생각하지 않았는가? 임금의 마음 저리 깊었는데![6]

앞 두 구절은 『송사』 본전의 기록을 실증하고, 뒤 두 구절은 이학자들의 분투가 무위로 끝난 것에 대해 엽적이 자신이 처한 막중한 위기 아래에서 한탄하고 있음을 표현하고 있다.

효종 만년의 조치에 영향을 끼쳤을 가능성이 높은 또다른 글은, 바로 주희가 순희 15년(1188) 11월에 올렸던 그 유명한 「무신 봉사」다. 이때 효종은 구상이 대략 무르익어서 3개월만 지나면 바로 퇴위할 예정이었다. 사실 효종은 순희 15년 정월부터 주희에게 입대入對할 것을 거듭 촉구했다. 그에게 중추적인 '고위 명예직清要' 지위를 주려고 했던 것이다. 이는 개혁적 조치의 시작을 의미했다. 하지만 효종의 혁신 구상이 대체 어찌해야 실효를 거둘지 여부에 대해서는 아직도 논할 여지가 많았던 터라, 효종은 당연히 주희의 의견을 중시했다. 주희의 「무신 봉사」는 엽적의 「상전 차자」와 다른 점이 있다. 주희는 봉사를 올리기 전인 6월에 이미 입대한 만큼 효종의 의향을 분명히 알고 있었다. 그래서 「무신 봉사」는 큰 방향에서 효종의 구상을 반영했다. 이를 가장 분명히 나타내는 지점은 주희가 줄곧 견지했던 "원수에 대한 보복仇復" 또는 '회복

恢復'이 「무신 봉사」 전편에서 강조되지 않는다는 사실이다. 그것을 빼놓았기 때문에 당시에 논란이 일어났고, 주희의 문인 양복楊復은 주희를 위해 반복해서 변호해야 했다. 그 결론은 이렇다.

선생이 어찌 '원수에 대한 보복'의 원칙을 잊은 적이 있겠는가? 다만 일은 요행으로 완성될 수 없고, 정치는 반드시 내치內治가 우선이기에 그렇게 했던 것이다. 그렇다면 중원 회복과 원수 멸절의 계획은 이미 그 안에 있을 것이다.[7]

이는 사실 주희의 견해였지만 효종의 중심 구상을 반영한 것이기도 했다. 이때 태자[광종]가 국무에 참여한 지 벌써 1년이 되어서 효종의 퇴위는 조만간 일어날 일이었다. 효종의 구상은 미래의 광종을 위해 대개혁의 신국면을 펼쳐놓는 것이었다. 먼저 내정 개혁부터 시작하여 '회복'을 위한 충분한 준비를 해놓고, "원수에 대한 보복"의 조치는 새로운 황제로 하여금 완성하도록 남겨두어야 한다는 것이다. 이렇게 이해한 터라 주희는 「무신 봉사」에서 '회복'을 강조할 필요가 없었다. 하지만 「무신 봉사」에는 엽적의 「상전 차자」와 완전히 일치하는 유력한 논점이 하나 있었다. 바로 인재의 중요성에 대한 강조다. 주희는 다음과 같이 역점을 두어 지적한다. 곧 반드시 "강직하고 명철하며 공명정대하고" 일을 기꺼이 맡으려는 "천하 제1류"를 등용하여, "굽실거리면서 공문대로만 행동하는" 현재의 "지극히 용속한 인재들"을 대체해야 한다는 것이다.[8] 이런 건의로 인해 이학형 사대부를 중추적 지위에 앉히려는 효종의 신념이 더 강해졌을 것이다. 황간은 「주 선생 행장」에서 말한다.

상소문이 들어갔을 때 밤 7각이었다. 주상은 이미 잠자리에 들었지만 급히 일어나 촛불을 밝히고 [상소문을] 끝까지 다 읽었다.[9]

주희의 「무신 봉사」 역시 엽적의 「상전 차자」와 마찬가지로 효종 최후의 정치적 전환을 촉진하는 역할을 했을 것이다. 효종은 만년 구상의 내용 또는 조치의 구체적 절차를 보여주는 공개적인 문서를 아무것도 남기지 않아서, 우리는 그가 「상전 차자」와 「무신 봉사」로부터 대체 얼마만큼의 영향을 받았는지 추측할 길이 없다. 하지만 이 두 문서를 대하는 효종의 진지한 태도를 봤을 때, 그의 관심 범위는 기본적으로 엽적·주희 두 사람과 같았을 것이다. 이것이 만년의 효종과 이학자들이 서로를 지원하게 된 정신적 기초다.

효종 만년의 방향 전환으로, 이학자들은 비로소 집단으로 중앙 정치에 참여할 기회를 얻었다. 광종 초기에 벌어진 '주당'과 '왕당'의 투쟁, 영종 초기에 벌어진 '경원당금'의 기원은 다 여기에 있다. 이는 남송 정치사 또는 이학사를 막론하고 반드시 특필해야 할 대사건이다. 그런데 효종의 이런 조치는 황위 선양과 더불어 하나로 합치한다. 그의 계획은 인물 교체를 통해 이학형 사대부가 주체가 되는 집정 그룹을 새로운 황제를 위해 세워놓고, 점차 자신의 구성을 실현해나간다는 것이었다. 때문에 개혁 작업은 시종일관 매우 조용하게 진행되었다. 효종과 이학자들은 사실 '국시'의 개변을 계획하고 있었지만 그런 기치를 정식으로 내걸지는 않았다. 그들은 아마도 새로운 황제[광종]가 이 새로운 조치를 계승하여 모든 조치가 완성된 후 공개적으로 선포함으로써 천하의 이목을 일신시키기를 기대했을 것이다. 이런 계획은 비록 틀린 것이 아니었지만, 광종의 심리적 반응을 충분히 계산하지 않았을뿐더러 반대파에게 매우 큰 활동 공간을 부여함으로써 그들로 하여금 조용히 반격을 도모하게 했다. 그래서 효종이 죽은 지(1194) 채 1년이 안 되어, 그와 이학 집단이 공동으로 운영했던 7년 동안(순희 14년부터 소희 5년까지, 1187~1194)의 정치적 조치는 곧바로 연기처럼 사라져버렸다.

이것은 한바탕의 정치적 비극이었다. 효종을 말하자면, 주희는 만년에 그에 대해 이렇게 말했다.

수황[효종]은 실로 천하에 뜻이 있어 인재를 등용하려 했다. 자신이 손중모
孫仲謀[손권][10]처럼 여러 사람을 얻지 못한 것을 한탄한 적이 있다.[11]

이 조목은 엽미도葉味道(엽하손)가 신해년(소희 2년, 1191) 이후에 들었던 말을
기록한 것으로, 주희가 순희 15년(1188) 6월 입대했을 때 들은 효종의 말임이
틀림없다. 그때는 바로 효종이 이학형 사대부를 발탁하기로 결심한 시기였다.
그래서 「무신 봉사」가 강조한 "천하 제1류"도 효종의 그 말에 대한 대답이었을
것이다. 이학자들이 "군주를 얻어 도를 행한다"는 집단의식을 갖고 있었다는
사실은 제8장에서 이미 설명한 바 있다. 다만, 순희 14년(1187) 이후가 되어서
야 "군주를 얻어 도를 행한다"는 그들의 이상이 처음으로 실현될 가능성을 보
이기 시작했다. 개별 이학자들이 지닌 동기의 순도純度가 어떠했건 간에, 집단
으로서 그들이 계승했던 것이 유가 '외왕'의 이상이었음은 부정될 수 없다.

순희 말년의 개혁 노력이 비록 희령변법의 규모와 비교할 정도는 아니었지
만, 정신상으로는 분명히 일맥상통했다. "천하에 뜻이 있던" 효종은 실로 신
종을 계승했고 이학자들도 마찬가지로 북송 유가의 이상주의를 잇고 있었다.
순희 말년의 개혁은 희령변법의 축소판이었다고 할 수 있을 것이다. 효종과
신하들이 '국시'를 다시 정하려고 기도했지만 그 목표를 달성할 수 없었기 때
문에 이 대사건은 결국 남송 역사에서 대서특필되지 못했고, 그 결과 '천하'를
지향하는 효종의 뜻과 "군주를 얻어 도를 행한다"는 이학자들의 정신도 다 묻
혀버렸다. 다행스럽게도 이심전의 『도명록道命錄』 권5에서 권7에 이르는 부분
은 긍정·부정 양면의 정부 문서들을 기록하고 있고 아울러 역사적 사실을 인
용하여 그것들을 증명하고 있어서, 독자가 행간에서 이리저리 그 의미를 구한
다면 역사적 사실의 얼개를 대략 엿볼 수 있을 것이다.

이학자 집단과 관료 집단(곧 효종 퇴위 후 당시 널리 알려졌던 '주당'과 '왕당')은
서로 다른 정치적 목적을 위해 대간 계통을 통하여, 한편으로는 정적을 배제
하고 다른 한편으로는 자신들의 당인을 이끌어 들이려고 했다. 소희 2년(1191)

주희는 유정에게 건의하기를, 가능한 한 '군자' 그룹을 확대하되 "오직 그 당인의 수가 많지 않을지를 걱정하고",[12] '소인' 그룹을 배제하되 "오직 [그 당인들을] 다 제거하지 못할지를 걱정해야"[13] 한다고 말한다. 최후로 주희는 다음과 같이 과감하게 말한다. "군자가 당을 만드는 것을 싫어하지 않을 뿐만 아니라 몸소 당인이 되는 것을 꺼리지 말아야 합니다. 몸소 당인이 되는 것을 싫어하지 않을 뿐만 아니라, 또한 군주를 끌어들여 당인으로 만드는 것도 꺼리지 말아야 합니다."[14] 이렇듯 강렬한 정치적 당파성은 당시 이학자 집단의 용맹정진 정신을 여실히 반영한다. 하지만 이학자 진영의 태도가 이처럼 격앙되자 관료 집단의 반격도 자연스럽게 극단으로 치닫지 않을 수 없었다. 이런 비극이 '경원당금'을 초래하리라는 것은 당연한 결과다. 후대 역사 연구자들은 효종 말년에 효종이 "실로 천하에 뜻이 있던" 사정에 대해 알지 못했고, 더욱이 이학자들이 "군주를 얻어 도를 행하기" 위해 권력세계에서 6~7년간 고난의 분투를 했다는 사실을 망각하여 '경원당금'을 올바로 해석해내지 못하곤 했다. 심지어 현대의 학자들도 '위학' 두 글자의 뜻을 대충 짐작하여, '당금'이 정치적 권위로써 유가사상을 박해한 사례라고만 보는데, 이는 실상에서 한참 벗어난 것이다.

이상은 매우 간략한 요약이었다. 독자들이 이러한 실마리를 잡고 아래의 구체적인 논증으로 들어간다면, 나무만 보고 숲은 보지 못하는 어려움을 겪지 않을 것이다.

2. 효종 만년의 인사 배치 1—주필대, 유정, 조여우라는 세 재상

진덕수眞德秀는 「유 각학 묘지명劉閣學墓誌銘」에서 이렇게 말한다.

효종 황제는 재위하는 28년간 자나 깨나 먹으나 숨 쉬나 현인 구하기를 잊지 않았다. 당시 특출하고 절조 높은 사들이 조정에 포진했다. (…) 그래서 광종의 재위 기간이 얼마 되지 않았지만, [광종이] 조정에 정무를 위임하자 여러 현인이 연이어 모여들어 무사無事하기에 이르렀다. 지금 황제(영종)는 초기에 선인의 사업을 계승하여, 연로하되 뛰어난 이들이 모두 모여들었으니 경력과 원우 연간의 기풍이 있다. 그 사람들을 헤아려보면, 건도·순희 연간의 옛 인물이 아닌 경우가 없다. (…) 예컨대 (…) 유 공[유광조]은 효종이 발탁하여 후인에게 남겨준 인물이 아닌가?[1]

또 말한다.

무릇 이때 효종은 재위에 오른 지 오래되어 여러 신하 가운데 누가 사악하고 누가 바른지 잘 알고 있어, 등용하여 황제의 후손에게 전해준 자들이 모두 천하 제1류였다.[2]

진덕수(1178~1235)는 주희가 세상을 떠났을 때(1200) 이미 스무 살이 넘었고, 첨체인(1143~1206) 문하에서 공부한 적이 있어서,[3] 효종·광종·영종 무렵의 정치적 변동에 대한 구체적인 지식이 있었다. 위에서 인용한 첫번째 단락에서, 그는 광종과 영종 초년 집정 그룹의 주요 인물이 모두 효종이 직접 발탁한 사람들이라고 지적하는데, 이는 사실과 부합하는 것으로 자세한 내용은 아래에서 다룬다. 두번째 단락의 "천하 제1류" 표현은 주희의 「무신 봉사」 표현과 일치하고, 주로 이학자나 그 동조자들을 가리킨다. 유광조는 그 전형이다.

이 장 '서언'에서 나는 이렇게 추론했다. 곧 효종은 퇴위하기 전 이학형 사대부가 주체가 되는 집정 그룹을 의식적으로 세워 구폐를 제거하고 혁신을 펼친 다음, 광종으로 하여금 그것을 계속해서 추진해나가도록 했다고 말이다. 진덕수의 위 두 글이 종합하는 기본적인 사실은 바로 이 장의 논지를 입증한다. 하지만 효종이 정말로 "옛것을 제거하고 새것을 배치하려는除舊布新" 의향이 있었는지 여부는 진덕수가 언급하지 않아서, 그것은 여전히 증명되어야 할 가설이다. '서언'에서 비록 "수황[효종]은 실로 천하에 뜻이 있었다"는 주희의 말을 인용했지만 그 의미는 그다지 분명하지 않다. 하지만 엽적의 아래 말은 매우 중시할 만하다.

오직 효종은 강인하고 부지런했다. 순희 말년, 통치의 추구가 더욱 새로워졌다. 임금의 지혜로 하지 않고 현인을 신하로 추천했다.[4]

위 인용은 엽적이 쓴 시사점施師點(1124~1192) 「묘지명」의 서두에 해당된다. 이 「묘지명」이 지어진 것은 가정 14년(1221)으로 엽적(1150~1223)의 나이 이미 일흔두 살이었고, 2년만 더 지나면 그는 서거할 터였다. 이 문장은 임금을 칭송하는 글이 아니다. 상황은 이미 변해 있었기 때문이다. 따라서 위 문장은 효종에 대한 엽적의 최후 견해를 대변한다고 할 수 있다. 그중 "순희 말년, 통치의 추구가 더욱 새로워졌다"는 말은 더할 나위 없이 중요하다. 엽적은 효종의 재위 28년 가운데 다른 어떤 시기도 언급하지 않고 오직 효종 퇴위 전 1~2년의 "통치의 추구가 더욱 새로워졌던" 단계만을 들고 있다. 이런 것이 바로 '대서특필'이다. 엽적 자신이 "통치의 추구가 더욱 새로워졌던" 시기에 가장 적극으로 참여했던 이학자여서, 이 구절은 직접적인 역사적 증거의 성격을 갖는 것으로, 단순히 일반 사학에서 말하는 '증거'와 나란히 놓일 수 없다.

이 장은 효종이 만년에 이학자들과 더불어 "옛것을 제거하고 새것을 배치하려" 했던 분투가 역사에서 이미 묻혀버렸다고 했는데, 오늘날 그 역사적 사건을 재구성하려면 개별적인 구체적 증거에 의존하는 것을 제외하고는 그 사건에 관한 당사자들의 전체적 관찰을 빌릴 수밖에 없다. 그렇게 하지 않는다면 빈 벽을 보고 터무니없는 상상을 했다는 혐의를 면하지 못할 것이다. 엽적과 진덕수의 증언은 바로 이 공백을 메운다. 만일 우리가 다시 엽적의 「묘지명」과 이 장 '서언'에서 인용한 「효종 황제를 위한 만사」를 가만히 생각해본다면, "통치의 추구를 더욱 새롭게 하기" 위해 분투하던 효종과 신하의 정신이 오늘날 눈앞에 다시 살아오는 듯하다.

효종 만년의 혁신적 조치는 먼저 집정대신의 인선 과정에서 드러났다. 경원당적慶元黨籍 명단에는 재집宰執 4인이 조여우, 유정, 왕린, 주필대 순서로 되어 있다. 이 명단은 각 재집이 당시 권력과 얼마나 떨어져 있느냐에 따라 배열된 것으로, 주필대가 가장 마지막 자리를 차지한 까닭은 그가 재상직을 떠난 지 이미 오래되었기 때문이다. 만약 집정 시기를 따른다면 순서는 오히려 반대가 된다. 곧 주필대, 유정, 조여우, 왕린 순이다. 왕린은 최고 직위가 추밀사였고 재상이 된 적이 없으므로 가장 마지막 자리에 와야 한다. 이 네 명은 모두 효종이 직접 발탁하여 광종을 보좌하도록 한 인사들이다. 이들은 두 가지 공통 특징이 있었다. 첫째, 효종의 '혁신적 정치 추구求治愈新' 구상을 적극적으로 추진했다. 둘째, 이학자 집단의 깊은 신뢰를 얻고 있었다. 뿐만 아니라 이 두 가지는 효종이 만년에 재집을 선택하는 양대 기준이 되었다. 아래에서 하나씩 논해보자.

앞 장에서 이미 한 절을 내어 주필대에 대해 연구했다. 여기서는 다만 효종 퇴위 전 그의 중용 과정에 대해 간략히 보충할 것이다. 누약의 「주공 신도비周公神道碑」는 주필대가 우상으로 제수된 과정을 가장 완벽하게 서술한다.

〔순희〕 14년 2월 (…) 정해일, 우승상 벼슬이 내려졌다. (…) 주상은 인재 발탁과 위임의 뜻에 대해 훈시했다. 공〔주필대〕이 아뢰었다. "(…) 예부터 아무 일 없을 때가 드물었습니다. 이제 폐하께서 정무에 부지런하셔서 안팎으로 평안한 지 거의 20년이 되었습니다. 지금이 바로 두려워할 만한 시기로 마땅히 장기 계획經遠之計을 생각해야 합니다."[5]

효종은 특별히 주필대에게 '인재를 발탁할 것'을 요구했으니, 이는 왕회가 임용한 직업관료들에 대한 불만의 표시였다. 주필대는 편안할 때일수록 위기를 생각해야 한다고 답하면서 "장기 계획"이 있어야 한다고 주장한다. 이는 효종의 '위임하려는 뜻'과 부합했다. 이때는 태상황 고종이 생존해서 효종은 아직 '혁신적 정치 추구'를 하지 못할 시기였다. 하지만 정중동의 징조가 이미 드러나고 있었다.

> 공[주필대]이 아뢰었다. "오랫동안 정계에서 때를 묻혔으니 (…) 바라건대 해골은 산림으로 돌아가도록 해주십시오." 주상이 거듭 노고를 위로하면서 "짐은 근래 병이 들어 피곤하여 태자에게 황위를 넘겨주려고 한다. 경은 몇 년 더 남아 있어야 한다."(…) [공은 순희] 15년 정월 좌승상으로 특진되었고 더 나아가 허국공許國公으로 봉해졌다. 2월 임술일 내선內禪이 있었다.[6]

"경은 몇 년 더 남아 있어야 한다"는 말은 누약의 「주공 신도비」에는 "경은 당분간 남아 있어야 한다卿須且留"로 되어 있지만 여기서는 『송사』 본전을 따랐다.[7] 두 설을 비교해보면, "경은 몇 년 더 남아 있어야 한다"가 더 합리적인 것 같다. 「주공 신도비」에 의하면, 주필대가 퇴직을 원했던 것은 "중동仲冬 초입" 곧 11월 초였으므로, 내선內禪이 있기 불과 3개월 전이었다. 효종은 주필대의 온건하고 온화한 기질이 신구 교체의 과도기를 이끌어가는 데 가장 적합하리라고 인식해서, 주필대가 적어도 2~3년간 계속하여 집정하기를 바랐을 것이다. 효종은 내선하기 전날 저녁 그를 좌상으로 승진시키는데, 이는 그의 집정 지위를 공고히 하려는 것임이 틀림없다. 효종은 새로운 황제[광종]가 즉위한 지 불과 3개월 만에 주필대가 '왕당'에 의해 공격을 받고 사임하리라고는 생각지도 못했을 것이다.

순희 14년(1187) 2월, 효종은 주필대를 우상으로 제수할 때 이미 유정을 그의 조수로 준비해놓고 있었다. 때문에 그해 8월 유정에게 참지정사 겸 동지추밀원사를 제수했다. 『송사』 권391 「유정전留正傳」은 이렇게 말한다.

(순희 16년 정월) 효종은 은밀히 내선의 뜻을 알렸고 우승상을 제수했다. 하루는 상주를 하는데 황태자[광종]가 참결하느라 시립해 있었다. 주상은 태자를 돌아보면서 말했다. "유정은 순박하고 성실하여 의탁할 만하다."[8]

유정은 태자좌유덕太子左諭德을 겸임한 적이 있어서 광종이 동궁 시절부터 잘 알던 사람이라 원래 적합한 인선이었다. 하지만 효종은 퇴위 전 먼저 새로운 황제의 좌승상과 우승상을 모두 선정해놓았고, 게다가 태자에게 유정을 신임하도록 특별히 신신당부하고 있다. 이는 효종의 계획적 안배임이 분명하다. 「유정전」은 이어서 말한다.

광종이 황위에 오르자, 춘방春坊[태자궁]을 주관하던 강특립이 총애를 입고 지합문사로 발탁되어 그의 위세가 점차 강해졌다. 유정은 그가 권력을 농단하여 국정에 간여한 것을 보고하는 문서들을 열거하고서 그를 축출할 것을 요구했으나, 주상은 미적거리며 결정하지 못했다. 마침 부참副參에 결원이 생기자 강특립이 유정을 만나서 말했다. "주상은 승상[유정]이 오랫동안 자리에 있어 좌상으로 승진시키려 합니다. 엽저葉翥와 장진張枃 중 한 사람을 집정으로 선택하려는데 누구를 먼저 임용해야 할지 잘 모르겠습니다." 유정이 상주하자 주상은 크게 노하여 강특립을 제거흥국궁提舉興國宮으로 인사 조치 했다. 효종이 듣고서 "진짜 재상이다"라고 말했다.[9]

유정의 집정이 지닌 최대 특색은 광종 시기 내내 강특립과 날카로운 대립을 벌였다는 점이다. 사실 이는 결코 개인 간 충돌이 아니라 당시 양대 정치 세력(이학자 집단과 관료 집단)간 대립이 격화했음을 보여주는 것이다. 이 부분은 뒤에서 더 자세히 분석할 것이고, 내가 여기서 특별히 독자들의 주의를 환기하려는 것은 "진짜 재상이다"라고 한 효종의 찬사다. 얼마 전 강특립이 주필대를 타도하는 투쟁을 벌이던 과정에서 효종은 "주필대에게 무슨 당이 있는가? 오히려 왕당[왕회의 당]이 지나치게 많을 뿐이다"이라고 말한 적이 있다. 주희의 이해에 따르면, 이 말은 왕회의 당을 '진압鎭壓'하는 작용을 발휘했다.(제7장을 보라.) 자신이 직접 나서서 주필대를 지원한 이상, 효종은 유정의 처지에 대해서도 수수방관할 수는 없었을 것이다. 그래서 "진짜 재상이다"라는 표현은 효종이 이 사건에 개입한 흔적으로 간주될 수 있다. 설사 이 말이 사후 논평에 불과하더라도, 효종이 공개리에 재상 쪽에 서서 근행과 대립했음은 보통 일이 아니다. 그런데 이것은 참으로 역사의 희극이다. 효종은 재위 20여 년간, 근습近習을 신임한 것이 그의 최대 특색으로, 초기에는 근습으로 증적과 용대연이 있었고 이들은 태자 시절의 인사들이었다. 중년에는 장열張說, 왕박王朴이 있었다. 강특립도 초기에는 효종에 의해 발탁되어 태자의 총애를 입은 경우다. 주희, 장식 등의 이학자들은 바로 근습을 멀리 물리치라고 효종에게 강력히 간언한지라 조정에 발붙일 수 없었던 것이다. 하지만 퇴위 후 효종은 방향을 반대로 바꾸어 이학자들과 같은 입장을 취하고 있다. 재위와 퇴위의 차이가 이토록 크다는 것은 권력세계 밖 사람들이 실로 상상할 수 없는 사실이다.

이제 우리는 한 걸음 더 나아가서 유정과 이학자 집단 사이의 관계를 고찰해야 한다. 유정은, 주필대의 '사군자탕'식 분위기와 달리, 이학형 사대부를 발탁하는 면에서 '대승기탕'의 기개를 아주 잘 보여주었다. 이심전은『도명록』에서 말한다.

익공의 문하에는 훌륭한 사가 많았는데, 연이어서 조정을 떠난 사람이 많았다. 태학박사 응선應先 심유개沈有開는 승상과 교분이 두터워서 저명한 사知名之士들을 발탁할 것을 힘써 권했고, 유 승상은 그 말에 따랐다. 이때부터 당대의 도덕적 인사들이 조정에 많이 모여들었으나, 뜻을 이루지 못한 사람들은 질시하기 시작했다.[10]

하담이 주필대를 공격한 데에는 또다른 내막이 있는데 뒤에서 다시 언급하기로 한다. 여기서는 먼저 심유개(1134~1212)가 진언한 일을 고증해보자. 『송사』에는 심유개의 전기가 없지만, 다행히도 엽적의 「심공 묘지명沈公墓誌銘」은 위 사건에 관한 기록을 담고 있다. 원문은 다음과 같다.

공의 이름은 유개이고 자는 응선이다. 어려서 배울 때 뜻이 컸다. 장흠부[장식], 여백공[여조겸]이 서울에서 벼슬살이를 할 때 절서浙西의 사들이 그들을 존경할 줄 몰랐으나, 공만이 그들을 따랐다. 설사륭薛士隆(설선薛宜, 1134~1173), 진군거(진부량, 1137~1203)가 비릉毗陵에 손님으로 왔을 때 공은 또다시 그들을 따랐다. (…) 만년에 상주문을 올려 벼슬에서 물러나려고 했는데, 조정에서 마침 옛사람들을 선발하여 국자國子에서 가르치도록 했고 공도 거기에 들었다. 강의가 끝나면 발簾을 내리고 문을 이중으로 닫고서 사람들을 만나려 하지 않아 망령되이 알현을 청한 적이 없었다. 유 승상이 기이하게 여기고, [공을] 불러서 읍을 하고 앉아 이야기했는데 [공은] 언제나 듣는 사람을 놀라게 하느라 해가 저무는 줄 몰랐다. 당시 승상은 순희 말년 저명한 사들이 등용되지 못하고 한미한 직위에서 썩고 있는 것을 걱정하여 몇 년 동안 그들을 모두 선발했다. 사들은 매우 기뻐하고 칭송하면서, 조원진趙元鎭(조정趙鼎), 진응구鎭應求(진준경)가 있어서 겨우 이런 일이 일어났다고 여겼다. 승상이 이미 천하에서 명예를 얻었으나, 공은 음으로 돕고 은밀히 청하는 데에 힘을 더 쏟았다. 천하는 비록 공이 돕는다는 것을 알았으나 그가 천거한 자가 누구인지 몰랐다. 공은 침묵을 지키면서 타인에게 이야기하지 않아 그의 자제도 알지 못했다. 그러나 불쾌하게 여기는 자들은 이미 공을 시기하고 있었다.[11]

심유개는 진지하게 도를 추구했고 여러 스승에게서 많은 것을 배웠다. 그가 배웠던 네 이학자들은 사실 그와 동년배였고, 그중 여조겸과 진부량은 그보다 어렸지만 이는 당시 이학계에서 늘 있는 현상이었다. 심유개의 사상적 배경에 입각해 말하자면, 심유개가 유정에게 천거했던 인재 대다수는 필연적으로 이학자 집단에서 나왔다. 그래서 직업관료들이 심유개를 '시기'하게 되었고 최후에 그는 '위학' 명단에 들고 만다. 유정이 이학의 사士들을 발탁하게 된 이유는 당연히 심유개 한 사람 때문만은 아니었을뿐더러, 주도권도 여전히 그의 손에 있었다. 엽적의 말에 약간의 과장이 없는 것은 아니지만, 그것은 비전체碑傳體가 원래 그렇기 때문이므로 이상할 것은 없다. 다시 주희를 사례로 들어 이학계 내 유정의 인망을 설명해보자. 주희의 『주자문집』을 보건대 주희는 주필대보다 유정과 교분이 두터웠던 것 같다. 주희가 유정과 더불어 '당'의 문제를 논한 것을 앞에서 인용했는데, 이는 주희가 지성으로 유정을 대했음을 보여준다. 주희가 주필대에게 보낸 편지에는 그런 논의를 볼 수 없다. 아래 구절은 우리의 논점을 아주 잘 실증한다.

> 생각건대 상공相公[유정]께서 중요 직위에 있어 전국의 저명한 사들을 다 이끌었으니, 한 사람이라도 조정에 오지 않은 사람이 없었습니다. 이번 가을의 일은 비록 상공이 교외로 나가 있으면서까지 노력했음에도 임금의 뜻을 직접 되돌리지 못했지만, 관직에 있는 여러 현인이 각각 충성과 지성으로 함께 나아가 고언을 드림에 온 힘을 다했으니, 이는 상공이 직접 말한 것과 다를 바가 없습니다. 상공이 이 사건에서 얻은 사들이 많고 군주에 대한 보좌가 효과를 보았으니 참으로 옛사람들에 비추어 부끄럽지 않습니다.[12]

이 편지[「유 승상에게 보내는 편지與留丞相書」 제2서]는 소희 4년(1193) 말에 쓰였다. 유정은 강특립이 절동부총관浙東副總管에 제수되는 것을 반대했지만, 광종은 이미 내려진 명령을 거둬들이지 않으려 했다. 유정은 양보하려 들지 않았고 재상직에서 파면해줄 것을 요청한 다음, 성 밖에서 처분을 기다리고待罪 있었다. 그래서 편지에 "교외로 나가 있다"는 말이 있다.[13] 주희가 말한 "저명한 사知名之士"와 "여러 현인諸賢"은 당연히 이학자 또는 이학형 사대부를 가리킨다. 이때 주희 말고도 중요 이학자들은 "한 사람이라도 조정에 오지 않은 사람이 없었다."

주필대와 유정은 모두 효종이 내선하기 전에 발탁한 재상이었다. 조여우(1140~1196)만은 효종 퇴위 후 비로소 배치된 인사였다. 조여우는 효종 만년의 구상을 실행하는 데 가장 열심이었을 뿐 아니라 이학자 집단의 중요 구성원 대부분을 중추적 지위에 발탁했다. 주필대와 유정이 누차 발탁하려고 시도했지만 실패했던 주희도 그 가운데에 있었다. 하지만 이후 조여우의 실패로 인해, 효종의 구상과 정치 집단으로서의 이학파 사대부들은 한꺼번에 소멸해버린다. 조여우의 전기 자료로는 현재 『송사』 본전과 근대에 발견된 유광조의 「조공 묘지명」만 있을 뿐이다. 전자는 서술이 비교적 분명하지만 빠진 부분이 있고, 후자는 상세하지만 오탈자가 있어 읽기 쉽지 않다. 아래에서는 이 두 편의 전기를 기초로 하고 여타 기록을 참조하면서 두 가지 문제만 논하기로 한다. 첫째, 효종이 조여우를 집정으로 발탁한 경과, 둘째, 조여우와 이학자 집단의 관계다. 그 외 문제는 언급하지 않음으로써 번잡함을 피하려 한다. 「조공 묘지명」을 보자.

송나라가 일어선 지(960) 202년, 효종 황제가 즉위(1162)하여 4년이 넘었을 때(1166), 처음으로 진사들의 책시策試[14]에 임했다. 공[조여우]의 책문은 충성스럽고 간절하여 1등으로 뽑혔는데, 조종 200년에 그런 책문은 없었다. [공은] 이때부터 삼관三館[15]에 들어가고, 봉박 업무를 맡았으며, 촉 지방을 진무鎭撫했고, 경연에서 시강이 되었으며, 공거貢擧를 주관했는데, 종실의 선례에 없던 일이었다.[16] 공이 촉 땅으로 가기 전 효종을 알현하니, 효종이 언젠가 크게 쓰일 것이라고 직접 인정하면서 안푸에서 그를 한번 시험해보라고 추천했다. 내선이 다가오자 효종은 자주 공을 불렀다. 광종은 황위를 계승하자 여러 차례 [공에게] 취지를 알렸다. 하지만 소인들이 모두 공을 질시했고, 어사 범처의范處義는 공이 잠시 조명詔命을 위반했다는 이유로 공을 탄핵했지만 받아들여지지 않았다. 소희 2년(1191) 9월, 이에 이부상서로 발령됐다. 공이 [광종에게] 이르자, 마침 황제가 약을 복용하여 3개월 동안 면대할 수 없었다.[17]

이 서술에서 세 가지가 주목할 만하다. 첫째, 효종은 일찍부터 조여우의 재능을 알아보고서 언젠가는 "크게 쓰일 것"이라고 인정했다. 둘째, 내선 전 효종은 그를 "자주 불러" 조정에 들어오게 했는데, 이는 당연히 인사 배치의 중요 고리였다. 셋째, 광종은 처음 즉위했을 때 그를 여러 번 불러들였는데, 이는 효종의 뜻을 봉행하려는 것이었다. 하지만 이윽고 저항 세력이 생겨났다. 두번째 지점과 관련하여, 『송사』 권389 「우무전」은 이렇게 기록한다.

효종이 인재를 논한 적이 있는데 우무가 "근래 조여우를 불러들여 안팎이 다 좋아합니다. 왕린 같은 사람도 불러들이기를 [사람들은] 기대하고 있습니다"라고 아뢰었다. 주상은 "그렇다"고 말했다.[18]

위 기록의 사료적 근원은 앞의 것과 다르지만, "내선이 다가오자 효종은 자주 공을 불렀다"는 것이 사실임을 증명하고, 더 나아가서 조여우가 이학파 사대부들로부터 광범위한 지지를 받았음을 증명한다. 이 대화가 "내선이 다가올 때" 오고갔다는 것을 어떻게 알까? 육구연의 『상산연보』에 따르면, 순희 15년(1188) 8월 이후 육구연이 "강서수江西帥 왕겸중王謙仲[왕린]을 방문했다"고 한다.[19] '강서수'는 강남서로안무사江南西路按撫使의 약칭이다. 육구연은 또 「강서수 왕겸중에게 보내는 편지與江西帥王謙仲書」를 썼는데, 『상산연보』는 이 편지가 같은 해 3월에 작성되었다고 한다.[20] 순희 15년 왕린이 강서에서 외지 근무를 하여 우무가 "불러들이라"고 말했음을 알 수 있다. 이 사실은 왕린의 본전[21]에는 빠져 있지만, 다행히도 육구연의 『상산연보』가 있어 고증에 도움이 되었다.

여기까지 보면, 조여우가 효종의 혁신 계획을 집행하는 인사 중 한 명이었음을 완전히 확증할 수 있다.

세번째 지점과 관련하여, 소희 2년(1191) 9월 조여우를 이부상서로 불러들인 원동력은 효종에게서 나온 것이고, 효종의 최후 목적은 조여우를 집정 대신으로 발탁하는 데 있었다. 이심전의 『건염 이래 조야잡기建炎以來朝野雜記』는 아래와 같이 말한다.

소희 4년(1193) 봄, 수황[효종]이 조충정趙忠定(조여우)을 등용하려 한다는 소문이 추부樞府[22]에 돌았다. 이미 명령이 내려지자, 찰관察官[23] 중 고종의 유훈을 들어 종실 인사를 재집으로 등용하면 안 된다고 말하는 자가 있었다. 주상[광종]이 그 일을 수황에게 상의하더니, [수황은] 마침내 재집에게 명령을 내려, 그 주장을 한 사를 불러들여서 자신의 의도를 알려주라고 했다. 곧 '고종의 유훈은 원래 진회의 간계를 꺾기 위한 것이었다'는 것이다. 그래서 답하는 조칙을 내려 "소흥의 선례는 다른 목적이 있어서 성립된 것이고, 더구나 수황께서 방문하셔서 너희에게 알리려는 것은 바로 그 때문이다"라고 말했다. 이때 대신 가운데 죄를 기다리는 사람들 대부분이 응답을 받지 못했다. 수황이 조충정을 보고자 할 때, 곧 갈초보葛楚輔(우상 갈필), 호자원胡子遠(지추밀원사 호진신), 진오숙陳吾叔(참지정사 진규陳騤,『송사』 본전은 "자가 숙진叔進"이라고 함)이 입조해서 사죄하니 연이어 황제가 인견引見했다. 그후 20여 일이 지나자 조충정이 비로소 입조하여 사죄했다. 수황이 말했다. "경은 종실의 현인으로서 집정이 되었으니 국가의 경사다. 경이 촉 땅에 있을 때 올린 상주문은 매우 훌륭했다. 짐은 항상 이 책[조여우가 편집한『유송조제신주의類宋朝諸臣奏議』]을 보는데『자치통감』과 병행할 수 있다."[24]

이 사료의 가치는 매우 높아서, 소희 4년 조여우가 동지추밀원사로 임명된 것이 태상황 효종의 의도에 따른 것이었음을 충분히 증명한다. 그렇지만 광종 즉위 초 그가 입조했을 때처럼 저항 세력이 또다시 출현했다. 곧 '찰관'이 "종실 인사를 재집으로 등용하면 안된다"는 '유훈聖訓'을 들어 그 임명을 저지한 것이다. 송나라의 법제는 강력한 구속력을 지녔고, 효종은 이미 재위에 있지 않아서 직접 개입할 수 없었으므로 조여우를 직접 불러들일 수도 없었다. 그래서 다종다양한 간접 조치를 통해 조여우를 집정대신의 지위로 올릴 수밖에 없었다. '찰관'의 저지 사건과 관련해서는 『송사』 「조여우전」의 서술이 비교적 간명하다.

(소희) 4년 조여우가 지공거로 임명되자 감찰어사 왕의단汪義端과 의견이 충돌했다. 조여우가 동지추밀원사로 임명되자, 왕의단은 '조종의 법으로는 종실 인사가 집정이 되지 못한다'고 말하고, 조여우가 당인을 심어 명예를 탐한다고 비난하면서 상소를 올렸지만 받아들여지지 않았다. (왕의단은) 또다시 대간과 급사가 남모르게 조여우에 들러붙어 모두들 침묵한다고 주장했지만 아무 반응이 없었다. (왕의단은) 조여우가 조종을 헐뜯을 계책을 냈다고 주장했으나 역시 반응이 없었다. 조여우가 사직하려고 노력하자, 주상은 왕의단을 군기감軍器監으로 옮겼다. 급사중 황상黃裳이 말했다. "조여우는 부모를 섬김에 효성스러운 것, 임금을 섬김에 충성스러운 것, 관직 생활에서 청렴한 것, 나라를 걱정하고 백성을 사랑하는 것이 천성에서 나왔습니다. 왕의단은 실제로 현인을 시기하므로 그를 물리치지 않을 수 없습니다." 주상은 곧 왕의단을 물리쳐서 지방직 대기자가 되게 했다. 조여우는 어쩔 수 없이 벼슬을 받았다.[25]

왕의단의 공세가 이처럼 맹렬하여, 조여우가 "당인을 심는다"고 비판할 뿐 아니라 "침묵"하고 있는 모든 대간과 급사들을 하나로 묶어 조여우의 "당인"으로 포함시키려고 했다. 이것을 조여우가 공거가 되어 왕의단과 일으켰던 사소한 다툼으로 해석되면 안 된다. "의견이 충돌했다違言"는 『송사』의 설은 기껏해야 도화선을 언급한 것일 뿐이다. 광종은 최초에는 다만 왕의단의 직위를 조정할 뿐 강등시키려 하지는 않았다. 이는 왕의단의 배후에 유력자의 지원이 있었음을 보여준다. 왕의단은 나중에 '위학 공격 인사攻僞學人' 36명 중 1인이 되므로 그의 당파적 배경이 뚜렷이 드러난다. 이심전의 『도명록』 경원 2년 (1196) 6월 조목에 이런 기록이 있다.

중서사인 왕의단이 조 승상[조여우]의 문하에 훌륭한 사佳士가 많다는 것을 이유로, 당나라 때 이임보李林甫의 고사故事를 들어 그 뿌리를 근절하고 제거하려고 했다. 때문에 당시 도덕적 인사들이 연이어 폄척貶斥되었다.[26]

전례를 보면, 왕의단이 이때 조여우가 추부로 들어오는 것을 극력으로 저지한 까닭은 관직에 있는 이학파 사대부가 유정의 뒤를 이어 또다시 '맹주'가 되는 일을 두려워했기 때문일 것이다. 뿐만 아니라, 왕의단은 "당인을 심는다"는 엄청난 죄목을 들고 있는데, 이는 5년 전의 '주필대당周黨' 설과 꼭 같다. 그래서 그가 강력히 나선 것은 개인의 일시적 흥분 때문도 아니고 조여우를 대상으로 삼기 위해서도 아니었을 것이다. 다만 소희 4년(1193) 조여우에 대한 공격이 일어났을 때와 순희 16년(1189) 주필대 축출이 일어났을 때의 정치적 분위기는 매우 달랐다. 곧 양대 진영의 세력에 이미 큰 변화가 일어나서 소희 4년 당시 대간과 급사는 기본적으로 이학 그룹의 수중에 있었던 것이다. 그래서 급사중 황상이 나서자마자 "왕의단을 물리쳐서 지방직 대기자가 되게 하는" 위력을 발휘했다. 여하튼 이번 파란을 통해, 효종이 막후에서 인력을 배치하면서 기울였던 고심이 잘 드러난다. 「조공 묘지명」은 이 사건을 다음과 같이 결론 내린다.

이번의 제수는 온전히 수황의 뜻대로 된 것으로, 26일이 지나 비로소 배명拜命했다.[27]

이는 결코 뒤집을 수 없는 결론이다.

조여우와 이학자 사이의 깊은 관계를 역사 연구자들이 다 알고 있으므로 그것을 상세히 논할 필요는 없고, 여기서는 그 특색만을 지적할 것이다. 『송사』 본전은 말한다.

조여우는 〔나라에〕 유용한 것에 힘쓸 것을 배우면서, 항상 사마광·부필·한기·범중엄을 목표로 삼았다. 과거 사우들 예컨대 장식, 주희, 여조겸, 왕응진(1118~1176), 왕십붕王十朋(1112~1171), 호전胡銓(1102~1180), 이도李燾(1115~1184), 임광조林光朝(1114~1178)로부터 들은 내용을 차례로 행하려 했으나 실현하지 못했다.[28]

이 서술은 「조공 묘지명」을 간략하게 요약한 것으로 핵심적이고 번다하지 않다. 하지만 「조공 묘지명」과 비교해보면, 연령 관계를 고려할 때 장식·주희·여조겸 세 사람은 임광조 뒤에 나와야 하고, 장식과 주희 사이에 우무(1127~1194)가 빠져 있음을 알 수 있다. 이는 이 기록자가 '도학' 쪽에 서 있음을 반영한다. 이 명단을 보건대 조여우는 한편으로 치도를 중시하는 북송 유학의 전통을 계승하면서, 다른 한편으로 남송 이학의 '외왕'의 이상을 명심하고 있었다. 그는 주필대와 유정에 비해 열 살 이상 어려 이학 문화의 최전성기에 성장하여, 당시 이학의 대가들을 상당히 존경했고 또 친밀하게 생각했다. 그는 장식·주희·여조겸을 제외하고도 진부량·엽적·육구연과 모두 교분이 두터웠다. 건도 8년(1172), 조여우는 여조겸·우무와 더불어 육구연이 진사시를 치를 때 시험관이 되었다.[29] 「조자직[조여우]에게 보내는 편지與趙子直書」[30]에서 육구연이 조여우를 매우 존중했고 또한 그에게 매우 솔직했다는 것을 알 수 있다.

조여우는 소희 5년(1194) 7월, 차기 황제를 세우기로 정하여 영종을 제위로 이끌어 올렸고, 곧이어 다수 이학자들을 초빙하여 중추로 들어오게 해서 자신을 도와 신정新政을 추진하도록 했다. 「조공 묘지명」은 말한다.

〔공은〕 이미 몸소 태자를 세웠지만 재상직이 비자, 자신의 뒤를 이어 유정이 백관의 장長이 되도록 해야 한다고 상주하여, 환관 두 명이 〔유정이 처분을 기다리던 교외로〕 갔다. 또한 주희가 명망이 있다고 하여 그로 하여금 대제로서 경연에서 강의하도록 했다. 그래서 지방에 있던 사군자士君子들을 불러 모으지 않음이 없었고, 광종 초기의 정치는 전국으로 하여금 기대하게 만들었다.[31]

조여우는 분명히 이때가 효종의 유지를 실현할 절호의 기회라고 인식했을 것이다. 표면상 그가 갖고 있던 권위와 열정은 이학자 집단을 감염시켜 그들로 하여금 "군주를 얻어 도를 행하는" 새로운 시기가 임박했다는 환상을 갖게 했다. 이학자 집단의 동태를 설명하기 위해 이 기회를 빌려 주희의 '입조40일立朝四十日' 사건의 시말을 깊이 추적해보고자 한다. 주희는 여러 복잡한 이유로 주필대와 유정의 집정 시기에 권력 중추로 진입하지 못했다. 이번에 그는 결연히 소환에 응하여 서울로 가려고 했다. 이는 조여우의 일대 성과라고 할 수 있다. 게다가 당시 조정에 있던 이학자 집단은 주희의 입조를 위해 엄청난 노력을 했다. 이런 대사건을 논하지 않을 수는 없다.

『주자연보』(권4 상) 소희 5년(1194) 7월 조목을 보자.

영종이 즉위하자, 조여우는 먼저 선생과 진부량을 추천하여, 〔선생에게〕 서울로 와서 상주하라는 명령이 있었다. 선생은 사양하려고 했다. 그보다 앞서, 촉 땅 사람 황상이 〔영종 태자 시절의〕 가저익선嘉邸翊善[32]이었다. 하루는 〔영종의 부친인〕 광종이 "가왕嘉王(영종)이 학문에 나아간 것은 모두 경의 힘이다"라고 말했다. 황상이 사죄하고 이어서 말하기를 "만약 덕을 진작하고 학업을 닦으며 옛 선인과 명철한 왕들의 뒤를 따르려면, 반드시 천하 제1류의 인재를 찾아야 됩니다"라고 했다. 광종이 누구냐고 묻자, "주 모朱某입니다"라고 대답했다. 팽구년이 이어서 궁료宮僚가 되어, 노나라 장공莊公이 그어미를 제어할 수 없었던 일에 대해 강의하면서 (…) 라고 말하자, 주상(영종)이 누구의 설이냐고 물었다. 팽구년은 "주 모의 설입니다"라고 대답했다. 그후 강의할 때마다 반드시 주 모의 설은 어떠냐고 [영종이] 물었으니 마음이 기운 지 오래되었기 때문이다. 그래서 [영종은] 즉위 초기 처음으로 [주희를] 불러서 등용했다.[33]

이 기록은 누약의 「팽공 신도비彭公神道碑」와 「황공[황상] 묘지명黃公墓誌銘」에도 있어서[34] 실록으로 인정될 수 있다. 주희가 마침내 마음을 움직인 중요 원인이 바로 위와 같았다. 처음에 임안에 도착했을 때, 주희는 채원정蔡元定(1135 ~1198)에게 편지를 써서 아래처럼 말했다.

임강臨江에 이르러 갑자기 다른 벼슬로 제수한다는 명령이 내려졌는데 매우 비상한 일로 감당치 못했습니다. (…) 또한 조사朝士의 편지를 받아보니, 모두들 "소지召旨가 주상의 직접 의사에서 나왔다"고 말하고, [주상이] 누차 물었다고 합니다. 그러니 [서울에] 오지 않을 수 없었습니다. 또 "주상이 마음을 비우고 배움을 좋아하며, 강원講員을 증원했고 학습 과정을 폭넓게 세웠다"고 하니, 위대한 통치를 바라는 마음이 강한 것입니다. 과연 그렇다면 실로 국가의 무궁한 복이 될 터이니, 의리상 한 번 가지 않을 수 없었습니다.[35]

"군주를 얻어 도를 행한다"는 흥분이 지면에 용솟음치고 있다. 그러므로 서울로 가던 도중 문인이 '이번에 도를 행한다면 무엇을 우선으로 해야 하느냐'고 묻자, 주희는 단연코 "오늘날의 일은 대개혁大更改이 아니라면 하늘의 뜻을 기쁘게 할 수도 없고 인심에 부응할 수도 없다"[36]고 대답했다. 새로운 황제가 자기를 알아주고 조여우가 정국을 주지하고 있으며, 이학 사대부들이 조정을 가득 채우는 등 정말 얻기 어려운 기회가 한꺼번에 주어졌으므로, 주희는 "대개혁" 하려는 포부를 갖지 않을 수 없었다. 『주자연보』 동년(소희 5년, 1194) 9월 정해일 조목은 특히 중시할 만하다.

> 앞서 선생이 상요上饒에 도착하자, 황제가 직접 수상을 축출했다는 소문을 듣고(승상이 이때 건강建康 지사로 나갔다—원주) 걱정하는 기색이 있었다. 학생들이 그 일을 물었다. 선생은 "대신의 진퇴는 마땅히 체모를 보존해야 하는데 어째서 그렇게 했는지?"라고 말했다.(『주자어류』 권127 「본조 1·영종조」 참조) (…) 육화탑六和塔에 도착했을 때(10월 초였을 것이다), 영가永嘉의 제현諸賢이 다 모여서 각각 시행하고자 하는 정책을 진술했는데 분분하여 결론이 나지 않았다. 선생은 "저쪽은 근육이고 우리 쪽은 살인데 어찌 그런 것을 의론할 겨를이 있습니까?"라고 말했다. 왜냐하면 이때 근습(한탁주)이 일을 벌이고 황제가 지휘하는 일이 이미 단서를 보였기 때문이다. 그래서 선생은 그 점을 걱정했다.[37]

주희는 떨어지는 나뭇잎 하나를 보고 가을이 다가오는 것을 알 정도로 미리 정세를 내다보면서, '대개혁'의 구상이 지나치게 낙관적임을 느끼고 있었다. 이는 주희가 예민한 정치적 감각을 갖고 있었음을 이야기한다. 육화탑에 관한 위 기록은 극히 간략하지만 굉장히 중요하다. 이 사건은 다른 어떤 송대 문헌에도 보이지 않는다. 왕무굉은 이 기록을 이방자李方子의 원래 연보에서 나온 것으로 판단하는데[38] 믿을 만하다. 왜냐하면 위 기록은 후대인이 첨가할 수 없는 성질의 것이기 때문이다.

주희는 어째서 '영가의 제현'과 먼저 육화탑에서 모임을 가졌고 또 격렬하게 토론했을까? 이 모임은 대체 어떤 성격을 지녔을까? 상세한 고증을 한 이후, 나는 육화탑이 임안 성城 밖의 건축물이 아니라고 충분히 단정할 수 있었다. 육화탑은 탑 때문에 붙은 통속적 지명이었다. 원래 육화탑 아래에는 정부의 역참이 있었고 그 이름은 절강정浙江亭이었다. 그래서 송대 문헌에서는 종종 '육화탑'과 '절강정'이 서로 통용되기도 했다.[39] 주희의 이번 여정은 조칙에 따른 것으로, 정부 측에서 여정을 안배해서 그가 서울에 들어가기 전 최후에 들러야 할 역참이 바로 절강정 역관驛館이었다. 때문에 조사들은 주희가 도착할 시간과 지점을 미리 알 수 있어서 그렇게 무리지어 영접을 나온 것이다. 주희의 서울 입성으로 이학자 집단이 일으킨 흥분을 볼 수 있다.

다음으로 어째서 『주자연보』는 "영가의 제현"이라고 지칭했을까? 설마 영가학파 인사들만 주희를 환영하러 나왔던 것일까? 먼저 우리가 지적해야 할 점은 당시 영가학파 중 임안에 있던 자들로 적어도 저명인사였던 진부량, 엽적, 설숙사(자는 상선象先, 설계선薛季宣의 조카) 세 사람이 있었다는 사실이다. 그 가운데 진부량은 나이도 가장 많고 명성도 가장 높아서 『주자연보』는 그들을 "영가의 제현"으로 일괄하여 불렀던 것이다. 따라서 '제현'이 모두 영가 출신이었다고 이해하면 절대 안 된다. 그렇다면 환영 인사에는 어떤 사람들이 포함되어 있었을까? 당연히 우리는 근거 없는 추측을 하면 안 된다. 그런데 마침 이런 어려움을 덜어줄 자료가 하나 있다. 소희 5년(1194) 말, 축출되어 건양建陽의 고정考亭으로 돌아온 다음, 주희는 유광조에게 편지 한 통을 써서 송별해준 동료들에게 인사를 전했다. 관련 부분을 보자.

이별한 지 딱 한 달이 되었습니다. (…) 길 위에서 갑자기 강릉에 부임하라는 명을 받았습니다. 이 사악한 죄인이 어찌 다시 출사하겠습니까? 주상께 아뢰어 힘껏 사양한다면 계획대로 될 수 있을 것입니다. (…) '노선생老先生'께서는 필시 기다리신 다음 곧바로 임명장을 받을 것입니다. 자수는 천 리 밖에 있고, 무헌과는 때때로 만나려 하고 있습니다. (…) 문숙文叔이 간 후 종종 편지를 받으셨습니까? 북관의 모임이 바람에 구름 흩어지듯 사라져버렸으니 실로 한탄할 만합니다.[40]

편지 속의 '자수'는 팽구년으로 주희가 고향으로 돌아가기 며칠 전에 금국 송반사가 되었기 때문에 "천 리 밖에 있다"고 말한다. '무헌'은 장영章潁이고, '문숙'은 황도黃度다. '노선생'은 진부량의 별명이다. 진부량이 소희 초년(1190) 서울에 왔을 때 장면을 기록한 누약의 「진공 신도비」를 보면, '노선생'이 진부량의 별명인 이유를 알 수 있다.

다시 수문修門으로 들어섰을 때 귀밑머리가 눈처럼 희었다. 승상 유정이 한번 보고서 한탄하며 말했다 "진군거[진부량]가 몇 살인데 아직도 지방관으로 보낼 수 있겠는가?"[41]

엽적의 「진공 묘지명」도 이렇게 말한다.

조정을 떠난 지 14년, 이제야 돌아왔으니 귀밑머리에 검은 것이 없었다. 서울 사람들이 모여서 보고 한탄하면서 '노진낭중老陳郎中'이라고 불렀다.[42]

'귀밑머리'는 진부량의 용모 중 가장 특색 있는 부분이어서 서울 사람들은 그를 "노진낭중"이라고 불렀고, 주희도 자연스럽게 그를 "노선생"으로 즐겨 불렀다. 비록 진부량이 주희보다 일곱 살 어렸지만 말이다. "북관의 모임"은 송별회인데, 주희가 이 편지를 쓴 지 조금 후 팽구년에게 또 편지를 썼다.

이별 후 하루이틀이 지나자 곧 폄척의 명을 받았습니다. 관문을 나온 지한 달 만에야 향리에 도착할 수 있었습니다.[43]

여기서 팽구년이 주희보다 먼저 임안을 떠나 '북관의 모임'에 참석할 수 없었음을 알 수 있다. 그런데 「유덕수에게與劉德修」라는 편지를 보면, 적어도 진부량, 유광조, 팽구년, 장영, 황도 등이 육화탑의 '제현'에 들어 있었다고 추론할 수 있다.[44] 그러므로 육화탑 모임은 단지 일상적 환영 의식에 그치지 않고, 재조在朝 이학자 집단의 정치 좌담회였던 것이다. 주희의 이번 출사로 인해 이학자 집단의 정치적 결합이 처음으로 완정한 수준에 도달했는데, 이것은 이들이 조여우의 집정에 높은 기대를 하고 있었음을 가리킨다. 그들의 낙관적 계산에 따르면, 조여우는 종실과 집정의 이중 신분으로서 새로운 국면을 열고, 대규모의 혁신 계획이 곧바로 전개될 가능성이 컸다. 위 글에서 보았다시피 주희 자신도 '대개혁'의 동경을 품고서 수도에 왔다. 이런 심리를 분명히 이해해야지만 비로소 '영가의 제현'이 어째서 주희를 그토록 초조하게 기다렸는지, 그리고 여장도 채 풀지 않은 주희와 더불어 개혁의 절차에 관해 그토록 격렬한 토론을 했는지를 알 수 있다. 그러므로 "각각 시행하고자 하는 정책을 진술했는데 분분하여 결론이 나지 않았다"는 이 간단한 기록은 이학자 집단의 정치적 동향을 생생하게 드러낸다. 그들 사이에 "군주를 얻어 도를 행한다"는 공통의 전제가 없었다면, "각각 시행하고자 하는 정책을 진술한다"는 것이 어떻게 가능했을까? 그들이 이미 '대개혁'에 대해 공통 인식을 하고 있었으되, 구체적 실천 절차에서 아직 합의가 없었기 때문에 토론이 "분분하여 결론이 나지 않은" 상태로 들어선 것이다. 육화탑 모임에 관한 이 사료는 이학자 집단의 전체 동향에 대한 증거이므로 그 가치는 개별로 흩어진 증거들에 비할 바가 아니다.

주희는 육화탑 모임에서 "저쪽은 근육이고 우리 쪽은 살이다"라는 우려를 품기는 했지만, 서울에 와서 직임을 맡은 초기에는 그의 낙관적 정서가 다시 고조되었다. 앞서 인용한 「채계통에게 답하다答蔡季通」는 계속해서 말한다.

제가 늙었으면서 바야흐로 관리 노릇 하는 것을 배우려 하니 매우 웃깁니다. 아침부터 분주하여 모두 감당할 바가 아닙니다. 다만 과분하게 후의를 입고 주상의 은혜도 매우 두터우니, 사직하겠다는 말을 아직 감히 하지 못했습니다. 경연에서 제 학설을 진술할 때 감히 다 말하지 않을 수 없었습니다. 주상은 일대일로 이야기하기를 원하시나, 반복해서 말해보라는 말씀은 아직 듣지 못하여 제 생각을 다 쏟아내지 못했을 뿐입니다. 진군거는 주상 앞에서 말할 때 대단히 상세하고 지성스러운데 그 장점은 제가 미치지 못하는 바입니다. 제가 정말로 그를 경애하고 있음은 보내주신 편지에서 말씀하신 것 이상입니다.[45]

이 구절은 주희가 시강직에 있을 때 겪은 두 가지 문제를 언급한다. 첫째는 그와 새로운 황제 사이의 관계이고, 둘째는 그와 진부량 사이의 동료 관계다. 각각의 문제를 조금 더 해명해보자.

주희와 영종의 관계에 관한 자료는 희소하지만, "주상은 일대일로 이야기하기를 원하신다"는 구절은 적어도 최초에 두 사람이 꽤 의기투합했음을 보여준다. 『학림옥로』 갑편甲編 권3 '경원시강慶元侍講' 조목은 「채계통에게 답하다」와 더불어 상호 증명이 된다. 조목은 아래와 같이 말한다.

경원 초, 조자직趙子直이 국정을 담당하여 주문공[주희]을 불러 시강으로 삼았다. 문공이 흔쾌히 가서 강의함으로써 [황제를] 감동시키려 했고, 편차編次대로 강의함으로써 진언하려고 했다. 영종이 기뻐하면서 각 구절에 표점을 찍어 오라고 했다. 어느 날 문공이 질문을 하니, 주상은 "궁중에서 항상 읽는데 핵심은 '놓친 마음 구하기'일 뿐이다"라고 말했다. 문공은 이어 그 설을 더욱 미루어 밝히면서 "폐하께서 이미 학문의 핵심을 알고 계시니, 바라건대 열심히 노력하여 힘껏 행하십시오"라고 말했다. 물러나서 문도들에게 "주상과 함께 좋은 일을 할 수 있겠다. 만약 여러 현인을 등용하여 보좌하도록 한다면 천하는 가망성이 있을 것이다"라고 말했다.[46]

이 기록은 필시 주희의 문인들로부터 전해졌을 것이다. 영종은 동궁 시절부터 이미 황상, 팽구년에게서 배웠기 때문에 주희와 이런 문답을 할 수 있었다. 또한 「경연 강의經筵講義」(『주자문집』 권15)를 살펴보면, "놓친 마음 구하기求放心"

와 "열심히 노력하여 힘껏 행함勉强而力行(곧 '실제로 공부를 시작하기實下功夫)"이라는 표현을 하나하나 찾아볼 수 있으므로, 위 기록은 사실적 근거가 있었음이 틀림없다. 주희가 "천하는 가망성이 있을 것"이라고 문인들에게 말했다는 것은 그가 "군주를 얻어 도를 행한다"는 것에 대해 또다시 새로운 환상을 갖게 되었음을 뜻한다.

편지에서 진부량을 추중했던 것은 채원정을 안심시키기 위해서였다. "보내주신 편지에서 말씀하신 것 이상이다"라는 말로부터 추론하건대, 채원정은 편지에서 주희와 진부량이 진실로 협력해야 한다는 뜻을 전했을 것이다. 왜냐하면 주희는 학문상으로 '영가의 사공事功'과 '강서의 돈오頓悟'에 대해 줄곧 불만족을 표하고 있었기 때문이다. 주희는 답장에서 진부량이 시강으로서 지성스럽고 부지런하다고 칭찬할뿐더러 그를 경애하고 있다고 말한다. 채원정의 우려는 기우라는 것이다. "군주를 보좌하여 도를 행하다致君行道"는 대전제 아래 주희는 학문적 차이를 잠시 한구석으로 밀어놓고 있다. 이는 그의 일관된 태도였다. 주희는 과거 육구연에 대해서도 그런 태도를 보였는데,[47] 이제는 진부량에 대해서 마찬가지 태도를 취한다. 이 편지가 드러내는 어투는 분명 낙관적이고 명랑하다. 아래에 인용한 문인들과의 대화는 새해 초 이루어졌다.

〔새해〕 초 선생을 뵙고서 삼가 여쭈었다. "출사를 어렵게 하고 사직을 쉽게 하는 선생의 기풍은 천하가 모두 압니다. 이제 새로운 천자가 황위를 잇자 〔선생은〕 빨리 출사하셨으니, 장차 중요한 건의를 하시겠지요." 선생이 웃으면서 말했다. "단지 당시에 합치하지 않았기에 장사長沙로 나갔던 것이다. 관직에 있을 때 받는 모든 소명召命에 대해 또한 감히 고사할 수는 없다." 또 말했다. "지금 이미 시종侍從의 직명을 받았으니 곧바로 사직할 수 없겠습니다." 선생이 말했다. "바로 그렇다." 또 웃으면서 "만약 병에 걸려 낭패를 볼 때에만 사직할 수 있을 것이다"라고 말했다.[48]

위 구절은 손자수孫自修가 갑인년(소희 5년, 1194)에 들었던 이야기를 기록한 것으로, 주희는 정신이 매우 가볍고 유쾌할 뿐만 아니라 '시종의 직명'을 사양하려는 마음이 전혀 없었다는 점을 보여준다. 주희는 조여우가 주도하는 정국에 대한 믿음을 갖고 있었던 것 같다.

주희가 환장각대제煥章閣待制 겸 시강으로 임명된 지 40여 일 만에 축출되었다는 것은 주지의 사실이므로 췌언贅言할 필요는 없을 것이다. 그런데 고금의 논자들은 대체로 한탁주가 주희가 축출된 주요 원인이라고 지적하고 영종의 역할은 자세히 언급하지 않는다. 「회암 선생의 대제 파직과 옛 궁관직 복귀에 관한 포고문晦菴先生罷待制仍舊宮觀誥詞」 발문을 쓴 이심전은 아래 자료를 인용하는데, 이는 주목할 만하다.

공부시랑 겸 시강 백시伯畵 황애黃艾가 대문對問으로 인해 선생을 축출할 조치를 취하려 했다. 주상이 "처음으로 주희를 경연에 임명했을 뿐이다. 이제일 하나하나에 대해 그로부터 이야기를 듣고 싶다"고 말했다. 백시는 그치지 않고 재삼 간청했다.[49]

나는 이 기록이 특별히 중시되어야 한다고 생각한다. 왕무굉은 홍본洪本의 옛 연보를 인용한다.

선생은 군주를 보좌하는 데 급하여, 앎에 있어 말하지 않은 것이 없었고 말에 있어 간절하지 않음이 없었는데, 매우 엄하고 두렵게 하는 모습이 있었다.[50]

이 조목은 이방자의 원본에서 나온 것으로, 후대인이 지어내서 덧붙일 수 있는 것이 아니고, 영종이 황애에게 했던 답과 상호 검증된다. "사람은 먼저 의심하고 나서 타인을 헐뜯기 마련이다"라고 한다. 이 청년 황제는 주희의 엄격한 질책을 참을 수 없었고 사사건건 따져 묻는 주희를 감당하기 힘들었다. 이것이 바로 주희가 축출된 주요 원인이었다. 우리는 황제 자신의 의지가 주희 축출 결정에서 중요한 역할을 했음을 낮게 평가해서는 안 된다. "군주를 보좌하는 데 급했다"는 것이야말로 주희가 그 자리에 오래 있을 수 없었던 근원이었다.

주희는 소희 5년(1194) 10월 초에 임안에 와서 윤10월에 떠나갔다. 이것이 "조정에 선 지 40일入朝四十日"의 전체 과정이다. 주희의 이번 여정은 실로 '흥에 겨워 와서 흥이 깨져 돌아간 것'이라 할 수 있다. 이런 좌절을 거치면서 그의 정치적 생명은 완전히 끝나버렸다. 영종 경원 2년(1196) 이후, 주희는 귀로 중 강릉지사 부임명을 받고 명을 거절했을 때의 심정을 다음과 같이 추억했다.

> 정경正卿이 물었다. "강릉의 명을 받았는데 세 번 사양하는 것에 그칠 것인지요?" 대답했다. "이번에는 죽어도 나가지 않는다. 나가자마자 바로 죽을 뿐이다."[51]

주희가 벼슬길과 이별하면서 한 맹세가 이러했다. 하지만 그가 개인으로서 정치에 다시는 발을 담그지 않았다고 하더라도, "군주를 보좌하여 도를 행하려는" 그의 이상이 조금이라도 희박해졌던 것은 결코 아니었다. 그래서 그는 앞서 인용한 「유덕수에게」에서 여전히 간절하게 말하고 있다.

> 오직 바라는 것은 (⋯) 군주를 보좌하여 도를 행하려는 본래의 마음을 잊지 말고, 광명을 빛내도록 하심으로써 종묘와 사직을 지키시기를 오직 바라옵니다. 저의 간절한 마음입니다.[52]

이 말은 결코 상투어가 아니었다. 왜냐하면 동시에 주희가 정교鄭僑(건도 5년 진사, 생몰년 불상)에게 보낸 편지 역시 같은 심정을 더욱 구체적으로 표현하기 때문이다.

급하게 수도를 떠난 일에 깊은 관심을 보여주셨습니다. 이미 떠난 후, 주상 앞에서 힘써 말씀해주신 것을 알게 되었습니다. 그대가 제게 사사로이 대해 주시지 않은 것을 잘 알고 있으니 부끄럽게 여기지 않을 수 없습니다. 저는 배를 타고 갔는데, 추위와 바람을 만나 어제저녁에야 비로소 삼구三衢에 도착했습니다. 하루이틀 더 있다가 마침내 남쪽으로 갑니다. 병든 몸을 요행히 지탱할 수 있었던 것은 모두 [그대가] 충분히 보호해주신 덕택입니다. 이전에 장사에서 온공[사마광]의 『계고록稽古錄』 정본을 얻어 특별히 간행한 일이 있는데, 그것은 월중본越中本보다 훨씬 뛰어나서 책을 만들어 황제께 바치려 했습니다만, 다 마치지 못하고 오게 되었습니다. 또한 [더 좋은 판본을] 찾으라는 공문을 하달해줄 것을 직접 아뢰려고 했지만, 역시 그럴 겨를도 없이 사직하게 되었습니다. 매번 이 책을 읽을 때마다, 온공이 군부君父에게 충성하려던 것이 세 황제를 겪은 다음에야 이루어질 수 있었음을 알수 있었습니다. 군주의 덕에 세 가지가 있고 재질에는 다섯 가지가 있다는 그의 논의는 매우 간절하므로, 성주聖主로 하여금 [그 논의를] 듣도록 하지않을 수 없습니다. 잘 모르겠지만, 한마디 언급하셔서 이 주州에 공문을 내려 더 나은 판본을 찾아 바치도록 하실 수 있겠습니까? 하지만 제 이름은 언급할 필요가 없을 터이니, 죄가 선현에게까지 미쳐 오히려 [황제에게] 충언이 전달되지 못하는 결과를 초래할까 두려워서입니다.[53]

이 편지는 주희가 아직 집에 도착하기 전 삼구에서 작성되어서 「유덕수에게」보다 며칠 전에 쓰인 것이다. 주희가 귀향 중에도 어찌하면 "군주가 덕을 완성시킬 수 있을지成就君德"를 한시도 잊지 않았음을 알 수 있다. 주희는 영종이 자신에게 강한 반감이 있음을 잘 알았기 때문에, 정교에게 부탁하기를 『계고록』을 바칠 때 자기 이름을 대지 말라고 했다. 순전히 개인 관계에 입각해 말하자면, 주희 역시 이 청년 황제에게 마음 깊은 감정을 가질 수 없었을 것이다. 하지만 여기서 "군주를 보좌하여 도를 행한다"는 것이 이학자들의 집단의식을 구성하게 된 까닭을 알 수 있으니, 곧 그 가운데는 개인의 일면을 넘어서는 것이 있기 때문이다. 천인커에 따르면, 유가의 기강紀綱은 추상적 이상의 최고 수준에 해당되어 마치 플라톤의 '에이도스Eidos'와 같아서, 군신지강君臣之綱을 보자면 "군주의 경우 이욱李煜(937~978)[54] 같은 사람도 유수劉秀(기원전 5~기원후 57)[55]가 되기를 기약했다"[56]고 한다. 주희가 축출된 후에도 "군주를 보좌하여 도를 행하는" 이상을 버리지 못했던 것은 바로 이런 면에서 보아야 한다. 게다가 당시의 정치 형세는 이학자 집단이 이미 힘을 잃어가던 때였다. 조여우만이 아직 자리를 잃지 않아 한 가닥 희망으로 남아 있을 뿐이었다. 육화탑에서 열린 '제현의 모임'에서 주희는 이미 "저쪽은 근육이고 우리 쪽은 살이다"라는 느낌이 있었다. 그러므로 이때 "군주를 보좌하여 도를 행한다"는 꿈이 깨지리라는 것을 어찌 몰랐겠는가? 그러므로 앞서 인용한 여러 편지는 "안 될 것을 알면서도 한다"는 유가의 정신을 드러낸다. 서울을 떠날 때의 주희의 심정은 고뇌와 비장함이 뒤섞여 있다. 그는 「유덕수에게」 가장 마지막 부분에서 아래처럼 말한다.

북관의 모임이 바람에 구름 흩어지듯 사라져버렸으니 실로 한탄할 만합니다.[57]

'북관'은 임안 북성北城 여항문餘杭門의 속칭인데, 그곳에는 북곽역정北郭驛亭이 있었다. 남송 사대부들이 서울을 나설 때 이 역참에서 배를 탔고, 송별하는 사람들도 여기서 전별하곤 했다. 그러므로 "북관의 모임"이란 동료 제현이 주희가 떠나기 전 최후로 가졌던 모임을 가리킨다. 50여 일 전 있었던 육화탑의 모임과 이 모임을 비교해보면 선명한 대비를 이룬다.[58] "바람에 구름 흩어지듯 사라져버렸다風流雲散"는 표현은 석별의 정을 묘사하지만, 그것은 바로 '도학의 흩어짐道學散群'에 대한 예언이다.

육화탑의 입도入都에서 북관의 떠남에 이르기까지, 우리는 주희 한 사람의 경력을 통해서 이학자 집단이 조여우의 호소 아래 "군주를 보좌하여 도를 행하기" 위해 얼마나 끊임없이 분투했는지를 엿볼 수 있다. 조여우도 마찬가지로 효종의 부탁을 저버리지 않기 위해 최후의 1분까지 악전고투했다. 유광조는 「조공 묘지명」에서 이렇게 말한다.

당시 사건이 다양하고 잡다하게 발생하여 인재들이 잠시 모였다가 다시 흩어졌다. 공〔조여우〕은 고립되어서는 오래갈 수 없음을 알았지만, 오히려 임금을 권면하여 큰일을 하도록 하는 데 급급했다. 이달(경원 원년 정월) 25일, 이부二府의 대신을 이끌고 직접 아뢰었다. "폐하께서 다만 보통 임금이 되려하고, 저희들이 아침저녁으로 보통의 일만 아뢴다면, 목전의 안일을 구차하게 도모할 수 있을지도 모릅니다. 폐하께서 자손만대의 계획을 세우려 하신다면, 반드시 '뜻을 세우는 것'에서 시작해야 합니다. 만약 폐하의 뜻이 먼저 정해진다면, 저희들 역시 폐하를 위해서 현재의 잘못된 정사를 조목조목 나열하고, 차차 〔그 개선책을〕 시행하기를 깊이 바랍니다." 공은 소인들의 계책이 이미 완성되었다는 것을 모르고서 그날 이목李沐을 우정언으로 임용했다. 이목은 한탁주와 공모하여, 〔우정언이 되자마자〕 공이 사직을 위험에 빠뜨리려 한다고 주장했다.[59]

조여우 최후의 진언進言은 장차 자기를 탄핵할 언관을 임명한 것과 같은 날 올려졌으므로 그 결말은 불문가지다. 다만 다행히도 「조공 묘지명」에 최후 진언의 주요 내용이 보존되어 있어, 확실히 조여우가 효종 만년 혁신 구상의 충실한 집행자였다고 확신할 수 있다. 그는 두 가지 정치적 방안을 제시한다. 첫번째는 구태를 답습하면서 "목전의 안일을 구차하게 도모하는 것"이고, 두번째는 "큰일을 하는 것" 곧 구태를 제거하고 새것을 배치하는 것으로 "자손만대의 계획을 세우는 것"이다. 전자는 왕회의 집정 이래 관료 집단이 굳게 지키던 것이었다. 하지만 후자는 효종 만년 정치적 조치의 기본 정신을 체현한 것이었다. 그리고 이는 주희를 포함한 이학자 집단이 권력세계에 투신하여 조여우와 함께 분투하려 한 주요 이유이기도 했다. "뜻을 세우는 것에서 시작해야 한다"는 구절은 이학자들의 정치적 사유가 지닌 특색을 분명히 부각한다. 주희는 "수황은 실로 천하에 뜻이 있었다"고 말했고, 조여우가 바란 것은 영종이 조부인 효종의 '천하의 뜻'을 바로 자신의 뜻으로 "세우는" 것이었다. 하지만 조부와 손자 사이에는 이미 세월이 많이 흘러 있어서, 효종의 모든 조치와 "군주를 얻어 도를 행하려는" 이학자들의 노력은 함께 무위로 끝나고 말았다.

부연설명 1: 주희의 "조정에 선 지 40일"에 대한 설명
황간의 「주 선생 행장」은 말한다.

50년간 네 황제를 겪으면서, 외직에 임명된 것 겨우 아홉 차례, 조정에 선 것은 40일이었다.[1]

초천초수樵川樵叟의 『경원당금慶元黨禁』은 말한다.

주희는 10월 신묘일에 들어와서 알현했는데, 중간에 나아가서 강의한 것이 일곱 차례, 내전에 들어가서 황제에게 아뢴 것이 두 차례, 일대일 대면과 연회 참석이 각 한 차례였다. 조정에서 겨우 46일 있었다고 한다.[2]

주희가 소희 5년(1194) "조정에 섰던" 기간에 대해 종래로 두 가지 설이 있었다. '사십 일'이라는 「주 선생 행장」의 설이 후대에 널리 인용되었는데, 그 사례가 매우 많아 여기서 상세히 언급할 필요는 없을 것이다. 우리의 통상적 이해에 따르면, 대체로 '40四十'은 40이라는 일정한 숫자를 가리킨다.[3] 그러나 전통의 '사사오입'법에 따라서 말한다면 6일을 떼어버리면 안 된다. 그러므로 여기에는 아직 밝혀야 할 내용이 숨어 있음을 알 수 있다. 우리는 이 문제를 풀기 위해 천위안陳垣의『20사 삭윤표二十史朔閏表』에 근거하여 날짜를 하나하나 배열하고, 주희의 상주문과 왕무굉의『주자연보』를 참조함으로써 나름대로 결론을 얻을 수 있었다. 이에 아래처럼 약술한다.

『주자연보』는 주희가 소희 5년 10월 기유일에 "서울의 성문을 들어섰다"고 기록하는데, 그날은 주희가 성 밖 절강정 역관에서 임안에 들어온 날로(부연설명 2를 보라), 10월 2일에 해당된다.『경원당금』의 "10월 신묘일에 알현했다"[4]는 기록은『주자연보』의 "행궁의 편전에서 상주했다"[5]는 기록에 대응한다. 신묘일은 10월 4일이고 이때 첫 알현이 있었지만, 아직 주희가 '환장각대제 겸 시강'의 직위에 나아가지는 않았기 때문에,『주자연보』는 "대제 겸 시강을 직접 사양했다"[6]고 기록한다. 그런데 이튿날인 임진일, 곧 10월 5일에 대해『주자연보』는 아래와 같이 말한다.

대제의 직명을 사양한다고 상서성에 아뢰고, 설서로 다시 임명해줄 것을 요구했다.[7]

주희는 상서성을 통해 대제의 직명을 다시 사양했는데,「대제를 사양하고 설서로 다시 임명해줄 것을 바라는 상소문辭免待制改作說書奏狀」[8]이 그 증거가 될 수 있다. 결국 벼슬을 사양한다는 요청이 비준되지 않았기에, 조정 쪽에서 보자면 주희의 임기는 10월 5일부터 정식으로 시작된 것이라 할 수 있다.

주희는「어필로써 궁관의 직을 하사해주심에 감사드리는 상소문謝御筆與宮觀奏狀」에서 말한다.

이번 달 21일, 황제께서 다음과 같이 직접 써서 제게 내려주셨습니다. "짐은 경이 늙어 이런 한겨울에 강의하기 어려울까 걱정되어 이미 경에게 궁관의 직을 제수했으니, 잘 알라." 신은 쇠약하고 병이 들었으며 늙어서, 사직해야 하는 줄도 모르고 임금의 배려를 입었으며, 〔임금께서는〕 특별히 〔신을〕 궁휼히 여겨주셨습니다. 성은이 망극하고 지극히 감격스러우며 황공하옵니다. 삼가 상주문을 갖추어 감사의 마음을 전하오니, 바라건대 밝히 살펴주십시오.[9]

이에 따르면, "환장각대제 겸 시강" 직위는 윤10월 21일에 정식으로 해제되었고, 임기는 윤10월 20일에 끝난 것이다. 10월 5일부터 윤10월 20일까지는 바로 46일이다. 『경원당금』의 기록은 여기에 근거한다.

"조정에 선 지 40일"이라는 「주 선생 행장」의 설은 46일을 줄여서 40일이라고 말했던 것일까? 그 또한 그렇지 않다. 주희의 「어필로써 대제의 직에 부임하라고 명령하신 것에 감사하는 상주문謝御筆以次對係銜供職奏狀」은 이렇게 말한다.

10월 초10일 어전에서 어필 한 통을 신에게 내리시어, 다시는 대제의 직위를 고집스레 사양하지 말라고 명하셨습니다. 신이 전일 벼슬을 새롭게 제수했던 것은 정상을 훨씬 넘어서는 일이어서 누차 사양했고 날마다 윤허가 있기를 희망했습니다. 삼가 황제께서 직접 어필로 작성하셔서 칭찬의 말씀을 굽어 내려주시고, 또한 다시는 사양하지 말라고 명하실 줄을 어찌 생각이라도 했겠습니까? 이 비천한 신하의 분한상 그래서는 안 될 것이기에 어필을 받아 엎드려 읽었으니 황공함을 이기지 못하겠습니다. 삼가 이미 황제의 훈계에 따라 그 직위에 나아가면서, 그 외에 상주문을 올리니 바라건대 통찰하여 주십시오.[10]

위 구절 중 "전일 벼슬을 새롭게 제수했다"에서, '전일'의 원문인 '작作'은 '전前' 자와 동의어이므로 현대식으로 '어제'라고 풀이해서는 안 된다. 이런 용례는 주희의 상주문에 여러 차례 나오므로, 여기서 특별히 주의하여 오해를 피하려고 한다. 위 상주문에 따르면, 주희 자신이 대제 겸 시강의 직위를 받아들인 것은 실제로 10월 10일 정유일이었다. 『주자연보』도 말한다.

정유일, 〔사양을〕 허가하지 않는다는 어필을 받고, 곧바로 명을 받아들여 그 직위에 나아갔다.[11]

또한 『주자연보』에는 소희 5년(1194) 임진일(10월 5일)에서 정유일(10월 10일) 사이의 기사가 없어서, 이 5일 동안 주희는 명을 받았으되 그 직위에는 나가지 않고 있었음을 알 수 있다. 그러므로 그 자신의 처지에서 말하자면, 주희는 10월 10일에 비로소 "명을 받아들인 것拜命"이다. 주희는 벼슬을 받아들이거나 사양하는 문제에서 조금도 구차하지 않았기에, 황간의 「주 선생 행장」은 필시 주희 생전 말에 따라 10월 10일부터 계산하여 윤10월 20일까지 딱 41일간을 "조정에 섰던" 날로 여겼을 것이다. 41일을 약간 줄여 "조정에 선 지 40일"이라고 말한 것이다. 이로부터 우리는 다음과 같은 결론을 얻을 수 있다. 곧 '40일'설과 '46일'설은 각각 서로 다른 계산법에 따른 것으로, 전자는 결코 후자의 '정수整數'가 아니라는 사실이다.

주희는 소희 5년(1194)에 부름을 받아 조정에 들어갔는데, 10월 2일 임안에 도착하여 윤10월 27일에 북관에서 배를 타고 건양의 고정으로 돌아왔으니,[12] 임안에 있었던 날은 모두 합하여 56일이었다. 이 밖에도 해명되어야 할 사항이 더 있다. 『주자연보』 소희 5년 윤10월 조목에는 다음 구절이 보인다.

〔주희는〕 무진일 사원史院에 들어갔다.[13]

그 아래에는 『주자어류』의 문장이 인용되어 있다. 『고이』에 따르면, 이 조목은 출처가 구본舊本이다. 이제 『주자어류』 권107 「내임內任·영종조」를 보면 "무진일 사원에 들어갔다"는 기록이 없다. 무진일은 윤10월 11일인데, 주희가 지은 「실록원 및 수찬 겸직을 사양하는 첫번째 상주문辭免兼實錄院同修撰奏狀一」을 살펴보자.

제가 이번 달 14일 상서성의 차자를 보니, 임금의 뜻을 받들어 저를 실록원 및 수찬 겸임으로 임명했습니다. 저는 명령을 듣고 깜짝 놀라 어찌할 바를 몰랐습니다.[14]

곧 주희가 사원에 들어간 것은 14일인 신미일이었다. 옛 연보 또는 『주자어류』에는 '무진'이라는 기록이 있는데 거기에 따를 수 없다. 왕무굉의 『주자연보』 및 『고이』는 이 상주문에 대해 한 글자도 언급하지 않고 있으므로 아마도 누락했을 것이다.

부연설명 2: 육화탑과 절강정

『주자연보』에는 "육화탑에 도착했을 때 영가의 제현이 다 모여서 각각 시행하고자 하는 정책을 진술했는데 분분하여 결론이 나지 않았다"는 매우 중요한 기록이 있다. 그런데 주희는 이미 임안의 성 밖에 도착했으면서, 어째서 휴식을 취하지 않고 먼저 육화탑에서 '제현'과 논쟁했을까? 또 '제현'은 어떻게 주희가 육화탑에 도착할 시간을 미리 알고서 그곳에 모였을까? 이 사안은 중요하기 때문에 번쇄함을 무릅쓰고 상론하고자 한다.

잠설우潛說友는 『함순임안지咸淳臨安誌』 '육화탑' 조목에서 대략 다음과 같이 이야기한다.

용산龍山 월륜봉月輪峯에 수령원壽寧院이 있었다. 개보開寶 3년(970), 지각知覺 선사가 장수하여 비로소 전씨錢氏의 남과원南果院에 절을 열고 탑을 세웠다. 그 땅에 절을 조영함으로써 강의 조수를 진압하려고 한 것이다. (…) 나중에 폐해졌다. 이윽고 강의 조수가 용솟음치고 격류가 강가를 쳐서 배들이 침몰했다. 소흥 22년(1152)에 이르러 성지를 받들어 다시 지었다. 26년, 지담智曇 스님이 시전市錢[1]을 기부하고 시주를 모아 옛터에 [육화탑을] 세우다가 7층에서 그쳤다. 그후 조수가 그것에 의해 사라지고 사람들이 그것에 의지하게 되었다.[2]

같은 책 '자은개화교사慈恩開化敎寺' 조목에는 이런 기록이 있다.

개보 3년(970), 오월 왕이 남과원에 절을 지었는데, 육화탑을 세워 강의 조류를 진압하려고 했다. 선화宣和 연간(1119~1125) 전쟁 통에 훼손되었다. 소흥 22년, 북쪽의 승려 지담이 탁발하여 시주를 모아 다시 세웠으니 10년 만에 비로소 완성되었다. 융흥 2년(1164) 자금賜額을 하사하여 수강정秀江亭과 금어지金魚池를 만들었다.[3]

이 두 기록은 각각 상세한 점도 있고 간략한 점도 있다. 신화적 부분은 제쳐두고, 두 가지 사실이 우리의 논의와 관련되어 있다. 첫째, 육화탑은 용산 월륜봉에 있었다. 둘째, 탑(과 절)의 중건은 효종의 재위 당시 이미 끝나 있었다. 육화탑의 지리적 위치가 이미 밝혀졌으므로, 주희가 어째서 장기간의 고생스러운 여행길 끝에 여장도 채 벗지 않고 육화탑까지 올라가서 "영가의 제현"과 함께 모였는가 우리는 묻지 않을 수 없다. 특히 주희는 순희 15년(1188) 일찍이 효종을 알현할 때 심각한 '발병足疾'이 있어 잘 걷지 못했다. 효종도 "짐은 그대의 절뚝거림을 본다"고 말했다.[4] 게다가 소희 5년(1194) 서울에 들어왔을 때, 주희는 시강을 사양한다고 영종에게 고하면서 이렇게 말했다.

병으로 쇠약하고 다리가 약하여, 절하고 일어서고 하는 것이 심히 어려움을 한스럽게 생각합니다.[5]

주희의 '발병'이 끝내 나아지지 않았음을 알 수 있다. 임금을 알현하여 시강직을 사양하려 하면서 하물며 거짓말을 할 수는 없었을 것이다. "절하고 일어서고 하는 것"조차 힘든 노인이 어떻게 며칠 전에는 육화탑에 올라갈 수 있었을까? 더욱이 당시 육화탑은 오르기 아주 힘든 곳이었다. 『함순임안지』 '육화탑' 조목은 이종면李宗勉(개희開禧 원년 1205 진사)[6]의 「수강정에 부쳐題秀江亭」를 수록한다.

몇 년이나 탑 아래 지나다닐 때마다, 정상에 오를 인연 없어 한탄했지.
오늘 올라서야 비로소 험난함을 깨달았으니, 돌아가서 숲 속 구릉에 눕는 것만 못하네.[7]

수강정이 절 안에 있었다는 것은 앞서 인용한 '자은개화교사' 조목에 나온다. "오늘 올라서야 비로소 험난함을 깨달았다"는 구절을 읽어보면, 발병이 있던 노년의 주희가 수레 혹은 배에서 내려 곧바로 육화탑에 올랐을 리는 없다고 100퍼센트 장담할 수 있다. 그렇다면 『주자연보』의 "육화탑에 도착했을 때"라는 말은 어찌 이해되어야 할까? 『송사』 「유정전」을 살펴보면, 주희가 소희 4년(1193)에 강특립과 투쟁을 벌일 때 "교외로 나가서 거주했다出宿于郊"고 한다. 그곳에는 아래 말이 기록되어 있다.

바로 육화탑에서 처분을 기다렸다.[8]

그런데 『송사』 「조여우전」은 조여우가 경원 원년(1195)에 탄핵을 당해 성 밖에서 처분을 기다린 일을 기록하면서 말한다.

조여우가 절강정으로 나가 처분을 기다렸다.[9]

이 역시 재상이 사직한 후 "처분을 기다린待罪" 사건으로, 유정의 사건과 같은 시기에 일어났다. 따라서 우리는 '절강정'이 어느 곳에 있었는지 고찰해야 한다. 주종周琮의 『건도임안지乾道臨安志』에 이런 조목이 보인다.

절강정에 관해 『상부구경祥符舊經』은 '전당錢塘의 옛 치소 남쪽에 있는데 현에서 15리 떨어져 있다'고 한다.[10]

'상부'는 대중상부大中祥符의 연호(1008~1016)이므로, 절강정은 늦어도 진종 시대에는 이미 있었던 것이다. 시악施諤의 『순우임안지淳祐臨安誌』 기록을 보자.

안수晏殊의 『여지지輿地誌』는 장정역樟亭驛에 관해 '전당현 옛 치소의 남쪽 5리에 있는데 지금은 절강정이 되었다'고 한다.[11]

안수(991~1055)는 진종과 인종 시대의 인물이므로, 절강정은 원래 당나라 때는 장정역이었다가 송대 초기에 절강정으로 개칭되었음을 알 수 있다. 이로부터 우리가 확인할 수 있는 내용은 절강정이 정부 역관이이라 재상이 이곳에서 "처분을 기다리면서" 수시로 떠날 준비를 하기에 편리했다는 사실이다. 그런데 더 중요한 것은 오자목吳自牧의 『몽량록夢梁錄』 기록이다.

장정역은 곧 절강정이다. 과포교跨浦橋 남쪽 강기슭에 있다. 모든 재집이 사면辭免을 명목으로 성 밖으로 나가 이 역관에 머물면서 소식을 기다렸다.[12]

이 자료가 우리에게 분명히 알려주는 사실은 남송에 불문율이 하나 있었다는 것이다. 곧 재상이 사퇴하고자 할 때 종종 절강정으로 "나가 머물면서出居" "소식을 기다렸다待報"는 사실이다. 사실 이런 관습은 북송으로 거슬러 올라간다. 북송의 재집들은 사퇴하려고 할 때 변경汴京의 성 밖에 있는 관음원觀

啻院으로 나가 "처분을 기다렸다"[13] 여기까지 고증하면, 조여우가 "절강정으로 나가 처분을 기다렸다"는 문제가 완전히 해결된다. 알고 보면 그는 '역관'에서 황제의 최후 결정을 기다렸던 것이다. 조여우가 그랬다면 유정이 "육화탑에서 처분을 기다렸다"는 것에 대해서도 유추할 수 있다. 이렇게 보면 '육화탑'은 또 다르게 이해되어야 하는데, 여기에는 두 가지 가능성이 있다. 첫째, '육화탑'은 사실 개화사를 가리키므로 유정이 절 안에서 소식을 기다렸다는 것이다. 둘째, '육화탑'은 이미 탑 부근 지명의 속칭이었다. 절강정이 '강기슭'에 있고 이 '강'은 전당강錢塘江일 수밖에 없기에, '육화탑'은 바로 '절강정'의 별칭일 수 있다. 때문에 유정도 조여우처럼 절강정 역관에서 "처분을 기다린 것"이다. 첫번째 가능성은 개화사가 청 말 북경의 현량사賢良寺처럼 관원들에게 숙소를 제공했다는 점을 가정해야 한다. 하지만 이런 가설을 입증할 문헌적 증거가 전무하므로 첫번째 가능성은 폐기될 수밖에 없다. 두번째 가능성은 절강정이 육화탑에서 멀지 않다는 점을 가정해야 한다. '강기슭'이 비록 하나의 실마리이기는 하지만, 그처럼 긴 전당강 기슭을 고려했을 때 절강정과 육화탑 사이의 거리를 우리가 어떻게 단정할 수 있겠는가? 하지만 초보적인 증거 하나가 느닷없이 출현한다. 주밀周密의 『무림구사武林舊事』 권7은 태상황 고종의 「덕수궁기거주德壽宮起居注」를 인용한다.

순희 10년(1183) 8월 18일, 주상이 덕수궁을 방문하여 태상황과 황태후에게 청하기를, 절강정에 가서 조수潮를 구경하시라고 했다.[14]

같은 책 권10에는 「장약재의 즐거운 마음과 일張約齋賞心樂事」 '8월 중추仲秋' 조목이 인용되어 있다.

절강정에서 조수를 구경했다.[15]

장약재張約齋는 이름은 자鎡이고 자는 공보功甫로, 경원 원년(1200) 6월 사농 시주부司農寺主簿를 사직했다. 양만리의『성재집誠齋集』권39「장공보가 송별해 준 데 대해 감사하는 시집謝張功父送近詩集」의 '장공보'가 바로 그 사람이다.[16] 따라서 이 글은「덕수궁기거주」와 같은 시대에 지어진 것이다. 이로부터 당시 절 강정이 임안의 명승지 중 하나로 여겨졌음을 알 수 있다. 황제에서 서민에 이르기까지 8월 중순 직전에 그곳에 가서 조수를 구경했다. 육화탑은 과거 "강 의 조수를 진압하기" 위해 지어졌으므로 육화탑의 위치는 필시 조수가 가장 높은 곳이었을 것이다. 그렇다면 육화탑과 절강정의 지리적 위치는 이미 1차 로 실증된 셈이다.「덕수궁기거주」는 또한 두번째 증거를 제시한다. 그곳에는 아래와 같은 묘사가 있다.

용산 아래로, 귀인과 부호들이 세운 색색의 천막이 대략 20여 리에 늘어서 있고 수레와 말들이 빽빽이 들어 차 있어 다닐 길이 없을 정도였다.[17]

우리는 육화탑이 바로 용산 월륜봉 위에 지어졌다는 점을 기억해야 한다. 절강정은 마침 용산 아래에 있으므로, 육화탑과 절강정이 서로 위아래로 바 라보는 위치에 있었음을 어렵지 않게 알 수 있다. 하지만 우리가 육화탑이라 는 이름과 '조수 구경' 사이의 직접적 관계를 아직까지 찾지 못해서, 두번째 가능성은 기껏해야 합리적 추론에 불과할 뿐이고 실증적 수준에까지 이르지 는 못했다. 따라서 세번째 증거가 있어야 비로소 이 문제를 완전히 해결할 수 있다. 나는 결국『몽량록』에서 증거를 찾았다. 오자목은 권4「조수 구경觀潮」에 서 아래처럼 말한다.

매년 8월이 되면 조수는 다른 때보다 맹렬하여, 서울 사람 중에는 11일부터 구경하는 자가 있었다. 16~18일이 되면 온 서울 사람들이 나가 [구경해서] 수레와 말로 북적거렸고, 18일이 되면 가장 복잡했으며, 20일이 되면 조금

한산해졌다. 18일은 수좌師座[18]가 교외로 나가 수군 통제 연습을 해서, 묘자 두廟子斗에서 육화탑에 이르기까지 강기슭의 모든 집이 왕실 인척과 내시들에 의해 임대되어 조수를 구경하는 곳으로 쓰였다.[19]

이 구절은 정말로 절묘한 증거로서 「덕수궁기거주」의 묘사와 천의무봉처럼 들어맞는다. 「덕수궁기거주」의 "용산 아래로"는 『몽량록』의 "육화탑에 이르기까지"와 상응한다. 「덕수궁기거주」는 용산에서 시작하고, 『몽량록』은 육화탑에 이르러 끝난다. 곧 관측 위치에 따라 하나는 시작점을 기록하고 다른 하나는 종점을 기록한 것이다. 더욱 중요한 것은 이곳 '육화탑'은 '묘자두'와 마찬가지로 다만 지명으로 이해되어야 할 뿐 용산 월륜봉 위의 탑을 가리킬 수는 없다는 사실이다. 조수를 구경하는 사람들은 강기슭에서 뒤로 물러나면 안 된다. 다시 말해, 그들이 조수로부터 점점 뒤로 멀어져서 월륜봉에까지 올랐을 리는 없다. '육화탑'은 탑 아래의 연안 지역으로, 그 지역은 탑 이름으로 인해 지명을 얻었음이 이제 분명해졌다. 따라서 우리는 다음과 같이 말할 수 있다. 곧 절강정은 육화탑 지역 안에 있고, 소희 4년(1193) 유정이 "육화탑에서 처분을 기다렸다"는 것은 그가 역관에서 광종의 결정을 기다렸다는 말로서 조여우가 "절강정으로 나가 처분을 기다린" 사건과 거의 동일하다는 것이다. 마지막으로 유력한 방증을 하나 더 추가할 수도 있다. 엽적은 「시공 묘지명施公墓誌銘」에서 말한다.

순희 15년(1188), 지추밀원사 사점師点 시공[시사점]이 병을 이유로 사직했다. (…) 곧바로 육화탑으로 나가 명을 기다렸다.[20]

지추밀원사는 집정대신이므로, 이 구절은 앞서 인용한 『몽량록』의 "모든 재집이 사면을 명목으로 성 밖으로 나가 이 역관에 머물면서 소식을 기다렸다"는 설과 합치한다. '육화탑'이 절강정을 가리킴은 확고하다. 그곳은 바로 영가의 제현이 성 밖으로 나와 주희를 영접한 곳이자 주희와 함께 논쟁을 벌인 곳이었다.

부연설명 3: 영지사와 북관

주희가 임안에 들어온 경과는 이미 분명히 고증되었으므로, 이제 그가 어떻게 임안을 나갔는지에 설명할 차례다. 「유덕수에게」의 "북관의 모임이 바람에 구름 흩어지듯 사라져버렸다"는 표현은 이학파 동료들이 열어준 송별회에 대한 주희의 무한한 감정을 나타낸다고 본문에서 이미 말한 바 있다. 이제 그렇게 논단한 근거를 설명해야 한다. 하지만 주희가 대체 어느 곳에서 여정을 시작했는지 여부를 진지하게 논하기 시작하면, 사정이 굉장히 복잡해짐을 알수 있다. 왜냐하면 주희가 임안에서 40~50일간 거주한 곳을 언급해야 하거니와 아울러 그가 임안을 떠난 시기까지 이야기해야 하기 때문이다. 고증 과정에서 소득이 있어 아래와 같이 서술한다.

『주자연보』 소희 5년(1194) 윤10월 무인일(21일) 조목은 옛 연보를 인용하고 있다.

> 무인일, 한탁주가 내시 왕덕겸王德謙을 보내서 내비內批를 받자, 선생은 곧바로 사직의 상주문을 올렸고 또한 사직서를 상서성에 제출했다. 성지를 얻어 사직이 수리되었고, 영지사靈芝寺를 출발해 마침내 떠났다.[1]

자구만 보자면 "영지사를 출발해 마침내 떠났다"는 말은 주희가 영지사를 떠나자마자 귀로에 올랐다는 것을 가리키는 듯하다. 그러므로 우리는 먼저 영지사가 어디에 있는지 고증해야 한다. 어째서 주희는 이 절에서 출발했을까? 『함안임안지』 권79 「사관 5寺觀五」 기록이다.

> 영지숭복사靈芝崇福寺는 용금문涌金門 밖에 있다. (…) 소희 원년(1190) 4월, 2

년 3월과 5월에 효종 황제가 행차했는데, 작은 수레를 몰고 재당齋堂까지 가서 시주를 했다. 주지승 방에 한참 앉아 있다가 날마다 절에 음식을 시주하고 달마다 내탕전內帑錢을 지급하겠다고 주지승 법광法光에게 말했다. 법광은 마침내 호창당湖創堂에다가 '의광依光'이라고 쓴 편액을 달고 그 안에 어좌御座를 설치했다. 또한 천수안관음상千手眼觀音像을 빚고, 절의 서쪽에 수륙대재소水陸大齋所를 지었다.[2]

이 구절에 따르면, 영지사 중창은 바로 주희가 서울에 들어가기 1~2년 전에 마무리되었다. 그렇다면 주희는 조정에서 근무한 40일 동안 내내 이 절에서 머물렀을까? 그랬을 가능성이 있지만 난점도 있다. 이 점과 관련해서 당시 임안 지역 사관寺觀의 기능, 관원과 여행객의 숙박 문제를 간략하게나마 해명할 필요가 있다. 『서호노인번승록西湖老人繁勝錄』 '과거시험 치르는 해混補年' 조목에 이런 기록이 있다.

여러 지방 사인士人이 평소에 열 배가 되어 10만 명이 시험을 치르니, 시험장 세 곳에 수많은 사람이 머물렀다. 사인들은 임시로 선림사仙林寺, 명경사明慶寺, 천경사千傾寺, 정주사淨住寺, 소경사昭慶寺, 보은관報恩觀, 원진관元眞觀을 빌렸다. 태학太學, 무학武學, 국자감國子監은 모두 시험장으로서 시험 치르는 과목대로 [입시생을] 나누어 시험장에 들였다. 사 각각은 서울에 올 때 노복 한 명을 데리고 오기 마련이었다. 10만 명이 시험을 치르니 노복이 10만 명이어서 도합 20만 명이었다. 모두들 서울의 북쪽에 임시로 묵었다. [모두들] 시험장에 가까이 있으려 했기 때문이다. [이로부터] 도성이 크다는 것을 알 수 있다.[3]

이 조목은 그 자체로 중요한 사회적·문화적 사료다. 그런데 이로부터 사찰과 도관道觀이 단기적 숙소였음을 분명히 알 수 있다. 나는 『함순임안지』(권25,

26)를 검토하여, 사찰 및 도관 7곳 가운데 6곳은 성 안에 있었고, 게다가 2곳은 '예부 시험장禮部貢院' 근처(정주원과 원진관)에 있었으며, 오직 소경사만이 용금문 밖에 있었음을 알아냈다.[4] 이는 "시험장에 가까이 있으려 했다"는 설명이 신뢰할 만하다는 점을 입증한다. 엽소옹의 『사조문견록』 병집丙集 '내자의來子儀' 조목은 다음과 같이 말한다.

> 내자의와 주홍도(주필대)는 실로 포의 시절부터 사귀었다. 주홍도가 이미 추사樞使(순희 11년 주홍도는 지추밀사에서 추밀사로 승진했다)가 되었을 때, 내자의가 서울에 와서 주홍도를 방문했다. 주홍도는 그를 가회문嘉會門 밖 표충관表忠觀에 묵게 했다. 한가한 틈을 타 그를 주상에게 천거하려고 특별히 휴가를 냈다.[5]

이 기록은 대신이 그 방문객을 표충관에 묵게 한 증거다. 그런데 표충관은 조정이 오월 왕 전씨錢氏의 문묘를 보호하기 위해 특별히 지은 것으로서 일반 사원과 좀 달랐다. 소식이 조변趙抃(1008~1084) 대신 지은 「전씨 표충관비錢氏表忠觀碑」[6]에 상세한 내용이 나와 있다. 이 비문은 왕안석에 의해 칭찬을 받아[7] 표충관 역시 매우 유명해졌다. 표충관은 성 남쪽 용산에 있었고 소흥 연간에 새롭게 세워져서[8] 내방객을 묵게 할 수 있었다. 우리는 이 두 사례로부터 주희가 영지사에 거주했을 가능성을 상정할 수 있다.

하지만 이런 가설에도 극복할 수 없는 어려움이 있다. 첫째, 서울에 와서 시험을 치르는 사인들과 어쩌다 한 번 유람 온 여행객이 잠시 사원에 기거한다는 것은 이해하기 어려운 일이 아니다. 반면, 주희는 정식 직위를 받아서 서울에 왔고 임안에 장기간 거주할 준비를 했기 때문에 위의 두 사례와 나란히 놓고 비교할 수 없다. 둘째, 주희의 정식 직위는 환장각대제시강이었고, 그는 직위에 부임한 후 매일 아침저녁으로 강의할 것을 건의했다.[9] 시바 요시노부斯波義信가 재구성한 남송 항주杭州 성시도城市圖를 보면, 궁성이 동남쪽 모퉁이에 있고 용금문은 항주 서쪽 변의 한가운데 있었다. 만약 주희가 영지사로부터 궁중으로 가서 강의를 하려 한다면, 그는 서쪽에서 동쪽 방향으로 도시 전체를 횡단해야 한다. 그런 다음 다시 남쪽 방향으로 틀어서 도시 전체의 반에 해당되는 거리를 가야 한다.[10] 나이 예순다섯에다가 발에 병까지 있었던 주희가 매일 이 거리를 왕복한다는 것은 상상하기 어렵다. 셋째, 오자목의 『몽량록』 권10 '여러 관사諸官舍' 조목은 이렇게 말한다.

시종侍從의 주택은 도정역都亭驛에 있었다.[11]

역시 권10 '관역館驛' 조목에는 아래 기록이 있다.

도정역은 후조문候潮門 내 이로泥路 서쪽의 시종 주택 다음 집으로, 외국 사신을 수행하기 위한 곳이었다.[12]

후조문은 항주 동쪽 문 중 하나로서 황궁 밖 북동쪽 모서리에 있어서, 순희 10년(1183) 8월 18일 효종이 고종을 모시고 절강정에서 조수를 관람하던 때 후조문을 통해 도성을 나섰다.[13] 『함순임안지』 권1 「황성도皇城圖」에 따르면, 도정역은 황성 북쪽에 있었고 후조문과 매우 가까웠다고 하는데, 이로부터 시종 주택의 위치를 알 수 있다. 주희가 제수받은 환장각대제가 바로 시종관이었으므로, 그는 「대제를 사양하고 설서로 다시 임명해줄 것을 바라는 상소문」에서 이렇게 말했다.

저는 이미 주상의 뜻을 우러러 살펴, 감히 경연 강의 직무를 힘껏 사양하지 못했습니다. 다만 아직 주상께 진술하지 못한 상태에서 먼저 두터운 은혜를 입었는데, 만일 언젠가 아직 보답을 하지 않은 상태에서 병이 발작하여 몸을 지탱하지 못하고, 마침내 시종의 직명을 갖고서 떠난다면, 저의 우둔

함에 따른 죄는 죽어도 남을 것입니다.[14]

주희는 시종관이므로 원래 황궁 북쪽의 시종 주택에 거주해야 한다. 그래야만 아침저녁으로 궁궐에 들어가 강의를 할 수 있었을 것이다. 이런 세 가지 이유로, 조정에 있던 40일 동안 주희는 용금문 밖의 영지사에 머물렀을 리 없다.

첫번째 가설이 성립하기가 쉽지 않아서 우리는 육화탑 사례로부터 유추하여 두번째 가설을 세울 수 있다. 곧 영지사가 새롭게 증축되어 갑자기 유명해져서 이미 용금문의 별칭으로 사용되었기에, "영지사를 출발했다"는 것은 '용금문으로 나갔다'는 의미라는 것이다. 이 설에도 나름대로 근거가 있다. 하담은 「영지사기靈芝寺記」에서 말한다.

호수와 연하여 고찰古刹들이 서로 마주보아 호수를 더욱 경치 좋게 했다. 경치가 좋았으나 도성에서 멀어, 사람들이 거기 놀러가는 것을 피곤하게 여겼다. 영지사 부근의 성에서는 호수를 조감할 수 있었는데, 호수 둘레의 3분의 1을 볼 수 있었고, 성문까지 걸어서 100보가 되지 않았다. 서울 사람들이 잇따라 찾았다.[15]

영지사가 용금문에서 채 100보도 되지 않았고 또 유람객이 그토록 많았으므로 그곳 사람들이 영지사를 용금문의 별칭으로 불렀던 것도 불가능한 일은 아니다. 또한 『순우임안지』 권7 「교량橋梁」은 도성 서쪽 다리 중 '영지사교橋'가 있었다고 기록하는데, 그것은 필시 용금문 부근의 다리였을 것이므로 '영지사'가 이미 지명으로 정착했을 가능성은 더 높아진다. 하지만 이는 영지사가 그런 지명으로 변했다고 확신할 결정적 증거는 아니다. 반면, '육화탑' 경우에는 그런 증거가 있었다. 게다가 역사학의 방법은 유추를 남용하는 것을 허락지 않는다. 또다른 문헌적 근거가 있어야 한다. 두 가지 사실 사이에 공통성이 있는지 여부가 오로지 유추에 의해 확인될 수는 없다. 그러니 두번째 가설도 잠시 한쪽으로 밀어두어야 한다.

마지막으로 세번째 가설을 세워 "영지사를 출발했다"는 말의 수수께끼를 풀어보자. 우리는 이미 '시종 주택'의 존재를 발견했다. 주희는 모든 시종관 가운데 가장 덕망 높은 사람이었기에, 대제로 임명된 기간에 그가 관사에 거주했으리라는 것은 분명하다고 볼 수 있다. 그러나 "영지사를 출발해 마침내 떠났다"는 당시 기록을 부인하거나 혹은 달리 해석할 충분한 근거를 갖고 있지 못하다. 그렇다면 남은 것은 오직 단 하나의 가능성뿐이고, 그 가능성을 통해 이 문헌상의 모순을 해결할 수 있을 것이다. 곧 주희가 대제 직무에서 해임된 후, 곧바로 시종 주택에서 나와 잠시 영지사에서 기거했고, 그후 다시 영지사에서 여정을 시작했다는 것이다. 여기서 그가 사직 후 언제 관사에서 영지사로 기거를 옮겼는지, 그리고 언제 "영지사를 출발했는지"의 시간적 문제가 발생한다. 그는 「어필로써 궁관의 직을 하사해주심에 감사드리는 상소문」과 「사직서 제출을 허락해줄 것을 청하는 상소乞放謝辭狀」 두 공문[16]에서 "이번 달(윤 10월) 21일"에 궁관직을 제수하라는 어필 명령을 받았다고 말한다. 이로부터 우리는 두 공문이 바로 그날 올려졌다고 가정할 수 있다. 「사직서 제출을 허락해줄 것을 청하는 상소」는 상서성에 제출된 것으로, 사직 여부에 대해 임금의 직접 지시를 기다린 이후에야 황제를 향하여 사직서를 제출할 수 있었다. 그러므로 주희가 시종 주택에서 영지사로 옮겨간 것은 22일보다 빠를 수 없다. 왕무굉은 이 사건을 고증하면서 아래와 같이 말한다.

『문집』(위에서 인용한 두 상소문)을 살펴보건대 주자는 21일(무인일)에 황제의 지시를 받고 상소문을 올려 사퇴를 보고했다. 성지를 받아 사직서를 제출하고서 곧바로 여정에 오를 준비를 했고, 결정을 기다리다가 〔최종〕 지시를 받았다. 여정을 시작한 것은 23~24일 사이였음이 틀림없다.[17]

왕무굉의 추론은 매우 세밀한 듯하지만 기일을 너무 촉박하게 잡은 것 같
다. 왜냐하면 그는 주희가 시종 주택을 나와 영지사로 갔던 사정을 생각지 못
했을뿐더러 "영지사를 출발한" 후 다시 북관 밖 역관에서 배를 기다렸던 과
정을 몰랐기 때문이다. 왕무굉의 말대로 주희가 21일에 두 상소문을 쓰고, 이
튿날 영지사로 옮겨가서 상서성에서 회답이 오기를 기다렸다고 가정해보자.
또한 상서성이 주희의 상소문을 접수한 후 곧바로 황제에게 보고했다고 가정
해보자. 이러한 공문들이 오가는 데는 아무리 빨라도 2~3일이 걸린다. 이로
부터 추산하건대 주희가 영지사에서 상서성의 "성지를 얻어 사직이 수리되었
다"라는 회답을 받은 시기는 23~24일보다 앞설 수 없다. 그러므로 하루를 더
뒤로 미루어, 주희가 "영지사를 출발한" 것은 24~25일 사이였다는 것이 합리
적일 것이다.

세번째 가설을 증명하는 과정에서 부지불식 중 바로 눈앞에서 놓쳐버렸던
더할 나위 없이 뛰어난 증거를 얻었다. 곧 엽소옹의 '경원당' 조목에 수록된
장문의 기록이다. 그 가운데 한 구절은 다음과 같다.

> 문공文公[주희]이 서울을 떠날 때 서호 영지사에서 묵었는데 송별하는 사람
> 이 점차 적어졌다. 오직 평강平江의 목천木川 이군기李君杞만이 조용히 청하여
> 궁리窮理의 학문을 배웠으니 『자양전수紫陽傳授』가 세상에 전해진다.[18]

이 증거가 절묘한 까닭은 가장 핵심이 되는 두 가지 문제에 대해 동시에 답
을 제시하기 때문이다. 첫째, 주희가 "서울을 떠날 때" 분명히 영지사에 머물
렀다는 것이다. 이로부터 그가 그전에는 시종 주택이라는 관사에 머물렀다는
사실도 간접적으로 증명된다. 둘째, 주희가 영지사에 머문 시간이 적어도 3일
은 된다는 것이다. 그렇지 않다면 이군기가 어떻게 "조용히 청하여 궁리의 학
문을 배울" 수 있었겠는가? 비록 잇속을 바라고 사귀었던 사람들이 송별하러
오지 않았다 할지라도, 어느 정도 인사치례는 하지 않을 수 없었을 것이다. 주

희가 22일 영지사로 옮겨갔고 25일에 영지사를 떠났다는 우리의 가정은 매우 합리적인 추론이었다. 이로부터 세번째 가설은 더이상 가설이 아닌 사실로 간주되어야 할 것이다.

주희는 송별 이후 친구에게 보낸 편지에서 영지사를 한 차례 언급했고, 게다가 그 내용도 매우 풍부해서 그 편지를 검토할 필요가 있다. 「이계장에게 보내는 편지與李季章書」 네번째의 전반부는 주희가 이계장을 위해 써준 글자 한 폭과 그 발문이다. 원문은 아래와 같다.

"젊은 시절은 이별할 때 다시 만날 기약을 쉽게 했지. 지금은 같이 쇠약하여 저물어가니, 다시 이별할 기회가 없겠구나. 한 동아리 술일 뿐이라고 말하지 말게나, 내일 되면 다시는 잔을 들기 어려우리라. 꿈에서 길을 잃어버리면 어떻게 서로에 대한 사모를 위로할 수 있을까?"

사원史院의 동료들이 영지사에서 저를 송별할 때 좌중에서 누군가가 이 시를 읊었다. 자네〔계장〕가 보고서 "평소 그 시를 매우 아끼십니다. 어찌 써서〔제게〕 선물하지 않으십니까?"라고 말했다. 나는 "나 같은 사람은 이 맛을 알지만 계장은 아직 모른다. 어찌 내가 이것을 아끼겠나?"라고 말했다. 얼마 지나 생각해보니, 이별의 때에 한 사람만 늙은이〔나 곧 주희〕여서 모든 사람을 서먹하게 한 듯싶어, 은후殷侯(심약沈約)의 시에 비추어봤을 때 내게 미진한 점이 있음을 알게 되었다. 때문에 글로 써서 보내는데 계장은 어떻게 생각하는가?[19]

먼저 이계장에 대해 설명해보자. 이계장은 이벽李璧(1159~1222)이고, 부친 이도는 저명한 사학자였다. 위 대화를 나눌 당시 이계장은 불과 35세라, 주희는 그가 아직 이 시의 참된 맛을 알 만한 나이가 아니라고 했다. 이 편지 후반부에는 "형양의 부음을 들은 사람들이 안타까이 한탄하고 있는데, 하물며 우리처럼 그와 깊이 사귄 사람들은 어떻겠는가?"[20]라는 구절이 있다. 이는 분명 조여우의 죽음을 가리킨다. 그러므로 이 편지는 경원 2년(1196) 정월 이후에 작성되었고, 발문은 1년 여 전 열린 전별식을 회고하는 것이었음을 알 수 있다.

'사원의 동료들이 영지사에서 송별식을 했던 것'을 보면, 당시 임안의 공적·사적 연회가 사원에서 거행되는 것이 이미 일반적인 분위기였음이 증명된다. 오자목의 『몽량록』 권19 '4사 6국이 세내어 연회를 하다四司六局筵會假貸' 조목을 보자.

이름난 정원, 경치 좋은 음식점, 절, 도관, 정자, 누대, 또는 호수의 배에서 손님들을 접대하려고 했다. 각 부서에 지시만 하면 즉각 〔관원을〕 모을 수 있어 모두 의례대로 되었다.[21]

위 조목이 영지사에서 연회가 열렸다는 것을 증명한다는 데 아무 의심이 없을 것이다. 주희는 소희 5년(1194) 윤10월 14일에 실록원 및 수찬 겸직兼實錄院同修撰에 임명되었으므로[22] 사원의 동료들이 열었던 송별식은 공식적 성격의 것이었다. 그렇다면 어째서 꼭 영지사를 빌려 연회를 벌여야 했을까? 이는 주희가 그곳에 머물렀고 또 발병으로 잘 걷지 못했기 때문일 것이다. 그러므로 설사 『사조문견록』이 제시하는 훌륭한 증거가 없다 하더라도, 「이계장에게 보내는 편지」는 주희가 여정을 떠나기 전 영지사에서 기거했다는 것에 대한 방증이 될 수 있다. 주희는 귀향하기 전 한편으로는 여러 전별 행사를 갖고 다른 한편으로는 틈을 내어 강학을 했는데, 이런 일들을 다 하려면 결코 하루 이틀로 될 수 없다. 왕무굉은 주희가 23~24일경 여정을 떠났다고 말했지만, 이는 당시 실정과 합치하지 않는다.

「이계장에게 보내는 편지」의 중요성은 여기서 그치지 않는다. 주희가 여정을 떠나기 전 심경을 드러내는 유일한 문건이 바로 이 편지다. 서두에 있는 시와 이에 대한 발문이 주희의 심경을 반영한다. "좌중에서 누군가가 이 시를 읊었다"고 했는데 아마도 "누군가"란 주희 자신일 것이다. 그래서 이계장이 주희에게 글 한 편을 써달라고 부탁했을 것이다. 그 시는 심약의 「범안성을 송별하는 시別范安成時」로서 『문선文選』 권20에 수록되어 있다. '은隱'은 심약의 시호諡號라서 주희는 그를 '은후隱侯'[23]라고 불렀다. 그 시를 읊은 자가 누구이건 간에 이 시는 주희의 솔직한 속마음을 잘 표현한다. "나 같은 사람은 이 맛을 안다"는 말이 그 증거다. 주희는 "쇠약하여 저물어가는" 나이에 불운하게도 고향으로 돌아가게 되어 공식적으로 정치적 생애와 이별하게 되었으므로, 이후로는 꿈에라도 다시 서울에 들어올 수 없을 터였다. 주희는 심약의 시가 지니는 처연함으로 인해 자연스레 하염없이 거리를 배회했을 것이다. 한 달 후, 그는 유광조에게 보낸 편지에서 "북관의 모임이 바람에 구름 흩어지듯 사라져버렸으니 실로 한탄할 만하다"고 했는데, 이 역시 같은 심경을 나타낸다. 다만 「이계장에게 보내는 편지」는 한 개인만을 가리키고, 유광조에게 보낸 편지는 이 학자 집단 전체를 가리킨다는 차이만 있을 뿐이다. 사원의 전별식은 아마도 "영지사를 출발하기" 전날 밤에 열렸을 것이다. 왜냐하면 그 시를 읊은 사람은 눈앞의 정경을 보고 "내일 되면 다시는 잔을 들기 어려우리라"는 구절을 떠올렸을 가능성이 매우 크기 때문이다. 주희가 이별 후 이계장에게 보낸 편지는 9통 이상으로[24] 소희 5년(1194)에서 시작하여 경원 4년(1198)까지 작성되었고, 한 통 한 통의 작성 연대가 전부 고증될 수 있다. 게다가 주희는 각 편지에서 시사時事를 언급함에 아무 거리낌이 없었다.

　여기서 이계장에 대한 의문이 하나 생긴다. 이 기회를 빌려 그 의문을 해명하지 않을 수 없다. 『송사』는 그가 개희開禧 연간(1205~1207)에 한탁주를 위해 조서를 기초한 적이 있다 하여 그에게 '부역의 죄附會之罪'가 있다고 비난한다.[25] 그런데 어째서 주희는 전후로 4~5년간 시종일관 이계장을 신임했을까? 이벽[이계장]은 비록 이학자 집단 안에 있지는 않았지만, 당시 조정에 있던 이학자 중 이계장과 교분이 두터웠던 사람이 아주 많았다. 이런 사정은 주희의 여러 편지에서 볼 수 있다. 이계장은 주희를 매우 추앙해서, 영종이 내비로써 주희를 축출하자 영종을 격렬하게 비판했다. 그는 상주문에서 말한다.

폐하께서 처음에 제위에 오르셔서 주희를 불러 강의하게 권하자, 소식을 들은 사람들은 모두 기뻐했습니다. 왜냐하면 주희는 해내海內에서 가장 뛰어난 석학으로 학문이 순박하고 정직하여 주상의 자질을 돕고 주상의 덕스러운 마음을 넓힐 수 있다고 다들 생각했기 때문입니다. (…) 주희는 날마다 입조하여 온화함과 공손함으로 도를 지켰고, 군주를 사랑하고 나라를 걱정했으며, 한순간도 〔주상의 은덕을〕 잊지 않고 사이사이 자기 의견을 올렸는데, 어투가 충성스럽고 간절하여 신하의 예를 잃지 않았습니다. 이제 조정에 있은 지 겨우 40일, 주상의 용안을 뵙고 은밀히 충성을 바치려 한 것이 아직 얼마 되지 않았습니다. 그런데 명령이 갑자기 직접 내려졌고 중서성을 거치지도 않았습니다. 어찌하여 폐하께서는 처음에는 전력을 다해 그를 불러놓고 이제 와서는 그리도 급하게 그를 떠나보내십니까? 이 나라의 시조께서 나라를 세울 수 있었던 까닭은 온전히 기강을 유지하셨기 때문입니다. 명령은 반드시 3성을 거쳐야 합니다. 황제가 직접 명령을 내리고 독단으로 행동하는 것은 쇠란衰亂에 해당하는 일입니다. 폐하는 처음에 맑고 분명하셨는데 어째서 나쁜 것을 모방하여 편벽되셔서 가법家法을 다 버리십니까?[26]

주희가 축출되자 이학자 집단 인사 중 상주문을 올려 항의하는 자들이 매우 많았다. 다만 이학자 집단 밖 인물들이 올린 반대 성명 중, 이벽의 위 상주문이 가장 원칙 있고 엄정하다. 그래서 우리는 여기서 몇 구절을 더 인용하여 참고하고자 한다. 아마도 이벽은 한탁주를 직접 공격하지 않아 당금에 연루되지 않았을 것이다. 진덕수는 「유정춘과 장남헌의 첩帖에 대한 발跋劉靜春與南軒帖」에서 아래처럼 말한다.

이것은 정춘靜春 유 선생(유청지)과 장선공張宣公(장식)의 첩이다. 이해인 순희 무술년(순희 5년, 1178), 미산眉山의 참정 이공李璧은 겨우 약관이었고, 그 동생인 지금의 제곤시랑制閫侍郎(이식李埴)은 18세였다. 유정춘은 촉 땅의 대표적 스승으로서 그 둘을 제자로 삼았다. 둘은 과연 문장과 덕업으로 두드러졌고 기대를 저버리지 않았다. 유정춘은 그들을 알아주었을 뿐 아니라 그들을 완성시켜줄 것을 장선공에게 부탁했다. (…) 선인의 마음 씀씀이는 진실로 추앙할 만하다.[27]

장식이 이씨 형제를 "완성시켜주었는지" 여부는 지금 고증할 수 없지만, 이벽[이계장]은 장식과의 인연으로 인해 주희를 존경하고 이학자 집단을 동정하게 되었을 것이다. 영종 가정 4년(1211)의 조서는 이벽이 "소인 무리가 휩쓰는 와중에 처했으면서도 몰래 도덕적 인사들을 도우려는 뜻을 지녔고, 대권이 거꾸로 섰을 때에도 악한 원흉(한탁주)의 음모를 은밀히 제압하려고 했다"[28]고 말한다. 대체로 사실과 부합한다. 개희 연간, 엽적도「참정 이계장에게 부치다 寄李季章參政」라는 시[29]를 써서 그에게 큰 기대를 걸었는데, 이로부터 이벽과 이학자들 사이 관계가 시종일관 친밀했음을 알 수 있다.

이상의 이벽에 대한 논의는 결코 이 절과 무관하지 않다. 주희가 어째서 이벽에 대해 시종일관 그토록 정중했는지를 설명하는 것 말고도, 나는 이 기회를 빌려 본서 하편과 관련된 주요 논점 하나를 분명히 하려고 한다. 바로 효종, 광종, 영종 3대의 교체 시기에 이학자 집단과 관료 집단 사이 상호 정쟁이 계속해서 격화되었다는 점이다. 영종 즉위 후 이런 격화가 정점에 이르는데, 이심전이 보존했던 '위당僞堂 59인' 및 '위학 공격 인사攻僞學人(36인)' 두 명단은 대체로 양대 집단이 초래한 양극 분화의 최후를 보여준다. 비록 그 가운데 몇몇 인물은 참작할 여지가 있지만 말이다.[30] 하지만 마치 맹자 시대의 인사들이 양주 아니면 묵적으로 귀결되었듯 당시 조정 모든 사대부가 한 사람도 빠짐없이 양대 집단에 들어간 것은 아니었다. 사실 직위에 있는 사대부 중에서 이 두 집단 밖에서 독립을 지킨 사람들이 있었고, 이벽은 그 중요한 사례 중 한 명이다. 비록 그의 정치적 정서는 이학자 집단 쪽을 향했지만 말이다.

또다른 전형적 인물은 예사倪思다. 엽적의 분석에 따르면, 주필대와 조여우의 집정 시기에 예사는 이학자 집단에 붙으려 하지 않았고, 심지어 다른 사람들이 존경해 마지않는 주희에 대해서도 다만 일반적 시각으로만 보아서 직위에 있는 이학자들의 의심을 불러일으켰다고 한다. 진부량과 장영章穎 모두 예사를 논핵한 적이 있다. 그런데 한탁주의 권세가 하늘을 찌를 때, 예사는 한탁주 쪽으로 옮겨가려 하지 않았고, 아울러 한탁주의 세객說客인 유덕수를 직접 질책하면서 "조여우를 따른 사람들은 모두 당대의 걸물들이었지만 나는 그래도 가벼이 붙지 않으려 했으니, 하물며 당신네들을 따르겠는가?"[31]라고 했다고 한다. 엽소옹도 "[예사가] 한탁주, 조여우에게 아부하지 않았다"[32]고 말한다. 개희 2년(1206), 이벽은 참지정사가 되자 예사를 조정으로 불러들이려고 구상했는데, 이는 그가 예사의 독립적 인격을 존경했기 때문이다.[33] 따라서 양대 집단의 정쟁 격화가 무한히 확대되어 "도학이 종국을 고한道學結局" 후, 아직 직위에 있던 사대부 모두가 한탁주의 도당이 되어버렸다고 오해해서는 안 된다. 적어도 주희는 이벽을 그렇게 바라보지 않았다. 만일 이벽을 한탁주의 도당으로 보았다면, 그가 이벽과 줄곧 긴밀한 관계를 형성했을 리 없다. 『송사』의 저자는 이벽과 이심전이 예사를 '위학 공격 인사' 속에 포함시켰다고 의심하는데, 이는 협소한 당파적 견해에 의해 오해를 한 것이다. 전조망은 예사를 그 명단에서 빼버림으로써 그런 편견을 바로잡으려 했다.[34] 이 사실은 이 책의 논지에 대한 한층 더 나은 근거가 된다. 하지만 본문의 구조와 어울리지 않기에 여기서 부연설명으로 덧붙인다.

주희가 영지사에 묵었던 경과는 대체로 위와 같다. 이어서 '북관의 모임' 문제를 검토하자. 왕무굉은 『주자연보고이』 권4에서 말한다.

『연보주年譜注』 역시 두 조목으로 나뉜다. 곧 "보문각대제와 주군州郡의 차견差遣으로 제수하라는 성지가 있자 마침내 떠났다. 여정 중에 강릉부 지사를 제수했으나 사양했다"고 한다. 주자는 무인일 어비御批를 받들었고, 기묘일,

경인일(경진일이 되어야 한다) 사이에는 이미 여정을 떠났으며, 임오일에는 보문각대제를 제수했으니 그때 역시 여정 중이었다. 그래서 "마침내 떠났다遂行"는 부분은 오류이기에 지금 삭제한다.[35]

앞에서 왕무굉의 고증을 인용했는데, 그는 주희가 소희 5년(1194) 윤10월 21일(무인일)에 황제로부터 직접 명령 즉 어비를 받은 후 23~24일(경진일, 신사일)에 이미 여정을 시작했다고 단정 지었다. 여기서는 "기묘일, 경진일 사이에는 이미 여정을 떠났다"고 말하여 또다시 22~23일로 앞당겼다. 주희의 여정이 대체 며칠에 시작되었는지에 대해 왕무굉이 일정한 견해가 없었음을 알 수 있다. 하지만 그는 한 가지 원칙을 갖고 있었다. 25일(임오일) 이전에는 반드시 여정을 시작했어야 한다는 것이다. 왕무굉은 어째서 이 점을 견지했을까? 이는 "영지사를 출발해 마침내 떠났다"가 바로 귀향길에 오른 것을 가리킨다고 굳게 믿었고, 또한 임오일에 "보문각대제와 주군의 차견으로 제수하라는 성지가 있었다"고 했을 때 그 명령을 주희가 여행 도중 받았다고 굳게 믿었기 때문이다. 왕무굉이 "마침내 떠났다"는 구절을 삭제해버린 까닭은 주희가 두 번에 걸쳐 "마침내 떠났을" 리는 없다고 보았기 때문이다. 글자만 보자면, "마침내 떠났다"는 구절이 두 번에 걸쳐 나와 서로 모순인 문제를 해결했던 것이므로, 왕무굉의 작업은 매우 정밀하다 할 수 있다. 하지만 주희가 서울을 떠나기 전에 했던 실제 활동을 살펴본다면, "영지사를 출발해 마침내 떠났다"는 구절이 여정의 시작을 가리킨다고 본 왕무굉의 견해는 성립할 수 없다. 주희의 「보문각대제와 주군 차견을 사양하는 상소辭免寶文閣待制與郡狀」 중 한 단락은 다음과 같다.

신을 궁관宮觀으로 제수하라는 황제의 친필 문서를 어제 삼가 받았고, 이어 상서성의 차자를 비준해주셨으며, 〔상서성은〕 주상의 뜻을 받들어 〔신에게〕 사직서 제출을 허락해주었습니다. 신은 곧바로 출발하여 여정 중 지시를 기다렸습니다. 25일 저녁에 이르러 또다시 상서성의 차자를 비준해주셔서, [상서성은] 주상의 뜻을 받들어 신에게 보문각대제와 주군 차견을 제수했습니다.[36]

앞에서 지적했다시피, "사직서 제출을 허락하는與放謝辭" 상서성의 차자를 주희가 받았던 시일은 아무리 빨라도 윤10월 23~24일이었다. 위 구절 중 "곧바로 출발했던" 날은 24일 또는 25일의 "영지사를 출발했던" 날을 가리켜야 한다. 그런데 25일 저녁, 주희는 다시 "보문각대제와 주군의 차견을 제수한다"는 상서성의 차자를 받았는데, 이때 그가 여정 중이었을 수는 없다. 왕무굉은 위 구절 중 "저녁晩" 부분에 주의를 기울이지 않아, '상서성이 25일에 공문을 냈다'고만 이해한다. 사실 '25일 저녁'은 주희가 차자를 받은 시간을 가리킨다. 상서성은 저녁에 업무를 보지 않으므로, 차자는 필시 한낮에 완성되어 당일 저녁에 주희에게 송달되었을 것이다. 이때 주희는 영지사를 떠나기는 했지만 아직 임안성 밖에서 배를 기다리고 있었다. 영종은 어째서 21일에 내비로 주희에게 궁관직을 제수한 후, 또다시 25일에는 대제와 차견을 제수했을까? 이는 당시 이 사건 이후 거대한 파란이 일어났고 조정의 수많은 신하가 항의를 했기 때문일 것이다. 그래서 황제는 부득불 다시 명령을 내려 조정의 여론을 완화할 수밖에 없었다. 『경원당금』의 아래 기사는 『주자연보』에서 빠진 부분을 잘 메워준다.

21일, 한탁주가 중사中使[왕의 명령을 전하던 내시] 왕덕겸王德謙으로 하여금 내비를 받들어 주희에게 주라고 했더니, 주희는 곧바로 사직의 상주문을 올렸고 마침내 떠났다. 22일, 급사중 누약이 [사직서 제출을 허락한다는] 중서성 문서를 되돌려 보냈고, 사인舍人 등일鄧馹은 주상에게 직접 아뢰면서 주희를 남겨야 한다고 간청했다. 주상은 [주희에게] 경사京祠를 제수할 것을 허락했지만 시간이 지나도 [성지가] 내려지지 않았다. 23일, 기거랑起居郎 유광조가 또다시 말했다. 24일, 중서사인 진부량이 다시 중서성 문서를 되돌려 보냈다. 25일에 성지가 있어, 주희에게 보문각대제와 군郡을 제수했다. 이날 유광조가 다시 상소하여 주희의 떠남을 만류할 것을 주장했으나 받아들여지지 않았다. 누약이 다시 중서성 문서를 되돌려 보냈다. 27일에 성지가 있었으나, 이미 지시가 내려졌다.[37]

위 구절 첫번째 문장의 "마침내 떠났다遂行"가 주희가 21일 당일로 임안을 떠났음을 가리키지 않는다는 점은 이미 앞에서 분석했다. 그래서 그 말은 주희가 시종 주택에서 나온 일을 가리키거나 아니면 며칠 후 북관에서 여정을 떠난 일을 가리킬 것이다. 중요한 것은 22일에 조신朝臣들의 만류 움직임이 일어났고, 그런 움직임은 아직 주희가 여정을 떠나기 전에 일어났다는 사실이다. 그 가운데서도 "25일에 성지가 있어, 주희에게 보문각대제와 군을 제수했다. 이날 유광조가 다시 상소하여 주희의 떠남을 만류할 것을 주장했다"는 말은 25일 주희가 아직 배에 오르지 않았다는 것을 확증한다. 만일 주희가 배에 올라 임안을 떠났다면, 유광조가 어떻게 "상소하여 주희의 떠남을 만류할 것을 주장할" 수 있었겠는가? 그래서 우리가 앞서 제시한 세번째 가설은 『경원당금』 조목에 의해 뒷받침되어 이미 1차로 실증된 것으로 볼 수 있다. 이렇게 보아야만 "사원의 동료들이 영지사에서 송별했다" "영지사를 출발했다" "북관의 모임" "25일 저녁에 이르러 또다시 상서성의 차자를 비준했다"는 네 가지 사건이 하나하나 배열되어, 주희의 축출부터 여정의 출발에 이르는 시간적 순서를 정할 수 있다. 때문에 주희가 배에 오른 시일은 아무리 빨라도 26일이었고, 심지어 "이미 지시가 내려진" 27일까지 늦춰질 수도 있다.

그렇다면 25일 저녁에 주희는 대체 어디에 있었을까? 이 시점에서 우리는 비교적 확고하게 대답할 수 있다. 주희는 임안 북관 밖 역참에 있었을 것이다. 『몽량록』 권7 '항주杭州' 조목에 이런 기록이 있다.

성의 북문으로 세 곳이 있는데, 천종수문天宗水門, 여항수문餘杭水門, 여항문餘杭門이다. 여항문의 옛 명칭은 '북관'이다. 북문은 절서浙西, 소蘇, 호湖, 상常, 수秀로 통했고, 곧바로 강회江淮의 여러 길로 나아갔으니 수륙으로 모두 통했다.[38]

『함순임안지』 권18 '성곽성북城郭城北' 조목은 말한다.

여항문은 속칭 북관문이다.[39]

북관은 수륙의 교통이 매우 번성하던 곳이어서 정부 역참이 설치되어 있었다. 『순우임안지』 권7 '관역館驛' 조목(『함순임안지』 권55와 동일)을 보자.

북쪽 성곽의 역정驛亭은 옛날에는 여항문 밖 북곽 세무소 옆에 있었다.[40]

당시 고급관리가 사직을 청할 때는 역관에 묵으면서 명령을 기다리곤 했다. 마치 재집이 절강정에서 기다리는 것과 같았다. 누약의 「황공 묘지명」은 이렇게 말한다.

문서가 다시 올라갔으나 답을 받지 못했다. 그러자 곧바로 병을 청하고 관문 밖으로 나가 20일간 명령을 기다렸다. 효종이 조칙을 내렸다는 말을 듣고 빨리 궁궐에 들어가서 임했다.[41]

위요옹魏了翁(1178~1237) 역시 「예공(예사) 묘지명倪公墓誌銘」에서 다음처럼 기록한다.

장章 사간司諫[장영]이 공을 탄핵했으나 (…) 회답이 없었다. 공이 관문을 나가 명령을 기다렸다. 주상은 어쩔 수 없이 공에게 서울 가까이 있는 군을 주었다. (…) 아직 떠나지 않았는데 6월에 효종이 승하했고 영종이 [광종으로부터] 황위를 받았다.[42]

이 두 사건은 주희가 관문을 나가기 5~6개월 전에 일어났다. "관문을 나가 명령을 기다렸다"는 것은 북곽의 역정에서 조정의 결정을 기다렸다는 말이다. 마치 유정이 "육화탑에서 처분을 기다렸던" 것이 실은 절강정에서 성지를 기다렸던 것과 같다. "관문을 나갔다"는 말은 '북관을 나갔다'는 말이다. 주희는 「팽자수[팽구년]에게與彭子壽」에서 말한다.

이별 후 하루이틀이 지나자 곧 폄척의 명을 받았습니다. 관문을 나온 지 한 달 만에야 향리에 도착할 수 있었습니다.[43]

이 편지는 경원 원년(1195) 초엽에 작성되었으므로, "관문을 나갔다"는 말이 사실은 "북관을 나갔다"는 것을 가리킨다는 점이 더 분명해진다.

따라서 주희는 영지사를 출발한 후 곧바로 여정에 오른 것이 아니라, 먼저 북관 밖의 북곽 역정에서 하루이틀 정도 관선官船을 기다린 것이다.(그의 이번 여정이 "배로 가는 것"이었음은 이미 본문의 「상서 정혜숙[정교]에게與鄭尙書惠叔」 편지에서 보았다.) 우리는 당시 역참의 배가 어떻게 운용되었는지 실상을 분명히 알 수 없지만, 사전에 미리 배를 교섭하여 안배를 해야 했다는 것만큼은 단정할 수 있다. 가고 싶다고 해서 마음대로 갈 수 있었던 것은 결코 아니었다. 유문표兪文豹의 『취검록吹劍錄』 초록을 보자.

문간文簡 이도李燾는 시독侍讀으로 제수되자, "내년 일흔 살이 되면 나는 돌아갈 것이니, 미리 북관 밖에 배를 예약해두리라"는 시를 지었다. 겨울이 되어 한번 병에 걸리자 다시는 일어나지 못했다.[44]

위 구절은 북관문 밖 배는 반드시 "예약해야[預置]" 했음을 증명한다. 주희의 이번 여정은 창졸간에 이루어졌기에 역관에서 하루이틀 배를 기다리는 것이 이상한 일은 아니었다. 우리는 두 가지 강력한 이유로 주희가 하루이틀 동안 배를 기다렸을 것이라고 추측한다. 첫째, 주희가 25일 저녁 상서성 차자를 받는 것이 가능했던 까닭은 그가 북관 밖 역관에 있었기 때문이다. 만일 주희가 배를 타고 이미 하루이틀 전 출발했다고 한다면 주희의 배를 따라 잡을 만큼 빠른 배가 있었으리라 상상하기 힘들다. 하물며 상서성 차자는 그다지 긴급한 공문은 아니었다. 이는 옛 연보에서 "보문각대제와 주군 차견을 제수하라는 성지가 있었다"는 말 바로 다음에 "마침내 떠났다"는 말이 있었던 이유를 설명할 수 있다. 주희는 25일 저녁 역관에서 공문을 받았고, 그 이튿날 또는 그 다음 날에 여정을 시작했던 것이다. 이렇게 보면 "마침내 떠났다"는 기록과 꼭 들어맞는다. 왕무굉이 "마침내 떠났다"는 말을 삭제한 것은 착오였다. 왜냐하면 그는 북관의 사정을 알지 못하여 "영지사를 출발한" 것이 '이미 여정을 시작한 것'이라고 오인했기 때문이다.

둘째, 주희가 「유덕수에게」라는 편지에서 말했던 '북관의 모임'은 동료들이 열어준 송별회였음이 분명하다. 그가 영지사에서 이미 '사원 동료들의 송별'을 받으면서, 관계가 그보다 훨씬 깊었던 유광조·진부량·장영 등과 함께 송별 모임을 갖지 않았을 리는 없다. 하지만 그 모임은 시간이 급박했기에 북관에서 배를 기다리던 시기에 열렸을 것이다. 만약 주희가 역관에서 하루이틀 동안 머물지 않고, "영지사를 출발한" 후 급히 배에 올랐다면 '북관의 모임'이 열릴 수 없었다. 게다가 북관 밖의 송별회는 당시 종종 열리곤 했다. 소희 2년 (1191) 9월, 손봉길孫逢吉이 국자사업國子司業을 사직했는데, 누약은 「손공 신도비」에서 그의 여정을 아래와 같이 기록했다.

양학兩學[국학과 태학]의 사士 수백 명이 관문 밖으로 나와 송별했다[祖]. 사람들은 중흥中興 이래 겨우 한두 번 보는 일이라고 말했다.[45]

원문의 '조祖' 자는 송별한다는 의미다. 이 송별연은 굉장한 규모인지라 당시 사람들은 그것을 드문 일로 여기면서 놀라워했다. 이로부터 참가 인원 수가 좀 적었던 소규모 송별연은 북관 밖 역관에서 자주 볼 수 있는 일이었음을 알 수 있다. 위 논거는 '북관 모임'의 성격을 규정하는 데 도움이 된다. 이상의 두 가지 이유를 통해, 적어도 소희 5년(1194) 윤10월 25일 저녁에는 주희가 아직 북관 밖 북곽 역정에 머물고 있었고 26~27일 정도에 배에 올랐다고 판단할 수 있다.

나는 마지막으로 "관문을 나간다出關"는 것이 남송 정치문화에서 특별히 주목할 만한 현상이었다는 점을 진지하게 지적하고자 한다. 당시 조정에서 좌절을 겪고 떠나가던 사람들은 "관문을 나간다"는 것에 대해 자못 특별한 느낌을 갖고 있었다. 광종(1189~1194 재위) 즉위 초 강특립이 유정에 의해 쫓겨날 때, 육유는 시 「관문 밖에서 송별하며 지은 두 수奉送出關二首」를 남겼고, 강특립은 이에 화답했다. 특히 「관문을 나서며出關」가 음미할 만하다.

기구한 벼슬길에서 세월을 보냈으니, 파초를 읊을 좋은 생각이 나지 않는구나. 관문을 나오니 곧바로 산림이 일어서고, 연이은 짚 풀들이 여기서부터 점차 절벽을 이루는구나.[46]

강특립의 『매산속고梅山續稿』를 자세히 읽어보면, "산림이 일어선다山林興"는 표현은 '기구한 벼슬길'에 대한 그의 아쉬움을 담기에 한참 부족하다. 상세한 내용은 다음 장에서 이야기하겠다. 다만 "관문을 나온다"는 것이 그의 심리에서 두 세계를 가르는 경계석이 된다는 점만큼은 사실이다. 주희도 이렇게 말한다.

무신년 여름, 낭패를 보고 관문을 나와 빈 산 속에서 문을 걸어 잠갔던 까닭은 다시는 정치를 하고 싶지 않았기 때문입니다.[47]

무신년은 순희 15년(1188)으로, 여기서 기억되는 것은 주희가 임률과 '왕당'의 연합 공격에 의해 임안에서 쫓겨났던 일이다. 하지만 그는 "군주를 보좌하여 도를 행한다"는 유혹을 이기지 못하여, 결국 두번째로 "낭패를 보고 관문을 나오게" 되었다. 강특립의 「관문을 나서며」와 위 구절을 비교해볼 때, 주희가 '북관 모임'에 대해 한탄했던 속마음을 충분히 느낄 수 있다.

3. 효종 만년의 인사 배치 2―이학형 사대부의 발탁

주필대·유정·조여우 세 재상은 효종이 만년에 직접 선발한 사람들로서, 그들은 이학자 집단과 매우 사이좋게 협동했을 뿐만 아니라 효종의 혁신 계획을 최대한 집행하려고 했다. 우리는 이들 셋이 재상을 했던 것은 효종의 심모원려에서 비롯했다는 사실을 앞 절에서 논증했다. 이제는 한 걸음 나아가 이와 밀접히 관련된 현상 하나를 설명해야 한다. 바로, 효종이 스스로 내선을 결정하고부터 중요한 이학의 사士들을 적잖이 직접 발탁했고, 이들이 이후 광종과 영종의 교체기인 5~6년간 핵심 역할을 했다는 것이다. 이 역시 주도면밀한 인사 배치의 결과였다. 아래에서는 먼저 시간순에 따라 사실을 열거하고 자세히 분석하려 한다.

『송사』 권297 「설숙사전薛叔似傳」은 말한다.

당시(순희 15년 정월) 당나라 관제를 모방하여 보궐과 습유를 설치하자, 재신이 아뢰기를 "시종과 대간에게 명령하여 사람을 추천하도록 하겠습니다"라고 했다. 주상은 스스로 설숙사를 좌보궐로 제수했다. 설숙사는 시사에 대해 논하다가, 마침내 수상 왕회를 탄핵하여 자리에서 물러서도록 했다.[1]

주필대의 『사릉록 하』 순희 15년(1188) 4월 경인 조목이다.

내가 상주했다. "예부禮部에 결원이 있으니, 사람을 뽑아 대신하도록 해야 하지 않겠습니까?" 주상이 말했다. "부묘祔廟〔합사合祀〕 후 우무〔우연지〕가 자리를 옮겨야 한다." 이어서 "무슨 자리가 비었는가?"라고 물었다. 나는 "마침 예부라고 합니다"라고 아뢰었다. 주상은 "이미 학식이 있다면 바로 써야 한다. 장체인張體仁(첨체인)이 자리를 옮겨야 한다"고 말했다.[2]

이 조목은 중요한 사료로서, 우무와 첨체인 두 사람 모두 효종이 특별히 지명하여 승진하고 중용되었음을 증명한다. 순희 14년 10월 임신일에도 우무와 관련된 기록이 있다.

이에 이르러 주상이 다시 물었다. "누가 태상太常이 되어야 하는가?" 나는 이렇게 아뢰었다. "학문의 광범함을 따지자면 우무만 한 사람이 없으니 의론은 이미 정해졌습니다. 다만 그 사람은 왜소해서, 앞에서 이끌 때 키가 크지 않을까봐 여러 사람이 걱정하고 있습니다." 주상은 "그 점은 상관이 없다. 학문이 어떤지 보면 될 뿐이다. 임무를 감당할 수 있다면 그를 등용하라"고 말했다.[3]

우무는 키가 작은 결점이 있어서 태상소경 직위에서 물러나게 되었다. 이점은 우리가 이전에는 몰랐던 사실이다. 6개월 후, 효종은 "우무가 자리를 옮겨야 한다"고 지명했는데, 이는 당연히 주필대의 추천과 관련이 있었다. 내선內禪하기 전, 효종은 이미 우무와 면담을 한 적이 있어서 그에 대해 잘 알고 있었다. 그래서 우무를 권중서사인權中書舍人 및 직학사원直學士院 겸직으로 임명하여 전문으로 내선의 '제책制冊' 업무를 맡게 했다.[4] 그런데 효종이 직접 첨체인을 지명하여 승진시킨 일은 엽적의 「첨공 묘지명」이나 진덕수의 「첨공 행장詹公

行狀」,『송사』 본전에는 언급되지 않았다. 따라서 이 『사릉록』 기록은 특히 귀중하다.

누약의 「황공 묘지명」은 아래처럼 말한다.

국자록國子錄으로 제수되었다. 얼마 지나지 않아 태부인太夫人[모친]이 돌아가시자, 재상은 관원이 하나 비게 되었다고 보고했다. 효종은 이상하게 여기면서 "황상黃裳은 어디에 있는가?"라고 물었다. 이어서 그의 [모친] 부고를 아뢰니 특별히 은전 70만을 하사했다. 상례 기간이 끝나자마자 소환에 응하여 서울로 왔다. 도착해보니 이때 태상太上(광종)이 이미 등극해 있었다.[5]

이 일은 『송사』에는 누락되어 있고 누약의 「황공 묘지명」에만 있다. 이 구절을 통해, 황상이 효종 마음속에서 중요한 위치를 차지했음을 알 수 있다. 효종 만년의 인력 배치에서 황상은 불가결의 고리 중 하나였음이 분명하다. "소환에 응하여 서울로 왔던" 때는 순희 15년 연말이어서, 황상이 돌아왔을 때는 광종이 이미 즉위한 뒤였다(순희 16년 2월). 황상은 처음 수도에 왔을 때 태상박사로 제수되었다가 비서랑으로 승진했고, 조금 후 다시 가왕부익선嘉王府翊善[6]으로 옮겨가서 세자[뒷날의 영종] 교육을 담당했다. 『송사』 본전은 효종이 가왕[뒷날의 영종]에게 했던 "황 익선翊善이 지성스러우니 강의 내용을 주의 깊게 들어야 한다"[7]는 말을 기록하고 있다. 효종은 퇴위 후에도 황상의 활동을 밀접하게 주시하고 있었음을 여기서 알 수 있다.

황상이 소환을 받았던 상황과 유사한 것으로 유광조 사례가 있다. 앞 절 서두에서 인용한 진덕수의 「유 각학 묘지명」은 "효종이 발탁하여 후인에게 남겨준" "천하 제1류"가 바로 유광조라고 특히 강조했다. 그러므로 이 점에 관해 다시 설명할 필요는 없을 것이다. 「유 각학 묘지명」은 또 말한다.

갑자기 충정[조여우]에 의해 천거되어 소환되었다. [서울에] 이르니 광종이 이
미 즉위해 있었다.[8]

이 인용 구절은 간단하긴 하지만 두 가지 중요한 사실을 포함한다. 첫째,
유광조는 조여우가 추천한 사람이었다. 둘째, 효종은 내선하기 얼마 전 그를
소환했다.

최후의 사례는 나점이다. 효종은 아주 일찍부터 매우 깊이 있게 그를 알고
있었지만, 여기서는 다만 효종이 내선하기 전 그를 안배했던 부분만 보도록
한다. 원섭袁燮의 「나공 행장羅公行狀」 기록이다.

(순희) 15년 2월, 소환되어 궁궐에 이르렀다. 천자天子가 공을 알현하더니 매
우 기뻐했다. (…) 호부원외랑戶部員外郎으로 제수되었고, 5월에는 태자직강
을 겸직했다. (…) 10월에 기거사인으로 자리를 옮겼으나, 조부의 이름을 피
하기 위해서(그의 조부 이름은 '기起'였다) 다시 태상소경으로 바뀌었고 시립관
侍立官을 겸직했다. 그러자 곧바로 나아가서 국사에 관해 아뢰었다.[9]

이해(순희 15년) 연말, 나점은 임시로 명령을 받아 절서 지방으로 가서 구휼
사업을 담당했는데, 순희 16년(1189) 정월에 주필대는 「절서 나춘백浙西羅春伯」
이라는 차자를 하나 썼다.

저는 소명召命(좌상 임명)을 들은 이후 안부 인사를 드리려고 했지만, 변변찮
은 재주短才로 정무를 처리하느라 피곤하여 결국 틈을 내지 못했습니다. 삼
가 보내주신 편지를 받아보니 무척 송구스럽습니다. 근래 잘 지내시는지요?
배운 바를 열심히 행하여 구휼에 진력한 결과, 절서의 백성으로 하여금 흉
년임에도 불구하고 유랑하다가 굶어 죽지 않게 하셨습니다. 음으로 공을
세워 양으로 보답을 받게 될 터이니, 당연히 관례대로 황제의 근신이 되셔

야 합니다. 하물며 주상께서 평소 잘 알아주시고 인망이 두텁지 않습니까? 곧 제 말대로 될 터이니 근심하지 마시기 바랍니다. 오직 선함과 사랑으로 천자의 은총을 대할 뿐입니다.[10]

주필대의 이 차자가 전달하는 것은 기본적으로 효종의 의도였다. "주상께서 평소 잘 알아주었다" "천자의 은총" 같은 말이 그 증거다. 「나공 행장」은 이렇게 말한다.

〔순희 16년〕 2월, 광종이 즉위하자 중서사인으로 옮겨갔다.[11]

이것은 당연히 주필대가 재상의 직위로 태상황이 사전에 분부했던 임무를 집행한 결과였다.

이상으로 우리는 서로 다른 사료에서 여섯 사례를 찾았는데, 모두 효종이 순희 15년(1188) 1년간 직접 지명하여 발탁한 이학 진영의 구성원들이었다. 그 가운데 우무(1127~1194) 한 사람만 60세를 넘겼고, 설숙사(1221년 사망), 첨체인(1143~1206), 황상(1146~1194), 유광조(1142~1222) 등 네 사람은 당시 40대의 한창 나이였으며, 나점(1150~1194)은 가장 나이가 어려 아직 40이 안 되었다. 그 밖에 효종이 그해 특별히 선발한 사람이 둘 더 있는데, 나는 서로 다른 이유로 그들을 명단에 포함시키지 않았다. 첫번째는 허급지[12]로, 그는 설숙사와 동시에 효종의 '직접 선발自除'로 좌습유左拾遺가 되었고, 왕회를 공격하여 왕회가 사직하게 하는 데 공이 있었다. 광종 이후 허급지는 입장을 바꾸어 직업 관료 집단에 빌붙어 반'도학'의 유력인사가 되었지만, 순희 15년에는 주필대 문하에 있었음이 분명하다. 두번째는 주희다. 주희가 병부시랑에 임명된 것은 효종이 그를 중추적 지위에 두려 했기 때문이지만 그는 나중에 임률의 탄핵을 받게 되었다. 만약 허급지와 주희를 더한다면, 효종이 순희 15년에 직접 발탁한 사람들은 8명에 이른다. 나는 관련 사료를 두루 검토해봤으나, 효종이 순희 15년 이전에도 이와 유사한 행동을 했다는 흔적을 발견하지 못했다. 진덕수는 효종이 "천하 제1류"의 인재를 발탁함으로써 "황제의 후손에게 전해주었다"고 말했는데, 그것은 확실히 근거가 있는 말이다. 이 장의 관점에 입각하여 말한다면, 이는 효종이 퇴위하기 전 정치적 인사 배치를 했다는 아주 좋은 증거가 된다. 한두 가지 고립적 사례가 우연하게 나올 수는 있지만, 대량의 동질적 현상이 단기간에 집중하여 출현했다는 것은 어떤 목적 있는 계획이 있었음을 가리킨다. 효종이 이학 사대부들을 직접 발탁했던 것과 주필대·유정·조여우라는 집정을 직접 배치했던 것은 서로 짝이 맞는 행동이었음이 분명하다.

앞에서 지적했다시피 효종이 퇴위 전 직접 발탁한 여섯 인사는 모두 이학자 집단 출신이다. 하지만 이 여섯 인사는 기존 철학사 또는 사상사에서 전혀 찾아볼 수 없다. 아래에서 우리는 그들과 이학의 관계를 하나하나 밝혀보려한다. 지면의 제한으로 핵심만을 말하여 논지를 증명하려고 한다. 각 인사의 사상을 하나하나 요약하는 것은 아님을 미리 밝힌다.

우무

『송사』 권389 「우무전」은 말한다.

우무는 어려서 유저喻樗와 왕응진에게서 배웠다. 유저는 양시楊時에게서 배웠고, 양시는 정이의 고제高弟다. 건도·순희 연간, 정씨程氏의 학문이 점차 세력을 떨치자 그것을 꺼리는 사람들이 '도학'으로 지목하고서 공격하려고 했다.[13]

위 구절 바로 다음에는 우무가 효종을 향해 '도학'을 극력으로 변호했다는 이야기가 나오는데, 그 구절은 이미 제7장에서 인용했으므로 여기서 다시 말하지는 않겠다. 『송원학안』이 우무를 「구산학안龜山學案」(권25)에 넣었던 것은 전적으로 우무와 양시 두 사람이 사우師友 관계를 맺었다고 여겼기 때문이다. 사실 우무는 남송에서 이학자로 이름을 얻은 사람이 아니었고, 양만리·범성대范成大·육유 등과 어깨를 나란히 하는 시인이었다. 하지만 초년에 이학의 훈습을 받아서 이학자인 주희·육구연과 더불어 오랫동안 좋은 관계를 유지했다. 주희와 육구연의 문집에는 그에게 보낸 편지가 남아 있으나 여기서 인용하지는 않겠다. 우무의 시문은 일찍이 산실散失되어, 현존하는 『양계유고梁谿遺稿』에는 우연히 전해지는 글만 약간 수록되어 있을 뿐이다. 하지만 그 몇 편의 글 가운데는 주희와 관련된 세 편이 있다. 첫번째는 「주원회의 남쪽 귀향을 송별하며送朱元晦南歸」라는 시(권1)로서 주희의 백록동白鹿洞 강학을 적극적으로 칭양한다. 두번째는 순희 8년(1181)의 「주봉년 시집 서朱逢年詩集序」인데, 주봉년의 이름은 주고朱槔이고 주희의 숙부였다. 「주봉년 시집 서서」 마지막 부분을 보자.

선생[주봉년]에게 형이 있었으니 위재韋齋[주송]다. (…) 위재의 아들[주희]은 남강사군南康使君으로, 지금 도학을 창도하고 있다. 그의 시는 정말로 연원이 오래되고 유장하구나![14]

위 두 글은 우무가 주희와 더불어 구휼 사업을 추진하던 때 지어진 것이다. 당시 그는 제거강동상평提擧江東常平이었고 주희는 남강 지사였다. 세번째는 「오두남에게 보내는 편지與吳斗南書」다.

근래 여동래[여조겸]가 산정한 옛 『역』 한 편을 얻었는데, 주원회[주희]가 발문을 지었으니 마땅히 간행되어야 합니다. 여러분이 간행한 여급공呂汲公[여대방]의 옛 경전과 전혀 차이가 없기 때문입니다. 게다가 여동래는 미중微仲(여대방의 자字)이 이 책을 편집한 적이 있다고 언급하지 않았으니, 어찌 우연히 같겠습니까?[15]

주희의 「상서 우무에게 답하다答尤尚書表」[16]를 보면, 우무가 이정 문하 제자들의 사적事迹과 장식의 문집에 대해 상세히 알았다는 것이 드러난다. 우무는 평소 이학자들의 저작에 깊은 관심을 갖고 있었던 것이다. 오두남은 이름이 오인걸吳仁杰이고 당시 『역』과 『한서漢書』 연구로 유명했다. 게다가 이학계의 일원으로서 주희·육구연과 더불어 학문을 논하는 교우 관계를 맺고 있었다. 육구연은 오두남과 함께 『역』과 '리理'의 관계를 논한 적이 있고,[17] 주희는 "마음과 몸을 거둬들이고 안을 향해 수양할 것"을 오두남에게 권한 적이 있다.[18] 그러므로 우무는 이학만 연구한 것은 아니었지만, 평생 가장 친밀히 교류했던 사람들은 대부분 이학자였다. 그의 정치적 입장이 이학자 집단의 그것과 같다는 점은 앞서 여러 번 언급했으므로 여기서 다시 설명하지는 않겠다.

설숙사

『송사』 권397 본전은 말한다.

설숙사는 주희를 앙모하여 도덕과 성명의 종지를 궁구했고, 천문·지리·종률鍾律·상수象數의 학문에 대해 이야기하여 문집 20권을 남겼다.[19]

다만 설계선이 설숙사의 숙부이므로 설숙사는 영가학永嘉學의 계승자로 간주되어야 한다. 설숙사가 태학에서 강의할 때 설계선은 「조카 상선[설숙사]에게 답하는 편지答象先侄書」를 보낸다.

힘써 스스로 면려하고, 이 시대의 학자로서 그 일을 작게 여기지 말라. 얻고 잃음은 하늘에 맡기고, 깊이 있고 순수하며 또한 열심으로써 올바른 경학을 추구해야 한다. 시무를 강의하여 밝힐 때는 본말과 이해利害를 두루 알아야 한다. 하나 마나 한 말을 하지 않고 행동에서 어그러지지 않는다면,

선배들의 일이 어찌 멀리 있겠느냐?[20]

위 구절을 통해 설숙사가 어렸을 때 숙부의 가르침을 받았음이 드러난다. 하지만 그가 당파적 견해를 갖고 있었던 것은 아니다. 그래서 그는 주희 말고 육구연과도 학문적 교류가 많았다. 육구연이 그에게 보낸 편지는 총 3통인데, 그중 하나는 당시 학인들과 왕안석의 학문을 전문으로 논하고 있다.[21] 어투로 보건대 그들은 서로 잘 알고 있었던 것 같다. 설숙사는 일찍이 태학 시기에 양간楊簡(1141~1226)과 사귀었고, 숙부 설계선에게 양간을 정중히 추천했다. 설계선의 「경중 양간에게 보내는 간찰抵楊敬仲簡」을 보자.

제가 [당신에 대한] 소문을 들은 지 몇 년이 되었습니다. 조카가 태학에서 고향으로 돌아올 때마다, 도문학道問學의 오묘함을 갖추고 훌륭하게 행동할 수 있었던 것은 [조카에 대한 당신의] 가르침이 매우 은혜로웠기 때문입니다. 다만 [제가 당신을] 직접 만나지 못함을 한스럽게 여깁니다.[22]

설숙사가 절실하게 진리를 추구하고 또 여러 사람으로부터 배우려는 성격이었음을 위 구절은 잘 드러내준다. 주희는 다른 사람을 쉽게 칭찬하지 않는데도, 「진동보에게 답하다答陳同甫」 제12서에서 아래와 같이 말한다.

잘 모르겠지만, 상선[설숙사]이 논하는 것과 그것은 어떻습니까? 이전에 이 사람을 보니 대체로 만족할 만한 자였습니다. 제 생각을 상세히 다 말하지 못한 것이 아쉬울 뿐입니다.[23]

이것은 아주 높은 평가라 할 만하다.

첨체인

엽적의 「첨공 묘지명」 기록이다.

공은 어려서 건안의 주공朱公[주희]으로부터 배워 그 요지를 얻었다. 이윽고 여러 책을 두루 보고 여러 사람의 학설을 널리 구하여, 융합해서 관통시켰다.[24]

엽적은 첨체인과 매우 친했으므로 이 말은 신뢰할 만하다. 진덕수는 「첨공 행장」에서 아래처럼 말한다.

부친인 첨조詹慥는 약관에 뛰어난 재능으로 향시에서 1등으로 합격했고, 오봉五峯 호 선생(오봉 선생 호굉胡宏), 병산 유 선생(유자휘劉子翬)과 친하게 사귀었다.[25]

『송사』 본전에 따르면, 진덕수는 젊었을 때 첨체인 문하에서 배웠다고 하니 (권393) 그의 말은 1차 증거에 속한다. 첨체인은 이학자 가문 출신인 데다 주희의 문인이기도 했으므로, 그가 이학자라는 점은 다시 논증할 필요도 없을 것이다. 하지만 그는 주희의 문인 가운데서도 두 가지 특색을 지녀 여기서 하나하나 설명하지 않을 수 없다. 첫째, 첨체인은 스승의 문파를 보위하려는 정서가 매우 강렬했다. 순희 13년(1186), 진량이 주희에게 보낸 편지를 보자.

근래 진일陳一의 국록國錄을 보니, 태부 장체인[첨체인]이 문하의 사가 되어, 제가 당신에게 보낸 편지를 그가 읽을 때마다 머리끝까지 화를 내면서 이단 사설로 여긴다고 들었습니다. [첨체인은] 제가 오는 것을 볼 때마다 저를 이상한 사람으로 여기고서, 그때마다 자리를 떠나 [저와] 함께 앉지 않는다고 합니다.[26]

주필대가 주희의 문인들에게 불만을 품었다는 이야기를 앞에서 인용했는데, 그 이야기가 바로 이런 점과 관련 있는지도 모를 일이다. 주희의 답장을 보면 첨체인을 질책하는 곳은 한 군데도 없고, 다만 "옳고 그름과 칭찬과 비난을 어찌 입에 올릴 만하겠습니까?"라고 덧붙이고 넘어갈 뿐이다.[27] 둘째, 첨체인의 정치적 활동 능력은 매우 강력하여 주희와 권력세계를 연결하는 다리 역할을 했고, 종종 매개적 역할을 다했다. 앞 장 마지막에 인용한 「유회백에게 답하다」가 명증한 사례다. 임률은 "망령되이 요직을 차지하려 하여, 문생門生들이 교대로 정부를 상대로 유세遊說했다"[28]라고 주희를 공격했는데, 비록 과장이 있기는 하지만 아마 첨체인과 다소 관계가 있었을 것이다. 『주자어류』는 채원정이 체포된 사건을 이렇게 기록한다.

채원정이 읍에 머물렀던 것은 모두 첨원선僉元善[첨체인]이 조정하고 보호해 준 때문이라고 들었다.[29]

여기서 첨체인 정치 활동의 본령이 드러난다. 주희는 순희 11년(1184) 육구연에게 보낸 편지에서 말한다.

첨원선은 시원시원하고 정말로 얻기 어려운 인재이니 연마하고 침잠하는 노력이 덧붙여진다면 좋을 것입니다.[30]

첨체인은 '외왕' 영역에서 주희의 문인 중 가장 중요하고 또 가장 뛰어났던 인물임은 아무 거리낌 없이 단언할 수 있다.

유광조
진덕수는 「유 각학 묘지명」에서 유광조의 학문적 경향을 논한다.

〔유광조는〕소식과 정이 두 사람 학문의 근원은 하나이되 쓰임이 다를 뿐 모두 경전 연구에서 깨달은 점이 있다고 말한 적이 있다. 또다시 도학의 논의가 바야흐로 떠들썩해지자, 사람들은 공〔유광조〕이 미산眉山〔소식〕을 스승으로 삼았지 이락의 학문을 하지 않았다고 말했다. 공은 홀로 반복하여 지성으로 조아리면서, 주상을 위해 그에 대해 말을 했다. 조정을 조화롭게 하고 의론을 하나로 조정하며, 종묘사직의 맥을 북돋우고 사들의 기풍을 두텁게 하려 했기 때문이다. 공의 이런 마음을 미루어 보건대 만일 〔공이〕 원우 연간(1086~1094)에 있었다면 반드시 낙학과 촉학 사이의 다툼洛蜀之爭을 없애버릴 수 있었을 것이고, 만일 〔공이〕 경원 연간에 등용되었다면 반드시 당론에 따른 마찰이 초래한 재앙을 없앴을 것이다.³¹

이 기록은 유광조 학문의 참된 근원을 드러낸다. 유광조는 촉 지방 사람이라 어려서 그가 소학蘇學에 입문했던 것은 극히 자연스러운 일이었다. "미산〔소식〕을 스승으로 삼았지 이락의 학문을 하지 않았다"는 구절은 최초에 유광조가 '소학'에 속했고 '정학程學' 계통에 속하지는 않았음을 분명히 한다. 이것과 관련하여 일시를 진동시켰던 그의 「도학이 정씨의 사적 언사가 아님을 논하는 상소문論道學非程氏私言疏」에도 분명한 진술이 있다.

신은 본래 촉 지방 사람으로서 학문에 본디 연원이 있습니다. 그간 조정에서 벼슬을 하면서 특히 누군가와 친하게 지내거나 누군가를 멀리한 적이 없습니다. 다만 1년 내내 저의 걱정은 먼저 영명한 주상을 위해 분명히 말씀드리는 것이었습니다. 오늘날의 도학은 이락 지방이 종가이고 결코 정씨의 사적 언사가 아니며 『대학』의 기록에서 비롯하는 것입니다. 『대학』에서는 민을 교화함에 명덕明德을 우선시하고, 그 중간에 시인의 시를 인용했으며, 마침내 도학의 항목이 있습니다. "자르는 듯이 가는 듯이 한다"는 구절은 바로 도학을 가리킵니다. 그렇다면 "어짊에 거하고 의로움으로부터 말미암음을 도道로 여긴다” “마음을 바르게 하고 뜻을 지성스럽게 함을 학學으로 여긴다”는 저의 말 역시 “자르는 듯이 가는 듯이 하고, 쪼는 듯이 곱게 가는 듯이 하는 것”에 달려 있습니다.[32]

“학문에 본디 연원이 있다”는 말은 유광조 자신이 소학의 배경을 지님을 가리킨다. ‘도학’이 『대학』에서 비롯하는 것이지 “정씨의 사적 언사가 아니다”라고 하는 것은 자기가 ‘도학’을 존중한다고 해서 결코 이정의 학문으로 귀결되는 것은 아니며, 또한 이정의 학문을 편드는 것도 아님을 가리킨다. 바로 진덕수가 말했다시피 유광조의 목표는 “조정을 조화롭게 하고 의론을 하나로 조정하는 것”이었다. 때문에 유광조는 원우 연간에는 서로가 서로를 용납하지 않았던 소학과 정학을 “근원은 하나이되 쓰임이 다를 뿐”이라는 식으로 해소시킬 수 있었고, 아울러 ‘도학’의 개념 아래 두 가지를 통일시킬 수 있었다. 유광조는 “도학의 항목”이 『대학』의 “자르는 듯이 가는 듯이 하는 것이 도학이다如切如磋者, 道學也”라는 구절에 근원을 두고 있다고 말하지만, 사실 그것은 망문생의望文生義이자 단장취의斷章取義다.[33] 하지만 이것은 유광조의 전략으로, 그 취지는 ‘도학’이라는 용어의 포용성을 최대한 확대함으로써 “어짊에 거하고 의로움으로부터 말미암음을 도로 여긴다” “마음을 바르게 하고 뜻을 지성스럽게 함을 학으로 여긴다”라는 그의 말과 부합한다. 그러므로 위 상소문은 유광조의 사상적 이중성을 분명히 나타낸다. 곧 한편으로 그의 기본 출발점은 여전히 북송 유학 ‘치도’의 전통이었지만, 다른 한편으로 그는 남송 이학의 세례를 충분히 받아들이고서 “오늘날의 도학은 이락 지방이 종가다”라는 대원칙을 공개리에 인정할 수 있었다. 조여우는 “그 격렬함은 마치 소문충蘇文忠(소식) 같았고, 그 간절함은 마치 범태사范太史(범조우) 같았다”면서 위 상소문을 칭찬했는데, 이는 유광조가 북송 유학의 일면을 계승했음을 나타낸다. 유광조는 ‘도학’의 군대를 진두지휘하는 동시에 주희를 있는 힘껏 변호했는데,[34] 이는 그가 남송 유학의 일면을 인정했다는 사실을 가리킨다. 주희는 소희 2년(1175) 10월 12일 「유 승상에게 보내는 편지」를 쓴다.

> 작년 유부단劉副端〔유광조〕이 처음으로 제수되었을 때 항의하는 논의를 펼치
> 자 조야가 진동했고 도덕적 인사들이 서로들 축하했지만, 저는 홀로 그 점
> 을 걱정했습니다.[35]

「도학이 정씨의 사적 언사가 아님을 논하는 상소문」이 미친 영향력이 컸음
이 여기서 증명된다. 주희의 '걱정'은 반대 당파의 세력이 지나치게 크다는 데
있었다. 이 점은 뒤에서 다시 논하기로 하자.

마지막으로 지적해야 할 점은 유광조의 의향은 결국 소식에게 가 있었다는
사실이다. 유광조는 만년에 이렇게 말했다.

> 나는 평생 사무를 처리할 때는 소략했지만, 화禍와 복福에 대처할 때는 용
> 기가 있었다. 동파〔소식〕의 마음이 외물에 의존한 적이 없었음을 볼 때마다
> 마음으로 몰래 그를 연모했다.[36]

소식의 초탈한 정신은 평생에 걸친 도사 및 선사와의 사귐에서 힘을 얻었지
유가에서만 비롯했던 것은 아니었다. 유광조는 불교와 도교에 꽤 개방적인 태
도를 견지하여 유교, 불교, 도교의 세 교의를 위해 각각의 영역을 나누어주었
다.[37] 효종이 정이보다 소식을 훨씬 높이 평가했던[38] 이유도 바로 여기에 있다.
효종과 유광조가 각기 군주와 신하로서 의기투합했는지 여부도 이와 관련이
있지만, 문헌적 증거가 부족하여 다만 혐의만 둘 뿐이다.

『송사』 본전과 『송원학안』 권79 「후계 선생 유광조劉後溪先生光祖」는 유광조
의 학문이 전혀 요령을 얻지 못했다고 논하지만, 그의 논의는 남송 '도학' 개
념의 변화에 대해 새로운 문제를 제기하고 있으므로 결코 경시될 수 없다.
이상의 분석은 극히 간략한 것으로서, 단서를 초보적으로 이끌어낸 데 불과

하다.

황상

『송사』권393 본전의 마지막 부분이다.

『왕부 춘추강의王府春秋講義』와 『겸산집兼山集』은 하늘과 사람의 이치와 하늘
로부터 명령받은 본성의 근원을 논했으니, 모두 이락의 종지를 밝힐 수 있
다. 일찍이 그 고향 사람 진평보陳平甫 형제와 함께 강학했는데, 진평보는 장
식의 문인이다. 사우 관계의 연원에 내력이 있었던 것이다.[39]

전조망은 「진사 평보 진개進士陳平甫概」에서 말한다.

진개는 자가 평보이고 보성普城 사람이다. 건도 연간 진사가 되었는데, 〔그가
시험답안으로 제출한〕 대책對策문이 비분강개하여, 위간재魏艮齋(위섭지魏掞之,
1116~1173)[40]가 읽어보고 기특하게 여겼고, "그대 고장에 장경부〔장식〕가 있
는데 순정한 유학자다"라고 알려주었다. 선생은 마침내 〔장식에게〕 편지를 써
서 배울 수 있는지 문의했고, 형 진율陳栗과 함께 성현의 도에 대해 뜻을 새
겼다. 내가 『남헌집』의 「평보에게 답하는 편지」[41]와 「결백당기潔白堂記」[42]를 읽
어보니, 〔두 사람이〕 사우 관계에 있었음을 알겠다. 당시 촉 지방 사 중 추밀
우문宇文[43] 외에는 아직 남헌을 따라 배우는 사람이 없었으므로, 평보가 가
장 앞서 배움을 청했던 것이다. 이때부터 범문숙范文叔(범중보范仲輔), 범수재范
秀才(범손范蓀)가 비로소 책상을 이고 가서 배웠으니 모두 평보가 창도한 공로
다. 『송사』는 결국 평보를 남헌의 문인으로 간주하는데, 오랫동안 배웠기에
마침내 〔평보가 남헌에게〕 제자의 예를 차렸는지도 모를 일이다. 평보의 관작
官爵은 살펴볼 길이 없지만, 겸산 황씨의 원류는 실로 그에게서 비롯한다.[44]

전조망은 장식의 학문이 촉 지방에 들어간 경과는 상세히 고찰했지만, 진개가 장식의 문인이 된 일에 대한 서술에서는 의문점을 남긴다. 누약의 「황공묘지명」을 보자.

좌사左史 유공 광조는 공의 행장을 썼다.[45]

그러므로 『송사』 본전은 누약의 「묘지명」 말고도 유광조가 쓴 「행장」을 참고했음이 틀림없다. 진덕수는 「유 각학 묘지명」에서 다음처럼 말한다.

공[유광조]은 문장에서 수식을 일삼지 않았고, [문장의] 혼일하고 두터우며 바르고 큰 기상은 실로 그 사람됨을 잘 나타냈다. 시는 특히 맑고 부드러워서, 남헌 선생 장식이 한 번은 그가 지은 시를 보고 매우 칭찬했다.[46]

그렇다면 유광조와 장식의 관계는 연원이 있는 것이다. 『송사』 「황상전」에 수록된 이 기록의 역사적 원천은 「행장」에 있었을 것이다. 하지만 「행장」은 오래전에 실전失傳되어 지금은 고증할 길이 없다. 종합하자면, 촉 지방 사士 유광조와 황상이 누구보다 앞서 주희를 존경했던 것은 아마도 장식과 그들의 관계 때문이었을 것이다.[47] 누약의 「묘지명」은 황상이 광종에게 했던 말을 기록한다.

신의 재능은 여기서 그칩니다. 주희는 40년 동안 학문을 했으니, 폐하께서는 마땅히 그를 불러들여서 각료로 삼으셔야 합니다.[48]

『주자연보』에 수록된 "[주희가] 천하 제1인天下第一人"이라는 황상의 말과 위 구절은 상호 증명된다. 황상에 대한 주희의 평가 역시 매우 높았다. 『주자어류』에는 이런 기록이 있다.

선생(주희)은 황문숙(황상)의 부음을 듣고 매우 안타까이 여기면서 말했다. "그 글과 논의를 보면 솔직담백하고 시원시원한 사람이었는데, 생각해보면 낙담과 우울 속에서 죽었구나. 말이 행해지지 않고 간언이 받아들여지지 않았으며 사직하려 해도 그럴 수 없었으니, 참으로 우울한 사람이었다."[49]

『주자어류』는 주자의 말을 기록한다.

근래 사대부 중, 나라를 걱정하느라 제 집안일도 잊어버리면서 국가를 언급 할 때마다 비분강개하는 자는 다만 조자직(조여우)과 황문숙 뿐이다.[50]

나점
원섭의 「나공 행장」은 말한다.

공(나점)은 (…) 모든 누추함을 벗어던지고 강학에 뜻을 두어 뛰어난 인물들 과 교류했으며, 선대 스승들의 발자취를 좇아 스스로 노력했다. 향시와 성 시에 합격했고, 순희 2년(1175)에 진사의 갑과甲科로 합격했다. (…) 대책문 내용은 이러했다. "(…) 유자의 도는 반드시 인의를 높이고 공리를 뒤로해야 한다. 인의의 효과는 늦고 공리의 효과는 빠르다. 늦는 것을 싫어하고 빠른 것을 좋아함이 인지상정인지라, 인의를 버리고 공리를 취한다. 그러나 오래 된 이후에야 성취되는 것은 갑자기 무너질 수 없다. (반면) 하루 만에 얻을 수 있는 것은 오래도록 안정될 수 없다."[51]

나점은 이학이 가장 발달한 시대에 성장하여, 어린 나이에 자연스럽게 이 정 일파의 사상을 '강학'했다. 그의 대책문은 인의와 공리를 대비해서 설명하 고 있는데, 이정 이래 강조되었던 "도리를 바르게 하되 이익을 도모하지 않고, 도를 밝히되 그 공로를 헤아리지 않는다"[52]는 원칙을 드러낸 것이었다. 이는 이학자들의 공통 신조였다.[53] 「나공 행장」은 말미에서 또 다음과 같이 말한다.

어떤 사람이 시가의 대구를 맞추는 일에 열심이었다. 그러자 "나는 이제 군주를 보좌하여 민에게 은택을 베푸는 사업을 독실하게 지향하니, 어찌 그런 자질구레한 일을 하겠는가?"라고 말했다.[54]

이 구절은 시詩를 '말장난閑言語'으로 여겼던 정이의 영향을 받은 것이다.[55] 순희 15년(1188), 육구연은 「나춘백에게」라는 편지에서 이처럼 쓴다.

과거 서로 만난 기간이 짧지 않았지만 서로 계발시켜주지 못했으니, 매번 저 자신을 부끄럽게 여깁니다. 보내주신 편지를 보고 깜짝 놀랐습니다. 우주는 끝이 없고 천지는 열리고 닫히며, 본래 한집안일 뿐입니다. 과거 성인이 살았던 곳과 이곳은 1000여 리나 떨어져 있고 시간도 1000여 년이나 떨어져 있지만, 뜻을 얻어 중원中國에 시행할 수 있다면 마치 부절符節을 맞추는 것처럼 딱 들어맞을 것입니다. 그 까닭은 한집안이기 때문입니다. 보내주신 편지는 "우리 집안사람自家屋裏人"이라고 말했는데 좀 누추하지 않습니까?[56]

"우리 집안사람"이란 표현은 나점[나춘백]이 보낸 편지에 있던 말로, 임률이 주희를 공격한 사건을 가리킨다. 그 내용은 제9장 '주필대와 이학자' 절에서 인용되었으므로 여기서 다시 설명하지는 않겠다. 육구연이 편지에서 나점을 엄격하게 비판하는 것을 보건대, 이들 두 사람의 사귐이 매우 깊다는 점을 알 수 있다. 두 사람의 행적을 살펴보면, 순희 10년(1183)에서 13년(1186)에 이르기까지 3년 동안 임안에서 함께 살았다. 그래서 편지는 "서로 만난 기간이 짧지 않았다"고 한다. 나점(1150~1194)은 육구연(1139~1192)보다 열한 살이 적었지만 그들은 친구 관계였지 사제 관계는 아니었다. 소희 2년(1191) 9월, 육구연이 형문에 부임한 후 쓴 「나춘백에게」는 이처럼 말한다.

요즘 관리들은 서신으로 안부를 묻는 것이 관례입니다. (…) 제 졸렬하고 우둔한 자질 때문에 지금 오히려 결례를 범했습니다. (…) 제가 의탁하는 여러 현인께서는 이를 갖고 잘못을 묻지는 않으실 것입니다. 만일 게으르다는 의심을 하신다면, 고인故人〔그대〕에게 부탁하여 변호하도록 하고자 합니다.[57]

'고인'은 동년배 사이에서 쓰이던 명칭이 분명하다. 『송원학안』 권58은 나점을 '상산〔육구연〕의 학려學侶'라고 하는데, 이는 믿을 만한 말이다. 나점이 육구연의 영향을 받았으리라고 응당 추론해볼 수 있지만, 사료가 부족하여 확신할 수는 없다. 주목할 점은 나점이 '마음心'의 주재主宰적 역할을 매우 강조했다는 사실이다. 「나공 행장」을 보자.

어떤 사람이 '천하의 일은 재능이 없으면 할 수 없다'고 말했다. 공은 말했다. "역시 이 마음을 먼저 논해야 한다. 학문이 바르되 재능이 부족할 경우, 마음을 성실히 하여 추구한다면 비록 목표에 도달하지 못했다 하더라도, 그 목표에서 멀지 않은 곳에 이를 것이다. 마음이 바르지 않다면, 재능이 타인보다 뛰어나더라도 참된 재능은 아니다." 평소 강학할 때 널리 타인들에게서 〔학설을〕 취했고, 진퇴와 출처의 대원칙에 이르러서는 자기 마음으로 결정했다.[58]

진덕수는 「나문공공〔나점〕 주의羅文恭公奏議」에 발문을 썼다.

영종 초년, 여러 현인이 한가득 출사했지만 문공은 〔그 가운데서도〕 '거벽巨擘'으로 칭해졌다. 「마음 바로 하기正心」라는 상소문은 인의에 관한 이론을 장대하게 다 개진했으니, 정자에게 견주더라도 부끄럽지 않을 것이다.[59]

원섭은 「나공 행장」에서 다음과 같이 기록한다.

[소희 5년] 6월, 단명전학사學士 및 첨서추밀원사로 임명되었다. 공은 "주상
이 처음으로 국정에 임하실 때는 먼저 착수해야 할 곳을 따져야 한다"고 말
하면서, '마음의 견지持心'와 '바른 것을 지키기守正' 등 열 가지 사항을 진술
했다. 휴가를 청하면 종종 대신들과 함께 앉아서 도를 논하거나, 시종과 대
간을 불러서 조용히 이치에 따라 이야기했다. 날마다 경연관 두 명의 순서
를 정하여 편전에서 주상에게 의견을 이야기하도록 했다.[60]

이것이 이른바 「마음 바로 하기」 상소문의 대체적 내용일 터이나, 안타깝게
도 「나공 행장」과 『송사』 권393 본전은 상소문 내용을 전혀 언급하지 않아서
더 이상 그에 대해 논할 수 없다. 위요옹은 「나문공공의 주의에 대한 서羅文恭公
奏議序」에서 말한다.

내가 일찍이 살펴보건대 공은 문벌 출신으로서 학생 시절부터 추부에 이르
기까지 겨우 10년 밖에 걸리지 않았으나, 상주문은 백수십 편에 달하고 대
의가 훤히 빛난다. 아! 이토록 각고로 노력하는 사람을 실로 누가 부리고
있는가? [바로 마음이다.] 마음이란 사람의 신명神明으로서, 옳고 그름을 변
별하고 사악함과 바름을 변별할 때 마치 흑백처럼 비교하며, 자기기만을 허
용하지 않는다. (…) 무릇 거기서 그 마음을 섬길 뿐이다. 그 마음을 섬긴다
면 하늘을 섬길 것이다.[61]

위요옹의 서문은 시종일관 '마음'을 위주로 말하는데, 필시 나점의 상주문
으로부터 영향을 받았을 것이다. 진덕수는 이정과 주희의 견해를 견지하면서
나점의 '마음 견지'를 '마음 바르게 하기'로 바꾸고 있는 데서 나점을 "정자와
견주더라도 부끄럽지 않다"고 말한다. 하지만 우리는 나점을 "육자陸子(육구연)

와 견주더라도 부끄럽지 않다"고 말해야 할 것이다.

이상으로 효종이 만년에 직접 발탁한 여섯 인사의 이학적 배경을 하나씩 고찰했다. 각각 떼어놓고 보자면, 이들 여섯 인사의 학문 또는 사상적 경향은 특색이 각기 달라서 어떤 단일한 추상적 틀 안에 넣을 수 없다. 하지만 이들에게는 분명 두 가지 공통 특징이 있었다. 첫째, 이들은 모두 남송 이학이 유학의 최신 발전을 대표한다고 인정했다. 우무는 나머지 다섯 사람과 연배가 달라서 이학에 대한 태도에도 차이가 있었다. 이락의 학문에 대한 우무의 신념 수준을 쉽게 단정할 수 없지만, 그가 그것의 가치를 적극적으로 긍정했다는 점만큼은 의심할 수 없다. 따라서 그는 절체절명의 시기에 '도학'을 공개적으로 강력히 변호하는 것을 사양하지 않았다. 아울러 그는 '도학' 집단 내에 "세상에 나오려는 현인과 군자들"이 매우 많다는 것을 분명히 지적했다.[62] 나머지 다섯 인사는 이학의 신도라고 할 수 있다. 이들은 이학에 대한 조예가 매우 깊었거니와 주희·장식·육구연 등 당시 이학의 종사宗師들을 매우 존경했다.

둘째, 나점의 말을 빌리자면 그들은 모두 "군주를 보좌하여 민에게 은택을 베푸는 사업에 돈독한 지향이 있었다." 이는 원래 유가의 일관된 정치적 이상으로서 북송대에 이미 뛰어난 성과가 있었다. 하지만 효종 시대에는 주로 이학자들이 그것을 계승했다. 대체로 그들은 중앙에서는 "군주를 보좌하여 도를 행한다"는 것을 강조했고, 지방에서는 "민에게 은택을 베푼다"는 것을 힘써 추구했다. 앞 장에서 육구연과 유청지를 논하면서 이미 그 점을 언급했다. 그러므로 "군주를 보좌하여 민에게 은택을 베푼다"는 것은 하나의 보편적 원칙이었고, 이학자 사대부들은 학파나 연배가 다를지라도 그 원칙을 공통으로 갖고 있었다. 우무는 "군주를 보좌한다"는 측면에서 나머지 다섯 사람과 다를 바 없었지만, "민에게 은택을 베푼다"는 측면에서는 주목할 업적을 남겼다. 그는 고종 시대에 처음으로 태흥현령泰興縣令이 되어 곧바로 "민의 고통을 위로했고", 순희 시기에 태주台州 지사가 되었을 때는 "민이 그의 선정을 끊임없이 칭송했다." 제거강동상평이 되었을 때는 여러 군郡에서 구휼 업무를 추진하여 빈민의 세금을 감면해준 결과 "유랑하는 민이 없어지게 되었다."[63] 이런 기록은 결코 입에 발린 찬사가 아니었다. 왜냐하면 우리는 직접적 증거를 제시하면서 위 언사를 실증할 수 있기 때문이다. 순희 9년(1182), 육구연은 「진졸에게」 제1서에서 아래처럼 말했다.

우장[우무]께서 우리 읍의 세 호랑이를 제거하셨으니 참으로 기쁩니다! 이것이 진정 어진 이의 용기입니다.[64]

「진졸에게」 제2서는 더욱 구체적으로 보고한다.

근래 우장의 편지를 여러 통 받았는데, 우리 읍의 세 호랑이가 이미 굴을 비웠다고 하니 기쁨을 이기지 못하겠습니다. 고향 사람의 편지와 집에서 온 편지가, 들과 거리에서 환호하고 기뻐 춤추는 모습을 각각 알려주었습니다. 이 몇 사람은 비록 작은 읍의 천한 서리이지만 악행을 한 지 오래되어, 읍에서 가혹한 세금을 매겨 제멋대로 걷어가고 끼리끼리 뇌물을 주머니에 넣어주었습니다. 상부의 서리들과 결당하여 뿌리 뽑지 못할 권세를 형성했습니다. 관서에 있는 죄인 묶는 도구는 원래 간악한 자들을 금지하기 위한 것인데, 그들은 반대로 그것을 갖고서 민을 위협하고, 하소연할 길을 막아버리고서, 방자하게도 간악한 짓을 하고 제 욕심을 차렸으니, 어찌 그대로 놔두고서 노여워하지 않을 수 있겠습니까? (…) 몇몇 천한 서리가 사대부들을 부려 자신들을 보호하도록 함이 마치 수족으로 얼굴을 가리는 것과 같았으니, 이 어찌 매우 패악한 일이 아니겠습니까?[65]

이때 우무는 강남서로전운사江南西路轉運使('조수漕帥'로도 불린다)로 부임해 있었기에 무주撫州 금계金溪 지방에 은택을 베풀 수 있었다. 육구연이 받았다는 고향의 보고와 집안의 편지는 분명 신뢰할 만하다. 우무의 행정적 풍모를 여기서 엿볼 수 있다. 우무는 자신의 문학작품에서도 흔적을 남긴다. 「회 지방 민요淮民謠」는 그가 태흥 현령으로 있을 때 쓴 시편인데, 확실히 "민을 위해 청원했다爲民請命"는 평가를 받을 만하다.[66]

이상은 우무 한 사람의 행정적 성과를 특별히 표장하려는 것이 아니라 오히려 그를 한 전형으로 삼아 당시 이학자들이 지방관으로서 보여준 공통된 정치적 경향을 설명하려는 것이다. 곧 그들이 "민에게 은택을 베푸는 사업"을 위해 어떻게 노력했는가 하는 것이다. 우무의 활동은 이미 1차 사료에 의해 실증되었으므로, 우리는 안심하고 그의 사례를 이용할 수 있다. 위에서 열거한 다섯 사람 가운데 설숙사·첨체인·유광조, 나점은 우무와 마찬가지로 외임外任 경력이 있고, 또 우무와 동일하게 "은택을 베풀었다"는 기록을 남겼다. 이 점은 그들의 전기 자료에서 아주 쉽게 찾을 수 있는 만큼 여기서 원문을 하나하나 인용할 필요는 없을 것이다. 나는 제9장 서두에서 이소李韶의 증언을 인용한 바 있다. 곧 순희 시기 "오히려 남도 이후 전성기 때의 부유하고 즐거이 지내는 민생과 관료 통치의 회복을 보았다"[67]는 말이다. 만약 이 증언이 충분히 믿을 만하다면, 지방관으로 근무했던 이학자들의 "민에게 은택을 베풀려는" 노력이 적어도 어느 정도는 공헌했을 것이다.

우리는 앞의 여섯 사례를 통해 남송 권력세계 내 이학자(또는 '도학자')들의 일반적 면모를 구체적으로 인식할 수 있다. 이 책에 언급된 각 이학자에 대해 똑같이 상세한 연구를 할 수는 없지만, 이학자 집단(또는 '도학자 무리道學群')을 사대부의 한 유형으로 본다면, 상술한 여섯 사례는 충분히 대표성을 지닌 것으로 볼 수 있다. 이 여섯 사람은 비록 현대인들이 쓴 남송 철학사나 사상사에는 나오지 않지만, 당시 이학자(또는 '도학자')의 주류와 그 전형을 대표했다. 이 책에서 다루는 이학자들은 '내성'의 학문을 시점으로 삼는 정도에서 서로 달랐지만, 동시에 유가적 이상주의를 감당한 사대부들이었고, 최후로는 "군주를 얻어 도를 행하거나得君行道" "군주를 보좌하여 민에게 은택을 베풀게 하는致君澤民" 것으로 귀결되기 마련이었다. 철학사에서 유명한 주희, 장식, 여조겸, 육상산, 진부량, 엽적 등도 예외가 아니었다.

유가적 이상주의는 그들이 합리적 질서를 세우기 위해서 필요로 한 정신적 동력이었다. 사대부라는 신분(벼슬살이를 하든 '봉사奉祠[은퇴]'를 했든)은 그들에게 "천하를 나의 임무로 삼는다以天下爲己任"는 사명감을 부여했다. 그들이 '내성'의 학문에 종사했던 것도 주로 생활의 실천을 위해서였고, 그중 정치적 실천은 특히 특수한 위치를 점했다. 그들은 '도가 행해지지 않으면 물러나서 강학한다'는 의식이 있었지만, 학문이 실천에서 분리되어 독립적 영역을 형성한다고는 전혀 생각하지 않았다. 그러므로 이 책에서 말하는 이학자 집단(또는 '도학자 무리')과 관료 집단 중, 전자가 학문을 대표하고 후자가 정치를 대표한다고 여겨서는 절대 안 된다. 그런 현대적 구분은 주희의 역사세계에서 아예 존재하지 않았던 것이다. 그들은 정치적 경향이 상반된 두 사대부 집단이었다. 쌍방 구성원의 전기 자료에 실린 경력을 보건대, 그들 사이에 어떤 뚜렷한 차이가 있는지 발견하기는 매우 어려웠다. 양자 간 투쟁도 권력세계에서 발생했다. 아래에서 이 점에 대해 더 나아가 설명하려고 한다.

4. 이학자 집단의 배치—대간의 재정비와 인재 추천

효종의 직접 안배하에 이학자 집단의 수많은 중요 구성원이 권력의 핵심으로 진입했다. 이 장의 서두에서 필자는 다음과 같이 지적했다. 효종이 만년에 이학자들을 발탁했던 까닭은 그가 이학의 내용과 체계를 전부 인정했기 때문이 아니라, 이학자들의 정치적 경향이 자신의 최후 단계의 혁신 구상과 잘 어울릴 수 있었기 때문이라고 말이다. 이학자들 역시 비슷한 인식을 지녔기에 효종의 임명을 받아들였다. 그들은 결코 이학자 신분으로서 조정에 가 "앉아서 도를 논한 것坐而論道"이 아니라, 각각의 직위에서 혁신적인 임무를 수행했을 뿐이다. 그것이 바로 꿈에도 그리던 "군주를 보좌하여 도를 행할" 기회였기 때문이다. 이학자 집단의 정치적 능동성을 분명히 드러내기 위해, 권력 중추에 진입한 이후 그들의 행적을 따로 한 절을 내어 다루고자 한다.

크고 작은 것을 불문하고, 이학자들 활동의 모든 측면을 다룬다면 몹시 번다하고 복잡해져서 오히려 전체 동향을 보지 못할 수 있다. 우리가 갖고 있는 사료를 통해 보건대, 그들의 활동은 은연중 두 가지 축을 둘러싸고 있었다. 즉 인재 추천薦士과 대간臺諫 체계의 재정비다. 이 두 활동은 서로 관련되어 있지만 각기 다른 범주에 속하는 만큼 아래에서는 순서에 따라 논의를 전개한다. 이 절을 관통하는 두 가지 노선을 먼저 명확하게 하고자 한다. 첫째, 인재 추천이든 대간 재정비든 간에, 이학자 집단과 관료 집단 사이 충돌이 매우 강렬하게 일어났다. 이 점은 본서 하편의 주요 논지와 밀접하게 상응한다. 둘째, 주희는 비록 두 활동에 직접 참여하지는 않았지만 중요한 관련을 맺고 있다. 인재 추천에서 주희는 아래 글이 보여주는 바와 같이 거의 모든 관료 집단의 주요 공격 목표가 되었다. 대간 재정비와 관련해서는 오늘날 우리는 주희의 서신을 통해야만 그 내막을 잘 파악할 수 있다. 이는 주희와 정치권 사이에 매우 복잡한 관계가 있었음을 이야기한다.

첫째, 인재 추천은 이학 진영을 확대했다. 왕회가 물러난 이후, 재조 이학자들은 '인재 추천' 운동을 일으키기 시작하여 짧은 시간 내에 추천 명단이 분분하게 나왔다. 이는 그들이 일정한 고려를 한 후 결정한 전략임이 분명하다. 가능한 한 많은 이학자와 이학자형 사대부를 추천하여 정부에 진입하게 함으로써, 요로에 포진한 '왕회의 당王黨'을 점차 대체하려는 전략이다. 먼저 첨체인, 나점, 엽적의 세 사례를 든 뒤 인재 추천 운동의 정치적 의미를 더 논해보자. 엽적은 「첨공 묘지명」에서 이렇게 말한다.

조趙 승상이 사직한 후, 사士들은 오랫동안 실직했다. 공[첨체인]이 동지들을 이끌어 주 승상[주필대]에게 청원할 때, 있는 힘을 다해 반복해서 주장했고,

변화變通의 이치로써 비판했다. 이어서 저명한 인사 30여 인을 받아들여달라고 상소했지만 주 승상은 등용할 수 없었다. 하지만 그후 많이 발탁되었던 것은 공의 힘이었다.[1]

이 일은 진덕수의 「첨공 행장」에도 "공[첨체인]이 저명한 사 36인을 받아들여달라고 상소했다"고 기록되어 있다.[2] 또한 『도명록』 권6은 "등용되지 못한 저명한 사를 받아들여달라고 상소했는데, 군거君擧 진부량 이하 33인이었다"[3]라고 말한다. 이 두 조목의 사료는 엽적의 「첨공 묘지명」을 보완하고 있다. 사람 수에서는 차이가 나지만 말이다.

위 인용문에서 주목할 부분은 "조 승상이 사직한 후, 사들은 오랫동안 실직했다"는 구절이다. 이는 왕회에 대한 완곡한 비판이다. '조 승상'은 조웅을 가리키고, 왕회는 순희 8년(1181) 8월 조웅을 이어 우상이 되었다. 엽적의 이 말은 사실 왕회의 집정 7~8년간 부당한 인재 등용이 일어난 경우가 많았음을 뜻한다. 그러므로 『도명록』은 "왕 승상[왕회]이 재상이 된 오랜 기간, 사들이 오랫동안 실직했다"[4]고 고쳐 쓴다. 이 구절의 진의를 이해했다면, 인재 추천의 목적은 숱한 '왕회의 당인들'을 쫓아내는 것이었다고 단정할 수 있다.[5]

위요옹은 「나문공공의 인재 추천 원고에 대한 발跋羅文恭公薦士稿」에서 다음처럼 말한다.

지금 다행히도 문공공(나점)의 아들 나우羅愚로부터 「인사 추천 원고」를 얻어 보니, 타인을 가슴에 품고 세상을 사랑한 선배들의 도량이 대체로 이와 같음을 알겠다. 무릇 시기를 조심하고 황제의 명령을 바로잡았던 것이다. 세상에서 이 일은 오랫동안 잊혔다. [나점이] 남긴 이 글을 재삼 읽어보고 장탄식을 했다.[6]

나점이 올린 추천서는 첨체인이 올렸던 것과 같은 성격을 띠지만, 안타깝게도 일실되어 내용과 인명을 고찰할 길이 없다.

　마지막으로 엽적의 문집에 「집정에게 올리는 추천서」가 있다.[7] 이 글은 내용
이 가장 완비된 1차 문헌을 보존하고 있는 만큼 상세히 고증할 만하다.

　국가가 현명한 인재를 등용할 때, 반드시 기갈 들린 사람이 음식을 대하듯
지성스러운 마음으로 그들 현명한 인재를 좋아해야 합니다. 〔현명한 인재를〕
급하게 구하고 취함에 다만 그들이 오지 않을까 두려워하고, 입과 배에 음
식물을 넣음에 다만 배가 부르지 않을까 두려워합니다. (…) 제가 보건대
근래 전국의 명망 높은 사 가운데 뜻과 행동이 단정하고 한결같으며, 재능
이 뛰어나고 민활하여 국가의 등용에 탁월하게 부응할 수 있는 자들이 적
지 않습니다. 그리고 그 가운데는 이미 선발되어 등용된 적이 있으나 재능
을 다 발휘하지 않은 사람들이 있고, 이전에 추천을 받은 적이 있으나 발탁
의 은택을 누리지 못한 사람들이 있습니다. 또한 이미 우환을 겪은 적이 있
어, 〔또〕 곤경에 빠질까 두려워서 지방으로 발령된 후 다시는 중앙으로 돌
아오지 않는 자들도 있습니다. 의심 하나로써 신뢰를 손상시켰고, 헛된 화
려한 말을 사용하여 실제 능력을 손상시켰습니다. 또한, 스스로 자신의 분
한을 편안히 여기고 기댈 곳이 없는 채 노년을 보내면서, 하물며 벼슬길을
영원히 끊어버린 사람들은 어떻습니까? 매번 그들을 생각할 때마다 굉장히
안타깝고 슬픕니다. 승상국공丞相國公께서 국정을 두루 담당하고 계시니, 굶
주릴 때와 먹고 마실 때를 마땅히 잘 살펴야 하고, 사를 좋아하는 마음을
지성으로 지녀야 합니다. 급히 구하고 힘껏 취하며, 널리 선발하고 누차 등
용함으로써, 나라의 근본과 민의 생명을 영원히 하는 바탕으로 삼아야 합
니다. 이를 통해 영명한 군주가 알아주심에 보답하고, 모든 사에 대한 책임
을 져야 합니다. (…) 저희는 분에 넘치도록 관직을 받았고, 필요 이상으로
봉록을 받은지라 저희의 짧고 협소한 견문과 부족한 지식으로 만분의 일도
보답하지 못함을 항상 부끄러워합니다. 참담하고 부끄러움을 이기지 못하

겠습니다! 삼가 몽매함을 무릅쓰고 진부량 이하 34인을 추천하니, 발탁을 기다리고 있겠습니다.[8]

이 인용문 전반부가 묘사하는 것은 왕회 집정 시기 이학자 사대부들이 통상 겪었던 곤경이다. 이는 본서 하편에서 고찰한 여러 사람에 의해 실증될 수 있다. 「첨공 묘지명」이 말했다시피 "조 승상이 사직한 후, 사들은 오랫동안 실직했다"는 말이다. 진부량 이하 34인을 추천하는 후반부 내용은 「첨공 묘지명」과 특히 잘 부합한다. 앞서 인용한 「첨공 묘지명」의 관련 구절은 바로 위 인용문의 요약임이 분명하다. 위 인용문 내의 '저희某等'라는 칭호에서 엽적 한 사람만 서명을 한 것이 아니라 첨체인 역시 글을 올린 사람 중 하나였음을 단언할 수 있다.

「집정에게 올리는 추천서」의 최대 공헌은 34인 명단을 보존하여 우리로 하여금 그 배경을 조사할 수 있게끔 한다는 데 있다. 34인 가운데 27인은 이미 검토되었다. 「집정에게 올리는 추천서」의 순서에 따라 그들을 배열하면 아래와 같다.

진부량, 유청지(제9장을 보라), 구창태勾昌泰(자는 희재이고, 육구연 진량과 사이가 좋았음. 제9장을 보라), 석두문石斗文(육구연의 문인), 심환沈煥(육구령의 문인), 풍의豐誼(육구연의 동료), 장영(자는 무헌, 왕응진의 문인, 제8장을 보라), 정백영鄭伯英(정백웅의 동생, 정백웅은 제9장을 보라), 황애(자는 백기伯耆, 『도명록』 권7 상을 보라), 여조검(자는 자약, 여조겸의 동생, 제9장을 보라), 석종소石宗昭(육구연의 문인), 범중보(장식의 문인), 서의徐誼(육구연의 문인, 상세한 내용은 뒤에 다룸), 양간(육구연의 문인), 반경헌(자는 숙도叔度, 여조겸의 문인), 서원덕徐元德(설계선의 문인), 대계戴溪(진부량의 동조자), 왕단王柟(설계선의 문인), 유구언游九言(장식의 문인), 오일吳鎰(상세한 내용은 뒤에 다룸), 항안세項安世(자는 평보, 주희와 육구연의 친구), 유약劉爚(주희의 문인), 서린舒璘(육구연의 문인), 임내林鼐(자는 백화伯和, 주희의 문인, 천룡제陳榮捷의 『주자문인朱子門人』을 보라), 원섭(육구연의 문인. 원문에는 '섭燮'이 '건騫'으로 되어 있는데, 뒤에서 고증할 것), 요덕명廖德明(주희의 문인).

이 책에서 다룬 사람과 출처를 주해한 사람 말고 그 나머지는 모두 『송원학안』에 보인다. 다만 7명은 더 고증해야 한다. 여하튼 지금까지 조사한 바로는 이학자 일색이다. 조사된 27명 명단만 놓고 본다면, 추천서의 주요 목적은 이학자 진영을 확대하여 중앙에서 지방에 이르는 권력을 장악하는 것을 준비하는 일이었다고 단언할 수 있다. 우리가 전후로 고찰한 바에 입각해서 말하자면, 순희 16년(1189) 이후 연이어 권력 중추로 진입한 사람은 11명이다. 곧 진부량(중서사인), 장영(병부시랑), 황애(공부시랑 겸 시강), 여조검(태부시승), 범중보(저작랑), 서의(이부랑吏部郎), 양간(국자박사), 대계(주관이부가각문자主管吏部架閣文字, 태학박사), 오일(비서성정자祕書省正字), 항안세(교서랑), 원섭(태학박사)이다. 외임外任도 세 사람이 있었다. 유청지(지원주知袁州), 육구연(지知형문군), 구창태(제거)로, 모두들 고급지방관(이른바 군수郡守, 감사監司)이었다. 이렇듯 극히 불완전한 통계 자료로도 "주 승상은 등용할 수 없었지만, 그후 많이 발탁되었다"는 엽적의 말을 실증할 수 있다. 그러므로 추천의 노력은 결코 공언이 아니라, 소희 연간(1190~1194) 이후 이학자 집단의 전성기와 직접적 관계가 있다. 소희 4년(1193)에 주희가 쓴 「유 승상에게 보내는 편지」는 "상공[유정]께서 중요 직위에 있어 전국의 저명한 사들을 다 이끌었으니, 한 사람이라도 조정에 오지 않은 사람이 없습니다."9)라고 말하는데, 유정이 그토록 많은 이학자를 등용할 수 있었던 것을 이해하려면 위의 「집정에게 올리는 추천서」까지 거슬러 올라가야 한다.

하지만 이처럼 중요한 역사적 문헌이 『수심문집水心文集』에서 800여 년이나 잠들어 있었고, 아무도 이 문헌을 주목하지 않았다. 전조망이 편찬한 「경원당안」 연표10)는 순희 14년(1187) 조목에서 『도명록』에 근거하여 첨체인이 동지들을 이끌고 진부량 이하 33인을 추천한 사건을 기록했지만, 「집정에게 올리는 추천서」는 한 글자도 언급하지 않는다. 전조망이 첨체인의 인재 추천과 이 글 사이의 관계를 미처 발견하지 못했음을 알 수 있다. 전조망은 순전히 추측에 따라 연대를 추정한다. 주필대가 순희 14년 2월 우상으로 제수된 것을 이유로 첨체인의 추천이 그해 7월에 이루어졌다고 생각하는데, 이는 왕회가 사직하기 전에는 그런 활동이 일어날 수 없었다는 것을 깨닫지 못한 결과다. 필자는 최근 주필대의 문집에서 비밀문서 두 건을 발견한 이후에야 「집정에게 올리는 추천서」가 당시 굉장한 정치적 풍파를 일으켰고, 그 결과 '왕당'이 이학자 집단을 맹렬하게 공격했다는 사실을 알게 되었다. 아래에서는 주필대의 문서를 먼저 인용한 다음 거기에 해설을 덧붙이겠다. 순희 15년(1188) 10월 26일, 효종은 어필로써 주필대에게 명한다.

근래 신료들이 '어떤 조사朝士가 30여 인을 묘당廟堂에서 추천했다'고들 많이 말하는데, 만약 그런 것이 있다면 구해서 바쳐라.[11]

주필대는 그날 저녁 이렇게 보고한다.

주상의 말씀을 듣건대 '조사가 묘당에서 30여 인을 추천했다'고 하셨습니다. 이는 몇 달 전 일로서, 당시 이미 엄격히 거절당하여 한 사람도 등용되지 않았습니다. 원본은 지금 찾아보았으나 보이지 않는데, 당시 유정과 소수가 각각 그 원본을 가지고 있었습니다. 바라건대 폐하께서는 유정에게 직접 물어보신다면 아마도 [원본을] 얻어 보실 수 있을 것입니다. 신은 한편으로 옛 문서를 뒤적여 찾겠지만, 오늘 저녁은 구해서 바칠 수 없을 것 같습니다.[12]

이튿날 주필대는 원본을 찾을 수 있었다. 그는 「추천서를 구해서 바치는 상주문徵薦士奏」에서 다음과 같이 말한다.

신이 어제저녁 아뢰었다시피 밤을 새서 옛 문서들을 열람하다가 비로소 추천 차자 원본을 찾을 수 있었고, 바로 7월 초 여러 사람이 직접 제출한 것이었습니다. [그들은] 조정이 다 등용해주지 못함을 분명히 알고서, 각자 친구들에 대한 책임을 구실로 삼아 추천을 한 데 불과합니다. 이는 과거나 지금이나 늘 있는 일이니 이상하게 여길 만한 일이 아닙니다. 당시 신은 두 참지정사와 함께 그들에게 말했고, 그들 각각은 행동을 거두어 들였습니다. 바로 8~9월에 이르러 호사가들이 그 사건을 알고 갈필에게 알려주니 갈필이 이어서 재상에게 전달했고, [마침내] 주상께서 듣게 되었던 것입니다. 그의도에는 곡절이 있습니다. 다행히도 주상께서 물어보셔서 한 명도 등용한 적이 없다고 지금 명백히 말씀드리니, 참언하는 사람들의 입을 조금이나마 막게 되었습니다. 안으로 범중보와 왕숙간王叔簡은 모두 사천 출신이지만 근래 주상께서 직접 선발하시면서 저희의 말을 기다리지 않으셨습니다. 서원덕, 황애, 원섭[13]에 대해서는 각각 부연설명이 있으니 이 문건들을 밝히 살펴주시기 바랍니다.

첩황貼黃: 다만 장진 같은 이는 근래 상주문을 올려 심환을 힘껏 추천했는데, 혹자는 그가 등용될 것을 걱정하여 그를 겨냥한 유언비어를 만들었습니다. 풍파는 이처럼 두려워할 만한 것입니다. 근래 왕희려王希呂가 또 심환을 추천하는 상주문을 올렸지만 지금껏 감히 그것을 주상께 바치지 못했습니다. 그러니 신의 두려움을 아실 것입니다. [신은] 아침저녁으로 진정進呈〔상황 보고〕, 취지取旨〔임금의 의도 파악〕, 비설批說〔임금의 의견서 작성〕만 하고 있습니다.

재첩황再貼黃: 원추는 오랫동안 주상께서 알아주셨으나 우연히도 진가와 원수가 되었고, 근래에는 다시 냉세광 사건 때문에 많이 추천받는 것을 좋아하지 않습니다. 나점은 주상께서 직접 우사右史로 발탁하셔서 타인의 질시를 면치 못하고 있습니다. 장체인은 곧 양극가梁克家가 추천한 사람입니다. 엽적은 왕회가 학관學官으로 등용했습니다. 풍진무馮震武는 유정의 막료입니다. 다섯 사람은 모두 주희를 지지하여 마침내 의론을 제기했으나 반드시 그를 추천하려는 것 같지는 않습니다. 바라건대 밝히 살펴주십시오.[14]

이 두 비밀문서는 효종이 내선하기 전 일어난 숱한 당쟁의 내막을 드러내고 있어 더할 나위 없이 진귀하다. 우리는 먼저 주필대의 「추천서를 구해서 바치는 상주문」을 통해 앞서 인용한 「집정에게 올리는 추천서」를 새롭게 봐야 한다. 효종이 물었던 "조사가 30여 인을 묘당에서 추천했던" 문건과 주필대가 밤을 새워 찾아냈던 '추천 차자 원본'이 바로 「집정에게 올리는 추천서」임은 이미 분명하게 실증되었다. 위에서 인용한 비밀문서에 따르면, 이 추천서가 최초에 "직접 제출될面納" 때 모두 세 부가 있었는데, 주필대를 제외하고 참지정사 두 명은 각각 한 부씩을 받아 보았다고 한다. 이로부터 「추천서」를 쓴 사람들이 그 일을 매우 심각하게 보았음을 알 수 있다. 우리는 이 절의 서두에서 "저명한 인사 30여 인을 받아들여달라"는 첨체인의 말과 나점의 「인재 추천 원고」를 인용했지만, 이 인용 자료만으로는 첨체인·나점의 '인재 추천'과, 『수심문집』 안 「추천서」 사이에 어떤 관계가 있는지 알 수 없었다. 「추천서를 구해서 바치는 상주문」의 '재첩황'이야말로 진상을 명백하게 드러낸다. 원래 현존하는 「집정에게 올리는 추천서」는 원추, 나점, 첨체인, 엽적, 풍진무가 기초했던 추천서 다섯 통을 합하여 완성된 것이었다. 그러므로 「집정에게 올리는 추천서」의 "저희"라는 표현은 이 다섯 사람을 가리킨다. 주필대의 상주문은 이 「집정에게 올리는 추천서」가 "7월 초 여러 사람이 직접 제출한 것"이라고 명언하므로 시간문제도 명쾌히 해명될 수 있다. 전조망은 주필대의 상주문을 보지 못했기에 첨체인의 추천이 그보다 1년 전에 있었다고 오해한 것이다.

「집정에게 올리는 추천서」 자체의 전후 관계를 분명히 밝혔으니, 이제 더 나아가 이 다섯 조사朝士가 어째서 순희 15년(1188) 7월 초에 연명해서 추천서를 올려야 했는지를 추측해보자. 우리는 다음 두 사실을 기억해야 한다. 첫째, 이때는 왕회가 사직한 지 채 두 달이 안 된 때여서 여전히 '왕당'이 조정의 중요 직위 상당수를 점하고 있었다. 그들은 이른바 '도학' 사대부들이 주필대의 집정을 통하여 정부로 밀고 들어오는 것을 가장 걱정했기 때문에, 이학자 집단에 대한 공세를 막 시작하고 있었다. 이 점과 관련하여 주필대가 「추천서를 구해서 바치는 상주문」을 올리기 전날 효종에게 올렸던 「회답 상주문回奏」에 무척이나 긴 설명이 들어 있다. 하지만 이 자료는 주로 진가를 언급하고 있어, 다음 장에서 관련 부분을 인용하기로 하고 여기서는 생략한다. 둘째, 이때는 6월 8일 임률이 주희를 공격하고 채 한 달이 지나지 않은 시점이었고 그 여파도 아직 가라앉지 않은 때였다. 주희에 대한 임률의 공격은 처음에 학문적 차이로 발생했지만, 이 사건은 분명 '왕당'의 교사敎唆에 의해 큰 사건으로 발전한 것이었다. 우리는 제9장 '주필대와 이학자' 절에서 이미 상세히 살펴보았다. 여기서 증거 하나를 더 들어 설명을 뒷받침하고자 한다. 왕무굉의 『주자연보』 순희 15년 8월 조목 아래에는 옛 연보의 내용이 기재되어 있다.

> [효종이] 재집에게 이르기를 "임률의 상소문에 대해 애초에 교지를 내리지 않았는데, 어찌 조정 밖에서 시끄럽게 전파되었는가?"라고 했다. 어떤 이가 임률이 누사漏舍에서 상소문을 소리 내어 읽어서 사람들이 다 알고 있기 때문이라고 대답했다. 주상은 불쾌해했다.[15]

'누사'는 신료들이 알현을 기다리는 조당朝堂으로, 임률이 이곳에서 "상소문을 소리 내어 읽은" 까닭은 틀림없이 '왕당'이 옆에서 부추겼기 때문일 것이다. '재첩황' 마지막 부분은 "다섯 사람은 모두 주희를 지지하여 마침내 의론을 제기했다"라고 말하는데, 이는 특히 이 사건을 가리킨다. 하지만 우리는 이 말을 다음과 같이 오해해서는 안 된다. 곧 인재를 추천한 다섯 사람이 모두 주희 '내성지학內聖之學'의 신도라고 말이다. 이 다섯 사람 가운데 첨체인을 제외한 네 사람은 정주 계열의 '도학가道學家'[16]가 아니었음이 분명하다. 여기서 말하는 것은 정치 영역의 주희로서, 이학의 각 파는 정치적으로 주희를 정신적 지도자로 받들었다. 추천 명단 역시 이 사실을 반영한다. 이학의 파를 전부 망라했을 때, 주희의 문하는 결코 현저한 지위를 점하지 못했던 것이다. 이 책이 사용하는 '이학자 집단(또는 '이학자 진영')이라는 용어는 이런 함의를 나타낸다. 이런 이중적 배경을 이해해야지만 이 다섯 사람이 어째서 바로 그 시기에 인재를 추천하는 행동을 했는지가 어렵잖게 이해된다. 그들은 이학자 집단이 조정에서 여전히 약세이기 때문에 새로운 구성원을 대량으로 증가시키지 않는다면 '왕당'에 대항할 수 없다고 통감했던 것이다.

더욱 유의할 점은 다섯 사람 중 사료가 부족한 풍진무를 제외한다면, 나머지 4인은 모두 효종이 매우 중시하던 사람들이었고 특히 나점은 특별히 발탁된 경우여서, 필시 이들은 효종의 의향을 아주 잘 이해했으리라는 것이다. 추천서는 비록 집정대신에게 직접 제출했지만 효종이 분명 흔쾌히 동의하리라는 것이 그들의 계산이었다. 더욱이 나점은 정치적 감각이 가장 날카롭던 사람으로, 소희 5년(1194) 조여우가 한탁주 문제를 매우 소략하게 처리하자 그가 가장 먼저 "공은 잘못했다"고 지적했다.[17] 그의 선견지명이 이랬다. 그러므로 나점이 참여한 집단적 추천 운동은 경솔하게 시작된 것이 아니었을 것이다. 게다가 주필대는 상주문에서 "안으로 범중보와 왕숙간은 모두 사천 출신이지만 근래 주상께서 직접 선발했다"고 말하여, 효종의 의향을 이로부터 미루어 알 수 있다.[18] 이 모든 현상을 놓고 판단하건대 이 대규모 추천 활동은 재조 이학자들이 효종의 정치적 안배를 집행하기 위한 사전 기초 작업이었다고 여겨질 수 있다.

추천 사건이 일대 풍파를 일으켜서 효종이 '어필'로써 그 일을 묻지 않을 수 없는 지경까지 이른 것은 전적으로 '왕당'이 일을 꾸민 결과였다. 주필대는 10월 26일(순희 15년) 「회답 상주문」의 첫마디로 "왕회가 서울을 떠난 이래, 승진하거나 벼슬을 제수한 대다수가 무婺 지방 출신[왕회 사람]이니 (…) 분쟁의 싹을 없애기 위해서였다"[19]라는 말을 한다. 이는 주필대 자신이 집정한 이후 왕회 쪽 사람들을 결코 홀대하지 않았다는 변명의 말이다. 주필대는 특히 원추가 진가·냉세광과 더불어 오랜 원한 관계가 있다는 이야기를 하면서, 이 때문에 "많이 추천받는 것을 좋아하지 않는다"고 말한다. 이 말은 매우 함축적인 것으로, 인재 추천 사건을 공격했던 '왕당'을 지적하는 데 그 의도가 있었다. 왜냐하면 진가와 냉세광은 바로 왕회가 가장 중시하던 언관들이었기 때문이다.[20] 그다음, 주필대는 갈필이 이 사건의 화근으로서 그가 도처에 소문을 퍼뜨려 결국 돌고 돌아 소문이 효종의 귀에까지 들어갔다는 점을 분명히 지적한다. 갈필은 효종 때 왕회와 가까이 지냈을 뿐 아니라 광종 때에는 관료 집단의 지도자가 된다. 이 이야기는 다음 장에서 상세히 언급한다. 하지만 우리는 여기서 또다른 중요한 배경을 신중히 지적해야겠다. 곧 이때(순희 15년 10월 27일) 광종은 태자의 신분으로 "국무에 참여해 결재를 한參決庶務" 지 벌써 1년이 되고 있었고, 이제 석 달만 더 지나면(순희 16년 2월) 곧바로 즉위할 참이었다. 황권이 둘로 나뉘는 형세가 이미 분명해져서 '왕당'은 새로운 조정 내에 자신들의 권력을 강화하기 위해 자연스럽게도 태자 좌우 인물들을 끌어들이려 고심했다. 갈필은 바로 그들이 쟁취해야 할 중요 대상이었다. 『송사』 권385 「갈필전葛邲傳」을 보자.

갈필이 동궁의 소속 관료로서 8년을 보내자, 효종은 '안우安遇' 두 글자를 써서 하사했고 또한 「매화시梅花詩」를 짓고서 갈필에게 화답시를 지으라고 명했으니, [효종이 갈필을] 매우 후대했던 것이다. 광종이 황위를 물려받자 [갈필은] 참지정사에 제수되었다.[21]

갈필은 문학적 재능으로 먼저 효종의 인정을 받았고 뒤에는 동궁에서 태자의 신임을 받았으므로, 그의 경력이 당시 강특립과 판에 박은 듯했음을 여기서 알 수 있다. 때문에 그는 강특립과 마찬가지로 순희 15년 8~9월간 '왕당'과 합류하여, 거리낌 없이 유언비어를 유포함으로써 대량의 이학자들이 권력 중추에 진입하는 것을 저지했다.

마지막으로 주필대가 취한 태도를 보자. 주희는 그가 '사군자탕'만을 쓴다고 하면서, 그것이 "비록 해롭지는 않을지라도 병증에 도움은 안 될 것 같다"라고 예상했다. 진량은 주필대가 "제 몸을 보호하는 것은 마치 여우가 제 꼬리를 보호하는 것 같다"고 형용한다.[22] 그들의 이러한 논평은 인재 추천 사건을 통해 100퍼센트 실증된다. 당시 효종이 이학자 집단에 관심을 집중했음을 어찌 주필대가 몰랐겠는가? 하지만 주필대는 '도학 붕당'과 결착하여 제 자신을 도모한다고 효종이 자신을 의심하지 않을까 시종일관 두려워했기 때문에, 있는 힘을 다해 자신의 결백을 보여주려 했고 또한 "당시 이미 엄격히 거절당하여 한 사람도 등용되지 않았다"는 사실을 거듭 강조했다. 그것 역시 사실로서 "주 승상은 등용할 수 없었다"는 엽적의 말에 의해 증명된다. 주필대는 '재첩황'에서 "장체인은 곧 양극가가 추천한 사람"이고 "엽적은 왕회가 학관으로 등용했"으며 "풍진무는 유정의 막료"라고 특별히 지적하는데, 이는 이 다섯 사람 중 자신과 사적으로 결탁한 사람이 하나도 없다는 점을 표명하는 것이다. 사실 조사朝士들의 경우, 최초 누구의 추천으로 등용되었는지와 이후 그들의 정치적 입장 사이에는 절대적 관계가 없었다. 엽적과 왕회 사이의 관계가 바로 이를 보여주는 사례다. 공적으로든 사적으로든, 피추천자는 추천자와 길을 등지고 나아갈 수 있었다. 주필대는 평생 관직에 있었는데 어떻게 그점을 이해하지 못했겠는가? 주필대가 저렇게 말하는 것은 단지 자신을 보호하기 위함일 뿐이다. 그는 비밀 상주문에서 이 다섯 사람을 회피하려 했기에 그들의 행동을 "함부로 인정을 베푼다"고 해석하거나 "각자 친구들에 대한 책임을 구실로 삼는다"고 말한다.[23] 주필대는, 효종이 관료 집단의 압력하에 자신들을 견책할까 두려웠기 때문에 그렇게 말했을 것이다. 그는 이학자 다섯 사람이 고심을 해서 계획한 추천 방안을 "인정을 베푸는" 일반 관료들의 구태로 간주할뿐더러, 그런 말은 핑계에 불과하다고 여긴다. 하지만 사실에 비추어보았을 때 주필대의 말은 성립할 수 없다.

주필대는 최후로 "다섯 사람은 모두 주희를 지지하여 마침내 의론을 제기했으나 반드시 그를 추천하려는 것 같지는 않다"고 하는데, 이 말은 정곡을 찌른 것이다. 이 다섯 사람은 임률의 주희 탄핵 사건에서 모두 주희 편을 들었고, 그들이 추천한 34인도 전부 이학의 각 파에 속하는 인재들이었다. 당시 '왕당'은 이를 구실로 삼아 주필대가 '도학 붕당'을 비호한다고 공격했다. 이러한 과정이 바로 인재 추천 사건이 마침내 큰 파문으로 이어지게 된 역사의 진상이다. 이 다섯 사람의 인재 추천은 결코 "함부로 인정을 베푼 것"이 아니라, 정치적으로 옛 인물을 제거하고 새로운 인물을 배치함으로써 효종의 최후 구상을 실행하기 위한 것이었다. 어째서 이렇게 단정할 수 있을까? 그 근거는 바로 순희 15년(1188) 10월에 나점이 효종에게 올린 진언에 있다.

신이 듣건대 군자와 소인은 어느 한쪽이 성장하면 한쪽이 소멸한다고 합니다. 바른 사람들이 진출한 이후에 그릇된 사람들이 소멸하고, 그릇된 사람들이 소멸한 이후에 국시가 정해집니다. 국시가 정해진 이후 태평의 기틀이 마련됩니다. 예전부터 성스럽고 명철한 군주들은 널리 인재를 모으고 도덕적 인사들을 배양하며, 음험하고 사악한 소인들이 들어올 틈을 없게 했으니, 그것이 어찌 다만 한때를 위한 계책이겠습니까? 지금 정직한 이를 혐오하는 무리들이 사적으로 명칭을 세워 뒤에서 선량善良들을 가로막고, 조금이라도 서로 등용해주면 붕당이라고 지목하며, 조금이라도 공로를 세우려고 하면 남의 공적을 가로챘다고 지목하면서, 유독 구태를 묵수하고 겁 많은 사람을 이 시대에 필요한 인재라고 여깁니다. 이것이 바로 현인을 좋아하는 폐하의 아름다운 의도가 아직 천하에 밝히 드러나지 않은 까닭입니다. 바라건대 대신들에게 분명히 명하시고, 공평한 마음으로 인재를 구하시며, 사설邪說에 미혹되지 마십시오.[24]

우리는 주필대의 비밀 상주문 두 건을 발견함으로써 다음과 같이 확신할 수 있다. 곧 위 진언은 추천에 의해 일어난 파문을 겨냥하여 쓴 글이라는 것이다. '군자'와 '바른 사람들衆正'은 이학자들을 가리키고, 바로 「추천서」 내의 인재들이기도 하다. '소인'과 '그릇된 사람들群枉'은 '구태를 묵수하고 겁 많은' 직업관료들 곧 당시의 '왕당'이다. "사적으로 명칭을 세웠다"는 말에서 '명칭'은 다름 아닌 '도학'이라는 두 글자다. "조금이라도 서로 등용해주면 붕당이라고 지목한다"는 것은 인재 추천에 대한 직업관료들의 이번 공격을 가리킨다. 이렇듯 위 인용문은 한 글자 한 글자가 실제로 근거를 갖추고 있고, 말 한 마디 한 마디가 날카롭게 대립하고 있다. 나점의 진언과 주필대의 상주문은 동시에 출현한 것으로 서로 참고하기에 매우 좋다. 나점은 이학자들의 추천에 대해 솔직하고 거리낌 없이 인정했을 뿐만 아니라, 그것이 바로 효종의 "현인을 좋아하는 아름다운 의도"이고 다만 "아직 천하에 밝히 드러나지 않았을 뿐"이라고 분명히 말한다. 나점이 이런 말을 했을 때 신분은 '시립관侍立官' 곧 이른바 '시종지신侍從之臣'이었다. 만약 그가 효종의 생각을 잘 알지 못했다면 감히 이렇게 말하지는 못했을 것이다. "그릇된 사람들이 소멸한 이후에 국시가 정해진다"는 서두의 한마디 말은 특히 등한시될 수 없다. 순희 14년(1187) 말 엽적이 제출한 「상전차자」이래, '국시'를 다시 정해야 한다는 재조 이학자들의 호소로는 이번이 두번째였다. 만약 나점과 효종 사이에 묵계가 없었더라면, 나점이 감히 위험을 무릅쓰고 그렇게 말하지는 못했을 것이다. 이 문제와 관련해서는 제12장에서 상론하기로 하자.

마지막으로 우리는 다음처럼 묻지 않을 수 없다. 효종 자신은 인재 추천 사건과 주필대 및 나점의 상주문에 어떻게 반응했을까? 공식 사료에서는 그 흔적을 찾을 수 없다. 하지만 주희가 효종의 명언 한마디를 전해준다. 대략 이듬해 4~5월간, 주필대와 이학자들이 가장 맹렬한 공격을 받을 때 효종이 한 말인데 여기에 다시 인용해도 무방할 것이다.

"주필대에게 무슨 당이 있는가? 오히려 왕당王黨〔왕회의 당〕이 지나치게 많을 뿐이다!"[25]

이 말을 어떻게 이해할지는 눈 밝은 독자들에게 달려 있다.

둘째, 대간을 재정비하여 인사 진퇴의 권한을 장악하는 것이다. 인재 추천은 이학자 집단 배치를 위한 제1보이고, 대간 재정비는 제2보다. 두번째 걸음까지 내딛어야지 비로소 정치 혁신이 시작될 가능성이 있다. 그래서 우리는 바로 이어 이학자 집단이 이쪽에서 어떤 노력을 기울였는지에 대해 논해야 한다. 가장 주목할 점은 대간 재정비라는 중임이 결국 나점의 어깨에 있었다는 사실이다. 이를 논의의 시점으로 삼아보자.『송사』「광종기光宗紀」순희 16년 (1189) 2월 경인 조목 기록이다.

중서사인 나점에게 조칙을 내려 대간이 될 만한 사람들을 보고하라고 했다. 나점은 엽적, 오일, 손봉길, 장체인, 풍진무, 정식鄭湜, 유숭지劉崇之, 심청신沈淸臣의 여덟 사람을 보고했다.[26]

이 일은 원섭의「나공 행장」에도 보이지만 본기本紀에 들어갈 수 있는 것은 조정의 정식 공문으로, 그것을 개인적 추천과 나란히 놓고 말할 수는 없다. 조서는 순희 16년 2월 말에 반포되었고 이때 광종은 즉위한 지 채 한 달이 안 되었으므로, 이 일은 효종 퇴위 전 인사 배치의 일환이었음을 미루어 알 수 있다. 나점 홀로 조칙을 받아 대간을 추천했으므로 효종은 그를 특별 대우 한 것이 분명하다. 주필대는 "주상이 평소 [그를] 잘 알아주었다"고 말했는데, 그 것은 결코 허언이 아니었던 셈이다. 나점은 이렇게 말한 바 있다.

무릇 인주가 천하의 일을 공동으로 함에 의지하는 자는 재집이다. 재집에게 부족한 점이 있을 때, 기강을 유지함에 의지하는 자는 급사와 대간이다.[27]

이 말은 송대 황제가 사대부와 더불어 함께 천하를 다스리는 기본 권력 구조를 보여준다. 특히 대간은 재집의 첫번째 보호막이다. 왕안석이 특별한 재상권력을 획득한 이래, 재상이 만약 대간의 지원을 받지 못한다면 그의 집정은 오래갈 수 없었을 것이다.[28] 효종·광종·영종 3대를 놓고 보면, 왕회의 7~8년간 집정은 전적으로 그가 "대간과 표리가 되었기"[29] 때문에 가능했다. 강특립이 광종 때 세력을 지니게 된 까닭은 "대간들이 모두 그의 문인이었기" 때문이다.[30] 영종 때 한탁주가 마음대로 권력을 행사할 수 있었던 까닭은 "급사와 대간의 임용 불임용 권한이 그의 손에 있었기" 때문이다.[31] 효종은 이미 주필대를 집정으로 배치했으므로 먼저 '왕당' 통제하의 대간 체계를 타파하지 않을 수 없었다. 이런 임무가 바로 나점에게 부여되어 있었다. 이에 나점의 추천 명단을 먼저 고찰해보자.

나점이 추천한 여덟 사람 중 적어도 다섯 사람은 이학자 집단 출신임에는 의문의 여지가 없다. 곧 엽적, 첨체인, 손봉길, 정식, 심청신이다. 엽적과 첨체인은 다시 소개할 필요가 없다. 손봉길(1135~1199)의 자는 종지從之로, 어떠한 이학 종파에도 속하지 않았지만 이미 이학의 세례를 충분히 받아들인 상태였다. 때문에 주희가 그를 특히 칭찬했다. 『주자어류』는 주희의 말을 기록한다.

> 종지 손봉길은 매우 훌륭하다. 처음 제수되었을 때 바로 문서 한 편을 올려서, 요즘 꺼려지는 "마음 바르게 하기正心" "뜻을 성실하게 하기誠意" 같은 숱한 용어를 한꺼번에 말해버렸다. 보건대 그것은 전혀 생각지도 못한 말들이었다.[32]

정식은 자가 부지溥之이고 『송사』에는 그의 전기가 없다. 전조망은 이불李紱의 「경원당적에 오른 정식을 논하는 첩論慶元黨籍鄭湜帖」에 답하면서, 『복건통지福建通誌』 등에 의거하여 정식의 평생 사적을 보충했지만 그의 사상적 배경에 대해서는 한 글자도 언급하지 않았다.[33] 육구연이 쓴 「정부지에게與鄭溥之」를 보면,[34] 정식은 주희와 논쟁을 벌인 「태극도설」 문제를 꺼낼 뿐 아니라, 어떻게 하면 "마음의 영명함"을 보호하여 "자기 안에 유폐됨으로 인한 어두움"[35]에 빠지지 않을지에 대해 터놓고 논하고 있다. 정식의 이학적 관념은 대체로 육구연과 꽤 밀접하다. 어쨌든 정식과 손봉길은 경원당적에서 높은 등급에 자리를 잡고 있었으므로 그들이 정치적으로 이학자 집단에 속한다고 보는 것은 무리가 아니다. 심청신도 『송사』에 전기가 없어서 전조망은 『송원학안』 권40에서 이를 보충했다. 심청신은 장구성의 문인으로, 소흥 27년(1157) 진사에 급제했고 나이는 왕응진보다 조금 적었다. 첨체인은 그의 사위였다.[36] 심청신은 순희 14년(1187) 12월 신사일에 윤대를 하면서 금나라 사절을 접견하는 문제와 상례에 대해 논했고, 효종이 모든 면에서 '의리'를 의지처로 삼아야 하고 "분분한 설에 미혹될 필요가 없다"고 주장했다.[37] 경원 연간 당적을 반포할 때, 심청신은 원래 유광조와 나란히 열거되어 있었지만 나중에 다행히도 어떤 이유에서인지 제외될 수 있었다(전조망의 말). 그러므로 그가 이학자였다고 전적으로 확정할 수 있다. 덧붙여 오일의 일생은 『이견지夷堅誌』「삼지三誌」임권壬卷 1의 '오중권낭중吳仲權郎中' 조목에 보인다.

> 소희 초, 숭인崇仁 오일은 그때 비서정자가 되었다. (…) 경원 2년(1196), 오일은 상서랑尚書郎에서 지방관으로 나가 호남조절湖南漕節을 맡았다. 이듬해 4월 광서廣西로 옮겨갔지만 오히려 논핵을 당하여 파직당했다. (…) 그의 천수天壽는 예순에 미치지 못했으니 안타까운 일이다.[38]

오일은 이학자 집단의 일원이어서 경원 3년 정부에서 축출되었음을 알 수 있다. 또한 누약은 「손공(손봉길) 신도비孫公神道碑」에서 말한다.

> 더욱이 인물들을 돈독히 생각하여, 태부경太府卿 항안세, 이부吏部 오일과 방전方銓, 공부工部 서응룡徐應龍은 모두 그[손봉길]가 추천한 사람들이다.[39]

이 가운데 항안세는 주희와 육구연에게서 배웠다. 서응룡은 당금 시기에 환란을 두려워 않고 여조검의 상례를 처리해주어, 주희가 편지를 보내 "의로운 기풍이 늠름하다"고 칭찬했다.[40] 경원당적에서 오일은 항안세와 서응룡 사이에 자리를 잡고 있으므로, 이들 셋은 뜻이 잘 맞는 사람들이었을 것이다. 오일이 선후 세 차례에 걸쳐 이학자들의 추천 명단에 들었던 것도 결코 우연이 아니다.[41]

유숭지와 풍진무의 자료가 가장 적다. 가태 4년(1204) 주필대가 죽었을 때, 유숭지의 관직은 '성도로 제점형옥成都路提點刑獄'이었다. 주필대를 애도하는 제문에서 "공이 깊이 알아주신 덕을 입었으니 시종 그 은덕을 잊지 않았다"[42]는 말을 하므로 유숭지는 주필대가 발탁한 인물임을 알 수 있다. 풍진무와 관련하여 앞서 인용한 주필대의 「추천서를 구해서 바치는 상주문」의 '재첩황'에서 그는 "유정의 막료"라고 했다. 홍매의 『이견지보夷堅誌補』 권10 '주천석朱天錫' 조목에는 "촉 출신 사士 풍진무"라는 기록이 있다. 그러므로 풍진무는 유정이 사천제치사四川制置使로 부임했을 때 발탁된 인재임을 알 수 있다. 순희 15년(1188) 정월에 풍진무는 금나라 사신의 귀국을 전송했는데[43] 이것은 매우 중요한 임무였으므로, 그는 효종의 인정을 받고 있었던 셈이다.

이처럼 나점이 대간으로 추천한 8인을 살펴보면, 이학자가 5인, 이학자 집단에 속했음이 분명한 사람이 1인, 주필대와 유정 문하로 규정되는 사람이 각각 1인이다. 당시(순희 6년)의 정치적 영역에서 이 8인은 이른바 '주당[주필대의 당]'에 속해야 할 것이다. 이미 알려진 사람들의 전기와 관련 문헌을 상세히 검토해보면, 그 여덟 사람 중 한 사람도 광종 시대에 대간이 되지 못했음을 발견하게 된다. 당시 '왕당'은 여전히 강대했기 때문에, 나점의 추천은 분명 엄청난 방해를 받았을 것이다. 아래의 두 사료는 그런 추론을 뒷받침한다. 『송회요집고』 순희 16년 윤5월 조목을 보자.

19일 조칙을 내려 (…) 저작좌랑著作佐郎 유숭지가 아울러 파면되었다. 전 비서승秘書조 심청신은 두 계급 강등되었다. (…) 언관이 논하기를, (…) 유숭지와 심청신은 모두 품행이 방정하지 않아서 (…) 그런 명령이 내려졌다고 한다.[44]

같은 해 11월 28일 조목에는 또 이런 기록이 보인다.

비서성정자 오일이 (…) 파직되었다. 간의대부 하담의 주장에 따르면 (…) 오일은 경박하고 성급하여, 오로지 말로 위협하는 것을 일삼았다고 한다.[45]

나점은 2월에 대간 여덟 명을 추천했지만 윤5월에 그중 두 명이 그만두고 11월에 다시 한 명이 그만두어, 모두 세 명이 중도하차했다. 이런 높은 비율은 실로 놀라운 것으로, 어쨌건 우리는 이를 우연의 산물이라고 믿을 수 없다. 오일을 공격하여 사직시킨 우간의대부 하담의 당파적 색채는 극히 뚜렷하다. "오히려 왕당이 지나치게 많을 뿐이다"라는 효종의 말은 여기서 한층 더 실증된다. 그런데 위 두 사료는 유숭지와 오일에 대한 배경 지식을 우리에게 제공한다.

순희 16년(1189) 2월 광종이 즉위했을 때 대간 체계는 분명 아직 '왕당'의 수중에 있었다. 그들은 주필대를 압박하여 재상에서 물러나게 했을 뿐만 아니라 우리가 이미 고찰한 사례를 들어 말하자면, 그 1년 동안 이학자 집단의 중견 인사 다섯을 논핵했다. 앞서 밝힌 유숭지, 심청신, 오일 말고도 사악과 우무가 논핵을 당했다.[46] 같은 해 효종은 조여우를 불러 입조하게 했으나 어사 범처의에 의해 저지되었다.[47] 범처의 역시 '왕당' 인사였는데 이후 더 자세히 설명하겠다. 하지만 소희 원년(1190) 이후, 이학자 집단은 유정의 집정 시기에 점차 대간과 급사 계통을 공격해 들어가서 권력의 중심이 옮겨가기 시작했다.

지면의 제한으로 유광조 한 사람의 논핵 활동에 집중해 논하면서 그 역사적 배경으로 들어가고 이 변화에 대해 구체적으로 설명해보자. 유광조는 소희 원년 2~3월 동안 전중시어사에 제수되는데 그 직위는 매우 권위 있는 것이어서 '부단副端' 또는 '대단臺端'이라는 속칭이 있었다. 유광조가 임명 후 발한 첫번째 주장이 바로 유명한 「도학이 정씨의 사적 언사가 아님을 논하는 상소문」이고, 앞에서 이미 그에 대해 설명했다. 이제 우리는 유광조가 관료 집단 구성원들을 논핵했던 사정을 이야기해야 할 뿐이다. 진덕수는 「유 각학 묘지명」에서 이렇게 말한다.

> 호부상서 엽저, 태부경 겸 중서사인 심규沈揆가 근습들과 결탁하여 추천과 임용을 도모하자, 공〔유광조〕은 그들을 모두 논핵하여 사직시켰다. (…) 또한 전前 간의대부 진가와 당시 우정언 황륜이 모두 공정한 의론에서 잘못이 있어 이 태평성대에 죄인이 되었다고 주장했다. 조칙이 내려 진가는 사록을 받았고〔사직시켰고〕 황륜은 지방으로 발령났다.[48]

이 네 사람 중 좀더 고찰해야 할 심규를 제외하고 나머지는 모두 '도학'에 반대했던 중요 직위자들이었다. 엽저와 심규가 결탁했던 '근습'은 바로 강특립이다. 강특립은 엽저를 참지정사로 등용하려 하여 유정의 분노를 일으켰는데, 이 일은 유광조가 논핵하기 얼마 전 일어났다.[49] 진가는 일찍이 순희 10년 (1183) 왕회의 전위부대로서, '도학' 두 글자를 써서 주희를 공격한 적이 있다. 황륜은 강특립이 직접 발탁한 간관으로 뒤에서 자세히 다루겠다. 유광조가 엽저와 심규를 논핵한 경과가 자세하지 않지만, 「진가와 황륜을 논하는 상소論陳賈黃掄疏」가 아직 남아 있어서 이에 근거하여 이학자 집단이 대간을 쟁탈했던 격렬한 상황의 일단을 살펴볼 수 있다. 원래 상소문은 매우 길어 황륜 관련 부분만 인용하겠다.

황륜에 이르면, 그의 지향은 평범하고 범속하며 자질은 아첨을 잘하고 줏대가 없는데, [황륜이] 진대할 때 폐하께서 [그를] 우연히 얻어 그가 순박하고 진실한 사士라고 생각하시어 [그를] 언관으로 발탁하셨습니다. (…) 하지만 황륜의 상소문이 제출되자 그 내용을 들은 사람들이 깜짝 놀랐습니다. 폐하께서 보궐과 습유의 명칭을 변경하려고 하셨을 때, 애초 간언하는 신하들을 견책하려는 의도가 없었고 [오히려] 격려하는 조칙을 내려주셔서 신하들은 감동했습니다. 누구는 떠나고 누구는 남는 사이에 사태는 이미 안정을 찾은 지 오래입니다. 하지만 황륜은 일이 결정된 이후에 망령되이 "인신人臣들이 명예를 탐하면서 허물을 군부君父에게 돌린다"고 말했습니다. 폐하께서는 "[신하들에게] 주상을 존경하고 친히 여기는 마음이 없다"는 말을 들으셨고, "직간하면 죄를 얻는다"는 [황륜의] 말을 들으셨는데, 비록 천자의 마음으로 받아들일 수 있겠지만, 어찌 성스러운聖 마음으로 좋아하는 것이겠습니까? 진가와 황륜을 파면시키는 것은 역시 신하의 본분이 됩니다. 하지만 여러 사람은 모두 미혹되고 있으니, 이는 실로 황륜이 초래한 일입니다. 그때 신은 황륜의 상소문을 읽고 대경실색하여 "어찌 자신이 간관으로 임명되었으면서 타인의 충성스러운 간언을 싫어하고, 또한 폐하로 하여금 '폐하가 간언을 죄로 여긴다'는 말을 듣게끔 하여, 조칙의 의도와 그리 달리 말하는가?"라고 말했습니다. 모두가 황륜이 참언으로써 주상을 오도한 잘못입니다. 그후 폐하께서 점차 살피면서 대신을 선택하려 하실 때, 황륜은 무엇을 걱정하고 의심하며 바랐던지, 주대奏對하면서 "신하들이 사람을 추천할 때 각각 사사로운 뜻私意이 있지 않을까 두렵다"고 말했습니다. 폐하께서 총명하여 명철히 비추어본 덕택에 황륜의 주장이 실행되지 않았습니다. 안팎으로 그 이야기를 듣고 모두들 성스러운 덕을 칭송합니다. 또한 황륜은 앞에서는 주상으로 하여금 타인의 말을 혐오하게끔 했고, 뒤에서는 주상으로 하여금 신하들을 의심하게끔 말을 했습니다. 황륜의 직위로서 그런 말을 당연히 해야 합니까? 신이 얼마 전 전殿에 올랐던 것은 본래 황륜의 의론이 사악하여 간관의 임무를 감당할 수 없다고 누구보다 앞서 논핵하기 위해서였습니다. 그러나 다시 대간 전체가 그를 매우 성급하게 공격한다고 생각했기 때문에, 상주문에서 천여 마디 말을 한 후에야 간절하게 그를 언급했습니다. 황륜이 신을 만나러 왔는데 수치스럽고 부끄러워하는 낯빛이었습니다. 신은 열심히 권유하여 그로 하여금 자리에서 물러나도록 했지만, 그가 필시 외임을 청하여 스스로를 보전하리라고 생각했습니다. 황륜은 신의 생각이 좀 관대하다는 것을 살피고서, 다시 (주상께 그렇게 말했던 것이) 처음부터 자신의 의도가 아니었다고 말하고, 타인에게 허물을 돌림으로써 자신은 벗어나려고 했으며, 신에게 아부함으로써 안전을 확보하려고 했습니다. 신은 이에 황륜의 사람됨을 비루하게 여기고, 그의 계속되는 애매한 태도로 인해 그를 보증하기 어렵다는 것을 알았습니다. (…) 신은 진가, 범처의, 황륜 세 사람이 진실로 평소부터 경박하다고 생각했고, 게다가 신 혼자 임금의 은택에 빚졌음을 매번 한스럽게 여겼습니다. 이제 범처의는 (죄상이) 폭로되어 떠났고, 진가 같은 이는 비록 심한 죄를 짓지는 않았으나 역시 그를 군에서 파면하여 인심을 위로해야 합니다. 황륜 같은 사람은 관대한 은택을 받았으니 지방관으로 발령 냄으로써 공정한 의론을 세워야 합니다.[50]

황륜의 사적事跡이 가장 드러나지 않은 터라, 주희는 순희 16년(1189) 8월에 쓴 「유회백에게 답하다」에서 "황륜이라는 사람을 제거했다고 하는데, 누군지 잘 모르겠다"[51]고 말한다. 이 상소문은 주희의 의문에 조금이나마 해답을 제시한다. 이 상소문에 따르면, 유광조가 황륜을 논핵하기로 결정한 데에는 두 가지 원인이 있었다. 첫째, 황륜은 광종이 보궐과 습유라는 두 간언 담당 직책을 폐지하기로 한 것을 빌미로, 새로운 황제로 하여금 간관 전체에 대해 혐오하는 태도를 취하도록 이끌었다는 것이다. 둘째, 광종이 대신을 결정하려할 때 그는 '신하들의 추천'을 저지하려고 기도했다고 한다. 이 두 원인은 이절의 주요 논지와 밀접한 연관이 있으므로 좀더 설명하지 않을 수 없다. 그렇게 하지 않는다면 이 상소문의 의도를 이해할 길이 없어질 것이다. 『송사』「광종기」 순희 16년 3월 기미 조목 기록을 보자.

> 좌보궐 설숙사를 장작감將作監으로 삼았고, 우습유 허급지를 군기감으로 삼았다. 습유와 보궐 관직은 이때부터 폐지되었다.[52]

이 사건에 관한 『송사』의 기록은 여기까지다. 이제 위 상소문을 읽었을 때 비로소 이 두 간언 담당 직책의 폐지에 별도의 내막이 있었음을 발견하게 된다. 아마도 설숙사와 허급지는 두세 달간 매우 엄격한 간관이었을 것이다. '왕당'은 그 기회에 광종을 격노하게 했고, 마침내 동시에 보궐과 습유 직책은 폐지되었다. 주희는 5월 2일 「이성보에게 보내는 편지」[53]에서 말한다.

> 영예롭게도 [주상의] 직접 발탁이라는 은택을 입어 육찰의 관청으로 승진하게 되었으니 깊이 위로가 됩니다. (…) 하지만 두 작은 간관이 파직되어서 특히 안타까워 말을 다 못하겠습니다. 왜 그럴까요? 여러 공이 바른 사람을 배제하고 축출하면서 곧 존형으로 하여금 대충 책임을 지게塞責 했는데, 그런 조치는 경시하는 의도를 담는 것으로서 형이 필시 설숙사나 허급지가 될 수 없으리라고 말하는 셈입니다. 이런 작은 은택을 생각하여 큰 치욕을 잊어서는 안 됩니다. 그 점을 깊이 생각하시면 다행이겠습니다.[54]

"육찰六察의 관청"은 필시 감찰어사를 가리킬 것이다. 감찰어사는 모두 6인으로, "육조六曹 및 백관의 일을 나누어서 감찰하여 그 잘못을 바로잡는데, 큰 일이면 논핵으로 상주하고, 작은 일이면 [직접] 잘못을 열거하고 그것을 바로잡는다"[55]고 한다. 주희의 편지는 한편으로 이신보李信甫(이성보)가 감찰어사로 발탁된 것을 축하하면서, 다른 한편으로는 "여러 공이 바른 사람을 배제하고 축출하기" 위한 일종의 계획으로서 이신보가 발탁되었음을 솔직하게 지적한다. "두 작은 간관"은 설보궐과 허습유를 가리킨다. 이 둘은 직언 때문에 축출되었고 아울러 간관 직책도 폐지되었기에, 편지는 "특히 안타깝다"는 말을 한다. 이뿐 아니라 주희는 "여러 공"이 설숙사와 허급지를 축출한 후 대신 이신보에게 그 임무를 맡긴 까닭은 그가 설숙사나 허급지처럼 용감하게 직언할 수 없으리라고 생각했기 때문이라고 말한다. 그래서 이신보가 발탁될 수 있었다는 것이다. 이것은 바로 "경시하는 의도"라서 "이런 작은 은택을 생각하여 큰 치욕을 잊어서는 안 된다"고 한다. 이신보는 이통의 아들이었기 때문에 주희는 그에게 어사의 직책을 다하라고 면려했고, "노선생께서 평소 자식에게 바랐던 바"[56]를 저버리지 말라고 말한다. 우리는 다음 사실을 기억해야 한다. 설숙사와 허급지는 그 1년 전 왕회의 '두 간관'을 축출해버렸는데, 이번에는 '왕당'이 새로운 조정에서 기회를 엿보아 보복에 성공했다는 사실이다. 주희는 5월 2일 편지를 쓸 때 황륜이 우정언으로 제수된 사실을 아직 몰랐다. 하지만 몇 달 후에 쓴 「장원선[첨체인]에게 보내는 편지與張元善書」에서 황륜을 언급한다.

두 간관이 사직하고 강하江夏가 승진한 것은 바로 '손짓도 하지 않으면서 중재하고 조정하는 것이 뜻대로 되지 않음이 없다'는 것입니다. 예부터 소인들이 국가를 망치고 어지럽혀왔는데, 어찌 모두들 흉악하고 사나워서 두려워할 만한 위세를 가진 이후에야 그렇게 할 수 있었겠습니까? 잃어버릴 것을 걱정하는 마음만 있으면 곧바로 하지 못할 짓이 없게 됩니다. (…) 두 간관의 사직에는 반드시 곡절이 있을 터이니 자세하게 알려주시면 다행이겠습니다.[57]

"강하가 승진한 것"이란 황륜을 우정언으로 발탁한 일을 가리킨다. 『후한서』「문원文苑 상」의 「황향전黃香傳」에는 "천하에 대적할 자 없는 사람이 바로 강하 지방의 황동黃童이다"[58]라는 말이 있어 천하와 후대에 전해져서, '강하'는 일찍부터 황씨 성의 별칭이 되었다. 편지의 "중재하고 조정하는 것이 뜻대로 되지 않음이 없다"는 말은 주로 유정에 대한 질책이다. 주희가 시종일관 회의했던 바는 유정이 재상 자리를 보전하기 위해 때때로 직업관료들과 거리낌 없이 타협하지 않을까였다. 그래서 주희는 유정이 한편으로는 '두 간관'을 축출하고, 다른 한편으로는 황륜의 승진에 동의했으리라고 보는 것이다. 소희 3년(1192) 4월 26일에 주희는 「조 상서(조여우)에게 답하는 편지答趙尚書」에서 말한다.

동부東府는 다시 남았는데 권세가 어찌 오래갈 수 있겠습니까? 생각건대 필시 그는 이렇게 되리라는 것을 스스로 알고, 무사안일로 나날을 보낼 계책을 임시로 세워 소인 무리에게 아부함으로써 후환이 없기를 바라는 것입니다. 이것이 해롭다는 것은 이루 말로 다 할 수 없습니다. 상서께서는 그와 깊이 사귀셨는데 어찌 그렇게 권하십니까? (…) 하지만 그 사람은 원래 원대한 식견이 없고, 용속하고 아첨하는 무리들과 지나치게 친합니다. 제 몸을 보전하고 처자를 보호하는 걱정이 심한 반면 나라를 걱정하고 민을 아끼는 마음은 얕으니, 그렇게 도량이 큰 언사大度之言를 필시 〔그로부터〕 들을 수 없을 것입니다.[59]

'동부'는 재상부이고 유정을 가리킴이 틀림없다. 유정에 대한 주희의 비판이 지나치게 가혹하지 않은가 하는 의문은 사료가 부족하여 단언하기 어렵다. 하지만 이로부터 알 수 있는 점은 주희가 유정과 더불어 '당'의 문제를 논의할 때 그가 "얻은 사들이 많다"고 찬양하는데, 사실 이 말에는 풍자의 의미가 있다는 사실이다. 곧 주희는 유정이 철저하게 '군자'와 함께 '당'을 만들어 '소인'을 전부 제거하기를 희망했다. 그래서 소희 2년 4월 24일에 쓴 「유 승상에게 보내는 편지」는 아래와 같다.

무릇 승상께서 오늘날 처하신 곳에서 당이 없으면 당이 없게 할 것이지, 소인의 도는 날마다 자라나게 하고 군자의 도는 날마다 줄어들게 하고 있으니 천하 사람들의 걱정을 이루 다 말할 수가 없으니, 승상께서 어찌 그 책임에서 자유롭겠습니까?[60]

이는 분명 아주 중요한 말이다.

앞서 이미 보궐과 습유가 폐지된 배경을 대략 설명했다. 이를 통해 우리는 한 걸음 더 나아가, 광종이 처음 즉위했을 때 몇 개 정치세력이 서로 뒤엉켜 복잡하게 된 정황을 인식할 수 있다. 매우 간단하게 요약하여 독자의 이해에 도움을 주고자 한다. 첫번째 세력은 당연히 권력 원천을 장악하고 있는 새로운 황제다. 광종은 비록 효종이 퇴위하기 전에 세운 주도면밀한 인사 배치하에서 등극하기는 했지만, 그 스스로도 매우 고집스러운 사람이었고 태상황의 배치를 흔쾌히 받아들이지도 않았으며 그것을 전적으로 신뢰하지도 않았다. 소희 4년(1193) 유정이 육화탑에서 처분을 기다리면서 올린 글은 다음과 같다.

"틀어쥐라"라는 설을 누가 바치는지 모르겠지만, 근년에 폐하께서는 일마다 고집을 부리시고 절대로 되돌리지 않으려 하시기에 이르렀습니다. 천하는 지극히 크고 국무는 지극히 번쇄합니다. 일이 올바름에서 나왔다면 사람들은 다른 말을 하지 않을 테고 고집을 부릴 수도 있습니다. 일이 그름에서 나왔다면 여론이 들끓을 테니, 반드시 올바른 원칙만 따라야 합니다. 제가 두려워하는 바는 이제부터 일에 시비가 없게 될 것이고, 폐하가 "틀어쥐라"라는 설만을 한결같이 지키신다면 언로가 마침내 막힐 것입니다.[61]

광종의 '고집'이 위 구절에서 남김없이 드러난다. "틀어쥐라把定"라는 설은 특히 중요한 것인데 권력 원천을 틀어쥐어야 하고 태상황의 간섭을 받을 필요가 없다는 뜻이다. 이 점은 제12장에서 다시 논하기로 한다. 그래서 광종은 효종처럼 이학자 집단을 신임하지 않고 오히려 관료 집단으로 기운다. 후자가 그의 의도에 잘 영합했기 때문이다. 왕무횡에 따르면, 광종은 주희에 대해

"본래 [주자를] 등용할 생각이 없던 터라 [주자에게] 벼슬자리가 내려진 것은 모두 유 승상의 추천에 의해서였다"[62]라고 말했다고 한다. 이는 사실과 부합한다. 하지만 광종은 공공연히 태상황과 대립하면서 유정을 파면하고 다른 재상을 등용할 수는 없었다. 그래서 광종은 강특립이나 초희재譙熙載 같은 근행을 통하여 관료 집단과 관계를 유지했다. 강특립은 비록 권세가 찬란했지만 독립적 정치 세력은 아니었다. 그는 결국 황제의 직접 신임에만 의존했기 때문이다.

조정의 두번째 세력은 관료 집단으로, 효종이 내선 후 지적했던 '왕당'이다. 당시 왕회는 아직 건재했고, 그가 발탁한 직업관료들이 아직도 대간과 급사 계통을 장악하고 있었다. 순희 16년(1189) 3월에 두 간관이 사직한 것은 그들이 새로운 조정에서 쏘아 올린 첫번째 반격 신호였고, 이어 5월에는 주필대의 파면과 숱한 이학자들의 연이은 강등이 있게 된다. 이때 관료 집단의 최대 어려움은 자신들의 '맹주'가 되어줄 집정 재상이 없다는 점이었다. 하지만 그들은 사람도 많고 세력도 강하여 다종다양한 방법을 써서 유정에게 압력을 가할 수 있었다.

세번째 세력은 태상황과 이학자 집단의 연합이었다. 이학자 집단은 효종 만년의 혁신 구상에 가장 충실한 단체였다고 할 수 있다. 왜냐하면 효종의 구상은 '외왕'을 실천하려는 그들의 요구와 아주 잘 부합했기 때문이다. 만약 주희를 이학자 집단의 정치적 대변인으로 간주한다면, 이학자 집단의 특색은 바로 관료 집단과 첨예하게 대립하는 견해를 채택하는 것이었다. 유광조는 대신臺臣의 신분으로서 그런 비타협 노선을 집행했다. 이학자 집단은 광종 시기에 "군주를 얻는다"는 면에서 우월한 지위를 잃어버렸기에, 효종이 직접 발탁한 재상에게 특히 기대를 걸 수밖에 없었다. 주희가 소희 연간에 유정에게 보냈던 숱한 편지들은 바로 그런 심리를 드러낸다. 사실 유정은 이미 수많은 이학자를 각종 권력 중추 직위에 발탁했고 그 점은 주희 자신도 인정했던 바다. 주희는 앞서 인용한 「장원선에게 보내는 편지」에서 다음과 같이 말했다.

남대南臺와 서액西掖에는 그런대로 괜찮은 인물들이 있습니다. 하지만 그 근원을 맑게 하지 않고 말류만 막으려 한다면, 헛되이 힘만 낭비하고 보완은 되지 않을 것입니다.[63]

남대는 곧 어사대이고, 서액은 중서성이다. 대신과 중서사인 가운데 이미 이학자들이 많았음을 알 수 있다. 하지만 주희는 끝내 유정이 철저하지 못하여 구태의연한 직업관료들을 요직에 남게끔 했다고 인식한다.

여기서 우리는 유정이 처한 난처한 상황을 알 수 있다. 곧 유정이 강특립에 대항하고 이학자들을 권력 중추로 이끌어들인 점에 입각하자면, 그는 기본적으로 효종이 자신에게 부탁한 임무를 수행했다고 하겠다. 하물며 유정의 집정 동안 위에서는 태상황이 불시에 막후에서 지시를 내리고 아래에서는 이학자 집단이 항상 감독을 하고 있어서, 그는 효종 퇴위 전의 계획으로부터 멀리 벗어나는 것이 불가능했다. 하지만 다른 한편으로 유정은 현임 황제에 대한 직접적 책임을 동시에 지고 있었다. 광종은 이학자 집단보다 관료 집단을 더 신뢰한 터라, 자연스럽게도 유정은 광종과 더불어 어느 정도 타협할 수 밖에 없었다. "두 간관이 사직하고 강하가 승진했다"는 것이 바로 타협 결과의 하나다. 주희가 비판하기를, 유정이 재상 자리 잃는 것을 두려워해서 "여러 소인"과 관계를 맺는다고 했다. 이는 전혀 근거 없는 말은 아니지만, 유정이 처한 곤경에 대해 동정적 이해를 전혀 하지 않은 것 같다. "두 간관이 사직하고 강하가 승진하는" 것과 동시에 유정은 이학자 이신보를 감찰어사의 위치로 밀어 올렸으므로, 그 역시 권력 균형의 중요성에 대해 경각심을 지녔음을 알 수 있다. 주희가 말한 바대로 그의 이런 조치가 다만 "대충 책임을 지기" 위함이었고, 이신보가 설숙사와 허급지 같은 직간直諫을 할 수 없을 것이라고 경시했는지 여부는 단정하기 어렵다. 종합하자면, 유정은 한편으로 태상황과 새로운 황제 사이에 있으면서 다른 한편으로는 이학자 집단과 관료 집단이 상호 충돌하는 소용돌이 속에 휘말려 있었다. 그가 모든 면에서 좋은 결과를 얻지 못했으리라는 것은 충분히 상상할 수 있다.

광종 즉위의 정치적 형세를 분명히 한 이후에야, 우리는 비로소 황륜에 대한 유광조의 논핵이 지닌 역사적 의의를 좀더 분명히 설명할 수 있다. 한마디로 그것은 양대 집단이 대간 계통을 쟁탈하면서 일어난 매우 첨예한 충돌이었다. 설숙사와 허급지의 사직은 순희 16년(1189) 3월에 일어났으므로 원래 황륜과 관련이 없다. 하지만 황륜이 간원諫院에 진입한 이후, 그 사건을 이용하여 직간을 공격하면서 인신들이 명예를 탐하면서 허물을 군부에게 돌린다'고 말했다. 그것은 관료 집단이 황제의 비위를 맞춤으로써 자신들의 자리를 공고히 하려 했던 일종의 책략이었다. 진한秦漢 이래 '군주는 존귀하고 신하는 비천하다'는 원칙하에 "선은 모두 군주에게로 돌리고 악은 모두 신하에게로 돌린다"와 "충신은 공개적으로 간언하지 않는다"는 설이 일찍부터 관료적 전통으로 성립했는데, 그 출처는 한비韓非의 「주도편主道篇」이었다.[64] 하지만 유가는 종래로 사士의 '간언'권을 강조한다. 주희가 "두 작은 간관의 사직"을 안타까워했던 까닭은 설숙사와 허급지 두 사람이 사직했다는 사실보다 '보궐'과 '습유'라는 두 직위가 사라졌기 때문이었다. 왜냐하면 당대 두 직위를 설치한 목적은 황제를 향해 "완곡한 언사로 간쟁諷諫"하거나, "큰일이면 조정에서 의론하고 작은 일이면 봉사를 올리도록"[65] 하기 위해서였다. 지금 황륜은 간관 신분으로서 "충성스러운 간언忠諫"을 공개리에 반대함으로써 황제의 흠결이 드러나는 것을 막으려 하는데, 이는 '간언'의 기본적 기능을 없애려는 것과 같다. 만일 황륜의 설이 승인을 받는다면 이학자들은 더이상 간관이 되려 하지 않을 것이다. 이것은 관료 집단이 짜낸 발본색원의 계책으로, 유광조는 당연히 입을 다물고 있을 수 없었다.

또한 황륜은 한 걸음 더 나아가 "신하들의 추천"을 통해 대신을 선택하는 것에 반대했다. 이는 특히 이학자 집단을 겨냥하여 나온 것이다. 그 구체적 공격 목표는 바로 순희 16년 2월 경인일에 있었던 조칙이었다. 그 조칙은 중서사인 나점에게 대간 천거의 책임을 위임한다는 내용이었다. 이는 관료 집단을 좌불안석의 상태로 만들었던 조치로서 황륜이 간원에 들어가기 몇 달 전에 일어났다. 만약 "신하들의 추천"으로 대신이 등용되지 않는다면, 황제의 "직접 제수自除" 방식으로 대신을 등용할 수밖에 없다. 곧 '내비' 방식으로 인선해야 했다. 이것이 바로 황륜 자신이 발탁된 경로였다. 황제의 근행(예를 들어 강특립)과 맺은 관계를 통해, 관료 집단은 매우 쉽게 대간 계통을 통제할 수 있었다. 이것이 유광조가 황륜을 논핵하기로 결정한 두번째 이유였다.

앞서 인용한 유광조의 상소문 중 가장 유의할 부분은 아래 구절이다.

황륜이 신을 만나러 왔는데 수치스럽고 부끄러워하는 낯빛이었습니다. 신은 열심히 권유하여 그로 하여금 자리에서 물러나도록 했지만, 그가 필시 외임을 청하여 스스로를 보전하리라고 생각했습니다. 황륜은 신의 생각이 좀 관대하다는 것을 살펴보고서, 다시 〔주상께 그렇게 말했던 것이〕 처음부터 자신의 의도가 아니었다고 말하고, 타인에게 허물을 돌림으로써 자신은 벗어나려고 했으며, 신에게 아부함으로써 안전을 확보하려고 했습니다.[66]

위 서술은 자리에 연연하는 전형적 관료의 모습을 생생하게 그리거니와 관료 집단이 계획적 집단행동으로써 대간 계통을 탈취하려 했음을 드러낸다. 황륜은 "처음부터 자신의 의도가 아니었다고 말하고, 타인에게 허물을 돌림으로써 자신은 벗어나려고 했다"고 하는데, 이 말은 그저 핑계가 아니었다. 유광조의 상소문 서두에 따르면, "그의 지향은 평범하고 범속하며 자질은 아첨을 잘하고 줏대가 없었는데", 어떻게 처음 언로言路에 들어섰으면서 그토록 놀라운 의론을 두 차례에 걸쳐 제시할 수 있었을까? 황륜의 배후에 사주하는 사람이 있었음은 말하지 않아도 알 만한 일이다. 유광조의 이 상소문이 중요한 이유는 바로 여기에 있다. 양대 집단이 대간을 놓고 서로 투쟁을 벌였다는 것에 대해 이 상소문은 직접적으로 가장 믿을 만한 증거를 제시한다.

유광조의 상소문은 어사 범처의를 진가와 황륜과 나란히 놓고 거론하고 있는데, 1년 전 조여우의 입조를 저지한 범처의 역시 유광조의 논핵으로 사직했음을 여기서 알 수 있다. 그러므로 유광조는 전중시어사 직임에 있으면서 관료 집단의 고급 관료를 적어도 다섯 명이나 논핵했던 것이다. 그 다섯이란 엽저, 심규, 진가, 황륜, 범처의다. 그러니 유광조의 맹렬한 공세를 충분히 상상할 수 있다. 공세가 몹시 맹렬하여 그는 "대단으로 부임한 지 겨우 69일 만에 파직되었다."[67] 광종은 관료 집단의 영향을 받아 유광조의 방법을 "좋아하지 않아서不樂", 소희 원년(1190) 5월에 그로 하여금 사직하도록 했다.[68] 따라서 그가 이 다섯 사람을 논핵한 것은 그해 3월에서 5월 사이의 일이다. 유광조가 전중시어사로 임직한 기간이 매우 짧아, 그중 진가 사건은 그가 사직한 후에도 두 달이 지나서야 판결이 이루어졌다. 『송회요집고』에는 이런 기록이 있다.

(소희 원년) 7월 21일 (…) 정강부靜江府의 새로운 지사가 된 진가가 그 새로운 직임에서 파직되었다. 전중시어사 임대중林大中의 말에 따르면 (…) 진가는 지난날 대간에 의해 탄핵되었는데, 사욕에 따라 뇌물을 받았다는 조목은 특히 비루하므로 군태수郡守로 임명하기 어렵다고 했다. 그래서 이런 명령이 있었다.[69]

『송사』 권393권 「임대중전林大中傳」은 이렇게 말한다.

광종이 선양禪讓을 받자, [임대중은] 감찰어사로 제수되었다. (…) 전중시어사로 승진했다. (…) 진가가 정강의 지방관으로서 궁궐에 들어와 상주하려 하자, 임대중은 그가 "용렬하고 무지하면서, 과거 왕회와 표리가 되어 도학이라는 명목을 날조해내서, 뒤로 올바른 사람들을 내쫓았습니다. 만일 상주를 허락하신다면, [그는] 필시 다시 중앙 조정에 남게 될 것이니 도덕적 인사들이 그 사실을 듣는다면 분분히 떠나갈 것이므로, 그것은 나라를 평안하게 하는 방법이 아닙니다"라고 말했다. 마침내 명령이 취소되었다.[70]

누약의 「임공 신도비」에 따르면, 임대중이 전중시어사로 승진한 때는 소희 원년(1190) 정월[71]이므로 그가 유광조의 후임이었다는 점은 의문의 여지가 없다. 임대중의 상소문이 특히 중요한 까닭은 양대 집단의 대치 형세가 글에서 남김없이 드러나기 때문이다. 유광조와 임대중은 진가가 정강부에 있을 때에만 논핵한 것이 아니라, 진가가 정강부를 발판 삼아 다시 권력의 중추로 돌아왔을 때에도 그를 논핵했다. 송나라 제도에 의거하면, 진가는 임명받은 후 궁궐에 들어와 상주하면서 황제를 대면할 수 있었고, 이미 소대召對를 했다면 외임에서 내임으로 바꿀 기회가 있었다. "만일 상주를 허락하신다면, [그는] 필시 다시 중앙 조정에 남게 될 것"이라는 임대중의 말은 정곡을 찌르는 판단이었다. 왜냐하면 바로 그것이야말로 관료 집단이 원래 갖고 있었던 계획이었기 때문이다. 이학자 집단의 추천 활동이 그토록 적극적이었는데, 관료 집단이 어찌 자기 쪽을 확장할 힘을 발휘하지 않았겠는가? 진가는 일찍이 순희 10년 (1183)에 '도학의 명목'을 만들어서 주희를 축출했다. 이때 관료 집단은 당연히 진가를 권력의 중심으로 이끌어 그로 하여금 이학자 집단에 대항하도록 하려 했다. 임대중은 진가는 '이학자 집단(善類)'이 결코 받아들일 수 없는 인물이라고 조금도 주저 없이 지적한다. 우리가 유광조와 임대중의 상소문을 상호 참조하고 또 더 나아가 쌍방 주요 구성원들의 상호 관계를 고찰한다면, 광종 즉위 시 대간 계통을 놓고 벌인 양대 집단의 격렬한 상황이 백일하에 드러난다. 임대중(1131~1208)은 이학자가 아니었지만 이학형 사대부라고 분명히 칭할 수 있다. 누약의 「임공 신도비」를 보자.

주 대제朱待制(주희)가 일찍이 조사朝士들에게 편지를 보내서 말했다. "임화숙林和叔(임대중)은 처음에 [제가] 몰랐지만, 그가 대간에 들어간 후 적중하지 않은 일이 하나도 없습니다. 그의 온 나라 제일의 절조와 늠름한 간언은 옛사람들에게서나 찾아볼 수 있습니다. 나중에 함께 조정에 서게 된다면 더욱 굳게 의기투합할 것입니다."[72]

임대중은 순희 16년(1189)에서 경원 원년(1195)에 이르기까지 시종일관 정치적으로 이학자 집단에 일체감을 가졌기에 최후로는 '위학' 명단에 들게 된다. 더욱 특이한 점은 그가 비록 강특립·엽저 등과 오랜 친구였지만, 사욕에 따르느라 공익을 폐하는 일을 조금도 하지 않으려 했다는 사실이다. 누약은 「임공 신도비」에서 말한다.

공[엽저]을 추천하여 대간에 들이려는 사람이 있었으나, [임대중은] 그가 매우 포용력이 있으나 독립적 절조는 없으니 집정이 될 수 없다고 주장했다.[73]

위 문장에 따르면 추천 대상자는 엽저였다. 누약의 「임공 신도비」가 말하는 바는 강특립이 엽저를 참지정사로 삼으려 했던 사건으로, 이 일은 앞서 살펴보았다. 게다가 영종이 처음 즉위했을 때 한탁주는 특히 임대중을 끌어들이려 했는데, 만일 임대중이 조금이라도 자리를 지키고 제 몸을 보전하려는 마음을 품었다면, 12년간 벼슬자리를 잃는 곤경은 결코 당하지 않았을 것이다.[74] 그래서 주희는 그를 특히 칭찬하여 "온 나라 제일의 절조와 늠름한 간언"이라고 말했다.

이상으로 우리는 유광조 한 사람의 활동을 실마리로, 이학자 집단이 소희 원년(1190)에 대간 계통을 재정비하려 했던 노력을 하나하나 설명했다. 유광조가 전중시어사로 부임한 것은 겨우 69일에 그쳤지만, 그의 용맹한 분투는 국면을 확실하게 전환했다. 이학자들은 이제 1년 전처럼 '왕당' 대간의 공격하에 아무 대응도 못하는 처지에 빠지지는 않았다. 유광조는 조여우의 입조를 저지하려 했던 '왕당'의 어사 범처의를 논핵했을뿐더러 소희 2년(1191)에 임대중은 한 걸음 더 나아가 광종을 설득하여 조여우를 이부상서로 기용했다. 누약에 따르면, 그 사건이야말로 임대중이 "간언하면 그대로 받아들여지게 된 시작"[75]이라고 하는데, 이는 신뢰할 만한 말이다. 조여우가 권력의 핵심으로 진입했기 때문에, 효종이 퇴위 전 구상한 정치적 인사 배치가 비로소 순조롭게 진행되었다. 그러므로 유광조와 임대중 두 대신이 발휘한 핵심 작용은 낮게 평가될 수 없다. 여기서 강조해야 할 점은 다음과 같다. 유광조와 임대중은 결코 개인의 호오에 따라 임의로 행동하지 않았고, 그들은 이학자 집단의 공통적 소망을 체현한 상태에서 효종 만년의 혁신 구상을 펼쳐나가는 것을 궁극적 목표로 삼았다는 것이다.

광종 즉위 후의 정국 변동에 주희가 보인 지대한 관심은 깊이 생각해볼 중요 사건이다. 그가 쓴 「유회백에게」 「이성보에게 보내는 편지」 「장원선에게 보내는 편지」는 황륜에 대한 유광조의 탄핵 상소문을 주석하려고 할 때 의지할 수 있는 주요 사료다. 이 점만 보더라도 주희가 재조 이학자들과 더불어 언제 어디서나 의사소통을 했음을 알 수 있다. 그는 「장원선에게 보내는 편지」에서 신신당부한다. "두 간관의 사직에는 반드시 곡절이 있을 터이니 자세하게 알려주시면 다행이겠습니다." 이 구절을 등한시하면 안 된다. 우리는 이렇게 추궁하지 않을 수 없다. 곧 주희는 어째서 이미 과거 일이 되어버린 "두 간관"의 문제를 내버려두지 않고, 자기 문인으로 하여금 그 내막을 조사해서 자신에게 알려달라고 부탁해야 했을까? 이는 일개 방관자의 호기심에서 나온 말이라기보다는 이학자 집단의 정치적 활동에 깊은 관심을 갖는 참여자의 마음에서 나온 것으로 봐야 한다. 곧 주희는 이학자 집단의 한 걸음 한 걸음이 어떤 득실을 낳을지 깊은 관심을 보였던 것이다. 주희는 효종 만년의 인사 배치가 '외왕'을 실현할 기회가 되리라고 간주했던 것 같다. 그래서 그는 소희 5년(1194)에 낭패를 보고 관문을 나서기는 했지만 여전히 유광조에게 편지를 썼고, 조정에 있는 동료들이 "군주를 보좌하여 도를 행하는 본래의 마음을 잊지 않기"를 희망했다. 순희 16년(1189)에 주희가 첨체인 등과 서신을 교환할 때, 그의 기대는 필연적으로 더욱 높아졌을 것이다. 당시 그는 연금을 받으면 서奉祠 집에 있어 아직 조정에 들어가지 않았을 때였지만, 이미 "몸은 강호에 있는데 마음은 조정에 있었다."[76] 그 자신이 "관리가 되고 싶은 마음宦情"은 없었음이 분명하나, 주희는 이학자 집단이 얻기 어렵지만 잃기는 쉬운 "도를 행할" 기회를 어찌해야 잡을 수 있을지 항상 관심을 기울이고 있었다. 그후 2년에 걸쳐 주희가 유정이나 조여우와 나눈 편지에는 그런 생각이 분명하게 나타난다. 필자는 제8장에서 남송 이학자들이 '내성'과 '외왕' 사이의 내적 긴장을 이어받았다고 지적한 적이 있다. 광종과 영종 사이의 5~6년간, 주희 내심의 '외왕'은 '내성'을 넘어섰음이 분명하다. "세상 경영과 구제는 일찍이 지향했던 바, 은거하여 숨음은 평소 바람이 아니었네"라는 시 구절은 당시 주희의 심리 상태를 잘 묘사한다.

이 절이 집중하여 논하는 것은 재조 이학자들이 효종의 정치적 인사 배치에 부합하여 전개한 양대 주요 활동, 곧 인재 추천과 대간 계통 재정비다. 하물며 효종은 태상황 신분으로서 막후 조종을 했고, 이는 결정적 요소였다. 하지만 이 점은 본서의 가장 마지막 장에서 다룰 예정이므로 이곳에서는 생략한다. 이학자 집단의 관점에서 볼 때, 그 두 가지 주요 활동은 재조 이학자들이 개혁적 이상을 추진해나가는 첫걸음에 해당된다. 하지만 '왕당(또는 관료 집단)'의 눈으로 봤을 때, 재조 이학자들의 모든 행위는 바로 정권을 탈취하여 자신들을 배제하려는 것이었다. 권력 층위에서 쌍방 간 충돌은 피할 수 없었다. 따라서 사상과 동기를 불문하고, 다만 외적 행위 관점에서만 관찰한다면, 우리는 누가 이학자이고 누가 직업관료인지 결코 구분할 수 없다. 이 점은 매우 중요하다. 왜냐하면 이 점을 알아야만 서양 주류학계의 이분법, 곧 이학자들을 '관념세계 속의 인간man of ideas'들로 여기고 직업관료들을 '행위세계의 인간man of action'들로 여기는 잘못된 이분법에 빠지지 않을 수 있기 때문이다. 서양의 이분법은 고대 그리스의 '관조하는 삶'과 '행동하는 삶'의 이분법에서 기인한다. 이 점은 제8장에서 논했다.

한 걸음 더 나아가, 이학자들과 그들 정치 행위 사이의 관계를 설명하기 위해 조여우가 영종을 옹립하던 과정을 소개해보자. 이는 조여우와 이학자 집단이 효종 만년의 개혁적 인사 배치를 실행할 때 일어난 첫번째 대사업이었다. 이학자 집단은 이 사업을 통해 극히 짧게나마 "도를 행한다"는 흥분을 느낄 수 있었다. 하지만 그런 흥분감은 신속하게 소멸해버린다. 조여우는 비록 종실宗室이었지만, 황실에 직접 간여하여 광종으로 하여금 황위를 물려주도록 압박할 수 없었다. 그를 도와 이 대사업을 완성한 주요 인물 셋이 있는데 이는 이하에서 각각 서술하려 한다. 진덕수는 「첨공 행장」에서 말한다.

소희 갑인년(소희 5년, 1194), 조 승상[조여우]이 장차 중요 대책을 정하려 할 때 조정 밖에서 논의에 참여하는 자가 없었으나, 오직 위공魏公[첨체인]과 좌사낭중左司郎中 서의徐誼가 소보少保[77]인 오거吳琚[78]에게 의견을 표명하여, 헌성황후[고종의 황후]에게 수렴청정으로써 주상을 도와 세워줄 것을 청해야 한다고 말했다.[79]

엽적은 「서공[서의] 묘지명徐公墓誌銘」에서 말한다.

[광종의] 병이 끝내 낫지 않은 상태에서 효종이 붕어했으니 [효종의] 상례를 치를 수 없었다. 공은 소보인 오거와 함께 의논하여, 조정에 임해서 가왕嘉王[영종]을 도와 대신 제를 지내고 여러 신하에게 답례를 해줄 것을 태황태후(헌성憲聖)에게 청했다. [그들은] 친위 무사들이 주렴을 들고서 명령을 기다린 이후, 제를 지내면 될 것이라고 했다. 그리하여 장차 담제[대상大祥을 지낸 다음다음 달에 지내는 제사]를 치러야 하는데 주상이 상례에 임할지 여부를 알 수 없었다. 공이 걱정과 분노를 토해내느라 엎드리고서 조 승상을 질책하여 말했다. "[…] 국가의 존망이 이번 일에 달려 있습니다." 조공[조여우]은 계획안이 어디에 있느냐고 물었고, 공은 지합문사 채필승蔡必勝을 시켜 [조공에게] 주었으며, 같은 지합문사 한탁주와 함께 태황태후에게 간절히 청하도록 했다. 담제가 있던 날, 마침내 가왕이 옹립되었다.[80]

『송사』 권434 「유림 4·엽적전」 기록이다.

지추밀원 조여우는 위기가 어디서 발생할지 알지 못하여 걱정했다. 엽적은 지합문사 채필승에게 고하기를 "국사가 이 지경까지 왔는데 그대는 근신近 臣이 되어 어찌 좌시하고 있습니까?"라고 하자, 채필승이 인정하고서 선찬 사인宣贊舍人 부창조傅昌朝, 지내시성知內侍省 관찰關札, 지합문사 한탁주와 함 께 계획을 정했다. 한탁주는 태황태후의 조카였다. 때마침 자복궁慈福宮의 제점提點 장종윤張宗尹이 한탁주를 만났고, 한탁주는 〔태황태후의〕 뜻을 엿보 고 그것을 채필승에게 알려주었다. 엽적이 그 내용을 알고 곧바로 조여우에 게 보고했다. 조여우는 채필승에게 그 일에 대해 의논해줄 것을 청했고, 마 침내 한탁주를 보내서 장종윤·관찰을 통해 태황태후에게 내선內禪에 관해 아뢰도록 했다. 또한 수렴청정을 청하자 허락이 떨어졌고 계획이 마침내 정 해졌다. 다음 날 담제가 열리자 태황태후가 조정에 임했고 곧바로 가왕이 황제로 옹립되었다. (…) 모든 표문과 상주문은 전부 조여우와 엽적이 준비 했고, 기한에 임해서는 그것들을 의조랑儀曹郎에게 건네주었다. 사람들은 비 로소 그들이 의론에 참여했다는 것을 알았다. 〔엽적은〕 국자사업으로 승진 했다. 조여우가 재상이 되자 논공행상의 차례가 엽적에 이르렀다. 그는 "나 라가 위기에 처하여 충성을 다하는 것이 직무입니다. 제가 무슨 공이 있습 니까?"라고 말했다.[81]

위 세 기록과 유광조의 「조공 묘지명」에 있는 3인 기록이 모두 합치하므로, 이 모든 자료는 1차 사료로서 실록이라 할 수 있다.[82] 그러므로 첨체인, 서의, 엽적은 막후에서 내선을 촉진·성립시킨 핵심 인물들이었다. 이 세 사람 중 첨 체인과 엽적에 대해 다시 설명할 필요는 없을 테고, 다만 서의(1144~1208)는 육구연의 문인이어서[83] 엽적은 그에 대해 "깨달음을 종지로 삼는다"고 말했 다.[84] 이 세 사람은 모두 이학자였지만 매우 복잡한 인사 운용을 통하여 임무

를 완수했으므로, 그들의 뛰어난 정치적 활동 능력을 엿볼 수 있다. 전조망은
다음처럼 말한다.

건도 순희 연간의 여러 원로는 이미 죽었지만, 학술이 모여 주희와 육구연
의 두 학파로 종합되었고, 수심水心(엽적)이 그 사이에서 논쟁을 벌여 결국
세 학파가 정립됐다.[85]

여기서 우리가 알 수 있는 바는 이 세 학파가 정치적으로 연맹하여 결국 위
기의 시각에 정국을 안정시키는 절대적 기능을 발휘했다는 점이다. 이 장은
효종과 이학자들의 관계만 다뤘기에, 특별히 이 대사건을 들어 결론을 대신하
고자 한다.

제11장

관료 집단의 기원과 전승

1. 서언

앞 장에서 우리는 효종 만년 정치적 배치의 실제 경과를 추적했다. 이학자 집단이 이런 배치하에서 중요 정치세력을 형성했음이 그 과정에서 분명히 드러났다. 이학자들에게 관료 집단이 가한 공격은 겉보기에는 반'도학'(또는 반'위학') 기치를 내걸고 이루어졌지만, 이면을 들여다보면 권력을 빼앗아오기 위한 것이었다. 특히 대간과 급사 계통을 장악하기 위함이었다. 만약 이학자들이 오로지 '내성'만으로 스스로를 제한하고 '외왕' 영역에서 "군주를 얻어 도를 행한다"는 활동을 적극적으로 하지 않았다면, 광종 즉위 후 '주당周黨(주필대의 당)'과 '왕당王黨(왕회의 당)' 사이 다툼도 일어나지 않았을 것이고, 경원당금이라는 비극도 일어나지 않았을 것이다.

상편에서 이미 지적했다시피 북송 사대부들은 범중엄, 왕안석, 정이 이래 고도의 정치적 주체의식을 발전시켰다. 남송 이학자들은 이런 의식을 더욱 심화시켰다. 그 구체적 사례를 두 가지 들어 설명해보자. 소희 5년(1194) 영종이 내비로써 주희를 축출하자, 오엽吳獵(1143~1213)이 상소를 올린다.

폐하께서 황위에 오르신 지 아직 몇 달도 채 되지 않았는데, 오늘은 종이
한 장을 내어 재상 한 명(유정)을 파면했고, 내일은 종이 한 장을 내어 간관
한 명을 파면하고 있습니다. 그 밖에도 명령이 나올 텐데 [그런 명령이] 얼마
나 될지 모르겠습니다. 어제는 또 듣기를, 시강 주희가 갑자기 어찰御札에 의
해 사록을 받게 되었다는[사직되었다는] 이야기를 들었습니다. 안팎으로 서
로들 마주보며 황당하고 놀라워하면서, "일이 중서성으로부터 시작되지 않
으니 이를 어지러운 정치亂政라고 한다"고 말들 합니다. 주희는 당대의 원로
유학자로서, 도덕적 인사들이 모두 그에게 귀일하고 깨끗한 의론이 그로부
터 나옵니다. 폐하께서는 천하가 한 사람의 사유물이라고 생각지 마셔야 하
지만 등용과 파면을 쉽게 마음대로 하고 계십니다.[1]

오엽은 장식과 주희에게서 전후로 가르침을 받았다. 이 상소문은 영종이 내
비로써 재상과 간관을 축출하면서 중서성을 경유하지 않는 것은 "어지러운
정치"라고 논한다. 이는 그보다 얼마 전에 주희가 썼던 「경연에서 물러나며 네
가지 일에 관해 직접 아뢰는 차자經筵留身面陳四事箚子」[2]의 관점을 따르는 것이었
다. 위 글 가운데 "폐하께서는 천하가 한 사람의 사유물이라고 생각지 마셔야
한다"라는 구절은 특히 주목할 만하다. "천하가 한 사람의 사유물이 아니다天
下非一人所有"라는 것은 선진先秦 이래의 아주 오래된 관념 중 하나로서[3] 유가에
만 속하는 것도 아니고 하물며 이학자들이 만들어낸 것도 아니다. 그런데 한
당대 사대부들이 황제에게 이런 취지를 진술할 때는 완곡한 방식을 취하곤
했다. 예를 들어, 『한서』 권85 「곡영전谷永傳」에는 "천하는 천하의 천하이지, 한
사람의 천하가 아니다"[4]라는 말이 있다. 또한 백거이의 『신악부新樂府』 「이왕후二
王後」에는 "옛사람 가운데에는 '천하란 한 사람의 천하가 아니다'라고 말하는
사람이 있었다"[5]는 구절이 있다. 이제 오엽은 옛말을 인용하지 않고, 영종에게

"천하가 한 사람의 사유물이라고 생각지 마셔야 한다"라고 직접 비판하고 있으니, 이는 평범한 일이 결코 아니다. 게다가 오엽은 그 말이 옛말의 반복이 아니라고 말하므로 그 특수한 배경에는 "사대부와 더불어 함께 천하를 다스린다與士大夫同治天下"라는 송대 의식이 있었을 것이다. 황제와 사대부가 천하를 "공동으로 다스려야共治" 한다면, 조정 내 중요 인원의 진퇴도 반드시 "대신들에게 상의해보고 급사들에게 참고해보도록 해야 한다."⁶ 따라서 영종의 '내비'는 '정치를 어지럽히는' 불법이다. 사대부의 정치적 주체의식이 이와 같은 오엽의 구절에서 매우 선명하게 나타난다.

두번째 사례는 조언약이 이종理宗 보경 원년(1225)에 올린 봉사문이다.

제가 가만히 관찰하건대 폐하께서 처음 황위를 계승하실 때, 천하에서 덕을 잃은 적이 없습니다. 하지만 천하의 '공동 통치자共治者'에게는 항상 벌벌 떨며 불안하다는 걱정거리가 있고, 천하의 '통치를 논하는 자論治者'에게는 항상 부끄럽게도 부족하다는 한탄이 있습니다.⁷

조언약은 주희가 순희 6년(1179) 백록동서원을 중건했을 때의 문인으로, 소희 5년(1194) 주희가 담주潭州 지사로 있을 때 다시 장사長沙로 찾아와서 배움을 청했다.⁸ "천하의 공동 통치자"와 "천하의 통치를 논하는 자" 사이에는 커다란 차이가 있다. 전자는 직위에 있는 사대부들을, 후자는 직위에 있지 않은 사대부들을 가리킨다. "천하를 나의 임무로 여긴다以天下爲己任"는 사대부들의 의식이 이런 차이 속에서 한층 심화된다. 이 같은 차이에 의거하면, 치도의 책임은 주로 사대부에게 짊어져 있다. 곧 위에 있는 사대부들은 치도를 행하고, 그렇지 않은 사대부들은 치도에 대해 논의한다. 조언약이 봉사문에서 이런 구별을 한 것은 매우 자연스러울 뿐 아니라 당연한 것으로도 보인다. 결코 일부러 그와 같은 구절을 지은 것은 아니었다. 이 점만 보더라도 이학자들이 정치적 주체로서 갖는 자부심이 일찍부터 마음속에 형성되어 있었다는 점을 알 수 있다. "공동으로 통치한다"는 개념이 희령변법 시기에 유행했음은 이미 상편에서 보았다. 그런데 효종과 광종 시기에 그 개념이 다시 새롭게 주목을 끈다. 위에서 인용한 오엽의 말은 그 의미를 확장하고 있다. 소희 4년(1193), 진량이 정시廷試에서 1등을 하자, 광종은 고사誥詞[9]를 반포하면서 이렇게 말했다.

사람들은 3년마다 한 번 치르는 과거시험에 대해 포의布衣가 관리가 되는 길이라고만 알고 있다. 예조藝祖 황제는 "과거시험을 설치하여 사를 선발하는 까닭은 본래 현인을 얻어 함께 천하를 다스리려 하기 때문이다"라고 말했다. 위대하구나, 황제의 말씀은! 짐이 본받아야 할 점이다.[10]

고사에서 인용한 "함께 천하를 다스린다同治天下"는 말은 『속자치통감장편』과 『송회요집고』 「선거지選擧誌」 등 1차 사료를 두루 검토해봐도 찾을 수 없었다. 하지만 그 말에는 분명 원문이 있었을 것이다. 어쩌면 『태조실록太祖實錄』에 있었을 테지만 현재는 그 원문을 찾기가 쉽지 않으므로 이후 다시 고찰되기를 기다려야 한다. 만약 "함께 천하를 다스린다"가 원문이라면 송대에서 그 말을 처음 사용한 사람은 태조다. 이 말은 "사대부들과 더불어 국시를 공동으로 정한다與士大夫共定國是"고 했던 신종의 말과 전후로 호응한다. 하지만 황제 쪽에서 이런 겸사謙詞를 만들어낸 것과, 사대부들이 곧바로 '공동 통치자'로 자부하면서 거기에 한 치의 의심도 없었던 것은 서로 별개다. 더욱 유의할 점은 소희 4년 지공거는 조여우였고 황상과 호탁胡琢이 그를 보좌했으므로[11] 이 학자가 광종의 고사를 옮겨 적지 않았는지 자못 의심스럽다. 만일 그렇다면 광종의 원래 말이 부주의하게 개삭되었을 가능성이 있다. 어쨌든 광종의 고사가 반영하는 것은 당시 유행하던 정치적 관념이다. 『속자치통감장편』 권18 '태평흥국太平興國' 2년(977) 정월 조목은 태종의 말을 기록하고 있다.

주상[태종]이 처음 즉위하자 (…) 가려지고 막혀 있던 것을 널리 떨어냄으로써 그 흠을 줄이려고 했다. 옆의 신하들을 돌아보면서 말했다. "짐은 과거시 험장에서 뛰어난 인재를 널리 구하려고 하지만, 감히 열에 다섯을 선발할 것을 바라지 않는다. 다만 한둘만을 얻더라도 통치의 도구가 될 수 있을 것 이다."[12]

태조가 "함께 천하를 다스린다"는 말을 했는지 여부를 잠시 논하지 않는다 면, 적어도 태종은 여전히 사대부를 '통치의 도구致治之具'이지 '공동 통치자'로 간주하지는 않았던 듯하다. 태종의 말과 광종의 고사를 대조해보면, 송대 유 학자들이 두 세기에 걸쳐 정치문화에 끼친 막대한 영향을 분명히 알 수 있다.

이 장의 중점은 관료 집단의 기원과 그 전승 연구이지만 이를 고립적으로 다루지는 않고, 관료 집단이 황권 및 이학자 집단과 어떤 관계를 맺었는지 그 상호 관계를 중시할 것이다. 앞서 지적했다시피 황권, 이학자 집단, 관료 집단 은 당시 가장 중요한 세 정치 세력이었다. 삼자 중 당연히 황권이 가장 주요했 고 또 결정력을 갖고 있었다. 유가 이론에 근거할 경우, 명령을 발하는 권력의 핵심은 황제의 수중에 있기 때문이다.[13] 비록 이학자 집단과 관료 집단은 그 힘이 황권에 비할 바가 아니라 하더라도, 각각 어느 정도는 자주성을 갖고 있 었고 결코 황권에 복속하기만 했던 것은 아니었다. 그들은 한편으로는 황권 의 지지를 얻으려 하면서, 다른 한편으로는 다종다양한 방식을 통해 황권의 운용 방향에 영향을 끼치려 했다. 크게 봐서 이학자 집단은 이상적 질서를 재 수립하는 쪽으로, 관료 집단은 현상을 유지하는 쪽으로 기울었다. 이 점은 이 미 누차 진술했으므로 다시 중복할 필요는 없을 것이다. 양자를 비교해보면, 이학자 집단이 더욱 분명하게 정치적 주체(곧 '공동 통치자')라는 자각을 갖고 있 었다. 효종 최후의 혁신적 구상에 이학자 집단이 분연히 일어나 호응했던 까 닭은 그들이 그런 구상 속에서 다시는 얻기 어려운 '도를 행할行道' 기회를 보 았기 때문이다. 제10장에서 언급한 "[육화탑에서 영가의 제현이] 다 모여서 각각 시행하고자 하는 정책을 진술했다"는 구절은 그에 대해 더할 나위 없이 좋은 증거물이다. 그러므로 이학자 집단은 능동적으로 정치 활동에 헌신했다. 하지만 관료 집단도 "도를 행한다"는 포부는 없었다 하더라도 공동의 이해를 갖고 있었기에, 권세를 지닌 근행에게 전적으로 복속했던 것은 아니었다. 이 점 역시 먼저 밝혀두어야 한다.

2. 기원: 진가의 '위학 금지'로부터

상편 제7장에서 이미 다음 관찰 내용을 제시했다. 곧 순희 10년(1183)에 일어난 진가의 '위학 금지 청원', 순희 15년(1188)에 일어난 임률의 주희 탄핵, 그리고 경원당금은 서로 고립되어 돌발된 사건이 아니라 서로 연결된 일련의 발전 과정으로 이해해야 한다고 말이다. 충돌한 쌍방은 고정적 구성원과 일정한 조직을 갖지 않았다 하더라도 은연중에 서로 투쟁하는 양대 사대부 진영을 형성했다. 이제 양대 진영 사이의 대치가 잠복 상태에서 표면화한 계기가 진가의 '위학 금지'였음을 지적하고자 한다. 하편에서 '이학자 집단'과 '관료 집단'이라는 명칭을 사용한 것은 양대 집단이 표면화 단계에서 서로 투쟁하게 된 새로운 형세를 더욱 분명하게 부각시키기 위해서였다. 특히 이 양대 집단은 상호작용하는 과정에서 동시에 출현했고, 상호작용이 중단되자 동시에 소멸했다는 사실은 주목할 만하다. 그러므로 경원당금 이후 "도학이 종국을 고하자道學結局",[1] 관료 집단도 그에 따라 투쟁 대상을 상실했고 자동으로 해체되어버렸다.

'위학을 금지하는' 진가의 상주문은 획기적인 사건으로서 관료 집단의 출현을 정식으로 상징하므로, 우리는 그의 상주문을 더욱 자세히 고찰해봐야 한다. 원문은 이러하다.

제가 근래 진신搢紳 사대부들을 보니 이른바 도학자라는 사람들이 있습니다. (…) 홀로 있을 때 경계하기謹獨를 능력으로 보고, 실천하기踐履를 높은 경지로 간주하며, 마음 바르게 하기正心, 뜻을 성실하게 하기誠意, 극기복례克己復禮를 일삼습니다. 이런 것들은 모두 배우는 자라면 당연히 해야 하는 것인데, 그 무리들은 자기들만이 그것을 할 수 있다고 말합니다. 그들의 행위를 살펴보면 또 전혀 그렇지도 않으니, 명목을 빌려 거짓을 도모하는 것에 가깝지 않습니까! 그러므로 사실 자기가 바라는 바는 벼슬자리이면서도, 타인에게는 "나는 항상 벼슬을 진창泥澤처럼 여기면서 마음에 두지 않는다"고 말합니다. 자기가 매우 바라는 바는 재물이면서, 타인에게는 "나는 천금을 분토糞土처럼 여기니 받지 않는다"고 말합니다. 또한 더욱 심한 것은 선왕의 말씀을 말하면서 행동은 시정잡배 같다는 것입니다. 처사處士의 명칭을 도둑질하여 높은 관직의 자리를 얻으려 엿보고, 법을 경시하며, 방약무인합니다. 그러므로 윗자리에 있는 자들은 그 간교함을 다할 수 있고, 그다음 자리에 있는 사람들은 자신의 단점을 숨길 수 있으며, 아랫자리에 있는 사람들은 자신의 무능력을 감출 수 있으니, 서로 말을 지어내고 서로를 추어올립니다. 선한 점이 적음에도 불구하고 반드시 이구동성으로 칭찬해주어 타인이 판단하기 어렵게 만듭니다. 허물이 비록 크더라도 반드시 왜곡하여 말을 지어냄으로써 그 진실이 감춰지도록 합니다. 그러므로 그들에게 아부하는 자들은 항상 그 세력을 빌려 추천을 받으려 하고, 그들을 비호하는 자들은 항상 그들의 도움을 얻어 친위대로 삼고 있습니다. 당黨을 심는 것이 분명하니 차차 〔그 세력이〕 성장하지 못하도록 해야 합니다. 무릇 붕당의 시작은 끼리끼리 무리를 짓다가 저쪽과 이쪽이 창과 방패가 되는 것일 따름입니다. 만일 그런 사람을 등용한다면, 그는 반드시 상대를 이기려고 하여 임금과 윗사람을 속일 것이고 마침내 그의 술책이 행해질 것입니다. 그 이해利害는 개인이 아니라 천하와 관계된 것입니다.[2]

이심전의 발문은 위 상주문의 역사적 배경과 그 후과를 밝혀주므로 위 글을 이해하는 데 매우 중요하다. 이심전은 이렇게 말한다.

회암 선생[주희]에게 아직 사록을 내리라는 명령이 내려오지 않았을 때, 당시 재상(왕회)은 먼저 태부시승太府寺丞 진가를 감찰어사로 발탁했다. 윤대 차례가 돌아와 주상을 면대하자 마침내 이 상주문을 바쳤다. 그때 정병이 이부상서였는데 역시 "근래에 이른바 도학이라는 것이 있어 세상을 속이고 명칭을 도둑질하니 신용해서는 안 된다"고 말했다. 마침내 '도학'이라는 명목이 생겨나게 되었다. (…) 당시 태학의 학생들이 도학을 위해 말하기를 "주공은 대성인이었는데도 오히려 비방을 받았고, 이락의 명현들 역시 비난을 받고 있네. 옛날과 오늘날의 두 진가를 한탄하노니, 어째서 [그들은] 성현들을 잘못이라고 하는가?"라고 했다.[3]

위 글에 근거하면, 진가가 '위학 금지'를 상주했던 것은 결코 개인의 호오에서 나온 것이 아니라 왕회 집정파를 대신하여 발언한 것임을 알 수 있다. 왕회가 사전에 진가를 감찰어사로 임명한 이유는 주희에 대응하기 위해서였다. 왜냐하면 주희는 순희 8년(1181)에 제거절동提舉浙東이 된 이래, 거듭해서 왕회 집정 그룹이 임명한 지방관 예컨대 이역李嶧·당중우 등을 탄핵하고 있었기 때문이다. 순희 9년(1182) 6월에 이르러, 주희와 왕회 사이의 관계는 더는 수습할 수 없을 정도로 악화되었다.[4] 그러므로 이때 왕회는 이미 주희를 축출하기로 결정했을 것이다. 엽적은 "지난날 왕회는 대간과 표리가 되어 뒤에서 바른 사람들을 쫓아냈다"[5]고 순희 15년(1188)에 했는데, 엽적의 말은 바로 이 사건을 가리키므로 이심전의 말과 더불어 상호 증명된다.

진가의 상주문은 집정 그룹의 입장을 대변하므로 더 자세히 분석될 가치가 있다. 당쟁이 날로 격화되던 후대의 공격적인 문서의 내용과 비교해보면, 이 상주문은 그나마 절제와 분별이 있음을 알 수 있다.[6] 엄격하게 말하자면 진가의 상주문은 '도학' 자체를 비방하지는 않는다. 그것은 첫머리에서 "홀로 있을 때 경계하기" "실천하기" "마음 바르게 하기" "뜻을 성실하게 하기" "극기복례"
는 "배우는 자라면 당연히 해야 하는 것"이라고 말한다. 적어도 글자만 놓고
보면, 진가가 공격하는 것은 '도학'의 명목을 빌려 "거짓을 도모하려"는 일부
인사들뿐이다. 이 점에서 그가 전적으로 허구를 지어냈다고 말할 수는 없다.
그는 분명 역사적이고 현실적인 이중 근거를 갖고 있었을 것이다. 소흥 원년
(1131) 9월 2일, 고종은 정이를 기려 관작을 내리면서 「제사制詞」를 지었는데,
먼저 정이와 "고명하고 스스로 체득한 학문"을 드높이 치켜세우면서도, 바로
뒤이어 "가식적이고 거짓된 무리들浮僞之徒이 (…) 그 명칭을 훔쳐서 제 몸값으
로 삼는다"고 호되게 질책한다.[7] 엽소옹은 "'거짓僞'이라는 단어는 이미 소흥
연간의 「제사」에 보인다"고 말했는데, 이는 믿을 만하다.[8] 왕회의 집정 그룹이
계획적으로 '도학'을 힐난할 때 앞선 시대의 관련 문서를 참고했음이 분명하
다. 고종과 진가의 글을 연이어 읽다 보면 그런 흔적을 알 수 있다. 이것이 그
역사적 근거다. 건도 순희 연간의 '도학' 진영 내에는 "서로 이끌어 거짓을 행
하거나" "이락의 언사를 기꺼이 표절하여 사욕을 도모하는" 사건이 있어서,
주필대, 장식, 여조겸의 왕복 서한에서도 일찍부터 그 싹을 엿볼 수 있다.[9] 이
것이 그들의 현실적 근거였다.

상주문의 화룡점정은 가장 마지막 단락의 '붕당'에 관한 의론이다. 상주문
의 주요 대상은 원래 주희였지만 그 이름을 명시하지 않고, "만일 그런 사람
을 등용한다면"이라고 말함으로써 은연중 주희를 겨냥한다. 하지만 이른바
'도학자'의 정치 활동에 대해서는 과장과 확대의 수완을 최대한 부리면서 중
상모략으로써 '도학 붕당道學朋黨'이라는 명목을 찾아내고야 만다. 집정 그룹이
세밀하게 계획하여 채택한 책략임이 분명하다. 효종이 가장 보기 싫어한 것은
조정에 붕당이 출현하는 상황이었는데, 그런 바람은 왕회가 집정하던 날부터
마음속에 새겼던 것이다.(제7장을 보라.) '도학 붕당'의 관념을 효종이 받아들이
도록 하기만 한다면, 집정 그룹은 아주 손쉽게 주희 및 '도학'의 혐의가 조금
이라도 있는 사대부들을 권력세계 밖으로 철저히 배제시킬 수 있을 것이었다.

진가의 상주문은 "성지를 받들어 [그에] 준거한다奉聖旨依"는 법률적 효과를 얻었으므로, 왕회의 집정 그룹은 그로부터 3년 동안 효종이 필요로 한 '안정安靜'이라는 표상을 대체로 유지할 수 있었다. 하지만 진가의 '위학 금지'가 초래한 역사적 후과는 매우 심각했다. 이로부터 이학자 집단과 관료 집단 사이의 양극화가 시작되었기 때문이다. 먼저 이 획기적 사건이 미친 영향을 개요 방식으로 설명함으로써, 관료 집단의 역사적 재형성에 관한 아래의 글에 설명을 집어넣고자 한다.

왕회의 집정 집단이 '도학 붕당'의 명칭을 만들어내자, 그 일은 의외로 이학자 집단의 형성과 확대를 촉진했다. 순희 10년(1183) 이전에 '도학'은 대체로 장식 주희 일파의 '성리지학性理之學'을 가리킨 만큼, 거기에 내포된 의미는 다소 협소했다. 그래서 당시 '도학'은 『송사』 「도학전」의 용법과 상당히 유사했고, 유삼걸이 경원 3년(1197)에 올린 상주문은 그 증거가 된다.[10] 진가의 상주문은 '아부하는 자들'과 '비호하는 자들'을 모두 '도학 붕당'에 포함시켰는데 그 결과는 '도학'의 정치적 함의 확대로 나타났다. 곧 본래 학문적으로 다른 체계에 속하는 사람들한테도 '도학'이라는 명목을 뒤집어씌웠던 것이다. 엽적·우무·누약·유광조·주남周南 등이 나중에 분분히 나서서 '도학'을 변호했는데, 그런 행위는 모두 진가의 '위학 금지' 사건에서 기인한다. 엽적이 가장 분명하게 설명했다.

> 근래에는 '도학'이라는 명목을 지어내어 정병이 창도하자 진가가 화답하여, 요로에 있는 사람들이 은밀히 서로 주고받으면서 사대부 가운데 조금이라도 깨끗하게 수양을 하거나 절조를 지키는 사람이 있다면, 그때마다 '도학'이라는 명목을 그들에게 붙입니다. 〔'도학' 명목을 이용하는 사람들은〕 선한 것을 흠이라 여기고, 배움을 좋아하는 것을 허물이라 여기면서, 서로들 모의하여 〔충성스럽고 선량한 사람들로 하여금〕 벼슬길에 나아가지 못하도록 하고, 〔흠을 잡으려고〕 옆에서 틈을 엿보면서 〔충성스럽고 선량한 사람들로 하여금〕 편

안히 있지 못하게끔 합니다.[11]

순희 10년 당시, 진가가 말했던 것처럼 '도학' 및 "그들에게 아부하는 자들" "그들을 비호하는 자들"이 이미 '붕당'을 구성했는지 여부는 현존 사료에서 찾을 수 없다. 하지만 '위학 금지' 이후, 주희 계열의 '도학가道學家'들은 그 밖의 이학파 사대부들의 광범위한 지지와 성원을 받았음이 분명하다. 이 책에서 말하는 이학자 집단은 그렇게 형성되었다. "요로에 있는 사람들이 은밀히 서로 주고받았다"는 엽적의 말은 조정 내에 일군의 유력한 관료들이 있어 서로 은밀히 결탁하면서 모든 수단을 강구하여 '도학' 사대부들을 권력의 중심 바깥으로 내치려 했음을 보여준다. 이는 바로 우리가 말하는 관료 집단이다. 그러므로 엽적의 말은 양대 집단이 상호작용하는 도중 동시에 생겨난 상황을 여실하게 반영한다.

왕회의 집정 집단이 '도학 붕당'이라는 명목을 날조해낸 본래 의도는 정적을 일망타진하려는 데 있었지만, 오히려 "연못에 가서 물고기를 쫓아버리는"[12] 반작용을 낳았다. 곧 각 파의 이학자 사대부들은 정치적으로 강력한 반대 세력을 형성하게 되었다. 이런 후과는 그들이 예상치 못하던 일이었다. 마찬가지로 중요한 결과 또 하나는, 그것이 태학생들의 불평을 야기하여 태학생들이 이학자 집단의 유력한 동맹군이 되었다는 사실이다. 이런 의외의 사건 전개와 이 책의 주요 논지가 밀접한 관련이 있기에, 그 시말을 아래에 간략히 서술함으로써 참고 사항으로 삼겠다.

앞서 인용한 진가의 상주문에 대한 이심전의 발문에는 "태학의 학생들이 도학을 위해 말하기를"이라고 하면서 풍자시를 하나 수록했는데, 그 시는 매우 주목할 만하다. 그 가운데 "옛날과 오늘날의 두 진가를 한탄하노니, 어째서 [그들은] 성현들을 잘못이라고 하는가?"라는 두 구절은 주석이 필요하다. 『맹자』 「공손추 하」에는 이런 말이 있다.

연나라 사람들이 반란을 일으켰다. 왕이 말했다. "내가 맹자에게 매우 부끄럽구나." 진가가 말했다. "왕께서는 그 점에 대해 걱정하지 마십시오. 왕께서는 자신과 주공 중 누가 더 어질고 지혜롭다고 생각하십니까?" 왕은 "아! 그게 무슨 말인가?"라고 말했다. 진가가 대답했다. "주공은 관숙管叔을 시켜서 은나라를 감독하게 했는데, 관숙은 은나라를 기반으로 반란을 일으켰습니다. 알고서도 그를 시켰다면 그것은 어질지 못한 것입니다. 모르고서 그를 시켰다면 그것은 지혜롭지 못합니다. 어짊과 지혜로움은 주공도 다하지 못한 것인데, 하물며 왕께서는 어떻겠습니까? 저는 [왕께서] 맹자를 만나서 해명하시기를 바랍니다."13

이 구절 아래에는 진가와 맹자의 한바탕 논변이 있으나 다 인용할 필요는 없겠다. 이 진가는 제나라의 대부大夫14인데, 제나라 왕의 과오를 감추기 위해 주공을 비난하고 있어서, 남송 이학자들은 그를 '비천한 사내鄙夫'15라고 비판했다. 이 사람은 마침 '위학 금지'의 진가陳賈와 동명이인이어서 태학생들은 고금의 진가를 하나로 묶었던 것이다. 다른 한편, 태학생들은 주공의 '성스러움'과 주희의 '현명함'을 나란히 놓고 있으므로 주희에 대한 그들의 추존을 충분히 알 수 있다.

이때부터 태학생들이 이학자 집단 쪽에 서서 관료 집단을 공격하는 사건이 끊이지 않고 일어난다. 그중 가장 유명한 실례를 몇 가지 들어보자. 소희 2년 (1191) 8월, 관료 집단의 핵심 인물 하담이 계모의 복상服喪이라고 하여 어사중승을 사퇴하려 하지 않자, 태학생 교철喬嘉·주유성周有成 등이 한편으로는 편지를 보내 엄격히 비판하고, 다른 한편으로는 대간에 글을 올려 하담이 사직해야 한다고 주장했다. 마침내 그들은 하담이 물러나도록 만들었다.16 이상이 첫번째 사례다. 같은 해, 손봉길이 근행과 결탁한 관료들을 논핵했으나 광종이 따르지 않은지라 그는 사직을 고집했다. 손봉길이 임안을 떠날 때 "양학 [국학과 태학]의 사 수백 명이 관문 밖으로 나와 송별했다."17 이는 대규모의 항의 운동이었음이 틀림없다. 이상이 두번째 사례다. 『송사』 권36 「광종기光宗紀」
에는 아래 기록이 보인다.

[소희 4년 10월] 무오일, 태학생 왕안인汪安仁 등 218명이 상소문을 올려 [주
상이] 중화궁에 임해주기를 청했으나 받아들여지지 않았다.[18]
[소희 5년 4월] 기유일, 태학생 정초열程肖說 등은 황제가 조정에 나오지 않는
것을 보고 대신들에게 편지를 썼다. 그런 일이 소문이 나자 황제는 계축일
에 조정에 임했다.[19]

광종은 정신질환 때문에 중화궁으로 가서 태상황[효종]에게 문안인사를 하
지도 못했고 조정에 나아가 국사를 처리하지도 못했다. 그래서 황제는 조야에
극도의 불안감을 불러일으켰다. 이학파 사대부 중 상소하는 사람이 특히 많
아서 하루도 그침이 없었다. 태학생들도 단체로 발언을 하여, 어떤 이는 황제
에게 상소를 했고 어떤 이는 대신에게 편지를 보냈다. 이 역시 그들이 정치적
주체의식을 분명히 발현한 사례다. 이상이 세번째 사례다.
경원 원년(1195) 조여우가 축출되자, 엽소옹은 태학생들의 지원 정황을 다
음처럼 기록한다.

태학생들이 봉사를 올려 바른 길로 나아가는 것이 심히 급하다고 고하자,
한탁주가 그 우두머리를 참형에 처하려고 했지만 영종은 다만 청독聽讀[20]형
에 처할 뿐이었다. 당시 함께 봉사를 올린 자가 여섯 명이어서 세상 사람들
은 그들을 '6군자'라고 불렀다. 곧 주단조周端朝, 장형張衡, 서범徐范, 장부蔣
傅, 임중린林仲麟, 양굉중楊宏中이었다. 모두들 출교 처분을 받았으나 오직 주
단조만이 화를 입은 내용이 대략 기록되어 있다.[21]

『경원당금』에 따르면, '6군자'는 최후로 "국시 흔들기를 선동했다扇搖國是"는

죄목을 받는다. 집정파의 눈으로 봤을 때, 태학생이 이미 두려워할 만한 정치 세력으로 자라났음을 알 수 있다. 이상이 네번째 사례다. 『사조문견록』 병집丙集 '조충정을 애도하는 시悼趙忠定詩' 조목을 보자.

경원 초, 한탁주가 조충정(조여우)을 축출했을 때, 태학생 오도손敖陶孫(1154 ~1227)이 삼원루三元樓에서 시를 지었다. "왼손으로 건乾을 휘두르고 오른손으로 곤坤을 돌리면서, 어찌하여 소인들은 유언비어를 마음대로 지어내는가.('여러 사악한 이가 서로 선동하여 유언비어를 만들어 내는구나'라고도 한다.—원주) 진퇴유곡으로 있을 곳 없으니 주공 희단姬旦의 땅에 거했고, 물고기 배 속에서 하루 종일 굴원을 애도했구나. 돌아가시고 나서야 공이 없음을 깨달았으나, 외로운 충정은 다행히도 역사에 오래도록 보존되겠구나. 구천九泉에서 한충헌韓忠獻[한기]을 만나더라도, 지금 같은 후손이 있었음을 말하지 마시오.('그 가문에 후손 있다는 것 말하지 마시오'라고도 한다.—원주)"22

이 시는 그 이전 순희 10년(1183)에 "옛날과 오늘날의 두 진가"라고 말했던 태학생들의 전통을 계승함이 분명하다. 한탁주는 한기의 증손자여서 마지막 두 구절을 지은 것인데, 옛날과 현재를 대조하면서 현재를 풍자하고 비판하고 있다. 앞부분에서 조여우를 주공 단에 비유한 것도 "어째서 [그들은] 성현들을 잘못이라고 하는가"라는 구절을 잇는다. 이것이 다섯번째 사례다.

이 다섯 사례가 보여주는 바는, 순희 10년의 '위학 금지'로 인해 태학생 사이에서 일어났던 반작용이 획기적 의미를 갖는다는 것이다. 이 점과 관련하여 나대경은 이렇게 요약한 적이 있다.

태학에서 전해지는 옛말에 "머리카락 있는 두타사頭陀寺, 관직 없는 어사대"라는 말이 있었다. [이는 태학생들이] 청렴하되 강직함을 말한 것이다. 가정 연간(1208~1224), 나는 태학에 있었는데 선배와 동료들이 "건도·순희 연간에 건물이 소박하고 식기는 질그릇에 불과했으며, 기둥과 처마에 아무 장식이 없었다"고 말하는 것을 들었다. (…) 나라에 큰일이 있으면 〔태학생들에게서〕 강직한 의론이 간간히 나왔는데, 〔그들은〕 시종들이 감히 말하지 못하는 것을 말했고 대간이 감히 공격하지 못하는 곳을 공격했으니, 과거부터 지금까지 고상한 절개가 끊임없이 이어졌다.[23]

나대경이 이야기한 태학생들의 정치 참여 현상은 대략 효종(1162~1189 재위) 후기에서 시작되어 영종(1194~1224 재위) 시대까지 이어졌는데, 그 시기는 관료 집단이 가장 격렬하게 이학자 집단을 공격하던 단계에 해당된다. 따라서 이학자 집단과 태학생들이 서로 영향을 끼쳤음을 미루어 알 수 있다. 이런 분위기는 시간이 갈수록 더 격렬해진다. 주밀(1232~1298)은 남송 말년의 태학에 대해 말한다.

태학의 맹렬함은 경정景定(1260~1264), 순우淳祐(1241~1252) 때에 극에 달했다. 발언하고 싶은 이들은 재상과 대간도 직접 공격하여 그들을 사직하게 했다. 그 권력은 임금과 어깨를 나란히 했다. 〔자신들의 주장이〕 잘 시행되지 않으면 꼭 상주문의 형식을 빌려 고했고, 걸핏하면 항의하는 유학자들이 거기에 가세하여 비난했다. 당시의 임금과 재상은 감히 참견하지 못했다.[24]

주밀은 어려서 태학에 입학하여 태학의 연혁과 사적에 관심이 많았던 만큼 태학생들의 맹렬한 기세에 대한 그의 말은 분명 근거가 있었을 것이다. 나는 이 장 '서언'에서 남송 이학자들이 사대부의 정치적 주체의식을 강화했다고 했다. 순희(1174~1189) 이래 태학생들은 이학자 집단의 영향을 깊고 크게 받았기 때문에, 그들 역시 '천하의 통치를 논하는 자들'로 자부하면서 천하의 일을 자신의 일로 여겼다. "발언하고 싶은 이들은 재상과 대간도 직접 공격했다"는 것이 그러한 심리적 태도의 반영이다. "그 권력은 임금과 어깨를 나란히 했다"

는 다소 과장된 말이기는 하지만, 태학생들의 정치적 주체의식이 이 말을 통해 남김없이 드러난다. 이는 남송 정치문화의 새로운 발전이기에 이 절에서 그 대략을 서술한 것이다.

3. 관료 집단의 전승

지금부터는 관료 집단의 변화에 집중하려 한다. 우리는 위 분석을 통해 분명한 인식 하나를 얻었다. 곧 이 집단은 왕회 집정 시기에 최초로 형성되었고, 그 주요 구성원은 엽적이 말한 것처럼 "요로에 있는 사람들"이었다는 인식이다. 한 걸음 더 나아가 구체적 증거를 제시한다면, 그들 가운데는 대간(진가나 장계주), 급사(왕신), 경이卿貳[1](정병이나 임률), 참정(사확연謝廓然)에서 재상(왕회)까지 있었다. 이런 인물들의 활동과 관련해서는 앞선 장들에서 고찰한 만큼 여기서 다시 췌언하지는 않겠다. 어쨌든 이 절에서 말하는 '관료 집단'은 일반적 직업관료를 두루 가리키는 것이 아니다. 비록 일반적 직업관료들이 관료 집단의 예비대인 점은 의문의 여지가 없지만 말이다.

우리는 관료 집단의 관점에서, 그들과 이학자 집단 사이의 근본적 충돌은 권력 때문에 일어난 것이지 결코 사상의 측면에서 일어난 것은 아니었고, 반'도학' 또는 반'위학'은 방편적 구실에 불과할 뿐임을 거듭 지적해왔다. 관료 집단의 정치적 경향은 현존 질서 유지였다. 그들은 인순因循과 무사안일에 기대어 그날그날 살아가면서, 표면상 아무 일도 일어나지 않는 안정적인 정국을 유지했다. 이것이 바로 그들 관료 집단 권력의 기초였다.

하지만 이학자 집단의 경향은 관료 집단과 정반대로, 범중엄과 왕안석의 혁신적 정신을 계승하여 수시로 기존 상황의 개혁을 요구하면서 합리적 질서를 재수립하려는 것이었다. 변혁을 추구하는 경향을 가지고 권력세계에 들어갔을 때, 그들은 전체적 '안정'에 관한 관료 집단의 요구를 혁파할 뿐 아니라 그 개별 구성원들의 기득권을 직접 위협했다. 주지하다시피 중국의 전통적 직업 관료의 승진은 주로 양대 조건의 운용과 관련된다. 바로 정규화된 행정 작업 절차와 개인화된 인사人事 관계다. 이뿐 아니라, 이런 양대 조건을 원숙하게 운용하려면 장기간 훈련이 필요하고 기존 상황의 유지가 절대적으로 전제되어야 한다. 때문에 체제와 인사 상의 어떤 작은 변화도 개인의 명예와 직위를 추구하는 직업관료들에게는 불리하다. 이것이 바로 관료 집단이 이학자 집단을 권력의 중심에서 바깥으로 배제하려는 최대 원동력이다. 순희 말에서 경원 초에 이르기까지, 관료 집단의 주요 구성원들이 나타낸 기본 관심은 분명 개인의 벼슬길이었다. 그들은 '국시' 관념으로써 정적을 공격하기는 했지만 이때의 '국시'는 의미가 불분명한 수사에 불과했다. 이 점과 관련해서는 뒤에서 다루니만큼 더 언급하지 않겠다.

관료 집단의 기본 구조와 성격을 분명히 알았으므로, 그들이 효종·광종·영종 세 임금을 거치는 동안 집단적 동일성group identity을 계속해서 유지했던 까닭을 이제 어렵지 않게 이해할 수 있다. 공동 이해에 입각하여 하나로 결합한 한 계파가 있었기 때문이다. 당시 용어로 '신료 붕당臣僚朋黨'이라 칭해도 무방하다. 이는 이른바 '도학 붕당'과 정확히 반대되는 개념이다. 순희 14년 (1187) 겨울, 엽적은 이 '신료 붕당'에 대해 생동감 넘치는 묘사를 한다.

지금 여러 신하를 둘러보니, 앞선 사람 뒤선 사람이 번갈아 나아오고 물러납니다. (…) 이익을 추구하고, 동질감을 드높이며, 도덕적 인사를 비방하고, 바른 길을 몰래 막으며, 힘으로써 요직을 차지하려는 자들이 안팎으로 가득합니다.[2]

위 구절은 상호 결탁한 정치적 계파를 부각시킨다. 개별 구성원이 "번갈아 나아오고 물러날"지라도 그 집단적 동일성은 시종일관 변치 않고 지속된다. 이 절이 이야기하려는 관료 집단이 바로 그와 같은 초개인적인 사회적 존재로서, 제1대 창시자이자 지도자(예컨대 왕회)가 사직한 이후에도 여전히 그런 집단적 기능을 발휘할 수 있었다.

하지만 관료 집단이 순희 연간(1174~1189)에서 경원 연간(1195~1200)까지 변치 않고 지속했음을 어떻게 증명할 수 있을까? 이 문제를 해결하기 위해서는 추상적 요약에만 의존해서는 안 되고 구체적 인물과 사건에서 시작할 수밖에 없다. 사료가 제한적이라 재구성 작업은 상당히 어렵다. 현재까지 확보한 1차 문헌에 근거하여 시론을 작성하고자 하는데, 비록 완전하지 못할지라도 해답의 일단은 살펴볼 수 있다.

먼저 바로 진가 사례다. 그는 관료 집단 제1대의 중요한 대표자로서, 소희 연간(1190~1194) 이학자 집단 소속의 대간으로부터 공격을 받고서 권력 중추로 돌아올 수 없었지만(제10장을 보라), 경원 2년(1196)에 관료 집단이 정권을 탈취하자 다시 소환되어 중앙으로 돌아왔다. 『도명록』 권7은 말한다.

(경원 2년) 12월, 진가는 영국부 지사知寧國府였다가 병부시랑으로 소환되었으니, 그의 말에 대해 보답을 받은 것이었다.[3]

"그의 말에 대해 보답을 받았다"는 구절은 『경원당금』에는 "진가가 순희 말년에 주희를 공격한 적이 있기 때문이다以賈淳熙末嘗擊朱熹故也"로 되어 있다. 순희 10년(1183)에 진가가 '위학'의 금지를 제창한 것은 관료 집단이 매우 중시했던 일대 사건이었고, 순희 15년이라는 세월이 흘렀음에도 그에게 매우 후한 정치적 보답을 하려 했음을 위 구절을 통해 알 수 있다. 진가의 실제 역할은 효종 때 발휘되기는 했지만, 그 정신적 호소력은 시종일관 관료 집단을 관통하고 있었을 것이다. 그렇지 않았다면 어째서 관료 집단이 광종·영종 때에도 숱한 노력을 아끼지 않고 진가를 다시 조정으로 불러들였겠는가? 이런 측면에 입각해보자면, 진가를 3대에 걸친 관료 집단의 원로라고 불러도 부끄럽지 않을 것이다. 『송사』에는 진가의 전기가 없어서 그의 관직 경력을 알 수 없다. 아래

두 자료는 순희 10년 이후 그의 동태를 이야기한다. 『송회요집고』에는 이런 기록이 있다.

> (순희) 13년 정월 22일, 수주秀州 지사 왕형王詗이 파면되었다. (…) 감찰어사 진가가 그에 대해 말을 만들어냈기 때문에, 〔왕형은〕 대리시 감옥으로 이송되었다.[4]

진가가 순희 13년 정월에도 여전히 감찰어사였음을 위 기록에서 알 수 있다. 순희 14년 10월 1일, 효종은 「진가 모친의 부음에 부쳐 내리는 어필陳賈母亡賦贈御筆」에서 말한다.

> 왕린의 모친이 돌아가셨을 때 은과 비단 300냥과 300필을 하사했다. 이제 진가의 모친이 돌아가셨는데, 이전대로 하사한다면 영원한 전례가 될까 격정된다. 만약 3분의 1을 감한다면 많고 적음의 차이가 있을까 걱정된다. 어쩌해야 합당한가? 은밀히 상주하라.[5]

이는 효종이 주필대에게 내린 비밀 교유教諭여서 주필대는 「회답 상주문」에서 아래처럼 대답한다.

> 신이 주상의 질문을 들어보니 주상의 의도를 삼가 잘 알겠습니다. 다만 구숭丘崈(1135~1208)이 부모상을 당했을 때 폐하께서 하사품을 내린 적이 있다고 들은 듯합니다. 만약 〔은과 비단〕 300냥과 300필을 내렸다면 감하기는 어려울 것 같습니다. 하물며 간대부諫大夫는 정시랑正侍郎과 등급 차이가 그리 크지 않으니, 주상의 결재를 바랍니다.[6]

위의 두 비밀문서는 두 가지 중요한 사실을 드러낸다. 첫째, 순희 14년(1187)

진가의 직위는 이미 '간대부'였다. 이는 필시 어사대의 '우간의대부'일 텐데, '우간의대부'는 중승을 겸임하고 아울러 어사대의 수장이 되므로[7] 그 권력이 상당히 크다. 진가는 순희 13년에 승진했음이 틀림없다. 같은 해 12월 말, '도학'의 죄명으로 유청지를 탄핵한 사건은 필시 그의 손에서 나왔을 것이다. 둘째, 순희 14년 10월 이후 진가는 모친상을 당해 사직했다. 이 점은 그가 어째서 소희 원년(1190)에 정강지부靜江知府로 임명되었는지에 대한 답을 줄 수 있다. 그 시기에 복상 기간이 끝나 복귀할 수 있었기 때문이다.

진가는 효종 때의 '위학 금지' 사건만으로 후대에 전해진 인물이다. 하지만 주필대의 『문충집文忠集』에 또다른 비밀문서가 하나 있는데, 이를 통해 진가의 역할이 거기서 그치지 않았음을 알 수 있다. 먼저 관련 부분을 인용한 후 분석해보자. 순희 15년(1188) 10월 26일, 주필대는 "조사 중 인재를 추천하라朝士薦人"는 효종의 어필 질문에 대답하면서 「회답 상주문」을 작성한다.

주상의 말씀을 들건대 '조사가 묘당에서 30여 인을 추천했다'고 하셨습니다. 이는 몇 달 전 일로서, 당시 이미 엄격히 거절당하여 한 사람도 등용되지 않았습니다. (…) 이 일은 본래 함부로 인정을 베푼 것인데, 조정이 언제 그런 것을 곧이곧대로 들어준 적이 있습니까? 왕회가 서울을 떠난 이래, 승진하거나 벼슬을 제수한 대다수가 무婺 지방 출신[왕회 사람]입니다. 그중에는 범사려范嗣蠡 같은 사람도 있었고 그는 왕겸王謙에 의해 두 차례 공격받았는데, 신이 있는 힘을 다해 그를 구해줄 수밖에 없었던 것은 조금이나마 분쟁의 싹을 없애기 위해서였습니다. 나머지 조정 밖 인재들의 경우, 신은 그중 한 사람도 감히 추천하여 등용한 적이 없습니다. 신은 5월 이후 모든 임용자에 대해 하나하나 그들의 경력을 계속해서 기재해넣었습니다. 왜냐하면 지난봄 진가가 누구보다 앞서 왕겸을 탄핵한 까닭은 바로 신을 축출하려는 의도가 있었기 때문입니다. 그러므로 [신이] 감히 사직하려고 하지 않는 이유는 [신의] 임명 초기에 [진가와 신의] 세력이 양립해서는 안 되었기 때문입니다. 이미 신을 따르는 것을 어렵게 하되 언로는 쉽게 한 상태에서, 또다시 재상으로 임명된 지 한 달 만에 갑자기 파면 명령을 내려서도 안 됩니다. 일찍이 아뢴 바대로, 치욕을 참으면서 좀 기다리는 중입니다. (…) 누차 유정과 이야기해보았는데, 11월까지 기다리다가 곧바로 [사직을] 힘껏 청할 생각입니다. 신의 능력이 부족해서 중임을 감당하지 못하고, 모든 이의 시선이 집중되는 자리를 차지하고도 여러 사람을 조화롭게 하지 못하기 때문입니다. 예를 들어, 하담 같은 이는 본래 장원급제자로서 한 번도 지방관을 지낸 적이 없습니다. 현 임기가 이제 다 되었으니, 검정檢正으로 승진시켜 그의 재능을 시험해보려 했습니다. 그러나 하담은 그 직위를 경시하고 양참兩參(참지정사 유정과 소수蕭燧)에게 애원하여 태상太常이나 비서祕書를 요구하는데, [그 두 직위가] 시종侍從이 되는 첩경이기 때문입니다. 아울러 진가는 하담의 고부姑父[고모부]로서 이전부터 그의 의론에 참여했고, [하담은] 타인의 공격을 받을까 항상 두려워합니다. 또한, 신이 진가 때문에 하담의 진급을 막는다고 의심하여 [하담이] 매번 질시하고 있습니다. 신은 어쩔 수 없이 양참과 상의하여 [하담을] 좨주祭酒로 승진시켜 봉상奉常과 비서 윗자리에 두었습니다. 이렇듯 곡절을 겪었는데 아직도 용서하지 않고 있습니다. [신은] 중상모략을 받을까 걱정하여 아침저녁으로 편치 못하니 어떻게 사지를 펴고 국사를 도모할 수 있겠습니까? 하물며 소소한 지방관 한 명을 직접 임명하려 해도, 만약 유정이 불가하다고 여긴다면 더이상 감히 시행할 수가 없습니다. 매일 글을 올려도 유정이 조금이라도 불명하다고 여긴다면 그는 곧바로 반려시킵니다. 바라건대 [신이] 상주하고 [폐하가] 응대하실 때, 폐하께서 필히 분명하게 알아주시기 바랍니다. 신이 만약 주상과 아랫사람들을 미봉彌縫하고 구차하게 세월을 보낸다면, 신의 몸은 편안하게 할 수 있을 것입니다. 하지만 만약 변고가 일어났을 때 하담 등이 책임을 다하려 하겠습니까? 신은 틈틈이 제 본심을 드러내려 하고 있으나, 한편으로 다른 사람들이 신의 마음을 알아주지 못함을 걱정하고, 또 신이 따로 [폐하께] 진술한다고 그들이 의심할까 걱정합니다. 다행히도 회답하여 아뢰는 기회를 통해 신의 속마음을 대략이나마 말씀드렸습니다.[8]

주필대는 이 비밀 상주문을 통해 내심의 숱한 억울함을 효종에게 털어놓고 있고, 우리가 이전에 알지 못하던 적잖은 사실을 드러내기도 한다. 따라서 위 글은 여러 지점에서 본서 하편의 논지를 입증해준다. 하지만 여기서 우리가 먼저 설명해야 할 것은 진가와 관료 집단의 중요 작용이다. 왕회가 가장 도움을 많이 받은 조력자가 진가임은 분명하다. 그래서 진가는 감찰어사로 임명된 지 3년 후, 곧바로 우간의대부로 발탁되어 승진한다. 그가 새로운 직위를 얻은 후 일으킨 첫번째 대사건은 우상으로 임명된 지 채 한 달이 안 된 주필대를 공격하는 것이었다. 이 사건은 진가가 처음으로 감찰어사로 제수되었을 때 주희를 '위학'이라고 공격했던 것과 무척이나 유사하다. 왕회의 집정 기간, 진가가 관료 집단의 지도자였음이 「회답 상주문」에 명확하게 서술되어 있다. 주필대가 이런 비밀 상주문을 쓸 수밖에 없었던 원인은 관료 집단이 효종에게 주필대를 고발한 데 있다. 관료 집단은 주필대가 조사朝士의 추천 명단을 접수했는데, 그 명단에는 온통 이학자 집단의 구성원만 들어 있었다고 효종에게 고했다. 그래서 효종이 주필대에게 물어보았던 것이다. 그 상세한 내용은 앞 장에 서술했다. 주필대의 상주문이 변명하려는 바는 그 자신이 재상 자리를 보전하기 위해 '도학 붕당'의 활동을 하지 않았다는 것이다. 주필대는 특히 "왕회가 서울을 떠난 이래 승진하거나 벼슬을 제수한 대다수가 무 지방 출신이다"라고 지적했으며 아울러 자신이 범사려를 구해준 사례를 든다. 이 사례는 매우 주의할 만하다. 왕회는 무 지방 출신이었다. "재상이 동향 출신을 등용하는 것"을 금지하는 조문을 효종이 내렸음에도,[9] 왕회는 여전히 자기 주위 동향 출신들을 등용할 방법을 갖고 있었다. 왕회가 그렇게 할 수 있었던 까닭은 동향 출신 등용 금지령이 아직 입사入仕하지 않은 처사處士들에게만 적용되고, 이미 출사한 사람들의 인사이동에는 적용되지 않았기 때문일 것이다. 주필대가 실제로 하고 싶었던 말은 '내가 집정한 이후 승진시킨 사람 대부분이 왕회가 남겼던 옛사람들이다'라는 것이다. 당연히 '무 지방 출신'이 모두 관료 집단에 속한다고 단언할 수 없을뿐더러, 관료 집단 구성원들이 왕회의 동향으로 국한되는 것 또한 분명 아니다. 하지만 주필대는 우상으로 임명된 후 곧바로 관료 집단의 포위 공격에 처했고, 주필대의 상주문은 바로 그 점을 말하고 싶었던 것이다. 특히 진가는 그중에서도 가장 두려운 맹장이었으므로, 만일 진가가 모친상으로 직위에서 물러나지 않았더라면 주필대는 필시 더욱 곤란한 상황에 처했을 것이다. 위 비밀문서를 읽어야만, 효종이 어째서 몇 개월 후 "주필대에게 무슨 당이 있는가, 오히려 왕당[왕회의 당]이 지나치게 많을 뿐이다"라는 명언을 했는지 명확하게 이해할 수 있다.

진가가 비록 모친상으로 자리에서 물러나기는 했지만, 그는 주필대에게 큰후환을 남겨놓았으니 바로 하담이었다. "진가는 하담의 고부[고모부]로서 이전부터 그의 의론에 참여했다"는 것은 우리가 이전에 미처 몰랐던 사실이다. 이 사실로 인해 과거에는 풀지 못했던 수수께끼가 풀릴 수 있으므로, 두 가지 사항을 들어 말해보고자 한다. 첫째, 왕회가 집정 시기에 선후로 추천했던 "유학자로서 정사政事를 볼 줄 아는 신하" 40명 중 경당京鐺이 수위를 차지하고 하담은 네번째 자리를 차지했다.[10] 이들은 경원 시기 관료 집단의 양대 지도자였다. 그런데 하담은 당시 나이도 젊고 직위도 낮았는데 어째서 왕회가 그처럼 중시했을까? 그 이유는 당연히 진가와 맺은 관계 때문이었다. 둘째, 『도명록』 권6은 말한다.

왕 승상[왕회]이 파직되자 유 승상[유정]이 차보次輔[부재상]가 되었으나, [유 승상은] 익공(주필대)과 의견이 맞지 않아 하담을 간장諫長[대간의 수장]으로 발탁해서 익공을 공격해 파면시켰다.[11]

『송사』 권394 「하담전何澹傳」은 말한다.

하담은 원래 주필대가 후대했던 인물로 처음에 학관學官이 되었다가, 2년이 되어도 진급하지 못하자 유정이 그의 진급을 상주했다. 하담은 주필대에게 유감이 있다가 간원諫垣의 수장이 되자 곧바로 주필대를 탄핵했고, 주필대는 마침내 면직되었다.[12]

위 두 자료는 하담, 주필대, 그리고 유정 사이의 원한 관계에 대해 그다지 분명하게 설명하지 않는다. 반면, 주필대의 「회답 상주문」이야말로 저간의 사정을 자세히 알려준다. 주필대는 유정이 자신을 쫓아내려는 의도를 의심했던 것 같고, 하담은 두 사람 사이의 갈등을 이용해 그 사이에서 분쟁을 일으킨 것이다. 상주문에 따르면, 주필대가 "진가 때문에 그 진급을 막는다고 의심하여 [하담이] 매번 질시를 했다"고 하는데, 바로 여기에 핵심이 있다. 특히 "이전부터 그의 의론에 참여했다"는 말이 보여주는 바는, 진가가 배후에서 하담을 위해 모략을 짰다는 것이다. '왕당'은 줄곧 주필대가 이학자 집단의 '맹주主盟'라고 인식했고, 추천 명단이 일으킨 풍파는 바로 그런 인식 때문이었다. 그러므로 최후까지 분석해보았을 때, 하담이 광종의 즉위 후 주필대를 탄핵하여 사직시켰던 것은 단순히 개인의 원한으로 해석될 수 없을뿐더러, 그것을 전적으로 유정의 지시로만 돌릴 수도 없다. 한층 깊은 원인은 '왕당' 전체의 동향에서 찾아야 한다. 진가의 막후 영향력은 특히 낮게 평가될 수 없다. 소희 원년(1190), 유광조는 어째서 전력을 다해 진가의 입조와 황제 알현을 저지했을까? 주필대의 비밀 상주문은 매우 설득력 있는 해답을 제시한다.

마지막으로 가장 중요한 것은 진가와 하담 사이 관계를 통해 제1대에서 제2대로 나아가는 관료 집단의 전승 관계를 확인할 수 있다는 사실이다. 제1대인 진가는 왕회 집정 시기에 정치 무대에서 활약한 사람이므로 무대에 등장하자마자 입장을 분명히 했다. 그런 입장을 꾸밀 필요도 없었고 그럴 방법도 없었다. 하지만 제2대인 하담은 주필대와 유정의 수하에서 두각을 나타냈다. 당시 정치적 분위기에 큰 변화가 일어났으니, 이학자 집단 구성원들이 점차 주필대와 유정의 주위로 몰려들었던 것이다. 하담은 권력과 자리를 얻기 위해 자신의 고모부처럼 시작부터 반'도학'의 기치를 들 수가 없었다. 그의 정치적 견해는 사실 진가와 일치했지만 일찍부터 그것을 드러내지는 못했다. 주필대는 비밀 상주문에서 하담이 "타인의 공격을 받을까 항상 두려워한다"고 말했는데, 이는 실로 날카로운 관찰이었음이 분명하다. 이심전은 유광조의 「도학이 정씨의 사적 언사가 아님을 논하는 상소문」에 발문을 쓴다.

> (소희 원년) 3월, 유공[유광조]이 명령을 받아 남궁南宮에서 시험 답안지의 봉인을 풀고 있었다. 하담과 함께 자리에 앉아서 막 서두르는 참이었다. 하담이 말했다. "요즘 풍채가 일신하셨습니다." 유공이 대답했다. "저는 달라지지 않았습니다. 다만 평소 대간과 말했던 것을 지금 혼자서 말하는 것뿐입니다." [하담이] 물러가자 동료가 유공에게 말했다. "하자연(자연은 하담의 자字)이 당신의 상소문을 보고서 깜짝 놀란 지 며칠 되었습니다. 정지환定志丸을 복용하기에 이르렀다니 그가 어떤 사람인지 알 수 있습니다."[13]

유광조가 상소문을 올려 '도학'을 변호하자, 하담이 그토록 당황하여 정지환을 복용하고 나서야 마음을 안정시킬 수 있었던 것은 어째서일까? 이는 유광조가 자신의 평소 위장을 폭로할까봐 두려웠기 때문이다. 그래서 하담은 유광조를 공격하고 탄핵했던 것이다. 또 이심전은 "유공이 삼관三館에 있을 때는 하 간의諫議와 잘 지냈다"라고 말한다.[14] 이는 하담이 평소 자신을 잘 꾸몄음을 확증한다. 그는 '장원급제省元' 출신자로서 재능과 배움은 더할 나위가 없었다. 그래서 전후로 주필대와 유정에 의해 발탁된 것이다. 하담은 진가와 맺은 관계 때문에 진작부터 관료 집단의 제2대 지도자였지만, 경원 시기에 이르러서야 본색을 완전히 드러냈을 뿐이다. 이는 진가가 관료 집단의 전승이라는 측면에서 해낸 최대 공헌 중 하나다.

4. 광종대의 관료 집단

이어서 광종 시기 관료 집단의 일반적 상태를 고찰해야 한다. 유정은 이 5년간(순희 16년에서 소희 5년까지, 1189~1194) 집정 재상이었고 수많은 이학파 사대부를 권력 중추로 이끌어 들였다. 하지만 황제 권력의 분열로 인해 그는 광종을 대변하는 강특립과 시종일관 대립했다. 때문에 효종이 자신에게 부여한 혁신의 임무를 효과적으로 추진할 수 없었다. 관료 집단은 강특립과 그 밖의 근행들을 통하여 조정에서 여전히 강력한 세력을 지니고 있었고, 그 결과 유정 역시 그들과 교류하거나 심지어 타협할 수밖에 없었다. 그래서 주희는 유정이 "무사안일로 나날을 보낼 계책을 임시로 세워 소인 무리들에게 아부함으로써 후환이 없기를 바라는 것"은 아닌지 의심했다.[1] 이런 의심에 확실한 근거가 있는지 여부는 사료가 부족하여 현재 가벼이 단정 지을 수 없다. 하지만 주희가 쓴 "소인 무리群小"라는 표현이 관료 집단의 구성원들을 가리킨다는 점에는 아무런 문제가 없다. 이제 한 걸음 더 나아가서, 그 '소인들'이 어떤 활동을 했는지 살펴보자. 그들에게는 지도자가 있었을까? 있었다면 그 사람은 구체적으로 누구일까? 이런 문제에 답할 때에만 관료 집단의 전승이 중단된 적이 없음을 확인할 수 있다. 왜냐하면 광종 시기는 효종과 영종 사이의 과도기에 해당되기 때문이다. 관료 집단의 역사를 재구성하려 할 때 그 시기는 생략될 수 없는 중요한 부분이다.

이 문제와 관련하여 가장 중요한 문헌은 역시 주희가 제공해준다. 그는 소희 2년(1191) 10월 12일에 쓴 「유 승상에게 보내는 편지」에서 이렇게 말한다.

조사朝士로부터 개인적인 편지를 받아보니 근래의 사건에 대해 언급하고 있는데, 승상의 충성과 엄격함으로 인해 주상의 생각이 돌아섰고, 겹겹의 음陰 밑에서 다시 양陽이 점차 회복한다는 소식을 삼가 들었습니다. (…) 또다시 반복해서 생각해보건대 오늘날의 일에 대해 아직 기뻐하기에는 이른 것 같습니다. 이전의 의론에 아직 생각해볼 점이 있기 때문입니다. 무릇 옛날부터 군자와 소인이 섞여서 거하고 함께 등용될 경우, 이쪽이 저쪽을 이기거나 아니면 저쪽이 이쪽을 이기거나 [둘 중의 하나였으니], 쌍방이 서로 의심하면서 파열이 나지 않았던 적이 없습니다. 그것은 필연의 이치입니다. 그러므로 온 조정이 다 군자라고 할지라도, 소인 한두 명이 여러 관료 사이에 끼어들면 [그들이] 그 틈을 보아 공격을 할 것이니, 충분히 우환거리가 될 수 있습니다. 더군다나 [소인이] 시종의 반열에 있다면 어떻게 되겠습니까? 또한 승필丞弼[보좌 대신]의 직위에 있으면서 사당私黨을 몰래 심어 요직에 가득 차게 한다면 어떻게 되겠습니까? (…) 지금 친소親疏와 신구新舊의 감정이 본래 같지 않으니, 충성스러운 이와 사악한 이, 겸손한 이와 오만한 이들이 곳곳에 있습니다. 저쪽이 이미 필승必勝의 장소에 먼저 자리 잡고서 당인들을 세워 요로에 채워놓고 있으므로, 그들의 일거수일투족이 전부 우리에게 해로울 수 있습니다. 아래로는 근습과 소인繼人들에 이르기까지, 그중 어떤 이들은 서찰을 옆에 끼고 안팎을 연결해줌으로써 그들 세력을 도와줍니다. 하지만 우리는 우뚝하니 고립돼 있고, 외롭게 홀로 서 있어서 조금의 지원도 절대 없기에, 뿌리가 되는 곳에서부터 노력함으로써 주상의 마음을 깨닫게 하고 언로를 맑게 해야 합니다. 공정한 길에 도움이 되리라 기대되는 자들을 발밑에 방치해놓고, 천 리 밖에서 찾으려 하면 안 됩니다. 저쪽은 주인이고 우리 쪽은 손님이며, 저쪽은 칼이고 우리 쪽은 고기이니, 이는 참으로 천하의 위기이자 재앙입니다. 그런데 다시 저들이 매우 싫어하는 사람을 때때로 등용하여 도움이 될 수 없는 곳에 그들을 배치하고 있으니, 그들의 의심만 북돋우고 실제 일에는 아무 도움이 되지 않습니다. 천하의 현인과 군자들을 안팎으로 배치하더라도, 저들은 목소리를 낼 필요도 없이 다만 뒤에서 팔짱 끼고 몰래 틈을 엿보기만 해도, 저들의 형세는 우리를 해칠 수 있을 듯합니다. 그렇게 된다면 일순간에 사방에서 개들이 짖기 시작하여, 오던 사람은 채 문에도 미치지 못하고, 문에 도착한 사람은 채 자리도

덥히지 못하고서 낭패를 보고 당황해하며 사방으로 분분히 달아나버릴 것입니다. 그러니 어떻게 국사를 도모할 겨를이 있겠습니까? 오늘날의 사태에서 승상께서는 다만 ○○ 한 사람만 제거하고 여러 자리에 소인이 없도록 한다면, 대각臺閣에서 아무 이론이 없으리라 생각하십니까? 어찌 정 상서鄭尚書, 왕 저작王著作, 손 사업孫司業이 마침내 사직하게 된 것을 자세히 보지 못하시며, 원 온주袁溫州가 벼슬을 제수받았으면서도 중도에 무효화된 일을 보지 못하십니까? 이 모두 누가 실제로 한 일입니까? 어리석은 제가 보건대, 조심하는 것이 심해지고 환난을 걱정함이 깊어질수록 더욱더 해롭게 될 뿐입니다. 『논어』는 "물을 다스릴 때 그 수원을 다스리지 않는다면 하류는 점차 더 확장된다"고 하고, 또 "타인을 활로 쏘려 할 때 먼저 그 말을 쏘고, 적을 사로잡으려 할 때 그 왕을 사로잡는다"고 하는데, 바로 그 점을 걱정한 말입니다.[2]

원문이 몹시 길어 극도로 압축했음에도 여전히 인용문이 번쇄한데 어쩔 수 없는 일이다. 하지만 이 편지가 지닌 중요한 가치는 독자들도 알아볼 수 있을 것이다. 주희는 소희 시기 관료 집단과 이학자 집단 사이의 세력 불균형에 대해 이처럼 매우 선명한 대비를 했다. 이 1차 사료를 통해, 관료 집단(또는 '신료 붕당')의 존재 및 그 활동 방식이 생생하게 독자의 눈앞에서 살아나므로, 아무래도 그 이상의 더 많은 증거를 찾을 수 없다. 유정은 비록 재상 자리에 있었지만, 이학자 사대부를 핵심 직위에 배치하여 혁신적 역할을 발휘하도록 할 수 없었을뿐더러, 그들이 관료 집단으로부터 배척받지 않도록 보호할 힘도 없었다. 편지에서 든 네 사람 가운데 '손 사업'은 바로 손봉길[3]이고, '정 상서'와 '원 온주'는 각각 정교와 원추를 가리키는 듯하며, '왕 저작'은 누구인지 불명확하므로 훗날 다시 고찰해야 한다. 더욱 특이한 것은 위 편지가 작성되기 불과 한 달 전인 소희 2년(1191) 9월에 손봉길이 사직하는 일이 발생해서, 권력 중추의 일거수일투족을 주희가 마치 손바닥 위에 올려놓고 보듯 들여다보고 있었다는 점이다. 이로부터 미루어 보건대, 손봉길 외의 나머지 세 사건도 필시 최신 동태에 속했을 것이다. 편지 서두에서 밝혔다시피 주희의 정보원은 "조사로부터 [받는] 개인적인 편지"였다. 왜냐하면 관보는 절대로 그처럼 신속하고 상세하지 못하기 때문이다. 주희는 "몸은 강호에 있는데 마음은 조정에 있다"[4]고 말한 적이 있으니, 그가 이학자 집단의 정치적 발전에 대해 항상 관심을 갖고 있었음이 여기에서 일차로 증명된다.

이 편지의 중요 공헌은 관료 집단의 권세가 하늘을 찌를 수 있게끔 한 근원이 황권임을 밝힌 데 있다. "친소와 신구의 감정이 본래 같지 않다"는 것은 광종에 대해 한 말로서, 황제가 관료 집단을 '친하게親 지내고' '오랫동안舊 교류한' 반면, 이학자 집단은 '소원하게疏 대하고' '교류한 지 얼마 되지 않았다新'는 것이다. 그 가운데 핵심은 '근습(강특립이나 초희재 같은 부류)'이 황제와 관료 집단을 위해 "서찰을 옆에 끼고 안팎을 연결해준다"는 것이다. 이것은 바로 "저쪽이 이미 필승의 장소에 먼저 자리 잡고 있다"는 말을 분명히 풀이해준다. 이에 비해 이학자 집단은 절대적 열세에 처해 있어, "뿌리가 되는 곳에서부터 노력함으로써 주상의 마음을 깨닫게 하고 언로를 맑게 할" 방도가 없었다. 그러므로 그 뒤에 나오는 중요 구절이 여기서 보충되어야 한다.

바라건대 승상께서는 한번 깊이 숙고하고 헤아려보시고, 견식과 절조가 있는 학사와 사대부들을 항상 음으로 구하여 그들과 더불어 도모하시며, 주상으로 하여금 충성과 사악의 소재를 명철하게 통찰하도록 하고, 마음에서부터 귀·눈·목·혀에 이르기까지 조금이라도 사악한 기운이 그 사이에 남아 있는 것을 허용하지 않도록 해야 합니다. 그런 다음에야 천하의 현인들이 차례로 등용될 수 있고, 천하의 일이 순서대로 행해질 수 있을 것입니다.[5]

위 구절은 관료 집단을 다 축출하고 이학자들이 그들을 대체해야 한다고 유정에게 요구한 것이나 다름없다. 하지만 말로만 하는 것은 얼마나 쉬운가! 같은 해(소희 2년) 4월 2일, 주희는 「유 승상에게 보내는 편지」에서 '군자'는 '당'을 만들어야 할 뿐만 아니라 "군주를 끌어들여 당인으로 만들어야 한다"고 건의한다.⁶ 위 편지는 이러한 의미를 이어서 밝히고 있어 상호 참조되어야 한다. 당시 관료 집단의 지도적 인물이 상층에서 지시를 하고 있었음을 이 편지로부터 알 수 있다. 왜냐하면 주희가 "적을 사로잡으려 할 때 그 왕을 사로잡는다"라고 말하기 때문이다. 그렇다면 지도자는 누구였을까? "시종의 반열에 있고" "승필의 직위에 있는" 사람이다. 하지만 주희는 그 이름을 구체적으로 밝히기 꺼리므로, 우리는 그에 대해 고증의 노력을 하지 않을 수 없다. 먼저 답안을 제시하자면, 진규(1128~1203)와 갈필(경원 초 사망, 향년 66세)이 그들이다. 어째서 이 두 사람이라고 할 수 있을까? 아래는 내가 제시하는 근거다.

『송사』 권393 「진규전陳騤傳」은 말한다.

영종이 즉위하자, 〔진규는〕 지추밀원사 겸 참지정사가 되었다. 조여우가 우승상이 되자, 진규는 평소 그를 좋아하지 않은 터라 같은 장소에서 〔그와〕 대화하지 않았다. 조여우가 유광조를 시어사로 제수하려고 하자, 진규는 "유광조는 오랫동안 신과 사이가 안 좋았는데 그가 대간에 들어오려고 하니, 신은 그를 피하고자 합니다"라고 상주했다. 조여우는 놀라서 그만두었다.⁷

진규는 조여우와 장소를 같이하여 이야기를 나누지 않았고 게다가 유광조와 오랜 원한이 있어서 이학자 집단과 양립할 수 없는 적대적 위치에 있었음을 알 수 있다. 『경원당금』에도 동일한 기록이 있지만, 진규가 한탁주와 공모하여 조여우를 배제하려 했음을 특히 강조한다. 그 기록은 이렇다.

조여우가 유광조를 시어사로 제수하려는 상주문을 작성하여 막 제출하려고 했다. 지추밀원 진규가 갑자기 상주하여 "광조와 신은 사이가 좋지 않은데 지금 광조가 대간에 들어오려고 하니, 먼저 [신이] 자리를 피하려고 합니다"라고 했다. 조여우가 놀라서 그만두었다. 한탁주는 마침내 내비로서 사심보謝深甫에게 어사중승을 제수했다. 한탁주와 진규의 모의가 이미 정해져 있었지만, 조여우만 미처 깨닫지 못했을 뿐이다.[8]

진규는 이미 관료 집단의 지도자였는데, 당시 조여우가 집정이었으므로 그는 오직 '근습'을 통해서만 황권의 지지를 얻을 수 있었다. 때문에 진규가 방향을 바꾸어 한탁주와 '공모'한 것은 아주 자연스러운 일이었다. 진규가 정치적으로 이학자들을 적대시한 것의 유래가 오래되었음은 여조겸에게 '직비각直祕閣' 벼슬이 내려졌을 때 그가 저지한 것을 통해 증명된다. 『동래집東萊集』 부록 권1 「연보」 기록이다.

(순희 6년) 2월 3일 성지를 얻었다. "여 모呂某가 『문해文海』를 편찬했는데, 채록이 정밀하게 상세하니 직비각을 제수한다." (…) 당시 중서사인 진규가 공에게 직비각의 명이 내려지는 것을 중간에 막고서 포상이 지나치다고 주장했다. 성지를 받들어[여조겸에게 내릴 명령서를 쓰면서], "관각館閣의 직위는 문사文史가 우선이다. 지금 차례대로 편집한 것은 채록이 정밀하고 자세하다. 그 의도를 보니 치도에 도움이 되므로 은총을 내린다. 명을 따르라."[9]

『동래집』 원문의 주석은 진규가 기초한 명령서를 이렇게 기록한다. "너는 은혜가 나온 곳을 알고, 행동에 거짓이 없는지 성찰하며, 힘을 다해 보답해야 사람들이 뒷말하지 않을 것이다." 이는 속에 가시를 담은 말임이 분명하다. 곧 "행동에 거짓이 없어야 (…) 사람들이 뒷말하지 않을 것"은 '도학'이 "위선적僞"이라는 것 다시 말해 언행이 불일치한다는 것을 은연중 가리킨다. 여조겸 연보의 편찬자는 특히 다음과 같이 지적한다.

진규는 자신의 반대가 받아들여지지 않았기에, 왕의 말에 가탁하여 비난의 뜻을 전한 것이다.[10]

진규가 정치적으로 '도학'을 매우 싫어한 것이 왕회의 집정 훨씬 이전부터였음을 알 수 있다. 주희는 여조겸과 깊이 교제한 터라 당연히 이 사건을 알았을 것이다. 『송회요집고』 소희 원년(1190) 3월 1일 조칙은 이렇다.

권이부시랑權吏部侍郎 진규가 시강을 겸직했다.[11]

그렇다면 위에서 인용한 주희의 「유 승상에게 보내는 편지」에서 "더군다나 시종의 반열에 있는" 자에 진규가 포함되어 있었음이 틀림없다. 게다가 진규는 당시(소희 2년) 관료 집단에서 명망이 날로 높아가고 있어서, 이듬해 6월 동지추밀원사가 되고 소희 4년 3월에는 다시 참지정사로 제수되는 등 집정대신의 반열에 올라선다.[12] 주희는 진규를 이학 집단의 강적으로 간주하는데, 이는 진규의 정치적 안목이 높았다는 것을 말해준다.

갈필은 주희가 말한 "승필의 직위에 있는" 자였다. 그는 소희 원년 12월 참지정사로 있다가 지추밀원사에 제수되었고, 아울러 소희 4년 3월에는 우승상으로 승진했기 때문이다.[13] 남송의 효종 이래, 참지정사는 인재 등용의 중요 권한을 장악하고 있었다. 『송사』 권387 「황흡전黃洽傳」을 보자.

〔황흡이〕 참지정사에 제수되었다. 주상(효종)이 말했다. "경은 매번 짐에게 인재 등용에 대해 보고해왔다. 이제 경은 인재 등용을 하는 자리에 올랐으니, 노력하지 않으면 안 된다."[14]

이 구절은 명확한 증거다. 영종의 개희開禧 2년(1206), 이벽이 참지정사로 제수된 후 곧바로 예사를 기용한 것[15] 역시 그에 맞는 사례다. 그러므로 갈필에게는 "사당을 몰래 심어 요직에 가득 차게 할" 힘이 분명 있었고, 주희의 이야기는 한 점 과장이 아니었다. 『송사』 권385 「갈필전」은 말한다.

갈필이 동궁의 소속 관료로서 8년을 보내자, 효종은 '안우安遇' 두 글자를 써서 하사했고 또한 「매화시」를 짓고서 갈필에게 화답시를 지으라고 명했으니, [효종이 갈필을] 매우 후대했던 것이다. 광종이 황위를 물려받자 [갈필은] 참지정사에 제수되었다. (…) 소희 4년, [갈필은] 좌승상('우승상'이 되어야 한다)에 임명되었는데, 오로지 조종의 법도를 준수하고 인물을 추천 기용하고, 널리 공론을 채택하여 자신이 듣지 못한 의론이 있을까 걱정했다. 채 1년이 안 되어 관문전대학사, 건강부 지사에 제수되었다.[16]

위 기록은 실록實錄이기는 하지만 수식修飾도 있다. 실록이라고 믿을 만한 점은 두 가지다. 첫째, 갈필이 광종의 "동궁의 소속 관료로서 8년"을 지냈다는 점이다. 이것은 "친소와 신구의 감정이 본래 같지 않다"는 주희의 말과 정확히 부합한다. 갈필은 이미 광종의 '구舊' 속료였고, 광종으로부터 극히 '친밀한親' 신뢰를 얻었다. 둘째, 그는 우승상으로 제수된 뒤 "오로지 조종의 법도를 준수했다"고 하는데, 이런 태도는 현상의 개혁을 거절하는 관료 집단의 기본 입장과 아주 잘 합치한다. "인물을 추천·기용하고, 널리 공론을 채택했다"는 구절은 결코 믿을 수 없는 수식이다. 물론 갈필이 관료 집단에 대해 그렇게 행동했을 수는 있지만 이학자 집단에 대해서는 완전히 반대로 행동했다. 앞서 인용한 주희의 「유 승상에게 보내는 편지」는 그 점을 분명히 밝히고 있다. 『송사』 권404 「장영전章潁傳」의 기록이다.

[장영이] 좌사간左司諫으로 제수되었는데, 당시 좌상인 유정이 사직하고 우상인 갈필이 국정을 담당하자, 장영은 20차례에 걸쳐 상소하여 갈필이 대사를 맡기에는 부족하다고 주장했다. 관료들은 장영을 승진시켜 언관직을

그만두게 하고, 2년간 그쪽 자리에 남아 있도록 하려고 했다. 광종은 "이 사람은 좋은 간관인데 어째서 자리를 옮기려 하는가?"라고 했다. 갈필이 비로소 사직했다.[17]

그런데 『송사』 「광종기」는 이렇다.

(소희 4년) 12월 임인일, 우사간 장영이 지진을 이유로 갈필의 파면을 요청하여 10여 차례 넘게 상소했으나 받아들여지지 않았다.[18]

광종은 줄곧 갈필을 보호하려 했고, 최후로는 소희 5년(1194) 정월 계미일이 되어서야 어쩔 수 없이 그를 재상 자리에서 파면했음을 알 수 있다.[19] 위요옹은 「예공(예사) 묘지명」에서 이 사건을 기록한다.

당시 유 승상이 사직을 청하고 범촌范村에서 파면될 것을 기다렸지만 오래 지나도 명을 받지 못했다. 조정의 한 신하가 "주상은 오로지 갈필을 재상으로 두고자 하는데, 진기거陳起居가 장사간章司諫(장영)을 도와 그를 공격했다"고 말해주었다.[20]

진기거는 진부량이고 당시 기거랑이었다.[21] 갈필이 자리를 잃었던 것은 이학 집단이 합동으로 공격한 결과였음을 이로부터 단정할 수 있다. 이학 집단은 어째서 이때 갑자기 이런 위세를 지녔던 것일까? 이는 조여우가 소희 4년에 이미 효종의 막후 조종을 통해 추밀원에 들어가 집정대신의 지위를 얻었기 때문일 것이다.[22]

이상으로 우리는 「유 승상에게 보낸 편지」에 대한 고찰을 통해, 왕회 시대의 관료 집단이 어째서 소희 시기(1190~1194)에 진열을 재정비했으며, 아울러 새로운 지도 중심을 형성했는지를 분명히 알 수 있다. 갈필과 진규는 모두 왕회와 동시대 사람이었고, 그들은 관료 집단의 연속성에 이중적인 보증을 제공했다. 그 가운데 갈필은 왕회 집단의 일원이었다고 할 수 있다. 왜냐하면 그는 왕회로부터 '품행品行'을 칭찬받았을 뿐 아니라[23] 순희 15년(1188)에 일어난 추천 명단의 풍파도 그가 시작한 것이었기 때문이다.[24] 앞서 진규는 영종 즉위 초기에 한탁주가 대표하는 황권과 결합했다는 사실을 보았다. 그러므로 광종대의 관료 집단은 계승 측면에서 볼 때 분명한 흔적을 남긴다. 만약 그 핵심 인물인 경당이나 하담 같은 사람들로 더 거슬러 올라간다면, 관료 집단의 집단적 동일성은 3대를 거쳤다 하더라도 실제로는 중단이 없었다고 볼 수 있다. 비록 그들과 이학 집단 사이의 대치는 시기에 따라 완급이 있었다 할지라도 하루도 멈춘 적이 없었다.

5. 유덕수의 자서

관료 집단과 이학 집단 사이에 벌어진 충돌과 관련하여 현존 사료가 보여주는 것은 대부분 굵직하고 주요한 것인 데 서술은 자세하지 않다. 양대 집단 구성원 사이의 개인적 교류가 평소에 대체 어떠했는지를 알 수 있는 사료는 극히 드물다. 나는 뜻하지 않게 자료를 하나 발견했는데, 이는 관료 집단 쪽에서 나온 서술로서 매우 생동감 있고 상세하여 지금 말한 결함을 조금이나마 메워줄 수 있을 듯하다. 먼저 원문을 인용하고 거기에 해석을 가해보자. 『사조문견록』정집丁集 '경원당·고이慶元黨·考異' 조목이다.

중홍仲洪 유덕수劉德秀는 계양桂陽 교관이었는데 장사長沙에서 시험을 치르고 돌아오는 길에 형산衡山에 도착하여 호남湖南 출신의 무간撫干 증준曾撙(자는 절부節夫)을 만났다. 증준 역시 영릉零陵에서 시험을 치고 돌아오는 길이었다. 증준은 회옹晦翁[주희]의 상족上足[고족高足, 만제자]으로 유덕수가 평소 친하게 지내는 사람이었다. 함께 여관에 묵었고 서로 기뻐하며 의기투합했다. 유덕수가 증준에게 "창사倉司가 후반기에 편지를 보냈는데, 그대가 벼슬자리를 구했다는 이야기를 들었습니다. 정말 그런가요?"라고 물었다. 증준은 "그렇지 않습니다. 저는 평생 다른 사람에게 추천해달라고 한 적이 없습니다"라고 말했다. 유덕수가 여러 차례 물었지만, 증준은 "자신은 지키는 바가 바르고 확실하여 남에게 절개를 굽힌 적이 없다"고 강조하여 말했다. 유덕수가 물었다. "그렇다면 내가 벼슬자리를 구해보려 하는데 가능하겠나요?" 증준이 말했다. "그대가 스스로 얻어야지 저와 무슨 상관이 있습니까?" 유덕수가 형양에 도착하여 창속倉屬에게 그 이야기를 들려주었다. 창속은 "장관께서 이미 증절부曾節夫[증준]를 받아들이셨습니다"라고 말했다. 유덕수는 "어제 길에서 만났는데 '타인에게 편지를 보내 벼슬자리를 구한 적이 없다'고 하던데요"라고 말했다. 창속은 "그렇지 않습니다. 증준이 보낸 편지를 보실 수 있습니다"라고 했다. [유덕수가] 얻어서 읽어보니, 언사가 극히 비굴했고 모든 말이 구걸이었다. 유덕수가 크게 한숨 쉬며 떠나면서 말했다. "이렇게 하는 것이 도학인가?" 유덕수가 대리사직大理司直이 되었을 때, 소흥에 산릉山陵을 조성하는 일이 있었는데, 조정의 어떤 인사들이 그것을 다른 곳으로 옮기려고 의론했다. 승상 유 공이 마침 조사들을 모아 관등官等에 따라 의논하게 했고 유덕수도 그 자리에 갔다. 그날 아침 재상의 공관에 도착하니, 태상소경 원선 첨체인과 국자사업 정칙正則 엽적이 먼저 와 있었다. 첨체인과 엽적은 회옹의 문도이자 유덕수와 과거시험 합격 동기생이었다. 두 사람이 자리를 나란히 하여 이야기를 나누면서 소매를 걷어 올리고 웃다가, 유덕수가 들어서자 안색이 갑자기 변했다. 유덕수는 곧바로 읍揖을 하고 인사말을 했지만, 엽적은 오히려 "요즘 (…)" 등 몇 마디를 했고 첨체인은 한참 동안 읍만 할 뿐이었다. 읍이 끝나자 두 사람은 서로 떨어져 앉아서 아무 말 않고 있었는데, 분위기가 쌀쌀해 이야기를 건넬 수가 없었다. 유덕수는 두 사람이 자기를 돌아보지 않는다는 것을 알고 역시 자리를 옮겨 따로 앉았다. 잠시 후 유 상[유정]이 나오자, 첨체인과 엽적이 서로를 돌아보면서 날카로운 소리를 내며 앞으로 나와 "소흥은 바른 땅이 아니라고 힘써 주장해야 합니다"라고 말했다. 곧이어 계단을 올라가 그곳이 적격이 아니라고 힘껏 변론했다. 유 상이 의심하면서 "누가 그렇게 결정할 수 있을까?"라고 말했다. 두 사람은 "채원정이라는 사람이 곽씨의 학문에 정통하고, 그 식견과 의론이 주도면밀하니 그렇게 결정할 수 있습니다"라고 했다. 유덕수는 두 사람의 의도가 채계통蔡季通에게 있음을 알고, 혼자서 계단 모퉁이에 서 있으면서 한 마디도 않고 침묵을 지켰다. 유 상이 갑자기 유덕수를 돌아보면서 물었다. "그대 생각은 어떤가?" 유덕수는 읍을 하면서 앞으로 나아가 말했다. "물어보지 않으시니 감히 대답을 못했지만, 어찌 감히 제 견해를 숨기겠습니까? 저는 젊어서 여러 관직을 거쳤는데, 동남쪽의 호湖, 상湘, 민閩, 광廣, 절浙 등을 다녔고, 그곳들을 모두 살펴본 적이 있습니다. 산수의 수려함은 월越만 한 곳이 없으니 그곳은 천하의 제일로서 재궁梓宮을 안치하는 데 가장 적합합니다. 게다가 산릉을 옮기는 것은 큰일입니다. 하물며 나라 형편도 매우 어렵고 경비도 많이 드는데 어떻게 그것을 감당하겠습니까?" 유정이 감탄하면서 "그대 말이 옳다"고 했다. 여러 공이 다시 조여우에게 가서 차례로 의논했다. 접대실에 이르자 두 사람이 갑자기 유덕수를 보면서 말했다. "선배님, 하필이면 당신이 그런 말을 합니까?" 유덕수가 말했다. "제 견해가 이렇습니다. 감히 일부러 달리 말하려 한 것은 아닙니다." 이윽고 유덕수가 처음과 같이 변론하여 장지를 바꾸자는 의론이 마침내 바로잡혔다. 유덕수가 이어서 스스로 생각했다. "얼굴색을 바꾸고 자리를 옮겨버리면서 저들은 스스로 도학으로 자부하고, 나는 그 맛을 모른다고 여긴다. 비록 동기생이지만 모른 척한다. 추부에 이르러서는 '선배'라고 불렀으니, 나를 모른 적은 없다는 것이다. 자신에 대해 긍지를 갖느라 남에게 오만하게 대한다. 저들은 배운 내용에 대해 자부하면서, 사적 도움을 바라고 옛 친구를 찾으니, 재궁을 옮기는 일에서도 사정을 봐주지 않는다.

만약 산릉이 그들의 사사로운 뜻대로 된다면 어찌 그렇게 되는 것을 참겠는가? 증준이니, 첨체인이니, 엽적이니, 모두들 도학으로써 스스로를 부르면서도 그들의 행동은 이렇다. 모두 거짓 무리들인데 그들을 '위학偽學'이라고 부르는 것에 무슨 의심이 있는가?" 얼마 지나지 않아 유덕수가 어사로 승진했고 주씨의 문도들을 전부 탄핵하여 축출했는데, 위학이란 명칭은 여기서 비롯한다. 유덕수가 장사의 태수가 되었을 때, 직접 나를 위해 해준 말인데, 매우 상세하므로 특별히 그 전말을 여기에 기록한다.[1]

위 글은 상湘 출신 악병樂淎이 기록한 유덕수의 구술 자서自敍로서, 유덕수는 경원 연간(1195~1200) '위학 공격'의 최선봉이었다. 관료 집단 구성원 가운데 자신의 견해를 저술한 이는 극히 적고 후대에 전하는 문집도 없다. 때문에 그들의 평소 정치적 활동에 대해 의존할 만한 자료가 거의 없다. 위 글이 특히 소중한 까닭이 바로 여기에 있다. 이 글은 유덕수와 이학 사대부 사이의 교류가 지닌 두 가지 단면을 서술하는데, 먼저 그 사실 관계를 각각 고찰하고 그다음 역사적 의미를 밝히고자 한다.

첫번째 이야기의 주인공은 증준으로, 그는 융흥 원년(1163) 진사였고 장식의 문하에서 공부한 적이 있다.[2] 유덕수는 그가 "회옹의 상족"이라고 말한다. 『남헌집』 「증절부 무간에게與曾節夫撫干」라는 편지 여덟 통 가운데 여덟번째 편지에 이런 말이 있다.

절부는 한가한 가운데 덕을 진작하고 학문을 익히는 데 쉬지 않으려 했고, 편벽된 곳을 살피고 습관을 바로잡으려 했으니 새로운 효과가 있을 것이 틀림없습니다. 『중용』의 근독謹篤, 『대학』의 성의誠意는 바로 수양을 하는 데 핵심이니 유유자적하게 보내서는 안 됩니다. 그곳은 숭안崇安에서 멀지 않으니 한가할 때 한번 원회[주희]를 찾아가면 참 좋겠습니다.[3]

위 편지에 따르면 증준이 주희에게 배웠던 일이 있었음은 분명하다. 그가 장식 사후에 주희 문하에 들어갔던 것도 사실일 것이다. 그러므로 위 편지는 주희에게 문인이 한 명 더 있었음을 알려준다.[4] 유덕수가 자신과 증준의 교류를 서술한 것은 주로 '도학가'의 '위선'을 증명하기 위해서였다. 유덕수는 분명하게 그 점에 대해 말했지만, 필경 일면만을 이야기하고 있었을 것이다. 하지만 현재 그것을 실증하거나 부정할 길이 없어서 다만 의문으로 남겨둘 뿐이다. '도학가' 가운데는 "서로 이끌어 거짓을 행하는" 자들이 있었고, 건도 순희 연간에 주필대가 이미 그 점을 말했다는 것은 제9장에서 살펴보았다. 하지만 개별 구성원의 언행 불일치만 갖고서 전체 이학 집단의 독특한 이상과 포부를 다 부정할 수는 없다. 이 점 역시 신중하게 지적되어야 한다.

두번째 이야기의 배경은 소희 5년(1194) 6월 효종의 서거로서, 당시 원래 계획대로 소흥에 장사 지낼지 아니면 다른 장지를 찾을지를 놓고 논쟁이 있었다. 유정은 전자를 주장했고, 조여우와 이학 집단은 산릉의 위치를 바꿀 것을 주장했다. 유정과 조여우는 이 사건으로 심각한 의견 불일치를 초래했다.[5] 유덕수가 묘사한 것은 바로 그 논쟁 때문에 열린 회의였다. 『송사』 권391 「유정전」은 말한다.

처음에 유덕수가 중경重慶에서 입조했을 때 유정은 그를 몰랐다. 〔유덕수는〕 유정의 문객인 범중보를 만나 자신을 위해 말해줄 것을 부탁했다. 유정은 "이 사람을 만약 조정 관료가 되게 한다면 조정은 필시 조용하지 않을 것이다"라고 말하고, 〔유덕수를〕 곧 대리부大理簿에 임명했다. 유덕수는 유감으로 여겼다.[6]

이는 악병의 기록과 부합한다. 위 기록은 유덕수가 '대리부'에 임명되었다고 하고, 악병은 그가 '대리사직'이 되었다고 하여 약간 차이가 있지만, 유덕수가 나중에 열심히 청탁한 결과 주부主簿에서 사직으로 승진했을지도 모른다. 또한 『송사』 권165 '직관 5·대리시大理寺' 조목에는 이런 기록이 보인다.

소희 초 (…) 사직과 주부로 발탁된 자들은 진사 출신에 지방직 경험이 있
는 사람들이었다.[7]

'사직'과 '주부'의 등급이 당시 막 올라간 참이었으므로, 우리는 「유정전」 기록이 유덕수의 경력과 부합함을 알 수 있다. 왜냐하면 유덕수는 진사 출신에다가 지방직外任 경력이 있었기 때문이다. 유정은 일찍부터 유덕수와 같이 일을 할 수 없다는 것을 알아서 그를 대리시에 배치했는데, 그런 조치는 당연히 유덕수의 욕구를 충족시킬 수 없는 것이었다. 그런데 유덕수는 어째서 그 회의에 참여할 수 있었을까? 아마도 유정이 조여우와 이학 집단의 반대에 대응하기 위해 자기 대신 그 논쟁에서 발언할 사람이 필요했기 때문일 것이다. 유덕수는 유정에게 원한이 있기는 했지만, 당시 그의 비호 아래 있었던 만큼 기꺼이 수고를 마다하지 않았다. 악병의 기록에 근거하면, 산릉 이전의 논의는 전적으로 유덕수 혼자 힘에 의해 포기된 듯하므로 그것은 당연히 유덕수의 자랑거리가 되었다.

이상의 고찰을 통해, 유정과 조여우의 관저에서 열린 두 차례 토론에 대한 유덕수의 서술과 당시 상황이 정확히 들어맞는 만큼 악병의 기록은 실록이라 믿어진다. 본서 하편의 논지에 입각하자면, 악병의 위 기록이 지닌 가치는 구체적 실례를 제공해줌으로써 우리로 하여금 양대 정치 집단 내 인물들이 평소 접촉할 때 상대방을 어떻게 바라보았는지 목도할 수 있도록 한다는 데 있다. 유덕수는 관료 집단 내에서 전형적 특성을 지녔던 구성원으로서, '도학'에 대한 그의 견해는 그 집단의 일반적 관점을 대변한다. 때문에 악병의 기록은 진가 이래 제출된 숱한 반'도학' 상주문 가운데 한 축소판으로 간주될 수 있다. 게다가 여기서 우리가 보는 것은 개별 사건이라서 그 묘사가 매우 생생하다. 예컨대 유덕수와 첨체인은 "두 사람이 자리를 나란히 하여 이야기를 나누

면서 소매를 걷어 올리며 웃다가", 유덕수가 오는 것을 보자마자 그들의 "안색이 갑자기 변했다." 엽적은 그래도 몇 마디 인사를 했지만, "첨체인은 한참 동안 읍만 할 뿐이었다. 읍이 끝나자 두 사람은 서로 떨어져 앉아서 아무 말 않고 있었는데, 분위기가 쌀쌀해 이야기를 건넬 수가 없었다." 이 구절은 특히 묘사가 생생하다. 게다가 첨체인의 성격에 대한 유덕수의 스케치는 확실히 그 인물과 잘 들어맞는다. 진량 역시 첨체인이 자기를 보면 "그때마다 자리를 떠나 함께 앉지 않으려 했다"[8]고 말한 적이 있기 때문이다. 주희가 만년에 문도들과 모여 다리 위에 앉아 술을 마시려 할 때, 첨체인은 곧바로 물러나 가버렸다. 그래서 주희도 "이 사람에게는 부귀富貴한 기운이 있구나!"[9]라고 말했을 정도다. 이런 세세한 실증은 당연히 기록 전편의 신빙성을 높여준다. 악병의 기록 마지막에 "스스로 생각했다"는 부분은 특히 중요한데, 우리는 이로부터 이하 몇 가지 내용을 미루어 알 수 있다. 첫째, 관료 집단 내 인사들이 가장 참을 수 없었던 것은 '도학가'들이 "배운 내용에 대해 자부하면서" "자신에 대해 긍지를 갖느라 남에게 오만하게 대하는" 태도였다. 하지만 이런 느낌이 사실적 근거를 갖는지 아니면 선입견에서 비롯한 것인지 여부는 매우 판단하기 어렵다. 한참 전인 건도 9년(1173), 주필대는 이미 이렇게 지적한 적이 있다.

근래 후배들이 이락의 언사를 거리낌 없이 표절하여 사욕을 도모하고 있습니다. 그들에게 따져 물으면 허장성세로 위협하면서 오히려 '사람들을 천박하다'고 여겼다고 말합니다.[10]

이는 21년 전의 일로 '도학가'들이 일찍부터 '배운 내용에 의지해 남을 무시한다'는 소리를 들었음을 알 수 있다. 유덕수 같은 직업관료들은 평소 학문에 종사하지도 않았고 그런 소문을 듣는 데 익숙했던 터라, "서로 떨어져 앉아서 아무 말 않고 있는" 첨체인과 엽적을 보자마자 의심이 망상을 낳아, 그런 행동이 자신을 무시하는 표시라고 인식해버렸다. 여하튼 관료 집단과 이학 집단 사이에 깊은 심리적 장벽으로 인해 양자 사이에는 건널 수 없는 커다란 틈이 생겼다. 경원 연간의 '위학' 금지령은 바로 이런 역사적 배경과 분리될 수 없다.

둘째, 유덕수는 "사적 도움을 바라고 옛 친구를 찾으니, 재궁을 옮기는 일에서도 사정을 봐주지 않는다"고 말한다. 경원 2년(1196)에 주희를 탄핵한 심계조沈繼祖의 상소문 중 세번째 죄목을 봐야 유덕수의 위 말을 이해할 수 있다. 그 글은 이렇다.

효종이 서거하자, 온 나라의 의론은 회계會稽에 매장해야 예禮에 합당하다는 것이었습니다. 주희는 곧 사사로운 뜻을 갖고서 이론을 제창하여 처음으로 상주문을 올려, 강서나 복건의 초야로 장지를 옮길 것을 따로 도모해야 한다고 요구했습니다. 그의 의도는 이 기회를 빌려 자신이 평소 친하게 지내는 요사한 사람 채원정을 관리로 등용하고, 다른 곳으로 장지를 옮기자는 조여우의 설에 아부하는 것이니, 조종의 전례를 돌보지 않는 것이요, 국가의 이해를 고려하지 않는 것입니다. (…) 주희가 나라에 충성스럽지 못함이 세번째 큰 죄입니다.[11]

황간의 「주공 행장」과 유광조의 「조공 묘지명」을 살펴보면, 주희와 조여우가 장지를 옮기자고 주장한 까닭은 회계의 장지가 매우 얕고 그 아래에 물과 돌이 있어서 효종의 묘로 적합하지 않았기 때문이다. 이 사건을 확대해석 하여, 주희가 이 일을 계기로 채원정의 벼슬자리를 도모했다고 주장하는 것에서 정치투쟁 중 관료 집단이 극단적 행위를 서슴지 않았다는 사실을 충분히 알 수 있다. 이것은 경원당쟁 중 세상을 뒤흔들었던 대사건으로서, 주희는 이 일로 인해 스스로를 탄핵하는 상주문을 올렸을뿐더러,[12] 더욱이 채원정은 폄척당하여 죽고 만다. 『송사』「채원정전」[13]은 이 억울한 사건의 책임을 심계조와 유삼걸에게 돌리는데, 악병의 기록에 근거할 때 그 일을 최초로 일으킨 사람은 유덕수로 판단된다. 하지만 더욱 중요한 것은 그런 곡해가 관료 집단의 심리를 분명하게 드러낸다는 점이다. 그들은 자기 생각으로 타인의 마음을 헤아리면서 '도학가'들이 개인적 이해관계를 배제하고 공익 또는 이상을 고려했으리라는 것을 아예 인정하지 않았다. 유덕수와 증준의 관계가 "평소 친하게 지냈던 것"에서 급전직하하여 철저한 파열에 이르렀던 것은, 사실이야 어쨌든 간에 그와 증준 사이의 이해가 충돌한 데서 기인했다. 내가 앞에서 지적했다시피 관료 집단 구성원의 관심은 주로 개인의 벼슬길이었는데, 유덕수의 자서는 바로 그에 대한 이중적 증거를 제시해준다.

셋째, 유덕수는 "첨체인과 엽적은 회옹의 문도"라고 말했고, 또한 "증준이니, 첨체인이니, 엽적이니, 모두들 도학으로써 스스로를 불렀다"고 말했는데, 이런 말은 분명히 사실과 부합하지 않는다. 첨체인과 증준은 당연히 "회옹의 문도"라 할 수 있지만, 그들이 "모두들 도학으로써 스스로를 불렀는지" 여부는 아무 증거가 없다. 엽적은 '회옹의 문도'가 아니었거니와 '도학'이라는 명칭을 사용하는 데 공개적으로 반대했다. 그는 「오명보에게 답하는 편지答吳明輔書」에서 이렇게 말한다.

보내주신 편지에서 도학의 명칭과 실질, 진위에 관해 말씀하셨습니다. 『서』는 "오직 배울 때는 뜻을 겸손하게 하고 항상 민첩하기에 힘쓴다면, 그 학문이 잘 닦일 것이다. 진실로 그렇게 할 마음을 품는다면 도가 몸에 쌓이게 될 것이다"라고 말합니다. 배움을 닦은 이후에 도가 축적된다는 말입니다. 『시』는 "일취월장하니 배움이 계속되어 광명의 경지에 이른다. 보필하는 신하들이 나를 도와서 나에게 밝은 덕행으로 나아가는 길을 보여준다"고 합니다. 배움이 밝아진 이후에 덕이 드러난다는 말입니다. 모두 배움으로써 도에 이르지, 도로써 배움에 이르는 것이 아닙니다. '도학道學'이라는 명칭은 근래 유학자들에게서 기인했는데, "온 천하의 배움은 모두 도로 이르게 하는 데 부족하고, 오직 나만이 그렇게 할 수 있다"는 것이 그 의도입니다. 그래서 ('도학'이라고) 말했을 뿐입니다. 시작에서 조금이라도 잘못이 있다면 마지막에는 폐단이 클 것입니다. 귀하는 옛사람들을 지향하니, 『시』와 『서』를 바른 것으로 삼아야 하고, (도학의) 명실名實과 진위는 뒤에 놔두고 그에 대해 변론하지 말아야 합니다.[14]

엽적이 여기에서 반박하고 배척하는 '도학'은, 바로 "후배들이 이락의 언사를 거리낌 없이 표절한다"고 말했던 주필대의 용법과 같다. 이런 말류의 폐단은 당연히 주희 문하가 책임져야 하겠지만, 그 근원으로 거슬러 올라가서 '도학'이라는 명칭이 효종 때 천하에서 유행했던 까닭은 무엇보다도 주희가 도학을 창도했기 때문이다. 엽적은 육구연이나 진부량에 비해 태도가 훨씬 더 격렬한데,[15] 그는 '도학' 개념이 유학사에서 과연 성립될 만한 근거를 갖는지 근본적으로 회의하고 있었다. 그러므로 유덕수는 엽적이 "도학으로써 스스로를 불렀다"고 하지만 그것은 절대 불가능한 일이다. 하지만 우리가 분명히 인식해야 할 점은 유덕수가 말하는 '도학'과 학술사상사의 '도학'이 전혀 다르다는 사실이다. 둘은 명칭은 같지만 실질은 다르다. 유덕수가 사용한 것은 순수 정치적 개념이었다. 엽적은 「주원회를 변호하는 상소」에서 도학 개념에 대해 논하기를, "근래에는 '도학'이라는 명목을 지어내어 정병이 창도하자 진가가 화답하여 (…) 사대부 가운데 조금이라도 깨끗하게 수양을 하거나 절조를 지키는 사람이 있다면, 그때마다 '도학'이라는 명목을 그들에게 붙입니다"[16]라고 말했다. 엄격하게 말하자면 그 개념은 '도학 붕당'으로 불려야 한다. 유덕수가 엽적을 '도학'으로 지목했을 때 그가 취한 것은 바로 그런 의미였다. 따라서 악병의 기록에 대한 고증을 통하여, 우리는 이제 효종·광종·영종 3대의 '도학' 개념에 대해 다음과 같은 관찰 내용을 들 수 있다. 곧 '도학'은 학술사상사의 개념으로서 주로 이정·주희 계열의 내성지학內聖之學을 가리키고, 주희 일파만으로도 그것과 완전히 동일시된다. 육구연, 진부량, 엽적 등은 모두 '도학의 명칭'을 붙이는 것을 바라지 않았다. '도학'은 정치적 개념으로서 관료 집단이 창작해낸 것이며 그 분명한 함축은 바로 '도학 붕당'이었다. 그런 함의를 지닌 '도학'은 최초에는 비록 주희와 그 문인들을 가리켰지만, 이학자 집단이 정치적으로 부단히 확장함에 따라 '도학'이 가리키는 범위도 상응하여 넓어져갔다. 소희 경원 연간, 관료 집단은 자신들의 대립면을 세워 정적들을 일망타진하기 위해 '강서의 돈오江西頓悟[육구연]'든 '영가의 사공永嘉事功[진부량]'이든 간에 이들 모두를 '도학'으로 일괄 지목했다. 이런 상황과 명나라 말기의 '동림東林'은 동일한 궤적을 보인다. 황종희가 아주 훌륭히 설명한다.

> 의론 하나가 바르거나 사람 하나가 유행을 따르지 않는다면 모두 '동림'으로 불렸다. 이리하여 동림이 온 나라에서 두루 표방되었고 몇 세대에 이어졌다. (…) 그러니 동림에 어찌 진정한 명목이 있었겠는가? 소인이라도 자신들에게 그 명목을 붙였을 뿐이다.[17]

황종희의 이런 논의와, 앞서 인용한 엽적의 말이 얼마나 비슷한가! 우리는 위 글의 '동림'을 '도학'으로 바꾸기만 하더라도, 경원 연간 '위학' 금지에 대해 아주 적절한 묘사를 얻을 수 있다. 만약 정치사를 시야 밖으로 아예 밀어놓는다면, '도학'이 정치적 개념으로서 효종·광종·영종의 3대에 걸쳐 일으킨 변화를 어떻게 이해할 수 있겠는가? 이 절을 시작할 때 나는 이렇게 지적했다. 곧 관료 집단과 이학 집단은 상호작용하는 과정에서 공동으로 성장한 것이라고 말이다. '도학'에 관한 유덕수의 서술은 그 구체적 예증이 된다.

6. 강특립—관료 집단과 황권

마지막으로 관료 집단과 황권의 관계를 논해보자. 관료 집단이 왕회 집정 시기에 최초로 형성되었을 때, 황권의 지지는 문제되지 않았다. 따라서 순희

10년(1183) 진가가 '위학 금지'를 요청하자, 곧바로 "성지를 받들어 [그에] 준거한다"라는 효과를 얻을 수 있었다. 이 점은 앞서 살펴보았다. 하지만 순희 15년 이후 효종이 대규모 혁신을 일으킬 것을 결심하고, 선후로 주필대·유정·조여우를 집정으로 임명했다. 그래서 관료 집단과 황권의 관계는 미묘한 단계로 접어들었다. 한편으로, 효종은 이미 이학자 집단과 연맹을 결성했고, 효종의 눈으로 봤을 때 관료 집단은 자신의 정치적 계획을 방해하는 '왕당王黨'으로 변해버렸다. 다른 한편으로, 새로운 황제인 광종과 이학자 집단의 사이가 좀 소원했다 하더라도,[1] 광종은 태상황(효종)의 압력 때문에 공공연히 관료 집단을 편들지 못했다. 황권이 이미 둘로 분열되어서(광종의 정식 황권과 효종의 막후 황권), 관료 집단은 결국 이학자 집단에 대항할 수 있는 길을 찾았다. 곧 광종의 '근행'을 통해 자기 쪽 세력을 공고히 하고 확장하는 것이었다. 이런 맥락에서 강특립姜特立(1125~1204?)이 발휘한 중대 작용은 깊이 탐구할 가치가 있다. 왜냐하면 관료 집단이 순희 연간(1174~1189)에서 경원 연간(1195~1200)에 이르기까지 그 집단적 동일성을 유지하는 데서 강특립이 핵심 인물이었기 때문이다.

『송사』 권470 「영행·강특립전佞行姜特立傳」은 말한다.

강특립은 자가 방걸邦杰이고 여수麗水 사람이었다. 부친 강수姜綬의 음보蔭補 덕에 승신랑承信郎[2]으로 임명되었다. 순희 연간에 복건로福建路 병마부도감兵馬副都監으로 여러 차례 임명되었다. (…) 안무사 조여우가 조정에 천거하여 황제를 알현할 때, 지은 시 100여 편을 바쳤더니 합문사인閤門舍人으로 제수되었고, [이어서] 태자궁 좌우춘방左右春坊 겸 황손 평양왕平陽王의 반독伴讀으로 임명되었다. 이때부터 태자의 총애를 입었다. 태자가 즉위하자 지합문사로 제수되어, 초희재와 함께 춘방의 구인舊人으로서 권력을 잡았는데, 은택을 믿고서 아무것도 거리끼는 것이 없어, 당시 사람들은 증적과 용대연이 세상에 다시 나왔다고 말했다. 유정이 우상이 되었는데 집정에 아직도 결원이 있었다. 강특립이 하루는 유정에게 말했다. "황제가 승상을 그 자리에 두신 지 오래되어 좌규左揆[좌상]로 승진시키고자 하는데, 상서 두 명 중 한 사람을 택하여 집정하도록 하다면 누가 괜찮겠습니까?" 이튿날 유정은 강특립이 권력을 휘두르고 뇌물을 받았다고 주장했고, 마침내 강특립은 직위를 빼앗기고 [도관 관리의] 한직에 처해졌다. 황제가 그를 생각하여 다시 절동 마보군 부총관浙東馬步軍副總管을 제수했고, 돈 2000꿰미緡를 여비로 하사하라고 명령했다. 유정은 당나라 헌종이 토돌승최吐突承璀[3]를 소환한 일을 인용하면서, 스스로 재상 자리에서 물러날 것을 청했지만 허락되지 않았다. 유정이 다시 "신과 강특립은 양립하기 어려운 형세입니다"라고 말했다. 황제는 "명령이 이미 반포되어 짐은 그것을 되돌리지 않을 것이니 경이 자제해야 한다"고 대답했다. 유정이 국문國門 밖에서 처분을 기다렸으나待罪, 황제가 다시는 불러들이지 않았고 강특립도 오지 않았다. 영종이 황위를 계승하자 강특립은 화주방어사和州防御使로 옮겨갔고 다시 사록을 받았으며, 갑자기 경원군慶遠軍 절도사로 제수되었다가 세상을 하직했다.[4]

위 전기는 아주 간략해서, 아래에서는 강특립의 『매산속고』 및 그 밖의 자료에 근거하여 보완하려는데, 그 취지는 강특립과 관료 집단의 관계를 설명하는 것일뿐 강특립의 전기를 보완하는 데 있지 않다. 이 점을 미리 말해두어야겠다.

『매산속고』 권1 첫번째 시는 이렇다.

갑진년 봄 성은을 입어 면접召試을 보았으니 당시 예순이었다.[5]

또, 권14 「은택을 기념하여 지은 시의 서紀恩詩序」는 다음과 같다.

갑진년에 시 100수를 바칠 기회를 얻었는데, 효종 황제가 이튿날 재집에게

교유하여 중서성에서 면접을 보았다.[6]

갑진년은 순희 11년(1184)으로 강특립이 자취를 남긴 첫 해다. 권17에 있는 시 한 수는 이렇다.

문로공文潞公이 낙洛 땅에서 동갑 넷을 모았는데 모두 병오년생으로 78세였다. 나는 을사년생으로 병오년생과 같은 띠에 속해 나이가 우연히 같은지라 즐거워하며 시를 지었다.[7]

을사년은 선화 7년(1125)이고, 갑진년(1184)은 강특립의 나이 딱 60이다. 강특립이 "다시 사록을 받았던" 때가 가태 2년(1202)인데, 시집에서 연대가 표기된 시 중 가장 늦은 것이 계해년(가태 3년, 1203)이다. 그는 아마도 가태 4년(1204)에 나이 여든으로 생을 마감했을 것이다. 사고관신四庫館臣은 『매산속고』를 이렇게 평한다.

이 사람[강특립]에 대해 별달리 말할 만한 것은 없다. (…) 하지만 그 시격詩格을 논하자면, 분위기가 매우 초탈하고 광활하여 종종 자연스럽게 [감정이] 표출되고 조탁雕琢을 일삼지 않는다. 동시대의 한원길과 육유가 그를 아꼈던 것도 이유가 있다.[8]

시집에는 육유·양만리·범성대范成大 등이 화답한 작품이 수록되어 있으므로, 사고관신이 내린 평가에는 근거가 있었다. 강특립의 시재詩才와 업무 처리 능력은 효종에게 인정을 받은 터라, 순희 14년(1187) 10월 고종이 서거한 후 효종은 그를 금나라 파견 '부사副使'로 직접 발탁했다.[9] 이는 효종이 그를 매우 신임한다는 표시였다.

하지만 광종이 즉위하자 강특립은 지합문사를 맡은 후 방향을 바꾸어 새

황조의 정식 황권을 받아들임으로써, 유정이 대변하는 막후의 황권과 대립하는 위치에 처한다. 유정이 말했던 대로 "양립하기 어려운 형세"였다. 두 계열이 황권 사이에서 벌인 충돌과 관련해서는 다음 절에서 논하려 한다. 여기서 강조해야 할 점은 강특립이 "관료 집단과 의기투합했다"는 것이다. 결코 『송사』가 말했던 대로, 그가 '근행'의 개인적 신분으로 "권력을 휘두르고 정치에 간여한 것"[10]은 아니었다. 사실 그는 광종의 의지를 집행했다. 주희는 소희 2년(1175) 10월에 쓴 「유 승상에게 보내는 편지」에서 "친소와 신구의 감정이 본래 같지 않다"고 명언할 뿐 아니라, "근습이 (…) 그중 어떤 이들은 서찰을 옆에 끼고 안팎으로 전달해준다"고 지적했다. 광종은 원래 관료 집단에 기울었기에, 자신을 위해 부지런히 연락해줄 강특립 같은 '근습'이 필요했던 것이다. 강특립이 유정에게 '집정'을 추천한 사건에 대해 『송사』「강특립전」은 상세히 기록하지 않아서 「유정전」으로 그 점을 보완해야 한다.

마침 부참副參에 결원이 생기자 강특립이 유정을 만나서 말했다. "주상은 승상[유정]이 오랫동안 자리에 있어 좌상으로 승진시키려 합니다. 엽저와 장진 중 한 사람을 집정으로 선택하려는데 누구를 먼저 임용해야 할지 잘 모르겠습니다." 유정이 상주하자 주상은 크게 노하여, 강특립을 제거홍국궁으로 인사 조치 했다.[11]

『송사』권213 「재보표宰輔表 4」에 따르면, 순희 15년(1188) 5월 갑오일에 "왕린이 참지정사였다가 지추밀원사로 제수되었다"고 하는데, 이로 인해 "부참에 결원이 생기게"[12] 된 것이다. 필시 강특립이 광종의 직접 지시를 받아서 유정에게 개인적으로 광종의 의향을 전달했을 터다. 그렇지 않다면 강특립이 설령 강유姜維[13] 같은 담력이 있다 하더라도 제멋대로 '좌상'을 임명하지는 않았을 것이다. 하지만 당시는 광종이 즉위한 지 겨우 3개월째고 게다가 주필대가 막 해직된 때라, 효종은 '왕당'의 동태를 주시하고 있었다. 유정이 굴종을 거부하고 사건을 공개해버리자, 광종은 어쩔 수 없이 크게 노여워하는 모양새를 취하면서 잠시 강특립을 쫓아낼 수밖에 없었다. 그러나 강특립에 대한 광종의 총애는 시종일관 수그러든 적이 없어서, 소희 4년(1193) 광종은 결국 그를 다시 조정으로 불러들였다. 그로 인해 유정은 다시 사직辭職을 내걸고 투쟁해야 했다. 정식 황권과 관료 집단 사이에서 강특립이 교량 역할을 했다는 것과 관련하여 『송사』 「광종기」 소희 4년 6월 조목은 가장 명확한 증거를 제시한다. 원문은 이렇다.

> 무술일, 비서성 저작랑 심유개, 저작좌랑 이당경李唐卿, 비서성 범보范黼와 팽구년, 교서랑 왕석王奭, 정자 채유학蔡幼學, 안역顏械, 오엽, 항안세가 상소하여, 강특립에 대한 소환 명령을 무효화할 것을 청원했다.[14]

아홉 사람 중 나중에 경원당금 명단에 포함된 사람은 적어도 다섯이다. 심유개, 팽구년, 채유학, 오엽, 항안세다.(범보는 범중보인 듯한데, 만약 그렇다면 여섯 명이다.) 이당경은 주희의 문인인 것 같지만[15] 왕석과 안역 두 사람에 대해서는 고증이 좀더 이루어져야 한다. 여하튼 이 상소문은 이학자 집단의 집단 항의를 대표한다. 게다가 강특립이 담당했던 정치적 역할과 경원 시기 한탁주의 역할은 완전히 일치한다. 유정과 강특립 간 투쟁은 개인 사이의 충돌을 넘어 재상과 근행 사이의 충돌로까지 나아간다. 한층 더 깊이 내려가보면, 그것은 직접적으로는 황권의 분열을 상징하고 간접적으로는 이학 집단과 관료 집단 사이에 형성된 새로운 단계의 대치 국면을 반영한다. 이런 이해에 따라 관료 집단 내 개별 구성원과 강특립 사이 관계를 고찰해보자.

가장 먼저 분명히 설명해야 할 사람은 바로 황륜이다. 순희 16년(1189) 8월, 주희는 「유회백에게 답하다」 편지에서 먼저 이런 이야기를 꺼낸다.

[광종이] 스스로 황륜을 제수했는데 어떤 사람인지 모르겠습니다. [그 인물

이 직책에 합당한지) 은밀히 조사해보는 일이 종종 있곤 합니다.[16]

주희는 이전에 황륜이 대체 누구인지 전혀 몰라서, 광종이 '은밀한 조사'를 한 후 다시 '어비御批' 방식으로 벼슬을 내렸을 것이라고 추측한다. 유광조는 「진가와 황륜을 논하는 상소」에서, "[황륜이] 진대할 때 우연히 [광종이] 그를 얻었다"고 설명하지만, 황륜이 어떻게 하여 "진대할" 기회를 얻었는지는 여전히 수수께끼다. 바로 강특립의 『매산속고』가 이 수수께끼를 풀어준다. 권6 「황정언이 읍재의 일로 지쳐 군수직을 그만둠에 그를 송별하며黃正言爲邑宰累, 罷郡送行」에 다음 네 구절이 있다.

나 역시 무엇을 했겠는가? 요채寮寀에 우연히 있었을 뿐. 공정한 마음으로 예우해주었으니, 어찌 감히 (그대에 대한) 공경의 마음을 잊겠는가?[17]

'요채'는 강특립 자신이 태자(광종)의 춘방春坊에 있을 때 일을 가리키는 용어다. 광종이 황위를 계승하기 전, 이미 황륜은 강특립에게 빌붙으려고 노력했던 것이다. 곧 그는 한편으로 강특립을 '예우'했고 다른 한편으로 그를 '공경'했다. 광종이 황륜을 불러 만났던 것도 필시 강특립의 추천에 의한 것이었음이 틀림없다. 위 송별시는 경원 원년(1195) 2월 이후에 지어졌을 것이다. 이를 어떻게 알 수 있을까? 『송회요집고』에는 이런 기록이 있다.

(경원 원년) 2월 5일, 호북제형湖北提刑 황륜이 파직되었는데, 황륜이 염치도 없이 타인들과 결탁하여 뇌물을 받고 청탁을 들어주었다고 신료들이 논했기 때문이다.[18]

이때는 조여우가 재상에서 파면된 지 채 20일 정도밖에 되지 않은 시기였다. 다만 황륜 탄핵을 발동한 '신료'는 이학 집단의 구성원이었을 것이다. 그래서 위 시 마지막 두 구절에서 강특립은 이렇게 읊는다.

간절히 바라건대 넓은 마음과 박식한 지식을 배양한다면, 우리의 길은 마침
내 뚫릴 것이 틀림없다.[19]

"우리의 길"은 당연히 관료 집단의 세력을 가리킨다. 강특립이 이때 절동에
있었는지 아니면 이미 임안으로 돌아왔는지 현재로서는 알기 쉽지 않다. 여
하튼 그의 정치적 정보는 매우 빨라서 조여우와 이학 집단이 관료 집단 전체
를 몰살시키려 한다는 것을 이미 알고 있었다. 그러므로 "우리의 길은 마침내
뚫릴 것이 틀림없다"는 구절은 결코 공허한 자기 위안이 아니었다. 강특립의
「을묘년 정월 대보름 비가 많이 내리다乙卯元宵多雨」 두번째 수 마지막 두 구절을
보자.

오늘 아침 햇빛이 비치는 것을 기뻐하노니, 다시 바람이 불어 모든 음陰을
힘껏 청소해야 하리.[20]

을묘년은 경원 원년(1195)이다. 이 두 구절이 읊는 것은 날씨가 아니라 정치
임은 한 번만 봐도 알 수 있다. 유광조는 「조공 묘지명」에서 말한다.

연이어 며칠 동안, 중서사인 진부량, 감찰어사 오엽, 기거랑 유광조가 각각
전후로 사직하여 공[조여우]의 형세가 위험했다. 당시 [금나라] 새해 사절들
이 도착하려 하여 공은 결국 사직하지 않았다. 경원 원년 정월 8일, 금나라
사절들이 입조하자, 소인들은 공이 필시 사직하리라는 것을 알고 재빨리
학사들에게 조칙 초안을 잡고 부묘祔廟에 가서 주라고 명령했다. [공은] 집
안사람들에게 가서 여장을 꾸리면서, "조정에서 파면 명령장이 내려오면,
나는 개인적 의리를 내세워 사퇴를 청원하겠다"고 말했다.[21]

이 기록에 따르면, 소희 5년(1194) 말 한탁주와 관료 집단은 이미 조여우를 쫓아낼 준비를 하고 있었다. 다만 금나라 새해 사절이 축하 인사를 하러 오기로 되어 있어 행동을 늦췄을 뿐이다. 그들은 심지어 재상 파면의 '명령장'까지 전부 기초해놓았다. 강특립은 필시 다른 경로를 통해 이 일의 발전 과정을 파악하고 있었을 것이다. 이것이 바로 강특립이 정월 15일에 썼던 "다시 바람이 불어 모든 음을 힘껏 청소해야 하리" 구절의 구체적 배경이다. 2월 5일 이후 "우리의 길은 마침내 뚫릴 것이 틀림없다"라는 것은 믿음으로 가득한 예언이었던 셈이다.

순희 16년(1189), 강특립이 황륜을 '우정언'으로 격상시켰던 것은 오로지 광종의 총애에만 힘입었던 것이 아니다. 그는 조정 밖에서도 광범위한 정치적 인사 배치를 해놓았다. 『송사』 권394 「하담전」은 말한다.

당시 강특립과 초희재가 춘방 시절 입었던 옛 은택에 근거하여 자못 권력을 농단했다. 하루는 유광조가 하담을 방문하여 말했다. "증적과 용대연 사건이 다시는 일어나면 안 됩니다." 하담이 말했다. "강특립과 초희재를 말씀하시는 것 아닙니까?" 얼마 후 하담이 유광조를 데리고 별실에 들어섰더니 모두 강특립과 초희재의 무리였다. 유광조는 비로소 하담이 배신했음을 깨달았다.[22]

하담은 관료 집단의 2대 지도자다. 그는 한편으로는 유정의 힘에 의존하여 언로를 주도하는 중요 권한을 장악했고, 다른 한편으로는 새로운 황권을 대표하는 강특립과 암암리에 마음을 통하고 있었다. 이것이 그의 일관된 이중적 태도였음은 이미 살펴보았다. 하담이 우간의대부로 제수된 것은 순희 16년 4월 무인일이었는데, 황륜이 임명된 우정언은 바로 그의 직속 부하에 해당된다. 그러므로 황륜의 임명은 강특립의 안배로 이루어졌으리라고 거의 단언할 수 있다.

강특립은 유정의 최대 정적이었으므로, 하담이 큰 모험을 무릅쓰고 강특립과 결탁한 것은 필시 중요한 계획이 있었기 때문이다. 진가가 서찰을 통해 그에게 지시를 했으리라 추측하는 것도 사리에 어긋나지 않을 것이다. 별실 자리에 있었던 "강특립과 초희재의 무리" 가운데는 당연히 적잖은 관료 집단 구성원이 포함되어 있었을 것이고, 당시 효종은 이들을 "왕당"으로 불렀다. 하담은 이때 관료 집단이 새 황제의 지원을 받도록 노력했고, 강특립은 조정 관료들 내에서 자신들의 정치 세력을 발전시킬 임무를 맡고 있었기에 이 두 사람은 의기투합했을 것이다. 주희가 「유회백에게」에서 말했던바, 주필대·사악·우무 등이 공격을 받아 사직했던 사건은 바로 유광조가 하담을 방문한 그 시기에 일어났는데, 이는 결코 우연의 일치가 아니다.[23] "강특립과 초희재의 무리"가 누구인지 지금 상세히 고찰할 수 없으나, 다행히도 『매산속고』는 얼마간 흔적을 남겨놓아서, 이하에서 조사를 했다.

허급지 『경원당금』에 이런 기록이 있다.

허급지는 예전에 설숙사와 함께 보궐과 습유로 발탁되었는데 두 직위 모두 도덕적 인사에게 주어지던 것이다. 경원당금 사건이 일어나자 설숙사는 여러 차례 폄척당했지만, 허급지는 곧이어 급사중과 이부상서로 승진했다. 이윽고 2년이 지나도 승진하지 못하자, 그사이 한탁주를 만나 승진시켜 달라는 뜻과 노년의 곤경에 대해 이야기하던 중 자신도 모르게 눈물을 흘렸고 이어서 무릎을 꿇었다. 한탁주가 측은히 여기면서 말했다. "상서께서는 능력과 명망이 있지만, 선발은 주상의 마음에 달렸으니 가서 배알하십시오." 며칠 지나지 않아 마침내 동지추밀원사로 제수되었다. 한탁주가 생일이 되어 여러 공이 모여 장수를 축원했고 이미 모임이 끝났을 때였다. 허급지는 이부상서로서 약간 늦게 도착했다. 하지만 문지기가 문을 닫으면서 허급지를 거절했다. 허급지는 매우 난처하여 문이 미처 닫히지 않았을 때 마침내 허리를 굽히고 들어갔다. 당시 "구멍으로 들어가 상서가 되었고 무릎을 꿇어 집정이 되었다由竇尙書, 屈膝執政"는 말이 있어 세상에 웃음거리로 전해졌다.[24]

묘사가 지나치게 심해 감당이 안 될 정도인데, 어쩌면 정적에 의해 과장되었을지도 모른다.[25] 다만 위 구절에 따르면, 허급지의 변절은 경원 연간에 일어났다. 여기서 『매산속고』 권7에 있는 허급지의 「견암에 화답하며和題繭庵」 오언고시 한 수를 고찰해보자. '견암繭庵'은 강특립이 경원 원년(1195)에 지은 별장으로, 허급지의 이 시는 강특립에 대해 지극히 공경하는 태도를 취한다. 시의 서문에 "근래 매산의 편지 두 통을 받아서 머리를 조아리며 보답한다"[26]는 말이 있는 데서 두 사람이 매우 친밀했음을 알 수 있다. 권8에도 강특립이 지은 「허 상서의 석각을 시제로 지은 시 두 수題許尙書石刻二首」가 있다. 그 두번째 시는 이렇다.

선생은 본래 내가 존경하는 분이니, 하물며 내가 지은 시를 다시 고쳐주시겠는가? 붓의 오묘함이 삼매三昧의 손을 함께 밀고 나아가니 상서가 어찌 중서中書를 얻지 못하겠는가?[27]

이 시는 허급지와 강특립 두 사람의 교류가 일찍부터 시작되었음을 더 확고하게 증명한다. 허급지가 "2년이 지나도 승진하지 못할" 때 이 시가 지어졌음이 틀림없다. 때문에 마지막 구절은 허급지의 심사를 잘 드러내고, 앞서 인용한 『송사』 기록과 상호 증명이 될 수 있다. 강특립은 실로 허급지의 지기였던 것이다. 그런데 우리는 위의 시 두 수에서 허급지의 변절이 일찍이 광종 초부터 시작되었음을 확실히 알게 된다. 허급지는 습유 직위를 잃은 후, 강특립 문하로 투신하지 않는 이상 벼슬길에 희망이 절대 없음을 필시 깨달았을 것이다. 『송사』 본전은 허급지가 소희 원년(1190)에 지방관으로 발령 났다가 오래

지 않아 "불려 올라가 태상소경으로 제수되었다"[28]고 기록한다. 당연히 그것
은 조정 내 인사가 그를 위해 잘 말해주었기 때문이다. 강특립은 이미 조정에
없었지만 그의 영향력은 소멸된 것이 아니었고, 게다가 초희재는 아직도 광종
곁에 남아 있었다. 허급지가 "강특립과 초희재의 무리"가 되었다고 추측하더
라도 크게 틀리지는 않을 것이다. 다만 여기서 특별히 지적해야 할 점은 『사고
전서』에 허륜許綸의 『섭재집涉齋集』 18권이 있는데, 사실 이 『섭재집』은 허급지의
시집으로서 아들 허륜이 편정한 것이라는 사실이다.[29] 『섭재집』에는 시 「권운
정에서 남헌 선생을 모시고 악록의 적설을 바라보다(…)侍南軒先生卷雲亭望岳麓積雪
(…)」(권1) 및 「남헌 선생의 장수를 축원하며上南軒先生壽」(권3) 두 수가 있고, 모두
젊었을 때 지어진 시들이다. 허급지가 처음에 이학 집단과 결합했던 연원이
바로 여기에 있었다. 시집에는 「견암에 화답하며」 오언고시가 수록되어 있지
않고, 강특립과 당쟁에 관한 일은 한 글자도 언급되어 있지 않다. 강특립이 시
를 지어 허급지의 서체를 칭찬했다는 내용이 「선생이 예서를 주시려는 것을
계기로, 이 시를 지어 바친다契師欲子隸書, 爲此以贈」(권16)라는 시에 담겨 있다.
『섭재집』에는 별달리 고증할 내용이 없는데, 허급지의 아들이 『섭재집』을 편집
할 때 논란이 될 만한 내용을 다 삭제했기 때문일 것이다. 참으로 아쉬운 대
목이다.

　　정봉丁逢 『매산속고』에는 강특립과 정봉이 주고받은 시가 많이 있다. 『송사』
에 정봉의 전기가 없어서 그의 평생 사적事跡은 자세하지 않다. 홍매의 『이견지
夷堅志』에 따르면, 정봉은 상주常州 출신이고 자는 단숙端叔이며, 건도 원년
(1165) 상주에서 가을에 시험을 치렀다고 한다. 그렇다면 진사 급제는 이듬해
봄이었을 것이다.[30] 순희 16년(1189)에 진부량이 제거호남상평차염提擧湖南常平茶
鹽이 되었을 때, 마침 정봉은 계양군桂陽郡(침주郴州) 군수가 되었다. 진부량은
「침주 군수 정봉에게與郴州丁守逢」(『지재집』 권32)와 「침주 정 군수에게 답하다答郴
州丁守」(권33)라는 편지 두 통을 남기면서 정봉을 매우 칭찬하고 있다. 진부량

은 「침주 군수 정단숙을 추천하려 참지정사 왕겸중에게 보내는 편지與王謙仲參政薦郴守丁端叔」에서 이렇게 말한다.

나는 침주 군수 정 직각丁直閣과 평소 알고 지내는 사이이긴 했지만 그 사람에 대해 충분히 알지는 못했습니다. 함께 상湘 땅에서 관직 생활을 한 지 2년 만에 (…) 그의 마음과 재질이 진실로 타인을 뛰어넘는다는 것을 알았습니다.[31]

왕린(왕겸중)이 참지정사로 제수된 것이 순희 16년(1189) 정월 기해일이므로,[32] "함께 상 땅에서 관직 생활을 한 지 2년"이라는 구절로 미루어 보면, 이 추천서는 대략 소희 원년(1190)에 작성되었음을 알 수 있다. 정봉이 실무 능력에 뛰어났다는 데는 의문의 여지가 없다. 정봉이 강특립에게 바친 두번째 시에 "선황先皇을 매우 사랑하셔서 선양할 날짜를 전해주었다"는 구절이 있으므로,[33] 이 시는 경원 6년(1200) 광종 사후에 지어졌음이 틀림없다. 강특립이 이 시에 화답하여 지은 첫번째 시의 전반부를 보자.

절강에서 모토茅土[봉지封地]를 받은 제후가 몇이었나? 오직 공만이 하루 만에 아름다운 명예를 다 받았네. 풍익馮翊의 망지[소망지蕭望之]가 새로 군郡을 얻었고, 영천潁川의 황패黃覇가 오래전 흐름을 이었네.[34]

당시 정봉은 절동이나 절서에 있었을 것이다. 강특립은 소망지와 황기를 정봉과 나란히 놓고 있으므로, 정봉의 치적이 한대漢代의 뛰어난 관리들에 비할 만하다는 점을 인정한 것이다. 『도명록』은 정봉의 경원 후기 활동을 이렇게 기록한다.

직보문각直寶文閣 정봉은 사천차마四川茶馬로 있다가 중앙으로 불려 올라와서, 원우 연간(1086~1094)의 조정調停과 건중建中 연간(1101)의 조화調和가 야기한 폐해를 극론했고, 아울러 소문정蘇文定(소철)과 임충민任忠敏(임백우任伯雨)의 언사를 인용하여 증거로 삼았다. 재집 경당과 하담이 매우 동의하면서 [정봉을] 군기감으로 남겼다.[35]

『경원당금』에 따르면, 이 일은 경원 4년(1198) 7월 기미일에 일어났다. 당시 한탁주는 이미 '도학' 인사인 설숙사나 엽적 등을 기용하여 정국의 긴장을 완화하려 했다. 하지만 관료 집단은 고집을 꺾지 않고, 어떤 이학 집단의 구성원이라도 다시 기용되는 것을 절대로 불허했다. 정봉은 이런 중대 시기에 결정적 역할을 했다. 따라서 설숙사와 엽적은 다시 조정으로 돌아올 수 없었고, 일찍이 정봉을 추천했던 진부량 역시 '영가제현'의 우두머리로서 다시 출사할 희망을 갖지 못하게 되었다. 이는 당시 정치 투쟁의 잔혹함을 보여줄 뿐 아니라 관료 집단과 황권 사이의 보조도 완전히 일치하지 않았음을 드러낸다. 정봉과 강특립 사이의 교류 과정은 확실히 알 길이 없지만, 그들이 주고받은 시를 통하여 두 사람이 오래전부터 알고 지냈음을 알 수 있다. 결코 경원 이후에 새롭게 사귄 것은 아니었던 셈이다. 효종이 광종에게 선양할 때 정봉은 원래 진부량과 왕린을 통해 이학 집단에 들어갈 기회가 있었지만, 그는 이해관계를 저울질한 후 결국 관료 집단을 선택했다. 이런 선택에 영향을 끼친 것은 그와 강특립의 관계였다. 강특립은 나중에 정봉을 '정 대경丁大卿'이라고 부르는 시를 짓곤 하여, 경원 4년(1198) 이후 정봉의 관직은 필시 군기감의 소감少監이 아니라 감장監長이었음을 알 수 있다. 정봉은 경당과 하담에게 바친 헌책獻策으로 인해 매우 큰 정치적 보답을 받았던 것이다.

엽저 앞서 인용한 「유정전」에서 강특립이 엽저와 장진 중 한 사람을 참지정사로 삼으려 했다는 내용을 보았는데, 여기서 한 걸음 나아가 그 사정을 분석해야 한다. 장진은 장식의 동생으로서 당시 권이부시랑 겸 임안부臨安府 지사였고,[36] 엽저는 이미 호부상서였다.[37] 엽저가 나이로 보나 지위로 보나 장진보다 위였다. 그러므로 강특립은 입으로는 "한 사람을 택하라"고 말했지만 사실 그 마음은 엽저에게 가 있었다. 장진은 들러리에 불과했을 뿐이다. 하지만 유광조가 "근습들과 결탁했다"며 엽저를 탄핵해서[38] 강특립은 아직 속셈을 다 드러내지는 않았던 것이다. 『매산속고』 권16 「추상을 송별하며別樞相」 전반부는 이렇다.

> 아직 성인이 되지 않았을 때 글방 친구였다가, 지금은 백발 늙은이가 되었네. 공적과 명예를 각각 이루었고, 나이는 대략 서로 같다네.[39]

엽저는 이 시에 화답한다.

> 열심히 공부하여 당대의 유명인이 되었다가, 쇠락하여 다만 두 늙은이가 되었을 뿐. 영예롭게 귀향하여 직접 만나 기뻐하며 옛일을 이야기하니 마음이 같아지는구나.[40]

엽저와 강특립은 어렸을 때 동문이어서 특별히 따로 사귈 필요가 없었을 것이다. 게다가 두 사람 모두 "공적과 명예"가 있는 사람들이었고, 사귐은 나이가 들수록 깊어졌다. 강특립의 『매산속고』에는 두 사람이 주고받은 시가 매우 많이 실려 있으며 모두 만년의 작품이다. 강특립이 시제詩題에서 일률적으로 엽저를 '추상樞相'이라고 칭하는 것으로 보아, 그런 시들은 경원 2년(1196) 이후 작품이라고 단정할 수 있다. 『송사』 권474 「간신·한탁주전奸臣·韓侂胄傳」은 말한다.

> 이부상서 엽저가 시랑 예사로 하여금 위학을 논박하는 상소를 올릴 것을 요구했으나 예사가 따르지 않자, 한탁주는 엽저를 집정으로 발탁했고 예사

를 면직시켰다.[41]

『송사』「재보표 4」를 살펴보면, 엽저가 이부상서였다가 첨서추밀원사가 된 것은 경원 2년(1196) 4월 병인일이다. 또한 주필대의 『사릉록 상』 순희 15년 (1188) 2월 무인일 조목을 보면 고종의 묘호에 대한 토론이 나온다.

> 호부시랑 엽저가 '개종開宗'을 쓸 것을 바랐다.[42]

그러므로 엽저는 왕회의 집정 시기에 이미 공경 반열에 들었던 것이다. 그는 초기 관료 집단의 핵심 구성원 중 하나였다고 할 수 있다. 그러니 "위학을 논박하는 상소를 올리는" 일에서 엽저가 그처럼 적극적이었던 것도 이상한 일은 아니었다. 엽저가 효종·광종·영종 3대에 걸친 관료 집단의 연속성과 관련하여 제공하는 사례는 매우 분명하고 또 가장 완전하다. 『송사』에는 그의 전기가 없어서 사료를 이리저리 조합하여 대략 그 전말을 위와 같이 말해보았다.

마지막으로 경당을 애도하는 강특립의 시를 소개해야겠다. 「관보에서 경 승상의 서거를 알리다邸報京丞相薨背」라는 시다.

> 승상이 이번 조정에서 재상 자리에 있다가 서거했으나, 의관이 추증되어 다시 새롭구나. 한바탕 좋은 꿈을 꾸다가 고향으로 돌아갔으니, 고개를 들어 바라보면 꿈속 인물 아님이 없구나.[43]

경당과 강특립 사이의 관계를 알려주는 사료가 부족하여 자세히 말할 수는 없으나, 둘이 잘 알고 지내던 사이였음은 맞다. 강특립이 지은 애도시가 그 증거다. "한바탕 좋은 꿈을 꾸다"라는 구절은 신분이 높아져 재상이 되었던 것에 대한 경당의 느낌을 강특립이 대신 표현한 것이리라. 더 나아가 그 구절은 바로 강특립 자기 자신에 대한 해석이었을지 모르지만 지금으로서는 단정할 수 없다. 여하튼 강특립과 일반 관료 집단 구성원들은 모두 그런 꿈속에 도취되어 있었다. 강특립의 시 「삼조 동안 벼슬살이한 것을 추억하니 마치 한 바탕 꿈같네追感三朝遭遇今如一夢」가 그 분명한 증거다. 관료 집단 구성원의 기본 관심은 개인의 벼슬길이었다는 점이 『매산속고』에서 남김없이 드러난다. 강특립은 허급지의 시에 화답하면서 "상서가 어찌 중서를 얻지 못하겠는가"라고 말하고, 엽저에게 송별시를 주면서 "공적과 명예를 각각 이루었다"고 말하는데, 이런 구절들은 모두 "우러러 좋은 꿈을 앙모한다仰羨好夢"는 생각과 상통한다. 이른바 여기서 "시가 뜻을 말한다詩言志"는 것을 보게 된다.

이상 이야기한 경당, 하담, 엽저, 허급지, 정봉, 황륜 6명은 모두 관료 집단의 주요 구성원으로, 이심전이 편집한 '위학 공격 인사' 36명 속에 나열되어 있다. 앞 네 사람은 경원 시기 집정대신 지위에 있었다. 이로부터 보건대, 강특립이 관료 집단의 계승 과정에서 발휘한 역할은 비할 데 없이 중요한 것이었다. 다시 말해 강특립은 관료 집단과 새로운 황제 광종을 잇는 교량이었다. 그는 유정과 이학 집단에 의해 권력 중심에서 축출된 후 소희 2년(1191) 「제초除草」라는 시를 한 수 짓는다. 처음 두 구절은 이렇다.

제초를 권하는 손님이 있어 풀을 베었더니 눈앞이 깨끗하네.[44]

이 역시 완전한 정치 시다. 그래서 마지막 부분에서는 세상사에 관심 없다는 듯 "시와 술에 자못 관심이 있고, 세상사는 들을 만하지 않다詩酒頗相關, 世事不足聽"라고 일부러 말한다. 이뿐 아니라, 강특립에게 '풀을 베기'를 권한 '손님'은 관료 집단 사람이고, '풀'은 이학 집단임이 틀림없다. 하지만 경원 원년(1195) 초에 이학 집단이 막 몰살하려 할 때, 강특립은 본심을 드러내면서 흥분을 감추지 못했다. 그는 앞서 인용한 「을묘년 정월 대보름 비가 많이 내리다」를 지은 후, 다시 「복숭아나무를 심다種桃」를 짓는다.

복숭아나무 삼백 그루를 심었더니 곳곳에서 꽃이 피네. 내년 2~3월이 되면 바로 무릉도원이 되리.[45]

이것은 유우석劉禹錫(772~842)의 "현도관玄都觀에 복숭아나무 천 그루"[46]라는 명구名句를 응용한 것으로, 강특립 자신이 그해 직접 심었던 복숭아나무들이 하나하나 꽃을 피우자 그것을 즐거워하는 내용이다. 이 시는 강특립이 소희 연간 관료 집단과 널리 교류했다는 가장 명백한 증거다. 『매산속고』에서 시를 주고받았던 몇몇 사람은 그 시가 우연히 후대에 남게 되었던 극소수에 불과할 뿐이다.

앞에서 이미 말했다시피, 강특립이 "권력을 휘두르고 정치에 간여했다"는 『송사』의 서술은 강특립과 관료 집단 사이의 결맹을 결코 완벽히 해설해줄 수 없다. 광종 자신의 의향이야말로 경시될 수 없는 요소였기 때문이다. 이학자 집단은 기본적으로 효종의 막후 황권 계통에 속하면서, 광종의 재위 5~6년 간 그의 거대한 압력을 줄곧 느끼고 있었다. 광종이 관료 집단에 대해 "친하게 대하고" "옛 친구처럼 여기는" 경향을 지녔던 까닭은, 앞서 인용한 주희의 「유 승상에게 보내는 편지」가 말했던 것처럼 광종이 자신의 의지를 실행함으로써 정치적 균형을 달성할 새로운 신료 계통이 필요했기 때문이다. 이런 점에서 강특립은 광종과 관료 집단을 연결해줄 가장 효과적인 사람이었다. 소희 4년(1193), 자신의 병이 어느 정도 나은 다음, 광종이 강특립을 수도로 불러들이려고 주장했던 것이 바로 그에 대한 가장 좋은 설명이 된다. 우리는 강특립을 단지 권력을 농단한 일개 '근행'으로 보면 안 되고, 광종이라는 황권의 대리인으로 보아야 한다. 그래야만 그의 여러 활동을 충분히 이해할 수 있다. 효종 만년의 정치적 인사 배치는 앞 장에서 이미 상세히 논증했는데, 소희 연간에 관료 집단이 여전히 "요직에 가득 찼다"는 것은 바로 광종의 반개혁 정책과 합치한다. 다음 장에서 논할 황권의 분열은 이런 형세를 한층 더 부각할 것이다.

7. 결론

이상으로 여기저기 흩어진 사서, 전기, 시문집, 기록 등 서로 다른 자료에 의거해, 효종·광종·영종 3대에 걸친 관료 집단의 역사를 재구성했다. 마지막으로 관련 논점 세 가지를 보충함으로써 이 장의 결론을 대신하고자 한다.

첫째, 관료 집단이 약 20년 동안 자신의 집단적 동일성을 대체로 지속한 점과 관련해, 앞에서 수집한 제반 증거는 충분히 그 논점을 뒷받침한다. 우리의 증거는 한 걸음 더 나아가 다음 사실을 드러낸다. 곧 관료 집단의 동일성은 주로 개인의 관직 경력 득실을 고려한 바탕 위에서 형성되었다는 점이다. 그들은 변혁을 요구하는 이학 집단의 위협에 직면하여 현행 체제가 변함없이 지속되어야 한다고 굳건히 주장했다. 왜냐하면 그 현행 체제는 자신들의 권력을 보존하고 승진을 약속할 기본적 보장책이었기 때문이다. 그들이 혼신을 다하고 모든 수단을 동원하여 이학 집단을 권력 중심에서 축출하려 했던 것은 발본색원 차원의 전략이었다. 이런 기본 인식에 바탕을 두면서 우리는 이렇게 단언할 수 있다. 곧 순희에서 경원 연간에 이르기까지, 관료 집단이 반'도학(또는 '위학')'의 공세를 거듭 발동했던 것은 근본적으로 권력 쟁탈을 치장하는 일종의 핑계였고, 그 진정한 공격 대상은 사람이지 학문은 아니었다는 것이다. 앞서 인용한 유덕수의 자서가 분명하게 보여주다시피, '도학'은 관료 집단의 발언과 기록 속에서 벌써 부단히 확대되는 정치적 개념으로 변해버렸다. 권력세계 속에서 혁신을 주장하면서 그들의 공동 이익을 방해하는 사람들에게는 모두 '도학' 딱지가 붙었다. 『송사』 「도학전」은 말한다.

> 도학은 송대에 성행했으나 송나라는 그것을 실용에서 강구하지 않았고 심지어 엄격히 금지한 적도 있다.[1]

마지막 구절은 당연히 경원 시기 '위학' 금지령을 포함하지만, 그것은 정치적 개념과 학문적 개념을 섞어버릴뿐더러 본말을 전도하고 있다. 그러므로 위 구절은 사이비 같은 역사적 판단이다. 만약 순희(1174~1189) 이래 양대 집단의 정치 투쟁사를 분명히 밝히지 않는다면 경원당금의 출현을 이해할 길이 없어진다. 후대인들은 '위학 금지'를 매우 생동감 없게 파악하여 경원당금 대상은 오로지 '내성內聖' 위주의 '도학'이었다고 여기는데, 이런 견해는 대체로 『송사』「도학전」 서문의 오류를 그대로 받아들이는 것이다. 이 장의 모든 증거가 가리키는, 관료 집단이 시종일관 마음을 두고 있었던 중점은 '학문'이 아니라 '권력'이었음은 피할 수 없는 결론이다.

하지만 이런 결론이 다른 가능성을 아예 배척하는 것은 아니다. 곧 관료 집단의 개별 구성원 중에는 학문적 입장에서 '도학'에 반대했던 사람도 있었다는 것이다. 임률이 바로 그런 사례다.(제9장을 보라.) 또다른 사례는 누차 조여우의 임명을 저지했던 어사 왕의단이다. 우리는 그의 일생을 알 길이 없지만, 전조망은 그가 왕발汪勃의 손자임을 밝혀냈다.[2] 왕발은 고종(1127~1162 재위) 시기에 진회를 도와 정이의 학문을 공격한 전중시어사였다.[3] 하지만 정학에 대한 왕회 일파의 공격은 당시 왕학과 정학의 충돌 과정 중 일어난 일이기는 했으나, 그것은 희령(1068~1077)과 원우(1086~1094) 연간의 투쟁이 남긴 여파인 만큼 그 의의도 학문이 아니라 정치에 있었다. 다만 왕의단이 소희(1190~1194)부터 경원 연간(1195~1200)에 걸쳐 '도학'을 일관되게 공격했던 것은 그의 가학家學과 관련 있을 수도 있다. 또다른 사례는 고문호高文虎다. 그는 경원 4년(1198) 5월 13일, 한탁주를 위해 「거짓되고 사악한 무리들에게 시각을 바꿀 것을 교유하는 조서論告僞邪之徒改視回聽詔書」[4]를 기초한 적이 있다. 『송사』 본전은 더 나아가서, 고문호가 "호굉胡紘(1137~1203)과 합당하여 도학을 함께 공격하고 오랫동안 학교를 감독했으며, 천하 사士들을 가로막고 어렵게 하기만 하여, 성명도덕性命道德을 말하는 사람들은 다 쫓겨났다"[5]고 말한다. 근대 학자들은 고문호가 한탁주의 사당私黨이 아니었다고 변호하지만, 그가 "도학의 여러 군자와 취향이 맞지 않았다"[6]는 점만은 부인할 수 없을 것이다. 이상의 세 가지 사례가 우리에게 알려주는 바는, "위학을 공격한" 36인 가운데에도 사상적 동기에 의해 그런 행동을 한 사람도 있었다는 점이다. 하지만 그들은 극소수 예외일 뿐이고 관료 집단에 대한 이 장 전체의 논단을 뒤흔들 정도로 충분하지는 않다.

둘째, 관료 집단 구성원 역시 송대 유학의 분위기 속에서 성장한 사대부들이었다. 그들의 정치문화와 이학 집단 구성원들의 그것 사이에 겹치는 부분이 전혀 없을 수는 없다. 그런 만큼 관료 집단 가운데는 사대부의 풍격을 잃어버리지 않은 사람들도 있었다. 두 사례를 들어 설명해보자. 『송사』 권393 「진규전陳騤傳」은 말한다.

> 한탁주가 나라의 걱정거리라고 이부시랑 팽구년이 논핵했지만 받아들여지지 않았다. 그래서 팽구년과 한탁주가 모두 사록[사직]을 청했다. 진규가 말했다. "합문閤門으로서 경연에서 사직한다면 어떻게 천하 사람들을 보겠는가?" 팽구년은 마침내 지방관으로 발령 났다. 한탁주가 다른 사람에게 말했다. "팽시랑이 좋은 관직을 탐하지 않음은 본래 그랬다. 원추[원기중, 추밀사樞密使]도 좋은 사람이 되려 하는가?" 마침내 [진규는] 자정전대학사資政殿大學士로서 군수직을 제수받았지만 사양하자 제거동소궁提舉洞霄宮으로 발령 났다.[7]

진규가 광종 때 관료 집단의 지도자 중 한 명이었음은 이미 살펴보았다. 그런데 그는 사대부의 존엄과 관련된 일이라면, 비록 상대방이 정적政敵이라 할지라도 침묵하고 있으려 하지 않았다. 『송사』 권394 「사심보전謝深甫傳」을 보자.

> 여철余嚞이라는 자가 주희를 참수하고 위학을 절멸해야 한다는 글을 올렸고, 채원정을 위당僞黨으로 지목했다. 사심보는 그 글을 던져버리고 동료에게 말했다. "주원회[주희]와 채계통[채원정]은 서로 학문을 강론했을 뿐인데

과연 무슨 죄가 있는가? 벌레 같은 신하 여철이 감히 이처럼 망령되이 미쳐 날뛰는구나. 당신과 내가 그의 언행을 견책해달라고 상주함으로써 나머지 사람들에게도 엄격히 대해야겠다."[8]

사심보는 경원 원년(1195)에 집정 반열에 올랐는데, 첨서추밀원으로 있다가 참지정사가 되었다. 최후로는 우상에 제수되었으므로, 당시 그는 관료 집단의 중심인물이라 할 수 있다. 그래서 『송사』에 있는 그의 본전 말미에 이런 말이 있다.

옛 사서에는 사심보의 출처에 관한 흔적이 없어서 마치 논의할 것이 없는 듯하다. 하지만 경원 초, 한탁주가 위학 금지령을 내려 도덕적 인사들을 한 꺼번에 일소하려 할 때, 사심보는 집정이 되었고 마침 그와 같은 시기였다. 그러므로 "잘 모른다"고 변명하면 옳지 않다. 하물며 한 번은 진부량을 탄핵하고 그다음에는 조여우를 탄핵한 것이 사심보의 상소문에 다 있으니 숨길 수 있겠는가?[9]

사신史臣은 "마침 그와 같은 시기였다"는 이유로 사심보에게 죄를 묻는다. 이것은 바로 '연좌guilty by association'다. 근대 학자들은 위에서 인용한 사심보의 말을 잘 알고 있기는 하지만 여전히 그가 "한탁주에게 아부했다"고 단정하는 까닭은[10] 그들이 『송사』의 위 결론에 의해 영향 받았기 때문이다. 이는 그들이 사심보와 당시 사대부 정치문화 사이의 관계를 소홀히 했음을 보여준다. 사심보의 정치적 경향은 관료 집단과 같았기에 "한 번은 진부량을 탄핵하고 그다음에는 조여우를 탄핵했다"고 하며, 주희가 축출당할 때는 그를 성원하는 말을 한 적도 없었다. 하지만 학자들이 사적으로 함께 강학하는 것은 송대 사대부들이 공동으로 받아들이던 기본적 가치였다. 주희는 말한다.

나는 상소문을 올려 자신을 변호하지도 않았고 시를 지어 〔남을〕 헐뜯지도 않았다. 다만 벗들과 함께 옛 서적을 강습하고 이 이치를 설명할 뿐이다. 이 것마저 못 하게 하면 대체 무슨 일을 하겠는가?[11]

사심보의 이야기와 주희의 말은 잘 부합한다. 주희가 이처럼 당당하게 말할 수 있었던 까닭은 그것이 당시 정치문화의 한 구성요소였기 때문이다. 앞서 제10장 '부연설명 3'에서 이미 이벽과 예사의 사례 두 가지를 들었는데, 경원 시기 조정에 있던 모든 사대부가 한탁주에게 아첨했으리라고 오인해서는 안 된다. 이런 원칙은 진규와 사심보에게도 적용된다. 이제 우리는 한 걸음 나아 가 관료 집단 구성원들은 정치적 경향에서 강경파와 온건파가 있을 뿐 아니라 문화적 수양에서도 깊고 얕음의 구별이 있었으므로, 아무 분석도 않고 그들 을 한통속으로 간주하면 결코 안 된다고 이야기할 수 있다. 하편에서 이 양대 집단을 다룰 때, '군자'와 '소인'이라는 간단한 이분법을 채택하지 않은 이유도 바로 여기에 있다.

셋째, 초천초수는 순우 5년(1245)에 쓴 「경원당금 서」에서 이렇게 말한다.

경원 연간의 대신들이 군주를 얻었던得君 초기에는, 여러 현인을 불러 모아 서 모든 정사政事를 일신함으로써 천하를 성대한 태평 시대로 만들려고 했 다. 하지만 근습들이 궁궐과 관청 사이에서 권력을 잡았으니, 한번 틈이 벌 어지자 다시는 막지 못하여 만사가 와해되었고 국가는 이제 다시 구제될 수 없는 위기에 처했다. 그러므로 기강을 세우고 한계를 엄격하게 정하며, 악한 것의 싹을 미리 잘라내는 것이 군주와 재상에게 달려 있으니, 하루라 도 그 점을 마음에 담지 않으면 안 된다.[12]

이 서문은 경원당금이 일어난 지 50년 이후에 작성된 것으로, 저자의 동정 심은 이학자 집단 쪽으로 완전히 기울어 있다. "여러 현인을 불러 모아서 모든 정사를 일신한다"는 것은 조여우와 이학 집단의 기본 동향을 파악한 것임이 틀림없다. 그것은 그들이 효종 만년의 구상을 실현하려 했음을 가리킨다. 우리는 앞 장에서 이미 그 점을 자세히 분석했다. 하지만 경원 연간 정변의 비극이 일어난 원인을 "근습들이 권력을 잡았다"는 데서만 찾는 것은 지나치게 간단한데, 불행하게도 현재에 이르기까지 사학계는 그런 해석을 다시 진지하게 검토할 생각은 않고 대체로 그것을 유일한 해석으로 받아들이고 있다. 이런 해석에 따르면, 한탁주는 경원 시기 정치사의 주요 동력으로 변해버린다. 곧 한탁주가 조여우와 그 지지자들을 축출하고 나서 대권을 독점하고 농단했으며, 조정의 집정대신 및 공경과 대간들은 모두 한탁주에게 아부한 '소인'이었다는 것이다. 우리는 여기서 경원당 사건을 철저히 연구할 수는 없지만, 그런 해석은 '나무만 보고 숲은 보지 못하는 것'이라는 점만은 진지하게 지적해야 한다. 개인적 이해득실의 관점에서 보자면, 한탁주는 실로 정변의 최대 수혜자임이 틀림없고 그 이후 14년 동안 전권專權의 지위에 있었던 것도 사실이다. 게다가 "구멍으로 들어가 상서가 되었고 무릎을 꿇어 집정이 되었다"는 부류의 일화로, 한탁주의 이미지는 '나는 새도 말 한 마디로 떨어뜨린다'는 식으로 형성되었다. 하지만 우리가 시선을 각각의 '나무'로부터 거두어 '숲' 전체로 돌린다면, 그때 눈앞에 보이는 것은 전혀 다른 역사의 모습이다.

한탁주도 강특립과 마찬가지로 황권의 대리인이었다. 다만, 광종 시대의 황권은 둘로 분열되어서 관료 집단이 비록 강특립의 지지를 얻기는 했지만, 효종이 신임하는 이학 집단을 압도할 방법이 없었다. 영종이 즉위하자 황권은 다시 하나가 되었고, 한탁주는 이제 완전한 황권을 등에 업고 독주할 수 있었다. 그것이 바로 강특립이 그토록 바라던 그의 목표였다. 하지만 강특립과 유정의 관계에서 볼 수 있는 것과 마찬가지로, 한탁주는 '근습' 신분으로는 조여우의 집정 집단을 타도하기에 부족했고, 조정 사대부들로부터 충분한 협조를 얻어야만 비로소 황권을 국가의 정상적 법도 내에 이입하여 실행시킬 수 있었다.(그렇게 하지 않는다면 사사건건 '내비'를 내어야 할 것이다.) 한탁주와 관료 집단은 이렇게 강고한 동맹 관계를 결성했다. 엽소옹은 이런 정황을 가장 분명하게 인식하고 있었다. 그는 말한다.

한탁주가 충정(조여우)의 축출을 도모했지만 자신을 돕는 사람이 아무도 없자, 그는 어떤 관리와 그 일을 도모했다. 그 관리가 한탁주에게 말했다. "공께서 제 관직을 보장해주신다면 조여우의 축출을 도모할 수 있습니다." 한탁주는 마침내 주상에게 나아가 그 관리를 남게 해달라고 힘써 탄원했고 이후 그는 재상이 되었다. 그 관리는 한탁주에 의해 재상이 되자 호굉과 이목을 힘껏 추천했다. 이목은 드디어 충정이 법도에서 어긋났다고 헐뜯었다. 호굉은 그 대신 고정(주희) 선생을 공격하면서, 구양공이 비난받은 일을 갖고서 고정 선생을 헐뜯었고, 또한 빈번히 교사를 철폐하여 자기 집으로 만들었다고 비난했으며, 수심水心 선생의 「진책군덕론進策君德論」이 군주를 부정한다고 주장했다. 호굉의 문장은 유유주柳柳州(유종원柳宗元)에 가까웠다. 이목의 시문은 시원시원했으며 그는 만년에 『역』을 지었는데 오묘한 종지를 아주 잘 파악했으니, 처음부터 한탁주에게 아부하려는 생각에서만 주희와 엽적을 공격했던 것은 아니었다. 그는 분노와 질시를 오랫동안 가슴에 쌓아놓고 있어, 중요한 의론에 접하자마자 순식간에 평정심을 잃어버렸을 뿐이다.[13]

엽소옹은 "어떤 관리某官"라고만 하고 실명을 들지 않았지만, 사실 "어떤 관리"는 바로 경당(1138~1200)이었다. 『경원당금』에는 이런 기록이 실려 있다.

한탁주가 권력을 농단한 이래, 소인 한 무리는 자신들이 평소 명교名教를 경멸했다는 것을 알고, 하루아침에 도덕적 인사들이 다시 기용되어 자신들이 쫓겨나게 될 것을 두려워했다. 그래서 누구보다 먼저 그 책임을 떠맡으려 했다. 경당, 하담, 유덕수, 호굉 등 네 명은 위학 금지령에 집중하여 자신들과 생각이 다른 사람들을 배척하고 축출했으니, 그것은 한탁주를 위한 것이었다. 여러 소인이 그들에게 부화뇌동하여 그 형세는 깨뜨릴 수 없을 만큼 굳건했다. (…) 경당은 순희 연간 검정檢正으로서 금나라 조정에 사신으로 다녀온 후 [남송] 궁중의 음악을 걷어치우라고 간쟁했고, 효종이 그를 가상히 여겨 마침내 시종으로 임명했다. 조여우가 촉 땅에 있다가 조정으로 다시 소환되어 돌아오자, 주상이 대신들에게 교유하면서 경당을 사천 태수로 제수하라고 했다. 조여우가 그 이야기를 듣고 사람들에게 말하기를 "경당은 앞을 내다보는 시야가 경박하고 자질이 비천한데 어떻게 그쪽을 감당할 수 있겠는가?"라고 했다. 그래서 두 사람 사이에 틈이 생겼다. 조여우가 집정이 되었을 때, 경당은 형부상서로서 재빨리 한탁주와 결탁했고 이어서 집정으로 발탁되었다. 이때부터 한탁주의 모사謀士가 되었다. 병진년(경원 2년, 1196) 춘정월, 마침내 우승상으로 제수되었다.[14]

위 두 인용문을 서로 교감해보면 마치 부절符節처럼 잘 들어맞는다. 다만 엽소옹은 객관적 서술을 한 반면 초천초수는 도덕적 견책을 한 데서 양자의 어조가 다를 뿐이다. 엽소옹은 한탁주가 "어떤 관리와 도모했다"고 말하고 초천초수는 경당이 "한탁주와 결탁했다"고 말하므로, 대체 한탁주와 경당 둘 중 어느 쪽이 주동이었는지 확정하기 어렵다. 하지만 두 설은 결코 모순이 아니다. 당시 황권과 관료 집단 쌍방은 모두 상대방의 지원을 열심히 구하고 있었기 때문이다. 『송사』「호굉전」은 말한다.

호굉은 (…) 순희 연간 진사가 되었다. 소희 5년(1194), 경당의 추천으로 감도진주원監都進奏院[15]이 되었고, 이어 사농시주부司農寺主簿, 비서랑으로 승진했다. 한탁주는 정권을 농단하고 주희와 조여우를 쫓아냈지만 아직도 통쾌하지 못한 느낌이 있어 마침내 호굉을 감찰어사로 발탁했다.[16]

『도명록』은 말한다.

호굉은 소희 5년 겨울, 비로소 감도진주원으로 승진했으나 그 이름이 아직
다른 사람들에게 알려지지 않았다. 조 승상[조여우]은 당시 [호굉의] 직위를
빼앗고 그를 여간余干 땅에 머물게 했다. 한탁주는 아직도 통쾌한 느낌이 들
지 않았는데, 마침 매와 사냥개 자질을 갖춘 호굉을 추천하는 자가 있었다.
경원 원년(1195) 6월, 호굉을 사농시주부로 옮겨주었고, 9월에는 비서랑으
로, 11월에는 감찰어사로 제수했다. 11월 19일, 조 승상에게 영릉으로 가라
는 명령이 내려졌는데, [한탁주가] 호굉으로 하여금 상소를 올리도록 했던
것이다.[17]

이상의 두 자료를 통해, 『송사』는 호굉을 추천한 자가 경당이 틀림없다고 실
증한다. 더불어 『도명록』은 "매와 사냥개 자질을 갖춘 호굉을 추천한" 자가 경
당임을 드러낸다. 『송사』 경당 본전 기록을 보자.

경당은 자리를 얻은 후 평소 지키던 바를 일변하여, 국가 정사를 태만히 여
겨 시시비비를 가리지 않았다. 다만 한탁주의 뜻을 받들어 시행했을 뿐이
다. 또한 유덕수를 천거하여 도덕적 인사들을 배격하도록 했고, 이로부터
위학 금지령이 있게 되었다.[18]

경원 시기 '위학' 공격에 가장 힘을 쏟아부은 자들이 바로 이목·호굉·유덕
수였고, 이들은 모두 경당이 추천했다. 그러므로 경당이 "한탁주의 모사"가
되었다는 증거는 더이상 의심의 여지가 없다. 또한 위에서 인용한 자료를 보
면, 경당이 추천한 세 사람은 한 사람도 빠짐없이 조여우·주희·엽적 등과 개
인적 원한 관계에 있었다고 한다. 하지만 한층 더 깊이 들어가, 설사 원한 관
계가 실제로 있었다고 하더라도 그것은 장기간에 걸친 양대 집단[관료 집단과

이학 집단]의 충돌이라는 관점에서 이해되어야 한다.

앞 장과 이 절에서 논한 양대 집단 사이의 관계에 입각해 말하자면, 두 집단은 순희 중엽 이래 줄곧 상대방에 대한 극심한 편견을 갖고 있었다. 그래서 충돌이 첨예화된 단계에서 양쪽 모두 대간의 힘을 이용해 상대의 주요 구성원을 탄핵했다. 이는 양대 집단 구성원 사이에서 종종 일어나는 개인적 원한 관계의 주요 근원이었다. 상술한 대로 조여우 집정 시기에 호굉의 "직위를 빼앗고 여간 땅에 머물게 했던" 사례는 이를 여실히 보여준다. 우리는 경당과 하담이 관료 집단 가운데 가장 극단적인 세력을 대표한다는 점과 그들이 단지 원한을 품고 보복하려는 사람들이 아니었다는 점을 분명히 인식해야 비로소 그들의 정치적인 집단적 능동성을 이해할 수 있게 된다. 이 집단 세력의 기원이 오래되었음은 앞서 살펴보았다. 곧 그들은 왕회 집정 시기부터 이학 집단(그들이 말하는 "도학 붕당")을 거듭 공격하여, 가능한 한 권력의 중심 바깥으로 내쫓으려고 했다. 그렇지만 시종일관 성공을 거두지 못했다. 한탁주는 이번에는 새로운 황권에 기대어 관료 집단의 합작을 기대했고, 쌍방이 의기투합하는 것은 당연한 일이었다.

하지만 비록 조여우와 이학 집단을 공동의 적으로 간주하고 있었다 하더라도, 황권을 대표하는 한탁주와 관료 집단을 대표하는 경당 및 하담은 각각 다른 것을 중점으로 삼고 있었다. 곧 한탁주의 직접적 목표는 조여우로부터 집정 권력을 박탈하는 것이었던 반면, 관료 집단의 궁극적 목적은 전체 이학 집단의 정치적 기반을 허무는 것이었다. 그러므로 우리는 과장되어 있는 전통적 설명을 그대로 맹종해서는 안 된다. 그 설명에 따르면, 경원 원년 이후 한탁주가 모든 정권을 장악하여 무소불위의 권력을 휘둘렀고, 조정의 모든 사대부로 하여금 자기 명령에 따르도록 압박했다고 한다. 하지만 관료 집단은 하나의 집단으로서 한탁주와는 다른 그 자신의 계획이 있었고, 이뿐 아니라 개별 구성원들도 각자의 계산이 있었다. 그들은 다만 한탁주가 품고 있는 황권을 이용하여 각자 필요한 것을 쟁취하고자 했을 뿐이다. 위에서 인용한 엽소옹의 관찰은 바로 이 점에서 매우 도움이 된다. 그는 이목과 호굉이 재능과 학식이 매우 뛰어난 인물임을 인정한다. 그들이 주희와 엽적을 공격했던 것은 그들에게 "쌓인 분노" 때문이었지 "처음부터 한탁주에게 아부하려는 생각에서만 그랬던 것은 아니었다. 우리가 접할 수 있는 관련 기록 가운데 '위학 공격 인사'의 처지를 이해해주는 듯한 엽소옹의 발언은 극히 보기 드물다. 엽소옹은 엽적에게서 배웠고 아울러 주희도 존숭하고 있었지만, 그는 당견黨見을 넘어서서 이목과 호굉의 행동이 "한탁주에게 아부하려는 생각에서"만은 아니었다고 평가하는데, 이런 평가는 무척 소중하다. 엽소옹의 관찰 역시 주희의 말에 의해 간접적으로 증명된다. 『어류』 권132에는 다음 기록이 보인다.

하루는 혼자서 [선생을] 모시고 앉았는데, 선생께서 갑자기 인상을 찡그리면서 "조 승상[조여우]이 받은 폄적의 명령은 호굉에게서 나온 것 같다"고 했다. 그래서 "잘 모르겠지만 호굉은 그와 친하게 지내지 않았나요?"라고 물었다. "옛날에는 친하게 지냈다. 이 사람은 문서를 아주 잘 기록하여 보양莆陽의 행정은 그나마 좋았지만, 친구들을 만나면 강퍅하게 말하는 경우가 많았다"고 말씀하셨다.[19]

그러므로 호굉이 학문과 행정 능력을 겸비했다는 것은 근거가 있는 이야기다. 그의 성격이 "강퍅했다"는 것은 엽소옹의 기록과 일치한다. 호굉은 자신에 대한 주희의 대접이 간소하고 오만하다고 의심하여 매우 불쾌해했다고 하며, 더욱이 엽적의 명성이 자신을 압도한다는 사실에 매우 분개했다고 한다.[20] 이토록 자부심이 강하고 도량이 좁은 사람이 『도명록』이 말했던 것과 같은 한탁주의 "매와 사냥개鷹犬[앞잡이]"가 되려고 했을 리는 없다. 그러므로 우리는 다음과 같이 말할 수 있다. 호굉이 나중에 있는 힘을 다해 '위학'을 공격했던 것은 스스로의 동기에서 나왔음에 틀림없다고 말이다. 그러므로 호굉이 한탁주의 '앞잡이'였다고 말하기보다는 차라리 한탁주가 장악한 황권을 그가 충분히 이용했다고 보는 편이 낫다. 그 외 관료 집단 구성원 중 호광과 유사한 부류의 인사들은 필시 많았을 것이다. 다만 사료가 부족하여 하나하나 증거를 댈 수 없을 뿐이다. 개인으로부터 집단으로 나아간다면 더욱더 그렇게 보아야 한다. 엽적이 남긴 다음 글은 바로 그 점을 증명해준다.

세상이 바야흐로 도학을 배척하고 벼슬길을 틀어쥐었으니 등용되기 어려웠다. 주 승상(주필대)이 정국을 잡은 지 오래되었는데, 사士 대다수는 겉으로는 즐거워하는 것 같았으나 마음으로는 인정하지 않았다. 질시하는 자들이 이미 원한을 품고서 서로 더불어 공격하여 축출하고는, "도학이 흩어졌구나!"라고 기뻐하며 말하였다. 조 승상(조여우)이 특별히 인재 선발에서 과감하여, 청관淸官과 중직重職들은 도학이라고 지목되는 경우가 종종 있었다. 질시하는 자들이 더욱더 원한을 품었다. 행여라도 그들이 공로를 세우면 이의를 제기하면서, 서로들 엮였으니 마치 하나의 조직과 같았다. 비방이 성공하여 조공〔조여우〕 역시 쫓겨나자 또다시 기뻐하면서 "도학은 끝났다!"고 말했다. 조공과 안면이 있거나 평소 교류가 있던 이들 중 그 형적을 지우지 않는 사람이 없었다.[21]

이 문장은 관료 집단의 장기적 지속성을 가장 잘 실증한다. 주필대와 조여우의 집정 기간은 5~6년 정도 떨어져 있었으나, "질시하는 자"들은 일관되게 '도학'을 공격했고, "도학이 흩어지거나" "도학이 끝나지" 않으면 손을 놓으려 하지 않았다. 여기서 "질시하는 자들"은 소수의 개인이 아닐뿐더러 더욱이 똑같은 몇몇 사람도 아니었다. 그들은 집단을 가리키고 있었으니 바로 관료 집단이다. 만일 우리가 '나무만 보고 숲을 보지 못한다면' 위 구절의 묘사를 이해할 수 없게 된다.

이 절이 고찰하는 관료 집단 구성원의 관점에서는 하담 한 사람을 제외한 나머지 사람들은 효종–광종 교체기에 활약하거나 광종–영종 교체기에 뜻을 얻은 사람들이었지, 그 두 시기에서 모두 중요 역할을 한 사람은 보이지 않는다. 진가는 경원 2년(1196) 말 다시 조정으로 불려 올라왔지만 이미 그의 힘은 미약해져 있었다. 구성원은 바뀌었으나 전체 동향은 변하지 않은 현상을 해석하려면 반드시 전제가 있어야 한다. 곧 순희에서 경원 연간에 이르기까지, 조정에는 '뜻이 동일하고 도가 합치하는志同道合' 집단이 존재했다는 것이다. 이 절이 '관료 집단'을 분석 범주로 삼는 까닭은, 이 범주를 세우지 않으면 효종·광종·영종에 걸친 숱한 분란의 정치 현상을 통괄함으로써 하나로 관통하는 역사적 해석을 정리해낼 수 없기 때문이다. 우리는 이 절이 제공하는 증거와 논변을 통해 다음 내용을 인정할 수 있을 것이다. 곧 '관료 집단'은 분명 실체가 있었던 역사의 구성 요소였다는 점이다. 이 집단은 물론 개별 구성원들이 있었지만 한편으로는 개인을 뛰어넘는 집단적 동일성을 갖추고 있었다. 그러므로 경원당금 연구는 반드시 '숲'과 '나무'라는 이중의 관점을 거쳐 이뤄져야 한다. 이 두 관점은 서로 보완될 수 있으나, 하나가 다른 하나를 대체할 수는 없다. 이런 분석 원칙은 관료 집단 구조에만 국한되지 않고 황권과 이학 집단에도 적용될 수 있다.

위에서 인용한 엽적의 직접 경험담을 보면, 관료 집단이 상당한 정치적 주체성을 지니고 있었음을 인정하지 않을 수 없다. 주필대·조여우 집정 시기에 그들이 도학파 사대부들을 "서로 더불어 공격하여 축출한" 것은 자발적 집단 행동이었음이 분명하다. 결코 강특립이나 한탁주 같은 "근습"들의 지시를 받아 그렇게 했던 것은 아니다. 엽적의 위 경험담(「이공 묘지명」)은 가정 13년(1220)에 문서화되었는데, 그때는 이미 강특립과 한탁주가 세상을 떠난 지 한참 뒤여서 엽적은 아무 거리낌 없이 이를 쓸 수 있었다. 그러나 엽적의 글은 강특립과 한탁주에 대해 한 글자도 언급하지 않고 있다. 이는 적어도 엽적이 관료 집단을 "근습"의 꼭두각시로 인식하지 않았음을 설명해준다. 하지만 이런 논점은 소극적 증거에만 의존해서 제시되면 안 되는 만큼 우리는 좀더 적극적인 증거를 찾아야 한다. 『도명록』은 말한다.

중서사인 왕의단이 조 승상의 문하에 훌륭한 사가 많다는 것을 이유로, 당나라 때 이임보의 고사를 들어 그 뿌리를 근절하고 제거하려고 했다. 때문에 당시 도덕적 인사들이 연이어 폄척되자, 헌성자열황후憲聖慈烈皇后가 그 사정을 듣고서 〔왕의단 등을〕 비난했다. 〔경원 2년〕 6월 26일 어필御筆이 내려졌다. "금후로 급사와 대간이 상주할 때, 옛일을 더 언급할 필요가 없고, 공평과 공정에 힘씀으로써 '편당을 없애고 중도를 세우려는' 나의 뜻에 걸맞게 행동하라." 명령이 내려지자 우간의대부 유덕수와 감찰어사 요유姚愈, 장백해張伯垓가 그렇게 하면 안 된다고 간쟁하면서, "옛일만 언급할 필요는 없다"로 바꾸었다. 어필이 나왔던 초기에 전중시어사 원장元章 황보黃黼만이 그에 홀로 찬동하여 동료들과 의견을 달리했다. 7월, 황 원장을 기거랑 겸 권형부시랑으로 전직시켰다. 요유는 전중시어사가 되었다. 황 원장이 좌사를 그만두자 〔그는〕 병부시랑으로 옮겨갔는데, 실제로는 그를 소외시킨 것이었다.[22]

이 중요 사건에서 주요 인물들은 각각 황권, 관료 집단, 이학 집단 출신이므로, 우리는 이 사건을 통해 3대 기본 정치세력 사이의 합작과 차이를 분명히 알 수 있다. 황권의 입장에서는 조정에서 적대적 당파들이 서로 평형을 이루도록 해야 비로소 정국을 안정시킬 수 있다. 만약 한 당파의 사대부들이 정국을 독점하게 된다면 압박받는 상대 당파의 원한이 비등하게 되고, 그런 상황은 왕조의 앞길에 매우 불리한 것이었다. 헌성황후가 영종으로 하여금 "편당을 없애고 중도를 세운다救偏建中"는 조칙을 내리도록 한 의도는 분명 그 점에 있었다. 한탁주는 그 일에 전혀 관여하지 않을 수는 없었을 것이다. 조여우가 죽자 한탁주 자신의 목표도 이미 달성되었기에, 이학 집단을 계속해서 추궁할 필요가 없는 것처럼 여겨졌다.[23] 그러므로 원래의 조칙은 당쟁을 멈추려는 황권 측의 주장을 대변하고 있었음은 의문의 여지가 없다. 하지만 관료 집단은 매우 당황했고, 이학자 집단이 또다시 마른 재의 불꽃처럼 살아날까봐 매우 두려워해서 유덕수 등이 직접 나서서 열심히 간쟁을 하게 된다. 황보도 나중에 당적에 오르는데, 그는 이때 이학자 집단 가운데 조정에 겨우 살아남은 대표적 인물이었을 것이다. 그래서 조칙에 대해 그 "홀로 찬동했다"고 한다.[24] 하지만 경당, 하담, 엽저가 이미 각자 집정의 지위를 확보해서 황권 측(한탁주를 포함하여)은 관료 집단에 양보를 하지 않을 수 없었다. 그래서 결국 "옛일을 더 언급할 필요가 없다不必更及舊事"라는 조칙의 문안을 "옛일만 언급할 필요는 없다不必專及舊事"로 바꿀 수밖에 없었던 것이다. 관료 집단은 그 미묘한 차이를 이용해서 이학파 사대부들을 철저히 추궁해 "뿌리를 근절하고 제거하려"는 권한을 계속해서 가질 수 있었다.

이상의 분석을 통해, 관료 집단 자체가 자신의 정치적 계획과 목적이 있고 아울러 능동적으로 그 현실화를 도모했다는 점이 분명히 드러난다. 더욱 중요한 사실은 관료 집단과 황권의 이해가 전부 일치했던 것은 아니며, "편당을 없애고 중도를 세운다"는 황권의 요구에 공공연히 집단적으로 반발했다는 점이다. 앞서 말했다시피 한탁주 개인의 입장에서 그의 목적은 조여우 및 그 적극 지지자들을 타도하는 것이었던 만큼, 이학 집단을 권력 중심에서 내치려는 관료 집단의 의도와는 큰 차이가 있었다. 한탁주는 조여우가 죽자 득의양양해졌고 그의 투지는 이완되기 시작했으나, 관료 집단은 궁지에 몰린 적을 끝까지 추적하려고 한 만큼 그들의 투지는 여전히 왕성했다. "편당을 없애고 중도를 세운다"는 최초의 결정이 한탁주 본인으로부터 나오지 않았다 할지라도, 그는 이런 결정에 대해 공개리에 반대할 수 없었다. 하물며 사실이 증명하다시피 바로 그것이야말로 한탁주가 택한 입장이기도 했다. 그러므로 경원 시기 관료 집단의 모든 행위가 한탁주 개인의 의지에 영합했다는 설을 받아들일 어떠한 근거도 없다. 이학 집단에 대한 한탁주의 증오심은 결코 관료 집단의 증오심처럼 그토록 격렬하지는 않았다. 위자시余嘉錫(1883~1955)는 이 점과 관련하여 매우 명쾌한 논의를 했다.

한탁주는 본래 경원 당인(곧 이학 집단 구성원)들에게 깊은 원한 관계가 없었는데, 다만 절월節鉞[25]을 얻지 못하여 자신에게 돌아올 상급이 적었다는 것을 이유로 조여우를 원망했을 뿐이다. 주자는 조여우에 의해 등용되었기 때문에 한탁주는 주자의 명성이 높은 것을 시기했다. 그래서 먼저 주자를 제거한 것이다. 또한 당시 인심이 흉흉하다는 것을 이유로 마침내 조여우를 반역죄에 연좌시켜버리고, 위학을 했다는 이유로 주자를 무고함으로써 일망타진할 계책을 세웠다. 소인들이 뜻을 얻자 드디어 미쳐 날뛰면서 이른바 '벼슬의 득실을 걱정하느라' 못하는 짓이 없었다. 그러니 [한탁주가] 도학에 대해 무슨 허물을 두었겠는가?[26]

위자시는 여전히 경원당금에 대한 전통적 설명을 전제로 하지만, 한탁주와 '도학' 사이에 숙원宿怨이 없었음을 강조하고 또한 '반역'과 '위학'을 구분하는데, 이는 매우 깊이 있는 관찰이라 할 수 있다. 좀더 자세한 부연설명을 통해 위자시의 학설을 증명해보자. 『사조문견록』에는 이런 기록이 있다.

앞서 고정 선생[주희]이 충정[조여우]에게 권한 적이 있다. 이미 한탁주를 등용했다면 마땅히 후한 예로써 그에게 사의를 표해야 했다는 것이다. 충정으로 하여금 절월을 [한탁주에게] 수여하여 [한탁주를] 서울 밖에 머물게 하려는 의도였다. 충정이 우유부단하게 결정을 내리지 못하자 재앙이 일어났다. 선생은 문인들에게 "한탁주는 우리 고향의 유모乳母이므로 일찍 그에게 감사 인사를 했어야 했다"고 말했다. 복건 지방 풍속은 유모를 두어 자식에게 젖을 먹이는데, 처음에는 [유모에게] 표식을 주지 않지만 아이가 젖을 떼면 곧바로 장신구와 예물을 후하게 담아 유모에게 보내곤 했다. 그런 풍속을 "사의를 표한다陳謝"고 한다. 한탁주가 나중에 그 이야기를 듣고 복건의 풍속을 비웃었으나 마음으로는 그것을 받아들였다. 때문에 고정 선생은 화를 조금 덜 입을 수 있었다.[27]

나중에 주희는 조여우에 대해 지적하기를 "종사宗社의 대계大計로써 말하자면 역시 옳지 못한 점이 있었다"고 했지만,[28] 위 사건이 일어나기 전 그에 관한 의견 교환이 있었는지 여부를 고증할 자료가 별달리 없기에, 여기서는 다만 그랬으리라 추측만 할 수 있을 뿐이다. 여하튼 위 이야기는 당시 한탁주가 주희와 '도학'에 대해 깊은 적의를 품지는 않았음을 설명한다. 그러므로 "[한탁주가] 도학에 대해 무슨 허물을 두었겠는가?"라는 위자시의 설명은 충분한 근거가 있다.

'반역죄叛逆'는 조여우의 집정 권력을 겨냥하여 제시된 것이었다. 『송사』 「한탁주전」은 말한다.

> 한탁주가 조여우를 축출하려 했으나 명분을 대기 어려워서 경당에게 물어보자, 경당은 "그는 황제와 같은 성씨이므로 사직을 위태롭게 하려 도모했다고 무고하면 될 것입니다"라고 말했다.[29]

경당이 한탁주의 '모사謀士'였음이 여기서 또다시 증명된다. '반역'은 처음에 조여우·서의·유광조 등 극소수 인사만을 지칭하는 죄목이었으나, 경원 3년(1197) 관료 집단은 '반역'의 죄명을 이학 집단의 모든 구성원에게 적용하려 했다. 「위학의 당이 변하여 역당이 되었으니 [이 당을] 철저히 방지해야 함을 논함論僞學黨變而爲逆黨, 防之不可不至」이라는 유삼걸의 상소문이 그 명확한 증거다.[30] 어째서 관료 집단은 경원 3년에 갑자기 이런 조치를 취했던 것일까? 그들은 황권의 거대한 압력하에 부득불 전략을 조정하지 않을 수 없었기 때문이다. 그 1년 전, 헌성 황태후와 영종이 제시한 "편당을 없애고 중도를 세운다"는 요구 사항은 아직 소멸되지 않았기 때문에 관료 집단은 단지 '위학'이라는 명분만으로는 이학파 사대부들의 운동을 철저히 제거해나갈 수 없었다. 그들은 황권의 지지를 얻기 위해 온갖 궁리를 다한 결과, '역당逆黨'이라는 설을 만들어냈다. 황권 쪽에서는 '위학'에 대해 전혀 개의치 않았지만 '반역'이라는 죄명

앞에서는 곧바로 반응하지 않을 수 없었다. 유삼걸은 상소문에서 말한다.

> 과거의 위당僞黨이 현재에 와서 역당으로 변했습니다. 폐하의 성스러운 명철
> 함으로써 조기에 그들을 제거하는 것은 종묘와 사직에 무한한 복이 됩니
> 다. 하지만 현재 이들은 형체를 숨기고서 주야로 틈을 노리고 있습니다.
> (…) 이들은 물귀신이 되어 백방으로 사람들을 해치고 있으니 철저하게 방
> 지하지 않는다면 반드시 화를 입을 것입니다.[31]

이 얼마나 사람 마음을 조마조마하게 만드는 고발인가? 천하에서 "종묘와
사직"만큼 황권의 자기 보호 본능을 자극하는 것은 아무것도 없다. 이런 점
에서 그들의 책략은 주효했다. 관료 집단의 정치적 능동성 및 그들과 황권 사
이의 긴장 관계가 바로 이 책략의 변화 속에서 뚜렷이 드러난다. '나무'가 아니
라 '숲'의 관점에서 본다면, 한탁주가 장악한 황권을 관료 집단이 최대한도로
이용했다고 인정하지 않을 수 없다.

마지막으로 가장 분명한 사실 하나를 더 들어, 어째서 관료 집단은 한탁주
가 마음대로 부릴 수 있는 '앞잡이'가 아니었는지를 설명하고자 한다. 경원 5년
(1199)에 신료들은 「구분하여 다스림辨治」이라는 상주문을 올리는데, 이는 "편
당을 융합하여 모두 황극으로 귀일시킨다"[32]는 조정의 새로운 지향을 겨냥하
여 발한 일종의 경고문이었다. 왜냐하면 후자는 "편당을 없애고 중도를 세운
다"는 3년 전의 요구 사항을 황권 측이 다시 제기하는 것이었기 때문이다. 당
시 관료 집단은 다시 '역당'이라는 것을 구실로 삼을 방법이 없어, "구분하여
다스림"이라는 설을 제시해서 이학 집단을 저지할 수밖에 없었다. "구분하여
다스림"이란 '위학의 무리僞徒'였다가 "회심하여 도를 지향하고, 과거의 죄를 씻
어 스스로 새로워진"[33] 자가 누구인지, 또한 "오랫동안 나쁜 짓을 저지르고도
회개하지 않고, 자신의 세력을 의지하여 복종하지 않는"[34] 자는 누구인지를 구
분해야 한다는 것이다. 전자에 대해서는 "임시로 등용하거나 녹봉을 주어도"[35]

무방하지만, 후자에 대해서는 "다시 법률을 적용하여 먼 유배지로 보내버려야"[36] 한다고 주장했다. 이는 이제 어찌할 수 없는 상황 속에서 관료 집단이 안출해낸 일종의 지연책이었다.[37] 이심전은 이 상소문을 아래와 같이 평했다.

> 위학 금지령이 비록 한탁주에게서 나왔지만, 그 설을 힘껏 주장한 자들은 재집인 경당과 하담, 대간인 유덕수와 호굉이었다. 이때가 되자 유덕수와 호굉胡紘이 모두 사직해 있었다. 한탁주도 과거 일에 조금 염증을 느껴, 위학의 명목으로 죄를 얻은 자들이 종종 사록을 받거나 지방관으로 충원되기도 했다. 그리고 어떤 이는 "황극을 세운다建極"는 설을 제시했다. 소인들은 사태가 변할 것을 두려워하여, 다시 언관들로 하여금 "구분해서 다스린다"는 설을 갖고서 청원하도록 시켰다. (…) 하지만 한탁주가 "황극을 세우고 중도를 쓴다建極用中"는 의론을 주장한 이래 위학 금지령이 점차 이완되었고, 한때 쫓겨났던 사들이 점차 벼슬을 받게 되었으니, 의론하는 자들은 그것을 다행으로 여겼다.[38]

위 구절은 매우 중요한 배경 두 가지를 서술한다. 첫째, '위학 금지'는 관료 집단의 일관된 주장임이 틀림없고, 그 주장은 한탁주의 황권에 의지하여 법률적 효력을 얻었다는 사실이다. 둘째, "황극을 세우고 중도를 쓴다"는 것은 "편당을 없애고 중도를 세운다"는 것의 또다른 표현이었고, 이로부터 미루어 알 수 있는 바는 이학 집단에 대한 추궁을 중지할 것을 요구하는 헌성 황태후의 제의에 한탁주도 사전에 관여했다는 점이다. 한탁주는 헌성 황태후의 외종질일뿐더러 헌성 황태후의 질녀를 아내로 맞았으며, 영종의 즉위는 그가 이모와 소통한 결과였다. 한탁주는 이런 이중적 인척 관계로 인해 황권의 지원을 얻을 수 있었다. 경원 2년(1196) 헌성은 여든두 살이었고, 이듬해 바로 서거한다.[39] 그녀는 한탁주와 상의하지 않고는 그렇게 중대한 결정을 할 수 없었다. 그래서 우리는 이렇게 단언할 수 있다. 곧 한탁주는 조여우 사후에 당금을 점차 해제할 의도를 갖고 있었지만, 관료 집단의 저항이 매우 강렬해 단번에 그 의도를 실현할 수 없었을 뿐이다. 이심전은 '위학 공격'을 금지해야 한다는 가태 2년(1202)의 상소문을 논하면서 그에 대해 더욱 분명히 설명한다.

경원 이래 경당, 하담, 유덕수, 호굉 등 네 명은 위학 금지령에 집중하여, 자신들과 생각이 다른 사람들을 배척하고 축출했는데, 그것은 한탁주를 위한 것이었다. 여러 소인이 그들에게 부화뇌동하여 그 형세는 깨뜨릴 수 없을 만큼 굳건했다. 〔경원〕 5년(1199)에는 호굉이 이부시랑에서 파면되고, 유덕수는 이부상서에서 무주 지사로 발령이 났으며, 6년(1200)에는 경당이 좌승상으로 있다가 사망하여 하담만이 아직 자리에 남아 있었다. 언관들은 다시 위학의 무리들을 논핵하기를, 잔당들이 아직 다 뿌리 뽑히지 않았으니 인재를 등용하거나 진언을 받아들일 때 미리 그 싹을 제거해야 한다고 주장했다.(이것은 앞서 언급한바, "구분해서 다스린다"는 상소문을 가리킨다.) 그해(가태 원년, 1201) 7월, 하담이 지추밀원사에서 파면되어 우두머리들이 다 사라지자 한탁주 역시 과거 일에 염증을 느꼈다. (…) 그래서 이 상소문이 마침내 바쳐졌다.[40]

'위학 금지'를 철저하게 견지했던 쪽은 관료 집단이었지 황권이나 한탁주는 아니었다는 점을 위 구절은 실증한다. 때문에 이 집단의 최후 지도자인 하담이 파직한 이후에야 비로소 해금이 진정으로 시작될 수 있었다. "여러 소인이 그들에게 부화뇌동하여 그 형세는 깨뜨릴 수 없을 만큼 굳건했다"는 표현은 그들의 집단적 활동 양상을 단적으로 드러낸다. 그러므로 경원 시기 이학 집단이 받았던 박해를, 단순하게 직업관료들의 개별적 행동 차원에서 이해해서는 안 된다. 다만 '위학 금지'가 한탁주를 위한 것이었다는 이심전의 단정은 역사적 사실과 잘 부합하지 않는다. '위학 금지'의 원동력은 관료 집단에서 나온 것이고, 한탁주는 다만 조여우가 사망하기 전 그들과 더불어 공모했던 것에 불과하다. 그는 나중에 입장을 바꾸어 "황극을 세우고 중도를 쓴다"는 논의를 위주로 하는데, 이로 인해 관료 집단과 갈라서게 되었다. 『경원당금』은 다음처럼 말한다.

한탁주도 과거 일에 염증을 느껴, 변화함으로써 안팎을 융합하려는 뜻을 조금 보여주고자 했다. 당시 당금을 해제하여 훗날 당할 보복의 우환을 미리 없애자고 건의하는 사람이 있었는데, 한탁주도 그럴 법하게 여겼다.[41]

이 기록은 한탁주가 어째서 관료 집단의 '위학 금지' 정책을 계속 지지하려 하지 않았는지 개인적 동기를 밝혀준다. 하지만 문제는 여기서 그치지 않는다. 우리는 다음 사실을 기억해야 한다. 한탁주의 세력은 결국 황권에 의존하고 있었기에, 경원 2년(1196) 헌성과 영종이 "편당을 없애고 중도를 세운다는 뜻"을 밝힌 이상, 설사 자신의 정치적 경향이 정말로 관료 집단 쪽이었다 할지라도 결국은 황권의 최고 이익을 궁극적인 목표로 삼지 않을 수 없었다는 것이다. 더욱이 위자시가 지적했다시피, 한탁주는 이학 집단에 대해 "본래 깊은 원한 관계가 없었다." 종합하여 말하자면, 관료 집단은 최초 2~3년간은 공통의 이해관계에 입각하여 한탁주가 장악한 황권과 더불어 정치적 연맹을 결성했지만, 조여우가 죽고 나자 쌍방의 이해관계가 시간이 갈수록 달라져서 최종적으로는 제각기 갈 길을 가고 말았다. "한탁주에게 아부"함으로써 공명을 얻은 사람이 관료 집단 내에 있었다는 사실을 부정할 수 없지만, 사대부 집단으로서 관료 집단은 결코 황권의 꼭두각시가 아니었으며 하물며 한탁주 개인의 '앞잡이'로 간주될 수도 없다. 관료 집단과 황권 사이에는 서로가 서로를 이용하는 단계도 있었지만, 쌍방은 여전히 어느 정도의 차이점이 있었다. 이 점 역시 부인할 수 없는 사실이다.

경원 6년(1200)에 주희가 세상을 떠났을 당시, 이학 집단은 진작부터 "바람에 구름이 흩어지듯" 한 상태였지만 관료 집단 역시 임종의 시점에 도달해 있었다. 이것이 바로 남송 정치사에서 양대 집단이 상호작용하여 출현했다가 성장했으며 마침내 동시에 해체하게 된 전체 과정이다. 송대 유가의 정치문화는 이 시점에 이르러 전체의 활력을 다 소모해버렸다.

제12장

황권과 황극

이상의 몇 장에서 나는 몇 차례에 걸쳐 효종 만년의 정치적 배치를 언급했다. 그런데 효종은 어째서 순희 14년(1187) 10월 즉 고종 사후에 느닷없이 대대적인 개혁을 결정했을까? 그 개혁의 성격은 무엇이었나? 개혁을 결심하고 나서 효종은 어째서 1년 후(순희 16년 2월) 황위를 광종에게 선양하려고 했을까? 그의 배치는 상당히 주도면밀했다고 하지 않을 수 없는데, 어째서 광종대에 그 개혁 구상은 전혀 실행되지 않았을까? 이러한 일련의 의문은 결국 황권 측에서 해답을 얻어야 한다. 이유는 매우 간단하다. 거듭 지적했다시피 황제가 권력의 원천을 장악하고 있었고, 황제의 정치적 경향이 권력세계 동향에 종종 결정적 영향을 미쳤기 때문이다. 그러므로 이 장에서는 효종을 중심으로 위로는 고종과의 관계를 아래로는 광종과의 부자 관계를 연구하고자 한다.

1. 효종의 3부곡: '삼년상' '태자의 국무 참여' '내선'

고종이 서거하자 효종은 전혀 일상적이지 않지만 하나하나가 서로 연결된 세 가지 결정을 내린다. 그 세 가지는 '삼년상을 행할 것行三年之喪' '태자의 국무 참여太子參決庶務' '황위 선양 즉 내선內禪'이다. 첫번째와 두번째 조치는 순희 14년(1187) 10월 을해일에 동시에 결정되었다.[1] 세번째 결정은 순희 15년 11월에 비로소 공개리에 선포되었지만,[2] '내선'하려는 효종의 생각은 늦어도 '태자의 국무 참여'를 제의할 때 이미 싹터 있었을 것이다. 이제 하나씩 차례대로 고증해보고, 이 3대 결정과 효종 만년의 개혁 구상 사이의 관계를 설명해보자. 『송사』 권35 「효종 3」에는 이런 기록이 나온다.

> (순희 14년) 겨울인 10월, (⋯) 신사일에 조칙이 있었다. "대행大行[3] 태상황제〔고종〕께서 영결하시어 상을 치러야 하니 짐은 최복衰服을 3년간 입어야 하지만, 여러 신하가 스스로 '달을 날짜로 바꾼다'는 법령을 따르고 있으니, 담당관에게 의례 제도를 논하여 보고하도록 명령하라." (⋯) 11월 (⋯) 기해일, 대행 태상황제의 대상大祥일이 되자, 이때부터 황제는 흰 삼베로 만든 두건과 상복을 입고서 연화전에 나왔고, 덕수궁에 이르러서는 마치 상례 초기처럼 최복과 허리띠를 맸으며 지팡이를 짚었다.[4]

'삼년상'과 관련하여 『송사』에 인용된 공식 문서는 매우 간략하여 그 내막을 전부 밝혀주지는 못한다. 이 일을 논한 남송대 자료 가운데 이심전의 「효종이 삼년복을 힘써 실행하다孝宗力行三年服」[5]와 주밀의 「효종이 삼년상을 행하다孝宗行三年喪」[6]가 가장 자세하다. 주밀의 기록이 좀더 후대에 이루어졌고 또한 주필대의 『사릉록』을 인용하고 있어서, 여기서는 주밀의 기록을 인용하여 그 대략을 살펴보고자 한다.

삼년상은 천자에서 서인에까지 이른다. 한漢 문제가 상례 기간을 단축한 이래, 후대 임금들이 모두 달을 날짜로 바꾸어 시행한 지 오래이지만 그릇되게 여기는 사람이 없었다. 오직 효종 황제가 독단으로 행하여 하루아침에 옛것을 회복했으니 효성스럽다 할 만하다. (…) 이제 당시의 시말을 여기에 채록하여 국사國史 중 미비한 부분을 보완하려 한다. 고종의 상례에서 이미 달을 [날짜로] 바꾸었는데, 효종이 대신들에게 교유하여 '달을 [날짜로] 바꾸는' 제도를 쓰지 말라고 하면서, 진晉 무제와 위魏 효문제가 삼년복을 실행했지만 정사를 돌보는 데 방해가 되지 않았다고 말했다. 승상 주필대가 들어와 아뢰는데, 주상이 상복을 입고 있었다. [주필대가] 흐느껴 울면서 상복을 입고 통치하는 일에 대해 아뢰었다. 주상은 "사마광의 『통감』에 기록된 것이 가장 상세하다"라고 말했다. 주필대는 "진 무제가 비록 그런 의도를 갖고 있었지만 나중에는 궁중에서만 심의深衣[7]와 연관練冠[8]을 착용했습니다"라고 아뢰었다. 주상은 "당시 여러 신하가 그의 훌륭함을 따르지 않아서 사마광이 그들을 비난했고, 나중에는 무제도 마침내 삼년상(황태후의 상)을 행했다"라고 했고, 필대가 "역시 행하지 않은 것으로 기록되어 있습니다"라고 아뢰었다. 주상이 말했다. "나부터 선례를 만든다는데 무슨 해가 되겠는가?" (…) 소상小祥 때가 되어도 주상은 상복을 벗지 않았다. 필대가 아뢰었다. "주상께서 효성으로 지나치게 슬퍼하셔서 오히려 초상初祥의 상복으로 [조정에] 나오셨으니, 신들은 매우 걱정스럽고 황공합니다. 바라건대 이제 예제禮制를 따르십시오." 주상이 눈물을 흘리며 말했다. "큰 은혜에 보답하기 어려우니 [삼년상을 지내지 않는 것은] 인정상 차마 하지 못하겠다. 대상이 지나기를 기다렸다가 상의하자." 얼마 후 주필대가 다시 상주했다. "예관禮官이 상복을 3년간 입는 것은 외정外廷[9]에서 행하기 어렵습니다. 이제 상담祥禫[대상과 담제禫祭][10]이 다가왔으니 외정에 위임하여 시행하게 해주십시오." 추밀 시사점施師點이 아뢰었다. "백일의 제도를 실제로 행할 수 없는 까닭은 바로 정월에 사절들이 입조하여 알현하기 때문입니다." 주상이 말했다. "짐도 알고 있다." 주필대가 아뢰었다. "폐하의 성스러운 효성이 옛사람들을 뛰어넘어, 상례 기간을 단축한 한 문제의 잘못을 알고 계시고, 무제의 훌륭함을 완성시키지 못한 진나라 신하들을 누추하게 여기시어 옛것을 회복하는 데 굳건한 뜻을 지니고 계십니다. 주상의 효성이 고명하지 않다면 어찌 쉬이 그 점을 언급했겠습니까?" 주상은 "짐은 1000여 년의 폐단을 조금 바로잡으려 한다"라고 했다. 척령소 산청관[11] 심청신이 상복에 관한 여섯 사항을 논했는데 도합 8000자에 달했다. 펼쳐놓고 읽느라 한참이 흘렀는데 주상의 의도에 아주 잘 부합했다. (…) 그래서 주상의 뜻이 더욱 굳건해졌다. 하루는 어떤 일에 대해 상주하는데, 주상이 갑자기 옷섶을 가리키면서 말했다. "이것을 이미 삼베로 바꾸었는데 지나치게 곱지 않은가?" 그러자 주필대가 아뢰었다. "폐하께서 홀로 결정하셔서 삼년상을 행하시느라 모두 삼베옷을 입는데 어찌 곱겠습니까? 고종께서 처음 승하하셨을 때 폐하께서 곧바로 그런 생각을 가지셨으나, 여러 신하는 순종하지 못하고 오히려 걱정을 끼쳐드렸으니, 이것이 '신하가 미치지 못한다'는 경우이며 만세에 교훈이 될 만한 일입니다." [대상에] 이르러 졸곡제를 치르고 태묘에 신주를 모셨다. 그리고 내비가 있었다. "짐은 과거에 조칙을 내려 3년간 상복을 입으려 한다고 했으나, 조정에 임할 때는 옷을 바꿔 입어달라고 신하들이 누차 요청한지라 내전에서 소복을 입고 정사를 보았다. 비록 '태묘에 신주를 합사할 때는 요청에 따르도록 노력하겠다'고 알렸으나, 경전에 비추어보니 마음이 실로 편안하지 않았고, 3년간 상복을 입는 것이 옛 제도에 가까웠다. 내 의도를 잘 이해하여 다시는 요청하지 말라." 그래서 곧바로 3년간 상복을 입는 제도를 시행했다.[12]

『사릉록 상』[13]에 따르면, 고종은 10월 8일(을해일)에 죽었고 '소상'은 20일(정해일)에 있었으며 '대상'은 11월 2일(기해일)에 있었다고 한다. 이 소상과 대상 두 제례는 모두 달을 날짜로 바꾼 것으로 각각 13일과 25일에 해당된다. 효종이 두 차례에 걸쳐 상복 벗기를 거부했다는 것은 주밀의 기록과 대체로 부합한다. 이로부터 '삼년복을 행하는 것'이 전적으로 효종 자신의 의사에서 나왔다는 사실을 알 수 있다. 하지만 여기서 주의할 현상이 한 가지 있다. 곧 재집 대신인 주필대와 시사점 등은 대체로 실제적 고려에 바탕을 두고서 효종의 삼년상 시행에 찬성하지 않았다. 주필대의 경우, 결국 효종의 의지를 꺾지 못해 그제야 어조를 바꾸고 있다. 다른 한편, 이학자들은 유가 예제의 관점에 입각하여 '삼년상'을 진실로 옹호한다. 심청신이 상복에 관한 여섯 사항을 논의한 일로 효종과 의기투합한 점은 그에 대한 명증이다.[14] 주희는 효종의 이 조치를 칭찬해 마지않았다. 『주자어류』 권89 「예禮 6」의 기록을 보자.

> 기지饍之가 물었다. "수황[효종]이 삼년상을 실행할 때 누가 건의를 했습니까?" [선생이] 말했다. "스스로 행하려 했으니自是要行 거기에 무슨 절차가 있겠는가? 안타깝게도 그 대사를 순조롭게 이룰 좋은 재상이 없었다. 만약 그 성대한 전례를 거행함으로써 천하에 미치게 했다면, 단번에 1100년의 누습을 바로잡고 수천 년 된 법도를 후대에 전할 수 있었을 텐데, 거기에 무슨 절차가 있겠는가?"[15]

원문의 "自是要行"은 "스스로 행하려 했다"는 의미다. 주희가 보고 들은 것은 직접적이고 자세하다는 점에서 그의 말은 굉장히 신뢰할 만하다. 그러므로 '삼년상'이 효종 자신의 구상에서 비롯했다는 것, 곧 "나부터 선례를 만든다自我作古"라는 것이 여기에서 완전히 실증된다. 게다가 이 사건에 대한 심청신과 주희의 공통된 인식에서, 말년의 효종과 이학자들이 어째서 그토록 마음이 잘 맞았는지 더욱 쉽게 이해된다. '삼년상' 이야기는 뒤에서 더 깊이 있게 분석할 예정이므로 여기서 잠시 그치기로 한다.

이어서 '태자의 국무 참여'에 관한 기본적인 사실을 고찰해보자. 『송사』 「효종 3」에는 '태자의 국무 참여' 관련 기록이 두 가지 나온다.

1. 순희 14년(1187) 11월: "기해일(2일) (…) 황태자 돈惇[광종]에게 국무에 참여하라고 조칙을 내렸다. 경자일(3일), 황태자는 국무 참여에 대해 세 차례 사양했으나 받아들여지지 않았다. (…) 무오일(21일), 황태자에게 의사당에서 국무에 참여하라고 조칙을 내렸다. 안으로는 사감寺監, 밖으로는 수신守臣 이하가 재집들과 함께 관직을 제수한 다음에 상주를 마쳤다.[16]
2. 15년 춘정월: "무술일(2일), 황태자가 처음으로 의사당에서 국무를 결재했다."[17]

이 기록은 다만 '태자의 국무 참여' 성립 과정에 관한 표면적인 진술일 뿐이다. 만약 한 걸음 더 나아가 실정을 본다면 '태자의 국무 참여'가 일으킨 파문은 '삼년상'보다 훨씬 더 강렬했음을 알 수 있다. 주필대는 『사릉록 상』 순희 14년 11월 기해 조목에서 이렇게 말한다.

내전에서 조칙을 내려 3성三省과 추밀원에 분부하기를, 담당관에게 명령하여 황태자의 국무 참여에 관한 논의를 작성하라고 했는데, [그 조칙은] 홍매가 기초한 것이었다. 주상은 [홍매가 기초한 조칙에서] "일자를 헤아린바" 등의 몇 마디를 삭제하고서 담당관에게 전례를 따져 보고하도록 명령했다. 나는 '다시 상주하여 인가를 받지' 말도록 [담당관에게] 명했는데, 조칙이 사방으로 전파되어 보고 듣는 이들을 놀라게 한다면 성지가 담긴 문서가 망쳐질까 두려웠기 때문이다. 이윽고 시종들이 모두 합당하다고 여겼지만 범중예范仲藝와 유추劉樞(유정, 당시 지추밀원사를 겸임했다)는 그르다고 여겼다.[18]

이 구절에 근거해보면 '태자의 국무 참여'는 전적으로 효종 자신의 결정에서 비롯한 것이고 아울러 "내전에서 조칙을 내리는" 방식으로 이루어진 것이므로, 조정의 논의는 겨우 '전례'의 세부 절목에 대한 것으로 국한되었다. 주필대가 "조칙이 사방으로 전파되어 보고 듣는 이들을 놀라게 할까" 두려워했던 것으로 보건대, 당시 신하들의 반응이 매우 격렬했음을 알 수 있다. 『사릉록 상』은 이어서 다음과 같이 기록한다.

경자일(3일), 덕수궁에서 조회가 끝나고 집무처로 들어왔는데 예부 및 태상시 관원이 당堂에서 "어제 조칙을 내리면서 정관貞觀과 천희天禧 연간의 일을 인용했지만 모두 합당하지 않아 곳곳의 공론이 매우 흉흉합니다"라고 보고했다. 또 "황태자가 참지정사 갈필에게 청하자 [갈필은] 눈물을 흘리면서 결단코 감당하지 못하겠다는 뜻을 알렸습니다. 내일 아침 덕수궁에 가서 간절히 사양할 것입니다"라고 말했다.[19]

이 구절에는 주석을 달아야지만 그 함축된 의미를 제대로 이해할 수 있다. 한림학사 홍매가 기초한 원래 조칙은 현재 전해지지 않지만, 그 조칙은 정관 9년(635) 승건承乾[당 태종의 장자 이승건] 태자가 국무에 참여한 일과 천희 4년(1020) 황태자 인종仁宗이 국정의 논의에 참여한 일을 필시 선례로 들었을 것이다. 승건 태자가 국무에 참여한 까닭은 당 태종이 고조의 상을 당해 상례를 치렀기 때문이고, 송 인종이 황태자로서 직접 정사를 돌봤던 까닭은 진종이 병에 걸렸기 때문이다. 하지만 승건 태자는 결국 죄를 지어 폐위되었고, 천희 연간의 일도 큰 변고를 초래하고 말았다. 이 두 사례에는 모두 부정적 함의가 있어서 "곳곳의 공론이 흉흉해지는" 결과를 낳았던 것이다. 갈필이 눈물을 흘리면서 황태자에게 "감당하지 못하겠다는 뜻"을 전했던 것은 보통의 겸양이 아니라 거기에는 숨겨진 다른 사정이 있었다. 이에 양만리의 글 두 편을 인용하여 이 사건의 역사적 배경을 설명하고자 한다.

양만리는 「황태자에게 올리는 글上皇太子書」에서 말한다.

제가 이번 달 3일의 조서를 읽어보건대 전하에게 국무에 참여하라는 명령을 내리고 있었습니다. 주상의 지극한 효성, 극심한 애통, 자심한 우울함과 불안함으로 인해 이런 조치가 내려졌고 그런 말씀을 하신 것입니다. 하지만 조치가 한번 내려지자 서울 사람들이 깜짝 놀랐습니다. 태상(고종)께서 승하하신 초기에 밖으로는 큰 적이 있고 안으로는 큰 상喪이 있어 천하가 당황하고 인심이 편안치 못했는데, 매우 놀랄 만한 일을 다시 만났으니 어찌 놀라지 않을 수 있겠습니까? (…) 천하의 직임은 모두 다 같이 수행할 수 있으나, 군주라는 직임만은 다 같이 수행할 수 없는 것입니다. 왜 그렇습니까? 하늘에 태양이 둘 있을 수 없듯이, 백성에게 왕이 둘 있을 수 없어서 만백성과 모든 관료가 오직 한 사람만을 종주로 모시기 때문입니다. 지금 주상께서 위에 계시는데 다시 감국監國[국왕을 대신하여 국정을 관할하는 태자]이 있다면, 어찌 왕이 둘 있는 상황과 비슷하지 않겠습니까? 그렇게 하면 만백성과 모든 관료의 마음으로 하여금 한 사람만을 종주로 여기도록 하는 것이겠습니까? 아니면 두 사람을 종주로 여기도록 하는 것이겠습니까? 예로부터 오늘날에 이르기까지 천하 사람들이 아비와 아들 두 사람을 모두 종주로 여기다가 위기에 빠지지 않은 경우가 없었습니다. 왜냐하면 천하의 마음이 두 사람을 종주로 삼는다면 서로 등을 돌리려는 마음이 생겨나고, 서로 등을 돌리려는 마음이 생겨나면 이쪽과 저쪽의 당파가 서며, 이쪽과 저쪽의 당파가 서면 이간질하는 말이 반드시 나오고, 이간질하는 말이 나오면 부자지간에 틈이 생기기 때문입니다. 벌어진 것은 다시 합할 수 없고, 틈은 다시 온전하게 만들 수 없다는 것이 고금의 큰 걱정거리입니다. (…) 또한 한림翰林 등이 대신 말할 때 정관과 천희 연간의 일을 인용하지만 그 모두 아름답지 않은 일들이었습니다. (…) 일찍이 보건대, 옛사람들이 한번 위기를 겪을 때 후회한들 어떻게 일을 되돌리겠습니까? 그러니 후회하면서 일을 되돌리지 못하기보다 사양하면서 그 자리에 앉지 않음이 낫지 않습니까? 바라건대 신은 전하께서 세 번, 다섯 번, 열 번, 백 번이라도 거절하시면서 그 자리에 앉지 않으셨으면 합니다.[20]

11월 7일, 양만리는 다시 새로 제수된 '비서소감祕書少監 겸 태자시독太子侍讀' 자격으로 효종에게 상소문을 올려 '태자의 국무 참여' 명령을 철회해줄 것을 꿋꿋이 요청한다. 원래 글은 매우 길어 중복을 피하기 위해 관련 부분만 인용하여 「황태자에게 올리는 글」과 상호 참조해보고자 한다.

조서에 있는 "국무에 참여하라參決庶務"라는 말을 신이 엎드려 생각해보았습니다. '국무庶務'란 무슨 업무입니까? 예악과 정벌의 정치, 상벌 여탈의 권한, 진귀한 음식 하사의 권한이 아닙니까? 이것이 정치이고 권한입니다. 〔정치와 권한은〕 한 사람에게서 나와야지 두 사람에게서 나오면 안 되는 것입니다. 한 사람에게서 나오면 다스려지고 안정되고 보존되지만, 두 사람에게서 나오면 어지러워지고 위태로워지며 망합니다. (…) 태자의 국정 대리監國는 옛날 전성기 때에는 없었던 일이고, 본조의 전성기 때에도 없던 일입니다. 어찌 그것이 성스러운 시대에 만들어진 것이겠으며 게다가 후대를 위한 구실이 되는 것이겠습니까? 어떤 이는 "주상께서 삼년상을 행하려 하셔서 '태자의 국정 대리'라는 전례를 행하신다"고 말합니다. 하지만 '태자의 국정 대리'라는 전례를 행하지 않는다고 해서 주상께서 삼년상을 치르지 못하겠습니까? 신은 그것이 속된 유학자의 논의라고 생각합니다. 신이 듣건대 천자의 효가 있고 사士와 서인庶人의 효가 있습니다. 공자는 "한 사람에게 경사가 있으면 만백성이 그를 의지한다"고 말했습니다. 이것이 천자의 효입니다. (…) 또한 옛날 한 조의 통치一代之治에는 그 나름의 가법이 있습니다. 하나라는 요 임금과 순 임금을 본뜨지 않고 우 임금을 본떴습니다. (…) 주나라는 우 임금과 탕 임금을 본뜨지 않고 문왕을 본떴습니다. (…) 본조의 통치에도 역시 가법이 있습니다. 궁중에서 삼년상을 시행하더라도 조정에서는 천하의 정사를 돌본다는 것이 이전 임금들의 가법이었습니다. (…) 지금 폐하께서 속된 유학자들의 논의를 따르려고 하시면서 필부의 절개를 지키시지만, 국무 참여에 관한 조칙이 내려가자 나라 사람들이 매우 당황해했습니다. 신은 바라건대 폐하께서 멀리로는 '나라가 둘로 갈리면 화가 생긴다'는 옛사람들의 사례를 비추어보시고, 가까이로는 광요[고종]께서 겪으신 왕업의 어려움을 생각하시면서, 여러 신하가 어전에서 한 요청을 시원하게 받아들이시어 제왕의 직무를 직접 챙기셨으면 하고, 또한 선뜻 태도를 바꾸시어 힘껏 사양하는 태자의 요청을 따르셔서 '국무 참여'의 조칙을 중지하신다면 백성을 안심시킬 수 있을 것이고 오랑캐들에게 보여줄 수 있을 것입니다. 선조 및 고종께서 부탁하신 대업은 태산과 같이 안정되고, 폐하와 태자사이 부자 관계는 조금도 의심을 사지 않을 것입니다.[21]

위 두 문서는 태자의 국무 참여에 관한 가장 중요한 1차 사료로서, 적어도 세 가지 문제를 설명해줄 수 있다. 첫째, 이와 같은 효종의 돌출 행동은 거대한 파장을 불러일으켰고, 아울러 그것은 "곳곳의 공론이 흉흉하다"는 주필대의 기록을 실증해준다. 당시 태자의 국무 참여에 매우 회의적인 태도를 취한 사람이 조정에 적지 않았을 것이다. 다만 양만리처럼 기탄없이 직언하는 사람이 없었을 뿐이다. 둘째, 광종의 거듭된 사양은 필시 양만리의 영향 때문이었을 것이다. 양만리는 이미 '태자시독'이었으므로 상소문을 올리기 전 광종에게 직접 그 이해관계를 진술했음이 틀림없다. 광종도 일찍이 '정政'과 '권權'을 획득할 생각을 하지 않았던 것은 아니지만(뒤에서 더 설명할 것이다), '태자의 국정 대리'가 초래할 역효과에 깊이 경계하지 않을 수 없었다. 셋째, 세 가지 가운데 가장 중요한 사실로, 양만리는 '태자의 국무 참여'로 정치와 권한이 두 사람에게서 나올 것이고 아울러 "서로 등을 돌리려는 마음이 생겨남"으로써 "이쪽과 저쪽의 당파가 서는" 일을 야기할 것이며, 최후로는 "부자지간에 틈이 생기는" 일을 피할 수 없으리라고 지적한다. 나중에 광종이 즉위하자 양만리의 이런 관찰은 정확한 예언이 되는데, 이미 당시에도 조짐을 내비치고 있었다. 『사릉록 상』 순희 14년(1187) 12월 경진일(13일) 조목 기록을 보자.

기거랑起居郎 호진신이 첫번째 차자를 올려서, 치방馳坊 상창필常昌弼이 '상소문을 올려 태자의 국무 참여를 간청함으로써 공을 세우려 한다'고 떠벌린다고 주장했다. 주상이 말했다. "이 일은 내가 재상들과도 상의하지 않았고, 부자간에 말한 적은 있지만 내 뜻에서 나온 것이었다." 그러면서 그 사람을 처벌하려 했다. 그러자 호진신은 "[그 사람 상창필을] 처벌한다면 미천한 자의 명성만 이루어줄 터이니, 처벌하면 안 되고 또 처벌할 수도 없습니다. 다만 황궁에서 더욱더 기밀을 유지하시기를 바랄 뿐입니다"라고 아뢰었다.[22]

신사일(14일), 연화전에서 상주하자 주상이 교유하시기를, "치방 상창필에게 악벼을 주는 것(사록을 주는 것)이 어떤가?"라고 했다. 모두들 동의했다. 주상은 또 따로 처벌을 하려고 했다. 나는 "오히려 그의 거짓을 도와줄 테니, 다만 그렇게만 하시면 충분합니다"라고 아뢰었다.[23]

'치방'은 태복시太僕寺[24] 소속 관리로, "여러 가축을 각각 길러 화물 운반용으로 제공하는 일을 관장했다."[25] 상창필처럼 경중을 논할 수조차 없는 지위에 있는 관리들도 공개리에 '국무 참여'에 대해 공을 세우려고 했다. 그들은 태자의 환심을 사서 향후 진급을 도모하려는 의도가 있었다. 효종이 조칙을 내린 후 한 달 만에 "서로 등을 돌리려는 마음"이 곧바로 출현했음을 여기서 알 수 있다. 이런 사료 역시 '태자의 국무 참여'가 전적으로 효종의 결단에서 나왔고, 재상들조차 사전에 알지 못했음을 실증한다.

양만리는 황권에 대해 깊이 있게 인식하고 있었기에 나중에는 상당한 존경을 받는다. 나대경은 우리에게 이렇게 알려준다.

효종 말년, 황태자가 국무에 참여한다는 조칙을 내렸다. 양성재楊誠齋[양만리]는 당시 궁궐 관료로서 태자에게 글을 올렸다. (…) 당시 여러 공은 모두 그의 말이 심하다고 여겼다. 소희 갑인년(5년, 1194), 비로소 그의 선견지명

에 탄복했다.[26]

양만리가 글을 올린 초기에 조정의 적잖은 사대부들은 그의 말이 지나치게 심한 감이 있다고 인식했으나, 소희 말년 효종과 광종의 부자 관계가 철저하게 파열되기에 이르자 양만리의 선견지명이 비로소 널리 인정받았다. 하지만 위 두 인용문의 중요성은 결코 양만리가 시사時事에 대해 '완곡히 말하면서도 정곡을 찔렀다談言微中'는 차원에 머물지 않는다. 남송 사대부들이 특히 강조했듯이 말이다. 본서 하편의 논지에 입각하면, '태자의 국무 참여'에 관한 양만리의 분석은 황권의 분열에 관한 가장 핵심적인 증거를 제시한다. 앞 장에서 제기한 황권 분열의 문제는 바로 양만리가 말한 '정치와 권한이 두 사람에게서 나온다'는 문제였다. 위 두 문서를 통해 우리는 다음 같은 결론을 내릴 수 있다. 즉, 순희 14년(1187) 11월 '태자 국무 참여' 조칙이 내려지자마자 황권 분열이 시작되었다는 것이다. 효종이 많은 수의 이학자를 이끌어 들여 입조시키려는 계획을 준비하고 또 인사를 배치하기 시작했을 때, 관료 집단('왕당')의 주요 구성원들은 '국무에 참여하는' 태자를 둘러싸고 자신들의 반개혁을 진행하기 시작했다. 우리는 제10장에서 순희 15년 10월 일어난 '인재 추천' 사건의 대풍파를 살펴보았다. 이 한바탕의 풍파는 갈필이 단독으로 만들어낸 것이었지만, 그는 태자의 깊은 신임을 받던 관료 집단의 중요 구성원이었다. 그러므로 갈필은 내선 전야에 형부상서로 있다가 동지추밀원사로 제수되었다(순희 16년 정월). 이듬해(소희 원년, 1190) 7월에는 참지정사로 제수되었고, 12월에는 다시 지추밀원으로 제수되어 반년 안에 연이어 두 단계나 승진했다. 최후로는 소희 4년 3월, 다시 우승상으로 진급했다.[27] 이 사례만 놓고 보더라도, 관료 집단의 반개혁은 '태자 국무 참여' 시기에 이미 시작되었다는 사실이 분명해진다. 관료 집단은 광종 즉위(1189) 후 3개월 만에 주필대를 공격하여 제거했으므로, 그들의 반개혁이 얼마나 주도면밀했는지 알 수 있다. 뿐만 아니라 주필대가 재상에서 파면된 것이 순희 16년(1189) 5월 병신일(7일)로, 1년 전 5월 기해일(4일)

에 왕회가 파면되었던 것과 정확히 1년 차이가 난다. 이러한 우연의 일치를 볼 때, 그것이 관료 집단의 고의적 보복은 아니었는지 의심하지 않을 수 없다. 말하자면 관료 집단은 정적에게 자신들의 본색을 보여준 것이다.

여하튼 분명한 사실이 우리 앞에 떠오른다. 곧 당시 '주당(주필대의 당)'은 효종 계통에 속했고, '왕당(왕회의 당)'은 광종의 비호를 받았다는 사실이다. 양만리는 "천하의 마음이 두 사람을 종주로 삼는다면 서로 등을 돌리려는 마음이 생겨나고, 서로 등을 돌리려는 마음이 생겨나면, 이쪽과 저쪽의 당파가 선다"고 말한다. 불행히도 이런 예언은 1년 반 후에 완전히 들어맞는다. '태자 국무 참여'는 본서 하편의 논지와 이처럼 밀접하게 관련을 맺는 만큼 간략하게나마 논하지 않을 수 없었다.

마지막으로 '내선'을 검토해보자. 『송사』「광종기」는 다음과 같이 말한다.

〔순희 15년〕11월, 승상 주필대가 사직을 간구하자, 효종이 교유하면서 "짐은 근래 병이 들어 피곤하여 태자에게 황위를 넘겨주려고 하니 경은 조금 더 남아 있어야 한다卿須少留"고 말했다. 마침 진강백의 가문이 소흥 연간 왕위를 넘겨주면서 쓰인 어차御箚를 올리자, 효종은 12월 임신일에 중사中使를 파견하여 주필대에게 〔어차를〕 은밀하게 하사했고 〔관련된〕 전례를 따지라고 명령했다. 또한 선양하려는 뜻을 참지정사 유정에게 비밀리에 알렸다. 16년 정월 신해일, 주필대와 유정이 관련 전례에 대해 보고하자 효종은 '황태자에게 황위를 물려주고, 자신은 물러나 휴양함으로써 고종 삼년상을 끝마치려 한다'고 교유했고, 이어서 주필대에게 명령하여 조칙의 초안을 바치라고 했다.[28]

위 구절은 효종의 내선에 관한 정사正史 중 가장 간명한 기록이다. 이에 따르면, 효종은 순희 15년(1188) 11월과 12월이 되어서야 비로소 주필대와 유정에게 퇴위 결정을 비밀리에 알렸다. 진강백의 가문이 11월에 고종의 내선(소흥 32년, 1162) 어차를 헌상했던 것은, 필시 효종이 그것을 찾았기 때문이지 결코 우연의 일치는 아니었을 것이다. 이로부터 추론하건대 효종의 결정은 아무리 늦어도 순희 15년 10월에는 내려졌을 것이다. 내선의 전례는 순희 16년 2월 임술일(2일)에 거행되었음이 「광종기」에 나온다. 필자는 주필대의 『사릉록 하』,[29] 이벽의 「주필대 행장」,[30] 『송사』 「유정전」 등 관련 부분을 비교·교감하여 위 기록이 사실임을 증명했으나, 지면을 아끼기 위해 여기서는 상세히 논하지 않으려 한다.

'내선' 역시, '삼년상'과 '태자의 국무 참여'와 마찬가지로, 전적으로 효종 개인의 의지에서 비롯했다. 게다가 다음과 같이 충분히 믿을 만한 근거가 있다. 곧 '내선'과 앞의 두 가지는 서로 분리될 수 없다는 점, 그리고 '태자의 국무 참여'는 '내선'의 전주곡이라는 점이다. 하지만 효종이 '태자의 국무 참여' 시점부터 곧바로 1년 뒤 '내선'을 하리라 결심했는지 여부는 좀더 고찰해야 할 부분이므로 계속해서 연구가 필요하다. 이에 먼저 지적해야 할 사항은 광종이 일찍이 동궁 시절부터 밤낮으로 황위 선양을 기다렸다는 점이다. 『사조문견록』 을집 '청호진선淸湖陳仙' 조목을 보자.

이번에 신선에게 청한請仙 쪽은 진씨의 아들이었다. 광종 황제는 태자로 있은 지 오래되어, 환관을 보내 그 아비를 불러들였다. 위에는 흰 비단 홑옷을 입었고 작고 붉은 허리띠를 맸는데, 진씨가 들어오는 것을 보고 그를 피했다. 천천히 진씨를 호출하여 환관이 향이 있는 탁자를 설치하고 술잔에 술을 따랐으며, 금 접시에 과일을 세 개 담았고, 향을 태우면서 질문지를 불살랐다. 신선이 마침내 키箕[곡식 따위를 까불러 쭉정이나 티끌을 골라내는 도구]로 강림하여, 광종 황제가 몇 년 몇 월 며칠에 즉위하리라고 썼다. 환관이 그것을 갖고서 들어왔고, 나가서는 술로써 진씨의 노고를 위로했으며, 아울러 금과 비단을 선물로 보냈고, 돌아가서는 이야기하지 말라고 주의를 주었다. 나중에 과연 점친 대로 되었다.[31]

여기에 기록된 "신선에게 청한다"는 것은 점술의 일종으로, 광종의 급박한 심리가 생생히 묘사되고 있다. 『사조문견록』을집 '오자약烏髭藥' 조목도 있다.

광종 황제[태자]의 나이가 이미 많았다. 동궁東宮으로서 천부天府를 다스리다가 다시 중화궁에 들어와서 모시고 섰는데, 조용히 주상에게 "신에게 오자약烏髭藥을 선물한 자가 있지만 신이 감히 사용하지 못하겠습니다"라고 알렸다. 주상은 광종 황제[태자]에게 "천하에 늙었다는 것을 보여주려고 하는구나. 어찌 사용하지 않느냐?"고 했다. 중화[효종]가 덕수(고종)를 봉양하려 했는데, 두 궁에 들어가는 비용을 거듭 안타깝게 여긴지라 덕수궁이 서거한 후 곧바로 광종 황제에게 황위를 주려고 했다. 무거운 짐을 벗어버리려면 시간이 필요했기 때문이다.[32]

이 기록은 특히 음미할 만하다. 당시 광종은 새치가 나서 이미 반백의 상태여서 어떤 사람이 그에게 '오자약'을 선물했다. 그는 효종에게 자신이 그 약을 써도 괜찮은지 물어보지만, 실은 '내선'의 가능성을 탐지해보려는 의도가 있었다. 엽소옹의 해석 역시 그의 마음속을 완곡하게 드러내고 있다. 광종은 소흥 17년(1147)에 태어나서 임안윤臨安尹으로 부임하던 건도 7년(1171) 4월 신미일에는 나이가 스물다섯이었다.[33] 하지만 그는 태자 겸 임안윤으로 있던 시기가 상당히 길었다. 「광종기」는 말한다.

임안의 행정을 담당하자 마음을 다해 민정을 돌보아서 그 실정을 두루 알았다. 효종이 여러 차례 그 일을 칭찬했고, 또한 승상 조웅에게 말하기를, "태자의 자질이 아주 뛰어나다. 매번 사람을 보내서 문안 인사를 하는데, 짐은 학문에 유의하라고 반드시 훈계를 한다"고 했다.[34]

조웅이 우상으로 제수된 것은 순희 5년(1178) 11월이고 재상에서 파면된 것은 순희 8년(1181) 8월이었는데, 광종은 이 기간에도 여전히 임안윤이었다. 이렇게 보면, 광종의 겸직은 순희 14년(1187) 고종의 서거 이후에야 정식으로 해제되었고, 당시 그는 이미 마흔한 살이었다. '오자약' 사건은 아마도 그보다 1~2년 전에 일어났을 터인데, 그때 광종은 '희끗희끗한 머리털이 보이는' 연령이었다.

광종은 "태자로서 국무에 참여하는" 1년 동안 더욱더 초조해졌다. 명나라 전여성田汝成이 편집한 『서호유람지여西湖遊覽誌餘』에는 극히 중요한 남송대 풍문이 하나 기록되어 있다.

광종이 학금鶴禁〔태자가 거처하는 곳〕에 있을 때 선양받기를 바랐지만 끝내 말을 꺼내기 어려워서 여러 차례 자복태후慈福太后〔헌성태후〕에게 진미珍味를 진상했다. 태후가 의심이 들어 시종에게 물어보았다. "태자가 몇 번이나 연회를 베풀어주는데, 왜 그럴까?" 곁에 있던 이가 아뢰었다. "태후께서 주상에게 나아갔으면 하는 것일 뿐입니다." 얼마 있다가 수황壽皇〔효종〕이 동내東內〔동쪽 궁〕에 이르자, 한가한 틈을 타서 〔태후가〕 주상에게 말했다. "황제도 일찍부터 즐거움을 취하는 것이 좋을 터이니 〔황위를〕 내려놓고 아이兒輩에게 주시지요." 주상이 말했다. "저도 오래전부터 주려고 했지만, 아이가 아직 어리고 경험도 없는지라 곧바로 황위를 줄 수 없습니다. 그렇지 않았다면 한참 동안 쾌활하게 지냈을 것입니다." 그후에는 강요할 수 없어서 〔태후는〕 광종에게 "내가 네 아비乃翁에게 말해주었으나, 네 아비의 소견이 또한 이렇다"라고 얘기해주었다. 광종은 두건을 벗어버리면서 "제 머리가 이미 백발인데도 아직껏 어린아이로 여겨지니 할아버지〔고종〕께 황송합니다"라고 말하고 그후 말이 없었다. 고종이 수황의 성년 때에 황위를 양보한 일을 말한 것이다.[35]

전여성은 항주 출신이고 『서호유람지여』는 송나라와 원나라의 옛 전적에서 자료를 채록하여 편집한 책으로, 현존하는 남송의 필기筆記류나 고사에 관한 掌故 작품, 곧 『제동야어齊東野語』나 『학림옥로』에서 찾아볼 수 있는 자료도 적지 않다. 위 사료의 기원이 어디인지 아직 더 고찰해봐야 하지만, 남송대 기록물에서 비롯했다는 점만큼은 의심할 수 없다. 원문은 고종의 헌성태후를 '자복'이라고 칭하는데, 이 칭호는 고종 사후에 얻게 된 것이므로 위 사건은 순희 15년(1188) 광종이 "국무에 참여"한 시기에 일어났음이 틀림없다. 광종이 헌성황후를 통해 부친에게 압력을 가하여 하루라도 빨리 '내선'을 거행하도록 기도했음이 위 기록에서 남김없이 드러난다. 그가 "두건을 벗어버렸다"는 대목은 자신이 백발이라는 것을 헌성황후에게 보여주기 위함이었다. 이는 앞서 인용한 '오자약' 조목과 한 치의 어긋남도 없이 합치한다. 소흥 32년(1162), 고종이 '내선'할 때 고종은 쉰여섯 살이었고 효종은 서른여섯 살이었다. 이제 효종은 예순두 살이고 광종은 이미 마흔두 살이라, 광종은 "할아버지[고종]께 황송하다"는 원망 섞인 말을 한 것이다. 『사조문견록』 을집 '헌성옹립憲聖擁立' 조목 기록을 보자.

고종이 승하하자 헌성황후가 홀로 북궁北宮에 머물렀고 나이는 점점 많아졌다(순희 15년, 헌성의 나이 일흔다섯이었다). 효종은 날마다 문안 인사를 드리지 못하는 것을 죄송하게 생각했다. [효종이] 광황光皇[광종]에게 황위를 물려준 것은 실제로 헌성이 명령한 것이다. 효종은 마침내 매일 장락궁長樂宮에서 봉양하여 천하의 봉양을 지극히 할 수 있었고, 자식 된 기쁨을 다할 수 있었다.36

이 기록과 『서호유람지여』의 기록은 마치 천의무봉처럼 잘 이어진다. "광황에게 황위를 물려주었던 것은 실제로 헌성이 명령한 것이다"라는 구절이 우리에게 분명히 알려주는 바는 헌성황후가 '내선' 문제에서 최후에 핵심 역할을 했다는 것이다.

이상의 고찰을 통해 우리는 다음의 결론에 도달할 수 있다. 곧 '내선'하려는 효종의 의도가 비록 '삼년상' 및 '태자의 국무 참여'와 서로 선후 관계를 이루기는 하지만, '내선' 시간표가 처음에는 확정되어 있지 않았다는 것이다. 효종은 헌성황후에게 "아이가 아직 어리고 경험도 없는지라 곧바로 황위를 줄 수 없다"고 했다. 이 말이 전적으로 핑계는 아니지만 숨긴 뜻이 전혀 없는 것도 아니다. 제10장에서 들었던 여러 증거를 볼 때, 효종은 최후의 정치적 인사 배치를 하기 위해 충분한 시간이 필요했음이 틀림없다. 그래서 그는 헌성황후에게 분명히 말하기 힘들었거나 또는 불편했을 것이다. 헌성황후가 "내려놓고 아이에게 주라"고 효종을 재촉한 것은 결코 앞에서 본 것처럼 한 번에 그치지 않았을 것이고, 나중에도 여러 차례 반복됐을 것이다. 이런 압력은 얼마간 '내선' 시간표를 혼란스럽게 하여 효종은 인사 배치가 완전히 마무리되기 전에 퇴위할 수밖에 없었다. 제10장에서 보았다시피 조여우·유광조·황상 등은 '내선'이 일어나기 전 미처 임안에 도착하지 못했는데, 이는 인사 배치가 아직 마무리되지 못했었다는 명확한 증거다. 이뿐 아니라 촉박한 시간으로 인해 적잖은 반개혁 관료 집단 구성원들이 아직도 요로에 포진하고 있어서, 효종도 인사 재배치를 조용히 해낼 수 없었다. 퇴위 후에 두세 달 만에 자신이 임명했던 재상 주필대가 쫓겨나자, 효종은 "주필대에게 무슨 당이 있는가? 오히려 왕당[왕회의 당]이 지나치게 많을 뿐이다"라고 한탄할 수밖에 없었다. 이는 '내선' 시간표가 교란되었음을 보여주는 분명한 증거다.

2. 개설: 역사학과 심리 분석의 상호작용

'삼년상' '태자의 국무 참여' '내선'은 효종이 황위에서 물러나는 과정에서 일어난 3부곡三部曲이다. 우리는 이 3부곡의 역사적 과정을 각각 추적한 뒤, 이 3부곡과 효종 만년의 또다른 2중주(개혁 구상과 인사 배치)가 대체 어떤 관계를 맺는지에 대해 먼저 생각해봐야 한다. 제10장에서 이미 개혁과 인사 배치를 위해 효종이 취한 여러 조치를 들어 그의 진실성이 의심될 수 없음을 상세히 논증했다. 3부곡과 2중주는 시간 순서상 완전히 중복되지만, 적어도 겉에서 볼 때는 완전히 상반된 의도를 갖는 두 가지 행동 계열이 드러난다. 곧 3부곡은 효종이 한 걸음씩 권력 중심에서 물러나는 과정을 가리키므로 그 방향은 후퇴다. 하지만 2중주는 옛 인물을 제거하고 새 인물을 배치하는 것이므로 그 방향은 전진이다. 하나는 후퇴이고 다른 하나는 전진인 양자는 서로 모순되는데, 우리는 이 모순을 어떻게 이해해야 할까? 두 상반된 행동이 결국 효종의 의향을 표출하는 것이라면 우리는 그의 심리 속으로 깊이 들어가야지만 비로소 해답의 실마리를 찾을 수 있을 것이다. 그래서 이제부터는 심리 분석과 일반 역사학의 상호작용이라는 방식을 통해 탐구를 진행하려고 한다. 본격적인 주제로 들어가기에 앞서 먼저 필자의 기본 가정을 설명하고, 어째서 심리 분석의 힘을 빌리지 않을 수 없는지 이야기하고자 한다.

효종 3부곡의 출발은 '삼년상'이었고 그 핵심은 효종이 고종의 죽음에 대해 가질 수밖에 없었던 애통한 슬픔을 표현하는 데 있었다. 앞 절에서 인용한 효종의 말을 보자면, "큰 은혜에 보답하기 어려우니 [삼년상을 지내지 않는 것은] 인정상 차마 하지 못하겠다"였다. 하지만 그의 2중주가 지닌 최종 목적은 오히려 고종이 세우고 견지한 정치적 국면을 뿌리부터 뒤집어엎는 것이었다.(뒤에서 상론한다.) 이는 "3년 동안 아버지의 도를 바꾸지 않아야 효도라 할 수 있다"는 공자의 원칙과 완전히 상반된다. 이뿐 아니라 3부곡은 공개하에 연출되었지만 2중주는 암암리에 진행되었다. 따라서 우리는 다음 같은 의심을 하지 않을 수 없다. 효종 만년의 상반된 두 행동은 내심의 심각한 충돌에서 비롯된 것 아니냐는 것이다. 이런 어려움을 해결하기 위해 필자는 기본적인 가정을 세웠다. 즉 효종은 고종에 대해 "큰 은혜에 보답하기 어려우니, [삼년상을 지내지 않는 것은] 인정상 차마 하지 못하겠다"라는 긍정적 감정 말고도 불만어린 감정이 있었다는 것이다. 이러한 효종의 상반된 감정은 모두 진실한 것이었다. 다만 차이점은, 긍정적 감정은 자각적인 것이어서 당당하게 표현할 수 있는 데 반해 부정적 감정은 대부분 마음속에 침잠되어 있어 심지어는 자기 자신도 자각하지 못한다는 점이다. 이렇듯 의식과 잠재의식의 영역을 구분할 때, 우리는 이미 현대 심리 분석의 암시를 받아들이는 것이 된다. 물론 그것은 주희나 장식 등 남송 이학자들이 설명한 '찰식察識'과 다르다. 그들은 두 의식의 영역을 구분하기는 했으나, 잠재의식이 모종의 수양 공부를 통해 겉으로 드러날 수 있다고 가정한다. 심리 분석의 임상 경험이 우리에게 알려주는 바는, 잠재의식을 의식으로 변화시키는 것이 그처럼 간단하지 않다는 사실이다.

필자의 기본 가정이 특정한 해석으로서의 효용을 갖기는 하지만 그것을 어떻게 증명할 것인가 하는 문제는 극히 어렵다. 이는 전통적 고증만으로는 감당할 수 없기 때문이다. 왜 그럴까? 효종이 고종에 대해 지닌 긍정적 감정은 자각적인 것이어서 문헌적 증거가 매우 많이 남아 있다. 하지만 부정적 감정은 잠재의식 속에 묻혀 있어 공개리에 드러나지 않기에 눈으로 볼 수 있는 증거는 아예 존재할 수가 없다. 다만 효종의 평범치 않은 몇몇 행위에 대해 심리적 해석을 가함으로써, 거기에 숨겨져 있는 마음을 대략 읽어낼 수 있을 따름이다. 그런데 그와 관련된 심리 분석의 몇 가지 발견 사항으로부터 도움을 얻지 못한다면 그 방식은 효과를 거둘 수 없다. 사례를 하나 들어 이런 논증 방식의 필요성을 설명해보자.

고종 사후, 효종은 형식상 '삼년상'을 지켰을 뿐만 아니라 실질적으로도 상례 실천에 대해 불가사의할 정도로 진지하게 임했다. 주필대의 『사릉록 상』 순희 15년(1188) 정월 조목에는 두 가지 기록이 있다.

기미일, 연화전에서 보고를 했다. (…) 주상이 또다시 관복 제도를 언급하면서 "짐은 결단코 삼베로 바꿔 입겠다. 그래야 마음이 편안하다"고 말하고 모자를 가리키며 "이미 바꿨다"고 했다.[2]

경신일, 연화전에서 보고를 했다. (…) 주상이 갑자기 무릎을 가리키면서 내게 보여주었지만 나는 미처 깨닫지 못했다. 이윽고 소매를 들면서 "이것은 이미 삼베를 썼는데 지나치게 가늘지 않은가?"라고 말했다.[3]

위 두 조목은 1차 사료로서, 상을 당해 효종이 예를 행하는 것이 최고 수준에 도달해 있었음을 보여준다. 효종은 필시 상례에 중대한 의미를 부여하고 있었던 듯하다. 그렇지 않다면, 이틀 연속으로 그처럼 기괴한 행동을 하지는 않았을 것이다. 효종은 삼베옷과 모자를 신하들에게 보여주었을 뿐만 아니라 특별히 삼베가 "지나치게 가늘지 않은가"라고 묻기까지 했다. "주상이 갑자기 무릎을 가리키면서 내게 보여주었지만 나는 미처 깨닫지 못했다"는 주필대의 말은, 효종의 그런 행동이 정상 범위를 넘어 이루어졌음을 매우 정확하게 증명한다.

만약 효종이 상례에 보인 진지함이 오직 거친 삼베옷을 입는 데 그쳤다면, 우리는 그것에 근거해 어떠한 추론도 할 수 없을 것이다. 하지만 '의복'에서 '식사'로 나아가면 '삼년상'에 대한 그의 복잡한 심리 배경은 충분히 드러난다. 『송사』 권122 「예지禮誌 25」에는 이런 기록이 나온다.

순희 14년(1187) 10월 8일, 고종이 붕어하자 효종은 통곡하며 가슴을 치고 발을 굴렀다. 이틀이 넘도록 수라를 들이지 못했다.[4]

위 구절은 효종의 애통함이 보통 수준을 넘어섰음을 묘사하는데, 제왕의 효성을 과장하는 관방官方의 일반적인 곡필曲筆과 동일한 것으로 볼 수 없다. 효종의 애통함이 매우 오랜 시간 지속되었음을 분명하게 알 수 있기 때문이다. 주밀의 『제동야어』 권1 '효종의 성스러운 정치孝宗聖政' 조목을 보자.

고종의 상을 지내는데, 100일 후에도 상식尙食〔왕의 식사를 담당하는 관리〕이 소박한 수라를 바쳐 〔효종은〕 매우 수척했다. 오 부인吳夫人은 태자 시절부터 있던 사람이었다. 여러 차례에 걸쳐 몹시 건강이 상했다고 진언했으나, 주상은 끝내 듣지 않았다. 하루는 오 부인이 은밀하게 상식 내시에게 말했다. "폐하의 음식이 소박할 때가 많으니 〔폐하가〕 매우 마르셨구나. 너희가 상의를 해보아라." 그래서 비밀리에 궁궐 내에 명령을 내려, 닭즙 등을 평소 반찬에 섞어서 바치라고 했다. 주상이 먹어보고 맛이 있다고 느껴서 그 이유를 물어보자, 내시가 몹시 두려워하여 이실직고했다. 주상이 크게 화를 내면서 〔오 부인에게〕 벌을 내리려고 했다. 황태후(헌성황후)가 듣고서 재빨리 궁궐로 가 있는 힘껏 그 상황을 변호했다. 하지만 〔효종은〕 오 부인을 밖으로 보내어 살게 했다. 내시들의 파직에는 차이가 있었다.[5]

"통곡하며 가슴을 치고 발을 굴렀다"에서 "100일 후에도 상식이 소박한 수라를 바쳤다" 그리고 "매우 수척했다"에 이르기까지, 이는 상례를 치르는 보통의 '효자'가 해낼 수 없는 것이었다. 하지만 더욱 중시할 점은 효종이 닭즙 사건에 보인 반응이다. 그는 오 부인의 행동이 전적으로 충심에서 나온 것임을 알았을 테지만 결국 자신의 분노를 통제하지 못했다. 그래서 헌성황후가 직접 나서서 조정했음에도 불구하고 자신을 수십 년 동안 모신 사람을 마침내 궁 밖으로 쫓아내버렸다. 이 사건은 일반인들이 생각하는 수준을 뛰어넘었기에 당시 천하를 진동시켰고 후대에도 전해졌다. '상례를 치를 때 예를 다해야 한다居喪盡禮'는 것은 필시 효종의 마음속에서 가장 민감한 부분이어서 조금이라도 침범하는 것이 용납되지 않았음을 알 수 있다.

남아 있는 기록만을 보면, 효종이 고종에 대해 지닌 감정이 매우 깊었음을 알 수 있다. "큰 은혜에 보답하기 어렵다"는 관념이 효종의 '피부에 들러붙고 골수에 사무치는淪肌浹髓' 수준까지 깊어졌던 듯하다. 하지만 심리 분석은 그런 돌출 행위에서 죽은 자에 대한 산 자의 부정적 감정까지 읽어낸다. 여기서 특히 소개하려는 것은 지그문트 프로이트Sigmund Freud가 1915년 「애도와 우울증Mourning and Melancholia」에서 제시한 이론이다.[6] 프로이트는 정신병 환자를 임상 치료 해서 얻은 경험을 통해, 죽은 자를 애도하면서 표출되는 극단적인 '자책self-reproaches'과 '자기 훼손self-torture' 행위는 일종의 부정적 감정을 가리킨다고 말한다. 이것이 바로 그 유명한 '양가감정ambivalence'설로서, 산 자는 한편으로 죽은 자를 '극도로 사랑하고' 다른 한편으로 '절실하게 원망한다'는 것이다. 산 자는 잠재의식 속에 죽은 자에 대해 뿌리 깊은 불만을 갖고 있으므로, '견책reproaches'과 '괴롭힘torture'은 본래 죽은 자를 겨냥한다. 하지만 대상이 이미 사라졌기 때문에 산 자의 '에고意我'가 죽은 자와 합하게 되고, 그로 인해 적대적 감정이 전부 자기에게로 향하게 된다. 그 결과 극단적인 '자책'과 '자기 훼손' 행위로 드러난다는 것이다.[7] 프로이트가 위 논문에서 제시한 입론은 오늘날 여러 인간관계에 적용되고 있지만, 최초의 논지는 부모가 죽은 후 자녀가 드러내는 강렬한 양가감정에 대한 분석이었다.[8] 따라서 우리는 「애도와 우울증」을 통해 효종의 긍정적 감정에 숨겨져 있는 고종에 대한 그의 부정적 감정까지 찾아 읽을 수 있다.[9]

위에서 든 두 사례는 효종 만년의 상호 모순된 행동 계열을 해결하기 위한 방향을 제시해주지만, 어떻게 하면 비교적 신뢰할 만한 심리사학적 해석에 입각해 그런 모순을 설명할 수 있는가는 여전히 쉽지 않은 문제다. 우리는 효종 일생의 심리적 경험을 파고들어야만 그가 어째서 잠재의식 속에 고종에 대해 부정적 감정을 가졌는지, 그리고 그런 부정적 감정이 대체 어떤 성격이었는지를 충분히 이해할 수 있다. 이 임무를 수행하기 위해, 효종의 '생명사life history' 연구를 진행함으로써 한편으로는 이와 관련된 기본 사실을 확인하고 다른 한편으로는 심리사학의 기존 범례로부터 도움을 얻고자 한다.

이 장에서 참조하는 심리 분석은 사학자들이 평소 언급하는 범주에서 비롯하지는 않지만, 그 가운데 이상한 이론이 들어 있는 것은 아니다. 1950년대 말부터 시작해 적잖은 심리학자와 사학자들은 어떤 역사적 현상의 경우, 심리학의 힘을 빌리지 않고서는 철저히 이해되는 수준에 도달할 수 없다는 데 주목했고, 그로 인해 심리사학psychohistory이 일어나게 되었다. 특히 당시 심리학자 에릭 에릭슨Erik Erikson의 영향력이 컸다. 마르틴 루터Martin Luther와 간디에 대한 그의 연구는 모두 역사학에 속하는 것이었지만, 『청년 루터Young Man Luther』라는 책은 당시를 뒤흔들었고 관련 논쟁도 무척이나 많이 일어났다. 이렇듯 에릭슨이 '생명사' 개념의 발전에 끼친 역할은 크기에, 이하 각 절은 에릭슨의 다양한 저작을 참고한다. 하지만 심리 분석은 문화적 제약을 받는 것이니 만큼, 에릭슨으로부터 분석틀을 빌려올 때 그에 상응하는 조정을 하지 않을 수 없었다. 마지막으로 진지하게 밝혀야 할 점은 여전히 이 장은 기본적으로는 역사 재구성의 시도에 속한다는 것이다. 필자는 심리전문가 훈련을 받아본 적이 없기에 당연히 옛사람들에 대한 심리 분석을 감히 진행하지 못한다. 그래서 이 효종의 '생명사' 연구도 심리사학이라고 칭해질 자격을 충분히 갖추지 못한다. 기껏해야 심리 분석의 영향을 받은 역사학 저작history informed by psychoanalysis[10]으로부터 도움을 얻었을 뿐이다.

효종의 생명사 탐구는 다음 절에서 정식으로 시작하기로 하고, 여기서는 먼저 탐구의 중점을 분명히 해야겠다. 효종 만년의 두 행동 양식 사이의 모순을 해결하기 위해 우리가 가장 알고 싶은 것은 그 심리의 발전 과정이다. 때문에 그것과 직접적으로 관련된 사실이야말로 우리가 찾아야 하고 다루어야 할 대상이다. 이 장에서는 효종의 전기 자료를 곳곳에 언급하지만, 그 목적은 효종에 관한 새로운 전기를 쓰는 것이 아니다. 같은 이유에 근거하여, 그의 전반생 분석은 좀더 상세하고 후반생 분석은 다소 간략하다. 효종의 심리적 발전은 소흥 32년(1162) 황위를 선양받을 때 이미 완전한 성숙의 단계로 들어섰다. 독자들의 검토를 돕기 위해 아래에서는 『송사』「효종기 1」에서 관련 기록을 인용하고, 아울러 두 가지 관찰 내용을 보완함으로써 이 절을 맺고자 한다.

효종은 (…) 이름이 신眘이고 자는 원영元永이며 태조의 7세손이다. (…) 건염 원년(1127) 10월 무인일에 (…) 수주秀州에서 태어났고 (…) 어려서 그곳에서 자랐으며, 백종伯琮이라고 명명되었다. 원의元懿 태자가 사망하자 (…) 고종이 이렇게 말했다. "태조가 신성한 무력으로 천하를 평정했으나, 자손들은 그 것을 향유하지 못했고, 그들이 겪은 시대에 어려움이 많았으며, 이제는 영락 하여 안타깝다. 짐이 만약 인종을 모범으로 삼지 않는다면, 천하를 위한 계 책에서 어떻게 하늘에 계신 영혼들을 위로하겠는가?" 그래서 태조의 후손 을 선발하라고 조칙을 내렸다. (…) 그러나 상우승上虞丞 누인량婁寅亮이 글을 올렸다. "창릉昌陵[태조]의 후손들은 적막하고 쓸쓸하여 유명한 인물이 없고 결국 민서民庶와 같아져버렸습니다. 그래서 예조께서 위에 계시면서 기꺼이 흠향을 받으려 하지 않았고, 이것이 바로 금나라 사람들이 잘못을 저지르 고도 후회하지 않는 까닭입니다. 바라건대 폐하께서는 '백伯' 자 항렬 중에 서 현명함과 덕을 갖춘 태조의 후손을 선발하십시오." 고종은 누인량의 글 을 읽고 매우 감탄했다. 소흥 2년(1132) 5월, 황제[효종]를 뽑아 궁궐에서 길 렀다. 3년 2월, 화주방어사和州防御使로 제수하고 원瑗이라는 이름을 하사했 다. (…) 5년 5월 (…) 기해일, 보경군절도사保慶軍節度使로 제수하고 건국공建 國公으로 봉했다. 6월 기해일, 자선당資善堂에서 공부했다. (…) 12년 정월 정 유일, 검교소보檢校少保로 제수하고 보안군왕普安郡王으로 봉했다. (…) 30년 2월 계유일, 황자皇子로 옹립되었고 이름을 위瑋로 바꾸었다. (…) 32년 5월 갑자일 황태자로 옹립되었고, 이름을 신으로 바꾸었다. (…) 6월 (…) 기해일, 고종이 어차를 내렸다. "황태자가 황제의 자리에 올라야 한다. 짐은 태상황 제라고 칭해지고 덕수궁으로 물러나 거처하며, 황후는 태상황후로 불린다." 병자일, 중사中使를 보내 황제[효종]를 궁궐로 불러들여 직접 교유했지만, 황 제는 다시 겸손해하면서 받지 않고, 곧바로 옆의 전문殿門으로 달려가서 동 궁으로 돌아가려 했다. 고종은 여러 차례 타이르다가 이내 그쳤다. 이에 고 종이 자신전紫宸殿으로 친림하여 신하들의 보고가 끝나자 궁으로 돌아왔 다. 모든 관료가 전문 밖으로 옮겨가서 차례로 서 있다가, 조칙을 다 듣고서 다시 전殿의 마당으로 들어가 서 있었다. 얼마 후, 내시가 황제[효종]를 부축 하고 옥좌 앞에 이르렀는데, [황제는] 곁에 서서 앉지를 않았다. 내시가 7~8

차례 종용해서야 비로소 자리에 앉았다. 재상이 모든 관료를 이끌고서 축하를 드리자 황제는 갑자기 자리에서 일어났다. 신하들이 전에 올라 한결같이 청하자, 황제는 슬픈 기색으로 말하기를 "아바마마께서 홀로 결단하여 명령을 내렸다. 하지만 이런 큰 자리는 감당하지 못할까 두렵다"고 했다. 관료들이 물러나자 태상황[고종]은 바로 가마를 타고 덕수궁으로 갔고, 황제는 도포와 신을 착용하고 걸어서 상희전祥曦殿 문으로 나갔다. 비를 맞으면서도 태상황의 가마를 부축하여 가다가 궁문에 이르러서야 그쳤다. 태상황은 여러 번 고맙다고 말했고, 또한 좌우로 하여금 [황제를] 부축해서 돌아가라고 명령했다. 그러면서 돌아보고 말하기를 "내가 위임하여 사람을 얻었으니 나는 유감이 없다"고 했다.[11]

위 기록은 효종이 어린아이 시절 궁중으로 선발되어 들어가고 난 이후 30년에 걸친 대강의 경력이다. 그간의 숱한 곡절과 좌절은 다음 절에서 상세히 고찰하기로 하고, 인용문에서 언급된 두 중요한 문제는 설명하고자 한다.

첫째, 효종이 궁중에 선발되어 갈 수 있었던 까닭은 전적으로 그가 태조[북송 태조 조광윤]의 후손이었기 때문이다. 하지만 고종은 어째서 태조의 후손을 선발하여 태자로 삼지 않으면 안 되었는가? 고종이 "하늘에 계신 영혼들을 위로하기" 위해 그렇게 했다는 위 구절의 설명은 지나치게 공허해서 역사적 해석이라고 보기 힘들다. 여중呂中은 『대사기大事記』에서 이 일을 논한다.

그런데 예조의 후손으로 황위 계승자를 삼는 것은 필시 후선인候選人 누인량의 말에 바탕을 둔 것으로, [그의 말은] 마침 고종의 마음과 잘 들어맞았다.[12]

「효종기」에 인용된 누인량의 말은 매우 간략하다. 원래 그의 발언은 다음과 같다.

숭녕崇寧(1102~1106) 이래, 아부하는 신하들이 진언할 때 복왕濮王의 자손들이 일가라고 하여 그들을 추천했고, 나머지도 모두 그들이 동성同姓이라고 말했습니다. 그리하여 창릉(태조) 이후, 창릉의 후손이 황위에 오르는 일이 없어지기에 이르렀습니다. [창릉의 후손은] 사방으로 흩어져 남루해졌고 거의 민서와 같아졌습니다. 전사典祀를 예묘昵廟에만 풍성하게 할까 두렵고, 하늘에 계신 예조께서 흠향하려 하지 않으실까 두렵습니다. 두 황제께서 다시 돌아올 기약이 없는 이유, 강적强敵들이 잘못을 후회하지 않는 이유, 그리고 중원에 평화로운 시절이 없는 이유는 바로 그 때문입니다.[13]

위 구절에 따르면, 누인량의 의론은 천인보응天人報應 신앙에 바탕을 두고 있다. 곧 휘종 이래 황실 제사가 한쪽으로 편중되어 하늘과 태조의 영혼이 조씨 가문을 보우保佑하지 않은 결과 북송이 멸망했다는 것이다. 소흥 원년(1131) 동지추밀원사 이회李回 역시 고종에게 이렇게 말한다.

폐하께서 천하를 위해 원려遠慮하시어 위로 예조와 합치하셨으니, 실로 천명에 밝히 감응하신 것입니다.[14]

당시 이 신앙은 매우 큰 세력을 미치고 있었음을 알 수 있다. 또한 누인량의 본전에 따르면, 건염 4년(1130) 그가 상소할 때는 바로 고종이 금나라에 의해 해안까지 쫓겨 신新정권이 풍전등화에 있던 시기였다. 때문에 그런 신앙이 고종의 마음을 움직여 태조의 영혼을 통해 '천명'을 기구하려는 강렬한 소망을 일으켰을 것이다. 이 사건은 효종이 황권을 계승할 수 있었던 첫번째 핵심 요인이 된다. 아울러 신앙이 역사의 진행에 영향을 끼칠 수 있음을 보여주는 구체적 예증이기도 하다.

둘째, 효종이 황위를 물려받기 전후로 여러 차례 사양했던 것을 겉치레로만 볼 수 없다. 그런 행동 역시 당시 효종의 심리 상태를 반영하기 때문이다.

유정은 「중흥의 정치中興之政」에서 말한다.

수황[효종]께서 처음에 황위를 물려받던 과정을 신이 살펴보건대, [수황께서는] 부친[고종]의 타이름에 항복하여 어쩔 수 없이 황위에 올랐습니다. 옥좌옆에 서서 두 손을 맞잡고 있었고, 앉아 있다가도 다시 일어났으며, 감히 일거에 남쪽을 향해 앉지 않았습니다. 신하들이 여러 차례 간청하기에 이르자 오히려 "황위는 감당하지 못할까 두렵다"고 말했습니다. (…) 겸양과 두려움이 진심에서 우러나왔습니다. (…) 이 점은 마땅히 대서특필해서 만대에 남겨야 합니다.[15]

유정이 "겸양과 두려움"으로써 효종의 심리 상태를 묘사하는 데는 근거가있지만, 우리가 아는 효종과 고종 사이 관계에 입각하자면, 그 가운데 '두려움'의 비중이 '겸양'보다 훨씬 컸을 듯하다. 더구나 우리는 '두려움'에 대해 또다른해석을 할 수밖에 없다. 유정이 말한 두려움은 대체로 경건하고 신중한 태도를 가리킨다. 예를 들어 "천명을 두려워한다畏天命"거나 "일에 임하여 두려워한다臨事而懼"는 부류에 속한다. 사실 효종은 30년의 생활 경험을 통해 고종의 성격을 일찍부터 잘 알고 있었을 것이다. 곧 고종이 퇴위하더라도 그는 결코 효종의 손을 놓지 않을 터였다. 과거 30년 동안, 고종은 효종을 길들이면서 동시에 한편으로는 그를 꼼꼼히 관찰했는데, 이러한 행동의 최종 목적은 효종을 "부모 뜻을 먼저 헤아리고 그에 따라 행동하는先意承志" 후계자로 길러내는것이었다. 효종 역시 줄곧 전전긍긍하면서 부황父皇의 환심을 잃을까 걱정했다. 하지만 효종도 주관이 있고 의지가 꿋꿋한 사람이었다. 어떻게 하면 한편으로 태상황의 의향을 거스르지 않으면서 다른 한편으로 자신의 포부를 펼칠수 있을지가 아마 황위를 물려받을 때 효종이 직면했던 최대의 두려움이었을것이다.(상세한 내용은 다음 절을 보라.) 종합해보면 즉위하기 전에 효종이 보인머뭇거림, 주저, 두려움 등에는 특정한 심리 내용이 들어 있었다.

효종은 황위를 물려받은 지 3일 후에 대大사면령을 내리는데, 그 가운데 몇 구절은 자신과 고종의 관계를 잘 설명한다.

태상황의 가르침을 널리 살펴보니 이 미천한 몸이 그에 걸맞지 않을까 두렵다. 이번에 발포한 정령과 어진 정책의 항목은 모두 문안 인사를 올리거나 곁에서 식사 시중을 들면서 얻은 것이다.[16]

"문안 인사를 올리거나 곁에서 식사 시중을 든다"는 것은 한 달에 네 차례 덕수궁을 찾아뵙고 태상황 부부를 시봉하는 것을 가리킨다. 유정 등은 이렇게 말한다.

신들이 수황[효종]의 첫 정치를 가만히 보건대, 비록 소흥 연간에 비해 약간 달라지기는 했지만 태상[고종]의 덕스러운 뜻을 받드는 것을 기쁨으로 여기는 데 그 핵심이 있었습니다. 게다가 "이번에 발포한 정령과 어진 정책의 항목은 모두 문안 인사를 올리거나 곁에서 식사 시중을 들면서 얻은 것이다"라는 말씀은 수황께서 고종의 대업을 계승하셨다는 근거가 됩니다.[17]

"발포한 정령과 어진 정책의 항목"은 모두 "태상의 덕스러운 뜻을 받든 것"이다. 이런 원칙은 효종대의 정치적 격식을 뿌리부터 지배하고 있었다.[18] 하지만 거기에는 효종이 고종에 대해 지닌 '양가감정'의 뿌리가 숨어 있었다.

3. 입궁에서 수선으로—효종의 심리적 여로

효종은 여섯 살 때 궁궐로 입양되었고 서른여섯 살 때 황위를 물려받았으므로 입양에서 수선受禪에 이르는 기간이 그의 심리 발전과 성격 형성의 전 시기를 포괄하는 셈이다. 효종의 '생명사'를 연구하려면 그의 아동기부터 살펴봐야 한다. 『계년요록』 권45 소흥 원년(1131) 6월 술자 조목이다.

주상[고종]이 대신들에게 교유했다. "얼마 전 예조의 후손 중 두세 살 된 종자들을 널리 뽑도록 하여 네다섯 명을 얻었는데, 자질과 모습이 모두 뛰어나지 않아서 귀가시켰다. 천남泉南에 가서 선발하는 것을 기다리고 있다."[1]

이는 태조의 후예를 찾았다는 기록 중 가장 빠른 것이다. 다만 그렇게 구한 네다섯 명이 모두 평범하여 한 사람도 뽑지 않았다. 왕명청王明淸은 『휘주록揮塵錄』 「후록여화後錄餘話」 권1에서 이렇게 말한다.

소흥 임자년(2년, 1132), 지대종정知大宗正[2]이자 안정군왕安定群王 조영시趙令時에게 조칙을 내려, 종실 중 항렬이 '백伯' 자로 7세 이하인 10명을 찾아 궁에 들여 선발에 대비하도록 했다. 열 명 중 두 명을 택했는데, 한 명은 살쪘고 한 명은 말라서 살찐 어린이를 남기고 마른 어린이를 돌려보내려 마른 어린이 측에 은 300냥을 사례했다. 아직 떠나지 않았을 때, 사릉思陵[고종]이 갑자기 "다시 자세히 관찰하라"고 말했다. 이에 두 어린이로 하여금 손을 모으고 나란히 서 있도록 했다. 고양이 한 마리가 갑자기 그 앞을 달려가자 살찐 어린이가 고양이를 발로 찼다. 주상[고종]이 말했다. "이 고양이가 우연히 지나가는데 어째서 갑자기 발로 차는가? 이처럼 경솔한데 어떻게 중임을 감당할 수 있겠는가?" 마침내 마른 어린이를 남기고 살찐 어린이를 내보냈다. 마른 어린이가 바로 부릉阜陵[효종]이었다. 살찐 어린이의 이름은 백호伯浩이고 나중에 온주도감溫州都監이 되었다.(언면彦沔 조자도趙子導의 말이다.—원주)[3]

위 사료는 조자도로부터 기원했다. 조자도는 효종의 생부 조자칭趙子偁과 같은 항렬의 형제인 듯하므로, 그가 전해들은 위 이야기에는 분명 확실한 근거가 있을 것이다. 『계년요록』 권54 소흥 2년 5월 조목에는 이런 기록도 있다.

신미년, 좌문임랑左文林郞 조자칭에게 조칙을 내려 도당심찰都堂審察로 부임하라고 명했다. 당시 집영전수찬集英殿修撰이자 지남외종정사知南外宗正事 조영광趙令廥(1069~1143)이 조칙에 따라 종실 후손 백종과 백호를 선발하여 궁중에 들였다. 백호는 살집이 있고 기름기가 흘렀으며, 백종은 마르고 파리했다. 주상은 처음에 백호를 좋아했으나 갑자기 "다시 자세히 관찰하라"고 말했다. 이에 두 어린이로 하여금 나란히 서 있도록 했는데, 고양이가 지나가자 백호는 이를 발로 찼고, 백종은 처음처럼 두 손을 포개고 서 있었다. 주상이 말했다. "이 아이가 경박한데 어떻게 중임을 감당할 수 있겠는가?" 그래서 백호에게 백금 300냥을 하사하고 돌아가도록 했다. 그후 나흘이 지나자 조자칭을 좌선교랑으로 삼았다.[4]

『계년요록』은 이 조목에 각주를 달아 "이것은 『일력日歷』 및 왕명청의 『휘주록』이 왕의 이름을 피휘避諱해서 상호 비교하여 수정한 것이다"[5]라고 한다. 이심전에게는 따로 『일력』이라는 사료가 있었지만 『휘주록』만큼 상세하지 않고 내용에도 차이가 조금 있었음[6]을 여기서 알 수 있다. 다만 백호가 고양이를 찬 사건에서만큼은 차이가 없다. 이것은 효종이 태자로 선발되기까지 겪었던 관문 가운데 첫번째였기에 위처럼 그 사건을 상세하게 고찰했다.

이 사건의 진실은 이미 확정되었으므로, 효종 유년 시절의 성격과 심리가 여기에서 처음으로 싹을 보인다고 할 수 있다. 효종은 침착한 성격 유형에 속했던 것이 틀림없다. 때문에 고양이의 방해에도 아랑곳 않고 "처음처럼 두 손을 포개고 서" 있을 수 있었다. 이 점과 관련하여 왕명청은 더욱 이른 시기의 자료를 제공한다. 『휘주록』 권3 첫번째 조목이다.

절에서 종을 거는 누각의 속을 비워놓은 까닭은 소리가 잘 울리게 하기 위함이다. 효종이 아직 태자가 되기 전 유년 시절에 우연히 수주군秀州郡 성밖의 진여사眞如寺에 가서 종루에 올라가 놀았다. 그런데 승려들이 그에 앞서 종루의 뚫린 곳에 멍석을 덮어놓았다. 주상〔효종〕은 잘못하여 그 위를 밟았고 아래로 떨어졌다. 옆에서 보던 사람들이 대경실색하여 어찌할 줄 몰랐고, 재빨리 가서 그를 보았더니 〔주상은〕 우뚝하니 자리 위에 서서 마치 전혀 놀라지 않고 두려워하지도 않는 듯한 모습을 보였다.(진규언온陳揆彦蘊의 말이다.—원주)[7]

효종은 수주에서 태어났으므로 이 사건은 그가 궁에 뽑혀 들어가기 전에 일어난 듯하다. 변화무쌍한 환경에 처해도 전혀 놀라지 않는 그의 성격은 타고난 것이었다. 하지만 궁에 들어간 후 겪은 도태 과정은 그의 심리적 발전에 헤아릴 수 없이 깊은 영향을 남겼다. 백호와 나란히 섰던 장면은 특히 효종 평생의 부침 및 영욕과 관계되어 있고, 그의 운명은 마침내 최후의 찰나 기적과 같은 변화를 맞이했다. 이는 효종의 어린 영혼에 영원히 지우기 힘든 인상을 남겼음이 틀림없다. 생존 본능은 효종에게 '너의 운명이 한 사람의 일념一念에 달려 있다'고 알려주었을 것이다. 그때부터 어떻게 하면 고종의 신임을 얻고 이를 계속해서 유지할 수 있는지가 효종의 핵심 과제가 되었다.

효종은 최초의 열 명 중 두각을 나타냈고 백호와 벌인 경쟁에서도 요행히 승리를 거두었지만, 이후 20~30년 동안 줄곧 또다른 강력한 적수와 계속해서 경쟁해야 했다. 이런 정황을 설명하기 위해 궁궐에 들어간 이후 그의 생활을 심도 있게 살펴봐야 한다. 『송사』 권243 「후비하·장현비전后妃下·張賢妃傳」은 말한다.

장 현비張賢妃는 개봉 출신이다. 건염 초 재인才人[8]이 되었고, 총애를 입어 첩여婕妤로 올라섰다. 황제는 종실의 자제를 선택해 궁중에서 양육하려고 했는데, 신하들이 황제에게 여쭈었다. "[아이를] 맡길 만한 사람이 궁중에 있습니까?" 황제는 "이미 얻었다"고 말했다. 첩여를 생각하고 있었던 것이다. 얼마 후 백종이 궁궐에 들어왔는데 나이가 아직 어렸다. 첩여는 반 현비潘賢妃, 오 재인吳才人과 함께 [백종을] 둘러싸고 앉아, [백종이] 누구를 향해 가는지 보았다. 당시 반 현비는 황자皇子를 잃어 실의에 빠져 슬퍼했다. 첩여가 손으로 부르자 [백종이] 마침내 첩여에게 향했다. 그래서 황제는 첩여에게 어미 노릇을 하라고 명했다. 백종이 바로 효종이다. [장 첩여는] 완의婉儀로 올라섰지만 [소흥] 12년(1142)에 사망했다. 주상은 그 때문에 이틀간 조례를 중지하고 [장 첩여에게] 현비의 지위를 하사했다.⁹

위는 효종의 생애에서 극도로 중요한 장면이다. 사서는 가볍고 담담하게 묘사하지만, 조금만 분석해보면 그 속에는 중요한 의미가 솟구쳐 오른다. 고종이 장 첩여에게 효종의 양모가 되어달라고 부탁한 까닭은 당연히 당시 그녀가 총애를 입었기 때문이다. 효종이 만약 장 첩여 처소에 머문다면 고종은 아침저녁으로 그를 볼 것이고 직접 효종을 길렀을 것이다. 소흥 7년(1137), 고종이 휘종의 상을 치를 때 그 옆에서 시중을 들었던 사람이 바로 장 첩여였다.¹⁰ 이 일은 효종이 궁궐에 들어간 지 5년 후의 일이라, 장 첩여가 생전에 시종일관 고종의 총애를 입었음을 증명한다. 하지만 반 현비는 원의 태자의 생모이고, 오 재인도 고종에게 도움을 준 사람이어서 고종은 이 두 사람을 내버려두고 곧바로 장 현비에게 부탁하지는 못했다. 그래서 특별히 '세 여자가 아이를 선택하는' 조치를 취한 것이다. 이 셋 중 반 현비의 지위가 가장 높았지만('현비'), 그녀는 자신의 아이를 잃은 지 얼마 되지 않아 매우 슬픈 나머지 다른 아이를 거둬 키울 생각이 없었다. 오 재인은 아이를 키우고 싶은 마음은 있었지만 지위('재인')가 장씨('첩여')에 비해 낮았기 때문에 먼저 입을 열 수 없었다. 장씨는 사전에 고종과 묵계를 해두었기에 적극적으로 효종에게 손짓을 했다. 당시 고종도 그 현장에 있었고 이 모든 일은 그가 일찍이 예상해둔 것이어서, 효종이 장씨에게 걸어가자 곧바로 "첩여에게 어미 노릇을 하라고 명했다" 어째서 장씨와 오씨는 앞다퉈 효종을 기르려고 했을까? 두 가지 이유가 가장 분명하다. 첫째, 고종의 총애를 확고히 하기 위해서이고 둘째, 당시 효종의 앞길이 아직 정해지지 않았지만 그가 '명리나 지위의 밑천이 될 진귀한 보물奇貨可居'이 되리라는 사실은 뚜렷했기 때문이다. 고종의 원래 부인은 금에 포로로 잡혀 있어 그 생사를 알 수 없었다. 따라서 훗날 양자가 태자가 된다면 그 양모는 저절로 정실正室이 될 터였다. 장씨와 오씨는 바로 그런 이유로 효종을 기르는 일에 오랜 기간 격렬한 싸움을 벌였다.

장씨와 오씨(이후의 헌성황후)의 싸움은 효종 유년의 심리 형성에 결정적 영향을 끼친 만큼, 우리는 헌성황후와 효종의 관계를 간략하게나마 살펴보지 않을 수 없다. 『송사』 권243 「헌성자열 오황후전憲聖慈烈吳皇后傳」을 보자.

헌성자열 오 황후는 개봉 출신이다. (…) 고종이 강왕康王이 되자, 열네 살 때 선발되어 궁궐로 들어왔다. (…) 왕이 제위에 오르자 황후는 항상 융복戎服〔군복〕을 입고 옆에서 시중을 들었다. 황후는 글을 잘 알았다. 〔고종이〕 사명四明산에 행차할 때 친위군들이 변란을 모의하여, 들어와서 황제의 소재를 물었다. 황후는 그들을 속여 〔고종으로 하여금〕 난을 피하도록 했다. 얼마 지나지 않아 황제가 배를 타고 갈 때, 물고기가 뛰어올라 황제의 배로 들어왔다. 그러자 황후는 "이것은 주나라 사람들이 말하는 '상서로운 흰 물고기'입니다"라고 말했다. 황제가 매우 기뻐하면서 오 황후를 화의군부인和義郡夫人으로 봉하고 재인으로 승진시켰다. 황후는 경전과 사서를 널리 익혔고 또한 서예를 잘하여 나날이 더욱더 총애를 입게 되어 장씨와 더불어 나란히 완의가 되었고, 귀비가 되려 했다.[11]

또한 『사조문견록』 을집 '시기를 하지 않은 헌성의 행동憲聖不妬忌之行' 조목은 말한다.

헌성은 처음에는 외모로써 총애를 얻지 못했다.[12]

『사조문견록』을집 '유기변보劉錡邊報' 조목 기록이다.

헌성이 일찍이 주상을 따라 배를 타고 가다가 갑자기 적의 기병 수십 기騎
가 매복 공격으로 황제의 배를 포획하려 했다. 황후는 천천히 화살 하나를
쏘았고 활시위 소리가 한 번 나자마자 〔적 기병이〕 쓰러졌다. 그러자 나머지
도 모두 퇴각했다. 고종은 군대 통솔 직무를 중시했는데, 황후는 꼭 가보고
싶다고 정중히 간언했다. 〔황후는〕 무릎을 꿇고서 아뢰었다. "신첩이 비록 왜
소하고 미천하지만 꼭 한 번 가봐야 합니다."[13]

위 사료 몇 조목을 볼 때, 어째서 헌성이 고종의 마음에서 그토록 중요한
지위를 차지했는지 알 수 있다. 그녀는 장 현비와 달리 문무를 겸비하여 임기
응변의 기지뿐 아니라 판단 능력까지 갖추고 있었다. 그녀가 고종, 효종, 광종,
영종 대에 걸쳐 정치적으로 핵심적 역할을 했던 것도 놀라운 일은 아니다. 『송
사』 본전은 또 말한다.

처음에 백종〔효종〕이 종실 자손으로서 궁궐에 불려 들어오자, 장씨에게 명
하여 그를 기르도록 했다. 헌성황후는 당시 재인으로, 역시 자식 하나 기르
기를 청하여 백구伯玖를 얻었고 그의 이름을 거璩로 바꾸었다. 그러자 안팎
으로 의론이 매우 분분했다. 장씨가 서거하자 〔백종도〕 헌성황후에게 기르
도록 했는데, 그녀는 차이를 두지 않고 돌보았다. 백종은 성품이 공손하고
검소했고 책 읽기를 좋아하여 황제는 황후와 더불어 그를 아껴 보안군왕으
로 봉했다. 황후가 일찍이 황제에게 "보안은 제왕의 모습이 있다"고 말했다.
황제는 〔백종을〕 황자로 결정하려는 생각이 있어 그를 건왕建王으로 봉했다.

그래서 백거를 내보내 소흥에 살도록 했다.[14]

이 기록에는 감춰져 있는 내용이 많아 상세하게 고증하지 않으면 그 진상을 알 수 없다. 『주자어류』 권127 「본조 1·효종조」에는 '수황이 황자가 된 본말'을 묻는 데 대해 주희가 답한 말이 기록되어 있는데, 이는 매우 중요하다.

당시 궁중에 갈등이 약간 있어서 두 사람을 길렀다. 나중에는 모두 고종이 스스로 주장했다.[15]

주희의 판단은 매우 정확하다. 위 대답은 "안팎으로 의론이 매우 분분했다"는 기록과 부합한다. 장 현비와 오 재인은 자식을 기르는 문제로 갈등이 있었다. 경산俓山의 오색 도마뱀이 오 씨(헌성황후)를 감되 장 현비는 감지 않았다는 신화가 그런 갈등을 증명한다.[16] 효종이 태자의 지위를 획득했던 것은 고종의 결정이었고, 헌성은 최후 단계에서 마지못해 추세에 따랐던 것이다. 『계년요록』 권144 소흥 12년(1142) 정월 경오일 조목을 보자.

완의 장씨가 서거하자 조정의 일을 이틀 동안 중지했고 현비의 칭호를 추증했다. (…) 처음에 건국공(효종)이 어렸을 때 장 현비의 처소에서 길러졌는데, 장 현비가 서거하자 오 완의(헌성황후)가 [건국공을] 거둬들여서 함께 돌보았고, 숭국공崇國公 거璩와 함께 기거하게 하면서 밥 한 끼를 주더라도 반드시 똑같이 했다.(소흥 32년 4월 병오일에 나온 주상의 말씀에 바탕을 둔 기록이다.─원주)[17]

장 현비가 사망한 뒤 헌성이 효종을 기르면서 백거와 동등하게 보살펴주었다는 설이 소흥 32년(1162) 고종의 말에서 비롯했다는 것과, 고종이 그런 말을 한 시기는 이미 장 현비가 사망한 지 20여 년이 지난 때였음을 위 구절로부터 알 수 있다. 고종의 이야기가 만약 잘못된 기억에서 나온 것이 아니라면, 그는 조정을 향해 헌성과 효종 사이에 아무런 틈이 없음을 의식적으로 분명히 하려 했던 것이다. 어떻게 이를 알 수 있는가?『계년요록』권144는 장 현비 사후 둘째 날辛未의 일을 다음과 같이 기록한다.

건국공 원瑗에게 조칙을 내려 궁 밖의 외제外第에 나가 살도록 했다.[18]

다시 엿새가 지났을 때丁丑의 일을『계년요록』은 이렇게 증언한다.

보경군절도사이자 건국공 원이 검교소보檢校少保가 되었고 보안군왕으로 봉해졌으니, 이때 나이 열여섯이었다. 왕〔효종〕의 천성이 충성스럽고 효성스러웠으며, 어려서부터 후비 처소에서 살면서 그 슬하를 떠난 적이 없었다. 그래서 주상〔고종〕은 그를 특히 총애했다.[19]

장 현비가 죽은 바로 이튿날 효종이 "궁 밖의 외제에 나가게" 되었고 또한 6일이 지나자 왕으로 봉해져서 자신의 처소를 갖게 되었음을 알 수 있다. 때문에 그해 3월에는 "보안왕으로 하여금 매월 초하루와 보름에 조회를 하도록 하라"[20]는 조칙이 내려졌다. 사실은 이처럼 분명하다. 효종은 그 기간에 백거와 함께 헌성에 의해 양육된 일도 없었고, "밥 한 끼를 주더라도 반드시 똑같이" 하는 대우를 받은 적도 없었던 것이다. 소흥 32년(1162) 4월 병오일에 고종이 직접 했던 말은 실로 진상을 덮으려 하면 할수록 오히려 더욱 드러나게 한 꼴이었다.

현존하는 모든 사료는 피할 수 없는 결론 하나를 가리키고 있다. 곧 헌성황후는 아주 오랜 기간 자신의 양자인 백구를 위해 정치적 지위를 다투었고, 이를 통해 효종을 대체하려고 했다는 점이다. 헌성과 효종 사이의 개인적 관계가 어떠했건 간에, 효종이 황위를 잇는 데 그녀가 가장 큰 장애였음은 의심할 수 없는 사실이다. 소흥 2년(1132), 효종은 백호와 벌인 경쟁에서 요행히 관문을 넘을 수 있었지만, 곧 이어서 백구와 대치하게 되었고 이는 20년 넘는 고투로 이어진다. 심리분석학에서 말하는 '형제간 적대시[경쟁]sibling rivalry' 개념이 여기에 적용될 수 있다. 효종, 백호, 백구는 같은 부모에게서 태어난 형제는 아니었지만, 양부모의 총애를 독점하려는 그들의 의식은 그에 못지않게 강렬했다. 효종은 대여섯 살부터 서른 살에 이르기까지 줄곧 그런 의식을 갖고 살았다. 효종의 성격과 심리를 이해하려 할 때 그런 특수한 배경을 파악하는 것은 매우 중요하다. 그러므로 백구가 효종에게 가한 장기간의 심리적 위협을 치지도외해서는 안 된다. 백구의 뒤에는 헌성태후가 있었기 때문이다. 아래에서 우리는 백구의 본전을 위주로 하되 관련 자료를 참고해 요점만을 진술하고자 한다. 『송사』 권246 「종실 3·신왕 거전信王璩傳」은 대략 다음과 같이 말한다.

신왕 거璩의 자는 윤부潤夫이고 처음 이름은 백구로서 예조의 7대손이었다. (…) 태어날 때부터 총명하고 지혜로웠다. 처음에 백종[훗날의 효종]이 종실 자손으로서 궁궐에 뽑혀 들어오자, 고종은 첩여 장씨에게 그를 기르라고 명령했다. 오 재인 역시 황제에게 청하여, 마침내 오 재인에게는 백구의 어미 노릇을 하라고 명령하고 [백구에게] 거라는 이름을 하사했으며, 화주방어사를 제수했는데 당시 나이 일곱 살이었다. 백종은 건국공으로서 사부에게 나아갔고, 백거 홀로 궁궐 내에 거주했다. 그러다가 [백거가] 갑자기 절도사로 제수되고 오국왕吳國王으로 봉해지자, 재집인 조정, 유대중劉大中, 왕서 등이 한사코 반대하여 명령이 결국 행해지지 못했다.[21] 그때 진회가 정권을 전횡하여, 마침내 보대군절도사保大軍節度使로 제수했고 숭국공崇國公으로 봉했다.[22] 잇달아 자선당에 가서 공부를 하도록 조칙을 내렸다.[23] 소흥 15년에 검교소보를 제수했고, 등급을 올려 은평군왕恩平郡王으로 봉했으며, 외제에 나가 살도록 했다. 당시 백종이 이미 보안군왕으로 봉해졌는데, 백거의 관위와 예제가 그와 동등하여 각각 동부東府와 서부西府로 불렸다.[24] (…) 현인顯仁태후가 붕어하자[25] 보안군왕이 비로소 황태자로 세워졌고[26] 그로 인해 백거는 황질皇姪로 칭해지는 은택을 받았다. 이로써 명칭과 지위가 비로소 정해졌다. (…) 처음에 백거가 궁궐에 들어와서 황태자의 지위가 정해지지 않은 지 30년이 되어, 안팎으로 자못 의문으로 여기는 이들이 많았다.[27]

위 구절은 백구의 본전에서 가장 관계있는 부분만 뽑아놓은 것으로, 『계년요록』에서 그 내용의 진실성을 증명할 수 있다. 왜냐하면 『계년요록』에는 그의 사적事跡이 대략 갖추어져 있기 때문이다. 본전에 따르면, 백구는 고종이 사망한 지 1년 만에 죽었다고 하므로 그가 사망한 해는 순희 15년(1188)이고 향년 '쉰아홉'이었다. 그는 건염 4년(1130)에 태어나 효종에 비해 세 살 어렸다. 소흥 5년(1135), 효종이 사부에게 나아가 배울 때 그는 "홀로 궁궐 내에 거주했다"고 하므로, 헌성이 그를 길렀던 것은 소흥 3년이나 4년이었을 것이다. 따라서 효종보다 1~2년 늦게 궁궐에 들어온 것이다.

백구의 출현은 효종의 전반생에서 중심적 위치를 차지하므로 우리는 그들 사이 경쟁 관계에 대해 체계적으로 고찰하지 않을 수 없다. 이에 두 사람의 관직 경력을 연표로 정리함으로써 논의의 기초로 삼고자 한다.

소흥 3년(1133) 효종 7세, 방어사로 제수됨.
소흥 5년(1135) 효종 9세, 절도사로 제수되고 공公으로 봉해짐, 사부에게 나아감.
소흥 6년(1136) 백구 7세, 방어사로 제수됨.
소흥 9년(1139) 백구 10세, 절도사로 제수되고 공으로 봉해짐, 사부에게 나아감.
소흥 12년(1142) 효종 16세, 외제로 나가서 거주함, 보안군왕으로 봉해짐.
소흥 15년(1145) 백구 16세, 외제로 나가서 거주함, 은평군왕으로 봉해짐.
소흥 30년(1160) 효종 34세, 황자로 세워짐, 이름을 위瑋로 바꿈
　　　　　　　　백구 31세, 황질로 칭해지는 은택을 입음.

위 연표를 보면, 백구가 효종의 뒤를 잠시도 쉬지 않고 바짝 따라붙었고, 효종 34세에 이르러서야 비로소 승부가 갈렸음을 알 수 있다. 연표에서 백구가 절도사로 제수되고 공으로 봉해진 것만 효종에 비해 1년 늦었지만, 그 사건에는 또다른 내막이 있기에 뒤에서 상세히 다루도록 하겠다.

이상 열거한 효종과 백구 두 사람의 관력官歷은 필히 조정外庭의 공론을 거쳐야만 정식으로 발령이 날 수 있었던 것이다. 그래서 아래의 논의도 조정의 경향과 황실 내부의 결정, 두 가지로 나눌 것이다. 먼저 조정부터 시작해보자. 『계년요록』권89 소흥 5년(1135) 5월 신사 조목이다.

보좌하는 신하들이 상주했는데 조정趙鼎이 이렇게 말했다. "어제 성지를 받들어, 날짜를 선택하여 조칙을 내려 방어사 원瑗(효종)을 절도사로 제수하고 국공國公으로 봉하며 자선당으로 나가서 공부하도록 할 것입니다. 신이 물러나서 맹유孟庾(당시 지추밀원사), 심여구(당시 참지정사)와 함께 상의했고, 모두들 폐하께서 종묘와 사직을 위해 중요한 사려를 하셨다고 찬양했습니다. 삼가 담당관에게 명했더니 이번 달 26일이 길일이라고 합니다. 폐하께서 결정해주십시오." 주상〔고종〕이 "그러라"고 말했다. 그러자 심여구가 말했다. "이는 매우 덕 있는 일입니다. 그리고 폐하께서 성스러운 마음으로 스스로 결단하시고 행동에도 미심쩍은 곳이 없으니, 이는 자고로 옛 성현들이 어렵게 여겼던 일입니다. 하늘이 폐하를 보우하여 자손들이 헤아릴 수 없이 많게 되고 나라는 영원할 것입니다." 주상이 말했다. "짐은 나이 스물아홉에도 아직 아들이 없지만 우리 나라에는 인종 황제의 고사故事가 있으니, 지금은 〔방어사 원을〕 왕으로 봉하지 않고 다만 절도사로 제수하고 국공으로 봉하는 것이 합당한 것 같다. 짐이 보건대 이런 일은 행하기 매우 쉽지만, 선대 제왕들은 대부분 어렵게 여겼다." 조정이 말했다. "자고로 제왕들이 어렵게 여긴 것을 폐하께서는 매우 쉽게 행하시니, 그것이 바로 〔제왕들이〕 폐하의 수준에 이르기 어려운 까닭입니다. (…) 이 일이 매우 중요한데 폐하께서 이미 꿰뚫어 보고 계시니, 신들은 더 할 말이 없고 얼마나 다행인지 모르겠습니다." 주상이 말했다. "예조께서 창업하여 왕실을 일으키실 때에 매우 조심하셨다. 짐이 그 자손을 택하여 아들로 삼아 궁중에서 길렀고 또 벼슬을 내려주었으니, 하늘에 계신 예조의 영혼을 위로할 수 있을 것 같다." 맹유가 말했다. "폐하께서 예조의 창업의 어려움을 생각하시고 이토록 고민을 하셨으니 제왕들이 하기 어려운 일입니다."[28]

고종이 집정대신 세 명과 나눈 대화는 지극히 중요하다. 이로부터 세 가지 사실을 이끌어낼 수 있다. 첫째, 조정 등은 모두 고종이 효종을 절도사로 제수하고 공으로 봉한 것을 지지하면서 그것이 태자를 세우기 위한 기본적 준비 사항이라고 여겼다. 하지만 고종은 당시 한창 나이였던지라 만약 장래에 아들을 낳으면 태자 문제를 다시 논의해야 할 터였다. 둘째, 고종과 외정外廷의 견해가 합치하는 것으로 봐서 백구가 궁궐에 들어오기는 했지만 아직 효종을 위협할 정도는 아니었다. 셋째, "하늘에 계신 예조의 영혼을 위로할 수 있을 것 같다"는 고종의 말은, 앞서 말했던 대로 신앙이 그에게 영향을 끼치고 있었음을 보여준다. 당시 남송 정권은 아직 안정되지 않아 고종은 심리적으로 "하늘에 계신 예조의 영혼"으로부터 도움을 받고자 했던 것이다. 위 기록의 사실성은 또한 주희의 「장공(준) 행장張公(浚)行狀」에 의해 증명된다.

(소흥) 5년 2월 12일, 공에게 (…) 우복야右僕射와 (…) 도독제로병마都督諸路兵馬를 제수하라는 조칙이 내려졌다. (…) 궁궐에 들어가 사양하면서 또한 종사宗社의 대계大計에서 태자 세우는 일보다 중요한 것은 없다고 진술했다. (…) 주상은 한참 동안 수긍하다가 말했다. "궁중에서 두 사람을 기르고 있는데 큰 아이는 예조의 후손으로 나이가 아홉 살이고, 머지않아 학교에 나가라고 명령해야 한다." 공은 물러나와 도당都堂[우복야의 집무실]에서 조정

을 만났고, 한참 동안 주상의 덕을 함께 찬탄했다.[29]

소흥 5년(1135), 외정의 문무文武 지도자들인 조정(1085~1147)과 장준(1097~1164) 모두가 효종을 태자의 예비자로 삼은 것을 지지했다는 사실을 위 인용글에서 알 수 있다. 특히 주목할 점은 악비岳飛(1103~1141)가 자기 분한을 넘어 진언을 했다는 사실이다. 『계년요록』 권109, 소흥 7년 2월 경자일 조목을 보자.

또한 호북경서선무부사胡北京西宣撫副使로 기용된 악비가 친위군을 이끌고 황제가 있던 곳으로 왔다. 이튿날 내전內殿은 그를 불러들여 응대했다. 악비는 "건국공을 황자의 지위에 올리기를 바라니, 그를 아는 사람들이 없기 때문입니다"라고 아뢰었다. 마침 응대를 할 때 바람이 불어 종이가 흔들려 악비의 목소리도 흔들리고 발음을 명확하게 할 수 없었다. 주상이 타이르면서 말했다. "경의 말이 비록 충성스럽지만 중무장한 병사를 밖에 데리고 왔으니, 이런 일은 경이 관여해야 할 것이 아니다." 악비의 안색이 실망으로 어두워졌고 곧 물러났다. 〔악비의〕 참모관 설필薛弼이 이어서 상주하자 주상은 그에게 악비의 일을 이야기했고, 아울러 "악비의 마음이 유쾌하지 않은 듯하니, 경은 마음으로 그에게 충고해주라"고 말했다.[30]

이 조목의 소주小注에는 장계張戒의 「묵기黙記」가 인용되어 있다. 악비 피살 후 설필이 그 경과에 대해 직접 말했던 것을 장계는 상세히 기록하면서 아울러 한탄한다.

아! 붕거鵬擧(악비의 자)는 대장으로서 직위를 넘어 그것을 언급했으니, 죽음을 자초했다고 할 만하구나![31]

악비가 영병대장領兵大將으로서 그런 주장을 했음은 분명 예삿일이 아니었다. 그러므로 그의 발언이 고종의 의심을 불러일으킨 것도 충분히 가능한 일이다. 주희 역시 이 사건을 특필한다.

악비는 일찍이 직접 아뢰기를 "오랑캐가 흠종의 자제를 세워 남쪽의 서울로 와서 남쪽 사람들의 눈과 귀를 [흠종의 자제로] 돌리려고 하니, 바라건대 황자를 국國에 봉함으로써 민심을 안정시켜야 합니다"라고 했다. 당시 효종은 막 열 살 정도였다. 고종은 "경이 밖에 병력을 거느리고 있으니, 이 일은 경이 관여해서는 안 된다"고 말했다. 이때 왕씨 성을 가진 참의參議가 왕에게 보고할 차례를 기다리다가 차자를 바치는 악비의 손이 심하게 떨리는 것을 보았다. 악비가 물러나자 주상은 왕씨에게 말했다. "악비가 밖에 병력을 데리고 있으면서 오히려 이런 일에 간여하려고 한다. 경은 악비와 같은 지방 출신인데 그가 어떤 사람과 교류하는지 아는가?" 왕씨는 "악비가 줄곧 사소한 서적을 매우 치밀하게 배운 것만을 보았을 뿐, 알 만한 사람은 없습니다"라고 말했다. 다만 그런 말로써 벗어나려고 했던 것이다.[32]

악비 막하의 '참모관 설필'을 '왕씨 성을 가진 자'로 오기한 것으로 보아, 주희는 별도의 출처를 갖고 있었던 듯하다. 하지만 고종이 악비에게 심각한 회의감을 품게 되었다는 점만큼은 장계의 「묵계」와 일치하므로, 악비의 죽음은 이 사건과 전혀 관계가 없다고는 할 수 없을 것이다.

그렇지만 악비의 견해는 외정의 조정 및 장준 등과 유사하거니와 당시 사회 인사들의 태도를 반영하고 있다. 같은 해 7월, 간주簡州 주학州學 교수 황원黃源이 봉사를 올려 "동궁을 바로 세워 국통을 이을 것正東宮以嗣國統"을 주장했다. 그 대략은 다음과 같다.

폐하께서는 일찍이 종친 중 현명한 이를 선발하여 궁중으로 들이셨으니 이는 실로 사직을 위해 지극한 계책입니다. 하지만 그 명칭이 적절하지 않아 천하의 소망에 부합하지 않고, 조심스럽고 신중한 의론과 어긋나서, 탐욕이 일어날 단서를 열어두었습니다. (…) 이제 종친의 현명한 이가 이미 주상의 마음을 우러러 받들 수 있으나, 하루하루가 지나가도 아직 영단이 내려지지 않고 있습니다. 좌우와 전후에서 혹 간사한 마음을 품은 이가 아침저녁으로 스며들어 참람한 행위를 하여 사직의 복이 안 되지 않을까 저는 두려워하고 있습니다. (…) 폐하께서 필시 어쩔 수 없이 조금 더 기다리고 계실 테지만, 어째서 [그로] 하여금 태자의 지위에 잠시나마 거하도록 하지 않으십니까? 황사皇嗣[황태자]가 태어나실 경우 그로 하여금 물러나서 분봉왕으로 머물도록 한다면, 어찌 사직이 더 공고해지지 않겠니까? 하늘이 도우신다면 폐하께서 황자를 많이 낳을지 알 수 없는 일입니다. (…) 폐하께서 그로 하여금 동궁에 머물도록 하시고 스승에 나아가 배우도록 하신다면, 적국도 감히 황위 계승자의 유약함을 경시하지 못할 것이고, 간신들도 폐위廢立라는 복스럽지 못한 일에서 요행을 바라려고 하지 않을 것입니다. 나라는 그로써 편안해지고 가문은 그로써 온전하게 되니, 이는 영원한 사업입니다.[33]

황원의 봉사문에서 가장 주목할 부분은 "탐욕이 일어날 단서를 열어놓았다"는 것이다. 이는 황위 계승 관련 쟁투가 이미 사회에서 널리 알려졌음을 가리키는 듯하다. 그리고 "간사한 마음을 품은 이"는 진회를 가리킬 것이다. 왜냐하면 진회는 소흥 7년 정월 추밀사를 제수하여 이미 집정대신의 반열에 들었기 때문이다. 황원은 멀리 떨어진 지방(간주는 사천에 있는 젠양簡陽의 옛 이름)에 있었고 지위도 낮았으며, 그가 들은 소문도 반드시 정확한 것은 아니었을 테지만, 그의 걱정은 불행히도 1년 후 적중해버린다. 『계년요록』 권121 소흥 8년 8월 조목을 보자.

이달, 어필御筆로 화주방어사 거(곧 백구)에게 절월을 수여하고 국공으로 봉했다. 집정들이 의견을 모았는데, 추밀부사 왕서가 큰 소리로 "[후궁을] 왕후와 동렬에 두고 [서자를] 적자에 필적케 하는 것을 옛날부터 경계해왔는데, 어떻게 그런 조치를 시행할 수 있겠습니까!"라고 말했다. 좌복야 조정이 우복야 진회에게 "나는 이전에 애매하다는 비난을 받은 적이 있어서 이번에는 감히 상주하지 못하겠으니, 공이 의견을 개진해야 합니다"라고 말했다. 진회는 아무 말이 없었다. 이튿날 황제 앞에 나아가자, 조정이 "지금 건국공(효종)이 위에 있으니, 명칭이 아직 바로 잡히지는 않지만 봉호封號의 등급이 조금 달라져야 할 것 같습니다"라고 아뢰었다. 또 이렇게 말했다. "건국공의 명칭이 아직 바로 잡히지는 않았지만, 천하 사람들은 모두 [건국공이] 폐하의 아들이라고 알고 있으니, 전후의 등급이 황자와 같아야 합니다. 또한 평강平江에 행차하고 태묘太廟를 참배했을 때 두 차례에 걸쳐 건국공으로 하여금 폐하를 호종하도록 해서 수도 사람들이 그것을 보고서 매우 감탄했습니다. 이는 사직의 대계이고 창생의 복입니다. 밖에서 호칭하는 말을 어찌 듣지 못하십니까? 신은 재상으로서 원칙상 마땅히 충성을 다하여 폐하께 보답해야 합니다. 이제 예법이 부득불 달라져야 하는 까닭은 그것이 인심과 관계되기 때문입니다. 그들로 하여금 의혹이 들도록 해서는 안 됩니다." 며칠 후, 참지정사 유대중이 상주하여 역시 조정의 말을 논거로 삼았다. 그러자 마침내 명령이 철회되었다.[34]

이때 열린 집정들의 회의는 태자를 세우는 일과 깊은 관련이 있었고, 여기서 대략 세 가지 사항을 파악할 수 있다. 첫째, 고종이 어필로써 절월을 수여하고 공으로 봉한 것은 그가 백구를 편애함을 처음으로 드러내는 사건이었다. 둘째, 조정·왕서·유대중 세 사람은 끝내 고종의 명령에 따르지 않고 있으므로 효종을 지지하는 그들의 입장이 매우 분명하게 나타난다. 셋째, 진회는 자신의 태도를 공개하려 하지 않았지만 암암리에 고종의 의향에 부합하고 있었다.[35] 집정대신 대다수가 반대 의견을 지지했기 때문에, 백구에게 절월을 부여하고 그를 공으로 봉하는 것은 결국 소흥 9년(1139) 3월 정해일까지 미뤄졌다.[36] 당시 진회 홀로 재상이었고, 조정·왕서·유대중 세 사람은 이미 파직된 때였다. 고종은 그때 백구의 정치적 지위를 높이려 고집했고, 아래에는 그와 관련하여 가장 분명한 증거 두 조목이 있다. 방주方疇는 『계산록繫山錄』에서 말한다.

조정이 아뢰었다. "(…) 하지만 종실 자제 모某(효종)가 이미 건국으로 봉해졌으나 작은 국國에 봉해졌을 뿐입니다. 이제 모가 오국공吳國公으로 봉해졌으니 오히려 전체 오 지역에 봉해진 것입니다. 제가 바라건대, 장차 더불어 공으로 봉하고 절월을 수여하시려거든 한 등급 낮은 작은 국에 봉해야 합니다." 주상이 말했다. "모두 어린아이들이어서 장차 함께 집행하려는 것이다." 조정이 재삼 상주하였다. "형제지간의 서열을 어지럽히면 안 됩니다." 주상이 그것을 곤란하게 여겨, 마침내 어필로써 "15개월 이후 다시 논의한다"고 했다.[37]

고종이 백구를 '오국공'으로 봉할 것을 제의했을 때, 겉보기에는 효종의 '건국공'과 등급이 같았지만 실제로 정치에서 차지하는 비중이 그보다 컸음을 알 수 있다. 이것이 고종이 백구를 편애했다는 명확한 증거다. 『송사』 권360 「조정전趙鼎傳」은 말한다.

조정이 일찍이 화의和議를 배척하여 〔진회와〕 더불어 생각이 합치하지 않았는데, 조정이 백거를 봉하는 문제로 주상의 뜻을 거스르자 진회는 그 기회를 이용하여 조정을 배제했다.[38]

백구에게 절월을 수여하고 공으로 봉하는 것을 조정이 반대함으로써 그가 고종의 뜻을 거스른지라 진회가 그 틈을 탈 기회를 잡았고, 마침내 조정은 재상의 자리를 잃어버렸다. 이로부터 당시 백구를 편들던 고종의 마음이 매우 확고했음을 미루어 알 수 있다.

이상으로 효종에 대한 외정 대신들의 태도를 논했는데, 위로는 소흥 5년 (1135)부터 아래로는 소흥 8(1138)년에 이르기까지 그들은 대체로 효종에 대해 긍정적이었다. 이런 면에서 조정이 가장 중요한 역할을 했음은 의심할 여지가 없다. 악비가 영병대장 신분으로서 발언한 것과 황원이 주학 교수 신분으로서 발언했던 것은, 일반 군민軍民 역시 효종이 하루라도 빨리 태자의 지위를 확보하여 남송 정권의 안정성과 지속성을 강화하기를 고대했다는 사실을 반영한다. 이것과 "천하 사람들은 모두 [건국공이] 폐하의 아들이라고 알고 있다" "밖에서 호칭하는 말을 어찌 듣지 못하십니까?"라는 조정의 말은 서로 호응한다. 그런데 소흥 8년은 조정이 효종을 공개적으로 지지하는 마지막 해가 되고 만다. 왜냐하면 이때부터 진회가 홀로 재상 노릇하는 형국이 펼쳐져서, 집정대신 가운데 효종을 위해 직접 나서서 말하려는 사람이 다시는 출현하지 않았기 때문이다. 이런 정황은 소흥 15년(1145), 백구가 왕으로 봉해지던 대사건에서 가장 분명하게 나타난다. 『계년요록』권153 소흥 15년 2월 을해일 조목을 보자.

보대군절도사이자 숭국공인 백거에게 검교소보檢校少保 직위가 더해지고, 나아가 은평군왕으로 봉한 까닭은, [그를] 국國에 봉하려 했기 때문이다. 그 관위와 의례는 보안군왕과 동렬로 했다.[39]

『송사』권246권「종실 3·신왕거전宗室三·信王璩傳」는 말한다.

소흥 15년, [백거에게] 검교소보 직위가 더해지고 나아가 은평군왕으로 봉해져서, 궁 밖의 부제府第에 나가 살았다. 당시 백종(곧 효종)이 이미 보안군왕으로 봉해졌는데, 백거의 관위와 예제는 그와 동급이었고, 호칭도 동부東府

와 서부西府였다.[40]

이때 고종은 효종보다 백구를 더 총애했던 것 같다. 그래서 고종은 7년 전 "예법이 부득불 달라져야 한다" "형제지간의 서열을 어지럽히면 안 된다"는 조정의 충고를 완전히 머리에서 지워버리고 있었다. 고종은 『자치통감』을 숙독했다면서 어째서 "[후궁을] 왕후와 동렬에 두고 [서자를] 적자에 필적케 하는 것을 옛날부터 경계해왔다"는 이치를 이해하지 못했을까?[41] 고종이 효종과 백구를 일부러 완전히 동등하게끔 조치했던 것은 태자의 자리가 아직 미정이라는 것, 백구가 황통을 이을 수 있다는 것을 암시함이 틀림없었다. 하지만 소흥 8년(1138)에 백구가 절월을 수여받고 공으로 봉해졌던 때와 달리 이번에는 외정이 아주 조용하여 그에 대해 언급하는 인사가 없었다.

이제 우리는 더 나아가, 황실 내부 상황을 고찰해야지만 비로소 효종이 결국 황위를 잇게 된 진상을 분명하게 밝힐 수 있다. 소흥 30년(1160), 고종은 효종을 황자로 세우기로 결정할 때, 집정대신들에게 말했다.

이 일은 짐의 뜻에서 나온 것이지, 신하들의 건의 때문은 아니다.[42]

이 말은 진심어린 것이다. 왜냐하면 결국 누구를 황자로 세울지에 관한 최종 결정권은 외정이 아니라 황제에게 있었기 때문이다. 하지만 황실 내부에서 고종의 최후 선택은 그 일과 관계 깊은 주변 인사들의 영향을 받지 않을 수 없었다. 그 가운데 핵심 인물 셋이 있다. 첫번째는 장 첩여로, 그녀가 온 힘을 다해 효종을 지지했다는 것은 더이상 설명하지 않아도 될 것이다. 두번째는 헌성황후로, 그녀는 오랜 시간 백구가 황위를 계승하게끔 노력했다. 주밀의 『제동야어』 권11 '고종이 태자를 세우다高宗立儲' 조목 기록이다.

효종과 은평군왕 거는 함께 궁중에서 양육되었다. 효종은 영특하고 조숙하

여 진회가 그를 꺼려했다. 헌성황후 역시 백거를 위주로 삼았다.[43]

마지막 구절이 특히 중요하다. 이는 남송 이래의 전술을 대표하는 것으로서 신뢰도가 매우 높다. 세번째 인물은 소흥 12년(1142) 북방에서 돌아온 현인태후 곧 고종의 생모였다. 고종은 효종을 황자로 세울 때 재상 탕사퇴에게 이렇게 말한다.

짐이 오랫동안 이런 생각을 갖고 있어, 전적에 실린 제반 내용을 깊이 숙고해보니, [후궁을] 왕후와 동렬에 두고 [서자를] 적자에 필적케 하는 것과 정부와 나라를 둘로 나누는 것이 혼란의 근본임을 알고 있다. 짐이 어찌 그점을 모르겠는가? 다만 현인황후께서 아직 그리하고자 하지 않아 지금까지 늦춰왔을 뿐이다.[44]

첫번째 구절에서 우리가 알 수 있는 사항은 소흥 8년(1138)에 나왔던 왕서의 발언이 그래도 고종에게 영향을 끼쳤다는 것이다. 가장 마지막 구절은 그가 소흥 30(1160)년까지 미루다가 비로소 정식으로 태자를 세웠던 수수께끼를 풀어준다. 고종은 현인황후의 소원을 져버리려 하지 않았기 때문에 그녀가 죽은 이후(소흥 29년)에야 자신의 결정을 공개할 수 있었다. 현인황후는 어째서 "그리하고자 하지 않은" 것일까? 탕사퇴의 대답에 그 해답이 들어 있다.

폐하께서는 나이가 한창때이시고 하늘이 살펴주실 터이니 필시 아들皇子을 낳으실 것입니다. 이는 인심과 관계된 일로서 [아들이] 없을 수가 없기 때문입니다.[45]

현인황후는 시종일관 고종이 아들을 낳으리라는 희망을 버리려 하지 않은 터라, 방계를 들어 제위를 잇도록 하고 싶지 않았던 것이다.

이상의 세 사람 중 효종이 태자로 지명되는 데 도움을 준 사람은 양모養母인 장 첩여뿐이었지만, 그녀는 이미 소흥 12년(1142)에 앞서 세상을 떠난 상태였다. 나머지 둘은 모두 부정적 요인으로 효종이 소흥 12년 이후 고립무원의 처지로 전락했으리라는 것은 충분히 상상할 수 있다. 현인태후는 고종이 제위를 방계에게 넘겨주는 것에 원칙상 반대했기에, 효종과 백구 사이에서 어느 한쪽을 더 편들지는 않았을 것이다. 하지만 객관적으로 볼 때 시간을 지연시키는 것은 백구에게 유리했다. 왜냐하면 효종이 나이가 많은 데다 궁궐에 들어온 것도 빨라서, 본래 효종이 유리한 지위를 확보하고 있었기 때문이다. 헌성의 지위는 나중에 높아지는데, 장 첩여 사후 그 이듬해에 정식으로 황후로 책봉되어 그녀의 영향력은 갈수록 커졌다. 소흥 15년(1145)에 백구가 왕으로 봉해지자, 백구는 효종과 더불어 완전히 동등한 지위를 차지했으므로 헌성의 역할을 낮게 평가할 수 없다.

고종이 말한 바대로, 효종을 선택하여 제위를 잇게 한 것은 전적으로 "짐의 뜻에서 나온 것"이었다. 주희 역시 이 일을 논하면서 "모두 고종이 스스로 주장"한 것이다라고 말한다. 그러므로 우리는 효종에 대한 고종의 인식 과정이 어떠했는지 추적해야 한다. 『계년요록』 권89 소흥 5년 5월 신사 조목을 보자.

주상은 조정, 장준, 맹유, 심여구에게 이렇게 말한 적이 있다. "이 아들(효종)은 타고난 자질이 뛰어나서, 궁중에서 마치 신인神人처럼 엄숙하다. 짐이 직접 그를 가르쳐보니, 책을 읽음에 아주 잘 외우는 능력을 지녔다."[46]

우리는 다음과 같은 사실을 기억해야 한다. 소흥 5년(1135)은 백구가 궁궐에 들어온 지 이미 1년이나 2년이 지났을 때로, 장 첩여와 헌성이 바야흐로 격렬한 경쟁을 시작한 시기다. 쌍방은 모두 전력을 다해 자신의 양자가 고종의 총애를 받도록 최선을 다했다. 그래서 "타고난 자질이 뛰어나서, 궁중에서 마치 신인처럼 엄숙하다"는 말은 필시 장 첩여 및 그 주변 인물들이 일부러 퍼뜨린 말이었고, 고종은 그로부터 깊은 인상을 받았을 것이다. "짐이 직접 그를 가르쳐보니, 책을 읽음에 아주 잘 외우는 능력을 지녔다"는 말은 자못 의심스럽다. 『주자어류』권127 「본조本朝 1·효종조」에는 이런 기록이 보인다.

효종은 어렸을 때 지극히 둔했다. 하루는 고종이 나와 조정 신하들에게 "밤에 잠을 못 이뤘다"고 말했다. 어떤 이가 "왜 그러셨습니까?"라고 묻자, "어린아이가 책 읽는 것을 보니, 200~300번 반복해도 외우지를 못하여 매우 걱정스럽다"고 했다. 어떤 이가 나아와서 "제왕의 배움이란 흥망치란만 알면 될 뿐, 처음부터 암기하고 외우는 데 달려 있지 않습니다"라고 했다. 주상의 마음이 그제야 풀어졌다.[47]

주희의 기록과 앞의 고종이 한 말은 서로 충돌하는 만큼 둘 중 하나는 거짓임이 틀림없다. 우리가 앞서 인용한 효종 유년기 상황을 보건대, 효종은 분명 "강직하고 어눌한" 유형에 속하여 "지극히 둔하다"는 평가에 부합했을 것이다. 그렇다면 "책을 읽음에 아주 잘 외우는 능력을 지녔다"는 설은 어디에서 나온 것일까? 사료가 부족해서 다만 두 가지 추측을 할 수 있을 뿐이다. 첫째, "이 아들은 타고난 자질이 뛰어나다"는 표현은 원래 「시정기時政紀」[48]에 나온다. 이 글은 정부 문서로 사후에 수식修飾이 가해지지 않았는지 의심스럽다. 둘째, 어쩌면 장 첩여가 이미 효종을 충분히 교육해놓고, 효종으로 하여금 고종의 면전에서 뛰어난 연기를 발휘하도록 했을 수도 있다. 주희의 기록은 효종이 진상을 발견한 뒤의 반응인 듯하다. 하지만 이런 추측은 현재 입증할 방도가 없으므로 다만 참고할 수 있을 뿐이다. 여하튼 『주자어류』에 보존된 "어렸을 때 지극히 둔했다"는 기록은 매우 중요하다. 왜냐하면 그로 인해 우리는 고종이 효종에 대해 실망하고 낙담했음을 알 수 있기 때문이다. 게다가 효종의 "지극히 둔했다"와 백구의 "태어날 때부터 총명하고 지혜로웠다"[49]는 표현은 강렬한 대조를 이루는데, 효종이 오랜 기간 결정을 주저했던 것도 이와 관련이 있었을 것이다.

고종은 어째서 효종을 선택했을까? 효종과 백구의 성격이 달랐다는 점이 결정적인 요인이었다. 장단의張端義는 우리에게 증거를 하나 제공한다. 『귀이집貴耳集』 상권에 이런 기록이 있다.

효종이 잠저潛邸에서 은평군왕과 함께 있을 때, 고종은 「난정서蘭亭序」[50] 두 편을 써 두 왕[효종과 백구]에게 하사하고 각각 그 글자체대로 500번을 쓰도록 했다. 효종은 700번 넘게 썼지만, 은평군왕은 끝내 다하지 못했다. 고종은 두 왕에게 각각 궁녀 10인을 하사했다. 보안군왕[효종]이 예의상 어떻게 해야 하는지 물었다. 사호史浩는 "서모庶母의 예로 그들을 대해야 합니다"라고 말했다. 두 왕이 궁녀를 어떻게 대우했는지 고종이 묻자, 보안군왕은 예로써 대우했고 은평군왕은 버릇없이 굴었다고 말했다. 대계大計는 이런 일로 결정되었다.[51]

이는 분명 태자 자리를 놓고 시행한 두 차례 시험에 해당된다. 우리는 다음 사실을 기억해야 한다. 소흥 2년(1132), 고종이 효종과 백호 가운데 한 사람을 선택하여 궁궐에서 기르기로 했을 때, 가장 마지막에 "다시 자세히 관찰했고" 그 결과 효종이 남고 백호가 떠나갔다. 위 인용문의 두 차례 시험도 같은 성격을 띠고, 그 결과 역시 효종은 합격이었고 백구는 낙제였다. 하지만 위 두 차례 시험은 동일한 시기에 치러진 것이 아니었다. 「난정서」를 500번 쓰게 했던 것이 먼저 일어난 일이었을 것이다. 그것은 비교적 초급 단계의 서법書法 훈련이기 때문이다. 궁녀를 하사한 것은 두 사람이 약관의 나이를 넘겼을 때 일어난 일이었을 것이다. 두번째 일과 관련하여 주밀은 『제동야어』 권11 '고종이 태자를 세우다' 조목에서 이렇게 기록한다.

일찍이 각각에게 궁녀 10명을 하사했다. 승상 사호는 당시 보안부 교수로서 곧바로 보안군왕을 위해 말을 해주었다. 주상이 왕을 시험하는 것이니 마땅히 조심스럽게 그들을 받들어야 한다고 말이다. 보안군왕 역시 동의했다. 며칠이 지나자 과연 모두 들어오라는 조칙이 내려졌다. 은평은 궁녀 10명을 모두 범했다. 보안은 손끝도 대지 않았다.[52]

위 조목은 사호(1106~1194)가 '보안부 교수'였다고 언급하므로, 궁녀가 하사된 시간을 대략 추론할 수 있다. 『송사』 권396 「사호전史浩傳」을 보자.

소흥 14년(1144) 진사에 합격하여 소흥 여요현餘姚縣 현위로 발령받았고, 온주 교수를 역임했는데 군수 장구성이 그를 중히 여겼다. 임기가 끝나자 태학정太學正으로 제수되었고, 국자박사로 승진했다. 정기적으로 황제를 알현할 때 "보안과 은평 두 왕 가운데 한 명을 택하여 천하의 소망에 부합해야 한다"고 말했다. 고종이 끄덕였다. (…) 비서성교서랑祕書省校書郎 겸 이왕부二王府 교수로 제수되었다.[53]

경력을 보면, 사호는 진사 합격 후 적게는 7년에서 많게는 10년 뒤 비로소 이왕부 교수가 되었다. 또한 『송사』 「신왕전」에 의거하면, 백구가 소흥 22년(1152) 생부상을 당했을 때 나이가 스물셋이었고, 상기喪期가 끝났을 때는 소흥 24년(1154) 11월 정묘일이 된다.[54] 송대의 '삼년상'은 통상 27개월로 계산되므로[55] 그가 복상服喪을 시작한 시기는 필시 소흥 22년 10월이었을 것이다. 그러므로 고종이 궁녀를 하사한 시기는 아마 소흥 22년 8월 이전이거나 소흥 24년 11월 이후였을 테지만, 지금으로서는 결정할 수 없다. 다만 단언할 수 있는 점은 그것이 고종이 최종 결정을 내리기 전에 시행한 최후의 시험이었다는 것이다. 그래서 사호는 고종을 알현했을 때 "보안과 은평 두 왕 가운데 한 명을 택해야 한다"고 특별히 진언했을 것이다. 효종은 「난정서」를 700번 넘게 베껴 썼고, 게다가 하사된 궁녀를 "예로써 대우했다." 이런 고도의 자율적 행위는 효종이 고종으로부터 신임을 얻게 된 궁극적 원인이었을 것이다. 장단의는 "대계는 이런 일로 결정되었다"고 말했고, 주밀도 "주상의 뜻이 마침내 결정되었다"고 말하는데, 이들의 판단은 실제 정황에 아주 잘 들어맞는다. 고종은 대체 언제 효종에게 황위를 물려주겠다고 결심했을까? 아주 귀중한 사료 하나가 이 문제에 해답을 제시해준다. 여중은 『대사기』에서 말한다.

(소흥) 30년 [효종이] 황자로 세워졌다. 주상은 "짐의 뜻이 평소 결정되어 있었는데, 벌써 9년이 되었다"고 말했다.[56]

소흥 30년에서 9년을 거슬러 올라가면 소흥 22년이다. 곧 궁녀를 하사한 때였을 가능성이 있다. 하지만 지나치게 확신해서는 안 될 것이다. 고종이 설사 인선人選을 이미 결정했다 하더라도, 소흥 25(1155)년이나 혹은 조금 더 늦은 시기에 "다시 자세히 관찰했을" 가능성은 충분히 있다. 다만 '9년'은 정확한 숫자로서 그저 대략 말한 숫자와는 다르다. 그러므로 위와 같은 고종의 말은 진지하게 간주되어야 한다. 어쨌든 이처럼 중대한 결정을 어떤 구체적 고려에서 했든지 간에, 소흥 22년(1152)이 효종 개인의 생명사와 남송 황권의 역사에서 획기적 의미가 있다는 점은 의문의 여지가 없다. 뒤집어보면, 고종의 말은 우리에게 다음 내용을 알려준다. 효종이 소흥 2년(1132) 입궁한 이래, 비록 조정 및 사회의 적잖은 사람이 그가 이미 '준황자準皇子' 신분임을 인정했다고 하더라도, 사실 그의 태자 직위는 20여 년간 시종일관 흔들렸다는 사실이다. 게다가 당시 정세를 놓고 보자면, 고종은 속으로 그런 결정을 내리기는 했지만, 현인태후가 서거하기(소흥 29년 9월) 전 그는 감히 자신의 속마음을 입 밖으로 낼 수 없었다. 그래서 효종은 길게는 30여 년 동안 줄곧 기대와 좌절감이 교차하는 초조함 속에서 살아야 했다. 소흥 12년(1142) 장 첩여가 사망한 뒤, 효종은 궁중에서 고립무원 상태에 놓여 있었다. 소흥 25년(1155), 백구가 왕으로 봉해진 뒤 효종의 지위는 아슬아슬해졌고, 한 가닥 희망은 전적으로 고종 1인의 한순간 생각에 달려 있었다. 어떻게 자신을 만들어나가야 고종의 인정을 받을 수 있을지 여부가 효종의 중심 과제였다. 효종은 참을성 있는 성격과 강한 의지, 깊이 침잠하는 정신에 의지하여 비로소 모든 어려움을 극복할 수 있었다. 『계년요록』 권184 소흥 30년 2월 갑자 조목이다.

그래서 보안군왕[효종]은 궁중에서 길러진 이래 여기에 이르기까지 이미 30년이었다. 왕은 타고난 자질이 영명하고 활달하며 도량이 커서, 주위 사람 중 그가 기뻐하거나 화난 기색을 본 적이 없었다. 조정에 가서 반열에 들 때, 나아가고 멈춤에 모두 일정한 법도가 있었다. 말을 탔을 때는 오만하게 내려다본 적이 없었고, 평소 수레를 탈 때에도 검약했으며, 매번 경전과 사서로 유유자적했다. 일찍이 부府의 관료에게 이렇게 말한 적이 있다. "목소리와 낯빛과 관련된 일에서 경전의 의도를 소홀히 한 적이 없었고, 보물과 진귀한 사물에 대해 마음으로 좋아하지 않았고 또한 그런 것들을 축적한 일이 없었다." 말 타고 활 쏘기나 글 짓거나 글씨 쓰는 일이 모두 타인을 뛰어넘었다. 주상이 근신들에게 이렇게 말한 적이 있다. "경들도 보안을 보았는가? 근래 골상骨相이 일변하여 보통 사람에 비할 바가 아니다."[57]

이는 비록 찬양의 언사이기는 하지만 사실의 핵심을 함축하고 있다. 효종이 30년에 걸친 '마음을 격동시키더라도 본성을 참는다動心忍性' 과정이 여기서 분명한 윤곽을 드러낸다. 인용문 말미에 나오는 고종의 말은 황자로 뽑히게 된 것을 알게 된 효종의 정신 상태를 보여준다. 하지만 장기간에 걸친 초조함에서 벗어나 최종으로 선발된 과정의 깊은 의미를 파고들려면, 우리는 심리분석 영역으로 들어가지 않을 수 없다. 이는 일반 사학이 단독으로 처리할 수 없는 문제의 영역이기 때문이다.

4. 정체성 위기와 심리적 좌절

앞 절에서 우리는 효종의 전반기 생명사와 관련된 기본 사실을 분명히 정리했다. 여기에서는 이와 관련된 두 부분을 언급할 것이다. 먼저 상술한 사실적 기초 위에서 효종의 심리 발전 과정을 분석하고, 한 걸음 더 나아가 그가 후반생에 겪은 심리적 좌절을 펼쳐 보일 것이다. 이렇게 해야지만 효종이 어째서 만년에 겉보기에 전혀 상반된 두 행동 체계를 밀고 나갔는지 이해할 수 있게 된다.

앞 절에서 보았다시피, 소흥 30년(1160) 이전에 효종은 백구와 더불어 고종의 양자였지만 미래의 신분은 계속해서 불확실했다. 고종은 30세 전후의 효종과 백구를 여전히 "어린아이小孩兒"로 간주했는데, 나중에 효종이 41세의 광종에 대해 "아이가 아직 어리다"라고 말한 것과 같은 이치다. 여하튼 소흥 30년 이전에는 명칭과 지위가 아직 확정되지 않은 터라 두 사람은 모두 '소년', 심지어 '아동'의 단계에 갇혀 있었다. 물리적 시간은 한시도 멈추지 않았지만 심리적 시간은 정체기에 빠졌다. 이것이 바로 '심리적 유예기psychological moratorium'다. 일반적으로 '심리적 유예'는 한 개인이 '소년adolescence'에서 '성인adulthood'으로 나아가는 과정에서 발생한다. 이 시기는 인생에서 가장 관건이 되는 단계다. 이때 그는 반드시 유년기 생활을 마무리하고, 성인 이후의 앞길을 전망하며 자신의 재능과 개성을 숙고해야 한다. 아울러 자신에 대한 타인(부모, 스승, 친구 포함)의 판단과 기대를 참고한 후 중심 방향을 확정하고, 자신이 선택한 뜻과 사업을 위해 생애가 끝날 때까지 헌신해야 한다. 시인의 말을 빌리자면, "꾸밈을 지워 어릴 때 작품으로 돌아왔고, 뭇 악기를 밀치고 중년으로 들어간다"[1]고 해도 무방할 것이다. 인생의 머나먼 여정은 그때부터 정식으로 시작된다. '심리적 유예기'가 출현할 수 있는 까닭은 개인이 심리적으로 '소년'에서 '성인'의 단계로 진입할 때 다종다양한 힘이 그 진입을 막기 때문이다. 따라서 '심리적 유예기'에 머무는 사람은 필연적으로 '정체성 위기identity crisis'를 겪는다. 왜냐하면 "중년으로 들어선" 이후 어디로 가고 무엇을 따를지 결정할 수 없기 때문이다. 당연히 정체성 위기는 모든 개인이 겪는 것은 아니고, 그 정도 또한 시대·문화·계급 혹은 개인의 성격에 따라 다른 만큼 한 묶음으로 논할 수 없다. 현존하는 사료에 입각해보건대, 효종과 백구가 모두 그런 위기를 겪었다고 보는 것은 문제되지 않는다. 하지만 그들이 겪었던 것은 극히 특수한 정체성의 위기였다. 둘 중 한 사람만이 태자가 될 기회를 얻을 수 있었다. 만약 고종이 아들을 낳는다면 두 사람 모두 헛물컨 셈이 되므로, 그들의 정체성 공간은 아주 협소했다. 그 공간은 그들의 특수한 생활 범위(황실)에 의해 결정된 것이었다.[2] 설사 그렇다 하더라도, 그들은 오랜 시간 독특한 정체성 위기의 도전에 직면해왔다. 어떻게 하면 태자의 지위를 쟁취할 것인가, 그리고 어떻게 하면 태자의 직위와 상응하는 인생의 이상을 세울 것인가 하는 두 가지 물음은 그들이 평생 분투해야 할 최종 목표였다. 이는 동일한 사안의 양면으로, 선후로 나눌 수도 없고 정신적 자원의 지원으로부터 분리될 수도 없었다. 상세한 내용은 아래에서 보자.

소흥 30년(1160) "명칭과 지위가 비로소 정해졌을" 때, 효종의 나이 이미 서른네 살이었고 백구는 서른한 살이었다. 그러니 두 사람 모두 심리학자들이 말하는 '장기적 정체성 위기'를 겪었음을 예상할 수 있다. 이는 개인 생명사에서 가장 엄격한 시험이다. 위기에 빠진 사람은 종종 파괴적 힘과 건설적 힘 사이에서 발버둥치고 전진과 후퇴 사이에서 배회하기도 한다. 위기를 넘어서면 정체성의 귀착점이 생기고, 넘어서지 못하면 허무에 직면하여 세상사에 따라 부침해버린다.[3] 두 사람은 각각 실패와 성공의 전형을 대표한다. 백구의 정신 상태는 「난정서」 사건과 궁녀 하사 사건에서 분명하게 드러난다. 그는 「난정서」를 500번 쓰라는 고종의 명령을 이행하지 못했는데, 이는 백구의 정신이 산만하고 '일을 경건히 하지 못했다敬事'는 것을 증명한다. 그는 하사받은 궁녀를 모두 범했는데, 이는 자제력이 없음을 드러낸다. 사호는 당시 백구의 스승이기도 했다. 백구가 만약 사호에게 궁녀 하사에 얽힌 의도를 물었다면, 사호가 알면서도 말하지 않았을 리 없을 것이다. 백구는 성격상 약점으로 혹은 헌성황후의 총애를 믿고 제멋대로 행동했거나 아니면 그 두 가지 모두로 인해 결국 고종을 크게 실망시켰다. 종합하자면 그의 행동은 심리학자들이 말하는 '정체성 분산identity diffusion'과 매우 유사하다.[4] 『송사』 본전에 따르면, 백구는 효종 즉위 이후 아무런 일도 하지 않으려 하여 "한가히 지내기 바란다는 상소를 여러 차례 했다累章乞閒"고 한다. 이것은 태자 지위 쟁탈전에서 실패한 이후 나타나는 필연적 반응일 테지만, 그 근본적 원인은 이미 정체성 위기의 시기에 보이고 있다.

효종은 백구와 대조적으로 '심리적 유예기'에 모든 정신적 자원을 동원하여 위기를 적극적으로 돌파하고, 최종 정체성을 확립한다. 앞서 인용한 『계년요록』 소흥 30년 조목은 효종의 정신 상태를 이렇게 묘사한다. "몸을 닦아 기다리고 그것을 통해 명을 세운다."[5] 효종의 행동은 사람들로 하여금 맹자의 명언을 연상케 한다. "그러므로 하늘이 장차 어떤 사람에게 대임을 내려줄 때, 반드시 먼저 그의 마음을 고통스럽게 하고, 그의 근육과 뼈를 힘들게 하며, 그의 몸과 피부를 마르게 하고, 그 자신에게 아무것도 없게 만들며, 그가 행동할 때 그의 행위를 어지럽게 만든다. 그럼으로써 외부의 장애 속에서도 꿋꿋이 버티게 하고, 그가 할 수 없는 일을 하도록 만들었다."[6] 효종을 일깨운 스승은 이학자 범충范冲이었으므로, 효종이 유가의 가치를 이용하여 정체성 위기에 대응할 수 있었던 것도 이상한 일은 아니었다. 다음 자료는 더욱 주목할 만하다. 지반志磐의 『불조통기佛祖統紀』 권47 융흥 원년(1163) 조목이다.

주상[효종]이 처음에 왕저王邸에 있을 때, 내도감內都監을 경산徑山에 보내 고杲 선사에게 도를 물었는데, [고 선사는] "큰 뿌리, 큰 그릇, 큰 힘으로 큰 일을 짊어지니 평범하지 않구나"[7]라는 게송으로 답을 해주었다. 그후 건저建邸에 있을 때 내지객內知客[집사]을 산에 보내 묘희암妙喜庵 세 글자와 자신의 초상을 하사했다. 이때(융흥 원년)에 이르러 [고 선사는] 과거에 하사해준 것을 전부 취하여 어보御寶라고 표시했다. 이해 8월 10일 고 선사가 입적했는데, 주상이 슬퍼하고 애도를 멈추지 않다가 보각普覺이라는 시호를 내렸고, 탑은 '보광寶光'이라고 불렀다.[8]

경산 종고宗杲는 소흥 11년(1141)에 진회에 의해 형주衡州로 쫓겨났고, 28년(1141) 2월이 되어서야 다시 경산으로 돌아왔으므로[9] 효종이 그에게 도를 물었던 때는 필시 소흥 28년 2월 이후일 것이다. 종고의 게송이 분명히 보여주는 바는, 효종이 물었던 '도'가 필시 태자 자리와 관련 있었으리라는 점이다. 그래서 종고는 분명하고 긍정적으로 대답함으로써 효종의 신심을 강화시켰던 것이다. 그러니 효종이 건국공으로 있을 때 그리고 즉위 이후에도 종고를 더욱더 예우하고 공경한 것도 당연한 일이었다. 지반이 기록한 종문宗門의 사건은 대체로 믿을 만하고, 게다가 엽소옹의 「경산 대혜徑山大慧」에 기록된 조목도 방증이 될 수 있다. 다만 세부 내용에서 약간의 차이가 있을 뿐이다.[10] 그렇기에 이 증거는 매우 진귀하다. 우리는 이 증거를 통해 효종이 신분적 정체성을 위해 쉬지 않고 투쟁하여 최종 단계에 이르렀다는 것, 게다가 불교를 포함한 당대의 문화 자원 일체를 동원하여 자신의 정신적 힘을 강화했음을 알 수 있다. 『귀이집』 상권에는 이렇게 기록되어 있다.

효종이 천축天竺과 영은靈隱에 행차했는데 휘승輝僧이 수행했다. (…) 손에 구슬 몇 알을 갖고 있는 관음상이 있었다. [효종이] "무슨 용도인가?" 하고 물었다. "관음보살을 생각하기 위해서 있습니다"라고 답했다. "스스로 생각한다는 것은 무엇인가?" 하고 물었다. "타인에게서 구하는 것은 자신에게서 구하는 것만 같지 못하다는 것입니다"라고 답했다. (…) 효종은 매우 기뻐했다.[11]

이 이야기는 풍부한 상징을 담고 있다. "타인에게서 구하는 것은 자신에게서 구하는 것만 같지 못하다"는 것은 바로 효종이 장기적 정체성 위기 가운데 세운 기본 정신이었기 때문이다. 같은 책 같은 권에는 다음 내용도 보인다.

덕수(고종)가 [나라를] 중흥한 이후, 수황(효종)이 황위를 이을 때, 『노자』와 『장자』가 서가에 없던 적이 없었다.[12]

이 기록 역시 효종이 초년에 도가道家에 침윤했다는 증거다. 그가 나중에 스스로 매우 자부하는 「삼교론三敎論」을 썼던 연원도 바로 여기에 있었음이 틀림없다.

이상과 같은 각종 자료를 근거로, 궁궐에 들어간 6세부터 태자 지위를 획득한 34세에 이르는 효종의 전체 경력을 재구성해보았는데, 그의 심리 성장과 변화의 내막을 엿보는 것이 목적이었다. 효종은 자전적인 글을 하나도 남기지 않은 터라(설사 그런 글이 있었다 하더라도 의식적 또는 무의식적 선별을 거쳤을 터이므로 분석 없이는 그대로 믿을 수 없을 것이다), 우리는 효종의 언행에서 그 내막을 찾아나갈 수밖에 없다. 게다가 효종 한 사람만을 따로 떼어놓고 관찰해서도 안 된다. 효종은 아주 특수하고 작은 범위 내에서 생활한 만큼 그와 매우 깊은 관계가 있었던 고종, 장첩여, 헌성황후, 백구 등의 언행 역시 고찰 대상이되어야 한다. 이유는 매우 간단하다. 이들의 일거수일투족이 필연적으로 효종의 심리 성장에 깊든 얕든 영향을 끼쳤을 것이기 때문이다. 개인의 언행만을 따로 떼어놓고 보자면, 여러 사건은 단지 '일화anecdote'에 그치고 만다. 수많은 일화를 단순히 모아놓는 데 그친다면 역사를 구성할 수 없다. 따라서 개별 '일화'를 관통하여 효종의 심리적 발전을 설명하려면 일반적 인간성에 호소하지 않을 수 없다. 이른바 '사람들은 그 마음이 동일하고, 마음은 그 이치가 동일하다人同此心, 心同此理'고 한다.

나는 위에서 심리성장에 관한 에릭슨의 관찰, 특히 아동기에서 성인기에 이르는 '정체성 형성' 개념을 빌려왔지만, 사실 대략적인 내용만 취했을 뿐이다.

개인 일생의 단계에 대한 에릭슨의 구분을 세부 내용까지 받아들이든 아니든, 그의 구분은 중국의 문화적 전통 내에서 결코 낯선 것이 아니다. "열다섯에 배움에 뜻을 두고, 서른이 되어 자립하며, 마흔이 되어 헛갈리지 않는다 (…)"는 공자의 말은 2000여 년 동안 사람들의 마음을 깊이 파고들었다. 이는 개인의 특수한 경험을 표현한 말이지만, 개인의 일생도 단계적으로 구분될 수 있다는 점에는 의문의 여지가 없다. 위에서 분석한 것은 '뜻을 세우기'에서 '자립'으로 나아갔던 효종의 일생이었고, 현대의 심리적 관찰을 인용하여 참고로 삼은 데 불과하다.[13] 심리분석을 활용함으로써 우뚝 '자립했던並' 역사적 인물을 연구하는 데 에릭슨은 개창의 공헌을 했다. 그래서 30세의 마르틴 루터와 50세의 간디에 대한 에릭슨의 연구는 사학계에서 격렬한 반응을 불러일으켰던 것이다. 이 두 사례연구는 효종의 심리적 여정을 이해하는 데 매우 큰 도움을 준다. 여기서 사례를 하나 들어 증명해보고자 한다.

1517년, 마르틴 루터(1483~1546)는 비텐베르크의 교회 문 앞에 '95개 논제'를 붙이고서 전체 교회에 도전을 감행하는데, 이는 경천동지할 종교개혁의 정식 개막이었다. 이 점에서 중국 역사 내 효종의 지위는 당연히 그에 한참 못 미친다. 하지만 개인사 측면에서 1517년의 루터와 소흥 30년(1160)의 효종은 서로 비교할 만한 점이 있다. 에릭슨의 연구에 따르면, 루터는 대략 20세 전후부터 자기 최종 정체성을 찾기 시작했다. 그가 처음 수도원에 들어가 신학을 연구하기로 결정했던 것은 사실 부친에 대한 일종의 반항 때문이었다. 왜냐하면 루터의 부친은 아들이 법률을 배워 장차 가문을 일으키고, 자신도 노년에 아들에게 의탁하기를 원했기 때문이다. 상세한 사정을 다 언급할 수는 없지만, 요컨대 에릭슨은 다종다양한 자료를 통해 청년기 루터의 복잡한 심리 충돌을 분석했고, 루터가 장기적 정체성 위기를 거쳤다는 결론에 도달한다. 수도원에 들어가 신학을 학습한 시기가 바로 루터의 '심리적 유예'에 해당된다는 것이다. 루터는 십몇 년간 심리적 마찰을 겪은 터라, 그가 1517년 교황청에 반항하는 기치를 들어올렸던 것은 그 개인의 생명사에서 획기적 단계에

값하는 최대 사건이었다. 에릭슨은 이 사건이 루터의 공식 정체성official identity 의 발단을 이룬다고 지적한다. 바로 이때부터 루터의 개체적 생명은 홀연히 역사적 인물의 전기傳記로 바뀌고, 많은 측면에서 그의 인생은 하나씩 새롭게 시작된다.[14]

루터에 대한 에릭슨의 판단은 소흥 30년의 효종에게도 그대로 적용되는 듯하다. 구체적인 효종의 생애는 루터의 생애와 현격히 다르지만, 효종이 '황자皇子'라는 '공식 신분'을 획득하자 그의 인생은 아주 새로운 단계로 들어서고, 그제야 이후 27년의 황권을 손에 넣게 된다. 그렇지 않았다면 그 역시 백호나 백구와 마찬가지로 역사상 있는 듯 없는 듯한 개체적 생명에 불과했을 것이다. 소흥 30년(1160) 효종의 나이는 서른네 살이었고(중국 나이), 1517년 루터도 서른네 살이었다(서양 나이). 이는 단지 우연의 일치에 불과하지만 중요한 사실 하나를 가리킨다. 두 사람 모두 '장기적 정체성 위기'를 겪었다는 점이다. 생명 단계 또는 '생명[생애] 주기life cycle' 관점에서 이런 우연의 일치는 나름대로 의미가 있다.

마지막으로, 조금 다른 각도에서 태자 임명이 효종의 심리에 일으킨 파문을 가늠해보자. 고종은 태자를 세우기 전 효종에 대해 "근래 골상이 일변하여 보통 사람에 비할 바가 아니다"라고 말했고, 헌성황후도 "제왕의 모습이 있다天日之表"고 했다. 심리학의 관점에서 볼 때, 그들의 말을 무심코 보아 넘겨서는 안 된다. "제왕의 모습이 있다"는 말은 오랫동안 유행했던 관용어라고 할 수 있으나,[15] 앞의 말은 고종 자신의 실제 관찰을 나타내므로 필시 그가 직접 한 말이었을 것이다. 아마도 고종은 효종의 용모에서 일련의 미묘한 변화가 일어나 보통 사람과 달라졌음을 깨달았던 듯하다. '골상' 신앙은 일찍이 선진 시대부터 시작되었고 후대에도 끊이지 않고 전해졌는데, 남송대와 북송대 사대부 가운데도 그 신도가 적지 않았다. 고종보다 나이가 열 살 정도 많은 장준 역시 그중 한 명이었다.[16] 그러므로 고종은 골상 신앙 관련 기본 지식을 파악하고 있었을 가능성이 아주 높다. 고종이 효종의 외모에서 어떤 변화를 발견했다는 것은 분명 사실이었을 테지만, 반드시 '관상법相法'에 따라 해석할 필요는 없다. 왜냐하면 그것은 심리 분석에도 근거가 있기 때문이다. 아나 프로이트 Anna Freud는 자기 부친[지그문트 프로이트]의 학문을 전수한 사람으로, 어린이가 사랑받는다고 느낄 때 더 좋은 생김새로 변화한다는 것을 발견한 적이 있다. 이런 발견은 심리학자들의 추측을 불러일으켰는데, 일반적 견해는 다음과 같다. 곧 사람에게는 모종의 정신적 능력[정신 에너지]psychic energy이 있어 일단 그 능력이 발휘되기만 하면 그의 전체 외모를 바꾸고 또 생활 리듬을 제고할 수 있다는 것이다. 이런 능력이 기본적 생명적 충동(예컨대 리비도Libido)인지 아니면 다른 힘인지는 단정할 수 없다.[17] 맹자 역시 이와 유사한 관찰을 했다. 맹자는 "군자가 본성으로 삼는 것은 마음에 뿌리내린 인의예지다. 그것이 겉모습으로 드러날 때 얼굴에서 윤기가 나고, 등에서 두텁게 나타나며, 사지로 베풀어지니, 사지는 말을 하지 않아도 분명하게 깨닫는다"[18]고 말한다. 맹자는 바로 '군자'의 용모 변화를 고도의 심리적 역량 때문으로 돌리고 있다. 이 심리적 힘의 성질이 어떠하든 간에, "근래 골상이 일변했다"는 것에 대해 우리는 또다른 이해를 할 수 있다. 효종은 대략 1~2년 전에 이미 자기가 태자 자리를 얻을 것이라고 판단했기 때문에, 그의 최종 정체성이 주관적으로 완성되었을 뿐만 아니라 객관적으로도 장차 실현되려 하고 있었을 것이다. 이는 효종의 인생에서 으뜸가는 대사건이었기에 그의 생명적 잠재력은 극도의 흥분 속에서 충분히 발휘되고 있었고, 마침내 용모에서 현저한 변화가 일어났을 것이다. 그래서 고종의 그 짧은 한마디는 효종이 태자로서 서기 전후의 심리 상태를 무의식중 잘 표현한 것이다. 소흥 30년(1160)은 분명 효종 일생의 분수령이었고, 이때부터 효종의 진정한 정체성이 확립되었다. 혹은 그가 "서른이 되어 자립했다"고 할 수도 있겠다. 이후에는 어떻게 하면 자신이 인정한 '뜻과 사업'을 위해 노력하느냐 하는 문제만 남아 있을 뿐이었다.

효종의 심리적 여정의 후반부로 들어가기 전, 우리는 먼저 그의 최종 정체성이 지닌 함의를 분명히 해야 한다. 앞서 효종이 자신의 정체성을 추구하면서부터 이를 발전하여 완성해나간 것은 태자 즉위 사건과 하나로 얽혀 있다고 논했다. 하지만 그런 논단은 심각한 오해를 낳을 수 있다. 심리분석학에서 '정체성' 개념과 관련한 논의는 지나치게 복잡하여 여기서 깊이 들어갈 필요는 없다. 다만 심리사학 측면에서 말하자면, 한 사람의 최종 정체성이 가리키는 바는 대체로 그가 비가 오나 눈이 오나 평생 헌신하고자 하는 뜻과 사업을 이미 찾았다는 것이다. 루터가 종교개혁을 하려 한 것, 간디가 인도를 해방시키려 한 것, 윌리엄 제임스William James(1842~1910)가 심리학과 철학에 매진하기로 한 것이 그 예다. 효종의 정체성 역시 같은 성질로 볼 수 있다. 그러므로 그의 정체성을 태자 또는 황제의 것으로 간단히 이해해서는 안 된다. 태자나 황제라는 자리는 일종의 신분 또는 자격identification으로 간주될 수 있다. 이는 효종의 최종 정체성에 객관적 조건을 제공하지만, 그 두 가지는 결코 동일시될 수 없다.[19] 중국 역사에는 오직 지고무상至高無上한 황권을 획득하기 위해 제위를 다투되 황권을 뛰어넘는 포부는 갖지 않았던 사람이 많다. 하지만 효종이 그런 범주에 포함되어서는 안 된다. 효종의 심리적 여정이 드러내는 실마리, 효종에 대한 주희·장식·육구연 등의 평가,[20] 효종에 대한 선사 종고의 기대[21]를 통해 보자면, 효종은 상당한 정신적 깊이를 갖춘 사람이었다고 인정하지 않을 수 없다. 그는 '정강의 치욕'이 일어난 지 1년 후에 태어났고, '두 황제가 몽진하는二帝蒙塵' 분위기 속에서 성장했으며, 더욱이 스스로를 '신하로 칭해야稱臣' 했던 고종의 굴욕을 직접 보았다. 그가 아주 일찍부터 '원수에게 복수하고' '오랑캐를 물리치려는' 비원悲願을 갖게 되었으리라 쉬이 상상할 수 있다.[22] 효종이 일생 동안 한시도 잊지 않았던 '회복恢復'의 기원이 바로 여기에 있다. 우리가 그의 최종 정체성을 정확히 파악하려면 반드시 여기에서 구해야 한다.

'말은 마음의 소리'이므로 역사적 인물의 잠재의식을 연구하려는 서양 사학자들은 종종 그 인물의 작품에서 자료를 취한다. 하지만 현재까지 전해지는 효종의 글은 거의 없어서 효종에게 그 방법을 쓸 수 없다. 나는 우연히 장단의

의 『귀이집』에서 효종이 쓴 시 1편과 부賦 1편을 발견했다. 비록 온전치 못한 글이지만, 효종의 최종 정체성을 더 깊이 이해하는 데 도움이 될 듯하다. 『귀이집』 상권 기록이다.

수황[효종]은 중흥의 계획을 잊은 적이 없었다. 「초가을 비가 그치고 날이 개다新秋雨霽」는 이렇게 읊는다. "평생 웅혼하고 강건한 마음을 지녔는데, 거울에 비추어 보니 붉은 얼굴이 있네. 항상 걱정거리가 있음을 어찌 안타까워하는가? 다만 회복 계획을 확대해야 하네." 일찍이 「춘부春賦」를 지어서 이렇게 읊었다. "나는 장차 누대에 올라 광대한 땅을 보고, 천지사방을 감싸 안아 한 가족으로 만들리라. 동풍이 고목을 소생시키듯 화목하게 하고, 한바탕 비가 씨앗에 내리듯 시원하게 할 것이네." "낳고 또 낳는 덕은 아름답지 않을 때가 없으니, 어찌 눈을 아찔케 하는 아름다운 꽃들을 다시 부러워하겠는가?" [수황은] 서본중徐本中에게 보여주고 교정을 하라고 명했다. 증적은 그 일로 인해 서본중을 참소하면서 "서본중이 주상의 「춘부」를 밖에서 떠들었는데 윤색된 내용이었습니다"라고 말했다. 수황은 매우 불쾌해했다.[23]

위의 시와 부의 초고初稿를 효종이 직접 썼음은 분명하다. 증적의 본전(『송사』 권470)에 따르면, 서본중은 증적에 의해 등용된 사람이었다. 증적은 효종의 태자 시절 총애를 받던 사람이었다. 하지만 건도 3년(1167) 2월에 지방관으로 파견되었다. 따라서 위의 시와 부가 지어진 것은 효종이 즉위한 지(1162) 2~3년 내였음을 알 수 있다. 나이는 아직 마흔이 안 되어서, "거울에 비추어 보니 붉은 얼굴이 있네" 정황과 부합한다. 위 시는 효종이 자신의 지향을 서술한 것으로, 이른바 "시가 뜻을 말한다詩言志"는 사례에 해당된다. "회복 계획을 확대해야 한다"와 "천지사방을 감싸 안아 한 가족으로 만든다"는 것은 효종이 오랫동안 지녀온 포부를 선연히 드러낸다. "평생"이라는 단어는 자신의 뜻이 이미 오래되었음을 뜻한다. 곧 태자로 임명되기 전부터 그런 뜻을 갖고 있었다는 것이다. 앞서 '장기적 정체성 위기' 기간의 심리적 발전에 대해 추측한 바 있는데, 이 시와 부가 그에 대한 직접적인 증거다. "평생 웅혼하고 강건한 마음을 지녔다"와 "항상 걱정거리가 있음을 어찌 안타까워하는가?"라는 구절은, 효종이 태자로 서기 전 "말 타고 활 쏘기나 (…) 모두 타인을 뛰어넘었다"[24]는 설과 서로 부합한다. 게다가 증거가 될 만한 다른 기록도 있다. 『정사程史』 권2 '융흥안국隆興按鞫' 조목이다.

> 융흥 초, 효종은 복고復古를 하려 마음을 단단히 먹었으니, 안일함의 해악을 경계하여 활 쏘고 말 타는 등 힘든 일을 습관이 되게 하면서, 도간陶侃(259~334)이 벽돌을 집 안팎으로 날랐던 뜻[25]을 배우고자 했다. 당시 여러 장수를 불러 궁전 안에서 격국擊鞫[26]을 했는데, 비바람이 불어도 기름 먹인 천막을 쳤고 모래를 깔아 진흙탕을 덮었다. 여러 신하는 종묘 일이 중요하므로 [주상이] 위험하게 말을 타면 안 된다고 여겨, 상소문도 바치고 직접 간언도 했으나 들어주지 않았다. 하루는 주상이 직접 격국을 했는데 회전을 한 지 좀 오래되자 말이 힘에 겨운 나머지 곁채로 난입했다. 곁채 처마가 아주 낮아서 [주상이] 그만 문미門楣에 부딪혔다. 시종들이 대경실색하여 재빨리 달려갔다. 말은 이미 달아나버렸다. 주상은 손으로 처마를 잡고 일어서고, [시종들이] 부축하고 내려왔지만 낯빛은 미동도 하지 않았다. 고개를 돌려 말이 간 곳을 가리키고서 말을 쫓으라고 명했다.[27]

남송 태자와 황제 중 오직 효종만이 '격국'을 중시했다고 하는데, 이는 "평생 웅혼하고 강건한 마음"과 관련 있지, 효종이 순전히 '유희' 삼아 격국을 한 것은 아니었다.[28] 위 인용 고사는 즉위 초기에 일어난 것이므로, 「초가을 비가 그치고 날이 개다」가 지어진 시기도 이를 통해 증명될 수 있다. 『학림옥로』 갑편 권1 '철주장鐵拄杖' 조목을 보자.

수황[효종]은 궁중에 있을 때 항상 옻칠한 지팡이를 하나 지녔다. 환관과 처첩들 그 누구도 엿볼 수 없었다. 일찍이 후원에서 노닐 때 우연히 지팡이를 지니는 것을 잊자, 소황문小黃門[나이 어린 환관]에게 특명을 내려 그것을 찾도록 했다. 두 사람이 있는 힘을 다해 끌고 왔는데, 지팡이가 순철純鐵이었기 때문이다. 주상은 바야흐로 중원에 뜻이 있었기에 남몰래 그처럼 힘들고 고통스러운 연습을 하고 있었다.[29]

이 고사는 약간 과장된 듯하지만 결코 터무니없이 날조된 허구는 아니다. 가장 마지막 사례는 추호도 의심할 수 없는 사실이다. 『주자어류』 권17 「본조1·효종조」는 주희의 말을 이렇게 기록한다.

효종은 얼마나 영민하고 용맹했던가! 유공보劉共甫(유공劉珙, 1122~1178)가 편전에서 상주할 때, 편전 마당에 있는 말 한 마리가 움직이지 않고 있어서 의아했다. 하루는 왕공명王公明에게 물어보니, 공명은 "그 말은 나무를 깎아서 만든 것입니다. 주상은 업무에 틈이 있으면 곧바로 그 말에 올라타서 말타기와 활쏘기를 익히기 때문입니다"라고 말했다.[30]

유공은 건도 3년(1167) 11월 동지추밀원사가 되었고 이듬해 7월 참지정사를 겸임했으나 그해 바로 파직되었다.[31] 유공이 "편전에서 상주했던" 것은 건도 4년이었고, 당시 효종은 이미 마흔두 살이었음을 알 수 있다. 주희는 필시 유공으로부터 그 일을 직접 들었을 터이므로 간접적으로 전해들은 이야기와 비할 바가 아니다. 앞서 인용한 『계년요록』에 따르면, 효종은 소흥 32년(1162)에 황자가 되었을 때 이미 "말 타고 활쏘기나 글 짓거나 글씨 쓰는 일이 모두 타인을 뛰어넘었다"고 하는데, 그는 '회복恢復'을 위해 장기간 준비했던 것이다. 각 방면의 사료를 종합하건대, 효종의 최종 정체성이 '회복'이었음은 의문의 여지가 없다.

효종과 마르틴 루터는 똑같이 장기적 정체성 위기를 겪기는 했지만, 두 사람의 후반생은 전혀 다르다. 루터는 서른네 살 때 정식으로 교회 혁신을 자신의 정체성으로 삼은 후, 그때부터 용감하게 앞으로 쭉 나아가면서 백절불굴하는 태도를 보여주었고, 마침내 유럽에서 새로운 시대를 열었다. 효종은 서른네 살 때 태자로 올라섰고 서른여섯 때 황위를 계승하여 '회복'을 정체성으로 삼는 정식 신분을 얻기는 했지만, 그후 20여 년간 제위에 있었으면서도 결국 '회복'이라는 대업을 추진할 수 없었다. 순전히 심리적 측면에서 보자면, 이들 두 사람의 서로 다른 운명은 이렇게 이해될 수 있다. 루터는 어려서 부친에게 복종하지 않았고 중년에는 교황에게 복종하지 않았지만, 그는 전후 일관되게 하느님의 부름에 복종함으로써 스스로를 변호했고, 그것이 바로 내심內心의 충돌을 극복하는 길이 되었다. 유가의 '효' 문화가 포위한 가운데서 효종에게는 그런 길이 없었다. 때문에 효종은 초년에 내심의 모든 충동을 억압해야 했고 부황[고종]의 필요에 따라 자신을 만들어가야 했으며, 중년 이후에는 '회복'의 충동을 억제함으로써 태상황[고종]의 뜻을 거스르지 않아야 했다. 적어도 실천 과정에서 효종이 '하늘天' 또는 '천리天理'를 원용하여 고종에게 대항하면서도 마냥 마음 편히 있었으리라고는 전혀 상상할 수 없다.

효종의 '회복' 사업이 고종의 방해를 받았음은 제7장에서 이미 그 단서를 밝혔다. 나는 가장 대표적인 자료 몇 조목을 골라 내선 후의 부자 관계에 대해 전체적으로 고찰하고, 그로써 효종의 심리적 여정에 대한 서술을 끝내고자 한다. 『송사』「효종기 3」의 '찬贊'은 이렇게 말한다.

즉위 초, [효종은] 회복에 대해 확고한 뜻을 갖고 있었으나, 부리符離 땅에서 실패하여 거듭 고종의 명령을 어기자 가벼이 군사를 출병하지 못했고, 또한 금나라 세종의 즉위 즈음하여 금나라의 통치가 잘 이루어지자 엿볼 틈이 없었다.[32] (…) 하늘이 남북의 전쟁에 염증을 내고 민생을 쉬도록 하고 싶었기에, 전쟁을 벌이려던 황제의 뜻은 결국 실현되지 못했다. 그런데 옛날부터 따져보아도, 외번外藩에서 일어나 대통을 잇고 궁정의 효를 다한 자로서 황제만 한 사람이 아직 없었다. 곧 그사이 부자간이 즐겁고 유쾌하게 되어 함께 장수를 누린 것으로서 역시 그 부자에 미친 경우가 없었다. 3년상을 마치는 일에서 다시 여러 신하의 청을 물리치고 힘써 3년상을 행했다. 송의 묘호 중 인종의 '인仁'과 효종의 '효孝'는 참으로 부끄럽지 않고, 또 부끄럽지 않구나!33

사신史臣의 찬사에는 대체로 사실적 근거가 있지만, 『홍루몽紅樓夢』식으로 말하자면 위 찬사가 반영하는 것은 단지 '풍월보감風月寶鑑'34의 정면일 뿐이다. 이제 그 뒷면과 측면을 보자. 『학림옥로』 병편幷編 권4 '중흥강화中興講和' 조목은 이렇다.

소흥 신사년(31년, 1161), 금나라 군주 완안량이 남침하자 고종은 조칙을 내려 친정親征했다. (…) 이듬해인 임오년 황위를 물려주자, 효종은 즉위하여 회복하려 단단히 마음먹고서 장위공張魏公(장준)을 독사督師로 기용했다. 남헌(장식)이 참모관으로서 궁궐에 들어와 상주하려 덕수궁35으로 가서 알현했다. (…) 고종이 말했다. "다만 그대 부친에게 [이렇게] 말해주게. 현재 국가에서 민력民力과 국력을 반드시 헤아리고 조기에 수습해야 한다. 거란과 금나라가 서로 공격한다고 들었는데, 만약 거란이 이긴다면 언젠가 [우리가] 어부지리를 얻을 것이다. 만약 금나라에 아직 혼란이 없고 게다가 민을 위무하고 군대를 잘 다스린다면, 때를 기다려서 움직여야 한다." 고종은 변고에 혼이 나서 싸우고 싶지 않았고 또한 금나라가 형제 관계를 맺으려 의논한다는 소리를 들은지라 그에 대해 매우 기뻐했다. 효종이 초년에 회복의 지향이 매우 강했으나 결국 마음먹은 대로 할 수 없었던 까닭은 비단 당시 모신謀臣과 맹장들이 거의 다 죽고 재정과 병력이 약하여 뜻을 펼칠 수 없었을 뿐 아니라, 덕수(고종)의 뜻이 안정安靜을 위주로 하여 [덕수를] 거역할

생각을 하지 못했기 때문이다.[36]

이 기록에서 가장 주목할 점은 이렇다. 효종이 즉위했음에도 주화냐 주전이냐 하는 결정은 여전히 덕수궁으로 물러난 태상황[고종]이 내리고 있었다는 사실이다. 주희는 효종이 부리의 패전에 보인 반응을 기록한다.

> 효종은 처음에 〔금나라에〕 복수를 하려는恢復 뜻이 매우 강했지만, 부리 땅에서 패하자(융흥 원년 1163년 5월), 깊이 비통해하면서 "향후 전사자를 교환하자고 번인蕃人〔금나라인〕들에게 말하라"고 했다. 마침내 탕사퇴를 등용했다. 이렇게 강화한 후, 또다시 맹약이 깨졌다.[37]

"깊이 비통해했다"함은 필시 통곡하며 눈물을 흘렸음을 뜻할 것이다. 효종은 고종의 의향을 깊이 이해하고 있어서, '회복'의 의도를 실현하려면 장준의 그 전투에서 반드시 승리해야 함을 잘 알고 있었다. 하지만 효종의 장대한 뜻은 부리에서 패전하자 허공으로 사라지고 만다. 바로 이것이 "깊이 비통해함"의 진정한 원인이다. 효종의 정치적 생명과 '회복'은 이미 하나로 합일되어 있었지만, 고종이 인정하는 것은 '화和'이자 '안정'이었다. 이는 어찌할 수 없는 효종의 숙명을 구성한다. 『사조문견록』을집 '효종회복孝宗恢復' 조목을 보자.

> 상上(효종)은 광요(고종)를 모실 때마다 회복이라는 대계획을 역설함으로써 동의를 얻으려 했다. 광요는 "얘야, 내가 100살이 된 다음에 그것을 논의하거라"라고 말했다. 효종은 이때부터 감히 다시 말하지 못했다.[38]

『서호유람지여』도 말한다.

광요가 이미 [효종을] 양자로 들인지라, 효종은 경애하는 마음이 날로 높아만 가서 매일 북궁北宮에서 문안을 올렸고, [문안을 올리는] 사이에 치도를 언급했다. 당시 효종은 큰 공적을 세우려고 굳게 결심하여, 신진 인사들이 [효종의 뜻에] 영합했고 [효종이] 좋아할 일을 하는 데 노력했다. 순희 연간, 효종이 국사國事를 더욱 명료하게 익혔고 노련한 신하들이 등용되었다. 하루는 덕수德壽[덕수궁]에 아침 인사를 올리는데, [고종이] 말하기를 "천하의 일은 자의로 해서는 안 되고 핵심은 꿋꿋하게 참는 데 있으니, 그래야만 마침내 일을 이룬다"라고 했다. 효종은 다시 절을 올리고 [이 말을] 크게 써서 선덕전選德殿에 내걸었다. 최근 회시 수험생 중 (…) 다음과 같은 답안지를 제출한 이가 있었다. "천하에서 이루기 어려운 일이 아직 있은 적 없고, 임금에게는 꿋꿋하게 참는 마음이 없을 수 없다." 주상이 읽어보고서 옳다 여겨 [그 수험생이] 마침내 1등이 되었다.[39]

고종과 효종 사이에 오간 대화는 순희 연간에 있었던 것인데, '회복' 문제에 관한 부자지간의 최후 묵계였을 가능성이 높다. 이것이 바로 효종이 순희 8년 (1181) 왕회를 제상으로 제수한 심리적 배경이었다. 그 점은 제7장에서 보았다. 그런데 효종이 태상황의 훈계를 크게 써서 궁궐에 게시할 때, 그가 중시했던 것은 겨우 마지막 두 구절이었다. 이는 효종이 1등으로 뽑은 회시 답안지 내용을 보면 알 수 있다. 당시 효종은 이미 쉰 살을 넘었다. '회복'의 뜻을 하루도 잊은 적이 없었지만 그것을 억지로 억압할 수밖에 없었다. 그러므로 "꿋꿋하게 참는다"는 것은 그가 평생 신봉해온 좌우명이었다. 몇 년 후 태상황이 서거하자 효종은 곧바로 대규모 개혁을 계획했다. 하지만 효종은 지금 단계에서는 싹만 내보이고 있을 뿐이다.

앞서 인용한 『송사』 「찬」은 효종이 "궁정의 효를 다한 자"라는 점과 "부자간이 즐겁고 유쾌했다"고 특별히 칭양한다. 하지만 그것은 현상에 불과하고, 실제로는 일상의 접촉에서 긴장과 충돌이 번번이 일어났다. 『귀이집』 하권에는 이런 기록이 보인다.

수황[효종]이 남내南內[40]를 지나갔는데 덕수[고종]가 근래 대신들이 어떤 장
소章疏[상소]를 올렸는지 물었다. 수황은 "대신들은 지합知閤 정조鄭藻를 논
핵하고 있습니다"라고 아뢰었다. 덕수는 "무슨 일을 말하던가? 그가 형수를
취한 일을 말하지 않았나?"라고 말했다. 수황은 "바로 그 일을 이야기했습
니다"라고 아뢰었다. 덕수는 "중매자의 얼굴을 보지 않았나?"라고 말했다.
수황은 중매자가 누구인지 물었다. 덕수는 "짐이다"라고 말했다. 수황은 깜
짝 놀라서 물러났다. 대신들은 곧바로 수도를 떠났다.[41]

조금만 생각해보면 이 이야기의 배경이 그리 간단치 않음을 즉각 알 수 있
다. 먼저, 정조는 증적·용대연·감변 등과 마찬가지로 고종이 특별히 효종 주
위에 배치해놓았던 인물이다. 정조가 "형수를 취함"에 고종이 중매를 섰으나
효종은 아무것도 모르고 있었으므로, 효종과 태상황의 친밀도가 어떠했는지
알 수 있다. 그다음, 고종은 조정의 일거수일투족에 대해 수시로 꼼꼼하게 주
시하고 있었다. 대신들이 논핵한 사건을 고종이 직접 정조로부터 들었는지 아
니면 다른 통로가 있었는지 모르나, 어쨌든 그는 그 일을 잘 알면서도 일부러
물어본 것이다. 마지막으로 효종은 평소 태상황의 성격과 행태를 잘 알고 있
었기 때문에 사실의 진상을 다 드러낼 수밖에 없었고 감히 그것을 조금이라
도 숨기려 하지 않았다. 부자지간의 마음 씀씀이가 이러한데, 어떻게 서로 "즐
겁고 유쾌하다"고 말할 수 있겠는가? 『서호유람지여』 권2 「제왕도회帝王都會」에
는 부자지간의 매우 심각한 오해에 관해 또다른 이야기가 수록되어 있다.

덕수[고종]의 생일이 되면, 매년 선물을 바칠 때 정해진 수數가 있었다. 하루
는 갑자기 몇 가지 항목을 줄여버리자 덕수가 크게 노했다. 효종은 당황스
럽고 두려워서 재상 우윤문을 불러 그 사실을 이야기했다. 우윤문은 "신이

뵙고 오해를 풀겠습니다"라고 말했다. 효종은 "짐은 경이 돌아와서 보고하기를 서서 기다리겠다"라고 말했다. 우윤문이 궁궐에 도착하여 알현했는데 덕수는 노기등등했다. 얼마 후 "짐이 늙어도 죽지 않으니 사람들이 나를 싫어한다"고 말했다. 우윤문은 "황제(효종)께서 성스럽고 효성스러우니 본래 이렇게 하려 한 것이 아니고, 죄는 소신에게 있습니다. 황제께서는 '폐하(고종)는 만수무강하신데 생민生民의 고혈에는 한계가 있다. 그래도 생민의 유한한 고혈을 줄여서 폐하의 무강한 만수에 보태야 한다'고 말했습니다"라고 했다. 덕수가 매우 기뻐하면서 (우윤문에게) 술을 한 잔 따라주었고 이어서 금으로 만든 술잔을 하사했다. 우윤문이 효종에게 보고하자 효종도 매우 기뻐하면서 덕수처럼 술을 따라주고 금을 하사했다.[42]

우윤문이 재상이 된 시기는 건도 6년에서 8년 사이(1170~1172)므로, 이 사건이 발생한 시기를 추정할 수 있다. 그런데 이 이야기는 고종의 심리를 반영한다는 사실이 중요하다. 고종은 결코 선물이 많고 적음을 헤아렸던 것이 아니라 "갑자기 몇 가지 항목을 줄여버린" 데 심각한 의심을 품었던 것이다. 곧 효종이 재위한 지 이미 10년이 되어 이제 자립할 시기가 되었다고 생각했기에, 고종은 효종이 "태상의 덕스러운 뜻을 받들기"로 한 최초의 서약을 저버리기 시작한 것은 아닌지 의심했을 것이다. 그는 트집을 잡아서 한편으로는 효종과 조정의 동향을 탐지하고, 다른 한편으로는 막강한 힘으로써 미연에 우환을 방지했다. 그래서 그는 먼저 효종에게 "크게 노한 것"과 동시에 우윤문에게도 "노기등등했던" 것이다. 고종이 노여움을 풀고 기뻐한 까닭은, 자신의 위력이 아직도 남아 있어 아들 황제와 재상을 두려움에 떨게 만들 만하다는 것을 알았기 때문이다. 고종의 풍부한 정치적 경험을 고려해본다면, 어찌 그가 우윤문의 교묘한 언사에 의해 그리 쉽사리 움직였겠는가? 만약 자구대로만 위 이야기를 이해한다면, 고종을 지나치게 피상적으로 보는 혐의를 벗기 어려울 것이다.

마지막으로 필자는 일화 하나를 더 인용하여 위 인용문과 함께 상호 증명
되게끔 할 것이다. 『서호유람지여』 권2 「제왕도회」 기록이다.

　　고종이 이미 덕수궁에 기거했는데, 때마침 영은靈隱의 냉천정冷泉亭에 가서
한가로이 앉아 있었다. 일행 중 탕명湯茗을 매우 공손하게 바치는 사람이 있
었다. 덕수가 그에게 말했다. "짐이 너의 행태를 보니 비행을 저지른 자로구
나. 원래 어떤 사람인가?" 그 사람이 절하며 울면서 말했다. "신은 본래 어
떤 곳의 군수인데 감사에게 밉보여 뇌물을 받았다고 무고를 당했고, 마침
내 서인庶人으로 강등당했습니다. 가난하여 입에 풀칠할 수 없어, 스승에게
죽을 구걸하여 남은 목숨을 연명하고 있습니다." 덕수가 불쌍하게 여기면
서 "황제에게 말해야겠다"고 했다. 며칠 후 다시 가보니 그 사람이 아직도
있었다. 물어보니 "아직입니다"라고 대답했다. 이튿날, 효종이 태상황과 황
후에게 취경원聚景園에 행차해달라고 청했으나 덕수는 웃지도 않고 말하지
도 않았다. 효종이 다시 아뢰어도 역시 묵묵부답이었다. 태후가 물었다. "아
이가 늙은 부부를 이처럼 부르는데 어째서 노여워하십니까?" 덕수는 한참
입을 다물고 있다가 말했다. "짐이 늙어서 사람들이 내 말을 듣지 않는구
려." 효종이 매우 놀라 다시 태후를 통하여 그 일을 물어보았다. 그러자 덕
수가 "내게 탕명을 바친 사람에 대해 내가 이미 말했지만 조치가 없으니,
짐으로 하여금 그 사람 보기를 부끄럽게 만들었다"고 말했다. 효종은 "얼마
전 아버님의 훈계를 듣고 이튿날 곧바로 재상에게 알려주었으나, 재상은 그
의 수뢰와 탐학이 몹시 심하여 사형을 면한 것만 해도 다행이고 다시 기용
하기는 어렵다고 했습니다. 하지만 이는 작은 일이니 내일 결정하기로 하고,
오늘은 흥금을 털고 한번 취하시는 것이 좋겠습니다"라고 했다. 덕수는 비
로소 웃으면서 말했다. 이튿날 효종이 다시 재상에게 교유했으나 재상은 그
래도 이전의 주장을 굽히지 않았다. 효종이 말했다. "어제 태상황께서 노하
셔서 짐이 어떻게 말을 걸어볼 수도 없다. 설사 대역모반죄라도 그를 풀어

주어야 한다." 마침내 원래 관직으로 복귀시키고 큰 군郡을 주었다. 며칠 후 덕수가 다시 가보자, 그 사람이 "신이 벌써 은혜로운 명령을 받아서 폐하께 서 오시기만을 기다렸습니다"라고 말하면서 은혜에 감사하고 떠나갔다.[43]

이 이야기는 사실성을 확실할 수는 없지만 유용한 자료임에는 변함이 없 다. 왜냐하면 이는 적어도 고종과 효종의 부자 관계에 대한 남송인들의 일반 적 인식을 대변하기 때문이다. 위 이야기 가운데 "짐이 늙어서 사람들이 내 말을 듣지 않는다"는 고종의 한탄과, 앞에서 인용한 "짐이 늙어도 죽지 않으 니 사람들이 나를 싫어한다"는 구절은 완전히 일치한다. 이 구절들은 비록 격 분한 와중에 나온 말이라 할지라도 고종 만년의 심사를 드러낸다. "태상황께 서 노하셔서 짐이 어떻게 말을 걸어볼 수도 없다"는 구절은, 효종이 태상황의 의향을 조금도 거역할 수 없는 곤란한 상황에 처했음을 잘 보여준다.

이상에서 열거한 사례에서 다음 사실을 분명히 알 수 있다. 곧 고종은 소흥 32년(1162) 퇴위한 이후 순희 14년(1187) 세상을 떠나기까지 막후에서 황권을 쥐고서 내려놓으려 하지 않았다는 점이다. 효종의 의지와 고종의 의지에 조금 이라도 차이가 있으면 효종은 철저히 굴복해야 했다. 공자는 늙은이의 심리를 관찰하여 "늙으면 혈기가 쇠하니, 그때는 무엇을 얻는 것을 경계해야 한다"[44] 라고 말한 바 있는데, 고종은 그 가장 전형적인 사례라 할 만하다. 고종은 남 송 왕조의 창건자이기 때문에 특히 정치권력에 대해 무한히 연연했던 것이다. 그래서 그는 황위를 물려주었으면서도 결코 황권을 포기하려 하지 않았다. 청 대 건륭제乾隆帝 역시 그러했다.『조선왕조실록朝鮮王朝實錄』에 따르면, 조선의 사 신 이병모李秉模가 가경嘉慶 원년(1796) 정월 19일에 위안밍위안圓明園을 예방하 여 태상황 건륭제를 알현했는데, 그는 귀국 후 작성한 보고서에 이렇게 썼다.

태상황제는 각로閣老인 화신和珅(1750~1799)으로 하여금 다음과 같이 자신 의 뜻을 전하도록 했습니다. "짐이 비록 정권을 귀속시켰으나 중요 사건은 여전히 내가 처리한다. 너희들은 귀국하여 국왕에게 [짐의] 안부를 전해달라. 길이 머니, 사례(謝禮)할 사람을 파견할 필요는 없다."[45]

또한 이병모는 새로운 황제 가경제(嘉慶帝)의 상황을 보고하고 있다.

외모가 화평하고 시원하며, 하루 종일 잔치를 벌였지만 한 번도 눈을 이리저리 돌리지 않았습니다. 태상황[건륭제]을 모시고 앉았다가, 태상황이 좋아하면 자기도 좋아하고 웃으면 자기도 웃었으니 여기서 역시 알 만한 점이 있을 것입니다.[46]

이와 고종—효종의 관계는 매우 유사하다. 청대를 놓고 보자면, 당연히 더욱 적절한 유비(類比)는 아마도 자희(慈禧)태후와 광서제(光緒帝) 사이의 관계일 것이다. 다만 지면의 제한으로 여기서는 그에 대해 더 자세히 언급하지 않기로 한다. 건륭제에 관한 외국 사신의 직접 보고가 간결하면서도 생동감 있어 여기서 인용하여 증거 자료로 삼아보았다.

심리적 관점에서 효종과 고종 사이의 복잡한 관계를 전체적으로 추적하고 난 후, 고종에 대한 효종의 양가감정이 이미 숨길 수 없는 지경이었음을 알 수 있다. 효종이 "큰 은혜에 보답하기 어렵다"고 말하면서 감동했다고 하더라도, 이로 인해 그의 증오심이 풀어지지는 않았다. 기껏해야 그런 감동에 의해 증오심이 의식의 층위로 드러나지 않았을 뿐이다. 증오심의 근원은 그의 '자아(ego)' 속에 깊이 감추어져 있었다. 왜냐하면 그 '에고'가 겪었던 장기간의 좌절이 바로 고종에게서 기인했기 때문이다. 그런데 태상황에 대한 효종의 증오를 보여주는 증거를 찾을 수 있을까? 직접적이고 명백한 증거는 존재하지 않더라도 은폐된 실마리는 충분히 찾아볼 수 있다. 먼저 "짐이 늘어도 죽지 않으니 사람들이 나를 싫어한다"는 고종의 말이 그러한 증오의 가능성을 가리키거니와 더 나아가 태상황에 대한 효종의 증오가 의식의 층위로 떠올라 있었음을 가리킨다. 하지만 그것은 필경 고종의 일방적 의심이기에, 그의 말만 갖고서 효종에게 악의가 있었다고 단정할 수는 없다. 아래에서 인용하는 두 자료는 깊이 음미할 만하다. 서경손徐經孫(1192~1273)은 「동송신[47]을 탄핵하면서 올리는 상소문劾董宋臣又疏」에서 말한다.

옛날 효종 황제로 말하자면(…), 증적이 다시 돌아오자 또다시 [그는] 몰래 국정을 농단했습니다. 효종이 깨닫고서 좌우에게 말하기를 "집안 늙은이가 나를 적잖이 그르치는 구나"라고 했습니다.[48]

증적은 순희 7년(1180)에 죽었고 고종은 그때도 살아 있었다. 그렇기에 "집안 늙은이"라는 표현은 고종을 가리킴에 틀림없다. 『송사』에 나오는 증적의 본전(권470)은 이 구절을 "증적이 나를 적잖이 그르치는 구나"라고 바꾸었지만, 이는 의도적 수식이거나 혹은 문장의 의미를 오해한 것이다. 순희 15년(1188), 환관 감변이 "세력을 끼고 간악한 짓을 한다"며 주희가 효종에게 직접 아뢰자, 효종은 "고종은 그에게 재능이 있다고 여겨 천거해주었다."[49] 증적 역시 그러했다. 소흥 30년(1160)에 효종이 태자로 올라서자, 증적은 곧바로 잠저로 들어와서 내지객內知客이 된다. 그러니 그가 고종에 의해 특별히 배치된 측근이라는 것은 의문의 여지가 없다. "집안 늙은이"라는 효종의 말은 심리분석가들이 흔히 이야기하는 '실언slip'에 해당된다. 곧 충동에 의해 말이 헛나가서, 마침내 이처럼 극히 소중한 심리적 사료를 남겼던 것이다. 효종의 잠재의식 가운데 태상황에 대한 원한이 아주 많았음을 알 수 있다. 또다른 사건은 고종 사후에 일어난다. 『서호유람지여』 권2 「제왕도회」 기록이다.

순희 기유년(16년, 1189), 효종이 중화궁으로 물러났는데 깨끗한 방이 있어서 종일 그곳에서 편히 앉아 지냈다. 책상 위에는 서적 한 권과 붓, 벼루, 종이, 먹밖에 없었다. 황제의 신임이 두터운 신하가 아뢰었다. "고종께서 귀중

한 기물과 서화를 남기셨는데 폐하께서는 어째서 때때로 가서 관람하지取觀 않으십니까?" 수황이 말했다. "선제先帝는 중흥을 했으니 공덕이 성대하여 그런 것을 향유할 만했다. 짐이 어찌 감히 선제와 스스로를 비기겠는가?" 모두 자물쇠로 잠그고 열지 않았다.[50]

효종의 잠재의식에 고종에 대한 적의와 분노가 숨어 있음을 우리는 이미 알고 있다. 따라서 위 기록은 중요한 심리적 사료가 된다. 효종은 유품을 보고 고종을 떠올리기를 원치 않았다. 그래서 고종 생전의 세계와 다시는 접촉하고 싶지 않았다. 그런 저항적인 심리야말로 효종이 고종의 전체 유물을 잠가놓은 진짜 이유다. "선제는 공덕이 성대하다"는 말은 효종이 의식의 층면에서 되는 대로 둘러댄 이유일 뿐이다.

5. 효종 '말년의 정치'와 그의 심리적 차원

이상의 두 절에서 우리는 효종의 심리적 여정과 그와 고종 사이 복잡한 심리적 관계를 번갈아가면서 설명했다. 이제 우리는 효종 만년의 두 상반된 행동 사이의 심리 관계를 정식으로 논해야 한다. 효종은 대개혁을 위해 진행된 정치적 배치에서 어째서 이학자 집단과 동맹을 맺었을까? 이렇듯 밀접하게 관련된 문제도 심리적 측면에서 설명되어야지만 비로소 개인 심리와 집단 심리를 관통할 수 있다. 이 절은 이런 심리적 차원psychological dimensions을 주된 탐구 대상으로 삼는다.

"3년 동안 아버지의 도를 바꾸지 않아야 한다"고 한 유가 원칙에 비추어보자면, 효종 만년의 대개혁은 '효도'를 심각하게 위반한 것임이 분명하다. 하지만 다른 한편으로 그의 3부곡은 유가의 예제禮制와 완벽히 부합한다. '삼년상'은 은나라 고종의 '양음諒陰'과 같고, '태자의 국무 참여'와 내선은 그가 삼년상을 치르던 동안, 세세한 국정은 처리하지 않는 단계에서 국정 전반으로부터 물러나는 단계로 나아갔음을 가리킨다. 때문에 외부 표현을 써서 말하자면, 효종은 "3년 동안 아버지의 도를 바꾸지 않아야 한다"는 계율을 완전히 준수했을 뿐만 아니라 "상례를 지낼 때 예를 다해야 한다"는 면에서도 지나치면 지나쳤지 부족하지는 않았다고 할 수 있다. 그렇다면 나란히 나아갔던 상호 모순되는 두 행동 계열은 대체 어떤 관계를 맺는가? 나의 대답은, 양자가 서로 반대되는 듯하지만 실은 상호 보완을 이루어 효종의 심리적 필요 아래 통일을 이루었다는 것이다. 개혁의 구상과 정치적 인사 배치는 당연히 의식적 활동이지만, 그 배후 동력은 효종의 잠재의식 속 심리적 정체성 내에 일찍부터 깊이 감추어져 있었다. 이때 '자아'가 처음으로 자유를 얻자 그 동력이 물밀듯이 뚫고 나와서 아무도 막을 수 없게 되었던 것이다. 3부곡의 계획과 실행은 당연히 의식적 활동에 속한다. 하지만 조금만 더 깊이 살펴보면, 3부곡을 계획하고 실행하도록 한 힘은 효종의 잠재의식으로부터 솟구쳤음을 알 수 있다. 의식의 층위에서, 3부곡은 '보은報恩'을 위해 '효'를 다한다는 동기에서 시작되었는데, 효종은 이 점에 대해 스스로 분명하게 설명한 적이 있으므로 여기서 다시 논할 필요는 없다. 그렇다면 대체 '어떤' 잠재의식이 암암리에 효종으로 하여금 3부곡을 실행하도록 움직였을까? 우리는 특별히 돌출된 효종의 언행 속에서 그것을 추측해볼 수밖에 없다. 그 실증은 불가능하다. 이 장을 시작할 때, 우리는 효종이 거상居喪 중 매우 엄격하게 예를 지켜서 스스로 건강을 해칠 정도였음을 살펴보았다. 이런 현상은 프로이트의 「애도와 우울증」에 나오는 '자책'과 '자기 훼손' 개념과 부합한다. 하지만 「애도와 우울증」이 제시하는 기본적 해석이 치료 경험상의 근거를 갖는다 할지라도, 그것이 효종의 사례에 완전히 들어맞지는 않는다. 심리적 분석은 해당 문화에 의해 구속되는culture-bound 경향이 있기에, 우리는 구체적 상황에 근거하여 또다른 탐색을 할 수밖에 없다.

효종의 자책과 자기 훼손을 놓고 보았을 때, 효종이 태상황에 대해 '속으로 참덕[부끄러운 덕]慙德을 갖고 있었다'고 단정할 수 있을 듯하다. 하지만 중국인들이 말하는 '참덕'은 의식의 층위로 떠오르는 것인 만큼, 효종이 잠재의식 차원에서 태상황에게 참덕을 갖고 있었다고 말하기 힘들다. 심리분석가들 용어로 말하자면, 그것은 "아직 깨닫지 못한 죄의식unconscious sense of guilty"[2]이다. 이런 '죄의식'은 어디에서 생겨났을까? 여기서 우리는 "짐이 늙어도 죽지 않으니 사람들이 나를 싫어한다"는 고종의 말을 떠올리지 않을 수 없다. 효종의 '자아'는 일생토록 고종으로부터 압박을 받았고, 내선 후에는 더욱 그러했다. "집안 늙은이가 나를 적잖이 그르친다"는 효종의 '실언'은, '집안 늙은이'가 그의 잠재의식 속에서 분명 일대의 장애로 자리 잡고 있음을 폭로한다. 프로이트는 「애도와 우울증」에서 주목할 논점 하나를 제시한다. 그에 따르면, 사랑하는 이의 죽음은 그 애도자의 애증 교체라는 감정적 충돌이 공개적으로 드러날 절호의 기회를 제공해준다. 극단적 자책은 애도자가 사랑하는 이의 죽음에 책임을 지고 있다는 것을 말한다. 왜냐하면 스스로가 잠재의식 속에서 그의 죽음을 갈망했기 때문이다.[3] 프로이트의 『꿈의 해석』에서 다루어진 부자 관계와 그에 대한 설명을 함께 읽어본다면 그 의미는 더욱 분명해진다. 프로이트는 신화와 고대 가정에서 부권父權의 힘이 매우 컸기 때문에 부자 관계의 긴장을 초래했음을 신화와 전통으로부터 찾아낸다. 부권의 한계가 사라질수록, 계승자인 아들은 부친의 적대적 위치에 자리 잡게 되고 또한 아버지가 죽고 나서 자기가 그 자리를 대신 차지하기를 더욱 갈급하게 된다. 더 나아가 프로이트는 치료 경험을 증거로 제시한다.

심지어 오늘날 중산층 가정에서, 아버지는 보통 아들로 하여금 독립하지 못하도록 하고 독립에 필요한 수단을 얻지 못하도록 하는 경향이 있다. 그리하여 적대의 씨앗이 곧바로 싹트고 성장하기 시작하여 부자 관계의 내재적 요소가 된다. 의사는 종종 다음에 주목한다. 이는, 부친의 죽음에 대한 아들의 슬픔은 마침내 자유를 얻었다는 자신의 만족감을 억제할 수 없음에

서 나온다는 사실이다.[4]

　이곳에서 논하는 부자 관계는 그 유명한 '오이디푸스 콤플렉스'와 완전히 일치하지는 않지만, 효종과 고종의 관계를 놓고 볼 때, 그래도 참고할 가치가 있다.[5] 효종은 잠재의식 속에서 '늙어도 죽지 않는구나'라는 생각을 언뜻 했을 것이다. 비록 선명하지는 않았어도 충분히 그렇게 상상할 수 있었을 것이다. 그는 거상 기간 "100일 후에도 상식이 소박한 수라를 바쳐, [효종은] 매우 수척했다." 보잘것없는 반찬에 닭즙이 섞여 있는 것을 발견하고는 벽력같이 화를 냈다. 이렇듯 극도로 비정상적인 자책은 "아직 깨닫지 못한 죄의식" 개념을 통해야지만 비로소 합리적으로 해석될 수 있다. 여기서 우리는 문화적 요소를 반드시 고려해야 한다. 효종은 유가의 효 문화가 가장 성했던 시대에 태어나고 자랐다. 그 자신은 그런 문화의 가장 성공적인 작품이었다. 때문에 효종은 즉위 후 이십 몇 년 동안이나 고종과 "부자간이 즐겁고 유쾌한" 표면적 관계를 유지했다. 이뿐만 아니라, '효'는 효종의 '초자아superego' 또는 '양심conscience' 속에서 중심을 차지했다. "아직 깨닫지 못한 죄의식"은 바로 '초자아'의 화신이다. 효종 당대의 문화에서는 잠재의식 속에서 '효'를 위반하는 그 어떤 활동도 필연적으로 가장 엄밀한 감시를 받기 마련이었다. "늙어도 죽지 않으니 사람들이 나를 싫어한다"는 말이 고종의 입 밖으로 나올 수 있었다면, 그런 생각은 효종의 잠재의식 속에 없었을 리 없다. 효종은 거상 기간 "매우 수척했지만", 그의 마음속 심층적 내용은 바로 그 말에서 찾아야 할 것이다. 전통 시대에 부친상을 당했을 때 부고訃告에는 "불효의 죄가 깊고 무거워도 스스로 죽지 못했으니, 화가 부친께 미쳤다"는 관용어가 들어간다. 거상하는 효종에 대입해서 말하자면, 그 말은 모종의 심리적 진실성을 지닐 것이다. 다만 '죄'라는 말은 "아직 깨닫지 못한 죄의식"으로 이해되어야 할 것이다.[6]

　하지만 효종이 '삼년상'을 행했던 것을 "아직 깨닫지 못한 죄의식"만으로 전부 설명할 수는 없다. 프로이트의 '중층결정설over determination'로써 헤아려보면, '삼년상'은 효종에게 그 밖의 심리적 기능을 발휘했다. 사료에서 드러나는 실마리를 통해 두 가지 관찰을 해보자. 첫째, 효종이 '삼년상'을 고집했던 이유는 사실 고종에 대한 일종의 비판이자 반항이었고, 다만 그 점을 은폐하고 있었던 것이다. 이 사건에 대해서는 소흥 7년(1137)에 일어났던 고종의 휘종 복상 문제부터 이야기해야 한다. 휘종은 소흥 5년(1135) 4월 갑자일에 숨을 거두었지만, 사망 소식은 소흥 7년 정월 정해일이 되어서야 비로소 임안에 전해졌다. 『계년요록』 권109 소흥 7년 2월 계사 삭朔일 조목을 보자.

모든 관원이 일곱 차례 표문表文을 올려 역월易月7 제도를 따를 것을 청했다. 외조外朝에 조칙을 내려 힘껏 청원에 따를 것을 명했다. "삼년상이란 사람의 자식으로서 다해야 하는 것이니, 짐은 궁중에서 그것을 다 행할 것이다[라고 고종은 말했다]."8

그런데 당시 이학자 호인胡寅(1098~1156)이 이에 대해 강력하게 항의했다. 그는 같은 해 「삼년상을 행할 것을 청하는 차자請行三年喪箚子」를 올리는데, 그중 관련 부분을 인용하여 이 장 제1절에 인용된 주밀의 「효종이 삼년상을 행하다」와 비교해보고자 한다. 호인은 말한다.

신이 듣건대 삼년상은 천자에서 서인에 이르기까지 똑같습니다. (…) 요, 순 임금부터 한나라에 이르기까지 그 원칙은 바뀌지 않았습니다. (…) 한 효문제에 이르러 스스로 겸손한 덕을 고집하면서 달을 날로 바꾸었고, 그것이 지금까지 행해집니다. 자식은 곧바로 제 부모를 잊어버리고 신하는 곧바로 제 임금을 잊어버리면서 마음으로 잘못을 알면서도 고치려 하지 않습니다. 제가 보건대 효문제는 진실로 죄를 지었습니다. (…) 12월 25일의 성지를 삼가 읽어보니, 국조國朝의 옛 전거를 따라 달을 날로 바꾼다고 하는데, 신은 이것이 잘못이라고 생각합니다. 정상적인 예에 입각해 말하자면, 돌아가신 휘종의 유훈이 있어야지 그에 따를 수 있습니다. 지금 돌아가신 휘종께서 남기신 유훈을 알 수가 없는데, 폐하께서 명령을 내려 그대로 행하려 하시니, 이는 달을 날로 바꾸는 것이 폐하의 마음에서 나왔음을 뜻합니다. (…) 감정이 속에서 움직이면 반드시 겉으로 드러납니다. 상복을 27일만 입고 마침내 벗어버리려 하십니까? (…) 진 무제는 문제를 위해 복상했는데, 임시 변통으로 상복을 벗어버렸지만 그래도 흰 관을 쓰고 거친 밥을 먹어 마치 상중에 있는 듯이 거렸습니다. 양호羊祜(221~278)가 황제에게 3년 동안 상복 입기를 청하려 했으나, 배수裵秀, 부원傅元[9]이 옛날로 돌아가기는 어렵다고 주장했고, 또한 임금은 상복을 못 벗어도 신하는 그것을 벗을 수 있다고 여겼는데, 이는 부자 관계만 있고 군신 관계는 없는 것이 되어 마침내 논의가 중단되었습니다. (…) 하지만 무제는 지극히 효성스럽고 부친을 사모하여 결국 거친 밥을 3년 내내 먹었습니다. 그러므로 사마광은 이렇게 말했습니다. "한 [효]문제는 예법을 지키지 않고 그것을 배우지도 않아 옛것을 바꾸고 예를 무너뜨렸다. 후세의 제왕들은 슬퍼하는 감정에 독실하지 않고, 여러 신하는 아첨하기에 바빠 그 어느 누구도 바로잡으려 하지 않았다. 진 무제는 천성이 곧아 그대로 행했으니 불세출의 현군이라 할 만하다. 그러나 배수와 부원과 같은 용속한 신하들은 구태에 사로잡혀 그 훌륭함에 따를 수 없었으니 안타깝구나!"[10]

이 차자와 주밀의 글을 서로 비교해보면, 논증과 역사적 사실이 대체로 들어맞는다. 진 무제의 일에 대한 효종의 논의와 사마광의 비판은 호인의 그것과 완전히 일치하고, 효종과 호인의 논의는 『자치통감』에 기반을 두고 있다.[11] 주필대의 『사릉록 상』을 살펴보면, 고종 사후 주필대는 여러 차례에 걸쳐 효종과 더불어 소흥 7년(1137)의 상례 절차를 놓고 토론했으므로,[12] 효종이 그 역사적 사실을 잘 알았으리라는 것은 당연하다. 『송사』 권28 「고종기高宗紀 5」 소흥 7년 2월 계사일 조목이다.

휘유각대제徽猷閣待制이자 엄주嚴州 지사인 호인이, 3년 동안 복상하며 또한 검은옷을 입고 전투에 직접 임함으로써 천하를 교화해달라고 청했다.[13]

호인이 올린 이 차자가 당시 매우 중시되었기에 정부 기록에도 들어가게 되었음을 알 수 있다. 따라서 효종이 이에 주목하여 차자를 언급했으리라고 거의 단언할 수 있다. 그가 거상 기간 상복과 거친 밥을 고집했던 것은 어쩌면 이 차자에 인용된 진 무제의 선례에 영향 받았을지도 모른다. 효종이 심청신과 더불어 상례에 관해 토론한 정황으로 추측하건대, 효종은 '삼년상' 문제에서 이학자들의 관점을 채택했던 것이 분명하고, 이는 고종과 정확히 반대의 입장이었다. 효종은 "짐은 1000여 년의 폐단을 바로잡으려 한다"고 말했다. 최근 단상短喪을 실행했던 고종이 먼저 그 비판 대상에 포함된다. 심리분석 관점에서 보자면, 효종이 오랫동안 고종에 대해 가졌던 누적된 불만이 마침내 터져나갈 틈을 찾은 것이다. 효종이 부친 사후에 곧바로 '아버지의 도를 바꾼 것'은 '불효'라 할 만하지만, 그 '불효'는 '효를 다하기' 위한 것이었다. 그러므로 '삼년상'이 효종에게 제공했던 것은, 고종에게 공개리에 반항하면서도 그 흔적을 남기지 않을 기회였다. 효종은 "어렸을 때 지극히 둔하여" 고종이 그에게 책 읽기를 가르칠 때 실컷 고생했다. 나중에도 고종은 효종에게 그다지 믿음을 두지 않아 "태자로 세우는" 일에서도 언제나 결정을 주저했다. 그는 내선 이후에도 여전히 효종에게 안심하지 못하고 중요한 일은 자신이 장악했다. 우리는 앞 절에서 이런 상황에 대해 살펴보았다. 이성적 측면에서 효종은 당연히 부황의 지고무상한 권위를 받아들일 수밖에 없었고, 이뿐 아니라 그의 훈계와 관심에 감격하기도 했다. 하지만 잠재의식 속에서는 반항의 정서가 자라나리라는 것은 피할 수 없는 일이었다. 효종이 고종에 대해 보인 '깊은 사랑'과 '절절한 한恨' 사이의 충돌은 '삼년상'이라는 구체적 문제에서 매우 분명하게 나타난다. '삼년상'은 효종이 말했던 "큰 은혜에 보답하기 어려우니 [삼년상을 지내지 않는 것은] 인정상 차마 하지 못하겠다"라는 심리를 분명히 나타낸다.

이는 의식 층위의 현상인 만큼 결코 허위로 볼 수 없다. 하지만 자신이 행하는 '삼년상'이 '옛 예禮'에 합치함을 강조하고, "짐은 1000여 년의 폐단을 바로잡으려 한다"고 주장하기 위해, 효종은 사실상 호인 쪽에 서서 소흥 7년 행해진 고종의 단상을 비판한다. 이는 잠재의식의 장난에서 기인한다. 프로이트가 말했다시피, 아들이 성장함에 따라 아버지가 원래 지니던 위대한 형상이 곧바로 변하기 시작한다. 아들은 시간이 갈수록 아버지에게 불만을 갖게 되어 아버지를 비판하는 방법을 배워가고, 아울러 사회 내에서 아버지의 위치를 새롭게 추정한다. 비판은 수면 위 빙산의 일각과 같아서 그 아래에는 원한으로 인해 축적된 거대한 반항심이 숨어 있음을 우리에게 알려준다. 효의 문화 속에서 아들의 비판 또는 '실언'은 이미 이만저만한 일이 아닌데, 하물며 그것이 황제의 입에서 나옴에랴! 하지만 효종은 결국 전통이 확고했던 시대에 생장했기에, 그의 반항은 현대의 파열적 반역과 동일선상에 놓일 수 없다. 겉보기에 그는 여전히 아버지의 사업을 계승하고 아버지의 뜻을 먼저 헤아렸기 때문에 약점 잡힐 것이 별로 없었다. 그래서 효종은 '효孝'라는 시호를 얻었던 것이다. 심리사학은 '아버지는 자애롭고 아들은 효도한다父慈子孝'는 것이 객관적 역사의 사실임을 결코 부인하지 않고, 더 나아가 그것을 훼손될 수 있는 가상이나 모략이라고 간주하지도 않는다. 하지만 심리사학은 한 걸음 더 나아가 아버지는 자애롭고 아들은 효도한다'는 원칙 이면에 억압과 반항이 있는지 여부를 탐지하려고 한다. 부자지간의 충돌은 종종 세대 간의 투쟁generational strife을 나타낸다. 따라서 역사의 동력으로서 작용한다.[14] 이 절에서 보았다시피, 소흥 2년(1132)부터 순희 14년(1187)에 이르기까지 효종은 줄곧 고종의 거대한 그림자 아래에서 생활하여, 그의 심리적 발전 여정은 기구함과 곡절로 가득 차 있었다. 이런 기나긴 심리 여정 속에서 효종은 헤아릴 수 없는 굴욕을 당했기에 강한 저항력도 축적할 수 있었다. 그 저항력은 고종 사후에 마침내 터져나왔고 결국 정계의 파란을 일으키게 된다. 이것이 아래에서 우리가 다루려는 최후의 논점이다.

둘째, 효종은 고종의 사후 엿새째 되던 날에 주필대와 더불어 '삼년상'의 역사적 선례를 논하다가 마지막에 이렇게 단언했다.

나부터 선례를 만든다는데 무슨 해가 되겠는가?[15]

이렇듯 정곡을 찌르는 말은 당시 효종의 심리 상태를 잘 비추어준다. 이제막 자주성autonomy을 획득한 사람이 하루라도 빨리 자신의 포부와 이상을 실현하려고 했던 것이다. "나부터 선례를 만든다"는 것은 자기부터 시작한다는 것, 곧 '옛 도'를 따를 필요도 없으며 더 나아가 "아버지의 도"를 준수할 필요도 없다는 말이다. 이런 의미에서 '삼년상'은 효종의 독립선언 제1장이라고 간주될 만하다. 사실 '태자의 국무 참여' 역시 그가 "선례를 만든 것"이었다. 그리고 그로 인해 양만리의 반복된 간언이 나오게 된다. 만약 한 걸음 더 나아가서 '삼년상' '태자의 국무 참여' '내선'을 하나의 행동 체계 범위로 간주한다면, 그의 또다른 행동 체계(개혁 구상과 정치적 배치)와 그 3부곡 사이의 심리적 관계는 더욱 이해하기 쉬워진다. 3부곡이란 객관적 현실이 이미 변한(고종의 죽음) 상황에서 '자아'가 자신의 생활 방향을 재조정하고 통합한 끝에 나온 일련의 행동이었다. 겉으로 드러난 의미는 "3년 동안 아버지의 도를 바꾸지 않아야 한다"는 것이었으나, 심층의 심리적 의미는 "나부터 선례를 만든다"는 것이었다. 그러므로 동시에 진행된 이 두 행동 체계는 서로 반대되면서도 서로를 보완하고, 모순되는 듯하지만 사실은 통일된 것이다.

이제 우리는 효종 만년의 개혁 구상과 정치적 인사 배치의 문제를 다루어야 한다. 여조겸은 「순희 4년 윤대 차자淳熙四年輪對箚子」 두 건 가운데 첫번째에서 이렇게 주장한다.

신이 생각하건대, 황제 폐하께서 제위에 오른 이래 오로지 대업大業을 밝혀회복함을 뜻으로 삼고, 국내를 평안케 함을 계획으로 삼으셨습니다. 전대

제왕들은 총명과 근검 측면에서 폐하의 만분의 일밖에 되지 않아, 모두들 시세에 편승하여 공업功業을 이루었을 뿐입니다. 폐하처럼 왕도의 정치를 갈망하여 16년 동안 쉼 없이 고민한 것과는 같지 않습니다.[16]

이는 결코 황제를 칭송하는 상투어가 아니다. 왜냐하면 한 구절 한 구절 모두 효종의 생각을 잘 표현하기 때문이다. 효종이 '회복'을 필생의 사업으로 삼았음은 더 말할 나위가 없다. '공업' 역시 그가 평소 신하들에게 한탄하며 말했던 용어다. 『송사』 권383 「우윤문전」 기록이다.

주상이 우윤문에게 "병오년의 치욕[17]은 마땅히 승상과 함께 씻어야 한다"고 말했다.[18] 또, "공업은 당 태종만 못하고, 부유함은 한 문제와 경제만 못하다고 짐은 생각한다"고 말했다. 때문에 우윤문은 주상이 회복恢復하리라고 기대했다.[19]

우윤문이 재상이 된 기간은 건도 6년 5월에서 이듬해 8년 2월(1170~1172)까지이므로, 위에서 인용된 대화는 필시 그 기간에 이루어졌을 것이다. 양만리는 「왕공 신도비」에서 이렇게 말한다.

주상이 일찍이 당 태종의 공업을 논하면서, 자신이 아직 큰 공로를 세우지 못한 것을 한탄했다. 공은 덕을 앞세우고 공업은 뒤세우는 것이 원칙이라고 말했다.[20]

누약의 「왕공 행장」에 따르면, 그 일이 일어난 것은 순희 3년(1176) 왕회가 동지추밀원으로 제수된 지 얼마 지나지 않아서다. 하지만 사건 설명에는 약간의 차이가 있다. 「왕공 행장」을 보자.

주상이 말했다. "짐이 (…) 부족한 점은 바로 공업을 완성하지 못했다는 것이다." 공이 아뢰었다. "공업은 중간 등급의 임금이라도 완성할 수 있지만, 가족을 가지런히 하고 나라를 다스리는 것은 최상 등급의 성인이 아니면 할 수 없습니다." 주상이 말했다. "그렇다. 덕행이 근본이고 공업은 그다음이다."[21]

이 기록이 좀더 상세하지만 당 태종 부분이 빠져 있어, 「왕공 신도비」와 서로 참조하며 읽어야 한다. 효종은 줄곧 당 태종을 모델로 삼았다. 『송사』 권388 「진량우전」에는 이런 기록이 있다.

주상이 내치를 도모하려 굳게 마음먹고 당 태종을 자신과 비교했다. 진량우는 말했다. "태종의 『정요』를 읽어보시고, 좋은 점은 택하여 따르고 잘못된 점은 변별하여 경계하시기 바랍니다. 신으로 하여금 양신良臣이 되게 하고, 충신忠臣이 되게 하지 말아주십시오."[22] 주상은 "그대도 역시 위징魏徵이 되도록 힘쓰시오"라고 말했다.[23]

효종이 '공업'을 제기할 때는 반드시 당 태종을 연상했는데, 마지막까지 분석해보면 그의 마음속 '공업'이 '회복'과 분리될 수 없는 것이었기 때문이다. 효종은 『자치통감』을 숙독했으므로, 그가 가장 동경했던 것은 당 태종이 일리카칸詰利可汗을 사로잡은 후 능연각凌煙閣에서 태상황과 술자리를 벌이고 춤을 췄던 장면이었을 것이다.[24] 오랫동안 억압받은 효종의 '자아' 관점에서 그것은 최고의 만족이었음이 틀림없다. 하지만 건도·순희 연간의 냉혹한 현실로 인해 효종은 다음 사실을 인정할 수밖에 없었다. 곧 '회복恢復'이 곧바로 '강화和'를 '전투戰'로 변화시키지는 못하므로, 먼저 "내치를 도모하려 굳게 마음을 먹어야" 비로소 당 태종의 '공업'을 성취할 수 있으리라는 점이었다. 그래서 건도 7년(1171)에 장식이 상소문을 올려 "덕을 닦고 정치를 세워야 하며" "안으로 덕을 닦고 밖으로 오랑캐를 물리치는 것을 관통하여 하나로 만들어야 한다"[25]고 주장하자 효종은 매우 칭찬했다. 역사에는 이렇게 기록되어 있다.

효종이 크게 기뻐하여 이튿날 상소문을 공표했고, 또한 손수 조칙을 써서 "회복은 마땅히 장식이 진술한 것처럼 해야 한다"고 했다.[26]

나중에 주희도 순희 15년(1188)에 동일한 관점을 제시하여, "안으로 정사政事를 정비하고 밖으로 오랑캐를 물리쳐야 한다"고 주장했다.[27] 이는 바로 효종 만년 개혁 구상의 기조였고 초년 '회복'의 이상에 대한 수정판이었다. 다만 태상황 생전에는 '국시'가 바뀔 수 없었기에 설사 "안으로 정사를 정비한다"는 것조차 착수될 수 없었다. 이제는 태상황의 압력이 사라졌고 "꿋꿋하게 참는" 것도 극한에 다다라 효종은 더이상 참을 수 없었다.

효종 만년의 심리를 가장 깊이 이해했던 사람은 역시 주희였다. 『주자어류』는 말한다.

이어서 효종 말년의 정치를 말했다. 선생은 "내가 효종의 만사挽辭를 지은 일이 있는데 그중 한 구절은 '천하乾坤를 홀로 통어하게 되었으니 해와 달이 다시 빛을 내리려고 한다'는 것이었다"고 말했다.[28]

이 구절은 주희의 「효종황제 만가사孝宗皇帝挽歌詞」 중 한 구절로서, 전체 시는 이 책 하편의 논지에 극히 중요하다. 우리는 이 장 마지막 부분에서 그 시를 주석하기로 하고, 여기서는 다만 두 구절을 기점으로 삼아 계속해서 효종의 심리를 분석하려 한다. "말년의 정치"란 순희 14년 10월 8일 고종의 사망부터 16년 2월 1일의 광종 즉위에 이르는 도합 15개월간의 일체 조치를 가리킨다. 이는 효종이 퇴위하기 전 정치적 인사 배치를 적극 진행한 시기로서, 그 상세한 내용은 제10장에서 다루었다. 주희의 시구 전반부는 태상황 생전에 효종이 단독으로 황권을 잡지 못했음을 밝힌다. 후반부는 '회복'이 효종의 즉위 이래 품었던 이상이었음을 가리킨다. 이제 처음으로 "천하를 홀로 통어하게 되었으므로", 효종은 이렇듯 늦게 왔고 또한 최후이기도 한 이 기회를 다시는 잃어버리려 하지 않는다는 것이다. 주희의 관찰은 결코 한 사람만의 견해가 아니었다. 양만리의 말은 주희와 일치한다.

> 효종은 계년季年에 팔극八極을 크게 다스렸으니, 멀리는 정관貞觀과 어깨를 나란히 했고, 가까이는 경력 연간을 뒤따랐다. 엄숙하고 단정한 여러 현인이 금의 바다와 옥의 연못과 같이 많았는데, 누가 그 종주宗主였겠는가? 혹 공[왕린]이 가장 앞서지 않았던가?[29]

양만리 표현의 "계년"과 주희의 "말년"은 시간상 완전 일치한다. "팔극을 크게 다스린다"는 '천하를 크게 다스린다'는 뜻이다. "멀리는 정관과 어깨를 나란히 한다"는 당 태종의 공업을 가리키고, 그 목적이 곧 '회복'이었다는 점은 앞서 살펴보았다. "가까이는 경력 연간을 뒤따른다"는 경력 3년(1043) 인종이 직접 조칙을 내려 범중엄과 부필 등으로 하여금 개혁 관련 의견서를 올리라고 명령했던 일을 가리킨다.[30] 양만리의 몇 구절은 효종 퇴위 전의 구상과 그 실현 단계를 매우 구체적으로 표현한다. "엄숙하고 단정한 여러 현인"이란 효종이 최후 1년 동안 좌우에서 발탁했던 인재들을 가리키고, 왕린(왕겸중)도 그중 한 명이었다. 왕린은 우무가 특별히 효종에게 추천해준(제10장을 보라) 인물이어서, 예부상서였다가 순희 16년 정월 기해일에 참지정사에 제수되었다.[31] 내선(2월 임술일)하기 불과 23일 전이었다. 그러므로 위 애도문은 효종 최후의 인사 배치가 틀림없이 대개혁의 실행을 위한 것이었음을 증명한다. 주희와 양만리의 핵심 요약과 제10장의 상세한 분석을 대조해본다면 그 일치의 정도가 놀라울 따름이다.

이 장의 첫머리에서 효종이 어째서 퇴위하기 전 갑자기 대개혁을 하려 했는가 하는 의문을 던졌다. 주희의 시와 양만리의 글은 의식의 층위에서 간략하게나마 핵심적 대답을 제시한다. 곧 "천하를 홀로 통어하게 된" 새로운 국면 하에서 효종은 평생 품어온 이상을 비로소 실행할 수 있었다는 것이다. 하지만 효종이 그 이상을 수십 년간 지켜왔고 노년의 퇴위 시점에 이르러서도 그것을 실현하려고 했던 진정한 동력은 그의 의식 층위에서 나올 수 없었으며 거기에는 다른 근원이 있었음이 틀림없다. 앞서 재구성한 효종의 심리 여정을 통해 보자면, 효종의 '자아'가 깨닫지 못한 영역에서 그 거대한 힘이 오랫동안 억눌려왔음을 우리는 알 수 있다. 이제는 주요 장애(고종)가 이미 사라졌기에, 그 힘은 갑자기 폭발하게 되었고 그 어떤 것도 이를 막을 수 없었다. '회복'은 효종이 심리적 유예기에 위기를 극복하면서 세워나갔던 최종 정체성이었으므로 당연히 공개적으로 드러날 수 있는 것이었다. 다만 그런 이상을 조성하고 지탱했던 배후의 동력은 매우 복잡하고, 그 가운데는 고종에 대한 효종의 반항 의식도 포함되어 있다. 그런 요소는 남에게 보일 수 없는 것이라 잠재의식 속에 깊이 숨어 있어야 했다. 앞서 지적했다시피, 역사상 '자립'했던 개인들은 "장기적 정체성 위기"를 버텨낸 최종의 이상을 매우 소중히 여기곤 했다. 자신의 생명력이 바로 거기에 전부 응축되어 있었기 때문이다. 최종 정체성이 평생의 지향이 되고, 사람들이 한시도 거기서 떠나지 못하게 되는 심층적인 심리적 근거가 바로 여기에 있다. 그런데 이른바 '생명력'이란 원시적 생명 속의 충동(이른바 '이드Id')이고 그 속에는 '격정passion'이 가득 차 있다. 힘은 '감정'으로부터 나오기에 강인하고 오래간다. 프로이트 학설에 따르면, 한편으로 '자아'는 이성reason과 사려deliberation에 의지하여 원시 생명 속의 격정을 제어하지만, 그 자신의 힘이 약해서 격정의 힘을 빌릴 수밖에 없다.[32] 다른 한편, '자아'는 위로는 '초자아superego'의 감찰과 간섭에 수시로 응해야 하고, 밖으로는 외부세계의 비평을 수용해야 한다. 그러므로 '자아'는 3면으로부터 공격을 받는 곤란한 지경에 처해 있다. '자아'의 기본 임무는 이러한 적대적 세력 사이에서 조정자가 되는 것이다. 자아는 있는 힘을 다해 생명의 충동Id을 순치하여 그로 하여금 '초자아'와 외부세계의 압력으로 나아가 복종하게끔 해야 하고, 동시에 모든 노력을 다해 '초자아'와 외부세계를 설득하여 그들이 생명 충동의 소망에 따르도록 해야 한다.[33]

이처럼 핵심 요약이 필요한 까닭은, 그것이 효종 '말년의 정치'에 대해 비교적 일관된 심리적 해석을 제공하기 때문이다. 먼저 '초자아' 부분을 보자. '초자아'는 대체로 세 가지 기능을 한다. 첫째, 자아관찰 기능으로 '자아'를 감시하여 사회가 용인하는 규범을 넘어서지 못하도록 한다. 둘째, '양심conscience' 기능은 규범을 어긴 후 엄격한 징벌을 가한다. 셋째, 이상화 기능 곧 프로이트의 유명한 '자아 이상ego-ideal'이다. 여기서는 세번째 기능만 말해보자. 바로 이것이 효종의 '최종 정체성(恢復)'과 연결되기 때문이다. 프로이트는 치료 경험에 바탕을 두고 '자아 이상' 가설을 제시한다. '자아 이상'이란 성인이 아동기의 '자기 연민Narcissism'을 대체하여 세운 이상화된 '자아'다. 사람은 유아기에서 아동기에 이르는 과정에서 자신의 신체를 사랑의 대상으로 삼는데, 이것이 '자기 연민'의 시작이다. 성장 과정에서 그는 부모와 스승 및 사회의 다양한 지적과 비판을 받고서 불완전한 대상을 포기하고, 사회가 공인하는 표준에 의거하여 이상화된 '자아'를 따로 세운 후 그것으로 대체해버린다. 생명 단계에 입각해볼 때, 그것은 앞서 논한 최종 정체성 형성기와 서로 겹친다. 그러므로 전통적 유가 교육은 '뜻을 세우는 것立志' 곧 성인이나 현인이 되기를 희구하는 것을 강조하는데, 이는 어떻게 하면 '자아 이상'을 세울 수 있는지를 지도하기 위함이라 할 수 있다.[34] 나는 그런 설의 유효성이 얼마나 보편적일 수 있는지 단정할 길이 없다. 다만 육조 시대 명사들이 자기 그림자를 보고 스스로 한탄했다던가, 후대 소설에 묘사된 것으로 새벽에 일어나 거울을 보고 절을 함으로써 자신에게 경의를 바쳤다는 사례를 볼 때, '자기 연민'의 흔적이 그런 곳에 남아 있다고 할 수 있을 것이다. 앞서 인용한 "거울에 비추어 보니 붉은 얼굴이 있네" "회복 계획을 확대해야 하네"라는 효종의 문장은 '자기 연민'에서 '자아 이상'의 수립으로 나아가는 분명한 흔적을 보여준다. 효종은 태자 또는 황제 후보의 신분으로서, [마치 당 태종처럼] 장차 실지失地를 전부 회복하는 혁혁한 공업을 세우려 했는데, 이는 그 개인의 '입지立志'에 따른 선택일뿐더러 당시의 역사적 상황에서 그에 대한 세인들의 기대와도 완전히 부합하는 것이었다. 그러므로 '회복'은 효종이 정체성 위기에서 고생하여 얻어낸 '자아 이상'이라 단정할 수 있다. 이러한 결론에는 견강부회의 혐의가 조금도 없다. 이러한 이상은 효종의 '자아'가 각종 힘들의 충돌을 조정하고 고려한 끝에 세워진 것이었으며 다만 '초자아'의 인가를 얻은 것이었다.

그다음, 생명 충동을 살펴보자. 효종은 궁에 들어와서 황위를 계승하기까지 심리적으로 여러 '억압repression'을 받았다. 그는 어려서 고종의 신임을 쟁취해야 했으며 장씨와 오씨라는 두 비妃의 장기적 충돌 속에 끼어 있어야 했다. 소흥 12년(1142) 양모 장 현비가 죽자 효종의 처지는 극히 어려워졌다. 효종은 고종과 헌성황후의 환심을 사기 위해 노력해야 했고, 이를 통해 백구에 대한 그들의 편애를 바꾸어야 했다. 태자로 서고 또 황위를 받은 이후에도 자주적일 수 없었으며, 중대 결정은 하나하나 고종의 명령에 따라야 했다. 평소 태상황 부부를 모시고 연회를 열 때에도 그들의 환심을 잃을까 두려워했다. 24년 동안 실로 극진하게 "웃어른의 안색을 살피고 그들을 봉양하는 즐거움"[35]을 다했다. 수 문제文帝는 개인 생활이 마음대로 되지 않아 "나는 천자로서 존귀한데 자유로울 수 없구나"[36]라고 한탄했지만, 사실 그런 말은 효종에게 더 적절하다. 상세한 내용은 이 장 제1절에서 다루었으므로 다시 반복하지는 않겠다. 효종의 일생 동안 고종과 더불어 지낸 시기를 처음부터 끝까지 살펴보면 그는 진정 "꿋꿋하게 참는다"는 말처럼 살았다. 맹자의 심리적 용어로 말하자면, 이른바 '마음을 격동시키더라도 본성을 참게 한다動心忍性'는 것이다. 하지만 그러한 인내심의 하층에 효종의 잠재의식적 활동은 대체 어떤 상태에 있었을까? 심리분석의 힘을 빌려야지만 비로소 그에 대해 진일보한 추측을 할 수 있다. '효' 문화의 거대한 압력 아래, 효종의 '자아'는 놀랄 만한 적응력을 보여주었다. 그래서 효종은 수십 년간 고종과 더불어 시종일관 "부자간이 즐겁고 유쾌한" 표면적 관계를 유지하면서도 심리적 평형을 잃어버리지 않을 수 있었다. 일반적으로 그것은 '자아'가 각종 '방어 기능'을 잘 운용했기 때문이다. 곧 3대 적대 세력(원시적 생명 충동, 초자아, 외부세계) 사이에서 잘 처신하면서, 그 각각으로 하여금 제자리에 있게끔 한 것이다. 다만 한층 더 깊이 들어가보면, 모든 '방어 기능' 가운데 가장 중요한 것은 '억압'이다. 그래서 프로이트는 '억압'설이 심리분석의 전체 구조에서 주춧돌 지위를 갖는다고 인식했다.[37] 이른바 '억압'이란, '초자아'와 외부세계를 위반하려는 생명적 충동[38]을 '자아'가 억압하고, 그 생명적 충동이 의식의 표면으로 상승하지 못하도록 하는 것이다. 다만 생명적 충동은 야생마와 같아서 '자아'는 그 힘을 정말로 제어할 수는 없고 그 형세에 따라 재갈을 물릴 수 있을 뿐이다. 이런 야생마는 비록 의식의 층위 내로 갑자기 진입할 수는 없지만, 제멋대로 날뛰다가 마침내 다른 출로를 찾는다. 효종 말년의 두 행동 계열은 바로 이 지점에서 그 동력의 근원을 찾을 수 있다.

효종이 "천하를 홀로 통어하게 된" 후, 그의 '자아'는 처음으로 자주성을 획득하여 생명 충동에 대해서도 다시는 한결같이 '억압'하지 않게 되었고, 이를 새로 열린 길로 인도함으로써 그가 오랜 기간 품어온 '자아 이상'을 실현하도록 했다. 이것이 바로 주희가 말한 "해와 달이 다시 빛을 낸다"는 것이다. 효종의 대개혁 구상과 대규모 인사 배치는 자유 신장에 대한 '자아'의 강렬한 요구를 충분히 체현하고 있다. 하지만 이러한 일련의 행동은 고종에 대한 반항과 부정이었기에, 그 행동이 생명 충동의 방향과 부합한다고 하더라도 '초자아'의 검사와 '여론public opinion'의 비판을 통과할 수는 없었다. 왜냐하면 그러한 행동은 1차적으로 "3년 동안 아버지의 도를 바꾸지 않아야 한다"는 기본 원칙을 위배한 것이기 때문이다.[39] 어떻게 해야 이 곤경에서 벗어날 수 있을까? 그 답은 앞서 논한 '3부곡'에서 찾아야 한다. 그것이 효종의 심리적 장애물을 말끔히 청소해주었기 때문이다. 3부곡의 핵심은 '삼년상'이었고, 곧바로 뒤따른

"태자의 국무 참여"와 내선은 '삼년상'을 완성하기 위해 예정된 절차였다. 주지하다시피, '삼년상'의 근거는 『논어』 「양화편」의 재아宰我 물음에 대한 공자의 답이었는데, 그것이 제왕에게 적용되면 바로 은殷 고종의 '양음諒陰'이 되고, 이는 "모든 관원이 자신들의 직무를 종합하여 총재에게 3년 동안 지시를 받는다"[40]는 것을 가리킨다. 이 제도를 지키는 황제는 3년 안에는 정사를 돌보지 못하여서, 그는 자연스럽게도 '아버지의 도를 바꾼다'는 아무런 혐의도 받을 수 없게 된다. 효종이 예를 다하여 거상하고, 보통 이상으로 슬퍼하여 몸이 상했던 데는 여러 층위의 심리적 함의가 있다. 이 점은 앞서 분석을 마쳤으므로 여기서 반복하지는 않겠다. 이제 우리는 한 걸음 더 나아가 '3부곡'을 하나의 전체적 행동 체계로 간주함으로써, 그것과 다른 행동 체계(대개혁과 정치적 배치) 사이의 심리적 관련을 설명해보자. 한마디로 3부곡의 중심 작용은 한편으로 효종의 대개혁 구성을 은폐하면서 다른 한편으로 그의 정치적 배치에 대한 책임을 면하려는 것이었다. '회복'은 효종이 일생 품어온 이상으로, 그의 '자아'는 회복을 포기하려 하지 않았고 힘을 다해 실현하려고 했다. 대개혁은 '회복'의 전주곡으로, 만약 이 구상이 현실에서 정책으로 실현된다면 결국 고종의 '국시'가 완전히 뒤집히는 일이 발생할 터였다. 그 스스로 이 사실을 잘 알고 있었고, 주희·엽적·나점 같은 이학자들도 속으로는 다 알고 있었다. 다만 대개혁은 효종이 거상 기간 만들어낸 구상으로 단기간 내에 실현될 수는 없었기에, 그 자신도 마음이 편했을 뿐만 아니라 이학자들도 그가 '효도'를 위배했다고 느끼지 않았다. 다른 한편, 인사 배치는 이미 행동 단계로 들어서 있어서, 사실상 효종은 이미 고종이 세운 조직[41]을 제거하기 시작했다. 이 점에 입각하자면, 효종의 '자아'는 잠재의식 층위에서 '참덕[부끄러운 덕]'이 없을 수 없다. 하지만 "태자의 국무 참여"는 적어도 겉으로는 그로부터 절반의 책임을 덜어주었고, 더욱이 내선 이후에는 모든 책임을 전가할 수 있었다. 구체적으로 말하자면, 효종의 기본 계획은 인사 배치 업무를 충분히 잘해냄으로써 대개혁을 염원하며 이를 위해 노력하는 집정 집단을 구성한 후, 새로운 황제가 직접 나서서 하나하나 실현해나가는 것이었다. 하지만 바로 여기에 비극의 근원이 놓여 있었다. 왜냐하면 그는 부지불식중에 고종의 전철을 답습하고 있기 때문이다. 이상의 분석을 통해 우리는 다음과 같이 말할 수 있다. '3부곡'과 정치적 배치의 행동 체계는 심리적 층위에서 서로 의존하는 관계로서, 있으면 같이 있고 없으면 같이 없는 것이지 결코 하나만 남을 수는 없다고 말이다. 다른 점이 있다면 후자가 주로 효종 '자아'의 자각적 활동에서 나온 것이라면 전자는 상당 부분 잠재의식 속에서 진행되었다는 것이다.

마지막으로 우리가 피해갈 수 없는 문제가 하나 더 있다. 효종이 자신의 정체성 위기 가운데 세웠던 '자아 이상'이 결국 어째서 이학자 사이에서 그토록 거대한 반항을 불러일으켰으며, 마침내 십몇 년간(순희 15년에서 경원 6년, 1188~1200) 끊임없이 지속된 격렬한 정쟁을 조성했는가 하는 점이다. 효종이 제위에 있으면서 황권을 장악하고 있었다는 것만으로는 그 의문에 답이 되지 않을 것이다. 깊이 있고 만족스러운 해답을 찾으려면, 우리는 계속해서 심리사학의 도움을 받을 수밖에 없다. 프로이트는 이렇게 말한다.

> 자아 이상은 집단심리학group psychology을 이해하는 데 중요한 길을 열어놓았다. 자아 이상에는 개체라는 측면 말고도 집단적 측면이 더 있다. 자아 이상은 한 가족, 계급, 민족의 공동 이상이기도 하다.[42]

알고 보면 이 논점은 프로이트의 전체 이론 내에 반드시 있어야 할 고리다. 앞에서 살펴보았다시피, 프로이트는 성인이 '아동기의 자기 연민'을 포기한 후 세운 '자아'는 사회가 공인하는 표준의 이상화라고 여겼다. 그런데 개별 연구를 거쳐 이 논점이 성숙 단계에 도달한 것이 바로 에릭슨의 이론이다. 에릭슨은 '자아 이상'에 관한 프로이트의 학설을 '정체성' 자체로 확대시킨다. 그래서 그는 이렇게 단언한다.

진정한 정체성은 청년이 집단적 의미의 정체성으로부터 지지를 얻는 데 의존한다. 그런 집단적 정체성은 그[청년]와 밀접한 관련을 맺는 사회집단을 대변한다. 그런 사회집단이란 그의 계급, 민족, 문화다.[43]

에릭슨의 문제 제기 방식이 위에 인용한 프로이트의 그것을 계승했다는 점은 아주 분명하다. 이후 에릭슨은 정식으로 '정체성identity' 관념을 천명할 때 한 걸음 더 나아가 이렇게 쓴다.

우리가 다루는 것은 하나의 과정process으로서, 개인의 핵심"에 자리를 잡지만located" 동시에 개인이 속한 전체 문화의 핵심"에 자리를 잡기도 한다." 이 과정에서 세워지는 것은 사실상 그 두 정체성의 합일이다.[44]

"두 정체성의 합일"은 특히 분명한 관점으로, 에릭슨은 이 관점을 심리사학 연구에 적용했다. 그는 간디의 개인적 정체성과 인도의 민족적 정체성이 어떻게 합일해나갔는지 논증하는데, 이는 매우 설득력이 있다.[45] 사실 간디뿐 아니라 루터 역시 그러했다. 루터의 '95개 논제'가 수많은 교인에 의해 받아들여진 후, 그의 개인적 정체성과 사회적 정체성 역시 합일되었고 그제야 종교개혁운동이 시작된다.

효종이 '회복'을 자신과 동일시한 것은 이렇게 보아야 한다. 그러므로 그 동일시는 결코 개인의 선택만이 아니라 그 시대 공동 이상이 투영된 것으로 간주되어야 한다. 앞서 인용한바, 효종이 우윤문에게 "병오년의 치욕은 마땅히 승상과 함께 씻어야 한다"고 했는데, 이는 매우 중요한 말로 그 개인의 정체성과 당시 중국인들의 집단적 정체성을 직접 연결시키고 있다. 정강의 망국亡國의 고통을 직접 겪은 중국인들, 특히 정치적 책임을 진 사대부 계층은 일시에 사상과 감정의 이중적 혼란 속에 빠져들었다.(이런 '고통'은 심리학자들이 말하는 '외상경험traumatic experience'이다.) 그들은 '신臣 구构(고종의 이름)가 [금나라 황제에게] 말씀드립니다'라는 식의 굴욕적 안정을 결코 받아들이려 하지 않았지만, "옛 산하를 다시 수습할"[46] 힘도 갖추지 못했다. 옛 정체성은 이미 파괴되었으나 새로운 정체성은 아직 형성되지 않았기에, 남송 중국인들은 장기적 집단 정체성의 위기를 겪고 있었음이 틀림없다. 효종과 주희는 남송의 제1대인들에 해당되는데, 이전의 고통을 생각하여 "치욕을 씻을" 생각이 더 불타오를수록 새로운 집단 정체성을 세우려는 뜻이 더욱 확고해졌다. '회복' 의식은 남송 초기의 사민士民에게 널리 퍼져 있었으므로, 이를 효종이 처음 만들어낸 것은 결코 아니다. 하지만 효종이 황제 신분으로 민족의 공통 이상을 자신의 정체성으로 삼자, 이는 필경 엄청난 호소력을 지니게 되었던 것이다. 그러므로 주희는 효종이 즉위한 해(소흥 32년, 1162)에 처음으로 '봉사'를 올려 '강화講和'설을 힘껏 논파했고, "정사를 정비하고 오랑캐를 물리쳐야 한다"는 방책을 상세하게 진술했다.[47] 이듬해 소환되어 효종을 대면할 때는 다시 차자를 올려, "원수에게 복수하여 치욕을 씻으려는 본마음"을 천하에 보여주어야 한다고 요구했다.[48] 개인 정체성과 집단 정체성의 합일에 관한 에릭슨의 관찰은 여기서 분명한 증거를 얻는다.

앞서 거듭 지적했다시피, '회복'이라는 효종의 이상은 줄곧 고종으로 인해 저지되었고, 그 결과 효종은 재위 20여 년간 시종일관 그것을 드러낼 수 없었다. 이 시점에서 고종이 일평생 '화의'를 견지한 것 역시 심리적 관점에서 이해되어야 함을 지적하고자 한다. 왜냐하면 그것은 개인의 정체성과 관련되어 있기 때문이다. 고종의 정체성 형성 과정을 상세하게 다룰 수는 없지만, 아래 기록은 우리의 의문에 충분한 해답을 제시해준다. 왕명청은 고종과 서부徐俯[49]의 관계에 대해 다음과 같이 이야기한다.

그 아들 서우徐瑀가 고종이 하사한 「광무기光武紀」를 보여주었는데, 글 말미에 고종이 직접 쓴 글이 있었다. "경은 근래에 진언하여 짐으로 하여금 「세조기世祖紀」를 숙독해서 중흥의 통치에 보탬이 되도록 했다. 그로 인해 열

번 읽는 것이 한 번 베껴 쓰는 것만 못하다고 생각했다. 먼저 한 두루마리를 경에게 하사하니, 비록 글씨를 지나치게 못써서 알아볼 수 없더라도, 다만 짐이 경의 말을 잊어버리지 않았음을 알아주었으면 한다." 사천師川(서부)이 세상을 떠난 지 10년, 서우는 빈한하여 가정을 이룰 수 없었기에, 표문을 올려 이 글을 바쳐 관직에 임용되기를 원했다. 그래서 내게 표문을 써달라고 부탁했다.[50]

이것은 왕명청이 직접 겪은 일이므로 그 진실성에는 의문의 여지가 없다. 본전에 의하면 서부가 겸권참지정사兼權參知政事가 된 때는 소흥 4년(1134)으로, 당시 고종은 스물여덟 살이었고 즉위한 지(건염 원년, 1127) 7년이 되지 않은 시기였다. 이때 고종은 전혀 생각지 못한 비상시국 속에서 정체성을 발전시키고 있었다. 고종이 세운 '자아 이상'은 '중흥'이었음이 틀림없고, 그의 모델은 후한의 광무제였다. 소흥 19년(1149) 정월 병인일에 고종은 조신朝臣 진회 등과 화의 문제를 논의하다가 이처럼 말했다.

짐이 시작부터 지금까지 오로지 화의에 의한 우호 관계를 염두에 두는 까닭은, 남북의 민民을 똑같이 사랑하여 부드러운 도로써 그들을 다스리려하기 때문이다.[51]

『후한서』 권1 하 「광무제기光武帝紀 하」 건무建武 17년(41) 10월 갑신일 조목에 인용된 광무제의 말이다.

내가 천하를 다스림에 역시 부드러운 도로써 행하려 한다.[52]

고종의 "부드러운 도柔道"가 광무제로부터 기인했음이 매우 분명하다. 고종의 최종 정체성은 후한 광무제의 중흥이었음을 위 인용 자료에서 확신할 수 있다.

하지만 고종이 동일시했던 이상은 결국 충분히 실현되지 못했다. 그가 실제로 했던 것은 다만 동진東晉 원제元帝의 "강좌['강동江東'과 같은 표현으로, 양쯔 강하류의 남쪽 지구를 가리킨다] 한구석에서 편안히 지내는偏安江左" 방식의 '중흥'이었지 '한나라의 옛것을 다 회복한' 광무제식의 '중흥'은 아니었다. 여기서 또 다른 의문 하나가 떠오른다. 그 자신이 '중흥'의 이상을 완성하지 못한 상태에서 효종의 '회복'은 바로 자신의 사업을 계승하는 것이었는데, 고종은 어째서 반대로 '회복'을 끊임없이 방해하려 했던 것일까? 고종이 초년에 한결같이 굴욕적으로 강화를 구걸했던 데는 힘으로 적을 감당하지 못하는 것 말고도 다른 말 못할 속사정이 있었다. 그것은 금나라가 흠종을 옹립하여 제위를 탈취할지도 모른다는 두려움이었다. 이러한 심정은 이해하기 어렵지 않다. 하지만 효종이 황위를 계승한 이후 순희 중기에 이르기까지도, 고종은 여전히 '화의'를 고집하면서 그것을 바꾸려 하지 않았는데 그것은 어떤 이유에서였을까? 심지어 그는 효종의 '회복'을 단념시키기 위해 공공연하게 "얘야, 내가 100살이 된 다음에 그것을 논의하거라"라고 말했다. 이는 또 어떻게 이해해야 할까? 이성적 측면에서 고종에게는 아주 심한 금나라 공포증이 있었기 때문에, 효종의 '회복'이 수습할 수 없는 전화를 불러일으켜 자신으로 하여금 여생을 편히 보낼 수 없도록 할까 무서워서 그랬을 수 있다. 하지만 이런 해석은 매우 피상적이고 단순하다. 심리 측면에서 생각해보면 여기에는 밝혀야 할 내용이 더 있다. 고종의 최종 정체성은 '중흥'이었지만, 이러한 "한구석에서 편안히 지내는" 식의 '중흥'은 전적으로 그가 초년에 견지했던 '화의'에서 기인하는 것이었다. 한마디로 고종의 모든 정치적 생명은 이미 '화의'와 하나가 되어 있었다. 고종은 공개리에 '회복'의 정당성에 의문을 표할 수는 없었지만, '회복'이 최후로는 어쩔 수 없이 '강화'를 포기하고 '전투'로 나아갈 것이었기에 그의 잠재의식 속에서 그런 상황은 자신의 최종 정체성 및 그 실제 성취를 부정하는 것과 다름없었다. 따라서 여기까지 분석했을 때, 고종이 퇴위 24년 동안 시종일관 막후에서 효종의 '회복' 의지를 억압하여 조금도 그것을 펼칠 수 없게 만든 까닭은,

실제로 부자의 '자아'가 각자 완전히 반대 방향으로 나아갔기 때문이다. 어째서 그렇듯 반대 방향으로 나아갔을까? 여기서 에릭슨이 제시한 '자아 이상'과 '자아 정체성ego-identity'이라는 짝 개념이 바로 그 의문에 대한 해답을 준다.

'자아 이상'은 프로이트가 정립한 개념으로, 그것이 '초자아'의 이상화 기능이었음은 앞서 이미 지적했다. 에릭슨은 이런 관점을 받아들이긴 하지만, '자아 정체성' 개념을 따로 만들어서 그것과 상호 보완이 되도록 만들었다. 프로이트는 개인 차원에서 '자아 이상'은 한 걸음 더 나아가서 정도에 따라 두 유형으로 나뉜다는 것을 임상 경험에서 발견했다. 높은 자아 이상이 추구하는 영원함은, 바랄 수는 있으나 도달할 수는 없는 이상적인 목표다. 낮은 자아 이상은 사회 현실에서 도달할 수 있는 기초 위에서 끊임없이 수정된다. 그런데 그렇게 수정된 것은 개인의 현실감 및 사회 현실과 거리가 그다지 멀지 않다. 에릭슨이 말한 '자아 정체성'은 오로지 후자를 가리키고 전자와는 구별된다.[53] 프로이트의 이론을 조금이라도 아는 사람은 에릭슨의 후자 형태가 그 유명한 '현실 원칙reality principle'을 이용하여 발전된 것임을 어렵지 않게 알 수 있을 것이다. 이 점을 분명히 하기 위해, '이상형 자아'와 '현실형 자아'로 구분해본다면, 효종의 '자아'는 이상형에 속하고 고종의 '자아'는 현실형에 속할 것이다.

개인에서 집단으로 확대해보면, 프로이트가 말한 '여론'이라는 것도 결코 한결같지 않음을 어렵지 않게 발견할 수 있다. 이 역시 이상과 현실의 두 파로 나뉘고, 그 비율은 현실세계의 변화에 따라 달라진다. 소흥 8년(무오, 1138)의 조정 내 의론에서 고종의 '화의' 주장에 동조하는 사람들은 진회 등 소수에 불과했고, 반대자가 절대다수였다.[54] 하지만 효종의 융흥 원년(계미, 1163), 조정에서 다시 주화냐 주전이냐 논쟁이 벌어졌을 때 상황은 정반대로 뒤집혀버렸다. 주희가 건도 원년(1165)에 지은 「무오당론서」는 그 점을 매우 분명히 가리킨다.

계미년의 의론에서 발언이 조정을 가득 채웠는데, '오랑캐는 세세대대 원수
이니 강화할 수 없다'고 말한 사람은 상서 장천張闡과 좌사 호전에 그쳤다.
나머지 가운데도 '강화하면 안 된다'고 말하는 사람들이 있었지만, 그렇게
말하는 근거는 결국 이해관계를 벗어나지 못했다. 또한 그 나머지는 평소
현명한 사대부라고 불렸지만, 육천 리가 원수들에 의해 정복당했다고 한탄
만 하는 자들이다. 하루아침에 벼슬길에 나아가서 묘당 위에 서더니, 잠깐
사이에 마치 술에 취하거나 꿈을 꾸듯이 멍해져서 예전에 했던 말을 잊어
버렸다. 어떤 이가 그 사실을 알려주면, '그것은 처사의 큰소리였을 뿐이다'
라고 말한다.[55]

이상에서 인용된 사료와 심리분석의 가설에 근거하여, 간략한 종합 추론
을 함으로써 어째서 효종이 만년에 이학자 집단과 공동으로 대개혁을 진행했
는가 하는 문제에 답하고자 한다.

고종이 정체성 형성 과정에서 세웠던 것은 일종의 '현실형 자아'여서 그는
처음부터 현실세계와 타협하려는 경향을 띠고 있었다. 그러므로 그가 최초에
'광무 중흥'을 궁극적 목적으로 내걸었다 하더라도 최후에는 '화의'를 통해 얻
은 동진 원제식의 '중흥'에 만족하고 말았다. 이때부터 '화의'는 고종의 잠재의
식 속에서 일종의 상징이 되어 최종 정체성과 긴밀하게 연결되어 한 몸을 이
루었다. 그것이 바로 효종이 '화의'를 부정하는 것을 고종이 생전에 절대로 불
허한 심리의 심층적 원인이다. 그다음으로 고종 정체성의 사회적 측면에 입각
해 말하자면, 소흥 초년 '화의'는 조야 사대부 '여론'의 보편적 저항을 받았고
진회 등 극소수만 직접 나서서 지지했다. 하지만 효종이 황위를 계승한 후, 현
실세계에 커다란 변화가 일어나서 '여론'도 그에 따라 바뀌었고, 직위에 있는
사대부 중 절대다수가 이미 현실파가 되어서 '화의'를 지지했다. 그에 대한 반
대의견을 고수하는 이상파는 장천[56]과 호전[57] 두 사람만 남게 되었다. 고종 개
인의 정체성과 현실파 사대부들의 집단 정체성이 합류하여 조정에서 거대한

저항 세력을 형성했기에, 효종의 '회복'이라는 이상은 펼쳐질 수 없었다.

고종과 달리 효종이 세운 것은 '이상형 자아'였다. '회복'은 비록 '바랄 수 있으나 도달할 수 없는' 요원한 이상이었지만, 이미 그것은 효종의 '자아'와 한 몸으로 응결된 만큼 그는 자신의 생각을 매우 굳게 견지했고 절대로 굽히려 들지 않았다. 효종이 동일시한 이상은 비록 안으로 태상황에 의해 억눌리고 밖으로는 재조 사대부들에 의해 가로막혔지만, 동정하는 지지자들이 없었던 것은 아니었다. 효종의 이상을 동정하고 아울러 그것을 위해 열심히 분투한 이들은 바로 당시의 이상형 사대부들로, 주희·장식·여조겸·엽적 등이 그중 가장 유력한 대표적 인물이었다. 여기서 관건을 찾기란 어렵지 않다. 고종의 '자아'는 현실형에 속해서 현실파 사대부 '여론'으로부터 광범위한 지지를 얻었다. 효종의 '자아'는 이상형에 속해서 그의 동정자는 이상주의파 사대부들일 수밖에 없었고, 당시 유가 이상주의를 떠맡은 이들은 주로 이학형 사대부들이었다. 이 점은 앞에서 이미 누차 서술한 만큼 여기서 다시 이야기하지 않고, 다만 재조 사대부 집단의 관점에서 자연스럽게 현실파가 이상파보다 훨씬 많았기 때문에 소흥 8년(1138) 이후에는 주화파가 점차 정치적 주류를 형성했다. 하지만 전국의 군민軍民에 초점을 맞추자면, 인심은 '회복'을 향했을 것이다. 적어도 주희의 견해로는 그렇다. 그는 단호하게 말한다.

> 만약 반드시 인원수의 많고 적음으로 승부를 내자면, 이른바 주화를 주장하는 사대부들의 수가 어떻게 육군六軍 만성萬姓만큼 많겠는가? 지금 육군과 만성의 말은 두 공(反화의파인 장천과 호전)의 말일 뿐이다.[58]

만약 우리가 이 논단을 받아들인다면, 남송 중국인의 집단 정체성을 진정으로 대표한 것은 '화의'가 아니라 '회복'이다. 이런 의미에서 효종 개인의 정체성은 당시 민족 전체의 집단 정체성과 이미 합일했다. 황제 개인의 심층에서 오랫동안 억압받아온 충동이 일단 발출하자 집단 심리 속의 민족적 격정과 하나로 합류했는데, 이것이 바로 효종 말년 대개혁 운동의 심리적 기원의 전부다.

효종은 재위 이십몇 년간 여러 차례 '회복'의 충동을 느꼈지만, 그것은 태상황과 현실파 사대부들의 방해로 저지되었다. 중년 이후, 그의 '자아 이상'은 현실세계의 변화로 인해 수정되었다. 효종은 장식이나 주희 같은 이학자들의 영향으로 '내치의 도모'를 앞세우고 '원수에 대한 복수'를 뒤세우는 쪽으로 분명히 방향을 전환했다. 때문에 건도 7년에 "회복은 마땅히 장식이 진술한 것처럼 해야 한다"는 말을 했던 것이다. 하지만 '내치의 도모'가 지닌 궁극적 목적은 여전히 '회복'으로, 계속하여 '화의'에 대한 부정을 은연중 포함하고 있었기에 고종 생전에는 그런 수정판 '회복'마저 펼쳐질 수 없었다. 순희 14년(1187) 10월 이전에 효종이 이학형 사대부 쪽으로 뚜렷이 기울지 않았던 이유도 바로 거기에 있었다. 하지만 전체 정세는 "천하를 홀로 통어하게 된" 이후 뿌리부터 변화했다. 효종은 자신의 '자아 이상'을 실현하기 위해 이학형 사대부들과 정식으로 정치적 연맹을 결성해야 했다. 이야말로 순희 15년(1188) 이후 이학 집단과 관료 집단이 첨예하게 양극화하게 된 근본 원인이었다. 상세한 내용은 제10장과 제11장에서 이미 보았다.

겹겹이 쌓인 여러 사정에 대한 이상의 분석을 통해, 우리는 이제 아무 주저 없이 말할 수 있다. 곧 효종 말년의 대개혁 구상과 이학 집단과의 결맹은, 개인 심리의 관점에서든 사회 심리의 관점에서든 모두 '일에는 귀결이 있고, 이치에는 그럴 만한 까닭이 있다事有必至, 理有固然'는 식의 역사 발전에 해당된다. 효종이 태상황 사후 밀고 나갔던 두 가지 행동 체계는 현상으로는 서로 어긋나 보이지만 심리상으로는 완전히 통일된 것이었다. "천하를 홀로 통어하게 되었으니 해와 달이 다시 빛을 내려고 한다"는 주희의 만사挽辭가 효종 만년의 심사를 깊이 있게 파악했다는 점은 이미 지적했다. 또한 "효종은 계년[말년]에 팔극을 크게 다스렸으니, 멀리는 정관과 어깨를 나란히 했고 가까이는 경력 연간을 뒤따랐다"는 양만리의 말은 주희의 만사와 표리를 이룬다. 이제 우리는 엽적이 쓴 명銘 1편과 시 1편을 다시 인용하여(제10장에서 이미 보았다) 이 절의 논점을 강화하려 한다. 그의 「시공[시사점] 묘지명」은 이렇게 말한다.

순희 말년, 통치의 추구가 더욱 새로워졌다. 임금의 지혜로 하지 않고 현인을 신하로 추천했다.[59]

이 구절이 묘사하는 것은 효종이 삼년상을 지내던 중 이학 집단과 공동으로 정치적 혁신을 계획하던 모습이다. 또한 엽적은 효종을 추모하는 시를 지었다.

(…) 지난날 외람되이 전殿에 올라, 탄식으로 임금을 감동시켰네. 어찌 사람들은 분투할 생각하지 않았는가? 임금의 마음 저리 깊었는데![60]

이는 엽적이 순희 14년(1187) 겨울에 효종 앞에 나아가 '회복' 차자를 바치면서 효종과 더불어 대개혁을 논했던 정경을 추억한 것이다. "탄식으로 임금을 감동시켰네"는 오랜 기간 억압받았던 격정(심리학자들의 말로는 passion)이 막 끓어오르는 것을 묘사한다. 그 격정이 대개혁의 심리적 원동력이다. "어찌 사람들은 분투할 생각하지 않았는가?"라는 구절은 이학형 사대부들의 열렬한 반응을 표현한다. 1000년이 지난 지금, 독자들은 여전히 당시 군신君臣 공통의 감격과 분발을 볼 수 있다. 엽적과 주희는 대개혁의 참여자들이었고, 양만리는 참여하지는 않았지만 그 일을 직접 목격했다. 그들의 감성적 문장을 따로 떼어놓고 읽는다면 눈에 띄지 않을 테지만, 합해서 본다면 언어나 정서가 마치 약속이나 한 듯 일치한다. 이는 결코 우연의 일치가 아니다. 저자 세 명이 각각 자신의 특수한 시선을 가지고 '효종 말년 정치'의 심리적 배경을 파악했기 때문이다.

마지막으로 나는 다음의 내용을 신중하게 설명하고자 한다. 이상 두 절에 걸쳐 효종의 심리적 여정과 그 심리사학적 의미를 논한 목적은 다만 효종 시대의 정치문화에 이해의 층위를 하나 더 보태는 것이었다. 그 층위는 심리적 층위로서, 사상이나 권력과 같은 다른 층위와 상호 보완될 수 있다. 하지만 그 밖의 층위를 심리적 층위로 환원시키면 안 된다. 나는 어떠한 역사결정론적 가설도 취하지 않으며 심리결정론도 그 안에 포함된다.

6. "착해지라고 질책하면 사이가 멀어진다"—효종과 광종의 심리적 충돌

광종은 남송사에서 정신이상자로 유명하다. 그래서 그는 효종에 비해 심리사학의 연구 대상이 될 만한 인물이다. 고금의 사학자들의 붓끝에서 광종의 이름과 통치 시기 등 그의 사적은 종종 간단히만 언급되고 넘어갈 뿐이다. 광종의 재위 기간이 도합 5년(1160~1194)에 불과하고 그 사이에 중대한 사건이 일어나지 않았기 때문이다. 하지만 본서 하편의 관점에서는 이 5년이야말로 핵심 시기다. 그 이유는 효종의 만년과 광종의 통치 시기가 같이 시작해서 같이 끝났기 때문이다. 효종의 개혁 및 배치의 이중주가 순조롭게 전개될 수 없었던 까닭은 광종이 장악한 황권이 그 최대의 저항 세력이 되었기 때문이다. 이 점과 관련해, 앞의 두 장에서 이학 집단과 관료 집단의 전개를 논하면서 설명했다. 두 집단 사이의 가장 격렬한 투쟁은 바로 광종 소희 시기에 발생했던 것이다. 앞서 진술했다시피, 이 양대 집단의 양극 분화는 황권의 분열과 밀접하게 상응해 있다. 이제 한 걸음 더 나아가 황권 분열의 궁극적 근원이 효종과 광종 부자의 충돌과 파열에 있었음을 지적하고자 한다. 이런 상황을 설명하기 위해서 이 절은 광종의 심리적 여정을 추적할 것이다.

효종은 아들 세 명을 두었다.(요절한 아들은 포함시키지 않았다.) 맏아들은 기愭로 소흥 14년(1144)에 태어나서 건도 원년(1165)에 황태자가 되었으나, 2년 후 (1167) 병으로 죽었다.[1] 둘째 아들은 개愷로, 나중에 위왕魏王으로 봉해졌는데 소흥 16년(1146)에 태어났다.[2] 광종은 셋째 아들로, 소흥 17년(1147)에 태어나서 건도 7년(1171)에 황태자로 책봉되었다. 『송사』 「광종기」를 보자.

장문庄文태자(기)가 돌아가시자, 효종은 황제(광종)의 영명함과 용맹이 자신과 비슷하다고 생각하여 태자로 세우려 했으나, 그다음 순위가 아니어서 결정을 늦추었다.[3]

『송사』 권246 「송실 3·위왕 개전宋室三·魏王愷傳」은 말한다.

장문태자가 서거하자, 개가 다음으로 태자가 되어야 했으나 황제의 뜻이 아직 결정되지 않았다. 이윽고 공왕恭王(광종)의 영명함과 용맹이 자신과 비슷하다고 여겨 마침내 그를 태자로 세웠다.[4]

두 설은 기본적으로 동일하다. 다만 그 안에는 내막이 있으니 조금 뒤에 다시 설명하기로 하자. 건도 3~7년, 개와 광종은 태자 자리를 놓고 매우 심하게 경쟁했을 것이다. 그것을 어떻게 알까? 「위왕 개전」은 건도 7년 임행臨幸하기 직전 개가 재상 우윤문에게 한 말을 기록해놓고 있다.

상공相公은 보전하기를 더욱더 바란다.[5]

매우 가련하게 들리는 말이다. 하지만 그 이전 3~4년 동안 형제간에 태자 자리를 놓고 다툴 때, 개는 필시 광종에게 잘못을 저질렀음을 알 수 있다. 그러므로 광종 또한 "형제간 적대시[경쟁]"라는 심리적 단계를 겪었던 것이다. 다만 그 기간은 효종의 그것에 훨씬 못 미쳤고 긴장의 정도도 그처럼 높지는 않았을 뿐이다.

광종이 태자가 된 것이 효종의 결정에서 비롯한 것이기는 하나, 효종이 처음부터 광종을 "영명함과 용맹이 자신과 비슷하다"고 생각했는지 혹은 "오랫동안 이런 마음을 갖고 있었으니 일은 평소 결정되었던 것"[6]이라고 생각했는지 여부는 더 논할 여지가 있다. 정부 문서는 보통 사건이 지나간 뒤에 수식을 가하기 때문에 있는 그대로 신뢰할 수 없다. 엽소옹은 『사조문견록』을집 '삼왕득三王得' 조목에서 이렇게 말한다.

삼왕득은 어떤 유의 인간인지 알 수 없었고 그에게는 성명姓名도 없었다. (…) 광종이 처음으로 왕사王祀를 열어 세번째 자리에 섰지만, 효종이 태자 자리를 누구에게 줄지 몰랐다. 하루는 삼왕득이 길에서 광종의 수레를 앞에서 가로막자 호위병이 그를 내팽개쳤다. 광종은 누구냐고 물었지만, 다만 "삼왕득, 삼왕득[셋째 왕이 얻는다]"이라고만 연이어 자칭했다. 왕은 그것이 예언임을 깨닫고서 그를 풀어주어 가게 했다. [광종이] 대위大位에 오른 후, 궁궐에 들어와 명을 받으라고 명했으나 [삼왕득은] 절하지도 않고 나가버렸다.[7]

효종의 세 아들은 소흥 32년(1162) 9월 갑오일에 같이 왕으로 봉해졌다.[8] 이 삼왕득 사건이 장문태자가 태자로 봉해진 건도 원년(1165) 이전에 일어났는지 아니면 그가 사망한 이후에 일어났는지 여부는 불확실한데, 아마 후자가 좀 더 사리에 맞는 듯하다. 왜냐하면 엽소옹은 자기가 직접 삼왕득을 본 일이 있다고 하는데, 그 시기가 그다지 이르지 않을 것이기 때문이다. 적어도 이 이야기가 설명해주는 것은, 광종은 자신이 태자로 뽑힐지를 전혀 모르고 있었다는 점이다. 자나 깨나 그 일을 생각했던 긴장한 광종의 심리가 여기서 남김없이 드러난다.

특히 소홀히 할 수 없는 지점은 고종과 헌성황후가 광종의 태자 옹립 사건에서 중요한 역할을 했다는 것이다. 『서호유람지여』 권2 「제왕도회」 조목을 보자.

광종은 효종의 셋째 아들이다. 연호를 소희로 바꾸었고 재위 기간은 5년이었다. 처음에 장문태자가 서거하자, 효종은 덕수[고종]에게 광종을 태자로 세우겠다고 보고했다. 조칙을 만들던 날 저녁에 덕수는 일부러 위왕(개)을 연숙궁燕宿宮으로 불러 이튿날 처소로 돌아가게 했다. 돌아와 보니 태자 책봉이 이미 행해진 뒤였다. 위왕은 다시 고종을 알현하러 들어가서 먼저 이렇게 말했다. "할아버지가 저를 머물도록 하셔서, 셋째가 자리를 뛰어넘어 태자가 되게 하셨습니다." 덕수는 말문이 막혔지만 천천히 달래면서 말했다. "네 아비가 자신이 다 알아서 했고, 그렇게 할 때 고민이 많았다고 하더구나."9

이 일화는 분명한 모순을 드러내고 있다. 효종이 이미 광종을 책봉하기로 결정했다면, 고종이 위왕 개를 '연숙궁'으로 부르건 부르지 않건 간에 예정된 결과를 바꿀 수는 없다. 따라서 이 일화의 진실성은 의문이 남는다. 하지만 이렇듯 신뢰성 없는 이야기는 바로 그 측면에서 신뢰할 정보를 제공하기도 한다. 이는 곧 고종이 평소 광종을 편들었다는 점이다. 위왕 개가 원망하는 말을 한 것은 바로 그런 이유에서다. 『사조문견록』 을집 '광종어제光宗御制' 조목에는 다음 말이 있다.

효종이 헌성황후 동생의 은혜를 숭앙한지라 거[오거] 형제를 자리에 따라 '형'이라고 불렀다. 광종은 효종의 뜻을 체화했기에 오거 형제를 '아저씨'라고 불렀다. 오거는 특히 제왕의 권속으로서 그의 후원後苑에는 석류가 가득 피어 있었다. 광종은 부채를 펼치고 거기에다 '성작聖作'이라 이름 붙이고 두 구절을 지었다. "투명한 직물을 세심하게 접으니 색이 두 배로 짙어지네. 저녁 안개가 아직도 녹음 속에 있구나." 그러고 나서 오거에게 그 시를 완성하라고 명했다. 공은 두 번 절을 하고 붓을 들어 곧바로 썼다. "봄이 온갖 꽃에게 돌아왔더니 지금은 거의 남지 않았네. 맑고 은미한 가운데 홀로 서니 전각殿閣에 바람이 부는구나." 광종은 한참 동안 감탄했다. 헌성은 효종으로 하여금 두 왕(개와 광종) 가운데 광종을 태자로 삼도록 이끌었기 때문에, 공은 마지막 구절에서 홀로 남았다는 뜻을 읊었던 것이니, 의미를 매우 깊게 가탁했다. 부채는 그 집에 남아 있었고 석각石刻도 있었으나 불이 난 후 둘 다 없어졌다고 한다.[10]

이 기록은 시와 부채를 증거로 삼는 만큼 완전히 날조된 것은 아니다. "홀로 남았다는 뜻을 읊었다"는 것은, 위왕 개가 앞서 순희 7년(1180)에 사망했기에 당시 효종의 세 아들 가운데 광종 한 사람만 살아 있음을 가리킨다. 위 인용문은 "헌성은 효종으로 하여금 두 왕 가운데 광종을 태자로 삼도록 이끌었다"는 것을 명언하고 있는데, 이에는 확실한 근거가 있었음이 틀림없다. 헌성이 그랬다면 고종의 입장도 불문가지다. 이로부터 우리는 광종이 태자 지위를 획득한 것은 고종과 헌성황후의 막후 활동에 크게 힘입었음을 추론할 수 있다. 이 장 제1절에서 보았다시피, 광종이 시기를 앞당겨 제위를 획득한 것도 헌성이 효종에게 압력을 가한 때문이었다. 그러므로 고종과 헌성이 줄곧 광종의 막후 지지자였다는 사실은 충분히 증명될 수 있다.

이李 황후는 안양安陽 출신으로, 경원군절도사慶遠軍節度使이자 태위太尉로 추증된 이도李道의 둘째 딸이었다. (…) 이도는 호북을 통괄했는데, 도사 황보탄皇甫坦이 관상을 잘 본다는 이야기를 듣고 곧바로 딸들을 보내 탄에게 절을 하도록 했다. 탄이 본 후 놀라서 감히 절을 받지 못했다. 그러면서 말했다. "이 따님은 천하의 어머니가 될 것입니다." 탄은 고종에게 말했고 마침내 공왕恭王(광종)의 비妃로 간택되었다. (…) 〔이 황후는〕 건도 4년(1168)에 가왕嘉王(영종)을 낳았다. 7년에 황태자비로 세워졌다. 본성이 질투심이 많고 사나워서 일찍이 태자 주위 사람들을 고종과 효종에게 참소한 적이 있었는데, 고종이 불쾌해하면서 오후吳后(헌성)에게 말하기를 "이 며느리는 장군가의 후손이니 우리가 황보탄에게 속았구려"라고 했다.[11]

이 황후는 소흥 15년(1145)에 태어나서 광종보다 두 살이 많았는데, 시집을 오기는 효종 초년이었을 것이다. 하지만 이 혼사는 고종이 독단으로 직접 결정한 것이었다. 이는 고종이 퇴위 후에도 집안일을 직접 처리하고 결정했음을 설명해주거니와 그가 광종을 더 총애했다는 사실을 암시한다. 여하튼 이 조손(고종과 광종) 관계는 광종 초기 심리에 미묘한 영향을 미쳤던 것 같다. 정신이상에 걸리기 전후로 표출되었던 광종의 언행을 보건대, 그는 감정상 고종과 헌성황후 쪽으로 기울었던 듯하다. 하지만 효종에 대해서는 적의가 가득했다. 세 가지 자료를 들어 이 점을 설명해보자. 진부량은 소희 5년(1194) 4월 18일에 쓴 「직전 차자直前箚子」에서 이처럼 말한다.

> 또한 폐하[광종]께서는 유독 수황[효종]께서 위왕[개]을 멀리한 것을 잊으셨습니까? 예로부터 폐위는 애증에서 나왔으니, 수황께서 그때 과연 어떤 마음이셨겠습니까? 그런데 폐하께서는 모질게도 그 점을 잊으셨습니다.[12]

동시에 권호부시랑權戶部侍郎 원설우袁說友(융흥 원년 1163년 진사 급제)도 「궁에 와주시기를 또다시 간청하는 상소又奏乞過宮狀」(『동당집東塘集』 권13)에서 다음과 같이 말한다.

> 폐하께서 왕실에 계실 때 위왕은 형이었고 오히려 걱정거리가 없었습니다. 수황께서 독단으로 결정하시고 무리들의 의론에 의혹되지 않으시면서, 위왕의 순서를 뛰어넘어 폐하를 태자로 삼으신 것은 수황께서 폐하를 사랑하셔서 그렇게 한 것이 아니겠습니까?[13]

이 두 조목을 종합해서 보자면, 아버지의 사랑을 받지 못했다는 광종의 원망 어린 말이 있었기에 진부량과 원설우가 특별히 그 점을 지목하여 진언했음을 알 수 있다. 게다가 광종의 원한과 분노는 필시 초년으로까지 거슬러 올라갔을 것이다. 그래서 진부량과 원설우는 효종이 위왕을 뛰어넘어 광종을 태자로 세운 이십몇 년 전 일을 끄집어냈을 것이다. 하지만 광종이 생각하기에 자신의 태자 자리는 오히려 고종과 헌성황후가 하사해준 것이었지 효종으로부터 얻은 것이 아니었다. 『사조문견록』 을집 '황보진인皇甫眞人' 조목을 보자.

그보다 앞서 주상[광종]이 아직 병에 걸리지 않았을 때, 홀로 취경원聚景園에 행차한 적이 있는데, 한림학사와 지제고가 모두 호종을 했고 오직 대제待制인 오거만 병으로 휴가 중이었다. 주상이 찔레나무꽃 아래에서 막 술을 따르려 할 때, 언관들의 급보가 교대로 도착해서 "태상(효종)께서는 외원外園에 행차할 때마다 반드시 광요光堯(고종)에게 공손히 청했습니다"라고 했다. 주상은 언관들에게 화를 내면서, 마침내 "중화(효종)도 광요를 청하지 않을 때가 있었다"며 따라온 신하들에게 말했다. 마침, 태상이 내시에게 명령하여 옥으로 만든 잔과 의권宜勸(술 이름인 듯함)을 갖고 가서 [주상에게] 하사하도록 했는데, 그때 주상의 노여움이 아직 식지 않아서 손을 부들부들 떨다가 실수로 잔을 땅에 떨어뜨렸다. 내시가 돌아가서 보고했으나 언관의 일은 숨기고 다만 "황제[광종]께서 태상황의 하사품을 보자마자 곧바로 크게 화를 내다가 술잔을 깨뜨렸습니다"라고 말했다.[14]

이 사건은 광종에게 정신이상 증세가 일어나기 전에 발생했다는 점에서 더욱 주목할 만하다. 광종은 화를 잔뜩 내며, 심지어 사람들이 다 있는 데서 효종이 행차할 때에도 고종을 청하지 않은 때가 있었다고 폭로했다. 이는 부친의 허물을 드러내는 것일 뿐만 아니라 광종이 고종을 더 동정했다는 점을 분명히 나타낸다. 이 사건은 소희 2년(1191) 혹은 그보다 더 빨리 일어났던 듯한데, 이때 이미 광종과 효종의 관계는 수습할 수 없을 정도로 악화되어 있었다. 효종에게 쌓인 원한이 극심해서 광종의 노여움은 여기에서 그칠 수 없었다. 곧 광종의 정신적 붕괴가 이미 증상을 드러내고 있었던 것이다.

이제 심리 측면에서 광종과 효종의 충돌 원인을 추측한 다음, 그 관련 문제로 확장해보자. 앞서 효종과 고종 사이에는 두 '정체성'의 근본적 충돌이 있었다고 지적했다. 고종이 자신의 정체성으로 삼은 것은 '현실형 자아'였고 효종은 '이상형 자아'였다. 그렇다면 광종과 효종의 충돌은 그러한 자아와 동일한 성격을 지니고 있었을까? 광종의 정체성은 무엇이었을까? 여기서 먼저 지적해야 할 점은, 후대에 전해진 사료가 한참 부족해서 이 문제들에 책임지고 대답할 길이 없다는 것이다. 광종은 정체성 위기에 관한 어떠한 실마리도 남기지 않아서, 현존하는 기록에는 그의 '자아 이상'과 관련된 흔적이 전혀 남아 있지 않다. 현재까지 입수한 증거를 통해 봤을 때, 광종의 '자아'가 매우 강렬한 신장伸張의 욕구로 표현되었다는 점만은 단언할 수 있다. 하지만 효종의 '이상형 자아'는 그러한 욕구를 가로막는 최대 장애물이었다. 동시에 광종의 심리적 방어 기제가 기본적으로 고장이 나 있어서, 자아가 자신의 위에 있는 '초자아'나 아래에 있는 생명 충동 또는 외부세계의 '여론'에 대응할 때 매우 졸렬한 모습을 보인다. 이것이 바로 광종이 결국 정신이상에 걸린 기본 원인이다. 요컨대 그는 정신의 깊이로나 자원으로나 아버지에 한참 못 미쳤다.

제1절에서 우리는 광종이 동궁 시절 하루라도 빨리 황위를 이양해달라고 노골적으로 요구했음을 살펴보았다. 효종은 고종에 비해 스무 살이 어리고, 소흥 32년(1162) 황위를 계승했을 때는 서른여섯이었다. 이런 선례는 광종에게 중대한 암시를 했음이 틀림없다. 왜냐하면 광종과 효종의 나이 차도 정확히 20년이기 때문이다. 광종이 순희 9년(1182, 광종 나이 서른여섯)보다 1~2년 전에, 마치 뜨거운 가마 속의 개미마냥 황위 계승의 날이 도래하기를 주야로 기대했음이 틀림없다. 그 기간이 지나가도 효종이 여전히 황위에 있고 내선은 아득하니 기약이 없게 되었을 때, 광종의 실망과 원한이 어땠을지 충분히 상상할 수 있다. 그래서 순희 15년(1188), 광종은 원한을 품고서 "제 머리가 이미 백발인데도 아직껏 어린아이로 여겨지니 할아버지[고종]께 황송합니다"라고

말했던 것이다. 고종 사후 광종은 '태자 국무 참여'의 자격을 얻어, '수선受禪'을 향해 한 걸음 크게 내딛은 듯 보였다. 하지만 이런 경험은 오히려 그의 '정체성'에 좌절감을 안겨주었다. 주필대는 『사릉록 상』(『문충집』 권 172) 순희 15년 정월 을사 조목에서 '태자 국무 참여'의 정황에 대해 기록한다.

> 연화전의 국정 보고에서 태자가 처음으로 시립했다. 〔효종이〕 어가에 앉으려 하자 태자가 먼저 일어나서 두 번 절했다. (…) 주상이 태자를 돌아보면서 "이 일은 어떤가?"라고 묻자, 태자는 아주 적당하다고 대답했다. (…) 내가 "(…) 지방관을 선택하지 않을 수 없으니 이는 통치의 근본입니다"라고 아뢰었다. 주상이 태자를 돌아보면서 말했다. "만약 바로 그 사람이 아니면 가벼이 파면해서는 안 된다." 주상은 핵심 업무에 대한 진술을 듣고 매우 만족스러워하면서 태자에게 말했다. "앞으로는 격일로 참결하지 말고 매일 시립해야 한다. 그래야 참결이라 할 수 있다."[15]

이것이 바로 '참결[국무 참여]'의 실제 상황이다. "매일 시립해야 (…) 참결"이라는 말은, 이미 백발이 된 마흔두 살 태자 처지에서 보자면 실로 난감한 것이었다. 그래서 15일 후(정월 경신일), 『사릉록 상』에는 "연화전 국무 보고에서 동궁이 휴가를 청했다"라는 기록이 나온다. 『사릉록』은 순희 16년(1189) 2월 2일 수선일까지 '참결'이 이루어졌다고 기록하는데, 필자가 조사해본 바로는 태자는 '참결'에서 한 마디도 한 적이 없었다. 사실 효종은 '참결' 기간에 자신의 이중주를 요란하게 실행시키고 있었고, 그의 마음속에는 여전히 "아이[광종]가 아직 어리다"는 생각이 있어서 태자를 그다지 중시하지 않았다. 원우 시기 선인宣仁태후가 수렴청정할 때, 철종의 어좌가 선인태후의 반대편에 있어서 철종은 상주하는 대신들의 "엉덩이와 등만 봤다"고 한다. 이 열몇 살의 어린 황제는 그때부터 원한을 품었기에 친정親政 후 원우 정국을 완전히 뒤집어버렸다.(상편 제5장을 보라.) 광종의 '참결'이 바로 그것과 대동소이했다. 이학 집단이 소희 시기에 겪었던 곤경은 광종의 심리적 반응과 분리될 수 없는 것이다. 『귀이집』중권은 말한다.

효종이 광종에게 황위를 넘겨주려 하여, 정월에 [금나라] 사절들이 궁궐을 떠나는 때를 기다려 택일하여 대전大典을 실행하려 했다. 효종이 주익공(주필대)에게 말했다. "21일 일식이 일어나면 정전正殿에서 피해 있다가, 열흘을 채우기 전 전례를 행한다. 새로운 임금이 [날짜를] 마땅하다고 여기지 않을지 모르니, 짐이 직접 감당하고 일식 이후에 따로 택일하겠다." 조정 밖에서는 모두들 이 사실을 몰랐다. 태자 춘방春坊 강특립이 주익공을 찾아와서 "사절이 궁궐을 떠나면 곧바로 황위 계승 전례를 거행한다는 것을 궁중은 이미 알고 있지만, 조용하여 아무 이야기도 못 듣겠습니다." 주익공이 정색하면서 답했다. "조정의 대사를 어찌 조정 밖에서 미리 들을 수 있겠습니까? 춘방이 해야 할 말은 아닙니다." 그때부터 [주필대를] 헐뜯는 말이 먼저 [광종의 귀에] 들어가서, 익공이 광종 즉위 후 재상을 지내다가 몇 개월 되지 않아 파면되었다.[16]

이 역사적 증거물은 여러 측면에 걸쳐 가치가 있다. 강특립과 광종의 관계 및 그 정치적 작용이 여기에 실증되고 있으며, 또한 주필대가 어째서 광종에 의해 받아들여지지 않았는지에 대한 정확한 해석이 제시되어 있다. 강특립은 광종과 관료 집단을 잇는 교량이었다. 그가 "[주필대를] 헐뜯는 말이 먼저 [광종의 귀에] 들어가서", 관료 집단은 이 반격의 호기를 당연히 그냥 놔둘 수 없었다. 그러므로 이 기록은 앞선 세 장의 관련 논의에 대한 훌륭한 증거물이 된다. 다만 이 절의 논지에 입각해 말하자면, 위 기록이 지니는 특별한 중요성은 광종의 급박한 심리를 오롯이 드러낸다는 데 있다. 광종은 수선이 정식으로 선포된 이후, "황위 계승 전례"가 단지 며칠 늦어진다고 하여 초조함을 이기지 못하고, 강특립을 보내 주필대를 재촉했던 것이다. 이렇게 황제의 보좌에 오르는 데 급급한 것이 실로 상상을 뛰어넘고 있다. 바로 이런 사정 때문에 마침내 수선의 전례가 일정을 앞당겨 2월 2일에 거행되었다. 이는 "일식 이후에 따로 택일하겠다"는 효종의 본래 지시에 따르지 않은 것이었다.

하지만 여기서 바로 중대한 의문이 떠오른다. 광종은 십몇 년간 경전 교육을 받은 만큼, 설사 유가적 가치 의식을 많이 받아들이지 않았다 하더라도 적어도 주고받는 예절은 배웠을 것이다. 그런데 광종은 어째서 수선 문제에서 그처럼 경박하고 노골적으로 행동했을까? 이 수수께끼는 광종의 황후인 이씨를 고찰해야만 풀 수 있다. 앞서 인용한『송사』「이황후전李皇后傳」을 보면, 고종은 일찍이 "이 며느리는 장군가의 후손이니 우리가 황보탄에게 속았구려"라는 말을 한 적이 있다. 사실 '장군가의 후손'이란 공식 문서의 의례적 수사에 불과하다. 주밀은『제동야어』권11 '자의 이후慈懿李后' 조목에서 그녀의 가문 배경에 대해 솔직하게 설명한다.

자의 이 황후는 안양 출신이다. 부친 이도는 원래 척방戚方의 제장諸將이어서 군도群盜다. 이 황후는 천성이 사납고 질투심이 많아서, 초방椒房〔후비后妃의 대칭對稱〕이 되자 조금씩 멋대로 행동했다. 처음에 성숙成肅 사謝 황후〔효종의 황후, 제2계비〕가 고종과 헌성황후를 지극히 공손하게 섬겼지만 이 황후는 매우 교만했다. 어떤 날은 가마를 타고 내전에 와서 성숙황후가 그 일을 가지고 말을 했는데, 이 황후는 화를 내면서 "나는 황제가 머리를 올려준 부부입니다"라고 했다. 〔이 황후는〕 성숙황후가 궁녀 출신이라고 생각했기에 그렇게 말했던 것이다. 이 이야기를 듣고 성숙황후와 수황〔효종〕은 모두 대로하여 그녀를 폐위할 생각을 했다. (…) 궁성의 일은 비밀이라 상세한 내용은 알 수 없다. 그후 〔이 황후는〕 더욱 거리낌이 없어졌다. 귀비 황씨가 총애를 받자 이 황후가 질투하여 매번 그녀를 죽이려 했다. 소희 2년, 광종이 처음으로 교郊 제사를 올리러 가서 청성재궁青城齋宮에 묵자, 이 황후는 그 틈을 타서 마침내 귀비 황씨를 죽였다. 어떤 이가 그 일을 보고하자 주상

〔광종〕은 놀라고 분노하여 마침내 마음의 병心疾을 얻었다. 주상이 불쾌해하자 수황과 성숙황후가 둘 사이의 틈을 벌려놓는 말을 하여 천하가 두려워했는데, 〔천하 사람들〕 모두 이 황후가 잘못이라고 했다.[17]

이 황후가 '군도' 가문 출신이었음은 비교적 사실에 가까운 기록일 것이다. 남송 초의 이른바 '군도'는 민간의 무장집단을 가리킨다. 조정에 의해 수용되어 재편된 후에는 조정 군대의 중요 구성 부분이 되었다. 위 인용문에 언급된 '척방'은 무장 지도자 중 하나로 당시의 하층 출신이었다. 소흥 31년(1161) 완안량의 남침 전야, 『송사』에는 "보군사 도통척방步軍司都統戚方을 파견하여 강상江上의 모든 군사를 총괄해서 양동작전을 벌이도록 했고, 절제節制 유기劉錡의 명령을 듣도록 했다"[18]는 기록이 있다. 척방의 중요성을 여기서 볼 수 있다. 고종이 퇴위하기 얼마 전 척방부에 속한 이도와 혼인 관계를 맺은 까닭은 민간의 무력을 끌어들일 의향이 있었기 때문이다. 이로부터 이 황후가 유가식 예법의 훈도를 전혀 받은 적이 없음을 미루어 짐작할 수 있다. 그래서 그녀는 장유유서의 질서를 성실히 지킬 수 없었던 것이다. 『서호유람지여』 권2 「제왕도회」에는 아래 일화가 수록되어 있다.

얼마 후 궁중에서 연회가 열리자, 이 황후는 가왕(영종)을 태자로 세울 것을 청했으나 효종이 불허했다. 이 황후는 "첩은 육례六禮[19]에 따라 시집을 왔고, 가왕은 첩이 직접 낳았는데 어째서 안 됩니까?"라고 말했다. 효종이 대로했다. 이 황후는 물러가서 가왕을 데리고 황제〔광종〕에게 울면서 호소하며 '수황이 폐위하려는 뜻을 갖고 있다'고 말했다. 황제는 그 말에 의혹되어 마침내 태상황〔효종〕에게 인사를 가지 않았다.[20]

이상의 두 인용문은 이 황후가 태후와 태상황 앞에서 직접 말대꾸한 것을 기록하고 있는데, 이는 그녀가 유가와 상반된 문화적 배경을 갖고 있었음을 잘 보여준다. 그녀의 가치 취향 속에서, 심리분석에서 심각히 논의되는, 공격성aggression은 억압받았을 뿐 아니라 반대로 고무되기도 했다.[21] 이 황후는 공격성이 매우 강했던 여성이었음에 틀림없고, 이는 "암탉이 새벽을 알린다牝鷄司晨"는 중국의 전통 속담과 전적으로 부합한다. 그녀는 광종보다 두 살이 많아서 아마도 처음부터 광종을 제압했고, 이런 주종 관계는 마지막까지 지속되었을 것이다. 그러므로 광종이 만년에 병상에서 그녀를 향해 "당신이 이토록 나를 속였는가!"[22]라고 발작하며 말했던 것이다. 이로부터 보건대, 광종이 제위를 급박하게 추구한 까닭은 이 황후가 배후에서 독촉을 한 때문일 수 있다. 하지만 그렇다고 해서 광종이 줄곧 수동적 지위에서 아내로부터 압박만 받았다는 것은 아니다. 앞서 말했다시피 광종의 '자아'는 매우 강했지만 '자아이상'은 극히 약했다. 이 황후의 가치 경향이 마침 광종과 잘 맞아서, 그의 '자아'는 한층 더 힘을 얻어 자유롭게 신장하려 했을 것이다. 종합하자면, 장기간의 공동생활을 통해 이 황후의 가치 의식이 점진적으로 광종에게 침투해 들어갔음이 틀림없고, 이는 꽤 합리적인 추측이라 할 것이다.

이제 우리는 한 걸음 나아가 광종의 병과 그 기원을 논해야 한다. 『송사』「광종기」 소희 2년 11월 기록을 보자.

신미일, 태묘에서 제사를 지냈다. 황후 이씨가 황 귀비를 살해하고서 [황 귀비가] 갑자기 죽었다고 소문을 냈다. 임신일, 환구圜丘에서 천지를 합제合祭하면서 태조와 태종을 배향했다. 큰 비가 내리고 바람이 불어 예를 다 마치지 못하고 그만두었다. 황제는 이미 귀비가 죽었다는 이야기를 들은 데다 또 이러한 변이를 당하여, 두려움에 떨다가 병에 걸려 축하연을 그만두었고, 사절하고서는 조정에 나아가지 않았다. 수황 및 수성황후가 와서 병세를 보았지만, 황제[광종]는 그때부터 조정에 나가지 않았다.[23]

본기本紀의 근원은 공식 문서인 만큼, 위 기사는 공식적 관점을 대변한다.

곧 광종의 병은 이 황후의 황 귀비 살해에서 연원하는 것으로, 앞서 인용한 『제동야어』의 설과 기본적으로 일치한다. 하지만 이러한 논단에는 매우 의심스러운 점이 있다. 광종의 "마음의 병[심질]"은 송대의 통속 명칭으로는 '실심풍失心瘋'이었는데, 이는 오늘날의 정신이상 또는 정신착란에 해당된다. 사료 기록대로라면, 광종에게서 보이는 가장 뚜렷한 징후는 편집증paranoia이다. 예를 들면 효종이 자신을 죽이려 하거나 제위를 빼앗으려 한다는 등의 종류였다.[24] 하지만 소희 2년(1191)은 광종이 이 황후와 생활한 지 거의 30년이 되는 때였다. 만일 이 황후가 유일한 병의 근원이라면 어째서 그렇게 오랜 시간이 지난 뒤에야 비로소 발작했던 것일까? 게다가 광종은 즉위하고서 최초 2~3년간 줄곧 건강 상태가 아주 좋았다. 유광조는 「조공(조여우) 묘지명」에서 이렇게 말한다.

소희 2년 9월, 곧 이부상서가 되어 불려 올라갔다. 공이 도착하자, 마침 주상은 약을 복용하는 중이어서 3개월간 대면할 수 없었다. 이보다 앞서 광종은 평소 병이 없어 아침마다 조정에 나왔고 용모는 온화했다.[25]

유광조가 소희 원년에 전중시어사로 제수되었음은 제10장에서 이미 보았다. 따라서 그의 증언은 신뢰할 만하다. 우리는 위 인용문으로부터 광종의 "마음의 병"에는 또다른 원인이 있었고, 그 원인이 생긴 시기는 즉위 초기였다는 사실을 알 수 있다.

관련 자료를 두루 검토한 후, 필자는 이제 광종의 정신이상은 효종의 압력에 의해 생겨났음을 자신 있게 말할 수 있다. 그 구체적 경과는 다음과 같이 요약할 수 있다. 효종은 최초 계획에서, 광종으로 하여금 자신의 개혁 구상을 집행하도록 한다는 것을 일찍부터 예정해놓았다. 효종은 광종이 황위를 계승한 뒤 따라야 할 모델은 바로 자신과 고종의 관계라고 가정했다. 곧 효종은 "이번에 발포한 정령과 어진 정책의 항목은 모두 문안 인사를 올리거나 곁에서 식사 시중을 들면서 얻은 것이다."[26]라고 말한 바 있다. 때문에 "[광종이] 한 달에 네 번 알현하는 것—月四朝"은 효종에게 더할 나위 없이 중요했다. 과거 고종은 그런 정기 모임을 이용하여 효종을 통제했고 정해진 틀에서 효종이 지나치게 멀리 벗어나지 않도록 했다. 이제 효종은 당연히 전례에 따라 광종이 정기적으로 찾아와서 '문안 인사를 올리거나 곁에서 식사 시중을 드는' 때에 연이어 지시를 함으로써, 개혁과 인사 배치의 이중주를 하나하나 연출하려고 했다. 이렇게 정기적으로 대화하던 중, 효종이 인재 등용과 정치에 관해 언급하다가 때로 광종을 질책했으리라고 충분히 상상할 수 있다. 새로운 황제[광종]가 주필대를 재상직에서 파면하고 강특립을 총애한 것은 태상황[효종]으로서 동의할 수 없는 일들이었다. 그래서 효종은 "주필대에게 무슨 당이 있는가?"라는 말을 하게 되었고, 유정이야말로 "진짜 재상"이라고 칭찬하는 말도 밖으로 흘러나왔던 것이다. 이런 이야기들은 모두 '한 달에 네 번 알현하던' 중 효종이 광종을 직접 질책하는 과정에서 나왔을 것이다. 하지만 광종의 '자아'가 팽창했고 게다가 이 황후가 배후에서 교사해서, 시간이 오래되자 광종은 태상황의 꾸지람을 더욱 감내할 수 없게 되었다. 그래서 중화궁에 가서 문안 인사를 올리는 일은, 광종이 어떤 대가를 치르더라도 반드시 피하고 싶은 정신적 고통으로 변했다. 병이 생기기 전 홀로 외원外苑에 행차하면서 효종을 청해 함께 즐기려 하지 않았고, 또한 태상황 이야기를 듣자마자 폭발하여 자제하지 못했던 것은, 광종의 병이 어디에서 기인하는지 분명히 드러내준다. 광종의 성격과 성장 환경은 효종과 달라서, "꿋꿋하게 참는" 것을 그에게서 전혀 찾아볼 수 없었다. "한 달에 네 번 알현한다"는 것은 이미 정해진 제도여서 광종으로서는 피하려 해도 피할 수 없었고, 정신이상이야말로 유일한 탈출구였다. 이것이야말로 광종의 '마음의 병'이 일어난 진정한 원인이다.

이상의 요약은 관련 자료를 전체로 관찰한 후 얻은 것이다. 이제 그 구체적 근거를 대략이나마 제시해보자. 남송 기록문 『조야유기朝野遺記』(작자 미상)는 광종의 정신질환이 최초로 일어났을 때의 정황을 아래처럼 묘사한다.

중화[효종]가 주상[광종]의 병을 위문하느라 직접 처소에 와서 보았으나, 주상은 입을 다물고 사람을 알아보지 못했다. 그러다가 입을 열고 잠꼬대 같은 소리를 했다. 수황이 걱정이 되고 화가 나서 이 황후를 불러 질책했다. "종묘와 사직이 위중한데 너는 주상을 조심스레 살피지 못하여 이 지경까지 이르게 했구나. 만일 [주상이] 회복하지 못한다면 너희 가문을 멸할 것이다." 얼마 후 또 유정을 불러서 꾸짖었다. "너는 재상이 되어서 강력히 간언하지 못했는데 왜 그랬는가?" 유정은 "신이 [주상에게] 말하지 못한 것이 아니라 [주상이] 듣지 않으시는데 어찌 합니까?"라고 말했다. 효종은 "너는 이후로 그[광종]에게 쓴 말을 해야 한다. 만약 듣지 않으면, 내가 그를 남게 해놓고 세세하게 말할 것이다"라고 말했다. 광종이 병이 낫자 이 황후가 울면서 광종에게 말했다. "이전에 주상께 술을 좀 줄이라고 권한 적이 있는데 듣지 않으셔서 근래에 상태가 좋지 않으니, 수황께서 첩의 가족을 다 멸하려 하십니다. 첩의 가족이 무슨 책임이 있으며 무슨 죄가 있습니까?" 이윽고 유정이 수황의 칙유를 얻었다는 이야기를 들었는데, '만약 다시 중화궁에 온다면 결단코 돌려보내지 않고 여기 머물게 하겠다'고 [부친이] 말했다고 했다. 그래서 마침내 부친을 무서워하여, 광종의 수레가 조당에 가까이 가지 않게 되었다.[27]

이 기록은 당시 정황과 아주 잘 맞는다. 그 가운데에서도 광종이 "입을 다물고 사람을 알아보지 못했다. 그러다가 입을 열고 잠꼬대 같은 소리를 했다"는 분명 정신분열 증상을 가리키는 것으로, 이는 특히 중요한 부분이다. 효종은 이 황후가 "[일을] 이 지경까지 이르게 했다"고 질책했는데, 앞서 인용한 공식 기록이 바로 이 말에 바탕을 두고 있다. 효종은 아들의 병이 자신과 관련 있음을 전혀 의식하지 못했던 듯하다. 그래서 그는 만약 유정의 간언이 받아들여지지 않을 경우, 자신이 다시 직접 나서서 "그를 남게 해놓고 세세하게 말하겠다"는 준비를 하고 있었다. 사실 효종의 '세세한 말'이야말로 광종이 병에 걸린 원인이었고, 광종이 가장 두려워하던 것이었다. 병이 조금 나은 후, 광종이 온갖 수를 다 써서라도 중화궁에 문안 인사를 가지 않으려 했던 것도 이상한 일은 아니었다.

황상이 소희 3년(1192)에 썼던 「수황에게 효를 다할 것을 주장하는 상소論盡孝壽皇疏」는, 광종이 부황에게 네 가지 '의심疑'을 갖고 있다고 하면서 앞의 세 가지 '의심'으로 살해와 폐위 등을 언급한다. 황상은 이 세 가지에 대해 하나하나 분명히 오해를 풀지만, 유독 네번째 항목인 "책선責善[착하게 살라는 질책]의 의심"에 대해서만은 부인을 하지 못하고, 다만 광종이 부황인 효종의 '책선의 마음'을 오해했을 뿐이라고 말하는 데서 그친다. '책선'은 『맹자』 「이루 상」에 나온다.

옛날에는 자식을 바꾸어서 가르쳤고, 부자지간에는 착하게 살라고 질책하지責善 않았다. 착하게 살라고 질책하면 [부자지간의] 사이가 멀어지고, 사이가 멀어지면 상서롭지 않은 일이 막대하게 된다.[28]

이는 부자 관계에 대한 유가의 깊이 있는 심리적 관찰이다. 효종이 이것을 잘 깨닫지 못했던 것이 비극의 첫번째 근원이었다. 광종이 즉위한 후 2~3년간 '한 달에 네 번 알현'하는 동안 들었던 훈계는 대체로 '책선'에 속할 것이다. '책선' 문제와 관련하여 진부량은 소희 5년(1194) 4월 26일 「직전 차자直前箚子」를 써서 좀더 분명하게 분석했다.

폐하[광종]께서 중화궁[효종의 거처]을 찾지 않으시는 것이 어찌 오해로 인한 의심 때문이 아니겠습니까? 신은 잘 모르겠습니다만, 폐하께서 중화궁을 의심하는 근거는 무엇입니까? 시중에서는 [수황의] 책선 때문이 아니면 권력 욕심貪權 때문이라고 합니다. 신이 헤아려보건대 이 두 가지는 모두 오해입니다. 게다가 수황께서 책선하시는 것은 천하를 위한 계책이자 사직을 위한 계책일 뿐입니다. 만약 폐하께서 정치를 잘하셔서 사람들이 사랑으로 〔폐하를〕 옹호하려고 한다면 수황의 소망이 성취되는 것입니다. 그러니 다시 무엇을 사양하겠습니까? 폐하께서 이 점을 살피지 못하셨으니 어찌 오해가 아닙니까? 만약 '〔수황의〕 권력 욕심'이라고 한다면, 모든 관원을 진퇴시킬 때 〔수황이〕 반드시 그 사람이 누구인지 함께 듣고자 할 터이고, 각종 정책을 시행하거나 폐지할 때 반드시 그 일이 무엇인지 함께 듣고자 할 터인데, 5∼6년 동안 천하 사람들은 그런 일을 보지 못했습니다.[29]

먼저 이 차자의 중요성은 한참 동안 묻혀 있던 역사적 사실을 밝힌다는 데 있다. 곧 당시 외정外庭과 사회의 일반적 견해는 효종−광종 부자 사이가 나쁜 데는 두 가지 원인이 있다는 것이었다. 이는 곧 "책선"과 "권력 욕심"이다. "책선"이든 "권력 욕심"이든 주도권은 당연히 효종이 장악하고 있었다. 광종의 "마음의 병"은 효종의 압력과 관련 있었고, 당시 사람들 역시 그 점을 깨달았지만 드러내놓고 밝히지 못했을 뿐임을 우리는 알 수 있다. 그다음, 진부량은 황상과 마찬가지로 '책선'의 사건이 확실히 있었음을 인정하지만, 그는 한 걸음 나아가 '책선'이 "천하를 위한 계책이자 사직을 위한 계책"이라고 주장했다. 이는 효종 만년의 개혁 구상과 연결된다. 진부량은 개혁에 참여했던 사람 중 한 명이었으므로 자연스럽게도 동기 측면에서 효종을 변호했다. 그런데 효종−광종 부자 간 '책선'의 실제 상황은 대체 어땠을까? 황상과 진부량의 상소는 함축된 부분이 많고, 대신 앞서 인용한 원설우의 「중화궁에 가시기를 또다시 간청하는 상소문又奏乞過宮狀」이 가장 노골적으로 이를 드러낸다.

만약 수황께서 지나치게 방정하고 의로우시며 위엄 있는 낯빛이 지나치게 엄하시다면, 폐하께서는 예를 지키면서 어긋나지 않을까 걱정하시고, 조심스러워 하고 많이 두려워하면서, 힘과 노력을 다해 정말 즐겁게 해드려야 합니다. 어찌 구태대로 피하려 도모하십니까? 후세에 대한 훈계거리가 될 뿐 아니라 외관상으로도 좋지 않은 점이 있습니다. (…) 무릇 원한과 분노의 대상을 원수라 하고 승부를 다툴 대상을 적이라 합니다. (…) 수황께서 폐하께 무슨 잘못을 저질렀기에, 담소 한 마디 나누지 않고 오랫동안 문안 인사를 하지 않으십니까? [그렇게 하심은] 거의 원한 및 분노와 승부 다툼 때문입니다.[30]

원설우는 황제에게 진언할 때의 예절을 갖추기 위해 부득불 가정법에 의탁할 수밖에 없었지만, 사실 이 구절은 효종과 광종 부자 관계 악화의 진상을 아주 사실적으로 반영하고 구절구절 모두 직설적이다. 효종은 평소 '책선'할 때 필시 말을 격하게 하고 사나운 표정을 지었으며, 광종은 그것을 참으려 해도 참을 수가 없어서, 태상황을 마치 '원수나 적'으로 보았음을 위 인용문으로부터 알 수 있다.

마지막으로, 진부량의 「직전 차자」에 나오는 '권력 욕심'설은 특히 주목할 만하다. 이는 효종의 정치적 인사 배치와 밀접하게 관련 있기 때문이다. '권력 욕심'이란, 효종이 퇴위했으면서도 여전히 황권을 꽉 쥐고 놓지 않으려 함을 가리킨다. 진부량은 효종을 변호하면서, 지난 5~6년간 "모든 관원을 진퇴시킬 때 [효종이] 반드시 그 사람이 누구인지 함께 듣고자 하는" 것을 "천하 사람들은 그런 일을 본 적이 없다"고 한다. 이런 견해는 광종에게 그다지 설득력이 없었을 것이다. 왜냐하면 "천하 사람들은 그런 일을 본 적이 없다"고 해서 반드시 그런 일이 없었다고 할 수는 없기 때문이다. 제10장에서 우리는 이미 다음 사실을 확인한 바 있다. 곧 조여우가 조칙을 받들어 서울에 들어와서 집정 대신으로 발탁된 것은 모두 효종이 직접 안배한 것이었고, 게다가 그 일은 기록으로 분명하게 남아 있었다. 이뿐 아니라 주희의 「유회백에게 답하다」 편지에 따르면, 일찍이 순희 16년 5~6월 사이에 관료 집단이 주필대 등을 향해 공세를 시작하자, 효종('중화')은 즉각 "여러 간사한 무리가 결탁한 상황을 분명히 알았고", 아울러 "진압하라"는 말을 했다고 한다.[31] 따라서 효종은 분명 "그 사람이 누구인지 함께 들었고" "그 일이 무엇인지 함께 들었던" 것이다. 가장 귀중한 증거는 역시 주희가 제공하는 아래의 자료다.

또 말했다. "유도수劉道修(도道는 덕德의 오자다)가 과거 상소문에서 '도학'이라는 글자를 썼던 것은 잘못입니다." 선생은 이어서 논했다. "덕수는 지난 일에서 여러 조목의 법도를 수황에게 보여주지 말았어야 했는데, 그것들을 폭로해버려 소인들이 알게끔 했고 마침내 소인들의 농간에 걸려들었다. 나는 이렇게 생각한다. 만약 소인들의 세력이 약할 때라면 실체가 없는 소리를 해도 그들에게 공포심을 안겨줄 수 있다. 만약 소인들의 세력이 강할 때라면 그처럼 폭로하여 그들의 농간에 걸려들어서는 안 된다. 그렇다 하더라도 유덕수는 잘해냈기에 당시 조정이 크게 요동쳤다.[32]

위 인용문에서 논의되는 것은 일시를 진동시켰던 유광조의 상소 「도학이 정씨의 사적 언사가 아님을 논하는 상소문」으로서 소희 원년(1190) 2월에 제출된 것이었다. 당시 광종이 즉위한 지 벌써 1년이 되었지만 태상황 효종은 전중시어사 유광조와 비밀리에 소통하고 있었으므로, 유광조의 이 상소는 효종의 의도에서 나왔을지도 모른다. 이는 효종이 막후에서 정국을 조종했다는 확실한 증거다. 사실 효종은 황위를 선양한 후 한평생의 정체성인 '자아 이상'을 더욱더 굳게 견지했기에 정치적 인사 배치를 결코 중도에 그만둘 수 없었다. '한 달에 네 번 알현하는' 제도는 효종이 막후에서 잇따라 지시를 내리기 위한 주요 통로였다. 광종이 받아들인 '책선'의 압력이 바로 거기에 집중되어 있었으므로, 그가 그 제도를 두렵게 본 것도 이상한 일은 아니었다.

우리는 어떻게 이 논점을 실증할 수 있을까? 소희 4년(1193), 진량의 정시廷試 사건이야말로 그에 대한 구체적이고 생동적인 사례를 제시해주므로 여기서 자세히 분석할 가치가 있다. 『사조문견록』 을집 '광황책사光皇策士' 두번째 조목은 다음과 같이 기록한다.

용천龍川 진량이 부릉阜陵[효종]에게 상주문을 올려 크게 쓰일 뻔했지만,[33] 경상卿相에 의해 가로막혀 몇 년간을 떠돌았다. 광황光皇[광종]이 대면을 허락하고 예악형정禮樂刑政의 핵심을 물었다. 진량은 임금의 도와 스승의 도로써 대답했다. 당시 여러 현인은 광황이 오랫동안 문안 인사를 빼먹었다고 하여 교대로 간언하고 있었다. 진량만이 글 마지막에 "어찌 한 달에 네 번 알현하는 예가 있습니까?"라고 썼고, 광황은 부자 관계를 잘 다루었다고 여겨 직접 1등으로 발탁했다.[34]

진량이 정시에서 1등을 했던 것은 소희 4년(1193) 5월이었다.[35] 당시 광종은 병세가 호전된 터라 직접 전시殿試[정시]를 주재할 수 있었다. 위 인용문에서 언급된 "여러 현인"은 이학 집단의 구성원을 가리킨다. 예컨대 황상·진부량 등은 '한 달에 네 번 알현하는' 예를 절대로 폐하면 안 된다고 주장했다. 진량만이 홀로 다른 의견으로 광종의 마음에 딱 들어맞는 말을 한 것이다. 그래서 그는 "직접 1등으로 발탁"되는 영광을 누렸다.[36] 이제 진량의 「정대廷對」 원문을 살펴보자.

신은 폐하의 수황에 대한 일을 가만히 한탄합니다. [수황께서] 정사를 관장하신 28년간, 정무 하나하나를 직접 판단하지 않으시고, [고종을] 문안하고 그 잠자리를 보살펴드릴 때 그 언사를 살피고 안색을 헤아리는 방법을 통해 간접적으로 가르침을 받으셨습니다. 그때 얻은 단서가 매우 많아 그중 핵심을 뽑아 실행에 옮기셨을 것입니다. 어찌 오직 한 달에 네 번 알현하는 것만을 천자의 훌륭한 모습으로 여깁니까?[37]

광종이 "매우 기뻐하면서" 아울러 "부자 관계를 잘 다루었다"고 말한 까닭은, 사실 진량 홀로 광종 쪽에 서서 변호해주었기 때문이다. 여타 이학자들은 전적으로 효종 쪽에 서서 광종이 '효도'를 하지 않는다고 비판하고 있었다. 진량은 「정대」 마지막 부분에서 또 말한다.

폐하의 효성은 증삼이나 민자건이라도 넘어설 수 없는 경지입니다. 그런데 문안 인사에서 조금이라도 흠이 있으면 사람들은 그것을 갖고서 폐하를 의심합니다. 폐하께서 당장 오늘 예전처럼 하시더라도, 의심하는 이들은 부끄러운 줄도 모르고 폐하께서 끊임없이 문안 인사를 해야 한다고 주장할 것입니다.[38]

이 구절은 광종이 "당장 오늘 예전처럼 할 것卽日如故"을 희망하고 있지만 어세는 가볍고 완곡하다. "증삼이나 민자건이라도 넘어설 수 없는 경지"라는 말은 당연히 진심에서 우러나온 것이 아닌 과장에 불과할 것이다. 종합하자면, 진량의 「정대」는 광종에게 대증요법식의 작용을 일으켜서 적어도 잠시나마 마음에 맺힌 것을 풀어줄 수 있었다. 즉위 이래, '한 달에 네 번 알현하는' 시간은 진작부터 광종이 태상황의 '책선'을 받던 고난의 시간이었다. 광종의 정신이 붕괴한 근본 원인은 바로 거기에 있었다. 이런 정황은 진량의 정시 사건에서 가장 유력한 방증을 얻는다.

이 절의 논지는 결코 광종의 '마음의 병'이 생겨난 기원을 탐색하는 것만이 아니라 그의 심리 상태를 통해 효종의 이중주가 어떻게 좌절을 겪게 되었는지 이해하는 것이다. 이학 집단은 이중주의 주요 연출자였기에 마지막으로 광종과 이학 사대부 사이의 심리적 관계에 대해 검토함으로써 이 절을 끝내고자한다. 진량의 「정대」에 대해 더 논해보자. 이 사건은 계속해서 파문을 일으켰을뿐더러 이 절의 논지와 밀접한 관련이 있기 때문이다. 앞서 인용한 『사조문견록』의 같은 조목이다.

위진危積은, 일찍이 진량의 상서上書가 기세등등했으나 대책對策은 따분했던 까닭은 그가 장원이 되려 한 때문이라고 말했다.[39]

위진은 순희 14년(1187)에 진사에 급제했고[40] 육구연에게 배운 적이 있으므로,[41] 그의 논평은 진량의 정대에 대한 당시 이학자 사대부들의 일반적 반응을 대표한다. 그렇다면 이 논평은 대체 어떤 의미를 지닐까? 전조망은 「진동보론陳同甫論」에서 명확히 해설한다.

아! 동보[진량]가 글을 올릴 때는 비루한 일개 관원이었지만 자신의 분한을 넘어 증적을 비판하는 용기가 있었다.[42] 하지만 그의 말년 대책은, 중화[효종]를 싫어하고 꺼려하던 광종의 생각에 아부하여 "어찌 오직 한 달에 네 번 알현하는 것만을 천자의 훌륭한 모습으로 여깁니까?"라고 말했으니 이 얼마나 큰 잘못인가? [동보는] 아마도 여러 차례 어려운 일을 당한 끝에 급히 벼슬자리를 하나 구하느라고, 마침내 정당하지 못한 방법임을 무릅쓰고 그렇게 했던 것이다.[43]

"대책은 따분했다"는 말은 "한 달에 네 번 알현하는 것"에 대한 진량의 견해를 가리킨다. 전조망은 진량이 "중화를 싫어하고 꺼려하던 광종의 생각에 아부했다"고 하는데, 여기서 "싫어하고 꺼려했다嫌惡"는 표현은 상당히 정확한 것으로 광종이 내심 효종에게 적의를 가득 품고 있었음을 그는 이미 알고 있었던 것이다. '한 달에 네 번 알현하는 것'이 허례허식일 뿐이라는 진량의 견해는 비록 광종으로부터 칭찬을 받았지만 재조 이학 사대부들에게 상당한 불만을 샀다. 왜냐하면 그들은 모두 유가 효도 문화의 수호자로서, 광종이 중화궁에 알현하지 않음은 절대로 용인될 수 없는 과오라고 인식했기 때문이다. 『송회요집고』에는 진량의 정대에 관한 공식 문서가 하나 보존되어 있어, 그 원문을 인용한 후 분석하겠다. 『송회요집고』「직관」 73의 21 기록이다.

(경원 원년, 1195) 11월 1일, 무학박사武學博士 장내수葬來叟가 파면되었다. 전 중시어사 황보가 아뢰었다. "장내수는 조신들의 대기실을 장악하고서 시험 답안지를 점검하다가, 진량의 답안지를 가장 윗자리에 두었습니다. 진량은 수괘需卦를 인용하여 군부君父를 경시하고 모독했습니다.[44]

『송사』 황보 본전(권393)은 아주 간략하여 말미에는 다만 "[황보는] 유덕수의 논핵을 받아 사록을 받다가 죽었다"고만 한다. 하지만 장내수의 이름은 『경원당금』에 수록되어 있고, 게다가 주희와 더불어 '대제待制 이상 13인'에 포함되어 있으므로, 장내수가 이학 집단에서 중심의 위치를 차지했음을 알 수 있다. 장내수의 배경은 더 조사해봐야 하겠지만, 그가 관료 집단에 속한 다고 가정하더라도 무방하다. 그 이유는 아래에서 다루겠다. 위 인용문 속 탄핵 사건은 이해하기 무척 힘들다. 진량은 이미 그 전해(소희 5년, 1194) 세상을 떠났을 뿐 아니라 광종도 이미 1년 전 황위를 물려주었는데, 황보는 어째서 이때 갑자기 2년 전에 일어났던 과거 사건을 들고 나와 당시 전시를 책임지던 장내수를 정부 밖으로 축출했던 것일까? 현재로서는 간략하게 추측할 수밖에 없다. 경원 원년(1195) 11월, 조여우를 수반으로 하는 이학자 집단은 이미 진멸盡滅의 상황에 몰려 중요 구성원들이 하나씩 논핵당하여 파면되었고,[45] 그중 황보만이 유일하게 생존했다. 그는 전중시어사라는 유력한 지위를 확보하고 있어, 여전히 완강하게 저항하면서 관료 집단에 반격을 가했다. 곧 그는 강력하게 맞서야 할 정적으로 장내수를 지목하고, 마지막 저항을 다하고자 했던 것이다. 경원 2년 6월 3일, 황보는 또다시 "권문에 분주하다奔走 權門"는 죄목으로 대리시정大理寺正 진경준陳景俊을 논핵했다.[46] 당시의 '권문'은 한탁주 또는 그 일파들일 수밖에 없었다. 이로부터 미루어 보건대, 장내수도 필시 관료 집단에 속했을 것이다. 황보의 최후 분투와 관련해서는 제11장 결론에서 이미 서술했고, 여타 행적은 다음 절에서 '황극'에 관해 논할 때 보충할 것이다.

경원 원년(1195)에서 소희 4년(1193)으로 되돌아가면, 진량의 정대가 당시 이학 집단과 관료 집단 사이에서 핵심 논쟁 대상이 되었다고 단정할 수 있다. 여기서 쟁점은 "진량이 수괘를 인용하여 군부를 경시하고 모독했다"는 것이 아니라, 황보가 상주했던 것처럼 '한 달에 네 번 알현하는 것'이 쟁점이었다. 어떻게 그것을 알 수 있을까? 이는 당시의 역사적 사실을 재구성하는 일에서 시작해야 한다. 진량의 「정대」 마지막 부분을 보자.

"구름이 하늘 위에 있으니 수需다. 군자는 그것을 본받아 먹고 마시며 잔치를 벌이면서 기뻐한다." 구오九五〔주역의 구오가 임금의 지위를 뜻하는 상象이라는 데서 임금의 자리를 이르는 말〕가 먹고 마시는 가운데 기다리는 까닭은 때를 기다려 어떤 일을 하기 위해서이니, 바로 이때에 기다려야 합니다. 어찌 폐하는 성스럽고 영명하시면서 이것을 즐기고 계십니까? 그러니 사람들은 의심이 없을 수 없습니다.[47]

이 말은 광종이 과도하게 "먹고 마시며 잔치를 벌이면서 기뻐하는 것"에 탐닉하지 않아야 한다는 훈계에 불과하다. 게다가 이 황후도 "당신께 술을 좀 줄이라고 권한 적이 있다"고 말한 바 있다. 음주는 광종의 고질병으로 모두가 다 알고 있는 사실이므로, 진량의 말이 "군부를 경시하고 모독했다"고 하기는 어렵다. 하지만 황보에게도 어쩔 수 없는 고충이 있었다. '한 달에 네 번 알현하는 것'에 대한 진량의 논의는 광종이 직접 칭찬했던 것인 만큼, 황보는 이유야 어쨌든 그 점을 들어 장내수의 과오 즉 답안지 검토 시의 잘못을 지적할 수 없었다. 그래서 그는 주요 문제를 회피하기 위해 '수괘'를 공격의 구실로 삼았던 것이다. 사실 광종이 열람한 전시 답안지는 앞에 있는 다섯 명에 국한되었다. 전시를 책임지는 장내수가 사전에 다 안배해놓아 광종으로 하여금 진량의 답안지를 먼저 보게끔 한 것인데, 이것이 바로 2년이나 지난 후에도 황보가 장내수를 가만히 둘 수 없었던 주요 원인이었다. 이 점을 설명하기 위해 우리는 소희 4년(1193)의 공거와 전시에 대해 좀더 깊이 알아야 할 필요가 있다. 『송회요집고』「선거 1」의 23~24 기록이다.

(소희) 4년 정월 24일, 이부상서 겸 시독 조여우가 공거가 되었고, 급사중 황상, 좌사간 호탁胡琢이 동지공거同知貢擧가 되었다. 합격자 진사 서방헌徐邦憲 이하 396명을 선발했다. 3월 8일 (…) 조여우 (…) 황상 (…) 호탁은 지공거의 임무가 끝나자 함께 보고했다. 주상이 "올해 얻은 사람들이 아주 좋다고 들었다"라고 하자, 조여우 등은 "금년에 얻은 성시 합격자 중 우연히도 전국에서 저명한 사士가 많았습니다. 저희는 공원貢院에서 대부분 책론으로 참고했기에 덕 있고 나이 많은 사람을 많이 얻었습니다"라고 아뢰었다.[48]

이해에 공거를 주관한 사람은 조여우였고, 황상과 호탁은 부주고관副主考官이었음을 알 수 있다. 조여우와 황상은 이학 집단의 중요 구성원이었다. 호탁이 누구인지는 더 고증해봐야 한다. 시험관 중에는 팽구년도 있었는데[49] 그 역시 이학자였다. 그들이 책임졌던 '성시'[50]는 3월 8일에 이미 끝났다. 바로 뒤이어 치러지는 시험은 '전시'로, 광종 때는 4월 상순에 거행되는 것으로 규정되어 있었다.[51] 진량은 이번 시험에서 '저명한 사' 가운데서도 탁월한 인물이었고 성시 순위도 최상위권임에 틀림없었지만, 그렇다고 해서 그가 1등은 아니었다. 1등은 분명 서방헌이었기 때문이다. 그가 이번 시험에서 장원을 차지했던 것은 전시 단계의 일이었다. 『송회요집고』「선거 2」의 29는 말한다.

4년 5월 4일, 새로 급제한 진사 1등인 진량을 승사랑承事郎 및 첨서제주절도판관청공사簽書諸州節度判官廳公事에, 2등 주질朱質과 3등 황중黄中은 문림랑文林郎 및 양사직관兩使職官에, 4등 등강서滕強恕와 5등 양침楊琛은 종사랑從事郎 및 여등직관如等職官에, 6등 이하 제4갑第四甲까지는 적공랑迪功郎 및 제주사호부위諸州司戶簿尉에 임명하라는 조칙이 내려졌다.

당시 장내수가 뽑은 답안 1등부터 5등 사이에서 진량은 원래 세번째였으나 광종의 직접 발탁으로 1등이 되었다.

사실 여부와 그 경과가 밝혀졌으므로, 진량의 정대가 어째서 관료 집단과 이학 집단 양대 정치 집단 사이에 쟁점이 되었는지 여부로 다시 돌아가보자. 먼저 우리가 지적해야 할 것은 광종이 반드시 '한 달에 네 번 알현하는' 효도를 이행해야 함을 모든 이학 집단 구성원이 한결같이 주장했다는 점이다. 『송사』 「광종기」를 보면 소희 3년(1192) 11월부터 시작하여, 중화궁에 인사를 가야 한다고 광종에게 직접 청하거나 또는 상소를 통해 청한 사람 대부분이 이학 집단의 주요 구성원이었다. 거기에는 조여우, 나점, 우무, 황상, 진부량, 심유개, 팽구년, 손봉길 등이 포함되어 있었다. 이와 비교하면, 관료 집단 가운데서 광종에게 중화궁에 인사를 가야 한다고 직접 청한 사례로는 아래 두 조목만이 「광종기」에 보인다.

(소희 5년 5월) 무인일, 수황 성제聖帝〔효종〕가 병에 걸려 용서를 해주었다. 권형부상서權刑部尚書 경당이 입대하여 중화궁을 찾아뵈어야 한다고 청했다.[52] 6월 (…) 무술일 밤에 수황 성제가 붕어했다. (…) 그보다 앞서 승상 유정, 지추밀원사 조여우, 참지정사 진규, 동지추밀원사 서단례徐端禮가 수황의 병세가 위급하다는 소식을 듣고, 후전後殿에서 황제〔광종〕를 알현한 후 중화궁을 찾아뵈어야 한다고 힘껏 청했으며, 황자皇子 가왕〔영종〕도 울면서 청했으나 듣지 않았다.[53]

두 사례 가운데 경당은 스스로 나서서 청했을 것이나, 진규는 다른 집정 대신들의 집단행동에 따랐을 것이다. 하지만 두 사람 모두 효종의 병이 위독해진 이후에야 이를 청했다. 경당과 진규 두 사람을 제외하고, 관료 집단 구성원 중 중화궁에 인사를 가야 한다고 청한 제3인에 대한 기록은 찾을 수 없었다. 우리는 여기서 다음과 같은 가설을 세울 수 있다. '한 달에 네 번 알현하는' 문제와 관련하여 관료 집단이 채택한 입장은 이학 집단과 정반대였다. 앞장(제11장)에서 지적했다시피, 관료 집단은 정치적으로 광종의 정식 황권과 연맹했다. 광종이 정신질환에 걸린 이후에도 예전처럼 중화궁에 알현해야 하는지 논쟁에서, 관료 집단은 대체로 광종을 동정했으리라고 어렵지 않게 상상할 수 있다. 하지만 '한 달에 네 번 알현하는 것'은 고종이 황위를 선양한 이래 남송조의 가법이 되었고, 더욱이 효도는 유가 문화의 중심 가치인 만큼 관료 집단은 공개적으로 이의를 제기할 수 없었다. 그들은 다만 소극적으로 '한 달에 네 번 알현하기'에 대해 이야기하지 않음으로써, 광종에게 도덕적 압력을 가하는 일을 가능한 한 피하려 할 뿐이었다. 이제 전시의 답안지에서 갑자기 "어찌 한 달에 네 번 알현하는 예가 있습니까?"라는 설이 출현했고 게다가 그것이 '저명한 사'인 진량의 입에서 나온 터라, 당연히 관료 집단은 예상치 못한 일에 매우 기뻐했다. 이학 집단과 벌이는 대항에서, 그 설은 자신들에게 가장 유력한 사상적 무기를 제공해줄 것이었기 때문이다. 장내수가 진량의 답안지를 5등 안에 포함시켜 광종으로 하여금 직접 그 글을 볼 수 있게 한 것은, 필시 의도적인 고려에서 나왔으리라 단언할 수 있다. 당시 공거를 주관하던 조여우·황상·팽구년은 모두 광종에게 중화궁에 인사갈 것을 적극 주장했던 사람들인데, 진량의 「정대」는 객관적으로 그들의 의향과 완전히 반대되는 효과를 낳아 광종이 "한 달에 네 번 알현하지" 않더라도 심리적 평안을 얻게끔 할 수 있었다. 이는 관료 집단이 공거 제도를 통하여 이학 집단을 정치적으로 압도했던 일대 걸작으로서, 순희 11년(1184)에 동지공거 장계주蔣繼周가 '도학'을 출제했던 시험관을 축출했던 것보다도 훨씬 더 중요한 의미를 갖는다.[54] 소희 4년(1193)은 양대 정치 진영 즉 관료 집단과 이학 집단의 충돌이 극심해지던 시기이자 황권 분열이 가장 심각했던 시기였다. 따라서 쌍방이 진사 시험이라는 중대사에서 벌인 투쟁도 순희 11년에 비해 훨씬 격렬했다. 『송사』 권392 「조여우전」은 말한다.

(소희) 4년에 조여우가 지공거가 되었는데, 감찰어사 왕의단과 의견이 충돌했다.[55]

이번 차수의 공거는 처음부터 양대 집단 사이 충돌의 초점이 되었는데, 위 구절은 그 확증이 된다. 조여우와 왕의단이 "의견이 합치하지 않았던" 원인이 어디에 있었는지 지금은 밝혀낼 수 없지만, 장내수가 전시의 주도권을 획득했던 것은 관료 집단이 극력을 다해 쟁취한 성과였다고 단정할 수 있다. 공거 사건은 쌍방 미래 세력의 성쇠와 관련된 것으로, 위로는 순희 연간에서 아래로는 경원 연간에 이르기까지 양대 세력이 곳곳에서 투쟁을 벌인 사례는 지극히 많다. 이번에도 예외는 아니었다.

앞서 제시했다시피, 소희 4년(1193)은 황권 분열이 가장 심각한 시기이기도 했다. 따라서 우리는 바로 위 인용문에 대해 좀더 자세히 설명함으로써 광종과 이학 집단 사이의 관계를 다시 밝히고자 한다. 소희 2년(1191) 말 광종의 '마음의 병'이 발작한 이후 '한 달에 네 번 알현하는' 의례는 기본적으로 중지되어, 효종은 '책선'할 수 있는 유일한 통로를 잃었고 응당 그의 정치적 인사 배치도 정체되었다. 소희 4년 봄에는 광종의 병세가 호전되었지만 효종에 대한 광종의 '의심'은 오히려 최고조에 달했다. 효종이, 이 황후와 내시가 광종에게 적지 않은 영향을 끼치고 있다고 보았기 때문이다. 이제 광종은 '책선'을 다시는 받아들이지 않았거니와 인재 등용 측면에서도 태상황과 정면으로 대립하기 시작했다. 『송사』 「광종기」 소희 4년 조목을 보자.

3월 (…) 신사일, 갈필을 우승상으로, 호진신을 지추밀원사로, 진규를 참지정사로, 조여우를 동지추밀원사로 삼았다.

갑신일, 감찰어사 왕의단이 상주했다. "조여우가 〔종실 출신으로서〕 집정이 되는 것은 조종에 전례가 없던 일이니 그를 파면하소서." 상소문이 세 차례 올라갔으나 받아들여지지 않았다. 신묘일에 왕의단이 파면되었다.[56]

이 인용문은 얼핏 보기에 그저 일상적 임명 기록으로 특별히 주목할 곳이 없는 것 같지만, 조금만 자세히 살펴보면 매우 중요한 내용이 함축되어 있음을 알 수 있다.

재상이 장악한 행정 계통인 중서성과 추밀원은 송대에 '2부二府'로 병칭되었고, 두 기관은 최고 집정 기구였다. 어째서 광종의 병세가 조금 호전되자마자 중서성과 추밀원에서 하루 사이에 이처럼 중대한 인사 교체가 일어났던 것일까? 그리고 교체 결과, 어째서 관료 집단과 이학 집단이 각각 정확히 절반씩을 차지했던 것일까? 앞서 인용한 문헌 중 왕의단이 조여우의 임명에 대해 직접 나서서 반대했던 사건이 이러한 의문에 해결의 실마리를 제공해주기에, 그점에 관해 좀더 깊이 논의해보자. 이심전은 『건염 이래 조야잡기』을집 권3 '재집이 덕수궁과 중화궁의 말씀에 대해 공손히 사례를 표하다宰執恭謝德壽重華宮聖語' 조목에서 이렇게 말한다.

소희 4년(1193) 봄, 수황〔효종〕이 조충정趙忠定(조여우)을 등용하려 한다는 소문이 추부에 돌았다. 이미 명령이 내려지자, 찰관 중 고종의 유훈을 들어 종실 인사를 재집으로 등용하면 안 된다고 말하는 자(왕의단)가 있었다. 주상〔광종〕이 그 일을 수황에게 상의하더니, 〔수황은〕 마침내 재집에게 명령을 내려, 그 주장을 한 사士를 불러들여서 자신의 의도를 알려주라고 했다. (…)[57]

이 사건의 원인은 제10장의 '효종 만년의 인사 배치 1' 절에서 상세히 고찰했으므로 다시 반복하지 않겠다. 지금 우리가 되물어야 할 점은 다음과 같다. 효종은 어째서 갑자기 조여우를 추밀원 집정 위치로 밀어 올리려고 결정했던 것일까? 효종이 이런 인사 배치를 할 수 있으려면 먼저 추밀원에 결원이 있어야 한다. 결원이 없다면 효종이 아무리 막후 황권을 장악하고 있더라도 현임現任의 동지추밀원사를 억지로 쫓아낼 수 없다. 그러므로 우리는 바로 뒤이어 이번 인사 대변동의 배경을 분명히 살펴봐야 한다. 『송사』 권213 「재보표 4」 소희 4년 3월 신사일 조목이다.

> 갈필은 광록대부光祿大夫이자 지추밀원사로 있다가 특진되어 우승상으로 제
> 수되었다.
> 진규는 동지추밀원사로 있다가 참지정사로 제수되었다.
> 호진신은 참지정사로 있다가 지추밀원사로 제수되었다.
> 조여우는 이부상서로 있다가 동지추밀원사로 제수되었다.

이 기록에 따르면 갈필과 진규는 추밀원에서 각각 우승상과 참지정사로 자
리를 옮겼고, 원래 참지정사였던 호진신은 진규와 자리를 맞바꿔 지추밀원사
가 되었음을 알 수 있다. 오직 조여우 한 사람만이 처음으로 집정대신의 반열
에 들어선 것이다. 효종은 조여우를 추밀원에 넣기 위해 이번 인사 교체를 일
으켰던 것일까? 아니면 갈필과 진규 두 사람의 직위를 조정해야 한다는 의론
이 먼저 있었기에 비로소 동지추밀원사의 공백이 생겼던 것일까? 관련 사료
가 없으므로 현재로서는 확언하기 힘들다. 다만 당시 정세를 통해 추측하자
면 아래의 설명이 비교적 사실에 가까울 것이다. 『송사』 권391 「호진신전」은
이렇게 말한다.

> 호진신은 자가 자원子遠이고 촉주蜀州 출신이다. 소흥 27년(1157)에 진사에
> 급제하여 성도통판成都通判이 되었다. 제치사制置使 범성대范成大가 공을 조정
> 에 천거하자, 효종이 그를 서울로 불렀다. (…) 여러 번 시어사를 지냈다. 주
> 희가 병부낭관으로 제수되자 (…) 시랑 임률이 (…) 주희가 곧바로 도장印을
> 받지 않았으니 오만하다고 상주했다. 호진신이 주희를 남기고 임률을 배척
> 해야 한다고 상소하자 여론이 그의 의견을 추중했다. 광종이 제위를 잇자
> (…) 단명전학사, 첨서추밀원사로 제수되었다. (…) (소희 원년 7월) 중화궁에
> 가서 알현하자 효종이 말했다. "제위를 이은 임금이 대신 두세 명을 발탁

하여 임명한다는데, 짐의 마음에 아주 흡족하고 외정外廷에서도 다른 소리가 없다고 들었다." 호진신은 절하며 사례했다. 참지정사 겸 동지추밀원사로 제수되었다. (소희 원년 12월) 주상[광종]이 남교南郊에서 돌아온 후 오랫동안 조정에 나오지 않자, 호진신은 승상 유정과 함께 합심하여 정사를 보필했고 안팎으로 합당하게 여겼다. 그가 상주하여 진술한 내용은 [광종이 효종에게] 아침저녁으로 문안해야 한다는 것이 가장 우선이었고, 군자를 친히 여기고 소인을 멀리하며 근행을 억누르고 붕당을 소멸해야 한다는 것이 그다음이었다. 성심을 다하여 보좌하고 간절하게 간언했으며, 꼼꼼하게 봉합하여 사람들이 [빈틈을] 알지 못했다. 얼마 안 가 그 직위에 있다가 서거했다.[58]

「호진신전」은 현 논의에서 매우 중요하다. 그 가운데 가장 주목할 점은 다음 세 가지다. 첫째, 호진신은 비록 이학자는 아니었지만 정치적으로는 이학 집단의 중요 구성원이었다. 순희 5년(1178) "주희를 남기고 임률을 배척하라"고 한 것부터 만년에 광종에게 "한 달에 네 번 알현하라"고 재촉한 것에 이르기까지, 이 모든 것이 그것에 대한 증거가 될 수 있다. 그러므로 호진신은 조여우와 함께 이번 임명에서 이학 집단의 세력을 대표한다. 둘째, 소희 원년(1190) 호진신은 처음으로 추부에 들어왔는데, 효종이 그에게 "제위를 이은 임금이 대신 두세 명을 발탁하여 임명한다는데, 짐의 마음에 아주 흡족하다"고 한 것과, "호진신은 절하며 사례했다"는 기록은 호진신의 발탁이 실제로는 효종의 의도에서 비롯했다는 증거다. 다만 이때 광종은 즉위한 지 이제 1년 남짓으로 '한 달에 네 번 알현하는 것'도 정상으로 운용되었고, 효종의 의도도 정기적 '책선'을 통해 실현되어 밖으로 흔적을 드러내지 않았기 때문에, 효종은 일부러 공을 "제위를 이은 임금[광종]"에게 돌렸을 것이다. 이와 소희 4년의 상황은 전혀 다르다. 셋째, 광종이 병이 나서 조정에 나아가지 않던 기간 호진신은 참지정사(부재상) 신분으로 유정과 공동으로 조정을 책임졌다.[59] 이는 바로 광종이 병에 걸린 후 바뀌어야 될 상황이었다. 유정과 호진신의 재상권력은 효종이 배치해놓은 것으로, 사실상 그들은 태상황의 입장을 대표했다. 앞서 인용한 『조야유기』에 따르면, 광종이 병에 걸리자 효종은 "유정을 불러서 꾸짖었다"고 한다. 또한 호진신은 반복해서 "[효종에게] 아침저녁으로 문안해야 한다"고 광종에게 개인적으로 간언했다. 이 두 사실을 묶어볼 때, 그들은 진지하게 태상황의 의도를 집행하고 있었던 것이다. 하지만 광종이 '마음의 병'에 걸리자 그의 '자아'가 다시는 '초자아'에 의해 통제될 수 없었기 때문에, 광종은 고집스레 자신의 정식 황권을 행사하고자 했다. 이것이야말로 광종이 갈필을 우상으로 '특진'시키려 하고 진규를 참지정사로 발탁한 근본 원인이다. 갈필과 진규는 관료 집단의 지도자였을뿐더러 광종이 가장 신임하는 구인舊人들이었다.[60] 광종은 이 두 사람을 이용해 유정의 재상권력을 약화시키려 한 것인데, 인재 등용과 행정을 직접 통제하는 것이 그 의도였음은 매우 분명하다. 게다가 순희 중엽 이래, 우상의 임명은 종종 좌상 교체의 신호탄과 같았다. 주필대가 우상으로 제수된 후 좌상 왕회가 교체되었고, 유정이 우상으로 제수된 후 주필대가 교체되었던 것이 그 선례다. 그러므로 광종의 이번 거사에는 더 깊은 속셈이 있었을 터이나, 다만 효종의 막후 황권이라는 견제가 있었기에 자기 마음대로 하지 못했을 뿐이다. 그런데 효종 쪽에서도 정치적 인사 배치를 계속하려는 계획을 결코 포기하지 못했기 때문에 조여우가 반드시 집정 반열에 들어야 한다고 고집했을 것이다. '한 달에 네 번 알현하는 것'이 이미 중단된 상황에서 쌍방은 대치에서 타협에 이르기까지 필시 매우 힘든 싸움을 했겠지만, 안타깝게도 오늘날에는 상세한 내막을 알 수 없다. 종합하자면, 소희 4년(1193) 3월에 일어난 양부兩府[중서성과 추밀원]의 대개편은 직접적으로 황권의 분열에서 기원한 것이었음을 알 수 있다.

광종은 병에 걸린 후 태도가 갑자기 변해서 자기 의견을 좀처럼 굽히지 않았다. 소희 4년 5월 병술일, 그가 강특립을 소환한 사건은 그 조짐을 보여준다. 이 사건은 제11장 '강특립—관료 집단과 황권' 절에서 상론한 만큼 다시 언급하지는 않고, 이 사건에 입각해 광종의 심리 상태 및 그것과 황권 분열의 관계를 관찰해보겠다. 『송사』 권391 「유정전」을 보자.

강특립은 절동부총관으로 제수되었다가 다시 행재行在로 불려 올라갔다. 유정은 당나라 헌종이 토돌승최를 소환한 일을 인용하면서, 스스로 재상 자리에서 물러날 것을 요청했다. 주상은 "명령이 이미 반포되어 짐은 그것을 되돌리지 않으니 경이 자제해야 한다"고 비답을 내렸다. 유정은 육화탑에서 처분을 기다리다가待罪 상주했다. "틀어쥐라把定"라는 설을 누가 바치는지 모르겠지만, 근년에 폐하께서는 일마다 굳게 고집을 부리시고 절대로 되돌리지 않으려 하시기에 이르렀습니다."[61]

유정의 상주문은 광종이 '마음의 병'에 걸린 후 마치 전혀 다른 사람처럼 변했음을 아주 잘 증명해준다. 순희 16년(또는 소희 원년), 강특립이 "권력을 휘두르고 뇌물을 받았다"고 유정이 논핵하자, 광종은 남의 충고를 아주 잘 받아들이는 사람처럼 곧바로 "직위를 빼앗고 [강특립을] 한직에 처한다"는 조치를 취했고, 효종은 바로 이 일로 인해 유정이야말로 "진짜 재상"이라고 칭찬했다. 하지만 소희 4년 광종은 태도를 바꿔 자기 생각만을 고집했고, "이미 반포된 명령"을 절대로 거둬들이려 하지 않았다. 이런 성격상의 급격한 변화를 어떻게 이해해야 할까? 유정은 배후의 누군가가 광종을 교사해서 그렇게 되었다고 의심한 터라, "'틀어쥐라'는 설을 누가 바치는지 모르겠다"고 말한다. 유정은 당사자였기에 그가 의심하는 데는 확고한 근거가 있었는데, 그 점은 조금 뒤에서 다시 논하기로 하자. 우리는 병에 걸리기 전과 후 광종의 심리 변화가 워낙 크다는 점은 먼저 지적해야 한다. 이 절의 논의를 통하여 우리는 광종이 최초에 강특립을 축출했던 것은 사실 어쩔 수 없었던 것이라고 말할 수 있다. 그때 광종은 제위를 계승한 지 얼마 되지 않아서 '한 달 네 번 알현'의 '책선'을 받아들이지 않을 수 없었다. 효종은 유정의 막후 지지자로서 필시 광종을 엄하게 질책하여 강특립을 축출하도록 했을 것이다. "진짜 재상"이라는 찬사가 조정 밖으로까지 흘러나왔던 것은 그 뚜렷한 흔적이다. '한 달 네 번 알현'의 압력은 광종의 정신착란의 근원이었다. 병에 걸리기 전, 광종의 반항의식은 비록 수면 아래에서 점차 성장하고 있었지만 필경 '초자아'의 절제를 받아들이고 있었기에 겉으로는 그나마 정상적 부자 관계를 유지할 수 있었다. 그런데 '마음의 병'은 광종의 반항의식이 전면적으로 폭발한다는 신호라서, 병세가 조금 호전된 뒤 그는 '한 달 네 번 알현'의 의례를 완전히 폐지했을 뿐더러 심지어 중대한 절일節日에도 이런저런 핑계를 대면서 중화궁에 인사를 가려 하지 않았다. 한마디로, 이때 광종은 더는 거리끼는 것 없이 효종과 공개적으로 파열을 일으키는 일도 마다하지 않았다. 그는 정치상에서 정식 황권을 더 적극적으로 운용하여 곳곳에서 효종의 계획과 날카롭게 대립했다. 갈필 및 진규의 승진과 강특립의 재소환이 그 명확한 증거다. 앞에서 원설우의 상주문을 인용했는데, 광종이 이미 수황(효종)을 '원수나 적'으로 간주하면서 "담소 한 마디 나누지 않고 오랫동안 문안 인사를 하지 않으니", 이는 "거의 원한 및 분노와 승부 다툼 때문"이라고 주장했다. 이는 분명한 견해다.

우리는 먼저 광종이 병에 걸린 이후의 심리 상태를 분명히 이해하고 나야 주변인들이 그 병에 미친 영향 문제를 논할 수 있다. 이유는 아주 간단하다. 만약 부황[효종]에 대한 광종의 적대시와 반항이 표면화 단계로 들어서지 않았다면, 주변인들이 한 충고는 결정적 역할을 하기 어려울 것이기 때문이다. 이는 "사람은 먼저 의심을 한 이후 참언을 받아들인다"는 원칙과 잘 들어맞는다. "'틀어쥐라'는 설을 누가 바치는지 모르겠다"는 유정의 말에서 "틀어쥔다把定"는 표현을 가볍게 흘려보내면 안 된다. 무엇을 "틀어쥔다"는 말일까? 이는 당연히 광종이 갖고 있는 정식 황권을 꽉 틀어쥐라는 뜻이다. 순희 16년(1189), 강특립은 엽저를 참지정사로 선발하라고 유 승상에게 추천했는데, 사전에 이미 광종의 동의를 얻었으리라는 것은 의문의 여지가 없다. 하지만 사건 발생 후 효종은 직접 나서서 그 일을 저지했고, 광종도 끝내 이미 내려진 명령을 철회하지 않을 수 없었다.[62] 이 사건이 설명하는 바는 이렇다. 병에 걸리기 전 광종은 자신의 황권을 "틀어쥘" 수 없어서, 태상황이 '한 달 네 번 알현'의 정기 만남에서 '책선'의 위력을 발휘하기만 하면 광종은 자신의 주장을 포기할 수밖에 없었다는 것이다. 이제 광종은 부황과 공개리에 이미 갈라선 만큼, '틀어쥐는 일'을 느슨히 하지만 않는다면 효종의 막후 황권은 제 힘을 발휘하지 못할 터였다. 소희 3년(1192) 이후 광종이 온갖 수를 다 써서 태상황[효종]과 만나는 일을 피하려 했던 것에도 그것은 중요한 역할을 했다. 하지만 광종의 정신착란 증세는 완전하게 나을 수는 없었기에, 결국 모든 시간과 사건에서 그가 자신의 황권을 굳게 틀어쥐기를 바라는 것은 그다지 가능한 일이 아니었다. 따라서 광종 좌우 인사들은 "틀어쥐라"는 표현을 항상 사용하여 광종을 일깨우려고 할 수밖에 없었다. 그렇다면 "틀어쥐라는 설을 바친" 사람은 대체 누구였을까? 궁궐 안팎으로 각각 일군의 인물들이 있었다. 궁궐 안에는 당연히 이 황후와 아울러 진원陳源, 양순경楊舜卿 같은 내시들이 있었고,[63] 외정에는 관료 집단의 중요 구성원들이 있었다. 먼저 외정 상황을 살펴보자.

광종은 정치적으로 관료 집단과 '친하게親 지냈고' 또 '오랫동안舊 교류했으나', 이학 집단과는 '소원하게疏' 또 '교류한 지 얼마 되지 않았다新.' 제11장에서 인용한바, 주희가 소희 2년(1191) 10월 12일에 썼던 「유 승상에게 보내는 편지」가 이 사정을 상세히 설명하고 있다.[64] 게다가 광종의 이런 편향은 그의 즉위 초기부터 시작된 것이 아니라 그보다 앞선 '태자의 국무 참여' 시기부터 이미 싹을 보였다. 우리는 제10장에서 순희 15년(1188) 10월의 '인재 추천薦士' 사건을 분석했는데, 이런 한바탕의 대풍파를 일으킨 사람은 다름 아니라 소희 4년(1193) '특진'된 우상 갈필이었다.[65] 여기서, 이 장 제1절에서 인용한 양만리의 「황태자[광종]에게 올리는 글」 가운데 한 단락을 다시 음미할 필요가 있다. 그는 "하늘에 태양이 둘 있을 수 없듯이, 백성에게 왕이 둘 있을 수 없다"고 말한다.

예로부터 오늘날에 이르기까지 천하 사람들이 아비와 아들 두 사람을 모두 종주로 여기다가 위기에 빠지지 않은 경우가 없었습니다. 왜냐하면 천하의 마음이 두 사람을 종주로 삼는다면 서로 등을 돌리려는 마음이 생겨나고, 서로 등을 돌리려는 마음이 생겨나면 이쪽과 저쪽의 당파가 서며, 이쪽과 저쪽의 당파가 서면 이간질하는 말이 반드시 나오고, 이간질하는 말이 나오면 부자지간에 틈이 생기기 때문입니다. 벌어진 것은 다시 합할 수 없고, 틈은 다시 온전하게 만들 수 없다는 것이 고금의 큰 걱정거리입니다.

양만리가 순희 14년(1187) 11월에 깊이 우려하고 있는 것은 황권이 둘로 분열되어 대등하게 병립하는 정치적 중심 두 개가 출현하고, 결국 아버지 당과 아들 당 사이 격렬한 충돌이 조정에서 일어나게 되리라는 것이다. 그의 예언은 소희 4년(1193)에 완전히 적중했다. 이뿐 아니라, 양만리는 당시 효종과 태자에게 각각 글을 올렸는데 이는 '태자의 국무 참여' 때문만은 아니었던 듯하다. 그는 "계년[말년]에 팔극[천하]을 크게 다스렸다"는 효종의 심리를 잘 알고 있었고, 또한 퇴위 후에도 막후의 황권을 이용하여 계속해서 인사 배치를 하려 한다는 것도 알고 있었다. 양만리는 가까운 미래에 일어날 일보다 먼 미래에 일어날 일을 훨씬 더 걱정했기에 이처럼 간절한 글을 올렸던 것이다. 그는 황권 분열의 형세가 이미 돌이킬 수 없는 지경까지 갔다고 생각하고 소희 원년(1190)에 표연히 떠나버렸으며, 이후 주희와 함께 조정에 소환되지만 끝내 다시 출사하려 하지 않았다.[66] 양만리는 당시 사대부 가운데 황권의 본질에 대해 가장 심각하게 인식했던 사람 중 하나라 할 수 있다. 하지만 그런 양만리라 할지라도, 광종이 효종의 '책선'에 의해 '마음의 병'에 걸리고 그 결과 부자가 반목하게 되며, 마침내 황권의 분열이 공개화되리라고는 끝내 예상하지 못했다.

황권이 공개리에 파열하는 새로운 형세 아래, 광종은 권력을 "틀어쥐기" 위해 외정에서 관료 집단에 의지해야 했다. 궁중의 이 황후와 내시도 그러기에는 역부족이었기 때문이다. 관료 집단의 입장에서, 이것은 자신들이 꿈에 그리던 도약의 기회였던 만큼 절대로 등한시할 수 없었다. 하지만 그들도 광종에게 최저한도의 요구 사항이 하나 있었으니, 그것은 바로 "틀어쥔다"는 것을 굳게 마음먹고서 태상황과 이학 집단의 방해를 막아주어야 한다는 것이었다. 갈필 및 진규의 발탁과 강특립의 소환은 바로 그런 상호 이해에서 실현된 일이었다. 갈필과 진규의 발탁이 어떤 의도에 따라 일어났는지 입증할 자료가 현재로서는 없지만, 다행히도 강특립의 소환에 관해서는 팽구년이 유정에게 썼던 편지 한 통에서 그 내막을 엿볼 수 있다. 아래에서 관련 부분을 인용하여 참고자료로 삼고자 한다. 그는 「승상에게 올리는 편지—'강특립의 소환'이라는 뜬소문을 논함上丞相論虛傳姜特立召命書」에서 다음처럼 말한다.

저는 이달 초하루 문득 소보小報[비공식 관보의 일종]를 보다가, 강특립이 행재[황제가 있는 곳]로 불려 올라올 것이라는 글을 보았습니다. 저는 처음으로 그 이야기를 들은지라, 정말로 그렇게 되리라고 감히 여기지 않았습니다. 얼마 후 찾아보니 그 소보는 이미 전국으로 퍼져나간 뒤였습니다. 물러나서 놀라워했고 또 의심스러웠습니다. 그 일이 정말로 사실일까요? 그렇다면 상공[유정]께서 바야흐로 온 힘을 다해 보필하고 있는데, 어찌 갑자기 이런 일이 있을 수 있겠습니까? 그런 일은 없을까요? 하지만 근래의 일을 생각해보건대, 또한 반드시 없으리라고 감히 기필하지 못하겠습니다. 이튿날이 되어서야 그렇지 않다는 것을 알았습니다. 하지만 꼭 생각해봐야 할 점이 있으니 한번 상공을 위해 진술해보겠습니다. 이 소보가 전파될 때 저는 비밀리에 여론을 살펴보았는데, 다만 도덕적 인사들善類이 걱정거리로 여겼을 뿐입니다. 그 외 별 관심 없는 사람들이 적지 않았습니다. 그 이야기를 듣고 기뻐하는 사람들의 수는 알지 못하겠으나, [그런 사람들은] 아랫자리에서 평범하게 지내려 하는 이들이 아니었습니다. 상공께서는 이런 형세를 보시고 혹 마음이 움직인 적이 없습니까? (…) 전날의 소보가 비록 사실이 아니라 할지라도 과연 그 이야기의 출처가 어디인지 궁금한데, 아마도 그 일을 꾸민 사람이 분명 있을 것입니다. 만일 그렇다면 상공의 지근거리에 어찌 그 사람의 당우黨羽가 없겠습니까? 저는 이 소보를 평범한 것으로 보아 불문에 붙일 것이 아니라 직접 주상〔광종〕에게 여쭈어야 한다고 생각합니다. 만약 원래 그런 일이 없었다면, 그 출처를 밝혀내고 그 정보를 만들어낸 사람을 잡아들여 법에 따라 조치해야 할 것입니다. 시장만 밖으로 향하게 할 것이 아니라 기밀을 막는 곳도 마땅히 그래야 합니다.[67]

이 서한은 소희 4년(1193) 5월 강특립을 소환하기 몇 달 전에 작성되었거나, 어쩌면 그보다 더 이른 소희 3년 하반기에 작성되었을 것이다. 이 서한이 쓰일 때는 비록 헛소문이었으나, 사실 강특립의 소환은 이미 암암리에 진행 중이었으므로 결코 아무 근거 없는 뜬소문은 아니었던 셈이다. 편지에 인용된 '소보'에 대해 주인지周麟之는 「소보를 금지할 것을 주장함論禁小報」에서 이렇게 말한다.

소보는 진주원進奏院에서 나오는데, 서울 주재 지방 관원들이 만들기 때문입니다. 근래 어떤 일의 향배가 잘 드러나지 않아 안팎으로 그 향방을 잘 모를 경우, 서울 주재 지방 관원들은 반드시 경쟁적으로 작은 종이에다 그 일을 써서 원근遠近으로 급보를 날립니다. 이를 소보라고 합니다. 예를 들면, '금일 어떤 사람이 소환되었다, 어떤 사람은 소환되었다가 파면되었다, 어떤 사람은 승진했다'고 작성합니다. 종종 있지도 않은 일을 사실이라고 쓰고 없는 일을 있다고 씁니다.[68]

이 구절은 팽구년의 말과 완전히 부합한다. 『송사』에는 주인지의 전기가 없는데, 청나라 육심원陸心源이 『송사익宋史翼』 권13에 그의 전기를 보충해넣었다. 주인지는 소흥 15년(1145) 진사이고 소흥 30년 7월부터 31년 6월까지 동지추밀원사를 지냈다.[69] 그렇다면 그의 위 글은 소흥 말에 황제에게 제출되었을 터인데, 그때까지 소보는 아직 근절되지 않고 있었던 것이다. 당시 관료 집단 중 어떤 인사가 어쩌면 고의로 '소보'를 이용하여, 강특립 소환이 어떤 파장을 일으킬지 한번 떠본 것일 수 있다. 이렇게 볼 때, 팽구년의 편지는 제11장의 강특립에 관한 서술이 틀리지 않았음을 잘 증명해준다. "복숭아나무 삼백 그루를 심었더니 곳곳에서 꽃이 피네"라는 강특립의 말은 결코 과장이 아니었다. 그는 관료 집단 내에서 깊고 두터운 기반을 확보하고 있었기 때문이다. 더욱 중요한 점은 그를 뒷받침하는 '당우'의 수가 많았을뿐더러 그들 모두 유정 좌우에서 고위직에 있었다는 것이다. 이로부터 알 수 있는 바는 다음과 같다. 곧 소희 4년(1193)의 강특립 소환은 관료 집단 지도자와 광종 사이에서 필시 일찍부터 성립된 묵계에 의한 것이라는 점이다. 관료 집단의 지도자는 외정에서 독립적으로 활동했고, 광종은 소환 명령이 이미 나간 후 그것을 굳게 "틀어쥐었다." "명령이 이미 반포되어 짐은 그것을 되돌리지 않는다"는 말이다. 유정이 성 밖에서 몇 달 동안이나 '처분을 기다렸지만待罪' 광종의 결정을 조금도 동요시킬 수 없었다. 유정이 과거 강특립 축출에 참여한 상황과 지금의 상황은 매우 날카로운 대조를 이룬다. 그 관건은 '한 달 네 번 알현'이라는 교량이 이미 끊어져서, 태상황이 다시는 황제를 '책선'할 기회를 갖지 못했다는 데 있었다. 교량이 끊어져서 황권도 공개리에 파열되었고 그 사이에는 완충 지대도 없었다. 그에 따라 이학 집단과 관료 집단 사이의 충돌도 표면화했다. 그러므로 소희 4년 한 해 동안, 한편으로는 관료 집단의 왕의단이 직접 나서서 조여우가 추밀원에 들어오려는 것을 막았고(3월), 다른 한편으로는 이학 사대부들이 강특립의 소환을 집단으로 반대했으며(6월), 갈필의 우상 임명을 취소해 줄 것을 황제에게 청원했다.(12월) 이상의 몇 가지 대사건들은 본서의 앞에서 이미 개별적으로 규명했으므로 다시 서술하지는 않겠다. 독자들은 『송사』 「광종기」 소희 4년 관련 몇 조목만 훑어보더라도 이상의 논의에 근거가 있음을 인정할 것이다.

이 단계까지 분석하고서야 우리는 비로소 '한 달 네 번 알현'의 문제에 핵심 판단을 내릴 수 있다. 앞서 설명했다시피, '한 달 네 번 알현'은 효종이 제위를 계승한 뒤부터 실시되었는데, 고종은 이 정기 만남을 계속 운용해 효종의 '회복恢復'을 저지하고 아울러 인사 배치에 간섭하면서도 밖으로는 아무런 흔적을 남기지 않았다. 효종은 선례에 따라, '한 달 네 번 알현'을 정치적 인사 배치의 주요 통로로 삼았다. 하지만 '책선'이 몹시 지나쳐서 광종의 정신착란이라는 비극이 일어나게 된 것이다. 바꿔 말하자면, '한 달 네 번 알현'은 표면상으로는 자식이 부친을 위해 "아침저녁으로 문안하는" 효도의 일환이라 할 수 있으나, 실질적으로는 중요한 정치적 기능이 있었던 것이다. 그러므로 "어찌 오직 한 달에 네 번 알현하는 것만을 천자의 훌륭한 모습으로 여깁니까?"라는 진량의 말은 의도적 곡해가 아니면 철저한 오해임에 틀림없다. 아니, 그 두 가지 모두일 것이다. 소희 3~4년간, 이학자 사대부들은 구구절절 상소문을 올려 중화궁에 인사 가지 않는 광종의 과오를 비판했다. 이때 그들은 "효도를 다해야 한다"는 명분을 내세웠지만, 이런 명분만으로 그 이면을 다 설명할 수는 없다. 효종과 광종 사이의 부자 관계가 다시 좋아져서 '한 달 네 번 알현'의 기능이 점차 회복된다면, "군주를 보좌하여 도를 행한다致君行道"는 자신들의 공통 포부가 한 걸음 한 걸음 펼쳐질 수 있으리라 그들은 여전히 희망하고 있었다. 하지만 관료 집단 쪽에서는 결코 공개리에 광종을 지원하고 태상황을 적으로 돌릴 수 없었지만, '한 달 네 번 알현'이 자신들의 정치 활동에 매우 불리한 것이라는 점만은 아주 잘 알고 있었다. 일단 부자 관계가 예전처럼 회복된다면, 광종은 더이상 "틀어줘야 한다"고 고집하지 않을 것이다. 관료 집단은 바로 이 기간, '한 달 네 번 알현'의 문제에 최대한 침묵을 유지하면서, 어쩔 수 없는 형세에 의한 것이 아니라면 '한 달에 네 번 알현'을 해야 한다는 주장에 부화뇌동하지 않았다. 왜냐하면 그렇게 할 경우 관료 집단은 진퇴양난에 빠질 수 있었기 때문이다. 진량의 정대가 오랜 기간 식지 않는 정치적 파란을 불러일으킨 이유는, 바로 소희 4년(1193)에 일어난 황권 분열 표면화라는 배경을 통해 이해되어야 한다. 곡해든 오해든 '한 달 네 번 알현'에 관한 진량의 논평은 바로 양대 정치 집단 사이의 가장 민감한 쟁점을 건드린 것이었다. 관료 집단은 진량을 드높였고 이학 집단은 진량에게 불만을 품었는데, 이는 전혀 이상한 일이 아니었다.[70]

이제 우리는 궁궐 안쪽으로 방향을 돌려, 이 황후와 '틀어쥐라는 설' 사이 관계를 좀더 논해야 한다. 광종이 중화궁에 인사가지 못하게끔 저지한 사건에서, 이 황후가 발휘한 역할은 그 어떤 사람보다도 컸다. 앞서 지적했다시피, 광종의 '마음의 병'은 주로 효종의 '책선'에 의해 생겼다. 아울러 광종의 병과 이 황후가 어떤 관계를 맺는지에 대해서도 따지지 않을 수 없다. 광종의 '마음의 병'은 두 상반된 심리적 힘이 서로 패권을 다툰 결과 생겨났고, 그 두 힘이 상호 경쟁에서 파열로 나아감에 따라 광종의 정신도 착란에 빠져버렸던 것이다. 효종의 '책선'은 한쪽 세력을 대표하고, 광종으로 하여금 자신의 황권을 "틀어쥐고" 태상황에게 굴종하지 말라고 고무했던 이 황후는 또다른 세력을 대표한다. 당시 유가 용어로 말하자면 "하늘과 사람의 교전天人交戰"이라 할 만하고, 현대 심리학 용어로 말하자면 '초자아'와 '자아'의 충돌이라 할 만하다. 소희 4년은 바로 이 황후가 온갖 수단을 동원해 광종으로 하여금 황권을 "틀어쥐도록" 강권한 시기였다. 이 점에서 이 황후는 자기 남편의 병에 아무런 책임이 없다고 할 수 없을뿐더러 황권의 공개적 분열에 대해서도 상당한 책임을 져야 한다. 특이한 역사적 사실 한두 가지를 들어 당시 상황을 밝혀보자. 『송사』「광종기」 소희 4년 10월 갑인일 조목이다.

공부상서 조언유趙彦逾 등이 중화궁에 상소문을 올려, '알현을 면한다'는 성지를 회경절會慶節 때에 내리지 말 것을 간청했다. 수황〔효종〕이 말했다. "짐은 가을부터 황제〔광종〕를 만나고 싶었는데 마침 경들이 상소문을 올렸기에, 내게 나아오라고 〔짐이 황제에게〕 명령했다." 이튿날 회경절에 황제는 병을 핑계로 결국 나아오지 않았다.[71]

'회경절'은 효종의 생일을 가리킨다. 이날 광종은 마땅히 효종 앞에 나와 인사를 하고 송축해야 했다. 하지만 그는 병에 걸린 이후 '한 달 네 번 알현'을 중단했거니와 모든 중요한 절일節日에도 다시는 중화궁으로 발걸음을 옮기지 않았다. 효종은 골치 아픈 일을 피하기 위해 종종 광종이 병에 걸렸다는 것을 이유로 미리 "알현을 면한다는 성지를 내렸다." 이는 광종에게 아주 편리한 구실을 제공해주었다. 이번에는 광종의 병세가 호전된 것이 분명한 터라 신료들은 집단으로 상소문을 올려 "알현을 면한다는 성지를 내리지 말 것"을 간청했던 것이다. 필자는 어째서 「광종기」의 이 기록을 특별히 인용할까? 이 기록은 원시 사료가 아직 남아 있어 사실적 기록으로서 전적으로 신뢰할 만하기 때문이다. 원설우는 「근신들이 함께 수황 성제를 뵙고 올린 상소문同衆從官入奏壽皇聖帝狀」에서 이렇게 말한다.

반년 이래, 황제[광종]의 어가가 매번 중화궁에 와서 문안하려 했습니다만, [수황께서는] 그때마다 성스러운 자애에 의해 면제를 허락해주셨습니다. 하지만 그런 관행이 오래되자 예문禮文을 해치고 체통과 관련되는 점이 있어 점차 의혹을 불러일으켰습니다. (…) 이제 이번 회경절을 맞아, 예의상 마땅히 [황제는 수황께] 만수무강을 축원해야 합니다. 삼가 바라건대, 명철함과 자애로움으로써 다시는 [황제가] 궁에 오는 것을 사전에 면해주지 말아주십시오. 황제로 하여금 몸소 여러 신하를 데리고 와, 면전에서 술 한잔 바치는 공경한 태도를 펼쳐 보이도록 함으로써, 천자, 태후, 황후께서 즐거이 잘 어울리도록 하시고 사해四海가 기뻐 경축하도록 하시기 바랍니다.[72]

공부상서 조언유가 연명부에서 가장 앞자리에 있기는 하지만, 실제로는 원설우(당시 '권호부시랑')가 이 상소문을 직접 썼음을 알 수 있다. 인용문 첫머리의 "매번 중화궁에 와서 문안하려 했다"는 구절은 예의상 하는 말이고, 이 상소문의 주지는 효종이 광종에게 "알현을 면해주는" 구실을 주지 말아야 한다는 것이다. 원설우는 며칠 후 다시 단독으로 상주문을 올린다.

폐하께서는 전날 수황께서 시종에게 비답批答해주신 말씀을 보셨을 것입니다. [수황께서는] "가을 이래 매번 황제와 서로 만나고 싶었다"라고 말씀하셨습니다. 이것이 절절하게 아들을 사랑하여 하루라도 빨리 보고 싶다는 뜻을 말하고 있음을 폐하께서는 명약관화하게 아실 것입니다. 지금 신의 추측으로는 폐하께서는 아직도 그런 의심을 품고 계셔서 곧바로 중화궁에 가려 하지 않는다는 것 같습니다. 바라건대 폐하께서 먼저 비밀리에 자필 편지를 한 통 쓰시되 마치 몸종家人과 같은 말투로 쓰시고, 그 사이에 '오랫동안 수황을 한결같이 모시지 못했으니 곧바로 알현의 예를 행하고자 합니다'라고 언급해주시기 바랍니다. 마침 다행으로 회경절이 다가왔으니 내일 어머님의 뜻을 받들어주셨으면 합니다.[73]

이 상주문은 효종의 말을 인용하는데, 그 내용은 「광종기」의 그것과 기본적으로 일치한다. 두 가지 1차 문건의 발견으로 인해, 필자는 앞서 인용한 「광종기」의 서술에 아무런 의심을 할 수 없게 되었다. 태상황과 만나는 것을 거절하는 이 문제에서, 광종이 드러내는 고집스러운 태도는 실로 놀라울 정도다. 조언유를 포함한 6부의 정부正副 장관이 집단으로 상소를 올리기 이틀 전(10월 임자일), 비서성 관리들도 세 차례에 걸쳐 집단으로 상소문을 올렸다.[74] 곧 이어서 또다시 효종의 친필 편지가 있었다. 효종은 부친으로서 체통을 기꺼이 포기하고 공개리에 "매번 황제와 서로 만나고 싶었다"고 말하는데, 그의 마음속 고통을 충분히 알 만하다. 광종이 어째서 이토록 "틀어쥐면서" 마치 산을 밀어치우고 바다를 뒤집어엎을 기세로 다가오는 압력을 마침내 억누를 수 있었을까? 그것은 전적으로 이 황후가 배후에서 광종에게 용기와 힘을 주었기 때문이다. 이 사실은 광종의 심리적 충돌이 지닌 핵심 내용과 관련되는 만큼 여기서 관련 사료 몇 조목을 들어 논증의 증거로 삼으면서 이 절을 맺고자 한다.

「광종기」 소희 4년 9월 조목을 보자.

갑신일, 황제가 중화궁에 알현하러 가려 했으나 황후가 황제를 가지 못하게 했다. 그러자 중서사인 진부량이 황제의 옷섶을 잡아당기면서 힘껏 간언했다. 하지만 받아들여지지 않았다.[75]

"황후가 황제를 가지 못하게 했다"는 표현은, 광종의 '틀어쥠'이 전적으로 궁내의 이 황후로부터 도움을 얻은 것이었다는 사실을 실증한다. 이 기록의 원자료에 대해서는 조금 후 다시 설명하기로 하고, 여기서 우리는 먼저 팽구년의 상주문과 일기를 각각 한 조목씩 인용하여 광종이 보인 정신이상의 실제 상황을 설명하고자 한다. 팽구년은 소희 5년(1194) 5월 올린 「황제께서 오랫동안 중화궁에 들르지 않으셔서 [신이] 역사 기록의 직책을 감당할 수 없음을 주장하는 상소문論車駕久不過宮無以擧記注職守疏」에서 이렇게 말한다.

신이 근래의 여러 신하를 보건대, 폐하께 중화궁에 알현하기를 청하는 사람이 한 사람에 그치지 않습니다. 의심을 품거나 의심을 바로잡으려 하거나 의심을 풀어보려고 하는 사람 역시 한 사람에 그치지 않습니다. 언사가 분노로 인해 과격하고, 동료들을 이끌어 들여 경솔하고 불손하게 행동하고 있으니, 거의 용서할 수 없는 지경입니다. 하지만 폐하께서는 그들을 받아들여주시고 난색을 표하지 않으셨습니다. 〔그러나〕 일단 내정內庭으로 들어가면 그런 생각이 곧바로 달라지니 대체 어째서 그러시는 것입니까? 그것은 필시 폐하를 오도하는 자가 있기 때문일 것입니다.[76]

"일단 내정으로 들어가면 그런 생각이 곧바로 달라진다"고 하므로, 광종을 "오도하는" 자는 이 황후 말고 달리 없다. 다만 상소문에서 이 황후를 구체적으로 거명할 수 없었을 뿐이다. 이 상소문 뒤에는 5월 계사일의 「일기」한 조목이 부가되어 있는데, 이는 팽구년과 광종 사이 대화를 기록한 것으로 상당히 소중한 자료다. 관련 부분의 문답을 인용한다.

주상이 말했다. "평소 경이 충직함을 알고 있다. 경은 어떤 일을 이해하고 있는가?" 아뢰었다. "오늘날의 일 가운데 중화궁에 알현하는 것보다 중요한 것은 없습니다. 신은 3월 19일 이후 누차 이 일을 논하는 상주문을 올렸으나 받아들여지지 않았습니다. 이제 다시 차자를 올려 아뢰고자 합니다." 주상이 "아주 좋다"고 말하자 마침내 한 단락씩 읽어나갔는데, 주상은 전부 옳다고 말했다. 또한 "알현하러 가봐야겠다"고 했다. 신은 이렇게 아뢰었다. "폐하께서 외정에서 여러 신하와 그 일에 대해 말씀하실 때는 폐하의 마음이 신하들과 더불어 차이가 없고, 또한 그들과 더불어 며칠에 알현하겠다고 약속까지 하십니다. 하지만 일단 병풍御屛 뒤로 들어가시면 그런 생각이 곧바로 달라집니다. 필시 폐하를 오도하는 사람이 있을 것입니다. 그렇지 않다면 그렇게까지 하지 않으셨을 것입니다." 주상이 수긍했다. 하지만 그 생각은 결국 돌리지 못했다.[77]

당시 임금과 신하가 나눈 대화를 보면, 광종은 분명 정신이 맑았고 어떤 증상도 없었다. 가장 중요한 점은 "알현하러 가봐야겠다"는 광종의 말이 위의 「일기」에 보존되어 있을 뿐 아니라 더 나아가 "일단 병풍[내정]으로 들어가시면 그런 생각이 곧바로 달라진다"는 것을 광종이 그 자리에서 인정했다는 사실이 기록되어 있다는 것이다. 이로부터 알 수 있는 것은 광종이 외전外殿에서 이학자들과 더불어 '중화궁 알현' 문제를 토론할 때에는 그의 '초자아'가 여전히 주도적 역할을 했지만, 광종이 일단 내정으로 들어가면 곧바로 다른 사람으로 변해버려 그의 '초자아'가 완전히 '자아'의 지배를 받았다는 점이다. 어째서 그의 인격은 이처럼 빠르게 바뀌었을까? 그것은 이 황후가 "병풍" 뒤에 있었기 때문이다. 앞서 인용한바, 진부량이 "옷섶을 잡아당기며 힘껏 간언했던" 저 유명한 사건의 상세한 사정은 아래와 같다.

지재止齋 진부량은 당시 중서사인으로, 여러 관원과 열을 지어 주상이 나오기를 단정히 앉아 기다리고 있었다. 주상이 병풍 뒤에서 나왔는데, 자의(이 황후)가 주상을 잡아당기면서 나와 말하기를 "날씨가 추워 황제께서 술 한 잔 하셨다"고 말했다. 그러고 나서 [주상을] 가마에 태웠다. 그러자 모든 신료와 시위侍衛가 다 실색했다. 진부량이 주상의 옷섶을 잡아당기면서 들어가지 말라고 청하다가 병풍 뒤까지 와버렸다. 자의가 진부량을 질책하면서 말했다. "여기서 어디로 가려고 하느냐? 너희 수재秀才들, 당나귀 대가리驢頭 한번 쪼개지고 싶으냐?" 진부량은 마침내 전殿 아래에서 큰 소리로 울었다.[78]

희극적 요소가 매우 두드러진 장면이다. 이 황후가 한 "당나귀 대가리"라는 욕은 필시 원래 그대로의 말이었을 것이다. 이것은 이 황후가 '군도群盜' 가문 출신 여성으로서 유가 예법을 경시했다는 사실을 생생하게 드러낸다.[79] 이는 한판 '줄다리기' 시합이었다. 진부량이 한쪽에 있었고 그는 광종 '초자아'의 화신이었다. 이 황후가 또다른 쪽에 있었고 그녀는 광종 '자아'의 체현이었다. 광종은 이 두 강대한 세력이 양쪽에서 잡아당기는 가운데 마침내 둘로 분열되어버렸다.

"진부량이 옷섶을 잡아당긴" 것은 비록 한바탕 익살극에 불과했지만 광종의 심리적 이상을 야기했던 여러 힘이 한꺼번에 작용할 기회를 제공했다. 광종의 '초자아'는 "중화궁을 알현하는 것"이 '효도'의 최소한의 요구라고 그를 몰아세웠다. 이학자 사대부들의 간언은 '여론'의 압력을 대변했고, 그것은 '초자아'의 기세를 북돋았다. 그러므로 광종이 외전에 있을 때는 "중화궁에 가봐야겠다"는 강렬한 생각을 일으키기도 했다. 하지만 그의 '자아'는 이미 원초적 생명의 충동과 협력하여 자유의 신장을 요구했고, 부친을 향해 반항하도록 했다. 마침 '병풍' 뒤에는 효도 문화의 구속을 받지 않는 이 황후가 있어서 그의 '자아'를 고무했다. "황제께서 술 한잔 하셨다"는 말 한 마디는, 잠시나마 '자아'가 '초자아'를 이기게끔 만들었다. 이 승부는 이미 결정된 것이었다. 진부량이 광종의 옷섶을 꽉 잡아당기기는 했으나 그는 '병풍' 뒤까지 계속해서 끌려갈 수밖에 없었다. 그가 "당나귀 대가리"라는 욕을 듣고 통곡하면서 돌아왔던 것은 이미 예정되어 있던 필연적 결말이라 할 수 있다.

마지막으로, 주희와 광종의 관계를 약술함으로써 이학자 집단에 대한 광종의 태도를 밝히고자 한다. 『주자연보 고이』 권4 소희 2년 7월 조목이다.

살펴보건대 광종 때의 주자는 효종 때와 달랐다. 효종은 주자를 몹시 깊이 알아주었고, 주자도 효종에게 기대하는 바가 매우 컸다. 따라서 〔주자는〕 종종 고집스럽게 〔벼슬을〕 사양함으로써 주상의 뜻을 점쳐보려고 했다. 광종은 본래 〔주자를〕 등용하려는 생각이 없던 터라 〔주자에게〕 벼슬자리가 내려지는 것은 모두 유 승상의 추천에 의해서였다. 주자도 두 번 사양하는 데 그쳤는데, 〔자신에게 벼슬자리를 내리는 것을〕 단지 빌미로만 보았기 때문이다.[80]

이와 같은 왕무굉의 판단은 핵심을 찌른 것이라고 할 수 있다. 대체로 광종은 정서상으로 관료 집단에 기울어 있었고, 이학자 집단에 대해서는 "존경하나 친밀히 여기지 않는" 태도를 품고 있었다. "친소親疎와 신구新舊의 감정이 본래 같지 않다"는 주희의 말은 실로 전체적 상황을 요약해주고 있다. 하지만 주희도 처음에는 광종의 신정新政에 희망을 걸고 있었다. 그는 「기유년 봉사문초고己酉擬上封事」에서 이렇게 말한다.

신이 삼가 생각건대, 황제 폐하께서는 (…) 하루아침에 부황으로부터 제위를 계승하시고 [부황은] 큰 보물을 직접 전해주셨습니다. (…) 하늘과 땅 사이에서 조금이라도 혈기가 있는 부류들은 모두 목을 빼고 발꿈치를 들면서 덕을 보고 바람 소리를 듣습니다. 그런데 신이 마침 이런 때를 맞아, 황제께 불려 올라가는 은택을 처음으로 입게 되었고, 또한 욕되게도 대면을 허락해주셔서 해와 달의 빛을 가까이 할 수 있게 되었습니다. 매우 감사드리오니 제 충정의 일부나마 바칠 수 있는 이야기를 감히 하지 않을 수 있겠습니까?[81]

기유년은 순희 16년(1189)으로, 처음 즉위했을 때 광종이 주희를 소환하여 대면했던 것을 알 수 있다. 황간은 「주 선생 행장」에서 말한다.

선생은 상주문 초안을 작성한 적이 있다. "강학함으로써 마음을 바로잡고, 수신으로써 가문을 가지런히 하며, 아첨하는 무리들을 멀리함으로써 충직한 이들을 가까이하고, 사적 은혜를 억제함으로써 공공의 길로 나아가며, 의리를 밝힘으로써 간신들을 근절하고, 사부師傅를 선택함으로써 황손을 보필하도록 하며, 선발과 임명을 정확하게 함으로써 체통을 밝게 하고, 기강을 진작시킴으로써 풍속을 엄정하게 하며, 재정을 절약함으로써 나라의 근본을 굳건하게 하고, 정사를 정비함으로써 밖으로부터의 모욕을 막는 모두 열 가지 일로서 새로운 정치에 보탬이 되었으면 합니다." 마침 집정 가운데 도학을 사악한 기운이라고 지목하는 자가 있어, [주 선생은] 새롭게 임명되는 것을 힘껏 사양하여 비각수찬祕閣修撰을 제수받고 다시 사록을 받아, 결국 [상주문을] 올리지 못했다.[82]

황간이 말한 "열 가지 일"과 「봉사」의 내용은 완전히 일치한다. 주희가 올리지 못했던 「기유년 봉사」는 사실 매우 중요한 사료로서, 다음 세 가지 문제를 설명해준다. 첫째, 주희는 소환을 받은 뒤 곧바로 입조하기로 결정했는데,

이는 "세상 경영과 구제經濟는 일찍이 지향했던바, 은거하여 숨음은 평소 바람이 아니었네"라는 시구가 그의 속마음을 말한 것이라는 점을 다시금 증명한다. 주희는 "본래 관리가 되고 싶은 마음이 없었고", 또한 "시속과 부합함으로써 공명을 얻을 수는 없다"고 말했는데, 이러한 태도 역시 그의 실천 속에서 실증된다는 것은 의심의 여지가 없다.[83] 하지만 "군주를 얻어 도를 행하려는" 주희의 염원은 매우 강렬했기에, "도를 행할" 기회라고 판단되기만 하면 그는 절대로 그 기회를 가벼이 흘려보내려 하지 않았다. 게다가 주희만 그랬던 것이 아니라 다른 이학자들도 그렇지 않은 사람이 없었다. 둘째, 주희가 광종의 부름에 응하려 하면서, 먼저 매우 상세하고 절실하게 「봉사」를 써놓았던 데에는 또다른 이유가 있었다. 주희는 효종 '말년의 정치'에 내재된 의도를 아주 잘 알고 있었다. 그 의도란 조정에 일군의 이학형 사대부들을 배치하여 새로운 군주를 보좌하도록 한다는 것이었다. 주희 자신도 그중 한 명이었다. 그래서 효종은 앞선 순희 15년 11월 30일 주희를 '숭정전설서'로 임명했고, 조금 이후 퇴위하기 며칠 전인 16년 정월 23일 다시 주희를 '비각수찬'으로 제수했다.[84]

황간은 「주 선생 행장」에서 말한다.

당시 주상(효종)은 이미 싫증이 나 있어서, 장차 보좌의 계책으로 삼으려 했다.[85]

'보좌의 계책'이란 분명 효종이 주희를 특별히 광종의 보좌로 삼으려 했다는 것이다. 주희는 자신 또한 효종의 정치적 인사 배치 대상 중 한 명임을 알고 있었기에, 광종의 소명召命이 처음으로 내려지자 곧바로 서울로 올라갈 준비를 모두 마쳤다. 이는 그가 소희 5년(1194) 8월, 영종의 부름을 받자마자 "수레에 말 매기를 기다리지 않고 [곧바로] 가고자 했던" 심리와 동일하다.[86] 셋째, "마침 집정 가운데 도학을 사악한 기운이라고 지목하는 자가 있어, [주 선생은 새롭게 임명되는 것을 힘껏 사양했다"는 구절은 특히 중요하다. 주희는 이 "사악한 기운"이라는 표현으로 인해 "군주를 보좌하여 도를 행할 기회"를 잃어버렸다. 그렇다면 "도학을 사악한 기운이라고 지목한" '집정'은 대체 누구일까? 왕무굉은 이렇게 말한다. "도학을 사악한 기운이라고 말한 자들은 시사점과 소수 등이고, 주필대와 유정은 필시 그런 말을 하지 않았을 것이다."[87] "사악한 기운"이라는 말은 광종이 소명을 내린 이후에 나오는데, 왕무굉의 연대 산정에는 오류가 있다. 시사점이 지추밀원을 사직한 것이 순희 15년(1188)이고,[88] 소수가 참지정사를 그만둔 시기는 16년 정월 을사일이다.[89] 광종이 2월에 제위를 계승했을 때, 시사점과 소수 두 사람은 이미 '집정'의 자리에 없었다. 순희 16년(1189) 2월에 '집정'이라고 칭할 사람은 넷 있는데, 좌상 주필대(5월 병신일에 그만둠), 우상 유정, 참지정사 왕린(5월 갑오일부터 지추밀원사로 제수됨), 동지추밀원사 갈필(정월 기해일부터 시작)이다.[90] 앞 세 사람은 모두 효종이 배치해둔 집정 지도자들이었으므로, 절대로 "도학을 사악한 기운으로 지목할" 리가 없다. 오직 갈필만이 광종의 동궁 시절 소속 관료로서 광종이 가장 신뢰하던 인물이었다. 그가 '집정' 반열에 들 수 있었던 까닭은, 필시 광종이 고집했던 데다가 효종이 새로운 임금을 안정시키기 위해 그처럼 안배하지 않을 수 없었기 때문이었다. 그렇기에 "사악한 기운"이라는 표현이 갈필의 입에서 나왔다고 우리는 100퍼센트 확신할 수 있다. 갈필은 '태자의 국무 참여' 시기에 이미 관료 집단과 적극적으로 연락하면서 이학 집단의 '인재 추천' 활동을 저지했다.[91] 소희 연간에는 관료 집단의 지도자급 인물이 되었으므로,[92] 이때 그가 직접 나서 주희에게 소명이 내려지는 것을 저지했던 일도 전혀 이상하지는 않다. 하물며 광종 즉위 후 주희에게 '비각수찬'을 다시 제수한 것은 본래 효종의 의도여서, 주희는 4월에 올린 상소문에서 "수황께서 알아주시고 은혜로이 길러주시려는 뜻을 우러러본다"는 말을 썼다.[93] 이처럼 광종 자신의 진심이 어떠한지는 본래 큰 문제가 되지 않았기에, 갈필의 이 한 마디는 곧바로 결정적 작용을 일으키게 되었을 것이다. 종합하자면, 주희가 "결국 올리지 못한" 이 「봉사」에 의해 효종–광종 교체기 정치적 형세가 매우 분명하게 그 핵심을 드러낸다. 당시 황권은 이미 둘로 분열되어 있었고, 이학 집단과 관료 집단은 각각 태상황당과 황제당으로 변해 있었다. 그러므로 양만리의 예언, 곧 "천하의 마음이 두 사람을 종주로 삼는다면 서로 등을 돌리려는 마음이 생겨나고, 서로 등을 돌리려는 마음이 생겨나면 이쪽과 저쪽의 당파가 선다" 는 예언이 완벽하게 적중한 것이다.

하지만 주희와 광종의 관계는 결코 여기서 그치지 않았다. 소희 5년(1194) 5월, 주희가 처음으로 담주 지사와 호남안무사湖南安撫使로 취임할 때, 광종이 중화궁에 알현하지 않는 문제에 대해 주희는 「갑인년 올리려 했던 봉사甲寅擬 上封事」라는 아주 긴 봉사문을 또 썼다. 황간은 「주 선생 행장」에서 말한다.

> 다시 봉사문을 기초하여, 부자 관계는 천성天性이고 작은 혐의로 인륜을 폐 하면 안 된다고 극언했는데 언사가 절실하고 직설적이었다. 마침 지금의 주 상(영종)이 즉위하여 결국 올리지 못했다.[94]

사실 「갑인년 올리려 했던 봉사」는 소희 5년 5월 26일에 기초되었는데, 효 종이 6월 초9일에 세상을 떠나 그 글이 철 지난 꽃이 되었기에 올리지 못했던 것이다. 이 「봉사」는 현실 정치에 대한 주희의 깊은 관심을 아주 잘 체현하고 있다. 주희와 광종의 관계는 몹시 소원했고, 주희 자신도 변경에서 관직을 수 행하느라 조정의 의론에 참여하지 못했기 때문에 직위를 넘어서 진언할 필요 도 전혀 없었다. 당시 "중화궁을 알현하는" 문제에 대해 간언을 올린 이들은 모두 조정의 신료들이었고, 현존하는 사료로 보았을 때 변경의 하급 관리로 서 이 일을 언급한 사람으로는 주희 말고는 없었다. 더욱 놀라운 점은 이러하 다. 주희는 비록 장사長沙에 멀리 떨어져 있었는데도 불구하고, 광종이 중화궁 을 알현하지 않으려 했던 사건의 경과 및 신하들 진언의 경중을 마치 손바닥 위에 올려놓고 보듯 하여, 위 「봉사」가 진부량·황상·팽구년 원설우의 상주문과 비교해보아도 손색이 없다는 사실이다. 주희는 평소 조정에 있던 동료들과 널리 정보를 교류해서 그토록 상세하게 알고 있었음이 틀림없다. 왜냐하면 그는 '내성'을 추구하면서도 결코 '외왕'을 잊어본 적이 없어서, 조정의 일거수일투족에 대해 수시로 밀접하게 주시했기 때문이다. 「봉사」의 원문은 몹시 길어 다 인용할 수 없고 그중 광종의 심리를 꿰뚫은 부분만 보겠다.

여러 신하가 틈이 생기려 했을 초기에 그것을 바로잡지 못했습니다. 이미 구체적으로 드러났을 때에도 어버이를 섬기려는 폐하의 본심을 잘 살피지 못했고, 또한 폐하의 부자지정父子之情을 조화롭게 하지 못하여 종종 언사가 졸렬하고 직설적이며 인용한 사례가 몹시 과도했습니다. 그들은 마음으로는 폐하께 충성을 다하려 했으나 폐하를 감동시키고 깨닫게 할 수 없었고, 다만 격노케 했을 뿐입니다. 그러므로 근래 〔폐하께서〕 중화궁에 알현하려다가 다시 그만두시면서, "나〔광종〕는 만승의 군주인데 한 가지 일도 자유롭게 할 수 없는가?"라는 말씀을 하지 않을 수 없었던 것입니다. 그래서 독단의 권한을 포기하면서 여론에 의해 쫓기려고 하지 않으셨습니다.[95]

이는 매우 정확한 심리 분석으로서, 주도권을 쥔 광종의 '자아'와 "꽉 틀어쥐려는" 그의 심리에 대해 아주 분명하게 밝혀놓았는데, 앞서 인용한 여러 신하의 간언 중 이런 점을 언급한 것은 없었다. 주희는 심성학의 대가라는 칭호에 부끄럽지 않았다. 필자는 앞 절에서 '심리적 차원'을 논하면서, "나는 천자로서 귀한 몸인데 자유롭지 못하다"는 수 문제의 말을 인용하여 효종의 심리 상태를 설명한 바 있다. "나〔광종〕는 만승의 군주인데 한 가지 일도 자유롭게 할 수 없는가?"라는 주희의 표현은 필시 수 문제의 말로부터 이끌어낸 것이리라. 따라서 주희는 제왕의 심리에 대해 매우 상세하게 인식하고 있었고, 어찌할 수 없는 와중에서도 특별히 황제에게 "마음을 바르게 하고 뜻을 진실하게한다正心誠意"라고 진언하게 된 주요 원인은 바로 그것이었을 터다.

7. '황극'을 둘러싼 논쟁

나는 이 절 마지막에서 효종 만년의 대개혁이 지닌 성격 문제에 대해 최후의 해답을 제시함으로써 하편을 끝맺고자 한다.

상편 제5장 「'국시' 고찰」에서 나는 이렇게 지적했다. 곧 희령변법 이래, '국시' 관념은 이미 법제화를 통해 송대의 정치체제로 들어와 있어서, 국가 최고 정치 강령의 변경에 관한 어떠한 요구든 간에 반드시 황제와 사대부가 공동으로 '국시'를 정하는 단계를 거쳐야 했다고 말이다. 남송 초에 '화의和議'를 '국시'로 정했던 것이 그 분명한 사례다. 효종은 고종과 달리 평생토록 '회복恢復'을 잊지 못했다. 주희는 효종 '말년의 정치'를 "'천하乾坤를 홀로 통어하게 되었으니 해와 달이 다시 빛을 내려고 한다'라는 시 구절로 요약했는데, 이는 효종 만년의 정치적 배치가 실은 '화의'를 '회복'으로 바꾸기 위한 것이었음을 분명히 밝히고 있다. 바꿔 말하면, '국시'를 다시 정할 준비를 했다는 것이다. '회복'은 효종 개인의 '최종 정체성'이었거니와 이학자 사대부들의 '집단 정체성'이기도 했다. 이러한 사실은 이 장 각 절에서 이미 자세하게 논증한 바다. 효종이 만년에 오로지 이학자 집단과 함께 '국시'의 재개정을 공모했던 것은 필연적이었다고 할 수 있다. 효종 만년의 이중주(개혁 구상과 정치적 배치)가 바로 근본적 성격을 지닌 '국시'의 재개정을 위한 것이었음을 인정해야 어째서 국시 재개정이 광종·영종 시기 10년 이상에 걸친 격렬한 정쟁을 일으켰고, 마침내 경원당금에서 끝을 맺었는지를 비로소 완전히 이해할 수 있게 된다. '국시' 재개정의 원동력은 황권에서 나오지만, 재조 사대부들의 향배는 종종 결정적 작용을 일으켰는데, 효종 융흥 원년(1163)의 '화의'가 가장 분명한 사례다.[1] 현상 유지에 만족했던 남송의 정국은 처음부터 '화의'라는 기초 위에 세워진 것으로, 조정의 방대한 직업관료군은 일찍부터 '화의' 체제와 깊은 인연을 맺고 있었다. 효종이 만년에 이학 집단과 함께 '회복'을 중심으로 하는 새로운 '국시'를 다시 세우고자 기도했던 것은 먼저 숱한 직업관료들의 기득권을 위협하는 일이었다. 따라서 그들이 들고일어나 저항하리라는 것은 충분히 예상할 수 있는 일이었다. 융흥 원년 이른바 '계미년의 의론癸未之議'에서, 주희는 "사대부 중 주화파가 많다"면서 이미 한탄해 마지않았는데, 하물며 20여 년에 걸친 순희 연간의 후반기를 구차하게 살아갈 수는 없었을 것이다. 제11장에서 우리는 권력 중심에 자리 잡았던 관료 집단과 그들 세력 전승의 기본적 윤곽을 살펴보았는데, 여기서 한 걸음 더 나아가 이렇게 말할 수 있다. 곧 관료 집단이 광종·영종 대에 이학 집단이 추진했던 대개혁에 항거할 때, 그들이 주로 의지한 것 중 하나가 바로 순희 중엽 이래 왕회가 세웠던 과도적 '국시'였다. 저간의 사정이 매우 복잡하므로 아래에서 정리해보고자 한다.

효종 만년의 대개혁 구상이 바로 '국시'를 다시 정하려는 일종의 노력이었다는 것과 관련해서는 이 장 곳곳에서 이미 살펴보았으므로 다시 논증할 필요는 없을 것이다. 만약 분명한 문헌적 증거가 필요하다면, 엽적이 순희 14년 (1187) 말에 올린 「상전 차자」가 가장 이른 사례일 것이다. 그는 당시 윤대에서, "국시를 바꾸고 의론을 바꾸며 인재를 바꾸는 것은 큰일을 거행하기 위한 방법"[2]이라고 효종에게 말했다. 그러자 효종도 마음이 흔들려서, "탄식으로 임금을 감동시키는"[3] 깊은 감정을 드러낸다. 상편 제5장과 하편 제10장 '서언'에서 그에 대해 이미 분석했으니 참고하기 바란다. 하지만 중요한 문헌적 증거는 나점이 순희 15년(1188) 10월에 올린 상주문에서 찾아볼 수 있다.

신이 듣건대 군자와 소인은 어느 한쪽이 성장하면 다른 한쪽이 소멸한다고 합니다. 바른 사람들이 진출한 이후에 그릇된 사람들이 소멸하고, 그릇된 사람들이 소멸한 이후에 국시가 정해집니다. 국시가 정해진 이후에 태평의 기틀이 마련됩니다.[4]

나점이 효종의 절대적 신임을 받았다는 점과 그가 이학 집단에서 차지한 핵심적 지위를 놓고 볼 때, 이러한 그의 공개적 상주문은 특별한 무게를 지니는 공식 문서로서, 엽적의 「상전 차자」에 비해 훨씬 대표성을 띤다. 후자는 한 개인이 윤대에서 발표한 사견에 불과하기 때문이다. 그러므로 이 인용문은 효종이 '국시'를 다시 정하기로 마음먹은 확실한 신호탄으로 간주될 수 있다. 그렇지 않다면 나점의 상주문은 목표 없는 화살에 그칠 터인데, 그럴 리는 없을 것이다.

제10장 '이학자 집단의 배치' 절에 근거한다면, 나점이 말한 '군자'와 '바른 사람들'은 혁신을 주장하는 이학형 사대부들을 가리키고, '소인'과 '그릇된 사람들'은 일신의 명예와 자리를 위해 도모하고 온 힘을 다해 현상을 유지하려는 직업관료들을 가리킨다. 당시 효종과 이학자 집단 사이에는 일종의 묵계가 있었는데, 포부가 있고 능력 있는 인재들을 조정에 가능한 한 많이 망라함으로써 점차 새로운 국면을 열어간다는 것이었다. 이제 우리는 한 걸음 나아가 이렇게 지적할 수 있다. 나점의 말은 효종 만년 정치적 인사 배치의 기본 정신을 정확하게 표현할뿐더러 그런 기본 정신을 '국시' 수준까지 정식으로 끌어올렸다고 말이다. 효종과 이학 집단은 모두 정치 현실에 대해 분명한 인식을 갖고 있었기에 곧바로 '회복'을 큰 소리로 외치지는 않았다. 하지만 그들이 공통의 노력을 통해 도달하려는 장기적 목표는 '회복'이었고, 당장 해야 할 일은 조정의 인사 교체를 통해 적극적이고 진취적인 새로운 '국시'를 정하는 일이었다. 나점은 순희 15년(1188) 7월 초에 엽적 등 다섯 사람과 함께 공동으로 '인재 추천' 명단을 올려 30여 명을 추천하려 했고, 효종 순희 16년 2월에도 조칙에 따라 대간이 될 만한 8인을 추천했다. 이는 앞서 밝힌 묵계하에 취한 구체적 행동이었다. 이러한 일련의 행동이 관료 집단의 기득권을 직접적으로 위협했으리라는 것은 명약관화다. 이렇게 볼 때, 관료 집단이 방향을 바꾸어 새로운 황제를 포위한 뒤 정식 황권을 이용해 격렬한 '인사 재배치 반대 운동反部署'을 벌였음은 충분히 이해될 수 있는 일이다.

여기까지 논했을 때, 우리는 피할 수 없는 문제를 하나 만나게 된다. 효종이 만년에 새로운 '국시'를 다시 정하기로 마음먹었다면, 순희 15년(1188) 이전에도 '국시'가 있었는가? 만약 있었다면 그 옛 '국시'는 또 무엇이었을까? 먼저,

옛 '국시'는 융흥 원년(1163)에 제정된 '화의(계미년의 의론)'였으리라고 우리는 자연스럽게 떠올릴 수 있다. 하지만 융흥부터 순희 말에 이르는 25~26년 동안 금金과 평화롭게 공존하는 것이 이미 남송의 정상적 상태가 되었으므로, 당시 국시의 함의가 시종일관 '화의和議'에만 국한되지는 않았을 것이다. 효종은 즉위 최초 십몇 년 동안 거듭 '회복恢復'의 충동을 지녔다.[5] '회복'의 '충동'이 있었다는 사실을 염두에 두고 보면, 당연히 그 기간의 '국시'는 여전히 '화의'였을 것이라고 말할 수 있다. 효종이 최후로 일으킨 '회복'의 충동은 순희 6~7년(1179~1180) 조웅이 집정할 때 일어났고, 왕회가 재상으로 임명된 이후로 효종은 곧바로 입을 닫고서 회복에 대해 말하지 않았다. 따라서 마지막으로 우리가 추궁해야 할 점은, 왕회가 순희 연간 7~8년에 이르는 집정 시기(1181~1188)에 추진한 것은 대체 어떠한 '국시'였던 것일까 하는 문제다. 왕회가 재상직을 받아들일 때 내걸었던 최고의 정치 강령에 관해서는 제7장 '왕회의 집정과 당쟁의 관계' 절에서 상세하게 살펴보았다. 요약하자면, 왕회는 당시 효종의 요구를 겨냥하여 두 가지 중심 강령을 내걸었다. 첫째, "일을 만들지 않는" '안정安靜'의 국면을 유지하는 것이었다. 둘째, 오직 능력에 입각해 등용함으로써 조정의 '붕당' 싸움을 완화시키는 것이었다. 이 두 정치적 강령은 나중에 일이 뜻대로 되지 않자 모두 변질되어버렸지만, 그것은 관념이 권력세계에 들어선 이후 파생되는 문제로서 따로 논의되어야 할 것이다. 그러므로 두 강령은 실질적 측면에서 왕회 시대의 '국시'라고 가정해도 무방할 것이다. 그렇다면 우리는 이 '가정'을 어떻게 실증할 수 있을까? 만약 이런 가정이 성립될 수 있다면, 왕회 시대의 '국시'는 어떤 명칭을 갖게 될까? 서로 관련된 두 문제에 대한 분명한 해답은 현존하는 사료에서는 찾아볼 수 없다. 하지만 아주 다행스럽게도 이심전의 『도명록』에 남겨진 논평 한 조목은 더할 나위 없이 중요한 실마리를 제공한다. 경원 5년(1199) 12월, 상주문 「허위의 무리들에게 잠시 동안 지방의 도관道觀을 관리하게 하여 그들로 하여금 바른 길로 나아가게끔 하기를 바람乞虛僞之徒姑與外祠, 使宿道向方」을 올린 관료 집단 구성원이 한 명 있었는데, 그 글에는 거듭해서 '황극皇極' 개념이 제시되고 있다. 이심전은 그에 대해 발어跋語를 써서 말한다.

하지만 경전에서 말하는 '황극'이란 그것을 말하지 않는다. 무릇 '황'은 군주이고, '극'은 지극하다는 뜻이다. 곧 임금이란 지극한 지위에 자리 잡고 있어 천하의 표준으로 여겨진다는 것이니, 주공周公이 말했던 "민극民極으로 여겨진다"는 것이 바로 이를 말한다. 한나라 유학자들이 '대중大中'으로 그것을 풀이한 이래, 후대에도 그 풀이를 그대로 받아들였고, 마침내 그것은 '무원칙한 관용'이나 '선악을 구분하지 않는 것'으로 여겨지게 되었다. 예컨대 증포曾布의 '건중建中'이나 왕회의 '황극'이 모두 그렇다.[6]

'황극'의 본의에 대한 이심전의 풀이는 전적으로 주희의 설을 따르고 있는데, 이 점은 뒤에서 다시 논하기로 한다. 여기서 특히 중시해야 할 부분은 "왕회의 황극"이라는 말이다. 이 말은 동시대 사람의 입에서 나온 만큼 분명 신뢰할 근거가 있을 것이다. 비록 사료의 부족으로 지금은 그 상세한 사정을 알 수는 없으나, 우리는 두 가지 이유에서 '황극'이 왕회의 집정 시기에 '국시'의 역할을 했으리라 믿는다. 첫째, 왕회의 정치 강령은 당시 사람들이 이해하던 '황극'과 대체로 일치한다. 둘째, 이심전은 "왕회의 황극"과 "증포의 건중"을 나란히 열거하며 둘을 동일한 부류로 보고 있다. 이 점은 특히 주목할 만하다. 어째서 그럴까? 앞서 제5장 「국시」 고찰에서 다음의 내용을 증명했다. 곧 증포의 '건중'과 채경의 '소술紹述'이 모두 '국시'라는 명목을 갖고 있었을 뿐 아니라 희령(1068~1077) 이래 재상들은 자신이 제시했던 '국시'와 더불어 재상 자리에 오르거나 물러서곤 했다는 것이다. 왕회가 정권을 잡다가 파면되는 과정이 이와 완전히 일치한다. 그가 재상 자리에 올랐던 까닭은 그의 정치 강령이 당시 필요한 '안정'과 부합했기 때문이다. 그가 재상 자리를 잃었던 까닭은 효종이 만년에 노선을 바꾸어 '안정'의 원칙을 포기하기로 결심했기 때문이다.

그러므로 왕회가 재상 자리에서 물러섰을 때를 전후로 엽적과 나점은 이미 '국시'의 변경을 의사일정에 올려놓고 있었다.

하지만 '황극'은 원래 보통명사로서 글자 그대로는 그다지 특색이 없어 '소술' 이나 '건중'과는 사뭇 다른 듯하다. 철종이 처음부터 '소술'을 마음에 들어 했던 까닭은 그가 원우 연간(1086~1094)의 정치를 뒤집고서 철종의 신법을 계승하고자 했기 때문이다. 휘종이 즉위 초기 한 번 만에 '건중'을 '국시'로 삼았던 것은, 흠성태후가 수렴청정을 하면서 신구 두 파를 겸용함으로써 "대공지정大公至正으로써 붕당을 해소해야 한다"고 주장했기 때문이다. 그렇다면 '황극'이라는 애매한 개념이 어째서 왕회 집정 이래 '국시'가 되었을까? 아래에서 이 문제를 차근차근 논해보고자 한다. 이 절의 주제가 '황극'이니만큼 먼저 『상서』 「홍범」의 '황극' 부분을 그대로 인용해보면 다음과 같다.

"다섯번째, 황극. 황皇[임금]이 극極[표준]을 세우는 것이다. 다섯 가지 복을 모아 백성에게 베풀어주면, 백성이 당신의 표준을 대함에 그 표준을 지켜줄 것입니다. 이 백성 가운데 음란한 행동을 하거나 붕당을 만드는 자들이 없고, 높은 자리에 있는 이들은 자기 무리만을 위한 덕을 갖지 않으며 오로지 임금을 표준으로 여깁니다. 이 백성 중에 일을 하는 이가 있고 계책을 가진 이가 있고 지키는 이가 있으니, 당신은 그들을 잘 생각해주십시오. 표준에 맞지 않았다 하더라도 죄악에 빠지지 않았다면, 임금은 그들을 받아들입니다. 그리고 편안하고 부드러운 얼굴빛을 하며 '나는 덕을 좋아하는 바다'라고 말하면서 당신은 그들에게 복을 내려주십시오. 이 사람들은 임금의 표준만을 따를 것이고, 의지할 곳 없이 외로운 사람들을 학대하지 않고, 지위가 높고 유명한 사람들을 두려워하지 않을 것입니다. 능력 있고 추진력 있는 사람들로 하여금 그들의 행동을 발전시키도록 한다면 나라가 창대해질 것입니다. 무릇 바른 사람들은 더 부유해지고 더 착해질 것입니다. 당신이 그들로 하여금 국가에 좋은 일을 하게 할 수 없다면, 그들은 죄를 범하게 될 것입니다. 덕을 좋아하지 않는 자에게 당신이 비록 녹을 내린다 하더라도, 그들은 당신을 이용하여 죄를 짓게 될 것입니다. '비뚤지 않고 기울지 않게 하면서 왕의 의로움을 따르라. 혼자만 좋아하는 일을 하지 말고 임금의 도를 따르라. 혼자만 싫어하는 일을 내치지 말고 임금의 길을 따르라. 비뚤지 않고 치우치지 않으면 임금의 길은 넓을 것이다. 치우치지 않고 비뚤지 않으면 임금의 길은 평평할 것이다. 거꾸로 하지 않고 기울게 하지 않으면 임금의 길은 바르고 곧을 것이다. 표준을 모아놓으면, 그 표준으로 돌아갈 것이다.'" 이어서 말했다. "황극에 대한 부연설명은 바르고 교훈적이어야 하며 상제를 따라야 합니다. 저 백성이 표준에 관한 말을 교훈으로 삼고 또 그대로 행함으로써 천자의 빛을 가까이하면서 '천자가 백성의 부모가 되어 천하의 왕이 되었다'고 말할 것입니다."[7]

필자가 위 구절 전체를 인용한 까닭은 독자들이 검토하기에 편리하도록 하기 위해서다. 뒤에서 인용할 논쟁이 바로 원문과 관련 있기 때문이다. 위 구절의 해석과 관련해서 공영달의 『상서정의尚書正義』(십삼경주소본十三經注疏本) 말고도 현대의 것 가운데 가장 간명한 것으로 쩡원간曾運乾의 『상서정독尚書正讀』(베이징: 중화서국, 1964)이 있다. 「홍범」이란, 천하의 통치에 관한 주 무왕周武王의 질문에 기자箕子가 답한 내용을 수록한 것으로 기자가 제시한 항목은 모두 9가지이고, '황극'은 다섯번째 항목으로서 가운데 자리를 잡고 있다. 때문에 후대인들은 그 항목에 '구오九五'라는 이름을 붙이곤 했다. 대체로 '황극' 항목에서 진술된 내용은 '천자' 또는 '왕'이 어떻게 하면 이상적 정치질서를 세우는가 하는 내용이었다.

'황극'이 어째서 '국시'로 변했는지 이해하려면, 왕회의 집정 배경을 다시 한 번 돌아볼 필요가 있다.[8] 주희는 효종이 왕회를 재상으로 임명한 것을 풀이하면서 다음처럼 정곡을 찌르는 말을 한 바 있다.

수황은 (…) 나중에 안정安靜하고 싶어하여, 사람들이 사단을 일으키는 것을 싫어했다. 그처럼 내버려두었다.[9]

여기서 핵심 관건은 '안정'에 있다. 『학림옥로』는 이렇게 말한다.

효종은 초년에 회복의 지향이 매우 강했으나 결국 마음먹은 대로 할 수 없었던 까닭은 (…) 덕수(고종)의 뜻이 안정을 위주로 하여 〔덕수를〕 거역할 생각을 하지 못했기 때문이다.[10]

위 글을 통해 원래 '안정'은 고종의 주장이었음을 알 수 있다. 그러므로 효종이 "차마 거역할 생각을 못했다"기보다는 "감히 거역하지 못했다"고 말하는 편이 나을 것이다. 이렇게 볼 때 주희는 하나만 알고 둘은 몰랐다고 할 수 있다. 이 장 '정체성 위기와 심리적 좌절' 절 『서호유람지여』(권2)의 기록 가운데 다음 부분이 있다.

순희 연간, 효종이 국사를 더욱 명료하게 익혔고 노련한 신하들이 등용되었다. 하루는 덕수〔덕수궁〕에 아침 인사를 올리는데 〔고종이〕 말하기를 "천하의 일은 자의로 해서는 안 되고 핵심은 꿋꿋하게 참는 데 있으니, 그래야만 마침내 일을 이룬다"라고 했다. 효종은 다시 절을 올리고 〔이 말을〕 크게 써서 선덕전에 내걸었다.[11]

위 구절은 "왕회의 황극"이 어째서 정치 무대로 등장하게 되었는지 아주 잘 설명하고 있다. 고종은 '한 달 네 번 알현'의 기회를 이용해 '회복'에 대한 효종의 충동을 억누르고 있었으나, 밖에서는 그 사정을 아는 사람이 아주 적었다. 하지만 이번에는 효종이 "크게 써서" 선덕전에 게시해놓았기에 그곳에 들어오던 사람들은 그 구절을 기록해놓았을 것이다. 이때 고종의 어세는 이전과 조금 다르다. 한편으로는 "자의로 해서는 안 된다"고 여전히 효종을 훈계하고 있지만, 다른 한편으로는 "꿋꿋하게 참아라"라고 그를 격려한다. 나는 이러한 점이 바로 효종이 최후에 '안정'의 원칙을 기꺼이 받아들인 것과 깊은 관련이 있을 것이라고 믿는다. 위의 대화는 '순희 연간'에 일어났다고 하므로 시간상 특히 잘 들어맞는다. 왜냐하면 순희 연간(1174~1189)은 총 16년[순희 16년=1189]이었고, 왕회가 우상으로 제수된 것은 바로 순희 8년(1181)이었기 때문이다.

이제 필자는 왕회의 집정 강령의 근거를 『홍범』「황극」에서 찾고자 한다. 당시 사람들은 한·당漢唐의 주소注疏를 통해 「황극」 원문을 이해한 터라, 공안국의 『전傳』과 공영달의 『정의正義』가 원문보다 더 중요하다. 이하에서는 바로 이 두 가지를 위주로 해서 인용해보고자 한다. 「홍범」의 "그다음 다섯번째는 황극을 세우는 것이다"에 대해 공안국의 「전」은 이렇게 말한다.

> 황皇은 크다는 뜻이고, 극極은 중中이라는 뜻이다. 무릇 어떤 일을 정립할 때에는 대중大中의 길을 택해야 한다.[12]

"이 백성 가운데 음란한 행동을 하거나 붕당을 만드는 자들이 없고, 높은 자리에 있는 이들은 자기 무리만을 위한 덕을 갖지 않으며 오로지 임금을 표준으로 여긴다"에 대해 『전』은 이렇게 말한다.

> 민民에게는 중中을 편안하게 여기는 선함이 있으므로 음란한 허물이나 붕당 결성의 악함이 없으니, 사적으로 결합하는 덕이 없는 것이다. 천하 사람들 모두가 중정中正의 행위를 크게 한다.[13]

공안국의 『전』에 대해 『정의』는 이렇게 말한다.

"민民에게 중中을 편안하게 여기는 선함이 있다"는 것은 중이 아니면 타인과 더불어 교류하지 않는다는 뜻이다. 중을 편안히 여기는 사람에게는 음란한 허물이나 붕당 결성의 악함이 없으니, 사적으로 결합하는 덕이 없는 것이다. 당을 이루고 사적으로 결합하는 것은 중에 맞지 않는 것이다. 선이 많고 악이 적다면 악이 변화하여 선이 되어, 다시는 중에 맞지 않는 사람이 없게 된다. 다만 천하 사람들 모두가 중정의 행위를 크게 할 것이다.[14]

『전』은 "표준에 맞지 않았다 하더라도 죄악에 빠지지 않았다면, 임금은 그들을 받아들인다"에 대해 이렇게 풀이한다.

무릇 민의 행위가 비록 중에 맞지 않더라도 죄악에 빠지지 않았다면, 그들 모두를 등용하여 대법大法으로써 받아들일 수 있다.[15]

『정의』는 이렇게 말한다.

"중에 맞지 않더라도 죄악에 빠지지는 않았다"는 것은, 아직 아주 선한 것은 아니지만 그렇다고 해서 악행을 저지르지도 않았다는 말로 이는 중간 등급 이상에 속하므로, 장차 그들을 권면할 수 있다. 그러므로 "그들 모두를 등용하여 대법으로써 받아들일 수 있다." '대법'이란 사람을 등용하는 법으로, 그 장점을 택하되 과실을 따지지 않으면서 등용하는 것이다. (…) 사실 천하는 크고 백성은 많아서 그들 모두를 대중에 합치하게끔 할 수 없다. 게다가 각종 관직은 교대로 자리가 비므로 곧바로 사람을 임용해야지 사람들이 대중에 완전히 합치하기를 기다린 이후에 차례로 등용할 수는 없다.[16]

이상에서 인용한 한·당 주소와 왕회의 집정 강령이 정신상 일치함을 쉽게 알 수 있다. '대중'으로써 '황극'을 풀이함은 주로 균형과 안전을 추구함을 함축하므로 『전』과 『정의』는 모두 "중을 편안하게 여기는 선함"을 강조한다. 이는 "안정을 위주로 한다"는 고종의 요구에 뿌리부터 부합하는 것이었고, 왕회 자신의 임무 역시 "그들에게 고요함을 보여준다示之以靜"는 중심 관념 위에 세워져 있었다. 이 점은 제7장에서 이미 살펴보았다. 그다음 '중'으로써 "붕당의 악함"을 해소한다는 『전』과 『정의』의 풀이에는 특히 중시할 핵심이 하나 들어 있다. 효종은 조정 내에 '붕당'이 있는 것을 매우 싫어했고, 왕회는 그 사실을 꿰고 있었기에 그는 집정 초기 효종에게 '붕당'을 넘어선다는 보증을 요구했다. 만약 당쟁이 정말로 멈춘다면 '안정'이 실현되리라는 것은 더 말할 나위도 없을 것이다. "중에 맞지 않더라도 (…) 악행은 저지르지 않은" 사람들의 경우, "그 장점을 택하되 과실을 따지지 않으면서 등용할 수 있다"는 것은, 『전』과 『정의』가 공통으로 인정하는 원칙이었다. 이런 원칙은 왕회 입장에서 일거양득의 효과를 거둘 수 있는 것이었다. 한편으로 왕회는 임명을 받아들일 때, '인재 등용을 나의 임무로 삼는다'는 약속을 공개리에 선포했고, 이는 '붕당'을 초월하겠다는 구체적인 보증이기도 했다. 다른 한편, "사람들이 대중에 완전히 합치하기를 기다린 이후에 차례로 등용할 수는 없다"는 말은 왕회에게 매우 편리한 방법을 제공했다. 그는 이제 더이상 '군자, 소인'을 엄격히 구분하는 이학자들의 도덕적 구속을 받아들이지 않았다. 왕회의 장기간 집정 시기에 직업관료 세력이 장족의 발전을 할 수 있었던 것은, 상당 부분 '황극' 관념의 비호를 받은 때문이라고 믿을 충분한 근거가 있다.

그 밖에 다른 관념 하나가 더 있는데, 이는 '황극'을 '국시'로 승인하고자 했던 효종과 관련이 있을 것이다. 「홍범」의 "표준을 모아놓으면, 그 표준으로 돌아갈 것이다"에 대해 『전』은 이렇게 말한다.

중을 모아놓고 행동한다면, 천하 사람들 모두가 중으로 귀의할 것임을 말한

다.[17]

이에 대해 『정의』는 아래처럼 말한다.

'회會'는 '모은다'는 뜻으로, 사람이 장차 행동을 할 때 중을 모아서 행동한다는 말이다. 행실이 중을 얻는다면 천하 사람들 모두가 귀의하여 중에 맞는 행위를 할 것이다. '천하'란 크게 말한 것이다. 『논어』는 "하루라도 자신을 극복하여 예로 돌아간다면 천하 사람들이 모두 어짊으로 귀의할 것이다"라고 하는데, 이 구절의 '천하'와 그것의 의미는 동일하다.[18]

『전』과 『정의』는 '중中'이 적극적·진취적 힘을 발휘할 수 있다는 사실을 강조한다. 그래서 사람이 어떤 행위를 하려 할 때 반드시 그것을 "모아야" 한다는 것이다. 바로 위 구절은 위에서 인용한 공안국의 『전』, 곧 "무릇 어떤 일을 정립할 때에는 대중의 길을 택해야 한다"와 수미상응한다. '회복'을 향한 효종의 의지는 적어도 이런 관념 속에 잠시나마 안착할 수 있었고, "꿋꿋하게 참아야만 마침내 일을 이룬다"는 고종의 말은 이런 상황과 잘 부합했다. 이뿐 아니라 "천하 사람들 모두가 귀의하여 중에 맞는 행위를 한다"라든지 "천하란 크게 말한 것이다"라든지 "천하 사람들이 모두 어짊으로 귀의한다"는 말은 '회복'에 관한 효종의 지향을 불러일으킬 수 있었을 것이다. 왜냐하면 이런 구절들은 그가 평소에 품었던 "회복 계획을 확대해야 한다" "천지사방을 감싸 안아 한 가족으로 만든다"는 이상과 아주 잘 들어맞았기 때문이다. 효종이 '회복'을 자신의 정체성으로 삼은 이상, 그의 '천하'는 당연히 남송에만 국한될 수 없었다. 건도 6년(1179), 장식은 효종에게 이렇게 말한 적이 있다.

중원의 땅을 회복하려면 먼저 백성의 마음을 얻을 수 있어야 합니다.[19]

그러므로 위에서 언급한 '천하'라는 용어는 효종으로 하여금 그 시대의 새로운 의미를 생각나게 했을 것이다.

　이상의 분석에서 우리가 확인할 수 있는 점은 고종이건 효종이건 아니면 왕회건 간에, 자신들에게 간절히 필요한 의식 형태의 근거를 『홍범』「황극」에 관한 한·당의 주소 속에서 찾았다는 사실이다. 따라서 나의 추측은 이러하다. 곧 순희 중엽, 고종과 효종 사이에는 상호 묵계된 타협 방안이 마련되었다는 것이다. 고종은 효종이 힘을 쌓아 장차 '회복'을 준비하는 데 동의했고 효종은 '안정'에 대한 고종의 요구를 존중하여, '화의'의 기초 위에 세워진 현재 상태를 고종 생전에는 바꾸지 않겠다고 약속했다. 왕회가 바로 이때에 '황극'설을 바쳤고, 이는 '화의'에서 '회복'으로 나아가는 과도기적 '국시'에 해당되었다. 고종은 순희 14년(1187) 10월에 서거했는데, 왕회는 분명 고종 생전에는 현 상황을 바꾸려 하지 않았고, 이는 표면상의 '안정'을 유지한다는 약속을 지킨 것이었다. 이것은 왕회가 받들었던 '국시'가 적어도 당시 이해된 「홍범」의 '황극' 관념과 뿌리부터 합치함을 간접적으로 설명해준다. 여기서 반드시 지적해야 할 점은, 이러한 추측은 사료의 심각한 결핍하에서 단지 역사적 해석에 의한 가설에 불과하다는 것이다. 하지만 이런 가설이 필요한 까닭은, 그 가설이 "왕회의 '황극'이라는 이심전의 규정을 꽤나 이치에 맞게 풀이해줄 수 있기 때문이다. 하지만 이 지점에 이르러 독자들은 다음 같은 의문을 떠올릴 가능성이 크다. 이 가설이 견강부회가 아닌가 하는 의문이다. 필자는 『홍범』「황극」의 몇몇 구절을 단장취의해 왕회의 집정 강령에다 억지로 갖다 붙인 것은 아닐까? 나는 이런 의문에 먼저 세 가지 변론을 하고자 한다. 첫째, 나의 가설은 앞서 인용한 이심전의 말에 직접 바탕을 두고서 그로부터 이끌어낸 것으로 결코 임의로 지어낸 것은 아니다. 이심전은 "한나라 유학자들이 '대중大中'으로 그것을 풀이한 이래 후대에도 그 풀이를 그대로 받아들였고, 마침내 '무원칙한 관용'이나 '선악을 구분하지 않는 것'이라고 여기게 되었다. 예컨대 왕회의 '황극'이 그렇다"고 말했다. 나는 다만 이 말을 조금 더 풀이했을 뿐이다.

둘째, 이심전의 논단은 '황극'과 관료의 기풍에 대한 주희의 이중적 비평에 뿌리를 두고 있다. 이심전은 일반 관료들의 구차함, 무원칙함, 시비판단의 불명확함이 『홍범』「황극」을 오해한 데서 비롯했다고 인식한다. 그런데 이런 오해는 그보다 훨씬 이전인 공안국의 『전』에서 비롯한다. 주희의 논평은 대부분 광종 초에 발표되었으나, 그러한 관료의 작풍에는 기원이 있었으며 특히 왕회의 장기 집정이 끼친 영향이 가장 컸다. 광종 시기는 관료 집단이 '황극'설을 한껏 고취하던 때로, 조정에는 '왕회 없는' 왕회 체제가 여전히 존재하고 있었다. 효종이 배치했던 소수의 집정대신과 이학형 사대부들은 이런 체제가 포위하는 속에서 운신의 폭이 매우 좁았다. 그래서 주희의 발언은 바로 이 시기에 집중되어 있다. 주희뿐만 아니라, 주남 같은 그 밖의 이학자들도 동일한 시기를 살면서 관료 체제와 '황극' 개념을 긴밀하게 묶어 한꺼번에 비판을 가한다. 주남의 견해는 필자의 가설에 대한 또다른 근거가 된다. 주남 등의 의론은 이후에 상세히 검토하기로 한다. 독자들이 그 부분을 훑어본다면 상술한 의문점이 많이 해소될 것이다.

셋째, 필자의 가설은 이심전의 규정을 받아들이는 데서 시작한다. 내가 그런 규정을 의심 없이 받아들이는 까닭은 이심전의 규정이 당시 사대부들의 일반적 분위기와 꼭 들어맞기 때문이다. 송대 사대부들은 적극적으로 정치적 건의를 하든 아니면 소극적으로 시사를 비평하든 간에 특정 경전을 인용해 근거로 삼곤 했다. 적극적 측면에서 구양수와 왕안석은 『주례』에 의거하여 논지를 세웠고, 증포의 '건중'은 특히 앞서 인용한 『홍범』「황극」을 인용했다. 소극적 측면에서 말하자면, 사마광은 '신법'에 반대했기에 『주례』의 진위에 의문을 품었고, 정이가 『역전』을 지었던 것도 부분적으로는 동일한 동기에서 비롯한다. 그런 방법이 송대에서 처음 시작된 것은 아니지만 송대 사대부 정치문화의 뚜렷한 특색이라는 점은 틀림없다. 그런 분위기는 후대 남송에 이르기까지 변치 않고 이어졌다. 다음의 주희의 말을 통해서도 그 점을 충분히 설명할 수 있다. 그는 「첨수에게 보낸 답장答詹帥書」에서 이렇게 말한다.

경전을 해설할 때 시사를 꺼리기는 하지만 기피할 수는 없는 일입니다. 그러니 주상을 헐뜯었다고 지목되어 형법에 의해 주살되는 일도 충분히 일어날 수 있습니다.[20]

이는 주희가 자신의 경전 해설 작업에 대해 말한 것으로 비록 소극적 견지에서 논의하고 있지만, 그의 논의를 적극적으로 밀고 나아간다면 주희 역시 송대 사대부 정치문화에서 예외가 아니었음을 알 수 있다. 이런 분위기 속에서 왕회가 자신의 집정 강령을 『홍범』 「황극」에 의탁했던 것은 극히 자연스러운 일이었다. 이상의 세 가지 이유만 가지고서 이심전의 규정을 전부 실증하려고 한다면 역부족이겠으나, 상술한 해석상의 가설을 세우는 데는 충분할 것이다.

마지막으로, 앞서 제시한 문제로 되돌아가보자. 곧 '황극'이라는 보통명사가 어째서 특정 내용을 지닌 '국시'가 될 수 있었을까? 휘종 초, 증포의 '건중'이 이미 『홍범』 「황극」에서 나왔는데, 왕회는 어째서 그 기존의 연호를 연용하지 않고 의미도 애매모호한 '황극'으로 바꿀 생각을 했을까? '황극'이 보통명사로 사용된 중요 사례를 우리는 북송과 남송에서 하나씩 찾아볼 수 있다. 건륭건덕조회악장乾隆乾德朝會樂章 제28수 중 세번째 수인 「상수·희안上壽·禧安」에는 이런 가사가 있다.

영원히 황극을 통어함으로써 민民을 평온케 하신다.[21]

이 음악은 북송 초에 지어졌는데, 이중 '황극'은 분명 통상적 의미를 취하고 있고, 대체로 '황조皇朝' 또는 '황통皇統'에 해당된다. 소흥 32년(1162) 6월 무인(13일)에 대사면 조서가 내려졌을 때 그 말미에 이런 말이 있었다.

천하를 아들에게 물려주었으니 감히 맡겨주신 은혜를 잊겠는가? 황극을

세워 민에게 베풀어주어 진실로 원근의 소망에 부합하고자 한다.[22]

앞 구절은 고종의 황위 선양을 가리키고, 뒤 구절은 효종이 자신에 대해 말한 것이다. 그중 '황극'은 통상적 명칭에 속하고 오늘날의 '정치적 질서'에 해당된다. 이는 효종이 즉위한 후 첫번째로 내린 조서인데, 나중에 왕회가 보통 의미의 '황극'을 특수한 의미의 '황극'으로 바꾼 것은 아마도 이 조서와 관계가 있을지도 모른다. 어째서 그럴까? 앞서 지적했다시피, 왕회가 받든 정치적 강령은 본래 절충과 조화의 방안으로서, 바탕에서는 '안정'에 대한 고종의 요구를 관철하는 것이었다. 하지만 동시에 '회복'이라는 효종의 장기적 목표를 위해 한 가닥 희망을 남겨두었다. 이제 그는 효종이 자신의 첫번째 조서를 설명했던 구절 가운데 "황극을 세운다"는 표현을 찾아냈으므로, 자신이 지닌 재상권력相權의 합법성이 경전적 근거를 갖게 되었을 뿐 아니라 더 나아가 황권의 직접적 인가까지 획득하게 된 것이다. 왕회가 이미 나왔던 '건중'을 취하지 않고 곧바로 '황극'을 사용한 까닭은 전자가 신구 양당의 갈등을 해소하려던 휘종 즉위 시의 의향만을 표현하여 그 의미가 협소했던 반면, 후자는 의미가 모호하고 포괄적이어서 고종과 효종의 정치적 요구를 잠시나마 만족시켜줄 수 있었기 때문이다.

이상의 세부 논증을 통해, 앞서 제시한 가설로써 한편으로는 "왕회의 '황극'"이라는 말이 출현한 배경을 설명할 수 있고 다른 한편으로는 이후의 정치적 변동을 풀이할 수 있다. 이런 가설에 바탕을 둔다면, 효종이 말년에 바꾸려 한 '국시'는 바로 "왕회의 황극"이 아닐 수 없다. 왜냐하면 효종의 오랜 통치 기간 중에서 왕회가 오로지 현상 유지에 매진했던 것은 '안정'이라는 고종의 원칙에 부합하기는 했지만, 효종 자신이 정체성으로 삼았던 '회복'은 전혀 실현될 기회가 없었기 때문이다. 효종의 관점에서 왕회의 '황극'은 하나하나가 전부 반대되는 것이었다. 쪼개어 논하자면 세 가지로 나눌 수 있다. 첫째, "중을 편안히 여기는 선함"은 원래 균형과 안정을 추구함으로써 '안정'의 효과를 거두는 것으로, 나중에 그것은 인순因循과 구차苟且로 변해버려, 오로지 '아무일도 일어나지 않는 것'만을 추구하면서 그날그날을 살아가는 식이 된다. 둘째, "중을 편안하게 여기는 것"은 "붕당의 악함"을 제거할 수 없고 오히려 당쟁의 격화를 촉진했다. 왕회는 표면적 '안정'을 유지하기 위해 법제화된 '국시'를 이용하여 일체 '이론異論들의 농단'을 억압했고, 걸핏하면 반대 당파를 '붕당'으로 지목하여 '도학 붕당'이라는 명칭을 만들어냈던 것이다. 셋째, "중에 맞지 않더라도 죄악에 빠지지 않았다면, 그들 모두를 등용한다"는 원칙은 처음부터 제 한 몸의 벼슬길에만 관심을 갖는 직업관료들에게 출세의 사다리를 제공했다. 극단적 지경에 이르자, 엽적이 말했던 것처럼 "이익을 생각하여 시류에 파묻히고, 도덕적 인사들을 비방하며, 몰래 바른 길을 막아버리고, 음모를 꾸며 핵심 지위를 차지하려 노력하는 자들이 안팎으로 가득 차게"[23] 되었다. 이 세 가지는 순희 말 '황극' 개념의 실제 상황을 대략 요약하고 있는데, 제7장 이하에서 이미 누차 논증했으므로 다시 설명할 필요는 없을 것이다. 여기서 진지하게 지적해야 할 점은 이렇다. "왕회의 '황극'"이 '국시'가 된 이래, 이 '국시'가 정치질서의 마비를 초래했기 때문에 효종·광종 시기 이학자들의 '황극' 논쟁은 직간접적으로 '국시'와 정치현실에 관한 논쟁이었다는 사실이다. 이제 주희에서부터 그 이야기를 시작해보자.

주희와 문인들은 『홍범』 「황극」에 대한 논의를 많이 했지만, 그중 가장 관련이 깊은 두 조목만 인용하겠다. 『주자어류』 권79 「상서 2·홍범」에는 이런 문답이 들어 있다.

황극은 '한가운데大中'의 뜻이 아니라, '황'은 곧 천자이고 '극'은 지극함으로, '황'이 '극'을 세운다는 것을 말한다. 동서남북이 여기에 이르러 딱 만나니, 곧 가운데中의 극점이지 그냥 가운데는 아니다. 한대 유학자들이 '중'으로 설명하기는 했지만 오늘날의 의미와는 달랐다. 예컨대 "다섯 가지 일[24]이 딱 맞다五事之中"는 구절이 그에 해당된다. 요즘 사람들은 '중'에 대해 설명할 때 다만 모호하여, 선한 일은 철저히 권면할 필요가 없고 악한 일은 철저히 벌줄 필요가 없다고 말한다. 그러니 어떻게 그런 것을 '중'이라고 할 수 있겠는가?[25]

이 조목은 정가학鄭可學(1152~1212)이 신해년(소희 2년, 1191)에 들었던 내용을 기록한 것이다. 또다른 조목은 이렇다.

인군人君이 극을 세운다는 것은 표준을 세운다는 것과 같다. (…) 예컨대 『주례』의 "민民의 극으로 여겨진다", 『시』의 "백성의 극점" "사방의 극점"은 다 이러한 뜻이다. '중'의 의미는 원래 그 안에 포함되어 있지만, '극'은 '중'으로만 풀이되어서는 안 된다. 한대 유학자들이 '중'에 대해 주석을 달 때, 다만 "다섯 가지 일이 딱 맞다"라고만 말하여서 오히려 해가 되지 않는데, 근래의 '중'에 대한 설명은 옳지 않다. 근래의 설은 모호하고 구차하여 시비를 가리지도 않고 흑백을 변별하지도 않으려 하면서, 해야 할 일이 생겼을 때 대충 해버리고 철저하게 하지 않으려 하는 것이다. 이것이 어찌 성인의 의도이겠는가?[26]

이 조목은 엽하손이 신해년 이후 들었던 내용을 기록한 것이다. 육구연이 형문에서 「황극」을 강의한 일을 두고서 위 문답이 오고갔기에, 이 문답은 소희 3년(1192)에 이루어졌다고 단정할 수 있다. 다만 의미는 전후가 일치한다. 앞서 인용한, "왕회의 '황극'"에 이심전이 제기한 비판은 전적으로 여기에서 비롯한다. 이로부터 알 수 있는 점은, "모호하고 구차하여 시비를 가리지 않는다"는 주희의 비판이 왕회 이래 '황극'을 오해하거나 곡해하여 형성된 관료들의 작풍을 겨냥하고 있다는 사실이다. 주희는 "황皇은 천자"라고 하고 '극'은 '표준'의 뜻을 갖는다고 주장하는데, 이는 '황극'을 인군이 몸소 따라야 할 원칙으로 풀이하는 것이다. 황제는 "마음을 바르게 하고 뜻을 진실하게 하는 것"에서 시작해야 한다는 그의 일관된 요구와 이러한 풀이는 사상적으로 완전히 상통한다. 사실 이런 풀이는 한대 유학자들의 주석을 바탕으로 삼은 것이었다. 그래서 주희는 거듭해서 "다섯 가지 일이 딱 맞다"는 구절을 언급하고 있다. 『한서』 권27 하의 상편인 「오행지五行誌」 기록이다.

"황皇이 극極하지 않은 것을 '세우지 못했다不建'고 한다"에서 '황'은 군주이고, '극'은 중이며, '건'은 세운다는 뜻이다. 인군의 용모, 말, 시선, 듣기, 사려 등 마음으로 이 다섯 가지에서 모두 실수를 하여 중을 얻지 못한다면, 만사를 정립할 수 없다.[27]

「오행지」는 '황'을 '군주'로 풀이하는데, 주희는 바로 이 풀이를 채택하고 있다. 「오행지」가 '극'을 '중'으로 풀이하기는 하지만, 그것은 방위의 '중'이 아니어서 주희는 "오히려 해가 되지 않는다"고 인식했다. 그는 「양문숙에게 답하다答梁文叔」 두번째 편지에서 이렇게 설명한다.

'황극'설에 대해 말한 것에는 그래도 체득하신 점이 있습니다. 이 장의 "황이 극을 세웠다皇建其有極" 이하를 종합해서 간략히 말하자면, "인군이 마음을 바르게 하고 몸을 닦으며, 대중의 지극히 바른 표준을 세움으로써 그것을 천하 사람들에게 보여준다면, 천하 사람들이 그것에 동화된다"는 것입니다. "기울거나 치우침이 없다無偏與陂" 이하는 곧 반복해서 찬탄하는 것으로 '황극' 자체에 대해 설명하고 있습니다. "황극에 대한 부연설명皇極之敷言" 이하는 이 장 대의의 핵심을 요약하고 있습니다. 이전에 제갈성지諸葛誠之의 해설을 보니 대략 그러했습니다. 다만 그의 해설에는 지나친 곳이 있을 뿐입니다.[28]

주희는 "황이 극을 세웠다"를 "인군이 마음을 바르게 하고 몸을 닦으며, 한 가운데의 지극히 바른 표준을 세운다"라고 풀이하므로, 『한서』「오행지」의 영향을 받았음이 분명하다. 「오행지」는 인군이 "마음으로" 다섯 가지 일에서 잘못을 하면 "극을 세울 수 없다"고 하는데, 이는 소극적 측면에서 말한 것이다. 주희는 인군이 먼저 "마음을 바르게 하고 뜻을 진실하게 해야" 비로소 "극을 세울 수 있다"고 하므로, 이는 적극적 측면에서 말한 것이다. 이 편지가 쓰인 연대를 직접 확인할 수는 없지만, 「양문숙에게 답하다」 네번째 편지가 소희 2년(1191) 혹은 그보다 조금 전에 작성된 것으로 보아[29] 위 편지는 대략 광종 초에 쓰였을 것이다.

앞선 논의를 전체적으로 살펴보자면, 주희의 의도는 '황극'에 관한 왕회 이래의 곡해를 뒤집고서 자신이 믿어 의심치 않은 바른 해석으로써 그것을 대체하려 했음이 분명하다. 그는 한편으로 진지하게 '경전을 해설하면서' 다른 한편으로는 아무 거리낌 없이 '시사'를 비판하고 있다. '황극'이 곧 '대중'이라는 옛 풀이를 논파하는 것은 당시 받들어지던 '국시'의 이론적 기초를 허무는 방법이 된다. 위에서 인용한 편지는 그런 층위의 함의를 아주 약간만 내비칠 뿐이지만, 주희의 「황극변」은 한층 더 분명하게 그 점을 표명하고 있다. 「황극변」은 아래에서 육구연의 「황극」 강의에 대해 분석하면서 다시 다루기로 한다.

「양문숙에게 답하다」 편지로부터 우리는 또한 양탁梁琢(양문숙)과 제갈천능諸葛千能(제갈성지) 두 사람이 '황극'을 이해하는 데서 주희와 대략 일치했다는 사실을 알 수 있다. 양탁은 주희의 문인이므로[30] 당연할 테지만, 제갈천능은 주희와 육구연에게서 동시에 배웠고 특히 육구연과 관계가 더 깊었다.[31] 제갈천능의 '황극' 풀이가 주희에 의해 칭찬을 받았다면, 그 풀이가 '황극'을 '대중'으로 풀이한 육구연의 설과 달랐음이 틀림없다. 이는 주목할 점이다. 하지만 더욱더 우리의 주목을 끄는 점은, 이들 세 사람이 광종 초년에 똑같이 『홍범』「황극」에 대해 특별히 흥미를 갖게 되었다는 사실이다. 필자가 효종·광종 무렵의 관련 자료를 조사해본 바로는, '황극'에 대한 전문적 논의가 광종 때에 집중해 출현할뿐더러 신료들의 상주문에도 종종 '황극' 개념이 보이고 있다. 예를 들어, 양만리가 순희 16년(1189) 균주筠州에서 궁궐로 와 상주하면서 올린 10월 3일의 「전하에게 올리는 첫번째 차자上殿第一箚子」 마지막 부분이다.

신은 바라건대, 폐하께서는 마음에 황극을 세우셔서, 천하에서 대공大公을 참작해주십시오.[32]

소희 원년(1190) 2월 27일, 유광조는 「도학이 정씨의 사적 언사가 아님을 논하는 상소문」에서 역시 이렇게 말한다.

바라건대 [주상께서는] 성심聖心을 활짝 열어놓으셔서 영원히 황극의 주인이 되게끔 하십시오.[33]

이 상주문 두 편은 서로 5개월 차이를 두고 작성되었고, 언사도 이처럼 유사하므로 '황극' 개념이 광종 즉위 초에 특별한 의미를 지니지 않았는가 한다. 이런 의문과 관련해서 나는 마침내 주남(1159~1213)의 「경술(소희 원년) 정대책庚戌廷對策」에서 해답을 찾았다. 소희 원년(1190)에 주남이 쓴 진사 대책문은 길이가 1만여 언에 달하고, 특히 '황극'에 대해 논한 문단이 유명하다. 이 문단은 이 절의 논지와 깊은 관계를 맺는 만큼 먼저 원문을 인용한 다음 분석하고자 한다. 주남의 대책은 이렇다.

신臣은 폐하[광종]의 총명함이 소인들에 의해 가려짐을 면치 못할까봐 진실로 두렵습니다. (…) 오늘날 [폐하의 총명함을] 심각하게 가리는 자들은 의론을 세움으로써 주상의 마음을 가둬버려, 폐하로 하여금 자신들의 의론에 따라 등용하는 데서 벗어날 수 없게끔 하고 있습니다. 그들의 설에는 세 가지가 있으니, 첫번째는 '도학'이고, 두번째는 '붕당'이며, 세번째는 '황극'입니다. 신은 바라건대 그에 대해 힘껏 논하고자 합니다.

신이 듣건대 예악과 인의를 '도道'라 하고, 묻고 변론하며 강론하고 익힘을 '학學'이라 합니다. 사람으로서 배울 줄 모른다면 어떻게 사람이라 하겠습니까? 배우면서 도를 듣지 못한다면 대체 무엇을 배우는 것입니까? 도학이란 천하가 모두 아는 것이요, 사람들이 공유하는 것입니다. 원우 연간의 여러 현인이 이런 명칭을 만든 적이 없는데, 근래 유자들이 어찌 먼저 이것을 표방했겠습니까? 그 사이, 자신과 의견을 달리하는 이를 배척하는 자들이 갑자기 생겨나 일망타진의 계책을 모의하면서 마침내 이런 명칭을 만들어내어 선사善士들에게 꼬리표를 붙입니다. 사대부들이 (…) 만약 강론하고 익히며 마음을 바르게 하고 뜻을 진실하게 하는 배움과, 앎을 극진히 하여 외물에 다가가는 일을 일삼는다면, 그것이 어찌 국가에 잘못이 되겠습니까? 저 헐뜯는 자들은 도학이 무엇을 하는지도 전혀 모르면서, 타인과 함께 휩쓸려 더러운 짓을 하지 않는 모든 사람들이 다 그렇다고[도학자라고] 합니다. 그래서 자신과 의견이 합치하지 않는 사람들을 다 지목하여 이 명칭을 뒤집어씌웁니다. 그러므로 소박하고 정직하며 스스로를 신뢰하는 사람들에 대해 '도학'이라 말하고, 청렴하면서 수양을 좋아하는 사람들에 대해서도 '도학'이라 말하며, 전고에 널리 통하는 사람들에 대해 '도학'이라고 말하고, 경전을 연구하고 음미하는 사람들에 대해서도 '도학'이라고 말하면서 '도학'이라는 명칭이 성립되었습니다. 그들은 '도학'에 대해 논하면서, "마음속이 검고 재능은 다 치우쳐 있다. 고요한 것을 싫어하고 일을 만들기를 좋아한다"라고 말합니다. 그래서 폐하께서도 그들의 설에 빠져드셨습니다. 무릇 천하에서 재능과 방법을 갖고 있는 사士들은 폐하를 위해 사업을 도모하고 대책을 헤아리고자 하며 계획을 세워 공로를 세우려 하는데, 폐하께서는 그들의 의견에 동조하여 그렇게 의심하면서 [도학자들이] 떠들썩하게 사람들의 마음을 어지럽히기만 한다고 여기시고, '도학'의 명목으로써 그들을 내쫓으려고 하십니다.

'도학'이라는 명칭이 성립한 이래, 뜻이 없는 사람들은 스스로를 폄하함으로써 다른 곳으로 옮겨가고, 화를 두려워하는 사람들은 영합함으로써 자신을 더럽혔지만, 중립을 지키면서 한쪽으로 기울지 않는 사람들은 그런 일들을 돌아보지 않았습니다. 그런 사람들의 출처出處가 우연히 같을 경우, 사적으로 서로 왕래하는 것에 무슨 잘못이 있겠습니까? 호오好惡가 치우쳐 있지 않으므로 필시 타인을 따라서 비난하거나 칭찬하려 하지 않았을 것입니다. 저들 헐뜯는 자들은 또 "우리가 이제 막 '도학'을 근절시켰는데 저들은 그들과 교류하고 있고, 우리가 이제 막 '도학'을 사악하고 교활하다고 여겼는데 저들은 잘못이 없다고 칭찬해주고 있으니, 이들은 '도학'을 당으로 삼는 사람들이다"라고 말합니다. 그래서 '붕당'의 논의가 다시 성립합니다. 저들 '붕당'에 대해 논하는 자들은 이렇게 말합니다. "소인에게 당이 있지만 원래 그것은 공적公的이지 않고, 군자에게 당이 있지만 역시 사적私的이다. 논의가 일치하니 이것이 바로 사적으로 결탁하는 것이고, 서로들 칭찬해주니 어찌 결당하는 것이 아니겠는가?" 그래서 폐하께서는 그 설에 빠져드셨습니다. 이른바 중립을 지키면서 한쪽으로 기울지 않는 사들은 사심 없이 논하여서 '도학'의 의혹을 풀고자 했지만, 폐하께서는 또다시 '사익을 품고 명예를 좋아한다'면서 그들을 대하셨고, 그들은 다시 '붕당'이라는 명목으로 등용되지 못했습니다. 나라의 모든 사 가운데 '도학'에 연루되지 않으면 '붕당'에 의해 곤란을 겪는 자들이 열에 아홉입니다. 오직 천하의 용속한 사람 중, 아무 주관도 없는 것을 지혜롭다 여기고, 굳게 지킬 것 없는 것을 현명하다고 여기는 자들은, 이미 '도학'으로 들어가지도 않고 또한 [도학의] '붕당'과도 나란히 있으려 하지 않습니다. 그래서 '황극'이라는 공평하고 정직한 설을 빌려, 교활하고 용속하게도 스스로를 팔려는 계책으로 삼았고, 마침내 '황극'론이 그 두 가지 이후에 나왔습니다. 하지만 신이 기자의 논의를 가만히 살펴보건대, 원래 '교활하고 용속하게 스스로를 팔려는 계책'은 아니었습니다. 기자는 "일을 하는 이가 있고, 계책을 가진 이가 있고, 지키는 이가 있다"고 했는데, 이는 재지才智, 도의道義, 절조를 지닌 사람들입니다. "당신은 그들을 잘 생각해주십시오"라는 것은 잠시라도 그들을 잊으면 않았으면 하는 것입니다. "극極에 합치하지 않더라도" "그들을 받아들인다"는 것은, 그들의 재질에 치우친 점이 있다 하더라도 결국에는 등용할 만한 점이 있음을 말하므로, 그들을 거둬들여서 완성시켜주어야 한다는 뜻입니다. 만약 사실에 입각해 논하자면, 오늘날의 이른바 '붕당'의 사士와 '도학'의 사들이야말로 바로 '황극'에 따라 등용되어야 할 사람들입니다. 지금 어쩌하여 천하의 재능과 지혜 있는 사들을 폐기하고서 이른바 세상의 용속한 사람들을 취하시는지요? 밖에서 그들을 본다면 허물이 없는 것 같지만 그 속은 실로 간사하고 거짓되었는데도, 그들을 등용하고 계시니 그런 조치를 '황극'이라고 하겠습니까? 오늘 이후 졸렬한 자들이 높은 지위를 차지하고 평범한 이들이 뜻을 얻는다면, 언젠가 천하의 큰 화가 될 것입니다. 신은 [천하의 큰 화가] '도학'에서 시작하여 '황극'으로 끝나는 것을 두려워합니다. 만일 폐하께서 선한 이들을 등용했던 순 임금과 우 임금의 사업에 뜻을 두신다면, 오늘날 용속한 논의를 논파함으로써 선한 사람들을 거두는 것보다 더 급한 일은 없습니다. 만약 '황극'설이 밝히 드러나지 않는다면, '붕당'과 '도학'의 인사들이 모두 그것을 배척하여 감히 등용되려 하지 않을 것이니, 인재는 파묻혀 기용되지 않을 것이고 천하 선인들은 폐하의 앞에 올 이유가 없을 것입니다.[34]

이 대책문은 매우 중요하기에 이례적으로 이처럼 길게 인용했다. 그 중요성은 "왕회의 '황극'"의 성격을 철저하게 밝힌 데 있을 뿐 아니라 본서 하편 중심 논지 하나를 핵심적이고도 전체적으로 실증한다는 데 있다. 그 논지란 효종과 광종 때 일어난 관료 집단과 이학 집단 사이의 충돌 및 전개 과정이었다. 세밀한 분석은 지면이 허락하지 않으므로 관계가 가장 깊은 몇 가지 요점만을 제시하여 참고로 삼으려 한다.

먼저 정태적으로 보자면, 주남의 논술은 '도학' '붕당' '황극'의 삼위일체론이라 할 수 있을 것이다. 곧 이 세 가지는 서로 얽혀 있어 나뉠 수 없는 전체였다. 동태적으로 관찰하자면, 주남의 논술은 3단계 발전론이라고 칭할 만하다. 곧 '도학'으로부터 '붕당'이 파생했고, '도학'과 '붕당'으로부터 또다시 '황극'이 파생했다는 것으로, 그 속에는 논리적이지만 동시에 실제적이기도 한 발전 과정이 들어 있다. 그런데 여기서 꼭 지적해야 할 점이 있다. 주남이 쓴 '도학' '붕당' '황극'이라는 단어는 글에서 표현된 것처럼 '도학에 관한 의론' '붕당에 관한 의론' '황극에 관한 의론'으로 각각 이해되어야 한다는 것이다. 그가 보았을 때, 이 세 가지 '의론'은 관료 집단이 일방적으로 만들어낸 허구였다. 그래서 '도학'과 '붕당'은 객관적 진실과는 아예 거리가 멀었고, '황극' 역시 「홍범」 원문의 의미와 완전히 정반대였다. 이렇게 이해해야만 우리는 비로소 중요한 주남의 결론을 이해할 수 있다. 그 결론이란 "천하의 큰 화가 '도학'에서 시작하여 '황극'으로 끝난다"는 것이다. 주남은 이른바 송대 사상사의 '도학'을 공격하지 않고 있고, 정치사상사상政治思想史上의 '황극' 개념 자체도 부정하지 않고 있다. 그의 생각은 관료 집단이 허구로 만들어낸 '도학에 관한 의론'과 '황극에 관한 의론'이 장차 천하에 화를 초래하리라는 것이었다. 그 이유는 아주 간단하다. 관료 집단이 허구적 세 가지 '의론'을 이용하여 "천하의 지혜 있는 사士들"을 정부 바깥으로 축출해 그 자신들은 날마다 "교활하고 용속하게" 되면서 권력의 중심을 독점하게 된다면, 그 후과는 불문가지라는 것이다.

그다음, 제11장 '유덕수의 자서' 절에 근거해보면, 이른바 효종 이래의 '도학'은 학문적 개념과 정치적 개념으로 나뉘어야 한다. 주남의 글은 이런 분류를 잘 실증해줄뿐더러 이에 대해 더욱 세밀히 분석하고 있다. 주남은 도학이 학문적 개념으로서 넓은 의미와 좁은 의미를 동시에 가질 수 있다고 지적한다. 넓은 의미로서는 모든 학문을 가리키므로, 도학은 "천하가 모두 아는 것이요, 사람들이 공유하는 것"이다. 좁은 의미로서는 오로지 정이와 주희 계열의 학문, 곧 "마음을 바르게 하고 뜻을 진실하게 하는 배움과, 앎을 극진히 하여 외물에 다가서는 일"만을 가리킨다고 한다. 주남은 이런 의미의 '도학'을 전적으로 긍정하는 태도를 보인다. 그래서 "그것이 어찌 국가에 잘못이 되겠습니까?"라고 반문한다. 더 중요한 점은 그가 특별히 지적하는 하나의 역사적 사실이다. 이는 학문적 개념인 '도학'은 넓은 의미에서든 좁은 의미에서든, 학자들 쪽에서 자신들을 내세우기 위해 능동적으로 만들어낸 명칭이 아니라는 것이다. 오히려 반대로 '도학'은 관료 집단이 정치적 반대자를 일망타진하기 위해 만들어낸 것으로, 관료 집단은 "그 명칭으로써 선사善士들에게 꼬리표를 붙인다"고 한다. 필자의 생각에 이런 사실은 흔들릴 수 없는 것이다. 다른 한편, 정치적 개념인 '도학'은 관료 집단의 사용에 의해 끊임없이 그 범위가 확대되었다고 주남은 정확하게 바라본다. 그래서 그는 위 글에서 '~것을 도학이라고 한다'에 해당되는 네 가지 사례를 들어 자신의 논점을 뒷받침했다. 이는 스스로 진화하는 개념an evolving concept이라 해도 무방할 것이다. 심지어 "도학을 당으로 삼는 사람들"도 결국 '도학'과 구분될 수 없이 섞여버리는 지경에서 벗어나지 못했다. 한마디 더 덧붙이자면, 우리가 사용하는 '관료 집단'이라는 표현 역시 집단적 정치의 개념으로, 관료 집단이 말하는 '도학'과 '붕당'을 포함한다. 왜냐하면 관료 집단이 타격 면을 끊임없이 확대함에 따라 '도학'과 '붕당'의 합류가 일어났기 때문이다.

마지막으로 '황극'이 '국시'의 지위를 갖고 있었다는 점이 주남의 글을 통해 완전히 실증된다. '국시'인 '황극'은 이중적 법제화의 위력이 있었음이 틀림없다. 소극적 측면에서 '황극'은 '도학'과 '붕당'을 권력 중심 바깥으로 배제해버리는 것에 대한 정당한 이유를 마련해주었다. 따라서 책문은 "만약 '황극' 설이 밝히 드러나지 않는다면, '붕당'과 '도학'의 인사들이 모두 그것을 배척하여 감히 등용되려 하지 않을 것이다"라고 말한다. 적극적 측면에서 '황극'은 관료 집단이 자신들과 같은 부류를 이끌어들이는 데 대한 합법적 근거를 마련해주었다. 그래서 책문은 "용속한 사람들이 (…) 황극이라는 공평하고 정직한 설을 빌려, 교활하고 용속하게도 스스로를 팔려는 계책으로 삼았다"고 한다. 어째서 조정의 인사 임명에서 반드시 '황극'을 진퇴 기준으로 삼았을까? 그것은 당연히 '황극'이 이미 '국시'가 되었기 때문이다. 철종 때 채변은 "오로지 소술紹述설을 장악하여 위로는 천자를 속이고 아래로는 동료들을 위협했다"고 하고, 휘종 때의 채경은 "뒤로 소술의 권한을 장악하고서 천자를 통제했다"고 하므로, 효종·광종 때 '황극'에 대한 관료 집단의 운용은 그와 똑같았을 것이다.[35] 북송의 두 채 씨[채변과 채경]도 당시 '소술' 글자에 의지하여, 한편으로 원우당인들을 축출하고 다른 한편으로는 자신들에게 아첨하는 사람들을 조정에 많이 뽑아 올렸다.

주남의 이 대책문으로 인해 우리는 한층 더 깊이 이해할 수 있다. 광종은 즉위 후 필시 '황극'을 최고의 시정施政 강령(즉 국시)으로서 거듭 천명했을 것이고, 이것이 바로 '황극' 개념이 광종 시기에 갑자기 사상가들 논의의 초점이 된 근본 원인이다. '거듭 천명했다'는 것은 황제가 특별히 조서를 내려 '황극'을 '국시'로 정식 선포했다는 의미가 결코 아니다. 사실 '국시'는 처음부터 황제와 집정대신들이 직접 토론을 통해 얻어내는 공통 원칙이었다. 제5장에서 인용한 것처럼, 희령 3년(1070) 신종이 증공량, 한강韓絳, 왕안석과 벌인 변론이 그 분명한 사례다. 그후 신종은 세상에 그에 관한 조서를 다시 내린 적이 없었고, '소술'이 '국시'가 되었던 것도 동일한 과정을 거쳤다. '황극'은 일찍이 순희 중엽 왕회의 집정 시기에 '국시'로 정해졌으므로, 조정에서 그에 관해 의론할 때 광종은 구두로만 승인해도 충분했고 따라서 대대적으로 일을 벌일 필요는 없었다. 필자는 단지 주남의 대책문만을 근거로 두고 이렇게 단정하는 것이 아니다. 앞서 인용한 양만리, 유광조의 주차 속에 있던 '황극'이 바로 '국시'를 가리키는 말이었다. 양만리가 차자에서 진술한 것 역시 '도학' '붕당'의 문제였기에, 그는 "바라건대 폐하께서는 마음에 황극을 세우십시오"라고 말한 다음, 곧바로 이어서 "무슨 당, 무슨 당이라고 묻지 마십시오勿問其某黨某黨"라고 광종에게 요구한다. 그리고 가장 마지막 부분에서 말한다.

조정의 신하 중 또다시 앞에서 당론을 진술하는 자가 있을 경우, 그중 허물 있는 자들을 골라내어 쫓아버리고 천하에 그 죄를 소리 높여 알린다면, 일부러 공격하지 않아도 당론은 저절로 깨질 것입니다. 이제삼왕二帝三王의 '중도中道'를 회복함으로써 한나라, 당나라, 그리고 정강의 화를 없애야 합니다.[36]

'중도'는 바로 '황극'과 상응한다. 당시 "당론을 진술하던" 사람들은 관료 집단이었고 그 대상은 '도학'이었으며, 그들이 근거로 원용한 것은 '황극'이었다. 따라서 양만리가 서울에 올라와서 상주문을 올린 시기는 광종이 '황극'설을 거듭 천명한 이후임이 여기서 증명된다. 양만리는 상대방의 창으로 상대를 공격하는 방식으로, '황극' 개념을 이용해 관료 집단의 입을 막아버리고 있다. 유광조의 상소문 「도학을 논함論道學」은 더욱이 공개리에 '도학'과 '붕당'을 변호한다. 이 상소문은 주남의 대책에 비해 약 한두 달 일찍 나왔지만, 그 내용은 그와 매우 긴밀하게 호응하고 있다. 유광조는 "성심을 활짝 열어놓으셔서 영원히 황극의 주인이 되십시오"라고 한 다음 이렇게 말한다.

'도학'에 대한 비난이 이로 인해 소멸되게 하고, '붕당'의 자취가 이로 인해 없어지게 하십시오.[37]

양만리, 유광조, 주남 세 사람이 동시에 '황극'의 힘을 빌려 '도학'에 대한 관료 집단의 공격을 막아내려 한 것은 결코 우연의 일치라고 할 수 없다. 따라서 우리는 '황극'이 '국시'의 기능을 했을 뿐 아니라 '황극'이 새로이 승인을 받자마자 곧바로 관료 집단의 유력한 무기로 변했다고 단정할 수 있다. 광종이 '황극'을 거듭 천명했던 시기는 필시 즉위 뒤 두세 달 이내였을 테고, 그때는 주필대가 재상 직위를 떠나기 전이었을 것이다. 이를 어떻게 알 수 있을까? 바로, 순희 16년(1189) 4~5월부터 이학자 집단의 숱한 구성원들이 이른바 '왕당'에 의해 중추적 지위에서 축출되기 시작했기 때문이다. 사악, 우무, 유숭지,

심청신, 오일 등이 모두 이에 해당된다.[38] 이 사람들은 '도학'이라고도 하고 혹은 '붕당'이라고 하여, 모두 '황극'의 척도를 통과하지 못했다. 주희도 그해 4월, "도학을 사악한 기운이라고 지목한" 갈필 때문에 조서를 받아놓고도 서울로 들어갈 수 없었다.[39] '황극'의 위력이 컸음을 충분히 상상할 수 있다. 위에서 인용한 양만리, 유광조, 주남 세 사람의 의론은 바로 이런 구체적 상황을 겨냥해 나온 것으로, 사전 조율이 없었음에도 내용이 일치함은 전혀 놀랄 만한 일이 아니다.

광종은 어째서 그토록 급박하게 '황극'의 원칙을 거듭 천명했을까? 이에 대해서는 앞 절에서 미리 해답을 제시했다. 광종의 '자아'는 몹시 강해 꼭두각시 노릇을 달가워하지 않았기에 정치적으로 곳곳에서 부황[효종]과 날카롭게 대립했다는 것이다. 효종은 정치적 인사 배치를 진행하면서 '국시'를 바꾸는 것이 준비 작업이라고 생각했으나, 광종은 반개혁적 조치를 실행하면서 국시의 변경에 반대했다. 누약의 「황공 묘지명」은 황상이 윤대에서 광종을 풍자했던 정황을 기록한다.

당시 태상(광종)이 안정安靜설을 위주로 하여 구태를 따르느라 점차 나태해졌고, 경비 지출과 상급 수여가 지나치게 많은지라, 충성스럽고 강직한 사士들이 연이어 서울을 떠났다. 그 일을 풍자한 것이다.[40]

"충성스럽고 강직한 사들이 연이어 서울을 떠났다"는 것은 '왕당'이 '도학'과 '붕당'을 축출했다는 사실을 가리키고, 이 일은 순희 16년(1189)에 일어났다. 광종이 즉위하자마자 곧바로 "안정설을 위주로 하여" 고종의 입장으로 돌아간 데서 효종과 정반대의 길로 나아갔음을 알 수 있다. 이미 '안정'을 위주로 했다면 '황극'을 '국시'로 천명하는 것은 필연적 순리였다. 이런 해답은 광종 개인 측면에서 관찰하여 얻어낸 것이다. 더 확대하여 황권 측면에서 답을 구한다면, 우리의 시선은 당시 관료 집단의 동태로 옮겨가지 않을 수 없다. 순희

15년(1188) 초에 '태자의 국무 참여'가 있은 이래, 황권은 이미 균열의 흔적을 보이고 있었다. 효종은 이학 집단과 동맹을 맺고 개혁을 할 준비를 했다. 이는 당연히 관료 집단에게 공포감을 불러일으켰고, 그들은 물샐틈없이 태자를 감싸 안고서 효종과 이학 집단에 대항할 계획을 세웠다. 관료 집단의 정치적 경각심은 극도로 높아서, 그해 7월 엽적 등 5인이 올린 「집정에게 올리는 추천서」는 그들로 하여금 "나뭇잎 하나가 떨어지면 가을이 올 것을 안다一葉知秋"는 구절을 떠올리게 했다. 10월에 나점이 상소문을 올려 "그릇된 사람들이 소멸한 이후에 국시가 정해진다"는 주장을 정식으로 제시하자, 관료 집단은 저녁 일을 아침에 보장할 수 없다는 느낌이 들지 않을 수 없었다. 어떻게 하면 명분을 갖추어 이학형 사대부들을 조정 밖으로 내쫓을 수 있을까 하는 것이 당시의 가장 긴박한 중심 과제였다. 그들이 '국시'라는 두 글자를 보고 쉽게 "왕회의 '황극'"에 대한 기억을 떠올렸으리라 상상하기란 그다지 어렵지 않다. 그래서 광종이 처음에 황위를 계승하자마자 '황극'설을 거듭 천명했던 것은, 필시 관료 집단 내 어떤 사람이 건의한 데서 비롯했을 것이다. 왜냐하면 '황극' 설이야말로 당시 그들에게 가장 필요했던 정치적 의지처였기 때문이다. 사료가 부족해 가장 먼저 그런 계책을 바친 사람이 누구인지는 확정할 수 없다. 하지만 아래 기록은 추측에 도움이 될 실마리를 제공해준다. 『송사』 권385 「갈필전」 기록이다.

광종이 황위를 계승하자 〔갈필은〕 참지정사에 제수되었다. 갈필은 주상에게 권하여, 오로지 효종을 모범으로 삼고 풍속을 바로잡으며, 경비를 아끼고 병사들의 기운을 진작시키며, 중도를 굳게 잡고 민력民力을 아끼며, 장수를 선발하고 인재를 거둬들이며, 감사를 택하고 법령을 밝게 해야 한다면서, 손수 상소문을 적어 하나하나 설명했다. 주상은 기쁘게 받아들였다. 〔갈필은〕 지추밀원사로 제수되었다.[41]

열거한 아홉 사항 가운데 가장 주목할 것은 바로 "중도中道를 굳게 잡는다"
다. '황극'의 '극'은 '중'으로 풀이되므로, '중도'는 '황극'의 대칭代稱이 된다.(상세
한 내용은 뒤를 보라.) "오로지 효종을 모범으로 삼는다"는 것은 사실 "안정을
위주로 했던" 시대의 효종을 모범으로 삼으라는 뜻이다. 갈필은 그 전해에 '인
재 추천'의 풍파를 일으켰던 인물이므로, 효종 만년의 방향 전환에 대해 모르
고 있었을 리 없다. 그가 상소문에서 일부러 이렇게 말한 까닭은 당연히 이학
집단의 입을 막고, '효종 말년의 정치'를 추진하려던 그들을 저지하기 위해서
였다. 갈필은 순희 16년(1189) 2월 곧 광종 즉위 초에 상소문을 올렸는데, 곧
바로 주상은 "기쁘게 받아들였다"고 한다. 따라서 갈필은 '황극' 천명 사안에
서 적어도 유력한 추동자였다고 할 수 있다. 이 점을 염두에 둘 때, 양만리가
어째서 그해 10월에 올린 상주문에서 "바라건대 폐하께서는 마음에 황극을
세우십시오. (…) 이제삼왕의 중도를 회복하십시오"라고 말했는지 그 이유를
알 수 있다. 특히 주의할 점은 갈필이 주남의 대책문을 가지고 분규를 일으
켰다는 사실이다. 『사조문견록』 을집 '광황책사光皇策士' 첫번째 조목을 보자.

주남은 일찍이 정식과 함께 사귀었는데, 정식에게는 아직 회답을 받지 못한
상주문이 있어서 주남이 그것을 보았다. 마침 정시廷試가 있어서, 주상이 정
식에게 회답하지 않은 것을 대책문에서 약간 풍자했다. 시험 담당관이 이
미 주남을 1등으로 뽑았는데 광황[광종]이 그 대책문을 읽어보고 대신들을
돌아보면서 말했다. "정식의 상소문이 제출된 지 겨우 엿새가 지났을 뿐인
데, 주남이 어떻게 그것을 알고 있는가?" 마침내 주남의 답안지에 직접 비
답批答을 달았다. "정식에게는 원고를 없애버림으로써 임금을 아끼는 충성
심이 없고 주남은 산림에서 은거하는 사士가 아님이 분명하니, [주남을] 제1
갑甲 15등으로 강등해야 한다." 수심[엽적] 선생은 주남을 위해 묘지명을 지
으면서, 주남의 「정대책」 중 황극과 인재를 논한 수백여 글자를 묘지명 첫
머리에 그대로 인용했다. (…) 그보다 앞서 [주남의 고향인] 오중吳中에 "하 도

롱이何襄衣"라고 불리는 사람이 있었는데, 사람들의 화복禍福에 대해 잘 말하여 그 소문이 주상에까지 들렸다. 주상은 여러 차례 사자를 파견해 그에게 물어보았지만 모두 대답이 달라서, 마침내 그를 서울로 불러올렸다. (…) 주남은 오중에 살다가 그 일을 보고 매우 싫어한 터라, 대책문에서 "은하수가 운행하다가 여염에서 구걸하는 사내에게까지 은택을 베풀었습니다"[42]라고 말했다. 광황이 그 일이 폭로되는 것을 싫어하여, [주남은] 정식의 상소를 빌미로 그 일을 드러낸 것이다. 승상 갈필이 당시 재상직에 있었기에, 주남은 그가 주상을 [그 일로] 돕지 않았는지 의심했다. 갈필이 사직한 데는 주남의 힘이 있었다.[43]

갈필은 이해(소희 원년) 동지추밀원사가 되었고 우상이 된 것은 소희 4년이었으므로, 엽소옹의 마지막 구절은 서술이 불명확하다. 하지만 그것은 이곳의 논지에 전혀 영향을 끼치지 않는다. 어째서 주남은 유독 갈필이 광종을 도와 자신을 장원에서 제1갑 15등으로 강등시켰다고 의심했던 것일까? 이는 그의 대책문에 '황극' '도학' '붕당'에 관한 의론이 있었던 것과 분명 관련이 있다. 갈필은 앞서 "중도를 잡아야 한다"고 진술했고, 또한 "도학을 사악한 기운"이라고 지목했으며, 나중에는 주희의 입대入對를 저지했다. 그리고 주남의 대책문에서 논한 내용은 오로지 갈필 한 사람만을 겨냥한 것이 아니었다. 주남의 의심은 결코 근거 없는 것이 전혀 아니었다. 그렇지 않았다면, 3년 후 숙원宿怨을 잊지 못한 나머지 갈필에 대한 이학자 집단의 대거 공격에 주남이 참여하는 일도 없었을 것이다.[44] 이러한 일련의 흔적을 볼 때, 광종 시기에 '황극'은 거듭해서 '국시'의 기능을 발휘했고, 어찌됐든 갈필은 그런 사정과 관련되어 있었을 것이다.

주남은 대책문에서 관료 집단이 '도학'이라는 죄명으로 고발한 이유 중 하나가 "고요한 것을 싫어하고 일을 만들기를 좋아하는 것"이었다고 지적했다. 이런 고발은 자연스레 광종의 마음을 움직였을 것이다. 왜냐하면 그것은 광종의 "안정을 위주로 하는 설"과 정확히 반대될뿐더러 '황극'의 "중을 편안히 여긴다"는 원칙에 위배되기 때문이다. 주남은 그런 고발을 직접 부인하지는 않지만 완전히 상반된 해석을 내놓는다. 곧 "재능과 방법을 갖고 있는 사士들은 폐하를 위해 사업을 도모하고 대책을 헤아리고자 하며, 계획을 세워 공로를 세우려 한다"는 것이다. 이는 '도학' 진영 사들의 적극적 행위를 통해 관료 집단 구성원들(이른바 "용속한 사람들")의 구차함과 복지부동을 부각시키는 것이다. 주남은 동시에 '황극'에 대해서도 상반되게 해석한다. 곧 그는 "재지才智, 도의道義, 절조를 지닌 사람들입니다. 당신은 그들을 잘 생각해주십시오"라고 하는 것이야말로 '황극'의 기본 정신이라고 강조하고 있다. 그리하여 소극적이고 고요함을 위주로 하는 '황극'은 곧바로 적극적이고 진취적인 '황극'으로 변해버린다. 이러한 이중적 반대 해석을 거친 후, 주남은 마침내 당시를 진동시켰던 그 유명한 결론을 도출해낸다. 바로 "오늘날의 이른바 '붕당'의 사와 '도학'의 사들이야말로 '황극'에 따라 등용해야 할 사람들이다"라는 말이다. 엽적이 주남의 사후 다음과 같이 말했던 것도 당연하다.

"'붕당'의 사와 '도학'의 사들이야말로 '황극'에 따라 등용해야 할 사람들이다"라는 그의 말에 이르면, 기자 이래 황극에 대해 풀이한 자들 중 그의 이 말에 미치는 사람이 없었다.45

하지만 주남은 정말로 경전을 풀이하려 한 것이 아니라 시사를 논하고자 한 것이 분명하다. 우리는 주남의 '황극'론을 주희의 '황극'론과 개괄적으로 비교해도 무방할 것이다. 오로지 '해석'에 입각해 논하자면, 주희가 훨씬 더 엄숙하고 진지하여 그의 의도는 분명 '황극' 두 글자의 본의를 얻으려 한 것이었다. 주남은 다만 「홍범」 본문의 자구 중 그 중점을 이동시키면서 상당히 임의성을 띠고 있었다. 그러나 정치적 현실의 함의라는 측면에 입각한다면, 두 사람은 '곡조는 달라도 연주하는 솜씨는 같았다異曲同工'고 말하지 않을 수 없다.

주희는 훈고訓詁 관점에서 '대중大中' 설을 부정하고, '황'을 '임금'으로, '극'을 '지극함' 또는 '표준'으로 단정했다. 그래서 "황이 극을 세웠다皇建其有極"는 구절은 임금이 "마음을 바르게 하고 몸을 닦아" 천하를 위해 도덕적 모범으로 서야 한다는 의미를 갖게 되었다. 그리하여 주희는 신하에게 오로지 "중을 편하게 여기는 선"을 요구하고, 또한 "붕당을 만들면" 안 된다는 '황극' 개념을 거꾸로 세워, 황제에게 "몸소 모범이 되기를以身作則" 요구하는 '황극' 개념으로 바꾸어 버렸다. 따라서 이는 주희의 '내성'학과 한 몸을 이룬다. 주남은 주희와 달리 '황극'에 관한 기성의 개념적 틀을 건드리지는 않는다. 하지만 그는 '황극' 질서의 실현을 이른바 '붕당'과 '도학'에 의존해야지, 관료 집단의 '용속한 사람들'에 의존해서는 안 된다는 점을 강조한다. 주희와 주남이 '곡조가 다른' 지점이 바로 이곳이다. 그러나 둘은 모두 관료 집단을 공격 대상으로 삼았고, 아울러 이학형 사대부들을 위해 정치적으로 주도적인 위치와 기능을 찾으려고 했다. 이것이 그들의 '연주 솜씨가 같은' 지점이다. 주희는 「주남중에게 답하다答周南中」 첫번째 편지에서 이처럼 말한다.

지난해 호사湖寺에서 한 번 만나고자 했지만, 병이 깊어 나머지 논의에 대해 물어볼 수 없었습니다. 나중에야 정대廷對의 문장을 보았는데, 시대의 병증을 정확히 파악하여 깊이 탄복했고, 서로 멀리 떨어져 있어서 제가 들은 내용에 대해 함께 모여 이야기할 수 없음을 더욱 한스럽게 생각했습니다.[46]

이 편지는 주희가 주남[자는 남중]의 「경술 정대책」을 읽었을 뿐 아니라 이 글이 "시대의 병증을 정확히 파악한" 데 깊이 탄복했다는 사실을 증명한다. 주희가 그렇게 감탄했던 까닭은 대책문에 '황극론'이 포함되어 있었기 때문일 것이다.

광종 시기, '황극'을 논하면서 시사時事를 겨냥한 사람 중 주희와 주남이 가장 대표적인 인물로 지목되는 까닭은 그들이 각각 서로 다른 각도에서 당시 이학 집단과 관료 집단의 격렬한 충돌 상황을 잘 반영했기 때문이다. 그래서 필자는 위에서 이 두 사람의 글을 깊이 있게 분석했다. 그 밖에 진량, 엽적, 육구연 세 사람도 '황극'에 관한 직접적 논의를 통해 각각 자신들의 정치적 사상적 입장을 전달했다. 이들은 지면의 제한으로 아래에서 다만 간략하게만 검토한다.

진량은 소희 4년(1193) 정대에서도 '황극'에 관한 쟁론을 펼치는데, 이는 '한 달 네 번 알현'에 관한 주장 뒤 곧 이어서 제시되었으므로 특히 중시할 만하다.

천하의 학문이 서로 하나가 될 수 없어 도덕道德을 하나로 함으로써 풍속을 같게 함이 바로 다섯번째인 황극의 일입니다. '극'은 '황'이라 하는데, '황'이 다섯번째 자리에 있는 까닭은 아홉 사항 중 다섯번째 자리가 아니라면 극을 세울 수 없기 때문입니다. 대공지정大公至正의 올바른 도道로써 천하의 "지극함에는 맞지 않지만 죄악에는 빠지지 않은" 사람들을 관찰하여, 모두를 나란히 서게 하여 동일하게 만드는 것이 어찌 한 사람의 사사로운 뜻私意이자 작은 지혜겠습니까? "치우침도 없고 사당私黨도 없으며 거꾸로 함도 없고 기울어짐도 없음"으로써 천하를 "극으로於有極" "모을會" 뿐입니다. 공자께서 네 가지 과목을 열거하면서 언어言語, 정사政事, 문학文學에다가 덕행德行을 섞어놓으신 까닭은 천하 사람들이 오랫동안 그것들을 다 갖춘다면 저절로 지극함極으로 나아갈 수 있었기 때문입니다. 그런데 덕행이 나머지 세 가지보다 앞에 오는 까닭은 천하의 학문이 실로 그로부터 나오기 때문입니다. (…) 하지만 20년간 도덕성명道德性命의 학문은 흥했으나 문장과 정사는 거의 폐할 지경에 이르러, 학설이 한쪽으로 기울어 뜻있는 사士들이 그에 관해 걱정하고 고민했습니다. 10년 동안 여러 사람이 일어나 그런 상황을 막으려고 했지만, 그 치우침을 멈추게 할 수도 거짓된 부분을 제거할 수도 없었습니다. 그런데 천하 현인들이 먼저 쫓겨나고 등용되지 않아서, 옆에서 지켜보는 사람들 역시 분노로 크게 주장하고 있으니, 인심이 무슨 방도로 바르게 되겠습니까? 신은 바라건대, 폐하께서 사도師道를 분명히 하심으로써 천하에 임하시고, 인의仁義와 효제孝悌를 교대로 밝혀서 보여주십시오. 천하의 인재를 다 거둬들여 장단長短과 대소大小에 따라 각각 용도에 맞게 써서 덕행, 언어, 정사, 문학 중 어느 하나라도 폐하지 않게 하시되 항상 덕행을 가장 앞자리에 둔다면, 천하는 공평무사하게 모두 이 도에 따를 것입니다. (…) 만약 '황극'을 명분으로 삼으면서도, 게으르고 타성에 젖은 자들만을 등용함으로써 천하의 현인들을 음陰으로 소멸시킨다면, 풍속은 날마다 게을러질 것이고 천하의 사업도 끝장날 것입니다.[47]

위 글에서 "20년간 도덕성명의 학문은 흥했다"는 구절은 현대 학자들이 늘 인용하는 부분으로, 그들은 이를 통해 진량이 '반도학'적 강경 입장을 취하고 있었음을 증명하곤 한다. 하지만 이는 심각한 오해다. 만약 이 구절을 '황극'이라는 전체 틀로부터 뽑아내어 단장취의하지만 않는다면, 우리는 다음 같은 유일한 결론을 얻을 수밖에 없을 것이다. 곧 진량은 비록 학문상으로는 정이 및 주희 계열의 '도학'이 '치우침'과 '허위'의 경향이 있다고 비판했을지라도 정치상으로는 오히려 '도학'을 위해 유력한 변호를 했다는 것이다. "천하 현인들이 먼저 쫓겨나고 등용되지 않는다"는 진량의 말은 주로 주희를 가리키고, 그가 존중했던 그 밖의 이학형 사대부들도 당연히 그 안에 포함되어 있었을 것이다. 게다가 위 인용문에서 도학에 대한 진량의 비판은 단지 논지를 돋보이게 하는 역할을 할 뿐이고, 도학에 대한 변호야말로 중점에 놓여 있는 것이다. 이는 문장의 의미를 조금이라도 이해하는 사람이라면 쉽게 알아차릴 수 있다. 진량의 기본 논점은 다음과 같다. '황극'은 광대하고 공정하므로 "천하의 인재를 다 거둬들여야 하고" "도덕성명학"을 주장하는 현인인 주희 같은 사람을 조정 밖으로 내침으로써 "옆에서 지켜보는 사람들"의 불평을 일으키면 안 된다는 것이다.

진량이 "도덕성명의 학문"이라는 표현을 쓰고, 당시 유행하던 '도학'이라는 표현을 사용하지 않았던 데에는 특별한 의도가 있었다. 주남이 말했다시피, '도학'은 정적들이 날조해낸 명칭이었기 때문이다. 본서의 용어에 입각해 말하자면, 위 인용문 전체는 학문적 개념의 '도학'에 대해 이야기할 뿐 정치적 개념의 '도학'에 대해서는 언급이 없다. 학문적 개념의 '도학'은 공자가 세운 네 가지 과목 중 첫머리에 온다는 것을 진량은 전적으로 인정했기에, "덕행이 나머지 세 가지보다 앞에 오는 까닭은 천하의 학문이 실로 그로부터 나오기 때문"이라고 말했고, "항상 덕행을 가장 앞자리에 둔다"고 말했다. '도학'을 굳건히 반대하는 사람의 입에서 이런 말들이 나올 수 없음은 굳이 설명할 필요도 없을 것이다. 다만 그는 "도덕성명의 학문"을 제창함으로 인해 "문장과 정사는 거의 폐할 지경"이 되도록 놔두는 것에는 분명 찬성하지 않는다. 주희와 더불어 펼쳐졌던 왕패王覇논쟁에서 진량이 취한 입장이 여기에서 드러나고 있다.

'황극'이라는 최고 정치 강령에 입각해 말하자면, 진량의 관점은 사실 주남과 그다지 차이가 없다. 그러므로 그의 결론은 "만약 '황극'을 명분으로 삼으면서도, 게으르고 타성에 젖은 자들만을 등용함으로써 천하 현인들을 음陰으로 소멸시킨다면, (…) 천하의 사업도 끝장날 것"이라는 것이다. 진량이 말하는 "게으르고 타성에 젖은 자들"은 바로 주남이 말했던 '용속한 사람들'이고, '천하 현인들'은 주남이 말했던 '도학' '붕당'과 대체로 상응한다. 이는 매우 분명하다. 하지만 진량의 언사는 꽤 함축적이어서 관료 집단의 독자로 하여금 그다지 눈에 거슬린다는 느낌을 받지 않도록 했을 것이다. 진량의 정시廷試는 주남에 비해 3년이 늦지만, 한 사람은 승진하고 한 사람은 강등되어 각각 영욕이 나뉘게 되었으니 매우 흥미로운 대조가 된다. 실로 진량은 첫머리에서 "아홉 사항 중 다섯번째 자리가 아니면 극을 세울 수 없다"고 말했을 뿐 아니라 학문·도덕·풍속을 통일한다는 희망을 황제의 '건극建極'에 걸고 있었다. 이는 권위주의적 혐의를 벗을 수 없는 태도였다. 하지만 진량은 바로 뒤이어, "극을 세움"으로써 "모두를 나란히 세워 동일하게 함이 어찌 한 사람의 사사로운 뜻과 작은 지혜겠는가?"라고 보충해서 말한다. 이런 말은 황제가 사대부들과 함께 "공동으로 국시를 정한다共定國是"는 원칙으로 돌아간 것이다. 진량은 여전히 송대 정치문화의 주류에서 벗어나지 않았다.

그다음은 엽적의 「황극」이라는 글로 그의 『진권進卷』 중 한 부분이다. 『진권』은 모두 8권으로 되어 있고, 각 권은 각각의 주제를 가지며 전문은 대략 7~8만 자에 달한다. 『주자어류』 권123 마지막 부분은 엽적의 학문에 대해 다음과 같이 말한다.

> 엽정칙葉正則〔엽적〕의 이야기는 근거 없이 꾸며낸 것일 뿐이다. 그의 『진권』을 보면 대략을 알 수 있다.[48]

이 조목은 '영泳'이 기록했다고 하는데 그가 양영楊泳인지 호영胡泳인지는 불확실하다. 만약 전자라면 경원 원년(1195)에 그가 '들었던 내용'일 테고, 후자라면 경원 4년(1198)에 '들었던' 내용일 것이다. 『진권』은 대략 소희 말년에 쓰인 것으로 추정된다. 「황극」의 주제는 "극을 세우는 것建極"의 어려움을 강조하는 것이었다.

> 그러므로 황극은 있지 않은 곳이 없으나, 그것을 세우는 데에 어려움이 있습니다. 극을 세우는 것이 어려운 것이 아니라, 세우는 방법을 식별해내는 데 어려움이 있습니다. 하늘이 부여하여 우 임금이 받았고, 무왕이 자신을 비우면서 묻자 기자가 재계齋戒하여 말해주었는데, 모두 극 자체를 말한 것이 아니라 극을 세우는 것에 대해 말했습니다. 그러므로 "그 어려움은 '세움'에 있다"고 제가 말한 것입니다. 비록 그렇다 하더라도, 극을 세우면서 기자의 말에 완전히 부합했던 후대 사람들이 얼마나 적습니까! 그러므로 "그 어려움은 세우는 방법을 식별해내는 데에 있다"고 제가 말한 것입니다.[49]

"극을 세우는 것"의 어려움에 대한 엽적의 논의는 "국시의 어려움"에 대한 그의 논의와 대체로 동일한 사유 노선에 속하지만, "극은 구체적 사물이 아니라極非有物" 최고의 추상 개념으로서 '국시'라는 경험계의 현상과 동일한 층위에 놓일 수 없다고 그는 인식했다. 때문에, "극을 세우는 것"이 어려울 뿐만 아니라 '극'의 개념을 파악하는 것은 더욱 어려웠다. "극 세우기"의 역사적 경과와 관련하여, 엽적은 다음처럼 논단한다.

> 요 임금과 순 임금의 시대에는 신하인 사악四岳, 구관九官, 십이목十二牧과 함께 그것을 세웠다. 그중 가장 컸던 것은 우 임금이 물과 땅을 다스리고, 직稷이 온갖 곡식을 심으며, 백이伯夷가 전례典禮를 정비하고, 고요皐陶가 형벌을 밝힌 것인데, 이들 모두 '극을 세운 것'에 해당된다. 그후, 걸 임금이 세우지 못하자 탕왕이 제후로서 그것을 세웠고, 그 신하인 이윤과 내주萊朱 등이 후대인들과 더불어 새롭게 일어나 그것을 세웠다. 그후, 주紂 임금이 세우지 못하자 문왕과 무왕이 제후로서 그것을 세웠고, 그 신하인 주공周公 같은 사람이 가장 완벽하게 그것을 세웠다. 그래서 그 극이 가장 컸기 때문에, 천하에서 말하는 '통치'라는 것은 주나라로 귀속된다.[50]

엽적은 상상 속의 옛 역사를 빌려와 자신의 정치적 이념을 표현하는 만큼 실제 '역사와 관련된 논의는 여기서 하지 않기로 한다. 우리는 위 인용문에서 두 가지 서로 관련된 특징을 분석해낼 수 있다. 첫째, 엽적은 앞의 여러 사람과 달리 '황극'이 「황극」 절에만 국한되지 않고 『홍범』 전체로 확대될 수 있다고 주장한다. 따라서 우 임금의 치수와 직의 농사도 모두 "극을 세운 것"에 속한다. 현대적 용어로 표현하자면, '황극은 정치적 질서일뿐더러 문명적 질서이기도 한 것이다. 이는 "황극은 있지 않은 곳이 없다"는 앞의 말과 상응한다. 둘째, 이 개념의 확대로 엽적은 제왕만이 "극을 세울 수 있다"는 관념에서 벗어날 수 있었다. 그가 예로 든바, 상고시대에 "극을 세웠던" 인물의 대다수는 신하나 제후였다. 이뿐 아니라 무도無道한 임금은 아예 "극을 세울 수 없었다."

걸 임금이나 주 임금이 그런 예다. 그러므로 엽적이 붙인 제목은 비록 '황극'이기는 하지만, 전체 글은 '극'만 설명할 뿐 '황皇' 자에 대한 이해는 보여주지 않는다. 이는 송대 정치사상사에서 하나의 관념적 탐험이라고 하지 않을 수 없을 것이다. 이 점에서 엽적의 견해는 "아홉 사항 중 다섯번째 자리가 아니면 극을 세울 수 없다"는 진량의 말과 날카롭게 대비된다. 마지막으로, 엽적은 주공 이후의 "극 세우기" 문제에 대해 아래와 같이 요약해서 논평한다.

이때부터 극을 세운 사람이 끊어진 적이 없었다. 방종과 쾌락에 안주하여 세울 줄을 모른다면, 그 극은 기울어 흔들리고 날마다 위태로울 것이다. 견문의 협소함에 막혀서 세우지 못한다면, 그 극은 헐거워져서 자리를 지키기가 어렵다. 제약당하는 곳이 있어 세울 틈이 없다면, 그 극은 없게 되어 저절로 망한다. 홀로 지력智力을 내어 여럿이 함께 세우지 않는다면, 일이 시원시원하게 이루어지겠지만 불안하게 된다. 여럿이 함께 세우되 크게 세우지 못한다면, 그 극은 소박하고 고루하며 용속하고 천박하게 되어, 거기에 구차하게 안주할 수는 있으나 적극적인 행위를 하기에는 부족하게 된다. 통치와 혼란의 효험이 다 여기에 달려 있다.[51]

"여럿이 함께 세운다"는 것은 중요한 관념으로, 앞 인용문의 두번째 특징과 정확히 호응한다. 엽적은 구체적으로 말하지는 않지만, 가장 마지막 구절은 그 자신이 처한 상황에 대해 묘사한 것임이 분명하다. "여럿이 함께 세우기"만 하고 크게 세우지 않는 것 역시 충분하지 않아서 기껏해야 "구차하게 안주하는" 수준에 머물 뿐이다. 그렇다면 무엇이 "크게 세우고" "적극적인 행위를 하는 것"일까? 그 진상을 밝히자면 효종과 이학자 집단이 공동으로 도모했던 대개혁이 바로 그것이다.

육구연은 우리가 제시할 최후의 사례인데, 그는 위에서 서술한 여러 사람과는 달랐다. 그의 「황극 강의」는 형문군荊門軍의 관리와 백성을 향해 유교를 선양하고자 행한 것이지 조정을 향해 진언한 것이 아니었다. 때문에 최고 시정施政 강령으로서 '황극'이 마땅한지에 대해 전혀 언급하지 않는다. 아래에서 논할 것은 두 가지다. 첫째, 「황극 강의」는 광종이 '황극'설을 천명했다는 것을 실증한다. 둘째, 육구연은 『홍범』 「황극」을 빌려 자신의 심학心學을 전파한다. 먼저 첫번째를 보자. 『상산선생전집』 권36 「연보」 소희 3년 조목이다.

춘정월 13일, 관리와 백성을 모아놓고 『홍범』 「다섯번째, 황극五皇極」 장을 강의했다. 군郡에는 구습이 있었는데, 정월 대보름에 관아 청사에서 〔도교식〕 제사를 지내면서 "백성을 위해 복을 기원한다"고 말하는 것이었다. 선생은 이때 관리와 백성을 모아서 「황극」의 '복을 모아 백성에게 베풂' 장을 강의함으로써 제사를 대체했다. 인심의 선함을 밝히는 것은 많은 복을 구하는 방법인데, 마음속을 밝게 하는 것 만한 것이 없다고 했다. 어떤 이는 강의를 듣고 울었다.[52]

이에 따르면, 육구연이 「황극」의 '복을 모아 백성에게 베풂' 장을 강의한 것은 제사를 지내면서 복을 구하는 도교의 구습을 대체하기 위한 것이었다. 당연히 위 기록은 신빙성이 있다. 다만 우리는 위에서 '황극'에 관한 여러 글을 보았기에 광종이 '황극'설을 천명한 것과 이 사건 사이에 관련이 있으리라 연상해보지 않을 수 없다. 이런 가설에 따라 육구연의 「황극 강의」를 다시 읽어보자. 『상산선생전집』 권23 「대보름 형문군 관아의 황극 강의荊門軍上元設廳皇極講義」 서두는 「다섯번째, 황극」의 원문을 인용한 후 이렇게 풀이한다.

'황'은 크다는 뜻이고, '극'은 중이라는 뜻이다. 「홍범」의 아홉 범주九疇 중 다섯번째가 중의 자리라서 '극'이라고 한다.[53]

육구연은 원래 한대 유학자들의 이러한 해석을 신봉했다. 순희 15년(1188),

그는 주희와 '무극이자 태극無極而太極'에 대해 논쟁하면서 '극'을 '중'으로 풀이해야 한다고 고집했다. 그가 광종이 천명한 '황극'설을 받아들이면서도 그다지 특별한 느낌을 받지 못한 원인이 바로 거기에 있을 것이다. 「황극 강의」의 첫 절을 보자.

옛날 성왕聖王들은 극極을 크게皇 세웠기에 천지에 참여하여 화육化育을 도울 수 있었다. (…) 오늘날 성스러운 천자께서 위에서 항시 빛나시어, 하늘을 대신해 만물을 다스리고 하늘을 따라 사업에 종사하시면서 크게 극을 세우셨으니 (…) 이 다섯 가지 복을 모아서 너희 백성에게 베풀어주시지 않음이 없다. 군수와 현령이 이를 계승하여 교화함은 바로 이 복을 계승하고 발양하는 것으로, 성스러운 천자를 위하여 너희 백성에게 베푸는 것이다.[54]

「황극 강의」의 말미는 이렇다.

성스러운 천자께서 황극을 세워 천하에 임하는 것을 가만히 생각해보건대, 군현의 관리들은 마땅히 너희 백성과 더불어 황극皇之極을 생각함으로써 천자의 빛에 가까이 가야 한다. 「홍범」의 '복을 모아 백성에게 베풂' 장을 삼가 밝힘으로써 〔도교식〕 제사를 대체하는 것은 만분의 일이나마 〔천자의 황극을〕 계승하고 그로써 교화하는 일일 것이다.[55]

「황극 강의」는 첫 부분에서 "오늘날 성스러운 천자께서 (…) 크게 극을 세우셨다"라고 하고, 말미에서 "성스러운 천자께서 황극을 세워 천하에 임한다"라고 하는데, 이러한 수미일관을 보면 육구연의 '황극' 개념은 필시 광종 즉위 후 천명된 설에 따랐을 것이다. "위에서 항상 빛나는" 당시 황제의 최고 원칙이 바로 '황극'이었기에 육구연은 바로 그 점을 생각하고서 「황극」 장의 "복을 모아 백성에게 베푼다"는 취지를 직접 강의함으로써 "백성을 위해 복을 기원한다"는 이단의 제사를 대체하려는 마음을 먹었을 것이다. 이뿐만 아니라 육구연은 "군수와 현령이 이를 계승하여 교화한다"고 하고, "만분의 일이나마 [천자의 황극을] 계승하고 그로써 교화한다"고 말한다. 이는 육구연이 군수 신분으로서 조정의 최고 의도를 백성에게 전달한 것이지 유학자이자 스승의 신분으로서 사인私人들을 위해 강학한 것이 아님을 분명히 보여준다. 따라서 만일 '황극'이 "오늘날 성스러운 천자"가 다시 세운 치국의 강령이 아니었다면, 위에서 말한 이야기들은 전혀 이해될 수 없을 것이다.

그다음 두번째 점과 관련하여, 육구연은 비록 겉으로는 "계승하고 교화한다"고 말했지만 사실은 자신의 신념을 선양할 절호의 기회를 놓치려 하지 않은 것이다. 때문에 그는 '복'에 대해 설명하면서 오직 '마음'을 설명할 뿐이다. 그래서 그는 말한다.

사실 다섯 가지 복에 대해 논하자면, 다만 사람의 마음을 논해야 한다. 이 마음이 바르다면 복 되지 않음이 없다. 이 마음이 만약 사악하다면 화禍 아님이 없다.[56]

육구연은 또 말한다.

만약 마음이 바르고 일이 선하다면, 글자를 모른다 하더라도 저절로 책을 읽은 효과가 있을 것이다. 마음이 바르지 않고 일이 선하지 않다면, 비록 책을 많이 읽었다 하더라도 무슨 소용이 있겠는가? 마음 씀씀이가 선하지 않다면 반대로 죄악만 더할 뿐이다.[57]

육구연이 주희와 논쟁을 벌일 때 견지한 "한 글자도 몰라도 나는 당당하게 사람 노릇을 해야 한다"거나 "이미 덕성을 보존할 줄 모르는데 어찌 묻고 배우는 일을 이끌어나갈 수 있겠는가?"라는 관점이 위 구절에 잘 녹아 있다.

우리는 위 두 사항을 분명히 인식해야지만 비로소 주희의 반응을 이해할 수 있다. 주희가 보낸 「호계수에게 답하다荅胡季隨」 열두번째 편지다.

형문荊門〔육구연〕의 「황극설」을 본 적이 있습니까? 시험 삼아 「홍범」의 이 조목을 다시 한번 숙독하고 글월의 의미를 상세히 해석한다면, 과연 「황극설」이 말하는 대로일까요?[58]

여기서 말하는 「황극설」은 「황극 강의」를 가리킨다. 주희의 말투를 음미해보면, 주희는 「황극 강의」 전체에 대해 불만을 품었던 것 같다. 단지 한 글자나 한 구절에만 의견을 달리했던 것이 아니었기에 편지에서 "숙독한다"거나 "상세히 해석한다"는 말을 했을 것이다. 나중에 주희는 「황극변」에서 자신의 견해를 드러내는데, 글 가운데에 있는 "복을 모아 백성에게 베푸는 것을 어찌 바랄 수 있겠는가?"[59] 구절은 「황극 강의」를 겨냥한 것이 분명하다. 다만 「황극변」은 경원당화慶元黨禍가 일어난 이후에 탈고되었고, 당시 주희는 따로 더 깊고 더 큰 자극을 받고 있었다. 관련 부분은 뒤에서 다시 인용하기로 하고 여기서는 언급하지 않겠다.

마지막으로 '황극'과 경원당금의 관계를 살펴보는 것으로 이 절을 맺도록 하자. 경원 원년(1195) 하담은 「독립적 학파의 학문은 비천하고 졸렬하며 간사하고 거짓되므로, 참된 것을 기록하고 거짓된 것은 삭제해야 함을 논하는 상소論專門之學短拙奸詐, 宜錄眞去僞疏」에서 다음처럼 말한다.

오늘날의 폐해는 사풍士風이 순수하지 않고 국시가 불안정한 데 있습니다. 번거롭게도 폐하께서 직접 조칙을 내려 '중도'라는 바른 이치로써 깨우치시는 지경에 이르렀습니다.[60]

초천초수는 "직접 조칙을 내렸다"는 부분에 대해 『경원당금』에서 이렇게 언급한다.

당시 저명한 사들이 연이어 파면되거나 배척당하여 인심이 흉흉해지자 한탁주가 걱정했다. 시어사侍御使 양대법, 우정언右正言 유덕수가 조칙을 내려주기를 임금에게 청하여, 국시國是, 존군尊君, 중도中道 등으로 조정 내에서 훈계해야 한다고 주장했다. 그리고 조칙대로 하지 않는 자가 있으면 법대로 처리해야 한다고 했다. 5월 13일 직학사원直學士院 부백수傅伯壽에게 명하여 요청대로 조칙을 내리라고 했다.[61]

'중도'는 바로 '황극'이기에 "극을 세운다"는 "중도를 세운다"라고도 칭해진다. 광종 즉위 초, 갈필이 곧바로 '중도'를 주장하는 상소를 올려 '황극'설을 천명하는 선구가 되었음은 이미 설명했다. 당시 내려진 조칙이 현재 전해지지 않아 상세한 내용은 알 수 없으나, '국시' '존군' '중도' 항목이 한 조칙에 다 들어 있었으므로, 세 항목의 의미는 서로 통하는 면이 있을 것이다. 위 하담의 상소문에 입각하면, '중도'에는 '국시의 불안정'을 방지하는 효과가 있으므로, '황극'이 '국시'와 표리 관계를 이룬다는 점은 의심할 나위 없다.

경원 원년(1195) 5월 13일의 조서와 그후 일어난 일련의 사건 발전은 주희에게 엄청난 두려움을 안겨주었다. 주희는 이해에 쓴 「시랑 장무헌(장영)에게與章侍郞茂獻」(『속집續集』 권5) 편지에서 말한다.

다만 국론의 큰 변화가 날마다 심해져서 사람들로 하여금 두려움에 떨게 하니 몸을 편히 둘 곳이 없다는 것을 곧바로 깨닫게 됩니다. 하늘은 지극히 어지신데 어찌하여 이런 사람들을 낳으셔서, 그들로 하여금 속임수와 미혹됨으로써 사람들의 국가를 패망하게 하실까요? 지난날 경연에서 영명한 주상을 위해 미리 이에 관한 설을 개진하지 못했으니, 우리도 죄가 없다고 할 수 없을 것입니다. 이제 와서 무슨 말을 하겠습니까? 무슨 말을 하겠습니까?[62]

또 말한다.

여러 현인이 다 떠나서 서울이 거의 다 비었습니다. 누약과 손봉길만은 아직 모르겠습니다. 이른바 '국시' 논의는 처음에는 듣기에 매우 놀라웠지만, 천천히 행간을 읽어보니 숨은 뜻이 있는 것 같은데, 잘 모르겠지만 종지終之〔손봉길〕의 글을 따른 것인지요? 과연 그렇다면 삭제할 만합니다. 마침 듣기로 남상南床〔시어사〕의 말이라고 하던데, 설득력이 충분치 못한 부분이 보이므로 아마도 동료들에 의해 받아들여지지 않을 것입니다.[63]

이 편지 첫번째 단락의 '국론'과 두번째 단락의 '국시'는 명칭만 다르지 실제로는 같은 것이다. 다만 두번째 단락을 좀더 고증해야지 관련 인사와 사건의 내용이 드러날 수 있다. "이른바 '국시' 논의"라는 표현은 정부 문서 한 건을 언급하고 있는데, 그 문서에는 필시 "국시"라는 글자가 들어 있었을 것이다. 그런데 이 문서는, 부백수가 기초한 5월 13일의 조서가 절대 아니다. 왜냐하면 주희는 "천천히 행간을 읽어보니 숨은 뜻이 있는 것 같다"고 하면서, 손봉길이 작성한 것 아니냐고 처음에는 의심했기 때문이다. 그 앞 문장에는 "누약과 손봉길만은 아직 모르겠다"고 했는데, 이는 누약과 손봉길이 이미 폄척당했는지 여부를 알지 못하겠다는 의미다. 그래서 그 아래에서 "잘 모르겠지만 종지〔손봉길〕의 글을 따른 것인지요?"라고 물었던 것이다. 이 문서의 수수께끼에 답을 하려면, "남상"이라는 표현에서부터 시작해야 한다. 이심전이 호굉의 「위학이 창궐함을 논함論僞學猖獗」이라는 상소문을 위해 쓴 발문을 보자.

〔중서사인 왕의단이 조 승상의 문하에 훌륭한 사가 많다는 것을 이유로, 당나라 때 이임보의 고사를 들어 그 뿌리를 근절하고 제거하려고 했다.〕때문에 당시 도덕적 인사들이 연이어 폄척되자, 헌성자열황후가 그 사정을 듣고서 〔왕의단 등을〕 비난했다. 〔경원 2년〕 6월 26일 어필이 내려졌다. "금후로 급사와 대간이 상

주할 때, 옛일을 더 언급할 필요가 없고, 공평과 공정에 힘씀으로써 '편당을 없애고 중도를 세우려는' 나의 뜻에 걸맞게 행동하라." 명령이 내려지자 우간의대부 유덕수와 감찰어사 요유, 장백해가 그렇게 하면 안 된다고 간쟁하면서, "옛일만 언급할 필요는 없다"로 바꾸었다. 어필이 나왔던 초기에 전중시어사 원장 황보만이 그에 홀로 찬동하여 동료들과 의견을 달리했다. 7월 황 원장을 기거랑으로 전직시켰다.[64]

주희가 말했던 '남상의 말'이라는 것이 바로 황보를 가리키는 것이 아닌가 자못 의심이 든다. 황보가 바로 '남상'임을 어떻게 알 수 있을까? 엽몽득은 『석림연어夕林燕語』 권5에서 말한다.

당나라의 어사대는 북향이었는데 수나라의 옛 제도를 따른 것이다. 공당公堂에서 모여 식사할 때, 시어사는 결상을 남쪽에 두었고 주부主簿는 북쪽에 두어 두 관원이 동서로 갈라진 데서 시어사를 속칭으로 '남탑南榻'이라고 불렀다.[65]

'남탑'은 송대에는 '남상'으로 바뀌게 된다. 왕명청은 『휘진록·제삼록揮塵錄·第三錄』 권3에서, 조균曹筠이 진회의 도움을 입어 어사대로 들어간 사건을 기록하고 있다.

관직을 바꾸어 어사대에 들어가기를 구하다가 마침내 남상에 들어갔다.[66]

이는 시어사가 남송 때 '남상'으로 불렸다는 것에 대한 확증이다.

『송사』(권393) 본전은, 황보가 "전중시어사겸 시강이었다가 시어사로 옮겼다"고 기록한다.[67] 『송회요집고』(『직관 6』의 71)를 살펴보면, 황보가 전중시어사겸 시강으로 옮긴 것은 경원 원년(1195) 7월이었다. 때문에 그가 이미 승진했건 안 했건 간에, 경원 원년에 그는 '남상'으로 불릴 수 있었다. 주희가 편지에서 말한 '남상'이 필시 황보임은 이렇게 확증될 수 있다. 아마도 주희는 5월 13일의 '국시' 조서가 내려진 후, 필시 상소문을 올려 그에 대해 반박을 했을 터다. 그 의도는 물론 이학자 집단 구성원들을 보호하는 것이었다. 상소문에는 '국시'나 '황극' 같은 표현이 있었음이 틀림없기에, 주희는 "천천히 행간을 읽어보니 숨은 뜻이 있는 것 같다"는 평가를 내렸을 것이다. 필자가 이렇게 추측하는 근거는 무엇일까? 황보의 상소는 바로 경원 2년(1196) 헌성황후 어필 속 "옛일을 더 언급할 필요가 없다"는 것에 대한 반응이었음이 그러한 추측의 근거다. 이심전은 『건염 이래 조야잡기』에서 이 사건을 더 상세하게 기록한다.

조칙의 "옛일을 더 언급할 필요가 없다"는 구절을 "옛일만 언급할 필요는 없다"로 바꾸려 했다. 황 원장[황보]은 전중시어사로서 홀로 상소했다. "통치의 도는 으뜸가는 악인을 내쫓고 현자를 임용하고, 재능 있는 자로 하여금 그 직위를 잃지 않도록 하고 재능 없는 자로 하여금 유감이 없도록 하는 데에 달려 있습니다. 그래서 인종께서는 '짐은 타인의 과실을 마음속에 담아두려 하지 않는다'라고 말씀하셨습니다. 이것이 황극의 도입니다. (…)" 상소문을 다 아뢰자, 황 원장은 끝내 다른 관직으로 옮겨졌다.[68]

여기서 인용된 황보의 상소문은, 조여우가 죽은 뒤에 그 밖의 재조 이학자 사대부들을 변호하기 위해 작성된 것이 분명하다. 더욱 중요한 점은 상소문에 "황극의 도"라는 표현이 특별히 기재되어 있다는 사실이다. 이는 상대방의 창으로 상대방의 방패를 공격하는 방식을 취한 것이다. 순희 16년(1189), 양만리가 광종 앞에서 응대할 때 그런 방식을 이미 취했음은 앞에서 살펴보았다. 이학자들은 '황극' 개념에 대해 줄곧 황제와는 다른 해석을 견지하고 있었다. 주희와 주남도 바로 그랬다. 종합하자면 황보의 이 상소문이 실증하는 바는,

'황극'이 바로 '국시'이고 관료 집단은 당시 그것을 이용하여 이학자 집단의 모든 구성원을 권력 중심 밖으로 축출하고자 했다는 사실이다. 황보도 결국 주희가 예견한 대로 되었다. 왜냐하면 그는 "동료들에 의해 받아들여지지 않아" "끝내 다른 관직으로 옮겨졌기" 때문이다. 이런 것을 보면, 권력세계에 대한 주희의 관찰이 얼마나 깊이 있는지 알 수 있다.

마지막으로 「황극변」을 대략 설명해야겠다. 주희의 「오백풍(오필대吳必大)에게 답하다答吳伯豐」 두번째 편지[69]의 말미에는 "「황극변」을 함께 보낸다"는 말이 덧붙어 있고, 이 편지는 순희 16년(1189) 여름에 작성되었으므로, 「황극변」은 최초에는 광종이 '황극'을 '국시'로 천명한 데 대한 반응으로서 지어진 것이라고 단정할 수 있다. 그래서 이 글은 앞서 인용한 양만리, 유광조, 주남의 글과 상호 인증될 수 있다. 하지만 이 글은 나중에 여러 차례 수정되기에, 글 가운데에는 육구연을 반박하는 곳이 있을뿐더러 글 끝부분에는 경원 2년(1196)에 쓴 발문이 추가되어 있다. 그래서 「황극변」은 매우 중요한 역사적 문헌이다. 이에 마지막 단락을 인용함으로써 이 절을 맺고자 한다.

선대 유학자(공안국)는 그 의미를 깊이 추구한 적이 없는 데다가 임금이 몸을 닦고 도를 세우는 근본을 살피지 못했기에, '황극'을 '대중'으로 잘못 풀이했다. 또한 그의 말을 보면, 이것저것 다 포용하고 관대한 경우가 대부분이고, 다시 '중'을 애매하고 구차한 것으로 오인하여 선악의 의미를 구분하지 않았다. (…) 잘못 이해된 '중'을 잘못 풀이된 '극'으로 여겨, 지극히 엄격하고 분명한 본질을 신중하게 밝히지 않고, 반대로 지극히 관대하고 지극히 넓은 도량을 만드는 데 힘썼다. 그 폐단은, 장차 임금으로 하여금 몸을 닦아 정치를 확립하는 것을 모르도록 해서, 한漢 원제의 우유부단함과 당 대종의 무원칙한 관용에 떨어지게끔 만드는 것이니, 마침내 옳고 그름이 거꾸로 되고 현인과 악인이 뒤바뀌어 혼란스럽게 돼서 재앙이 뒤따르는 데 이를 것이다. 그러니 어찌 '복을 모아 백성에게 베푸는 것'을 바랄 수 있겠는가? 아! 공씨(공안국)가 정말로 잘못했구나. 하지만 그의 본심을 더듬어본 다면, 임시로 문장에 따라 의미를 풀이하여 입으로 송독하기 편하게끔 하기 위해서였을 뿐이었고, 그 화가 이 지경까지 이르리라고는 알지 못했던 것이다.[70]

언사가 침통한 동시에 격앙되어 있다. 만약 광종과 영종 시기에 '황극'이 실제의 정치적 작용을 발휘하지 않았다면, "그 화가 이 지경까지 이르리라고는 알지 못했던 것이다"라는 말을 어떻게 할 수 있었겠는가? 소희 원년(1190)에 주남이 했던 예언("천하의 큰 화가 '도학'에서 시작하여 '황극'으로 끝날 것이다")은 결국 5~6년 후 완전히 실현되고 만다.

8. 결론을 대신하여: 세 가지 관찰

이 장은 남송 중기 황권의 내부 구조와 동태에 대해 상세하게 고찰했다. 여기서 다룬 현상은 유형의 인사人事와 제도로부터 쭉 확장하여 무형의 심리적 태도에까지 범위가 확장되었고 그만큼 내용이 복잡해졌다. 독자들로 하여금 나무를 통해 숲을 보도록 하기 위해 세 가지 관찰 내용을 제시함으로써 결론을 대신하고자 한다.

첫째, 이 장은 황권에는 내적 변동의 궤적이 있음을 한 걸음 한 걸음 추적해나갔다. 다만 황권은 고립된 것이 아니라 전체 정치권력의 한 구성 부분이거니와 권력을 발동하는 근원의 자리에 있다. 바로 그 때문에 황권 자체에서 조금이라도 미세한 변화가 일어나면 전체 정세에 영향을 미치지 않을 수 없고, 그 파급은 종종 정국의 전체적 불안정을 초래했다. 여기서 먼저 '황권' 개념에 대해 분명히 밝혀보자. 적어도 이 장이 다루는 시대에 입각해 말하자면, 황권은 결코 재위 황제의 개인 권력으로 이해되면 안 된다. '황권'은 오히려 스스로 하나의 체계를 이루는 권력 구조다. 황권의 운용에 참여하는 자들로 재위 황제 및 퇴위 황제가 있을 뿐만 아니라 그 밖의 황실 구성원과 황실 관련 배역들이 거기에 포함된다. 예를 들어, 태자, 황태후, 황후, 종실, 그리고 '근행近幸'이 바로 그들이다. 이런 각도에서 효종, 광종, 영종 3대 역사를 관찰할 때 우리는 다음 사실을 발견한다. 곧 그 참여자들의 차이로 인해, 황권의 구조와 동태는 각 시대마다 독특한 면모를 나타낸다는 점이다. 다만 황권의 변동에도 그 내부의 인과 법칙이 있어서, 인간사의 우연성이라는 면에서만 그것을 보면 안 된다. 겉보기에 우연한 사건처럼 보이더라도 조금만 깊이 분석해보면 인과 법칙의 지배를 벗어나지 못한다. 광종의 '실심풍失心癲[정신착란]'이 가장 뚜렷한 사례다. 더욱 중요한 점은, 이 3대에 걸친 황권의 변동이 동시대 정치적 사조의 기복, 당쟁의 진퇴, 그리고 '도학'의 성쇠와 하나하나 상응하여, "파도가 한 번 치니 수많은 파도가 잇따르는一波才動萬波隨"[당 덕성德誠, 즉 선자 화상船子和尚의 게송] 상황이 많이 발생했다는 사실이다. 독자들이 본서의 관련 장들을 나란히 놓고 읽어본다면 스스로 검증해볼 수 있을 것이다. 요약하자면, 12세기 마지막 20년간 남송 정치사의 진행 과정은 반드시 황권의 내부 변동을 통해야만 철저하게 해석될 수 있다. 정국 불안정의 핵심적 시기는, 순희 14년(1187) 10월 이후 효종이 적극적으로 추진했던 개혁 구상과 정치적 배치가 실행되었을 때였다. 이 장과 제10장은 이 점에 대해 이미 상세한 고증을 다했다. 하지만 효종이 이와 같은 비상조치를 취한 원인을 찾으려면, 그 이전의 20여 년에 걸친 황권의 특수한 형태로 거슬러 올라가야 한다. 효종의 정식 황권은 시종일관 고종의 막후 황권에 의해 통제되었고, 특히 순희 8년(1181) 왕회가 태상황[고종]의 '안정安靜' 강령을 받들어 집정한 이후, 효종의 '회복恢復'에 대한 정체성은 무한 연기의 지경에 빠지게 되었다. "꿋꿋하게 참는" 효종의 성격에 입각해보자면, 억압이 길어질수록 내심의 반항은 더욱더 강해지기 마련이었다. 그러므로 고종의 사후, 그의 '자아 이상ego-ideal'이 마침내 터져나온다. 주희는 "천하乾坤를 홀로 통어하게 되었으니 해와 달이 다시 빛을 내리려고 한다"는 시 구절로써 효종의 '말년의 정치'를 묘사했는데, 이는 매우 깊이 있는 심리적 관찰이었다. 이러한 '자아 이상'이 일단 발동하자마자 곧바로 "콸콸 쏟아져서 누구도 막을 수 없는沛然莫之能御"[『맹자』「진심盡心 하」] 형세가 형성되었다. 따라서 일련의 황권의 위기가 촉발되었고, 이는 광종의 정신착란에서 시작되어 영종의 황위 계승에서 끝나게 되었다. 양대 적대 세력(이학 집단과 관료 집단)으로 나뉜 외정外廷의 사대부들은, 황권의 분열에서 재통합에 이르는 과정에서 날카로운 투쟁을 펼치며 각각 자신의 정치적 목적을 실현하려 했다. 효종, 광종, 영종 시기의 중대한 정치적 변동은 그 어느 하나라도 황권에서 시작되지 않은 것이 없었다. 이는 대량의 증거를 통해 도출된 역사적 결론으로, 이 장의 각 절을 자세히 읽어본다면 독자들 역시 그렇게 판단할 수 있을 것이다.

둘째, '황권'에 관한 앞 절의 연구는 그 논증이 꽤 복잡했으므로, 여기서 요점을 간명하게 제시함으로써 그 역사적 의미를 드러내고자 한다. "증포의 '건중建中'과 왕회의 '황극'"이라는 이심전의 말은 앞 절의 논지를 뒷받침하는 핵심 근거다. 이 말은 800여 년 동안 묻혀 있던 무수한 역사적 문헌을 살려내기 때문이다. 효종·광종 때 갑자기 '국시'와 '황국'에 관한 의론이 숱하게 출현하는데, 처음 봤을 때는 그 모두가 실제와 동떨어진 일반적 의론인 것 같았다. 하지만 왕회가 받들어 행했던 '안정'의 강령이 사실은 일종의 수정판 '국시'라는 사실과 '황권'이 그 정식 명칭이라는 사실을 확정한 이후, 그런 숱한 의론은 결코 '표적 없이 쏜 화살'이 아닐뿐더러 그것들이 겨냥한 목표가 매우 뚜렷했음을 우리는 곧바로 알 수 있었다. 하편의 「서설」에서 나는, "효종 말년의 정치"는 남송 중기 정치사에서 "잃어버린 고리"에 해당된다고 지적했다. 이제 '황극'의 재발견으로 인해 필자는 또한 그 속의 고리 하나를 복원하게 되었다. 순희 14년(1187)에 엽적이 '국시' 변경의 어려움을 논했던 것과, 순희 15년 나점이 '국시' 재정립의 방법을 논했던 것은 모두, "천하를 홀로 통어하게 된" 이후의 효종이 다시는 '안정' 기조의 '황극'에 안주할 수 없었음을 암시한다. 최고의 시정 강령이 이제 막 변하려 할 때 먼저 '국시'에 관한 토론이 벌어지는 현상은, 북송 희령변법 시기부터 시작되었다. 그런데 효종 만년에 이르기까지 이런 유풍이 아직도 남아 있었던 것이다. 이는 남송의 정치문화가 대체로 북송의 전통을 여전히 계승하고 있음을 설명한다.

이제 각각 황권, 관료 집단, 이학 집단의 입장에 '황극'의 기능과 의미를 설명해보자. 고종은 어째서 순희 8년(1181)을 전후로 특별히 '안정'을 주장했을까? 우윤문과 조웅이 선후로 집정하면서 효종의 '회복' 구상을 실행에 옮기려 하여, 벼슬길에 나아가려는 적잖은 사대부들이 거기에 부화뇌동했기 때문이다. 이 때문에 조정에서 당파 간 분쟁이 발생했다. 고종은 '회복'을 아예 반대해서, 자연스럽게 이런 기회를 틈 타 '안정'에 대한 요구를 제시했다. 효종은 어쩔 수 없이 '조정에 당이 있을 수 없다'는 훈계를 신하들에게 거듭해서 할 수밖에 없었다.[1] 황권 쪽에서 '황극'을 '국시'로 받아들인 까닭은 주로 그 '대중大中'이라는 의미를 빌어 "붕당을 해소"하려 했기 때문임을 이로부터 알 수 있다. 그러므로 '황극'은, 증포가 제시했던 '건중建中' 개념과 의미상 분명히 상통한다. 하지만 왕회는 '건중'이라는 국시가 왕안석의 신당을 연상시키는 것을 피하고자 했기에, 그것을 '황극'으로 바꾸었을 뿐이다. 이것이 바로 '황극'에 대한 황권 측의 일관된 태도였다. 그러므로 경원 2년(1196) 6월, 헌성태후는 이학 집단에 대한 관료 집단의 연속된 공격을 저지하기 위해, 역시 "편당을 없애고 중도를 세우는 뜻"을 천명한다는 조서를 특별히 하달한다.[2] 경원 5년(1199) 이후, 황권 쪽은 이러한 장기적 분류를 끝내려 결의하여, 영종은 조서에서 "당을 융합하여 모두 황극으로 귀일시킨다",[3] "황극을 세워 편당을 융합시킨다"[4]는 말을 했다. 황권이 당쟁을 평정하는 데 급급할 때는 반드시 '황극' 개념을 빌리는데, 북송과 남송이 모두 그러했음은 부인할 수 없는 사실이다.

'황극'은 일종의 과도적 '국시'로서, 비록 왕회를 우두머리로 삼는 관료 집단과 황권 쪽의 협상에 의해 세워진 것이었지만, '황극'을 대하는 관료 집단의 태도는 황권 쪽과 판이하게 달랐다. 대체를 말하자면, 효종·광종·영종 3대 황권의 내적 구조가 각각 달라서, '황극'을 운용하는 관료들의 방식 역시 그에 따라 끊임없이 조정되었다. 왕회가 집정하던 기간, 그들은 '황극'의 비호 아래에서 '안정'을 구실로 삼아, 한편으로는 자기 쪽 구성원들을 대간과 급사 등의 요직에 최대한 배치했고, 다른 한편으로는 되는 대로 살아가면서 무성의하고 구차한 태도로써, "일을 만드는 것"을 방지하고자 했다. 바로 주희가 지적했다시피, "근래의 ['중'에 대한] 설은 (…) 모호하고 구차하여 시비를 가리지도 않고 흑백을 변별하지도 않으려 하면서, 해야 할 일이 생겼을 때 대충 해버리고 철저하게 하지 않으려 하는 것"[5]이었다. 그러므로 현 상태에 안주하는 관료적 기풍이 저 7~8년간 급속히 자라났다. 소희 시기(1190~1194)에 이르러 황권이 분열되고 효종이 막후에서 계속해서 정치적 배치를 진행하자, 관료 집단은 위기감을 느끼고 '황극'의 운용 방식 역시 그에 의해 달라졌다. 요약하자면, 동시에 그들은 상호 지원이 되는 책략 두 가지를 채택한다. 그중 하나는 '황극'을 '국시'로 천명함으로써 효종이 막후에서 추진했던 개혁의 계획에 저항하는 것이었다. 이런 책략을 추진했던 사람이 광종의 태자 시절 스승 갈필이다. 그는 광종이 즉위하자마자 누구보다 먼저 "중도를 견지해야 한다"는 설을 바쳤고, 소희 4년 우상으로 제수되자 또다시 "오로지 조종의 법도를 지켜야 한다"[6]고 굳게 주장했다. 그래서 그는 광종을 인도하여 '안정의 설'로 되돌아가게끔 만들었다.[7] 이는 조부 고종의 권위를 빌려 퇴위한 부왕父王에 저항했던 것이 분명하다. 소희 시기 '황극' 논쟁이 조야에서 크게 일어난 까닭은, 바로 광종이 '황극'을 '국시'로 천명했기 때문이다.

또다른 책략은 '황극'을 빌려 '도학 붕당'을 배척하고, 관료 집단 구성원을 위해 권력과 지위를 쟁취하는 것이었다. 이 점과 관련해, 소희 원년(1190) 주남은 「정대」에서 거듭 인용될 만한 구절을 남겼다.

오직 천하의 용속한 사람 중, 아무 주관도 없는 것을 지혜롭다 여기고, 굳게 지킬 것 없는 것을 현명하다고 여기는 자들은, 이미 '도학'으로 들어가지도 않고 또한 [도학의] '붕당'과도 나란히 있으려 하지 않습니다. 그래서 '황극'이라는 공평하고 정직한 설을 빌려, 교활하고 용속하게도 스스로를 팔려는 계책으로 삼았고, 마침내 '황극'론이 그 두 가지('도학'과 '붕당') 이후에 나왔습니다.[8]

이 구절이 모든 사정을 다 설명할 수 있다. 최후로 영종 초에는, '황극'이 다시 일변하여 정적을 탄압하는 관료 집단의 도구가 되었다. 이때 그들은 한탁주를 통해 통일 황권의 지지를 획득하여, 이제 자신들이 공세를 취하고 이학 집단은 수세에 몰리게 되었다. 따라서 '황극'은 그들의 손 안에서 '국시'의 법률적 효과를 충분히 발휘하게 되었다. 이에 관한 상세한 내용은 앞 절에서 다루었으므로 여기서 다시 서술할 필요는 없겠다.

이학 집단은 '황극'에 대해 처음부터 끝까지 비판적 태도를 취했다. '국시'를 변경하거나 다시 정해야 한다는 그들의 주장은, 암암리에 '황극'을 겨냥하여 나온 것이었다. 더욱이 그들은 '황극'에 관한 여러 의론을 통해, 그 개념의 어용적 해석에 대해 공개리에 심각한 의문을 던졌다. 대체를 말하자면, 그들의 공통 경향은 정치질서에 관한 송대 유학의 새로운 이념에 바탕을 두고서 '황극' 개념을 새롭게 해석하는 것이었다. 주희, 엽적, 주남의 의론이 모두 그랬다. 하지만 그 가운데에서도 가장 창의적이며 대표적인 것은 역시 주희의 신설新說이었다. 주희는 '황극'을 '대중大中'으로 잘못 풀이한 공안국을 반박했는데, 이는 분명 어용 해석에 대해 발본색원식의 논파를 가하는 것이었다. 주희는 '황'을 '임금'으로 풀이하고, '극'을 '표준'으로 풀이하여, "[황극은] 인군이 몸을 닦고 도를 세우는 근본이다"라고 해석했다.[9] 여기에는 깊은 의미가 들어 있었다. 만일 그렇게 된다면, '황극'은 군주를 구속하는 일종의 원칙이 되어버리기 때문이다. 주희는 남도南渡 이후 고종이 군권君權을 지나치게 강화해버린 데 줄곧 불만을 표했다.[10] 이는 당시 이학자들의 공통 견해를 대변한다. 예를 들어 장식은 "진한 이래 사는 천시되고 군주는 방자해졌다"[11]고 비판했고, 여조겸도 "진한 이후, 위는 매우 존귀해지고 아래는 몹시 비천해지는 것을 걱정할 뿐"[12]이라고 원망했다. 주희가 '황극'에 대해 제시한 새로운 해석은 바로 이런 측면을 겨냥하여 나왔던 것이다. 그의 새로운 해석에 따르면, 군주는 오직 "몸을 닦아서" 백성을 취해 하나의 '표준'을 수립해야 할 뿐,[13] 그 밖에 따로 다른 행위를 할 필요는 없다. 주희의 '황극' 해석은 "무극이자 태극"으로부터 "분화된分殊" 것임이 분명하다. 주희가 그것을 통해 황제에게 요구한 것은, 무위無爲로서 다스리는 입헌군주인 허군虛君이 되라는 것이었다.[14] 그는 이처럼 '황극'을 도리어 군주에게 부과하고 있는데, 이는 실로 "그 사람의 도로써 그 사람의 몸을 다스리는 것"[15]이라고 할 만하다.

'황극'의 이해와 운용에서, 황권, 관료 집단, 이학 집단이 각각 필요로 하는 면만을 취하여 서로 견해가 달라졌다는 것은, 3자가 서로 의존하기는 하지만 상호 독립하여 있었음을 설명해준다. 이 역시 송대 정치문화의 뚜렷한 특색 중 하나다.

셋째, 우리의 최후 관찰 내용은 이학자와 황권의 관계에 대한 것으로, 특히 "군주를 얻어 도를 행한다得君行道"는 문제가 중요하다. 필자는 제8장 서두에서 과거에 상당히 널리 퍼졌던 견해를 하나 소개했다. 남송 이래 유학이 '외왕外王'에 대한 관심으로부터 '내성內聖'의 추구로 나아갔다는 인식이다. 그래서 주희를 수장으로 하는 이학자들은 대체로 마음과 본성의 수양을 중시하고, 정치 개혁은 그다지 이야기하지 않았다고들 한다. 하지만 이런 견해는 학술사상사와 정치사의 철저한 격리로 인해 성립한 것으로, 이제는 분명 크게 수정되어야 할 필요가 있다. 남송 이학이 '내성'을 특히 중시했다는 점은 부인할 수 없지만, 주희·장식·여조겸·육구연 같은 이학자들은 "군주를 얻어 도를 행하려는" 노력을 결코 포기한 적이 없다. 그들은 어떤 정도에서는 여전히 왕안석의 '외왕'을 계승하고 있었다. 필자는 본서 하편의 연구가 기본적으로 완성된 후 그런 인식을 갖게 되었다. 내가 이렇게 말하는 것은 결코 타인을 비판하려 함이 아니라 오히려 스스로를 비판하기 위해서다. 왜냐하면 나 역시 그렇듯 오랫동안 유행했던 '정론定論'을 줄곧 인정해왔기 때문이다. 이제 하편의 서술이 종결을 고하는 마당에, 독자들을 일깨워 그런 '정론'에 주의하도록 해야 할 필요성을 더욱 느낀다. 왜냐하면 지난 20년 동안 적잖은 연구자들이 '정론'에 바탕을 두고서 문제를 더욱더 확대된 영역으로 확장해나간 결과, 마치 북송과 남송 교체기가 중국사에서 가장 중대한 이정표가 된 것처럼 인식되었기 때문이다. 적어도 내가 접한 사료들에 입각해 말하자면, 그런 가설은 실증되기에는 매우 요원하다.

제10장에서, 수많은 이학자가 효종의 호소한 정치 개혁적 활동에 얼마나 열심히 참여했는지 이미 분명하게 살펴보았다. 가장 상징성이 강했던 사건은 종실 조여우가 영종을 황위에 등극시킨 일이었다. 막후에서 활동했던 가장 유력한 세 사람이 첨체인·서의·엽적이었는데, 첨체인과 서의는 각각 주희와 육구연의 문인이었다. 당시 정립했던 3대 이학의 유파가 모두 황권의 내부 운용에 깊이 개입했음을 여기서 알 수 있다. 이 장 제6절에서 우리는, 이학 집단 구성원들이 여기저기서 상소문을 올려, 광종에게 "한 달 네 번 알현한다"는 약속을 이행할 것을 요구했다는 것과 최후로는 멀리 지방에 있던 주희마저 그들의 행렬에 참여하기로 결심했다는 것을 보았다. 이는 황권 내부의 분규에 직접 말려듦을 의미했다. 황권은 누가 계승하는가? 황제는 태상황에 대해 '효도'를 다하는가? 이런 문제는 일견 황실의 가정사에 속하는 듯하지만, 사실은 천하의 안위와 직접 관계되는 일이었다. 그래서 당시 재위在位 사대부들이 황권의 동태에 관심을 기울였을 뿐만 아니라 일반인들 역시 그러했다. 소흥 5년에서 7년(1178~1180) 사이, 조야에서 효종을 태자로 세워야 한다고 극력으로 주장했던 것은 그 점을 보여주는 극명한 사례다.[16] 소흥 5년에는, 광종이 병으로 인해 효종의 상을 치르지 못하자 한바탕 군사정변이 일어날 뻔했다.[17] 이는, 당연히 황권이 구조상 권력세계의 근원이자 중심에 자리를 잡고 있어서, 이곳에서 한번 파란이 일어나면 정치질서의 전면적 해체가 초래되기 때문이었다.

나는 제8장에서 이미 "군주를 얻어 도를 행하는" 사례를 열거하여, 남송 이학자들이 '내성' 쪽에 많은 관심을 갖기는 했지만 '외왕'을 포기한 적이 없다는 점을 설명했다. 그들은 여전히 북송 이래 유가 정치문화의 주류를 잇고 있었던 것이다. 아래에서는 주희의 '외왕' 활동을 극히 간략하게 돌아보면서 이러한 의미를 천명해보고자 한다. 이어서 "군주를 얻어 도를 행하는 것"의 실패와 황권의 관계에 대해 좀 논해야 할 것이다.

하편 제5장에서, 주희가 최후 20년 동안 '외왕' 쪽에 상당한 정신력을 쏟았음을 우리는 이미 분명히 살펴보았다. 그는 비록 권력의 핵심 밖에 있었지만 조정의 일거수일투족을 마치 제 손바닥 위에 놓고 보듯이 했다. 친구 및 문인들과 나눈 서신 왕복, '소보小報' 같은 정보 보고를 통해, 주희는 전체 정국의 추이와 대세를 파악했다. 주희가 보유한 정보의 풍부함, 정확함, 신속함은 실로 믿기 어려울 정도다. 그는 결코 수동적으로 타인의 보고를 기다리지 않았고 종종 능동적으로 일체의 중요 동태를 탐문해나갔다. 이런 정황은 '시사출처時事出處'에 관한 그의 서신과 어록 속에 특히 생생하게 반영되어 있고, 그런 자료는 본서 하편 각 장의 주요 사료가 되었다. 사실, 주희가 제공한 핵심 문헌이 없었더라면 남송 중기 정치사의 '잃어버린 고리'는 재구성될 수 없었을 것이다. 주희가 남긴 사료를 읽은 후, 그의 전체 생명이 '내성'을 관통할 뿐 '외왕'에 대해서는 냉담한 태도를 유지했다는 기존의 견해를 다시는 믿을 수 없게 되었다. 만약 한 걸음 더 나아가 주희의 '내성' 관련 문헌을 정치적으로 독해한다면, 그의 역사적 면모는 수정되지 않을 수 없을 것이다. 게다가 그의 정치적 행동에 입각해 말한다면, "군주를 얻어 도를 행한다"는 것이 시종일관 그 행동의 주요한 특색이었다. 효종 시기에 그랬을 뿐만 아니라 제8장에서 서술했다시피 광종과 영종 시대에도 그러했다. 순희 16년(1189) 광종이 즉위한 후 주희를 불러올리라는 명령을 내렸을 때, 주희는 이미 '봉사'를 다 쓰고 서울로 올라갈 준비를 하고 있었다. 다만 최후로 갈필의 "사악한 기운"이라는 말 한마디에 의해 가로막혀서 서울 행차를 취소할 수밖에 없었다. 소희 5년(1194), 주희는 영종에 대해 꽤 높은 기대를 품고서, '황제의 직접 소환 명령親批召旨'을 접한 후 "수레에 말 매기를 기다리지 않고 [곧바로] 갔다."[18] 그로 인해 "40일간 조정에 설立朝四十日" 평생 유일의 기회를 얻게 되었다. 주희에게 "관리가 되고 싶은 마음官情"이 전혀 없었음은 전적으로 믿을 만한 사실이다. 하지만 그는 책임의식으로 인해, 정치질서를 재수립할 어떠한 기회라도 놓치려 하지 않았다. 왜냐하면 그것은 송대 유가 사대부들이 스스로 규정한 '천직calling'이었기 때문이다.

주희와 숱한 이학자들이 열렬히 추구했던 "군주를 얻어 도를 행한다"는 이상은 어째서 마침내 속절없이 사라지게 되었을까? 이 문제에 대한 철저한 대답은 이 절의 지면이 허락하는 범위를 넘어선다. 여기서 우리는 다만 이 장의 논의에 바탕을 두고서 좀 요원한 힌트를 제공할 수 있을 뿐이다. 대략 말하자면, "도를 행할" 군주를 얻기가 어렵다는 것과 황권 내부의 제한이라는 두 가지는 경시되면 안 되는 양대 요소다. 효종을 사례로 들자면, 그는 최초 20년 동안 자유롭게 황권을 운용할 공간을 조금도 갖지 못했다. 그는 최후 1년의 "천하를 홀로 통어할" 기간에도, 위로는 누차 압력을 행사하는 태후[고종의 헌성태후]가 있었고, 아래로는 황위 계승을 초조하게 기다리는 태자[광종]가 있었기에, 정치적 배치를 다 마치지 못한 상태에서 어쩔 수 없이 급히 황위를 물려줄 수밖에 없었다. 설사 효종이 정말로 신종처럼 "도를 행할 만한" 황제였다고 할지라도, 주희가 판단했던 것처럼 그는 신종이 가졌던 것 같은 객관적 조건을 갖지 못했다. 신종은 스무 살에 즉위했을 때 이미 황권을 행사할 만한 충분한 자유를 갖고 있었다. 태황태후(광헌光獻)와 태후(선인宣仁)가 왕안석의 신법에 반대하기는 했지만, 신종은 황권 내부로부터 오는 압력을 저지할 권위를 충분히 갖고 있었다.[19] 이런 측면에서 효종은 신종의 발끝도 따라갈 수 없었다. 황권의 구조 속에서 광종이 처했던 상황은 효종의 그것과 똑같았고, 하물며 그는 "도를 행할" 생각도 없었을뿐더러 심지어 '도를 행하는 것'에 대한 방해 세력이었기에 더 말할 나위도 없다. 마지막으로 영종의 상황을 소개하면서 이 장이 채 언급하지 못한 부분을 보충하고자 한다. 엽소옹은 영종 즉위 사건을 매우 생동감 있고 흥미롭게 기록한다. 원문은 이렇다.

> 가왕(영종)이 명을 듣고 놀라서 도망가려 했다. 헌성황후는 이미 지합문사 한탁주에게 명령하여 [가왕을] 붙잡아 나가지 못하도록 했다. 가왕이 연이어 호소했다. "큰 마마님(헌성─원주)께 아룁니다. 신(臣)은 해낼 수 없습니다. 신은 해낼 수 없습니다." 헌성이 한탁주에게 명하여 "황포(黃袍)를 갖고 오거라, 내가 직접 입히겠다"라고 말했다. 가왕은 마침내 탁주를 끌고 가서 궁전 기둥을 양팔로 꽉 안았다. 헌성이 가왕을 꾸짖으면서 입시(入侍)하라고 했고, 이어서 "나는 네 증조부[고종]도 알현했고, 네 할아버지[효종]도 알현했으며, 네 아비[광종]도 알현했는데, 이제 다시 너를 알현하게 되었구나"라고 가왕을 질책했다. 말이 끝나자 [가왕은] 울면서 몇 차례 아래로 내려가려고 했다. 한탁주는 옆에서 힘껏 천명이라고 권했다. 가왕은 헌성의 의지가 굳건하고 또 화가 났음을 알고, 마침내 황포를 입고서 급히 절을 했는데 헤아릴 수 없을 만큼 많이 했다. 그러면서 입으로는 "해낼 수 없습니다"라고 작게 읊조렸다.[20]

이는 실로 보기 힘든 역사적 희극이다. 영종은 당시 벌써 스물일곱 살이었으므로, 대체 그가 어떤 사람인지 말을 안 해도 알 것이다. 주밀도 우리에게 이렇게 알려준다.

> 영종은 지혜롭지 못하고 말이 어눌하여, 북쪽 사신이 입국하여 알현할 때마다 몰래 환관을 시켜 대신 답하도록 했다고 어떤 이는 말한다.[21]

이것은 비록 전설이기는 하지만 전혀 근거 없는 이야기는 아닐 터다. "말이 어눌하다"는 설은 "해낼 수 없습니다. 해낼 수 없습니다"라는 영종의 말에 의해 입증될 수 있기 때문이다.

이 사람이 바로 주희가 "군주를 얻어 도를 행할" 최후의 상대였으므로, 특별히 여기에서 인용하여 주희의 역사세계를 맺고자 한다.

주희의 효종 추모시에 대한 주석

효종황제 추모 가사孝宗皇帝輓歌詞

부릉阜陵[효종]의 발인이 있게 되자, 근신近臣들이 만가사挽歌詞를 올리는 것을 허락하는 조칙이 내려졌다. 나는 [효종황제의] 가득한 덕과 위대한 사업을 쉽게 형용하기 어렵다고 삼가 생각하여, 비천한 생각을 다해 만분의 일이나마 본뜨려고 했다. 며칠 동안 암중모색하여 겨우 네 마디를 얻었으나, 갑자기 '노고를 위로하는' 조서[해직을 명하는 조서]를 받고 파면되어 고향으로 돌아와, 결국 문장을 완성시켜 바치지 못했다. 몇 년간 문을 걸어 잠그고 살면서 매번 개인적 한으로 생각했다. 무오년 봄, 큰 병이 나서 죽을 뻔했다가, 평생 임금의 은총을 받았음에도 갚을 길이 없음을 묵묵히 생각하다가 감격하여 눈물이 흘러 멈출 수가 없었다. 삼가 예전에 썼던 구절을 바탕으로, 16운으로 이어 써서 완성했다. 이에 대략 본말을 서술함으로써, 외로운 신하의 무례함과 죽어도 임금을 잊지 못하는 마음을 보이고자 한다. (…)

"마음의 정밀함과 정신 집중이라는 방법을 통해 마음의 오묘함을 전해주셨으니, 문명이 시운에 따라 창달되었구나. 천하를 홀로 통어하게 되었으니 해와 달이 다시 빛을 내려고 한다. 오랑캐가 패망할 시대가 아니었으니, 무슨 방법으로 한나라의 강역을 회복했겠는가? 갑자기 황위에서 물러나시더니, 곧바로 [신선이 있는] 백운향白雲鄉으로 올라가셨구나. 온 나라가 똑같이 절절하게 슬퍼하고, 외로운 신하는 눈물만 주룩주룩 쏟아지는구나. 어찌했더라면 순 임금의 시대를 만나 두루 순행하는 일에 참여할 수 있었을까? 다만, 궁전의 붉은 섬돌 위에서 이끌어주셔서 급히 황제의 옆으로 달려간 일을 떠올릴 뿐. 화려한 곤룡포로부터 은총을 입었고, 흰 상복 입으시어 삼년상 알리셨네. 소금과 매화 열매처럼 삼으시려는 약속이 있더니, 비단에 수놓은 조개무늬 같은 수많은 모함으로 받은 상처에 한탄하네. 머리에 대야를 뒤집어쓰고 있던 중[내 공부만 하던 중] 놀랍게도 은혜를 입었으니, 승진하여 [도관道觀에서] 분향례를 행하려 하네. 직접 상소문을 써서 충정을 다했고, 여정을 가늠하여 비밀 상소를 했네. 신성한 마음은 북두성의 운행에 감응하고, 황제의 명령은 재빨리 바람을 타고 날아갔네. 미처 답을 못 드렸는데도 후하게 유학자를 높여주셨으나, 신발 벗느라 바쁘다는 소식을 갑자기 들었네. 살아계실 때는 영원하실 줄 알았더니, 돌아가시고 나니 안 계신 것이 한스럽구나. 안으로 새로운 임금을 개도하기가 어려우니, 오른쪽 자리를 세우는 데로 빨리 귀결되었구나. 바야흐로 산이 처량하므로 온 나라가 창황하네. 내 질병이 지금 이러하니 이 몸이 스스로 헤아릴 수 있겠는가? 은혜를 갚으려 하면서 어찌 하루를 더 살려 하는가? 차라리 죽더라도 남은 시 구절을 이으려 하네.[1]

주희는 효종을 추모하는 시에서 효종이 자신을 알아주었던 경과經過, 말하자면 자기가 일생 동안 정치와 맺었던 관계를 서술한다. 이 시는 하편의 논지와 관련이 밀접하기에, 당시 기록을 인용함으로써 시 전체의 주요 의미를 풀이하고 이 내용을 부록으로 삼고자 한다.

시의 서문에 따르면, 앞의 네 구절은 "부릉의 발인" 이전에 완성된 것이다. 『송사』 권37 「영종기 1」에는 이런 기록이 있다.

순희 5년(1194) 11월 을묘(28)일, 효종황제의 시신을 영부릉永阜陵에 임시 안치했다.[2]

주희의 '환장각대제시강' 직위는 같은 해 윤10월 21일(무인일)에 정식으로 해제되었기에, 앞 네 구절은 필시 같은 달 20일 이전에 쓰였을 것이다. 11월 28일 효종의 영구靈柩가 영부릉으로 정식 운구될 때, 주희는 "파면되어 고향으로 돌아와" 벌써 한 달이 넘었을 때여서 추모시를 쓸 자격을 갖지 못하게 되었다. 그런데 어째서 4년 후(무오년, 경원 4년, 1198), 그는 마침내 시 전편을 이어서 완성했을까? 서문 속 "큰 병이 나서 죽을 뻔했다"는 것도 참된 원인 중 하나였을 테지만, 그것이 전부는 아니었다. 그는 「이계장에게 보내는 네번째 답장答李季章四」에서 이렇게 말한다.

저는 요즘 더욱더 쇠약해져서, 다리는 약하여 내 몸을 따라오지 못하고, 양쪽 겨드랑이의 통증은 하체로 침입하여 멍울로 응결했으니, 모두 전에는 없던 일로서 정신과 근력이 이전에 크게 미치지 못합니다. 게다가 친구들이 세상을 떠났는데, 채계통 여자약 같은 이들은 모두 유배지에서 죽어, 사람으로 하여금 마음을 아프게 하고 더이상 살 뜻을 없게 만드니, 결단코 다시 지탱할 수 없게 된 지 오래입니다. (⋯) 저는 내년에 일흔이 되어 이미 사직을 청하는 문서 기초해놓았는데, 다만 본관과 관직에 따라 차례로 청원하려 할 뿐 조정에 직접 차자를 올리려 하지는 않습니다. 그런데 혹시 법을 위반하여 화를 입을까 걱정하여, 예법과 법률을 살펴보니 원래 규정이 있었습니다. 하지만 죄인으로 지내는 와중에도 오히려 품계는 올라서 치사致仕

[나이가 많아 벼슬을 사양하고 물러남]를 불허하는 법은 없었습니다. 아울러 이미 그렇게 하기로 결심한 만큼 다시 되돌리지는 않을 것입니다. 법을 위반하여 화를 입는다 하더라도 감수할 것입니다. 근래 일부 인사들은 이미 독자적으로 우대를 받은 적이 있습니다. 아직도 여기저기 배회하면서 얼마 안 되는 봉록에 연연함으로써 평생 품은 뜻을 저버리는 일을 어찌 다시 하겠습니까?[3]

"내년에 일흔이 되어"라는 말에 근거하면, 이 편지는 경원 4년(1198)에 작성된 것으로 후속 시詩와 거의 같은 시기의 글이다. 주희는 자신이 얼마 안 있어 죽으리라는 예감을 한 것 말고도, "치사"하여 조정과 잇던 최후의 선을 단절하려는 결심을 했음을 위 편지로부터 알 수 있다. 그는 이렇듯 불퇴전의 결심을 했기에 "법을 위반하여 화를 입는 것"도 두려워하지 않았다. 따라서 후속으로 추모시를 완성하는 것 역시 거리낄 만한 일이 아니었다. 그러므로 이 시는 주희 만년의 반성과 느낌을 아주 잘 표현하고, 관직에서 상황에 따라 지은 시들과는 비교될 수 없는 것이다.

첫 구절인 "마음의 정밀함과 정신 집중이라는 방법을 통해 마음의 오묘함을 전해주었다"와 그뒤의 "어찌했더라면 순 임금의 시대를 만나 두루 순행하는 일에 참여할 수 있었을까?"라는 구절은 상응한다. 고종이 효종에게 황위를 선양할 때 그의 존호가 '광요光堯'였으므로 효종은 당연히 '순'이 되어야 하기 때문이다. "천하를 홀로 통어하게 되었으니 해와 달이 다시 빛을 내려고 한다" 구절은 이 시 전체의 주제이고 이미 제12장 제5절에서 그 의미를 보았으므로 여기서 중복하지는 않겠다. 지적할 점은, "16운으로 이어 써서 완성한"이 읊는 내용 대부분이 순희 15년(1188) 이후 그와 효종이 교섭했던 과거의 일을 가리킨다는 사실이다. 따라서 주희가 중시했던 것은 효종이 "홀로 통어하게 된" 이후의 '말년 정치'뿐이었음을 알 수 있다. 다만 "오랑캐가 패망할 시대가 아니었으니, 무슨 방법으로 한나라의 강역을 회복했겠는가?" 구절은 그

의 어록을 통해야만 비로소 완전히 이해될 수 있다. 『주자어류』에는 아래의
세 조목이 수록되어 있다.

갈왕葛王은 능력이 있었다. 그가 세운 연호도 강력했는데 '대정大定'이라 했
다.[4]

갈왕은 역도逆徒 완안량의 패배를 경계하여, 줄곧 어진 정치로서 자부했다.[5]
선생이 탄식하며 말했다. "나는 중원을 회복하는 것을 보고 싶었는데 이제
늙어서 보지 못하겠구나!" 어떤 이가 말했다. "갈왕이 왕위에 있으면서 오
로지 어진 정치를 행하여, 중원 사람들이 그를 '작은 요순'이라고 불렀습니
다." 그러자 선생이 말했다. "그는 요순의 도를 받들어 행할 수 있었으니, 큰
요순이 되려면 그로부터 시작해야 한다." 또 말했다. "그가 어찌 오랑캐의
풍속을 바꾸겠는가? 아마도 다만 타고난 바탕이 뛰어나서 우연히 어진 정
치에 합치했을 뿐이다."[6]

'갈왕'은 바로 금金 세종世宗으로, 그의 재위 기간(대정 원년에서 29년, 1161~
1189)과 효종의 재위 기간과 정확히 중첩된다. 『금사金史』 「세종世宗 하」에는 다
음과 같은 찬贊이 수록되어 있다.

세종은 오랫동안 외군外郡을 주관했기 때문에, 화란禍亂의 원인에 밝았고
관리 통치의 득실을 잘 알았다. 즉위한 지 5년째 되던 해, 남북이 강화하자
백성과 더불어 휴식을 취했다. 그래서 몸소 절약을 실천하고, 효의孝義를 높
였으며, 신상필벌에 신뢰성을 더하고, 농업을 중시하며, 수령을 선발함에
신중을 기하고, 감찰의 책임을 엄격하게 하여 (…) 부지런히 다스려 밤으로
써 낮을 이었으니, 임금 됨의 길을 밝혔다고 할 수 있다. 이때 여러 신하는
직분을 지키고, 위아래가 서로 편안하게 여기며, 집집마다 풍요롭고 사람마
다 배불리 먹어, 창고에는 여분이 있었다. 형부는 매년 사형죄에 해당하는

사람을 판결했는데, 어떤 때는 17인이었고 어떤 때는 20인이었다. 그래서 그는 '작은 요순'으로 불렸다. 이것이 [어진 정치의] 효과였다.[7]

금 세종이 '작은 요순'으로 불릴 만한지 여부는 별개의 문제이고, 다만 효종의 치세 내내 금나라 정치가 비교적 궤도에 올랐다는 점은 대체로 사실일 것이다. 금이 망한 해에, 원호문元好問(1190~1257)은 「갑오(1234) 제야除夜」라는 시를 짓는데, 마지막 네 구절은 다음과 같다.

신묘한 공로와 성스러운 덕이 삼천 건, 대정과 명창明昌의 오십 년. 갑자甲子가 두 번 순환하여 오늘날 다했으니, 쇠락한 물소리로 헛되이 하늘을 씻는구나.[8]

'명창'은 금 장종章宗(1190~1208 재위)이 처음 즉위했을 때의 연호이므로, 세종과 장종 시기는 금의 전성기를 대표한다는 것을 알 수 있다. 그러니 '회복'이라는 효종의 꿈은 당연히 물거품이 될 터였다.

"궁전의 붉은 섬돌 위에서 이끌어주셨으니"부터 "흰 상복 입으시어 삼년상 알리셨네"까지 네 구절은 순희 15년 6월 7일에 연화전에서 상주했던 일을 기록한 것이다.(『주자연보』를 보라.) 주희는 효종 시기에 전후로 모두 세 차례에 걸쳐 효종을 알현했다.[9] 첫번째는 융흥 원년(1163)이었고 두번째는 순희 8년(1181)이었지만, 두 차례 모두 그 중요성에서 세번째에 훨씬 미치지 못한다. 그는 효종의 말을 이렇게 기억했다.

"경이 강직하고 방정함을 알고 있으니, 다만 경을 여기에 남겨두어 높은 명예직淸要에 임명하려고 한다."[10]

그래서 이튿날(6월 8일) 주희를 병부낭관으로 임명했고, 이는 임률의 주희 탄핵이라는 대파문을 야기했다. 이것은 효종이 "천하를 홀로 통어하게 된" 이후의 정치적 배치에서 중요 매개고리였기에, 주희는 "흰 상복 입으시어 삼년상 알리셨네"라는 구절로써 효종이 "궁전의 붉은 섬돌 위에서 이끌어주셨던" 시기를 가리킨 것이다. 그런데 이 구절은 『송사·예지禮誌』를 인용하여 주석해야 한다. 『송사』 권122 「예禮 25」를 보자.

(순희) 15년 정월 21일 정사일에 보좌하는 신하들에게 교유했다. "어제 내전에서 홍매를 만났는데, 짐[효종]이 이미 100일이 넘었는데도 아직 거친 상복을 입은 것을 보고, '마땅히 점진적으로 해야 합니다. 지금은 옛사람들이 검은 상복을 입었던 원칙에 따라 상복을 입어야 합니다. 그리고 건巾은 보통 명주나 얇고 성기게 짠 명주를 써야 합니다'라고 상주했다. 짐은 얇고 성기게 짠 명주나 비단이 옳지 않다고 생각한다. 만약 가는 베를 쓴다면 괜찮다." (…) 이때부터 연화전에 어거하실 때마다, 흰 삼베로 만든 절상건折上巾과 삼베 적삼만 착용하셨고, 중화궁에 갈 때에는 상복에 요대를 매고 지팡이를 짚으셨다.[11]

『송사』 권122 「예 25」 동년 3월 20일 병술 조목은 효종의 조칙을 기록한다.

"짐이 과거 지침을 내려 삼베 상복을 3년간 입겠다고 했더니, 연화전에 임할 때는 다른 옷으로 바꿔 입어달라고 여러 신하가 누차 청했기에, 흰 삼베 옷을 입고서 내전에서 집무했다. 비록 묘당에 합사한 이후에는 신하들의 청에 힘써 따르겠다는 조칙을 내렸지만, 여러 전례典禮를 살펴보니 마음이 실로 편하지 못하다. 삼년상을 행하는 것이 옛날에 가까운 것이다. 마땅히 지극한 뜻을 체화해야 하니 다시는 청하지 말라." 그래서 대신들도 감히 말하지 못했다.[12]

이것이 바로 6월 7일에 주희가 연화전에서 보았던 장면으로, "상복 입어 삼 년상 알리셨네"라는 구절이 바로 그것을 표현한다.

"소금과 매화 열매처럼 삼으려는 약속이 있더니, 비단에 수놓은 조개무늬 같은 수많은 모함으로 받은 상처에 한탄하네"에서 앞 구절은 군신 관계를 강 조하고 있다. 그런데 "소금과 매화 열매"는 은殷 고종이 부열傳說을 재상으로 삼았던 고사[13]에서 연유하므로 그 표현이 지나치게 과한 것 같다. 하지만 누 군가가 그 표현을 굳이 걸고넘어진다면, 그는 "경전을 해설할 때는 시사時事를 꺼린다"는 원칙에 부합하지는 않을 것이다. "비단에 수놓은 조개무늬貝錦"는 『시경』「소아小雅」의 '항백巷伯' 중 첫번째 장에 나온다. 주희는 『시집전詩集傳』 권 12에서 그것을 이렇게 풀이한다.

〔비단에 수놓은 조개무늬는〕 꽃무늬가 섞여 있는 형태로서, 무늬로써 비단에 수놓인 조개 문양을 만든 것을 말한다. 이는 참언하는 자들이 타인의 작은 허물을 갖고서 큰 죄로 꾸며내는 것을 비유한다. 저들은 이런 일을 하면서 이미 지나치게 심했던 것이다.[14]

이는 당연히 임률의 주희 탄핵 상주문을 가리키는 것으로, 탄핵 사건은 주 희 정치 생애의 일대 좌절이었다. 소희 2년(1191)에 주희는 장주漳州 지사로 근 무하면서 '토지 구획 정리經界'를 추진하다가 그곳 진사 오우규吳禹圭에 의하여 저지되자, 친구에게 편지를 써서 말한다.

저는 오만하고 운이 좋지 못해, 처음 나가자마자 당중우를 만났고, 두번째 나가자마자 임황중〔임률〕을 만났는데, 이번에 또다시 오우규를 만났습니다. 어찌 하늘의 뜻이 아니겠습니까? 하늘이 실로 그렇게 하시니 어찌 감히 타 인을 탓하겠습니까?[15]

사실 오우규의 공격은 그다지 말할 거리가 없고, 당중우 사건은 고종이 막후에서 조정을 조종하던 시기에 일어났으므로, 오직 임률의 탄핵만이 주희로 하여금 가장 안타깝게 만든 사건이었다. 왜냐하면 주희는 그로 인해 "효종 말년의 정치"에 참여하는 중요 기회를 놓쳐버렸기 때문이다. 후속 시에서 이 사건만 언급한 것이 그 명확한 증거다.

"머리에 대야를 뒤집어쓰고 있던 중[내 공부만 하던 중] 놀랍게도 은혜를 입었으니, 승진하여 [도관에서] 분향례를 행하려 하네" 구절을 보자. 사마천은 「보임안서報任安書」에서 다음처럼 말했다.

'머리에 대야를 뒤집어쓰고서 어떻게 하늘을 바라보겠는가?'라고 나는 생각했다.[16]

여순如淳은 이 구절에 대해 이렇게 주석을 달았다.

머리에 대야를 뒤집어쓴다면 하늘을 바라볼 수 없고, 하늘을 바라보려면 대야를 쓰면 안 되므로, 두 가지 일을 동시에 할 수 없다. 이는 '내가 막 무엇을 짓는 것이 있다면, 타인의 일을 해줄 여가가 없다'는 것을 말한다.[17]

"막 무엇을 짓는 것이 있다"는 것은 사마천의 『사기』 저술을 가리킨다. 주희는 여순의 풀이를 따라, '자신이 이제 막 마음을 가라앉혀 저술을 하는 참이었으므로 효종에 의해 등용될 뜻이 없었음'을 나타내고자 한 것이다. 순희 15년(1188) 8월 효종이 반포한 「고사告詞」를 보자.

짐은 청렴과 절개가 정립되지 못하고 풍속이 순박하지 못하다고 여겨, 출사는 어렵게 여기지만 물러나기는 쉽게 여기는 [절개 있는] 사士를 얻어 그를 공개리에 등용하면, 구습을 일거에 바꾸리라고 생각했다. 너의 학술은 연원이 깊고, 절조 있는 행동은 길러진 지 오래되었다. 시대를 걱정하는 데에 뜻을 두어, 조정에 하루도 서볼 수가 없었다. 근래 〔경이〕 부자사部刺史[18]로서 편전에 들어와서 상주했을 때 짐은 그 직언을 훌륭하게 여겨, 낭조郎曹에 남겨두어 높은 명예직淸要의 직위로 승진시키려 했다. 〔그런데〕 갑자기 〔경은〕 병이 났다고 보고하고서 벼슬에서 물러나기를 청했다. 이러한 평소의 뜻에 힘껏 따르다가, 다시 진사眞祠〔도관〕 관리직을 청했다. 무릇 의도에 있어 가고 옴에 개의치 않고, 출사와 물러남에 따른 기쁨과 분노가 얼굴에 나타나지 않는 자가 바로 맑고 통달한 옛날 사다. 짐이 너의 진심을 살펴보고 두 등급을 승진시킴으로써 실제 업무를 하지 않고도 봉록을 받게 했으니, 몸은 밖에 있더라도 풍속과 교화에 도움이 되도록 하라.[19]

이때 효종은 어쩔 수 없이 주희를 직보문각에 임명하여 서경西京의 숭산嵩山 숭복관崇福觀을 주관하도록 했기에 위와 같은 「고사」를 낸 것이다. "두 등급을 승진시켰다"는 것이 바로 "승진하여"라는 시구에 해당되고, "진사〔도관〕 관리직을 청했다"는 것은 "분향례를 행하려 하네"는 시구에 해당된다.

"직접 상소문을 써서 충정을 다했고, 여정을 가늠하여 비밀 상소를 했네" 구절이 말하는 것은 「무신 봉사」다. 황간은 「주 선생 행장」에서 이렇게 말한다.

처음에 선생이 들어가서 상주할 때, 병이 생겨서 시간에 쫓겨 〔상주문을 미리 작성하지 못했다. 그래서〕 직접 아뢸 때 그냥 구술을 했으므로 미처 말하지 못한 내용이 있어, 봉사문을 갖춰서 올릴 것을 청했다. 다시 〔벼슬〕 사양할 시기에 이르자 마침내 봉사문을 아울러 갖춰서 작은 상자에 담아 올렸다. (⋯) 상소문이 들어갔을 때가 밤 7각이었다. 주상은 이미 잠자리에 들었지만 급히 일어나 촛불을 밝히고 〔상소문을〕 끝까지 다 읽었다.[20]

「무신 봉사」는 11월 1일[21]에 지어졌다. 내선이 일어나기까지 겨우 두 달 밖에 안 남은 상황이어서 시간이 촉박했기에, 주희는 공문 전달 시 소요되는 역참 사이 거리를 계산해야 했다. 효종이 상소문을 받은 후 밤새 그것을 읽었다는 것은, 특히 그의 혁신 계획과 깊은 관계가 있다. "여정을 가늠한다衡程"는 시구는 이런 급박한 상황을 나타내는데, 그 출처는 백거이의 시 「술에 취해 원구를 추억하다醉憶元九」다. 그 시 구절은 "여정을 계산해보니計程 오늘은 양주에 도착했겠네"[22]다. 하지만 평측平仄 때문에 '계計' 자를 '형衡' 자로 바꾸었을 뿐이다. 이는 「주 선생 행장」에 빠진 내용을 보충해준다.

"신성한 마음은 북두성의 운행에 감응하고, 황제의 명령은 재빨리 바람을 타고 날아갔네" 구절에는 중요한 비밀이 숨어 있다. 『후한서』권16 「등즐전鄧騭傳」은, 후한 영초永初 원년(107)에 등즐이 화제和帝(88~106 재위)에게 올린 상소문을 수록하고 있다.

성스러운 책략이 신성한 마음에서 정해졌습니다.[23]

이것이 "신성한 마음神心"의 출처로, "신성한 마음"은 "천하를 홀로 통어하게 된" 이후 구체화된 효종의 개혁 구상을 가리킨다. "북두성의 운행"은, 「효종의 교사대례 다섯 수孝宗郊祀大禮五首」 중 네번째 수인 「제사를 받드는 노래奉禮歌」에서 취한 시구다.

북두성이 운행하고 삼성〔參星: 28수 가운데 21번째 별자리의 별들〕이 가로놓였으니 장차 아침이 밝으려 하고, 하늘이 열리고 땅이 열렸으니 봄으로 가려고 한다.[24]

이 악장의 앞부분 두 수를 자세하게 읽어보면, "중화重華〔순 임금의 별칭〕와 같은 천자" "순 임금이 우 임금에게 왕위를 주어 그 성대한 일이 선인들보다 뛰어났으니, 옥 술잔 옆에서 장수를 축원하네"라는 구절이 보인다. 〔효종이 순 임금에 비견되었던 것을 염두에 두면] 이들 구절은, 효종이 퇴위하고 난 다음 아직 생존해 있을 때 지어진 것임이 분명하다. 『송사·광종기』 소희 2년(1191) 11월 임신 조목에는 이런 기록이 있다.

> 환구圜丘에서 천지를 합하여 제사하고 태조와 태종을 배향했는데, 비바람이 크게 몰아쳐서 예를 다하지 못하고 끝냈다.[25]

위의 가사는 이때의 교사郊祀를 위해 지어진 작품이 아닌가 한다. 예는 비록 다하지 못했지만, 악장은 아직 문서철에 남아 있었던 것이다. 주희의 시 두 구절은, 효종이 내선하기 전 수립했던 개혁 계획을 암시할 가능성이 아주 높다. 여하튼 주희는 '신성한 마음'과 '북두성의 운행'을 교묘하게 합해 시 구절 하나를 만들어내어, 암암리에 '천지개벽'의 뜻을 심어놓음으로써, 효종의 '말년의 정치'를 찬양했음이 분명하다. '황제의 명령巽令'은, 조정의 조직이 천하에서 신속히 행해질 때 더할 나위 없이 빠름을 가리킨다. 진종은 「구정九鼎에 제사를 지내며─열두 수祭九鼎十二首」 중 다섯번째 수에서 이렇게 읊었다.

> 우리 황가皇家를 도우시니, 황제의 명령이 바람처럼 달려나갔다.[26]

이 구절은 "황제의 명령"에 대한 우리의 풀이를 뒷받침하는 증거다. 주희는 신종과 효종의 개혁이 신속하다는 것을 논하면서 말한다.

> 그래서 신종은 (⋯) 바꿔야 할 것은 곧바로 바꿨다. 효종 역시 그러했지만 지나치게 급격했고 토의가 적었다.[27]

이 구절은 "황제의 명령은 재빨리 바람을 타고 날아갔네"에 대한 가장 정확하고 확실한 풀이다.

"미처 답을 못 드렸는데도 후하게 유학자를 높여주셨으나, 신발 벗느라 바쁘시다는 소식을 갑자기 들었네"에서 "신발을 벗는다"는 효종이 광종에게 황위를 물려주는 것을 가리킨다.『회남자淮南子』「주술훈主術訓」에는 이런 말이 있다.

요 임금이 (…) 온 천하를 순 임금에게 전해준 것은, 마치 길을 가면서 신발을 벗고 가는 것과 같았다.[28]

주희가「무신 봉사」를 올린 후, 효종은 내선 준비로 바빴기 때문에 두 사람은 직접적 관계를 맺을 기회를 잃어버렸다. 주희 쪽에서 말하자면, 그는 효종에 대해 "미처 답을 못 드렸는데도 후하게 유학자를 높여주셨다"는 부끄럽고 미안한 감정을 갖지 않을 수 없었다. 이런 부끄럽고 미안한 감정이야말로, 소희 5년(1194) 10월에 의연히 임안에 들어가서 "40일 동안 조정에 섰던" 그의 정서적 원동력이었을 것이다. "안으로 새로운 임금을 개도하기가 어렵다" 구절 이하는 바로 이런 뜻을 완곡하게 표현한다.

조여우는, 효종이 만년에 개혁의 완수를 부탁했던 재상 중 최후의 1인이었다. 이때 그는 영종을 황제로 등극시키는 데 성공했기 때문에 곧바로 이학 집단과 전면적으로 협력할 준비를 함으로써 효종의 개혁 계획을 실현하려 했다.[29] 주희가 병을 무릅쓰고 조정에 들어왔던 것은, '새로운 군주'가 알아준 데 보답하려 한 때문이라기보다, 오히려 '옛 군주'가 "유학자를 후하게 높여준 것"에 보답하려 한 때문일 것이다. "바야흐로 산이 처량하므로 온 나라가 창황하네" 구절은 주희와 효종 사이 개인적 관계를 강조한다. 주희는 어째서 산릉山陵을 바꾸려고 한 조여우의 의론에 찬동했을까? 조여우가 영종에게 올린「산릉의장山陵議狀」에서 말했다시피, "중요한 수황의 옥체를 샘과 모래자갈 속의 황폐하고 부박한 땅에 안치하는 것은 진실로 차마 못할 일"[30]이었다. 이 사건은 나중에 주희가 "서울을 떠나게 된" 주요 도화선이 되어서,[31] 추모시는 특히 침통하게 이 부분을 이야기함으로써 "임금을 잊지 못하는 외로운 신하의 뜻

을 보여준다." 유가 정치문화가 결코 '냉철한 이성cool reason'의 이상적 설계에
서만 나오는 것이 아니라 군주와 신하 간 의기투합에 따른 개인적 감정에 의
해 격발되기도 한다는 것에 대해, 주희의 이 추도시는 살아 있는 실례를 보여
주고 있다. 이후 청 말의 무술변법에 이르러서도 캉유웨이康有爲와 담사동譚嗣
同은 위와 같은 기존 패턴에서 다 벗어나지 못했기에, 이런 특색은 진지하게
지적될 만한 가치가 있는 것이다.

「효종황제 추모 가사」는 주희와 정치문화 사이 밀접한 관계를 실증하거니와
하편의 논지와 빈틈없이 들어맞기에, 이처럼 대략 주석을 달아 참고 증거로
제공한 바다.

부가 논의 세 편

원서 편집자 주

타이베이臺北 윈천允晨출판사판 『주희의 역사세계』가 출간된 후, 국내외 학계의 관심과 토론이 일어났다. 토론 중 제시된 일련의 문제들에 대해, 본서의 저자는 글 세 편을 연이어 발표하여 자신의 의도를 알렸다.

저자의 동의를 구하여 우리는 이 세 편을 '부가 논의 세 편附論三篇'이라는 제목으로, 새로 간행되는 싼롄서점三聯書店 간체자簡體字판에 수록했다. 이 세 편 글은 모두 새로운 자료와 관점을 갖고 있어, 본서 상편의 '서설'에 대한 중요한 보충이 되니, 독자들이 유의해주시기를 삼가 희망한다.

1. 서언

류수셴劉述先 형이 『주희의 역사세계』를 평론한 글을 삼가 읽고, 먼저 심심한 감사를 드리고 싶다. 왜냐하면 그는 분명 침착하게 이 지루한 책을 읽었을 뿐만 아니라 그 득실을 객관적으로 평가했기 때문이다. 그는 대체로 "어진 마음으로 설명하고, 배우려는 마음으로 들으며, 공정한 마음으로 판단한다"는 순자의 말에 따라 이러한 작업을 해냈다.

2. '추출'의 문제에 관하여

『주희의 역사세계』는 서로 관련되어 있으면서도 서로 독립해 있는 세 가지 부문을 포괄한다. 상편의 「서설」은 이학 전체와 정치문화 사이 교섭을 요약해서 설명한다. 상편 제1장부터 제7장까지는 송대 사대부 정치문화의 구조와 형태를 통론한다. 하편 제7장부터 제12장까지는 주희 시대 이학 집단과 권력세계 사이 관계를 전문 주제별로 논한다. 상편과 하편을 탈고하기 전, 책의 주요 부분을 구성해보니 이 책이 본격적 사학의 영역에 속한다는 것을 깨달았다. 「서설」은 상편과 하편이라는 기초 위에서 이학의 기원과 형성을 새롭게 고찰하고, 아울러 이학을 정치문화적으로 독해한 글이다. 그러므로 「서설」은 일종의 사상사 연구라 할 수 있어, 본문의 상하 두 편과 다른 성격을 갖게 되었다. 류수셴 형이 관심을 갖는 것이 주로 유가(이학을 포함) 정신적 가치의 항구성 문제인 터라, 그의 질문은 「서설」 내 몇몇 개설적 논단에 집중되었다. 그가 가장 먼저 제기한 것은 이른바 '추상abstraction'의 문제였다. 그는 말한다.

무릇 학문은 어느 정도는 '추상'적일 수밖에 없다. 추상이 없다면 학문도 있을 수 없다. 자연과학의 추상 수준은 '인문학'의 그것을 훨씬 넘어서지만, 인문학 예컨대 사학도 '특수殊相'만 연구하는 학문이라고는 할 수 없다. (⋯) 역사의 추상이 다루고자 하는 것은 자연과 인과의 문제가 아니라 문화, 풍격, 형식 문제일 뿐이다. 여기서 우리는 피차 다르지만 서로 관련된 세 가지 분과학문과 관계를 맺고 있다. 고금과 동서를 막론하고 철학의 유일한 판단 기준은 진리다. 사상관념사 곧 위잉스 형이 말하는 철학사는 철학 발생의 맥락을 탐구하고, 그 본질을 부각하며, 그 원인으로 거슬러 올라가고, 그 영향을 평가한다.

류수셴 형은 '역사적 추상'이 에른스트 카시러Ernst Cassirer에게 기원을 두고 있다면서, 철학과 사상관념사는 자신이 평소 견지하는 시각틀看法이라고 주장한다. 사학, 철학, 사상관념사라는 세 가지 분과학문의 성격에 관해, 오늘날 우리는 한 사람 한 사람 다 인식이 달라서 통일하기가 매우 어렵다. 류수셴 형의 해명에도 나름의 근거가 있겠지만 여기서 더 깊은 논의를 하기는 힘들다. 내가 지적하고 싶은 것은 단 하나인데, 그가 말한 '사상관념사'가 만약 러브조

이A. O. Lovejoy 일파의 'history of ideas'를 가리키는 것이라면, 내가 말한 '철학사'와 그것은 아주 큰 차이가 있다는 점이다. 이 유파의 '관념사'는 유가의 '도통道統'이나 '성학聖學' 같은 문제를 전혀 다루지 않는다. 이 점은 비록 논지의 핵심과 무관하지만, 오해를 일으킬 수 있어 약간이나마 여기서 밝혀둔다.

그런데 류수셴 형이 이런 논의를 제기한 목적은 내가 사용한 '추출抽離'이라는 표현을 겨냥하는 것이었지만, 사실 그것은 오해에서 비롯한다. 나는 사학이 오로지 '특수'만 연구하고 '추상'은 다루지 말아야 한다고 여긴 적이 없다. 중국의 인문학 연구는 전통적으로 "넓은 범위로부터 핵심으로 돌아가는 것由博返約"을 줄곧 최고 경지로 간주했다. 이는 "글을 널리 배우고 예로써 그것을 요약한다"2는 공자의 말에서 비롯한다. 여기서 '요약'은 '추상'에 해당된다. 나중에 한유韓愈는 "사건을 기록하는 사람은 반드시 핵심을 이끌어내야 하고, 언사를 편찬하는 사람은 반드시 숨은 뜻을 끌어 올려야 한다"3고 말하면서, 역사('사건') 연구든 사상과 문학('언사')이든 결국은 어느 정도의 '추상'으로 귀착되어야 한다는 점을 명백히 했다. 『주희의 역사세계』는 비록 지면이 매우 많고 곳곳에서 '특수'를 다루었지만, "숨은 뜻을 끌어 올리고 핵심을 이끌어내는 것"은 서술 과정 내내 내가 견지한 최고의 지도 원칙이었다. 나의 최종 목적은, 관련된 일체의 '특수'를 고증함으로써, 송대 정치사와 문화사에서 줄곧 경시되어왔지만 상당히 중요한 '보편共相'을 구축하는 일이었다. 그중 몇몇 논점은, 이미 류수셴 형이 서평에서 발굴해내어 인정을 받기도 했다. 사실 내가 말하는 '추출'은 "맥락에서 빼내는 것out of context"을 가리킨다. 따라서 "현대 철학사의 서술은 이학을 유학의 전체 맥락으로부터 '추출'해내고, 한 걸음 더 나아가 '도체道體'를 이학의 맥락으로부터 '추출'해낸다"고 나는 말했던 것이다. 중국 전통의 견해에 따르면, 그런 것이 바로 '단장취의'다. 나는 '철학'이라는 말이 서양에서 왔기에 그런 현상이 생겼다고 믿는다. 그래서 철학사가들은 중국 전통사상 속에서 서양의 '철학'과 비슷해 보이는 것을 찾으면서, 부지불식 중에 "발을 잘라 신발에 맞추는" 길로 나아갔다고 나는 생각한다. 그래서 '추출'은 피할 수 없는 현상이 되었던 것이다. 나는 책에서 다만 이런 현상을 지적하려 했을 뿐 결코 타인을 비판하려는 의도는 갖고 있지 않았다.

하지만 내 전공은 사학이므로, 비록 철학의 '추상'을 존중한다고 하더라도 '추출'에 대해 좀 민감할 수밖에 없다. 중국의 사학은 아주 일찍부터 '언사의 기록記言'과 '사건의 기록記事' 분야가 있었다. '언사'건 '사건'이건 모두 '추출'을 금기로 여긴다. 장학성章學誠이 "옛 인간사는 언사로 드러나서 언사를 사건으로 여겼고, 언사와 사건을 두 가지로 나눈 적이 없다"[4]는 기조를 내건 이래, '언사'를 연구하는 사람들은 그와 관련된 '사건'에도 동시에 주의를 기울이지 않을 수 없게 되었다. 그렇게 하지 않는다면 "사건을 떠나 이치만 말하는" 폐단에 빠질 것이다.[5] 하물며 맹자도 일찍이 "사람을 알면 그 시대를 안다知人論世"[그 사람의 시를 읊고 그 사람의 책을 읽으면서, 그 사람을 모를 수 있을까? 그러므로 그 시대를 논한다]는 관점을 제시하지 않았던가? 내가 본서 「서설」에서 채택한 입장은, 한편으로는 이학을 유학의 전통 속에 놓고 인식하는 것이었고, 다른 한편으로는 한 걸음 더 나아가 이학의 흥기와 발전을 송대 정치문화사 맥락에 넣고 고찰하는 것이었다. 본문 속에 담긴 여러 함의는 반드시 언어의 영역語境과 사건의 영역事境을 통해야만 비로소 충분히 드러날 수 있다고 나는 믿는다. 말하자면 "『춘추』에 관한 세 주석서는 높은 누각에 매달아놓고, 오로지 『춘추』 그 자체만 품고 시종始終을 추구하는 것"[6]은 매우 보편적인 연구 방식으로서 동서가 모두 그러하지만, 그것만이 유일한 방식은 아니다. 내가 본서에서 '언어 영역'과 '사건 영역context'의 중요성을 강조했던 것은, 독자들로 하여금 퀜틴 스키너Quentin Skinner 일파의 정치사상사 연구법을 자연스레 떠올리도록 할 수 있다. 이 학파의 연원은 아주 오래되었지만, 스키너에 이르러서야 체계적 인식론과 방법론이 만들어졌고, 아울러 그것을 대규모의 연구 수행에 적용했다.[7] 때문에 스키너의 연구법은 광범위한 토론을 불러일으켰다. 하지만 이 자리에서 분명히 밝혀야 할 점은, 내가 비록 그것을 '타산지석'으로 삼아 그에 대해 동조하고 싶기는 하지만, 내가 본서를 쓰게 된 것은 결코 스키너의 그러한 학풍을 보았기 때문도 아니고 그의 영향을 받았기 때문도 아니다. 앞서 서술했다시피, 나의 기본적 이론 근거는 중국의 사학적 전통에서 나온 것이지 스키너와의 관계는 기껏해야 우연의 일치에 불과할 뿐이다. 관점이건 방법이건 간에, 사학 연구에서 나는 다원론자다. 곧 연구 대상 및 그 자료가 관점 및 방법의 선택을 결정할뿐더러, 어느 한 관점이나 방법론에 매이지도 않는다. 스키너처럼 자신의 방법론을 크게 선전하면서, 먼저 비트겐슈타인, 오스틴 계열의 언어철학에 바탕을 두고서 엄격한 지식론과 방법론을 구축하는 것은, 내가 감히 할 수 있는 일도 아니고, 그런 시도를 해보려 한 적도 없다. 스키너의 이론과 실천은 모두 반대론자들로부터 심각한 비판을 받은 적이 있는데, 그런 비판 가운데에는 류수셴 형이 견지하는 견해와 상당히 유사한 것도 있다.[8] 나는 본서에서 철학사와는 다른 시야를 제시하려 한 것에 불과하지, 결코 그것을 대체하려거나 유아독존식의 망상을 가진 것이 아니었다.

3. '내성외왕' '전환'과 관련하여

나에 대해 류수셴 형이 제기하는 가장 심각한 비판은, 내가 오로지 '외왕'만 중시하고 '내성'은 빼내버렸다는 것이다. 아마도 그는 내가 '반反신유가'의 지론을 갖고 있다고 인식하여, 내 의도를 완전히 오해한 것 같다. 그는 이렇게 말한다. "내성의 학문이 궁극적 관심인 사람 중, 위잉스 형이 창도한 그런 전환에 동의할 사람은 한 사람도 없다." 이런 말은 내가 의문의 여지 없이 전적으로 믿는 바이며, 게다가 그러리라고 예상하고 있었다. 하지만 내가 말한 '전환回轉'은 류수셴 형의 마음속에 있는 '그런 전환'이 결코 아니다. 첫째, 이 책에서 연구한 것은 송대 사대부 집단과 유학의 전체 동향이다. '도학(또는 '이학')'은 송대 유학의 최신 면모를 대표하고, 북송 초기와 대조를 이루면서 '내성'이라는 중요한 측면을 유학에 첨가했다. 하지만 전체적 측면에서 말하자면,

'내성'과 '외왕'은 하나의 연속체로서, 두 가지로 분할될 수 있는 것이 절대 아니다. 내가 말한 '전환'은 '내성'으로부터 '외왕'으로 전환해야 한다는 것이 아니라, '내성외왕'이라는 전체로 전환해야 한다는 것이다. 이 점과 관련해, 상편 「서설」과 하편 제8장 제1절 및 제2절은 반복해서 논증한 바 있다. 최근에 나는 또다시 『송명 이학과 정치문화宋明理學與政治文化』[9]의 서문에서 그런 뜻을 재천명하여 이런 불필요한 오해를 해소하려 했다. 둘째, 나는 본서 하편 제8장 제1절에서 '내성'과 '외왕'의 긴장 관계를 논할 때 이렇게 특별히 지적했다.

우리는 이학자들의 개인적 입장과 집단적 입장을 구별해야 한다. 개인적 측면에서 이학자들이 '내성' 쪽으로 기울거나 때로 '외왕' 쪽으로 기우는 것은 피할 수 없는 현상이었다. 그런데 집단적 측면에서는 '내성'과 '외왕'이 동시에 긍정되어야 할 가치일 수밖에 없었다. (하편 662쪽)

게다가 개인적 측면에서 말하더라도 다만 '편향'만 있을 뿐 어느 한쪽을 버려버리는 일은 있을 수 없다. 류수셴 형은, 나의 "독해가 내성의 학문의 근본 목적이 일신의 안신입명安身立命에 있다는 것을 누락했다, 반드시 그로부터 파고들어야 비로소 '나를 위한 학문'의 핵심 의미를 파악할 수 있다"고 단정한다. 나는 아래 단락을 다시 한번 읽어달라고 류수셴 형에게 청하고 싶다. 나는 '외왕'의 경향으로 치우친 이학자들을 논하면서 다음처럼 말한 적이 있다.

'내성'학은 그들의 정신적 원천임이 틀림없었고, 적어도 그들은 그에 대해 조금이라도 의심을 품지 않았다는 것이다. 그들은 '내성'학을 견지하여 안심입명의 근거로 삼았을 뿐 아니라 그런 정신적 원천이 자신들의 흉금을 시원하게 씻어낼 수 있고, 자신들의 사람됨과 업무 능력을 부단히 개선시켜줄 수 있으리라고 믿었다. 이런 관점에서 보자면, '내성'학의 종교적 성격이 분명하게 드러난다. (하편 662쪽)

내가 정말로 '안신입명'의 '내성'학을 누락했던가? 류수셴 형은 아래와 같은 정호의 말을 인용하여 나를 논박하는 근거로 삼는다. 정호의 말은 이렇다.

천리라는 것은 바로 이 도리道理인데, 다시 무엇을 궁구할 것이 있겠는가? [천리는] 요 임금 때문에 있는 것도 아니고, 걸 임금 때문에 없어지는 것도 아니다. 사람들이 그것[천리]을 체득했다면, 크게 행세한다고 해서 거기에 무엇을 덧붙이지 못하고, 곤궁하게 산다고 해서 그것으로부터 무엇을 덜어내지 못한다. 이런 측면에서 보자면, 어찌 다시 '[천리의] 보존, 소멸, 증가, 감소'를 말할 수 있겠는가? 그것은 본디 조금도 흠이 없고, 모든 이치가 갖추어져 있다.[10]

아무리 생각해봐도, 이 구절이 류수셴 형의 논지에 무슨 도움이 되는지 모르겠다. 이 구절은, 정호가 '자신이 체득해낸' '천리'를 묘사하는 것으로서, 『순자』「천론天論」의 "하늘의 운행은 영원하고 일정하니, 요 임금 때문에 있는 것도 아니고, 걸 임금 때문에 없어지는 것도 아니다"[11] 구절을 차용한 것이 분명하다. 정호는, '천리(곧 '도')'가 우주적 근원으로서의 정신적 실체이고 그 자체로 완전하고 자족적이므로, '외왕'이든 '내성'이든 인간의 일체 작위는 그것을 증감시킬 수 없다고 말한다. 본서의 「서설」은 주희로부터 인정받은 선불교의 게송 한 편을 수록했는데, "천지보다 앞선 것物이 있으니 형체가 없고 본래 고요하다. 모든 현상의 주인이 될 수 있고 시간의 흐름에 따라 시들지 않는다"가 그것이었다. 여기서 "천지보다 앞선 '것'"이 바로 천리다. 전지전능하고 무소부재한 기독교의 '하나님' 역시 이러한 '것物'과 유사한 존재다. 이러한 독립자족의 '천리'에는 근본적으로 '안內'이나 '밖外'이라는 말이 적용될 수 없다. 그것은 "지극히 커서 밖이 없고至大無外", 동시에 "지극히 작아서 안이 없다至小無內." '내성외왕'이란 오로지 사람이 '천리'를 체득한 이후에야 출현할 수 있다. 만약 류수셴 형이 '천리' 자체가 '내성'과 동등하다고 인식한다면, 그것은 심각한 오해가 될 것이다. 개인적 측면에서 말하자면, '천리'를 인식한 이후 그것에 의거해 수양하고 "기질을 변화시키는데", 이것이 이른바 '내성'이다. 한편 그것에 의거하여 세상만사에 대처한다면, 이른바 '외왕' 영역에 들어서는 것이다. '천리'에 의지해서 자신에게 필요한 수양 과정으로 전환해 들어가기에, 우리는 '내성'이 시작점이라고 말한다. 하지만 타인과 접촉하지 않고 사는 사람은 있을 수 없고, 이미 타인과 함께 살아간다면 필연적으로 질서의 문제가 생기기에, 우리는 '질서의 재수립'이 유가의 궁극적 목적이라고 강조한다. 이것이 이학자들의 상식이었기 때문에 정이는 우선 "도는 반드시 나에게 충족된 다음에 타인에게 베풀어진다"[12]고 말했고, 그다음에는 "군자의 도는 이뤄주는 것을 귀하게 여기니 [거기에는] 외물 구제濟物의 쓰임이 있다. 외물에 미치지 않는다면 [군자의 도는] 마치 없는 것과 같다"고 말했다. '내성'과 '외왕'은 서로 나뉘지 않고 함께 질서의 재수립으로 귀결된다는 것은, 논쟁의 여지가 없다.

앞서 인용한 정호의 말뜻을 분명히 하기 위해, 어록의 두 조목을 더 인용하여 당시의 언어 환경을 재구성해보자.『정씨 유서』권2 상上에는 이런 구절이 있다.

모든 이치가 갖추어져 평평히 펼쳐져 있다. 요 임금이 임금의 도를 다했다고 하여 임금의 도에 무엇을 더했으며, 순 임금이 자식의 도를 다했다고 하여 효도에 무엇을 더했다고 언제 말한 적이 있는가? 원래 그러했던 것이다.[13]

이 조목과 앞서 인용한 조목은 의미도 같고 표현도 일치하므로, 이 조목 역시 정호의 말을 기록한 것이다. 요 임금과 순 임금 사례는, 앞 조목의 "사람이 그것[천리]을 체득했다면 크게 행세했다고 해서 그것에 무엇을 덧붙이지 못한다"는 것을 설명해준다. 요 임금과 순 임금이 행한 '임금의 도'와 '자식의 도'는 "크다"고 말하지 않을 수 없지만, '천리' 속에 본래부터 있던 '임금의 도'와 '효도'에 더해진 것이 아니다. 그러므로 "원래 그러했던 것"이라고 한다. 이것은 송대 이학의 기본 가설 중 하나다. 육구연은 주희에 대해 "배웠으면서 도를 보지 못했고 정신만 소모했다"고 평하면서, 그다음에 "게다가 천지 사이에 주원회朱元晦[주희]와 육자정陸子靜[육구연]이 있다고 해서 무엇이 더 보태졌다고 말할 것인가? [주원회와 육자정이] 없어졌다고 해서 무엇이 감소되었다고 말할 것인가?"[14]라고 말한다. 주희와 육구연의 있고 없음은, 정신적 실체로서의 '도(또는 '천리')'에 무엇을 보태거나 그로부터 무엇을 덜어낼 수 없음을 육구연은 말한 것이다. 주희와 육구연은 남송의 '내성' 분야에서 성과가 가장 뛰어났던 큰 스승들이었다. 바로 그 때문에 우리가 류수셴 형의 논리를 곧바로 원용하여, 육구연이 '외왕'[15]의 학문을 있으나 마나 한 것으로 보았다고 단정할 수 있을까? 정호의 논점은 '천리'가 완전자족하다는 것을 밝히는 것이었지, '내성'과 '외왕' 중 무엇이 중요한지의 문제는 전혀 언급하지 않았음을 알 수 있다. 한 걸음 나아가 다음과 같이 추궁할 수 있을 것이다. 곧 정호가 "스스로 천리 두 글자를 체득해냈다"는 것은 그가 공인된 '내성'의 학문을 정립했음을 의미하고, 앞서 인용한 조목의 '천리'에 관한 이야기도 '내성'의 학문으로 귀착될 수밖에 없다. 그런데 어째서 '천리' 자체를 '내성'의 밖에서 찾는가? 사실 이런 의문에는 답하기가 매우 쉽다. 정호가 지적하고 논했던 대상은 그 개인의 체험으로 얻은 것이었지 정신적 실체로서의 '천리' 자체는 아니었다. "본성을 설명하자마자 그것은 이미 본성이 아니다"[16]라는 그의 추론 방식을 차용하자면, "천리를 설명하자마자 그것은 이미 천리가 아니다"라거나 "도를 설명하자마자 그것은 이미 도가 아니다"라고 우리는 말할 수 있을 것이다.

두번째 조목의 어록에서 인용된 사례, 곧 요 임금과 순 임금이 각각 임금의 도와 효도를 다했다는 것은, 정호가 '내성외왕'을 불가분의 연속체로 보았음을 분명히 드러낸다. 정호의 마음속에서 요 임금과 순 임금은 모두 '성왕', 곧 '내성'과 '외왕'이 하나로 합일된 인간이었다. 그러므로 최후 단계에서야, '천리'에 따르면서 '외왕' 영역에서 중요한 성과를 낼 수 있었다. '임금의 도를 다한 결과는 "천하를 다스릴" 질서를 세운 것이었고, '효도'가 성취한 것은 인륜 질서였다. 요 임금과 순 임금의 이러한 성과가 비록 '천리'나 '도' 그 자체에 무엇을 보태거나 그로부터 무엇을 덜어낸 것은 아니었지만, 정호는 그러한 행위가 지닌 가치에 대해 100퍼센트 긍정하는 태도를 취한다. 『어록』 권2 상에는 또 다른 조목이 있다.

"달통하면 천하에서 행할 수 있다"는 말은, 하늘이 백성을 낳은 이치를 완전히 다할 경우, 그 방법으로서 천하국가天下國家를 다스릴 수 있음을 뜻한다.[17]

이 구절은 맹자의 "달통하면 천하를 똑같이 선하게 만든다"[18]는 말을 해석한 것으로, 그러한 해석의 근거는 여전히 '천리'다. "하늘이 백성을 낳은" 데에도 '리理'가 있다. 곧 백성으로 하여금 양호한 질서 속에서 생활할 수 있도록 한다. 그러므로 그와 상응하여 "천하국가를 다스리라"는 요구가 있게 된다. 정호의 이해에서 '다스리는 도'는 필연적으로 '천리' 안에 포함되어 있을 뿐 아니라 '다스리는 도'가 세워진 이후에야 '천리'가 '다 실현될 수 있다'는 것을 이로부터 알 수 있다. 장재는 일찍이 정호에 대해 "세상을 구원하려는 뜻이 매우 진실하고 절실했다"고 말했다. 문인들도 정호가 항상 "성인은 천하국가에 뜻을 둔다"는 말을 했다고 기록한다.[19] 앞서 인용한 어록은, 이와 같은 동시대인들의 증언을 아주 잘 실증해 준다.

정호는 우리가 말하는 '내성 경향'의 이학자였음이 틀림없다. '내성'과 '외왕'은 그의 마음에서 어느 정도 긴장을 형성했던 것이 분명하다. 정호는 주돈이로부터 정신적 영향을 받아, "가슴속의 시원함이 마치 비갠 뒤의 청량함 같은"[20] 경지가 그에게도 있었다. 때문에 "꽃을 바라보고 버들을 따라서 앞 시내를 건넌다望花隨柳過前川"(「봄날에 우연히 짓다春日偶成」)[21]는 명구名句를 남겼다. 류수셴 형이 인용했던 "요 임금과 순 임금의 사업은 마치 구름처럼 눈앞을 지나간다"[22]는 구절은 바로 그런 성격을 나타낸 것이다. 하지만 그것은 한때의 감상어린 말이거니와 도교와 불교도 그렇게 말할 수 있으므로, 정호의 유가적 입장은 그로 하여금 이런 경지에 오래 머물도록 놔두지 않았다. 정호의 「하산하다 우연히 짓다 下山偶成」 마지막 두 구절은 이렇다.

우리 유학이 본래 경세제민은 아닌 것이건만, 헛되이 산에서 나오려고 다투는구나.[23]

이것이야말로 정호의 진심일뿐더러 내심의 긴장을 적나라하게 표출해낸 것이다.

이제 '코페르니쿠스적 전환'을 설명해보자. 류수셴 형은, 내가 겸손하여 일부러 "revolution"을 '전환'으로 오역했다고 말한다. 이는 그의 관대함을 보여준다. 사실 내가 사용한 것은 천문학상의 원의原義인 'revolution of heavenly bodies'인데, 어떻게 그것을 '천체 혁명'으로 번역할 수 있었겠는가? '혁명'은 오히려 '뒤에 일어났다'는 의미를 갖는다. 하지만 나의 책에는 어떠한 '혁명'적 의미도 확실히 없다고 생각한다. 나는 다만 관측 각도를 좀 크게 회전시키고자 했을 뿐이다. 곧 '도체'로부터 '내성외왕 연속체'로 말이다. 게다가 내게는 철학사가 취한 경로를 부정할 뜻도 없었다. 왜냐하면 어느 범위 안에서 그것에는 유효성이 있기 때문이다. 코페르니쿠스의 태양중심설이 출현한 이후에도, 여전히 프톨레마이오스 체계Ptolemaic system[천동설, 지구중심설]는 계속해서 유행했고, 심지어 20세기에도 공학기술 쪽에서 널리 사용되었다.[24] 일반의 사상적 습관상, 우리는 오늘날에도 계속해서 '일출'이나 '일몰'이라는 표현을 말하고 있지 않은가? 더욱이 사상사는 결국 천문학과 달라서, 다원적 '서사'의 충돌 속 공존은 이미 되돌릴 수 없는 하나의 조류가 되었다. 내가 본서에서 '코페르니쿠스적 전환'을 언급한 까닭은, 대다수 독자들이 아직도 옛것에 익숙해 있기 때문이다. 그래서 사상적으로 일시에 바꿔놓는 것이 쉽지 않을 것 같아 부득불 그렇게 강조해본 것이다.

종합하자면, 이 책은 사학 분야 저작으로서, 나는 가능한 한 동정적 이해의 태도를 취하면서 송대 정치문화사의 큰 줄기를 세워보려고 했다. 이학에 대해 진술할 때는 특히 매우 신중한 태도를 취하고자 했다. 그래서 가능하면 당시 언어를 사용하고자 했다. "내성외왕"이 바로 그 실례다. 사실, '내성'과 '외왕'은 오해를 불러일으키기 매우 쉽지만, 지면의 제한으로 여기서 상세히 언급하지는 않겠다. 류수셴 형은, 내가 "이학자의 궁극적 관심"을 인정하지 않은 나머지 "그 안으로 들어가기를 거절하고서" 다만 밖에서 "탑을 바라보면서 상륜을 말할" 수밖에 없었다고 안타까워한다. 나는 정말로 이 점에 대해 미안하기 그지없다. 하지만 두 가지 이유에서 나는 그의 기대를 저버릴 수밖에 없었다. 첫째, 나는 사학적 훈련을 받았기에 역사의 객관성에 대한 추구를 완전히 저버릴 수 없었다. 객관성이라는 관념이 최근 점점 더 회의의 대상이 되고 있기는 하지만, 그것을 철저하게 부정해버린다면 나는 곧바로 전공의 입각점을 상실하게 될 것이다. 그러므로 내가 설사 이학자들의 '궁극적 관심'을 인정한다고 하더라도, 그것이 이 사학 분야 저서 속으로 들어오도록 할 수 없었다. 둘째, 나는 "그 안으로 들어가기를 거절한" 사람이 아니라 그 문에 들어갈 수 없었던 사람이다. 만약 정호가 말한 것처럼 정말로 "곧바로 탑 속에 들어가 위로 올라가서 상륜을 찾으려" 한다면, 두 가지 선결 조건이 충족되어야 한다. 첫번째는 장기간 "마음을 닦고 본성을 기름修心養性"으로써 자신의 '기질'을 철저하게 바꾸어야 한다. 그렇게 하지 않는다면 이정이 말했던 것처럼 될 것이다. 곧 "만약 보존하고 기르지 않는다면 오직 말로만 할 뿐이다."[25] 그리고 "오로지 문자로만 요술을 부린다면 관문을 지나갈 수 없다." 이 점에서 나는 전적으로 류수셴 형의 견해에 동의한다. 둘째, '도체'를 직접 보거나, "천지보다 앞선 것有物先天地"인 정신적 실체와 직접 접촉한다면, 설사 그것들을 언뜻 본다 해도 나는 괜찮을 것이다. 송·명의 '도덕성명道德性命'학은 서양의 사변철학과 달라서, 위의 두 가지 절대적 가설 위에서 성립한다. 만약 오로지 언어의 층위에서만 "요술을 부린다면變戱法" "탑을 바라보면서 상륜을 말하는 것"

과 어떻게 다르겠는가? 나는 이미 이상의 두 가지 조건을 갖추지 못했기에, 밖에 남아서 "탑을 바라보면서 상륜을 말하는 것"이 나의 필연적 숙명이 되었다. 하지만 한 걸음 물러나서 말하자면, "난세 속에서 생명을 보전하고苟全性命於亂世" 나서, 여유 있게 "탑을 바라보면서 상륜을 말할" 수 있다는 것은 나로서는 의외의 행운이므로, "농隴 땅을 얻으면 촉나라까지 갖고 싶다得隴望蜀"는 식의 탐욕은 갖지 말아야 할 것이다.

2003년 10월 12일

* 원래 『주저우학림九州學林』 2004년 봄 호(홍콩 청스城市대학 중국문화연구센터, 푸단復旦대학출판사)에 수록됨

1. '전환'과 '내성외왕'을 다시 논함

『주희의 역사세계』가 출판된 이래, 나는 이미 천라이陳來와 류수셴 두 선생의 논평을 읽었는데, 두 편 모두 1만여 단어가 넘는 노작이었다.[1] 양루빈楊儒賓 선생의 긴 글 역시 여러 측면에서 내게 도움이 되었다. 그는 「"코페르니쿠스의 전환"을 다시 한번 전환한다면如果再回傳─次哥白尼回轉」[2]이라는 제목으로 글을 썼는데, '전환'에 대한 류수셴 형의 질문과 서로 참조되는 부분이 있다. '전환' 문제에 관해, 나는 이미 「'추출' '전환', 그리고 '내성외왕'抽離, 回轉與內聖外王」이라는 글로써 류수셴 형에게 답한 적이 있기에 여기서 그 내용을 다시 언급하지는 않겠다. 하지만 이 간행물의 독자 모두가 홍콩에서 출판되는 『주저우학림九州 學林』을 읽을 기회를 갖는 것은 아니므로 그 점에 대해 먼저 약간 설명을 한 다음에, 다시 본론으로 들어가서, 내가 일부러 무거운 문제를 회피함으로써 자신이 제시한 중심 문제에 답하지 않았다는 양루빈 선생의 오해를 풀어보겠다. 다만 아래에서 논하는 내용은 류수셴 선생에게 답했던 것보다 내용이 더

추가되어 있어서, 그 글의 속편이라고 할 수 있을 것이다.

본서 상편의 「서설」이 제시한 논점 하나는, 송대 이학이 '내성'의 학문(마음心[마음], 성性[본성], 리理, 기氣등을 논하는 학문)을 뚜렷한 특색으로 갖는다고 하더라도, 그것은 결코 유학의 대전통에서 벗어나지 않았고, 합리적 인간 질서 재수립을 여전히 가장 주요한 목적으로 삼고 있었다는 것이다. 곧 그들은 '천하무도天下無道'를 '천하유도天下有道'로 바꾸고 싶어 했다. 그래서 나는 관찰 각도에서 한 번 조정을 해야 한다고 제안했는데, 그것이 바로 '전환'이다. 류수셴 형은 내 의도를 오해하여, 내가 '내성'에서 '외왕'으로 전환해야 한다고 주장한 것으로 생각했다. 하지만 내가 책에서 명백하게 말했다시피, 이학자들이 송초 이래 전통 유학자들과 다른 지점은 그들이 다음을 특히 강조했다는 데에 있었다. 곧 먼저 '내성' 쪽에서 참된 성과를 얻지 못한다면 '외왕'이 실현될 수 없다는 것이다. 왕안석은 비록 내성과 외왕이 상호 보완되는 기본 모델을 세우기는 했지만, 그런 내용을 강조한 적은 없었다. 그래서 류수셴 형을 위해 다음과 같이 해명했다. 이학은 사실 "내성과 외왕의 연속체"이므로, 나는 '내성'으로부터 전환하여 그러한 연속적 전체로 나아가려는 것이지, 결코 '내성'을 완전히 포기하고 '외왕'만 중시했던 것은 아니라고 말이다. 뿐만 아니라, "내성과 외왕의 연속체"는 나뉘지 않는다고 내가 주장할 수 있었던 것은, 한 전체로서의 이학과 한 사대부 집단으로서의 이학자들이라는 층위에 주로 착안했기 때문이다. 개별적 이학자들의 경우 '내성'으로 기우는 사람도 있고 '외왕'으로 기우는 사람도 있다. 이 양대 유형 중, 개별적 경향의 정도는 사람에 따라 다른 만큼 일괄하여 논하기 힘들다. 하지만 유학자로서 이학자들은 이론상으로는 반드시 '내성'과 '외왕'의 양대 가치를 동시에 긍정하기 마련이므로, 그중 어느 하나를 포기하는 일은 있을 수 없다. 그래서 개인 층위에서 '내성'과 '외왕' 사이의 긴장이 출현하게 된다. 그런 긴장이 있게 되는 까닭은 한편으로 '내성' 취향의 이학자들이 다음 내용을 필연적으로 의식했기 때문이다. 곧 '도덕성명'을 '존양'하고 '강론'하는 것 말고도, '외왕(질서 수립)'의 책임

("천하를 나의 임무로 삼는다")을 그들은 지고 있다는 것이다. 다른 한편, '외왕' 경향의 이학자들 역시 수시로 다음 사실을 깨달았다. 곧 하루 종일 세상의 일 속에 파묻혀 살면 안 되고, 반드시 수시로 '내성' 영역에서 정신적 경지의 상승을 추구해야 한다는 것이었다. 오직 그렇게 해야만, 그들은 비로소 '외왕' 의 학문에 바탕을 두고, 각 방면에서 인간 질서를 끊임없이 개선할 수 있다는 것이다. (이른바 '외왕'의 학문이란, 송대에서 보통 "예禮, 악樂, 형刑, 정政"의 부류를 가리켰다. 호원은 교육할 때 '경의재經義齋'와 '치사재治事齋'를 따로 세웠는데, 이는 후대의 '내성'학과 '외왕'학의 선구가 된다.) 그러므로 '이상형'으로서 본다면, 개별 이학자 들은 반드시 '내성'학과 '외왕'학을 동시에 겸비함으로써 질서의 재수립(이는 바로 '외왕'학의 실현이다)을 최후 귀결점으로 삼아야 한다. 이학의 전체 구조가 바로 이 점과 상응한다.(『대학』과 『근사록』이 그 증거다.) 반대로, 오로지 '마음과 본성心性' 등만을 풀이하는 형이상학적 '내성'의 학문으로서 이학의 성격을 규정하고 인간의 질서는 '제2의第二義'로 둔다면, 그러한 이학은 '소아' 또는 '자아'의 어떤 '궁극적 관심'만을 만족시킬 수 있을 것이다. 하지만 그렇게 파악한다면, 세상을 버리거나 피하는 불교 및 도교와 이학자들을 구분하기 어려워진다. 그러므로 주희는 말한다. "그 덕을 밝힐 수 있지만 민을 새롭게 하는新民 데는 마음을 쓰지 않는 것이 바로 불교와 도교다."[3] 정씨程氏의 문인들이 결국 "모두 불교로 흘러 들어갔다"[4]고 주희가 평했던 것이 그에 대한 명증이다. 사양좌(자는 현도顯道)는, 장재가 "예로써 사람을 가르치다가" 그 문하가 "형벌의 명칭刑名과 예의 법칙度數 사이에 매몰되어, 행동이 막히고 깨달은 곳이 없게 되는"[5] 결과를 초래했다고 비난했다. 이것이 반영하는 바는, 장재가 인간 질서의 재수립을 중시하지 않고 오로지 형이상학적 '도'의 '깨달음所見'만을 추구했다는 것이다. 때문에 주희는 그 "역시 한쪽으로 치우쳤다"고 말했고, 또한 "오늘날 사람들이 도에 대해 설명할 때 고원하고 오묘한 측면에서 말하기를 좋아하다고 곧바로 선불교로 들어가버리는데, 사현도 이래로 이미 그랬다"고 했다.[6] 이러한 반면적反面的 논증은 내가 말한 '전환'의 필요성을 더욱 증가시킨다. 이학이

이미 유학의 전통 안에 있었으므로 다음과 같이 공공연하게 말할 이학자는 아무도 없었다.(다만 개인적으로 그렇게 생각할 수는 있다.) 곧 "나의 최종 목적은 다만 개인적 체험과 형이상의 태극과 천리를 강론하는 것이다. 천하에 도가 없는 상황天下無道은 구체적 세계의 사건에 속하니, 내가 '도를 체험하거나' 혹은 '도를 깨달은' 이후 개인의 '궁극적 관심'을 완성하고, 그다음에 기회를 보아 직접 실천에 나서겠다. 만약 기회가 무르익으면('명命') 당연히 나는 있는 힘을 다해 인간 질서를 세울 것이지만, 기회가 무르익지 않는다면 나는 물러날 수밖에 없고, 계속해서 나 개인의 생명적 의미를 추구하겠다." 이는 정상적 인생 태도라고 할 수 있으나 유가의 견해에는 절대 부합하지 않는다.

상술한 관점에 따라 '내성'학을 이해한 본서의 독자들은 기본적 오해를 한다. 곧 본서에서 말한 "합리적 인간 질서의 재수립" 또는 그것을 간략히 칭한 "질서 재수립('외왕'에 해당되는데, 바로 여기에서 오해가 생겨난다)"이 오로지 정치적 질서(곧 '치도')를 가리킨다고 여긴다. 사실, 나는 상편 「서설」에서, 『근사록』에 인용된 주희의 「대학」 해석을 언급했는데, "수신修身 이상은 명덕을 밝히는 일明明德이다" "제가齊家 이하는 민을 새롭게 하는 일新民이다"가 그것이었다. 나는 동시에 지적하기를, "명덕을 밝히는 일"은 '내성'의 영역이고, "민을 새롭게 하는 일"은 '외왕'의 영역이라고 했다.(상편 47쪽) "질서의 재수립"이란 사회의 가장 기본적 단위(곧 가문)로부터 시작함을 여기서 알 수 있다. 바꿔 말하면, 사람은 태어나자마자 층층이 겹쳐진 '질서' 속에 놓이고, 각각의 '질서'는 모두 '재수립' 대상이 된다. 하지만 본서의 주제는 송대 사대부의 정치문화였고, 특히 양송兩末의 정치 개혁을 연구하는 데 집중했기에, 독자들은 '외왕' '질서' '개혁'이라는 세 가지 개념과 "군주를 얻어 도를 행한다得君行道"는 것을 긴밀하게 연결시키면서, 그것들을 분리해서 생각하기가 매우 어려웠을 것이다. 이런 이해하에서 독자들은 자연스럽게 다음과 같이 추론한다. 곧 '외왕' 또는 "질서 재수립"은 "천 년에 한 번 있을까 말까 하는千載一遇" 일인데, 이학자들이 그런 좋은 기회를 항상 맞을 수 있는 것은 아니므로, 그들의 인생 경향은 다만 '내성'을 위주로 하는 쪽으로 흐르기 마련이라는 것이다. 하지만, 내가 말한 "질서 재수립"은 사회의 가장 기본적 단위(가문)로부터 시작함을 독자들이 안다면, 사람은 하루라도 '질서'를 이해하지 못할 때가 없음을 두말할 나위 없이 인식하게 될 것이다. 설사 '출가인'이라 할지라도 종교 집단의 '질서'에서 도망칠 수 없다. 육구연은 "군주를 얻어 도를 행하는" 일이 성공하지 못하자 고향으로 돌아와 상산서원을 창립했는데, 서원은 단체이므로 반드시 '학규學規'를 제정하여 '질서'를 세우고 유지해야 했다. 나중에 형문군 지사가 되어 "군주의 덕을 계승하여 [백성을] 교화할承流宣化" 때, 육구연은 자신의 '내성'학으로부터 깨달은 바에 입각하여 행정 체계를 바로잡고 풍속을 교정했다.(예컨대 「홍범」의 "복을 모아 백성에게 베푼다"는 구절을 강의한 것은 도교의 기복 제사를 대체하기 위함이었다.) 그러므로 주필대는 육구연에 대해 "옛날의 순정한 관리 같다"고 말한 바 있다. 어느 미국 사학자의 최근 연구에 따르면, 육구연은 설사 집에서 한가하게 거주할 때라도, 자기가 살던 주현州縣의 여러 지방 질서에 적극적으로 참여하여 한순간도 쉬지 않았다고 한다.(이 점은 뒤에서 더 설명하기로 한다.) 게다가 "질서 재수립"만을 언급한다고 할 때, 그것은 대소와 고하를 막론하고 좋은 기회를 얻느냐 마느냐의 문제와 관련을 맺는다. 따라서 "군주를 얻어 도를 행한다"는 것만 그러한 것이 아니다. 다만 그것은 가장 특출한 사례일 뿐이다. 곧 "부모에게 효도하고 형제 간 공손한 도孝弟之道"로써 "집안을 다스리려" 할 때, 순 임금의 경우 부친은 고수瞽叟이고 동생은 상象이므로, 그 역시 '부친을 얻고' '동생을 얻는' 문제와 직면한다. 그 밖의 사례도 이렇게 유추될 수 있다. 그러므로 유가 관점에서 보자면, 개인이 '궁극적 관심'을 평생 추구하다가 기회를 봐서 "도를 행하고" 그 성패 여부를 마음에 담지 않는다는 것은, 이 유일한 인간세계(왜냐하면 유가에는 사후세계가 없기 때문)에 관망하는 태도를 취하는 것과 다름이 없다. 과연 정말로 그러하다면, "도체를 증험하는 것證道體"과 "열반을 증험하는 것證涅槃"은 오십보백보의 차이밖에 없을 것이다. 그러니 무슨 '가치 부여' 같은 말을 할 겨를이 있겠는가? 하지만 이런 오해는,

"군주를 얻어 도를 행한다"는 것에 '외왕' 개념을 매우 꽉 붙들어 매어놓았기에 일어났을 수 있다. 이것은 저술 과정 중 내가 미처 예상하지 못한 것이었다. 나는 비록 앞서 인용한 "명덕을 밝힌다" "민을 새롭게 한다"는 조목을 인용하여 '외왕'의 범위 확대를 강조했고, 또한 제3장에서 "천하를 나의 임무로 삼는다"를 논할 때 그 의미를 구체적으로 설명한 적이 있지만(상편 317~319쪽), '외왕' 또는 "질서 재수립"이 대체 무엇을 가리키는지 딱히 설명한 적이 없다. 이는 내가 소홀히 했던 점이므로 독자들의 오해에 대해 얼마만큼은 책임을 져야 한다.

이제 나는 이 문제를 꽤 철저하게 밝혔으므로, 이학의 특수한 관점에 입각해서 말할 때 '내성'과 '외왕'이 하나의 연속체로서 질서 재수립으로 귀착된다는 것은, 반복된 탐구를 통해 도달한 판단이라고 할 수 있다. 그 이유는, 곧 사람은 한순간이라도 '질서' 속에서 살지 않는 때가 없고 아울러 합리적 '질서' 재수립의 문제를 직면하지 않는 때가 한순간도 없기 때문이다. 그리고 질서를 세울 때의 유일한 근거는, 이학자들의 공통 신념에 따르면, 바로 그들이 발전시킨 '내성'의 학문이다. 사회를 하나의 전체로 간주하여 말한다면, '내성'의 학문은 결코 종점일 수 없고, 반드시 '외왕' 또는 '질서' 영역에서 "본체를 온전히 한 결과 크게 작용하는全體大用" 결과로 나타나야 한다. 이는 유학 자체의 내적 요구에서 비롯한다. 설사 개인으로서의 이학자라도 이미 자신이 (대소와 고하를 막론하고) '질서' 속에 있는 한, 그 '질서'를 더욱더 합리적으로 만들 책임을 지고 있다. 따라서 그는 '내성'에서 발걸음을 멈출 수 없다. 그렇게 하지 않는다면, 그는 곧바로 '내성' 속에서 즐거움을 찾느라 더이상 진전할 줄 모르게 될 터인데, 이는 명상에 따른 쾌락에 빠져버리는 것과 다를 바가 없다. 그러므로 내가 보는 한에서, 이학을 유학 전통 밖으로 밀어내지 않으려면, 우리의 시선을 '내성'으로부터 "내성외왕 연속체"로 옮기는 '전환'을 감행해야 한다. '내성'의 학문이 얼마나 중요하건 간에, 그것은 이학의 종점일 수 없다. 그것과 '외왕'의 학문은 긴밀하게 연결되어 있어 합리적 인간 질서를 세우는 데에 복무할뿐더러, 질서 속에 있을 때 비로소 자기 자신을 진정하게 완성할 수 있다. 주희는 『대학』의 "명덕을 밝히기明德" "민을 새롭게 하기新民"를 각각 '내성'과 '외왕'의 양대 영역으로 지정했는데, 본서에서 이미 그에 대해 논증을 다 했고, 『주자어류』에도 그 밖의 증거가 아직 많다. 다만 내가 최근에 발견한 아래 구절은 아주 간명하면서도 핵심적이다.

민을 새롭게 하는 것은 반드시 명덕에 뿌리를 두어야 하니, 명덕은 민을 새롭게 하는 근거다.[7]

만약 '내성'과 '외왕'을 대입하면 위 구절은 다음과 같이 된다.

외왕은 반드시 내성에 뿌리를 두어야 하니, 내성은 외왕이 되는 근거다.

'내성외왕'에 관한 송대 이학자들의 전체적 인식은 이 한마디로 다 표현될 수 있다.

마지막으로, '정치적 질서治道'의 재수립을 바란 송대 유학자들과 공자의 관계를 보충하려 한다. "삼대로 돌아가자"는 기치를 내걸고 전면적 정치 혁신을 추진했던 자들이 송대 유가의 주류를 구성하여, 위로는 고문운동부터 시작해서 아래로는 주희의 '왕패王覇' 논변에까지 이르렀다. 유가 사대부들이 중앙에서부터 발동한 정치적 개혁은 모두 세 차례 있었는데, 바로 경력의 변정變政, 희령의 신법, "효종 말년의 정치"였다. 이렇듯 장기간 지속된 사상적 운동과, 반복하여 출현한 개혁의 동향, 특히 양자 간 상호 영향 관계는 송대 역사의 가장 뚜렷한 특색을 구성하는 것으로, 그런 현상은 공전절후의 것이었다. 이와 같이 독특한 현상의 역사적 배경과 관련해, 본서 상편의 각 장은 이미 여러 측면에서 해석했다. 송대 유학(도학과 이학을 포함)이 질서 재수립을 가장 주요한 관심으로 삼고서 '통치의 도治道' 정비를 출발점으로 삼았다는 것이 상편 연구의 근거였다. 상편의 「서설」은, "천하를 태평하게 다스린다平治天下"는 송대 유가의 정신이 어떠한 고전 유가적 근원을 갖는지 분석했고, 나는 특히 맹자의 영향을 강조했는데, 여기서는 한 걸음 더 나아가 송대 유가 사대부들이 정치 개혁에 열심히 참여했던 것은 공자의 솔선수범으로부터 영향을 받았기 때문임을 나는 지적하고자 한다. 이 점 역시 본서의 주제와 직접 관련된 중요한 역사적 사실이므로 보완하지 않을 수 없다. 『논어』 「양화편」에는 두 유명한 기록이 수록되어 있다. 첫번째는 다음과 같다.

공산불요公山弗擾가 비읍費邑을 근거지로 삼아 모반을 일으키고 〔선생을 부르니〕 선생〔공자〕이 가려고 했다. 자로가 불쾌해하면서 말했다. "가지 마십시오. 하필이면 공산 씨에게 가십니까?" 선생은 "나를 불렀다면 어찌 그냥 한번 불러본 것이겠는가? 만일 나를 등용하는 이가 있다면, 나는 그를 위해 동주東周를 만들 것이다!"⁸

또다른 조목은 이렇다.

불힐佛肸이 부르니 선생이 가려고 했다. 자로가 말했다. "예전에 제가 선생님께 들으니 '군자는 직접 제 몸으로 선하지 않은 일을 하는 자의 무리에 들어가지 않는다'라고 하셨습니다. 불힐이 중모中牟를 근거지로 하여 모반을 일으켰는데 선생께서 가려고 하시니 어째서입니까?" 선생이 말했다. "그렇다. 그런 말을 한 적이 있지. 하지만 '단단하지 않은가! 갈아도 닳지 않으니!'라고 말하지 않았던가? '희구나! 검게 물들여도 검게 되지 않으니'라고 말하지 않았던가? 나는 박의 열매인가? 어찌 매달아놓고 먹지 않을까?"⁹

이 두 고사가 묘사하는 내용은 반란을 일으킨 신하가 공자를 불렀다는 것인데, 한번 뛰쳐나가 자신의 기량을 시험해보고 싶은 마음을 공자는 잘 드러내고 있다. 공자가 선후로 자로에게 답한 내용은 일치한다. 그는 그저 조용하게 인생을 마치고 싶지 않고 기회가 있다면 정치적으로 수완을 발휘하기를 희망한다. 그렇게 하면 '삼대'를 잇는 '동주'를 만들 것이라고 한다. 위 두 조목은 반드시 아래 구절과 합해서 보아야 한다. 아래 구절은, 공자가 세상을 피해 사는 사士에게 답한 것을 기록한다. 공자는 말한다.

새나 짐승과 더불어 무리를 이룰 수는 없다. 이 사람들의 무리가 아니라면 내가 누구와 함께할 것인가? 천하에 도가 있다면 나는 〔천하를〕 바꾸는 데 관여하지 않았을 것이다.[10]

이 구절 중 앞부분은 공자가 이 유일한 인간세계를 깊이 사랑함을 나타내고, 뒷부분은 인간세계를 개혁('易')하고 싶다는 그의 염원을 표명한다. "천하에 도가 있는" 경지에 도달하지 않는 이상 그러한 염원은 절대 중단되지 않을 것이다. 이것이 바로 정치에 대한 공자의 솔직한 태도였다. 이러한 공자의 심리를 파악해야, 공산불요와 불힐이 부르자 그가 어째서 두근두근해하며 흥분해했는지를 이해할 수 있다. 후대 주석가들은 이 두 사건을 놓고 논쟁을 벌였으나, 그것이 우리의 이러한 논의에 영향을 주지는 않는다. 송대 유학자들은 그 두 사건이 실제로 일어났음을 믿어 의심치 않았기 때문이다.

이제 두 사례를 들어, 정치적 질서를 재수립하려 했던 공자의 지향이 송대 개혁적 경향의 사대부 사이에서 불러일으킨 반향을 보고자 한다. 첫번째 사례는 왕안석이다. 그는 「중모中牟」라는 시에서 이렇게 읊는다.

퇴락한 성 100치雉〔성벽의 크기를 재는 단위〕가 높은 언덕丘을 둘러싸고 있으니, 말을 몰다가 바람을 맞으면서 성인 공구孔丘를 생각하네. 이 길에서 문인은 여러 차례 깨닫지 못했고, 그후 1000년간 오랫동안 흩어졌구나.[11]

이 시가 쓰인 연대는 확정하기 어렵지만, 위 시는 희령(1068~1077) 전에 지어졌건 아니면 그후에 지어졌건 간에, 왕안석이 "나는 박의 열매인가? 어찌 매달아놓고 먹지 않을까?"라는 공자의 정신을 깊이 이해하고 있었음을 분명히 드러내고 있다. "문인은 여러 차례 깨닫지 못했다"는 구절은 자로子路를 가리킬 것이다. 자로는 반란자들에게 가서 자신의 포부를 펼치려는 공자에 대해 두 차례에 걸쳐 반대를 표시했기 때문이다. 이뿐 아니라, 왕안석은 이 시를 지을 때, "만일 나를 등용하는 이가 있다면, 나는 그를 위해 동주를 만들 것이다!"라는 공자의 말도 염두에 두었음이 틀림없다. 따라서 왕안석이 변법을 추진했던 것은 맹자의 영향을 받았기 때문만이 아니라 동시에 공자로부터 깨우침을 얻었기 때문일 것이다. 두번째 사례는 바로 주희다. 『주자어류』 권47에는 '불힐의 부름 장佛肸召章' 조목이 있어, 공자가 어째서 가고자 했는지에 대해 논하고 있다.

만물이 제자리를 찾지 못하고 모두 도탄에 빠진 것을 성인이 보고, 깊이 격정한 나머지 출사하여 그들을 구원하려는 생각을 어찌 하지 않겠는가? 다만 시기상 하려고 해도 할 수 없을 때에는 머물러 있을 수밖에 없다. 성인은 이 세상에 살아가면서 본래, 구차하게도 바른 도를 굽힘으로써 타인을 추종하려 하지 않는다. 그런데 세속에는 이런 말이 있다. 곧 성인은 마음에 욕심이 없고 조용하여 [세상을 구하려는 생각을] 마음에 들이지 않는다는 것이다. 하지만 그것은 그렇지 않다. 예를 들어 공자는 "천하에 도가 있다면, 나는 [천하를] 바꾸는 데 관여하지 않았을 것이다"라고 말했다. 이는 정말로 출사하려고 했으나 그럴 수 없었다는 뜻과, 그럼에도 불구하고 스스로 멈출 수 없다는 뜻을 갖고 있다. (…) 하지만 출사하려 해도 그럴 수 없다면 잠시 내려두어야 한다. 세상을 격정하는 마음으로 출사하려는 것은, 만물을 사랑하는 성인의 어짊 때문이다. 천명이 아직 이르지 않았다면 역시 어쩔 수 없다. (…) 출처의 대의大義가 바로 여기에 있다.[12]

또, "가려고 했지만 결국 가지 않았다欲往而從不往"는 풀이에 답하면서 이렇게 말한다.

성인이 가려고 했을 때는, 그[불힐]가 성인을 부를 때 얼마간 호의를 갖고서 성인을 접견하려 했을 때였다. 당시 성인도 그의 이러한 호의를 접했기에 가려고 했다. 하지만 불힐이라는 사람은 결국 좋은 사람이 아니었다. 성인은 [그가] 다시 한 차례 [자신의 나쁜 점을] 이해하기를 기다렸지만, 그의 숱한 좋지 않은 점이 또다시 있을 뿐이었기에 결국 갈 수 없었다. 예를 들자면, 비가 억수같이 쏟아져서 온 하늘을 가리고 [구름이] 겹겹이 겹쳐져 흩어질 기미를 보이지 않다가, 갑자기 한 곳에서 조금이라도 구름이 개면, 구름이 물러나고 안개가 걷히면서 파란 하늘의 빛나는 태양을 볼 수 있는 것과 같다. 그곳[구름 위]은 원래 좋았던 것이다.[13]

위 두 조목은 모두 엽미도(엽하손)가 기록한 것으로, 그 밖에 또다른 축약본이 하나 있는데 바로 반시거潘時擧가 동시에 기록한 것이다. 하지만 반시거가 기록한 조목 아래에는 "하손이 상세하게 기록했기에 따로 수록했다"라는 주석이 달려 있다. 반시거가 기록한 것이 소희 4년(1193) 이후에 들었던 내용이라면, 필시 소희 5년 주희가 임안에서 축출된 이후일 것이다. 그해 12월 죽림정사竹林精舍가 낙성落成하여, 주희가 "제생을 데리고 석채釋菜의 예를 행했다"[14]고 하는데, 엽하손과 반시거도 그 가운데에 있었을 것이다. 반시거가 기록한 내용은 소략하기는 하지만, 두번째 단락 마지막 구절은 오히려 엽하손의 기록보다 상세하다.

비유하자면, 비가 많이 올 때 갑자기 약간 개기 시작하여 조금 빛이 비치다가, 다시 두터운 구름에 의해 가려지는 것과 같다.[15]

이 구절의 의미가 온전하다. "다시 두터운 구름에 의해 가려진다"는 것은 어째서 "결국 가지 않았는가"하는 문제에 대한 답이 된다. '불힐의 부름 장'에 대해 주희가 풀이한 연도가 언제인지 이미 확정되었으므로, 주희는 "40일 동안 조정에 섰던" 자신의 정치적 경험과, 불힐에게 "가려고 했던" 공자의 경험을 중첩시켰음을 우리는 알 수 있다. 이는 주희가 "공자의 이야기를 빌려 실은 자기 이야기를 한 것夫子自道"이다. 주희는 "경전을 해설할 때 시사를 꺼리지만 기피할 수는 없다"고 말한 적이 있는데, '불힐의 부름 장'에 대한 주희의 해석은 그러한 말의 또다른 사례라고 할 만하다. "갑자기 약간 개기 시작하여 조금 빛이 비치다가, 다시 두터운 구름에 의해 가려졌다"는 말은 주희가 임안에서 최후에 겪었던 일을 가리킬 것이다. 주희가 임안을 떠나 고향으로 가기 전, 조정은 또다시 강릉 지사로 그를 임명했지만, 그는 이번에는 고집스레 사양하면서 벼슬길에 나아가지 않았고, 아울러 "이번에는 죽어도 나가지 않는다"[16]라고 굳게 결심했다. 공자가 어째서 "결국 가지 않았는지"에 대한 주희의 설명과 그러한 결심은 상통한다. 왜냐하면 그것은 "출처의 대의"와 관계있기 때문이다. 그런데 더욱 주의할 점은, 그가 '세속의 어떤 말'을 반박했다는 것이다. 그 말이란, 성인이 "이 세상"에 처하여 결국은 "마음에 욕심이 없고 조용하여 [세상을 구하려는 생각을] 마음에 들이지 않는다"고 하는 것이다. 반대로 주희는 다음과 같이 말한다. 곧 성인은 "천하에 도가 없는 것"을 "천하에 도가 있는 것"으로 바꾸는 일에 대해, "그럼에도 불구하고 스스로 멈출 수 없다는 뜻"을 담는다고 주희는 말한다. 나는 이학자들의 최대 관심이 합리적 인간 질서의 재수립이라고 말했는데, 그런 말은 여기서 뜻밖의 실증적 근거를 얻게 되었다. 주희가 『논어』를 주석한 것은 아무리 늦어도 서른다섯 살쯤 시작되었을 터이므로, 공자가 두 차례에 걸쳐 "[반란자에게] 가려고 했던" 고사에 대해 주희는 마음속으로 백번 천번은 더 생각했을 것이다. 주희가 "효종 말년의 정치"에 열의가 있었던 것도 상술한 공자의 정신으로부터 영향을 받지 않았다고 할 수 없을 것이다. 육구연은 윤대를 기다리던 동안 친구에게 보낸 편지에서, "만일 나를 등용하는 이가 있다면, 나는 그를 위해 동주를 만들 것이다!"라는 구절을 특별히 인용하는데, 주희의 말과 더불어 상호 증명이 될 수 있다. 그것이야말로 유가의 진정한 혈맥이 놓여 있는 곳이다. 그러므로 명 말의 고헌성顧憲成은 이렇게 말한다.

> 천자의 수레를 담당하면서 생각은 군부君父에게 있지 않고, 국경을 담당하면서 생각은 백성에게 있지 않다. 숲이 우거진 물가에서 두세 명 함께 모여 성명性命을 강구하면서 도덕과 신의를 연마하지만, 생각은 세상을 다스리는 도리에 있지 않다. 설사 그들에게 훌륭한 점이 있다 하더라도, 군자는 그들을 동류로 삼지 않을 것이다.[17]

고헌성 역시 본래 이학자로서 평상시에 강학했던 것은 심, 성, 리, 기, 태극, 본체, 공부工夫[수양] 등에서 벗어나지 않았음을 『명유학안明儒學案』 권58에서 알 수 있다. 따라서 그는 '심성론'이나 '형이상학'을 홀시했던 사람이라고 볼 수 없다. 하지만 위와 같은 말이 고헌성의 입에서 나왔다는 사실을 등한시하면 안 된다. 사실 그는 존재의 위기감에서 출발하여, 바로 위 구절에서는 "기존의 틀을 향상시킬 것向上一機"을 지시하면서, 이학이 이미 '전환'하지 않으면 안 될 때에 도달했다고 호소하는 것이다.

2. 나는 주희의 가치세계를 훼손했는가?

앞 절은 '전환'설을 일층 더 분명히 한 것으로, 그러면서 '내성'과 '외왕' 사이 관계, "질서 재수립"의 정확한 의미를 언급했다. 그것은 적극적 진술로서, 결코 양루빈 선생의 글을 겨냥한 반박문은 아니었다. 하지만 양 선생의 글 속에 담긴 몇몇 의문은 동시에 충분한 대답을 얻었으리라고 나는 믿는다. 따라서 아래에서 그 문제는 다시 논하지 않는다.

류수셴 선생은 비록 '전환'의 문제에서 내게 심각한 의문을 제기했지만, 책 전체의 중심 논지는 정확하게 파악하고 있었다. 그는 본서 상하 편의 본문이 모두 사학적 연구의 성격을 지닌다는 것과, 본문을 완성하고 나서 이른바 '추상追想, afterthought'으로 쓰인 상편의 「서설」만이 사상사에 관한 글이라는 것을 깊이 알고 있었다. 여기서 하나 더 보충하자면, 내 붓끝의 이학자들은 송대 사대부 집단 속의 한 특수 유형일 뿐 개별 인물은 아니라는 점이다. 「서설」 속의 정치문화적 독해 역시 본문의 논지와 직접 관련된 이학적 관념에 국한된다. 나는 송대 이학 체계 자체를 뒤흔든 것이 전혀 아니고, 더욱이 이른바 '심성 형이상학'을 대체할 또다른 체계적 신설新說을 제기하려는 의도도 전혀 없었다. 왜냐하면 그것은 본서의 범위를 완전히 벗어나기 때문이다.

하지만 양 선생은 본서에 대한 이해에서 또다른 시각이 있었다. 그는 본서의 주지가 주희를 포함한 전체 이학 체계를 전복하기 위함이라고 인식했다. 그는 본서 내에 정치사와 문화사 연구가 분명히 존재함을 인정하고 아울러 너그럽게 동의를 표한다. 그러나 그의 글 전체는 곳곳에서 다음 내용을 암시하거나 혹은 분명히 말하고 있다. 곧 나의 역사 연구는, 장엄하고 신성한 이학의 전당 밑에 놓인 기초를 철두철미하게 허물어버리는 작업을 하고 있다는 것이다. 양 선생의 중심 논점은 결론 부분에 집중적으로 표현되어 있다. 그의 추어올림에 따르면, 나는 느닷없이 중국의 엽적, 왕정상王廷相, 대진, 그리고 일본의 이토 진사이伊藤仁齋, 오규 소라이荻生徂徠 등의 반열에 올라서, 이른바 '동아시아 근세의 반反주자학적 조류' 속의 일원이 되어버린다. 내가 비록 그 때문에 좀 우쭐거리기는 했지만, 외국인과 전혀 사귀어보지 못했던 그중 몇몇 시대의 중국인이 어떻게 "외국과 소통했으며里通外國" 부단한 '조류'를 형성했는지 안타깝게도 나는 전혀 알지 못하고, 하물며 내가 누구 소개를 통해 그들의 '조류'에 참여했는지도 알지 못한다. 양 선생은 가장 마지막 부분에서 한없이 한탄하면서 본서에 대해 '최후 심판' 격의 판결문을 쓴다.

이 책은 극소수 인사가 겪었던 역사세계를 펼쳐놓았지만, 주자가 일생 세우려 노력했던 가치세계를 훼손했다. 이 책은 가치세계를 구체화하여 이학에 피와 살이 있게끔 만들었지만, 반대로 그것을 협애화하여 이학으로 하여금 역사의 시공간이라는 폐쇄적 체계에 갇혀버리게끔 했다. 이 책은 한편에서는 역사세계를 펼쳐놓는 동시에 다른 한편에서는 가치세계를 가리고 있는데, 그 두 효과는 똑같이 대단하다. (양루빈의 글, 140쪽)

이 몇 구절은 '화룡점정'일 뿐만 아니라 "[형가가 진시황을 암살하기 위해 칼을 숨겨서 갖고 들어온] 지도 끝에서 비수가 드러나는 격圖窮匕首見"이다. "주자의 가치세계"를 훼손했다는 죄명은 실로 몹시 가혹하다. 잘못하면 공자에 의해 사형당한 소정묘처럼 될는지도 모른다. 따라서 나는 몇 마디나마 변호하지 않을 수 없다. '가치세계'와 '역사세계'의 문제는 뒤에서 다시 다루기로 한다. 이 절에서는 다만 다음의 두 가지 사항만 예비적으로 말하겠다. 첫째, 나는 주희의 가치세계[18]를 훼손할 의도가 있었나? 내가 '사형'에서 '무기징역' 또는 '유기징역'으로 감형될지 여부가 그 점과 관련되어 있으므로, 이는 예삿일이 아니다. 둘째, 법관은 형법의 어떤 조항에 바탕을 두었길래 이처럼 내게 중죄를 판결했을까? 법관 자신의 말을 빌리자면, "그 가운데 반드시 이치가 있다"(양루빈의 글, 126쪽)고 한다.

나는 본서 하편을 쓰는 과정에서, 주희나 육구연 등 남송 이학들과 관련 있는 자료를 대량 접했다. 분석과 체계적 정리를 거친 후 스스로 생각하기에 증거가 충분하다고 여겨지는 논단을 하나 얻게 되었다. 적어도 내 눈으로 보기에 그 논단은 이학자들의 역사적 형상을 높이는 데 도움이 됐지 폄하하는 것은 아니었다. 잠시 사례를 한두 가지 들어 내 의도를 설명하고자 한다. 명말 고염무는 이학자들을 폄하하는 명언을 하나 남겼다. "마음을 밝히고 본성을 본다는 헛된 말로써, 자신을 수양하고 타인을 다스리는 실제 학문을 대체한다."[19] 아마도 고염무는 명 말 이학자들을 겨냥했을 터인데, 앞서 인용한 고헌성의 평가와 서로 호응한다. 여하튼 그의 말은 후대에 유행하여 모든 이학자를 도매금으로 넘겨버리는 결과를 초래했다. 20세기에 들어선 후, 그의 말은 골짜기에 울리는 거대한 메아리마냥, 사람들 고막을 울려 그것을 거의 파열할 지경까지 만들었다. 하지만 이학자 집단의 정치적 활동과 언론을 통해, 그들은 평생 견지했던 기본적 가치를 한 걸음 한 걸음 실천해나갔음을 나는 발견했다. 그들은 험악하고 다변하는 권력세계 속에서 유가 원칙을 고수했고, 불요불굴 정신으로써 '내성외왕'이라는 이상의 실현을 쟁취했다. 대량의 사료에서 나타나는 진상眞相은, 300년간 그들에게 가해진 근거 없는 멸시를 반박하기에 충분했다. 여기까지가 첫번째 변론이다.

20세기 중엽 이래 또다시 이학자 및 그들의 사상에 관한 판단이 범람했는데, 이학자들은 모두 전제 황권의 옹호자 또는 대지주 계급의 대리인이라고들 했다. 이학자들이 제창한 '천리' 또는 '양지良知'는, 사람을 죽이면서도 피 한 방울 흘리지 않는 '무른 칼軟刀子'인 데다가 '인민'의 목을 항상 겨누었다고 한다. 이학자들(예를 들어 주희와 육구연)은 조정에서 벌이거나 지방관 임기 동안 벌인 실제 행동에서 출발하여 그들의 형이상학적 명제를 독해했고, 그로부터 얻은 결론은 그들에 대한 일련의 비난과 완전히 반대였다. 그들은 한편으로 각각 서로 다른 방식을 택하여 '사士'로서 정치적 주체의식을 발휘함으로써 황권과 대립했다. '천리' '태극' 등의 관념은 많건 적건 아니면 겉으로건 속으로건 간에, '군君'에 대한 일종의 정신적 구속이 되었다. 예컨대 '황극'에 대한 주희의 새로운 해석이 그 분명한 증거다. 다른 한편, 이학자들은 '사士'가 '민民'에 따라야 한다는 것을 인정하고, '민'의 이익을 수호하는 것을 임무로 삼아야 한다고 주장했다. 따라서 어떻게 하면 "아래의 민下民에게 은택을 미칠까" 하는 것은 이학자들이 지방관으로 복무하던 중 한시도 놓치지 않던 생각이었다. 그들은 낫 놓고 기역 자도 모르는 '민'을 결코 경시하지 않았다. 개별적 '민'은 우둔하다고 여겨질 수 있지만, 집단으로서 '민'은 극도로 높은 정치적 지혜를 갖춘 것으로 여겨졌다. 때문에 정이와 육구연은 모두 "무릇 민이란, [그들의 목소리를] 합해서 들으면 성스럽고, [하나하나] 흩어서 들으면 우매하다"[20]고 분명히 말했다.(상편 253쪽) "인민의 눈동자는 눈처럼 밝다人民的眼睛是雪亮的"는 현대의 선동적 구호는, 이학자들이 이미 1000년 전에 꿰뚫어보았던 내용을 담고 있다. 본서가 이런 측면에서 기울인 탐구는, 적어도 그들의 억울함을 완전히 풀어줄 만한 객관적 효과를 갖는다고 생각한다. 양 선생이 고발했던 것처럼 내가 정말로 주희의 '가치세계'를 훼손했을까? 양 선생은 서양의 매우 현대적인, 심지어 '탈현대'적인 전략을 채택하여, 독자들로 하여금 본서가 획득한 논단을 전혀 믿지 못하게끔 만들고, 특히 이 책이 널리 인용한 자료들을 허상이라고 간주하면서 독자들에게 그것에 속으면 안 된다고 말한다. 그는 매우 노골적으로 다음과 같이 말한다. "자료들 그 자체는 우리에게 [그 객관적인 의미를] 말해주지 않고, 자료의 의미는 여전히 [주관적] 해석에 의존하기 마련이다."(양루빈의 글, 133쪽) 겉으로 보기에 이 구절은 사리에 잘 맞는 것 같다. 하지만 안타깝게도, 어떤 내용이라도 문자로 고정되면 그 자체로 즉각 하나의 '자료'를 구성하고, 마찬가지로 '해석'을 필요로 한다. 양 선생 말대로라면, 이학자의 '가치세계'를 위해 앞에서 내가 했던 변호도 당연히 '해석'이라는 말장난에 불과하므로 응당 취소되어야 할 것이다. 따라서 양 선생의 전략은 고차원이기는 하지만, 그의 전략은 양날의 검이 되어 그 자신을 해칠 수도 있다. 왜냐하면 자료에 대한 해석을 주관적 해석으로만 여기는 주장은 매우 예리한 칼을 숨기고 있기 때문이다. 그리고 그 칼에는 "텍스트 바깥에는 아무것도 없다There is nothing outside of the text"[21]라고 새겨져 있다. 분명 이 칼은 본서를 사지에 밀어넣으면서, 나의 역사적 재구성은 전적으로 '허구'라고 선포한다. 하지만 양 선생도 이 칼을 함부로 사용할 수 없다. 왜냐하면 나는 역사세계 하나만 잃는 데 그치지만 그의 손실은 나보다 배 이상은 될 것이기 때문이다. 그 결과 "더욱 참된 가치세계"는 필시 보전될 수 없을 것이다. 나는 본서를 검토한 결과,

양 선생의 판결을 뒷받침할 확고한 증거를 전혀 찾지 못했다. 만약 그런 증거가 있다면 그것은 나의 입장에 대한 반증이 될 것이다. 이뿐 아니라 적어도 20세기 이래, 우리의 생활세계 속에서 무슨 "주희의 가치세계" 같은 것은 진작부터 찾아볼 수 없게 되었다. 아마도 그것은 "물러나서 은밀한 곳에 감추어져 있다退藏於密"가, 저 "정결하고 공활한 세계淨潔空闊世界"로 돌아가버렸을 것이다. 따라서 주희의 '가치세계'가 이 세상에 다시 출현한다면 그 운명은 기구하기 그지없을 것이다. 왜냐하면 그것을 '훼손'하려는 힘이 매우 크기 때문이다. 다른 이야기는 그만두더라도, 이학자 중 육구연이 바로 '훼손' 작업을 앞장서 이끌었던 사람이었고, 이어서 명대의 왕양명은 그 사명을 거의 완수했다. 주희의 '가치세계'가 종적을 감춘 이후에도, 철학 이론적 DNA 테스트를 통과한 현대의 어떤 이들은, 그 세계의 창시자가 유가의 '서자別子'에 불과하다고 선언한다. [이렇듯 현대의 연구자들도 주희의 가치 세계를 폄하하고 있다.] 이는 모든 사람이 다 알 수 있는 사실로서 양 선생 역시 모를 리가 없다. 그런데 어째서 유독 나만이 '훼손의 죄를 저질렀다고 판결할까? 양 선생은 강한 적을 보면 겁을 먹고, 약한 적을 보면 용기를 내는 그런 사람은 설마 아닐 것이다. 여하튼, 나는 아예 있지도 않은 것을 '훼손'할 수 없다. 따라서 나는 법관의 동기를 의심하기 시작한다.

그래서 나는 양 선생의 장문을 다시 한번 검토해보았고, 마침내 내 의혹을 풀었다. 첫째, 그는 이렇게 말한다. 내가 본서에서 제기한 주요 논단은 "현대 중국철학의 연구 풍토를 명백하게 겨냥하고 있다"는 것이다.(양루빈의 글, 134쪽) 둘째, "위잉스 선생이 가치세계와 역사세계의 두 가지로 분할한 것은 철학과 이학 연구의 말벌 집에 구멍을 냈다"고 한다.(위의 글, 135쪽) 셋째, "위잉스 선생의 논점은 이학의 대서사grand narrative에 대한 명백한 도전이지만, 그 역시 이학의 대서사로부터 도전을 받아야 한다"는 것이다.(위의 글, 139쪽) 이 세 가지 지적 가운데, "현대 중국철학의 연구 풍토" "철학과 이학 연구" "이학의 대서사"라는 세 가지 표현은 명칭만 다를 뿐 내용은 같은 것으로, 완전히 동일한 대상을 가리킨다. 하지만 앞의 두 표현은 매우 광범위한 듯한데, 설마 양 선생이 "현대 중국철학의 연구 풍토" 또는 "철학과 이학 연구"가 이미 "도는 하나이고 기풍도 같다道—風同"는 경지에 도달했다고 인식한 것은 아닐 터다. 그것은 아마도 그가 [철학계의] 진면목을 드러내려 하지 않은 결과 "철학적 진술"의 엄격성을 느슨하게 했기 때문일 것이다. 세 항목을 서로 비교해보면, "이학의 대서사"는 그가 필요로 하는 별칭이 될 수 있는 것 같다. 사물은 주인이 부른 이름대로 불리기 마련이므로, 나는 아래 글에서 일률적으로 그 명칭을 사용하겠다. 다만 두번째 항목에서, 양 선생이 사용한 표현은 생략된 부분과 추측에 의한 부분이 있다. 그는 무의식 중, 저 당당한 "이학의 대서사가들"을 "말벌"에 비유하고 있는데, 내 생각에는 그래서는 안 될 것 같다.

여기까지 논하니 마침내 물이 말라 돌이 드러나는 격으로 일의 진상이 밝혀진다. 알고 보면 양 선생은 주희의 허울을 빌려, 내가 "이학의 대서사"에 매우 불경한 죄를 지었다고 징벌을 내리고 있을 뿐이다. 게다가 그는 단기필마가 아니라 '대서사' 진영을 대표하여 내게 '도전'한다고 표명하고 있다. 이학에 관한 현대 철학사의 처리 방식을 「서설」에서 논할 때, 나는 특별히 누구를 겨냥하지 않았다. 나는 분명, '내성'과 '외왕'이 분립하여 독립적 연구 대상이 되었던 것은 이학이 '철학화'된 결과였다고 인식했다. 철학이 중국에서 하나의 독립적 학과로 성립한 것이 이미 100년이 되었고, 서양 철학의 범주에 바탕을 두고 중국 사상을 연구하는 것도 풍부한 성과를 얻었다. 이는 공인된 사실이다. 하지만 순수한 철학적 관점에서 이학을 관찰한다면, 그 형이상학, 우주론, 윤리학 쪽에만 초점이 집중되어, 당연히 태극, 천리, 심, 성, 리, 기 등의 개념만 연구의 중심 대상이 되기 마련이다. 이는 철학사 영역 내에서 전적으로 정당한 현상으로, 여기에 이의를 제기할 사람은 없다. 하지만 『주희의 역사세계』가 연구한 것은 송대 사대부의 정치문화였다. 이학이 이러한 정치문화의 한 구성 부분인 만큼, 나는 당연히 이학을 정치문화 속의 특수한 역사 현상으로 간주해야 했다. 그것이 바로 내가 이학을 송대 유학의 전체 동향 안에 넣고 관찰한 근본 이유였다. 이 같은 시선 아래에서, '내성외왕'은 필연적으로 불가분의 연속체로 나타났다. 책은 이학의 몇몇 형이상학적 명제도 언급했지만, 정치문화 틀에 맞춰서 '내성'과 '외왕' 사이 역사적 관련을 찾고자 시도했다. 이학 내 각 학자의 형이상학 및 우주론 체계의 내부 구조, 성격, 의미 등은 모두 철학의 범위에 속하기에, 나는 그 모든 것에 대해 한 마디도 하지 않음으로써 "모르는 것은 모른다고 말한다不知爲不知"는 계율을 조심스레 지켰다. 그러므로 나의 이 책에는 분명 사학적 가설이 들어 있지만 철학적 가설은 전혀 없다. 본서와 철학사의 선택 노선과 범위는 다르고, 취한 자료도 다르며, 추구한 지식의 성격은 특히 천양지차다. 하지만 이 책은 이학이라는 분야에 한 걸음 들어섰기에, 이학의 중심으로부터 멀리 떨어진 곳에서 쌍방 사이에 우연한 다툼이 일어나는 것도 피할 수 없는 일이다. 그 밖에, 대체로 '강물이 우물과 섞이지 않듯' 피차지간에 서로 다툼 없이 평안하게 지낼 수 있을 줄 알았다. 내가 「서설」에서 제시한 철학사 관련 내용은 당연히 "이학의 대서사"를 포함하고 있지만, 거기에서만 그쳤을 뿐이다. 양 선생이 "명백한 겨냥" "명백한 도전" 운운하는 것은, 마치 자기 자신이 모든 이의 대표자인 것처럼 행동하면서 "오늘날 천하에서 나 말고 누가 있겠느냐?"는 식으로 개탄하는 것과 같다. 이는 지나치게 민감한 반응이다. 이처럼 넓은 천하에서 철학사 관점에서 이학을 연구하는 사람들이 양 선생 말고 또 없겠는가?

이처럼 양 선생이 민감한 터라, 그는 글에서 육구연식의 "마치 나를 해치는 것 같다"는 정서를 노출한다. 그의 의심이 뭉게뭉게 일어나자, 초목도 모두 병사로 보이고 책의 곳곳에서 적의 자취를 발견하는 일이 벌어지면서, 원래 전혀 관계 없던 논제를 갖고서 "이학의 대서사"를 겨냥한 '도전'이라고 간주하는 일도 벌어졌다. 양 선생은 내가 "이학 대서사의 도전을 받아들여야" 한다고 말하는데, 아마도 자신의 논평문이 모종의 대표성을 갖는다는 점을 표명하는 듯하다. 신중하게 사려한 후, 나는 이 글을 지어 답을 하기로 결정했다. 왜냐하면 '대서사'의 제1대와 제2대 창시자들이 모두 내가 매우 존중하는 학문적

선배들이기 때문이다. 게다가 나와 제2대의 여러분 사이에는 매우 깊은 교류
관계가 있다. 나는 사상적으로 그들을 따를 수는 없지만, 존경하는 마음은
전혀 줄어들지 않았다. 제3대 가운데에도 적잖은 이들이 나의 친구이고, 결
코 학문적 차이로 서로 원한을 산 일은 없다. 따라서 나는 나 자신이 '대서사'
의 사상적 적대자로 간주되기를 바라지 않는다. 이 글은 여전히 양 선생 한
사람의 글에만 답하는 것이지 결코 전체 '대서사'를 반응의 대상으로 삼지 않
는다. 이 점을 특별히 밝히면서 오해를 풀고자 한다.

3. '후後 왕안석 시대'에 관해

양 선생은 이 책의 황당무계함을 해부하여 대중들에게 보여주기 위해, '후
왕안석 시대'를 특별히 선택한 후 여기에 화력을 집중하고 통렬한 공격을 가
한다. 그는 이렇게 말한다.

위잉스 선생은 왕안석과 주자가 각각 양송 정치사에서 관건이 되는 인물이
라고 설정한다. 먼저 왕안석이 송宋 신종으로부터 높이 평가된 결과 군주와
신하가 서로 의기투합했는데, 이는 천재일우의 사건이었고, 이들이 함께 새
로운 국면을 창출했다고 한다. 이후 주자는 송 효종에게 매우 큰 기대를 했
고, 효종이 참된 유학자들을 등용하여 삼대의 태평성대를 다시 만듦으로
써, 유학자들이 일생 추구하던 이상을 완성하기를 주자는 기대했다고 한
다. 왕안석과 주자 두 사람은 "도를 행하기行道" 측면에서 공통된 생각을 갖
고 있었고, 도의 의미에 대해서도 큰 방향에서는 공통의 인식을 갖고 있었
다. 사실상 왕안석은 주자의 지향과 사업의 선행자先行者였기에, 저자는 남
송을 '후 왕안석 시대'로 칭했다.

이어서 또 이렇게 말한다.

하지만 그는 어째서 남송을 '후 왕안석' 시대라고 규정했을까? '후 왕안석 시대'라고 이미 칭했다는 것은, 남송 주요 지식인들이 왕안석의 지향과 사업을 계승했음을 가리킨다. 이러한 주요 지식인들은 일련의 핵심 문제에서 응당 왕안석의 지향과 사업을 전수한 사람들이었을 터다. 그렇지 않다면 '후'는 잘못 덧붙인 글자가 될 것이다.

원문을 좀 길게 인용한 까닭은, 중간에서 전달하다가 양 선생의 원래 의도에서 벗어날까 걱정했기 때문이다. 이 가운데 "주자(⋯)는 양송 정치사에서 관건이 되는 인물"이라거나, 왕안석과 주희 두 사람이 "도의 의미에 대해서도 (⋯) 공통의 인식을 갖고 있었다"거나, "왕안석은 주자의 지향과 사업의 선행자"라거나, "남송의 주요 지식인들은 (⋯) 왕안석의 지향과 사업의 선행자다"라고 하는 등의 말은 하나같이 몹시 황당하다. 하지만 이런 말들은, 양 선생이 나를 대신해서 하나하나 '설정設定'해둔 것이다. 그렇게 설정한 이후에 자동적으로, 양 선생은 그러한 말들의 발명 특허를 내 이름 밑에 등록해놓고 있다.
이뿐 아니라, 나는 「서설」에서 신종 시대 유학의 동태를 논하다가, '외왕'과 '내성'이 상호 보완되어야 한다는 관념이 그 시대에 이미 출현했음을 지적했다. 그래서 나는 한 걸음 더 나아가 이렇게 말했다.

왕안석의 '신학'과 도학은 이 단계에서 동시에 출현했다. 오직 구조적으로 볼 때, 사상적 내용을 문제 삼지 않는다면, 두 학파의 규모와 경향도 대동소이하다고 할 수 있다. 이는 바로 두 학파가 동일한 유학적 조류의 산물이라는 점을 분명히 보여준다.(상편 95쪽)

이 구절의 "대동소이"는 구조, 규모, 경향을 가리키지 사상적 내용과는 전혀 관계없다. 내가 또한 이정의 어록에서 발견한 사실은, 정문程門의 스승과 제자들이 왕안석의 신학을 사상적 적수로 여기고서, 왕안석의 저작을 진지하게 연구한 후 하나하나 반박을 가하는 과정에서 도학의 체계를 완성했다는 것이다. 그중 가장 중요한 증거는 아래 조목이다.

양시楊時는 신학에 대해 극히 정밀했다. 하나라도 [신학에 관한] 질문을 받으면 [그와 관련된 신학의] 단점을 다 알고서 바로잡아 줄 수 있다. 개보[왕안석]의 학문은 대체로 번쇄하다. 예전에 백순伯淳[정호]이 양시와 함께 몇 편을 읽은 적이 있는데, 그후 유추하여 다 통할 수 있게 되었다.[22] (상편 101쪽)

이 기록이 특히 중요한 까닭은, 위 내용이 양시의 『구산집』에 의해 다 증명될 수 있기 때문이다. 또한 『주자어류』는 위 기록을 보충하여, 양시가 일찍이 『삼경신의』라는 전문 연구서를 지어 왕안석의 『삼경신의』에 대해 날카롭게 비판을 가했음을 우리에게 알려주고 있다. 신학을 개창한 사람들은 동시대 논적論敵의 사상에 특히 주목했는데, 이는 국내외 사상사에서 늘 볼 수 있는 현상이다. 이정과 그 문인들이 만약 왕안석의 저작을 보고서도 모른 척했다고 한다면, 그것이야말로 이해할 수 없는 이상한 일이 될 것이다. 나는 도학과 신학 사이 관계가 대략 이러할 뿐이라고 주장했다. 하지만 양 선생이 나 대신 '설정'을 하자, 나의 이런 견해는 아래처럼 왜곡되어버린다.

이정에서 주희·육구연에 이르기까지 대체로 이학자들은 왕안석의 관점에 찬성하는 글을 지었는데, 이로부터 이학자들이 왕안석의 견해를 계승했던 흔적을 찾아볼 수 있다. 설사 이학자들이 왕안석에게 반대하는 글을 썼다고 하더라도, 그들은 왕안석의 정신을 계승한다는 전제 위에서 그에게 부족한 점을 정밀하게 보완하려고 했다. 이학자들과 왕안석의 사상에 대항한 과정은 매우 길게 이어졌으니, 이정에서 주희 육구연에 이르기까지 시간이 흐를

수록 싸움은 격렬해졌다. 하지만 '대항'은 사실상 '대화'의 과정이었고, 대화
는 또다시 그 부족한 부분을 보완하기 위한 것이었다. 이학자 대부분은 왕
안석의 정신적 맹우 또는 학생으로 간주될 수 있다. (양 선생의 글, 129쪽)

위 구절 역시 황당무계한 말로, 양 선생은 또다시 격앙되어 저작권을 내게
넘겨버리고 있다. 나는 변론을 하고 싶지는 않지만 똑같은 책에 대한 류수셴
선생의 독해를 아래에 적어서 흥미로운 대조를 해보고자 한다. 류 선생은 이
렇게 말했다.

하지만 도덕과 심성心性의 내적 변화를 역사적 맥락에서 본다면, 결코 이정
으로 곧바로 도약할 수 없다. 왕안석의 도덕심성학은 시간상 이학보다 조금
앞서 나왔다. 왕안석 개인의 인품과 덕성은 별개로 하고, 그는 내성외왕의
도를 독실하게 믿었고, 삼대의 통치가 당대當代에 다시 실현될 수 있다고 여
겼다. (…) 이로부터 보건대, 신학과 도학이 세운 내성외왕의 모델은 결코 서
로 다른 것이 아니고, 다만 내성의 이해에 대해 근본적 차이가 있을 뿐이
다. (『주저우학림』 2003년 겨울 호, 317쪽)

류수셴 선생이 나의 견해에 동의하는지 여부는 나는 알지 못한다. 그것은
중요하지 않다. 내가 그의 말을 인용한 까닭은 다만 그가 내 원래 의도를 전
혀 곡해하지 않았음을 말하고 싶었기 때문이다.
'후 왕안석 시대'의 문제와 관련해, 나는 또다른 논평자의 독해를 다시 한번
옮겨보고자 한다. 천라이 선생은 이렇게 말한다.

위잉스 선생은 다음 내용을 힘있게 제기한다. 곧 왕안석과 신종이 의기투합
하고, 왕안석이 임금을 얻은 경험은, 주희를 포함한 남송 이학자들을 정신
적으로 엄청나게 고무했고, 남송 이학자들의 정치적 기대를 지배하여, 효종

말년의 개혁적 배치에 그들이 열렬하게 참여하는 결과를 가져왔다는 것이다. 말하자면, 순희 소희 시기 이학자들이 지녔던 정치적 문화는 경력·희령 시기 유학의 정치적 문화를 여전히 계승하는 것이었고, 이런 의미에서 주희의 시대는 '후 왕안석 시대'로 불릴 수 있다. (『21세기二十一世紀』, 2003년 10월 호, 134쪽)

천라이 선생이 나의 역사적 해석에 동의하는지 여부는 내가 모르지만, 그가 제시한 요약은 마찬가지로 나의 원래 의도에서 벗어나지 않았다. 보충할 유일한 점은 이렇다. 곧 내가 '후' 자를 쓴 까닭은, 주희 시대(제3단계)의 정치적 문화가 왕안석 시대(제2단계)의 단순한 연속에 불과한 것이 결코 아니라, 그 가운데에서 중요한 변화가 하나 발생했기 때문이다. 바로 도학의 완성으로 인해 '외왕은 반드시 내성에 바탕을 두어야 한다'는 명확한 관념이 새롭게 형성되었음을 나는 강조하고자 했다. 그래서 나는 또 주희 시대의 정치문화를 전환기라고 지칭하면서(상세한 내용은 상편 「자서 2」, 30~31쪽을 보라), 본서 제8장 제2절에서 그 점을 더욱 분명히 설명했다.

제2단계와 비교해보면, "후 왕안석 시대"의 정치문화는 '내성'의 내용이 한 층 더 심화되었다. (하편 681쪽)

희한하게도 양 선생은 오늘날 유행하는 '후post' 자를 완전히 오해하여, '후 왕안석 시대'가 "왕안석의 지향과 사업을 계승하는 것"을 가리킨다고 말한다. 설마 '후현대주의'가 현대주의를 '계승'하는 것은 아닐 테고, '후식민주의'가 식민주의를 '계승'하는 것은 아닐 터다.

이제 양 선생이 거듭해서 경시하는 이른바 '발생학'의 관점에서, '후 왕안석 시대'라는 명칭을 채택한 연원을 설명하고자 한다. 그 점은 본서에서 분명히 밝히지 않았다. 근래 미국의 송사宋史 연구자들은 북송·남송 교체기가 중국사에서 획기적 대변화가 일어난 시기라고 한다. 그들이 내세우는 주요 논거 중 하나는 사대부 계층의 심리적 상태가 그 기간에 변했다는 것인데, 전국적 사업과 중앙 조정의 정책에 관심을 기울이던 것으로부터 자신이 거주하는 주현州縣의 지방적 이익에 관심을 기울이는 쪽으로 변해나갔다는 것이다. 강서의 무주撫州 지방을 연구한 연구서는 바로 그런 가설하에 작성되었고, 아울러 도학 운동 역시 끌어들이고 있다. 저자는 상당히 신중했고, 도학 자체가 지방주의적 전환을 대표한다고 말하지도 않았지만, 저자는 도덕의 재수립에 관한 도학의 사회적 설계 속에서 지방의 혁신을 중시하는 사대부들의 경향을 관찰해냈다. 그 경향이란 서원, 사창社倉, 향약 등을 세우는 것을 가리킨다. 저자는 책의 결론 부분에서 우리에게 이렇게 말한다. 북송의 왕안석과 남송의 육구연은 똑같은 무주 출신 인사였지만, 각각 북송과 남송 사대부의 원형 archtypes을 대표한다. 곧 전자는 큰 뜻을 품은 출세한 관리로서 중앙의 개혁을 전 사회로 확장하는 데 노력한 반면, 후자는 맡은 관직이 일정하지 못하여 시간 대부분을 고향에서 교육하고 연구하는 데 들였지만, 그런 일을 전혀 자질구레하게 여기지 않았을뿐더러 자기 주현의 행정에 영향을 끼치려고 공개리에 노력을 기울였다는 것이다. 다시 말해 후자는 지방의 질서에 관심을 기울였다는 것이다.23 이 책은 지방사 연구로서 당연히 성과를 거두었다. 하지만 저자는 '미시사microhistory'로서 스스로를 제한하려 하지 않고 거시사적 결론으로 도약하려고 했다. 따라서 그의 약점이 드러나지 않을 수 없게 되었다. 저자는 분명 육구연의 일생을 세밀히 연구한 적이 없었고, 육구연이 순희 11년에서 13년 사이에 "군주를 얻어 도를 행하려는" 간절한 기대를 갖고 있었다는 것도 전혀 몰랐다. 육구연은 왕안석의 뒤를 따르고 싶었기에 중앙의 개혁을 전 사회로 파급시키려 했지만, 결국 '소인'으로 몰려 임안에서 쫓겨났다. 더욱이 저자는 서의, 양간, 원섭과 같은 육구연의 문인들이 효종 말년의 개혁적 배치에 참여했다는 것을 몰랐다. 저자가 이상의 사실들을 알았더라면, 그토록 대담하게 왕안석과 육구연을 어떤 '원형'으로 간주하지는 못했을 것이다.

저자의 관점이 미국의 송사 연구 분야에서 점차 중요시되었기에, 나는 특별히 '후 왕안석 시대'라는 개념을 제시해서, 양송 사대부의 정치문화가 비록 조금 다르기는 하지만, 왕안석 시대의 질서 재수립 정신이 남송의 이학자들에 의해 집단적으로 계승되었음을 주장하고자 했다. 나는 본서 제8장 초고에서 이상의 내용을 다 써놓았으나, 자신의 연구 성과를 정면으로 제시하면 그것으로 충분할 뿐 타인을 반박할 필요는 없겠다고 나중에야 깨닫고서 관련 부분을 다 삭제해버렸다. 본서에서 이런 사례는 적지 않은데, 여기서 '후 왕안석 시대' 개념만을 갖고서 그것을 사용하게 된 연원을 이렇게 다 밝히는 까닭은, 본서가 무엇을 겨냥하려 공격하려는 의도가 있다고 보는 양루빈 선생의 오해를 조금이나마 풀어주기 위해서다.

양루빈 선생이 공격의 화력을 '후 왕안석 시대'의 문제에 집중하는 표면적 이유는, 내가 이학을 철저하게 정치화하려 했기 때문이라는 것이다. 그래서 그는 나 대신 '설정'을 하나 하고 있으니 곧 "위잉스 선생은 이학자들을 정치적 성격의 유학자들로서 규정한다"는 것이다. 그는 아울러, 자신이 나 대신 만들어낸 '설정'에 반박하면서 이학자에 대해 이렇게 설명한다.

> 이학자들은 제갈량이나 장거정張居正 같은 인물들일 수 없고 (…) 왕안석과 같은 인물들일 수도 없다. 양송에는 언제나 소옹, 양자호楊慈湖 같은 인물들이 있었고, 그들은 묵묵히 태극과 합치를 했고, 정좌하면서 체험을 했다. (양루빈의 글, 137~138쪽)

나는 이 구절을 읽고 정말로 웃어야 할지 울어야 할지 몰랐다. 내 느낌은 이렇다. 어떤 사람이 우리 집에 도둑질한 물건을 나 몰래 갖다 놓고, 기세등등하게 나를 도둑으로 몰아 사로잡는 것 같다. 다행히도 나는 무의식중에 그렇게 될 가능성을 예방하기 위한 조치를 취해두었다. 나는 제8장 제1절에서 '내성'과 '외왕'의 관계를 논하면서 아래와 같이 분명하게 설명했다.

주희 쪽에서 말하자면, 그는 고도의 창조력을 갖춘 학자이자 사상가였고 '내성'학의 영역에서 부단한 진보를 이루고 있어서 이에 상응하여 실제 정치에 대한 흥미는 감소할 수밖에 없었을 것이다. 그러니 당연하게도 "본래 관리가 되고 싶은 마음이 없었을 것"이다. 주희뿐 아니라 동시대 이학자들인 장식 여조겸, 육구연 등도 정치적 영역 내에서 활동하기보다 '내성'을 더 중시했다. 이 점은 그들 사이에 오간 서신에서 매우 분명하게 나타난다. 만약 플라톤과 아리스토텔레스의 구분으로 말하자면, 이는 바로 '관조하는 삶'으로 '행동하는 삶'을 넘어서는 것이다. 실제로 유가의 전통과 희랍의 철학 전통은 매우 다르다. 유가에서 '고요함靜'과 '움직임動'은 서로 배척하는 관계에 있지 않았고 더구나 가치상의 우열도 없었다. 다만 '안을 향함向內'과 '밖을 향함向外'이라는 두 가지 경향에 입각하자면, 이학자들은 그중 어느 한쪽에 기우는 일이 많았다. 그래서 우리는 '내성'과 '외왕' 사이에는 피할 수 없는 긴장이 존재한다고 말할 수 있다. (하편 658쪽)

양 선생이 본서에 대한 논평 하나로 부족하여 또다시 논평하는 일이 있다면, 그것은 아마도 그가 위 글을 다시 읽었기 때문이라고 가정할 수밖에 없다. 위 글을 읽고서도 여전히 "이학자들을 정치적 성격의 유학자들로 규정했다"고 나를 날카롭게 비판한다면, 양 선생이 고의로 왜곡하여 내게 죄를 뒤집어씌운다고 밖에 해석할 수 없다.

4. 가치세계와 역사세계

이 절에서는 "가치세계"와 "역사세계"에 관한 양 선생의 논의에 간단히 대응하고자 한다. 그는 이에 대해 어떠한 '논변argument'이나 '증거evidence'를 제시하지 않고, 다만 수많은 '단언assertions'을 한 뒤 이학자들의 단편적 언사를 약간 인용할 뿐이지만, 그렇게 인용된 것들은 논지에 전혀 부합하지 않는다. 그런데도 그는 자신이 최고 권위의 인정을 받았다고 생각한다. 마치 아무리 어려운 문제라도 그런 방식을 통하면 저절로 해결된다고 여기는 것 같다. 양 선생은 최후에는 다음 수법을 쓴다. 곧 자신이 생각하기에 절대로 회의懷疑의 대상이 될 수 없는 '단언'을 한 후, 종종 "대체로 모두들 동의할 것이다" "부인할 사람은 대체로 없을 것이다" "부정하기 매우 어렵다" "이는 의문의 여지 없이 확실하다" 같은 말을 덧붙이는데, 그 의도는 타인의 입을 막고서 '여기까지 논하는 것으로 그치고, 다시 계속해서 설명할 필요는 없다'는 뜻을 나타내는 데 있다. 내가 보기에, 어떤 화두가 나왔을 때 그에 대한 초보적 문제를 제기할 겨를도 없이, 그는 진작부터 단정을 해버린다. 그래서 나는 그의 '단언' 하나하나를 다 따라가면서 대응할 수 없다. 그렇게 한다면 내가 매우 피곤할뿐더러 독자들 역시 그처럼 잔혹한 정신적 학대를 감당할 수 없을 것이다. 그래서 나는 그의 의도를 대략 그린 다음, 나의 '역사세계' 각도에서 다시금 대응할 수밖에 없다.

양 선생은 말한다.

> 위잉스 선생이 이학자들을 정치적 성격의 유학자들로 규정하고, 그들이 정치 질서의 안정을 궁극적 의미로 삼는다고 여길 때, 그는 무의식 중 이학자들이 일생 가장 중요시했던 작업을 훼손하는 것이다. 곧 이학자들이 각고의 노력 끝에 세웠던 절대적 보편적 도덕 가치를 훼손하는 것이다. (양루빈의 글, 138쪽)

위 인용문의 앞부분은 나의 관점을 전달하고 있는데, 왜곡되지 않은 부분이 없음은 앞서 분명히 말한 만큼 여기서 다시 설명할 필요는 없겠다. 나에 대한 뒷부분의 고발은 더욱 심각하다. 내가 '훼손'하는 것은 주희에서 그치지 않고 모든 이학자들로 확대되며, 내가 보통의 '가치세계'뿐 아니라 '절대적 보편적 도덕 가치'를 훼손했다고 양 선생은 말한다. 이 점에 대해서는 깊이 논구할 필요가 없다. 그런데 가장 이상한 점은 이렇다. 이학자도 사람인데, 사람이 결국 '절대적·보편적 도덕 가치'를 세울 수 있다고 한다. 이것이 첫번째 이상한 점이다. '절대적·보편적 도덕 가치'인데도 내가 지은 책 한 권 때문에 순식간에 "훼손되어"버린다고 한다. 이것이 두번째 이상한 점이다. '절대적 가치'에 대한 현대 철학과 신학의 논의를 조금이라도 안다면, 아무리 논쟁에서 상대편을 이기기 위해서라도 곧바로 그런 이야기를 할 수 없을 것이다. 양 선생이 설사 나를 비꼬려 했다 하더라도 그처럼 말을 과도하게 할 필요는 없을 것이다. 그런데 위 인용문의 후반부는, '역사세계'와 '가치세계'에 관한 그의 기본 관점을 드러내 주고 있어, 앞서 인용한 양 선생의 결론과 짝지어 본다면 그가 다음을 가정하고 있음을 알 수 있다. 곧 이 두 세계는 결코 공존할 수 없으니, 만약 본서처럼 송대 '역사세계'를 펼쳐 보인다면 이학자들의 '가치세계'는 곧바로 "훼손되어"버린다는 것이다. 그런데 또다른 경우, 그는 대담하게도 "이치세계理世界"와 "현상세계事世界"가 "나뉘기 힘든 한 몸一體難分"이라고 말한다.

이학자 대부분은 이 세상의 현상세계에 못지않게 참된 이치세계가 있다고 믿지만, 그러한 이치세계는 오히려 현상세계와 나뉘기 힘든 한 몸을 이루므로, 학자들의 임무는 그 양자의 혼용을 체험하여 증명하는 것이다. (양루빈의 글, 135쪽)

여기서 논하는 "이치세계"와 "현상세계" 사이의 관계는 분명 앞의 설과 모순되지만, 양 선생은 전혀 깨닫지 못하는 것 같고 그 모순에 대해 전혀 설명도 하지 않는다. 사실, 그가 이곳에서 설명하는 "현상세계"는 이학자들의 형이상학적 구상에서 마땅히 있어야 할 상황으로서, '현상' 하나하나가 모두 '이치'의 실현이라는 것이다. 이렇게 해석해야만 '이치'와 '현상'의 합치를 설명할 수 있다면, 실제로 그러한 "이 세상의 현상세계"를 가리킬 수 있을까? 만약

"이 세상의 현상세계" 중 '현상' 하나하나가 모두 '이치'의 실현이라고 하다면, 그 현상은 이미 완벽 무결한 것이므로 이학자들이 그에 대해 혀를 놀릴 필요도 없을 것이다. 주희는 분명히 "1500년 동안 (…) 요, 순, 삼왕, 주공, 공자가 전한 도는 천지 사이에서 하루도 행해진 적이 없었다"[24]고 말한다. 따라서 그가 보기에, '이 세상'에는 '이치'와 합치하는 '현상'이 거의 하나도 없다. 한번 물어보자. 1500년간의 실제 "현상세계"와 주희가 구상한 "이치세계"를 '체험' 하여 "양자의 혼융"을 이룩한 학자가 과연 있었는가? 사상의 층위가 혼란되니 관념도 얽혀서 분명하지 않게 되어, 실로 한 타래의 얽힌 실과 같다고 할 수 있다. 나는 앞에서, 양 선생이 '단언'을 내린 후 이학자들의 단편적 언사를 이리저리 인용하는 데서 논제에 전혀 맞지 않는다는 말을 한 적이 있다. "이치세계"와 "현상세계"에 관한 양 선생의 논단이 바로 그 실례다. 아래에서 그는 이학자들의 언사 네 조목을 인용한다. 그중 두 가지 조목을 취하여 사례로서 보이고자 한다. 양 선생은 주희의 다음과 같은 말을 인용한다.

오직 이 푸른 산과 녹색 물은 태극의 흘러감 아님이 없네只此青山綠水, 無非太極流行. (양루빈의 글, 135쪽)

주희는 여기에서 "이치가 있으면 곧바로 기가 흘러가서 만물을 발육한다"[25]는 뜻을 설명함으로써, 자연계의 현상으로써 '태극(理)'이 "모든 창조 변화萬化의 근원"임[26]을 설명한다. 이 구절과 '이치' '현상'의 문제는 전혀 별개인데, 인용해서 어쩌겠다는 것인가? 게다가 주희의 이 말은 선종의 게송을 변형한 것이 분명하다. 주희는 "불교의 학문 중 우리 유학과 매우 유사한 곳을 들어"[27] 게송 두 구절을 인용한 바 있다. 두번째 게송은 이러하다.

나무에서 떨어진 것은 다른 사물이 아니고, 이리저리 날리는 것은 먼지가 아니네. 산하와 대지는 모두 법왕法王의 몸이 드러난 것일 뿐.[28]

양 선생의 앞 구절은 이학의 언어로써 "산하와 대지는 모두 법왕의 몸이 드러난 것일 뿐"을 개작한 것으로, "법왕의 몸"을 '태극'으로 대체했을 뿐이다. 이뿐 아니라, 그는 『중용』의 "솔개가 날고 물고기가 뛴다鳶飛魚躍"는 구절을 "천리가 흘러가는 오묘한 곳天理流行之妙處"이라고 풀이하면서, 더욱 분명하게도 선종의 계송을 인용하여 증거로 삼는다. 그는 이렇게 말한다.

바로 선가禪家에서 말하다시피, "푸르디푸른 녹죽은 진여眞如와 같지 않음이 없고, 밝디밝은 계피꽃은 반야般若 아님이 없다"라고 한다.[29]

후대의 나흠순羅欽順(1465~1547)은 대혜大慧 종고宗杲의 『어록』을 인용하여, 이 게송은 본래 "푸르디푸른 비취빛 대나무는 모두가 법신이고, 찬란히 빛나는 노란 꽃은 반야 아님이 없다"[30]였다고 한다. 주희는 종고의 『어록』을 숙독한 바 있는데, 여기서 인용할 때는 기억에 오류가 있었거나 혹은 기록에 잘못이 있어서 문자에 차이가 생기게 되었지만, 그 의미는 대동소이하다. 이것은 바로 "푸른 산과 녹색 물은 태극의 흘러감 아님이 없네"라는 구절의 또다른 기원이다. 위의 두 게송을 비교해보면, 게송 본래의 의미가 확정되므로 다시 해석할 필요는 없을 것이다. 이상이 첫번째 사례다.

양 선생은 또한 '이치' '현상' '혼융'에 대해 "왕양명이 더욱 명쾌하게 설명했다"고 여긴다. 그는 왕양명의 말을 인용한다.

평상시 일상에서 항상 행동하는 중, 곧바로 선천先天이 아직 그려지기 전의 경지에 도달한다尋常日用常行內, 直到先天未畫前. (양루빈의 글, 135쪽)

이 구절은 왕양명의 시 「제생들과 이별하며別諸生」에서 인용한 것인데, 원문은 "일상의 평상시 행동에서 벗어나지 않으면서, 곧바로 선천이 아직 그려지기 전에 창조·변화 작용을 한다不離日用常行內, 直造先天未畫前"이다. 원문의 열 네 글자 중 세 글자가 틀렸는데 그 세 글자가 핵심이다. 앞 구절의 '벗어나지 않는다不離'를 '평상시尋常'로 잘못 인용함으로써, 왕양명을 문자불통文字不通의 시인으로 만들어버렸다. 7언절구의 운을 맞추는 방법에서 '벗어나지 않는다不離'가 되어야만 '곧바로 창조·변화 작용을 한다直造'와 어울릴 수 있다는 점은 잠시 제쳐두자. 그렇다 하더라도 어떻게 "평상시" 다음에 곧바로 이어서 "일상에서 항상 하는 행동"이 와서 옥상옥屋上屋이 될 수 있겠는가? 그렇게 되면 시가 되지 않는다. 또한 이 시는 '양지良知'를 전문으로 풀이하는 작품이 분명하다. 두번째 구절인 "두 글자 양지가 입으로 전해져왔다兩字良知是口傳"는 그 점을 분명하게 표현한다. 그래서 이 두 구절은 '양지'의 창조적 작용이 옛날과 오늘날에 모두 일어나고, 없는 곳이 없음을 설명한다. 그런데 그것이 언제 "이치세계"와 "현상세계"를 언급한 적이 있는가? 하물며 왕양명은 "이치가 마음 밖에 있지 않다理不在心外"고 주장하여, "리와 기理氣" 또는 "이치와 현상理事"에 관한 주희의 존재론적 구분을 받아들이지 않는다. "창조·변화 작용을 한다造"는 글자는 특히 "이른다到"라는 글자로 대체되면 안 된다. 왜냐하면 원문의 '조造'자는 '조화造化(창조 변화)'의 '조'이기 때문이다. 양명은 이렇게 말한다.

> 양지는 창조·변화의 핵심이다. 이러한 핵심은 하늘과 땅을 낳고 귀신을 이루는데, 모든 것이 리로부터 나오고, 실로 [양지는] 여타 사물과 서로 짝하지 않는다[않는 절대다.][31]

이는 "곧바로 선천이 아직 그려지기 전에 창조·변화 작용을 한다"는 구절에 대한 정확한 풀이다. 이상이 두번째 사례. 양 선생 글 속의 중요한 '단언'은 모두 이러한 인용문의 기초 위에 세워져 있다. 아래에서 다시 볼 기회가 있으니 잠시 여기서 그만하기로 한다.

다시 본론으로 돌아와서, 양 선생은 사실 이학자들이 '세운' "이치세계"만 믿을 뿐이다. 왜냐하면 그것은 "절대적 진실"이기 때문이다. 우리가 그러한

"절대적 진실"만을 전념해서 믿어야만 인간 질서의 문제가 아예 발생할 수 없다. 왜 그럴까? 답은 아주 간단하다. "절대적 진실" 자체가 곧바로 "정치적 질서를 안정시킬 수 있고, 천체의 질서를 안정시킬 수 있으며, 물리적 세계(이른바 바싹 마른 고목나무枯槁의 세계)를 안정시킬 수 있고, 이뿐만 아니라 귀신의 세계까지 안정시킬 수 있기"(양루빈의 글, 136~137쪽) 때문이다. 양 선생은 '단언'을 하나 할 때마다 『주자어류』에서 근거를 찾아 주석으로 단다. 하지만 필자는 이미 하나하나 찾아서 실증하는 데 흥미를 잃어버렸고, 그의 '단언'에 대해 조금의 질의도 하지 않으려 한다. 그것은 그의 "절대적" 신앙이므로 타인이 관여할 수 없다. 하지만 그런 신앙은 오히려 필연적인 사회적 결과를 함축한다. 곧 우리 같은 중생들이 만약 합리적 인간 질서 속에서 잘 살아가려면, "절대적 진실"과 접촉한 '이학자'들의 안내와 인도를 한마음 한뜻으로 따를 수밖에 없다. 그 밖에는 다른 길이 없다. 왜냐하면 그들의 중개를 통해야만 "절대적 진실"이 비로소 우리를 위해 모든 '질서'를 '안정'시켜줄 것이기 때문이다. 이 점에서 양 선생은 이미 "주제를 뚜렷이 드러내顯題" 정도에 도달했다.

> 이학자들은 세간의 가치에 대해 기본적인 인정을 하지만, 그러한 인정은, 선천先天의 도道體, 본성性體, 마음心體에 대한 그들의 직접적이면서 구체적인 체험을 바탕으로 삼는다. 이학자들은 어떤 학파이건 상관없이 대체로 공부론工夫論[수양론]이라는 분야가 없으면 안 된다. 공부론의 목적은 선험적 도, 마음 같은 개념들에 대해 감각적 경험보다는 참된 체험을 하는 것이다. 이 점은 의심의 여지 없이 확실하다. (양루빈의 글, 137쪽)

이 역시 양 선생의 일대 '단언'으로서 이미 "의심의 여지 없이 확실한 것"이므로, 당연히 그것에 대해 따지고 물을 수 없다. "세간의 가치에 대해 기본적인 인정을 한다"는 그의 말로부터, '이학자'들만이 세간의 질서를 "안정시킬" 중임을 떠맡는다는 것을 단정할 수 있다. '질서'는 반드시 '가치'에서 비롯하기 때문이다. 하물며 '가치'의 인정은 다시 도, 본성, 마음에 대한 '체험' 아래에서 세워진다. 따라서 '이학자' 말고 그런 정신적 조예를 가진 사람은 아무도 없다. 어째서 "절대적 진실"은 스스로 '정돈'하지 않고 반드시 '이학자'들의 손을 빌려야 할까? 여기에도 설명이 있다. '이학자'들은 이미 "육신이 도가 되었거나" "도가 육신이 된" 존재이므로 구체적 시간과 공간 안에 아예 존재하지 않는다. 그들은 이미 "절대적 진실"의 화신이므로, "천지를 정돈하는 것整頓乾坤"은 당연히 그들이 사양해서는 안 될 신성한 임무다. 내가 이학자들을 "역사세계"로 돌려보냄으로써 "이학을 역사적 시공이라는 폐쇄적 체계 속에 가두어버렸다"면서 그가 비판했던 까닭이 여기에서 비로소 분명해진다. 앞에서 내가 '이학자'라는 표현을 사용하면서 인용부호를 붙인 까닭은, 이러한 대'단언' 속의 "이학자"와 내가 역사세계에서 본 이학자의 모습이 매우 달랐기 때문이다. 만약 양 선생이 이해한 '이학자'와 "이학의 대서사가"가 비슷하기는 하지만 똑같지는 않다면, 후자로부터 '공부론'만 뺄 경우 후자는 전자와 더불어 천의무봉처럼 똑같아질 것이다. 이러한 대'단언'은 '대서사'의 전형적 언어이거니와 그 둘은 사실상 하나의 가족이므로, 그 사이에 세미콜론 같은 것도 붙일 필요가 없다. 이 점은 "의심의 여지 없이 확실하다"고 할 수 있을 것이다. 양 선생은 내게 "이학의 대서사로부터 도전을 받아라"고 했는데, 이러한 대'단언'은 확실히 대표성을 지닌다. 그런데 그것이야말로 진짜 말벌 집인데, 그 '집'의 핵심은 내가 아무리 우둔하더라도 '옹호'할 수 없는 것이다. 다음 절에서 나는 '발생학'이라는 낮은 층위에서 양 선생이 질문한 한두 문제에 답함으로써 본문의 맺음말을 대신할 것이다.

5. 맺음말을 대신하여

나는 본서에서 다음과 같이 말한 바 있다. "비록 도학은 '내성'을 그 분명한 특색으로 하지만, '내성'의 궁극적 목적은 한 사람 한 사람이 성현이 되는 것이 아니라 합리적 인간 질서를 재수립하는 것이다."(상편 184쪽) 이 구절이 양선생의 강렬한 반응을 이끌어냈다는 점은 이미 앞에서 보았다. 양 선생에 따르면, 그 구절은 본서의 '주도적 언어'(양루빈의 글, 133~134쪽)로서 '괴이한 설'이라고 칭해지기도 하고 뒤에서는 비난을 받는다.(양루빈의 글, 139~140쪽) 그래서 나는 이 구절에 대해 설명할 책임이 있다. 그 구절은 송대 도학만을 가리켜서 말한 것이다. 나는 "사람은 모두 요순이 될 수 있다"는 구절의 사회적함의에 정이가 가한 분석에 나는 근거를 두고 있다. 원문은 다음과 같다. "사람들이 모두 요순이 되는 것은 성인이 바라는 바다. [사람이 모두] 요순이 되지못하는 까닭은 천하게 여길 만한 곳이 있기 때문이다. 그러므로 종이나 노예로 여겨진다."32(양루빈의 글, 139쪽) 이 구절이 말하려는 바는, 성인이 비록 "사람들이 모두 요순이 되기"를 바라지만, 사회적 현실에 입각해 말하자면 그러한 목적이 반드시 실현되기를 기대할 수 없기에, 세상에는 "요순이 되지" 못하고 "종이나 노예"가 되는 자들이 필경 대다수를 점한다는 것이다. 그렇다면도학자들은 누가 "성현이 되기"를 바랄까? 여러 문헌에 근거했을 때, 그들이직접 가르침을 베풀었던 대상은 '사士' 계층이었다고 나는 단정한다. 농민 및상인과 사는 다른 '부류'이므로, 정이는 '관복命服'에 대해 논하면서 "사는 아직출사하지 않은 사람으로, [사라는] 신분에 걸맞게 관복을 입는다. 농민이나 상인은 그렇게 하면 안 된다. 왜냐하면 사와 동류가 아니기 때문이다"33(상편 211쪽)라고 설명했다. 심지어 혼례를 치를 때 '관원의 예복'을 입는 일에서 농민과상인 모두 "입으면 안 된다"고 한다. 그렇다면 그들이 "성현이 되리라는" 기대를 받을 수 있었을까? 하지만, 도학자들이 오로지 '사'의 이익만을 대변하고나머지 계층(농민, 공인, 상인 및 이른바 '잡류雜流')은 억압했다는 말은 아니다.사실, 사는 "사민四民 중 으뜸"에 불과할 뿐, 농민·공인·상인의 "자제 중 뛰어난 자들"은 사로 신분이 상승할 기회를 갖고 있었다는 점은 본서에서 이미 상세하게 분석한 바 있기에, 여기서 깊이 이야기하지는 않겠다.(상편 204~212쪽 참조) 따라서 우리는 다음 같은 명확한 인식을 얻을 수 있다. 곧 도학자들이 생각하기에, 상당히 높은 교육을 받고 "성현의 책을 읽을" 줄 아는 사람만이 비로소 "성현이 될 수 있고", 그런 사람들은 당연히 '사' 계층에 속해야 한다는 것이다. "한 글자도 몰라도 나는 당당하게 한 인간이 되어야 한다不識一個字, 亦 須還我堂堂地做個人"는 육구연의 명언 역시 동일한 의식을 반영한다. 그렇지 않다면, 그는 어째서 "한 글자도 몰라도 성현이 될 수 있다"고 말하지 않았을까? 이러한 관념은 왕양명의 시대에 이르러서야 변화를 일으키게 된다. 왜냐하면 사회구조가 변하기 시작한 때문이다. 앞의 관찰 내용은 주돈이의 『통서通書』 「지학志學」에 의해 완벽하게 실증될 수 있다. 거기서 주돈이는 "성인은 하늘이 되기를 희망하고, 현인은 성인이 되기를 희망하며, 사는 현인이 되기를 희망 한다"[34]고 말한다. 오직 '사'라야 "배움에 뜻을 둘" 수 있어서, '현인'이 되기를 희망하거나 '성인'이 되기를 희망하는 자는 '사' 이상이어야 하고, 농민·공인· 상인 등은 그럴 수 없다. 양 선생은 바로 이 구절을 인용해서 나를 반박하는 근거로 삼는데 실로 흥미롭기 그지없다. 그는 이어서 "이학자라면 주자든 양명이든 상관없이 모두들 '사민은 직업은 다르나 도는 같다'는 사상을 갖고 있다"는 탕쥔이唐君毅 선생의 말씀을 인용한다.(양루빈의 글, 140쪽) 이 구절은 아마도 그가 중간에서 전달한 말일 테지만 출처의 페이지를 밝히지 않은 터라 나는 그 말의 원의를 밝히지 못했다. 그는 한 걸음 더 나아가 우리에게 이렇게 말한다. "탕쥔이 선생의 이 논점은 확실히 '조술하되 창작하지 않은 것'에 해당되는 것으로, 그는 다만 이학자들의 기본 신념을 반영했을 뿐이다."(같은 곳) 탕쥔이 선생은 내가 신야서원新亞書院에서 수업을 들었던 선생님으로서, 당연히 나는 그분을 매우 존경하고 있다. "사민은 직업은 다르나 도는 같다四民異業同道"는 말은 왕양명이 1525년 어떤 상인의 묘표墓表를 지어주면서 썼던 말임이 확실하다. 하지만 16세기 상인 계층이 발흥하고 숱한 '사'들이 "유학을 버리고 장사에 나서는棄儒就賈" 배경 아래에서, 그런 새로운 이념이 출현했던 것이다. 양명은 심지어 "비록 종일 장사를 한다고 해도 성현이 되는 데 해롭지 않다"[35]고까지 말했다. "거리에 가득 찬 사람 모두가 성인"[36]이라는 설은 바로 이런 상황에서 나온 말이다. 하지만 그것은 양명 한 사람만의 창견이 아니었으니, 그의 친구 이몽양李夢陽은 상인 왕현王現의 "상인과 사는 기술은 다르지만 마음은 같다"[37]는 말을 기록하고 있다. 명나라 중엽 이래의 "유학을 버리고 장사에 나선다"는 역사적 배경하에서 그런 의식을 이해해야 함을 이로부터 알 수 있다. 18년 전, 나는 『중국 근세 종교 윤리와 상인 정신中國近世宗敎倫理與商人精神』[38]을 쓰면서 송나라와 원나라의 관련 문헌을 두루 검토했지만, "사민은 직업은 다르나 도는 같다"와 유사한 어떠한 글도 찾을 수 없었다. 본서를 다 완성한 현 시점에서, 송대 이학자들도 그런 논조를 보인 적이 없다고 확실히 말할 수 있다. 『주자어류』에는 상업 경영에 대한 대화 한 조목이 기록되어 있다.

> 묻기를, "우리 중 가난한 사람들이 못 배운 자녀들에게 경영을 하도록 하는데 해로운 것 아닙니까?" 대답하기를, "오직 먹는 것이나 입는 것을 경영하는 것은 그리 해롭지 않다. 육씨(육구연 형제) 가문은 좌판을 벌려놓고 장사를 한다."[39]

이 조목만 읽어봐도, "사민은 직업은 다르나 도는 같다"는 생각을 주희가 전혀 하지 않았음을 알 수 있다. 탕쥔이 선생은 철학자로서 시대 간 차이는 그다지 주의를 기울이지 않았는데, 그 의도를 추론하자면 아마도 왕양명의 새로운 학설을 주희로 소급시키려고 했던 것 같다. 사실 탕쥔이 선생의 말은 양명에 적용해서 말하자면 분명 "조술하되 창작하지 않은 것"이지만, 주희에게 적용해본다면 전적으로 "창작하되 조술하지 않은 것"이 된다. 양 선생은 탕쥔이 선생보다 훨씬 더 나아가서 그 말이 "이학자들의 기본 신념"이라고 인정한다. 도를 넓히기 위한弘道 그의 용기는 "고금을 초월한다跨越古今"는 구절에 값할 만한 것으로서, 마치 주희가 왕안석을 칭송하는 것과 같을 것이다. 하지만 나는 이런 상황에서, 이미 세상을 떠난 지 25년이나 되는 탕쥔이 선생(1909~1978)에 대해 붓을 놀리는 것이 내심으로는 죄송하기 그지없다. 누가 실제로 그렇게 했는가? 누가 이렇게 되도록 만들었는가? 어찌 그 원인을 깊이 생각할 수 없겠는가?

마지막으로, "이치세계"로 인해 일어난 원문의 문제가 있으므로, 그에 대해 토론해야 한다. 나는 본서에서 몇몇 형이상학적 명제에 대해 정치문화적 독해를 행한 바 있다. 하지만 양루빈 선생이 고발했다시피, "가치세계"와 "역사세계" 사이에 '인과관계'를 세운 적은 없고, 하물며 "몹시 긴밀한 인과관계"(양루빈의 글, 134쪽) 같은 것을 세운 적은 더더욱 없다. 한번 물어보자. 몇몇 예증에만 의존하여 곧바로 "인과관계를 세울" 수 있는가? 나는 종래로 역사 다인론 歷史多因論을 견지하면서 어떠한 형태의 일원적 결정론에도 반대했다. 때문에, 이학자 및 그들의 이상과 가치(곧 '내성'의 학문)가 역사세계에서 발휘한 적극적 기능에 대해 최대한도로 인정한 바 있다. 내가 그렇게 한 까닭은, 그러한 인정이 주관적인 것이 아니라 객관적 역사의 증거라는 기초 위에 세워져 있기 때문이다. 그들이 믿은 천리, 태극, 인仁 같은 부류에 대해 말하자면, 그러한 믿음에 대해 이학자들이 한 진술은 진실하고 성실한 것이라고 나는 믿고 있다. 실천 속에서 드러난 이학자들의 인격을 내가 신임하는 이유에서만은 아니다. 더욱 중요한 점은, 나는 화이트헤드A.N. Whitehead의 다음 같은 견해를 대체로 받아들이기 때문이다. 곧 매 시대마다 어떤 기본 가설fundamental assumption이 있고, 그 가설은 당시 각 파 사상의 신도들에 의해 공통으로 가정된다고 한다.[40] 이학자들이 천리·태극과 같은 절대적이면서 영원한 정신적 실체를 깊이 믿는다는 점에 대해, 나는 긍정하지도 부정하지도 않는 태도를 취할 수밖에 없다. 왜냐하면 확정적으로 어떤 방향을 지향하는 아무런 증거도 갖고 있지 않기 때문이다. 나는 사학 분야의 기율紀律 때문에 그렇게 하지 않을 수 없다. 사학자들은 사람에게 신비 경험(예컨대 '체험적 증명體證' 같은 것)이 있음을 믿을 수 있지만, 그 진실성을 단정할 방도는 없고, 더욱이 그런 경험 자체에 대해 무슨 말을 할 수 없다. 역사를 보면 어떤 사람이 우연하게 신비 경험을 하고, 그 경험이 이후 중대한 작용을 하는 사례가 있지만(예를 들어 홍수전洪秀소의 경우), 사학자들은 그가 나타낸 사상과 행동을 연구할 뿐, 순식간에 사라지는 경험 자체를 연구할 수는 없다. 역사의 관점에서 말하자면, 우리들은 이학자와 그 사상을 그들의 생활세계에 놓고 이해할 수밖에 없다. 만약 정말로 그들을 "천리의 화신"으로 간주한다면 그들은 이미 "실체세계"로 진입해버려서, 우리는 그들의 '존재' 자체를 아예 '알' 수 없다. 사실 그들은 명명백백한 송대의 중국인들이고, 그들의 사상 역시 송대라는 시간과 공간으로부터 출현한 것이다. 특정한 시간과 공간 속에 살고 있는 피와 살을 가진 사람의 관점에서 말하자면, 이학자들의 형이상학적 사유는 그것이 심원하건 어떻건 간에, 시대의 흔적을 조금이라도 안 남길 수 없다. 하지만 사상적 혁신 영역에서 말하자면, 특정한 시간과 공간이 부과하는 한계를 그들이 넘어섰다는 것도 전적으로 긍정될 수 있는 역사적 사실이다. 어떤 사상이 어떤 시대로부터 태어난다는 것은, 그 사상의 의미가 해당 시대에 의해 한정되기 마련이라는 것을 결코 함축하지 않는다. 이 점은 다시 논증할 필요도 없는 상식이다.

하지만 양 선생은 따로 큰 뜻을 품고 위에서 제시한 견해를 배척한다. 그는 이학자들이 이미 '천리' '도'(또는 그와 실내용은 같으면서 명칭만 다른 절대적 정신 실체)와 합일했다고 인식하는 듯하다. 그들을 역사세계 속에 밀어넣는 것은, "절대적 가치"인 이학을 특정 시공 속의 "폐쇄적 체계" 속에 "가둬놓는 것"이다. 이것이 바로, 내가 그들의 "절대적 가치"를 '훼손'했다고 양 선생이 고발한 기본적 '근거'다. 양 선생은 "이치세계"가 절대적 독립의 '존재'라고 반복해서 강조하지만 그에 관한 철학적 또는 신학적 논증을 전혀 제시하지 않고, 다만 그렇게 '단언'한 후 이학자들의 단편적 언사를 인용하여 정론으로 삼는다. 인용된 언사에 대해 말하자면, 앞의 사례가 보여주다시피 양 선생은 그 언사들의 정확한 함의를 진지하게 인식하지 않고서, 그런 언사들이 자신의 '단언'을 절대적으로 '실증'한다고 주저 없이 인정한다. 예를 들어 그는, "그들(이학자들)

은 이러한 절대적이고 참된 형이상학적 세계가 있다고 믿는다"고 말한다.(양루빈의 글, 136쪽) 그의 의도는 이렇다. 이학자들이 그처럼 "믿는다"면, "절대적이고 참된 형이상학적 세계"의 '존재'"에 대해 의심할 여지가 없다는 것이다. 그래서 양 선생은 바로 이어 주희, 정호, 소옹 등의 말을 이리저리 인용함으로써 그 자신의 '단언'을 "실증적으로 정립한다." 하지만 그렇게 하자 이번에는 오히려 더 큰 문제가 발생한다. 아래에서 양 선생은 소옹 관련 기사를 자신의 용어로 바꿔 전달하고 있다.

> 소옹은 도를 태극으로 여겼다. 송 태조가 그에게 물었다. "무엇이 가장 큰가?" 소옹이 대답했다. "도리가 가장 큽니다." (양루빈의 글, 136쪽)

이 구절을 언뜻 보고, 나는 내 눈이 잘못되지 않았나 의심했다. 소옹은 송 태조가 죽은 지(976) 30여 년이 지나 태어났다(1011). 그런데 그들이 어떻게 대화를 할 수 있을까? 양 선생은 이 조목 아래에 특별히 한 마디를 덧붙여서(주6), "오징吳澄이 인용한 것으로, 『송원학안』 (…) 에 보인다"라고 말한다.(양루빈의 글, 141쪽) 나는 오징이 그처럼 황당무계한 말을 했을 리 없다고 믿었기에, 사료의 소스를 찾아서 조사할 수밖에 없었다. 그랬더니 원문은 이랬다.

> 소자邵子가 "도는 태극이다"라고 말했다. 태조가 "무엇이 가장 큰가?"라고 묻자, 답하는 이가 말했다. "도리가 가장 큽니다邵子曰, 道爲太極. 太祖問, 何物最大. 答者曰, 道理最大."[41]

양 선생이 원문을 독해할 줄 몰라 두 구절을 하나로 잘못 합할 줄은 꿈에도 생각지 못했다. 관건은 '답쫌' 자 아래에 '자촘'가 붙어 '답자쫌촘'가 소옹이 아닌 다른 사람을 가리킨다는 데에 있다. 만약 태조가 소옹과 문답했다고 한다면, '자' 자를 붙일 경우 문리가 통하지 않게 된다. 이 '답자'는 사실 전설 속

인물인 조보趙普로서, 나는 송대의 필기筆記문에서 그 이름을 한 번 본 적이 있으나 당시 조사할 겨를이 없었다. 그런데 그 기록은 믿을 만한 것이 못 되었다. 『송사』 본전이나 『삼조 명신 언행록』에 그의 이름이 수록되어 있지 않기 때문이다. 이 점은 그다지 중요하지 않으므로 더 논하지 않기로 한다. 양 선생이 설사 조보의 고사를 몰랐다고 하더라도 시대에 입각해 조금이라도 추산했더라면, 태조 시대에 도학이 아직 형성되지 않았음을 알았을 것이다. "도리道理"라는 표현이 당시 이미 유행했다고 하더라도, 그것은 양 선생이 생각하는 "절대적이고 참된 형이상학의 세계"를 가리킬 수 없다. 그런데 어떻게 위 구절을 인용해서 나를 논박하는 근거로 삼았는가? 그는 이처럼 기력을 쏟아 "이학의 대서사"를 대신하여 내게 직접 도전하려 하면서, 어째서 자기의 입설이 바탕으로 삼는 원문에 대해 조금이라도 시간을 들여 자세하게 검토하지 않았을까? 그가 이곳에서 저지른 실수는 결코 시간에 쫓겨 소홀히 한 데서 생겨난 것이 아니다. 왜냐하면 그는 원문을 인용할 때, 그것을 조사하고 실증하는 것에서부터 원문을 바꿔 쓰는 데 이르기까지 일련의 자각적 행위를 하고 있기 때문이다. 원문의 "답하는 이가 말했다"를 "소옹이 답하여 말했다"로 바꾸는 것은 결코 간단한 무의식 중 실수의 문제가 아니다. "직업은 다르지만 도는 같다"는 조목과 관련된 자료와 마찬가지로, 양 선생은 논적을 공격할 무기를 열심히 수집하는 데 아주 지나쳐서, 그런 무기 가운데 손상된 것은 없는지, 그것을 사용할 때 논적을 해치기에 앞서 먼저 자기 자신을 해치지 않을지에 대해 거듭 검토해볼 겨를이 없었던 것이다. 만일 그가 자신의 스타일을 내려놓고, '체험적 증명' '이론' 등의 고원한 곳에서 속세로 내려와 '발생학'이라는 낮은 차원에서 좀 작업을 한다면, 소옹으로 하여금 '타임머신'에 타는 수고를 하면서 송 태조에게 대답을 하게끔 하는 일을 피할 수 있을 뿐만 아니라, 조보와 소옹의 시대 구분조차 분명히 하지 못했다고 후대인들이 오징을 비판하는 일도 초래하지 않을 것이다. 아마도 양 선생은 "절대적이고 참된 형이상학적 세계"를 몹시 사랑한 나머지 시간적 거리감을 잃어버린 것 같다. 예를 들

어 '민포물여民胞物與(민은 나와 동포이고, 만물은 나와 함께한다)'는 장재張載가 특허
권을 갖고 있는 말인데, 양 선생의 말을 빌리자면 "이학의 명제에 대해 그다지
낯설지 않는 어떤 사람이라도"(양루빈의 글, 135쪽) 그 사실을 안다고 말한다.
하지만 양 선생은 곧바로 그 개념을 맹자에게 양도해버려, '민포물여' 개념의
발명 시기를 1500년이나 앞당겨버린다.(양루빈의 글, 138쪽) 이는 간단한 기억의
문제가 아니다. 당시 양시는 "민오동포民吾同胞[민은 나와 동포다]"라는 말이 맹자
가 비판했던 "사랑에 차등이 없다"는 설과 매우 비슷하다고 여겨, 그 설은 묵
자의 '겸애'론에 가깝다는 뜻을 담아 정이에게 편지를 보냈지만, 스승으로부터
한 차례 꾸지람을 듣는다. 남송의 주희도 이 화두를 반복해서 논의했다. 그러
므로 '민포물여'가 고대 어느 유학자에게서 비롯했다고 잘못 생각할 수 있을지
언정, 그것이 맹자에게서 비롯했다고 여길 수는 결코 없는 것이다. 더욱 이상
한 점은 이렇다. 나는 「서설」에서 「서명西銘」의 '민오동포' 논쟁에 대해 따로 한
절을 내어 설명했다. 양 선생은 '민오동포'를 인용하여 내가 했던 말("먼저 이상
적 인간 질서를 구상한 다음에야 비로소 이런 구상을 우주론 또는 형이상학적 보편명
제로 격상시킬 수 있다", 상편 218쪽), 곧 그 논쟁을 연구한 결론으로 같은 페이지
안에 있었던 말을 비판하고 있으므로, '민포물여'의 연원에 대한 나의 설명을
못 보았을 리는 전혀 없다. 설마 양 선생은 본서를 논평하면서 내가 제시한
논증 부분은 다 뛰어넘고, 오로지 공격 대상이 될 만한 자구에만 주목하여
이처럼 장엄한 긴 글을 썼던 것일까? 그가 그랬으리라고 나는 감히 믿지 않는
다. 주희에게는 학문법 관련 명언이 있어 나는 항상 그것을 좌우명으로 삼아
왔는데, 아래에 그것을 기록하여 양 선생과 함께 노력하고자 한다.

> 차라리 상세할지언정 소략하게 하지 말고, 차라리 낮은 자리에 있을지언정
> 높은 자리에 있지 말고, 차라리 우둔할지언정 교묘하게 하지 말고, 차라리
> 비근할지언정 고원하지 말라.[42]

내 입장에서 말하면 『주희의 역사세계』는 이미 간행되어버렸기에, "짚풀 개 허수아비已陳芻狗[이미 제사에 진설되었으니 쓸모가 없게 된 것]"[43]라는 고사처럼, 그 것은 이미 다 쓰고 나서 내버려진 셈이다. 양 선생께서 정력을 기울여 가르침 을 주신 데 매우 감사드린다. "복숭아를 던져주면 오얏나무 열매로 갚는 식投 桃報李",[44]으로 나도 그가 제시한 문제와 비판에 대해 가능한 한 자세하게 답했 다. 내 글은 매우 직설적인데, 그것은 구체적 사태에 나아가 그것을 따진다는 원칙에 바탕을 두었기 때문이다. 하지만 이제 나는 일개 은퇴 노승老僧으로서, "이미 진설된 짚풀 개 허수아비"를 갖고서 타인과 더불어 쉴 새 없이 떠드는 데에 더이상 시간을 낭비하고 싶지 않으므로, 답변 글은 이것을 마지막으로 삼고자 한다.

＊『당다이當代』 제197기, 2004년 1월 호에 수록

류수셴 형이 나의 답문 「추출」 '전환', 그리고 '내성외왕'을 읽고, 다시 「회답
回應」을 써서 자신의 견해를 펼쳤다. 최근 나는 「나는 주희의 가치세계를 훼손
했는가?我摧毀了朱熹的价值世界嗎?」라는 또다른 답변 글을 썼고 이 글은 『당다이當
代』 금년[2004년] 1월 호에 실릴 예정이다. 그중 제1절은 제목이 "'전환'과 '내성
외왕'을 다시 논함"인데, 류수셴 형이 최초에 쓴 서평에 대해 논한 글이다. 내
가 하려던 말은 대체로 이미 다 한 터라 여기서 다시 사족을 달 필요는 없다.
류수셴 형은 아마도 그 글을 아직 못 본 것 같다. 때문에 그의 '회답'은 나의
첫번째 답문만을 대상으로 삼고 있다. 나는 두번째 답문 마지막 부분에서 이
미 "답변 글은 이것을 마지막으로 삼고자 한다"고 밝혔고 지금도 그 약속을
깰 생각은 없다. 하지만 류수셴 형의 「회답」을 읽고 난 후 느낀 점도 있고 새
로운 생각의 실마리도 떠올라서, 그의 글 다음에 이 글을 씀으로써 다만 그런
점들을 분명히 하고자 할 뿐, 논쟁을 벌이지는 않으려 한다.

나의 첫번째 느낌은 이렇다. 우리의 학문과 사상의 배경이 다르다는 것과
언어적 소통에서 종종 오해가 생긴다는 것이다. '전환回轉'과 '혁명革命'의 분변

이 그 좋은 사례다. '첫번째 순서first order'와 '초보 단계의 논리first-order logic'의 차이는 또다른 사례다. 류수셴 형은 철학적 시선으로써 나의 '첫번째 순서'를 바라보고서, 곧바로 논리학적 용법을 떠올린다. 하지만 논리학, 수학, 또는 언어철학이 사용하는 "초보 단계의"는 형용사이고, 'first'와 'order' 사이에는 종종 하이픈이 덧붙는다. 내가 사용하는 '순서'는 분명히 명사다. 하지만 나의 용법은 그가 말한 것과 결코 같지 않고, 나는 "자유롭고 새롭게 그 어휘를 정의한" 것이다. 반대로, 'first-order logic'은 20세기 기호논리학이 일어난' 것으로부터 비롯한다. 나의 용법은 "of the first order"와 "of the second order"에서 나오고, 이런 용어는 적어도 18세기까지 거슬러 올라간다.[1] 엄격하게 말하자면 'first-order' 'second-order'야말로 신조어다. 하지만 이런 명사들은 작은 부분으로서 그다지 중요하지 않다. 그저 의미를 분명하게 밝히기만 하면 오해는 곧바로 풀릴 수 있다. 더욱 큰 차이점은, 류수셴 형이 철학적 입장에서 출발하여 "만고에서 항상 새로운 일련의 예지를 포착하는" 쪽으로 기운다는 데에 있다. 그래서 그는 "시대적, 지역적, 문화적 차이와 같은 맥락의 제한"으로부터 극력으로 초월하고자 한다. 내가 역사적 맥락을 강조하는 것을 그는 너그러이 포용하지만, 결국 깊은 의심에서 벗어나지 못한다. 나는 그 점을 아주 잘 이해하고 있다. 그가 맨손으로 용을 잡는 식으로 직접 철학 체계를 세웠다면, 나는 당연히 발언할 자격이 전혀 없다. 하지만 류수셴 형과 그가 대표하는 '현대 신유가'는 송·명宋明의 심성학을 통해 중국철학의 지혜를 다시 세우려 하고, 이는 이른바 '역사적으로 철학을 세우는doing philosophy historically' 길을 걷는 것이다. 바로 이런 배경 아래에서 그는 거듭 나의 '내성외왕'관에 대해 질문을 던진다. 이번에 류수셴 형이 쓴 「회답」을 보건대, 그는 여전히 내가 철학의 '추상'과 '추출'에 대해 편견을 갖고 있다고 보는 듯하다. 다시 한번 말하고 싶거니와 그것은 오해다. '추상'은 '철학'의 본질이 있는 곳인데, 누가 그 점에 대해 다른 의견을 갖겠는가? 송대와 명대의 유학을 철학으로 변환하려 할 때, '추출' 역시 피할 수 없는 절차다. 이는 유학의 현대적 숙명이므로 거기에 반대할 도리가 없다. 나는 다만 역사적 관점에서, 오늘날 철학사상의 송·명 유학은 '추출'의 결과물로서 본래의 전체는 아니라는 점을 지적하고 싶었을 뿐이다. 내가 원서에서 언급한 이학 역시, 원래의 역사적 맥락 속에 들어간 형태로만 머물지 않았다. 나 역시 유학의 전통 속에서 이학이 창조적으로 계승시킨 혁신적 부분을 찾고 싶었다. 시공과 문화의 맥락은 초월될 수 있지만, 그렇다고 해서 그것을 피해갈 수는 없다. 이것이 나의 사학적 입장이다. 그러므로 나의 경향과 중점이 비록 류수셴 형과 다르지만, 완전히 소통할 수 없는 것은 아니다.

두번째 느낌은 이렇다. 나에 대한 류수셴 형의 거듭된 질의는 극도로 엄숙하다. 기본적으로 그는 신앙의 입장에서 출발하기 때문이다. '심성 형이상학'이 현대 신유가들의 중심 신앙이라는 점을 그는 거듭해서 솔직히 인정한다. 그래서 우리의 논변 과정 중, 나는 시종일관 피차간의 주안점이 뿌리부터 다르다고 느꼈다. 그는 신앙을 옹호하기 위해 전력을 다해 '내성'을 강조한다. '내성외왕 연속체'라는 나의 견해를 받아들인 다음에도, 그는 여전히 한걸음 더 나아가 '내성'과 '외왕'의 주종 관계를 추궁한다. 하지만 내가 본서에서 밝히려 했던 것은 유학(이학을 포함)의 역사적 성격이었다. 송·명 이학에서 '내성외왕'이 하나의 연속체로서 결국 질서의 재수립으로 귀결된다는 나의 주장은, 역사를 연구하다 내린 하나의 논단에 불과하다. 이런 주장이 옳던 그르던, 나는 거기에 나 자신의 신앙을 개입시키지 않았다. '내성외왕'은 전통 유학의 기본 가설 중 하나이기에, 나는 그것을 빌려 분석의 범주로 삼음으로써 송대 이학의 성격을 설명했다. 하지만 유가적 가치의 현대적 의미를 논할 때는 진작부터 '내성외왕'의 틀을 포기했다. 유학은 사적 영역에서 여전히 직접적 효과를 발휘할 수 있다고 나는 생각한다. 이것이 바로 『대학』에서 말하는 "몸을 닦고, 집안을 가지런히 한다"는 것이다. "나라를 다스리고, 천하를 평안하게 한다"는 것은 공적 영역에 속하고, 이제 유가는 더이상 이 영역에서 독단적 지위를 누릴 수 없으며, 그 영향은 간접적일 뿐이다. 나는 『현대 유학의 회고와 전

望現代儒學的回顧與展望』마지막 절에서 이미 그 얼개를 대략 진술했으므로[2] 여기서 더 말하지는 않겠다. 따라서 유학은 현대적 생명을 지닌 하나의 정신적 전통으로서, 분명히 개인 수양을 핵심 내용으로 삼는다. 오직 이 점에 입각해 말하자면, 나와 류수셴 형 사이에는 적어도 최소한도의 일치가 있다 할 수 있다. 하지만 내가 인정하는 개인 수양은 철저히 세속화secular된 현대판으로, 서양의 '하나님' 같은 정신적 실체('도' '태극' '천리' 같은 것)를 설정할 필요도 없고, 엄밀한 체계의 형이상학적 이론을 미리 세울 필요도 없다. 왜냐하면 이론 체계를 한 번 언급하자마자 곧바로 논쟁을 피할 수 없기 때문이다. 나의 인식에 따르면, 현대인들에게 필요한 정신 수양은 동시에 도덕과 지식을 포함해야 하고, 아울러 보통의 이성이 도달할 수 있는 범위 안에 있어야 한다. 따라서 나는 '내성'이라는 옛 명칭을 연용沿用하고 싶지 않다. 하지만 생활의 실천을 강조한다는 바로 그 점에서, 나는 여전히 유가의 전통을 인정하고 있다. 인생 수양에 관한 고대 성인 및 철인들의 사상 또는 관념은 사람의 정신적 경지를 제고하고 그 인격을 향상시키기 위한 것이었다. 어떤 학파든지 모두 그랬는데, 공자의 가르침이 특히 구체적이고 절실하다. 『논어』는 가장 구체적인 예증을 우리에게 제공한다. 『논어』는 인생의 지혜가 풍부한 말들로 가득 차 있는데, 옛사람들의 견해를 계승했건 공자 자신의 개인적 깨달음이건 간에, 그 말들은 공자가 생활 속에서 실천했던 지혜들을 담고 있다. 공자가 문도들에게 그런 이야기를 한 목적은 당연히 그들로 하여금 직접 실천하도록 하기 위해서였지, 그저 한번 빈말을 한 데서 그친 것은 아니었다. 그래서 공자는 어떤 사람의 인격을 판단할 때, "그의 말을 들어보았을聽其言" 뿐만 아니라 "그의 행동을 관찰했다觀其行." 송·명 이학자들도 이런 원칙을 성실히 준수했다. 주희는 "앎과 행동이 서로 의존해야 한다知行相須"고 강조했고, 왕수인은 "앎과 행동은 하나知行合一"라고 더욱 크게 외쳤다. 나는 이것이 오늘날 유가의 전통 속에서 가장 보편성을 가진 부분이라고 생각한다. 20세기 초, 미국의 인문주의자 어빙 배빗Irving Babbitt은 공자의 "스스로 모범이 되라以身作則"는 가르침을 칭양해 마지않으면서, 그런 가르침이야말로 "공정한 사람just man"을 형성해낼 수 있고, "추상적 공정 원칙justice in the abstract"을 입으로만 말하는 것과는 전혀 다르다고 인식했다. 최근 프랑스의 철학사 대가 피에르 아도Pierre Hadot의 최신작을 읽다가 나의 신념이 더욱 확고해졌다. 고대 철학의 원전을 정치하게 연구한 아도의 성과는 세상에 의해 공인된 바다. 그는 일생의 연구 성과를 종합하여, 서양 고대 철학사에 대해 일반적 인상과는 완전히 다른 관찰 내용을 제시했다. 그는 그리스의 '정신 훈련spiritual experice(즉 askēsis)'을 파고들어, 고대 그리스 로마의 '철학'이란 주로 생활 속의 실천을 위한 것이었지, 오늘날 사람들이 이해하는 것처럼 오로지 '간단한 이론적 담론a simple theoretical discouse'을 위한 것은 아니었다고 한다. '정신 훈련'은 고대의 각 철학 학파가 공유한 핵심 부분으로, 그 주요 기능은 사람들로 하여금 '자기 변환self-transformation'을 하여 정신적 경지를 이끌어 올리는 것이었고, 자아에 대한 관심으로부터 타인과 사회에 대한 관심으로 나아가게끔 하는 것推己及人이었다고 한다. 그 가운데 우연히도 조예가 아주 높은 사람은 최고 신과 하나가 되는union with the supreme diety 경지天人슴一까지도 도달할 수 있었는데, 로마의 플로티누스Plotinus(3세기)는 6년 동안 네 차례나 그와 같은 신비 체험을 했다고 한다. 위로는 소크라테스, 플라톤에서부터 아래로는 스토아 학파와 에피쿠로스 학파, 신플라톤주의에 이르기까지, 설사 철학적 이론은 서로 달랐다고 하더라도 그들의 걸었던 길은 동일했다. 이들 학파는 모두 '철학'이란 생활 속의 실천이고, 사변은 오히려 부차적이라고 주장했다. 아도는 책의 결론 부분에서 아무 거리낌 없이 이렇게 말한다. 곧 고대 서양 철학에서 "실천이성은 이론이성보다 우선했다."[3] 아도의 관점은 참신하면서도 충분한 근거를 갖고 있다. 우리는 그리스의 문화적 이상을 논한 베르너 예거Werner Jaeger의 고전적 대작과 아도의 신작을 같이 읽기만 하면, 확실한 증거를 얻을 수 있다.[4]

하지만 아도의 책이 전달하는 시대적 의미는 더욱 중시할 만하다. 그는 가장 마지막 장에서 '문제와 전망'을 논하면서 두 가지 의도를 표출한다. 첫째,

그는 '철학'의 옛 의미가 부활되어, 철학으로 하여금 생활과 하나가 된 '지혜'가 될 수 있도록 희망하고, 그것이 개념을 분석하는 추상적 공리공담으로 다시는 기울지 않기를 희망한다. 둘째, 서양 '철학'의 옛 의미로부터 출발하여, 아도는 놀랄 만한 발견을 한다. 곧 동양(주로 인도와 중국을 가리킨다)의 사상이 바로 그와 같은 길을 걸었다는 것이다. 그는 이렇게 말한다. 자신은 이전부터 비교철학comparative philosophy에 찬성하지 않았는데, 비교철학이 견강부회로 흘러가기 쉽기 때문이었다는 것이다. 하지만 인도불교와 중국의 유가·도가에 관한 프랑스 학자들의 적잖은 연구를 읽은 후, 서양 고대의 '철학'이 동양의 사상적 전통과 매우 유사하다는 사실을 인정하지 않을 수 없었다고 그는 말한다. 때문에 그는 불교의 교의를 논할 뿐만 아니라 유가·도가를 언급하고 있고, 아울러 『장자·전자방田子方』의 한 단락을 인용하여 그 증거로 삼는다. 특히 아도는, '중국 철학자들은 모두 정도가 다른 소크라테스'라는 진웨린金岳霖의 견해를 인정한다. 지식과 지혜는 철학자 본인과 분리될 수 없다. 왜냐하면 철학자는 반드시 자기 자신의 신념에 따라 생활하기 때문이다.[5]

이상의 간단한 소개를 통해, 아도와 그의 동료들이 회복하려 하는 서양 '철학'의 옛 의미는, 바로 유가가 강조하는 정신 수양 및 생활 실천과 대체로 합치함을 어렵지 않게 알 수 있다. 그러므로 나는 그것이야말로 유학의 전통 중 오늘날 가장 보편성을 갖는 부분이라고 인정한다.

나는 어째서 유학의 현대적 의미에 관한 나의 인식을 진술하려는 것일까? 그것은, '내성외왕'에 관한 나의 논단은 철두철미하게 역사적인 것이고, 개인적 신앙과는 전혀 무관하다는 점을 설명하기 위해서다. "옛사람들의 술을 빌려 자신의 울적한 마음을 달랜다借古人杯酒, 澆自家块壘"는 함의는 여기에 전혀 없다. '내성외왕'은 흡인력이 매우 강한 구상이고, 중국 역사·문화 특유의 산물임을 나는 인정한다. '내성외왕'은 어떻게 하면 인간 질서를 완전히 새롭게 수립할 것인가 하는 전통 사대부들의 사고방식을 장기간 지배해왔다. '5·4운동' 이후라 할지라도, 현대 중국의 지식인들은 아직도 '내성외왕'의 보이지 않는

울타리 안에 있다. "서양을 향해 진리를 찾는다"는 것도, 사실은 서양을 향해 "길을 선택함"으로써 유학을 대체할 '신新내성'의 '절대적 진리'를 거기서 찾으려고 희망하는 것일 따름이다.

나는 송·명 이학자들이 어째서 '내성외왕' 연속체를 기본 가설로 삼아야 했는지 충분히 이해하고 있다고 자신한다. 왜냐하면 당시 역사적 조건의 여러 제한 아래에서, 질서를 재수립하려 할 때 그것은 가장 순리에 맞는 구상이었기 때문이다. 하지만『주희의 역사세계』에서 보여주었다시피, '내성외왕'이 일단 전면적 정치 혁신의 층위에 적용되자마자, 그것은 필연적으로 "군주를 얻어 도를 행한다"는 틀로 귀착될 수밖에 없다. 전면적 실패는 피할 수 없는 결과였다. 송대 일반 사대부들의 마음속에서, 완벽한 사상 체계인 유학은 인간 질서를 전면적으로 개조할 만한 잠재력을 지닌 것이었다. '내성외왕' 구상이 당시에 보편적 호소력을 갖출 수 있었던 기초가 바로 거기에 있었다. 하지만 앞서 지적했다시피, 현대 유학은 질서를 전면적으로 개조할 자격을 이미 잃어버렸다. 따라서 '내성외왕'은 실로 "이미 진설된 짚풀 개 허수아비已陳芻狗"가 되어버렸고, 다만 "옛것을 그리워하는 그윽한 정을 촉발하는發思古之幽情" 역할만할 뿐, 현실적 의미는 영영 잃어버렸다. 그래서 나는, 전통 유학은 존 롤스John Rawls가 말한 '합리적인 전면적 철학 학설a reasonable comprehensive philosophical doctrine'에 해당된다고 지적한 바 있다. 사상과 신앙이 다원화된 현대의 민주 사회에서, 그것이 여전히 문화적 영역에서 자신의 공간을 가질 수 있다 하더라도, 다시는 공공질서를 지배하는 유일한 원칙이 되지는 못할 것이다.[6]

내 입장을 자세하게 설명했으니, 류수셴 형이「회답」에서 제기한 '내성외왕'의 주종 문제로 다시 돌아와보자. 류수셴 형은「회답」을 쓸 때 나의 최근작「나는 주희의 가치세계를 훼손했는가?」를 아직 못 본 상태였다. 나는 이 글에서 '내성'과 '외왕'의 관계에 대해 한층 깊은 분석을 가했다. 내가 '내성'과 '외왕' 중 어느 것이 주主이고 어느 것이 종從이냐 하는 문제를 논하지 않는 까닭은, '내성외왕'이 이미 불가분의 연속체이기에 그에 대해 주종 관계를 이야기하는 것은 쉽지 않다고 생각했기 때문이다.

이에 대한 최초의 내 이해는, '내성'과 '외왕'의 관계가 주희의 "앎과 행동은 서로 의존해야 한다[선후를 따지자면 앎이 먼저이고, 경중을 따지자면 행동이 중요하다]"는 말에 해당된다는 것이었다.(하편 680쪽) '앎과 행동'은 하나의 연속체이므로 주종 관계로 이야기될 수 없다. 하지만 주종 관계에 대한 류수셴 형의 질문 때문에 '내성외왕' 개념에 대해 다시 생각해볼 수밖에 없었고, 그 결과 '외왕' 개념에 대해 더 깊은 분석이 있어야 한다는 것을 발견했다. 나는 류수셴 형의 글에 답하면서, '내성외왕'은 오해를 불러일으키기 쉬운 용어이고, 특히 '외왕'이 더 그렇다고 말한 바 있다. 「나는 주희의 가치세계를 훼손했는가?」에서 '외왕'의 함의를 좀더 분명히 밝히기는 했지만, 이제 와서 다시 보니 아직도 미진한 점이 있다. 아래에서는 한 걸음 더 깊이 들어가는 시도를 하고자 한다.

나는 두 편의 답문에서 다음 내용을 강조했다. '내성외왕'은 하나의 연속체로서 질서 재수립으로 귀착된다고 말이다. 언어적 측면에서 조금만 분석해보더라도, 그런 진술 속에서 '외왕'과 "질서 재수립" 사이에 결코 등호를 넣을 수 없음을 알 수 있다. 왜냐하면 "질서 재수립"은 분명히 전자를 포괄하기 때문이다. 그러므로 내 참된 의도는, '내성외왕'은 중단 없는 연속적 활동 과정이고, 최후에는 합리적 인간 질서의 실현을 낳는다는 것이었다. 선진先秦 유가의 용어로 표현하자면, "천하에 도가 없는 상태"는 '내성외왕'을 통해 "천하에 도가 있는 상태"로 변화된다고 할 수 있다. "질서 재수립으로 귀착된다"는 내 말은 "천하에 도가 있다면 나는 천하를 바꾸는 데 관여하지 않았을 것"이라는 공자의 의도와 대체로 합치한다. 본서에서 내가 '첫번째 순서에 와야 할 것은 질서 재수립이 아니면 안 된다'고 말했던 것도 그런 의미였다. 내가 시종일관 유가의 최대 관심사로 인정했던 것은, 전체적 인간 질서, 말하자면 "천하에 도가 있는 것"이었다. 그러한 합리적 전체 질서를 세우기 위해, 유가는 처음부터 그런 막대한 임무를 '사士'라는 특수 집단의 어깨에 걸머지웠다. 이것이 바로 "사는 도에 뜻을 둔다士志於道"는 말이다. 그렇다면 '사'는 또다시 어디에 근거하여 그런 중임을 떠맡을까? 그것은 바로 그들이 받았던 일련의 특수한 정신 훈련으로, 고대에는 이를 "자신을 닦음修己" 또는 "몸을 닦음修身"이라고 불렀다. 『논어』에는 공자와 자로의 문답이 있는데, "몸을 닦음"의 의미를 가장 잘 설명한다.

> 자로가 군자에 대해 물었다. 선생은 "자신을 닦음으로써 경건하게 행동한다"고 말했다. 자로는 "그것뿐입니까?"라고 물었다. 그러자 선생은 "자신을 닦음으로써 남을 편안하게 해준다"라고 말했다. 자로는 "그것뿐입니까?"라고 물었다. 그러자 선생은 "자신을 닦음으로써 백성을 편안하게 해준다. 자신을 닦음으로써 백성을 편안하게 해주는 것은, 요 임금과 순 임금도 오히려 그것을 [하지 못할까] 근심으로 여겼다"라고 대답했다. (「헌문憲問」)[7]

"자신을 닦음으로써 경건하게 행동한다"는 것은, "함양할 때 반드시 경건한 태도를 취해야 한다涵養須用敬"는 후대 정이의 말의 바탕이 되었으므로, 그것이 '내성' 수양이라는 점은 의문의 여지가 없다. 하지만 자로는 '내성'이 거기에서 그칠 리 없다고 생각하여, 어째서 "자신을 닦음으로써 경건하게 행동해야" 하는지 거듭 추궁한다. 공자도 그가 제기한 문제를 인정했기에 번거로움을 무릅쓰고 다시 대답해준다. 공자는 처음에는 "자신을 닦음으로써 남을 편안하게 해준다"는 대답을 했는데, 아마도 개인의 생활 영역 안에 있는 소수인(예컨대 "늙은이는 편안하게 해준다"는 경우)만 가리켰을 것이다. 따라서 자로는 아직도 충분하지 못하다고 느꼈다. 두번째 답은 천하의 '백성'으로 확장되었고, 아울러 요 임금과 순 임금을 사례로 든다. 이로부터 '내성'의 수양은, 주로 정신적 자원이 풍부한 '군자'를 육성하여, 그들로 하여금 사람들의 생활을 잘 안돈하게 하고, 더 나아가 천하의 모든 '백성'이 그렇게 안돈된 상태를 향유할 수 있게끔 하는 데서 그침을 알 수 있다. 『논어』에는 '어짊'에 대한 자공의 물음과 관련된 대화가 있는데, 위에서 인용한 문답과 밀접한 관련을 맺는다.

자공이 말했다. "만약 민에게 널리 베풀어 그 무리를 구제할 수 있다면 어떻겠습니까? 어질다고 할 수 있겠습니까?" 선생이 말했다. "어찌 어짊에 따른 일일 뿐이겠는가? 필시 성스러운 일이 아니겠는가? 요 임금과 순 임금도 오히려 그것을 근심으로 여겼다. 무릇 어진 이는 자신이 서고자 하면 남도 세워주고, 자신이 현달하고자 하면 남도 현달하게 해주는 것이다. 자기가 바라는 것으로부터 남의 마음을 유추하는 것이 어짊의 방식이라 할 수 있다." (「옹야雍也」)[8]

이정은 "요 임금과 순 임금도 오히려 그것을 근심으로 여겼다"는 말이 『논어』에 단 두 차례만 나온다는 사실에 일찍부터 주목한다.[9] 한군데에서는 "백성을 편안하게 해준다"는 것을 근심으로 여긴다고 하고, 다른 한 군데에서는 "널리 베풀어 그 무리를 구제한다"는 것을 근심으로 여긴다고 한다. 때문에 우리는 이렇게 단정할 수 있다. 「헌문」의 "백성을 편안하게 해준다"는 바로 「옹야」의 "널리 베풀어 그 무리를 구제한다"라고 말이다. 자로와 자공은 평소 "천하에 도가 있다면 나는 [천하를] 바꾸는 데 관여하지 않았을 것"이라는 공자의 말을 익숙히 들었기에 지고무상한 수준의 의미를 진술했을 것이다. 곧 하나는 "몸을 닦음으로써 경건한 태도를 취하는 것"으로부터 "백성을 편안하게 해주는" 최고 지점으로 나아가는 것이고, 다른 하나는 '어짊'의 기능을 확대해 "널리 베풀어 그 무리를 구제하는" 극한으로까지 확대해나가는 것이었다. "몸을 닦음으로써 경건한 태도를 취하는 것"이 '내성'의 수양이라는 점은 앞에서 이미 설명했다. '어짊'이 '내성'의 핵심이라는 점은 다시 설명할 필요도 없을 것이다. 따라서 위 두 대화를 '내성외왕'의 사유 틀 속에 넣고 전체적으로 독해하면, 우리는 대체로 다음 같은 인식을 얻을 수 있다. 곧 개인적 측면에서 말하자면, '내성'의 수양은 분명 각각의 '사' 또는 '군자'에 대한 기본적 요구 사항이어서, 공자는 "덕을 닦지 않고, 배운 내용을 익히지 않는 것이 (…) 나의 걱정거리다"[10]라고 말했다. '내성'은 개인 수양으로부터 시작하고, 또한 개인에게

‘안심입명’의 정신적 영역을 제공해주지만, 거기에서 멈춰 개인적 층위에서만 완성되면 안 된다. 왜냐하면 유가의 ‘내성’은 근본에서 공공성 혹은 집단성의 관념이어서 ‘소아小我’로부터 한 걸음 한 걸음 확대되어 최후로는 ‘대아大我’라는 전체에 이르기 때문이다. 그러므로 자공이 “민에게 널리 베풀어 그 무리를 구제할 수 있다”라는 표현으로써 ‘어짊’의 기능을 정의했을 때, 공자는 그 정의를 인정하거니와 만약 그렇게 하려면 ‘어짊’에 그치면 안 되고 ‘성스러움’의 경지에 도달해야 한다고 지적한다. ‘나로부터 남에게 미치는 것’에서 “널리 베풀어 그 무리를 구제하는 것”으로 나아가는 과정이 바로 ‘외왕화外王化’ 과정이다. 일정한 질서의 틀이 ‘외왕화’와 짝이 되지 않을 수 없다. 그렇게 되지 않는다면 ‘내성’의 효과가 발휘될 수 없기 때문이다. 공자가 ‘어짊’과 ‘예’의 관계를 논했던 것은 그에 대한 가장 구체적 설명이 될 수 있다. 그러므로 공자는 “백성을 편안하게 해주는 것”과 “널리 베풀어 그 무리를 구제하는 것”을 논할 때, 요임금과 순 임금이 천하를 다스렸다는 사실을 선결 조건으로 내걸었다. 주희는 이렇게 말한다. “어질다면 본래 널리 베풀어 그 무리를 구제할 수 있지만, 반드시 때와 자리를 얻어야지 비로소 그런 일을 할 수 있다. 하지만 요 임금과 순 임금은 비록 때와 자리를 얻었어도 부족한 점이 있었다.”[11] 요 임금과 순 임금도 근심으로 여겼다”는 구절을 이렇게 해석함은 『논어』의 원의와 대체로 부합한다. 공자의 마음속에서 ‘내성외왕’은 대체로 ‘어짊’과 ‘예’였다고 우리는 긍정적으로 말할 수 있다. 곧 요순의 예치禮治 질서 아래에서만 “어짊”의 효과가 발휘되어 “백성을 편안하게 해주거나” “널리 베풀어 그 무리를 구제하는” 극한까지 나아갈 수 있다. 정현鄭玄은 『중용』을 주석하면서 “예악을 짓는 자는 반드시 성인이 천자의 자리에 있어야 한다”[12]라고 강조하는데, 이는 초기 유가의 ‘내성외왕’ 관념에 대한 후대의 반응이었을 것이다. 그런데 위에서 인용한 『논어』의 두 문답에서 더욱 주목할 것은 공자의 태도다. 공자는 자로의 질문에 답하면서 처음에는 다만 “자신을 닦아 남을 편안하게 한다”라고만 말했지만, 자공의 질문에 답할 때는 “어진 이는 자신이 서고자 하면 남을 세워

주고, 자신이 현달하고자 하면 남을 현달하게 해준다"라고 답하면서 이것이 "자기가 바라는 것으로부터 남의 마음을 유추하는 것"이라고 한다. 이정에서 주희 및 그 문인들에 이르기까지 송대 이학자들은 "타인을 세워주고 현달하게 해준다" "자기가 바라는 것으로부터 남의 마음을 유추한다"는 구절에 대해 여러 토론을 벌였다.[13] 그 가운데에서 공통된 견해 중 하나는, 공자가 "자공이 고원한 데로 치달아서, 낮은 곳으로부터 해나가는 것"을 싫어해서, '어짊'의 실천이 "자기가 바라는 것으로부터 남의 마음을 유추하는 것"에 달려 있음을 자공에게 알려주었다는 것이다. 공자가 자로와 자공에게 불만을 느꼈건 그렇지 않건 간에, 두 차례에 걸친 그의 답변이 내포하는 정신은 분명히 일치한다. 곧 '내성(어짊)'의 '외왕화'는 가까운 곳에서부터 먼 곳으로 나아가고, 일부에서 전체로 나가야 한다는 것이다. 요순과 같이 천자의 자리에 오른 성인이 존재하지 않는 상황하에서, '어짊'이 "천하에 도가 없는 상황"을 즉시 "천하에 도가 있는 상황"으로 바꾸는 효과를 발휘하기를 기대할 수는 없다. 그래서 "자신을 닦아 남을 편안하게 해준다"와 "자신이 서고자 하면 남을 세워주고, 자신이 현달하고 싶으면 남을 현달하게 해준다"는 두 구절 속의 '남人'이 가리키는 대상은 자신과 가까이에 있는 사람, 곧 군자 또는 '사'의 생활 주변에 있는 다양한 '사람'들이고, 그중 가장 자연스러운 시점은 바로 '집안사람家人'이다. "자신을 닦는다고 해서 어떻게 남을 편안하게 할 수 있습니까?"라는 질문에 주희는 답하면서 이렇게 말한다.

> 또한 한 가족을 갖고서 말한다면, 한 사람이 자신을 닦지 않을 경우 일가 사람이 편안한지 편안하지 않은지를 보라![14]

주희가 바로 이렇게 그 구절을 이해했음을 알 수 있다. 바꿔 말하면, "자신을 닦는 것"은 '가족' 안에서 조화로운 질서가 출현하도록 하고, 그 질서는 친척, 친구, 향당鄕黨 등의 집단으로 확대되어 나타난다. 주희의 이러한 풀이는

"그대는 어째서 정치를 하지 않는가?"라는 질문에 대한 공자의 답에 의해 인증될 수 있다. 공자는 말한다.

『서경』은 "효도했구나! 오직 효도하고 형제간 우애를 다하여 정치에 시행했구나"라고 말한다. 이 또한 정치를 하는 셈為政이니 어찌 벼슬살이만 정치이겠는가? (「위정為政」)[15]

주희는 『집주集注』에서 이 구절을 이렇게 주석한다.

『서경』은 군진君陳이 부모에게 잘 효도하고, 형제간 우애롭게 지냈으며, 또한 그런 마음을 미루어 넓혀서 일가를 다스리는 정치로 삼았다고 한다. 공자는 이 구절을 인용하여 이처럼 말한 것으로, '그런 것이 정치가 될 수 있으니為政 어찌 반드시 벼슬자리에 있어야 정치를 한다고 하겠는가?'라고 한 것이다. 아마도 공자가 출사하지 않은 이유를 그 사람에게 말하기 어려워서 『서경』의 이 구절에 의탁하여 알려주었을 것이다.[16]

공자에게 질문한 사람은, 어째서 공자가 출사하여 "나라를 다스리는 일"에 참여하지 않는지를 묻고 있다. 공자는 『서경』의 「주서·군진周書·君陳」을 인용하여 간접적으로 대답을 하면서, 효도 우애 등의 '집안을 다스리는 일齊家' 역시 일종의 '정치'라고 밝힌다. 원문에 있는 '위정為政'의 함의를 그는 확대하고 있는 것이다. 만약 현대의 '질서 수립' 개념으로써 공자가 말한 '정치'를 이해한다면 오히려 더 딱 들어맞을 것이다. 주희는 『집주』에서 "아마도 공자가 출사하지 않은 이유 (…)"를 운운하고 있는데, 이는 당연히 주희의 추측이다. 하지만 자로와 자공에 대한 공자의 대답을 합해서 보자면, 주희의 말은 매우 설득력이 있다. 공자는 이미 "천하에 도가 있는 것"을 궁극적 관심으로 삼았기에, 자연스럽게 "백성을 편안히 하거나" "널리 베풀어 그 무리를 구제할" 수 있는 기회를 가장 중시하여, "만일 나를 등용하는 이가 있다면, 나는 그를 위해 동주를 만들 것이다"는 한탄을 하기에 이르렀을 것이다. 하지만 "벼슬자리에 있는 것居位"과 "정치를 하는 것爲政"은 개인이 일방적으로 통제할 수 있는 일이 아니므로, 공자는 '정치' 개념을 확대해 "자기가 바라는 것으로부터 남의 마음을 유추하는 것"이 '어짊'을 실천하는 방법이라고 주장했다. 이는 바로 '내성외왕'의 통일적 활동이 잠시도 쉬지 않는다는 것을 보증한다.

나는 답문 두 편에서 두 기본 논점을 강조한 바 있다. 첫째, 유가의 '내성외왕'은 불가분의 연속체로서 질서 재수립으로 귀착한다. 둘째, 이른바 "질서 재수립"이란 정치적 질서治道만을 가리키지 않는다. 곧 사람은 태어나자마자 겹겹의 질서 속에 놓이기에, 질서 재수립은 가장 가까이에 있는 '가족家'으로부터 시작한다. 이 두 논점은 앞서 인용한 『논어』의 몇몇 단락에 의해 충분히 실증될 수 있다. 나의 독해는 기본으로 정주程朱의 풀이를 뿌리로 삼는 만큼, 송대 이학자들이 유학의 성격에 관한 공자의 기본 규정을 분명히 계승했다고 믿을 만한 근거를 나는 갖고 있다. 이와 관련해, 나는 정이의 명언 한 구절을 다시 한번 인용하고자 한다.

군자의 도는 이뤄주는 것을 귀하게 여기니 [거기에는] 외물 구제濟物의 쓰임이 있다. 외물에 미치지 않는다면 [군자의 도는] 마치 없는 것과 같다.[17]

이 구절에서 '물物'이 '사람'을 가리킴은 본문(상편 200쪽)에서 이미 지적했으므로 다시 설명할 필요는 없겠다. 지금 내가 진지하게 말하려는 것은, 정이가 말한 내용은, 바로 앞에서 인용한 공자의 '자신을 닦음으로써 남을 편안하게 한다'와 '널리 베풀어 그 무리를 구제한다'는 두 조목의 의미를 밝히고 있다는 점이다. 만약 '내성외왕'의 틀에 넣고 생각해본다면, 개인의 수양해야 할 '내성'이 아직 '외왕화' 과정에 진입하지 않았을 경우, [내성을] "이루었다"고 말할 수 없을뿐더러, 심지어 그것이 "없는 것과 같다"고까지 칭할 수 있다. '내성외왕'

이 불가분의 연속체임이 바로 위 구절에서 아주 명확하게 표현되었고, "외물에 미치지 않는다면, [군자의 도는] 없는 것이나 다름없다"는 구절은 유가 '내성'의 집단적 경향과 공공적 경향을 실증한다. 따라서 "자신을 닦은" 사람이라 할지라도 자신이 군자의 도를 갖고 있다고 할 수 없는 것이다. 앞서 지적했다시피, '사' 또는 '군자'의 "자신을 닦음"은 자아의 정신적 자원만을 개척하기 위함이 결코 아니라, 먼저 "남을 편안하게 함" "타인을 세워줌" "타인을 현달하게 함"에서부터 "백성을 편안하게 함" "널리 베풀어 그 무리를 구제함"에 이르는 초개인적 이상을 어떻게 세울 것이며 또 실천할 것인가 하는 방법을 제시하기 위함이었다.

앞에서 유가의 전체 계획(영어로 표현하자면 'the Confucian project'가 되겠다)이 지닌 기본 윤곽을 그려보려 시도했다. 유가의 창시자 공자의 최대 관심은 분명 인간세계에 집중되어 있다. 그렇다고 해서, 인간세계에 대한 공자의 관심 배후에 '본성과 천도性與天道' 같은 심오한 사상적 배경이 있음을 부정하는 것은 당연히 아니다. 하지만 공자는 평소 그에 관해 가볍게 이야기하려 하지 않았기에 우리는 그 상세한 내용을 알 길이 없다. 그는 "예악이 붕괴되는禮壞樂崩" 시대에 살았던 만큼, 인간세계의 합리적 질서를 어떻게 다시 세울 것인가 하는 것이 『논어』의 주요 내용을 구성한다. 공자는 비록 귀족의 하층 출신이었지만, 그의 관심은 일찍부터 모든 사람에게로 확대되었다. 앞서 인용한 "자신을 닦음으로써 백성을 편안하게 한다"는 말이 그 명증이다. 공자가 생각한 '예'는, "예는 서인에게까지 적용되지 않는다禮不下庶人"는 고대의 유물로 돌아가는 것이 아니었기 때문에, '민民'을 다스리는 문제에서 "덕으로써 이끌고 예로써 가지런히 한다道之以德 齊之以禮"고 분명히 주장할 수 있었다. 여기서 공자가 말하는 '덕'은 당연히 '어진 덕仁德'을 가리키고, 후대의 맹자가 말한 '어진 정치仁政'는 바로 그로부터 발전해나온 것이다. 따라서 우리가 분명히 알 수 있는 사실은, '내성외왕'을 통해 질서를 재수립하는 것은, 공자가 유가를 위해 가장 앞서 세웠던 전체 계획이었다는 것이다.

송대 유학의 부흥은 기본에서 바로 저 고전적 계획의 부활이었다. 이 요점을 확고히 파악해야만, 어째서 송대 유가가 역사 전면에 등장하자마자 "삼대로 돌아가자"는 선명한 기치를 내걸었는지 이해할 수 있으며, 또한 그런 경향이 남송 중엽까지 쭉 이어져, 주희가 정호의 논단에 바탕을 두고 '삼대'와 '한, 당'에 관한 격렬한 논쟁을 진량과 더불어 벌인 이유를 이해할 수 있다. 송대 유학자들의 "삼대의 통치"란 기실 질서 재수립의 상징 기호였다. 그들의 진정한 의도는 옛날로 돌아가는 것이 아니라, 유가의 전통 이념에 의거하여, 당말唐末 이래 벌어진 정치·사회·문화 각 방면의 질서 붕괴 상태를 철저하게 개조하는 것이었다. 그러므로 왕안석은 "두 황제와 세 왕二帝三王"의 "베풂施設"에 대하여, "그 의도를 본받아야 할 뿐"[18]이라고 주장했다. 주희도 '후대의 성현'이 어떻게 '삼대의 법도'를 사용할 수 있는가 하는 문제에 답하면서, "필시 별도의 규모가 있으므로 선인들의 법도를 곧이곧대로 쓰면 안 된다"[19]고 강조했다. 바로 질서의 재수립을 위해, 이학자들을 포함한 송대 혁신적 경향의 유학자들은 동시에 당대當代의 실무와 천하의 폐단을 연구했다. 정호가 "세상을 구제하려는 뜻이 매우 성실하고 간절하며 오늘날 천하의 일에 대해 모두 익숙히 기억한" 이유가 바로 그 때문이었다. 특히 장재는 이런 정호의 태도를 높이 평가했다. 그러므로 송대 유학자들에게서 "삼대로 돌아가자"는 것은 결코 현실로부터 유리된 고원한 구호가 절대 아니었다. 그와 반대로, 크고 작은 각 층위의 질서 재수립에서 그들이 보여준 실천은, 그들이 유가의 전체 계획을 진지하게 추진해나갔다는 것을 실증해준다.

공자가 많이 이야기하려 하지 않았던 "본성과 천도"가 송대에서 공전空前의 발전을 이룩한 것은, 이학자들이 유가의 '내성'학에 기여한 중대한 공헌이자, 중국철학사 또는 사상사에서 가장 빛나는 대목이기도 하다. 하지만 이런 특출한 성과는 공자가 창시한 유가 전체 계획의 기본 구조를 변경시키지 않을 뿐 아니라 오히려 그것을 강화한다. 이는 두 측면에서 설명될 수 있다. 첫째, 이학자들이 다종다양한 우주론과 형이상학 체계를 세웠던 목적은, 세계와 인생을 공허하고 환상적인 것으로 보는 불교의 이론을 논파하기 위함이었음은 우리 모두 잘 알고 있다. 그것은 송대 사대부 상당수가 "불교에 의해 끌려갔기爲釋氏扳去" 때문이다. 그래서 이학자들이 만약 그러한 노력을 하지 않았다면, 사대부 계층의 인재를 흡수할 수 없고, 그들과 공동으로 질서 재수립 사업을 진행할 수도 없었을 것이다. 둘째, 본서에서 이미 지적했다시피, 이학자들의 우주론과 형이상학 가운데에는 인간 질서에 정신적 근거를 제공하기 위한 부분이 꽤 있다. 그들은 모두 확고한 신념을 갖고 있었다. 곧 '외왕'의 노력이 효과를 거두지 못한(예를 들어 희령변법) 이유를 철저히 따져보면, '내성'의 기초가 충분히 견고하지 못했기 때문이라는 신념이다. 그들은 여전히 공자의 계획을 준수하면서, 사는 "자신을 닦음"을 통해 얻은 '내성'에 머물면 안 되고, 반드시 "남을 편안하게 함"에서 "백성을 편안하게 함"으로 한 걸음 한 걸음 밀고 나가야 한다고 인식한다. 이런 중심 관념은 송대와 명대의 이학을 꿰뚫는다. 만약 그렇지 않았다면, "군자의 도는 (…) 외물에 미치지 않는다면, 오히려 없는 것과 같다"는 말을 정이가 하지도 않았을 것이다. 또한 명대 고헌성은 "성명을 강구하는 데講究性命" 매진하면서 "세상을 다스리는 도리"를 생각하지 않는 명대 말기 이학자들을 그토록 엄하게 비판하지도 않았을 것이다.[20] 나는 여기서 다음 사실을 진지하게 밝혀야 할 것이다. 곧 여기서 말하는 것은 오직 역사상의 유가 전체 계획에서 차지하는 '내성'의 위치라고 말이다. 유가의 '내성'에는 깊이 있고 풍부한 의미가 여러 가지 있고, 특히 그것의 현대적 의미라는 측면에 착목할 때 더욱 그러하다는 것을 나는 전적으로 인정한다. 사실, 유가의 전체 계획은 오늘날 이미 역사 속에 묻혀버려서, '내성'의 자원을 어떻게 하면 새롭게 발굴하고 어떻게 하면 그것에 현대적 의미를 부여할까 하는 문제는 바로 류수셴 형 같은 철학자들이 져야 할 임무이고, 내가 그에 대해 말할 여지는 전혀 없다.

마지막으로, 개념적 측면에서 류수셴 형과 나 사이 차이점을 분명히 해보자. 관건은, 여전히 '외왕' 개념이 여러 다른 의미를 갖는다는 데에 있다. '내성'

과 '외왕' 개념을 유학(특히 이학) 관련 논의에 적용시켜보면, 확실히 눈에 띄는 효과를 거둘 수 있다. 하지만 그런 구분법은 몹시 간략하여 결국 애매해지는 폐단을 갖는다. 내포와 외연이 모두 분명하지 않고 세심한 분석을 거치지 않았기 때문이다. 일반적 용법에서, 대체로 심성의 수양이나 천리의 체험적 인식 같은 것이 '내성'으로 분류되고, '외왕'은 정치적 '사업과 공적事功'을 두루 가리킨다. 만약 이러한 일반적 이해에 따를 경우, 경학經學이 대체 '내성'에 포함될지 여부가 문제된다. 하물며 왕양명은 "오경은 곧 역사"라고 말하지 않았던가? 관점을 바꿔 『중용』의 "덕성을 높이고, 묻고 배우는 것으로써 이끈다尊德性而道問學"에 입각해 말한다면, "덕성을 높여야"만 비로소 '내성'이라 할 수 있을까? '외왕'이라는 말이 일으키는 문제는 그 밖에도 더 많지만, 『당다이』의 답문에서 이미 다루었으므로 여기서 다시 설명하지는 않겠다.

나는 류수셴 형의 글 두 편을 읽고, 그가 쓴 '내성'과 '외왕'은 상술한 일반적 의미를 따르는 것 같다는 생각이 들었다. 만약 그런 의미에 의거한다면, '내성'이 '주인'이 되고 '외왕'은 '종'이 되리라는 것은 자연스러운 추론이다. 뿐만 아니라, 현대 중국철학을 세우려는 그의 작업은 유가의 '내성' 쪽에 집중되어 있고, "내성이 외왕을 열어준다"는 현대 신유가의 주장을 대체로 받아들이는 것 같다. 따라서 '내성'은 그의 사고와 연구 영역에서 절대적 중심의 위치를 차지하고 있다. 최후까지 분석했을 때, 『주희의 역사세계』에 대해 그가 가장 의문을 품는 지점은, 내가 의식적이건 무의식적이건 간에 '내성'의 중요성을 폄훼했다는 것이다. 아래에서 나의 기본 논점을 요령 있게 설명함으로써 이 화두를 해결하고자 한다.

류수셴 형이 잘 알다시피, 이 책은 '내성외왕'에 관한 전문 연구서가 아니라, 송대 사대부 정치문화의 3단계 발전을 연구하다가 그 문제를 이끌어낸 데 불과하다. 나의 착안점은 처음부터 '내성외왕'과 유학 전체 동향 사이 관계에 있었다. 또한 본서 본문(특히 하편)의 연구는 이학자들의 실제 정치 활동에 치우쳐 있어서, 자연스럽게도 나는 '내성'을 출발점으로 삼을 수 없었다. 상·하

편을 탈고한 후 다시 상편의 「서설」을 쓰면서, 이학에 대한 나의 시각perspective
에 대해 부지불식 중 변화가 일어났다. 그렇게 변화된 시각은 일반적 철학사
의 관점으로부터 거리가 더 멀어졌을 뿐 아니라, 내가 이전에 갖고 있던 인식
과도 다른 점이 있었다. 그때 나는 다음과 같이 깊이 믿게 되었다. 만약 이학
의 근본 경향을 진지하게 이해하려면, 통시적 측면에서는 그것을 전체 송대
유학의 역사적 동태 속에 넣고서 그에 대해 전체적 관찰을 해야 하고, 공시적
측면에서는 이학자들의 다양한 언사를 연구해야 할 뿐 아니라 그들의 실제
행동을 고찰해야 한다는 것이다. 왜냐하면 행동이 드러내는 사상과 가치의
경향은 언사 속의 공백을 메울 수 있기 때문이다. 이는 바로 공자가 말한 "그
의 말을 듣고 그의 행동을 관찰한다"에 해당된다. 대체를 말하자면, 사상과
실천의 통일에 관한 유가의 강조를 서양 고대 각 철학 학파의 그것과 비교해
보았을 때(예컨대 앞서 인용한 아도의 논의), 서양을 넘어서면 넘어섰지 미치지 못
할 바는 없다고 나는 생각했다. 이런 인식에 바탕을 두고, 비로소 나는 본서
에서 '내성외왕'이 하나의 연속체로서 질서 재수립으로 귀착된다고 단정했다.
주목을 끌기 위해 나는 임시로 그것을 유가의 전체 계획the Confucian project이
라고 불렀고, 한 걸음 더 나아가 이 계획의 원형은 공자가 직접 성립시킨 것이
라고 단정했다.

　하지만 '내성' '외왕'이라는 단어의 의미는 위에서 서술한 대로 여러 가지이
기에, 내가 제기한 유가의 계획에 대해 독자들은 오해를 할 수 있다. 그 오해
에 대한 책임은 당연히 내가 져야 한다. 이제 나의 용법을 설명해보자. 내가
말한 '내성'은 심성 수양, '천리'의 체험적 증명 같은 것만 가리키지 않고, 최소
한 경전에 대한 이학자들의 새로운 해석도 포괄한다. 이 점은 논쟁을 일으키
지 않을 것이라 그냥 넘어갈 수 있을 것이다. 먼저, 내가 사용한 '외왕'이라는
표현은 '내성'에 맞춰진 것이다. 그래서 이학자들이 어떠한 "사업과 공적(예를
들어 주희가 말한 '국가를 세우는 일')"이든지 모두 '외왕'으로 칭할 수 있다고 인정
했을 리는 없다고 나는 생각한다. 주희가 정호의 설에 바탕을 두고서, '왕王'과

'패霸'로써 '삼대'와 '한, 당'을 구분했던 것이 그 분명한 증거다. 왕안석이 신종에게 했던 말인 "요순 임금을 본받아야지 어떻게 태종을 본받으려 합니까?" 역시 동일한 의미를 갖는다. 그다음, 나는 『당다이』에 실린 답문에서 이미 이렇게 지적했다. 곧 '외왕'은 '통치의 도'를 완전히 갱신하는 것, 말하자면 희령변법 같은 것만 가리키지 않는다. 유가는 실천을 특히 중시하는 만큼, '내성'의 '외왕화'는 크고 작은 여러 생활권 내에서 전개될 수 있다. 나는 본서에서 북송의 '향약'과 '의장義庄'을 사례로 들면서 분명하게 설명했다.

> 북송 사대부들은 (…) 새로운 제도를 설계하여 유가적 질서를 세워야 했다. 왕안석의 '신법'이든 여씨의 '향약'이든 아니면 범중엄의 '의장'이든, 전국적이냐 지방적이냐의 차이와 상관없이 그러한 것으로서 간주되어야 한다. (상편 318쪽)

이것이 바로 공자가 말한 "자기가 바라는 것으로부터 남의 마음을 유추하는 것"이다. 순자는 "유자는 조정에 있으면 정치를 아름답게 하고, 아랫자리에 있으면 풍속을 아름답게 한다"고 말했다. 공자와 순자의 말은 바로 다음 같은 의도를 표출한다. 곧 '내성'은 시간과 장소에 따라 반드시 '외왕화'됨으로써 질서 재수립의 실제 효과를 낳아야 한다는 것이다. 사실, 이학이 그후 800년 동안 중국 사회에 끼친 실제 영향은, 주로 "아래 자리에 있으면 풍속을 훌륭하게 만든다"는 길을 통해서였다. '도가 아직 외물에 미치지 못했다면, 그것은 없는 것과 같다'는 정이의 원칙에 근거하여, 나는 '내성'과 '외왕'을 칼로 두부 자르듯 나눌 수 없었고, 오히려 그 둘을 하나의 연속체 또는 하나의 실천 과정으로 보았다. 그 구체적 성과는 각 층위의 질서가 수립되었다는 것이다. 다만 '질서 재수립'은 '외왕'과 결코 똑같을 수는 없고, 그것은 '내성외왕'의 통일적 실현으로 간주되어야 한다. 그래서 나는 본서에서 특별히 "천하에 도가 없음"을 "천하에 도가 있음"으로 변화시키는 것을 통해 "합리적 인간 질서의 재수립"을 정의했다.(118쪽) 이제 나는, 유가의 전체 계획 속에서 질서 재수립이 작은 데서 큰 곳으로, 가까운 곳에서 먼 곳으로 나아가는 것을 볼 수 있고, "천하에 도가 있음"은 당연히 현실을 벗어난 공상일 수 없음을 알게 되었다. 그것은 마치 "멀리 하늘 끝에 있는 것" 같지만, 오히려 "눈 앞 가까이에 있는 것"이다. 이런 계획 속에서 '내성'은 사실 지도리의 위치를 차지하지만, '외왕'을 떠나서는 "천하에 도가 없음"을 "천하에 도가 있음"으로 변화시킬 수 없다. 현재 내가 이해하기로는, '내성'과 '외왕'의 관계는 "앎과 행동이 서로 의존한다"에 상응하는 것으로 여겨질 수도 있고, "실체와 현상은 근원이 동일하다體用一源"라는 말에 상응하는 것으로 여겨질 수도 있다. 이는 류수셴 형이 말했던 '주종' 관계와 그다지 거리가 멀지 않다. 하지만 '질서 재수립'이야말로 유가 전체 계획의 귀착점이라는 나의 견해는 여전히 변하지 않는다.

본문에서 진술한 유가의 전체 계획은 현 단계 나의 역사 이해를 대변하지만, 오직 상식적 가설로서 독자들에게 제시될 뿐이다. 만약 류수셴 형께서 계속해서 반론을 제시하지 않았다면, 그런 가설은 출현할 수 없었을 것이다. 그에게 진심을 담은 감사를 표해야겠다.

2004년 2월 1일

* 원래 『주저우학림九州學林』 2004년 여름 호(홍콩 청스城市대학 중국문화연구센터, 푸단復旦대학출판사)에 수록

서설

1 『宋會要輯稿』102冊, 「職官」73의 67, 1197년.

2 『語類』卷62, 「中庸一·綱領」, "理學最難. 可惜許多印行文字, 其間無道理底甚多, 雖伊洛門人亦不免如此."

3 『象山先生年譜』卷2, "惟本朝理學, 遠過漢唐, 始復有師道."

4 卷33, 「周子太極通書」條, "本朝理學, 闡幽于周子, 集成于晦翁."

5 "學者不求之周程張朱固不可."

6 『邵氏聞見錄』卷13.

7 『宋史』卷355, 本傳.

8 范祖禹, 『范太史集』卷43, 「朱公墓志銘」.

9 『宋史』卷346, 「呂陶傳」; 『宋史』卷333, 本傳은, 그들이 이정으로부터 배웠다는 말은 하지 않는다.

10 『象山集』卷19.

11 『文集』卷83, "甚矣, 神宗之有志而公之得君也."

12 『語類』卷127, 「本朝一, 孝宗朝」, "壽皇直是有志于天下, 要用人."

13 『語類』卷128, 「本朝二, 法制」, "只緣自來立法建事, 不肯光明正大, 只是如此委曲回護. 其弊至於今日. 略欲觸動一事, 則議者紛然以爲壞祖宗法. 故神宗憤然欲一新之, 要改者便改. 孝宗亦然, 但又傷於太銳, 少商量."

14 『語類』卷127, 「本朝一, 孝宗朝」, "孝宗末年之政."

15 『水心文集』卷24, 「施公墓志銘」, "淳熙末年, 求治愈新."

16 『文集』卷22, 「강서제형의 면직을 청하는 두번째 상소문辭免江西提刑狀二」.

17 "乾坤歸獨御."

18 周必大, 『文忠集』卷172, 「思陵錄上」, 淳熙 14년 11월 庚子條.

19 희곡 속 배역의 명칭. 주로 왕의 모자를 쓰고 있다고 하여 붙은 이름이다. 노래를 위주로 하며 몸동작은 거의 없거나 극히 점잖고 침착한 것이 특징이다.—옮긴이

20　"父子之間不責善, 責善則離, 離則不祥莫大焉."

21　『文集』卷30,「與張欽夫三」, "然聖賢之言, 則有所謂未發之中, 寂然不動者, 夫豈以日用流行者爲已發, 而指夫暫而休息, 不與事接之際爲未發時耶. 嘗試以此求之, 則泯然無覺之中, 邪暗鬱塞, 似非虛明應物之體."

22　劉子健,『兩宋史研究滙編』,「송 말에서 이른바 도통의 성립宋末所謂道統的成立」, 274～277쪽.

23　Max Weber, *Economy and Society*, edited by Guenther Roth and Claus Wittich, University of California Press, 1978, vol.2, p. 1113.

제8장 이학자와 정치적 경향

1. '내성'과 '외왕'의 긴장

1　Ying-shih Yü, "Some Preliminary Observations on the Rise of Ch'ing Confucian Intellectualism," *Tsing Hua Journal of Chinese Studies*, N.S.XI, nos 1&2, December 1975, esp. pp. 122～123.

2　『文集』卷25, "熹自幼愚昧本無宦情. 旣長稍知爲學, 因得側聞先生君子之敎, 于是幡然始復誤有濟時及物之心, 然亦竟以氣質偏滯, 狂簡妄發, 不能俯仰取容於世. 以故所向落落, 無所諧偶. 加以憂患, 心志凋零, 久已無復當世之念矣."

3　『文集』卷25, "熹狷介之性, 矯揉萬方, 而終不能回. 迂疏之學, 用力旣深, 而自信愈篤, 以此自知決不能與時俯仰以就功名, 以故二十年來, 自甘退藏, 以求己志. 所願欲者, 不過修身守道, 以終餘年. 因其暇日, 諷誦遺經, 參考舊聞, 以求聖賢立言本意之所在. 旣以自樂, 間亦筆之於書, 以與學者共之, 且以待後世之君子而已. 此外實無毫髮餘念也. (…) 今若不辭而冒受, 則賓主之間, 異同之論, 必有所不能免者, 無益於治, 而適所以爲群小嘲笑之資. 且熹之私願所欲就者, 亦將汨沒而不得成. 其或收之桑楡而幸有所就, 人亦必以爲已試不驗之書, 而不之讀矣."

4　『語類』卷107,「內任」, "平日辭官文字甚多."

5　『勉齋集』卷36, "時上論大臣, 欲獎用廉退, 執政以先生爲言, 故有是命. 會有言虛名之士不可用者, 以故再辭, 卽從其請."

6　『南澗甲乙稿』卷13, "兄旣久不出, 則一出固宜自審, 非若僕輩平日汨汨仕途以爲貧者也. 至謂無用于世, 非復士大夫流, 不知元晦平日所學何事. 願深考聖賢用心處, 不應如此忿激, 恐取怒于人也. 與世推移, 蓋自有道, 要不失己. 但人于道不熟, 便覺處處費力耳."

7　"士大夫倚託欺謾以取爵位者, 不可勝數. (…) 而熹適不幸, 諸公必以欲強之使充其數. 熹雖不肯, 實不忍以身蒙此辱, 使天下後世持淸議者得以唾罵而輕鄙之也."

8　『南澗甲乙集』卷13, "且聞尊夫人已畢大事, 以我之艱, 知元晦辦集尤不易矣. (…) 哀苦亡聊, 杜門郤得埋舊業, 但殊無晤語之益耳. 見敎不必觀佛書, 固然. 正以鄙性魯鈍, 少年多寓僧寺, (…) 嘗出入其說. 及粗窺聖學之門, 若禪宗則久見其病, 特欲窮佛之說所自, 不敢便以他人之言爲據也. (…) 今亦盡止矣. 其詳未易遽陳, 要之, 吾聖人妙處在合, 故一以貫之, 釋氏之弊在分, 余不足論也.

如何."

9 『朱子年譜』.

10 주희의 문인인 첨체인詹體仁의 자字는 원선元善으로, 여기서 언급한 첨의지와 별개의 인물이다. 혼동해서는 안 된다.

11 『南軒集』卷23, "詹體仁孜孜講學, 每相見, 職事之外, 卽商榷義理, 殊爲孤寂之慰. 其趣向亦難得也."

12 上同, "詹體仁慤實肯講學, 不易得."

13 『宋元學案』卷73, 「兩澤諸儒學案·侍郞詹先生儀之」.

14 『文忠集』卷193.

15 『陳亮集』卷11, 「廷對」, "二十年來, 道德性命之學一興, 而文章政事幾于盡廢. 其說旣偏, 而有志之士蓋嘗患苦之矣."

16 上同, 卷14, 「伊洛正源書序」, "以備日覽."

2. '내성'에서 '외왕'으로

1 『語類』卷83, 「春秋經」.

2 『語類』卷129, "國初人便已崇禮義, 尊經術, 欲復二帝三代, 已自勝如唐人, 但說未透在. 直至二程出, 此理始說得透."

3 『語類』卷130, 「本朝四」, "蓋那時也是合變時節."

4 『昌谷集』卷5.

5 『象山先生全集』卷34, 「語錄上」, "歐公本論固好, 然亦只說得皮膚."

6 탑 최상층부의 뾰족한 부분.─옮긴이

7 『程氏遺書』卷1, 「二先生語一」, "公之談道, 正如說十三級塔上相輪. 對望而談日, 相輪者如此如此, 極是分明. 如某則戇直, 不能如此, 直入塔中上尋相輪, 辛勤登攀, 邐迤而上, 直至十三級時, 雖猶未見相輪能如公之言, 然某却實在塔中, 去相輪漸近, 要之須可以至也. 至相輪中坐時, 依舊見公對塔談說此相輪如此如此."

8 『羅豫章先生文集』, 卷7.

9 이에 대한 상세한 고찰은 상편의 「서설」 제3절을 참조하라.

10 『遺書』卷2上, "博而不約."

11 『語類』卷130, 「本朝四」, "荊公學之所以差者, 以其見道理不透徹."

12 『南軒集』卷19, 「寄周子充尙書」 두번째 편지, "熙寧以來人才頓衰於前, 正以王介甫作壞之故. 介甫之學乃是祖虛無而害實用者. 伊洛諸君子, 蓋欲深救玆弊也."

13 上同, 「與顔主簿」, "王氏之說皆出于私意之鑿, 而其高談性命, 特竊取釋氏之近似者而已."

14 『全集』卷13, 「與薛象先」, "荊公之學, 未得其正, 而才宏志篤, 適足以敗天下."

15 『南軒集』卷21, "吾曹但當相與講明聖學. 學明于下, 庶幾有正人心, 承三聖事業耳."

16 『全集』卷18, "歲在壬辰, 臣省試對策 (…) 末章有云, 然則三代之政其終不復矣乎. 合抱之木, 萌蘖之生長也. 大夏之暑, 大冬之推移也. 三代之政, 豈終不可復哉. 故當爲之以漸而不可驟耳. 有包荒之量, 有馮河之勇, 有不遐遺之明, 有朋亡之公, 於復三代乎何有. 臣乃今日復爲陛下誦之." 여

기서 인용된 「성시 대책」의 원문은 卷31의 「問唐取民制兵建官」에 보인다.

17 『全集』卷19, "爲政在人, 取人以身, 修身以道, 修道以仁. 仁, 人心也. 人者, 政之本也. 身者, 人之本也. 心者, 身之本也. 不造其本而從事其末, 末不可得而治矣. 大學不傳, 古道榛塞, 其來已久. (…) 蔽於其末而不究其義, 世之君子, 未始不與公同, 而犯害則異者, 彼依違其間, 而公取必焉故也.

18 『語類』卷108, "今日人才之壞, 皆由於詆排道學. 治道必本於正心修身, 實見得恁地, 然後從這裏做出. 如今士大夫, 但說據我逐時恁地做, 也做得事業. 說道學, 說正心修身, 都是閑說話, 我自不消得用此."

19 『全集』卷2, "儒者雖至于無聲無臭無方無體, 皆主經世."

20 『全集』卷12, "至於帝王之德之仁, 豈但如匹夫見於修身齊家而已之說, 愚竊以爲不然. 夫所謂修身齊家者, 非夫飾小廉矜小行, 以自託於鄉黨者然也. 顔子視聽言動之間, 曾子容貌顔色辭氣之際, 而五帝三王皐夔稷契伊呂周召之功勳德業在焉. 故大學言明明德於天下者, 取必於格物致知正心誠意之間."

21 李心傳, 『建炎以來朝野雜記』, 乙集, 卷3, "孝宗與近臣論德仁功利"조목.

22 상세한 내용은 『語類』卷14와 15의 『大學』관련 부분을 보라.

23 "育字異之, 擧進士, 爲涇陽令. 以養親謁歸, 從張載學. 有薦之者, 召見, 授崇文校書監察御史里行. 神宗喻之日, 書稱聖謨說殄行, 此朕任御史之意也. 育請用大學誠意正心, 以治天下國家. 因薦載等數人."

24 "希哲字原明, 少從焦千之孫復石介胡瑗學, 復從程顥程頤張載游, 聞見由是盆廣. (…) 詔以爲崇政殿說書. 其勸導人主以修身爲本, 修身以正心誠意爲主. 其言曰, 心正意誠, 則身修而天下化. (…) "

25 "祖禹字淳甫 (…) 幼孤 (…) 閉門讀書, 未嘗預人事. 既至京師, 所與交游, 皆一時聞人. (…) 進士甲科, 從司馬光編修資治通鑑, 在洛十五年, 不事進取. (…) 哲宗立, 擢右正言, 呂公著執政, 祖禹以婿嫌辭. (…) 呂公著薨, 召拜右諫議大夫, 首上疏論人主正心修身之要."

26 卷15, 「奏議·正始箚子」, "明王欲治天下, 先正其本, 其本在於人君一心而已. (…) 臣侍經筵, 因進講每及人君正心修身之要."

27 朱熹, 『伊洛淵源錄』卷7, "范內翰"조목.

28 『語類』卷14, 「大學一·總綱」, "某於大學用工甚多. 溫公作通鑑, 言臣平生精力, 盡在此書. 某於大學亦然."

29 "古之欲明明德於天下者, 先治其國. 欲治其國者, 先齊其家. 欲齊其家者, 先修其身, 欲修其身者, 先正其心. 欲正其心者, 先誠其意, 欲誠其意者, 先致其知. 致知在格物."

30 "物格而后知至, 知至而后意誠, 意誠而后心正, 心正而后身修, 身修而后家齊, 家齊而后國治, 國治而后天下平."

31 『勉齋集』卷8, 「復李公晦書」두번째 편지, "朱先生以大學爲先者, 特以爲學之法, 其條目綱領莫如此書耳."

32 "在明明德, 在親(新)民, 在止於至善."

33 "旣自明其明德, 又當推以及人 (…) 皆當至于至善之地而不遷."

34 "外有以極其規模之大, 內有以盡其節目之詳."

35 『語類』卷14, 「大學一·序」, "所謂規模之大, 凡人爲學, 便當以明明德, 新民, 止於至善, 及明明德於天下爲事, 不成只要獨善其身便了. 須是志於天下, 所謂志伊尹之所志, 學顏子之所學也. 所以大學第二句便說在新民."

36 『語類』卷14, 「大學一·綱領」, "亞夫問大學大意. 曰, 大學是修身治人底規模."

37 上同, "或問, 大學之書, 卽是聖人做天下根本. 曰, 此譬如人起屋, 是畫一箇大地盤在這裏. 理會得這箇了, 他日若有材料, 卻依此起將去, 只此一箇道理. 明此以南面, 堯之爲君也. 明此以北面, 舜之爲臣也."

38 上同, "問, 大學一書, 皆以修身爲本. 正心誠意致知格物, 皆是修身內事. 曰, 此四者成就那修身. 修身推出, 做許多事."

39 『朱子年譜』卷三之下, 淳熙 15년 6월 壬申, "奏事延和殿" 조목.

40 『語類』卷15, 「大學二·經下」, "李從之問, 壹是皆以修身爲本, 何故只言修身. 曰, 修身是對天下國家說. 修身是本, 天下國家是末."

3. "군주를 얻어 도를 행한다"—주희와 육구연

1 "管仲得君, 如彼其專."

2 "夫子加齊之卿相, 得行道焉."

3 『語類』卷130, 「本朝四」, "問荊公得君之故. 曰, 神宗聰明絶人, 與群臣說話, 往往領略不去. 才與介甫說, 便有於吾言無所不說底意思, 所以君臣相得甚懽."

4 Jacques Barzun, *From Dawn to Decadence, 1500 to the Present*, New York: Harper Collins, 2000, p.381; Isaiah Berlin, *The Roots of Romanticism*, Princeton University Press, 1999, p. 54 참조.

5 송대 황궁 大殿의 명칭.—옮긴이

6 『建炎以來朝野雜記』乙集, 卷8, "晦菴先生, 非素隱者也. 欲行道而未得其方也. 紹興己卯之秋, 高宗聞其賢, 已有命召. 蓋陳魯公, 初執政薦之也. 是(時)同召者四人, 韓无咎尚書爲建安宰, 得旨候秩更乃入, 而先生與徐敦立呂仁甫, 皆當卽赴. 何司諫溥乃言, 徐呂, 皆部使者, 宜令滿任, 意實欲以見沮. 先生因援三人例, 乞俟嶽祠滿日赴行在. (…) 孝宗復召, 一辭而至. 先生之欲得君以行其道, 意可見矣. 及對垂拱殿前, 論講學復讎二事, 又論諫諍之途尚壅, 佞倖之勢方張, 民力已殫, 國用未節. 是湯丞相方大倡和議, 深不樂之, 除武學博士, 待次, 癸未秋也."

7 乙集의 서문은 嘉定 9년(1216)에 작성되었다.

8 상편, 「실마리 글」, 제5절의 3인 "자신을 위하고 만물을 완성한다爲己而成物" 참조.

9 『文集』卷4, "經濟夙所向, 隱淪非素期. 幾年霜露感, 白髮忽已垂. 鑿井北山阯, 耕田南澗湄. 乾坤極浩蕩, 晩歲將何之."

10 앞에서 인용한 「한 상서에게 보내는 답장」 중, "不能與時俯仰, 以就功名."

11 『臨川先生文集』卷26, "經世才難就, 田園路欲迷. 殷勤將白髮, 下馬照淸溪."

12 "安石蓋有志經世, 非甘老于山林者. 若陛下以禮致之, 安得不來."

13 『河南程氏文集』卷5, "王道之不行二千年矣. (…) 以陛下憂慮天下之心行王道, 豈難乎哉. 孟子曰, 以齊王, 猶反手也. (…) 然而行王之道, 非可一二而言, 願得一面天顏罄陳所學. 如或有取, 陛下其置之左右, 使盡其誠. 苟實可用, 陛下其大用之. 若行而不效, 當服罔上之誅, 亦不虛受陛下爵祿也."

14 "春江水暖鴨先知."

15 『程氏粹言』卷1,「論政篇」, "治道 (…) 自體而言, 莫大乎引君當道."

16 『文集』卷13.

17 『朱子年譜』, 卷之一上, "隆興元年 11월 6일"조목, "先是先生將趨召命, 問李先生所宜言. 李先生以爲今日三綱不立, 義利不分, 故中國之道衰而夷狄盛. 人皆趨利而不顧義而主勢孤. 先生用其說以對."

18 "熹向蒙指喩二說, 其一已叙次成文. 惟義利之說, 見得未分明, 說得不快. 今且以泛論時事者代之, 大晷如日前書中之意. 到闕萬一得對畢, 即錄呈也. 但義利之說乃儒者第一義, 平時豈不講論及此. 今欲措辭斷事, 而茫然不知所以爲說. 無乃此身自坐在裏許, 而不之察乎. 此深可懼者."

19 『文集』卷24, "熹六日登對. 初讀第一奏論致知格物之道, 天顏溫粹, 酬酢如響. 次讀第二奏論復讎之義, 第三奏論言路壅塞佞幸鴟張, 則不復聞聖語矣. 副本已送平甫託寫呈, 當已有之矣."

20 徐經蓀, 『矩山存稿』卷1,「劾董宋臣又疏」, "爲家老子誤我不少."

21 『文定集』卷15, "見報有指引見, 而未報登對之日. 竊計誠心正論, 從容獻納, 所以開竇上意者多矣. 信來倘得聞一二, 良幸."

22 『南澗甲乙稿』, 卷2, "前年恨君不肯來, 今年惜君不肯住. 朝廷多事四十年, 愚智由來各千慮. 君來正値求言日, 三策直前眞諫疏. 詆訶百事推聖學, 請復國讎施一怒. 天高聽遠語不酬, 袖手翛然尋故步. 我知君是諫諍才, 主上聰明得無懼. 一紙底用教鵕冠, 百戰應當啓戎略. 江山千里正風雪, 歲月崢嶸倏將暮. 有田可耕屋蓋頭, 君計未疏吾亦去. 君歸爲謝武夷君, 白馬搖鞭定何處."

23 『年譜』를 보라.

24 "十二日有旨除此官 (…) 然闕尙遠, 恐不能待."

25 『文集』卷33,「答呂伯恭」제1서, "比日冬寒, 伏惟侍奉吉慶, 尊候萬福. 熹不自知其學之未能自信, 冒昧此來, 宜爲有識者鄙棄. 而老兄不忘一日之雅, 念之過厚. 昨日韓丈出示家信, 見及枉誨甚勤, 不知所以得此. 顧無以堪之, 三復愧汗, 無所容措. 區區已審察, 一兩日當得對, 恐未能無負所以見期之意. 而心欲一見, 面論肺腑, 不知如何可得. 自度恐非能久於此者, 故專裁此以謝盛意, 并致下懷餘."

26 卷之一, "孝宗興隆元年"조목.

27 『宋會要輯稿』,「職官」60의 1에서 4까지 참조.

28 『宋會要輯稿』,「職官」60의 11 참조.

29 『文定集』卷1,「應詔言弭災防盜事」, "不測之禍""輪當面對者托疾而丐免."

30 『象山先生全集』卷18,「刪定官輪對箚子」.

31 『象山全集』卷36,「年譜」, "不知輪對班在何時. 果得一見明主, 就緊要處下得數句爲佳. 其餘屑屑, 不足言也."

32 上同, 卷7,「與朱元晦」, "某對班或尙在冬間, 未知能得此對否. 亦當居易以俟命耳."

33 "時有言奏箚差異者, 元晦索之. 先生納去一本."

34 『朱文公文集』卷36, "奏篇垂寄, 得聞至論, 慰沃良深. 其規模宏大, 而源流深遠, 豈腐儒鄙生所能窺測. 不知對揚之際, 上於何語有領會. 區區私憂, 正恐不免萬牛回首之難, 然於我亦何病. 語圓意活, 渾浩流轉, 有以見所造之滾, 所養之厚, 益加歎服. 但向上一路未曾撥轉處, 未免使人疑著, 恐是葱嶺帶來耳. 如何如何一笑."

35 "大廈如傾要梁棟, 萬牛回首丘山中."

36 『語類』卷127, 「高宗朝」.

37 '총령葱嶺'은 중국과 인도의 접경인 파미르 고원을 가리킨다. 초기 인도의 불교가 이 지역을 통해 중국으로 이입되었기 때문에, 이후 '총령'은 불교 일반을 가리키는 대명사가 되었다.―옮긴이

38 『文集』卷35, 「答劉子澄」제12서, "不免有些禪的意思."

39 『年譜』, 淳熙 11년 조목, "奏箚獨蒙長子襃揚獎譽之厚, 俱無以當之. 心慚疏愚, 不能回互藏慝, 肺肝悉以書寫, 而兄尙有向上一路未撥着之疑, 豈待之太重, 望之太過, 未免金注之昏耶."

40 "以黃金注者昏."

41 錢穆, 『朱子新學案』, 聯經, 『錢賓四先生全集』本, 제3책, 383쪽.

42 『全集』卷7.

43 『全集』卷7, "去臘面對, 頗得盡所懷. 天語甚詳, 反復之間, 不敢不自盡. 至于遇合, 所不敢必. 是有天命, 非人所能與也."

44 『全集』卷36, 「年譜」, 순희 4년 조목, "陸九淵滿門孝弟."

45 "此間不可爲久居之計. 計吾今終日區區, 豈不愿少自效, 至不容着手脚處, 亦只得且退而俟之. 職事間又無可修擧, 親見弊病, 又皆須自上面理會下來方得. 在此但望輪對, 可以少殿胸臆. 對班尙在厚年, 郁郁度日而已."

46 "或勸以小人闔(闖의 오자인 듯하다)伺, 宜乞退. 先生曰, 吾之未去, 以君也. 不遇則去, 豈可以彼爲去就耶."

47 『全集』卷13, "某浮食周行, 侵尋五六載, 不能爲有無, 日負媿惕. 疇昔所聞, 頗有本末, 向來面對, 粗陳大畧, 明主不以爲狂, 而條貫靡竟, 統紀未終, 所以低回之久者, 思欲再望清光, 少自竭盡, 以致君子之義耳. 往年之冬, 去對班纔數日, 忽有匠丞之除, 逡爲東省所逐. 患夫人之素積疑畏, 而又屬有憸狡設辭以喙之, 故冒昧出此, 亦可憐己. 然吾人之遇不遇, 道之行不行, 固有天命, 是區區者, 安能使吾不遇哉."

48 『全集』卷10, "某去冬距對班數日, 忽有匠丞之除, 王給事逡見繳. 旣而聞之, 有謂吾將發其爲首相爪牙者, 故皇懼爲此, 抑可憐也. (…) 鄕來面對, 粗陳梗槩, 明主不以爲枉, 而條貫靡竟, 統紀未終, 所以低回之久者, 欲俟再望清光, 輸寫忠蘊, 以致臣子之義耳. 然而不遂, 則亦天也, 王氏之子, 焉能使吾不遇哉."

49 "轉宣義郞, 除將作監丞, 給事王信疏駁, 十一月二十九日得旨, 主管台州崇道觀."

50 『全集』卷15, "學粗知方耻爲人, 敢崇文貌蝕眞誠. 義難阿世非忘世, 志不謀身豈誤身. 逐遇寬恩猶得祿, 歸銜臘雪自生春. 君詩正似淸風快, 及我征帆起故苹."

51 『論語』, 「憲問」, "道之將行也與, 命也, 道之將廢也與, 命也. 公伯寮其如命何."

52 『全集』卷11, "來教謂若要稍展所學, 爲國爲民, 日見難如一日. 此固已然之勢, 然所以致此者,亦人爲之耳. 能救此者, 將不在人乎. (…) 天下固有不可爲之時矣, 而君子之心, 君子之論, 則未甞必之以不可爲. 春秋戰國, 何如時也, 而夫子則曰, 如有用我者, 吾其爲東周乎. 又曰, 如有用我者, 期月而已可也, 三年有成. 孟子則曰, 以齊王, 猶反手也. 又曰, 飢者易爲食, 渴者易爲飮, 故事半古之人, 功必倍之, 惟此時爲然. 曰, 王猶足用爲善, 王如用予, 則豈徒使民安, 天下之民擧安, 王庶幾改之, 予日望之. 曰, 千里而見王, 是予所欲也, 不遇故去, 豈予所欲哉. 人之遇不遇, 道之行不行, 固有天命, 而難易之論, 非所以施於此也."

53　『論語』, 「微子」, "鳥獸不可與同群, 吾非斯人之徒與而誰與. 天下有道, 丘不與易也."

54　上同, "君子之仕也, 行其義也. 道之不行, 已知之矣."

55　『語類』卷135, "皆不見聖人大道."

56　『南軒集』卷16, 「韓家雜伯」, "後世未嘗眞知王道."

57　『黃氏日抄』卷43, "在象山爲刪定官時奏對如此. 自此又在朝五六年, 再距對班纔數日, 忽除將作監丞, 爲王給事所繳, 而不及對矣. 未知其所欲對者何事也. 惟其與李成之書云 鄕來面對, 粗陳梗槩, 欲俟再望淸光, 輸寫忠蘊, 然而不遂, 則亦天也, 王氏之子焉能使予不遇哉. 愚意卽其言而推其意, 若獲再對, 必有可觀. 當不止如前云云而止. 象山之門人, 傅琴山與陳習庵書云, 朱晦庵得象山奏篇, 極其賞音, 而其終則有日, 但向上一路未曾撥著. 象山復書云, 某自以爲所學所蘊, 竭盡於此, 而尊兄乃有向上一路不曾撥着之疑, 何耶. 文公却別無說. 愚按晦庵象山集中, 皆無此書, 而琴山言之, 要非虛語. 但平心而觀, 未見所謂竭盡之說, 而象山自言, 亦云粗陳梗槩, 又與竭盡之說不同, 當諗知者."

58　『宋元學案』卷77.

59　李心傳, 『道命錄』卷8을 보라.

60　『文集』卷35, 「與劉子澄」제12서, "子靜寄得對語來, 語意圓轉渾浩, 無凝滯處, 亦是渠所得效驗."

61　『語類』卷95, "近世所見會說話, 說得響, 令人感動者, 無如陸子靜."

62　『語類』卷124, "陸氏會說, 其精神亦能感發人, 一時被佗聳動底, 亦便淸明."

63　『全集』卷7, "朱元晦在浙東, 大節殊偉, 劾唐與正一事, 尤大快衆人之心, 百姓甚惜其去. 雖士大夫議論中間不免紛紜, 今其是非已漸明白. 江東之命, 出于九重特達, 于羣疑之中, 聖鑒昭然, 此尤可喜. 元晦雖有毀車殺馬之說, 然勢恐不容不一出也."

64　『年譜』, "朱元會在南康, 已得太嚴之聲. 元晦之政, 亦誠有病, 然恐不能泛然以嚴病之. 使罰當其罪, 刑故無小, 遽可以嚴非之乎. (…) 元晦浙東救旱之政, 比者屢得浙中親舊書及道途所傳, 頗知梗槩, 浙人殊賴, 自劾一節, 尤爲適宜. 其誕慢以僥寵祿者, 當所阻矣."

65　『全集』卷2, "聞已赴闕奏事, 何日得揚. 伏想大擴素蘊, 爲明王忠言, 動悟淵夷, 以幸天下. 恨未得卽聞緒餘, 沃此傾渴. 外間傳聞留中講讀, 未知信否. 誠得如此, 豈勝慶幸."

66　上同, "伏自夏中拜書, 尋聞得對, 方深贊喜, 冒疾遽興羣而爲駭嘆. 賢者進退, 綽綽有裕, 所甚惜者爲世道耳. (…) 奉十一月八日書, 備承作止之詳, 慰浣良劇, 比閱邸報, 竊知召命, 不容辭免, 莫須更一出否. 吾人進退, 自有大義, 豈直避嫌畏譏而已哉. 前日面對, 必不止於職守所及, 恨不得與聞至言, 後便倘可垂敎否."

67　『文集』卷14, 「戊申延和奏箚」.

68 『文集』卷11,「戊申封事」.

69 『文集』卷36.

70 上同, "往歲經筵之除, 士類胥慶, 延跂以俟吾道之行, 乃復不究起賢之禮, 使人重爲慨歎. 新天子卽位, 海內屬目, 然罷行陞黜, 牽多人情之所未諭者, 羣小駢肩而騁, 氣息怫然, 諒不能不重勤長者憂國之懷."

71 『宋史』卷424, 本傳.

4. "군주를 얻어 도를 행한다"—장식과 여조겸

1 『宋史』卷321,「劉述傳」, "安石自應擧歷官, 尊尙堯舜之道, 以倡牽學者, 故士人之心靡不歸向, 謂之爲賢."

2 『語類』卷103,「張敬夫」조목, "南軒出入甚親密, 滿朝忌之. 一日, 往(위잉스는 從으로 인용했으나, 옮긴이가 보유한 판본에 의거 往으로 바꾸었다)見周葵, 政府諸人在, 次第逐報南軒來. 周指之日, 吾輩進退, 皆在此郞之手."

3 朱熹, 『文集』卷89,「右文殿修撰張公神道碑」및 呂祖謙,「東萊集」附錄, 卷1,「年譜」, 6년조목.

4 『南軒集』卷22,「答朱元晦」제3서~제10서.

5 "區區在此, 不敢不盡誠. 政恐學力不到, 無以感動, 惟悚懼耳."

6 "今日大患, 是不悅儒學, 爭馳事功利之末, 而以先王嚴恭寅畏事天保民之心爲迂闊遲鈍之說. 向來對時, 亦嘗論及此. 上聰明, 所恨無人朝夕講道至理以開廣聖心. 此實今日興衰之本也."

7 "自念學力未到, 誠意不能動人, 只合退歸, 勉其在我者. 然竊念吾君聰明勤勞, 不忍只如此舍去, 當更竭盡, 反復剖判, 庶幾萬一. 拳拳之心, 不敢不自勉. 惟吾兄實照知之, 寫至此, 不覺酸鼻也."

8 "某備數于此, 自仲冬以後, 凡三得對. 區區之誠, 不敢自竭. 上聰明, 反復開陳, 每荷領納, 私心猶有庶幾乎萬一之望. 正幸敎誨之及, 引領以冀也. 講筵開在後月, 自此或更得從容, 以盡底蘊. 惟是迹孤愈甚, 側目如林此, 則非所計也."

9 "끊임없는 추위" 즉 "십한十寒"은 『맹자孟子』「고자告子 상」의 "一日暴之, 十日寒之"에서 따온 말이다. 원문은 다음과 같다. "맹자께서 말씀하셨다. '왕이 지혜롭지 못한 것에 대해 이상하게 생각할 것이 없다. 설령 천하에 쉽게 자라는 것이 있더라도, 하루 동안 햇볕을 쪼이고 열흘 동안 춥게 하면 능히 자라날 수 있는 것은 없다. 내가 왕을 알현하는 것은 드물고, 내가 물러나면 왕의 마음을 차갑게 하는 자 즉 선한 마음의 싹이 자라는 것을 막는 자가 이르니, 왕에게 양심의 싹이 있으시다 한들 내가 그것을 어떻게 할 수 있겠는가孟子曰, 無或乎王之不智也, 雖有天下易生之物也, 一日暴之, 十日寒之, 未有能生者也. 吾見亦罕矣, 吾退而寒之者至矣. 吾如有萌焉何哉."

"뭇 초나라 사람" 즉 "중초중초衆楚"는 『맹자』「등문공 장구滕文公章句 하」의 "一齊人傅之, 衆楚人咻之"에서 따온 말이다. 원문은 다음과 같다. "맹자가 대불승에게 말씀하셨다. '그대는 그대의 왕이 선해지기를 바라오?' [그렇다면] 그대에게 분명히 말하리라. '초나라 대부가 있는데, 그 아들이 제나라 말을 하기 원한다면 제나라 사람을 스승으로 하겠는가 초나라 사람을 스승으로 하겠는가?' 대불승이 대답했다. '제나라 스승으로 할 것입니다.' '한 명의 제나라 사람이 가르치는데 뭇 초나라 사람이 떠들어대면, 비록 날마다 회초리로 치면서 제나라 말을 하게 요구한들 [그렇게] 될 수 없을 것이오. 그러나 그를 데려다가 제나라의 번화한 거리인 장악 사이에 여러 해 동안 둔다면, 비록 날마다 회초리를 치면서 초나라 말을 하게 요구한들 또한 [그렇게] 될 수 없을 것이오孟子謂戴不勝曰, 子欲子之王之善與. 我明告子. 有楚大夫於此, 欲其子之齊語也, 則使齊人傅諸, 使楚人傅諸. 曰, 使齊人傅之. 曰, 一齊人傅之, 衆楚人咻之, 雖日撻而求其齊也, 不可得矣. 引而置之莊嶽之間數年, 雖日撻而求其楚, 亦不可得矣.'"

주희의 "끊임없는 추위와 뭇 초나라 사람의 숱한 방해에 대한 걱정"은 군주를 얻어 도를 행하려고 하나 왕의 주위에 그럴만한 신하가 없음을 걱정하는 말로서, 장식이 주희에게 보낸 제5서에 나오는 "주상은 총명하지만, 아침저녁으로 지극한 이치를 풀이해주어 주상의 마음을 넓혀줄 사람이 없음이 한스럽습니다"와 뜻을 같이한다.—옮긴이

10　"向者請對之云, 乃爲不得已之計, 不知天意懇懇, 既以侍立開盡言之路, 而聖心鑑納, 又以講席延造膝之規. 此豈人謀所及哉. 竊觀此擧, 意者天人之際君臣之間 (…) 已有響合之勢. 甚盛甚盛, 勉旃勉旃. 凡平日之所講聞, 今且親見之矣. 蓋細讀來書, 然後知聖主之心乃如此, 而尊兄學問涵養之力, 其充盛和平又如此. 宜乎立談之頃, 發悟感通, 曾不旋踵, 遂定腹心之契, 眞所謂千載之遇也. 然熹之私計, 愚竊不勝十寒衆楚之憂, 不審高明何以處之. 計此亦無他術, 但積吾誠意於平日, 使無食息之間斷, 則庶乎其可耳. 夜直亦嘗宣詔否."

11　"立說貴于神奇."

12　"某十三日被命出守 (…) 自惟備數朝列, 荷吾君知遇, 迄無所補報. 學力不充, 無以信于上下, 歸當温繹舊學, 益思勉勵. 它皆無足言, 惟是吾君聰明, 使人眷眷不忍置耳."

13　『東萊集』, 附錄, 「年譜」.

14　"見所寄張丈所論時事, 一一精當, 不勝歎服."

15　"某上旬輪對, 對劄謹録呈請教, 有未安處, 望一一指示. 上不間疎遠, 問答甚詳, 所懷粗得展盡. 但恨誠意不素積, 無以感動耳."

16　卷3, 「乾道六年輪對箚子二首」.

17　『東萊別集』卷8, 「與朱侍講」第11서, "某輪對 (…) 須迤邐至五六月也. 鄭自明遷小著, 亦可見主意未嘗以狂直爲忤, 第人自不肯展盡耳."

18　上同, 「與朱侍講」第12서, "對班不出數十日間, 愚慮之所及者, 敢不展盡. 政慮誠意淺薄, 無以感動耳. 回互覆藏徒爲崎嶇決, 無所益, 此病久已知之矣."

19　『東萊集』卷3.

20　『文集』卷25, "副封曩恨未見, 今玆幸得竊讀, 感歎之餘, 斂袵敬服. 嘗竊論之, 以爲非獨忠諒想切有以過人, 於才辨智畧亦非人所能及. 不知劉元城陳了翁輩, 如何爾. 上聖聰明, 聞納如此. 一旦感悟, 去鼠輩如反覆手耳. 太平萬歲, 雖老且病, 尚庶幾見之. 幸甚, 幸甚."

21　『南軒集』, 卷21, 「答朱元晦祕書」, 第9수, "伯恭見報已轉對, 未知所言竟云何. (…) 又伏思之, 吾君勤儉之德, 天必將相之, 有所開悟. 所恨臣下不能信以發志耳."

22　『東萊別集』, 卷8, 「與朱侍講」第15서, "袁機仲時相見 (…) 機仲輪對, 亦只在數月間. 日來輪對者, 亦間有正論, 雖塵露未必能裨益, 要且得氣脉不斷耳."

23 "但申審狀中欲少露久違軒陛, 願得一望淸光之意, 使知本無羞薄詔除之心, 不知可否. 幸爲籌度, 留數字於曹晉叔處, 今尋的便附來見敎爲望."

24 "昨得都下知識書云, 伯恭說熹不必請對. 此其意蓋恐熹復以抵觸得罪, 沮壞士氣."

25 『文集』「別集」卷1, 「劉德秀」第5서, "別去恰一月矣, 每懷德義, 鄕往不忘. 某扶曳驅馳, 幸已稅駕道間, 忽拜江陵之命, 罪疾如此, 豈堪復出. 不免上奏力辭, 計必可得, 自此杜門, 當日有趣, 但恨虛辱招延, 無所裨補, 猶不能忘懷於吾君進學之淺深也. 因人往記, 目盲愈甚, 不能多及. 正遠唯冀以時珍衛, 勿忘致君行道之本懷, 緝熙光明, 以扶廟社, 區區至懇."

26 上同, "老先生必且宿畱, 後便拜狀, 子壽千里, 茂獻想時相會. 前幅所云, 僕於二三公, 亦不能無厚望, 幸密爲言之, 勿以語他人也. 遠近人材, 必更有可與共贊王業者, 不知爲誰, 亦望并見告也. 文叔行後, 時得書否. 北關之集, 風流雲散, 甚可歎也."

27 상세한 내용은 제10장의 부록 세번째인 '영지사靈芝寺와 북관北關'을 보라.

28 상세한 고찰은 제10장 '효종 만년의 조치 1'을 보라.

29 樓鑰, 『攻媿集』卷96, 「彭公神道碑」.

30 葉適, 『水心文集』卷20, 「黃公墓志銘」. 황상黃裳의 字도 文叔이지만, 이미 소희 5년 9월 24일에 앞서 사망했다. 『攻媿集』卷99, 「黃公墓志銘」을 보라. 그래서 편지 속의 '문숙'은 황도다.

5. 남은 논의

1 『語類』卷108, 「論治道」, "問, 或言今日之告君者, 皆能言修德二字. 不知敎人君從何處修起. 必有其要. 曰, 安得如此說. 只看合下心不是私, 卽轉爲天下之大公. 將一切私底意盡屛去, 所用之人非賢, 卽別搜求正人用之."

2 『文集』卷25, "吾人向來 (…) 却是成已功夫於立本處未甚端的. (如不先涵養而務求知見是也.) 故其論此, 使人主亦無下功夫處."

3 『語類』卷108, "天下事, 須是人主曉得通透了, 自要去做, 方得. 如一事八分是人主要做, 只有一二分是爲宰相了做, 亦做不得."

4 朱熹, 『文集』卷14, 「經筵留身面陳四事箚子」, "君以制命爲職."

5 『語類』卷104, 「自論爲學工夫」, "先生多有不可爲之歎. 漢卿曰, 前年侍坐, 聞先生云, '天下無不可爲之事, 兵隨將轉, 將逐符行. 今乃謂不可爲. 曰, 便是這符不在自家手裏."

6 『黃氏日抄』卷42, 「陸復齋文集」, "竊不自揆, 使天欲平治天下, 當今之世, 舍我其誰. 苟不用于今, 則成就人才, 傳之學者."

7 『語類』, 卷127, "孝宗小年極鈍. (…) 後來卻恁聰明."

8 上同, "壽皇合下若有一人夾持定, 十五六年做多少事."

9 上同, "壽皇直是有志於天下, 要用人."

10 上同, "某嘗謂士大夫不能盡言於壽皇, 眞爲自負. 蓋壽皇儘受人言, 未嘗有怒色. 但不樂時, 止與人分疏辨析爾."

11 上同, "壽皇晚來極爲和易, (…) 其於天下事極爲諳悉."

제9장 권력세계 속의 이학자

1. 서언

1 『樊川文集』卷10, "丸之走盤, 橫斜圓直, 計于臨時, 不可盡知. 其必可知者, 是知丸之不能出于盤也."

2 사료 속에서는 '도학'으로 칭해진다.

3 『宋史』卷423, 本傳. "臣生長淳熙初, 猶及見度江盛時民生富樂, 吏治修擧." 본전本傳은 이소의 상소가 가희嘉熙 5년에 이루어졌을 것이라고 한다. 하지만 가희 연간은 총 4년밖에 되지 않는다. 따라서 필시 순우淳祐 초년인 1241년에 상소를 올렸을 것이다.

4 『宋史』卷35, "即位之初, 銳志恢復, 符離邂逅失利, 重違高宗之命, 不輕出師, 又值金世宗之立, 金國平治, 無釁可乘. 然易表稱書, 改臣稱姪, 減去歲幣, 以定鄰好, 金人易宋之心, 至是亦寖異於前日矣. 故世宗每戒羣臣積錢穀, 謹邊備, 必曰, 吾恐宋人之和, 終不可恃. 蓋亦忌帝之將有爲也. 天厭南北之兵, 欲休民生, 故帝用兵之意弗遂而終焉."

5 寺田遵, 『南宋初期政治史研究』, 廣島, 溪水社, 1988, 「序章」, 1~21쪽.

2. 육구연의 축출

1 "陸將以刪定面對, 爲王信所格而去. 使遇孝宗, 必起見晩之歎."

2 육구연의 『全集』은 가정嘉定 5년인 1212년에 초간되었다.

3 『全集』卷35, "程士南最攻道學, 人或語之以某, 程云, 道學如陸某, 無可攻者."

4 『全集』卷7, "彭仲剛子復者, 永嘉人, 爲國子監丞, 近亦遭論. 此人性質, 不至淳美, 然亦願自附于君子. 往歲求言詔下, 越次上封, 言時事甚衆, 其辨天台事尤力. 自此已有睥睨之者矣. 近者省場檢點試卷官, 以主張道學, 其去取與蔣正言違異, 又重得罪. 此人不足計, 但風旨如此, 而隱憂者少, 重爲朝廷惜耳."

5 『水心文集』卷15, "初, 子復能勝冠, 東南之學起, 昔之宿聞腐見, 皆已遞散剿剥, 奇論新說忽焉交列橫布. 士之研聰滌明, 澄氣養質, 精意所獲, 自爲深微, 奚翅家堯舜而身孔顏也哉. 其一時師友盛矣, 而子復又最先周旋其間, 其聞之早矣."

6 『東萊別集』卷9, "近日士子相過聚學者, 近三百人. (…) 其間有志趣者亦間有之. 城中相識, 如新當塗潘教授景憲, 金華彭主簿仲剛, 皆向學甚銳, 朝夕過從, 頗以有益."

7 『東萊集』, 「附錄」卷2, "昔我初筮, 有目如懵. 微公開明, 幾墮坑阱."

8 卷35, "秋七月 (…) 甲戌, 以夏秋旱暵, 避殿減膳, 令侍從臺諫兩省卿監郎官館職, 各陳朝政闕失."

9 "태주"라는 이름은 "천태산" 때문에 그렇게 붙여진 것이다.

10 「選擧」一之十九, "十一年正月九日, 以戶部尙書兼侍讀王佐知貢擧, 中書舍人兼侍講王蘭, 右正言莊繼周同知貢擧, 得合格奏名進士邵康以下二百四十六人."

11 『渭南文集』卷35, "除右正言, 實淳熙十年九月也. 十一年正月同知貢擧. 十二年二月兼侍講, 八月遷右諫議大夫, 十三年九月遷御史中丞. 公任諫官, 中執法, 凡五年, 知無不言."

12 『水心文集』卷20.

13 『全集』卷10, "某去冬距對班數日, 忽有匠丞之除, 王給事遂見繳. 既而聞之, 有謂吾將發其爲首相爪牙者, 故皇懼爲此, 抑可憐也."

14 『全集』卷35, 「語錄下」, "讀第三劄論知人, 上日, 人才用後見. (…) 後又説, 此中有人云云. 答, 天下未知云云. 天下無人才, 執政大臣未稱陛下使令, 上黙然."

15 "或勸以小人闚伺, 宜乞退. 先生日, 吾之未去, 以君也. 不遇則去, 豈可以彼爲去就耶."

16 "遇事剛果, 論奏不避權要, 縣此人多姪之."

17 『宋史』卷400, 「王信傳」, "宦者甘昇既逐遠之矣. 屬高宗崩, 用治喪事, 人莫敢言. 昇俄提擧德壽宮, 信亟執奏, 擧朝皆悚. 翰林學士洪邁適入, 上語之日, 王給事論甘昇事甚當. 朕特白太上皇后, 聖訓以爲, 今一宮之事異扵向時, 非我老人所能任, 小黃門空多, 類不習事, 獨昇可任責, 分吾憂. 槳今已歸, 居室尚不能有, 豈敢蹈故態, 以是駮疏不欲行. 卿見王給事, 可道此意. 信聞之乃止."

18 『文忠集』卷172, "辛卯德壽宮朝臨畢. (…) 宻院奉皇太后聖旨, 差甘昇提擧德壽宮. (…) 中批云, 不敢違皇太后聖旨, 可日書行. 給事中王信宻白繳上, 批出令宣諭信, 皇太后正爲本人, 頗曉事人."

19 왕의 칙령이 합당하지 못할 경우 이를 봉함하여 되돌려 공박하는 제도.—옮긴이

20 정부의 중앙기구를 일컫는 말.—옮긴이

21 "除乾道以後, 人材甚多, 監少丞簿無闕. 凡臺省之久次與郡邑之有聲者, 悉寄徑於此. 自是號爲儲才之地. 而營繕之事, 多俾府尹畿漕分任其責焉."

22 『全集』卷10, "然而不遂, 則亦天也, 王氏之子, 焉能使子不遇哉."

23 『全集』卷13, "大蠹之去, 四方屬目, 惟新之政, 藐未有所聞."

24 『全集』卷1, "曩者尸位之人, 固爲朝廷之大祟, 羣小之根柢, 而往年天去之, 今年天殺之, 則天之所以愛吾君而相斯人者, 爲力宏矣. 有官君子, 豈可不永肩一心, 相與勵翼以助佐吾君, 仰承天意乎." 『연보』에 따르면, 이 편지는 순희 16년 10월부터 동지 사이에 쓰였다고 한다.

25 『朝野雜記』, 甲集, 卷9, "百官輪對" "乾道淳熙間, 朝士抱才氣者, 皆以得見上爲喜. (…) 然士大夫不爲大臣所喜者, 往往竢其對班將至, 預徙他官. (…) 盖輪其官而不輪其人, 此立法之弊."

26 「職官」72의 9, "淳熙十三年十一月二十九日勅令所刪定官陸九淵差主管台州崇道觀. 九淵除將作監丞, 臣僚論駁, 謂其躁進強聒, 乞賜寢罷, 故有是命."

27 주희의 말. 『文集』卷46, 「答詹元善三」, "平日大拍頭, 胡叫喚."

3. 유청지의 '도학 자부' 사건

1 "형衡"의 오자誤字다.

2 관직명. 궁사직 수여는, 해당 관원으로 하여금 도교 사원을 관장하게 하고 그 대가로 보수를 준다는 것으로, 실제로는 그 관원을 은퇴시키고 그에게 퇴직금을 준다는 것을 뜻한다.—옮긴이

3 『文集』卷11, "一有剛毅正直守道循理之士出乎其間, 則群讒衆排, 指爲道學之人, 而加以矯激之罪. (…) 十數年來以此二字禁錮天下之賢人君子 (…) 必使無所容措其身而後已."

4 『文集』卷87, "維年庚戌 (…) 朱熹致祭于亡友子澄劉兄袁州使君之靈."

5 "朱張呂三先生講學時, 最同調者, 淸江劉氏兄弟也. 敦篤和平, 其生徒亦遍東南. 近有妄以子澄爲朱門弟子者, 謬矣."

6 "及見朱熹, 盡取所習焚之, 慨然志于義理之學. 呂伯恭張拭皆神交心契."

7 『文集』卷35 및 『別集』卷3.

8 『東萊別集』卷9; 『外集』卷6.

9 『東萊別集』卷10, 「與陳同甫」제8서.

10 『攻媿集』卷87, "職事官闕, 上令先及. 侍從薦擧人, 公拔其尤如羅點陸九淵彭仲剛劉淸之, 並與職事官."

11 『水心文集』卷27을 보라. 이 士 천거 글의 작성 연대 고증과 관련해서는, 다음 장인 「이학 그룹의 배치」에서 그 상세한 내용을 보라.

12 "胡晉臣鄭僑尤袤羅點, 皆力薦淸之扵上. 光宗卽位, 起知袁州, 而淸之疾作, 猶貽書執政論國事."

13 『文忠集』卷186, "老兄抱才未施, 屈佐一州, 尚謂泯黙懟負, 慣習恬然. 若某, 所居者何官, 所職者何事, 而徒知愧歎, 莫能自克, 其罪將不勝誅矣."

14 『文集』『續集』卷1, "子澄乃令副端章疏, 言其以道學自負, 不曉民事, 與監司不和, 而不言所爭之曲直. 又言其修造勞民. 而已聞之, 趙倉已嘗按之, 而復中輟, 必是畏此惡名. 而陰往臺諫處納之耳. (…) 子澄冬至書云, 已遣家歸廬陵, 只與一姪子在彼俟命, 則是此消息來得已多時矣. 若道一例如是, 他人又却無是, 只是吾黨便有許多筑磕, 亦可笑. 豈亦大家行着一個不好底運氣耶. 抑亦老子命薄, 帶累諸朋友也."

15 『道命錄』卷6, "有副端之命."

16 본서 제10장 제3절 참조.

17 "部使者以淸之不能媚己, 惡之, 貽書所厚臺臣, 誣以勞民用財, 論罷, 主管雲臺觀."

18 "안핵"의 경우, 예컨대 주희가 직접 나서서 당중우를 조사한 사건이 그 한 사례였다.

19 『水心文集』卷2, "往日王淮表裏臺諫, 陰廢正人."

20 『文集』『別集』卷4, "子澄去替不遠, 醜正之人, 又以憂去, 意其可以善罷, 從容而歸. 今乃竟不得免, 又且便着道學兩字結正罪名. 世路如此, 豈復更容着脚. 不如且杜門讀書, 只作殘年飽飯之計, 庶無後悔耳."

21 『道命錄』卷6, 「林栗劾晦庵先生奏狀」, "熹本無學術, 徒竊張載程頤之緖餘, 以爲浮誕宗主, 謂之道學, 妄自推尊. 所至輒攜門生十數人, 習爲春秋戰國之態, 妄希孔孟歷聘之風. 繩以治世之法, 則亂臣之首, 所宜禁絶也."

22 『水心文集』卷2, 「辯兵部郎官朱元晦狀」, "凡栗之辭, 始末參驗, 無一實者. 至於其中謂之道學一語, 則無實最甚. 利害所係, 不獨朱熹, 臣不可不力辯. 蓋自昔小人殘害忠良, 率有指名. (…) 近創爲道學之目, 鄭丙倡之, 陳賈和之, 居要津者, 密相付授, 見士大夫有稍慕潔修, 粗能操守, 輒以道學之名歸之. 以爲善訕闕, 以好學爲過愆, 相اي鉤距, 使不能進, 從旁窺伺, 使不獲安."

23 "以道學爲大罪, 文致語言, 逐去一熹, 固未甚害. 自此游辭無實, 讒口橫生, 善良受禍, 何所不有."

24 「職官」, 72의 45, "淳熙十三年十一月十三日新除湖北提擧王鎭放罷, 仍與祠. 先是知衡州劉淸之引詔書, 薦鎭安恬自好, 知之者少, 遂有湖北之除. 旣而言者論其昏繆, 故寢之."

25　周必大,「王君鎭墓碣」,『文忠集』卷77,"躬耕南岳下, 晝夜誦經史, 胡文定公安國忘年接之."

26　"旣歸衡陽, 郡守劉淸之, 以君才行聞. 上因記君名, 且曰, 淸之所薦, 必不苟. 除提擧荊湖北路常平茶塩公事. 諫官素惡淸之, 指薦士爲妄作, 命遂寢."

27　『文忠集』卷196, "今時守令, 豈人人如執事簡靜愛人者乎."

28　주필대의「墓碣」을 보라.

29　『文集』『別集』卷4, "子澄竟以薦賢遭論, 與某去冬波及之章, 正相先後. 但渠在郡, 與開居不同. 昨聞俟罪丏祠未許, 此恐當力請而歸, 乃佳. 不審尊意以爲如何. 近得其書, 甚恨不能早追長者之後塵也."

30　『全集』卷7, "初聞臺評相及, 固已怪駭, 然其餘二三人, 又頗當人心, 亟欲一見全文, 以核厥旨. 及得而觀之, 亦良可笑. 如論吳洪王恕人, 亦孰以爲非然. 吳洪章中, 乃爲唐仲友雪屈, 波及朱元晦, 謂以洪醞釀, 竟成大獄, 致仲友以曖昧去, 議者冤之, 此尤可笑."

31　"向日解舟, 不得面別. 乘便寓此, 臨風依然."

32　"怨毒之于人, 甚矣哉."

33　전운사轉運使의 별칭.―옮긴이

34　송대의 관명. 회동淮東, 회서淮西, 호광湖廣에 설치되었다. 주둔지 군대의 군수와 군정을 관할했다.―옮긴이

35　"衡自建炎軍興, 有所謂大軍月椿過湖錢者, 歲送漕司, 無慮七八萬緡. (…) 取民之辭不正, 良民徧受其害, 而黠民徃徃侮易其上, 乃并與常賦不輸. (…) 淸之請扵朝, 願與總領所酌損補移, 漸圖蠲減不報."

36　"先是, 郡餙厨傳以事常平刑獄二使者, 月一會集, 互致折餽. 淸之歎曰, 此何時也. 與其取諸民, 孰若裁諸公. 吾之所以事上官者, 惟究心扵所職, 無負於吾民足矣. 豈以酒食貨財爲勤哉. 淸之自常祿外, 悉歸之公帑, 以佐經用."

4. 왕회의 재상 파면 과정

1　『朝野雜記』, 甲集 卷6, "周洪道爲集賢相, 四方學者, 稍立于朝."

2　『道命錄』卷7下, "若夫僞學之憂, 姑未論其遠, 請以三十餘年以來而論之. 其始有張栻者, 談性理之學. (…) 人爭趨之, 可以獲利. (…) 又有朱熹者, 專於爲利, 借大學中庸, 以文其姦而行其計. 下一拜, 則以爲顏閔, 得一語, 即以爲孔孟. 獲利愈廣, 而肆無忌憚矣. 然猶未有在上有勢者爲之主盟. 已而周必大爲右相, 欲與左丞相王淮相傾而奪之柄, 知此曹敢爲無顧忌, 大言而能變亂黑白也, 遂誘而實之朝列, 卒藉其力傾去王淮, 而此曹愈得志矣."

3　卷11, "周益公降官" "周益公相兩朝. 慶元間, 以退傅居於吉, 隱然有東山之望, 當路忌之. 時善類引去者紛紛, 一皆指爲僞學. 婺有呂祖泰者, 東萊之別派也. 勇義敢言, 憤時事之日非, 奮然投匭上書, 力詆用事者, 且乞以益公爲相. 卓囊下三省, 朝論雜然起, 或以爲益公實頤指之, 遂露章奏劾. 且謂淳熙之季, 王魯公爲首台, 益公嘗擠而奪之位, 以身爲僞學標準, 羽翼其徒, 使邪説橫流, 以害天下."

4　『文忠集』, 附錄 卷2; 樓鑰『攻媿集』卷93,「忠文耆德之碑」및 卷94「周公神道碑」가 다 동일하다.

5　『文忠集』卷172,『思陵錄上』,"(…) 前晚予窬入奏, 謂雖是節假, 乞陛下特御延和, 令宰執奏事畢, 然後過議事堂, 庶幾新元發政協先後之序. 昨日果有旨, 今日內殿奏事. 上(…)又及東宮開堂議事. (…) 若禮數商量未定, 則且令劄子款曲未遲. 初在漏舍, 予與諸公, 若對展劄子, 恐有嫌. 王相頗懷疑云, 不成只敎某向前. 予云, 固當互陳所見, 但不敢對展耳. 至是遂于上前奏陳, 予急截其語云, 對展有嫌. 上以爲不可止. 予因奏, 陛下方當屬精, 又以參決付之東宮. 今百司事多因循, 臣等固當益加勉勵, 少副聖意, 但恐智慮所不及, 有不逮耳. 上復稱奬云, 卿等思慮, 無不至, 正賴共振紀綱. 予曰, 前此臣等有過, 全賴陛下掩覆. 今若又不及, 衆論必不恕. 上曰, 朕不至如前代帝王更有猜嫌. 王相云, 天下事自有正理, 不必過慮. 次赴議事堂, 便欲縶縶相見. 予曰, 譬之禮上, 恐當敘拜. 衆以爲然. 而行首司云, 堂甚窄狹, 又設椅相對, 不容拜座席, 欲南北相對. 予以爲不可. 王相云, 寔有禮, 主則擇. 予不敢强. 既而復自云, 想是御前自定此禮數. 蓋疑予持之. 其心術類此."

6　『文忠集』卷172,"(…) 又理會五使事, 予初檢太祖改卜安陵例, 差山陵使等伍使. (…) 今太上事體至重, 恐合差五使, 取聖裁. 二人傳旨云, 累朝如何. 予曰, 皆是五使. 王相素安太常尤袤之說, 以爲攢宮不當置五使, 似疑己當爲山陵使, 恐故事, 禮畢或去. 而不知非前朝宰相, 本自無嫌. 遂厲聲云, 祖宗全盛, 營陵西洛, 乃至五使. 今權卜會稽, 只當差總護使. 且歲旱, 民力何以堪之. 予見其詞色如此, 本欲爭競. 二人歸報, 尋批出差伯圭充摠護使, 洪邁橋道頓遞使. 予又合二人奏, 故事合差按行山陵使, 侍從及內侍各一員, 不知合差覆按否. 徽宗承祐攢宮, 曾差覆按二人. 回云, 得旨, 既是舊例, 固當並差, 莫若就降指揮. 予曰, 須俟按行有定論. 已而批出蕭燧吳回充按行使副."

7　『思陵錄』上, 같은 해, 10월 5일, 壬申.

8　『文忠集』卷173,"今者有司不知典故. (…) 初八日因聖問, 臣方敢具出. 上曰, 若無典故, 猶當義起, 況典故甚明乎. 初, 予連日語上相, 今若鹵莽, 後必噬臍. 左相深以爲疑. 五更漏舍, 再示以典故, 怫然曰, 須是兩相都往. 又密語劉參云云. 劉逢云, 左相疑逼其去, 則不可復歸, 不如已之. 予曰, 然則某當自請去. 劉云, 如此方可. 既進呈, 予啞奏, 臣請去. 上從之, 且曰, 別立使名如何. 予奏, 使名却小, 且礙摠護, 只依此之例爲是. 王相見議定, 然後云, 陛下屬臣亦可. 上曰, 不須."

9　『朝野雜記』, 甲集, 卷2,"及營思陵, 備置五使, 遂命右相周益公掩攢宮, 從所請也. 時左相王季海, 以老母惡凶事, 故不欲行. 然陵成而王卒."

10　『文忠集』卷173,"晚得報, 是日延和奏事右拾遺許及之 (…) 論祔廟後當新政事. 近日風俗委靡, 人才不振. 上諭, 今有事但預言, 在卿不失爲良臣, 朕亦無過擧."

11　『文忠集』卷173,『思陵錄』下,"午後御前封薛叔似文字, 付王左相, 遂入奏, 乞罷政, 遷出班下."

12　上同,"己亥, 延和坐. 是日御批王相奏札云, 可除觀文殿大學士判衢州, 止于一押而已."

13　『朝野雜記』, 甲集, 卷10,"淳熙十五年正月, 兵部侍郎林栗言 (…) 原依唐制, 置拾遺補闕左右各一員, 皆三年爲任, 仍加訓詞. 官以遺補爲名, 不任糾彈之職. 孝宗從之, 以許深夫薛象先先其職, 班着監察御史上."＊ 원서에는 허심부許深夫이나 허급지의 자字는 심보深甫가 맞아 이에 맞게 수정했다.―옮긴이

14　『攻媿集』卷78,"兵部侍郎林栗乞增置遺補, 御筆欲除薛叔似許及之二人, 資序才望相當否, 密具奏來."

15　『文忠集』卷172,"上又語予曰, 前日林栗諫官文字, 似使人到了, 次第理會."

16 『宋史』卷161, 「職官一」, "中書省" "專任諫正, 不任糾劾之事."

17 역시 樓鑰의 「王公行狀」 및 「宋會要輯稿」 「職官」 72의 35를 참조하라.

18 『수호전』에 나오는 송대의 표현.

19 『語類』卷127, 「本朝一·孝宗朝」, "薛補闕曾及某人. 壽皇云, 亦屢以意導之而不去." * 저자
는 '亦屬'이라고 표기했으나, 원문 확인 결과 '亦屢'였으므로, 원문에 따라 번역했음을 밝힌다.
—옮긴이

20 『宋史』卷297, 本傳, "雅慕朱熹, 窮道德性命之旨."

21 『象山全集』卷13 및 15의 「與薛象先」 세 통을 참조하라.

22 卷35, 「孝宗紀三」, 淳熙 15년 5월 己亥 조목, "王淮罷. 乙巳, 帝既用薛叔似言, 罷王淮, 詔論
叔似等日, 卿等官以拾遺補闕爲名, 不任糾劾. 今所奏, 乃類彈擊, 甚非設官命名之意, 宜思自警."

23 『文忠集』卷172, "上曰: 堯宗與宗堯, 莫不相妨否. 昨日謝諤奏乞爲聖宗, 亦自好. 蓋可以對神
宗. 王相以臺諫所主, 力以爲然."

24 『全集』卷13, "大蠹之去, 四方屬目, 惟新之政, 藐未有所聞."

25 "諫議大夫謝諤上殿三劄, 一乞用剛方之士. 上曰, 只一袁樞已看不得."

26 『誠齋集』卷121, 「謝公神道碑」, "孝宗下問, 優入程域."

27 『文忠集』卷68, "子在從班嘗, 被吉薦士, 及公姓名. 上遽曰, 是所謂艮齋耶. 子問, 陛下何自知
之. 上曰, 朕見其性學淵源五卷而得之耳."

28 『語類』卷132, 「本朝六」, "某曾訪謝昌國, 問, 艮齋安在. 謝指廳事云, 即此便是."

29 곧 주필대가 「신도비」에서 말했던 '副端'이다.

30 『東萊別集』卷8.

31 『文集』卷81.

32 『文忠集』卷199, "元晦恐須一來, 魯衛之政, 夾湖而治, 甚休. 益之相聚可喜, 前亦附數字, 今
未暇再也."

33 "大臣結臺諫以遏天下之公議."

34 "貶兩秩."

5. 주필대와 이학자

1 『象山先生年譜』卷36, 「年譜」, 紹熙 3년 조목, "曾通象山書否. 荊門之政, 如古循吏, 躬行之
效至矣."

2 "壽皇內禪, 光宗皇帝即位, 詔先生知荊門軍."

3 『全集』卷14, "新政雖未甚滿人意, 且得補道儲君者得人, 甚有方略, 誠如是, 國本立矣, 實宗
社無疆之休, 何幸如之."

4 『文忠集』卷186, "知與行之說, 具曉尊意. 鄙意蓋有激而云. 觀嘉祐以前名卿賢士, 雖未嘗極
談道德性命, 而其踐履皆不草草. 熙寧以後, 論聖賢學者, 高矣, 美矣, 迹其行事, 往往未能過昔人.
至於近世, 抑又甚焉. 雖其間眞學實能, 固自有人, 然而上智常少, 中人常多, 深恐貪名棄寔, 相率爲
僞, 其害有不可言者. 且孔子善誘不倦, 而二三子猶疑其有隱, 則其誨人固有先後, 未嘗一躐語以極
致也. 子路有聞未之能行, 惟恐有聞, 則學者進德, 亦有次第, 未敢遽以聖賢自期也. 此事要非會面,

莫能盡."

5　『南軒集』卷19, 「寄周子充尙書」제1서, "垂論或謂人患不知道, 知則無不能行. 此語誠未完. 知有精粗, 行有淺深, 然知常在先, 固有知之而不能行者矣."

6　上同, 제2서, "重論近世學者, 徇名忘實之病, 此實區區所憂者. 但因學者狥名忘實, 而遂謂學之不必講, 大似因噎廢食耳. (…) 熙寧以來, 人才頓衰於前, 正以王介甫作壞之故. (…) 伊洛諸君子, 蓋欲深救玆弊也. 所謂聖人誨人有先後, 學者進德有次第, 此言誠是也. 然所謂先後次第, 要湏講明, 譬如適遠, 豈可不知路之所從, 不然只是冥行而已. 至如所謂不可以聖賢自期者, 則非所聞. 大抵學者, 當以聖賢爲準, 而所進則當循行序, 亦如致遠者以漸而至. 若志不先立, 即爲自棄, 尙何所進哉. 所欲言者, 要湏面盡."

7　『文忠集』卷186, "大凡深於學, 必能合乎內外之道. 近世士人, 稍通其說, 則謂施於事者, 便與聖賢合. 自信太早, 而不知他日未免害道. 所頼吏部及欽夫二三公, 推所蘊以覺来者, 於抑揚去取間, 使是非深淺, 皆有所別, 自然儒效日白於世."

8　『宋元學案』卷32, 「周許諸儒學案」.

9　『文忠集』卷186, "邇來晚輩喜竊伊洛之言, 濟其私欲, 詰之則恫疑虛喝, 反謂人爲蹇淺. 非如庸夫, 尙有忌憚. 此事不可不杜其漸, 高明以謂如何."

10　上同, 「與呂伯恭正字」, "元晦一意古學, 固無可議. 只是晚輩喜假其說, 輕試而妄用. 其於許可之際, 更勸其致審爲佳."

11　앞 절에서 인용한 글 참조.

12　제7장의 인용문 참조.

13　『南軒集』卷19, 「寄周子充尙書」제1서, "所謂晚輩假先儒之論, 以濟其私者, 誠如所憂. 胡文定蓋嘗論此, 然在近日此憂爲甚. 是以使人言學之難, 非是不告語之, 正恐竊聞一言半句, 返害事耳. 要亦如玉石之易辨, 即其行實, 夫豈恫疑虛喝可掩哉. 文定所論甚詳, 備在文集中, 曾見之否."

14　『全集』卷35, 「語錄下」, "近日向學者多, 一則以喜, 一則以懼. 夫人勇於爲學, 豈不可喜. 然此道本日用常行, 近日學者却把作一事, 張大虛聲, 名過於實, 起人不平之心. 是以爲道學之說者, 必爲人深排力詆, 此風一長, 豈不可懼."

15　上同, "世之人所以攻道學者, 亦未可全責他. 蓋自家驕其聲色, 立門户與之爲敵, 嘵嘵滕口實, 有所未孚, 自然起人不平之心. 某平日未嘗爲流俗所攻, 攻者却是讀語錄精義者."

16　『止齋集』卷38, "某衰惰, 久無強附士友之意. (…) 晦菴門人真有學者而不相亮者. (…) 雖然吾黨亦有患. 自相推尊, 患太過, 與人無交際, 患不及. 二者皆孔門所戒也."

17　『文集』卷54, 「答諸葛誠之」제1서, "向來講論之際, 見諸賢往往皆有立我自是之意, 厲色忿詞, 如對仇敵, 無復長少之節, 禮遜之容. 蓋常竊笑, 以爲正使真是仇敵, 亦何至此. 但觀諸賢之氣方盛, 未可遽以片辭取信, 因黙不言, 至今常不滿也."

18　『文集』卷50, 「答程正思」제16서, "去冬因其徒來此, 狂妄凶狠, 手足盡露, 自此乃始顯然鳴鼓攻之, 不復爲前日之唯阿矣."

19　『文忠集』卷46, 「題新安吏部朱公喬年稿」.

20　上同, 卷69, 「朱公松神道碑」.

21　『文集』卷38, 「答周益公」제3서, "唯是所與子約書中, 疑學道三十年, 爲後學之言者, 則熹深

惑焉, 而尤以爲不可以不辨, 不審明公何所惡於斯言而疑之也. 以道爲高遠玄妙而不可學邪, 則道之得名, 正以人生日用當然之理, 猶四海九州百千萬人當行之路爾. 非若老佛之所謂道者, 空虛寂滅而無與于人也. 以道爲迂遠疏闊而不必學耶, 則道之在天下, 君臣父子之間, 起居動息之際, 皆有一定之明法, 不可頃刻而暫廢, 故聖賢有作, 立言垂訓以著明之, 巨細精粗, 無所不備, 而讀其書者, 必當講明究索, 以存諸心, 行諸身, 而見諸事業, 然後可以盡人之職, 而立乎天地之間. 不但玩其文詞, 以爲綴緝纂組之工而已也. (…) 若謂歐公未嘗學此, 而不當以此自名耶, 則歐公之學, 雖於道體猶有欠闕, (…) 恐亦未可謂其全不學道 (…) 也. 若謂雖嘗學之, 而不當自命, 以取高標揭己之嫌耶, 則是士而自言其學道, 猶與農而自言其服田, 爲賈而自言其通貨, 亦非所以爲夸. (…) 凡此又皆熹之所未論者, 蓋嘗反復思之而竟不得其說. (…) 況又當此正道湮微, 異言充塞之際, 餘論所及, 小有左右, 則其輕重厚薄, 便有所分. (…) 顧熹之愚, 獨有未能無疑者, 是以不敢默默而不以求正於有道. 所恨僞學習氣已深, 不自覺其言之狂妄, 伏惟高明恕而教之."

22 이 사건과 관련된 것은 제7장의 '서언'을 보라.

23 『歐陽文忠公全集』卷20.

24 지금은 실전되었다.

25 『文忠集』卷188, "考亭得書, 孜孜范碑, 殊可敬嘆, 然亦有疑. 慶曆諸賢, 黑白太明, 致此紛紜. 六一壯年氣盛, 切於愛士, 不知文靖渾涵精深, 期於成務, 未免責備. (…) 故語多失中, 後來大段自悔. (…) 如仁宗實錄, 皆經名公筆削, 仍親聞當時議論. (…) 今觀自己道云, 學道三十餘年, 却似後學說話."

26 『文忠集』卷42, "道學人爭說, 躬行少似君. 宅心惟至一, 餘事亦多聞. 湖廣規模遠, 濂伊講習深. 平生忠與敬, 彷彿在斯文."

27 『文忠集』卷38.

28 "自慶元以後, 佗胄之黨立僞學之名, 以禁錮君子, 而必大與趙汝愚留正, 實指爲罪首."

29 "其子熹 (…) 其後遂以奧學高文, 推重當世. 今上聞其名, 以待制侍講禁中."

30 『東萊別集』卷9, "元晦終身在卽, 不必强牽挽之, 只須與在外一等待闕差遣爲愜. 若意猶未能已, 稍升等, 足矣. 不惟遂其雅志, 又免得渠懇辭紛紛耳. 若異時公之志得伸, 又別論也."

31 『文集』卷34, "周子充遂參大政, 不知嘗有以告之否. 至此若復喑默, 則更無可說. 不知其計安出也."

32 "問, 明道論元祐事, 須並用熙豐之黨. 曰, 明道只是欲與此數人者共變其法, 且誘他入脚來做. 問, 如此卻似任術. 曰, 處事亦有不能免者, 但明道是至誠爲之, 此數人者亦不相疑忌. 然須是明道方能上此. 後來元祐諸公治得此黨太峻, 亦不待其服罪."

33 "嘗與先生言, 如今有一等才能了事底人, 若不識義理, 終是難保. 先生不以爲然. 以爲若如此說, 卻只是自家這下人使得, 不是自家這下人, 都不是人才."

34 저자에 따르면, '대단'은 당시의 용어로 어사중승 또는 우간의대부를 가리킨다고 한다.—옮긴이

35 『全集』卷13, "來書言朱林之事, 謂自家屋裏人自相矛盾, 不知孰爲它家. 古人但問是非邪正, 不問自家它家. (…) 近見臺端逐林之辭, 亦重嘆其陋. 群兒聚戲, 雜以猥狎, 尚何所望. 非國之福恐在此而不在彼也."

36 『語類』卷123, "又謂某前番不合與林黃中陸子靜諸人辨, 以爲相與詰難, 竟無深益. 蓋刻畫太精, 頗傷易簡, 矜持己甚, 反涉吝驕. 不知更何如方是深益. 若孟子之闢楊墨, 也只得恁地闢. 他說刻畫太精, 便只是某不合說得太分曉, 不似他只恁地含糊."

37 卷38, 「與朱元晦」제2서.

38 『文集』卷30, "近林黃中自九江寄其所撰祠堂記文, 極論濂字遭旁, 以爲害道, 尤可駭歎."

39 『文集』卷71, "六月一日林黃中來相訪問曰, 向時附去易解, 其間未是處, 幸見諭. 子應之曰, 大凡解經, 但令綱領是當, 即一句一義之間, 雖有小失亦, 無甚害. 侍郎所著, 却是大綱領處有可疑者."

40 "有臣伏見栗耻不得與廟號之議, 遂爲堯宗之說而人知其橫." 『수심문집水心文集』은 '堯宗堯宗'을 '낙요樂堯'로 잘못 기록했다. 『도명록道命錄』권6의 인용문에 의거해 바로잡았다.

41 "癸亥, 雨. 延和奏事, 進呈禮官闕林栗所定太上廟號, 衆以高宗爲先, 雖東宮亦然."

42 『文忠集』卷17, "甲子, 晴. (…) 延和奏事, 呈禮官駁林栗堯宗之說."

43 『水心文集』卷15, "遷太常博士. 高宗方定諡, 或謂宜稱堯宗. 公言於古無據, 謂比比殷高宗諡改高."

44 「職官」72의 10, "七月二十五 (…) 日兵部侍郎林栗與郡. 言者論栗狠愎自用, 黨同伐異, 無事而指學者爲黨, 乞黜之, 以爲生事之戒. 故有是命."

45 卷3下, 순희 15년 3월 조목 및 『宋史』, 卷429, 「道學三·朱熹傳」 참조.

46 '육구연의 축출' 절을 참조하라.

47 『宋史』卷394, 本傳.

48 卷4, 慶元 2년 조목.

49 "後, 以提刑召入, 人恐其涉淸要, 唆林栗極論之."

50 『語類』卷197, 「內任·孝宗朝」, "知卿剛正, 只留卿在這裏, 待與淸要差遣."

51 『文集』卷27, "熹區區此來, 竊知皆出丞相推挽之力. 向之所以次且而不敢進者, 其故亦可知已. 適有幸, 遂得一見聖主, 呻吐所懷之一二. 妄意自比, 儻猶有以效其愚於左右, 而事乃有出於生平意料之所不及者, 卒煩君相委曲調護, 然後得以遂巡而去. 丞相又枉手敎以存問之, 此意亦益厚矣. (…) 伏惟深以天下之重自任而引天下之士以圖之, 使由中及外自近而瀕, 無一不出於正, 而亡有私意奸其間者, 則君正而國定矣. 若夫阿諛順指, 以爲固位之術, 牢籠媚嫉, 以爲植黨之計, 則固前人之所以自取, 而丞相平日所非矣, 無所待於愚言, 然熹之惓惓, 猶願深以自警, 無至於復蹈其轍也."

52 上同, "今遂投迹山林, 不容復出."

53 "昨日先所遣人還, 拜領鈞翰之賜, 感慰之極, 不可具言. (…) 然而丞相方且欲然, 深以前日不能力辨是非爲病, 此則仰見大君子責己之周, 又不自勝其愧仰也. (…) 又況溫陵之行, 情狀未白, 此必怏怏向有餘. 言且其爲人亦嘗頗有時譽, 今日之去, 遠近必有爲之不平者. 異日得以藉口, 則非獨爲熹之害, 竊恐丞相亦不得不以爲慮也. 大抵近年習俗, 凡事不欲以大公至正之道顯然行之, 而每區區委曲於私恩小惠之際. 本欲人人而悅之, 而其末流之弊, 常反至於左右拘率, 倍費財處, 而卒又無以慰天下之公論. 此則熹之所不敢言, 而丞相之明其自知之, 亦不待熹之言矣."

54 『勉齋集』卷36, "時上意方嚮先生, 欲易以他部郎. 時相竟請授以前江西之命, 仍舊職名."

55 『朱子年譜考異』卷3, 순희 15년 6월 癸酉 조목, "行狀專以歸咎于周相, 似未盡然."

56 『道命錄』卷6, "王丞相秉政日久, 士多失職, 周益公旣相, 拱嘿無所預."

57 甲編, 卷2, "大承氣湯" 조목, "周益公參大政, 朱文公與劉子澄書云, 如今是大承氣證, 渠却下四君子湯, 雖不爲害, 恐無益於病爾."

58 『象山先生全集』 卷34, 「語錄上」, "以何藥方醫國" "吾有四物湯, 亦謂之四君子湯."

59 『文集·續集』 卷4上, "謝公之去, 傳者不一. 昨日得元善書, 乃云以不言罪之. 此蓋只爲不協力攻周揆耳. 誠甫之傳妄也. 輪對文字亦正當, 但不甚切. 然亦不問那下次第, 亦爲所疾. 蓋首論正心, 近似道學也. 自除一黃掄, 不知是何人也. 密訪往往有之. 然重華却照知諸姦朋結之狀, 時有聖語云, 周有甚黨, 還是王黨盛耳. 此語儘鎭壓了, 怪事也, 聞於中外. 且得如此, 亦是幸事. 尤丈本無向背, 似與娄尤厚, 今亦不免. 尙未見章疏, 不知何事也."

60 『宋史』 卷428, 「道學二·李侗傳」.

61 "副本垂示, 極感不外之意. (…) 首章所論乃古今不易 (…) 之常道, 而在今日尤爲要切. 然自世俗觀之, 不以爲迂闊之常談, 道學之邪氣者, 鮮矣. 尊兄旣發其端, 此必已爲彼等所惡. 然吾所以告君之道, 無以易此, 則亦何顧於彼. 但當守此一言以爲平生議論之本, 他日論事每每拈出此箇話頭, 不論甚事, 都從此話上推出去, 則百病之根無所藏匿, 而于人主所以反躬正事之幾, 亦約而易操矣."

62 "光宗卽位, 甫兩旬卽開講筵, 袞奏, 願謹初戒始, 孜孜興念. 越數日講筵, 又奏, 天下萬事失之於初, 則後不可救. (…) 又五日講筵, 復論官制. (…) 姜特立以爲議己, 言者固以爲周必大黨, 遂與祠."

63 『宋史』 卷470, 「佞幸傳」.

64 「職官」, 72의 25.

65 "疏謬曠失, 士論不服."

66 上同, "往歲經筵之除, 士類胥慶, 延跂以俟吾道之行, 乃復不究起賢之禮, 使人重爲慨歎. 新天子卽位, 海內屬目, 然罷行陸黜, 率多人情之所未論者. 群小騈肩而騁, 氣息怫然, 諒不能不重勤長者憂國之懷. 某五月晦日拜荊門之命, 命下之日實三月二十八日, 替黃元章闕, 向三年半, 愿有以敎之."

67 이것은 순희 16년(1189) 4월, 주희가 비각수찬祕閣修撰을 사직한 일을 가리킨다.

68 『陳亮集』 卷19, "周丞相之護其身, 如狐之護其尾, 然終不免, 則智果未可衛身矣. (…) 謝昌國忽有此除, 何哉. 騎墻兩下, 自今可以信其不足爲智矣. 朱丈辭職得遂, 此廟堂處事之善者也."

제10장 효종과 이학자

1. 서언

1 제8장을 보라.

2 『宋史』 卷396, 「趙雄傳」, "恢復當與張栻所陳方是."

3 『朱子文集』 卷26, 「與朱參政箚子」 제1통, "有假借納用之意."

4 卷434, 「儒林四·葉適傳」, "讀未竟, 帝蹙額曰, 朕比苦目疾, 此志已泯, 誰克任此, 惟與卿言之耳. 及再讀, 帝慘然久之."

5 『水心別集』 卷15, "陛下之國是變, 則士大夫議論之難, 亦變矣. 群臣之在內者, 進而問之, 在外者, 擧而問之. 其任是事者, 親用之. 其不任是事者, 斥遠之, 則人材之難亦變矣."

6 『水心文集』卷7, "昔年叩上殿, 歎息動宸襟. 豈不人思奮, 其如天意深."

7 『朱子年譜』卷3下, 「무신 봉사」 뒤에 인용됨, "先生曷嘗忘復仇之義哉. 但以事不可幸成, 政必先于自治, 能如是, 則復中原滅仇虜之規模, 已在其中矣."

8 『文集』卷11, 「戊申封事」의 "急務之二".

9 『勉齋集』卷36, "疏入, 夜漏下七刻, 上已就寢, 急起秉燭, 讀之終篇."

10 삼국시대 오吳나라의 개국 황제인 손권孫權. 중모仲謀는 그의 자字다.―옮긴이

11 『語類』卷127, 「本朝一・孝宗朝」, "壽皇直是有志于天下, 要用人. 嘗歎自家不如個孫仲謀, 能得許多人."

12 『文集』卷28, 「與留丞相書」, "惟恐其黨之不衆".

13 上同, "惟恐其去之不盡."

14 上同, "惟不疾君子之爲黨, 而不憚以身爲之黨, 不惟不憚以身爲之黨, 是又將引其君以爲黨而不憚也."

2. 효종 만년의 인사 배치 1―주필대, 유정, 조여우라는 세 재상

1 『眞文忠公文集』卷43, "孝宗皇帝踐天位二十有八載, 宵寐食息, 不忘求賢. 當是時, 魁壘奇傑之士, 布在朝. (…) 故雖光廟享國日淺, 委政廟堂, 而羣賢夾維, 迄以無事. 今皇帝初嗣服, 耆俊畢集, 有慶歷元祐之風. 歷數其人, 無一非乾淳間舊物者. (…) 若 (…) 劉公, 其孝宗所擢以遺後人者歟."

2 上同, "蓋是時, 孝宗臨御久, 明于群臣邪正, 所用以傳聖子神孫者, 皆天下第一類."

3 『宋史』卷393, 「詹體仁傳」.

4 『水心文集』卷24, 「施公墓誌銘」, "迪惟皐陶, 載兢載勤. 淳熙末年, 求治愈新. 不自聖智, 推賢其臣."

5 『攻媿集』卷94, "十四年二月, (…) 丁亥拜右丞相 (…) 上諭以擢用人才及委任之意. 公奏 (…) 自古鮮有無事時. 今賴陛下勤政, 內外晏然, 殆將二紀. 此正可懼之時, 當思經遠之計."

6 『文忠集』, 附錄, 卷3, "公奏, 久塵政路 (…) 願乞骸骨歸山林. 上奬勞再三曰, 朕比年殊覺病倦, 欲傳位太子, 卿須且留數年. (…) 六年正月, 拜特進右丞相, 進封許國公. 二月壬戌, 內禪."

7 「忠文耆德之碑」는 "경은 조금 더 남아 있어야 한다卿須少留"로 되어 있다. 『攻媿集』卷93을 보라.

8 "孝宗密諭內禪意, 拜右丞相. 一日奏事, 皇太子參決侍立, 上顧謂太子曰, 留正純誠可託."

9 "光宗受禪, 主管左右春坊姜特立隨龍恩擢知閣門事, 聲勢浸盛. 正列其招權預政狀, 乞斥逐, 上意猶未決. 會副參闕, 特立謂正曰, 上以丞相在位久, 欲遷左相, 葉翥張杓, 當擇一人, 執政未知孰先. 正奏之, 上大怒, 詔特立提擧興國宮. 孝宗聞之, 曰, 眞宰相也."

10 卷6, "王丞相罷, 留丞相爲次輔, 與益公不合, 擢何澹爲諫長, 攻益公罷之. 益公之門多佳士, 相繼去國者衆. 太學博士沈有開應先, 爲留丞相所厚, 力勸以拔用知名之士, 留丞相從之. 自是一時善類多聚于朝, 而不得志者始側目矣."

11 『水心文集』卷10, "公諱有開, 字應先, 少學, 志其大者. 張敬夫, 呂伯恭, 官京師, 浙西士不知敬, 公獨從之. 薛士隆, 陳君擧, 客於毗陵, 公又從之. (…) 蓋晚乃奏上舍名, 朝廷方選舊人使敎國子, 而公在焉. 竟講, 下廉重扉深拒, 未嘗妄請謁. 留丞相異之, 喚語揖坐, 常聳聽移日. 當是時, 丞相患淳熙末知名士不探察而沈廢於賤冗, 數年間拔用幾盡. 士懽喜誦說, 以爲[自]趙元鎭陳應求, 纔有此爾. 丞相旣得譽於天下, 而公陰贊密請, 力尤多. 天下雖知公助之, 而莫知其所以進者何人. 公默不以語人, 雖子弟, 亦莫知也. 然不悅者, 固已忌公."

12　『文集』卷29, 「與留丞相書」제2서, "惟念相公自居大位, 悉引海內知名之士, 無一不聚於朝. 今玆之事雖相公出舍於郊, 不得親回天意, 而諸賢在列, 各攄忠悃, 並進苦言, 不遺餘力, 是乃無異出於相公之口. 相公於此, 得士之多, 致君之效, 其亦以無愧古人矣."

13　『宋史』卷36, 「光宗紀」, 소희 4년 7월 조목 및 「留正傳」.

14　책문을 쓰는 방식으로 치르던 과거시험. 조여우는 효종 건도 2년(1166)에 진사가 된다.―옮긴이

15　송나라 때 설립된 광문廣文, 대학大學, 율학律學. 사士를 교육시키는 기관이었다.―옮긴이

16　조여우는 종실이었다.―옮긴이

17　『宋代蜀文輯存』卷71, "宋興二百有二載, 孝宗皇帝踐祚越四年矣, 始臨軒策進士. 公策充切, 擢爲第一, 蓋祖宗二百年無所有. 由是入三館, 司封駁, 鎭全蜀, 侍經幄, 典貢擧, 悉不用宗室故事. 公方陛辭入蜀, 孝宗面許歸日大用, 故中外薦試之. 及將內禪, 亟召公. 光宗嗣位, 頒趣旨至于再四. 而小人交忌公, 御使范處義以暫違詔命劾公, 不果入. 紹熙二年秋九月, 乃召爲吏部尙書. 公至, 會聖躬服藥丸, 凡三月不得對."

18　"孝宗嘗論人才, 袞奏曰, 近召趙汝愚, 中外皆喜, 如王藺亦望收召. 上曰, 然."

19　『象山先生全集』卷36.

20　이 편지는 『象山先生全集』卷9에 있다.

21　『宋史』卷386.

22　군정을 주관하는 중추 기관.―옮긴이

23　감찰어사의 약칭.―옮긴이

24　乙集, 卷3, "宰執恭謝德壽重華宮聖語" 조목, "紹熙四年春, 樞府有聞壽皇欲用趙忠定. 旣出命矣, 而察官有言高宗聖訓, 不用宗室爲宰執者. 上謀之壽皇, 遂命宰執召當筆之士, 申諭聖意, 謂高宗聖訓本以折秦檜之奸謀, 故啓詔有云, 若乃紹興之故實, 蓋有爲而言, 況我壽皇之疇咨, 欲播告于衆, 蓋爲是也. 是時大臣恭謝者多不得對. 壽皇欲見忠定, 內因葛楚輔, 胡子遠, 陳吾叔入謝, 相繼宣引. 後二十餘日, 忠定始入謝, 壽皇曰, 卿以宗室之賢爲執政, 乃國家盛事. 卿在蜀時, 所進奏議甚善. 朕常觀此書, 可與資治通鑑並行."

25　卷392, "四年, 汝愚知貢擧, 與監察御史汪義端有違言. 汝愚除同知樞密院事, 義端言祖宗之法, 宗室不爲執政, 詆汝愚植黨沽名, 疏上, 不納. 又論臺諫給舍, 陰附汝愚, 一切緘黙, 不報. 論汝愚發策譏訕祖宗, 又不報. 汝愚力辭, 上爲徙義端軍器監. 給事中黃裳言, 汝愚事親孝, 事君忠, 居官廉, 憂國愛民, 出於天性, 義端實忌賢, 不可以不黜. 上乃黜義端補郡. 汝愚不獲已拜命."

26　卷7上, "中書舍人汪義端, 以趙丞相之門多佳士也, 引唐李林甫故事, 欲根株斷除之, 一時善類貶斥相繼."

27 "此除盡壽皇意, 積二十有六日始拜."

28 "汝愚學務有用, 常以司馬光富弼韓琦范仲淹自期. 凡平昔所聞於師友, 如張栻朱熹呂祖謙汪應辰王十朋胡銓李燾林光朝之言, 欲次第行之, 未果."

29 육구연의『상산연보』를 보라.

30 『全集』卷5.

31 "旣身歷大策, 而宰席虛, 卽從其次奏召留正長百僚, 兩中使趣之. 又以朱熹有重名, 俾以待制, 侍經幄. 于是無日不召士君子之在外者, 以光初政, 慰海內望."

32 가저는 영종이 즉위하기 전 머물던 왕저王邸다.

33 "寧宗卽位, 趙汝愚首薦先生及陳傅良, 有旨赴行在奏事. 先生行且辭. 先是蜀人黃裳爲嘉邸翊善. (…) 一日光宗宣論云, 嘉王進學, 皆卿之力. 裳謝, 因進曰, 若欲進德修業, 追踪古先哲王, 則須尋天下第一等人乃可. 光宗問爲誰, 對曰, 朱某. 彭龜年繼爲宮傅, 因講魯庄公不能制其母云, (…) 上問此誰之說, 曰, 朱某之說. 自後每講必問朱某之說云何, 蓋傾心已久. 故履位之初, 首加召用."

34 『攻媿集』卷96 및 卷99.

35 『文集』卷44,「答蔡季通」第7서, "至臨江, 忽被改除之命, 超越非常, 不敢當也. (…) 又得朝士書, 皆云, 召旨乃出上意親批, 且屢問及, 不可不來. 又云, 主上虛心好學, 增置講員, 廣立程課, 深有願治之意, 果如此, 實國家萬萬無疆之休, 義不可不一往."

36 『年譜』, 동년 8월 조목 및「甲寅行宮便殿奏箚」의 첫번째와 두번째 차자(『文集』卷14)를 참조할 것. "今日之事, 非大更改, 不足悅天意, 服人心."

37 "先是先生行至上饒, 聞以內批逐首相, 有憂色. 學者問其故. 先生曰, 大臣進退, 亦當存其體貌, 豈宜如此. (…) 及之六和塔, 永嘉諸賢俱集, 各陳所欲施行之策, 紛然不決. 先生曰, 彼方爲肌, 我方爲肉, 何暇議及此哉. 蓋是時近習用事, 御筆指揮, 皆已有端. 故先生憂之."

38 『朱子年譜考異』卷4, 紹熙 5년 9월, 丁亥 조목.

39 상세한 내용은 이 절 마지막에 있는「부연설명 2: 육화탑과 절강정」을 보라.

40 『文集·別集』卷1,「劉德修」第5서, "別去恰一月矣. (…) 道間忽拜江陵之命罪疾如此豈堪復出不免上奏力爭計必可得 (…) 老先生必且宿留後便拜狀子壽千里茂獻想想時相會 (…) 文叔行後時得書否北關之集風流雲散甚可歎也." 이 편지는 이미 제8장 말미에서 인용되었지만, 논의의 편의를 위해 여기서 다시 인용한다.

41 『攻媿集』卷95, "再入修門, 鬚鬢如雪. 丞相留公正一見歎曰, 幾年陳君擧, 尚可使外補耶."

42 『水心文集』卷16, "去朝十四年, 至是而歸, 鬚鬢無黑者. 都人聚觀嗟歎, 號老陳郎中."

43 『文集·別集』卷1, "請違後一兩日卽被斥遣之命. 出關恰一月, 始能達里門."

44 그중 장영(1141~1218)은 왕응진의 문인이고, 황도(1138~1213)는 진부량 엽적과 더불어 학문을 논하는 친구였다.

45 "熹老矣. 方學做官, 甚可笑. 朝從奔走, 皆非所堪. 但叨冒過分, 上恩深厚, 未敢言去耳. 經筵陳說, 不敢不盡區區. 上意亦頗相嚮, 但未蒙下問反復, 未得傾竭鄙懷耳. 君擧在上前陳說, 極詳緩勤懇, 其所長自不可及. 區區實敬愛之, 非但如來敎所云也."

46 "慶元初趙子直當國, 召朱文公爲侍講. 文公欣然而至, 積誠感悟, 且編次講義以進. 寧宗喜, 令點句以來. 他日文公請問, 上曰: 宮中常讀之, 大要在求放心耳. 公因益推明其說曰: 陛下旣知學問

之要. 願勉強而力行之. 退謂其徒曰: 上可與爲善, 若常得賢者輔導, 天下有望矣."이 조목은 원대 유일청劉一淸의『전당유사錢塘遺事』권3에도 인용되는데, 글자에 약간 차이가 있다.

47　주희와 육구연을 논한 제8장의 관련 절을 보라.

48　『語類』卷107,「內任‧寧宗朝」, "初見先生, 卽拜間云, 先生難進易退之風, 天下所共知. 今新天子嗣位, 乃幡然一來, 必將大有論建. 先生笑云, 只爲當時不合出長沙, 在官所有召命, 又不敢固辭. 又云, 今旣受了侍從職名, 卻不容便去. 先生云, 正爲如此. 又笑云, 若病得狼狽時, 也只得去."

49　『道命錄』卷7上, "工部侍郞兼侍講黃艾伯耆, 因對問所以逐先生之驟. 上曰, 始除熹經筵爾. 今乃事事欲與聞. 伯耆懇再三, 不已."

50　『年譜』卷4上, 紹熙 5년 윤10월 壬午 조목, "會先生急于致君, 知無不言, 言無不切, 頗見嚴憚."

51　『語類』卷107,「內任‧丙辰後」, "正卿問, 命江陵之命, 將止于三辭. 曰, 今番死亦不出, 才出, 便只是死."

52　"唯冀 (…) 勿忘致君行道之本懷, 緝熙光明, 以扶廟社, 區區至懇."

53　『文集‧別集』卷3,「鄭向書惠叔僑」, "匆匆去國, 深荷眷存. 旣行之後, 又知楊前開陳之力. 固知高明非私於某者, 然不能不以爲媿也. 區區舟行, 冒寒阻風昨, 夕始到三衢, 更一二日始逾南去. 病軀幸可支吾, 皆餘花之及也. 鄕在長沙, 嘗得溫公稽古錄正本, 別爲刊刻, 殊勝今越中本, 欲俟成書奏御, 未竟而來. 又欲面奏行下求索, 則又未及而去. 每念此書, 溫公所以願忠君父之志, 更歷三朝, 然後成就. 其論人君之德有三而材有五者, 尤爲懇切, 不可不使聖主聞之. 不知可以一言及之, 行下本州取索投進否. 然不必及某姓名, 恐罪累之跡延及先賢, 反致忠言不得聞達也."

54　남당南唐의 임금으로 후에 송나라에 의해 사로잡혀 감금된다.—옮긴이

55　한나라의 광무제光武帝.—옮긴이

56　『詩集』,「王觀堂先生挽詞序」, 三聯本, 2001, 12쪽.

57　"北關之集, 風流雲散. 甚可歎也."

58　상세한 내용은「부연설명 3: 영지사와 북관」을 보라.

59　"且時事雜出而多端, 人才暫聚而復散. 公自知孤立不可以久, 猶汲汲勉主以大有爲. 是月二十有五日, 率二府大臣面奏曰, 陛下但欲爲尋常之主, 今臣等朝夕進呈尋常之事, 亦或可以偸安目前. 陛下欲建子孫萬世之計, 必先自立志始. 若聖志不定, 臣等亦深願爲陛下條當今弊政, 次第施行. 公不知小人之計已成, 是日用李沐爲右正言. 沐與侂冑合謀, 首論公將危社稷."

부연설명 1: 주희의 "조정에 선 지 40일"에 대한 설명

1　『勉齋集』卷36, "五十年間歷事事朝, 仕于外者僅九考, 立于朝者四十日."

2　"熹以十月辛卯入見, 中間進講者七, 內引留身奏事者再, 面對賜食各一, 在朝甫四十有六日雲."

3　陳榮捷,『朱子門人』, 臺北: 學生書局, 1982, 11쪽.

4　"十月辛卯入見."

5　"奏事行宮便殿."

6　"面辭待制侍講."

7　"申省辭待制職名, 乞改作說書差遣."

8   『文集』卷23.

9   『文集』卷23, "右臣今月二十一日伏準降到御筆賜臣, 朕憫卿耆艾, 方此隆冬, 恐難立講, 已除卿宮觀, 可知悉. 臣衰病餘年, 不知引退, 曲蒙聖造, 特賜矜憐, 臣無任感恩荷聖, 激切屛營之至, 謹具狀奏謝, 伏乞聖照."

10   『文集』卷23, "右臣十月初十日準御前降到御筆一封付臣, 令臣勿復牢辭次對之職. 臣昨以新除恩命, 超躐異常, 累具辭免, 日望開允. 豈意仰勤聖主親御翰墨, 俯賜襃諭令勿牢辭. 疏賤小臣, 分不當得, 拜受伏讀, 不勝恐懼. 謹此仰遵聖訓, 係銜供職外, 謹具奏聞, 伏乞睿照."

11   "丁酉, 奉御筆不允, 乃拜命, 系銜供職."

12   「부연설명 2」를 참조하라.

13   "戊辰入史院."

14   『文集』卷23, "右臣今月十四日準尙書省箚子, 奉聖旨差臣兼實錄院同修撰者, 臣聞命震駭, 不知所爲."

부연설명 2: 육화탑과 절강정

1   관전官錢이 아닌, 사적으로 주조한 돈. 관전보다 가치가 낮았다.―옮긴이

2   卷82, 「寺觀八」, "在龍山月輪峯, 即舊壽寧院. 開寶三年智覺禪師延壽, 始於錢氏南果園開山建塔, 因即其地造寺, 以鎭江潮. (…) 後廢. 已而江潮汹湧, 蕩激石岸, 舟楫沈溺. 至紹興二十二年奉旨重造. 二十六年僧智曇捐巿錢及募檀越, 因故基成之, 七層而止. 自後潮爲之却, 人利賴焉."

3   卷77, 「寺觀三」, "開寶三年吳越王就南果園建寺, 造六和寶塔, 以鎭江潮. 宣和燬于兵. 紹興二十二年北僧智曇以衣鉢募緣重造, 十載始成. 隆興二年賜今額, 有秀江亭金魚池."

4   『宋史·道學朱熹傳』, "朕亦見其跋曳."

5   『文集』卷23, 「辭免待制侍講面奏箚子」, "獨恨病衰足弱, 拜起艱難.

6   『宋史』卷405, 本傳을 보라.

7   卷82, 「寺觀八」, "徑行塔下幾春秋, 每嘆無緣到上頭. 今日登臨方覺險, 不如歸去臥林丘."

8   "正待罪六和塔."

9   "汝愚出浙江亭待罪."

10   卷2, 『歷代沿革·亭』, "浙江亭, 祥符舊經云, 在錢塘舊治南, 到縣一十五里."

11   卷7, 「館驛」, "樟亭驛, 晏殊輿地誌云, 在錢塘縣舊治之南五里, 今爲浙江亭."이 구절 아래에는 백거이白居易 등이 장정역에 대해 읊은 시들이 수록되어 있으나 여기서는 생략한다.

12   卷10, 「館驛」 "樟亭驛, 即浙江亭也, 在跨浦橋南江岸. 凡宰執辭免名, 出居此驛待報矣."

13   王明淸, 『揮塵後錄』卷6, 「曾文肅爲相首末」 조목.

14   "淳熙十年八月十八日, 上詣德壽宮, 恭請兩殿往浙江亭觀潮."

15   "浙江亭觀潮."

16   그의 사적은 周密의 『齊東野語』卷3, 「誅韓本末」 및 卷20의 「張功甫豪侈」, 『宋會要輯稿』「職官」73의 20을 보라.

17   "自龍山已下, 貴邸豪民, 彩幕凡二十餘里, 車馬駢闐, 幾無行路."

18   안무사按撫使의 별칭.―옮긴이

19 　"每歲八月內, 潮怒勝于常時, 都人自十一日起, 便有觀者, 至十六十八日傾城而出, 車馬紛紛, 十八日最爲繁盛, 二十日則稍稀矣. 十八日蓋因帥座出郊, 敎習節制水軍, 自廟子頭直至六和塔, 家家樓屋, 盡爲貴戚內侍等雇貸作看位觀潮."

20 　『水心文集』卷24, "淳熙十五年, 知樞密院事施公師点引疾辭位, (…) 徑出六和塔俟命."

부연설명 3: 영지사와 북관

1 　"戊寅, 韓侂胄遣內侍王德謙, 對內批付下, 先生卽附奏謝, 仍申省乞放謝辭. 得旨免辭, 出靈芝寺, 遂行."

2 　"靈芝崇福寺在湧金門外. (…) 紹熙元年四月, 二年三月五月, 孝宗皇帝數臨幸, 御小車至齋堂飯僧. 坐方丈良久, 命主僧法光, 就寺日施食, 月給內帑錢. 光遂面湖創堂, 扁曰, 依光. 中設御座, 又塑千手眼觀音像, 作水陸大齋所于寺之西偏."

3 　"諸路士人比之尋常十培, 有十萬人納卷, 則三貢院駐着諸多. 士子權借仙林寺, 明慶寺, 千傾寺, 淨住寺, 昭慶寺, 報恩觀, 元眞觀. 太學, 武學, 國子監, 皆爲貢院, 分經入試. 每士到京, 須帶一僕, 十萬人試, 則有十萬人僕, 計二十萬人, 都在都州北權歇. 蓋欲入試近之故也. 可見都城之大."

4 　卷79, "大昭慶寺"조목.

5 　"來子儀與周洪道, 實布衣交. 洪道旣爲樞使, 子儀入都, 訪洪道. 洪道館於嘉會門外表忠觀. 洪道欲因閑薦之于上, 特奏假."

6 　『經進東坡文集事略』卷55.

7 　「錢氏表忠觀碑」마지막 부분에는 郎曄이 인용한 「滿眞子詩話」가 있다.

8 　『咸淳臨安誌』, 卷75.

9 　『年譜』, 紹熙 5년 10월 辛丑日, 조칙에 따라『대학』을 강의했다는 조목을 보라.

10 　斯波信義, 『宋代江南經濟史の硏究』, 東京, 1988. 342~343쪽에 있는 그림 1 「宋杭州經濟中樞」및 그림 2 「杭州의 官紳區, 軍營區」를 보라.

11 　"侍從宅, 在都亭驛."

12 　"都亭驛在候潮門里泥路西侍從宅次, 爲館伴外國使人之地也."

13 　周密, 『武林舊事』卷7.

14 　『文集』卷23, "熹已仰體聖意, 不敢力辭講筵職事. 第以未得進說, 先受厚恩, 萬一異時未有報效, 而疾病發作, 不可支吾, 遂竊侍從職名而去, 則熹之愚, 死有餘罪."

15 　『咸淳臨安誌』卷79, "靈芝崇福寺"조목, "沿湖古刹相望, 而得湖之多爲勝. 旣勝矣, 而去城遠, 則人倦游焉. 靈芝附城瞰湖, 湖繚其三一, 走城圍不百步, 都人士足相踵也."『함순임안지』는 하담을 '참정參政'으로 칭하므로, 이「영지사기」는 경원 2년(1196)에서 6년(1200) 사이에 지어졌을 것이다.

16 　모두『文集』卷23에 수록되어 있다.

17 　『考異』卷4, 「閏十月壬午」조목, "案文集, 朱子以二十一日戊寅奉御批, 具狀奏謝, 卽申省卽放謝辭. 奉旨與放謝辭, 卽已起發前路, 聽候指揮. 是啓行當在二十三四日間也."

18 　『四朝聞見錄』, 丁集, "文公之去國, 寓西湖靈芝寺, 送者漸少, 惟平江木川李君杞, 獨從容叩請, 得窮理之學, 有紫陽傳授行于世."

19　『文集』卷29, "平生少年日, 分手易前期, 及此同衰暮, 非復別離時. 勿言一樽酒, 明日難重持. 夢中不識路, 何以慰相思. 史院同僚餞別靈芝, 坐間或誦此言. 季章見謂, 平生亦甚愛此, 盍書以見贈. 予謂如僕乃知此味, 季章未也, 胡爲亦愛此耶. 旣而思之, 解携之際, 但有一人衰暮, 便足令滿坐作惡, 乃知隱侯之言猶有所未盡也. 因并書以寄季章以爲如何也."

20　"衡陽之訃, 聞者傷歎, 況吾人相與之厚耶."

21　"欲就名園異館寺館亭臺或湖舫會賓, 但指揮局分, 立可辦集, 皆能如儀."

22　『文集』卷23, 「실록원 및 수찬 겸직을 사양하는 상소문辭免兼實錄院同修撰奏狀」두 편을 보라.

23　『梁書』卷13, 「沈約傳」.

24　『文集』卷29에 총 4통, 卷38에 총 5통.

25　卷398, "論曰."

26　眞德秀, 『眞文忠公文集』卷41, 「李公神道碑」, "陛下始初臨御, 召熹勸講, 聞者無不興起. 蓋以熹海内鴻碩, 學術醇正, 足以輔導聖質, 開廣德心. (…) 熹日入朝, 溫恭守道, 愛君憂國, 造次弗忘, 間有論奏, 詞氣忠懇, 不失臣子之禮. 今在朝甫四旬, 得望清光, 密輸忠款, 未數數也, 而命忽中發, 不由中書. 何陛下始者召之之勤, 而今者去之之亟也. 祖宗立國, 全在紀綱維持, 命令必由三省, 墨敕專行, 乃是衰亂之事. 陛下始初清明, 豈得效尤側僻, 盡棄家法."

27　『眞文忠公集』卷36, "此静春劉先生與張宣公帖也. 是歲淳熙戊戌, 眉山參政李公年甫冠, 其季今制閫侍郎十有八年. 静春皆以蜀中師表許之. 二公果能以文章德業自著, 不負所期. 静春不惟知之, 又屬宣公成就之. (…) 前修用心, 真可敬仰."

28　「神道碑」에서 인용, "處群小横流之中, 而有陰扶善類之意. 當大權倒植之際, 而有密制元惡之謀."

29　『水心文集』卷7.

30　이 두 명단은 樵川樵叟의 『慶元黨禁』에 수록되어 있다.

31　魏了翁, 『鶴山先生大全集』卷85, 「倪公墓誌銘」, "從趙公者皆一時之杰, 吾猶不肯輕附, 尚爾之從耶."

32　『四朝聞見錄』, 丁集, "科擧爲黨議發策" 조목, "于韓趙皆無所附."

33　역시 「墓誌銘」을 보라.

34　『宋元學案』卷97.

35　"年譜注亦分爲二條, 有旨除寶文閣待制, 與州郡差遣, 遂行, 道除知江陵府, 辭. 朱子以戊寅奉御批, 己卯庚寅間已行, 至壬午乃除寶文閣待制, 是亦道涂也. 遂行二字誤, 今删去."

36　『文集』卷23, "右熹昨者恭奉御筆除宮觀, 續準尚書省箚子, 奉聖旨與放謝辭, 熹即已起發, 前路聽候指揮. 至二十五日晚又準尚書省箚子, 奉聖旨除熹寶文閣待制與州郡差遣."

37　"二十一日佽胄使中使王德謙封内批以授熹, 熹即拜奏謝, 遂行. 二十二日給事中樓鑰封還錄黄, 舍人鄧馹面奏, 乞留熹, 上許除京祠, 已而不下. 二十三日起居郎劉光祖又言之. 二十四日中書舍人陳傅良再封還錄黄. 二十五日有旨, 除熹寶文閣待制與郡, 劉光祖再上疏留行, 不報. 樓鑰再封還錄黄. 二十七日有旨, 依已降指揮."

38　"城北門者三, 曰天宗水門, 曰餘杭水門, 曰餘杭門, 舊名北關是也. 蓋此門浙西蘇湖常秀, 直

1376　주희의 역사세계

至江淮諸道, 水陸俱通."

39 "餘杭門, 俗呼北關門."

40 "北郭驛亭, 舊在餘杭門外北郭稅務側."

41 『攻媿集』卷99, "書再上不報, 卽移疾關外, 待命兼旬. 聞孝宗遺詔, 亟入臨."

42 『鶴山先生大全文集』卷85, "章司諫劾公 (⋯) 不報. 公出關待命. 上不得已, 畀以近郡 (⋯) 未 行, 六月孝宗昇遐, 寧考受內禪."

43 『文集·別集』卷1, "請違後一兩日卽被斥遣之命. 出關恰一月, 始能達里門."

44 "李文簡燾除侍讀, 賦詩曰, 明年七十吾歸矣, 預置北關門外船. 至冬一疾不起."

45 『攻媿集』卷96, "兩學之士數百人, 出祖關外. 人謂中興以來才一再見."

46 『梅山續稿』卷2, "宦路崎嶇閱歲華, 更無佳思發詩芭. 出關便有山林興, 續藁從今漸有涯."

47 『文集』卷29, 「與留丞相」, "爰自戊申之夏, 狼狽出關, 杜門空山, 蓋已無復當世之念."

3. 효종 만년의 인사 배치 2―이학형 사대부의 발탁

1 "時倣唐制, 置補闕拾遺, 宰臣啟, 擬令侍從臺諫薦人. 上自除叔似左補闕. 叔似論事, 遂劾首 相王淮去位."

2 『文忠集』卷173, "予奏, 禮部闕官莫差人權否. 上曰, 祔廟後尤袤當遷. 因問有何闕. 予奏, 適 正說禮部. 上曰, 既有學問, 便當用. 張體仁亦當遷."

3 『文忠集』卷172, "至是復問, 誰可爲太常. 予奏, 論學問該洽, 無如尤袤, 亦嘗議定. 但其人物 短小, 衆人恐前導時不軒昂. 上曰, 此不須管, 顧學問如何耳, 堪其任則用之."

4 『宋史』卷389, 本傳.

5 『攻媿集』卷99, "除國子錄. 未幾, 太夫人不幸, 宰相以闕進擬. 孝宗怪問, 黃裳何在. 因奏 其故, 特賜錢七十萬. 甫除喪而趣召. 既至, 太上已登極."

6 가왕은 이후의 영종寧宗을 가리킨다.

7 卷393, "黃翊善至誠, 所講須諦聽之."

8 "俄以忠定薦, 召. 至則光宗已踐祚矣."

9 『絜齋集』卷12, "十五年二月, 召赴行在, 天子見公, 甚喜. (⋯) 除戶部員外郎, 五月兼太子直講. (⋯) 十月遷起居舍人, 避祖諱, 改太常少卿, 兼侍立官, 直前奏事."

10 『文忠集』卷198, 「箚子十」, "某自聞召命, 念欲馳則, 而短才疲於應務, 竟爾未暇. 茲勤誨牘, 感悚無已. 邇日台候復何如. 大著力行所學, 悉意賑恤, 使一道黎庶當歉歲而無流殍. 陰功陽報, 自 應入儀禁近. 況主知素厚, 人望攸歸者乎. 即遂吾言, 更不切怛. 惟幾善愛, 以對天寵."

11 "二月, 光宗卽位, 遷中書舍人."

12 1163년 진사, 1209년 사망.

13 "袤少從喩樗汪應辰游. 樗學於楊時. 時, 程頤高弟也. 方乾道淳熙間, 程氏學稍振, 忌之者目 爲道學, 將攻之."

14 卷2, "先生有兄曰韋齋 (⋯) 韋齋之子南康使君, 今又以道學倡, 其詩源遠而流長, 信矣哉."

15 上同, "頃得呂東萊所定古易一篇, 朱元晦爲之跋, 當以版行, 乃與左右所刊呂汲公古經無毫髮 異, 而東萊不及微仲嘗編此書, 豈偶然同耶."

16　『續集』卷5.

17　『象山集』卷15,「與吳斗南」.

18　『文集』卷59,「答吳斗南」 제4서, "且收拾身心, 向里作些功夫."

19　"叔似雅慕朱熹, 究道德性命之旨, 談天文地理鐘律象數之學, 有稿二十卷."

20　『浪語集』卷25, "尚須力自勉勵, 毋以時學而小之. 得失付之於天, 務爲深醇盛大, 以求經學之正. 講明時務, 本末利害, 必周知之, 無爲空言, 無戾於行, 則前輩之事, 何遠之有."

21　『全集』卷13,「與薛象先」.

22　『浪語集』卷25, "某景噥有年矣. 姪子每自庠序歸省, 輒能具道問學之妙, 行誼之美, 及所以提誨之甚寵. 顧以未嘗識面爲恨."

23　『文集』卷36, "不知象先所論與此如何. 向見此公, 差強人意, 恨未得款曲盡所懷耳."

24　『水心文集』卷15, "公少從建安朱公學, 得其旨要. 已而遍觀諸書, 博求百家, 融會通浹."

25　『眞文忠公集』卷47, "父懼弱冠有異材, 鄕擧第一, 與五峯胡先生屛山劉先生游, 相好也."

26　『陳亮集』卷28,「又丙午復朱元晦祕書」, "比見陳一之國録, 說張體仁太博爲門下士, 每讀亮與門下書, 則怒髮衝冠, 以爲異説, 每見亮來, 則以爲怪人, 輒舍去不與共坐."

27　『文集』卷36,「答陳同甫」 제11서, "是非毀譽, 何足挂齒牙間."

28　『道命録』卷6에 인용된 탄핵 상소문, "妄意要津, 門生迭爲遊說政府."

29　卷107,「內任·丙辰後」, "聞蔡留邑中, 皆詹元善調護之."

30　『象山全集·年譜』, "元善爽快, 極難得, 更加磨琢沉浸之功乃佳."

31　『眞文忠公文集』卷43, "嘗謂蘇程二氏之學, 其源則一, 而用之不同, 皆有得於經術者也. 又道學之論方譁, 人謂公師友眉山, 非爲伊洛地者. 公獨反復懇叩, 爲上言之. 蓋將協和朝廷, 調一議論, 培宗社之脉, 厚薦紳之風. 推公此心, 使當元祐時, 必能銷元祐洛蜀之爭, 使獲用於慶元, 必無薰論排軋之禍."

32　『道命録』卷6, "臣本蜀人, 爲學自有源本, 介在朝序, 與人亦無親疏. 但以終歲之私憂, 首爲明主而別白. 方今道學, 伊洛爲宗, 然非程氏之私言, 出於大學之記載. 大學之教民, 明德爲先, 其間擧詩人之言, 遂有道學之目. 曰如切如磋, 道學也. 然則臣所謂以居仁由義爲道, 正心誠意爲學者, 又在於切磋之琢磨之."

33　이 구절의 해설은 주희의 『사서집주四書集注』를 참조하라.

34　『宋代蜀文輯存』卷6,「乞留朱熹劄子」.

35　『文集』卷28, "去年劉副端初除杭論, 震動朝野, 善類相慶, 而熹獨憂之."

36　「墓誌銘」, "子生平于處事則疏, 處禍福則勇. 每見東坡胸中, 未嘗依倚一物, 心竊慕之."

37　『宋代蜀文輯存』卷70,「大雄寺記」.

38　『四朝聞見録』乙集,「洛學」, 이미 제7장에서 인용되었다.

39　"有王府春秋講義及兼山集, 論天人之理, 性命之源, 皆足以發明伊洛之旨. 嘗與其鄕人陳平父兄弟講學, 平父, 張栻之門人也, 師友淵源, 蓋有自來云."

40　朱熹, 『文集』卷91,「魏公墓誌銘」 참조.

41　『南軒集』,「答陳平甫」 제2서, 각각 卷26과 卷30에 보인다.

42　上同, 卷13.

43   이름은 소절紹節이고 1213년에 사망했다. 『송사』 권398에 그의 전기가 있다.

44   『宋元學案』 卷72, 「二江諸儒學案」, "陳概, 字平甫, 普城人也. 乾道進士, 對策慷慨, 魏艮齋 讀而奇之, 告以君鄕有張敬夫者, 醇儒也. 先生遂以書問學, 與兄栗同刻意志于聖賢之道. 予讀南軒 集答平甫書, 及所作潔白堂記, 皆友朋之列. 其時蜀士除宇文樞密外, 嘗未有從南軒游者, 平甫請益 最先. 自是范文叔范秀才, 始負芨從之, 則皆平甫倡導之功也, 而宋史竟以平甫爲南軒門人, 或者請 益旣久, 遂執弟子之禮乎. 平甫之官爵, 無從考見, 而兼山黃氏之源流實由此出."

45   "左史劉公光祖狀公之行."

46   "公于文章不事雕繢, 而渾厚正大之氣實似其爲人. 詩尤淸婉, 南軒先生張栻一見所賦, 大奇 之."

47   장식의 원적原籍은 광한廣漢으로, 그 역시 촉 지방 사람이다.

48   "臣伎止此. 朱熹四十年學問, 陛下宜收召, 使備僚屬."

49   卷132, "先生聞黃文叔之死, 頗傷之, 云, 觀其文字議論, 是一箇白直響快底人, 想是懊悶死 了. 言不行, 諫不聽, 要去又不得去, 也是悶人."

50   上同, "近世士大夫憂國忘家, 每言及國家輒感憤慷慨者, 惟於趙子直黃文叔見之耳."

51   『絜齋集』 卷12, "擺脫凡陋, 刻意講學, 結交英俊, 每以追躋前修自勵. 兩貢于鄕, 淳熙二年, 進士甲科. (…) 對策日 (…) 儒者之道, 必尙仁義, 必緩功利. 仁義之效遲, 功利之效速, 人情厭遲而 喜速, 所以舍彼而取此. 然久而後成者, 又不可以遽壞. 旦暮可獲者, 不足以久安."

52   "正其誼, 不謀其利. 明其道, 不計其功." 동중서의 말이다.

53   『程氏遺書』 卷9, 「二先生語九」 및 卷25, 「伊川先生語11」을 참조.

54   "或勉以偶儷詩歌之作, 則日, 吳方篤志于致君澤民事業, 奚以是瑣瑣者爲哉."

55   『程氏遺書』 卷18, 「伊川先生語四」를 보라.

56   『全集』 卷13, "鄕來相聚, 不爲不久, 不能有以相發, 每用自愧, 屬閱來示, 尤爲惕然. 宇宙無 際, 天地開闢, 本只一家. 往聖之生, 地之相去千有餘里, 世之相後千有餘歲, 得志行乎中國, 若合符 節, 蓋一家也. 來書乃謂, 自家屋裏人, 不亦陋乎."

57   上同, 卷15, "今時仕宦書問常禮. (…) 拙鈍之質, 迺今尙有欵曲. (…) 所恃羣賢必不以此督過. 萬一致簡慢之疑, 更賴故人有以調護之."

58   "或謂天下事非才不辦. 公日, 亦當先論其心. 學術正而才不足, 所謂心誠求之, 雖不中不遠矣. 心則不正, 才雖過人, 非眞才也. 平居講貫, 博取諸人, 至于進退出處之大義, 則心自決之."

59   『眞文忠公集』 卷35, "寧宗初, 衆賢盈進, 而文恭號稱巨擘. 正心一疏, 藹然仁義之言, 視子程 子庶幾亡愧."

60   "六年拜端明殿學士簽書樞密院事. 公謂上初臨御, 宜講其所先入, 歷陳持心守正等凡十事, 請 退朝之暇, 時與大臣坐而論道, 或召侍從臺諫從容論說, 日輪講官二員, 便殿賜對."

61   『鶴山先生大全文集』 卷54, "余嘗考公崴閱, 繇館學至樞府材十餘年耳, 而論奏百數十, 大義炳 炳. (…) 嗚呼, 是拳拳者, 誰實使之. 心者, 人之神明, 其於是非邪正之辨, 較若白黑, 不容以自欺. (…) 凡以事其心焉耳矣. 事其心則事天也."

62   『宋史』 본전을 보라.

63   모두 『宋史』 본전에서 인용.

64　"尤丈近去敝邑三虎, 亦快哉. 此亦仁者之勇也."

65　『全集』卷7, "近數得尤丈書, 敝邑三虎, 已空巢穴, 不勝慶快. 得鄉人書與家書, 備報田畝閭巷僮呼鼓舞之狀. 此數人, 雖下邑賤胥, 然爲蠹日久. 凡邑之苛征橫斂, 類以供其賄謝囊橐. 與上府之胥吏, 締交合黨, 爲不可拔之勢. 官寺械囚之具, 所以禁戢奸惡, 彼反持之以劫脅齊民, 抑絕赴愬之路, 肆然以濟奸飽欲, 是豈可縱而弗呵乎. (…) 二三賤胥, 至能役士大夫護之如手足之捍頭目, 豈不悖戾甚矣."

66　錢鍾書, 『宋詩選注』, 「淮民謠」注 1 참조(北京, 1958, 232쪽).

67　"猶及見度江盛時民生富樂, 吏治修舉."

4. 이학자 집단의 배치―대간의 재정비와 인재 추천

1　『水心文集』卷15, "自趙丞相去, 士久失職. 公率同志請於周丞相, 反覆極論, 責以變通之理. 因疏納知名者三十餘人, 周丞相不能用, 然其後亦多所收擢, 公之力也."

2　『眞文忠公集』卷47, "公疏納知名士三十六人."

3　"因疏納知名士廢不用者, 陳傅良君擧而下三十三人."

4　"王丞相秉相日久, 士久失職."

5　저자는 원저에서 "실직한 왕당失職的王黨"을 쫓아내는 것이 목적이었다고 쓰는데, '실직한' 사람은 이학자들이었다. 따라서 "실직한 왕당"이라는 표현에는 오류가 있는 것 같다.―옮긴이

6　『鶴山先生大全文集』卷63, "今幸從文恭公之子愚獲觀薦士稿, 前輩懷人憂世之規, 大抵皆如此. 凡以謹時幾而釐帝命也. 俗流世隘, 此事久無聞矣. 三復遺墨, 爲之永嘆."

7　『水心文集』卷27.

8　"國家之用賢才, 必如饑渴之於飮食, 誠心好之, 求取之急惟恐不至, 口腹之獲惟恐不盡. (…) 竊以近歲海內名聞之士, 志行端一, 才能敏強, 可以卓然當國家之用者, 宜不爲少, 而其間雖有已經選用者, 不究才能, 嘗預薦聞, 未蒙旌擢, 亦有已罹憂患, 恐致沉淪, 既得外遷, 因不復入, 以一疑而傷衆信, 用浮華而傷實能, 又況其自安常分, 無所扳援, 復貽頹年, 永絕榮進者乎. 每一思之深切痛悼, 伏惟丞相國公, 晉當國柄, 所宜察饑渴飮食之時, 體盡誠好士之心, 急求力取, 博選亟用, 以爲國本民命永遠之地, 以報明主之遇, 以塞多士之責. (…) 某等濫膺朝列, 叨竊祿食, 常愧聽聞短狹, 知賢不多, 無以裨補萬一, 不勝慚愧. 謹自陳傅良以下三十四人, 冒昧以聞, 伏候採擇."

9　"惟念相公自居大位, 悉引海內知名之士, 無一不聚于朝."

10　『宋元學案』卷97.

11　"近日臣僚多說, 有朝士薦三十餘人在廟堂, 如果有之, 可繳進來."

12　"又蒙聖諭, 朝士薦三十餘人在廟堂. 此乃數月前事, 當時並已峻拒, 元不曾進擬一名. 元本今搜尋未見, 當時留正蕭燧, 各得此本, 迄陛下徑問留正, 恐尚收得. 臣一面繙尋故書, 但慮今晚未能繳進."

13　여기서 「집정에게 올리는 추천서」의 '원건袁謇'이 '원섭袁燮'의 오류임을 알 수 있다.

14　『文忠集』卷152, "臣昨晚既具回奏, 連夜繙閱舊書, 方見元薦士劄子, 乃是七月初衆人面納. 明知朝廷未必聽用, 不過各欲藉口塞故舊之責, 此亦古今常事, 無足多怪. 當時臣與二㕘說了, 各自收起. 直至八九月間, 好事者方知, 以告葛郊, 郊因而轉相傳説, 敬達睿聰, 其于用意, 自有曲折. 幸因聖問, 方表不曾進擬一名, 少杜讒者之口. 内范仲黼王叔簡, 並川人, 係是近日聖選, 無待臣言. 其徐元德黄艾袁燮, 各有貼説, 伏乞睿照.

貼黄. 只如張杓, 頃露章力薦沈焕, 或者慮其收用, 即爲飛語以中之, 風波可畏如此. 近日王希呂, 又有奏札薦焕, 至今不敢將上, 足見臣之畏縮, 旦夕不免進呈取旨批説.

再貼黄. 袁樞久被聖知, 偶與陳賈有仇, 近復因冷世光事, 所以不樂多薦. 羅點蒙親擢右史, 未免人之忌嫉, 張體仁乃梁克家所薦, 葉適是王淮用爲學官, 馮震武則留正幕属. 五人皆主張朱熹, 遂致議論, 似未必專爲薦士. 伏乞睿照."

15   "諭宰執日, 林栗章初未降出, 何得外廷喧播. 或對以栗在漏舍宣言章疏, 人人知之. 上不悦."

16   원문에는 '도가학道家學'으로 되어 있으나, 문맥상 '도학가道學家'가 맞는 듯해서 고쳤다.—옮긴이

17   劉光祖, 「趙公墓誌銘」, 『宋代蜀文輯存』, 卷71.

18   왕숙간은 고증할 수 없는 7인 중 한 명이다.

19   "自王淮去國, 凡所遷除, 多是婺人 (…) 正欲消弭爭端耳."

20   냉세광이 원추를 공격한 사건은 제9장의 「왕회의 파직 과정」절을 보라.

21   "郊爲東宮僚属八年, 孝宗書安遇字以賜, 又出梅花詩, 命郊屬和, 眷遇甚渥. 光宗受禪, 除參知政事."

22   주희와 진량의 말은 모두 제9장 마지막 절에서 한 차례 인용되었다.

23   26일의 「회답 상주문回奏」, 「謾作人情」, 『微薦士奏』, "各欲借口塞故舊之責."

24   袁燮, 「羅公行狀」, 『絜齋集』, 卷12, "臣聞君子小人相爲消長, 衆正進而後群枉消, 群枉消而後國是定, 國是定而後太平之基立. 自古聖明之君, 廣儲人才, 扶植善類, 使陰邪小人, 無閒可入, 豈直爲一時計哉. 今惡直醜正之徒, 私立名字, 陰阻善良, 稍相汲引者指爲朋黨, 稍欲立事者, 目爲邀功, 而獨以循黙謹畏者爲時才. 此陛下好賢之美意所以猶未白于天下也. 願明詔大臣, 公心求才, 毋惑于邪説."

25   "周有甚黨, 還是王黨盛耳."

26   "詔中書舍人羅點具可爲臺諫者, 點以葉適吴鎰孫逢吉張體仁馮震武鄭湜劉崇之沈清臣八人, 上之."

27   袁燮, 「羅公行狀」, "夫人主所恃以共天下之事者, 宰執也. 宰執有所不及, 所恃以維持綱紀者, 給舍臺諫也."

28   상편 제4장 참조.

29   엽적의 말.

30   『宋史』, 「尤袤傳」, "臺諫皆其門人."

31   袁燮, 「黄公行狀」, 『絜齋集』, 卷13, "給事臺諫用舍之柄在其手."

32   "孫逢吉從之煞好. 初除, 便上一文字, 盡將今所諱忌如 "正心誠意" 許多説話, 一齊盡説出, 看來這是合著説底話."

33   『鮚埼亭集』外編, 卷43.

34   『全集』卷13.

35 "壅蔽昧沒."

36 洪邁, 『夷堅誌』支景, 卷2, 「易村婦人」조목.

37 周必大, 『思陵錄 上』, "不用惑紛紛之說."

38 "紹熙初, 崇仁吳仲權鎰時爲祕書省正字. (…) 慶元二年, 吳由尚書郎出持湖南漕節. 明年四月徙廣西, 旋遭論罷. (…) 其壽不登六十, 爲可惜也."

39 『攻媿集』卷96, "尤篤意人物, 太府卿項安世, 吏部吳鎰方銓, 工部徐應龍, 皆所薦也."

40 『宋史』卷395, 本傳, "義風凜然."

41 이에 대해서는 다른 증거가 있는데, 뒤에서 상세히 다룬다.

42 『文忠集』附錄, 卷1, "德公深知, 始終弗忘."

43 周必大, 『思陵錄 上』.

44 「職官」72의 52, "十九日詔 (…) 著作佐郎劉崇之幷放罷. 前祕書丞沈淸臣降兩官. (…) 以言者論 (…) 崇之, 淸臣皆無行檢 (…) 故有是命."

45 上同, 72의 54, "祕書省正字吳鎰 (…) 放罷, 以諫議大夫何澹論 (…) 鎰輕薄浮躁, 專以口吻劫持爲事."

46 제9장 마지막 부분에 인용된 주희의 편지 「유회백에게與劉晦伯」를 보라.

47 劉光祖, 「趙公墓誌銘」.

48 『眞文忠公全集』卷43, "户部尙書葉翥, 太府卿兼中書舍人沈揆, 結近習, 圖進用, 公皆劾去之. (…) 又論前諫議大夫陳賈, 今右正言黃掄, 皆得罪淸議, 爲聖世罪人. 詔賈子祠, 掄補外."

49 앞 절에서 유정을 논한 부분을 보라.

50 『蜀文輯存』卷69, "至如掄者, 志趣凡近, 資稟侫柔, 陛下偶得之於進對之間, 意其爲淳實朴茂之士, 擢在言路. (…) 而掄疏一出, 聞者駭然. 且陛下欲更補闕拾遺之名, 初匪有督過諫臣之意, 詔墨開勉, 臣子感心. 一去一留, 事已久定. 而掄於事定之後, 乃妄謂人臣掠名, 而歸過君父. 陛下閔其所謂無尊君親上之意, 聽其所謂以直諫得罪之言, 雖天度之能容, 豈聖心之所樂. 二人之罷, 亦爲臣之分也. 而群情共惑, 則掄實有以致之. 臣於彼時讀此疏, 驚嘆失聲曰, 豈有身任諫官, 而惡人忠諫, 又使陛下眞有罪諫之名, 與詔意特異. 皆掄以讒說誤聖聰之過也. 其後淵夷漸察, 欲掩臺臣, 不知掄何慮何疑, 而亟入奏封, 乃謂恐從臣薦人, 各有私意, 陛下聰明洞照, 掄說不行. 中外聞之, 咸誦聖德. 且掄前出一言, 而使人主厭惡人言, 後出一言, 而使人主猜防臣下. 掄之職任所當否. 臣昨者上殿, 本首欲劾掄議論邪諂, 不堪爲諫官. 又念臺諫一體, 擊之太遽, 故於奏疏千餘言之後, 深切及之. 掄來見臣, 面目羞愧. 臣雖勉強開釋之使去, 然意其必能請外以自全. 掄察臣意度稍寬, 復自言初非己意, 諉人以自免, 詔臣以求安. 臣於是鄙掄之爲人, 見其依違反覆以難保. (…) 臣於陳賈范處義黃掄三人, 誠素意所薄, 且每恨其孤負君恩. 今處義敗露而去, 如賈者縱不深罪, 亦宜罷郡, 以慰人心. 如掄者就令寬恩, 且使補外, 以塞公議."

51 "自除一黃搶, 不知是何人也."

52 "以左補闕薛叔似爲將作監, 右拾遺許及之爲軍器監. 拾遺補闕官自此罷."

53 제목 아래에 "기유己酉 5월 2일"이라는 주注가 있는데, 기유는 순희 16년(1189)이다.

54 "兹閫榮被親擢, 進居六察之聯, 深以爲慰. (…) 但二小諫之去, 殊可惜, 乃不能遂其言, 何耶. 諸公排逐正人, 乃以尊兄塞責, 此相輕之甚(저자는 이것을 '意'자로 표기했으나, 옮긴이는 원전

에 근거해 甚자로 고쳤다), 謂兄必不能爲薛許耳. 不可懷此小恩, 而忘大辱. 幸深念之.”

55 『宋史』卷164,「職官四」,“監察御使”조목.

56 “老先生平日之所望于後人者.”

57 『文集』卷28,“二諫之去, 江夏之升, 此乃不犯手勢而斡旋運轉, 無不如其意者. 自古小人所以敗亂國家, 豈皆凶惡猛鷙, 有可畏之威而後能之. 但有患失之心, 便自無所不至. (…) 二諫之去, 必須有曲折, 幸子細報及.” 제9장 마지막에서 인용한 「유회백에게 답하다」에는 “어제 원선의 편지를 받았다”는 말이 있는데, 이 편지는 장원선에게 답하면서 지어진 것이기에 유회백에게 보낸 답장 바로 다음에 놓여야 한다.

58 “天下無雙, 江夏黃童.”

59 『文集』卷29,“東府復留, 勢豈能久. 意其亦必自知如此而姑爲偸安引日之計, 以媚羣小, 冀無後災. 其其爲害又將有不可勝言者. 尚書與之情義不薄, 曷若勸之. (…) 但其人自無遠識, 親狎庸佞. 全身保妻子之慮深, 而憂國愛民之念淺, 恐未必能聽此大度之言耳.”

60 “夫以丞相今日之所處, 無黨則無黨矣, 而使小人之道日長, 君子之道日消, 天下之慮將有不可勝言者. 則承相安得辭其責哉.”

61 『宋史』卷391,「留正傳」,“陛下近年, 不知何人獻把定之說, 遂至每事堅執, 斷不可回. 天下至大, 機務至煩, 事出於是, 則人無異詞, 可以固執. 事出於非, 則衆論紛起, 必湏惟是之從. 臣恐自此以往, 事無是非, 陛下壹持把定之說, 言路遂塞.”

62 『考異』卷4, 紹熙 2년 7월 조목,“元未有召用之意, 其除命皆由留丞相所薦”

63 “南臺西掖乃爲差強人意者, 然不淸其原而室其流, 恐徒費力而無補也.”

64 “공이 있으면 임금이 현명하다는 소리를 듣고, 허물이 있으면 신하가 그 죄를 떠맡는다 有功則君其賢, 有過則臣任其罪.”

65 『新唐書』卷47,「百官二」,“門下”조목,“[掌供奉] 諷諫, 大事廷議, 小則上封事.”

66 “掄來見臣, 面目殊愧. 臣雖勉強開釋之使去, 然意其必能請外以自全. 掄察臣意度稍寬, 復自言初非己意, 誘人以自免, 詔臣以求安.”

67 陳德秀,「劉閣學墓誌銘」,“在臺端才六十九日而罷.”

68 『道命錄』卷6,“劉德修論道學非程氏之私言”조목.

69 「職官」73의 2,“七月二十一日 (…) 新知靜江府陳賈罷新任, 以殿中侍御史林大中言 (…) 賈昨爲臺諫彈論, 循私納賂一節尤爲可鄙, 難任郡寄. 故有是命.”

70 “光宗受禪, 除監察御史. (…) 遷殿中侍御史. (…) 陳賈以靜江守臣入奏, 大中極論其庸回亡識, 嘗表裏王淮, 創爲道學之目, 陰廢正人. 儻許入奏, 必再留中, 善類聞之, 紛然引去, 非所以靖國. 命遂寢.”

71 『攻媿集』, 卷98.

72 “朱待制嘗貽書朝士, 有曰, 林和叔初不識之, 但聞其入臺, 無一事不中的. 去國一節, 風誼凜然, 當于古人中求之. 後同在從班, 相得愈深.”

73 “有薦公入臺, 而論事多可而無特操, 不可爲執政.”

74 『宋史』本傳을 보라.

75 「神道碑」,“諫行言聽之始.”

76 『莊子』, 「讓王」, "身在江湖, 心存魏闕."

77 태자를 보좌하는 관리.—옮긴이

78 고종의 헌성 오황후의 조카.

79 『眞文忠公文集』 卷47, "紹熙甲寅, 趙丞相將定大策, 外廷無預議者, 獨誘公與左司郎中徐誼, 達意少保吳琚, 請憲聖垂簾, 爲援立聖明之地."

80 『水心文集』 卷21, "疾終不愈, 孝宗崩, 又不能喪, 公與少保吳琚議, 請太皇太后臨朝, 扶嘉王代祭, 答羣臣禮, 幕士取簾幃俟命, 后自祭奠, 乃止. 於是將禪, 上臨喪未可知也. 公憂憤嘔泄臥, 責趙丞相曰, (⋯) 國家存亡, 在玆一舉. 趙公問策安在, 公以知閣門事蔡必勝授之, 使同爲知閣韓侂胄固請於太皇太后. 禪之日, 嘉王竟立."

81 "知樞密院趙汝遇憂危不知所出, 適告知閣門事蔡必勝曰, 國事至此, 子爲近臣, 庸坐視乎. 蔡許諾, 與宣贊舍人傅昌朝, 知內侍省闕禮, 知閣門事韓侂胄三人定計. 侂胄, 太皇太后甥也. 會慈福宮提點張宗尹過侂胄, 侂胄覘其意以告必勝. 適得之, 即亟白汝愚. 汝愚請必勝議事, 遂遣侂胄因張宗尹, 闕禮以內禪議奏太皇太后, 且請垂簾, 許之, 計遂定. 翌日禪祭, 太皇太后臨朝, 嘉王即皇帝位. (⋯) 凡表奏皆汝愚與適裁定, 臨期取以授儀曹郎, 人始知其預議焉. 遷國子司業. 汝愚既相, 賞功將及適, 適曰, 國危効忠, 職也. 適何功之有."

82 『宋史』의 「葉適傳」은 비록 후대에 작성되었지만, 『四朝聞見錄』 丙集의 "寧皇登位" 조목이 그에 대한 증명이 된다.

83 『象山全集』, 「年譜」, 乾道 8년, "徐誼子誼侍學" 조목 및 卷35 「語錄 下」를 보라.

84 葉適, 「徐公墓誌銘」, "以悟爲宗."

85 『宋元學案』 卷54, 「水心學案序錄」, "乾淳諸老旣歿, 學術之會, 總爲朱陸二派, 而水心斷斷其間, 遂成鼎足."

제11장 관료 집단의 기원과 전승

1. 서언

1 　魏了翁, 『鶴山先生大全集』 卷89, 「吳公行狀」, "陛下臨御未數月, 今日出一紙去一宰相, 明日出一帋去一諫臣, 其他令由中出, 不知其幾. 昨日又聞侍講朱熹, 遽以御札畀之祠祿. 中外相顧惶駭, 謂事不出於中書, 是謂亂政. 熹當世老儒, 善類攸歸, 清議所出. 陛下毋謂天下爲一人私有, 而用舍之間, 爲是輕易快意之舉."

2 　『文集』 卷14, 상편 제4장에서 인용되었음.

3 　『呂氏春秋』, 「貴公篇」.

4 　"天下乃天下之天下, 非一人之天下也."

5 　『白氏長慶集』 卷3, "古人有言天下者, 非是一人之天下."

6 　朱熹, 「箚子」, "謀之大臣, 參之給舍."

7 　『昌谷集』 卷5, 「應求言詔上封事」, "臣竊觀陛下嗣服之初, 未嘗有失德於天下. 而天下之共治者常有凜然不安之憂, 天下之論治者常有歉然不足之歎."

8 魏了翁,「曹公墓誌銘」,『鶴山文集』卷87.

9 임금이 신하에게 내리는 명령 또는 훈계.—옮긴이

10 李幼武,「陳亮言行錄」, 증정본『陳亮集』, 544쪽. "三歲大比, 人徒知爲布衣進身之途, 藝祖皇帝有言曰, 國家設科取士, 本欲求賢以同治天下. 大哉王言, 朕所當取法也"

11 『宋會要輯稿』,「選擧」1의 23~24.

12 "上初即位 (…) 思廣振淹滯, 以資其闕, 顧謂侍臣曰, 朕欲博求俊乂於科場中, 非敢望拔十得五, 止得一二, 亦可爲致治之具矣."

13 한유[한퇴지]는 "임금은 명령을 발하는 자다君, 出令者也"라고 말했고, 주희는 "임금은 명령의 제정을 직무로 삼는다君以制命爲職"라고 말했다.

2. 기원: 진가의 '위학 금지'로부터

1 엽적의 말이다.『水心文集』卷24,「李公(祥)墓誌銘」을 보라.

2 李心傳,『道命錄』卷5, "近世搢紳士夫, 有所謂道學者 (…) 其說以謹篤爲能, 以踐履爲高, 以正心誠意克己復禮爲事. 若此之類皆學者所當然, 而其徒乃謂己獨能之. 夷考所爲, 則又大不然, 不幾乎假其名以濟其僞者耶. 是以己之所甚欲者, 爵位也. 其語人則曰, 吾常泥澤冠冕而弗顧. 己之所甚愛者, 貨賂也. 其語人則曰, 吾能糞土千金而弗受. 又其甚者, 道先王之語, 而行如市人. 竊處士之名, 而窺取顯位, 輕視典憲, 傍若無人. 故上焉者得以逞其間, 次焉者得以護其短, 下焉者得以掩其能, 相與造成言語, 互爲標榜. 有善雖小, 必交口稱譽, 以爲他人所難辦. 有過雖大, 必曲爲辭說, 以爲其中實不然. 故附之者, 常假其勢以爲梯媒, 庇之者, 常獲其助以爲肘腋. 植黨分明, 漸不可長. 夫朋黨之始, 不過相與爲媒, 彼此矛盾而已. 萬一有是人而得用也, 則必求有以相勝, 欺君罔上, 其術逐行. 利害不在其身, 而在天下也."

3 "晦菴先生祠命之未下也, 時相先擢太府寺丞陳賈爲監察御使. 至是輪當面對, 逐上此奏. 時鄭丙爲吏部尙書, 亦上言, 近世有所謂道學者, 欺世盜名, 不誼信用. 逐有道學之目焉. (…) 當時太學諸生爲之語曰, 周公大聖猶遭謗, 伊洛名賢亦被譏. 堪歎古今兩陳賈, 與何專把聖賢非."

4 상세한 내용은 순희 9년(1182) 6월 8일의「재상에게 올리는 편지上宰相書」,『文集』卷26을 보라.

5 『水心文集』卷2,「辯兵部郎官朱元晦狀」, "往日王淮表裏臺諫, 陰廢正人."

6 林栗, 何澹, 劉德秀, 胡紘, 沈繼祖, 劉三杰, 姚愈 등의 상주문과 비교해볼 수 있다. 이들 상주문은 모두『道命錄』卷6, 卷7에 수록되어 있다.

7 "高明自得之學, (…) 浮僞之徒 (…) 竊借其名, 以爲身售."

8 『四朝聞見錄』丙集, "褒贈伊川" 조목, "僞之一字已見于紹興制詞."

9 제9장의「주필대와 이학자」절에서 이미 논했다.

10 『道命錄』卷7下, "유삼걸이, 위학의 당이 변하여 역당이 되었으니 [이 당을] 철저히 방지해야 함을 논함劉三杰論僞學黨變而爲逆黨, 防之不可不至" 조목.

11 『水心文集』卷2,「辯兵部郎官朱元晦狀」, "近創爲道學之目, 鄭丙倡之, 陳賈和之, 居要津者, 密相付授, 見士大夫有稍慕潔修, 粗能操守, 輒以道學之名歸之. 以爲善爲玷闕, 以好學爲過愆, 相爲鉤距, 使不能進從, 旁窺伺, 使不獲安."

12 『孟子·離婁上』, "爲淵敺魚者, 獺也. 爲叢敺爵者, 鸇也. 爲湯武敺民者, 桀與紂也."

13 "燕人畔. 王曰, 吾甚慙於孟子. 賈曰, 王無患焉. 王自以爲與周公孰仁且智. 王曰, 惡, 是何言也. 曰, 周公使管叔監殷, 管叔以殷畔, 知而使之是不仁也, 不知而使之是不智也. 仁智, 周公未之盡也. 而況於王乎. 賈請見而解之."

14 조기趙崎의 주석에 따름.

15 朱熹, 『集注』.

16 『宋史』 卷394 本傳; 『道命錄』 卷7上, 『齊東野語』 卷14 "繼母服" 조목.

17 『攻媿集』 卷96, "兩學之士數百人, 出祖關外." 앞 장의 「부연설명 3: 영지사와 북관」을 보라.

18 "戊午, 太學生汪安仁等二百一十八人上書, 請朝重華, 皆不報."

19 "己酉, 太學生程肯說等以帝未朝, 移書大臣, 事聞, 帝將以癸丑日朝."

20 형벌의 일종. 형벌 대상을 지방의 호적에 편입시켜 지방관으로 하여금 그가 집 안에서 독서만讀 하는지 그 소리를 듣게끔聽[감시하게끔] 한다는 데에서 유래했다.

21 『四朝聞見錄』 甲集, "慶元六君子" 조목, "太學諸生上封事, 扣麗正甚急, 侂冑欲斬其爲首者, 寧皇只從聽讀. 當時同衛上者六人, 世號爲六君子, 曰周端朝, 曰張道, 曰徐範, 曰蔣傅, 林仲麟, 楊宏中, 皆併出. 惟周受禍略備."

22 "慶元初, 韓侂冑旣逐趙忠定, 太學諸生敖陶孫賦詩於三元樓云, 左手旋乾右轉坤, 如何群小恣流言(原注: 又曰群小相煽動謠言). 狼胡無地居姬旦, 魚腹終天弔屈原. 一死固知公所欠, 孤忠幸有史長存. 九原若遇韓忠獻, 休說如今有末孫(原注: 又曰休說渠家末世孫)."

23 『鶴林玉露』 丙編, 卷2, "無官御使" 조목, "太學古語云, 有髮頭陀寺, 無官御史臺. 言其淸苦而鯁亮也. 嘉定間, 余在太學, 聞長上同舍言, 乾淳間, 齋舍質素, 飮器止陶瓦, 棟宇無設飾. (…) 國有大事, 鯁論間發, 言侍從之所不敢言, 攻臺諫之所不敢攻, 由昔迄今, 偉節相望."

24 "三學之橫, 盛於景定淳祐之際. 凡其所欲出者, 雖宰相臺諫亦直攻之, 使必去. 權乃與人主抗衡. 或少見施行, 則必借秦爲諭, 動以坑儒惡聲加之. 時君時相畏不敢過而問焉."

3. 관료 집단의 전승

1 경상卿相의 바로 아래 직위.―옮긴이

2 『水心別集』 卷15, 「上殿箚子」, "今環視諸臣, 前者後者, 迭進迭退. (…) 其懷利尙同, 毀傷善類, 陰塞正路, 謀以力擄要津者, 充滿內外."

3 "十二月, 陳賈自知寧國府召爲兵部侍郎, 酬其言也."

4 "十三年正月二十二日知秀州王訥放罷. (…) 監察御使陳賈爲言, 于是移獄棘寺."

5 "王藺母亼時賜銀絹三百疋兩. 今來陳賈母亼, 若依前所賜, 恐爲永例. 若三分減一, 却恐有厚薄. 如何合宜. 可密奏来."

6 『文忠集』 卷150, "臣伏蒙聖問, 仰悉聖意. 但丘崇丁憂, 似聞陛下曾有所賜. 若是三百疋兩, 則似難減. 況諫大夫與正侍郎不甚相逺, 更乞聖裁."

7 『宋史』, 「職官之四」, "御史臺" 조목.

8 『文忠集』 卷152, "又蒙聖諭, 朝士薦三十餘人在廟堂, 此乃数月前事, 當時並已峻拒, 元不曾進擬一名. (…) 此事本是謾作人情, 朝廷何嘗聽信, 自王淮去國, 凡所遷除, 多是婪人, 其間如范嗣蠹, 兩爲讒攻擊, 臣不免竭力救解, 正欲消彌爭端耳. 其餘在外人才, 臣並不曾敢薦進一名. 所有五月以後差除, 臣續當一一開具来歷. 蓋緣去春陳賈迎頭論列王謙, 意在逐臣. 所以未敢力求去者, 正以授任之初, 勢不兩立. 旣難因臣而易言路, 又不應命相一月, 遽令罷免. 以嘗奏知, 忍恥少待. (…) 屢與留正說, 只俟十一月間, 即便力請. 蓋非獨臣才力有限, 難尸重任, 兼具瞻之地, 衆口難調, 只如何澹, 自爲省元, 未嘗一歷外任, 司業纔滿. 本要遷檢正以試其才. 而澹薄其官, 力懇兩叅, 必要太常祕書, 爲侍從之捷徑. 兼陳賈是澹姑父, 向来預其議論, 常恐爲人所攻. 又疑臣因賈之故, 滯其進取, 每每相嫉. 臣不免與二叅商量, 峻遷祭酒, 在奉常祕書之上. 如此委曲, 尚不相恕. 憂讒畏譏, 曉夕不寧, 安能展布四體, 爲國謀事. 況堂除一小小監當, 若留正以爲未可, 即更不敢施行. 每日將上文字, 留正或稍未通徹, 即便揀退. 伏料奏對之間, 陛下必已洞見. 臣若彌縫上下, 苟度歲月, 固可安身. 若遇緩急, 不知澹輩昔任責否. 臣屢欲請間披露情素, 又恐衆不相察, 疑臣別有陳逃. 幸因囬奏, 略布愚衷."

9   張端義,『貴耳集』, 卷下, "孝皇朝不許宰相進擬鄕人. 王丞相宰相位八年, 林子中亦鄕人, 八年不得除命."

10 楊萬里,「王公神道碑」,『誠齋集』卷120을 보라.

11 "王丞相罷, 留丞相爲次輔, 與益公不合, 擢何澹爲諫長, 攻益公罷之."

12 "澹本周必大所厚, 始爲學官, 二年不遷, 留正奏遷之. 澹憾必大, 及長諫垣, 即劾必大, 必大遂策免."

13 『道命錄』卷6, "三月, 劉公被命拆號南宮, 與何坐席甫迫. 何曰, 近日風采一新. 劉公曰, 光祖非立異也. 但平日與大諫言者, 今則自言之耳. 及退, 同院語劉公曰, 何自然見公疏, 爲怳惚者數日. 至餌定志丸, 他可知也."

14 『道命錄』卷6, "劉公在三館時, 與何諫議善."

4. 광종대의 관료 집단

1   본서 제10장 마지막 절을 보라.

2   『文集』卷28, "得朝士私書, 語及近事, 恭聞丞相忠誠感格, 天意爲回, 重陰之底復有陽復之漸. (…) 旣又反復以思, 則恐今日之事未足爲喜, 而前日之論猶有可思者也. 蓋自古君子小人雜居並用, 非此勝彼, 即彼勝此, 無有兩相疑而終不決者, 此必然之理也. 故雖擧朝皆君子, 而但有一二小人雜於百執事之間, 投隙抵巇, 已足爲患, 況居侍從之列乎. 況居丞弼之任而潛植私黨布滿要津乎. (…) 今親疏新舊之情本自不侔, 忠邪逆逆之趣又各有在, 彼已先据必勝之地, 而挾群黨以塞要衝, 凡一擧手一搖足, 皆足以爲吾之害. 下至近習纖人, 亦或爲之挾持簡牘, 關通內外, 以助其勢. 而吾乃兀然孤居, 孑然特立, 絶無蚍蜉蟻子之援, 可與用力於根本之地, 以覺上心而淸言路, 其可望以爲公道之助者, 不能留之跬步之間, 而欲求之千里之外, 彼方爲主而我方爲客, 彼方爲刀而我方爲肉, 此固天下之危機敗證, 而又時取彼所甚惡之人, 置之不能爲助之處, 徒益其疑而無補於事. 愚恐雖能逼起天下之賢人君子置之內外, 彼亦不必動其聲氣, 但陰拱而微伺, 其勢以能害己, 則便一昫目而群吠四起, 使來者或未及門, 至者或未暖席, 而已狼狽倉皇奔迸四出矣. 尙何國事之可圖哉. 今日之事, 丞相以爲但去〇〇一人, 班列便無小人, 臺閣便無異論乎. 胡不觀於鄭向書王業作孫司業之逐去而不留袁溫州之已除而中寢, 此皆誰實爲之也哉. 以愚觀之, 但見其操心益危, 慮患益深, 而爲崇益甚耳. 語曰, 治水不自其原, 末流彌增其廣. 又曰, 射人先射馬, 禽賊當禽王. 蓋慮此也."

3   앞에서 태학생 부분을 이야기할 때 언급했다.

4   『莊子』, 「讓王」, "身在江湖, 心存魏闕."

5   "伏願丞相試熟計之, 而亟陰求學士大夫之有識慮氣節者相與謀之, 先使上心廓然洞見忠邪之
所在, 而自腹心以至耳目喉舌之地, 皆不容有毫髮邪氣留於其間, 然後天下之賢可以次而用, 天下之
事可以序而爲也."

6   상편 제7장, '남은 논의'에서 인용됨.

7   "寧宗卽位, 知樞密院事兼參知政事. 趙汝愚爲右丞相, 騤素所不快, 未嘗同堂語. 汝愚擬除劉
光祖侍御史, 騤奏曰, 劉光祖舊與臣有隙, 光祖入臺, 臣請避之, 汝愚愕而止."

8   "會汝愚奏除劉光祖侍御史, 方進呈. 知樞密院陳騤忽奏曰, 光祖與臣有嫌, 今光祖入臺, 願先
避位, 汝愚愕然而止. 佗胄遂以内批除謝深甫御史中丞, 蓋佗胄與騤合謀已定, 獨汝愚未之覺耳."

9   "二月三日得旨, 呂某編類文海采摭精詳, 與除直祕閣. (…) 時中書舍人陳騤徹公直閣之命, 以
爲推賞太優. 尋奉聖旨, 館閣之職, 文史爲先. 今所編次, 采取精詳. 觀其用意, 有益治道, 故以寵
之. 可卽命辭."

10   "騤旣徹駁不行, 故假王言, 以寓誣詆云."

11   「職官」6의 61, "權吏部侍郎陳騤兼侍講."

12   진규의 本傳 및 「光宗紀」를 보라.

13   『宋史』, 「光宗紀」 및 卷213, 「宰輔四」를 보라.

14   "除參知政事. 上曰, 卿每告朕用人. 今卿居用人之地, 不可不勉."

15   본서 제10장 「부연설명 3」을 보라.

16   "邲爲東宮僚屬八年, 孝宗書安遇字以賜, 又出梅花詩命邲屬和, 眷遇甚渥. 光宗受禪, 除參知
政事. (…) 紹熙四年, 拜左丞相, 專守祖宗法度, 薦進人物, 博采公論, 惟恐其不聞之. 未期年, 除觀
文殿大學士知建康府."

17   "除左司諫, 時左相留正去, 右相葛邲當國. 潁論邲不足任大事, 凡二十餘疏. 從官議欲超除潁,
俾去言職, 庶可兩留. 光宗曰, 是好諫官, 何以遷之. 邲始出."

18   "十二月壬寅, 右司諫章潁以地震請罷葛邲, 疏十餘上, 不報."

19   역시 「光宗紀」를 보라.

20   『鶴山先生大全文集』 卷85, "是時留丞相請罷政, 待放于范村, 久不獲命. 廷臣謂上欲專相葛公
邲, 陳起居贊章司諫擊之."

21   樓鑰, 「陳公神道碑」, 『攻媿集』 卷95.

22   제10장의 '효종 만년의 배치 1' 절을 보라.

23   楊萬里, 「王公神道碑」, 『誠齋集』 卷120.

24   제10장의 가장 마지막 절을 보라.

5. 유덕수의 자서

1   "劉德秀仲洪爲桂陽教官, 考校長沙回. 至衡山, 遇湖南撫幹曾撙節夫, 亦自零陵考校回. 曾晦
翁上足而劉之素厚善者也. 同宿旅邸, 相得甚歡. 劉謂曾曰, 倉司下半年文字, 聞君已覓之, 信否.

日, 不然, 撙平生不就人求薦. 劉再三叩之, 曾甚言所守端確, 未嘗屈節於人. 劉日, 然則, 某欲得之, 可乎. 曰, 君自取之, 何與吾事. 劉至衡陽, 以告倉屬. 倉屬日, 長官已許曾節夫矣. 劉日, 昨遇之於途, 而日未嘗覓文字於人. 倉屬日, 不然. 曾書可覆也. 取以示之, 則詞極卑敬, 無非乞憐之語. 劉嘆息而去日, 此其所以爲道學也歟. 及劉爲大理司直, 會治山陵於紹興, 朝議或欲他徙. 丞相劉公, 正會朝士議於其第, 劉亦往焉. 是早至相府, 則太常少卿詹體仁元善, 國子司業葉適正則, 先至矣. 詹葉亦晦翁之徒, 而劉之同年也. 二人方並席交談, 攘臂笑語, 劉至顏色頓異, 劉即揖之, 叙寒温, 葉猶道即日等數語, 至詹則長揖而已. 揖罷, 二人離席默坐, 凛然不可犯. 劉知二人之不吾顧也, 亦移席別坐. 須臾留相出, 詹葉相顧, 厲聲而起日, 宜力主張紹興非其地也. 乃升階力辭其非地. 留相疑之日, 孰能決此. 二人日, 此有蔡元定者, 深於郭氏之學, 識見議論, 無不精到, 可決也. 劉知二人之意在蔡季通, 則獨立階隅, 黙不發一語. 留相忽顧之日, 君意如何. 劉揖而進日, 不問不敢對, 小子何敢自隱. 某少歷宦途, 奔走東南湖湘閩廣江浙之間, 歷覽盡矣. 山水之秀, 無如越地, 盖甲於天下者也. 宅梓宮爲甚宜. 且遷易山陵大事也, 況國步彌艱, 經費百出, 何以堪此. 公慨然日, 君言是也. 諸公復向趙汝愚第議之. 至客次, 二人忽視劉曰, 年丈何必爾耶. 劉對日, 愚見如此, 非敢異也. 既而劉辯之如初, 易地之議遂格. 劉因自念日, 變色而離席, 彼自爲道學, 而以吾爲不知臭味也. 雖同年如不識矣. 至樞府而呼年丈, 未嘗不知也. 矜己以傲人, 彼自負所學矣, 而求私援故舊, 則雖遷易梓宮不恤也. 假山林以行其私意, 何其忍爲也. 日曾, 日詹, 日葉, 皆以道學自名, 而其行事若此, 皆僞徒也. 謂之僞學, 何疑. 未幾, 劉遷御史, 于是悉劾朱氏之學者而盡逐之. 僞學之名, 自此始. 劉之帥長沙也, 親爲昺言甚詳, 特記其顚末如此."

2   『宋元學案』卷71, "撫干曾先生撙" 조목을 보라.

3   卷28, "節夫閑中, 想進修不輟, 察偏矯習, 當有新功. 中庸謹獨, 大學誠意, 乃是下工夫要切處, 不可悠悠放過也. 彼中去崇安不遠, 閒欲以暇時一往元晦處, 甚善甚善."

4   陳榮捷의 『朱子門人』은 제자 및 사숙자 400～500명을 망라하지만, 증준은 그 안에 포함되어 있지 않다.

5   상세한 내용은 劉光祖의 「趙公墓誌銘」(『宋代蜀文輯存』卷71)을 보라.

6   "初, 劉德秀自重慶入朝, 未爲正所知, 謁正客范仲黼請爲言, 正日, 此人若留之班行, 朝廷必不靜, 乃除大理簿. 德秀憾之."

7   "紹熙初 (…) 司直主簿選用有出身曾歷任人."

8   제10장 '효종 만년의 배치 2' 절을 보라.

9   『語類』卷107, 「內任·丙辰後」, "此人有富貴氣."

10   『文忠集』卷186, 「與張欽夫左司」, "邇來晚輩喜竊伊洛之言, 濟其私欲, 詰之則恫疑虛喝, 反謂人爲蹇淺."

11   『道命錄』卷7上, "孝宗大行, 舉國之論, 禮合從葬於會稽. 熹乃以私意倡爲異論, 首入奏劄, 乞召江西福建草澤別圖改卜. 其意盖欲藉此以官其素所厚善之人, 而附會趙汝愚改卜他處之說, 不顧祖宗之禮典, 不恤國家之利害. (…) 熹之不忠於國, 大罪三也." 이 상소문은 『四朝聞見錄』丁集 "慶元黨" 조목에도 보이나, 글자에 약간 차이가 있다.

12   『文集』卷23, 「대제의 직명을 환수해주실 것과 영부빈릉에 대해 부당한 의론을 제기한 것을 스스로 탄핵하는 상소문乞追還待制職名并自劾不合妄議永阜殯陵事奏狀」을 보라.

13　卷434,「儒林四」.

14　『水心文集』卷27, "垂論道學名實眞僞之說. 書, 惟學遜志, 務時敏, 厥修乃来, 允懷于玆, 道積于厥躬, 言學修而後道積也. 詩, 日就月將, 學有緝熙于光明. 佛時仔肩, 示我顯德行. 言學明而後德顯也. 皆以學致道而不以道致學. 道學之名, 起於近世儒者. 其意曰, 擧天下之學, 皆不足以致其道, 獨我能致之, 故云爾. 其本少差其, 末大弊矣. 足下有志於古人, 當以詩書爲正, 後之名實僞眞, 毋致辨焉."

15　제9장의 「주필대와 이학자」 절을 보라.

16　"近創爲道學之目, 鄭丙倡之, 陳賈和之, (…) 見士大夫有稍慕潔修, 粗能操守, 輒以道學之名歸之."

17　『明儒學案』卷58,「東林學案序」, "凡一議之正, 一人之不隨流俗者, 無不謂之東林. 若是乎東林標榜遍于域中, 延于數世. (…) 然則東林豈眞有名目哉. 亦小人者加之名目而已矣."

6. 강특립—관료 집단과 황권

1　주희가 광종 대에 냉담한 대우를 받았다는 것이 그 명확한 증거다.

2　군대의 초급 장교. 20~30명의 부대원을 인솔한다.—옮긴이

3　당나라 때의 환관.(?~820)—옮긴이

4　"姜特立字邦傑麗水人, 以父綬恩補承信郎. 淳熙中累遷福建路兵馬副都監. (…) 帥臣趙汝愚薦于朝, 召見, 獻所爲詩百篇, 除閤門舍人, 命充太子宮左右春坊兼皇孫平陽王伴讀. 由是得幸於太子. 太子卽位, 除知閤門事, 與譙熙載, 皆以春坊舊人用事, 恃恩無所忌憚, 時人謂曾龍再出. 留正爲右相, 執政尚闕人, 特立一日謂正曰, 帝以丞相在位久, 欲遷左揆, 就二尚書中擇一人, 執政孰可者. 明日, 正論其招權納賄之狀, 遂奪職與外祠. 帝念之, 復除浙東馬步軍副總管, 詔賜錢二千緡爲行裝. 正引唐憲宗召吐突承璀事, 乞罷相, 不許. 正復言臣與特立勢難兩立. 帝答曰, 成命已班, 朕無反汗, 卿宜自處. 正待罪國門外, 帝不復召, 而特立亦不至. 寧宗受禪, 特立遷和州防禦使, 再奉祠, 俄拜慶遠軍節度使, 卒."

5　"甲辰春蒙恩召試, 是年六十."

6　"甲辰受獻詩百首, 孝宗皇帝翼日宣諭宰執, 召試中書."

7　"文潞公洛中會四同甲, 皆丙午七十八. 子乙巳生, 與丙午相屬, 歲數偶同, 戲作." 갑진년에 병오년생들이 만났는데 을사년생인 강특립이 참여했다. 갑진→을사→병오의 순으로 간지가 이어지므로 이렇게 표현한 듯하다.—옮긴이

8　"其人殊不足道. (…) 然論其詩格, 則意境特爲超曠, 往往自然流露, 不事雕琢. 同時韓元吉陸游皆愛之, 亦有由矣."

9　周必大, 『思陵錄上』 10월 丙子 조목, 『文忠集』 卷172.

10　『宋史』 卷391,「留正傳」,「招權預定.」

11　"會副參闕, 特立謁正曰, 上以丞相在位久, 欲遷左相, 葉翥張杓當擇一人執政, 未知孰先. 正奏之, 上大怒, 詔特立提擧興國宮." 전문은 제10장에 이미 수록했다. 여기서는 다른 문제를 설명하기 위해 중복 인용했다.

12　"王藺自參知政事除知樞密院事."

13 삼국시대 촉한蜀漢의 맹장.(202~264)—옮긴이

14 "戊戌, 祕書省著作郎沈有開, 著作佐郎李唐卿, 祕書郎范繪彭龜年, 校書郎王奧, 正字葵幼學顏械吳獵項安世上疏, 乞寢姜特立召命."

15 陳榮捷,『朱子門人』.

16 "自除一黃掄, 不知是何人也. 密訪往往有之."

17 "我亦何爲者, 偶在寮寀中. 荷公以禮遇, 詎敢忘敬恭."

18 "二月五日湖北提刑黃掄放罷, 以臣僚言掄不顧廉恥, 交通貫節."

19 "願言養宏博, 吾道終當通."

20 卷6,"且喜今朝日光出, 更須風力掃重陰."

21 『宋代蜀文輯存』卷71,"連數日, 中書舍人陳傅良, 監察御使吳獵, 起居郎劉光祖, 各先後而去, 公之勢威矣. 時正旦使將至, 公不果去. 慶元元年正月八日, 北使朝辭, 小人知公必去, 亟命學士草麻, 去祔廟賞. 趣家人治裝, 日, 朝廷自宣麻, 吾自以私義求退."

22 "時姜特立讙熙載以春坊穚恩頗用事. 一日光相過澹, 因語澹曰, 曾龍之事不可再. 澹曰, 得非姜讙之謂乎. 既而澹引光祖入便坐, 則皆姜讙之徒也. 光祖始悟澹謾."

23 제9장 마지막 절 참조.

24 "許及之舊與薛叔似同擢補遺, 皆爲善類所子. 黨事既起, 叔似累斥逐, 許乃更遷給事中吏部尚書. 既而踰二年不遷, 乃間見侂胄, 叙其知遇之意, 及衰遲之狀, 不覺涕零, 繼以屈膝. 侂胄惻然, 語之日, 尚書才望, 簡在上心, 行且進拜矣. 不數日, 遂除同知樞密院事. 侂胄嘗値生辰, 羣公上壽, 既畢集矣. 許爲吏部尚書, 適後至, 閽人掩關拒之, 許大窘, 會門闔未及閉, 遂俯僂而入. 當時有由竇尚書, 屈膝執政之語, 傳以爲笑."『宋史』卷394의 本傳과 대체로 동일하다.

25 鄧廣銘,「『宋史·許及之, 王自中 傳』辨正」,『眞理雜誌』1卷 4期, 1944年 10月; 周夢江,「『宋史·許及之, 傳』補正及其他」,『中國史研究』, 1992年 4期를 참조하라.

26 "比兩得梅山書而稽報."

27 "先生自是吾所敬, 況復曾蒙點化余, 筆妙共推三昧手, 尙書安得不中書."

28 "召除太常少卿."

29 余嘉錫,『四庫提要辨證』卷22,「集部四」.

30 『夷堅誌』, 支景卷9,"丁逢及第"조목.

31 卷37,"某與郴守丁直閣雖有雅故, 然未熟其人. 同官湘中 (…) 二年 (…) 然後見其心與才, 誠有過人者."

32 『宋史』,「宰輔表四」.

33 『梅山續稿』卷14,"眷重先皇傳禪日."

34 上同,"浙江茅土幾諸侯, 美譽唯公一日收. 馮翊望之新得郡, 潁川黃覇舊承流."

35 卷7下,"直寶文閣丁逢自四川茶馬召歸, 極論元祐調停建中調和之害, 且引蘇文定任忠敏之言爲證. 宰執京鏜何澹大然之, 乃留爲軍器監."

36 『宋史』卷361,「張浚傳附」.

37 眞德秀,「劉閤學墓誌銘」,『眞文忠公文集』卷43 및『建炎以來朝野雜記』乙集 卷6,"효종이 용대연과 증적을 축출한 본말孝宗黜龍曾本末"조목을 보라.

38   제10장 중 「이학자 집단의 배치」 절을 보라.

39   "未冠鷄窗友, 于今鶴髮翁. 功名各自致, 鹵髮略相同."

40   "研席當時輩, 凋零只兩翁. 榮歸會面喜, 話舊此心同."

41   "吏部尙書葉翥要侍郞倪思列疏論僞學, 思不從, 侂冑乃擢翥執政而免思官."

42   "戶部侍郞葉翥乞用開宗."

43   卷11, "丞相今朝甍相位, 衣冠贈典一番新. 作場好夢歸鄕去, 仰羨無非夢里人."

44   卷3, "有客勸除草, 草去眼中淨."

45   卷6, "種桃三百樹, 隨處有開花. 來年三二月, 便是武陵家."＊『매산속고』는 대체로 시작詩
作 연도를 기록했으므로, 시를 지은 일시도 추측하기 어렵지 않다.

46   "玄都觀裏桃千樹."

7. 결론

1   卷427, "道學盛于宋, 宋弗究于用, 甚至有勵禁焉."

2   『宋元學案』卷97, 「附攻慶元僞學者」節.

3   『道命錄』卷4.

4   『道命錄』卷7下.

5   卷394, "與胡紘合黨, 共攻道學, 久司學校, 專困遏天下士, 凡言性命道德者皆絀焉."

6   洪業, 「高似孫『史略箋正』序」, 『洪業論學集』, 中華書局, 1981.

7   "吏部侍郞彭龜年論侂冑將爲國患, 不報. 于是龜年侂冑俱請祠, 驟曰, 以閤門去經筵, 何以示
天下. 龜年竟外補. 侂冑語人曰, 彭侍郞不貪好官, 固也, 元樞亦欲爲好人耶. 遂以資政殿大學士與
郡, 辭, 詔提擧洞宵宮."

8   "有余嘉喜, 上書乞斬朱熹, 絶僞學, 且指蔡元定爲僞黨. 深甫擲其書, 語同列曰, 朱元晦蔡季
通不過自相與講明其學耳, 果有何罪乎. 余嘉虮蝨臣, 乃敢狂妄如此, 當相與奏知行遣, 以勵其餘."
이 사건은 『도명록』 권7 하의 "승상 사심보丞相謝深甫" 조목에도 기록되어 있고, 주희가 죽기
직전에 일어났다. 사심보가 우상으로 제수된 것은 경원 6년(1200) 2월이고, 주희는 그해 3월
에 세상을 떠났다.

9   卷394, 「論曰」, "謝深甫出處, 舊史泯其迹, 若無可議爲者. 然慶元之初, 韓侂冑投僞學之禁,
網羅善類而一空之, 深甫秉政, 適與之同時, 諉曰不知, 不可也. 況于一劾陳傅良, 再劾趙汝愚, 形于
深甫之章, 有不可掩者乎."

10   余嘉錫, 『四庫提要辯證』卷6, 「慶元黨禁」조목.

11   『語類』卷107, "某又不曾上書自辯, 又不曾作詩訕謗, 只是與朋友講習古書, 說這道理. 更不敎
做, 却做何事."

12   "慶元大臣得君之初, 收召羣賢, 一新庶政, 方將措天下於太平之盛. 而宮府之間, 近習竊柄, 一
罅弗窒, 萬事瓦裂, 國家幾於危壞而不可救. 是則立紀綱, 嚴界限, 防微杜漸, 在君相, 可一日不加之
意哉."

13   『四朝聞見錄』甲集, "胡紘, 李沐"조목, "韓侂冑欲圖忠定, 而莫有助之者, 謀之於某官. 某語
侂冑曰, 公留某則可圖趙. 韓遂於上前力留之, 後竟拜相. 某官旣爲韓留, 則力薦紘沐. 沐遂誣忠定爲

不軌. 紘代擊考亭先生, 誣以歐陽公被謗事, 又斥其輒廢校舍爲宅, 論水心先生所著進策君德論, 以爲無君. 紘文逼柳柳州, 沐詩文洒脫, 晚著易, 頗契奧旨. 其初未必盡出於媚韓也. 其積忿嫉者已久, 臨大議, 頃不能平心耳."

14 "蓋侂胄用事以來, 一等小人知素不齒於名教, 懼一旦善類復用而已斥去, 于是橫身以任其責. 京鏜何澹劉德秀胡紘四人實主僞學之禁, 爲侂胄斥逐異己者. 羣小附之, 牢不可破. (…) 鏜, 淳熙中以檢正報謝北廷, 因爭撤樂, 孝宗嘉之, 遂除侍從. 會汝愚自蜀召還, 上論大臣, 除鏜四川帥. 汝愚聞之, 謂人曰, 鏜望輕資淺, 豈可當此方面. 由是兩人有隙. 汝愚得政, 鏜時爲刑部尙書, 亟納交於侂胄, 繼擢執政, 自是爲侂胄謀主. 丙辰春正月, 遂除右丞相."

15 지방행정 기구의 수도 주재 사무처를 감독하는 직위.─옮긴이

16 "胡紘 (…) 淳熙中擧進士. 紹熙五年, 以京鏜薦, 監都進奏院, 遷司農寺主簿祕書郞, 韓侂胄用事, 逐朱熹趙汝愚, 意猶未決, 遂擢紘監察御史."

17 卷7上, "胡紘者, 紹熙五年冬才進監都進奏院, 未爲人所知. 趙丞相時脫職居余干. 侂胄意未快, 會有薦紘可備鷹犬者, 慶元元年六月, 遷紘司農寺主簿, 九月除祕書郞, 十一月除監察御史, 後十九日趙丞相遂有零陵之命, 用紘章疏也."

18 卷394, "鏜旣得位, 一變其素守, 于國事謨無所可否, 但奉行侂胄風旨而已. 又薦引劉德秀排擊善類, 于是有僞學之禁."

19 "一日獨侍坐, 先生忽顰蹙云, 趙丞相謫命似出胡紘. 間, 胡紘不知曾識他否. 曰, 舊亦識之. 此人頗記得文字, 莆陽之政甚好, 但見朋友多說其很愎." 저자는 '一日獨坐'로 인용했는데, 중화서국 판본에 의거해 '一日獨侍坐'로 보고, 그에 따라 번역했다.─옮긴이

20 『四朝聞見錄』甲集, "胡紘, 李沐" 조목을 보라.

21 『水心文集』卷24, "李公墓誌銘", "世方絀道學, 而柄路艱用材. 周丞相執政久, 士多貌若愿, 不心與也. 忮者已怨, 相與擊逐, 喜曰, 道學散羣矣. 趙丞相特用材銳甚, 淸官重職, 往往其所標指謂道學者, 忮者尤怨. 幸其有功, 生異起說, 枝連葉綴, 若組織然. 謗成而趙公亦逐, 則又喜曰, 道學結局矣. 凡經趙公識面坐語, 無不迹絕影滅也." 이 문장은 상편 제7장에서 이미 인용되었지만, 다른 문제를 설명하기 위해 여기에 중복 인용함으로써 독자의 편의를 도모했다.

22 卷7上, "中書舍人汪義端以趙丞相之門多佳士也, 引唐李林甫故事, 欲根株斷除之. 一時善類貶斥相繼, 憲聖慈烈皇后聞而非之, 六月二十六日御筆, 今後給事臺諫論奏, 不必更及舊事, 務在平正, 以庶朕救偏建中之意. 命下, 右諫議大夫劉德秀, 監察御使姚愈張伯垓力爭以爲不可, 乃改爲不必專及舊事. 始御筆之出也, 殿中侍御史黃黼元章獨贊之, 與同列異. 七月徒元章起居郞兼權刑部侍郞. 姚愈爲殿中侍御史. 元章爲左史, 改除兵部侍郞, 實疏之也."

23 『경원당금』의 이 사건에 대한 기록은 『도명록』의 그것과 대체로 동일하나, "한탁주 및 그 당인들이 모두 노하여, 마침내 대간으로 하여금 간쟁하도록 했다侂胄及其黨皆怒, 遂令臺諫爭之"고 말한다. 하지만 이 말은 신뢰하기 힘들다. 『도명록』은 가희 3년 곧 1239년에 편찬되어 『경원당금』에 비해 6년이 빠르므로, 『도명록』은 『경원당금』의 사료가 되었을 가능성이 있다. '한탁주'라는 어휘는 아마도 초천초수가 추측해서 집어넣은 말일 것이다.

24 본서 제12장 제7절 마지막 부분을 보라.

25 권력을 수여한다는 표지.─옮긴이

26 『四庫提要辨正』卷6, "慶元黨禁" 조목.

27 "先是考亭先生嘗勸忠定, 既已用韓, 當厚禮陳謝之, 意欲忠定竢以節鉞, 居之國門外. 忠定猶豫未決而禍作. 先生對門人日, 韓, 吾鄉乳母也. 宜早陳謝之. 建俗用乳母乳其子, 初不爲券, 兒去乳, 即以首飾金幣厚遣之, 故謂之陳謝. 韓後聞其說, 笑建俗而心肯之, 故禍公者差輕."

28 『語類』卷132, "以宗社之大計言之, 亦有未是處."

29 "侂冑欲逐汝愚而難其名, 謀于京鏜, 鏜日, 彼宗姓, 誣以謀危社稷可也."

30 『道命錄』卷7下.

31 "蓋前日之僞黨至此變而爲逆黨矣. 賴陛下聖明, 去之之早, 此宗廟社稷無疆之福. 然今此曹潛形匿影, 日夜伺隙. (…) 此爲鬼魁, 百方害人, 防之不至, 必受其禍."

32 "融合黨偏, 咸歸皇極."

33 "回心向道, 洗濯自新."

34 "長惡弗悛, 負固不服."

35 "姑與引錄."

36 "重寘典憲, 投之遠荒."

37 『道命錄』卷7下, 「거짓의 무리에게 임시로 한직을 주어, 그들로 하여금 바른 길로 돌아오도록 할 것을 언관이 간청하다言者乞虛僞之徒姑與外祠, 使宿道向方」를 보라.

38 "僞學之禁雖出侂冑, 而力主其說者, 宰執京鏜何澹, 臺諫劉德秀胡紘也. 至是德秀紘皆去. 侂冑亦稍厭前事, 凡以僞學得罪者, 往往奉祠補郡. 而或者又以建極之說投之. 小人懼其事之變也, 故復令言者以辨治爲請. (…) 然自侂冑主建極用中之論, 而學禁漸弛, 一時廢絀之士稍稍索敍, 議者亦以爲幸焉."

39 『宋史』卷243, 「惠聖吳皇后傳」.

40 『道命錄』卷7下, "自慶元以來, 何澹京鏜劉德秀胡紘專主僞學之禁, 爲侂冑斥逐異己者, 群小附之, 牢不可破. 五年紘罷吏部侍郎, 德秀自吏部尙書內知婺州, 六年鏜以左丞相死于位, 獨澹未去也. 言者復論僞學之徒, 餘孽未能盡革, 愿于用人聽言之除, 防微杜漸. 其年七月澹罷知樞密事, 魁憸盡去, 侂冑亦厭前事 (…) 故此疏遂上."

41 『宋史』卷474, 「韓侂冑傳」, "侂冑亦厭前事, 欲稍示更改, 以消釋中外意. 時亦有勸其開黨禁, 以杜他日報復之禍者, 侂冑以爲然."

제12장 황권과 황극

1. 효종의 3부곡: '삼년상' '태자의 국무 참여' '내선'

1 『宋史·孝宗三』을 보라.

2 『宋史·光宗紀』.

3 막 죽어서 아직 시호가 정해지지 않은 황제를 가리키는 명칭.—옮긴이

4 "同十月 (…) 辛巳, 詔日, 大行太上皇帝奄棄至養, 朕當衰服三年, 羣臣自遵易月之令, 可令有司討論儀制以聞. (…) 十一月 (…) 己亥, 大行太上皇帝大祥, 自是帝以白布巾袍御延和殿. 詣德壽宮, 衰絰而杖如初."

5 『建炎以來朝野雜記』乙集 卷3,「孝宗力行三年服」.

6 『癸辛雜識』前集,「孝宗行三年喪」.

7 옛날 제복制服의 한 가지. 웃도리와 아랫도리가 연결되어 있었다.─옮긴이

8 누인 명주로 만든 관.─옮긴이

9 임금이 국정을 듣는 곳.─옮긴이

10 담제는 대상大祥을 지낸 다음다음 달에 지내는 제사를 말한다.─옮긴이

11 『사릉록』에 따르면 '군기감승軍器監丞'이 되어야 한다.

12 "三年之喪, 自天子達於庶人. 自漢文短喪, 其後時君, 皆以日易月, 行之既久, 無以爲非者. 惟
孝宗皇帝行之獨斷, 一旦復古, 可謂孝矣. (…) 今撮當時始末于此, 以益國史之未備云. 高宗之喪既
易月, 孝宗嘗論大臣, 不用易月之制, 如晉武魏孝文實行三年之服, 自不妨聽政. 丞相周必大入奏, 上
服縗絰, 嗚咽流涕, 奏及喪服指揮. 上曰, 司馬光通鑑所載甚詳. 必大奏, 晉武雖有此意, 後來止是宮
中深衣練冠. 上曰, 當時羣臣不能將順其美, 光所以譏之, 後來武帝竟行. 必大奏, 記得亦是不能行.
上曰, 自我作古, 何害. (…) 至小祥祭奠, 上不變服. 必大奏, 聖孝過哀, 猶御初祥之服, 臣等不勝憂
惶, 乞俯從禮制. 上流涕曰, 大恩難報, 情所不忍, 俟過大祥商量. 既而必大又奏, 禮官苴麻三年, 恐
難行於外廷. 今祥禫在邇, 乞付外施行. 樞密施師點奏曰, 百日之制, 其實不可行, 正碍正月人使朝
見. 上云, 朕自所見. 必大奏, 陛下聖孝冠古, 知漢文短喪之失, 而陋晉羣臣不能成武帝之美, 所以銳
意復古. 非聖孝高明, 豈易及此. 上曰, 朕正欲稍救千餘載之弊. 會敕令所刪定官沈淸臣論喪服六事,
凡八千言, 展讀甚久, 極合上意. (…) 于是上意益堅. 一日奏事, 上忽指示衣袂曰, 此已易用布, 不太
細否. 必大奏曰, 陛下獨斷行三年之喪, 均是布衣, 何細也. 且光堯初上仙, 陛下便有此意, 而羣臣不
能將順, 致煩聖慮, 所謂其臣莫及, 足以垂訓萬世矣. 至, 卒哭祭, 迎祔太廟, 内批, 朕昨年指揮, 欲
縗絰三年, 緣羣臣屢請御殿易服, 故以布素視事内殿. 雖有祔廟勉從所請之詔, 然稽之經典, 心實未
安, 行之終制, 乃爲近古. 宜體至意, 勿復有請. 于是徑行三年之服焉."

13 『文忠集』卷172.

14 『사릉록 상』에 따르면, 심청신의 윤대는 순희 14년 12월 신사일에 있었다.

15 "器之問, 壽皇行三年之喪, 是誰建議. 曰, 自是要行, 這是甚次第. 可惜無好宰相將順成此一
大事. 若能因舉行盛典及於天下, 一整數千百年之陋, 垂數千百年之成憲, 是甚次第." 저자는 "無如
宰相"이라고 인용했지만, 옮긴이는 『주자어류』 중화서국 판본에 의거해 "無好宰相"으로 바꾸
어 번역했다.

16 "己亥 (…) 初詔皇太子惇參決庶務. 庚子, 皇太子三辭參決庶務, 不許. (…) 戊午, 詔皇太子參
決庶務于議事堂, 在内寺監, 在外守臣以下, 與宰執同除授訖, 乃奏."

17 "戊戌, 皇太子初決庶務于議事堂."

18 "内降手詔, 付三省樞密院, 令有司討論皇太子參決庶務, 洪邁之文也. 上削去所擬日分等數
語, 止令有司討論典禮以聞. 予令不用覆奏畫可, 恐翻黃播告四方, 駭動觀聽, 止如聖旨文字行黃而
已. 已而侍從皆以爲當, 惟范仲藝劉楫以爲非."

19 "庚子德壽宮朝臨畢入局, 禮部及太常寺官白, 昨日降詔, 用貞觀天禧事, 皆非所宜, 外議甚
洶洶. 又云, 皇太子請詹事葛邲垂涕語以斷不敢當之意. 來早當就德壽宮懇辭."

20 『誠齋集』卷62, "某伏讀今月三日詔書, 令殿下參決庶務, 此主上聖孝之至哀痛之極無聊不平之深而爲此舉出此言也. 然詔書一下, 國人大驚, 蓋太上升遐之初, 外有大敵, 內有大喪, 天下皇皇, 人情靡寧, 而復見此非常可駭之事, 安得而不驚. (…) 天下之職, 皆可共理, 惟人主之職, 非可共理之物也. 何也. 天無二日, 民無二王, 惟其無二王, 故合萬姓百官而宗一人. 今聖主在上而復有監國, 無乃近于二王乎. 于此使萬姓百官宗一人乎, 宗二人乎. 自古及今, 未有天下之心宗父子二人而不危者. 蓋宗乎二人, 則向背之心生, 向背之心生, 則彼此之黨立, 彼此之黨立, 則讒間之言必起. 父子之隙必開, 開者不可復合, 隙者不能復全, 此古今之大憂也. (…) 且詞臣代言, 引貞觀天禧之故事, 皆非美事也. (…) 嘗觀古人一履危機, 悔之何及, 與其悔之而無及, 孰若辭之而不居乎. 某願殿下三辭五辭十辭百辭而必不居也."

21 上同, 「上壽皇論東宮參決書」, "臣伏思詔書有參決庶務之語. 所謂庶務者, 何務也. 非禮樂征伐之政, 福威玉食之權乎, 是政也, 是權也. 可以出於一而不可出於二者也. 出於一, 則治, 則安, 則存, 出於二, 則亂, 則危, 則亡. (…) 夫監國之事, 古之盛時無有也, 本朝之盛時亦無有也. 豈可創見於聖世, 爲後世藉口乎. 或曰, 聖主欲行三年之喪, 故擧行監國之典. 今不行監國之典, 是使聖主不行三年之喪乎. 臣謂此俗儒之論也. 臣聞有天子之孝, 有士庶人之孝. 孔子曰, 一人有慶兆, 民賴之, 此天子之孝也. (…) 又況古者一代之治, 各有一代之家法. 夏不法堯舜而法禹, (…) 周不法禹湯而法文王. (…) 夫本朝之治, 亦自有家法矣. 宮中行三年之喪而外朝聽天下之政, 此列聖之家法也. (…) 今陛下欲徇俗儒之論, 守匹夫之節, 而下參決之詔, 國人已皇皇矣. 臣願陛下下遠鑒古人國貳之禍, 近念光堯王業之艱, 沛然從羣臣御殿之請, 而親法宮之事, 幡然從太子力辭之請, 而寢參決之詔, 則可以安國人, 可以示夷狄, 祖宗及光堯付託之業, 可以有泰山之安, 陛下及太子父子之親可以無纖芥之疑矣." 인용된 원문 중, 저자는 "又說古者一代之治"로 인용했으나 옮긴이는 사고전서본에 입각해 '說'을 '況'으로 고쳐 해석했다.

22 "居郎胡晉臣對第一劄, 論馳坊常昌弼揚言, 上書乞太子參決以爲已功. 上曰, 如此事朕不謀之宰輔, 雖父子間亦曾說乃出朕意. 欲行遣其人. 晉臣奏, 行之適足成孺子之名, 不行又不可. 但乞禁省加密可也."

23 "辛巳, 延和奏事. 上宣諭, 馳坊常昌弼與嶽如何. 衆以爲允. 上又欲別作行遣. 子奏, 却恐成其詭妄, 只如此足矣."

24 황제의 말과 수레를 관리하는 부서.─옮긴이

25 『宋史』卷164, 「職官四」, "太僕寺" 조목, "掌分養雜畜以供負載般運."

26 『鶴林玉露』甲編 卷6, "太子參決" 조목, "孝宗之末, 詔皇太子參決庶務. 楊誠齋時爲宮僚, 上書太子. (…) 當時諸公, 皆甚其言. 紹熙甲寅, 始服其先見."

27 『宋史』卷213, 「宰輔表四」.

28 "十一月, 丞相周必大乞去, 孝宗諭曰, 朕比年病倦, 欲傳位太子, 卿須少留. 會陳康伯家以紹興傳位御劄來上, 十二月壬申, 孝宗遣中使密持屬必大, 因令討論典禮, 既又密以禪意論參知政事留正. 十六年正月辛亥, 兩府奏事, 孝宗諭以倦勤, 欲禪位皇太子, 退就休養, 以畢高宗三年之制, 因令必大進呈詔草."

29 『文忠集』卷173.

30 上同, 「附錄」卷3.

31 “今所請仙, 蓋小陳也. 光皇爲儲副日久, 遣黃門召其父以入. 上著白絹汗衫, 繫小紅絛, 見陳入避之. 徐遣召陳, 黃門設香卓, 金屈卮酒, 金楪貯生果三釘, 香焚所問狀. 仙遂降於箕, 書光皇以某年某月日即大位. 黃門持以入, 出則就以酒勞陳, 且贈金帛遣出, 戒以歸勿語. 後果如所定.”

32 “光皇春秋已富, 又自東宮尹天府入侍重華, 從容啟上曰, 有贈臣烏髭藥者, 臣未敢用. 上語光皇曰, 正欲示老成於天下, 何以此爲. 蓋重華方奉德壽, 重惜兩宮之費, 故至德壽登遐而後即授光皇以大位. 其脫屣萬乘, 蓋有待也.”

33 『宋史 · 孝宗紀二』

34 “逮尹臨安, 究心民政, 周知情僞. 孝宗數稱之, 且語丞相趙雄曰, 太子資質甚美, 每遣人來問安, 朕必戒以留意問學.”

35 卷2, 「帝王都會」, “光宗在鶴禁, 意欲內禪, 終難發言, 數撃鮮于慈福太后. 太后疑之, 詢近侍曰, 大哥屢排當, 何故. 旁則有奏曰, 意望娘娘爲趣上耳. 頃之, 壽皇至東内, 從容間, 語上曰, 官家也好早取樂, 放下與兒曹. 上曰, 臣久欲爾, 但孩兒尚小, 未經歷, 故不能即與之. 不爾, 則自快活多時矣. 后不能強, 語光宗曰, 吾嘗論乃翁, 渠所見又爾. 光宗岸幘禀曰, 臣髮已白, 尚以爲童, 則罪過翁翁. 后無語. 蓋言高廟遜壽皇于盛年也.”

36 “高宗登遐, 憲聖獨處北宮, 春秋浸高, 孝宗以不得日侍定省爲歉. 及内禪光皇, 實憲聖所命, 孝宗遂得日侍長樂宮, 極天下之養, 盡人子之歡.”

2. 개설: 역사학과 심리 분석의 상호작용

1 『論語』, 「學而」, “三年無改于父之道, 可謂孝矣.”

2 “己未延和奏事 (…) 上又及冠服之制云, 朕斷然易以布, 心然後安. 指帽云, 已易之矣.”

3 “庚申延和奏事 (…) 上忽指膝示子, 予猶未悟. 旣而提祛公曰, 此已用布矣, 不亦細否.”

4 “淳熙十四年十月八日, 高宗崩, 孝宗號慟擗踊, 踰二日不進膳.”

5 “居高宗喪, 百日後尚食進素膳, 毀瘠特甚. 吳夫人者, 潛邸舊人也. 屢以過損爲言, 上堅不從. 一日密諭尚食内侍云, 官家食素多時, 甚覺清瘦, 汝輩可自作商量. 于是密令苑中, 以雞汁等雜之素饌中以進. 上食之覺爽, 詢所以然, 内侍恐甚, 以實告. 上大怒, 即欲見之施行. 皇太后聞之, 亟過宮力解之, 乃出吳差尸于外, 内侍等罷職有差.” 이 조목은 『서호유람지여』 권2에도 수록되어 있으나 글자에 좀 차이가 있다.

6 “Mourning and Melancholia”, in James Strachy, ed., *The Standard Edition of the Complete Psychological Works of Sigmund Freud*, vol. XIV, London: Hogarth Press, 1957, pp. 243~258.

7 상세한 내용은 위에서 인용한 글의 250~252쪽, 256~258쪽 참조. ‘에고’는 심리분석의 고유명사로서 중국어로 번역하기가 매우 어렵다. ‘의아意我’는 기본적으로 음역으로서 『논어』 「자한子罕」 편의 “무의毋意, 무필毋必, 무고毋固, 무아毋我”에서 취한 것에 불과하다. 하지만 이런 네 가지 결점이 ‘에고’의 특징을 설명할 수 있다고 보았기 때문이다.

8 위 논문에 대한 편자의 설명을 보라. 위 책 240쪽.

9 「애도와 우울증」에 대한 근래의 철학자 및 사학자의 분석으로 다음 글을 보라. Paul Ricoeur, *Freud and Philosophy: An Essay on Interpretation*, tr. by Denis Savage,

New Haven: Yale University Press, 1970, pp. 216~219; Peter Gay, *Freud, A Life for Our Time*, New York: W. W. Norton, 1988, pp. 372~373.

10 이 용어는 Peter Gay, *The Bourgeois Experience, Victoria to Freud*, vol. I: Education of Senses, New York and Oxford: Oxford University Press, 1984, "General Introduction", p. 8에서 빌려 온 것으로, 감히 필자가 만들어낸 것은 아니다.

11 "孝宗 (…) 諱昚, 字元永, 太祖七世孫也. (…) 建炎元年十月戊寅生 (…) 于秀州 (…) 少長, 命名伯琮. 及元懿太子薨 (…) 高宗曰, 太祖以神武定天下, 子孫不得享之, 遭時多艱, 零落可憫. 朕若不法仁宗, 爲天下計, 何以慰在天之靈. 于是詔選太祖之後. (…) 而上虞丞婁寅亮, 亦上書言, 昌陵之後, 寂寥無聞, 僅同民庶. 藝祖在上, 莫肯顧歆, 此金人所以未悔禍也. 望陛下於伯字行內選太祖諸孫有賢德者. 高宗讀之, 大感歎. 紹興二年五月, 選帝育于禁中. 三年二月, 除和州防禦使, 賜名瑗. (…) 五年五月 (…) 已亥, 制授保慶軍節度使, 封建國公. 六月已酉, 聽讀資善堂. (…) 十二年正月丁酉, 加檢校少保, 封普安郡王. (…) 三十年二月, 癸酉立爲皇子, 更名瑋. (…) 三十二年五月甲子, 立爲皇太子, 改名昚. (…) 六月 (…) 已亥, 內降御箚, 皇太子可即皇帝位, 朕稱太上皇帝, 退處德壽宮, 皇后稱太上皇后.

丙子, 遣中使召帝入禁中, 面論之, 帝又推遜不受, 即趨側殿門, 欲還東宮. 高宗勉諭再三乃止. 于是, 高宗出御紫宸殿, 輔臣奏事畢, 高宗還宮, 百官移班殿門外, 拜詔畢, 復入班殿庭. 頃之, 內侍拚帝至御榻前, 側立不坐, 內侍扶拚至七八, 乃略就坐. 宰相率百僚稱賀, 帝遽興, 輔臣升殿固請, 帝愀然曰, 君父之命出於獨斷, 然此大位, 懼不克當. 班退, 太上皇帝即駕之德壽宮, 帝服袍履, 步出祥曦殿門, 冒雨拚輦以行, 及宮門弗止. 上皇麾謝再三, 且令左右扶掖以還, 顧曰, 吾付托得人吾無憾矣."

12 "然以藝祖之後爲嗣, 必本于選人婁寅亮之言, 適有契乎高宗之心."(『繫年要錄』卷200, 紹興32년 6월, "丙子"조목 주석에서 인용.)

13 "崇寧以來, 諛臣進說, 推濮王子孫, 以爲近屬, 餘皆謂之同姓. 致使昌陵以後, 寂寥無聞, 奔迸藍縷, 僅同民庶. 恐祀豐于昵, 仰違天監, 藝祖在上, 莫肯顧歆. 此二聖所以未有回鑾之期, 強敵所以未有悔禍之意, 中原未有息肩之時也."(『系年要錄』卷45, 소흥 원년 6월 신사 조목; 『宋史』卷399 「婁寅亮傳」을 참조하라. 이 사건에 관한 초기 서술로는 주휘周輝의 『淸波雜誌』卷1, "婁寅亮請立嗣"조목을 보라. 『淸波雜誌』는 劉永翔의 校注本이 가장 정확하다(北京: 中華書局, 1994, 11~14쪽).

14 上同, "戊子"조목, "陛下爲天下遠慮, 上合藝祖, 實可昭格天命."

15 "臣竊觀壽皇之初受禪也, 壓于慈訓, 不得已而踐尊位. 側立拱手于黼扆之側, 己坐復興, 不敢遽卽南面. 迨夫輔臣懇請再三, 猶有大位懼不敢當之語. (…) 謙畏之心, 出于眞誠 (…) 是宜大書特書, 以垂萬世者也."(『系年要錄』卷200, 紹興 32년 6월 丙子 조목 주석에서 인용.)

16 『系年要錄』卷200, 紹興32년 6월 戊寅 조목, "顧睿訓之博臨, 懼眇躬之弗稱. 凡今者發政施仁之目, 皆得之問安侍膳之餘"

17 "臣等竊觀壽皇初政, 雖不能不少變於紹興, 然其大要則未嘗不以遵奉太上德意爲說. 且曰, 凡今者發政施仁之目, 皆得之問安侍膳之餘. 此壽皇所以能繼高宗之大業也乎."(上同, 주석에서 인용)

18 이 문제와 관련하여, 류쯔젠劉子健이 1973년에 발표한 「포용정치의 특징包容政治的特點」(『兩宋史研究匯編』, 臺北, 聯經, 1987) 53쪽을 보라. 상세한 논의로는 류리엔柳立言, 「남송

정치의 초보적 고찰—고종 그림자 속의 효종南宋政治初探—高宗陰影下的孝宗』, 『歷史語言硏究所集刊』第57本, 第3分, 1986, 553~584쪽을 참조하라.

3. 입궁에서 수선으로—효종의 심리적 여로

1 "上論大臣曰, 昨令廣選藝祖之後宗子二三歲者, 得四五人, 資相皆非岐嶷, 且令歸家, 俟其至泉南選之."

2 황실의 친족에 관한 사무를 관장하는 책임관.—옮긴이

3 "紹興壬子, 詔知大宗正事安定郡王令時, 訪求宗室伯字號七歲以下者十人, 入宮備選. 十人中又擇二人焉. 一肥一癯, 乃罷肥而遣癯, 賜銀三百兩以謝之. 未及出, 思陵忽云, 更子細觀. 乃令二人叉手並立, 忽一猫走前, 肥者以足蹴之. 上曰, 此猫偶爾而過, 何爲遽踢之, 輕易如此, 安能任重耶. 遂罷癯而逐肥者. 癯者, 乃卓陵也. 肥者名伯浩, 後終于溫州都監.(趙子導彦沔云)"

4 "辛未, 詔左文林郎趙子偁, 令赴都堂審察. 時集英殿修撰知南外宗正事令廬, 奉詔選宗子伯琮伯浩入禁中. 伯浩豐而澤, 伯琮淸而癯. 上初愛伯浩, 忽曰, 更子細觀. 乃令二人並立, 有猫過, 伯浩以足蹴之, 伯琮拱立如故. 上曰, 此兒輕易乃爾, 安能任重耶. 乃賜伯浩白金三百兩, 罷之. 後四日, 以趙子偁爲左宣敎郎."

5 "此以日歷及王明淸揮塵錄舊諱叅修."

6 예컨대 종정宗正은 조영시趙令時가 아니라 조영광趙令廬이었다.

7 "佛宇掛鐘之閣, 多虛其中, 蓋欲聲之透徹也. 孝宗潛躍, 在幼歲時, 偶至秀州郡城外眞如寺, 登鐘樓遊戲, 而僧徒先以蘧蒢覆空處. 上悞履其上, 遂幷墜焉. 旁觀之人, 失色無措, 亟往視之, 乃屹然立於席上, 略無驚怖之狀.(陳揆彦緼云)"

8 비빈妃嬪에 대한 칭호. 송나라 후궁의 서열은 재인이 5품으로 가장 아래에 있고, 미인美人이 4품으로 그 위에 있으며, 첩여는 3품으로 다시 그 위에 있다. 완의는 2품인 구빈九嬪 중의 하나다.—옮긴이

9 "張賢妃, 開封人. 建炎初, 爲才人, 有寵, 進婕妤. 帝欲擇宗室子養禁中, 輔臣問帝以宮中可付託者誰耶. 帝曰, 已得之矣. 意在婕妤, 已而伯琮入宮, 年尙幼, 婕妤與潘賢妃吳才人, 方環坐, 以觀其所向. 時賢妃新失皇子, 意忽忽不樂, 婕妤手招之, 遂向婕妤. 帝因命婕妤母之, 是爲孝宗. 尋遷婉儀, 十二年卒. 上爲輟朝二日, 贈賢妃."

10 陸游, 『老學庵筆記』卷1, 第3則을 보라.

11 "憲聖慈烈吳皇后開封人. (…) 年十四, 高宗爲康王, 被選入宮. (…) 王即帝位, 后常以戎服侍左右. 后頗知書, 從幸四明, 衛士謀爲變, 入問帝所在, 后紿之以兔. 未幾, 帝航海, 有魚躍入御舟, 后曰, 此周人白魚之祥也. 帝大悦, 封和義郡夫人, 進封才人. 后益博習書史, 又善翰墨, 由是寵遇日至, 與張氏並爲婉儀, 尋進貴妃."

12 "憲聖初不以色行."

13 "憲聖嘗從上航海, 倏敵騎數十輩掩至, 欲掣御舟. 后徐發一矢, 其一應弦而倒, 餘悉引去. 高宗重於視師之役, 后苦諫必往. 至跪奏曰, 若臣妾裛尺五皂紗, 必須一往."

14 "初, 伯琮以宗子召入宮, 命張氏育之. 后時爲才人, 亦請得育一子, 于是得伯玖, 更名璩. 中外議頗籍籍. 張氏卒, 幷育于后, 后視之無間. 伯琮性恭儉, 喜讀書, 帝與后皆愛之, 封普安郡王. 后嘗語帝日, 普安其天日之表也. 帝意決立爲皇子, 封建王. 出璩居紹興.”

15　“當時宮中亦有齟齬, 故養兩人. 後來皆是高宗自主張.”

16　『四朝聞見錄』甲集, “광요가 경산에 행차하다光堯幸俓山” 조목.

17　“婉儀張氏薨, 輟視朝二日, 贈賢妃. (…) 初, 建國公之少也, 育於妃所, 及是吳婉儀收而併視之, 與崇國公璩同處, 雖一食必均焉.(此以紹興三十二年四月丙午宣諭聖語修入.)”

18　“詔建國公瑗出外第.”

19　“保慶軍節度使建國公瑗爲檢校少保, 進封普安郡王, 時年十六. 王天性忠孝, 自幼育宮闈, 起居飲食, 未嘗離膝下. 上尤所鍾愛.”

20　『系年要錄』同卷, “普安王朝朔望.”

21　이 사건은 소흥 8년(1138) 8월에 일어났다. 자세한 내용은 『系年要錄』 卷121, 8월 조목을 보라.

22　『系年要錄』 卷127, 紹興 9년 3월 정해일 조목을 보라.

23　자선당은 효종이 공부한 서원이다. 자세한 내용은 『系年要錄』 卷89, 紹興 5년 5월 辛巳조목을 보라.

24　『系年要錄』 卷153, 紹興 15년 2월 기해 조목.

25　紹興 29년.

26　紹興 30년 2월 癸酉일이다.

27　“信王璩, 字潤夫, 初名伯玖, 藝祖七世孫 (…) 生而聰慧. 初伯琮以宗子被選入宮, 高宗命鞠于婕妤張氏. 吳才人亦請於帝, 遂以伯玖命才人母之, 賜名璩, 除和州防禦使, 時生七歲矣. 伯琮以建國公就傅, 璩獨居禁中. 俄拜節度使, 封吳國公, 宰執趙鼎劉大中王庶等堅之, 命不果行, 會秦檜專政, 遂除保大軍節度使, 封崇國公. 尋詔赴資善堂聽讀. 紹興十五年, 加檢校少保, 進封思平郡王, 出就外第. 時伯琮已封普安郡王, 璩官屬禮制相等夷, 號東西府. (…) 顯仁太后崩, 普安郡王始立爲皇太子, 璩因加恩稱皇姪, 名位始定. (…) 始, 璩之入宮也, 儲位未定者垂三十年, 中外頗以爲疑.”

28　“輔臣奏事, 趙鼎日, 昨日得旨, 擇日降制, 除防禦使瑗爲節度使, 封國公, 出就資善堂聽讀. 臣退而與孟庾沈與求商量, 皆仰贊陛下爲宗廟社稷大慮. 謹令有司卜今月二十六日吉, 惟陛下裁擇. 上日, 可. 與求日, 此盛德之事也. 而陛下斷自聖心, 行之不疑, 此自古聖賢之所難也. 臣知天佑陛下, 子孫千億, 受歷無疆矣. 上日, 朕年二十九未有子, 然國朝自有仁宗皇帝故事, 今未封王, 止令建節封國公, 似合宜. 以朕所見, 此事甚易行, 而前代帝王多以爲難. 鼎日, 自古帝王以爲難, 陛下行之甚易, 此所以莫可跂及也. (…) 此事甚大, 陛下旣已見透, 臣等更無復措辭, 不勝幸甚. 上日, 藝祖創業, 肇造王室, 其勤至矣. 朕取子行下子, 鞠於宮中, 復加除拜, 庶幾仰慰藝祖在天之靈. 庾日, 陛下念藝祖創業之難而聖慮及此, 帝王所難能之事也.”

29　“五年二月十二日宣制除公 (…) 右僕射 (…) 都督諸路軍馬. (…) 入謝, 復陳宗社大計, 莫先儲嗣. (…) 上首肯久之, 乃云, 宮中見養二人, 長者藝祖之後, 年九歲, 不久當令就學. 公出見趙鼎都堂, 相與仰歎聖德久之.”

30　“起復湖北京西宣撫副使岳飛以親兵赴行在. 翌日, 内殿引對. 飛密奏請正建國公皇子之位, 人無知者. 及對, 風動紙搖, 飛聲戰不能句. 上論日, 卿言雖忠, 然握重兵拕外, 此事非卿所當預也. 飛色落而退. 參謀官薛弼繼進, 上語之故, 且日, 飛意似不悅, 卿自以意開論之.”

31 "嗟夫. 鵬舉爲大將, 越職及此, 其取死宜哉."

32 『語類』卷127,「本朝一·高宗朝」, "岳飛嘗面奏, 虜人欲立欽宗子來南京, 欲以變換南人耳目, 乞皇子出閤以定民心. 時孝宗方十餘歲. 高宗云, 卿將兵在外, 此事非卿所當預. 是時有参議姓王者, 在候班, 見飛呈劄子時手震. 及飛退, 上謂王曰, 岳飛將兵在外, 却來干與此等事. 卿縁路來, 見他曾與甚麼人交. 王曰, 但見飛沿路學小書甚密, 無人得知. 但以此推脱了."

33 『繫年要錄』卷112, 紹興 7年 7月, 癸未 조목, "陛下盖嘗選宗親之賢, 納之宮中矣. 此誠社稷至計. 然而其名未正, 無以係天下望, 乖謹重之議, 開覬覦之端. (…) 今宗親之賢, 既足以仰承聖意, 而日復一日, 未留睿斷. 臣愚以爲恐左右前後, 或懷姦心者, 朝浸暮潤, 非社稷之福也. (…) 陛下必不得已, 姑少湏之, 何不使攝居儲貳之位. 皇嗣之生, 退居藩服, 社稷豈不益固. 天祐聖祚, 陛下則百斯男, 抑未可知. (…) 陛下使之出居東宮, 就師傅, 則敵國必不敢輕繼體之幼弱, 姦佞必不敢幸廢立之非福. 國以之安, 而家以之全, 此萬世之業也."

34 "是月, 御筆和州防禦使璩除節鉞, 封國公. 執政聚議, 樞密副使王庶大言曰, 並后匹嫡, 古以爲戒, 此豈可行. 左僕射趙鼎謂右僕射秦檜曰, 鼎前負曖昧之謗, 今不敢奏, 須公開陳, 秦檜無語. 翌日進呈, 鼎奏曰, 今建國在上, 名雖未正, 恩數宜小異. 又曰, 建國名雖未正, 天下之人皆知陛下有子矣, 以前後恩數並同皇子. 又昨幸平江及謁太廟, 兩令建國扈蹕, 國人見者, 咨嗟太息. 此社稷大計, 蒼生之福也. 至於外間稱呼之語, 豈不聞之. 臣身爲上相, 義當竭忠以報陛下. 在今日禮數不得不異, 蓋以繫人心, 不使之二三而惑也. 後數日, 参知政事劉大中奏事, 亦以爲言, 命遂寢."

35 상세한 내용은 『繫年要錄』의 위 조목 아래에 인용되어 있는 「趙鼎事實」 및 方疇의 「稽山錄」을 보라.

36 『繫年要錄』卷127.

37 『繫年要錄』卷121, "鼎奏曰 (…) 但宗子某已封建國, 只是小國. 今某封吳國公, 却是全吳. 臣欲且與建節, 或封一等小國. 上曰, 都是小孩兒, 且與放行. 鼎執奏再三, 且曰, 兄弟之序, 不可亂. 上意難之, 遂留御筆曰, 待三五箇月別商量."

38 "鼎嘗闘和議, 與檜意不合, 及鼎以爭璩封國事拂上意, 檜乗間擠鼎."

39 "保大軍節度使崇國公璩加檢校少保, 進封恩平郡王, 以將出閤故也. 其官屬禮儀并依普安郡王例."

40 "紹興十五年, 加檢校少保, 進封恩平郡王, 出就外第. 時伯琮已封普安郡王, 璩官屬禮制相等夷, 號東西府."

41 상세한 내용은 뒤에서 다룬다.

42 『繫年要錄』卷184, 소흥 30년 2월 갑자, "此事出于朕意, 非因臣下建明."

43 "孝宗與恩平郡王璩, 同養于宮中. 孝宗英睿夙成, 秦檜憚之, 憲聖后亦主璩."

44 "朕久有此意, 深惟載籍之傳, 并后匹嫡, 兩政耦國, 亂之本也. 朕豈不知此. 第恐顯仁皇后意所未欲, 故遲遲至今."

45 『繫年要錄』卷184, 紹興 32年 甲子, "陛下春秋鼎盛, 上天鑑臨, 必生聖子. 爲此以系人心, 不可無也."

46 "上嘗以語鼎浚庚與求曰, 此子天資特異, 在宮中儼如神人. 朕親自教之, 讀書性極強記."

47 "孝宗小年極鈍. 高宗一日出對廷臣云, 夜來不得睡. 或問, 何故. 云, 看小兒子讀書, 凡二三百遍, 更念不得, 甚以爲憂. 某人進云, 帝王之學, 只要知興亡治亂, 初不在記誦. 上意方少解."

48　『繫年要錄』卷89, 紹興 5年 5月 기해己亥 조목의 소주小注에 인용되어 있다.

49　앞서 인용한『宋史·信王璩傳』을 보라.

50　왕의지가 쓴 것으로 서도사書道史상 가장 유명한 작품 중 하나다.─옮긴이

51　"孝宗同恩平在潛邸, 高廟乃書蘭亭序二篇賜二王, 依此樣各進五百本. 孝皇書七百本上之, 恩平卒無所進. 高廟賜二王宮女各十人, 普安問禮之當何如. 史浩云, 當以庶母之禮待之. 高廟問二王待遇之狀, 言普安加禮, 恩平無不昵之者. 大計由此而決."

52　"嘗各賜宮女十人. 史丞相浩時爲普安府教授, 即爲王言, 上以試王, 當謹奉之, 王亦以爲然. 閱數日, 果皆召入, 恩平十人皆犯之矣. 普安者, 完璧也."

53　"紹興十四年登進士第, 調紹興餘姚縣尉, 歷溫州教授, 郡守張九成器之. 秩滿, 除太學正, 升國子博士. 因轉對言, 普安恩平二王宜擇其一以係天下望. 高宗頷之. (…) 除祕書省校書郎兼二王府教授."

54　『繫年要錄』卷167.

55　『通鑑長編』卷204, 治平 2年 3月 壬午 조목.

56　『繫年要錄』卷200, 紹興 32年 6月 丙子일 조목하의 소주小注, "三十年立爲皇子. 上曰, 朕志素定, 已九年矣."

57　"于是普安郡王自有宮中, 至是已三十年, 而王天資英明, 豁達大度, 左右未嘗見有喜慍之色. 趨朝就列, 進止皆有常度. 騎乘未嘗妄視平, 居服御儉約, 每以經史自適. 嘗與府僚日, 聲色之事, 未嘗略以經意, 至於珠寶瑰異之物, 心所不好, 亦未嘗蓄之. 騎射翰墨, 皆絕人. 上嘗謂近臣曰, 卿亦見普安乎, 近來骨相一變, 非常人比也."

4. 정체성 위기와 심리적 좌절

1　黃仲則의 詩, "收拾鉛華歸少作, 摒除絲竹入中年."

2　정체성의 형성과 생활 영역, 곧 'subsocieties'와 관련하여, Erik H. Erikson, *Identity: Youth and Crisis*, New york: W. W. Norton, 1968, 159~160쪽을 보라.

3　Erik H. Erikson, *Young Man Luther, A Study in Psychoanalysis and History*, New York: W. W. Norton, 1958, 98~100쪽.

4　"Identity diffusion", Erikson, *Identity: Youth and Crisis*, 212~214쪽을 보라.

5　『孟子』,「盡心上」, "修身以俟之, 所以立命也."

6　『孟子』,「告子下」, "故天將降大任於是人也, 必先苦其心志, 勞其筋骨, 餓其體膚, 空乏其身, 行拂亂其所爲, 所以動心忍性, 曾益其所不能."

7　"大根大器大力量, 荷担大事不尋常."

8　"上初在王邸, 遣內都監至徑山問道于杲禪師, 答以偈曰, 大根大器大力量, 荷担大事不尋常. 後在建邸, 遣內知客至山, 賜妙喜庵三字及眞贊. 至是悉取向賜, 識以御寶. 是年八月十日, 師示寂, 上傷悼不已, 賜諡普覺, 塔曰寶光."

9　모두『佛祖統紀』卷47에 나오는 사항이다.

10　『四朝聞見錄』甲集.

11 "孝宗幸天竺及靈隱, 有輝僧相隨. (…) 有觀音像手持數珠. 問曰, 何用. 曰, 要念觀音菩薩. 問, 自念則甚. 曰, 求人不如求己. (…) 孝宗大喜."

12 "德壽中興之後, 壽皇嗣服之時, 庄老二書未嘗不在几格間."

13 "서른이 되어 자립한다"는 것은 현대 심리학에서 특별한 의미를 지닌다. 곧 정체성 확립과 사상의 정립과 관련해서 그렇다. *Young Man Luther*, 229쪽을 보라.

14 *Young Man Luther*, 54쪽을 보라.

15 하지만 이는 기록자의 말이고, 헌성황후가 원래 어떻게 말했는지 여부는 알 수 없다.

16 洪邁, 『夷堅誌』乙誌 卷12,「大散關老人」조목.

17 Erik H. Erikson, *Insight and Responsibility*, New York: W.W. Norton, 1964, p. 162.

18 『孟子』,「盡心上」, "君子所性, 仁義禮智根於心. 其生色也, 睟然見於面, 盎於背, 施於四體, 四體不言而喻."

19 양자의 관계에 대해서는 Erikson, *Identity: Youth and Crisis*, 158~161쪽을 보라.

20 제8장 마지막 부분을 보라.

21 앞서 인용된 『佛祖統紀』를 보라.

22 소흥 초기, 호안국이 시강侍講이 되어 "오로지 춘추를 강의했다"고 한다. 『宋史』 卷435, 「儒林五」 본전을 보라. 호안국의 『춘추전春秋傳』은 특히 '원수에 대한 복수'와 '오랑캐를 물리침'의 관념을 담고 있다. 牟潤孫, 「兩宋春秋學之主流」 제7절, 『注史齋叢稿』에 수록, 香港: 新亞研究所, 1959, 155~158쪽을 보라.

23 "壽皇未嘗忘中興之圖, 有新秋雨霽詩云, 平生雄武心, 覽鏡朱顔在, 豈惜嘗憂勤, 規恢須廣大. 曾作春联有日, 子將觀登臺之熙熙, 包八荒之爲家, 穆然若東風之振槁, 洒然若膏雨之萌芽. 生生之德, 無時不佳, 又何羨乎炫目之芳華. 示徐本中, 命其校訂. 曾觀因譖徐云, 上春賦, 本中在外言, 曾爲潤色. 壽皇頗不悅."

24 앞서 인용한 『繫年要錄』 紹興 30年 조목, "騎射絕人."

25 도연명의 증조부이자 동진東晉의 명장 도간이, 매일 아침 벽돌 100개를 집 밖으로 옮기고, 저녁이면 그것을 다시 집 안으로 옮김으로써 몸이 둔해지는 것을 막았다고 한다.—옮긴이

26 말을 타고서 공을 쳐 상대편의 문 안에 집어넣던 게임. 오늘날의 폴로다. 격국은 페르시아에서 중국으로 전파되어, 당송대 때 크게 성행했다고 한다.—옮긴이

27 "隆興初, 孝宗銳志復古, 戒燕安之鳩, 躬御鞍馬, 以習勞事, 倣陶侃運甓之意. 時召諸將擊鞠殿中, 雖風雨亦張油帝, 布沙除地. 羣臣以宗廟之重, 不宜乘危, 交章進諫, 弗聽. 一日, 上親按鞠, 折旋稍久, 馬不勝勩, 逸入廡間, 簷甚低, 觸于楣. 夾陛驚嘩失色, 亟奔湊, 馬已馳而過. 上手擁楣, 垂立, 扶而下, 神朵不動, 顧指馬所徍, 使逐之."

28 劉子健, 「宋代文化變遷之一馬球」, 『兩宋史研究匯編』, 특히 299~301쪽의 효종에 관한 부분을 보라.

29 "壽皇在宮中, 常攜一漆拄杖, 宦官宮妾莫得睨視. 嘗游後苑, 偶忘攜焉, 特命小黃門取之. 二人竭力曳以來, 蓋精鐵也. 上方有意中原, 故陰自習勞苦如此."

30　"孝宗是甚次第英武. 劉共甫奏事便殿, 嘗見一馬在殿廷間, 不動, 疑之. 一日問王公明. 公明曰, 此刻木爲之者. 上萬幾之暇, 卽御之以習據鞍騎射故也."

31　朱熹, 「劉公神道碑」, 『文集』 卷88.

32　금나라 세종은 당시 "작은 요순"으로 불렸다. 『朱子語類』 卷133, 「本朝七·夷狄」을 보라.

33　『宋史』, 卷35, "卽位之初, 銳志恢復, 符離邂逅失利, 重違高宗之命, 不輕出師, 又値金世宗之立, 金國平治, 無釁可乘. (…) 天厭南北之兵, 欲休民生, 故帝用兵之意弗遂而終焉. 然自古人君起自外藩, 入繼大統, 而能盡宮庭之孝, 未有若帝. 其間父子怡愉, 同享高壽, 亦無有及之者. 終喪三年, 又能却羣臣之請而力行之. 宋之廟號, 若仁宗之爲仁, 孝宗之爲孝, 其無愧焉, 其無憾焉."

34　정면은 욕망의 허상이 보이고, 뒷면은 해골이 보이는 양면 거울.—옮긴이

35　고종이 퇴위 후 거처한 곳.

36　"宋紹興辛巳, 金主亮南侵, 高宗下詔親征. (…) 次年壬午內禪, 孝宗卽位, 銳意規恢. 起張魏公督師. 南軒以內機入奏, 引見德壽宮. (…) 上曰, 只是說與卿父, 今日國家須更量度民力國力, 早收拾取. 聞契丹與金相攻, 若契丹事成, 他日自可收卞莊子刺虎之功. 若金未有亂, 且務恤民治軍, 待時而動, 可也. 高宗懲于變故, 意不欲戰, 且聞金人議欲尊我爲兄, 故頗喜之. 孝宗初年, 規恢之志甚銳, 而卒不得逞者, 非特當時謀臣猛將凋喪畧盡, 財屈兵弱, 未可展布, 亦以德壽聖志主於安靜, 不思違也."

37　"上初恢復之志甚銳, 及符離之敗, 上方大慟, 曰, 將謂番人易殺. 遂用湯思退. 再和之後, 又敗盟."

38　乙集, 「孝宗恢復」, "上每侍光堯, 必力陳恢復大計以取旨. 光堯曰, 大哥, 俟老者百歲後, 爾却議之. 上自此不復敢言."

39　"光堯旣與子, 孝宗敬愛日隆, 每問安北宮, 間及治道. 時孝宗銳意大功, 新進逢迎, 務爲可喜. 淳熙中, 上益明習國事, 老成向用矣. 一日朝德壽, 謂之曰, 天下事不必乘快, 要在堅忍, 終于有成. 上再拜. 大書揭于選德殿. 比勢貢士 (…) 獨有一卷, 首曰, 天下未嘗有難成之事, 人主不可無堅忍之心, 上覽而試之, 遂爲第一."

40　남송대에 황제가 거주하던 곳을 총칭하던 명칭.—옮긴이

41　"壽皇過南內, 德壽問近日臺臣有甚章疏. 壽皇奏云, 臺臣論知閣鄭藻. 德壽云, 說甚事, 不是說他娶嫂. 壽皇奏云, 正說此事. 德壽云, 不看執柯者面. 壽皇問, 執柯者誰. 德壽云, 朕也. 壽皇驚灼而退. 臺臣卽時去國."

42　"德壽生日, 每歲進奉有常數. 一日忽減數項, 德壽大怒. 孝宗皇懼, 召宰相虞允文語之. 允文曰, 臣請見而解之. 孝宗曰, 朕立待卿回奏. 允文到宮上謁, 德壽盛氣. 頃之曰, 朕老而不死, 爲人所厭. 允文曰, 皇帝聖孝, 本不欲如此. 罪在小臣. 謂陛下聖壽無疆, 生民膏血有限, 減生民有限之膏血, 益陛下無疆之聖壽. 德壽大喜, 酌以御醞一杯, 因以金酒器賜之. 允文回奏. 孝宗亦大喜, 酌酒賜金如德壽云."

43　"高宗旣居德壽, 時到靈隱冷泉亭開坐. 有一行者, 奉湯茗甚謹. 德壽語之曰, 朕觀汝意度, 非行者也, 本何等人. 其人拜且泣曰, 臣本某郡守, 得罪監司, 誣劾贓, 廢爲庶人. 貧無以餬口, 來從師舅貢粥延殘喘. 德壽惻然曰, 當與皇帝言之. 數日後再往, 則其人尚在, 問之, 則云, 未也. 明日, 孝宗恭請太上帝后幸聚景園, 德壽不笑不言. 孝宗再奏, 亦不答. 太后曰, 孩兒好意招老夫婦, 何爲怒"

耶. 德壽黙然良久, 乃曰, 朕老矣, 人不聽我言. 孝宗益駭, 復從太后請其事, 德壽乃曰, 如某人者朕已言之而不效, 使朕媿見其人. 孝宗曰, 昨承聖訓, 次日即以諭宰相, 宰相謂贓污狼籍, 免死已幸, 難以復用. 然此小事, 來日決了. 今日且開懷一醉, 可也. 德壽始笑而言. 明日, 孝宗再諭宰相, 宰相猶執前說, 孝宗曰, 昨日太上聖怒, 朕幾無地縫可入, 縱大逆謀反也, 須放他. 遂盡復原官, 予大郡, 後數日, 德壽再往, 其人曰, 臣已得恩命, 專待陛下之來, 謝恩而去."

44　『論語』, 「季氏」, "及其老也, 血氣既衰, 戒之在得."

45　孟森, 「清高宗內禪事證聞」, 『明淸史論著集刊續編』, 北京: 中華書局, 1986, 350쪽에서 재인용. "太上皇帝使閣老和珅宣旨曰, 朕雖然歸政, 大事還是我辦. 你們回國, 問國王平安. 道路遙遠, 不必差人來謝恩."

46　上同, "狀貌和平瀟落, 終日宴戲, 初不游目. 侍坐太上皇, 上皇喜則亦喜, 笑則亦笑, 于此亦有可知者矣."

47　송나라 이종理宗의 환관(?~1260).—옮긴이

48　『矩山存稿』卷1, "昔孝宗皇帝, (…) 曾覬再還, 又復竊弄. 孝宗覺之, 謂左右曰, 爲家老子誤我不少."

49　『語類』卷107, 「內任·孝宗朝」, "高宗以其有才, 薦過來."

50　"淳熙已酉, 孝宗退居重華宮, 有淨室, 終日宴坐其間. 几上惟書籍一部及筆硯楮墨而已. 近璫嘗奏, 高宗皇帝留下寶器圖畫, 陛下盍時取觀. 壽皇云, 先帝中興, 功德盛大, 故宜享此. 朕豈敢自比先帝, 皆鐍閉不開."

5. 효종 '말년의 정치'와 그의 심리적 차원

1　『論語』, 「憲問」, "子張曰, 書云, 高宗諒陰, 三年不言. 何謂也." ＊'양음諒陰'은 천자가 상례를 치르는 것을 가리키는 명칭이라고 한다.—옮긴이

2　Peter Gay, *Freud: A Life of Our Time*, 414~415쪽.

3　Freud, "Mourning and Melancholia", 250~251쪽.

4　*The Interpretation of Dreams*, New York: Avon Books, 1965, p. 290.

5　프로이트의 양대 제자인 알프레트 아들러Alfred Adler와 카를 융Carl Jung은 모두 이 문제에서 자신들의 스승과 결별하는데, 이는 주목할 점이다. Ronald W. Clark, *Freud: The Man and the Cause*, New York: Random House, 1980, p. 307, 322.

6　이러한 상가喪家의 관용어는 남송 때 정형화되었다. 周輝, 『淸波雜誌』卷10, "禍延過客" 조목을 보라.(劉永翔의 『校注』本注1, 458~459쪽)

7　날을 달로 바꾸는 것으로, 27일이면 상이 끝난다.

8　"百官七上表, 請遵易月之制. 詔外朝勉從所請. 其三年之喪, 人子所以自盡者, 朕悉於宮中行之."

9　원元은 현玄의 오자다.

10　"臣聞三年之喪, 自天子至于庶人, 一也. (…) 由堯舜逮漢初, 其道不變. (…) 及漢孝文自執謙德, 用日易月, 至今行之. 子以便身忘其親, 臣以便身忘其君, 心知其非而不肯改. 以臣觀之, 孝文固有罪矣. (…) 伏觀十二月二十五日聖旨, 沿國朝故典, 以日易月, 臣竊以爲非矣. 自常禮言之, 猶須大行有遺詔, 然後遵承. 今也, 大行詔旨不聞, 而陛下降旨行之, 是以日易月出陛下意也. (…) 情動于中, 必形于外, 苴麻之服, 其可二十七日而遽釋乎. (…) 晉武帝爲文帝服喪, 雖從權除服而猶素冠蔬食, 如居喪中者. 羊祜欲請帝遂服三年, 裴秀傅元, 難于復古, 且以君服不除而臣下除之, 是有父子無君臣也, 其議遂止. (…) 然武帝至孝感慕, 遂以蔬素終三年, 故司馬光曰, 漢文師心不學, 變古壞禮, 後世帝王, 不能篤于哀戚之情, 而羣臣諂諛, 莫肯釐正. 晋武以天性矯而行之, 可謂不世之賢君, 而裴傅庸臣, 習常玩故, 不能將順其美, 惜哉."

11 卷79,「晋紀一」,秦始二年"文帝之喪"조목.

12 『思陵錄 上』, 淳熙 14년 10월 丁丑日, 戊寅日, 辛巳日 조목을 보라.

13 "徽猷閣待制知嚴州胡寅請服喪三年, 衣墨臨戎, 以化天下."

14 이 점과 관련하여 Bruce Mazlish, "The Mills: Father and Son", in Robert Jay Lifton, ed., *Explorations in Psychohistory*, New York: Simon and Shuster, 1974, pp. 136~148을 참조하라. 위에서 인용된 부자 관계에 관한 프로이트의 언사는 이 글 137쪽에서 재인용되었다.

15 『思陵錄 上』淳熙 14年 10月 辛巳 조목, "自我作古, 何害."

16 『東萊集』卷3,「臣竊惟皇帝陛下臨御以來, 惟紹復大業是志, 惟計安寓内是圖. 前代帝王聰, 明勤儉僅, 得陛下萬分之一者, 莫不隨世而就功業. 未有如陛下汲汲望治, 十有六年而焦勞未解者也

17 정강의 치욕을 가리킨다.

18 이 말은 앞 절에서 다루었던 『춘추』의 '복구復仇'와 서로 일치한다.

19 "上嘗謂允文曰, 丙午之恥, 當與丞相共雪之. 又曰, 朕惟功業不如唐太宗, 富庶不如漢文景. 故允文許上以恢復."

20 『誠齋集』卷120, "上嘗論唐太宗之功業, 因嘆大功之未就. 公以先德後功爲規"

21 『攻媿集』卷89, "上言, 朕 (…) 所少者, 則是功業未成. 公奏, 功業雖中主可成, 齊家治國非上聖莫能及. 上曰, 然德行爲本, 功業次之."

22 위징이 당 태종에게 했던 말. 양신은 임금과 협심하여 나라의 번영을 도모하는 신하이고, 충신은 국가 존망의 위기에 직간으로 인해 자신도 죽는 신하를 가리킨다.—옮긴이

23 "上銳意圖治, 以唐太宗自比, 良祐言太宗政要願賜省覽, 擇善而從, 知非而戒, 使臣爲良臣, 勿爲忠臣. 上曰, 卿亦當以魏徵自勉."

24 『資治通鑑』卷193,「唐紀九」貞觀 4年 4月 戊戌 조목.

25 朱熹,「張公神道碑」,「文集」卷89, "修德立政" "通内修外攘爲一."

26 『宋史』卷396,「趙雄傳」, "孝宗大喜, 翌日以疏宣示, 且手詔云, 恢復當如枃所陳方是."

27 『文集』卷14,「戊申延和奏箚五」, "内修政事, 外攘夷狄."

28 卷127,「本朝一·孝宗朝」, "因言孝宗末年之政, 先生曰, 某嘗作孝宗挽辭, 得一聯云, 乾坤歸獨御, 日月要重光."

29 『誠齋集』卷10,「祭王謙仲樞使文」, "孝宗季年, 丕又八極, 遠侔貞觀, 近踵慶歷. 儀儀衆賢, 金海玉淵, 孰爲之宗, 未或公先."

30 『續資治通鑑長編』卷143, 慶曆 3年 9月 丁卯日 조목.

31 『宋史』卷213,「宰輔表四」.

32 "리는 약하고 기는 강하다理弱氣強"와 "본성은 고요하고 감정은 움직인다性靜情動"는 주희의 언사는 적어도 구조상으로는 이것과 유사하다. 따라서 이학 속에도 심층 심리학과 유사한 부분이 있음을 알 수 있다. 이런 것은 철학만으로는 다 설명될 수 없는 것이다. 다만 이에 대한 논의는 논지에서 벗어나므로 더이상 언급하지 않기로 한다.

33 Peter Gay, *Freud: A Life for Our Time*, 340~341쪽.

34 이상, '자아 이상'의 서술에 관해서 주로 다음의 글을 참조했다. Freud, "On Narcissism: An Introduction," *The Complete Psychological Works of Sigmund Freud*, Stanford edition, vol. XIV, 제3절, 92~102쪽. 아울러 Paul Ricoeur, *Freud and Philosophy*, 183~185쪽 참조.

35 周密, 『武林舊事』卷7, 「乾淳奉親」, "承顏養志之娛."

36 『隋書』卷36, 「文獻獨孤皇后傳」및 『資治通鑑』卷178, 「隋紀二」, "吾貴爲天子, 而不得自由."

37 "On the History of the Psycho-analytic Movement", *The Complete Psychological Works of Sigmund Freud*, Standard edition, vol. XIV, pp. 15~16.

38 주로 각종 '충동[추동]drives'과 '본능'을 가리킨다. 전문가 사이에서도 논쟁이 많지만, 여기서는 더이상 깊이 들어가지 않기로 한다.

39 'public opinion'에 관해서는 Freud, "On Narcissism: An Introduction", 96쪽을 보라. 이것은 중국인들이 말하는 "사람들 말이 무서워할 만하다人言可畏"는 것과 같다.

40 『論語』, 「憲問」, "百官總己以聽于冢宰三年."

41 왕회를 재상으로 임명한 것이 그 대표적 사례다. 자세한 내용은 뒤에 나올 '황극' 부분을 보라.

42 "On Narcissism: An Introduction", 101쪽을 보라.

43 *Insight and Responsibility*, 93쪽.

44 *Identity: Youth and Crisis*, "the identity of those two identities", 22쪽.

45 *Gandh's Truth, On the Origins of Militant Nonviolence*, New York: W. W. Norton, 1969, pp. 265~266.

46 "從頭收, 拾舊山河."＊ 악비가 지은 「만강홍滿江紅」이라는 사詞의 일부다.—옮긴이

47 『文集』卷11, 「壬午應詔封事」, "修政事, 攘夷狄."

48 『文集』卷13, 「垂拱奏箚二」, "復讎雪恥之本意."

49 자자는 사천師川이고 소흥 10년(1140)에 사망했다. 본전은 『宋史』卷372에 있다.

50 "其子瑀嘗出示高宗所賜御書光武紀, 後復親批云, 卿近進言, 使朕熟晉世祖紀, 以益中興之治. 因思讀之十過, 未若書一編之爲愈也. 先以一卷賜卿, 雖字札惡甚, 無足觀看, 但欲知朕不廢卿言耳. 師川没後十年, 瑀貧不能家, 上表繳進此書, 乞任使, 託明清爲表."

51 『繫年要錄』卷159, "朕自始至今, 惟以和好爲念, 蓋兼愛南北之民, 以柔道御之也."

52 "吾理天下, 亦欲以柔道行之."

53 *Identity: Youth and Crisis*, 208~211쪽.

54 상편 제5장 「국시」 고찰'을 보라.

55 『文集』卷75, "癸未之議, 發言盈庭, 其日, 虜世仇不可和者, 尙書張公闡左史胡公銓而止耳.

其餘蓋亦有謂不可和者, 而其所以爲說, 不出乎利害之間. 又其餘則雖平時之號賢士大夫, 慨然有六千里爲仇人役之歎者, 一旦進而立乎廟堂之上, 顧乃惘然如醉如幼, 而忘其疇昔之言. 厥或告之, 則曰, 此處士之大言耳."

56   1091~1164, 본전은『宋史』卷381.

57   1102~1180, 사적은 양만리의『誠齋集』卷118,「胡公行狀」을 보라.

58   『文集』卷75,「戊午黨論序」,"若必以人之衆寡爲勝負, 則夫所謂士大夫是者, 又孰若六軍萬姓之爲多耶. 今六軍萬姓之言, 則是二公之言而已."

59   "淳熙末年, 求治愈新, 不自聖智, 推賢其臣."

60   "(…) 昔年叨上殿, 歎息動宸襟. 豈不人思奮, 其如天意深."

6. "착해지라고 질책하면 사이가 멀어진다"—효종과 광종의 심리적 충돌

1   『宋史』卷246 本傳.

2   上同, 本傳.

3   "及庄文太子薨, 孝宗以帝英武類己, 欲立爲太子, 而以其非次, 遲之."

4   "庄文太子薨, 愷次當立, 帝意未決. 旣而以恭王英武類己, 竟立之."

5   "更望相公保全."

6   「光宗紀」,"久有此意, 事亦素定."

7   "三王得, 不知何許人, 亦無姓名. (…) 光宗始開王社, 位爲第三. 孝宗儲副之位未知執授. 一日, 三王得于道中前邀王車, 衛者拽之. 王問謂誰, 但連稱三王得三王得. 王悟其兆, 縱使去. 旣卽大位, 命入中禁賜命, 不拜而出."

8   『宋史』,「孝宗紀一」.

9   "光宗, 孝宗第三子也. 改元紹熙, 在位五年. 初, 莊文旣薨, 孝廟白德壽立光宗. 宣璚之夕, 德壽故召魏邸王燕宿宮中, 泊次日歸邸, 則儲冊已行矣. 魏邸復入見高廟, 有愷言曰, 翁翁留我, 却使三哥越次做太子. 帝語塞, 漫戲撫之曰, 兒謂官家好做, 做時煩惱去."

10   "孝宗崇憲聖母地之恩, 故稱琚弟以位曰哥. 至光宗體孝宗之意, 故稱琚兄曰舅. 琚尤聖眷, 後苑安榴盛開, 光皇以廣團扇自題作二句曰, 細叠輕綃色倍醲, 晚霞猶在綠陰中. 命琚足之. 公再拜, 援筆卽書曰, 春歸百卉今無幾, 獨立淸微殿閣風. 上稱歎者久之. 憲聖于二王中, 獨導孝宗以光皇爲儲位, 故公落句有獨立之詠, 寄意深矣. 團扇猶藏其家, 又有石刻, 火後俱不存云."

11   "李皇后, 安陽人, 慶遠軍節度使, 贈太尉道之中女. (…) 道帥湖北, 聞道士皇甫坦善相人, 乃出諸女拜坦. 坦見后, 驚不敢受拜, 曰, 此女當母天下. 坦言于高宗, 遂聘爲恭王妃. (…) 乾道四年, 生嘉王. 七年, 立爲皇太子妃. 性妬悍, 嘗訴太子左右于高孝二宮, 高宗不懌, 謂吳后曰, 是婦將種, 吾爲皇甫坦所誤."

12   『止齋集』卷25,"且陛下獨不記壽皇之踈魏邸乎. 自古廢立, 出於愛憎, 壽皇此時果何心耶. 而陛下忍忘之也."

13   "陛下之在王邸也. 魏王兄也, 猶無恙也. 壽皇聖帝斷以獨見, 不惑羣議, 驟越魏王而正陛下於儲宮, 非壽皇愛陛下而然歟."

14   "先是, 上之未疾也, 嘗獨幸聚景, 兩制俱扈從, 惟吳琚待制以疾在告. 上將進酒於荼䕷花下,"

言者飛章交至, 謂太上每出幸外苑, 必恭請光堯. 上方怒言者, 遂以重華亦有不曾恭請光堯之時以語從臣. 適太上命黃門持玉巵暨宣勸以賜, 會上怒未息, 以手顫誤觸巵於地. 黃門歸奏, 遂隐言者之事, 但云, 官家纔見太上傳宣, 即大怒碎巵矣."

15　"延和奏事, 太子初侍立. 駕坐, 太子先起居兩拜. (…) 上顧太子, 曰, 此事如何. 太子以爲甚當. (…) 予奏, (…) 守臣不可不擇, 慈乃爲治之本. 上顧太子, 曰, 苟非其人, 不可輕放過. 上見敷陳要務頗恔, 謂太子, 曰, 今後不必間日參決, 自可每日侍立, 只此便是參決."

16　"孝廟將授受于光廟, 擇正月使人離闕選日, 講行大典, 孝廟與周益公云, 二月一日日蝕, 避正殿, 未滿旬日, 有此典故, 恐非新君所宜, 朕自當之, 俟日蝕後別擇日. 外廷俱不知之, 太子春坊姜特立來謁益公云, 宮中已知人使離闕廷, 便講授受之典, 寂然不聞. 益公正色答云, 朝廷大事, 外廷豈可預聞, 恐非春坊所當言. 自此譖言先人, 益公相光廟, 不數月而免."

17　"慈懿李皇后, 安陽人, 父道, 本戚方諸將, 故群盜也. 後天姿悍妒, 既正椒房, 稍自恣. 始, 成肅謝後事高宗及憲懿聖甚謹, 至後頗偃蹇. 或乘肩輿直至內殿, 成肅以爲言, 後忿曰: 我是官家結髮夫妻. 蓋謂成肅自嬪御冊立也. 語聞, 成肅及壽皇皆大怒, 有意廢之. (…) 宮省事祕, 莫得詳也. 其後益無忌憚. 貴妃黃氏有寵, 後妒, 每欲殺之. 紹熙二年, 光宗初郊, 宿青城齋宮, 後乘便, 遂置之死地. 或以聞, 上駭且忿怒, 於是遂得心疾. 及上不豫, 兩宮有間言, 天下寒心, 皆歸過於後."

18　「高宗紀九」, 紹興 31년 6월 庚申 조목, "遣步軍司都統制戚方提總江上諸軍策應軍馬, 聽劉錡節制."

19　관례, 혼례, 상례, 제례, 향음주례, 상견례. ─옮긴이

20　卷2, 「帝王都會」, "頃之, 内宴, 后請立嘉王爲太子, 孝宗不許, 后曰, 妾六禮所聘, 嘉王妾親生也, 何爲不可. 孝宗大怒. 后退持嘉王泣訴于帝, 謂壽皇有廢立意. 帝惑之, 遂不朝太上."

21　프로이트 이래 공격성에 관한 여러 견해가 있다. Peter Gay, *The Cultivation of Hatred: The Bourgeois Experience, Victoria to Freud*, New York: W.W.Norton, 1993, "Appendix: Theories of Aggression", 529~536쪽 참조.

22　『西湖遊覽誌餘』卷2, "爾尙欺我至是耶."

23　"辛未, 有事于太廟. 皇后李氏殺皇貴妃, 以暴卒聞. 壬申, 合祭天地于圜丘, 以太祖太宗配, 大風雨, 不成禮而罷. 帝既聞貴妃薨, 又值此變, 震懼感疾, 罷稱賀, 肆赦不御樓. 壽皇聖帝及壽成皇后來視疾, 帝自是不視朝."

24　황상黃裳은 소희 3년(1192)에 올린 「수황에게 효를 다할 것을 주장하는 상소論盡孝壽皇疏」에서 네 가지 '의심'을 열거한다. 『宋代蜀文輯存』卷71.

25　『宋代蜀文輯存』卷71, "紹熙二年秋九月乃召爲吏部尙書. 公至, 會聖躬服藥, 凡三月不得對. 先是光宗素無疾, 旦旦視朝, 天容穆如也."

26　"凡今者發政施仁之目, 皆侍之問安侍膳之餘."

27　丁傳靖, 『宋人軼事彙編』卷3, "李后"조, "重華問上疾, 自臨大內撫視, 上噤不知人, 但張口嚇言. 壽皇憂且怒, 呼李后而數之云, 宗廟社稷之重, 汝不謹視上, 使之至此. 萬一不復, 當族汝家. 既人召留正責之日, 汝爲相, 不強諫, 何也. 正曰, 臣非不言, 奈不聽何. 帝曰, 爾自後須苦言之, 若有不入, 待朕留渠細語之. 光宗既愈, 后泣曰, 嘗勸哥哥少飲酒, 不聽, 近者不預, 壽皇幾欲族妾家. 妾家何負何辜. 既而聞留正得聖諭, 謂若更過宮, 決被留不可還矣. 故終外乃父, 玉輦無近于龍樓云."

28 "古者易子而教之, 父子之間不責善. 責善則離, 離則不祥莫大焉."

29 "陛下不過宮, 豈非誤有所疑乎. 臣不識陛下何所疑重華耶. 道路之言, 不以爲責善, 則以爲猶
吝權. 以臣計之, 二者皆誤也. 且壽皇責善爲天下計, 爲社稷宗廟計耳. 假使陛下政事修明, 人心愛
戴, 則壽皇之願得矣. 尙復何辭. 陛下不是之察, 豈非誤乎. 若曰吝權, 則進退百官必與聞其人, 罷行
庶政必與聞其事, 而五六年來天下不見其有此也."

30 "設或壽皇聖帝, 義方加篤, 威顔過嚴, 陛下執禮恐違, 小心多畏, 尤宜勉竭以盡歡愉. 豈可因
循以圖避免, 非惟貽謀於後世, 亦將少掩於外觀. (…) 且夫怨忿日仇, 角勝日敵. (…) 壽皇何負於陛
下, 而言笑不接, 定省久違, 幾於怨忿角勝之爲乎."

31 제9장 「주필대와 이학자」를 보라.

32 『語類』 卷116, 「訓門人四」, "又言, 劉道修向時章疏中說道學字, 用錯了. 先生因論, 德修向時
之事, 不合將許多條法與壽皇看, 暴露了, 被小人知之, 卻做了脚手. 某以爲, 大率若小人勢弱時節,
只用那虛聲, 便可恐得他去, 若小人勢盛時節, 便不可如此暴露, 被他先做脚手. 雖然, 德修亦自好,
當時朝廷大故震動."

33 진량이 1178년(순희 5년)에 효종에게 「예궐상언詣闕上言」을 올린 일을 가리킨다. 그는
이 상소문에서 진회 등의 주화파를 강력히 공격했다.—옮긴이

34 "龍川陳亮奏書卓陵, 幾至大用, 阨於卿相, 流泊有年. 光皇賜對, 問以禮樂刑政之要, 亮擧君
道師道以爲對. 時諸賢以光皇久闕問安, 更進迭諫. 亮獨於末篇, 有豈在一月四朝爲禮之説. 光皇以
爲善處父子之間, 故親擢爲第一."

35 『宋史』, 「光宗紀」.

36 『宋史』 卷436, 「儒林六·陳亮傳」에 따르면, [광종은] 진량의 대책을 보자 매우 기뻐하면
서 부자 관계를 잘 다루었다고 여겼다. 3등으로 보고되었으나, 어필로써 1등으로 뽑았다得亮
策乃大喜, 以爲善處父子之間. 奏名第三, 御筆擢第一"고 한다.

37 "臣竊嘆陛下之於壽皇. 莅政二十有八年之間, 寧有一政一事之不在聖懷, 而問安視寢之餘, 所
以察詞而觀色. 因此而得彼者, 其端甚衆, 亦既得其機要而見諸施行矣. 豈徒一月四朝以爲京邑之
美觀也哉."(『陳亮集』 增訂本, 鄧廣銘 点校, 中華書局, 1987, 卷11 「策」, 116쪽)

38 上同, 121쪽, "陛下之聖孝, 雖曾閔不過, 而定省之小奪於事, 則人得以疑之矣. 陛下之即日如
故, 而疑者不愧其望陛下之以厚自處爲無已也."

39 "危公積嘗以龍川上書氣振, 對策氣索, 蓋是要做壯元也."

40 『宋史』 卷415, 本傳.

41 『宋元學案』 卷77, 「槐堂諸儒學案, 知州危驪堂先生積」.

42 이 사건은 순희 5년(1178)에 일어났다. 『송사』 본전을 보라.

43 "嗟夫. 同甫當上書時, 敘黜一官, 且有逾垣以拒曾觀之勇. 而其暮年對策, 遂阿光宗嫌忌重華
之旨, 謂不徒以一月四朝爲京邑之美觀, 何其謬也. 蓋當其兼困之餘, 急求一售, 遂不惜詭遇而得之."
(『鮚埼亭集』 卷29). 덩광밍鄧廣銘은 「진량의 반유학 문제 분석陳亮反儒問題辨析」(『燕園論學集』,
北京大學出版社, 1984)에서, 전조망에게 반론을 제기한다. 355~359쪽을 보라. 하지만 덩광
밍의 중점은 진량의 동기에 놓여 있어 우리의 논지와 전혀 다른 문제에 속한다. 필자는 진량
의 동기에 대해서는 단정을 하지 않으려 한다. 이 글은 호이트 틸먼Hoyt C. Tillman이 알려

주었다. 이 자리를 빌려 감사드린다.

44 "十一月一日武學博士蔣來叟放罷. 以殿中侍御史黃黼奏, 來叟叨掌殿廬, 點檢試卷, 擬陳亮試卷再首選. 亮引需卦, 輕侮君父."

45 『宋會要輯稿』「職官」73의 19에서 20까지.

46 上同, 「職官」73의 21.

47 『陳亮集』(增訂本) 卷11, 121쪽, "雲上於天, 需, 君子以飲食宴而九五之需樂, 於飲食者, 待時以有爲, 當於此乎需也. 豈以陛下之聖明而有樂於此哉, 然而人心不能無疑也."

48 "四年正月二十四日以吏部尚書兼侍讀趙汝愚貢舉, 給事中黃裳, 左司諫胡琢同知貢舉. 得合格奏名進士徐邦憲以下三百九十六人. 三月八日 (…) 趙汝愚 (…) 黃裳 (…) 胡琢知貢舉畢, 同班奏事. 上宣諭曰, 聞今年得人甚好, 汝愚等奏曰, 今年所取省試前名, 偶多得四方知名之士. 臣等在貢院, 多用策論參考, 是以多得老成."

49 『止堂集』卷2, 「論車駕過宮愆期, 視朝爽節, 章奏壅滯疏」.

50 합격자의 방榜을 상서성에 붙인 데서 그런 이름이 생겼다.

51 『宋史』卷156, 「選擧誌二」.

52 "戊寅, 以壽皇聖帝疾, 赦. 權刑部尚書京鏜入對, 請朝重華宮."

53 "六月 (…) 戊戌夜, 壽皇聖帝崩 (…) 先是, 丞相留正知樞密院事趙汝愚參知政事陳騤同知樞密院事余端禮, 聞壽皇聖帝大漸, 見帝于後殿, 力請帝朝重華宮, 皇子嘉王亦以請不聽."

54 제9장 「육구연의 축출」절.

55 "(紹熙) 四年, 汝愚知貢舉, 與監察御史汪義端有違言." 유광조의 「조공 묘지명」은 "왕의단은 공과 공원貢院에서 의견이 합치하지 않아, 상주문을 올려 공을 비난했다汪義端與公貢院議不合, 奏疏詆公"고 한다.

56 "三月 (…) 辛巳, 以葛邲爲右丞相, 胡晉臣同樞密院事, 陳騤參知政事, 趙汝愚同知樞密院事. 甲申, 監察御史汪義端奏, 汝愚執政, 非祖宗故事, 請罷之. 疏三上, 不報. 辛卯, 義端罷."

57 "矣紹興四年春, 樞府有聞壽皇欲用趙忠定. 既出命矣, 而察官有言高宗聖訓, 不用宗室爲宰執者, 上謀之壽皇, 遂命宰執召當筆學士, 申論聖意."

58 "胡晉臣, 字子遠, 蜀州人. 登紹興二十七年進士第, 爲成都通判. 制置使范成大以公輔薦諸朝, 孝宗召赴行在. (…) 朱熹除兵部郞 (…) 侍郞林栗 (…) 奏熹不即受印爲傲慢. 晉臣上疏留熹而排栗, 物論歸重. 光宗嗣位 (…) 拜端明殿學士簽書樞密院事. (…) 既而朝重華宮, 孝宗謂曰, 嗣君擢任二三大臣, 深慰朕意, 闔外庭亦無異詞. 晉臣拜謝除參知政事兼同知樞密院事. 上自南郊後, 久不御朝, 晉臣與丞相留正同心輔政, 中外帖然. 其所奏陳, 以溫淸定省爲先, 次及親君子遠小人抑僥倖消朋黨, 啓沃剴切, 彌縫縝密, 人無知者, 未幾, 薨于位."

59 호진신의 동지추밀원사는 원래 겸직이었고, 이미 소희 3년 6월 신축일에 진규에게 물려주었다. 「재보표 4」를 보라.

60 제11장 '광종대의 관료 집단' 절을 보라.

61 "姜特立除浙東副總管, 尋召赴行在. 正引唐憲宗召吐突承璀事, 乞罷相. 上批, 成命已行, 朕無反汗, 卿宜自處. 正待罪六和塔, 奏言, 陛下近年, 不知何人獻把定之說, 遂至每事堅執, 斷不可回."

62 제11장 중 강특립을 다룬 절을 참조하라.

63 『宋史』權469,「宦者四·陳源傳」.

64 제11장 '광종대의 관료 집단' 절을 보라.

65 제10장 '이학 집단의 배치' 절을 보라.

66 羅大經,『鶴林玉露』甲編 卷4,"誠齋退休"조목을 보라. 아울러『誠齋集』卷68,「答朱晦庵書」를 참조하라.

67 『止堂集』卷12,"某本月初一日忽見小報, 姜特立召起行在. 某始聞之, 未敢以爲然也. 既而物色, 則其報已四馳矣. 退, 驚且疑. 以爲有耶, 則相公得君方專, 豈遽至此. 以爲無耶, 則以近事念之, 亦未必敢也. 至次日, 乃知不然. 然有不可不慮者, 試爲相公陳之. 當此報之傳也, 某密察之人情, 特善類以爲廬耳. 其他泛泛不問者, 固亦不少. 聞之而喜者, 不知幾人, 然要非磈磈在下位者也. 相公觀此聲勢, 抑嘗動心否乎. (…) 前日之報, 雖云不實, 然不知果何自而出, 殆必有爲之者矣. 然則相公肘腋之下, 豈非有其人之黨羽在乎. 某謂此報, 不當視爲尋常而不問, 要當親質之上前. 如本無此, 則窮所自來, 取其撰造者, 真之于法. 不特以市趨嚮於外, 隄防機密之地, 亦當如是也."

68 『海陵集』卷3,"小報者, 出于進奏院, 蓋邸吏輩爲之也. 比年事有疑似, 中外未知, 邸吏必竊以小報[紙]書之, 飛報遠近, 謂之小報. 如曰, 今日某人被召, 某人被召罷去, 某人遷除. 往往以虛爲實, 以無爲有."* [ ]는 사고전서본에 쓰인 글자를 표기한 것으로, 옮긴이는 사고전서본에 쓰인 '紙' 자에 따라 번역했다.

69 『宋史』,「宰輔表四」.

70 董振福,『陳亮年譜』, 臺北: 商務, 1982년 중인본重印本 제55쪽은 진량의 대책에 대해 이렇게 말한다. "광종이 수황에게 인사 가지 않는 것에 대해, 여러 신하는 한결같이 그래서는 안 된다고 말했다. 진부량은 [광종의] 옷섶을 당기면서 있는 힘껏 간언했다. 하지만 선생[진량]의 대책문에 있는 언사에 대해, 주상의 생각에 아부한 것이라고 말하는 사람들이 있었다. 선생이 죽은 다음 진부량은 제문을 지어주지 않았는데, 어찌 그런 사유[진량의 죽음이 매우 비통하다는 사유] 때문이겠는가?" 같은 책 57쪽은 또 이렇게 말한다. "진부량은 [어떤 사람의] 제문을 지어주지 못한 까닭에 대해, '비통함을 이기지 못해 짓지 못했다'고 말했다." 내 생각은 이렇다. 뒤의 설은『지재집止齋集』권9의「도류겸지록悼劉謙之知錄」이라는 시의 자주自註에 나온다. 진부량은 "나는 경원(정경원鄭景元)과 그의 배다른 형제를 위해 제문을 지으려 했으나, 슬픔을 이기지 못하여 그때마다 그만두었다"라고 말한다. 그러면서 동시에 세 사람을 언급하고 있다. 따라서 진부량이 비통함 때문에 제문을 짓지 못했다는 것은 사실인 듯하다. 하지만 둥전푸董振福는 진부량의 이런 말을 믿지 않았기 때문에, "어찌 그런 사유 때문이겠는가?"라고 의심했던 것이다. 하지만 그런 의심에 대한 문헌적 증거는 제시하지 못했다. 근래 학자 가운데에는 둥전푸의 의심을 채택하는 사람들이 있다. 周夢江,『엽적과 영가학파[葉適與永嘉學派]』(浙江古籍, 1992)의 123쪽과 方如金,『진량과 남송 절동학파 연구[陳亮與南宋浙東學派研究]』(北京: 人民, 1996) 98쪽을 보라. 이상 세 권의 책은 틸만이 알려준 것이다. 이 자리를 빌려 감사드린다.

71 "工部尚書趙彦逾等上疏重華宮, 乞會慶聖節勿降旨免朝. 壽皇日, 朕自秋涼以來, 思與皇帝相見, 卿等奏疏, 已令進御前矣. 明日會慶節, 帝以疾不果朝."

72 『東塘集』卷13,"半載以來, 車駕每欲過宮起居, 每蒙聖慈眷免, 然而因循日久, 寖闕禮文, 觀瞻所關, 馴致疑惑. (…) 今玆會慶節, 禮合上壽, 伏望睿慈勿復先期更免過宮, 俾皇帝得以躬率羣臣, 展前殿玉卮之敬, 三宮懽洽, 四海欣慶."

73　上同, 「又入奏同前狀」, "陛下觀前日壽皇批答侍從之言, 有云, 自秋涼以來, 每欲與皇帝相見. 此語切愛子, 急急欲見之意, 陛下可以灼然無疑矣. 今臣之策, 以謂陛下尚懷此疑, 未肯即過宮欲. 乞陛下先密以宸翰一緘, 如家人之語, 其間及陛下以久不得一侍壽皇, 欲得即行朝禮. 今幸已經會慶聖節, 翌日願侍慈闈之意."

74　「광종기」를 보라.

75　"甲申, 帝將朝重華宮, 皇后止帝, 中書舍人陳傅良引裾力諫, 不聽."

76　『止堂集』卷4, "臣竊見近日羣臣, 請陛下過宮者不止一人. 或將順或正救或解釋其疑, 亦不止一人. 言語忿激, 引類褻慢, 殆不可恕, 而陛下受之曾無難色. 一入內庭, 其意即異, 果何爲而然哉. 是必有誤陛下者也."

77　上同, "上云, 素知卿忠直, 卿理會甚事. 奏云, 今日之事, 無大於過宮. 臣自三月十九以後, 累有奏疏論此事, 未蒙開納. 今再有劄子奉陳. 上云, 甚好, 逐段開陳上, 皆以爲是, 且云, 須著過去. 奏云, 陛下在外庭, 與羣臣言及過宮事, 聖意更無齟齬, 且與之約爲定日. 及一轉入御屏, 此意便別. 此必有人誤陛下, 不然必不至此. 上首肯之. 然聖意終未回也."

78　『四朝聞見錄』甲集, "光皇命駕北內"조목, "止齋陳氏傅良, 時爲中書舍人, 於百官班中顒俟上出. 上已出御屏, 慈懿挽上入, 曰, 天色冷, 官家且進一杯酒, 却上輦. 百僚曁侍衞俱失色. 傅良引上裾, 請毋入, 已至御屏後. 慈懿叱之曰, 這裏甚去處. 你秀才們要斫了驢頭. 傅良遂大慟於殿上."

79　『宋史』「李皇后傳」은 이 말을 다음과 같이 기록한다. "此何地, 爾秀才欲斫頭邪." 속어를 좀 고상하게 바꾸었으나 생생한 맛은 사라져버렸다.

80　"按朱子在光宗朝, 與孝宗時不同. 孝宗之知朱子甚深, 而朱子之望于孝宗者亦至. 故往往堅辭以卜上意. 至光宗元未有召用之意, 其除命皆由留丞相所薦, 而朱子亦止于再辭, 蓋以爲之兆耳."

81　"臣竊惟皇帝陛下 (…) 一旦受命慈皇, 親傳大寶. (…) 凡在覆載之間, 稍有血氣之屬, 莫不延頸擧踵, 觀德聽風, 而臣適逢斯時, 首蒙趨召, 且辱賜對, 得近日月之光. 感幸之深, 其敢無說以效愚忠之一二."

82　『勉齋集』卷36, "先生嘗草奏疏, 言講學以正心, 修身以齊家, 遠便嬖以近忠直, 抑私恩以抗公道, 明義理以絶神姦, 擇師傅以輔皇儲, 精選任以明體統, 振紀綱以厲風俗, 節財用以固邦本, 修政事以禦外侮, 凡十事, 欲以爲新政之助. 會執政有指道學爲邪氣者, 力辭新命, 除祕閣修撰, 仍奉外祠, 遂不果上."

83　제8장 '군주를 얻어 도를 행한다—주희와 육구연' 절을 보라.

84　『文集』卷23, 「辭免祕閣修撰狀一」을 보라.

85　"時上已有倦勤之意, 蓋將以爲燕翼之謀."

86　『朱子年譜』卷4下, 紹熙 5年 8月「赴行在」조목, "不俟駕而往."

87　『年譜考異』卷3, 淳熙 15年 6月, 癸酉 조목, "至於指道學爲邪氣, 則自施, 蕭輩所言, 而周, 留必無是語矣."

88　葉適, 「施公墓誌銘」을 보라.

89　『宋史』, 「宰輔表四」.

90 『宋史』, 「宰輔表四」.

91 본서 제10장을 보라.

92 본서 제11장을 보라.

93 『文集』卷22, 「辭免祕閣修撰狀二」, "庶幾仰全壽皇眷知惠養之意."

94 "又草封事, 極言父子天性, 不應以小嫌廢彝倫, 言頗切直. 會今上卽位, 不果上."

95 "方間隙之將萌, 群臣不能捄之於早. 及形迹旣著, 又不能察陛下事親之本心, 且無以和陛下父子之情, 往往語言拙直, 援引當當. 其心雖忠於陛下, 而不足以感悟陛下之聽, 徒以激怒陛下. 故近日臨欲過宮而復輟者, 陛下未必不日, 身爲萬乘之主, 乃不得一事自由乎. 故不肯屈獨斷之權, 爲群論所迫耳."

7. '황극'을 둘러싼 논쟁

1 '효종 '말년의 정치'와 그의 심리적 차원' 절에서 인용된 주희의 「戊午黨論序」를 보라.

2 『水心別集』卷15, "變國是, 變議論, 變人才, 所以擧大事."

3 "歎息動宸襟."

4 袁燮, 『絜齋集』卷12, 「羅公行狀」, "臣聞君子小人相爲消長, 衆正進而後羣枉消, 羣枉消而後國是定, 國是定而後太平之基立."

5 제7장 및 이 장의 '정체성 위기와 심리적 좌절' 절을 보라.

6 『道命錄』卷7下, "然經所謂皇極者, 非此之謂也. 蓋皇者君也, 極者至也. 言人君之身, 居極至之地, 以爲天下之標準, 周公所謂以爲民極者是也. 自漢儒誤以大中二字訓之, 後世因之, 遂以爲含容姑息善惡不分之目, 如曾布之建中, 王淮之皇極, 皆是也."

7 "五, 皇極. 皇建其有極, 斂時五福, 用敷錫厥庶民, 惟時厥庶民于汝極, 錫汝保極. 凡厥庶民無有淫朋, 人無有比德, 惟皇作極. 凡厥庶民 有猷有爲有守, 汝則念之. 不協于極, 不罹于咎, 皇則受之. 而康而色旦, 子攸好德, 汝則錫之福. 時人斯其惟皇之極, 無虐煢獨而畏高明. 人之有能有爲, 使羞其行, 而邦其昌. 凡厥正人, 旣富方穀, 汝弗能使有好于而家, 時人斯其辜, 于其無好德, 汝雖錫之福, 其作汝用咎. 無偏無陂, 遵王之義, 無有作好, 遵王之道, 無有作惡, 遵王之路. 無偏無黨, 王道蕩蕩, 無黨無偏, 王道平平. 無反無側, 王道正直. 會其有極, 歸其有極. 日, 皇極之敷言, 是彝是訓, 于帝其訓. 凡厥庶民, 極之敷言, 是訓是行, 以近天子之光日, 天子作民父母, 以爲天下王."

8 상세한 내용은 제7장을 보라.

9 『語類』卷127, "壽皇 (⋯) 後來欲安靜, 瘝人喚起事端, 且如此打過."

10 丙編 卷4, 「中興講和」조목, "孝宗初年, 規恢之志甚銳, 而卒不得逞者 (⋯) 亦以德壽聖志主於安靜, 不忍違也."

11 "淳熙中, 上益明習國事, 老成向用矣. 一日朝德壽, 謂之日, 天下事不必乘快, 要在堅忍, 終于有成. 上再拜大書揭于選德殿."

12 "皇, 大, 極, 中也. 凡立事, 當用大中之道."

13 "民有安中之善, 則無淫過朋黨之惡, 比周之德, 爲天下皆大爲中正."

14 "民有安中之善, 非中不與爲交. 安中之人則無淫過朋黨之惡, 無有比周之德. 朋黨比周, 是不中者. 善多惡少, 則惡亦化而爲善, 無復有不中之人. 惟天下皆大爲中正矣."

15　"凡民之行, 雖不合于中, 而不罹于咎惡者, 皆可進用, 大法受之."

16　"不合于中, 不罹于咎, 謂未爲大善, 又無惡行, 是中人已上, 可勸勉有方將者也. 故皆可進用, 以大法受之. 大法謂用人之法, 取其所長, 棄瑕祿用也. (…) 其實天下之大, 兆民之衆, 不可使皆合大中. 且庶官交曠, 卽須任人, 不可待人盡合大中, 然後敍用."

17　"言會其有中而行之, 則天下皆歸其有中矣."

18　"會謂集會, 言人之將爲行也, 集會其中之道而行之. 行實得中, 則天下皆歸其爲有中矣. 天下者, 大言之. 論語云, 一日克己復禮, 天下歸仁焉. 此意與彼同也."

19　朱熹, 「張公神道碑」, 『文集』卷89, "欲復中原之地, 當先有以得其百姓之心."

20　『文集』卷27, "況所說經固有嫌於時事, 而不能避忌者, 指爲訕上而加以刑誅, 亦何不可乎."

21　『宋史』卷138, 「樂」13, "永御皇極, 以綏兆民."

22　『繫年要錄』卷200, "有天下傳歸於子, 敢忘付託之恩. 建皇極敷錫厥民, 允副邇遐之望."

23　"其懷利尙同, 毀傷善類, 陰塞正路, 謨以力据要津者, 充滿內外."

24　고대 통치자의 수신修身에 관한 다섯 항목. 출전은 『상서』 「홍범」이다.──옮긴이

25　"皇極非大中, 皇乃天子, 極乃極至, 言皇建此極也. 東西南北, 到此恰好, 乃中之極, 非中也. 但漢儒雖說作中字, 亦與今不同, 如云五事之中, 是也. 今人說中, 只是含胡依違, 善不必盡賞, 惡不必盡罰. 如此, 豈得謂之中."

26　"人君建極, 如箇標準. (…) 如周禮以爲民極, 詩維民之極, 四方之極, 都是此意. 中固在其間, 而極不可以訓中. 漢儒注說中字, 只說五事之中, 猶未爲害, 最是近世說中字不是. 近日之說, 只要含胡苟且, 不分是非, 不辨黑白, 遇當做底事, 只略略做些, 不要做盡. 此豈聖人之意."

27　"皇之不極, 是謂不建, 皇, 君也, 極, 中, 建, 立也. 人君貌言視聽思, 心五事皆失, 不得其中, 則不能立萬事."

28　『文集』卷44, "皇極之說, 來說亦得之. 大抵此章自皇建其有極以下, 總是說人君正心修身, 立大中至正之標準, 以觀天下, 而天下化之之義. 無偏無陂以下, 乃是反覆贊歎, 正說皇極體段. 日, 皇極之敷言以下, 是推本結煞一章之大意. 向見諸葛誠之說, 略是如此, 但渠說有過當處耳."

29　陳來, 『朱子書信編年考證』.

30　『宋元學案』卷69, 「滄洲諸儒學案」上.

31　『宋元學案』卷77, 「槐堂諸儒學案」및 『象山先生文集』卷4, 「與諸葛誠之」第三.

32　『誠齋集』卷69, "臣愿陛下建皇極于聖心, 酌大公于天下."

33　『道命錄』卷6, "伏幾聖心廓然, 永爲皇極之主."

34　『山房集』卷7, "臣誠恐陛下聰明未免爲小人而蔽蒙之也. (…) 今之蔽蒙之甚者, 則立爲議論, 以籠罩主意, 使陛下不能擺脫以用人者, 其說有三而已. 一曰, 道學, 二曰, 朋黨, 三曰, 皇極. 臣請得而極論之.

臣聞禮樂仁義, 謂之道, 問辨講習, 謂之學. 人不知學, 何以爲人. 學不開道, 所學何事. 道學者, 天下之所共知, 而夫人之所共有也. 然元祐諸賢, 未嘗立此號名, 近世儒先豈曾以此標榜. 中間忽有排擯異己之人, 謀爲一網盡去之計, 逐以此名題, 品善士. 士大夫 (…) 若以爲講習正心誠意之學, 致知格物之事, 其于國家果何負哉. 彼譖人者, 謾不知道學爲何事, 意以爲凡不與人同流合汙者, 皆是也. 于是取凡不與己合者, 皆被之以此名, 故樸直而自信者, 謂之道學, 潔廉而好修者, 亦謂之道學, 博通故實者, 謂之道學, 而研玩經籍者, 亦謂之道學, 而道學之名立矣. 彼爲道學之論者曰, 心術暗也, 才具偏也, 惡靜而喜生事也. 于是陛下入其説. 凡天下抱才負術之士, 欲爲陛下圖事揆策, 立謀建功者, 陛下類以此疑之, 以爲紛紛徒亂人意, 而以道學廢之矣.

自道學之名既立, 無志者, 自貶以遷就, 畏禍者, 迎合以自汙, 而中立不倚之人, 則未嘗顧也. 彼其出處偶同, 則何害於私相往来. 好惡不偏, 必不肯隨人毁譽. 彼譖人者, 則又曰, 吾方絶道學, 而彼則與之交通, 吾方以道學爲邪佞, 而彼則頌言其無過行, 是黨道學之人也. 于是朋黨之論又立矣. 彼爲朋黨之論者曰, 小人有黨固非公, 君子有黨亦爲私, 議論恊同, 即是朋比, 交相借譽, 豈非締交. 于是陛下入其説. 凡昔所謂中立不倚之士, 欲爲無心之論, 以解釋道學之疑者, 陛下又以挾私好名待之, 而其人又以朋黨而不用矣. 舉國中之士, 不陷於道學, 則因於朋黨者, 十九矣. 惟天下之庸人, 以無所可否爲智, 以無所執守爲賢者, 既不入于道學, 復不儷於朋黨, 于是借皇極公平正直之説, 以爲佞庸自售之計, 而皇極之論遂出於兩者之後矣. 然臣竊觀箕子之論, 本非爲佞庸自售之計也. 其曰, 有爲有猷有守者, 是有才智有道義有操執之人也. 汝則念之者, 欲其斯須之不可忘也. 若不協于極而亦受之者, 謂其才雖有偏而終有可用, 則亦當收拾而成就之者也. 若以實而論, 則今之所謂朋黨道學之士, 是乃皇極之所取用之人也. 今奈何廢棄天下有才有智之士, 取世之所謂庸人. 外視之若無過, 而其中實姦罔者而用之, 而謂之皇極哉. 自今以往, 闒茸尊顯, 平凡得志, 異日天下之大禍. 臣恐始于道學而終於皇極矣.

陛下若有意乎舜禹取善之事, 則于今莫急於破朋論以收善人. 若使皇極之説不明, 而朋黨道學之人皆拒之而不敢用, 則人材至於沈廢, 而天下之善, 無因至於陛下之前矣."

35　제5장 「국시 고찰」 참조.

36　"在廷之臣有復陳黨論于前者, 取其尤者而斥之, 聲其罪于天下, 則黨論不攻而自破矣. 復二帝三王之中道, 以消漢唐靖康之顯禍."

37　"使 (…) 道學之譏由此而消, 朋黨之迹由此而泯."

38　제9장, 제10장을 보라.

39　주희는 8월에 쓴 「이성보에게 답하는 편지答李誠父書」에서 '도학의 사악한 기운'이라는 말을 쓴다.(『文集』 卷28을 보라.) 주희가 마음속으로 무척 초조했음을 알 수 있다.

40　『攻媿集』 卷99, "時太上意主安靜之說, 因循寢息, 而用度賜予過多, 忠鯁之士相踵去國, 故以諷焉."

41　"光宗受禪, 除參知政事. 邲勸上專法孝宗, 正風俗, 節財用, 振士氣, 執中道, 恤民力, 選將帥, 收人才, 擇監司, 明法令, 手疏歷言之, 上嘉納, 除知樞密院事."

42　이것은 엽소옹의 요약인데 원문은 매우 길다. 원문에는 '저잣거리에서 구걸하는 사내'로 되어 있다.

43　"南嘗與鄭湜游, 湜有奏疏未報, 南嘗見之, 會廷對, 策中微諷上以未報鄭之意. 有司已第南爲第一, 光皇讀其策, 顧謂大臣曰, 湜之疏入, 纔六日爾, 南何自知之. 遂就南卷批云, 鄭湜無削薰愛君之忠, 周南顯非山林恬退之士, 可降爲第一甲十五人. 水心先生爲周逃墓, 則以周廷對策論皇極人才數百言冠之誌首. (…) 先是, 吳中號爲何蓑衣者, 頗能道人禍福, 至聞於上. 上屢遣使問之, 皆有異, 遂召之至京 (…) 南居里中, 見而疾之, 對策中謂, 雲漢昭回, 至施之間閻乞丐之小夫. 光皇惡其訐, 故因湜疏以發之. 葛丞相邲時在位, 南疑其贊上, 邲之去, 南有力焉."

44 　본서 제11장 '광종대의 관료 집단' 절을 보라.

45 　『水心文集』 卷20, 「周君南仲墓誌銘」, "至謂道學朋黨卽皇極所用之人, 則自箕子以來, 爲之訓解者未有及君此言也."

46 　『文集』 卷60, "往歲湖寺雖嘗獲一面而病亢不能款扣餘論後乃得見廷對之文切中時病深以歎服益恨相去之遠不得會聚以講所聞也." "호사"는 서호西湖 영지사靈芝寺를 가리키는 것 같다.

47 　『陳亮集』 卷11(增訂本, 上册, 117쪽) "夫天下之學, 不能以相一, 而一道德以同風俗者, 乃立皇極之事也. 極曰皇, 而皇居五者, 非九五之位, 則不能以建極也. 以大公至正之道而察天下之不協於極不罹於咎者, 悉比而同之, 此豈一人之私意小智乎. 無偏無黨無反無側, 以會天下於有極而已. 吾夫子列四科, 而厠德行於言語政事文學者, 天下之長俱得而自進於極也. 然而德行先之者, 天下之學, 固由是以出也. (…) 二十年來, 道德性命之學一興而文章政事幾於盡廢, 其說旣偏, 而有志之士, 蓋嘗患苦之矣. 十年之間, 羣起而沮抑之, 未能止其偏去其僞, 而天下之賢者先廢而不用, 旁觀者亦爲之發憤以昌言, 則人心何由而正乎. 臣願陛下明師道以臨天下, 仁義孝悌交發而示之, 盡收天下之人才, 長短大小, 各見諸用, 德行言語政事文學, 無一之或廢, 而德行常居其先, 蕩蕩乎與天下共由於斯道. (…) 若使以皇極爲名, 而取其偸惰者而用之, 以陰消天下之賢者, 則風俗日以偸而天下之事去矣."

48 　"葉正則說話, 只是杜撰, 看他進卷, 可見大略."

49 　『水心別集』 卷7(『葉適集』 제3책, 728쪽), "故皇極無不有也, 而其難在于建. 建極非難也, 而其難在于識其所以建. 天畀之, 禹受之, 武王虛己而訪之, 箕齋戒而言之, 皆非極也, 皆建極也. 故曰其難在于建. 雖然, 後世之建極而能盡合乎箕子之言者, 何其少也. 故曰其難在于識其所以建."

50 　上同, 729쪽, "當堯舜之時, 與其臣四岳九官十二牧建之. 其最大者, 禹以水土, 稷以百谷, 伯夷典禮, 皐陶明刑, 皆建極者也. 其後桀不能建, 湯以諸侯建之, 其臣伊尹萊朱之徒與其後世更起而建之. 其後紂不能建, 文武以諸侯建之, 其臣若周公者建之最備, 其極最大, 故天下之言治者歸于周."

51 　上同, "自是以來, 其建者未嘗絕也. 安于逸樂而不知建, 則其極傾搖而日危. 困于寡陋而不能建, 則其極疏闊而難居. 有所制而不暇建, 則無極而自亡. 自出其智力而不以衆建, 則夬爽而不安. 以衆建而不能大建, 則其極朴固鄙近, 可以苟安而不足以有爲. 治亂之效, 皆在是矣."

52 　"春正月十三日, 會吏民講洪範五皇極一章. 郡有故事, 上元設醮黃堂, 其說曰, 爲民祈福. 先生于是會吏民, 講洪範斂福錫民一章, 以代醮事. 發明人心之善, 所以自求福者, 莫不曉然于中, 或爲之泣."

53 　"皇, 大也, 極, 中也. 洪範九疇, 五居其中, 故謂之極."

54 　"古先聖王皇建其極, 故能參天地, 贊化育. (…) 今聖天子重明於上, 代天理物, 承天從事, 皇建其極 (…) 無非斂此五福以錫爾庶民. 郡守縣令, 承流宣化, 即是承宣此福, 爲聖天子以錫爾庶民也."

55 　"竊惟聖天子建用皇極以臨天下, 郡縣之吏, 所宜與爾庶民惟皇之極, 以近天子之光. 謹發明洪範斂福錫民一章, 以代醮事, 亦庶幾承流宣化之萬一."

56 　"實論五福, 但當論人一心. 此心若正, 無不是福. 此心若邪, 無不是禍."

57 　"其心正, 其事善, 雖不曾識字, 亦自有讀書之功. 其心不正, 其事不善, 雖多讀書, 亦何所用.

用之不善, 反增罪惡耳."

58　"荊門皇極說曾見之否. 試更熟讀洪範此一條, 詳解釋其文義, 看是如此否."

59　"尙何斂福錫民之可望."

60　『道命錄』卷7上, "今日之病, 在于士風之不純, 國是之不定, 至煩陛下親下明詔, 曉以中道正理之所在."

61　"時知名之士罷斥相繼, 人情洶洶, 侂冑患之, 侍御史楊大法, 右正言劉德秀, 乃乞降詔, 以國是尊君中道等事, 訓飭在廷, 有不如詔者, 重寘典憲. 五月十三日, 命直學士院傅伯壽降詔如請."

62　"但國論大變, 日甚一日, 令人憂懼, 便覺無頓身處. 不知上天至仁, 何故生此等輩, 使能譸張幻惑, 以敗人之國家也. 昨在經筵, 不能上爲明主預陳此說, 吾輩亦不得爲無罪矣. 於今尙何言哉. 尙何言哉."

63　"諸賢盡去, 幾於空國矣. 樓孫獨未知. 所謂國是之論, 初甚駭聽, 徐觀其間, 意實微婉, 不知還是從之文字否. 果爾, 亦足以去也. 適聞乃是南牀語, 亦可見打不過處, 恐亦不爲同列所容矣."

64　『道命錄』, 卷7上, "中書舍人汪義端以趙丞相之門多佳士也, 引唐李林甫故事, 欲根株斷除之. 一時善類貶斥相繼, 憲聖慈烈皇后聞而非之, 六月二十六日御筆, 今後給事臺諫論奏, 不必更及舊事, 務在平正, 以稱朕救偏建中之意. 命下, 右諫議大夫劉德秀, 監察御使姚愈張伯垿力爭以爲不可, 乃改爲不必專及舊事. 始御筆之出也, 殿中侍御史黃黼元章獨贊之, 與同列異. 七月徙元章起居郎(…)."

65　"唐御史臺北向, 蓋沿隋之舊. 公堂會食, 侍御史設榻於南, 而主簿在北, 兩院分爲東西, 故俗號侍御史爲南榻."

66　"尋改官入對, 遂進南床."

67　"守殿中侍御史兼侍講, 遷侍御史."

68　甲集 卷6, 「御筆禁言舊事」, "詔改不必更及舊事爲不必專及舊事. 黃元章爲殿中侍御史, 獨上言, 治道在黜其首惡而任其賢, 使才者不失其職而不才者無所憾. 故仁宗嘗曰, 朕不欲留人過失於心中. 此皇極之道也. (…) 疏奏, 元章竟徙他官."

69　『文集』卷52.

70　"先儒未嘗深求其意, 而不察乎人君所以修身立道之本, 是以誤訓皇極爲大中. 又見其詞多爲含洪寬大之言, 因復誤認中爲含胡苟且, 不分善惡之意. (…) 以誤認之中爲誤訓之極, 不謹乎至嚴至密之體, 而務爲至寬至廣之量, 其弊將使人君不知修身以立政, 而墮于漢元帝之優游, 唐代宗之姑息, 卒至於是非顚倒, 賢否貿亂, 而禍敗隨之, 尙何斂福錫民之可望哉. 嗚呼, 孔氏則誠誤矣. 然迹其本心亦曰, 姑隨文解義爲口耳佔畢之計而已, 不知其禍之至此也."

8. 결론을 대신하여: 세 가지 관찰

1　상편 제7장 4절을 보라.

2　『道命錄』卷7上, "求偏建中之意."

3　『道命錄』卷7下, 상소문 「言者乞虛僞之徒姑與外祠」 및 李心傳의 발문을 보라. "融會黨偏, 咸歸皇極."

4　岳珂, 『桯史』卷11, "建皇極而融會于黨偏."

5 『語類』卷79,「尙書二·洪範」, "近世說中字 (…) 只要含胡苟且, 不分是非, 不辨黑白, 遇當做底事, 只略略做些, 不要做盡."

6 "執中道" "專守祖宗法度." 갈필의 本傳을 보라.

7 婁鑰,「皇公墓誌銘」,『攻媿集』卷99.

8 『山房集』卷7, "惟天下之庸人, 以無所可否爲智, 以無所執守爲賢者, 既不入于道學, 復不儷於朋黨, 于是借皇極公平正直之說, 以爲佞庸自售之計, 而皇極之論遂出於兩者之後矣."

9 「皇極辨」을 보라.

10 상편의「서설」제2절 참조.

11 『南軒集』卷16,「張子房平生出處」, "秦漢以來, 士賤君肆."

12 『東萊別集』卷9,「與周丞相」제10서, "秦漢以後, 只患上太尊, 下太卑."

13 『語類』卷79, "人君建極, 如個標準."

14 상편「서설」최후의 절.

15 『中庸』제13장의 주석, "卽以其人之道, 還治其人之身."

16 이 장 제3절을 보라.

17 『四朝聞見錄』丁集, "寧宗卽位"조목.

18 『年譜』紹熙 5년 8월 조목.

19 『邵氏聞見錄』卷3을 보라.

20 『四朝聞見錄』甲集,「憲聖擁立」, "嘉王聞命, 驚惶欲走, 憲聖已令知閤門事韓侂胄掖持, 使不得出. 嘉王連稱, 告大媽媽(憲聖), 臣做不得, 做不得. 憲聖命侂胄, 取黃袍來, 我自與他着. 王遂掣侂胄, 肘環殿柱憲. 聖叱王立侍, 因責王, 我見你公公, 又見你大爹爹, 見你爺, 又今却見你. 言訖, 泣數行. 侂胄從旁力以天命爲勸. 王知憲聖意堅且怒, 遂依黃袍, 亟拜不知數, 口中猶微道做不得." *『四朝聞見錄』丁集 "寧皇卽位"조목에도 동일한 구절이 있다.

21 『癸辛雜識』續集 下,「寧宗不慧」조목, "或謂寧宗不慧而訥于言, 每北使入見, 或陰以宦者代答."

부록

1 『晦菴集』卷9, "阜陵發引, 詔許近臣進挽歌詞. 熹恭惟盛德大業不易形容, 方將擷竭鄙思, 以效萬一, 冥搜連日, 纔得四語, 而忽被閔勞之詔, 罷遣東歸, 遂不敢成章以進. 杜門累年, 每竊私恨. 戊午之春, 大病瀕死, 默念平生仰孤恩遇, 無路補報, 感激涕泗, 不能自已. 謹因舊篇續成十有六韻, 略敍本末, 以見孤臣亡狀, 死不忘君之意, 云, (…)

精一傳心妙, 文明撫運昌, 乾坤歸獨御, 日月要重光. 不値亡胡歲, 何由復漢疆. 遽移丹極仗, 便上白雲鄕. 九有哀同切, 孤臣淚特滂. 詎因逢舜日, 曾得厠周行. 但憶彤墀引, 頻趨黼坐旁. 袞華叨假寵, 縞素遄通喪, 似有鹽梅契, 還嗟貝錦傷. 戴盆驚委照, 增秩待行香. 手疏攄丹悃, 衡程發皐囊. 神心應斗轉, 巽令亟風揚. 未答隆儒厚, 俄開脫跳忙. 此生知永已, 沒世恨空長. 內難開新主, 遄歸立右廂, 因山方慘澹, 去國又愴惶. 疾病今如許, 形骸可自量. 報恩寧復日, 忍死續殘章."

2 "紹熙五年十一月乙卯, 權攢孝宗皇帝于永阜陵."

3 『文集』卷38, "熹今歲益衰, 足弱不能自隨, 兩脅氣痛, 攻注下體, 結聚成塊, 皆前所未有, 精神筋力, 大非前日之比. 加以親舊凋零, 如蔡季通呂子約, 皆死貶所, 令人痛心, 益無生意, 決不能復支久矣. (…) 熹明年七十, 已草告老之章, 只從本貫依庶官例陳乞, 亦不欲作廟堂書箚. 而或者尚恐觸犯禍機, 顧念禮律, 自有明文, 而罪戾之餘, 尚忝階官, 亦無不許致仕之法, 並已決意爲之, 不復顧慮. 政使不免, 亦所甘心. 蓋比之一時輩流, 已獨爲優幸矣. 尚欲低回貪戀微祿, 以負平生之懷, 復何爲哉."

4 『語類』卷123, 「夷狄」, "葛王便是會底. 他立得年號也强, 謂之大定".

5 上同, "葛王懲逆亮之敗, 一向以仁政自居."

6 上同, "先生喟然歎曰, 某要見復中原, 今老矣, 不及見矣. 或者說, 葛王在位, 專行仁政, 中原之人呼他爲小堯舜. 曰, 他能尊行堯舜之道, 要做大堯舜也由他. 又曰, 他豈變夷狄之風. 恐只是天資高, 偶合仁政耳."

7 卷8, "世宗久典外郡, 明禍亂之故, 知吏治之得失. 卽位五載, 而南北講好, 與民休息. 于是躬節儉, 崇孝弟, 信賞罰, 重農桑, 愼守令之選, 嚴廉察之責 (…) 孳孳爲治, 夜以繼日, 可謂得爲君之道矣. 當此之時, 羣臣守職, 上下相安, 家給人足, 倉廩有餘, 刑部歲斷死罪, 或十七人, 或二十人, 號稱小堯舜, 此其效驗也."

8 『遺山先生文集』卷8, "神功聖德三千牘, 大定明昌五十年. 甲子兩周今日盡, 空將衰泊灑昊天."

9 黃幹, 「朱先生行狀」, 『勉齋集』卷36.

10 『語類』, 卷197, 「內任·孝宗朝」, "知卿剛正, 只留卿在這裏, 待與淸要差遣."

11 "十五年二十一日丁巳, 諭輔臣曰, 昨引洪邁, 見朕已逾百日, 猶服衰粗, 因奏事應以漸, 今宜服如古人墨衰之義, 而巾則用縑或羅. 朕以羅絹非是, 若用細布則可. (…) 自是每御延和殿, 止服白布折上巾布衫, 過宮則衰絰而杖."

12 "朕昨降指揮, 欲衰經三年, 緣羣臣屢請御殿易服, 故以布素視事內殿. 雖有俟過祔廟勉從所請之詔, 稽諸典禮, 心實未安, 行之終制, 乃爲近古. 宜體至意, 勿復有請. 于是大臣乃不敢言."

13 『尙書』, 「說命下」.

14 "言因姜斐之形, 而文致之以成貝錦, 以比讒人者因人之小過, 而飾成大罪也. 彼爲是者, 亦已大甚矣."

15 『文集』卷28, 「與趙師書」, "熹仉拙奇塞一出而遭唐仲友再出而遭林黃中今又遭此吳禹圭矣. 豈非天哉? 天實爲之豈敢尤人."

16 『漢書』卷62, 本傳. "僕以爲戴盆何以望天."

17 "頭戴盆則不得望天, 望天則不得戴盆, 事不可兼施. 己方有所造, 不暇修人事也."

18 당시 주희는 강서제형대차江西提刑待次였다.

19 『朱子年譜』卷3下, "朕惟廉節不立, 風俗未淳, 思得難進易退之士, 表而用之, 庶幾幡然變其舊習. 爾之學術, 遠有淵源, 其爲操行, 養之久矣. 志在憂時, 曾未得一日立于朝. 比以部刺史入奏便殿, 朕嘉乃讜論, 留寘郎曹, 蓋將進諸淸要之地. 遽以疾懇, 祈反初服. 旣勉從于素志, 復更請于眞祠. 夫指麾何意于去來, 仕止不形于喜慍, 此古之淸達之士也. 朕察爾誠, 是用昇職二等聽食優閑之"

錄, 身雖在外, 亦有補于風化."

20 『勉齋集』卷36, "初先生入奏事, 迫於疾作, 嘗面奏, 以爲口陳之說, 有所未盡, 乞具封事以聞. 至是再辭, 遂倂具封事, 報[投]匭以進. (…) 疏入, 夜漏下七刻, 上已就寢, 急起秉燭讀之終篇."

21 『文集』卷11을 보라.

22 『白氏長慶集』卷14, "計程今日到涼州."

23 "聖策定于神心."

24 『宋史』卷141, 「樂誌」16, "斗轉參橫將旦, 天開地辟如春."

25 "合祭天地于圜丘, 以太祖太宗配, 大風雨, 不成禮而罷."

26 『宋史』卷135, 「樂誌」10. "佑我皇家, 巽令風行."

27 『語類』卷128, "本朝二·法制", "故神宗 (…) 要改者便改. 孝宗亦然, 但于傷于太銳, 少商量."

28 "堯 (…) 擧天下而傳之舜, 猶却行而脫屣也."

29 제10장 제1절을 보라.

30 『文集』卷15, "蓋誠不忍以壽皇聖體之重, 委之水泉沙礫之中殘破浮淺之地."

31 제11장 제4절을 보라.

부가 논의 세 편

부가 논의 1

1 『荀子』, 「正名」, "以仁心說, 以學心聽, 以公心辨."

2 『論語』, 「雍也」, "博學于文, 約之以禮."

3 『進學解』, "記事者必提其要, 纂言者必鉤其玄."

4 "古人事見于言, 言以爲事, 未嘗分事言爲二物." 필자의 『대진과 장학성에 관한 논의論戴震 與章學誠』外篇 제3장을 보라.

5 『文史通義』, 「易敎上」, "離事而言理." 왕양명의 "사건이 곧 도이고, 도가 곧 사건이다. 『춘 추』는 경전이고, 오경은 역사다事卽道, 道卽事. 春秋亦經, 五經亦史"(『傳習錄 上』)도 참조하라.

6 韓愈, 「寄盧仝」, "春秋三傳束高閣, 讀抱遺經究始終."

7 예를 들어, The Foundations of Modern Political Thought, 2 vols, Cambridge: Cambridge University Press, 1978)을 보라.

8 상세한 내용은 James Tully, ed., Meaning and Context: Quentin Skinner and His Critics, Princeton: Princeton University Press, 1988를 보라.

9 이 책은 『명대 이학과 정치문화 연구明代理學與政治文化發微』를 다시 쓴 것으로, 본서 상편의 「서설」과 합간하여 단행본으로 출간할 예정이다.

10 『遺書』卷2上, "天理云者, 這一箇道理, 更有甚窮已. 不爲堯存, 不爲桀亡. 人得之者, 故大行不 加, 窮居不損. 這上頭來, 更怎生說得存亡加減. 是他元無少欠, 百理具備."

11 "天行有常, 不爲堯存, 不爲桀亡."

12 상편의 「서설」에서 인용됨. "道必充于己, 而後施以及人." "君子之道, 貴乎有成, 有濟物之

用, 而未及乎物, 猶無有也."

13 "百理具在, 平鋪放著. 幾時道堯盡君道, 添得些君道多, 舜盡子道, 添得些孝道多. 元來依舊."

14 『象山集』 卷34, "學不見道, 枉費精神." "且道天地間有個朱元晦陸子靜便得些子. 無了後便減得些子."

15 원문에는 '내성'으로 되어 있으나, 문맥을 살펴보았을 때 그것은 '외왕'의 오기誤記인 것 같아, 역자는 '외왕'으로 보아 번역했다.—옮긴이

16 『遺書』 卷1, "才說性時, 便已不是性."

17 "達可以行于天下者, 謂其全盡天之生民之理, 其術亦足以治天下國家也."

18 『孟子』, 「盡心上」, "達則兼善天下."

19 본서 상편, 201쪽.

20 "胸懷洒落, 如光風霽月."

21 원서 "望望隨柳過前川"의 "망望"이 한국에서는 "방傍" 즉 "방화수류과전천傍花隨柳過前川(꽃 찾아 버들 따라 앞 시내를 건넌다)"으로 많이 알려져 있다.—옮긴이

22 "堯舜之事如浮雲過目."

23 "不是吾儒本經濟, 等閒爭肯出山來."

24 Thomas S. Kuhn, *The Structure of Scientific Revolution*, Second Edition, Chicago: University of Chicago Press, 1970, 68쪽.

25 『遺書』 卷1, "若不能存養, 只是說話."

부가 논의 2

1 천라이陳來, 「'사상세계'에서 '역사세계'로從思想世界"到"歷史世界」『이십일세기二十一世紀』 2003년 10월호, 130~139쪽; 류수셴劉述先 "서평", 『주저우학림』 2003년 봄 호, 316~334쪽.

2 양루빈楊儒賓, 「"코페르니쿠스의 전환"을 다시 한번 전환한다면如果再回傳一次哥白尼回轉」, 『當代』 第195期, 2003년 11월, 125~141쪽.

3 『語類』 卷17, 「大學四」, "自謂能明其德而不屑乎新民者, 如佛老便是."

4 上同, 卷101, 「總論」, "都流入釋氏."

5 "以禮敎人 (…) 溺于刑名度數之間, 行得來困, 無所見處."

6 "如今人說道, 愛從高妙處說, 便說入禪去, 自謝顯道以來已然."(『語類』, 「謝顯道」 조목)

7 卷6, 「萬章問孔子在陳章」, "新民必本於明德, 而明德所以爲新民."

8 "公山弗擾以費畔, 召, 子欲往. 子路不說, 曰, 末之也已, 何必公山氏之之也. 子曰, 夫召我者而豈徒哉. 如有用我者, 吾其爲東周乎."

9 "佛肸召, 子欲往. 子路曰, 昔者由也聞諸夫子曰, 親於其身爲不善者, 君子不入也. 佛肸以中牟畔, 子之往也, 如之何. 子曰, 然. 有是言也. 不曰堅乎, 磨而不磷, 不曰白乎, 涅而不緇. 吾豈匏瓜也哉. 焉能繫而不食."

10 『論語』, 「微子」, "鳥獸不可與同羣, 吾非斯人之徒與而誰與. 天下有道, 丘不與易也."

11　『臨川先生文集』卷30, "頹城百雉擁高丘, 驅馬臨風想聖丘. 此道門人多未悟, 爾來千載判悠悠."

12　"聖人見萬物不得其所, 皆陷於塗炭, 豈不爲深憂, 思欲出而救之. 但時也要, 出不得, 亦只得且住. 聖人於斯世, 固不是苟且枉道以徇人. 然世俗一種說話, 便謂聖人泊然不以入其心, 這亦不然. 如孔子云: '天下有道, 丘不與易也.' 這箇是十分要做不得, 亦有不能自已之意. (…) 但要出做不得, 又且放下. 其憂世之心要出仕者, 聖人愛物之仁. 至於天命未至, 亦無如之何. (…) 出處之大義, 亦在這裏."

13　"聖人欲往之時, 是當他召聖人之時, 有這些好意來接聖人. 聖人當時亦接他這些好意思, 所以欲往. 然他這箇人終是不好底人, 聖人待得重理會過一番, 他許多不好又只在, 所以終於不可去. 如陰雨蔽翳, 重結不解, 忽然有一處略略開霽, 雲收霧斂, 見得靑天白日, 這處自是好."

14　『年譜』, "率諸生行釋菜之禮."

15　"譬如重陰之時, 忽略開霽, 有些小光明, 又被重陰遮閉了."

16　『語類』卷107, "今番死亦不出."

17　『小心齋箚記』卷11, "官輦轂, 念頭不在君父上, 官封疆, 念頭不在百姓上. 至于水間林下, 三三兩兩, 相與講究性命, 切磨德義, 念頭不在世道上. 卽有此美, 君子不齒也."

18　원문에는 '역사세계'로 되어 있으나, 문맥상 '가치세계'의 오자인 듯해 그리 번역했다.—옮긴이

19　"以明心見性之空言, 代修己治人之實學."

20　"夫民, 合而聽之則聖, 散而聽之則愚."

21　Jacques Derrida, *Of Grammatology*, Johns Hopkins University Press, 158쪽.

22　『遺書』卷2上, "楊時於新學極精, 今日一有所問, 能盡知其短而持之. 介父之學, 大抵支離. 伯淳嘗與楊時讀了數篇, 其後盡能推類以通之."

23　Robert P. Hymes, *Statesmen and Gentlemen, The Elite of Fu-Chou, ChiangHsi, in Northern and Southern Sung*, Cambridge University Press, 1986, esp. pp.214~218.

24　본서 상편 59쪽에서 인용됨. "千五百年之間 (…) 堯舜三王周公孔子所傳之道, 未嘗一日得行于天地之間."

25　『語類』卷1, "有理, 便有氣流行, 發育萬物."

26　『文集』卷36, 「答陸子美」第1書, "太極""萬化之根."

27　"擧佛氏之學與吾儒有甚相似處."

28　『語類』卷126, "朴落非他物, 縱橫不是塵. 山河及大地, 全露法王身."

29　『語類』卷63, "恰似禪家云, 靑靑綠竹, 莫匪眞如, 粲粲黃花, 無非般若之語."

30　『明儒學案』卷47, 「讀佛書辨」, "靑靑翠竹, 盡是法身, 郁郁黃花, 無非般若." 마조馬祖 문하의 혜해慧海는 이 구절이 마명馬鳴의 말이라고 한다. 『五燈會元』卷3을 보라.

31　『傳習綠』下, "良知是造化的精靈. 這些精靈, 生天生地, 成鬼成神, 皆從此出, 眞是與物無對."

32　"人皆可以爲堯舜, 聖人所願也. 其不爲堯舜, 是所可賤也, 故以爲僕隷."

33 "士, 未仕者也. 服之其宜也. 若農商則不可, 非其類也."

34 "聖希天, 賢希聖, 士希賢."

35 "雖終日做賣買, 不害其爲聖爲賢."

36 "滿街都是聖人."

37 "商與士, 異術而同心."

38 余英時, 『中國近世宗教倫理與商人精神』, 臺北, 聯經, 1987. 104～111쪽. 이 책은 국역되어 있다. 정인재鄭仁在 역, 『中國近世宗教倫理와 商人精神』, 서울: 대한교과서주식회사, 1993.─옮긴이

39 卷113, 「訓門人一」, "問, 吾輩之貧者, 令不學子弟經營, 莫不妨否. 曰, 止經營衣食, 亦無甚害. 陸家亦作舖買賣."

40 A. N. Whitehead, *Science and the Modern World*, New York: The Free Press, 1967, 48쪽.

41 『宋元學案』(北京, 中華書局, 1986년 표점본) 제1책, 511쪽.

42 『語類』 卷10, 「讀書法上」, "寧上毋略, 寧下毋高, 寧拙毋巧, 寧近毋遠."

43 『莊子』, 「天運」.

44 『詩』, 「大雅」, "抑".

부가 논의 3

1 *Oxford English Dictionary*, "order" 항목을 보라.

2 余英時, 『現代儒學的回顧與展望』, 上海人民出版社, 1998년, 39～45쪽, 「現代儒學論」.

3 "practical reason takes primacy over theoretical reason", Pierre Hadot, *What Is Ancient Philosophy?* Harvard University Press, 2002, 273쪽. 프랑스어 원저는 1995년에 간행되었다.

4 Werner Jaeger, *Paideia, The Ideals of Greek Culture*, 3 vols, Oxford University Press, 1943～1945, 특히 소크라테스가 askēsis로써 인격을 도야하고 그것이 후대에 끼친 거대한 영향을 논한 제2책 제2절을 보라. 53～57쪽.

5 아도는 펑유란의 *A Short History of Chinese Philosophy*의 프랑스어 번역본에서 인용했다. 진웨린의 원문 제목은 'Chinese Philosophy'로, *Social Sciences in China*, vol.1, no.1, March 1980, 83～93쪽에 정식 발표되었다.

6 Yü Ying-shih, "The idea of Democracy and the Twilight of the Elite Culture in Modern China," in Ron Bontekoe and Marietta Stepaniants, eds., *Justice and Democracy: Cross-cultural Perspectives*, Honolulu: University of Hawaii Press, 1997, 208～209쪽.

7 『論語』, 「憲問」, "子路問君子, 子曰, 修己以敬. 曰, 如斯而已乎. 曰, 修己以安人. 曰, 如斯而已乎. 曰, 修己以安百姓. 修己以安百姓, 堯舜其猶病諸."

8 『論語』, 「雍也」, "子貢曰, 如有博施於民而能濟衆, 何如. 可謂仁乎. 子曰, 何事於仁, 必也聖乎. 堯舜其猶病諸. 夫仁者, 己欲立而立人, 己欲達而達人. 能近取譬, 可謂仁之方也已."

9   朱熹,『論語集註』,「雍也第六」.

10   『論語』,「述而」,“德之不修, 學之不講 (…) 是吾憂也.”

11   『朱子語類』卷33,“仁固能博施濟衆, 然必得時得位, 方做得這事. 然堯舜雖得時得位亦有所
不足.”

12   『中庸章句』제27장에 인용된 정현의 주, “作禮樂者, 必聖人在天子之位.”

13   『語類』卷33,「子貢曰如有博施于民章」.

14   『語類』卷44,“且以一家言之, 一人不修己, 看一家人安不安.”

15   書云孝乎惟孝, 友于兄弟, 施於有政. 是亦爲政, 奚其爲爲政.

16   “書言君陳能孝於親, 友於兄弟, 又能推廣此心, 以爲一家之政. 孔子引之, 言如此, 則是亦爲
政矣, 何必居位乃爲爲政乎. 蓋孔子之不仕, 有難以語或人者, 故託此以告之.”

17   『程氏粹言』,「人物篇」,“君子之道, 貴乎有成, 有濟物之用, 而未及乎物, 猶無有也.”

18   『臨川先生文集』卷39,「上仁宗皇帝言事書」,“當法其意而已.”

19   『語類』卷134,“必須別有規模, 不用前人硬本子.”

20   본서의 '부가 논의 2', 1296쪽.

1

이 책은 위잉스余英時(1930~) 선생의 2004년 작 『朱熹的歷史世界: 宋代士大夫政治文化的硏究』(三聯書店)를 완역한 것이다. 저자는 원적原籍이 안후이 성이지만 출생지는 톈진天津이었다. 1937년 중일전쟁이 일어나자 그의 부친이 일곱 살 먹은 그를 안후이 성 진청촌金城村에 있던 본가로 보냈고 여기서 전통적 한학 교육을 받으며 8년간 지냈다. 1949년 베이징의 옌징燕京대학 사학과에 진학한 뒤 1950년에는 홍콩의 신아서원新亞書院으로 전학했고, 신아연구소에서 첸무錢穆를 사사했다.

신아서원을 졸업하고 홍콩에서 2년간 초등학교 교사로 근무하다가 미국의 하버드대로 유학을 떠나 그곳에서 양롄성楊聯陞 교수의 지도를 받고서 마침내 박사학위를 취득하게 된다. 이상의 전반기 경력에서 알 수 있듯이, 위잉스는 전통적 한학 교육을 충실히 받았고 서양식의 엄밀한 학문적 수련을 받은 데다가, 첸무와 양롄성이라는 중국학의 거두들로부터 직접 지도를 받았으니, 중국학 학자로서는 최상의 조건을 갖췄다고 할 수 있다.

이후 미시간대 부교수, 하버드대 교수를 거쳐 신아서원 총장 및 중문대 부총장을 역임했고, 다시 예일대 사학과 석좌교수가 되었다. 현재는 프린스턴대 석좌교수로 재직하고 있다. 세계 중국학 학계에서 그가 차지하는 위치는 2006년 미국국회도서관의 인문·사회과학 종신업적상인 '클루그 상Kluge Prize'을 수상한 데서 확인할 수 있다. 이 상은 인문학 분야의 노벨상이라고도 불리는데, 위잉스 교수는 아시아계로서는 최초로 이 상을 수상한 사람이다.

위잉스 교수는 중국학의 거두답게 30여 권에 달하는 저서와 무수한 논문을 발표했고, 최근에는 중국의 광시사대출판사에서 위잉스 문집 총12권을 출간한 바 있다. 그의 저서 중 국내에 번역·소개된 것으로는 『중국 근세종교윤리와 상인정신』(정인재 옮김, 대한교과서주식회사, 1993)과 『동양적 가치의 재발견』(김병환 옮김, 동아시아, 2007. 이 책은 『여영시의 동양문화 다시 읽기』(교육과학사, 2014)로 재출간되었다) 등이 있다. 그의 방대한 저서에 비해 국내에 출간된 책은 그리 많지 않은 편이다.

2

위잉스 교수의 2004년 작 『주희의 역사세계』는 그가 원래 『주자문집』의 서문을 쓰다가 책으로 발전시킨 사상사 분야의 저작으로, 부제인 "송대 사대부의 정치문화 연구"가 보여주다시피, 주희가 활동했던 역사적 시대를 '정치문화사'의 측면에서 조망한다. 정치문화사적 접근법은 우리에게 다소 생소한 방법인데, 정치 제도(관료제, 의사결정기구 등)나 정책 내용이 아니라 정치인들에 의해 형성되었던 정치적 행태, 관습 혹은 관념 체계 등을 분석 대상으로 삼아 해당 시대에 접근하는 방법이다.

저자가 주요 분석 대상으로 삼았던 것은 "득군행도得君行道(군주를 얻어 도를 실천함)"나 "공치천하共治天下(임금과 신하들이 공동으로 천하를 다스림)"와 같은 정치적 이상, "국시國是" 개념을 둘러싼 논쟁, 윤대輪對에 대한 사대부들의 태도 등인데, 이런 것들은 모두 송대의 당쟁黨爭과 불가분의 관계를 맺는다. 따라서 위잉스의 분석 대상은 결국 송대의 당쟁, 특히 주희 당시의 도학파를 둘러싼 당쟁으로 귀결된다.

정치문화사적 접근법을 적용한 결과, 기존의 송대 사상 연구들과 다른 결론이 도출된다. 기존 연구들은 대체로 "내성외왕內聖外王"의 용어를 이용하여 북송대에는 외왕, 즉 제도 개혁 위주의 사상이 주도적이었고, 남송대에는 내성, 곧 인격 수양 위주의 사상이 주도적이었다는 데에 의견을 일치한다. 사상사의 분야에서 이와 같은 구도를 제기한 사람들 중 가장 유력한 이는 아마 류쯔젠劉子健, James T. C. Liu일 것이다. 그의 저서 『왕안석과 개혁정책Reform in Sung China: Wang An-shih (1021~1086) and his new policies』은 바로 북송대 왕안석의 사상을 "외왕"의 관점에서 분석했고, 그와 대비되는 낙학洛學을 "내성"의 학문으로 자리매김했다. 남송대에서 내성의 학이 위주가 되었다는 것은 그의 또다른 책인 『중국의 내성화: 12세기 초의 지적-정치적 변화China turning inward : intellectual-political changes in the early twelfth century』에서 한층 선명히 주장되었다.

그와 달리 위잉스는 북송대 중기부터 남송대 말기에 이르기까지 사대부들이 "득군행도"나 "공치천하"의 이상, 요컨대 "내성외왕"의 이상을 변함없이 추구했다는 데에 주목한다. 왕안석이라고 해서 내성을 경시했던 것이 아니고, 주희라고 해서 외왕을 경시했던 것은 결코 아니라고 그는 강조한다. 왕안석을 중심으로 한 형공신학파荊公新學派나 이정二程과 주희를 중심으로 한 도학파나 "내성외왕"을 추구했다는 점에서는 동일하되, 다만 "내성"의 내용에서 달랐을 뿐이라고 위잉스는 말한다. 따라서 송대 사대부들의 공통적 정치문화라는 관점에서 보았을 때, 형공신학과 도학은 전혀 별개의 것이 아니라 실은 공통의 목표를 달성하기 위한 과정에서 나온 두 가지 다른 길에 불과하다. 또한 왕안석은 "득군행도"와 "공치천하"라는 이상에 가장 가까이 접근했기 때문에, 송대 도학파 학자들을 왕안석을 계승하려고 했던 사람들이라고까지 평가할 수 있다고 위잉스는 말한다.

그의 이러한 시각에서 보았을 때 기존의 송대 사상 연구는 매우 편협한 것처럼 보인다. 우선 기존 연구는 지나치게 도학에 편중되어 있고, 게다가 도학 중에서도 철학적 개념만을 분석의 대상으로 삼고 있기 때문이다. 그의 말을 인용하자면, "현대 철학사의 서술은 이학을 유학의 전체 맥락으로부터 '추출해'내고, 한 걸음 더 나아가 '도체道體'를 이학의 맥락으로부터 '추출해'낸다." 예를 들어 『주자대전』에는 철학과 관련된 내용 못지않게 시사출처時事出處에 관한 내용이 많지만, 기존의 연구는 그쪽에 그다지 주목하지 않았다. 더 나아가 편협한 분과적 시각에서 송대 도학에 접근하다보니, 송대의 도학을 여타의 학문과는 전혀 다른 것으로 정립하려는 시도들이 이루어졌고, 그 결과 송대 정치문화의 실상을 왜곡하게 되었다고 본다.

이러한 위잉스의 접근에 대해 대만의 류수셴劉述先, 양루빈楊儒賓 교수 등이 비판을 가했다. 류수셴 교수는 천리天理 개념을 중심으로 한 송대 도학의 철학적 특수성이 『주희의 역사세계』에서 사상되어버릴 수 있다는 우려를 표한다. 양루빈 교수는 『주희의 역사세계』가 보편적이어야 할 주희의 "가치 세계"를 "역사의 시공간이라는 폐쇄적 체계에 갇혀버리게끔" 했다고 비판한다. 간단히 말해, 주희의 보편적 철학을 구체적·역사적 사상으로 해체시켜버렸다는 것이다. 사실 두 사람은 위잉스가 반反주자학적 경향을 띤다는 의심을 하고 있다. 이에 대해 위잉스는 이학(그는 이학理學과 도학道學을 구분해서 사용하지 않는다)의 주요 철학 개념 자체가 "외왕"과 밀접한 관련을 맺는다는 점을 보여주려 노력한다. 이상은 주로 위잉스의 방법론에 입각해 책의 내용을 살펴본 것이다.

3

사실 위잉스가 가지고 있는 원대한 목표는 책의 행간 곳곳에서 보인다. 그것은 송대 체제를 입헌군주제의 맹아적 형태에 가까운 것으로 바라보려는 시도다. 입헌군주제의 특징은 왕의 권력을 헌법으로써 규제하는 것이다. 그런데 헌법은 의회에 의해 제정되고 의회는 시민들이 선출한 의원들로 구성되므로, 결국 왕의 권력은 시민들에 의해 제한되는 셈이다.

그의 분석에 따르면, 송대에는 우선 사대부들이 대거 출현한다. 이들은 "천하를 나의 임무로 삼는" 공민적 의식을 확고히 가지고 있었다. 이들은 황제와 대등한 위치에서 더불어 천하를 다스리려는 "동치천하同治天下" 또는 "공치천하共治天下"의 이상을 갖고 있었으며, 이런 이상은 황제 역시 추인하는 바였다. 말하자면 송대의 사대부들은 서양 근대의 '시민'에 상응하는 정치적 주체였던 것이다. 게다가 송대에는 국시國是 관념이 정착하는데, 어떤 경우에는 황제의 권한을 제한하기까지 했다. 그 국시는 황제와 신하들의 공동 의론에 의해 정해지는 것이었다. 이를테면 오늘날 헌법에 상응하는 역할을 했다고 볼 수 있다.

그렇다면 우리는 이렇게 물을 수 있다. 아무리 사대부가 정치적 주체로서 서양의 시민과 유사하다고 하더라도, 그들은 귀족적 지배 계층이었으므로 결국 송대 체계는 입헌군주제적 민주주의와 거리가 먼 것이 아닌가? 이에 대해 위잉스는 송대 사대부, 곧 사士는 당나라 때의 문벌 귀족과는 달리 세습적 계층이 아니었고, 그 지위로 볼 때 농農·공工·상商과 본질적으로 차이가 없었음을 실증한다. 다시 말해, 사가 귀족으로서 농·공·상을 지배한 것이 아니라 농·공·상의 계층에서도 사가 배출될 수 있었다는 것이다.

위잉스 스스로 '송대에 입헌군주제의 원형이 있었다'고 명언하지는 않지만, 명대明代의 전제군주제에 대한 그의 이전 비판이나 위와 같은 분석을 볼 때, 그의 심중에 있는 비전을 엿보는 것은 충분히 가능한 일이다. 이와 같은 대담한 가설은 결코 아이디어 차원에서 제시된 것이 아니었다. 이 책 전편을 한 번만 훑어보아도 알 수 있다시피, 그의 사료 수집과 고증은 매우 엄정하고 치밀하다. 한학적 기본 소양과 근대적 학문 방법론의 습득이 이상적으로 조화를 이뤄 거둔 결실이 바로 그런 데서 나타난 것이 아닌가 한다.

4

나는 이 책을 2005년 북경의 중국사회과학원 체류 중 구입했다. 당시에는 중국어 학습과 『삼송당자서』의 번역, 그리고 허형許衡의 『노재유서魯齋遺書』를 독해하느라 바빴기 때문에 살펴볼 겨를이 없었다. 그후 연구 주제를 '북송대 인성론 논쟁과 도학의 성립'으로 바꾸고서 이 책 전반부의 「서설」을 읽게 되었다. 「서설」이 북송대 사상사를 다루었기 때문이다. 그때 인상 깊었던 부분은 왕안석의 형공신학과 도학 사이의 연속성을 강조한 대목이었다.

형공신학과 도학 사이의 구조적 유사성을 강조한 쓰치다 겐지로土田健次郎의 입론을 알고 있던 터라 해당 부분을 꼼꼼히 읽었으나, 솔직히 말해서 당시에는 다소 불만을 갖고 있었다. 형공신학과 도학의 연속성을 입증해 줄 요소로 위잉스가 들었던 것이 바로 "내성외왕"과 "득군행도"였으나, 내게는 너무 피상적 분석으로 여겨졌기 때문이다. 하지만 번역을 마친 지금, 그때의 내 이해야말로 피상적이었음을 고백하지 않을 수 없다.

나는 동양철학 연구자이기 때문에, 사상사에 속하는 이 책을 번역할 자격이 있는지에 대한 의문이 여전히 남는다. 글항아리 노승현 기획위원의 번역 제안을 받고, 처음에는 네다섯 명으로 팀을 짜서 공동으로 번역할 생각도 했으나 공동 번역의 비효율을 이전에 체감한바 있고, 또 대략이나마 이 책을 읽어보았기 때문에 홀로 번역 작업에 착수했으니 실로 과욕이었다. 내가 얼마나 무모했던가는 서설 이후의 부분을 번역하면서 곧바로 절감하게 되었다. 무수히 많은 관직명, 제도, 전고典故 등이 쏟아져 나왔기 때문이다. 관련 자료를 찾아 최대한 원의와 가깝게 번역하려 했지만, 서툰 번역이나 오역을 피할 수 없으리라는 것이 현재의 두려운 심정이다. 관련 분야 독자 제현의 가차 없는 질정을 기대한다.

그럼에도 불구하고 이 책은 '뜻밖에도' 잘 읽힌다. 이는 전적으로 위잉스의 천의무봉한 글쓰기 솜씨 때문일 것이다. 송대 사대부들, 특히 주희가 몸담았던 역사적 세계가 손에 잡힐 듯 다가와, 어떤 때는 고뇌에 찬 주희의 한숨 소리가 바로 옆에서 들리는 듯한 착각이 든 적도 있었다. 이 책을 통독한다면, 주희를 중심으로 한 송대 사대부의 세계 속으로 타임머신을 타고 역사 여행을 다녀온 느낌이 들 것이다.

이 책의 번역은 학위를 받고나서 아무 일도 주어지지 않던 2011년 후반기 무렵 다소나마 생계에 도움이 되지 않을까 하는 비루한 생각에서 시작되었다. 번역하던 도중 여러 힘겨움 때문에 눈물도 많이 삼켰던 것 같다. 그래도 이 번역서로 인해 관련 분야 여러분이 조금이라도 도움을 받는다면 그것만으로도 그 힘겨웠던 시간은 전부 보상될 수 있을 것이다. 마지막으로 번역의 기회를 허락해주신 위잉스 선생님, 글항아리 강성민 대표님과 기획위원 노승현 선생님께 감사드리며 글을 마친다.

2015년 9월
이원석

| 인명 |

주희의 역사세계-하

1판 1쇄	2015년 10월 5일
1판 2쇄	2022년 1월 21일

지은이	위잉스
옮긴이	이원석
펴낸이	강성민
기획	노승현
편집장	이은혜
책임편집	좌세훈
마케팅	정민호 김도윤
홍보	김희숙 함유지 이소정
독자모니터링	황치영

펴낸곳	(주)글항아리	출판등록 2009년 1월 19일 제406-2009-000002호

주소	10881 경기도 파주시 회동길 210
전자우편	bookpot@hanmail.net
전화번호	031-955-8897(편집부) 031-955-2696(마케팅)
팩스	031-955-2557
ISBN	978-89-6735-253-0 94900
	978-89-6735-251-6 (세트)

잘못된 책은 구입하신 서점에서 교환해드립니다.
기타 교환 문의: 031) 955-2661, 3580

www.geulhangari.com